JUS PUBLICUM

Beiträge zum Öffentlichen Recht

Band 323

David Roth-Isigkeit

Verfassungsordnung und Verwaltungsorganisation

Mohr Siebeck

David Roth-Isigkeit, geboren 1986; Studium der Rechtswissenschaften an den Universitäten Münster und Heidelberg; 2011 erste Juristische Staatsprüfung, 2013 M.A. der Internationalen Beziehungen am Genfer Hochschulinstitut für Internationale Studien; 2016 M.A. in Philosophie an der Goethe-Universität Frankfurt am Main; wissenschaftlicher Mitarbeiter am Exzellenzcluster „Normative Ordnungen" der Goethe Universität Frankfurt am Main; 2016 Promotion (Dr. jur.); 2019 zweite Juristische Staatsprüfung; 2019–22 Leiter der Nachwuchsforschungsgruppe „Das Recht der künstlichen Intelligenz" an der Universität Würzburg und Gründer des interdisziplinären SOCAI Zentrums für Soziale Implikationen künstlicher Intelligenz; 2022 Habilitation; Inhaber des Lehrstuhls für Öffentliches Recht und Recht der Digitalisierung an der Deutschen Universität für Verwaltungswissenschaften Speyer.
orcid.org/0009-0005-9858-5039

Gefördert durch die Deutsche Forschungsgemeinschaft (DFG) – Projektnummer 516222514.

ISBN 978-3-16-162146-8 / eISBN 978-3-16-162147-5
DOI 10.1628/978-3-16-162147-5

ISSN 0941-0503 / eISSN 2568-8480 (Jus Publicum)

Die Deutsche Nationalbibliothek verzeichnet diese Publikation in der Deutschen Nationalbibliographie; detaillierte bibliographische Daten sind im Internet über *https://dnb.de* abrufbar.

2023 Mohr Siebeck Tübingen. www.mohrsiebeck.com

Das Buch wurde von Textservice Zink in Schwarzach gesetzt, von Gulde Druck in Tübingen auf alterungsbeständiges Werkdruckpapier gedruckt und von der Buchbinderei Spinner in Ottersweier gebunden.

Printed in Germany.

Vorwort

Wie die meisten rechtswissenschaftlichen Themenstellungen unterliegt die Diskussion über die rechtmäßige Organisation der öffentlichen Verwaltung wissenschaftlichen Konjunkturen. Nach der ersten Phase zum Ende der 1950er Jahre um den verfassungsrechtlichen Begriff der Organisationsgewalt, den ersten Verselbständigungen der 1970er und der dann deutlich späteren Diskussion um den verwaltungsrechtlichen Steuerungsbegriff in den 1990er Jahren scheint mir nun die zunehmende Irritation des verfassungsrechtlichen Regelmodells der Verwaltungsorganisation durch die Europäisierung des Verwaltungsrechts wiederum vertieften Gesprächsbedarf auszulösen.

Mit der vorliegenden Arbeit, der weitgehend unveränderten Fassung meiner Habilitationsschrift, die dem Fachbereich Rechtswissenschaften der Goethe Universität Frankfurt am Main im Wintersemester 2020/21 zur Begutachtung vorlag, habe ich intendiert, die maßgeblichen Diskussionsstränge zusammenzuführen, und damit zu einer Klärung der Frage beizutragen, was das Grundgesetz über die Organisation der öffentlichen Verwaltung zu sagen hat. Die Arbeit wurde Mitte des Jahres 2021 abgeschlossen und befindet sich bis auf einige unsystematische Ausnahmen, über die ich während des Habilitationsverfahrens gestolpert bin, auch auf diesem Stand.

Der größte Dank gebührt freilich meinem verehrten akademischen Lehrer Stefan Kadelbach, der mich (seit ich 2013 noch als Genfer Student an seinem Lehrstuhl aufgeschlagen bin) nachdrücklich darin bestärkt hat, den Weg in die deutsche Staatsrechtslehre zu gehen. Seine politische Klugheit und wissenschaftliche Genauigkeit sind für mich unerreicht.

Uwe Volkmann hat zur vorliegenden Arbeit ein anregendes und wohlwollendes Zweitgutachten verfasst, durch das mir viele neue Facetten des Themas ersichtlich wurden. Auch dafür möchte ich mich herzlich bedanken. An der Frankfurter Fakultät hat mich zudem Susanne Pelster freundlich und bestimmt durch das Verfahren geleitet, was mir sehr geholfen hat. Gedankt sei ferner Thomas Kleinlein und Florian Meinel, die insbesondere in der Frühphase des Projekts wichtige Hilfestellungen boten. Mit David Kuch mussten sich die Thesen am Ende mit einem kenntnisreichen Diskussionspartner messen, dessen kluge Anmerkungen zu einigen Anpassungen geführt haben.

Der Universität Würzburg sei dafür gedankt, dass sie mir seit 2019 eine Nachwuchsforschungsgruppe zum Recht der Digitalisierung anvertrauten. In diesem Rahmen habe ich mit Jason Coombe, Sarah Eisert, Ingo Heide, Dominik Klaus, Ruben Maaß, Alina Machert und Laura Schneiderbauer ein für mich ganz besonderes Klima von Produktivität einerseits, kollegialer Freundschaft andererseits genossen. In Würzburg hat Eric Hilgendorf meine Arbeit nachhaltig und uneigennützig gefördert und mich mit gemeinsamen Projekten entscheidend unterstützt. Gleiches gilt für Ronny Thomale, der mir stets zur Seite stand, wenn es darauf ankam. Die dreieinhalb Würzburger Jahre werden mir trotz der Wirren der Pandemie als unvergesslich in Erinnerung bleiben.

Die Deutsche Forschungsgemeinschaft hat mir für die Veröffentlichung der Arbeit ein Stipendium gewährt, wofür ich sehr dankbar bin. Einem anonymen Gutachter danke ich für wichtige Hinweise.

Meiner Schwester Lea Kumkar danke ich für die wunderbare Begleitung in all den Jahren rechtswissenschaftlicher Ausbildung. Unvergessen ist ein Moment kurz vor meinem ersten Staatsexamen im Frühjahrstermin 2011 in Heidelberg, als sie als Studentin des dritten Semesters, die gerade den kleinen Strafrechtsschein mit Bravour bestanden hatte, mich mit ihren Karteikarten abfragte und prognostizierte, ich werde das Examen „niemals bestehen."

Dass diese Arbeit in den Pandemie-Jahren überhaupt entstehen konnte, ist der vorbehaltlosen Unterstützung meiner Familie zu verdanken. Meine Frau Lilli, unsere Tochter Clara und unser Sohn Artur haben nicht nur ausufernde Arbeitszeiten tolerieren müssen, sondern auch die mit wissenschaftlicher Tätigkeit einhergehende geistige Abwesenheit. Insoweit ist unser jüngster Sohn Anton in der glücklichen und weitgehend unbeeinträchtigten Lage, nur den letzten Korrekturlauf erlebt zu haben.

Speyer, im Februar 2023 *David Roth-Isigkeit*

Inhaltsübersicht

5. Teil: Ergebnisse

Inhaltsverzeichnis

2. Teil

Verfassungsrechtliche Direktiven für die Verwaltungsorganisation

3. Teil

Einfluss- und Kontrollknicke

4. Teil

Der verfassungsrechtliche Umgang mit Einfluss- und Kontrollknicken

5. Teil

Ergebnisse

1. Teil

Grundlagen

Vorbemerkungen

Das Organisations*recht* als Thema des deutschen Staatsrechts taucht im ausgehenden 18. Jahrhundert im Frühkonstitutionalismus auf. Erst mit der beginnenden Begrenzung monarchischer Verfügungsmacht über die Organisation von Staat und Verwaltung und der zunehmenden Verdichtung von Verwaltungstätigkeit im frühmodernen Staat ließ sich sinnhaft von einer selbständigen Regelungsmaterie sprechen.[1] Freilich war dies zu dieser Zeit noch in den Anfängen begriffen. Die Organisationsgewalt als „Kern der parakonstitutionellen Kronprärogative"[2] gehörte zunächst zum ausschließlichen Bestimmungsbereich des Monarchen. Die Konstitutionalisierung fand ihre Grenze damit in der strikten Trennung von Innen- und Außenrecht, die durch die Impermeabilitätstheorie[3] und die mangelnde begriffliche Unterscheidung von Rechtssatz und Gesetz[4] bis weit in die zweite Hälfte des 20. Jahrhunderts aufrechterhalten werden konnte.[5]

Insoweit ist das Organisationsrecht (und das Verwaltungsorganisationsrecht im Besonderen) als Gegenstand einer *späten Konstitutionalisierung*[6] in einer vertrackten Lage. Unter dem nunmehr 70 Jahre alten Grundgesetz scheint die verfassungsdogmatische Begriffsbildung auf der einen Seite nur

---

[1] *M. Stolleis*, Entwicklungsstufen der Verwaltungsrechtswissenschaft, in: Hoffmann-Riem/Schmidt-Aßmann/Voßkuhle (Hrsg.), GVwR, Bd. I, 2. Auflage, München 2012, § 2, Rn. 24–25.

[2] Formulierung bei *F. Ossenbühl*, Verwaltungsvorschriften und Grundgesetz, Bad Homburg v.d.H. 1968, 252.

[3] Dazu *W. Krebs*, Verwaltungsorganisation, in: Isensee/Kirchhof (Hrsg.), HStR, Bd. V, 3. Auflage, Heidelberg 2007, § 108, Rn. 32 ff.

[4] Siehe etwa *P. Laband*, Staatsrecht des deutschen Reiches, Bd. II, 5. Auflage, Tübingen 1911, 181. Kritisch dazu bereits *H. Heller*, Der Begriff des Gesetzes in der Reichsverfassung, VVDStRL (4) 1928, 98 (106). Vgl. auch *D. Jesch*, Gesetz und Verwaltung. Eine Problemstudie zum Wandel des Gesetzmäßigkeitsprinzips, 2. Auflage, Tübingen 1968, 11; *C. Starck*, Der Gesetzesbegriff des Grundgesetzes. Ein Beitrag zum juristischen Gesetzesbegriff, Baden-Baden 1970, 80.

[5] Siehe die Hinweise bei *K.F. Gärditz*, Hochschulorganisation und verwaltungsrechtliche Systembildung, Tübingen 2009, 49 ff.

[6] Zum Begriff der Konstitutionalisierung im Zusammenhang mit dem Verwaltungsrecht, *P. Cancik*, Verwaltung und Selbstverwaltung, in: Herdegen/Masing/Poscher/Gärditz (Hrsg.), Handbuch des Verfassungsrechts. Darstellung in transnationaler Perspektive, München 2021, § 14, Rn. 55. Gute Begriffsdeutung bei *T. Rensmann*, Wertordnung und Verfassung. Das Grundgesetz im Kontext grenzüberschreitender Konstitutionalisierung, Tübingen 2007, 119 ff. vor dem Hintergrund der Grundrechte.

unvollständig abgeschlossen, auf der anderen Seite wären durch die Europäisierung der Verwaltungsorganisation und den damit verbundenen Bedeutungsverlust nationalen Verfassungsrechts[7] gerade hier klare Positionierungen erforderlich. Besonders im Begriff der *Organisationsgewalt* wird die Ambivalenz sichtbar, mit der die Staatsrechtslehre auf dieses Problem der Binnenkonstitutionalisierung des Staates reagiert. Nur mühsam konnte man sich des monarchischen Erbes des Begriffs entledigen und auch heute ist sein Platz in der Verfassungsdogmatik nicht unumstritten.[8] Dahinter steht eine fundamentale Unsicherheit darüber, welchen Akteuren im Verfassungsstaat die Befugnis zur Organisation zukommt und welche Organisationsmodelle zur Verfügung stehen. Im Ergebnis lautet die Streitfrage, was die Verfassung über Organisationsentscheidungen zu sagen hat.

Mit den wissenschaftlichen Fortschritten der Organisationsforschung, insbesondere in der Soziologie, wurde immer deutlicher, dass die Struktur von Organisation und der Inhalt der von der Organisation produzierten Entscheidung in einem engen Zusammenhang stehen. Daher ist es auch nicht überraschend, dass das Verwaltungsorganisationsrecht von den 1990er Jahren an zum Gegenstand einer weitreichenden Reformdiskussion wurde.[9] Beklagt wurde die Statik der organisationsrechtlichen Begriffe, die sich formaljuristisch und lebensfremd nur an einer binnenstaatlichen Zurechnungsperspektive orientierten und damit die politische Steuerungsfunktion von Organisation ausblendeten. Enthalten in diesem Reformprogramm war mittelbar auch eine Ambition der Konstitutionalisierung des staatlichen Innenbereichs.[10] Organi-

---

[7] Dazu etwa *M. Ludwigs*, Verfassung im Allgemeinen Verwaltungsrecht – Bedeutungsverlust durch Europäisierung und Emanzipation?, NVwZ 2015, 1327 (1328). Ferner die Beiträge von *L. Michael* bzw. *F. Wollenschläger*, Verfassung im Allgemeinen Verwaltungsrecht – Bedeutungsverlust durch Europäisierung und Emanzipation?, VVDStRL (75) 2016, 131–264. Im Hinblick auf das Organisationsrecht der Verfassung ähnlich *A. Pilniok*, Bausteine einer Theorie des Organisationsverfassungsrechts. Organisationswissenschaftliche Impulse für das Recht der Politik, in: Krüper/Pilniok (Hrsg.), Organisationsverfassungsrecht. Wissenschaft – Theorie – Praxis, Tübingen 2019, 1 (27).

[8] *C. Möllers*, Materielles Recht – Verfahrensrecht – Organisationsrecht, in: Trute/Groß/Röhl/Möllers (Hrsg.), Allgemeines Verwaltungsrecht – zur Tragfähigkeit eines Konzepts, Tübingen 2008, 489 (498).

[9] Ausführlich dazu *J.P. Schaefer*, Die Umgestaltung des Verwaltungsrechts. Kontroversen reformorientierter Verwaltungsrechtswissenschaft, Tübingen 2016, 169 ff.

[10] *Schmidt-Aßmann* etwa argumentierte, dass „Leistungsinhalte und Leistungsorganisation in enger Beziehung stehen, dass Leistungsinhalte durch stillschweigende sukzessive Umgestaltung der Organisation schleichend verändert werden, dass sich von organisatorischen Vorgaben, die bisher als Verwaltungsinterna akzeptiert wurden, ‚Sachzwänge' aufbauen lassen, mit denen man später vieles rechtfertigen kann." *E. Schmidt-Aßmann*, Verwaltungsorganisation zwischen parlamentarischer Steuerung und exekutiver Organisationsgewalt, in: Stödter/Thieme (Hrsg.), Hamburg, Deutschland, Europa. Beiträge zum deutschen und europäischen Verfassungs- Verwaltungs- und Wirtschaftsrecht. Festschrift für Hans Peter Ipsen zum siebzigsten Geburtstag, Tübingen 1977, 333 (337).

sations- und Entscheidungsrichtigkeit sollte auch im Sinne einer verstärkten Bürgerorientierung der Verwaltung messbar werden.

Von den Reformern wurde daher eine interdisziplinäre Öffnung hin zu den Verwaltungswissenschaften vorgeschlagen, um letztlich bessere und bürgernähere Organisationsformen implementieren zu können. Ziel war die Integration außerrechtlichen Wissens in den juristischen Prozess, um die inhaltliche Qualität von Organisationsentscheidungen verbessern zu können. Methodisch kritisierte das insbesondere von *Eberhard Schmidt-Aßmann* und *Wolfgang Hoffmann-Riem* initiierte Reformprojekt statische und lebensfremde Ansatzpunkte für Organisationsanforderungen.[11] Anzusetzen sei vielmehr an der Organisationsentscheidung selbst, um die Leere des an Zurechnung orientierten Rechts mit der sozialen Wirklichkeit der Organisation anzureichern.

In seinen Grundzügen hatte dieser Fokus auf Organisation und Entscheidung zwar die zutreffende Intuition, dass das Organisationsrecht einer substantiellen Anreicherung durch die Berücksichtigung verwaltungsinterner Strukturen benötigte, war aber in seiner Überbetonung der Verwaltungswissenschaften im verfassungs*rechtlichen* Sinn nicht anschlussfähig.[12] Dies führt zur wunderlichen Situation, dass auf der einen Seite der Umfang des Schrifttums im Verwaltungsorganisationsrecht seit den 1990er Jahren stark zugenommen hat, auf der anderen Seite das *dogmatische* Projekt der Bestimmung verfassungsrechtlicher Strukturvorgaben für die Verwaltungsorganisation im Schatten der Reformdiskussion weitestgehend vernachlässigt wurde.[13]

Die hier vorgeschlagene Perspektive versucht diese Erkenntnis der Bedeutung von Organisationsentscheidungen verfassungsdogmatisch zu wenden und zur Formulierung von verfassungsrechtlichen Vorgaben für Organisationsentscheidungen zu gelangen. Diese finden sich in den zahlreichen Einzelbestimmungen der Verfassung, aber auch ganz wesentlich in den verfassungsrechtlichen Ordnungsvorgaben,[14] wie sie aus den Staatsstrukturprinzipien hervorgehen. Gerade diese werden erst dann sichtbar, wenn man die statische Zurechnungsperspektive staatlicher Binnenorganisation durch eine entschei-

---

[11] *E. Schmidt-Aßmann*, Verwaltungsorganisationsrecht als Steuerungsressource, in: Schmidt-Aßmann/Hoffmann-Riem (Hrsg.), Verwaltungsorganisationsrecht als Steuerungsressource, Baden-Baden 1997, 32–33.

[12] *M. Jestaedt*, Grundbegriffe des Verwaltungsorganisationsrechts, in: Hoffmann-Riem/Schmidt-Aßmann/Voßkuhle (Hrsg.), GVwR, Bd. I, 2. Auflage, München 2012, § 14, Rn. 5. Dazu ausführlich noch gleich.

[13] So wohl auch *K.F. Gärditz*, Die „Neue Verwaltungsrechtswissenschaft" – Alter Wein in neuen Schläuchen?, in: Burgi (Hrsg.), Zur Lage der Verwaltungsrechtswissenschaft, Die Verwaltung Beiheft 2017, 106 (135). Eine wesentliche Ausnahme ist *H. Wißmann*, Verfassungsrechtliche Vorgaben der Verwaltungsorganisation, in: Hoffmann-Riem/Schmidt-Aßmann/Voßkuhle (Hrsg.), GVwR, Bd. I, 2. Auflage, München 2012, § 15, Rn. 53 ff.

[14] Begriff und Darstellung etwa bei *W. Heun*, Die Verfassungsordnung der Bundesrepublik Deutschland, Tübingen 2012, 31.

dungsorientierte Sichtweise ergänzt.[15] Methodisch entscheidend ist hier, dass der Anschluss an das außerrechtliche Wissen nicht außerhalb, sondern gerade verfassungs*immanent* zur Präzisierung verfassungsrechtlicher Kategorien eingesetzt werden soll.[16] Die im Rahmen der Bestimmung des vom Demokratieprinzip verlangten „Legitimationsniveaus“[17] erforderliche Zurechnung etwa stellt sich als Kategorie heraus, für die das Recht auf die Beurteilung substantieller Wirkbeziehungen in Organisationen angewiesen ist.

Nachdem durch diese Vorbemerkungen nun eine beträchtliche Fallhöhe für die nun folgenden Erwägungen erzeugt ist, sollen in einem ersten Teil die wesentlichen theoretischen Grundlagen für diese verfassungsdogmatische Perspektive umrissen werden.[18] § 1 stellt den historischen Begriff der Organisationsgewalt als Gegenstand einer späten Konstitutionalisierung vor, die erst mit den Strukturbestimmungen des Grundgesetzes für die Verwaltungsorganisation, d.h. der verfassungsrechtlichen Durchformung des Organisationsrechts, ihren Abschluss gefunden hat. § 2 diskutiert die wesentlichen Kontroversen, die sich im Zuge des ab den 1990er Jahren beginnenden Reformprojektes um die Grundbegriffe des Organisationsrechts bildeten. Damit soll die Grundlage für die anknüpfenden verfassungsdogmatischen Erwägungen gelegt sein.

---

[15] Für einen entscheidungsorientierten Ansatz auch *W. Kluth*, in: Wolff/Bachof/Stober/Kluth, Verwaltungsrecht: ein Studienbuch, Bd. II, 7. Auflage, München 2010, § 80, Rn. 7.

[16] So wohl auch die Forderung von *Gärditz* (Fn. 13), 135 („rechtsimmanent“).

[17] Dazu noch unten § 12.

[18] Zur Verknüpfung von Geschichte und Reform auch *P. Cancik*, Verwaltungsrechtsgeschichte. Debatte zur Wissenschaftsgeschichte des öffentlichen Rechts, Rechtsgeschichte 19 (2011), 30–34.

§ 1 Die späte Konstitutionalisierung der Organisationsgewalt

Als *Ernst-Wolfgang Böckenförde* in seiner Habilitationsschrift 1964 die Organisationsgewalt als „beschreibenden Sachbegriff“[1] kennzeichnete, stellte er ihn verfassungsrechtlich auf die Füße. Weder war Staats- und Verwaltungsorganisation ein natürliches, extrakonstitutionelles Vorrecht der Exekutive, noch könnte eine demokratisch-gewaltenteilende Verfassung tolerieren, dass ein Teilbereich der Staatsgewalt als solcher nur der Exekutive vorbehalten sei. Organisationsgewalt habe dementsprechend nur derjenige, dem die Verfassung die Wahrnehmungszuständigkeit für bestimmte Organisationsentscheidungen zugewiesen habe. *Böckenfördes* Schrift war insbesondere deshalb von Bedeutung, da sie einen Beitrag zu einem verfassungsdogmatischen Verständnis der staatlichen Binnenorganisation lieferte. Sie würdigte damit eine besondere Qualität des Grundgesetzes, das als erste deutsche Verfassung den staatlichen Binnenaufbau der Gewaltenteilung unterwarf.

In der Rechtswissenschaft war dieser Weg zu einer Konstitutionalisierung der Organisationsgewalt nicht unumstritten und zum Zeitpunkt von *Böckenfördes* Arbeit keineswegs vorherrschend. Noch einige Jahre vorher auf der Staatsrechtslehrertagung 1957 waren noch nicht ansatzweise geteilte Ansichten auf dem Boden des Verfassungsrechts möglich gewesen.[2] In einer aus heutiger Perspektive etwas befremdlich anmutenden Diskussion wurden an die mittelalterlich-sakrale Herrschaftsbegründung erinnernde Argumente über „das innere Wesen“ exekutiver Entscheidungsfindung vorgetragen. Dass eine verfassungsrechtliche Aufarbeitung dieser Grundthematik erst gut 15 Jahre nach dem Inkrafttreten des Grundgesetzes erfolgte, passt insoweit ins Bild einer späten Konstitutionalisierung der Verwaltungsorganisation.

Dieser gewissermaßen verzögerte Konstitutionalisierungsvorgang im staatlichen Innenbereich erklärt sich insbesondere mit der sich seit der Renaissance

---

[1] *E.-W. Böckenförde*, Die Organisationsgewalt im Bereich der Regierung – eine Untersuchung zum Staatsrecht der Bundesrepublik Deutschland, 2. Auflage, Berlin 1998, 37.

[2] Dazu die unten (VI.) erweitert dargestellte Diskussion. Siehe insbesondere die Beiträge von *A. Köttgen*, Die Organisationsgewalt, VVDStRL (16) 1966, 154–190 und *F. Ermacora*, Die Organisationsgewalt, VVDStRL (16) 1966, 191–239. Einordnende Beobachtungen dazu bei *F. Ossenbühl*, Verwaltungsvorschriften und Grundgesetz, Bad Homburg v.d.H. 1968, 251.

entwickelnden deutschen (verfassungs-)geschichtlichen Verspätung und der damit verbundenen enormen Fortschrittsgeschichte rechtsförmig organisierter Verwaltung. Die gesellschaftliche Rationalisierung durch bürokratische Organisation, die *Max Weber* später soziologisch mit Verlässlichkeit und Berechenbarkeit der Herrschaftsausübung auch für den Unterworfenen beschrieben hatte,[3] war (ganz unabhängig von der Frage, wer für die Errichtung und den Unterhalt ihrer Grundstrukturen verantwortlich war) zunächst vor allem eine wertgeschätzte Errungenschaft der frühmodernen Herrschaft, die sich von den oberitalienischen Stadtstaaten nur langsam nach Norden ausbreitete. Dieser Übergang von „Liturgie zur Rechtswissenschaft" (Kantorowicz)[4] war ein aus heutiger Perspektive kaum noch zu greifender gesellschaftlicher Fortschritt, so dass Forderungen nach der Einhegung eines der Exekutive vorbehaltenen Organisationsbereiches auch auf deutschem Boden vergleichsweise spät erwachten.

Selbst als in der preußischen Reformbewegung das Bewusstsein für die soziale Macht der Organisation erstarkte, ging es hier vor allem darum, eine funktionsfähige Organstruktur zu errichten, die der Hervorbringung der bürgerlichen Gesellschaft diente. Dementsprechend erfasste der deutsche Konstitutionalismus die Organisation zunächst nicht: Die strikte Trennung von Innen- und Außenrecht, die durch die Impermeabilitätstheorie[5] und die mangelnde begriffliche Unterscheidung von Rechtssatz und Gesetz[6] stabilisiert wurde, nahm die Selbstorganisation als *potestas instituendi* (Befugnis zu „Ämtern und Würden zu ernennen")[7] von der Regelungswirkung der Verfassungs-

[3] *M. Weber*, Wirtschaft und Gesellschaft, 5. Auflage, Tübingen 1972, 564 ff. Siehe auch *D. Willoweit*, Allgemeine Merkmale der Verwaltungsorganisation in den Territorien, in: Jeserich/Pohl/v. Unruh (Hrsg.), Deutsche Verwaltungsgeschichte, Bd. I, Vom Spätmittelalter bis zum Ende des Reiches, Stuttgart 1983, § 2, 289 (290). Zum *topos* der Staatsmaschine als bürokratischer Apparat, vgl. *H. Dreier*, Hierarchische Verwaltung im demokratischen Staat. Genese, aktuelle Bedeutung und funktionelle Grenzen eines Bauprinzips der Exekutive, Tübingen 1991, 44 ff. Zu Webers Entwurf bzw. dessen historischer Kontextualisierung, vgl. *T. Vesting*, Absolutismus und materiale Rationalisierung. Zur Entstehung des preußischen Patrimonialstaates, AöR 119 (1994), 369 (372 ff.).

[4] So die berühmte Deutung von *E.H. Kantorowicz*, Die zwei Körper des Königs. Eine Studie zur politischen Theologie des Mittelalters, 2. Auflage, München 1994, 106. Zu Kantorowicz, vgl. etwa *T. Vesting*, Staatstheorie, München 2018, § 3, Rn. 135.

[5] Dazu *W. Krebs*, Verwaltungsorganisation, in: Isensee/Kirchhof (Hrsg.), HStR, Bd. V, 3. Auflage, Heidelberg 2007, § 108, Rn. 32 ff.

[6] Siehe etwa *P. Laband*, Staatsrecht des deutschen Reiches, Bd. II, 5. Auflage, Tübingen 1911, 181. Kritisch dazu bereits *H. Heller*, Der Begriff des Gesetzes in der Reichsverfassung, VVDStRL (4) 1928, 98, 106. Vgl. auch *D. Jesch*, Gesetz und Verwaltung. Eine Problemstudie zum Wandel des Gesetzmäßigkeitsprinzips, 2. Auflage, Tübingen 1968, 11; *C. Starck*, Der Gesetzesbegriff des Grundgesetzes. Ein Beitrag zum juristischen Gesetzesbegriff, Baden-Baden 1970, 80.

[7] Ausführlich *H. Lecheler*, Die Personalgewalt öffentlicher Dienstherren, Berlin 1977, 32 ff.; *Böckenförde* (Fn. 1), 22; *H. Butzer*, Zum Begriff der Organisationsgewalt. Vom „Hausgut" der Exekutive zum „Hausgut" aller Verfassungsorgane und Autonomieträger?, Die Verwaltung 1994, 157 (158).

ordnung aus. Insoweit ist es nicht verwunderlich, dass – in Fortsetzung des Kaiserreichs – die kronloyale Bürokratie in der Weimarer Zeit eine die vordemokratischen Verhältnisse stabilisierende Rolle besetzte.

Aber selbst unter der Geltung des Grundgesetzes blieben die Voraussetzungen einer bis in die Tiefe konstitutionalisierten staatlichen Binnenorganisation umstritten. Bis in die letzte Auflage des Lehrbuchs zum allgemeinen Verwaltungsrecht von *Ernst Forsthoff* hielt sich die Deutung der Organisationsgewalt als „Hausgut der Exekutive“[8] und auch in der deutschen Staatsrechtslehre wurde bis in die 2000er Jahre hinein nur ungenügend zwischen beiden Perspektiven differenziert.[9] Es ist demnach nicht fernliegend, wie etwa *Hermann Butzer* dies konstatiert hat, dass sich die begriffliche Diskussion „durch ihr partielles Festhalten am Gedankengut aus der Verfassungslage der konstitutionellen Monarchie offenbar in eine *juristische Sackgasse* hineinmanövriert“ hat.[10]

Auch aus dieser begrifflichen Unsicherheit heraus ist die Stellung der Organisationsgewalt im Kontext der Verdichtung von Staatlichkeit überhaupt zunächst einmal historisch nachzuzeichnen. Freilich soll diese konzentrierte Darstellung weniger als geschichtswissenschaftliche Eigenleistung gelten. Sie versteht sich vielmehr als eine sich auf die einschlägige Literatur stützende, erklärende Vorrede zum Verständnis der durchaus vertrackten verfassungsrechtlichen Bewertung von Verwaltungsorganisation.[11] Im Verlauf dieses ersten Kapitels sollen insbesondere drei Thesen erarbeitet werden.

(1) Am Begriff der verfassungsrechtlichen Organisationsgewalt zeigt sich zunächst vor allem die zunächst getrennte Entwicklung von Verfassung und Verwaltung.[12] Die zunehmende Entwicklung von Rechtsstaatlichkeit in der Verwaltungsorganisation war weniger (wie heute üblich) verfassungsrechtlich-normativ zu deuten, sondern vielmehr pragmatische Voraussetzung der Rationalisierung gesellschaftlicher Beziehungen durch Verwaltung, für die im Laufe des 19. Jahrhunderts immer komplexere Strukturen erforderlich waren. Es ging damit zunächst darum, die Stabilität des Staatswesens sicherzustellen.

[8] *E. Forsthoff*, Lehrbuch des Verwaltungsrechts, Bd. I, 10. Auflage, München 1973, 434.

[9] Siehe aber schon *H. Spanner*, Organisationsgewalt und Organisationsrecht, DÖV 1957, 641 f.; *Köttgen* (Fn. 2), 179 ff.

[10] *Butzer* (Fn. 7), 168, später aber differenzierend für eine akzeptierte Begriffsverwendung.

[11] Von Seiten der Geschichte ist sie durch ihre Intention ein die Gegenwart spiegelndes Narrativ zu bilden, nur eingeschränkt verwertbar. *Stolleis* etwa kritisiert den „selektiven Blick, der aus der Vergangenheit nur das herausgreift, was mit der gegenwärtigen Praxis positiv oder negativ verbunden werden kann“ und damit „weder die praktizierte Verwaltung einer bestimmten Epoche noch die darüber entstehende Kommunikation ernst genug [nimmt].“ *M. Stolleis*, Entwicklungsstufen der Verwaltungsrechtswissenschaft, in: Hoffmann-Riem/Schmidt-Aßmann/Voßkuhle (Hrsg.), GVwR, Bd. I, 2. Auflage, München 2012, § 2, Rn. 67.

Im Verhältnis der beiden Organisationsprinzipien Funktionsfähigkeit des Gemeinwesens und individueller Entscheidungsrichtigkeit behält die erstere bis weit ins 19. Jahrhundert die Oberhand.

(2) Innerhalb der Organisationsgeschichte prallen mit der aus den sakralen Herrschaftsformen des Mittelalters entwickelten hierarchischen Kopfsteuerung, die vom Fürsten als zentraler Willensinstanz ausgeht, und dem kollegialen Entscheidungsprinzip insbesondere durch die Einbindung eher lokaler Formen der Selbstverwaltung zwei verschiedene Narrative aufeinander.[13] Beide Narrative sind von Motiven getragen, die jeweils auf unterschiedliche Weise das Organisationsziel der pragmatisch-rationalen Herrschaftsorganisation stützen. Eine *historische* Vorrangstellung lässt sich weder für die lokale Selbstverwaltung noch für die hierarchische Verwaltung feststellen.

(3) Beide Thesen können zu einem gewissen Teil die (heutigen) Schwierigkeiten einer verfassungsrechtlichen Deutung der Organisationsgewalt erklären. Sowohl das Verhältnis von Funktionsfähigkeit zur Entscheidungsrichtigkeit als auch das Verhältnis der Organisationsprinzipien Hierarchie und Selbstverwaltung bleiben historisch ungeklärt.[14] Unter einer demokratisch-herrschafts*begründenden* Verfassung, die eine Referenz zur sakralen Dimension von Herrschaft verunmöglicht, muss die Organisationsgewalt als Verfassungsbegriff damit gänzlich neu verstanden werden.

I. Die frühmoderne Verdichtung von Staatlichkeit durch Verwaltung

In einem ersten Schritt ist die Organisation der öffentlichen Verwaltung weniger Politikum denn praktische Leistung moderner Staatlichkeit. Der sich vom 16. bis zum 18. Jahrhundert in Europa von den oberitalienischen Stadtstaaten

[12] Die dominante Rolle der Verfassung im Verwaltungsrecht – so wäre die hier vertretene These – beginnt dementsprechend erst mit der neuzeitlichen Erschließung des Demokratieprinzips. So auch *W. Kahl*, Deutschland, in: v. Bogdandy/Huber (Hrsg.), Handbuch Ius Publicum Europaeum, Bd. V, Heidelberg 2014, § 74, Rn. 93: „Eigentümlichkeit der deutschen Entwicklung hin zur Demokratie ist die Vorwegnahme des rechtsstaatlichen Elements als Kompensation für das weitgehende Scheitern von Forderungen des liberalen Bürgertums nach politischer Teilhabe im 19. Jahrhundert."

Mit anderem Akzent jedoch *W. Pauly*, Deutschland, in: v. Bogdandy/Huber (Hrsg.), Handbuch Ius Publicum Europaeum, Bd. II, Heidelberg 2008, § 27, Rn. 18.

[13] Etwa auch herausgearbeitet von *P. Cancik*, Verwaltung und Öffentlichkeit in Preußen. Kommunikation durch Publikation und Beteiligung im Verfahren im Recht der Reformzeit, Tübingen 2007, 45. Zur Kombination beider Herrschaftsprinzipien auch *T. Simon*, Verwaltung im frühneuzeitlichen Policeystaat des 17. und 18. Jahrhunderts, in: Kahl/Ludwigs (Hrsg.), Handbuch des Verwaltungsrechts, Bd. I, Grundstrukturen des deutschen Verwaltungsrechts, Heidelberg 2021, § 1, Rn. 22.

[14] Genauso bei *G.C. v. Unruh*, Ursprung und Entwicklung der kommunalen Selbstverwaltung im frühkonstitutionellen Zeitalter, in: Mann/Püttner (Hrsg.), Handbuch der kommunalen Wissenschaft und Praxis, Bd. I, 3. Auflage, Berlin/Heidelberg 2007, § 4, Rn. 5.

differenziert ausbreitende Übergang von mittelalterlich-feudaler Herrschaft zur frühmodernen Staatlichkeit erforderte in allen Bereichen eine Straffung und bessere Organisation des Staatsapparates.[15] Langsam verschob sich der feudale Schwerpunkt eigener privatwirtschaftlicher Tätigkeit des Landesherrn auf die durch die Erhebung von Steuern und Abgaben ermöglichte Wahrnehmung von Regelungs- und Organisationsaufgaben, deren Regelungsdichte und tatsächlicher Umfang am Ende des 14. Jahrhunderts noch gering waren.[16] Der zu Beginn des 16. Jahrhunderts stattfindende Wandel hin zum säkularen frühmodernen Staat,[17] der in Süddeutschland spätestens mit dem *Augsburger Reichstag* von 1555 endgültig begann, führte dementsprechend zu einer stärkeren Aufgabenbelastung und -differenzierung.[18]

Hier kamen verschiedene Entwicklungen zusammen, die den Aufbau einer wohlgeordneten Verwaltungsstruktur begünstigten. Die Ersetzung von Tradition durch Rationalität als politisches Ordnungsprinzip[19] führte zu einer beginnenden Rechtfertigungsbedürftigkeit von organisatorischen Missständen, die sich etwa in den frühen Verfassungsentwürfen wie den *Zwölf Artikeln von Memmingen* von 1525[20] widerspiegelten. Finanzierte sich der Staat vorher durch fallbezogene Sonderabgaben, konnte durch eine kontinuierliche und regelgebundene Besteuerung an finanzieller Stabilität gewonnen werden.[21] Insbesondere die Reformation, in deren Gefolge große Teile des Kirchenbesitzes

---

[15] Präzise dargestellt von *G. Melis/A. Meniconi*, Autonomie und Selbstverwaltung als gemeineuropäisches Konzept, in: v. Bogdandy/Huber (Hrsg.), Handbuch Ius Publicum Europaeum, Bd. V, Heidelberg 2014, § 88, Rn. 15 ff. Ferner *Vesting* (Fn. 3), 373; *H. Dreier/D. Kuch*, Demokratische Legitimation der Ministerial- und Selbstverwaltung, in: Kahl/Ludwigs (Hrsg.), Handbuch des Verwaltungsrechts, Bd. III, Verwaltung und Verfassungsrecht, Heidelberg 2022, § 60, Rn. 2; *G. Oestreich*, Geist und Gestalt des frühmodernen Staates. Ausgewählte Aufsätze, Berlin 1969, 191. Zur europäischen Dimension, vgl. *G. Robbers*, Europäische Verwaltungsgeschichte, in: Schulze (Hrsg.), Europäische Rechts- und Verfassungsgeschichte, Bd. III, Berlin 1991, 153–172. Als Fortschrittsweltenerzählung *A. Thiele*, Der gefräßige Leviathan. Entstehung, Ausbreitung und Zukunft des modernen Staates, Tübingen 2019, 73 ff.

[16] *M. Stolleis*, Geschichte des öffentlichen Rechts in Deutschland, Bd. I, Reichspublizistik und Policeywissenschaft: 1600–1800, München 1988, 341. Zum privatwirtschaftlichen Begriffsursprung der Verwaltung auch *Simon* (Fn. 13), in: Kahl/Ludwigs, § 1, Rn. 2.

[17] Vgl. *H. Münkler/M. Münkler*, Stichwort „Staat/Staatlichkeit/Staatensystem", in: Lexikon der Renaissance, 1. Auflage, München 2000, 372 (373 ff.).

[18] Anschaulich dazu am Beispiel von Reichshofkanzlei und Reichsvizekanzler, *A. Baumann*, Die Reichsvizekanzler im 16. Jahrhundert – eine erste Annäherung, JöR 2016, 261 (277). Zum Augsburger Religionsfrieden, vgl. *R. Gmür/A. Roth*, Grundriss der deutschen Rechtsgeschichte, 15. Auflage, München 2018, Rn. 250 ff.

[19] Dazu *Vesting* (Fn. 3), 371.

[20] Weitere Beispiele bei *J. Habermas*, Auch eine Geschichte der Philosophie, Bd. I, Die okzidentale Konstellation von Glauben und Wissen, Berlin 2019, 907. Zu den spätmittelalterlichen Entstehungsbedingungen auch *D. Grimm*, Ursprung und Wandel der Verfassung, in: Isensee/Kirchhof (Hrsg.), HStR, Bd. I, 3. Auflage, Heidelberg 2003, § 1, Rn. 5 ff.

[21] Dazu *Münkler/Münkler* (Fn. 17), 373.

beschlagnahmt und die so generierten finanziellen Mittel für den Aufbau eines Verwaltungsapparats genutzt werden konnten, war ein wesentlicher Treiber der Modernisierung von (europäischer) Staatlichkeit.[22]

Zwar war schon vom Frühmittelalter an Standardisierung gewisser Verwaltungsvorgänge in sogenannten Formelbüchern ein wesentliches Merkmal von erhöhter Verwaltungstätigkeit gewesen.[23] Ab dem 16. Jahrhundert war die rationale Koordination einer auch wirtschaftlich expandierenden Gesellschaft jedoch nicht mehr ohne die durchgehende Verwendung standardisierter Arbeitsmethoden zu leisten. Ihre nun leichte Verfügbarkeit in gedruckter Form unterstützte den im Entstehen begriffenen Nationalstaat bei der Vereinheitlichung und Formalisierung seiner Tätigkeit.

Der durch die zunehmende Entsakralisierung von Herrschaft verlaufende Prozess der Objektivierung hoheitlicher Tätigkeit begünstigte auch einen Übergang zur Rechtswissenschaft.[24] Mit steigender Komplexität der zu bewältigenden Aufgaben und erhöhtem Verwaltungsaufwand wurde der regierende Fürst so von der unmittelbaren Einbindung in den Vollzug getrennt: die Bürokratie und die entstehenden Beamtenapparate vermittelten nun zwischen abstrakt planender Staatsleitung und Vollzugsentscheidung im Einzelfall:[25] „Aus Feudaladligen, persönlichen Vertrauten und Geheimschreibern des Herrschers wird eine bürokratische Behörde, die nach identischen Grundsätzen arbeitet, gleichgültig wer jeweils das Herrscheramt innehat."[26] Rückgreifend auf die spätmittelalterliche Körperschaftslehre wird das Öffentliche in seinen verschiedenen Erscheinungsformen (Städte, Zünfte, Kirchen, Universitäten etc.) von seinem jeweiligen personalen Bezugspunkt gelöst, objektiviert und letztlich in rechtlichen Formen systematisierbar.[27] Wo das Recht herrschte, blieb für die sakrale Verkörperung von Autorität kein Raum mehr.[28]

---

22 So gelang es etwa in Frankreich zwischen 1497 und 1563 die Steuereinnahmen zu vervierfachen. Dazu *Münkler/Münkler* (Fn. 17), 375.

23 *D. Willoweit*, Die Entwicklung und Verwaltung der spätmittelalterlichen Landesherrschaft, in: Jeserich/Pohl/v. Unruh (Hrsg.), Deutsche Verwaltungsgeschichte, Bd. I, Vom Spätmittelalter bis zum Ende des Reiches, Stuttgart 1983, § 5, 66 (136). Ferner *Stolleis* (Fn. 16), 354.

24 So die berühmte Deutung von *Kantorowicz* (Fn. 4), 106.

25 *N. Elias*, Die höfische Gesellschaft. Untersuchungen zur Soziologie des Königtums und der höfischen Aristokratie; mit einer Einleitung: Soziologie und Geschichtswissenschaft, Frankfurt am Main 1983, 39 ff. Der Begrif der Bürokratie entsteht jedoch erst deutlich später, vgl. *P. Cancik*, Zuviel Staat? – Die Institutionalisierung der „Bürokratie"-Kritik im 20. Jahrhundert, Der Staat 56 (2017), 1 (3) sowie *B. Wunder*, Bürokratie: Die Geschichte eines politischen Schlagwortes, in: Windhoff-Héritier (Hrsg.), Verwaltung und ihre Umwelt. Festschrift für Thomas Ellwein, Opladen 1987, 277–301.

26 *Münkler/Münkler* (Fn. 17), 373.

27 So dargestellt von *Vesting* (Fn. 4), § 3, Rn. 133.

28 Anschaulich bei *G. Frankenberg*, Staat als Begriff und Vorstellung, Rechtsgeschichte (15) 2009, 145 (159). Vgl. ferner *Simon* (Fn. 13), in: Kahl/Ludwigs, § 1, Rn. 5.

Im Deutschen Reich begann diese systematische Erfassung der Verwaltung als Arbeitsgebiet mit dem Entstehen der *Policeywissenschaft*, die grundsätzliche Regeln für die innenpolitische Leitung eines Territorialstaats enthielt und dabei viele verschiedenste Teilgebiete zusammenfasste.[29] Erst als im 16. Jahrhundert etwa in der Militär-, Wirtschafts-,[30] oder der Finanzverwaltung erhöhte Steuerungsleistungen erforderlich waren, lösten klarere inhaltliche Zweckbestimmungen die bis dahin in den Verwaltungsordnungen präsente „gute Ordnung" ab.[31] Die Normen der Verwaltungsordnungen waren noch weit vom sich im 19. Jahrhundert entwickelnden Gesetzesbegriff entfernt:[32] Vielmehr stellten sie ein Konvolut an Detailregelungen dar, in der Orientierung nur durch das Expertenwissen des Beamten möglich war.[33] Der aufkommende Staat regelte so insbesondere in den *Policeyordnungen* alles, was er innenpolitisch von Belang betrachtete.[34]

Im 17. und 18. Jahrhundert differenzierten und gliederten sich diese allgemeinen Normkonvolute in Sonderordnungen (Bau- und Feuerschutzordnungen, Armenordnungen, Schulordnungen etc.).[35] Normsammlungen trugen zur Ordnung des Rechtsstoffes bei. War auch Präzision und die Regelungsdichte aus heutiger Sicht noch begrenzt, so stellten die Ordnungen für damalige Verhältnisse einen bedeutsamen Fortschritt dar, begann doch „die Zentralgewalt das Prinzip der Eigenmacht und Rechtswahrung der einzelnen Hausherren außer Kraft zu setzen […].[36] Die wissenschaftlich-systematische Auseinandersetzung mit diesen Normen fand erst in der zweiten Hälfte des 17. Jahrhun-

[29] *M. Stolleis*, Verwaltungslehre und Verwaltungsrechtswissenschaft 1803–1866, in: Jeserich/Pohl/v. Unruh (Hrsg.), Deutsche Verwaltungsgeschichte, Bd. II, Vom Reichsdeputationshauptschluß bis zur Auflösung des Deutschen Bundes, Stuttgart 1983, § 3, 56 (83 ff.); *H. Maier*, Die ältere deutsche Staats- und Verwaltungslehre, 3. Auflage, München 2009, 13.

[30] Dazu etwa prägnant *J. Ziekow*, Öffentliches Wirtschaftsrecht: Ein Studienbuch, 5. Auflage, München 2020, § 2, Rn. 2 ff.

[31] *Stolleis* (Fn. 16), 357.

[32] *P. Blickle*, Unruhen in der ständischen Gesellschaft: 1300–1800, 3. Auflage, München 2012, 75. Dies erklärt insbesondere, warum „das bürgerliche Gesetz als Hoffnungsträger" galt. Dazu *R. Ogorek*, Richterkönig oder Subsumtionsautomat? Zur Justiztheorie im 19. Jahrhundert, Frankfurt am Main 1986, 37. Ferner *T. Mayer-Maly*, Das Verhältnis zwischen Gesetz und Verordnung in der Rechtsgeschichte, AöR 80 (1955), 157 (157). Zur Entwicklung des Gesetzesbegriffes auch *F. Ossenbühl*, Gesetz und Recht – Die Rechtsquellen im demokratischen Rechtsstaat, in: Isensee/Kirchhof (Hrsg), HStR, Bd. V, 3. Auflage, Heidelberg 2007, § 100, Rn. 6 ff.

[33] *Stolleis* (Fn. 16), 360.

[34] Dazu, dass der frühmoderne Staat noch kein übergreifendes „Entwicklungsziel" aufwies, sondern vielmehr jede Störung durch entsprechende kleinteilige Verbote zu beseitigen versuchte: *Simon* (Fn. 13), in: Kahl/Ludwigs, § 1, Rn. 8.

[35] *Stolleis* (Fn. 16), 370–371. Zu dem damit verbundenen Qualitätssprung ins moderne Verwaltungsrecht, *D. Zacharias*, Der Begriff des Verwaltungsrechts in Europa, in: v. Bogdandy/Huber (Hrsg.), Handbuch Ius Publicum Europaeum, Bd, IV, Heidelberg 2011, § 72, Rn. 61–62.

[36] *Vesting* (Fn. 3), 373.

derts und dort auch nur äußerst umgrenzt statt.[37] Dies war auch darauf zurückzuführen, dass die territorial zersplitterten Geltungsbereiche der Normen und die jederzeitige Zugriffsfähigkeit der Obrigkeit die grundsätzlich zur wissenschaftlichen Anknüpfung erforderliche normative bzw. textliche Stabilität vermissen ließen.[38] Typologisch hatten die *Policeyordnungen* daher eher Ähnlichkeit mit einzelnen Befehlen anstatt mit allgemeinen Gesetzen.[39] Erst in der zweiten Hälfte des 18. Jahrhunderts erfuhr die systematische Behandlung der *Policeywissenschaft* im Zuge der Ausdifferenzierung des Rechts größere Aufmerksamkeit.[40]

1. Organisationssteuerung zur Korruptionsbekämpfung

Wie gesehen, stand in dieser frühen Konsolidierungsphase vor allem ein pragmatischer Blick auf Organisation als praktische Voraussetzung stabiler Verhältnisse im Zentrum. Insoweit ist es auch nicht verwunderlich, dass in dieser vorkonstitutionellen Epoche die Organisation noch als ein eigener Kompetenztitel, ein sogenanntes „Hausgut" der Exekutive galt.[41] Das zeitgenössische Schrifttum betonte insbesondere die Freiheit des Fürsten zur Organisationsgestaltung.[42] Der Verwaltungsapparat diente vor allem der Durchsetzung privat-fürstlicher Interessen und der Stabilisierung absolutistischer Herrschaft.[43] So war – dies war auch die Überzeugung früher Verfassungsentwürfe – auch letztlich den Untertanen am besten gedient.

Dieser fürstliche Zugriff auf die Bürokratie war auch dringend erforderlich. Der massiv steigende Verwaltungsaufwand des frühmodernen Staates hatte im

[37] *Stolleis* (Fn. 16), 372–373.

[38] *Forsthoff* (Fn. 8), 24. Zur Lage ab 1500 ebenso *Blickle* (Fn. 32), 75 ff.

[39] *M. Stolleis*, Geschichte des öffentlichen Rechts in Deutschland, Bd. II, Staatsrechtslehre und Verwaltungswissenschaft: 1888–1914, München 1992, 244.

[40] *B. Stollberg-Rilinger*, Der Staat als Maschine. Zur politischen Metaphorik des absoluten Fürstenstaats, Berlin 1986, 92.

[41] Zum Begriff des Hausgutes *G. Anschütz/R. Thoma*, Handbuch des deutschen Staatsrechts, Bd. II, 1. Auflage, Tübingen 1932, unveränderter Ndr. Tübingen 2018, § 76, 228: „Kraft allgemeiner, den funktionenteilenden Verfassungen immanenter Rechtsnormen verfügen insbesondere die Organe der ‚Verwaltung' (im formellen Sinne des Wortes) eben weil sie […] über einen Komplex von unmittelbaren Zuständigkeiten, den man ihr Hausgut nennen kann zum Unterschied von dem durch das Mittel besonderer rechtssatzmäßiger Ermächtigungen geschaffenen Zuständigkeitskomplex, den man ihr Leihgut nennen könnte." Ferner *Ermacora* (Fn. 2), 203.

[42] *Johann Jacob Moser* argumentierte, der Fürst habe „freie Hände, neue Collegia zu errichten, alte abzuändern, zu trennen oder aufzuheben usw., wie er es entweder für sein Cameral-Interesse, oder für das gemeine Beste, für gut findet." (Von der Landeshoheit in Regierungssachen, 1772, 28). Vgl. auch den Hinweis bei *Böckenförde* (Fn. 1), 22.

[43] *D. Willoweit/S. Schlinker*, Deutsche Verfassungsgeschichte. Vom Frankenreich bis zur Wiedervereinigung Deutschlands. Ein Studienbuch, 8. Auflage, München 2019, 177 ff. *Dreier/Kuch* (Fn. 15), in: Kahl/Ludwigs, § 60, Rn. 2.

16. Jahrhundert ein bis hin zum Ende des 18. Jahrhunderts nicht gelöstes Korruptionsproblem zur Folge.[44] Insbesondere durch den *Dreißigjährigen Krieg* war die Verwaltungsordnung dann endgültig aus den Fugen geraten.[45] Da die Beamtengehälter für einen angemessenen Lebensunterhalt nicht ausreichten[46] und auch die exekutive Kontrolle mangels geeigneter Informationsbeschaffungsmöglichkeiten des Fürsten nur lückenhaft war,[47] versuchten ausgedehnte Tugendordnungen, der Willkür Einhalt zu gebieten. Sie zeichneten ein (kontrafaktisches) Bild des Beamten als aufrichtigen Repräsentanten des Staates, der unbescholten, unbestechlich, aufrichtig, verschwiegen und treu in seinem Wirkungskreis tätig ist.[48] Die geringe normative Regelungsdichte und die fehlende Einbettung in ein Kontrollsystem machte die ethische Gesinnung der Beamtenschaft zu einem zentralen *topos*.

Die Korruption beeinträchtigte die Rationalität exekutiver Entscheidungen und damit auch das Ansehen der fürstlichen Herrschaft.[49] Ein Mittel zur Gegensteuerung war der flächendeckende Einsatz von Kollegialorganen in der Verwaltung, die in der Abwesenheit von Regelbindung und Kontrolle wenigstens ein Mindestmaß an Entscheidungsrationalität gewährleisten konnten.[50] Da auch Kompetenzen nicht hinreichend abgegrenzt waren, war die Kollegialentscheidung, die von ressortverantwortlichen Räten gemeinsam getroffen wurde, auch eine Kompetenzbrücke zu einer einheitlichen Entscheidungspraxis.[51]

---

[44] Anschaulich *J.I. Engels*, Die Geschichte der Korruption. Von der Frühen Neuzeit bis ins 20. Jahrhundert, Frankfurt am Main 2014, 39 ff. Zur Lage um das 16. Jahrhundert *Stolleis* (Fn. 16), 363–364.

[45] Zu diesem etwa *M. Kotulla*, Deutsche Verfassungsgeschichte. Vom Alten Reich bis Weimar (1495 bis 1934), Heidelberg 2008, 81 ff. Ferner *Stolleis* (Fn. 16), 358.

[46] *So T.I. Schmidt*, Recht des öffentlichen Dienstes in Deutschland, in: Kahl/Ludwigs (Hrsg.), Handbuch des Verwaltungsrechts, Bd. III, Verwaltung und Verfassungsrecht, Heidelberg 2022, § 90, Rn. 5.

[47] Dazu etwa *B. Fassbender*, Wissen als Grundlage staatlichen Handelns, in: Isensee/Kirchhof (Hrsg.), HStR, Bd. IV, 3. Auflage, Heidelberg 2006, § 76, Rn. 105 ff.

[48] *Stolleis* (Fn. 16), 363. Zum Tätigkeits- und Anforderungsprofil auch *Simon* (Fn. 13), in: Kahl/Ludwigs, § 1, Rn. 25 ff.

[49] Es ging also weniger um die normative Richtigkeit von Entscheidungen im Einzelfall, sondern vielmehr darum, dass eine kritische Menge an falschen Entscheidungen, zur Destabilisierung des Gemeinwesens führen kann. Dieses Element markiert die Verbindung zwischen normativen und sozialen Legitimitätsbegriffen. Präzise wiedergegeben von *N. Petersen*, Demokratie und Grundgesetz, JöR 2010, 137 (142) sowie *S. Kirste*, Kontexte der Demokratie: Herrschaftsausübung in Arbeitsteilung, VVDStRL (77) 2018, 161 (199 ff.).

[50] Bereits gefordert in den Zwölf Artikeln von Memmingen 1525. Vgl. *Habermas* (Fn. 20), 907. Zur Entwicklung auch *T. Groß*, Das Kollegialprinzip in der Verwaltungsorganisation, Tübingen 1999, 111–120. Diskussion auch bei *Forsthoff* (Fn. 8), 26.

[51] *Forsthoff* (Fn. 8), 26. Insoweit ist der politikwissenschaftliche *topos* des „verhandelnden Staats“, der in der verwaltungsrechtlichen Diskussion in den 1990er Jahren wiedererscheint, nicht alleine aus der Zunahme gesamtgesellschaftlicher Komplexität zu erklären,

Für eine gewisse Stabilisierung sorgte ferner die Herausbildung des Berufsbeamtentums, dessen genaue Datierung Gegenstand anhaltender wissenschaftlicher Auseinandersetzung ist.[52] Unstrittig ist aber, dass zumindest mit der beginnenden Entstehung moderner Staatlichkeit im Übergang vom 17. zum 18. Jahrhundert die Verwaltungsordnungen auch zunehmend Regelungen zum Beamten enthalten. Während feudale Verwaltungstätigkeit meist keinen eigenen Berufsstand begründete, und im Rahmen von Ehren- oder Nebenämtern erfolgte, stieg mit der zunehmenden Arbeitsbelastung der Beamten sowohl ihre wirtschaftliche Abhängigkeit vom Staat als auch die für die Wahrnehmung bestimmter Aufgaben erforderliche Spezialisierung.[53]

2. Die Herausbildung des hierarchischen Prinzips

Nachdem mit dem *Westfälischen Frieden* von 1648 der Schwerpunkt der Organisation des Staatswesens bereits in den einzelnen Territorien lag,[54] veränderten sich dort im 17. und im 18. Jahrhundert zentrale Elemente der Verwaltungsstruktur. Dabei fand die erhöhte Komplexität des für die Staatsleitung erforderlichen technischen und ökonomischen Wissens zweierlei Niederschlag: zum einen nach französischem Vorbild in der Entstehung eines breiten Verwaltungsunterbaus und dessen stufenweiser Hierarchisierung mit steigender Abstraktion der behandelten Materie; zum anderen in der Ausdifferenzierung von verselbständigten Sonderbehörden für besonders anspruchsvolle Themenfelder.[55] Schon im 17. Jahrhundert war man sich mithin der Notwendigkeit bewusst, den Organisationsaufbau der Verwaltung an den konkret zugewiesenen Aufgaben auszurichten.

Das Grundmodell der hierarchisch-bürokratischen Verwaltung entstand demnach im fürstlichen Spätabsolutismus als die Selbstorganisation der Verwaltung durch ihre interne Strukturierung durch Hierarchien, Dienstpläne

---

sondern auch aus unscharfer Interpretation der Kompetenzen. Dazu etwa *R. Prätorius*, Der verhandelnde und befehlende Staat, in: Gerlach/Nitschke (Hrsg.), Metamorphosen des Leviathan? Staatsaufgaben im Umbruch, Opladen 2000, 61–70.

[52] *J. Hofmann*, Zur Geschichte des Beamtenrechts in neueren Darstellungen, ZNR 1985, 208 ff.

[53] *Stolleis* (Fn. 16), 358.

[54] Differenzierend *Simon* (Fn. 13), in: Kahl/Ludwigs, § 1, Rn. 39.

[55] *Forsthoff* (Fn. 8), 20–29; *Stolleis* (Fn. 16), 367–368. Das französische Vorbild akzentuiert ferner *H. Heffter*, Die deutsche Selbstverwaltung im 19. Jahrhundert. Geschichte der Ideen und Insitutionen, 2. Auflage, Stuttgart 1969, 87; *P. Cancik*, Verwaltung und Selbstverwaltung, in: Herdegen/Masing/Poscher/Gärditz (Hrsg.), Handbuch des Verfassungsrechts. Darstellung in transnationaler Perspektive, München 2021, § 14, Rn. 7. Dagegen *C. Schönberger*, Verwaltungsrechtsvergleichung: Eigenheiten, Methoden und Geschichte, in: v. Bogdandy/Huber (Hrsg.), Handbuch Ius Publicum Europaeum, Bd. IV, Heidelberg 2011, § 71, Rn. 37 („Arche- nicht Prototyp“).

und vor allem durch vermehrte normative, zweckorientierte Steuerung in Form von Verwaltungsordnungen mit der Entwicklung der Staatlichkeit in den Territorien des Reiches bedeutend zunahm.[56] Die Besonderheit der Verwaltung in dieser Epoche ist der nicht reibungslos verlaufende Prozess der Ersetzung der polykratischen Herrschaftsverflechtungen des Mittelalters mit der Idee einer zentralen normativen Steuerung durch den Willen des Fürsten, den die Verwaltung gewissermaßen mechanisch und maschinengleich in die Praxis umsetzt.[57] So entstand das Bild der hierarchischen Kopfsteuerung, die sich über eine zentrale Leitungsinstanz pyramidal in alle Zweige der Organisation ausbreitet.[58]

Zwar hatte es auch im späten Mittelalter schon hierarchische Verwaltungsorganisation gegeben,[59] die Kunst der absolutistischen Mikroorganisation der Verwaltung bestand jedoch darin, diese strikt auf den fürstlichen Willen zu polen. „Ein wohl eingerichteter Staat," schrieb *Gottlob Justi* 1764, „muss vollkommen einer Maschine ähnlich seyn, wo alle Räder und Triebwerke auf das genaueste ineinander passen, und der Regent muss der Werkmeister, die erste Triebfeder oder die Seele seyn [...], die alles in Bewegung setzet."[60] Die gesellschaftliche Rationalisierung der bürokratischen Organisation, die *Max Weber* so prägnant mit Verlässlichkeit und Berechenbarkeit der Herrschaftsausübung auch für den Unterworfenen festgestellt hatte,[61] war hier nur im Hintergrund stehende Motivation. Im Zentrum stand die Bürokratie als Herrschaftstechnik zur mechanischen Implementation des erstarkenden fürstlichen Gestaltungswillens.

Im Ergebnis bewirkte die sich im späten Absolutismus vollziehende zunehmende Homogenisierung der Staats- und Verwaltungstätigkeit eine stärkere

---

[56] *Vesting* (Fn. 3), 374; *Dreier* (Fn. 3), 36 ff.

[57] Dazu ausführlich ferner *Stollberg-Rilinger* (Fn. 40), 62 ff. Jüngst auch *Simon* (Fn. 13), in: Kahl/Ludwigs, § 1, Rn. 13.

[58] Der Fürst sollte von einem „Centralpunkte aus durch Anordnung vieler und verschiedener genau in einandergreifender Räder den Staat in allen Theilen und nach allen Branchen regieren" können. *N.T. Gönner*, Der Staatsdienst aus dem Gesichtspunkt des Rechts und der Nationalökonomie betrachtet. Nebst der Hauptlandespragmatik über die Dienstverhältnisse der Staatsdiener im Königreiche Baiern, Landshut 1808, 31. So beginnt auch die bis heute zentrale Erzählung hierarchischer Verwaltungsgeschichte bei *Dreier* (Fn. 3), 40.

[59] Insbesondere in der Verwaltung der Kirche, dazu *W. Reinhard*, Die Verwaltung der Kirche, in: Jeserich/Pohl/v. Unruh (Hrsg.), Deutsche Verwaltungsgeschichte, Bd. I, Vom Spätmittelalter bis zum Ende des Reiches, Stuttgart 1983, § 6, 143 (153). Zur staatlichen Verwaltung *Willoweit*, in: Jeserich/Pohl/v. Unruh (Fn. 3), 290–291.

[60] *J.H.G. v. Justi*, Von der wahren Macht der Staaten, in: Gesammelte Politische und Finanzschriften über wichtige Gegenstände der Staatskunst, der Kriegswissenschaften und des Cameral- und Finanzwesens, Bd. III, Ndr. d. Ausg. Kopenhagen, Leipzig 1764, Aalen 1970, 40 (86–87). Ausführlich dargestellt bei *Stollberg-Rilinger* (Fn. 40), 105 ff. mit leicht veränderter Zitierweise.

[61] *Weber* (Fn. 3), 565. Siehe auch *Willoweit*, in: Jeserich/Pohl/v. Unruh (Fn. 3), 290; *Dreier* (Fn. 3), 44.

Normenbindung der Beamtenschaft an den Willen des Fürsten.[62] Dies schlug sich auch in der verwaltungsorganisatorischen Binnenstruktur nieder. Das Amtsprinzip und die verbindliche Kodifizierung von Rechten und Pflichten, sowie Schutz vor Konflikten mit dem Landesherrn sorgte für die zunächst langsame Herausbildung eines öffentlichen Dienstrechts.[63] Insbesondere in Preußen sorgten gegen Ende des 18. Jahrhunderts vereinheitlichte Auswahl- und Ausbildungsrichtlinien für eine Institutionalisierung der Verwaltung.[64] Ziel dabei war es, den einzelnen Beamten in ein Handlungsgefüge einzubinden, das die individuellen Entscheidungsspielräume reduzierte: „der einzelne wurde zum Rädchen einer großen Maschinerie."[65] Mit Beginn des 19. Jahrhunderts waren es dann auch zunehmend ausgebildete Juristen, die in der Verwaltung tätig waren.[66] Insbesondere die allmähliche Entwicklung juristischer Methoden führte dementsprechend im europäischen Vergleich zur Herausbildung einer systematischen Herangehensweise an das „öffentliche" Recht.[67]

3. Lokale Selbstverwaltung

Parallel zur frühneuzeitlichen Verdichtung von Verwaltung entstehen Ansätze zur Selbstverwaltung, die ihren historischen Ursprung in den spätmittelalterlichen Dorf- und Hofordnungen haben.[68] Genauso wie die hierarchische Ver-

[62] *Willoweit*, in: Jeserich/Pohl/v. Unruh (Fn. 3), 289. *Vesting* (Fn. 3), 379 ff.

[63] *H. Hattenhauer*, Geschichte des deutschen Beamtentums, 2. Auflage, Köln 1993, 99 ff.

[64] *Dreier* (Fn. 3), 47.

[65] Nach *Stolleis* „bewirkten [die frühen Verwaltungsordnungen] den Aufbau eines fein differenzierten Beamtenapparats und stellten ihn, speziell nach Thronwechseln, auf die neuesten Erfordernisse und politische Richtungswechsel um, sie disziplinierten die Beamtenschaft und verliehen ihr im Gegenzug durch Funktionsbeschreibung, Zuteilung einer Rangstelle und durch feste Besoldung auch eigene Rechte. Gleichzeitig wirkten sie nach außen auf die Beziehungen zwischen staatlichem Apparat und Untertanen ein, indem sie das Verwaltungshandeln berechenbarer machten, die wenigstens formale Verbescheidung sicherten und für den Bürger den institutionellen Aufbau der Verwaltung erkennbar werden ließen." *Stolleis* (Fn. 16), 359.

[66] Klassisch dargestellt von *W. Bleek*, Von der Kameralausbildung zum Juristenprivileg. Studium, Prüfung und Ausbildung der höheren Beamten des allgemeinen Verwaltungsdienstes in Deutschland im 18. und 19. Jahrhundert, Berlin 1972, 286 f. Dazu ferner *Simon* (Fn. 13), in: Kahl/Ludwigs, § 1, Rn. 60.

[67] Nachgezeichnet bei *D. Grimm*, Verfassung und Privatrecht im 19. Jahrhundert. Die Formationsphase, Tübingen 2017, 24 ff. Ferner *A. v. Bogdandy*, Vergleich, in: ders./Huber (Hrsg.), Handbuch Ius Publicum Europaeum, Bd. II, Heidelberg 2008, § 39, Rn. 14 ff.

[68] Zu dessen europäischer Verbreitung präzise dargestellt von *Melis/Meniconi* (Fn. 15), in: v. Bogdandy/Huber, § 88, Rn. 49 ff. Vgl. auch *v. Unruh* (Fn. 14), in: Mann/Püttner, § 4, Rn. 4. Tendenziell anders *C. Brüning/K. Vogelgesang*, Die Kommunalaufsicht, Aufgaben – Rechtsgrundlagen – Organisation, 2. Auflage, Berlin 2009, Rn. 54: „Die Gemeinden waren zu Beginn des 19. Jahrhunderts nur noch unselbständige Teile der staatlichen Gemeinschaft." Abdrucke dieser Dorfordnungen beginnend mit dem Jahr 1422 im Originaltext finden sich

waltung als zentrale Kopfsteuerung etabliert sich die Selbstverwaltung als eigener, gegensätzlicher Organisationstyp der lokalen Selbststeuerung.[69] Insbesondere in einzelnen Städten konnte sie sich nachhaltig etablieren und als eigenes Organisationsprinzip durchsetzen.[70] Die Selbstverwaltung auf dem Land in Form der Grafschaften des karolingischen Großreiches war hingegen durch feudale Grundsätze des Lehnswesens in Zentraleuropa nachhaltig beseitigt worden.[71]

Die Grundlage der Selbstverwaltungsidee war wiederum ein oberitalienisches Importprodukt.[72] Die wirtschaftlich-soziale Ordnung in den Städten des 12.–14. Jahrhunderts war genossenschaftlich.[73] Auch in Deutschland gab es entsprechende Herrschafts- und vor allem Streitschlichtungsformen, in denen bestimmte (den modernen Schöffen ähnliche) Personen umfangreiche Regierungs-, Verwaltungs- und Rechtsprechungsaufgaben wahrnahmen.[74] Dabei unterschied sich der mittelalterliche Herrschaftsbegriff noch wesentlich vom Über- und Unterordnungsverhältnis *Webers*. In der „herrenständischen" Ordnung des Mittelalters wurde Herrschaft als eine persönlich-reziproke Beziehung von Herrscher und Beherrschtem begriffen.[75] Diese persönliche Beziehung bestand keineswegs zwischen Herrscher und einem als Individuum begriffenen Herrschaftsunterworfenen, sondern vielmehr zwischen ihm und einer Vielzahl von (wiederum selbstorganisierten) Gemeinschaften, so dass der Herrschaftsbegriff untrennbar mit dem Begriff der thematisch-lokal identifizierten Genossenschaft verknüpft blieb.[76] Dieser Konnex der Kombination von notwendiger Selbstorganisation und Herrschaftsanspruch löste sich erst im Verlauf des 16. Jahrhunderts.[77]

---

bei *W. Wüst*, Die „gute" Policey im Reichskreis. Zur frühmodernen Normensetzung in den Kernregionen des Alten Reiches, Bd. IV, Die lokale Policey: Normensetzung und Ordnungspolitik auf dem Lande – ein Quellenwerk, Berlin 2008, 149 ff.

[69] *P. Axer*, Selbstverwaltung als Organisationstyp, in Kahl/Ludwigs (Hrsg.), Handbuch des Verwaltungsrechts, Bd. II, Grundstrukturen des europäischen und internationalen Verwaltungsrechts, Heidelberg 2021, § 63, Rn. 6.

[70] Vgl. *Heffter* (Fn. 55), 16.

[71] *Heffter* (Fn. 55), 17: „Nur in einigen Randstaaten des mittelalterlichen Abendlandes sind die entsprechenden Landschaftsverbände bis in die neueste Zeit erhalten geblieben; die englischen Grafschaften und die ungarischen Komitate sind ja die bekanntesten Fälle einer althistorischen landschaftlichen Selbstverwaltung."

[72] *Melis/Meniconi* (Fn. 15), in: v. Bogdandy/Huber, § 88, Rn. 16.

[73] *Melis/Meniconi* (Fn. 15), in: v. Bogdandy/Huber, § 88, Rn. 16.

[74] *Melis/Meniconi* (Fn. 15), in: v. Bogdandy/Huber, § 88, Rn. 23.

[75] Vgl. die Hinweise bei *Vesting* (Fn. 3), 372.

[76] *E. Ennen*, Die europäische Stadt des Mittelalters, 1. Auflage, Göttingen 1972, 111.

[77] *Vesting* (Fn. 3), 373.

4. Vollzugsföderalismus

Dieser zeitweise parallelen Präsenz zweier Ordnungsprinzipien entsprechend, reflektiert sich die quantitative und qualitative Zunahme der normativen Steuerung nicht notwendigerweise in einer Zentralisierung der Exekutive. Dies zeigt sich auf der einen Seite in einer auch historisch nachvollziehbaren quasiföderalen Trennung von mehr oder weniger zentraler Normsetzung und lokalem Normvollzug. Bis zum Ende des *Heiligen Römischen Reiches Deutscher Nation* 1806 gab es zwar mit dem Reichsrecht eine übergreifende Normebene, diese hatte aber in der Praxis kaum Einfluss auf die bereits sehr fortschrittliche Verwaltungswirklichkeit in den Territorien. Am weitesten ging sie wohl bei der durchgehend anerkannten Rechtsprechung des Reichsgerichts.[78]

Spätestens mit dem *Westfälischen Frieden* von 1648 fand die strukturelle Entwicklung der Verwaltung endgültig in den nahezu souveränen Territorien statt: die übergreifende Verwaltungsorganisation des *Heiligen Römischen Reiches Deutscher Nation* existierte nur noch auf dem Papier.[79] Formal war zwar der Kaiser noch an der Spitze der Staatsleitung, benötigte aber für fast alle bedeutsamen Entscheidungen die Zustimmung des Reichstags.[80] Die Ausübung der Staatsgewalt war in vielerlei Hinsicht durch Formen der Selbstverwaltung, Verselbständigung von Verwaltungseinheiten und überlappenden Normenbeständen durchbrochen. Exekutive Einheitsvorstellungen sind zwar *topos* der geistesgeschichtlichen Entwicklung, waren aber in der Praxis nicht realisiert. Die Verwaltungstradition ist in Deutschland daher auch historisch seit jeher auf die dezentralen Einheiten ausgelagert, was ein wesentliches Element des spezifisch deutschen Föderalismus darstellt.[81]

5. Ansätze zur Verwaltungskontrolle

In der Endphase des Reiches im ausgehenden 18. Jahrhundert wurde die flächendeckende Kontrolle des Verwaltungshandelns nicht für notwendig erachtet, da der allgemeine Glaube an die auf die gesellschaftliche Wohlfahrt gerich-

---

[78] Dazu *S. Jahns*, Das Reichskammergericht und seine Richter. Verfassung und Sozialstruktur eines höchsten Gerichts im Alten Reich, Bd. I: Darstellung, Köln 2011, 38–97.

[79] *Stolleis* (Fn. 39), 366. Differenzierend *B. Grzeszick*, Der Gedanke des Föderalismus in der Staats- und Verfassungslehre vom Westfälischen Frieden bis zur Weimarer Republik, in: Härtel (Hrsg.), Handbuch Föderalismus: Föderalismus als demokratische Rechtsordnung und Rechtskultur in Deutschland, Europa und der Welt, Bd. I, Grundlagen des Föderalismus und der deutsche Bundesstaat, Heidelberg u.a. 2012, § 2, Rn. 8.

[80] *Grzeszick* (Fn. 79), in: Härtel, § 2, Rn. 8.

[81] *Stolleis* (Fn. 39), 243.

teten Absichten des Monarchen noch nicht erodiert war.[82] Zwar waren verschiedene Methoden der Selbstkontrolle präsent, die aber durch die starke obrigkeitsstaatliche Prägung der Exekutive nur begrenzte Wirksamkeit erlangten. Zu ausgeprägt war das Vertrauen in monarchische Virtuosität.[83] Erst allmählich wuchs ein Bewusstsein heran, dass man mit der ordnungsgarantierenden Freiheitsdelegation an den Leviathan durchaus neue Gefahren geschaffen hatte.[84] Im Zuge der französischen Revolution kamen sodann auch Forderungen von normativer Bindung von Beamten und Richtern auf.[85]

Gleichzeitig waren vor allem Gerichte in der Zeit vom 16. bis zum 18. Jahrhundert wesentliche Treiber der zunehmenden Verrechtlichung des öffentlichen Lebens.[86] Insbesondere das *Reichskammergericht* war bis zum Ende des Reiches immer wieder in der Lage auch entgegen fürstlicher Entscheidungen zu wirken, was zu einer im Nachhinein insgesamt sehr positiven Einschätzung seines Einflusses beiträgt.[87] Landesherrliche Eingriffe in die Justiz waren zwar

---

[82] Vgl. aber *S. Westphal*, Gerichtliche Verwaltungskontrolle im Alten Reich, in: Sommermann/Schaffarzik (Hrsg.), Handbuch der Geschichte der Verwaltungsgerichtsbarkeit in Deutschland und Europa, Berlin 2019, § 1, 3 (23).

[83] Stellvertretend für den aufgeklärten Absolutismus des 18. Jahrhunderts formulierte *Johann August Eberhard*: „Tugend und Weisheit des Monarchen [können] den Mangel aller politischen Freyheit ersetzen." *J.A. Eberhard*, Über die Freyheit des Bürgers und die Principien der Regierungsformen, in: Vermischte Schriften, Bd. I, 1784, 22. Siehe dazu auch *S. Zurbuchen*, Theorizing Enlightened Absolutism: The Swiss Republican Origins of Prussian Monarchism, in: Blom/Laursen/Simonutti (Hrsg.), Monarchisms in the Age of Enlightenment. Liberty, Patriotism, and the Common Good, Toronto/Buffalo/London 2007, 240–266.

[84] Anschaulich etwa *Vesting* (Fn. 3), 384. Vgl. etwa auch 396: „Die materiale Rationalisierung [...] hat das libertäre Ständewesen in einen reinen Patrimonialismus transformiert und ihn damit jenem nach Weber idealtypischen Grenzfall einer [...] Herrschaft angenähert, die sich in der Art ihrer Verwaltung ‚primär in der Sphäre freier traditionsungebundener Willkür' bewegt. Eines jedoch hat der Prozeß der materialen Rationalisierung aus sich heraus nicht bewirken können: Das Gehäuse der traditionalen Herrschaft zu sprengen und eine Angleichung an bürgerlich-liberale Verhältnisse vorzunehmen, wie sie sich in England, Amerika und Frankreich am Ende des 18. Jahrhunderts bereits ausgebildet hatte." Dazu ferner *Simon* (Fn. 13), in: Kahl/Ludwigs, § 1, Rn. 59: „Neues Gefahrenbewusstsein gegenüber dem Staat."

[85] *Ogorek* (Fn. 32), 46 ff. Das Jahrhundert des deutschen Konstitutionalismus war damit auch ein Ringen um externe Kontrolle der Exekutive. Dabei entwickelt sich die Verwaltungsgerichtsbarkeit insbesondere in der zweiten Hälfte des 19. Jahrhunderts als eigener Zweig der Gerichtsbarkeit. Die parlamentarische Verantwortlichkeit der Regierung wird erst in der Weimarer Verfassung kodifiziert. Effektives (da formalisiertes) Zusammenwirken erlangen die verschiedenen Sicherungsmechanismen exekutiver Entscheidungen jedoch erst unter dem Grundgesetz.

[86] *Stolleis* (Fn. 16), 133 ff.; *H. Fuhrmann*, Überall ist Mittelalter. Von der Gegenwart einer vergangenen Zeit, 3. Auflage, München 2010, 58 ff. stellt die Verbindung zum Fälscherwesen her: Ab dem 15. Jahrhundert wurde die mittelalterlich sehr präsente Fälschung von Rechtssätzen erschwert.

[87] *T. Würtenberger*, Kontrolle von Verwaltungshandeln ab 1806: Justizstaat versus Administrativjustiz, in: Sommermann/Schaffarzik (Hrsg.), Handbuch der Geschichte der Verwaltungsgerichtsbarkeit in Deutschland und Europa, Berlin 2019, § 2, 31 (32 ff.). Dort „findet

grundsätzlich möglich, aber in der Praxis absolute Ausnahmen.[88] Unabhängige und rechtsgeleitete Entscheidungen nach heutigem Maßstab bedeutete dies freilich noch nicht.[89]

II. Verwaltungsreformen und das Bewusstsein für die Macht der Organisation

Mit dem Ende des Reiches durch den *Reichsdeputationshauptschluss* von 1803[90] und die Niederlage Preußens gegen das napoleonische Frankreich 1806 begann das Jahrhundert der deutschen Konstitutionalisierung, das von einer zunehmenden Strukturierung exekutiven Handelns – wenngleich in verschiedenen Entwicklungsstufen und aus unterschiedlichen Motiven – geprägt war.[91] In Preußen war die Niederlage das Startsignal der *Stein-Hardenbergschen* Reformen, die den Übergang in das bürgerliche Zeitalter markierte.[92] Mit den Verwaltungsreformen wuchs das Bewusstsein dafür, dass auch in der Anordnung der Organisation selbst ein wesentlich gestaltendes Herrschaftselement liegt.

Nach 1806 setzte sich die Entwicklung der Verwaltungsstruktur in Preußen unter ganz anderen Vorzeichen fort. Mit dem Ende des Reiches verlor insbesondere die Metapher der Herrschaftsmechanik unter dem Einfluss der französischen Revolution an Zugkraft und wurde zunehmend von der Vorstellung

der Teutsche Bürger Hülfe gegen allen Despotismus, gegen gesetzwidrige Urteile, gegen Verweigerung oder Verzögerung der Justiz, gegen ungerechte Gesetze, gegen verfassungswidrige Eingriffe in seine Freiheiten, gegen jeden Missbrauch der Regierungsgewalt." *G.H. v. Berg*, Über Teutschlands Verfassung und die Erhaltung der öffentlichen Ruhe in Teutschland, 1795, 61. Von dem bekannten Ausspruch über das Reichsverfassungsgericht berichtet auch *Würtenberger*, in: Sommermann/Schaffarzik, 32.

[88] *Forsthoff* (Fn. 8), 28–29.

[89] Der Justiz war damit weitestgehend vorbehalten, zu entscheiden, welche Maßnahmen dem „Gemeinwohl" dienten. *Westphal* (Fn. 82), in: Sommermann/Schaffarzik, § 1, 27.

[90] Zu diesem *V.M. Sochor*, Der Reichsdeputationshauptschluss von 1803: Hintergrund, Inhalt und Folgen, Göttinger Rechtszeitschrift 1/2021, 38–49 sowie *U. Hufeld*, Einleitung in: ders. (Hrsg.), Der Reichsdeputationshauptschluß von 1803, Böhlau 2003, 1–32. Ferner *J. Ziekow*, Der Reichsdeputationshauptschluß und die Säkularisation in Preußen, DÖV 1985, 817–819. Zur Bedeutung für den deutschen Föderalismus *Grzeszick* (Fn. 79), in: Härtel, § 2, 57, Rn. 22.

[91] Dazu *F.-L. Knemeyer*, Reformanlässe, Pläne und Prinzipien, in: Jeserich/Pohl/v. Unruh (Hrsg.), Deutsche Verwaltungsgeschichte, Bd. II, Vom Reichsdeputationshauptschluß bis zur Auflösung des Deutschen Bundes, Stuttgart 1983, § 2, 130 ff. Zusammengefasst bei *W. Frotscher/B. Pieroth*, Verfassungsgeschichte. Von der nordamerikanischen Revolution bis zur Wiedervereinigung Deutschlands, 18. Auflage, München 2019, 78 ff. Jüngst auch *S. Fisch*, Verwaltung im langen 19. Jahrhundert, in: Kahl/Ludwigs (Hrsg.), Handbuch des Verwaltungsrechts, Bd. I, Grundstrukturen des deutschen Verwaltungsrechts, § 2, Rn. 3 ff.

[92] Dazu etwa *R. Koselleck*, Preußen zwischen Reform und Revolution. Allgemeines Landrecht, Verwaltung und soziale Bewegung von 1791 bis 1848, München 1989, 163–216.

des Staatswesens als ineinandergreifenden Organismus abgelöst.[93] Im Unterschied zur rein physikalischen Kraftübertragung und zentraler Steuerung war Teilhabe jedes Einzelnen an der Entfaltung staatlicher Tätigkeit das Motiv der Reformzeit.[94] Ihre Begrifflichkeiten setzten sich damit entscheidend von absolutistischen Leitideen ab. In der behördlichen Mikroorganisation standen die Zeichen aber weiter in Richtung der Fortentwicklung bürokratischer Methoden, wenngleich unter differenzierenden Vorzeichen.

In den west- und süddeutschen Territorien war die auf die Auflösung des Reiches folgende Entwicklung hingegen vom *Rheinbund* bestimmt. Hier war die gemeinsame Reformfrage ungleich komplexer, verschlang die nach außen gerichtete Koordination der souveränen Teilstaaten und die Auseinandersetzung mit französischen Interessen zu viele Ressourcen, um eine konsequente Reformpolitik zu ermöglichen.[95] Eine zentrale Frage war hier das Verhältnis zwischen den Normebenen des Bundesrechts und den souveränen Territorien.[96] Auch wenn der *Rheinbund* nur eine kurze Epoche der französischen Dominanz auf deutschem Staatsgebiet darstellte, waren die Anleihen an der zentralistischen französischen Verwaltungsstruktur in dieser wichtigen Reformzeit beträchtlich. Während in Preußen die Zeichen auf Ausdifferenzierung standen, waren im *Rheinbund* Einheitsvorstellungen präsenter.

1. Modernisierung der Verwaltung

In den südlichen Territorien sowie in Preußen zeigte sich die Modernisierung und Pluralisierung der Verwaltung ab 1808 besonders deutlich. Die Organisationsstruktur passte sich dabei den praktischen Anforderungen erhöhter Komplexität an. Es erwacht hier das Bewusstsein für die zentrale Rolle, die Organisation und Organisationsbegriffe für das Funktionieren von Staatlichkeit haben.[97] Gleichzeitig entwickelt sich ein Verständnis für die notwendige Offenheit der Staatsorganisation zu bürgerlicher Beteiligung.[98]

---

93 Vgl. *Heffter* (Fn. 55), 63.

94 Zum Bedeutungswandel der Staatsbilder von Mechanik → Organismus: *Dreier* (Fn. 3), 53.

95 Dazu etwa *T. Nipperdey*, Deutsche Geschichte 1800–1866, Bd. II, Bürgerwelt und starker Staat, München 1983, 69–79. Ferner auch *F.-L. Knemeyer*, Die Rheinbundstaaten bis 1814, in: Jeserich/Pohl/v. Unruh (Hrsg.), Deutsche Verwaltungsgeschichte, Bd. II, Vom Reichsdeputationshauptschluß bis zur Auflösung des Deutschen Bundes, Stuttgart 1983, § 1, 333 ff.

96 *Stolleis* (Fn. 39), 65–66.

97 So auch *S. Kirste*, Theorie der Körperschaft des öffentlichen Rechts. Verwaltungshistorische, organisationstheoretische und verwaltungsorganisationsrechtliche Aspekte, Heidelberg 2017, 97.

98 Eindrücklich dargelegt von *Cancik* (Fn. 13), 230 ff. am Beispiel der Mühlen, den Großvorhaben der damaligen Zeit.

Die Zuwendung zu einem Begriff des Staates als „Organismus" machte vor allem deutlich, dass die Staatsleitung durch mechanische Programmierung schon rein faktisch nicht mehr zu leisten war. Ausdifferenzierung der Verwaltungsstruktur war die Antwort der Reformzeit auf steigende gesamtstaatliche Komplexität.[99] Die Identifikationsfigur für diese Reformen war *Freiherr vom Stein*, der prägnant bürokratiekritisch[100] einen zentralisierenden Organisationsaufbau forderte.[101] Im Wesentlichen hatte die Ausdifferenzierung zur Folge, dass in fast allen Territorien bis 1808 die Verwaltung einem *Staatsministerium* unterstellt wurde, das sich unmittelbar aus Fachministern zusammensetzte.[102] Die Abschaffung des Kabinettsystems band den Monarchen stärker in die unmittelbare Staatsleitung ein, indem es eine direkte Verbindung zwischen ihm und seinen Ministern etablierte.[103] Anstatt umfassender mechanisch implementierter Willensmacht unterstützte die zweckrationale Gliederung der Verwaltung den Monarchen in seinen Herrschaftsaufgaben. Während *Stein* noch für eine kollegiale Ministeriumsleitung optierte, setzte sich letztlich *Hardenberg* mit seiner Forderung nach zentral-hierarchischer Struktur durch,[104] die eine wichtige Weichenstellung für die Zukunft des deutschen Verwaltungsstaats markieren sollte.

2. Selbstverwaltung in der Preußischen Städteordnung

Diese Zentralisierung wurde jedoch auch von Bestrebungen begleitet, die in bestimmten Bereichen wiederum das Narrativ der Selbstverwaltung stärkten.[105]

---

[99] Dazu *Forsthoff* (Fn. 8), 30–31.

[100] *P. Cancik*, „Bürokratie" als negative Markierung: Zur Semantik von Staats- und EU-Kritik, Leviathan 2020, 612 (619).

[101] „Je größer der Staat, umso nötiger ist es, solche Einrichtungen zu treffen, wodurch Einheit in seiner Bewegung erhalten und die zerstückelten Geschäftszweige endlich an einem Punkt zu einem Ganzen verbunden werden." Auf das Zitat *v. Steins* verweist auch *Dreier* (Fn. 3), 53.

[102] Zu den Steinschen Reformen mit dem Versuch die bürgerliche Mitverantwortung für die Staatsleitung zu stärken. *G.-C. v. Unruh*, Die Veränderungen der preussischen Staatsverfassung durch Sozial- und Verwaltungsreformen, in: Jeserich/Pohl/v. Unruh (Hrsg.), Deutsche Verwaltungsgeschichte, Bd. II, Vom Reichsdeputationshauptschluß bis zur Auflösung des Deutschen Bundes, Stuttgart 1983, § 3, 399 (423). Graphisch aufgearbeitet bei *Frotscher/Pieroth* (Fn. 91), 109. Ferner *Forsthoff* (Fn. 8), 30.

[103] *Forsthoff* (Fn. 8), 30.

[104] Zu dieser Kontroverse *v. Unruh*, in: Jeserich/Pohl/v. Unruh (Fn. 102), 452. *Frotscher/Pieroth* (Fn. 91), 110.

[105] Zur Begriffsgeschichte der Selbstverwaltung *v. Unruh* (Fn. 14), in: Mann/Püttner, § 4, Rn. 6; *R. Hendler*, Das Prinzip Selbstverwaltung, in: Isensee/Kirchhof (Hrsg.), HStR, Bd. VI, 3. Auflage, Heidelberg 2008, § 143, Rn. 2 ff. sieht in der Preußischen Städteordnung den Ursprung der modernen Selbstverwaltung. Zu dieser auch *J. Ziekow*, 175 Jahre Steinsche Städteordnung, Städte- und Gemeindebund 38 (1983), 448–451.

Das Reformprogramm sah die Selbstverwaltung insbesondere auf der lokalen Ebene vor.[106] Waren lokale Formen der Selbstverwaltung schon früher bekannt und insbesondere in den auf die Bauernkriege folgenden Verfassungsentwürfen des 16. Jahrhunderts gefordert worden,[107] entstand hier erstmals die Idee innerhalb einer „festgefügten übergreifenden Staatsordnung"[108] dezentrale Verwaltungseinheiten zur gesellschaftlichen Beteiligung an der Verwaltung einzurichten.[109]

Der Beginn der modernen Form der Selbstverwaltung wird daher in der Regel auf die Reformzeit datiert. Insbesondere in der *Preußischen Städteordnung* von 1808 kam das Bestreben zum Ausdruck „das bürgerliche Element mit dem Staat zu verbinden."[110] Über die lokale Ebene hinaus etablierten sich zeitgleich akademische und wirtschaftliche Selbstverwaltungsrechte.[111] Insbesondere die Einführung der Magistratsverfassung in den Gemeinden mit dem Dualismus von Stadtverordnetenversammlung, in der Legislativ- und Exekutivrechte zusammenfielen, und lediglich ausführendem Magistrat hatte eine zukunftsweisende Perspektive.[112] Gleichzeitig hatten die Gemeinden die Doppelfunktion von Selbstverwaltungskörperschaft und unterster Verwaltungsbehörde inne. Zwar gelang es schon zur Reformzeit nicht, das dargestellte System auch auf die Landgemeinden auszuweiten[113] und große Teile der fortschrittlichen Errungenschaften fielen in der Folgezeit der Restauration zum Opfer. Dennoch war ein Markstein zur Ausdifferenzierung erreicht.

3. Parallelität von Hierarchie und basisdemokratischer Verwaltung

Wurde die Selbstverwaltung gestärkt, war demgegenüber ein wesentlicher Aspekt der Reorganisation der Verwaltung die flächendeckende Abschaffung des Kollegialprinzips, das in der Abwesenheit jeder Form von subjektiv-rechtli-

[106] *R. Hendler*, Selbstverwaltung als Ordnungsprinzip – zur politischen Willensbildung und Entscheidung im demokratischen Verfassungsstaat der Industriegesellschaft, Köln 1984, 9 ff.

[107] Dazu *Habermas* (Fn. 20), 907.

[108] *Hendler* (Fn. 105), in: Isensee/Kirchhof, § 143, Rn. 5.

[109] Zur frühen Entstehung von Beteiligungskonzepten und deren Deckungsgleichheit mit dem Selbstverwaltungsbegriff, vgl. *P. Cancik*, „Selbst ist das Volk" – Der Ruf nach „Volkstümlichkeit der Verwaltung" in der ersten Hälfte des 19. Jahrhunderts, Der Staat 43 (2004), 298–327 (321 ff.).

[110] *Forsthoff* (Fn. 8), 472. Ausführlich dazu *Heffter* (Fn. 55), 84 ff. Dazu auch *Fisch* (Fn. 91), in: Kahl/Ludwigs, § 2, Rn. 18. Im Hinblick auf die Entwicklung der Kommunen: *C. Brüning*, Kommunale Selbstverwaltung, in: Kahl/Ludwigs (Hrsg.), Handbuch des Verwaltungsrechts, Bd. III, Verwaltung und Verfassungsrecht, Heidelberg 2022, § 64, Rn. 2 ff. Ferner *Hendler* (Fn. 106), 14.

[111] *Hendler* (Fn. 106), 23, 29.

[112] Dazu *Forsthoff* (Fn. 8), 524.

[113] *Fisch* (Fn. 91), in: Kahl/Ludwigs, § 2, Rn. 18. *Forsthoff* (Fn. 8), 525.

cher Verwaltungskontrolle oder Rückbindung zumindest der Vermeidung gröbster Entscheidungswillkür diente.[114] Während das Erfordernis gemeinsamer Entscheidung die innerbürokratische Diskussion förderte und damit zur Rationalisierung lediglich allgemeiner Vollzugsanweisungen auf unteren Verwaltungsstufen beitrug, machte es die Verdichtung der normativen Steuerung möglich, die durch Verwaltungshierarchie programmierte Entscheidung des einzelnen Beamten auch in den unteren Stufen der Binnenorganisation einzusetzen. Damit waren ein Effektivitäts- und Geschwindigkeitszuwachs der einzelnen Entscheidung und ein Verantwortungszuwachs für den Amtsträger verbunden. Die strukturierte behördliche Mikroorganisation entwickelte sich damit weitgehend unabhängig vom radikal differierenden Staatsbild der beiden Epochen.

Die Entwicklung des Motivs der Einheit der auf einen zentralen Punkt bezogenen Verwaltung mit hierarchisch-pyramidaler Grundstruktur zieht sich also vom Spätabsolutismus bis zum Ende der Reformzeit.[115] Die Herausbildung der Grundstruktur der Verwaltung war so 1815 in seinen wesentlichen Teilen bereits abgeschlossen.[116] Die Verwendung standardisierter Verfahren, Grundzüge des Binnenrechts der Verwaltung, Weisungshierarchien und der pyramidale Aufbau, Verschriftlichung, spezielle Sonderbehörden etc. entwickelten sich in der Spätphase des Absolutismus und in der Reformzeit in Preußen zu dem auch heute praktizierten Modell rationaler Verwaltung.[117]

Aus der scheinbar finalen Kontinuität dieser Entwicklung lässt sich wohl jedoch keine historische Grundentscheidung zu Gunsten eines bestimmten Organisationsprinzips herauslesen. Was aber deutlich erscheint, ist das Bestreben, sich der Vor- und Nachteile verschiedener Organisationsformen bewusst zu werden, um eine begründete, die Funktionsfähigkeit des Gemeinwesens ermöglichende Entscheidung für eine bestimmte Organisationsform treffen zu

---

[114] Dazu *Dreier* (Fn. 3), 54 mwN.

[115] *Dreier* (Fn. 3), 69–70.

[116] Insoweit könnte man sagen, dass der Geschichte der wechselhaften *Makroorganisation* der Verwaltung die Kontinuität ihrer *Mikroorganisation* entgegengestellt wird. Als Makroorganisation wäre etwa die Zahl der Behörden und deren Beziehung zueinander zu klassifizieren. Gegenstück ist die Mikroorganisation als Binnenorganisation einer einzelnen Behörde. Wegweisende Arbeiten von *R. Mayntz*, Soziologie der öffentlichen Verwaltung, 3. Auflage, Heidelberg 1985; dazu auch *P. Richter*, Zur Logik und Theorie der Makroorganisation der Verwaltung, dms 2016, 231–251.

[117] Die sehr verworrene politische Entwicklung des 19. Jahrhunderts vermochte auf diesen Prozess nur sehr begrenzt Einfluss zu nehmen. Hier entwickelt sich die Flexibilität der Verwaltung hinsichtlich des vollzogenen Normenbestandes. Die Verfahren der Verwaltung eignen sich prinzipiell jede Art der normativen Steuerung zu implementieren. Zentrale Verwaltungsorganisation benötigt keine zentrale politische Willensbildung, die Einheit der Verwaltung ist nicht auf die Einheit des Staates angewiesen. Dabei kann sie auch auf die im 19. Jahrhundert anzutreffenden Verschränkungen zwischen Normebenen von Bundesstaat/Staatenbund/Reich und der Ebene der Territorien und Ländern hinreichend differenzieren.

können.[118] Auch sollte der scheinbare Widerspruch zwischen den Organisationsprinzipien Hierarchie und Selbstverwaltung nicht überbetont werden, da die Selbstverwaltung in vielen Aspekten auch hierarchisch-bürokratische Züge aufwies.[119]

4. Der bürgerliche Beamtenstaat

Die Verwaltungsreformen benötigten zu ihrem Erfolg mit dem modernen Beamten die Ausbildung eines bestimmten Typus des Entscheidungsträgers. Die Grundüberzeugung der Reformzeit, dass die Entfaltung der bürgerlichen Gesellschaft nicht nur der geistigen Kräfte des Monarchen, sondern des gesamtgesellschaftlichen Zusammenwirkens bedurfte, schlug sich auch in der Rollenzuweisung des Beamten nieder. Frei von Normenbindung sollte dieser in seiner Vorbildfunktion als „Geburtshelfer"[120] der bürgerlichen Gesellschaft dienen.[121] Das Berufsbeamtentum gewann sein dem Staat als Ganzen zugewandtes Pflichtenethos insbesondere in dieser Epoche.[122] Gleichzeitig begann auch die Entwicklung des kodifizierten Beamtenrechts in Gesetzesform. Das Arbeitsverhältnis der Beamten wurde konzeptionell vom Privatrecht ins öffentliche Recht überführt und gleichzeitig bis heute gültige Strukturprinzipien (Alimentation, Unkündbarkeit) eingeführt.[123]

Insbesondere die Preußischen Verwaltungsreformen veränderten zwar nicht den Modus, aber doch die inhaltliche Stoßrichtung des zu vollziehenden Normenprogramms. Verpflichtete der aufgeklärte Absolutismus den Herrscher noch auf abstrakte – und von diesem zu konkretisierende – Wohlfahrtsziele, so sollte nun unter dem Motto „Freiheit durch Verwaltung"[124] die Selbstentfaltung der bürgerlichen Gesellschaft ermöglicht werden.[125] Eine strikte Normenbindung war mit diesem gesellschaftlichen Reformprogramm nicht zu vereinbaren, so dass rechtsmethodische Aspekte in den Hintergrund rückten. Die Reformzeit stand damit auch stellvertretend für einen techno-bürokratischen Elitismus, der aus eigenem Antrieb und eigener Verantwortung auf Staat und Gesellschaft einwirkte.[126]

---

[118] Ähnlich bei *Cancik* (Fn. 13), 45 ff. Vgl. auch *v. Unruh* (Fn. 14), in: Mann/Püttner, § 4, Rn. 5. Zu einer vergleichbaren Lage, die in England (nur bereits im 14. Jahrhundert) entsteht: *Melis/Meniconi* (Fn. 15), in: v. Bogdandy/Huber, § 88, Rn. 24.

[119] Darauf weist *Heffter* (Fn. 55), 21 hin.

[120] Zum Begriff *Dreier* (Fn. 3), 112.

[121] *Bleek* (Fn. 66), 294.

[122] *H. Zwirner*, Politische Treuepflicht des Beamten, Baden-Baden 1987, 92.

[123] *B. Wunder*, Geschichte der Bürokratie in Deutschland, 2. Auflage, Frankfurt am Main 1988, 29.

[124] *Hattenhauer* (Fn. 63), 219.

[125] *Dreier* (Fn. 3), 57–58.

[126] Zu diesem *Fisch* (Fn. 91), in: Kahl/Ludwigs, § 2, Rn. 59. Ferner *Dreier* (Fn. 3), 61. Ähnlich auch *Willoweit/Schlinker* (Fn. 43), 228.

Gleichwohl scheiterte das progressive Verständnis an überhöhten Erwartungen. Erweitert um wesentliche Aufgaben der Staatsleitung und verbunden mit einer Rücknahme des Normprogramms mündete diese Ausnahmestellung in einem Kaderdenken. Der vergleichsweise geringen Zahl der Regierungsbeamten[127] stand eine um so größere Verantwortung für die Staatsleitung entgegen. Ende der 1820er Jahre entstand aus der Dominanz der Beamtenschaft eine Welle der Bürokratiekritik,[128] die Mitauslöserin der restaurativen Bewegung war.[129] Als die stärkere Normenbindung in diesem Zuge in den Ministerien zunahm, war dies – wie *Dreier* es formuliert – „das definitive Ende des monopolartigen Anspruchs der Beamtenschaft, legitimer Repräsentant der bürgerlichen Gesellschaft zu sein."[130] Konsequenterweise entstanden wesentliche Züge der berufsständischen Selbstverwaltung in der heutigen Form in der zweiten Hälfte des 19. Jahrhunderts.[131]

III. Organisationsgewalt als Begriff der Restauration

Mit dem *Wiener Kongress* von 1814/15 und der Gründung des *Deutschen Bundes* begann eine Zeit, in der die reformorientierten Energien nachließen. Nachdem sich die deutschen Staaten zu einem Staatenbund zusammengeschlossen hatten, bedeutete dies eine Abkehr von der Reformpolitik. Erst als Preußen durch die westelbischen Gebietserwerbungen auf eine andere soziale Grundlage gestellt war und insoweit eine Führungsrolle übernahm, wurden auch die Entwicklungen in der Verwaltungsorganisation homogener.[132]

Insbesondere *Metternich* schuf ab 1819 unter dem Eindruck der Gewalteindrücke der französischen Revolution ein innenpolitisches Klima, in dem restaurative Kräfte überwogen. Die frühen Verfassungsdokumente der deutschen Teilstaaten waren damit auch keine revolutionären Dokumente.[133] Um

---

[127] Etwa 500–600 Beamte. Vgl. *Koselleck* (Fn. 92), 245.

[128] Zu dieser frühen Entstehung etwa *Cancik* (Fn. 25), 4 ff. mit zwei Begriffsdeutungen als „Organisations- und Entscheidungsprinzip" bzw. als „verwaltungskritische." Ferner auch *Cancik* (Fn. 100), 617 ff.

[129] *K.G.A. Jeserich*, Die Entwicklung des öffentlichen Dienstes 1800–1871, in: Jeserich/Pohl/v. Unruh (Hrsg.), Deutsche Verwaltungsgeschichte, Bd. II, Vom Reichsdeputationshauptschluß bis zur Auflösung des Deutschen Bundes, Stuttgart 1983, 302 (311).

[130] *Dreier* (Fn. 3), 61.

[131] *K. v. Eyll*, Berufsständische Selbstverwaltung, in: Jeserich/Pohl/v. Unruh (Hrsg.), Deutsche Verwaltungsgeschichte, Bd. III, Das Deutsche Reich bis zum Ende der Monarchie, Stuttgart 1984, § 3, 71 (75 ff.).

[132] Eine Karte findet sich etwa bei *C.M. Clark*, Preußen. Aufstieg und Niedergang 1600–1947, 1. Auflage, München 2007, 20. Zur gesteigerten Homogenität: *v. Unruh*, in: Jeserich/Pohl/v. Unruh (Fn. 102), 399 ff. Auf die Rolle der gesunkenen Militärausgaben weist *Fisch* (Fn. 91), in: Kahl/Ludwigs, § 2, Rn. 53 hin.

[133] *Stolleis* (Fn. 39), 100.

Fragen der Herrschaftsbegrenzung ringend, bauten sie eine Spannung zwischen der prinzipiellen Fortgeltung des monarchischen Prinzips und populären Beteiligungsrechten auf.[134] Die *Karlsbader Beschlüsse* vom 20. September 1819 versuchten den beginnenden Konstitutionalismus und das Entstehen einer neuen (parlamentarischen) Normebene für „die Ruhe der Staaten" zu verhindern.[135] Zwar kannte der *Deutsche Bund* in der Dualität von Rechtsetzung und Vollzug auch föderalistische Elemente. Das Bundesrecht hatte grundsätzlich Vorrang vor dem Landesrecht und konnte durch Bundesexekutionen und Bundesinterventionen auch durchgesetzt werden.[136] Gleichzeitig behielten die Bundesstaaten weitreichende Souveränitätsrechte. Keineswegs waren sie zu konstitutionellen Zugeständnissen an die Volkssouveränität bereit.

1. (Re-)Zentralisierung von Steuerungsansprüchen

Auch als Gegenreaktion auf das Modell der bürokratischen Eigenmacht erstarkten restaurative Kräfte um die 1820er Jahre, die wiederum eine stärkere Einbindung der Verwaltung in einen gesamtexekutiven Weisungszusammenhang forderten.[137] Mit der nun einsetzenden Entwicklung des Konstitutionalismus entstand allmählich mit dem parlamentarischen Gesetz eine zweite Säule normativer Steuerung.[138] In das hierarchische Organisationsmodell war diese Veränderung in der Theorie durch die straffe Organisation und die grundsätzliche Disponibilität für Zwecksetzungen zunächst leicht zu integrieren.[139]

Gleichzeitig war durch die erhöhte Komplexität der sich industrialisierenden Gesellschaft ein deutlich differenzierteres Normenprogramm erforderlich. Die noch in der Reformzeit vorherrschende liberale Deutung der Handlungsspielräume der Verwaltung wich nun der Entwicklung eines Korpsgeistes.[140] Die normative Steuerung war für den einzelnen Entscheidungsträger

[134] Zu den frühen Anleihen an der französischen Gewaltenteilungslehre und den damit verbundenen praktischen Konflikten, *S. Korioth*, „Monarchisches Prinzip" und Gewaltenteilung – unvereinbar? Zur Wirkungsgeschichte der Gewaltenteilungslehre Montesquieus im deutschen Frühkonstitutionalismus, Der Staat 37 (1998), 27–55. Vgl. ferner differenzierend *Dreier* (Fn. 3), 77.

[135] *Stolleis* (Fn. 39), 78.

[136] Dazu *Grzeszick* (Fn. 79), in: Härtel, § 2, Rn. 42–43.

[137] *Nipperdey* (Fn. 95), 272 ff.

[138] Dazu im Detail *W. Heun*, Die Struktur des deutschen Konstitutionalismus des 19. Jh. im verfassungsrechtlichen Vergleich, Der Staat 45 (2006), 365–382, insbes. 369 ff.

[139] *Dreier* (Fn. 3), 63.

[140] „Der Selbständigkeitsgedanke entzog den Beamten nicht der Gesamtordnung, sondern gliederte ihn unter Betonung seiner eigenständigen Verantwortung nur um so fester in diese ein." Vgl. *Dreier* (Fn. 3), 71.

damit durchaus umfassend, erwuchs jedoch vor allem der binnenadministrativen Bindung an hierarchische Steuerung und weniger aus parlamentarischen Gesetzen.[141]

2. Erweiterung des Steuerungsanspruchs auf den Bereich der Organisation

Bald war klar, dass mit der Zentralisierung der Leitungsansprüche auch ein Zugriff auf den Bereich der Organisation verbunden sein musste. *Karl Solomo Zachariä* etwa bezeichnete die Organisation als ein quasi-subjektives Recht. Die organische Staatslehre aufgreifend beschreibt er die Organisation als vorständiges Naturrecht des Staatsträgers. So heißt es:

> „So wie die organischen Naturkörper wahrscheinlich schon aus organischen Grundstoffen bestehen, d.i. aus Grundstoffen, welche die allgemeine Lebenskraft der Natur schon für die Bildung organischer Körper tauglich gemacht hat, so sind auch die Grundbestandtheile des Staates, die Menschen, schon für sich organische Körper, ja es liegt dem Staatsvereine schon ein anderer organischer oder zur Organisation tauglicher Verein zum Grunde, die menschliche Gesellschaft. Die Organisation dieses Vereines zu vervollkommnen ist eine Hauptaufgabe, und vielleicht die Vorfrage (die *quaestio praejudicialis*) der Staatswissenschaft und der Staatskunst."[142]

Zur Folge hatte dies einen Rückbezug der Organisation auf den Geltungsgrund von Staatlichkeit, der sich im Begriff der „Organisationsgewalt" spiegelt. Im deutschsprachigen Diskurs erscheint der Begriff in der hier dargestellten Bedeutung wohl zuerst[143] im Jahr 1837 in einer Arbeit zu den „Grundsätzen des heutigen deutschen Staatsrechts" des konservativen Bonner Staatsrechtlers *Romeo Maurenbrecher*.[144] Bei Maurenbrecher wird die Organisationsgewalt bestimmt als Recht „1. die Staatsbehörden anzuordnen und die sonstigen not-

[141] Damit wurde die Idee der Gewährleistung von Freiheit durch Hierarchie und Verantwortung des Amtsträgers, die *Hegel* in seiner Rechtsphilosophie so deutlich konzipierte, durch die beginnenden Verkrustungen des Bürokratiestaats konterkariert. Wie *G.W.F. Hegel*, Grundlinien der Philosophie des Rechts, 3. Auflage, Berlin 2014, § 295 deutlich macht, war die Grundidee der Hierarchie letztlich damit doch die Freiheitssicherung.

[142] *K.S. Zachariä*, Vierzig Bücher vom Staate, 7 Teile in 4 Bänden, herausgegeben und eingeleitet von W. Pauly und M. Siebinger, Bd. I, Nachdruck der Ausgabe v. 1839–43, 2. Auflage, Heidelberg 2001, 11–12.

[143] Dies scheint im Gefolge von *Böckenförde* (Fn. 1), 21 mittlerweile als allgemein akzeptiert.

[144] *R. Maurenbrecher*, Grundsätze des heutigen deutschen Staatsrechts, Frankfurt am Main 1837, § 185, 324; dessen Arbeit aufgrund seiner monarchischen Ergebenheit aber schon zu Lebzeiten als stark umstritten galt. Exemplarisch etwa *R. v. Mohl*, Bemerkungen über die neuesten Bearbeitungen des allgemeinen deutschen Staatsrechts, in: Aegidii (Hrsg.), Zeitschrift für Deutsches Staatsrecht und Deutsche Verfassungsgeschichte, Berlin 1867, 360: „Maurenbrecher's elendes Gesudel kann außer Beachtung bleiben." Zu Maurenbrecher auch *Ogorek* (Fn. 32), 241–243. Zur weiteren Entwicklung vgl. *Forsthoff* (Fn. 8), 432 ff.

wendigen und nützlichen Einrichtungen im Staat zu treffen; 2. über deren Wirkungskreis Instruktionen zu erlassen, sowie 3. die Formen ihrer Geschäftsführung zu bestimmen."[145] Gemeint war demnach ein umfassendes Gestaltungsrecht für die Aufgabenerledigung des Staates.

Normative Grundlage der Organisationsgewalt war die traditionelle Begründung der *potestas instituendi*, die mit dem personell identifizierten Souverän einhergehende Befugnis zu „Ämtern und Würden zu ernennen".[146] Mit dem Begriff der Organisationsgewalt hatte man damit ein vorkonstitutionelles Konzept, das im Absolutismus ganz selbstverständlich in die Exekutivkompetenz fiel, das erste Mal als solches bezeichnet. Man kann sein eigentlich kontraintuitives Auftauchen in der Phase der Konstitutionalisierung (d.h. in der Epoche, in der die fürstlichen Souveränitätsrechte zunehmend Einschränkungen unterworfen wurden)[147] daher mit zweierlei Erwägungen erklären. Zum einen begann überhaupt erst in der Überwindung des Absolutismus die Reflektion über die Allokation von Aufgabenverteilungen in der Staatsorganisation, was nur durch die Identifikation und Bezeichnung bestimmter Zuständigkeitsbereiche möglich wurde. Zum anderen erreichte die Staatlichkeit überhaupt erst mit den Auswirkungen der Französischen Revolution einen Organisationsgrad, der es wert gewesen war, systematisch bezeichnet zu werden.[148] Erst durch die Kombination beider Faktoren konnte Verwaltungsorganisation zu einem staatsrechtlichen Thema werden.

3. Selbstkontrolle und Verwaltungsgerichtsbarkeit

Der Begriff der Organisationsgewalt war zunächst umfassend zu verstehen und erstreckte sich auch auf die Kontrolle behördlichen Handelns. Bis in die Mitte des 19. Jahrhunderts hinein und mit einigen zeitlichen und räumlich begrenzten Ausnahmen, etwa im Reich durch die Rechtsprechung des Reichskammergerichts und in Preußen nach 1808, war die Selbstkontrolle die einzige Sicherung des exekutiven Handelns.[149] Die Durchsetzung eigener Ansinnen

---

145 *Maurenbrecher* (Fn. 144), 324. *Maurenbrecher* wird unter anderem auch durch *Böckenförde* (Fn. 1), 21 eingeführt.

146 *Böckenförde* (Fn. 1), 22; *Butzer* (Fn. 7), 158.

147 *Butzer* (Fn. 7), 159.

148 *Böckenförde* (Fn. 1), 22, wiederum mit Verweis auf *Maurenbrecher* (Fn. 144), 325.

149 Zum Reichskammergericht *Westphal* (Fn. 82), in: Sommermann/Schaffarzik, § 1, 9 ff.; *M. Sellmann*, Der Weg zur neuzeitlichen Verwaltungsgerichtsbarkeit. Ihre Vorstufen und dogmatischen Grundlagen, in: Külz/Naumann (Hrsg.), Staatsbürger und Staatsgewalt, Verwaltungsrecht und Verwaltungsgerichtsbarkeit in Geschichte und Gegenwart, Jubiläumsschrift zum 100-jährigen Bestehen der deutschen Verwaltungsgerichtsbarkeit und zum 10-jährigen Bestehen des Bundesverwaltungsgerichtes, Bd. I, Karlsruhe 1963, 25 (33). Ferner auch *Stolleis* (Fn. 39), 240.

gegen den Willen der Verwaltung war nahezu unmöglich. Im 18. Jahrhundert wurde diese Praxis auch aufgrund der geringen Regelungsdichte zwar kritisch betrachtet, jedoch als Konsequenz der Bindung an den Fürsten hingenommen. Mit dem erhöhten Verwaltungsbedarf der sich industrialisierenden Gesellschaft verringerte sich die Bereitschaft, die aus dem Fehlen externer Verwaltungskontrolle resultierenden Missstände hinzunehmen.[150] Erst hier erscheint die *Webersche* Rationalisierung der bürokratischen Organisation,[151] zu deren Verwirklichung die insbesondere in der zweiten Hälfte des 19. Jahrhunderts vorgenommenen Statusverbesserungen und Disziplinierungen des Berufsbeamtentums nicht ausreichten.

Das in der Mitte des 19. Jahrhunderts vermehrt diskutierte Rekursverfahren, das als Vorläufer des heutigen Widerspruchsverfahren betrachtet werden kann,[152] entwickelte sich im Gleichklang mit der Entstehung der Verwaltungsgerichtsbarkeit.[153] Es war zwar formell ein Verfahren der Selbstkontrolle, normierte aber weitreichende Verfahrensgarantien, wie rechtliches Gehör, Akteneinsicht, Devolutiveffekt, Begründungen, Instanzengewährleistung und letztinstanzliche Kollegialentscheidungen.[154] Vor der Herausbildung einer unabhängigen Verwaltungsgerichtsbarkeit war dies der Versuch, rechtstaatliche Garantien ohne echte Gewaltenteilung zu verwirklichen.

Nach Ende des Reiches prägten vor allem konzeptionelle Auseinandersetzungen und divergierende Entwicklungen in den Territorien[155] den Weg zu einer Ausbildung der Verwaltungsgerichtsbarkeit. Die in Preußen 1808 eingeführte Kontrollmöglichkeit wurde 1842 zunächst wieder abgeschafft.[156] In den süddeutschen Territorien war die Beschränkung sogar schon zur Zeit des *Rheinbundes* erfolgt, im Gegenzug wurden jedoch kompensatorische Verfahren eingerichtet.[157] Zudem waren die ordentlichen Gerichte über die Rechtsfigur der *iura quaesita*, der auch subjektiv-öffentliche Rechtspositionen umfassenden „wohlerworbenen Rechte“, zuständig.[158] Weitestgehend blieb es jedoch bei der nur sehr eingeschränkt wirksamen exekutiven Selbstkontrolle.

Als die Überzeugung reifte, dass man auf eine rechtlich geleitete Kontrolle der Verwaltung nicht gänzlich verzichten könne, entwickelten sich konzeptionelle Auseinandersetzungen über die organisatorische Struktur der Verwal-

---

[150] *Stolleis* (Fn. 39), 241.

[151] *Weber* (Fn. 3), 565.

[152] Dazu *G. Sydow/S. Neidhart*, Verwaltungsinterner Rechtschutz. Möglichkeiten und Grenzen in rechtsvergleichender Perspektive, Baden-Baden 2007, 23–27.

[153] *G. Sydow*, Die Verwaltungsgerichtsbarkeit des ausgehenden 19. Jahrhunderts. Eine Quellenstudie zu Baden, Württemberg und Bayern, Heidelberg 2000, 31–41.

[154] *Würtenberger* (Fn. 87), in: Sommermann/Schaffarzik, 42.

[155] Dazu ausführlich *Würtenberger* (Fn. 87), in: Sommermann/Schaffarzik, § 2, 42 ff.

[156] *Stolleis* (Fn. 39), 240.

[157] Im Detail *Stolleis* (Fn. 39), 241.

[158] *Stolleis* (Fn. 39), 241.

tungsgerichtsbarkeit. Die beiden Grundpositionen waren die justizstaatliche Auffassung, die den Rechtsschutz gegen öffentliche Gewalt bei den ordentlichen Gerichten ansiedelte, und die sich erst am Ende des 19. Jahrhunderts durchsetzende Vorstellung einer in Erweiterung der exekutiven Selbstkontrolle entstehenden unabhängigen Administrativjustiz.[159] Die für die jeweiligen Auffassungen vorgebrachten Erwägungen waren politischen Lagern nicht einheitlich und klar zuzuordnen.

Für die Administrativjustiz stritt die Einheit der landesherrlichen Souveränität, die noch in Art. 57 der *Wiener Schlussakte* zu einem zentralen Gebot der Ordnung nach dem Wiener Kongress bestimmt wurde.[160] Die Eigenverantwortung der Exekutive würde durch externe Nachprüfung zu deutlich beschränkt.[161] Teils wurde auch vorgeschlagen, die Gerichte nicht mit administrativen Fragen zu belasten.[162] Selbst im liberalen Lager freundete man sich zum Teil mit der Idee einer unabhängigen aber administrativen Kontrolle an, sofern das Rekursverfahren[163] mit dem zivilgerichtlichen Verfahren analogen Garantien ausgestattet und die Entscheidungsträger innerhalb der Verwaltung unabhängige Stellung erlangen würden.

Im Bereich der Verwaltungskontrolle hatte sich mit §§ 181 und 182 der *Paulskirchenverfassung*[164] zunächst scheinbar die justizstaatliche Auffassung durchgesetzt, die den Rechtsschutz gegen öffentliche Gewalt bei den ordentlichen Gerichten ansiedelte: „Rechtspflege und Verwaltung sollen voneinander getrennt und unabhängig sein [...]; Die Verwaltungsrechtspflege hört auf; über alle Rechtsverletzungen entscheiden die Gerichte." Mit dem Scheitern der Revolution war jedoch auch ihre Umsetzung nicht nur hinfällig,[165] sondern aufgrund der politischen Stigmatisierung des Verfassungsentwurfes nicht mehr zu realisieren.[166] Selbst die Verwaltungskontrolle blieb also fortan im Geltungsbereich der Organisationsgewalt.

---

[159] Dazu ausführlich *Würtenberger* (Fn. 87), in: Sommermann/Schaffarzik, § 2, 38 ff. Siehe auch *Stolleis* (Fn. 39), 241–242.

[160] *Würtenberger* (Fn. 87), in: Sommermann/Schaffarzik, § 2, 38.

[161] *Würtenberger* (Fn. 87), in: Sommermann/Schaffarzik, § 2, 39.

[162] *Stolleis* (Fn. 39), 241.

[163] Dazu siehe oben *Forsthoff* (Fn. 8), 26.

[164] Zu dieser kompakt *R. Wahl*, Die Entwicklung des deutschen Verfassungsstaates bis 1866, in: Isensee/Kirchhof (Hrsg.), HStR, Bd. I, 3. Auflage, Heidelberg 2003, § 2, Rn. 31–37.

[165] Dazu umfassend *E.R. Huber*, Verfassungsgeschichte seit 1789, Bd. II, Der Kampf um Einheit und Freiheit 1830 bis 1850, 3. Auflage, Stuttgart 1988, 842 ff.

[166] *Würtenberger* (Fn. 87), in: Sommermann/Schaffarzik, § 2, 47.

IV. Der Konstitutionalismus zwischen methodischer Verfestigung und verwaltungsdemokratischer Ambition

Die frühen Verfassungsdokumente rangen um Fragen der Herrschaftsbegrenzung, indem sie eine Spannung zwischen der prinzipiellen Fortgeltung des monarchischen Prinzips und populären Beteiligungsrechten aufbauten.[167] Der sich bis 1848 etablierende Schwebezustand zwischen einem Absolutismus, der seine Geltungsgrundlage verloren hatte und der unverwirklichten Volkssouveränität war (zumindest im historisch zurückstehenden Deutschland)[168] nicht auflösbar.[169] Auch die letztlich gescheiterte deutsche Revolution von 1848 vermochte nicht viel daran zu ändern.

Die Spannung in herrschaftsbegründenden Fragen im Konstitutionalismus übertrug sich in den Vollzug. Punktuelle Eskalationen wie im *Preußischen Verfassungskonflikt* um Beteiligungs- und Kontrollrechte des Parlaments[170] oder um das Verhältnis von parlamentarischem Gesetz und exekutiver Verordnung[171] zeugen vom zähen Ringen alter und neuer Einflusssphären. Dass die Revolution von 1848 auch an der Bürokratie gescheitert war,[172] lag auch an der nach wie vor mit dem Treueeid auf den Monarchen verpflichteten Beamtenschaft.[173] Die parlamentarische Verwaltungsorganisationsgesetzgebung war nicht in der Lage das „Fortbestehen der primär auf den Monarchen bezogenen, in ihrem Kern obrigkeitlich und anstaltlich geprägten Beamtenverwaltung“[174] zu erodieren.[175] Formell sprach Art. 7 Abs. 1 Ziff. 2 der *Reichsverfas-*

---

[167] Zu diesen ausführlich *M. Kotulla*, Das konstitutionelle Verfassungswerk Preußens (1848–1918). Eine Quellensammlung mit historischer Einführung, Berlin/Heidelberg u.a. 2003, 13 ff. Differenziert *Dreier* (Fn. 3), 77.

[168] Dazu *Heffter* (Fn. 55), 246.

[169] *E.R. Huber*, Das Kaiserreich als Epoche verfassungsrechtlicher Entwicklung, in: Isensee/Kirchhof (Hrsg.), HStR, Bd. I, 3. Auflage, Heidelberg 2003, § 4, Rn. 52. Zur gescheiterten Revolution auch *Kotulla* (Fn. 45), 419 ff. Europäisch vergleichend, *W. Daum*, Internationale Beziehungen, in: ders./Brandt/Kirsch/Schlegelmilch (Hrsg.), Handbuch der europäischen Verfassungsgeschichte im 19. Jahrhundert. Institutionen und Rechtspraxis im gesellschaftlichen Wandel, Bd. III, 1848–1870, 70 ff.

[170] Dazu ausführlich *E.R. Huber*, Deutsche Verfassungsgeschichte seit 1789, Bd. III, Bismarck und das Reich, 3. Auflage 1988, 269 ff. *Wahl* (Fn. 164), in: Isensee/Kirchhof, § 2, Rn. 38–44.

[171] *E.W. Böckenförde*, Gesetz und gesetzgebende Gewalt. Von den Anfängen der deutschen Staatsrechtslehre bis zur Höhe des staatsrechtlichen Positivismus, 2. Auflage 1981, 130–131.

[172] *Stolleis* (Fn. 39), 274.

[173] *K.G.A. Jeserich*, Die Entwicklung des öffentlichen Dienstes 1871–1918, in: Jeserich/Pohl/v. Unruh (Hrsg.), Deutsche Verwaltungsgeschichte, Bd. III, Das Deutsche Reich bis zum Ende der Monarchie, Stuttgart 1984, 646 (649).

[174] *E.-W. Böckenförde*, Der Verfassungstyp der deutschen konstitutionellen Monarchie im 19. Jahrhundert, in: Böckenförde (Hrsg.), Moderne deutsche Verfassungsgeschichte (1815–1918), 2. Auflage, Köln 1981, 146.

[175] *Dreier* (Fn. 3), 87.

sung von 1871 die Einrichtung der Behörden sogar dem Bundesrat zu. In der Praxis konnte sich diese Bestimmung gegenüber der Organisationsgewalt des Kaisers nicht durchsetzen.[176]

Insoweit ist es auch wenig überraschend, dass sich die Grundstruktur hierarchischer Organisation im Konstitutionalismus weiter intensiviert. Dies war in der Phase der Industrialisierung und später der Kriegswirtschaft auch erforderlich, da der Steuerungsbedarf exponentiell anwuchs. Waren in Preußen um 1808 noch etwa 23.000 Beamte in der gesamten Staatsverwaltung beschäftigt,[177] so waren es im Deutschen Reich 1875 bereits 500.000 und 1907 schon 1,5 Millionen Zivilbedienstete.[178]

Gleichzeitig vertiefte sich die seit der Restauration präsente Bürokratiekritik. So breiteten sich ab den 1850er Jahren „Äußerungen eines beamtenfeindlichen Radikalismus" auch im bürgerlichen Lager aus.[179] Das Gegenmodell war nun die optimistische Vision einer freien, „volkstümlichen" (Selbst-)Verwaltung, das (als Nachwirkung zur gescheiterten Revolution) zumindest eine Verwaltungsreform fordern konnte.[180] Die Begründung, die für dieses Modell in Stellung gebracht wurde, war nicht etwa die Sachnähe durch Partizipation, sondern die nicht verpufften demokratischen Freiheitsideen, die sich ihren Weg durch die Demokratisierung der Verwaltung bahnen sollten. Der Konnex von Selbstverwaltung und Freiheitsidee[181] entsteht hier in einem Kontext, in dem die hierarchisch-bürokratische Alternative noch klar mit der Monarchie in Verbindung gebracht werden musste. Selbstverwaltung war der Weg zur Demokratisierung der Verwaltung in einer Zeit, in der eine verfassungsstaatliche Lösung noch nicht in Sicht war.

Trotz dieser Ressentiments entwickelte sich die bürokratische Wirklichkeit gegensätzlich. In der Verwaltung des Norddeutschen Bundes ab 1866 und vor allem ab der Reichsgründung 1871 lag der Schwerpunkt der Verwaltungstätigkeit weiterhin in den Ländern, wenngleich der Einfluss zentraler Reichsverwaltung stieg.[182] Auch in den zentralisierten Elementen verblieben jedoch gleichzeitig differenzierte „Reservatrechte" der Verwaltung in den süddeut-

---

[176] *H. Kaja*, Ministerialverfassung und Grundgesetz. Betrachtungen zur Organisationsgewalt des Bundeskanzlers, AöR 89 (1964), 381 (394). Zu den Verwaltungskompetenzen im Kaiserreich auch *M. Seckelmann*, Polyzentrismus im deutschen Kaiserreich? – Das Verhältnis zwischen Reichs- und Landesverwaltung unter der Verfassung von 1871, JöR 2016, 345 (351 ff.).

[177] *Wunder* (Fn. 123), 44.

[178] *Wunder* (Fn. 123), 72.

[179] *Heffter* (Fn. 55), 257.

[180] Nach *Heffter* war ein zentraler inhaltlicher Problempunkt der Bewegung insbesondere die Unterschätzung des Erfordernisses eines funktionierenden Beamtenstaats für das damalige Staatswesen. *Heffter* (Fn. 55), 263.

[181] Dazu noch ausführlich unten § 12.

[182] *Wunder* (Fn. 123), 70.

schen Staaten.[183] So waren wichtige Verwaltungsteile weiter in den Staaten angesiedelt. Bayern verfügte etwa über eine eigene Armee, eigene Diplomatie sowie eine eigene Post- und Eisenbahnverwaltung.

1. Organisationsgewalt und Gesetzesbegriff

Dennoch markierte die gescheiterte Revolution von 1848 einen wesentlichen Wendepunkt der deutschen Bürokratie, indem sie die Zuwendung des öffentlichen Rechts zum Gesetzesbegriff einläutete.[184] Durchsetzungskraft entwickelte die gesetzliche Steuerung erst durch die Formulierung eines Gesetzesvorbehalts für Freiheits- und Eigentumsbeschränkungen in den deutschen Verfassungsurkunden.[185] An die Stelle exekutiver Selbstprogrammierung, sei es durch den Herrscherwillen, sei es durch die Verantwortung oder den Korpsgeist der Verwaltung, trat nun die verbindliche Zweckbestimmung durch allgemeines Gesetz.[186] Die Rechtsbeziehungen zwischen Staat und Bürger wurden zunehmend formalrechtlich durchformt. Dies galt jedoch gerade nicht für die Verwaltungsorganisation, die vom Bereich des Gesetzesvorbehalts durch dessen Beschränkung auf Freiheits- und Eigentumseingriffe nicht erfasst war.

Zudem erschien ein rechtstheoretisches Problem, das die Aufmerksamkeit von der Organisationsgewalt als Kompetenzfrage ablenkte.[187] Geprägt von der Grundlegung *Jellineks* hatte sich ein juristischer Staatsbegriff etabliert.[188] Die

---

[183] Dazu *Huber* (Fn. 170), 807 ff.

[184] *Stolleis* (Fn. 39), 281.

[185] *Jesch* (Fn. 6), 117, 123; *D. Grimm*, Deutsche Verfassungsgeschichte 1776–1866. Vom Beginn des modernen Verfassungsstaats bis zur Auflösung des Deutschen Bundes, Bd. I, Frankfurt am Main 1988, 116 ff.

[186] *Forsthoff* (Fn. 8), 32: „Die Verwaltung entnimmt die „Maximen ihres Handelns weithin, aber nicht ausschließlich dem Gesetz, nicht mehr dem landesherrlichen Willen".

[187] *Butzer* (Fn. 7), 159; *K.-H. Ladeur*, Von der Verwaltungshierarchie zum administrativen Netzwerk? Zur Erhaltung der Eigenständigkeit der Verwaltung unter Komplexitätsbedingungen, Die Verwaltung 1993, 137 (139).

[188] Darlegung bei *G. Jellinek*, Allgemeine Staatslehre, Nachdruck des 5. Neudrucks der 3. Auflage, Bad Homburg 1966, 162 ff. Ausführlich zum Staatsbegriff bei Jellinek, *J. Kersten*, Georg Jellinek und die klassische Staatslehre, Tübingen 2000, 229 ff. Vgl. ferner *C. Möllers*, Staat als Argument, 2. Auflage, Tübingen 2011, 17. Darstellung auch bei *T. Vesting*, Drei Schichten des modernen Staates: Verfassungsstaat, Wohlfahrtsstaat, Netzwerkstaat, in: Bretthauer/Henrich/Völzmann/Wolckenhaar/Zimmermann (Hrsg.), Wandlungen im Öffentlichen Recht. Festschrift zu 60 Jahren Assistententagung – Junge Tagung Öffentliches Recht, Baden-Baden 2020, 113 (115 ff.). Vgl. 116: Darüber hinaus besitzt Jellineks Staatsperson wie der Mensch Haupt und Glieder. Ja, am Ende nutzt Jellinek die Körpermetapher für eine zentralistische und hierarchische Sichtweise, in der der Staat – zumindest der Tendenz nach – zum Zentrum und zur Spitze aller im Staatskörper ansässigen Rechtsbeziehungen wird." Zu Jellinek auch *W. Pauly*, "Jellinek, Georg", in: Cordes u.a. (Hrsg.), Handwörterbuch zur deutschen Rechtsgeschichte, 2. Auflage, 14. Lfg., Berlin 2011, 1356–1357.

juristische Rechtspersönlichkeit des Staates trat neben den faktischen Herrschaftsverband und ermöglichte es, zu begründen, wie der Staat selbst Adressat von Rechten und Rechtspflichten sein konnte.[189] Dies war ein wichtiger dogmatischer Fortschritt: Erst dadurch wurde eine Verantwortungszuweisung für und Zurechnung von Staatshandeln als Handeln der einzelnen Organe letztlich möglich und der Gesetzesvorbehalt plausibilisiert.[190]

Die Frage war jedoch, ob es im Innenbereich des Staates als juristischer Person überhaupt „Recht" geben könne, oder ob die dortigen Normierungen als Verwaltungsanordnungen ohne Rechtssatzcharakter gelten müssten.[191] Mit dem Verweis darauf, dass der Staat auf der einen Seite unteilbare juristische Person sei, auf der anderen Seite jedoch Rechtssätze Willenssphären einzelner Subjekte gegeneinander abgrenzten, konnte das Recht den staatlichen Innenbereich nicht erfassen.[192] *Laband* argumentierte paradigmatisch: „Regeln, die sich innerhalb der Verwaltung selbst halten, die in keiner Richtung einem außerhalb derselben stehenden Subjekte Beschränkungen auferlegen oder Befugnisse einräumen, ihm nichts entziehen, ihm nichts gebieten und nichts verbieten, sind keine Rechtsvorschriften."[193] Für das Recht war der staatliche Innenbereich damit im Zuge der Impermeabilitätslehre undurchdringlich. Konsequenterweise unterfiel damit der Bereich weder den sich entwickelnden systematisierenden Rechtserzeugungsregeln, noch konnten Streitigkeiten im Innenbereich justiziabel sein.[194] Die Verwaltungsorganisation blieb damit dem Verwaltungs*recht* entzogen.[195]

2. Politische Konsequenzen der Impermeabilitätslehre

Diese theoretische Position hatte durchaus gravierende Konsequenzen. Auch wenn sich die dem Gesetzesvorbehalt unterfallenden Bereiche kontinuierlich ausdehnten, verblieben die durchaus wesentlichen Elemente der besonderen Gewaltverhältnisse und des Verwaltungsorganisationsrechts in monarchischer Hand.[196] Zwar öffnete sich durch die Entwicklung des Gesetzesbegriffes die

---

189 So dargestellt bei *Möllers* (Fn. 188), 32.

190 Dazu noch gleich § 2, 1.

191 *Böckenförde* (Fn. 1), 27–28, 70 ff.; *Krebs* (Fn. 5), in: Isensee/Kirchhof, § 108, Rn. 32; *Butzer* (Fn. 7), 159.

192 Vgl. bei *G. Jellinek*, Gesetz und Verordnung. Staatsrechtliche Untersuchungen auf rechtsgeschichtlicher und rechtsvergleichender Grundlage, 1. Auflage, Freiburg i.B. 1887, 240 ff.; *Laband* (Fn. 6), 181 ff. Diskussion bei *Krebs* (Fn. 5), in: Isensee/Kirchhof, § 108, Rn. 31 ff.; *Möllers* (Fn. 188), 25; *K.F. Gärditz*, Hochschulorganisation und verwaltungsrechtliche Systembildung, Tübingen 2009, 44 ff.

193 *Laband* (Fn. 6), 181. Hervorhebung im Original weggelassen.

194 *Krebs* (Fn. 5), in: Isensee/Kirchhof, § 108, Rn. 32.

195 So argumentiert *Möllers* (Fn. 188), 155.

196 *Ossenbühl* (Fn. 2), 48.

vormals in sich geschlossene und nur von exekutiver Willensmacht abhängige Programmierung der Verwaltung zur Gesellschaft hin. Es entwickelte sich so jedoch eine Dualität des abstrakten Imperativs des Gesetzes und der Konkretisierung im Einzelfall durch den Vollzug, die wiederum eine stärkere Strukturierung des Verwaltungshandelns ermöglichte.

Um so entscheidender für die exekutive Steuerung blieb die Organisationsgewalt, deren ausgiebige Nutzung zum Machterhalt insbesondere in Preußen zum Inbegriff des Staatswesens wurde. Der Verwaltungsapparat wurde obrigkeitsstaatlich-monarchisch durchformt, um wiederum gegenüber der abstrakten Gesetzessteuerung die Oberhand zu gewinnen.[197] Dies erfolgte vor allem mit der Verfestigung und Vertiefung bereits vorher sichtbarer Entwicklungen. Reste des Kollegialprinzips wurden durch hierarchische Entscheidungsformen ersetzt, Behördenbeziehungen wurden institutionalisiert, klare Instanzenzüge und Delegationen bildeten sich heraus.[198]

Insbesondere die zweite Hälfte des 19. Jahrhunderts stand daher auch für die Beamtenschaft im Zeichen vermehrter Steuerung und Verpflichtung auf die Krone. Auch wenn sich parlamentarische Mitbestimmungsrechte im Konstitutionalismus kontinuierlich ausdehnten, galt dies nicht für das Beamtenverhältnis. Das exekutive Organisationsrecht gehörte zu den Bereichen, die nicht vom Gesetzesvorbehalt erfasst waren.[199] Dies fing die normative Steuerung durch Gesetz auch in den Bereichen ein, in denen die Legislative formell Steuerungskompetenzen besaß. Denn die aus ihrer Allgemeinheit resultierende Vollzugsbedürftigkeit von Gesetzen fiel nun in die Kompetenz einer ausschließlich obrigkeitsstaatlich verpflichteten Beamtenschaft.[200] Der Dualismus zwischen Monarch und Parlament im Konstitutionalismus führte dazu, dass sich die Beamtenschaft um so stärker in Treue und Pflichtbewusstsein auf den Monarchen fixierte.[201] Der Treueeid und damit der Gehorsam wurden im Rangverhältnis vor den Verfassungseid gestellt.[202]

3. Der staatsrechtliche Positivismus

Der staatsrechtliche Positivismus *Gerber-Labandscher* Prägung lieferte den methodischen Entwurf für diese Entwicklung.[203] Die sich seit 1850 vertie-

---

[197] *W. Pauly*, Der Methodenwandel im deutschen Spätkonstitutionalismus. Ein Beitrag zu Entwicklung und Gestalt der Wissenschaft vom öffentlichen Recht im 19. Jahrhundert, Tübingen 1993, 201.

[198] *Dreier* (Fn. 3), 90–91.

[199] *Huber* (Fn. 170), 13 ff.

[200] *Böckenförde* (Fn. 174), 152; *Forsthoff* (Fn. 8), 34.

[201] *Jeserich*, in: Jeserich/Pohl/v. Unruh (Fn. 173), 649.

[202] *Wunder* (Fn. 123), 88. Bei Militärbeamten wurde auf den Verfassungseid gänzlich verzichtet.

[203] Zur Entwicklung des Beamtenrechts im Kaiserreich, siehe *Wunder* (Fn. 123), 71.

fende wissenschaftlich-theoretische Begleitung der Verwaltungspraxis als Verwaltungsrecht hatte eine Systematisierung des Beamtenhandelns ermöglicht,[204] die Willkür vermeiden sollte.[205] Der Positivismus, der im Kaiserreich ab 1871 seinen Höhepunkt erreichte, begriff den Staat als Willensverband, Staatsgewalt als Willensmacht.[206] Methodisch war damit eine strikte Formalisierung rechtlicher Arbeitsweise verbunden, die die Norm von ihrem sozialen Umfeld, ihrer historischen Genese und ihrer Teleologie zu entkernen versuchte.[207]

In der Verwaltung bedeutete der Positivismus eine geradezu deterministische Einbindung der Einzelentscheidung in Gesetzesbestimmung und Verwaltungshierarchie, die den einzelnen Amtsträger aus der politischen Verantwortung entließ.[208] In der Theorie hatte jeder Entscheidungsträger nur einen fremden und bereits vollständig gebildeten Willen zu vollziehen, so dass eigene Entscheidungsbeiträge entfallen sollten. Die einzelne Behörde sollte im gesamtstaatlichen Zusammenhang „die Bedeutung wie ein Rad oder eine Schraube an einer Maschine“ innehaben.[209]

Das in der systematischen Theorie von *Otto Mayer*[210] kulminierende Verständnis des Verwaltungsrechts isolierte es auf der einen Seite von den politisch umstrittenen Verfassungsfragen, auf der anderen Seite auch von der komplexen Verwaltungswirklichkeit.[211] Es erfüllte damit seine vor allem technische Funktion, die konditionale Programmierung der Verwaltung zu optimieren. Der Beamte war nun endgültig der sittlichen Existenz des Staates entrückt und

---

204 *Stolleis* (Fn. 39), 381.

205 *Gerber* etwa argumentiert 1865, dass „mehr und mehr auch auf dem Gebiete der Verwaltung feste rechtliche Bestimmungen gegeben werden, welche der Willkür den Boden entziehen.“ *C.F.W. v. Gerber*, Grundzüge eines Systems des deutschen Staatsrechts, 1. Auflage 1865, 233. Vgl. dazu auch *Stolleis* (Fn. 39), 382.

206 Dazu etwa: *H. Brunkhorst*, Der lange Schatten des Staatswillenspositivismus. Parlamentarismus zwischen Untertanenrepräsentation und Volkssouveränität, Leviathan 2003, 362–381. Kompakt dargestellt von *Pauly* (Fn. 12), in: v. Bogdandy/Huber, § 27, Rn. 9.

207 Ausführlich: *M. Stolleis*, Verwaltungsrechtswissenschaft und Verwaltungslehre 1866–1914, Die Verwaltung 1982, 45–77.

208 *Dreier* (Fn. 3), 95 ff.

209 *Laband*, Das Staatsrecht des Deutschen Reiches, Bd. I, Tübingen 1876, 368.

210 Besonders deutlich bei *O. Mayer*, Deutsches Verwaltungsrecht, Bd. I, 3. Auflage, München 1924, 18. Zu *Mayer* vgl. *Stolleis* (Fn. 39), 403 ff. Ausführlich auch im Hinblick auf die Reformdiskussion *C. Engel*, Herrschaftsausübung bei offener Wirklichkeitsdefinition – Das Proprium des Rechts aus der Perspektive des öffentlichen Rechts, in: ders./Schön (Hrsg.), Das Proprium der Rechtswissenschaft, Tübingen 2007, 205 ff.

211 Zu dieser Einschätzung kommt auch *Stolleis* (Fn. 39), 383. Zu Mayers Wirken im Europäischen Vergleich als „Belle époque“ vgl. *O. Jouanjan*, Die Belle Époque des Verwaltungsrechts: Zur Entstehung der modernen Verwaltungsrechtswissenschaft in Europa (1880–1920), in: v. Bogdandy/Huber (Hrsg.), Handbuch Ius Publicum Europaeum, Bd. IV, Heidelberg 2011, § 69, Rn. 7 ff.

vollzog ohne jeden Eigenanteil die Steuerungsbefehle des Staates.[212] *Mayer* hat dieses Verhältnis mit dem bis heute verwendeten Begriff des besonderen Gewaltverhältnisses versehen.[213] Im Kaiserreich erreichte die Ausdifferenzierung des Berufsbeamtentums einen Grad, der bis in die Gegenwart bestimmend geblieben ist.[214]

Entscheidend dafür war auch die politische Disziplinierung der Beamtenschaft.[215] Zwar sprach die Regierung den Beamten die sich allmählich entwickelnden Bürgerrechte nicht ab, in der Praxis schränkte sie sie jedoch stark ein. So war es Beamten untersagt, sich oppositionell zu betätigen, zudem wurden sie zur Unterstützung der Regierungspolitik angehalten.[216] Der Beamte als Willensmittler gehörte zum Innenbereich der Exekutive, die zur beliebigen Verfügbarkeit des Staates stand. Er war „tätiges Objekt, nicht Subjekt."[217] Die Kappung jeglicher eigener Handlungsspielräume und die unbedingte Obrigkeitsbindung führten freilich zu einer Reduzierung der ethischen Zweckbindung des Beamtenhandelns.[218]

4. Das Ringen um parlamentarische und gerichtliche Kontrolle

Die parlamentarische Kontrolle der Exekutive in der konstitutionellen Monarchie des Kaiserreiches beschränkte sich auf wenige und vor allem wenig wirksame Bereiche.[219] Zwar war die Exekutivkontrolle etwa in Form von Interpellationen oder Petitionen präsent, der *Reichstag* konnte jedoch keinerlei Konsequenzen für die Regierung herbeiführen – dies war dem Kaiser vorbehalten. Dieser Mangel gestaltenden Einflusses führte insbesondere ab den 1880er Jahren zu einer vor allem destruktiven Rolle des Parlaments, dessen Hauptaktivität in der Verhinderung von Regierungsmaßnahmen bestand.

---

212 *Zwirner* (Fn. 122), 126. Vgl. jedoch zur frühen Erosion des Positivismus *S. Korioth*, Erschütterungen des staatsrechtlichen Positivismus im ausgehenden Kaiserreich. Anmerkungen zu frühen Arbeiten von Carl Schmitt, Rudolf Smend und Erich Kaufmann, AöR 117 (1992), 212–238.

213 *Mayer* (Fn. 210), 101 ff. Dazu *M. Abelein*, Rechtsstaat und besonderes Gewaltverhältnis, Zeitschrift für Politik 1967, 313 (315). Das besondere Gewaltverhältnis wird damit im Gegensatz zum allgemeinen Gewaltverhältnis konstruiert, das alle sonstigen Rechtsbeziehungen des öffentlichen Rechts umfasst. Dazu *R. Schmidt-De Caluwe, Der Verwaltungsakt in der Lehre Otto Mayers. Staatstheoretische Grundlagen, dogmatische Ausgestaltung und deren verfassungsbedingte Vergänglichkeit, Tübingen 1999,* 119 ff.

214 *Wunder* (Fn. 123), 106.

215 Dazu *Wunder* (Fn. 123), 88 und ausführlich *ders.*, Privilegierung und Disziplinierung. Die Entstehung des Berufsbeamtentums in Bayern und Württemberg (1780–1825), München, Wien 1978.

216 *Wunder* (Fn. 123), 88.

217 *Zwirner* (Fn. 122), 126.

218 *Dreier* (Fn. 3), 99.

219 Dazu *T. Nipperdey*, Deutsche Geschichte 1866–1918, Bd. I, Arbeitswelt und Bürgergeist, München 1990, 102–109. Zur Verwaltungskontrolle ebda., 112–125.

Im Bereich der Verwaltungsgerichtsbarkeit begannen erst in den 1860er Jahren nach dem Scheitern der justizstaatlichen Auffassung in der *Paulskirchenverfassung* neue Bestrebungen,[220] die getrennt von der ordentlichen Gerichtsbarkeit, dennoch unabhängig und mit Laienbeteiligung konzipiert war.[221] Die Unterordnung exekutiver Entscheidungen unter die Gerichte wurde damit vermieden, gleichzeitig aber Verfahrensgarantien angepasst.[222] In Baden entstand 1863 der erste Verwaltungsgerichtshof, Preußen zog 1875 mit dem Preußischen Oberverwaltungsgericht nach. Zur Errichtung eines Reichsverwaltungsgerichts, das in der Weimarer Verfassung ausdrücklich vorgesehen war, kam es (unter anderen Vorzeichen) erst 1941.[223]

Freilich bedeutete diese Entwicklung nicht, dass man von einer Notwendigkeit der Exekutivkontrolle aus Gründen der Gewaltenteilung überzeugt war. Wenn *Otto Mayer* um die Jahrhundertwende argumentierte, dass der Ausbau der Verwaltungsrechtswissenschaft „nur mit der Verwaltungsrechtspflege" möglich geworden sei, so stellte dies Aspekte der Wissenschaftlichkeit und der Rationalität der Verwaltungshandelns in den Vordergrund.[224]

Für die Konstitutionalisierung war damit der Austausch des Normenbestandes der Verwaltung das zentrale Ziel, während die Binnenorganisation der Verwaltung in den Hintergrund rückte. Zwar entwickelte sich der Gesetzesbegriff, der eine verbesserte technische Bindung an die Vorgaben parlamentarischer Willensbildung gewährleisten sollte, in der zweiten Hälfte des 19. Jahrhunderts. Dadurch jedoch, dass das Exekutivorganisationsrecht weiterhin in den Händen des Monarchen verblieb, der im Gegensatz zur formalen parlamentarischen Steuerung eine obrigkeitsstaatliche Binnenstruktur der Verwaltung forcierte, blieb der Gesetzessteuerung zunächst nur beschränkte Wirksamkeit.

---

[220] Zum Scheitern der Paulskirchenverfassung, vgl. *W. Pauly*, Die Verfassung der Paulskirche und ihre Folgewirkungen, in: Isensee/Kirchhof (Hrsg.), HStR, Bd, I, 3. Auflage, Heidelberg 2003, § 3, Rn. 43 ff.

[221] Dazu *M. Kotulla*, Die verfassungsrechtliche Ausprägung der Garantie der richterlichen Unabhängigkeit im 19. Jahrhundert, DRiZ 1992, 285–292.

[222] *W. Rüfner*, Die Entwicklung der Verwaltungsgerichtsbarkeit, in: Jeserich/Pohl/v. Unruh, Deutsche Verwaltungsgeschichte, Bd. III, Das Deutsche Reich bis zum Ende der Monarchie, Stuttgart 1984, 909 (910).

[223] *W. Kohl*, Das Reichsverwaltungsgericht. Ein Beitrag zur Entwicklung der Verwaltungsgerichtsbarkeit in Deutschland, Tübingen 1991. Ferner *E.R. Huber*, Deutsche Verfassungsgeschichte seit 1789, Bd. VI, Die Weimarer Reichsverfassung, Ndr. 1. Auflage, Stuttgart 1993, 568 ff. Vgl. aber *S. Kempny*, Die obersten Fachgerichte der Weimarer Republik als Wegbereiter des richterlichen Prüfungsrechts – Das Aufkommen der Überprüfung von Gesetzen auf ihre Verfassungsmäßigkeit in der höchstrichterlichen deutschen Rechtsprechung, DÖV 2010, 974 (974) zu Anfängen verfassungsrechtlicher Gesetzeskontrolle in der Weimarer Republik durch die Verwaltungsgerichte.

[224] So hielt *Mayer* daran fest, die Verwaltungsgerichtsbarkeit gehöre strukturell zum administrativen Vollzug. *Mayer* (Fn. 210), 131 ff.

V. Weimarer Demokratie ohne Rückgrat

Nach der Niederlage des Kaiserreichs 1918 begann das demokratische Experiment auf deutschem Staatsgebiet. In der Weimarer Republik rückte die Exekutive nun auch rechtlich in eine vom Parlament abhängige Stellung. Volkssouveränität ist seit der *Weimarer Verfassung* nunmehr nicht lediglich ein Korrektiv gegenüber dem monarchischen Prinzip, sondern selbst Geltungsgrund von Herrschaft.[225] Auch wenn der juristische Diskurs über das Demokratieprinzip im Rahmen der *Weimarer Reichsverfassung* weniger formal, sondern vielmehr soziologisch-politologisch geführt wurde,[226] waren doch zentrale ideengeschichtliche Grundlagen demokratischer Herrschaft vorhanden.[227] Insbesondere das Prinzip der Gesetzmäßigkeit der Verwaltung verlangte eine umfassende parlamentarische Kontrolle des exekutiven Handelns. Die in Art. 54 WRV vorgesehene Abhängigkeit der Regierung vom Vertrauen des Parlaments und die über Ministerverantwortlichkeit und Ressortprinzip vermittelte Rückbindung des Verwaltungshandelns an die parlamentarische Willensbildung führten zu einem Einflussgewinn, der jedoch nur in der Theorie wirksam wurde.[228]

Auch der Föderalismus nahm klarere Konturen an. Die Gliedstaaten waren nun zu Ländern herabgestuft, während die Verwaltungs- und Gesetzgebungskompetenzen des Reiches erweitert wurden.[229] Zwar knüpfte die Weimarer

---

[225] *H. Schneider*, Die Reichsverfassung vom 11. August 1919, in: Isensee/Kirchhof (Hrsg.), HStR, Bd. I, 3. Auflage, Heidelberg 2003, § 5, Rn. 21. Zusammenfassend auch *Kirste* (Fn. 97), 147 ff. Unter Ausblendung der Verwaltungsorganisation: *L. Viellechner*, Organisationsrechtlicher Teil der Weimarer Reichsverfassung, in: Voigt (Hrsg.), Aufbruch zur Demokratie: Die Weimarer Reichsverfassung als Bauplan für eine demokratische Republik, Baden-Baden 2020, 391–400. Zur Darstellung der kollidierenden Positionen von Schmitt und Kelsen zur Umsetzung der Demokratie, vgl. *O. Lepsius*, Volkssouveränität und Demokratiebegriff in der Weimarer Republik, Historia constitucional 2019, 275–296.

[226] Umfassend dazu etwa *O. Jouanjan*, Demokratietheorie als Verfassungslehre, Der Staat 58 (2019), 223 (227) mit weiteren Nachweisen in Fn. 20.

[227] Unterschiede akzentuiert *U. Di Fabio*, Bonn ist nicht Weimar. Zweiter Aufbruch in die Kultur der Demokratie, in: Heinig/Schorkopf (Hrsg.), 70 Jahre Grundgesetz. In welcher Verfassung ist die Bundesrepublik?, Göttingen 2019, 13 (14 ff.). Zur Weimarer Demokratieidee auch *G. Lübbe-Wolff*, Das Demoratiekonzept der Weimarer Reichsverfassung, in: Dreier/Waldhoff (Hrsg.), Das Wagnis der Demokratie. Eine Anatomie der Weimarer Reichsverfassung, 2. Auflage, München 2018, 111 (111 ff.).

[228] *Dreier/Kuch* (Fn. 15), in: Kahl/Ludwigs, § 60, Rn. 18; *J. Kersten*, Parlamentarisches Regierungssystem, in: Herdegen/Masing/Poscher/Gärditz (Hrsg.), Handbuch des Verfassungsrechts. Darstellung in transnationaler Perspektive, München 2021, § 11, Rn. 5. Zu den Vorbehalten gegen verfassungsgerichtliche Kontrolle, *G. Roellecke*, Aufgaben und Stellung des Bundesverfassungsgerichts im Verfassungsgefüge, in: Isensee/Kirchhof (Hrsg.), HStR, 3. Auflage, Heidelberg 2005, § 67, Rn. 9.

[229] Vgl. die Darstellungen von *A. Neumann*, Demokratischer Bundesstaat: Brüche mit der Tradition und föderale Kontinuitäten, in: Kleinlein/Ohler (Hrsg.), Weimar international. Kontext und Rezeption der Verfassung von 1919, Tübingen 2020, 85 (91 ff.). Zur Entwick-

Zeit an die dezentrale Ausführung von Bundesgesetzen an, stellte sie jedoch gemäß Art. 14 WRV unter (einfachen) Gesetzesvorbehalt, was zu einer allmählichen Zentralisierung des Vollzugs führte.[230]

1. Organisationsgewalt in der Weimarer Reichsverfassung

Die *Weimarer Reichsverfassung* kannte – noch anders als die *Reichsverfassung* von 1871 oder auch das Grundgesetz – keine ausdrückliche, verfassungsunmittelbare Zuweisung von Organisationsgewalt.[231] In der Praxis wurde sie jedoch innerhalb der Exekutive dem „Reichspräsidenten als Erbe des Kaisers" zuerkannt.[232] Auch wenn diese Argumentation schon zur Weimarer Zeit kritisch behandelt wurde,[233] war sie doch in der Praxis unumstritten.[234] Dies lag insbesondere daran, dass der Reichspräsident nach dem Übergangsgesetz vom 4. März 1919 in die Befugnisse des Kaisers eingetreten war, so dass die überwiegende Auffassung davon ausging, dass damit auch ein Eintritt in die schon im Rahmen der *Reichsverfassung* von 1871 gewohnheitsrechtlich entwickelten

lung der Landesverfassungen *F. Wittreck*, Zur Einleitung: Verfassungsentwicklung zwischen Novemberrevolution und Gleichschaltung – Optionen und Tendenzen in den Verfassungsurkunden von Reich und Ländern, in: ders. (Hrsg.), Weimarer Landesverfassungen. die Verfassungsurkunden der deutschen Freistaaten 1918–1933, Tübingen 2004, 1–55 sowie *C. Gusy*, Verfassungsgebung in den Ländern – Politische Kultur zwischen demokratischem Aufbruch und regionalen Traditionen, in: Schumann/Gusy/Mühlhausen (Hrsg.), Demokratie versuchen. Die Verfassung in der politischen Kultur der Weimarer Republik, Göttingen 2021, 87 (87 ff.). Zur kommunalen Selbstverwaltung (Art. 127 WRV), vgl. *C. Waldhoff/ H. Grefrath*, Staatsverfassungsrecht vergeht, Kommunalverfassungsrecht besteht. Zur Entstehung und Interpretation von Art. 127 WRV, in: Dreier/Waldhoff (Hrsg.), Weimars Verfassung. Eine Bilanz nach 100 Jahren, Göttingen 2020, 275–304.

[230] Dazu *M. Otto*, Verwaltung in der Weimarer Republik, in: Kahl/Ludwigs (Hrsg.), Handbuch des Verwaltungsrechts, Bd. I, Grundstrukturen des deutschen Verwaltungsrechts, § 3, Rn. 5.

[231] *Kaja* (Fn. 176), 394. Zum Verhältnis zur Paulskirchenverfassung, vgl. *Pauly* (Fn. 220), in: Isensee/Kirchhof, § 3, Rn. 52–53.

[232] Hergeleitet wurde diese Deutung bei *Anschütz* insbesondere aus Art. 53 WRV (Ernennungsrecht des Kanzlers und der Minister), Art. 77 WRV (Verwaltungsvorschriften der Reichsregierung) und Art. 179 WRV (Nachfolgeregelung zu Gunsten des Reichspräsidenten) Nachweise bei *Böckenförde* (Fn. 1), 13, Fn. 5. Dazu *P.G. Kielmannsegg*, Der Reichspräsident – ein republikanischer Monarch, in: Dreier/Waldhoff (Hrsg.), Das Wagnis der Demokratie. Eine Anatomie der Weimarer Reichsverfassung, 2. Auflage, München 2018, 219 (219 ff.). Ferner nun auch *M. Otto*, Oberbefehl, in: Voigt (Hrsg.), Aufbruch zur Demokratie. Die Weimarer Reichsverfassung als Bauplan für eine demokratische Republik, Baden-Baden 2020, 675 (675). Lesenswerter Vergleich mit dem französischen Präsidialsystem bei *M. Wendel*, Weimarer Parlamentarismus und Präsidialverfassung im Spiegel französischen Verfassungsrechts, in: Kleinlein/Ohler (Hrsg.), Weimar international. Kontext und Rezeption der Verfassung von 1919, Tübingen 2020, 61 (68).

[233] So bei *A. Sembritzki*, Die Organisationsgewalt nach Reichsrecht, 1934.

[234] *Kaja* (Fn. 176), 395. Zur Rolle des Reichspräsidenten *Gmür/Roth* (Fn. 18), Rn. 442.

Grundsätze über die monarchische Organisationsgewalt verbunden war.[235] Der Reichspräsident machte dem folgend von seinen quasi-monarchischen Kompetenzen auch weitreichend Gebrauch.[236]

2. Die Rolle der Beamtenschaft

Auch die durch Loyalität gegenüber den alten Strukturen des Reiches geprägte Beamtenschaft übte ihre Spielräume in der Weimarer Republik nicht zur demokratischen Steuerung aus, sondern vielmehr zur Umsetzung eines überzeitlichen wilhelminischen Staatsideals. Anstatt auf den Monarchen hatten Beamte zwar nun den Diensteid auf die Verfassung zu leisten, fanden aber in der systematisch krankenden Parteiendemokratie der Weimarer Zeit keinen gedanklichen Halt. Auch die Verfassung bestimmte in ihrem Art. 130 WRV: „Die Beamten sind Diener der Gesamtheit, nicht einer Partei."[237] Da aber die Weimarer Tagespolitik von politischen Grabenkämpfen geprägt war, fanden die Beamten ihre Entscheidungsgrundlage immer weniger im parlamentarischen Gesetz, sondern vielmehr in übergesetzlichen Bindungen von richtiger, staatsdienlicher Politik.[238] Auch die starke Fixierung auf den sich im holländischen Exil befindenden Kaiser war eine erschwerende Bedingung für die Weimarer Republik.[239]

---

[235] Ausführlich dazu *Kaja* (Fn. 176), 395, der auch berichtet, dass dieser gewohnheitsrechtliche Kompetenztitel in Österreich unter dem Einfluss Kelsenianischer Methodik abgelehnt wurde. *C. Gusy*, Die zweifache „Diktatur" des Reichspräsidenten, Der Staat 58 (2019), 507 (518) hat dies im Hinblick auf den Begriff der Diktatatur plausibilisiert: „Der Zusammenhang von Staatsautorität und Rechtsverwirklichung lag im Zweck der *Organisation und seiner Zusammenführung mit staatlichen Mitteln*, also der Symbiose von Rechtsidee und Staatsgewalt […]" (meine Hervorhebung, D. R.-I.).

[236] Nachweise bei *Kaja* (Fn. 176), 395, Fn. 55; *J. Delbrück*, Reichspräsident und Reichskanzler, in: Jeserich/Pohl/v. Unruh (Hrsg.), Deutsche Verwaltungsgeschichte, Bd. IV, Das Reich als Republik und in der Zeit des Nationalsozialismus, Stuttgart 1985, § 1, 138 (146). Zur Rolle des Reichspräsidenten auch *Schneider* (Fn. 225), in: Isensee/Kirchhof, § 5, Rn. 64.

[237] Zur Bedeutung des Art. 130 WRV auch *M. Stolleis*, Geschichte des öffentlichen Rechts in Deutschland, Bd. III, Staats- und Verwaltungsrechtswissenschaft in Republik und Diktatur: 1914–1945, München 1999, 108. Für die Gegenwart *V. Mehde*, Regierung und Verwaltung, in: Kahl/Ludwigs (Hrsg.), Handbuch des Verwaltungsrechts, Bd. III, Verwaltung und Verfassungsrecht, Heidelberg 2022, § 82, Rn. 27.

[238] *E.W. Böckenförde*, Der Zusammenbruch der Monarchie und die Entstehung der Weimarer Republik, in: Jeserich/Pohl/v. Unruh (Hrsg.), Deutsche Verwaltungsgeschichte, Bd. IV, Das Reich als Republik und in der Zeit des Nationalsozialismus, Stuttgart 1985, § 1, 1 (21). *G. Püttner*, Der öffentliche Dienst, in: Jeserich/Pohl/v. Unruh (Hrsg.), Deutsche Verwaltungsgeschichte, Bd. IV, Das Reich als Republik und in der Zeit des Nationalsozialismus, Stuttgart 1985, 525 (526). *Dreier* etwa argumentiert: „Den eigentlichen Bezugspunkt ihrer Tätigkeit konnte die Beamtenschaft so in einem überempirischen Staatskonstrukt finden, das oberhalb der Parteien und außerhalb des demokratisch-parlamentarischen Institutionenzusammenhangs angesiedelt war." *Dreier* (Fn. 3), 105.

[239] Von einer „gewichtigen Hypothek" spricht *Dreier* (Fn. 3), 99.

Die methodische Klarheit, die das deutsche Verwaltungsrecht um die Jahrhundertwende entwickelt hatte, trägt nach 1918 zur problematischen Verwaltungskontinuität in Weimar bei.[240] Mit dem Übergang zur Republik wurden nur die institutionellen Spitzen der Verwaltung ausgetauscht, während unterhalb dieser Ebene die institutionellen Gerüste intakt blieben und zur Bewältigung der Verwaltungsaufgaben nach Kriegsende auch bleiben mussten.[241] Auch im Verwaltungsrecht bestand aufgrund der gerade perfektionierten Methode ein ausgeprägtes „Bewusstsein der Kontinuität."[242] Alle Zeichen standen auf Fortsetzung der Verwaltungsarbeit in der Weimarer Zeit.

Die insbesondere ab 1918 von der MSPD ausgegangenen Reformbestrebungen der „Befreiung der Beamten von den wirtschaftlichen und geistigen Fesseln des Obrigkeitsstaates" blieben ohne Erfolg.[243] Zu drängend waren die prioritären Aufgaben der Neuordnung und Nachkriegsverwaltung zu bewältigen.[244] Da auch die Kommunalverwaltungen am Anfang des Jahres 1919 schnell wieder funktionsfähig waren, war dies Wasser auf die Mühlen derjenigen, die die Kontinuität des Reiches behaupteten.[245] Während die Schnelllebigkeit des Weimarer Politikgeschäftes keine ernsthaften Reformmöglichkeiten eröffnete, verkörperten die Beamten die (monarchische) Kontinuität und Stabilität.[246] Dass zur Weimarer Zeit die grundsätzliche und zentrale Rolle des Berufsbeamtentums unangetastet blieb,[247] zeigte sich auch etwa daran, dass sich die politische Opposition ausschließlich darauf verlegte, die Praxis der Stellenbesetzung zu verändern.[248]

---

[240] Dazu etwa *M. Friedrich*, Der Methoden- und Richtungsstreit. Zur Grundlagendiskussion der Weimarer Staatsrechtslehre, AöR 102 (1977), 161–209. Auch unter dem Eindruck der Fortentwicklung der positivistischen Methode durch die Wiener Schule um Hans Kelsen, verlegte sich die Diskussion in den Raum der Methodik. Während die Geltungsbegründung der Handlungsnormen nun mit der Volkssouveränität unbestreitbar fest stand, war ihre Anwendung nur um so umstrittener. Politisch war dies insbesondere deshalb von Bedeutung, da das demokratisch-pluralistische Normprogramm der Exekutive immer mehr mit den obrigkeitsstaatlichen Überzeugungen der Verwaltung kollidierte (Nachweise bei *Hattenhauer* [Fn. 63], 319 ff.). Wie Gesetze also zu vollziehen waren, konnte einen wesentlichen Einfluss auf das Entscheidungsergebnis haben. Auch hier zeigt sich wieder die zentrale Bedeutung der Organisation für den Vollzug.

[241] *Böckenförde*, in: Jeserich/Pohl/v. Unruh (Fn. 238), 13; *Stolleis* (Fn. 237), 78.

[242] *Stolleis* (Fn. 237), 80. Zusammenfassend auch *P.M. Huber*, Rechtsstaat, in: Herdegen/Masing/Poscher/Gärditz (Hrsg.), Handbuch des Verfassungsrechts. Darstellung in transnationaler Perspektive, München 2021, § 6, Rn. 10.

[243] Zitat von *Hermann Wäger* (SPD). Das Zitat findet weiter diskutiert bei *Wunder* (Fn. 123), 110.

[244] *Böckenförde*, in: Jeserich/Pohl/v. Unruh (Fn. 238), 13. Siehe auch *Stolleis* (Fn. 237), 78–79.

[245] *Stolleis* (Fn. 237), 79.

[246] *Günther* hat diese Kontinuität jüngst in einer historischen Studie am Beispiel der Innenministerien von 1919–1970 belegt. Vgl. *F. Günther*, Verfassung vergeht, Verwaltung besteht? Die vier deutschen Innenministerien 1919 bis 1970, VfZ 68 (2020), 217 (217).

[247] Dazu auch *Püttner*, in: Jeserich/Pohl/v. Unruh (Fn. 238), 531–532.

[248] *Püttner*, in: Jeserich/Pohl/v. Unruh (Fn. 238), 528; *Dreier* (Fn. 3), 107.

3. Weimar als Übergangszeit

In der Nachbetrachtung lässt sich die Weimarer Zeit in vielerlei Hinsicht als Übergangszeit kennzeichnen. Der Kulturschock, dass die nunmehr alleinige Legitimationssäule des Verwaltungshandelns mit der Volkssouveränität im Parlamentsgesetz bestehen sollte, war für den obrigkeitsstaatlich geprägten Verwaltungskörper anscheinend in der Praxis nicht zu verarbeiten.[249] Die Diskrepanz zwischen ihrer Verpflichtung auf das Gemeinwohl nach Art. 130 Abs. 1 WRV und der als Resultat des eskalierenden politischen Meinungskampfes unzureichenden Gesetzessteuerung war vielerorts zu groß, um der Beamtenschaft die Abkehr vom monarchischen Prinzip erklären zu können.[250] Auch der Reichstag konnte dies nicht kompensieren und nahm unter der Weimarer Verfassung die ihm zugedachte aktive Rolle nicht wahr, sondern setzte weiterhin auf passive Verhinderungspolitik.[251]

Aus der Geschichte lernte man für die Verwaltungsstruktur der Bundesrepublik damit, dass die Bündelung von Entscheidungsmacht an den jeweiligen Verwaltungsspitzen kombiniert mit einer bestimmten (antiparlamentarischen) politischen Ausrichtung zum organisationsbedingten Scheitern der demokratischen Gesetzessteuerung führen konnte. In der Verwaltungsorganisation stand daher eine geringere Entscheidungsdetermination bei gleichzeitiger parlamentarischer Rückbindung der Verantwortung im Fokus. Der einzelne Entscheidungsträger sollte in eine plurale Struktur innerhalb der Verwaltung eingebunden werden, durch die er weitestgehend, aber nicht vollständig determiniert wird. Die abstrakte Gesetzessteuerung eröffnet Spielräume für eigene Entscheidungsbeiträge des Beamten, die wiederum durch eine Einbindung von Verantwortungsbeziehungen in die Organisation abgesichert werden müssen.

---

[249] *Dreier* (Fn. 3), 104.

[250] *F. Meinel*, Vertrauensfrage. Zur Krise des heutigen Parlamentarismus, München 2019, 53: „Die Bürokratie war als Verfassungsfaktor sozusagen gesetzt, die Frage nach ihrer Funktionsweise innerhalb des Regierungssystems brauche und braucht bis heute nicht gestellt zu werden." Zur Betrachtung der Weimarer Republik im Hinblick auf die spätere Machtergreifung differenzierend *Stolleis* (Fn. 237), 108.

[251] *R. Mußgnug*, Die rechtlichen und pragmatischen Beziehungen zwischen Regierung, Parlament und Verwaltung, in: Jeserich/Pohl/v. Unruh (Hrsg.), Deutsche Verwaltungsgeschichte, Bd. IV, Das Reich als Republik und in der Zeit des Nationalsozialismus, Stuttgart 1985, 308 (315). Dies kann – ähnlich wie die Kontinuität des Berufsbeamtentums – unter anderem auf den demokratischen Kulturschock zurückzuführen sein. Auch die starke Rolle des Reichspräsidenten, dem in den Art. 25, 48 und 53 WRV weitreichende Gestaltungsrechte bei der Regierungsbildung zukamen, wird dazu einen Beitrag geleistet haben. *Dreier* (Fn. 3), 101, Fn. 299. Ausführlicher auch *Dreier/Kuch* (Fn. 15), in: Kahl/Ludwigs, § 60, Rn. 17.

VI. Die späte Konstitutionalisierung der Organisationsgewalt in der Bundesrepublik

Die „vorkonstitutionellen Restbestände" gärten auch in der frühen Bundesrepublik vor sich hin.[252] Die „Mangelverwaltung" der Nachkriegsjahre war von lokal-selbstverwaltendem Pragmatismus insbesondere in den Kreisen geprägt.[253] Auf zentraler Ebene trug insbesondere das nach wie vor teils nationalsozialistisch belastete Personal in den Ministerien zur problematischen politischen Kontinuität bei.[254] Die Zeichen standen auf „Rekonstruktion des Bewährten" statt auf demokratische Innovation.[255] Gleiches galt für weite Teile der Staatsrechtslehre, die jedoch unter dem Einfluss von *Hans Heinrich Rupp* und *Dietrich Jesch* vorsichtige Öffnungstendenzen zeigte.[256] Die Spaltung zwischen Tradition und Innovation wurde insbesondere beim Thema der Organisationsgewalt deutlich. Auf der konservativen Seite stand ein von *Ernst Forsthoff* intellektuell dominierter Ansatz, der die Verfassung aus dem staatlichen Innenbereich fernzuhalten suchte.[257] Exemplarisch für diese Positionierungen

---

[252] *M. Stolleis*, Geschichte des öffentlichen Rechts in Deutschland, Bd. IV, Staats- und Verwaltungsrechtswissenschaft in West und Ost: 1945–1990, München 2012, 249. Zur Fortgeltung „alten Rechts" *H. Hofmann*, Die Entwicklung des Grundgesetzes von 1949 bis 1990, in: Isensee/Kirchhof (Hrsg.), HStR, Bd. I, 3. Auflage, Heidelberg 2003, § 9, Rn. 2. Unter dem Leitmotiv der Konstitutionalisierung *C. Schönberger*, „Verwaltungsrecht als konkretisiertes Verfassungsrecht". Die Entstehung eines grundgesetzabhängigen Verwaltungsrechts in der frühen Bundesrepublik, in: Stolleis (Hrsg.), Das Bonner Grundgesetz. Altes Recht und neue Verfassung in den ersten Jahrzehnten der Bundesrepublik Deutschland (1949– 1969), Berlin 2006, 53 (55 ff.).

[253] Anschaulich *G.-C. v. Unruh*, Die Lage der deutschen Verwaltung zwischen 1945 und 1949, in: Jeserich/Pohl/v. Unruh (Hrsg.), Deutsche Verwaltungsgeschichte, Bd. V, Die Bundesrepublik Deutschland, Stuttgart 1987, 70 (71).

[254] Vgl. die Hinweise bei *Cancik*, in: Herdegen/Masing/Poscher/Gärditz (Fn. 55), § 14, Rn. 5. Zur Verwaltungsorganisation im Nationalsozialismus auch *D. Rebentisch*, Führerstaat und Verwaltung im Zweiten Weltkrieg. Verfassungsentwicklung und Verwaltungspolitik 1939–1945, Stuttgart 1989, 533. Dazu wiederum *H. Dreier*, Die deutsche Staatsrechtslehre in der Zeit des Nationalsozialismus, VVDStRL (60) 2001, 9 (45).

[255] *M. Stolleis*, Verwaltungsrechtswissenschaft in der Bundesrepublik Deutschland, in: Simon (Hrsg.), Rechtswissenschaft in der Bonner Republik, Frankfurt am Main 1994, 227 (240).

[256] So die Bewertung bei *Stolleis* (Fn. 252), 250. Zu Jesch etwa *I. Augsberg*, Demokratische Aufklärung. Dietrich Jeschs Neubestimmung der Verwaltungsrechtsdogmatik unter dem Grundgesetz, in: Kremer (Hrsg.), Die Verwaltungsrechtswissenschaft in der frühen Bundesrepublik (1949–1977), Tübingen 2017, 287 (insb. 291) zur politischen Einstellung, die auf die Demokratisierung der Verwaltung gerichtet war. Zu Rupps methodischem Projekt *A. Funke*, Ein Außenseiter, mittendrin. Zur Erfolgsbilanz des neo-kelseanischen Verwaltungsrechts von Hans-Heinrich Rupp, in: Kremer (Hrsg.), Die Verwaltungsrechtswissenschaft in der frühen Bundesrepublik (1949–1977), Tübingen 2017, 305 (309 ff.). Ferner *Schönberger* (Fn. 252), in: Stolleis, 56 mit weiteren Literaturreferenzen.

[257] So auch die Einschätzung bei *Schönberger* (Fn. 252), in: Stolleis, 56.

stand die Staatsrechtslehrertagung 1957, bei der die verschiedenen Positionen deutlich kontrastiert vorgetragen wurden.

1. Die Staatsrechtslehrertagung 1957 und ihre Folgen

Ein erster Kulminationspunkt der Debatte erfolgte im Jahr 1957 auf der Tagung der deutschen Staatsrechtslehrer, die sich dem Thema der Organisationsgewalt zuwandte. *Arnold Köttgen* aus Göttingen anerkannte zwar die grundsätzliche historische Kontroverse,[258] betonte aber dennoch, dass er den Paradigmenwechsel auf dem Boden der Verfassung kritisch sehe. Mit Verweis auf die begrenzte Rationalitätskraft des Parlaments, die Exekutive sinnhaft zu durchformen, plädierte er dafür, „schon aus Gründen sinnvoller Ökonomie der Kräfte [...] dem ‚Herren im Hause' seine Chance [zu] belassen, die auch das geltende Verfassungsrecht nur beschnitten, aber nicht etwa kassiert hat."[259] Der Innsbrucker *Felix Ermacora* hingegen konstatierte genau gegensätzlich: „Organisationsgewalt steht daher der Verwaltung nur zu, soweit sie zur Handhabung durch Verfassung und Gesetz ermächtigt ist."[260] Es folgte eine wilde Debatte um wesentliche Grundlagen des Begriffes, an deren Ende *Ermacora* empört aussprach: „Mit solchen Auffassungen verharrt die Rechtswissenschaft im Zeitalter der Pferdebahn und registriert nicht, daß man bereits rüstet, zum Mond zu reisen."[261] Herausgebildet haben sich hier im Wesentlichen drei Streitfragen:

(1) Behauptet wurde, dass auch unter dem Grundgesetz fortan die Organisationsgewalt der Exekutive *qua* Funktion zukommen solle, da sie „an sich Ausfluß der vollziehenden Gewalt ist und insofern keiner besonderen verfassungsrechtlichen oder gesetzlichen bzw. gewohnheitsrechtlichen Grundlage bedarf, soweit nicht etwas anderes in der Verfassung oder im Gesetz in dieser

[258] *Köttgen* (Fn. 2), 154 f. „Auf dem in dieser Art abgegrenzten Thema lastet von jeher eine verfassungsgeschichtliche Hypothek, die sich in aller Regel bei Diskussionen über die Organisationsgewalt alsbald aktualisiert. Während die einen in ihr ein unvergängliches Verfassungserbgut erblicken möchten, gilt sie den anderen nur als der illegitime Versuch einer Prolongation des monarchischen Beamtenstaates bis in die so gänzlich anders verfaßte Gegenwart). Damit drohen Sentiments und Ressentiments nicht nur auf der politischen Bühne einer nüchternen staatsrechtlichen Analyse Abbruch zu tun.". Zu Köttgen und seiner konservativen Verwaltungswissenschaft, *A.-K. Kaufhold*, Arnold Köttgen (1902–1967). Berichte aus dem Inneren der Verwaltung, in: Kremer (Hrsg.), Die Verwaltungsrechtswissenschaft in der frühen Bundesrepublik (1949–1977), Tübingen 2017, 107–128 (insb. 118–119).

[259] *Köttgen* (Fn. 2), 188. Die Vermischung verschiedener Ebenen zeigt sich auch auf S. 155: „Wer über die Organisationsgewalt als ein aktuelles Problem referiert, muss sich vorbehaltlos auf den Boden der juristischen, aber auch soziologischen Gegebenheiten von heute stellen."

[260] *Ermacora* (Fn. 2), Leitsatz 12, 238.

[261] *Ermacora* (Fn. 2), abschließender Diskussionsbeitrag, 267.

Hinsicht bestimmt ist oder sich aus sonstigen Gründen ergibt."[262] Wenn die Erscheinung der Organisationsgewalt überhaupt „einen Sinn" behalten solle, dann gerade diesen, dass sie keine Rechtsgrundlage benötige, sondern aus der Aufgabe der Verwaltung selbst folge, sich überhaupt zu betätigen.[263]

(2) Begrifflich wurde (mit der ersten Streitfrage verwandt) festgestellt, dass der Begriff der Organisationsgewalt denklogisch mit der Exekutive verknüpft sei. So zeige „die geschichtliche Entwicklung unseres Problems ebenso wie seine Würdigung in der Gegenwart, daß es sich bei der Organisationsgewalt um die Frage nach dem verfassungsmäßigen Hausgut [...] handelt, und daß, wenn andere (Parlament, politische Parteien usw.) sich dieses ursprünglichen Hausguts der Exekutive bemächtigen [!], es sich in der Hand des neuen Inhabers nicht mehr um ‚Organisationsgewalt' handelt, jedenfalls nicht in dem Sinne der von uns hier erörterten Problematik."[264] Dies stellt mithin eine abgeschwächte Version des ersten Einwands dar.

(3) Zuletzt wurde die rechtspolitische Frage gestellt, welche Folgen eine Einhegung der Organisationsgewalt habe; „sobald wir die Organisationsgewalt in ihrem legitimen Bereich zu stark beschränken, wird man ausweichen und sich auf anderem Wege behelfen. Auf diesem anderen Wege aber gelangt man leicht zu einer solchen Hypertrophie unkontrollierbarer, undurchsichtiger Verwaltungserscheinungen, daß man im Ergebnis keinesfalls eine Begrenzung der Verwaltung erzielt, sondern eine starke Ausweitung, noch dazu verbunden mit einer starken Depravierung des eigentlichen Verwaltungsauftrags."[265] Hier wird also das heute virulente Grundproblem der Pluralisierung des Verwaltungsaufbaus im Grenzbereich zur Gesellschaft angesprochen.[266]

Es verwundert nicht, dass angesichts dieser Kontroversen noch in den 1960er Jahren *Hans Heinrich Rupp* das „Problem der Organisationsgewalt" mit einem „gordischen Knoten" verglich, „bei welchem weder historische noch

---

262 *W. Merk*, Diskussionsbeitrag zu A. Köttgen und F. Ermacora, Die Organisationsgewalt, VVDStRL (16) 1966, 251.

263 *H.P. Ipsen*, Diskussionsbeitrag zu A. Köttgen und F. Ermacora, Die Organisationsgewalt, VVDStRL (16) 1966, 257. Dagegen wurde unter anderem vorgetragen, dass das „Hausgut" als solches keine taugliche Rechtsgrundlage darstelle. *H. Spanner*, in: Diskussionsbeitrag zu A. Köttgen und F. Ermacora, Die Organisationsgewalt, VVDStRL (16) 1966, 256: „Das ist die Frage, wo eigentlich die einwandfreie Rechtsgrundlage für das gelegen ist, was wir Organisationsgewalt nennen. Wir haben da gehört von einem „Hausgut" der Verwaltung. Dann wurde gelegentlich – das war natürlich schon sehr juristisch – auf Gewohnheitsrecht verwiesen. Ich für meinen Teil bin nicht in der Lage, den Begriff des Hausgutes als eine neue Rechtsquelle anzuerkennen." Zu dieser Auffassung siehe schon *Spanner* (Fn. 9), 641 f.

264 *W. Weber*, Diskussionsbeitrag zu A. Köttgen und F. Ermacora, Die Organisationsgewalt, VVDStRL (16) 1966, 246.

265 *Weber*, in: Diskussionsbeitrag zu A. Köttgen und F. Ermacora (Fn. 264), 245 f.

266 Dazu noch ausführlich unten § 3.

rechtstheoretische Ansätze mehr erkennbar sind."[267] Die drei Streitfragen verdienen insbesondere deshalb so exemplarische Darstellung, da es sich bei ihnen um immer wiederkehrende *topoi* handelt, die bis in die verwaltungsrechtliche Reformdiskussion in der Gegenwart Zaungäste akademischer Diskussionen sind.

Sodann sei noch eine wesentliche Folge der Staatsrechtslehrertagung angesprochen. Sechs Jahre später, im Wintersemester 1963/64, habilitierte sich *Ernst-Wolfgang Böckenförde* an der Universität Münster mit einer Schrift zur „Organisationsgewalt im Bereich der Regierung." Er kennzeichnete den Begriff der Organisationsgewalt als „beschreibenden Sachbegriff"[268] und stellte ihn damit verfassungsrechtlich auf die Füße. Organisationsgewalt habe nur derjenige, dem die Verfassung die Wahrnehmungszuständigkeit für bestimmte Organisationsentscheidungen zugewiesen habe.[269] Extrakonstitutionelle Vorrechte oder Vorbehaltsbereiche könne es im verfassten Staat nicht geben.

2. Die Persistenz der Organisationsgewalt als „Hausgut" der Exekutive

In der Sache war mit *Böckenfördes* richtiger Klargestellung die Frage der Organisationsgewalt unter dem Grundgesetz im Wesentlichen gelöst. Gleichzeitig halten sich die Einwände, die oben unter (1) und (2) dargestellt wurden, unter dem reaktionären Einfluss *Forsthoffs* erstaunlich lange in der deutschen Staatsrechtslehre. Immer wieder tauchen Referenzen zur einen oder anderen

[267] *H.H. Rupp*, Grundlagen der heutigen Verwaltungsrechtslehre. Verwaltungsnorm und Verwaltungsrechtsverhältnis, 2. Auflage, Tübingen 1991, 93 f., Fn. 212. Bezugnahme auf diesen gordischen Knoten wiederum bei *Butzer* (Fn. 7), 168. Historische Kontextualisierung in den Gesamtzusammenhang der Konstitutionalisierung *A. von Bogdandy/P.M. Huber*, Deutschland, in: v. Bogdandy/Huber (Hrsg.), Handbuch Ius Publicum Europaeum, Bd. III, Heidelberg 2010, § 42, Rn. 66: „Etwa ab Mitte der 1960er Jahre löst die Entfaltung des rechtsstaatlichen Verwaltungsrechts im Allgemeinen und der Grundrechte im Besonderen unter dem Signum der sog. Wesentlichkeitsdoktrin schließlich einen bis dahin ungekannten Verrechtlichungsschub aus, dem durch die Normativität der Verfassung und ihre unmittelbare Anwendbarkeit auf die Rechtsverhältnisse zwischen Bürger und Staat zusätzlicher Nachdruck verliehen wird." Der hier vertretenen Ansicht nach wird hier jedoch die Rolle der Grundrechte über- und die des Demokratieprinzips unterbewertet. Weiter betont bei *P.M. Huber*, Grundzüge des Verwaltungsrechts in Europa – Problemaufriss und Synthese, in: v. Bogdandy/Huber (Hrsg.), Handbuch Ius Publicum Europaeum, Bd. V, Heidelberg 2014, § 73, Rn. 24.

[268] *Böckenförde* (Fn. 1), 37.

[269] Nach seiner klassischen Definition umfasst die Organisationsgewalt die Befugnis „zur Schaffung, Veränderung, Zusammenordnung, Bestimmung der Aufgaben und (evtl.) der inneren Gliederung und Geschäftsregelung öffentlicher Funktionsträger bzw. Handlungseinheiten auf dem Boden der in der Verfassung selbst getroffenen Grund-Organisation und mit Ausnahme der nicht-exekutiven unmittelbaren Verfassungsorgane." *Böckenförde* (Fn. 1), 38. Vgl. ferner *F.E. Schnapp*, Dogmatische Überlegungen zu einer Theorie des Organisationsrechts, AöR 105 (1980), 243 (267 ff.).

Variante der präkonstitutionellen Deutung der Organisationsgewalt auf. Eindeutig affirmative Bekenntnisse sind zwar selten geworden, so dient die „Hausgut"-Metapher mittlerweile eher einer juristischen Schmähkritik für Organisationsentwürfe.[270] Ihre zentrale verfassungsrechtliche Bedeutung bietet hingegen genug Anlass sich die Thesen genauer anzusehen.

a) Die starke These exekutiver Organisationsgewalt

Die starke These exekutiver Organisationsgewalt (wobei „stark" hier in seinem theoretischen, nicht in seinem affirmativen Sinn verwendet wird) ist in ihrem Kern eine soziologische Deutung des Begriffs. Diese geht maßgeblich von der (unbestreitbar richtigen) Prämisse aus, dass Organisation die Grundvoraussetzung dafür ist, dass die Einheit „Staat" überhaupt realweltliche Wirkungen entfalten kann.[271] Organisation stellt die Verknüpfung her zwischen einer lediglich fiktiven Wirkeinheit „Staat" und individuell zurechenbaren Handlungen natürlicher Personen, die physische Effekte erzeugen und die nur durch das begleitende Vorhandensein von Organisation als dem Staat zurechenbar und damit als ein Teil von Staatsgewalt erscheinen.[272] Sie übernimmt dabei im Wesentlichen eine Summe von Funktionen (Generalisierung von Verhaltenserwartungen, Formalisierungen [und Elastizität] von Erwartungsstrukturen, Motivationen von Mitgliedern und insbesondere die Formalisierung von Machtbeziehungen), die *Niklas Luhmann* für formale Organisationen prägnant herausgearbeitet hat.[273]

---

[270] „Back to Forsthoff!" beschreibt etwa *K.F. Gärditz*, Die „Neue Verwaltungsrechtswissenschaft" – Alter Wein in neuen Schläuchen?, in: Burgi (Hrsg.), Zur Lage der Verwaltungsrechtswissenschaft, Die Verwaltung Beiheft 2017, 106 (143) das verwaltungsrechtswissenschaftlichen Reformprojekt.

[271] Siehe schon bei *Ermacora* (Fn. 2), 192; *Forsthoff* (Fn. 8), 384: „Arbeitsinstitution zur Verwirklichung der staatlichen Zwecke". Hinweise auch bei *Böckenförde* (Fn. 1), 39. Dies stellt die konstruktivistische Frage des Verhältnisses von Staatsrechtslehre und Staat, ausgearbeitet bei *U. Di Fabio*, Die Staatsrechtslehre und der Staat, Paderborn/München u.a. 2003, 13 ff.

[272] Vgl. *H. Heller*, Staatslehre, 4. Auflage, Leiden 1970, 88 ff. Darstellung verschiedener Organisationsbegriffe bei *Gärditz* (Fn. 192), 56 ff. Vgl. auch *E.-W. Böckenförde*, Organ, Organisation, Juristische Person. Kritische Überlegungen zu den Grundbegriffen und der Konstruktionsbasis des staatlichen Organisationsrechts, in: Menger (Hrsg.), Fortschritte des Verwaltungsrechts. Festschrift für Hans J. Wolff zum 75. Geburtstag, München 1973, 269 (282); *W. Kahl*, Die Staatsaufsicht. Entstehung, Wandel und Neubestimmung unter besonderer Berücksichtigung der Aufsicht über die Gemeinden, Tübingen 2000, 460 f.; *W. Kluth*, in: Wolff/Bachof/Stober/Kluth, Verwaltungsrecht: Ein Studienbuch, Bd. II, 7. Auflage, München 2010, § 79, Rn. 2; *E.-H. Ritter*, Organisationswandel durch Expertifizierung und Privatisierung im Ordnungs- und Planungsrecht, in: Schmidt-Aßmann/Hoffmann-Riem (Hrsg.), Verwaltungsorganisationsrecht als Steuerungsressource, Baden-Baden 1997, 207 (207).

[273] *N. Luhmann*, Funktionen und Folgen formaler Organisation, 5. Auflage, Berlin 1999, 54 ff.

Organisation verknüpft damit die Institution des Staates mit der Entfaltung von Staatsgewalt. In der Folge ist es im Grunde eine Binse, dass Staatsgewalt nur mit und durch Organisation denkbar ist.[274] Weniger trivial ist die theoretisch zu Ende gedachte Folge von dieser Erkenntnis. Aus der faktischen Souveränität des Staates, also der Eigenschaft der Institution des Staates letztverbindlicher Ausgangspunkt der Staatsgewalt zu sein, folgt die Reflexivität staatlicher Organisation. Die Organisation der Staatsgewalt erfolgt damit ausschließlich durch Stellen, die wiederum selbst Teil staatlicher Organisation sind.[275] Organisation ist selbst so gleichzeitig sowohl Vorbedingung bereits bestehender Organisation als auch Ausgangspunkt jeder weiteren Organisation.[276]

Es ist also aus dieser Perspektive zwangsläufig so, dass es innerhalb der Wirkeinheit „Staat" eine praktische Koordinationsleistung darüber geben muss, wer oder was im staatlichen Innenbereich Organisationsleistungen erbringt. Diese Perspektive meint etwa *Ernst Forsthoff*, wenn er (unter Bezugnahme auf *von Seydels* Bayerisches Staatsrecht) schreibt, die Organisationsgewalt sei eine „Befugnis, die mit der Staatsgewalt *ipso iure* gegeben ist."[277] Daraus folgt in einem zweiten Schritt, dass die Organisationsgewalt ganz grundsätzlich *mit der Leitungsbefugnis* verknüpft ist, also qua sozialem Fakt einer bestimmten Exekutivfunktion zugeordnet wird.[278] Darin wirkt eine Bedeutungsverengung des Begriffes fort: In der so bestimmten Frage der Organisationsgewalt bleibt für die Verfassung nur noch die Funktion der Begrenzung eines ursprünglich der Exekutive zukommenden Kompetenztitels. Sie wirkt so als Grenze, nicht als Grund für Organisation. Eine solche Auffassung – so richtig sie soziologisch sein mag – relativiert damit die normative Organisationswirkung der Verfassung.[279]

Bei *Forsthoff* wird die Organisationsgewalt so denklogisch vor der Verfassungsordnung konstruiert, mithin außerhalb der Funktionenordnung begründet. Auch dies lässt sich wiederum historisch deuten. Die von *Forsthoff* vorgeschlagene Gliederung des Staates in eine durch „Sachtreue" gekennzeichnete bürokratische Organisation fiel damit zumindest in der Zeit nationalsozialis-

[274] *Böckenförde* (Fn. 1), 39; *E. Schmidt-Aßmann*, Das allgemeine Verwaltungsrecht als Ordnungsidee. Grundlagen und Aufgaben der verwaltungsrechtlichen Systembildung, 2. Auflage, Berlin/Heidelberg 2006, 239; *Schnapp* (Fn. 269), 246; *Ritter*, in: Schmidt-Aßmann/Hoffmann-Riem (Fn. 272), 207.

[275] Hier zeigt sich, dass etwa das zugrundeliegende Legitimationsverhältnis ausgeblendet wird.

[276] Vgl. auch *Ermacora* (Fn. 2), 222; *Forsthoff* (Fn. 8), 384.

[277] *Forsthoff* (Fn. 8), 434.

[278] Vgl. *Forsthoff* (Fn. 8), 434.

[279] Dazu etwa *T. Vesting*, Kein Anfang und kein Ende. Die Systemtheorie des Rechts als Herausforderung für Rechtswissenschaft und Rechtsdogmatik, JURA 2001, 299–305.

tischer Ideologie nicht mit der Führungsordnung zusammen.[280] Diese „Trennung von Staat und Bewegung"[281] bewahrte grundsätzlich den Wesensgehalt des Staates gegenüber dem instrumentell-ideologischen Zugriff, zahlte dafür aber den Preis der Isolation von einem normativen Verfassungsbegriff.

Im Kern negiert die Auffassung die *herrschaftsbegründende* Wirkung der Verfassung. Dabei profitiert sie von einer begrifflichen Unschärfe. So macht sie sich zu Nutze, dass sich auf verschiedene Arten von „Verfasstheit" und „Verfassung" sprechen lässt.[282] Will man den Begriff der Organisation aus seiner oben skizzierten Zirkularität befreien, muss man dem in diesem Kontext verwendeten „tatsächlichen" Verfassungsbegriff einen rechtlichen Verfassungsbegriff entgegenstellen, der den internen Standpunkt der Rechtsgeltung einnimmt.[283] Nur so lässt sich davon ausgehen, dass die Verfassung konstitutive Anforderungen an Verwaltungsorganisation stellt.[284]

Im Verfassungs*rechts*verhältnis beansprucht dieser „normativistische"[285] Ansatz theoretischen Vorrang,[286] auch weil er die soziale Perspektive integrieren und damit den Zirkelschluss auflösen kann. Er kann nämlich mit gesellschaftlicher Pluralität insoweit umgehen, als dass die Verfassung auch gegenüber einer pluralisiert-fragmentierten Sozialordnung ihren normativen Ordnungsanspruch aufrechterhalten kann.[287] Im Gegensatz dazu entzieht die

---

[280] *E. Forsthoff*, Der totale Staat, 2. Auflage, Hamburg 1934, 38 ff. Dazu auch *R. Grawert*, Die nationalsozialistische Herrschaft, in: Isensee/Kirchhof (Hrsg.), HStR, Bd. I, 3. Auflage, Heidelberg 2003, § 6, Rn. 35.

[281] *H. Dreier*, Die deutsche Staatsrechtslehre in der Zeit des Nationalsozialismus, VVDStRL (60) 2001, 9 (40).

[282] *U. Volkmann*, Grundzüge einer Verfassungslehre der Bundesrepublik Deutschland, Tübingen 2013, 9.

[283] Klassisch dargestellt bei *H.L.A. Hart*, The Concept of Law, 2. Auflage, Oxford 1994, 55–60. Einführend dazu auch *S.J. Shapiro*, What is the internal point of view?, Fordham Law Review 2006, 1157–1170. Im Hinblick auf das Grundgesetz ausgearbeitet bei *J. Isensee*, Legitimation des Grundgesetzes, in: Isensee/Kirchhof (Hrsg.), HStR, Bd. XII, 3. Auflage, Heidelberg 2014, § 254, Rn. 9 ff.

[284] Prägnant bei *J. Isensee*, Staat und Verfassung, in: Isensee/Kirchhof (Hrsg.), HStR, Bd. II, 3. Auflage, Heidelberg 2004, § 15, Rn. 6: „Das Wort ‚Verfassungsstaat' bleibt, doch das Halbwort ‚-staat' dient nur als semantischer Sockel der Verfassung." Dabei kann dahin gestellt bleiben, ob man die originär herrschaftsbegründende Dimension (als Neuordnung der Politik) oder die nachträgliche Verrechtlichung einer bereits vorgefundenen politischen Ordnung meint. Beides ist gleichermaßen umfasst. Zur Unterscheidung *C. Möllers*, Verfassunggebende Gewalt – Verfassung – Konstitutionalisierung, in: v. Bogdandy/Bast (Hrsg.), Europäisches Verfassungsrecht, 2. Auflage, Berlin/Heidelberg 2009, 230 ff.

[285] Etwa bei *Kirste* (Fn. 49), 169.

[286] Richtig z.B. *B. Schöbener/M. Knauff*, Allgemeine Staatslehre, 4. Auflage, München 2019, § 3, Rn. 7 ff. Verknüpft mit der Rolle der Verfassungsgerichtsbarkeit bei *T. Kingreen*, Vorrang und Vorbehalt der Verfassung, in: Isensee/Kirchhof (Hrsg.), HStR, Bd. XII, 3. Auflage, Heidelberg 2014, § 263, Rn. 19.

[287] So richtig festgestellt von *S. Unger*, Verfassung im Nationalstaat: Von der Gesamtordnung zur europäischen Teilordnung?, DVBl. 2015, 1069–1076 im Kontext der Diskussion um die nationale Verfassungsidentität.

herrschaftsbegründende Wirkung der Verfassung dem vorverfassungsrechtlichen *status quo* (der „tatsächlichen" Verfassung) seine Legitimationsgrundlage. Bereits vorhandene Legitimationslinien verlieren so „zunächst ihren rechtfertigenden Wert und müssen durch eine verfassungseigene Traditionsschaffung ersetzt werden."[288]

Der Akt der Verfassungsgebung wäre daher – um die Verknüpfung zum deskriptiven Organisationsbegriff herzustellen – auch eine Ausübung von faktischer, normativ noch ungeleiteter Organisationsmacht.[289] Die Geltungsbegründung der Verfassung liegt so im Sozialen.[290] Sie steht aber – entsprechend der Konzeption *Jellineks* von der juristischen Staatsperson – neben der sozialen Faktizität des Staates und tritt denklogisch zu ihr dazu.[291] Die Position *Forsthoffs* nimmt also nicht den internen Standpunkt der Verfassung ein, sondern tritt soziologisch beschreibend *neben* das geltende Verfassungsrecht. Die Verfassung konsumiert jedoch diesen scheinbar paradoxen sozialen Zusammenhang durch ihren ursprünglichen Organisationsgehalt, der in seiner institutionellen Dimension Staatsgewalt konstituiert und ein Organisationsverhältnis begründet. Insofern sind Zweifel angebracht, ob eine auf dieser Grundlage beruhende Staatssoziologie mit rechtlicher Normativität überhaupt vereinbar ist.[292]

Plausibler wird die soziologische Auffassung als Kritik dieser Geltungsperspektive erst, wenn man sie weiter radikalisiert. Will man – wie etwa *Carl Schmitt* – über diese soziologische Ingeltungsetzung der Verfassung hinaus auf der Fortexistenz extrakonstitutioneller Macht insistieren,[293] so ergibt sich ein kombinierter Sinngehalt des Begriffs der Organisationsgewalt, der stets den möglichen Ausnahmezustand mitdenkt. In seiner *Verfassungslehre* etwa schreibt *Schmitt*: „Sowenig eine organisatorische Anordnung die Organisati-

---

[288] *Möllers*, in: v. Bogandy/Bast (Fn. 284), 232.

[289] Vgl. auch *Böckenförde* (Fn. 1), 35.

[290] *F.E. Schnapp* hat diesem Zusammenhang im Organisationsrecht Ausdruck gegeben, indem er eine geltungsbegründende Funktion des Organisationsrechts identifiziert hat, die sich auf die soziale Anerkennung sekundärrechtlicher Normen bei *H.L.A Hart* stützt. Soziale Geltung von Normen und deren Eigennormativität lässt sich so rechtstheoretisch vereinbaren. Vgl. *F.E. Schnapp*, Zur Dogmatik und Funktion des staatlichen Organisationsrechts, Rechtstheorie 1978, 275 (289). Siehe ferner *M. Jestaedt*, Grundbegriffe des Verwaltungsorganisationsrechts, in: Hoffmann-Riem/Schmidt-Aßmann/Voßkuhle (Hrsg.), GVwR, Bd. I, 2. Auflage, München 2012, § 14, Rn. 2 mit Verweis auf *A. Merkl*, Allgemeines Verwaltungsrecht, Wien/Berlin 1927, 291: „Recht bedarf einer Organisation, um verwirklicht zu werden."

[291] Dazu bereits siehe oben S. 51 ff.

[292] Ähnliches wird diskutiert bei *H. Schulze-Fielitz*, Konturen einer zeitgenössischen Staatssoziologie, in: Voßkuhle/Bumke/Meinel (Hrsg.), Verabschiedung und Wiederentdeckung des Staates im Spannungsfeld der Disziplinen, Der Staat Beiheft 2013, 11 (24).

[293] Diese Position knapp zusammenfassend, *M. Kotzur*, Verfassung – Begriff und Bedeutung im Mehrebenensystem, in: Kahl/Ludwigs (Hrsg.), Handbuch des Verwaltungsrechts, Bd. III, Verwaltung und Verfassungsrecht, Heidelberg 2022, § 58, Rn. 8.

onsgewalt dessen erschöpft, der Organisationshoheit und Organisationsgewalt innehat, sowenig kann der Erlaß einer Verfassung die verfassunggebende Gewalt erschöpfen, absorbieren oder konsumieren. Die verfassunggebende Gewalt ist nicht dadurch erledigt und beseitigt, daß sie einmal ausgeübt wurde."[294] Diese Auffassung stellt eine mögliche, aus der geltungsorientierten Perspektive nur kontingent kritisierbare Deutung dar, soll aber fortan nicht weiter im Fokus stehen, da sie mit der hier betrachteten verfassungsdogmatischen Perspektive kein Erkenntnisinteresse teilt.

b) Die schwache These exekutiver Organisationsgewalt

Die schwache These der Organisationsgewalt, die oben unter (2) zusammengefasst wurde, stellt im Wesentlichen nur einen begrifflichen Einwand dar. Sie geht davon aus, dass der Begriff der Organisationsgewalt so auf die Exekutive gemünzt sei, dass es keine legislative Organisationsgewalt geben könne.[295]

Diese These überzeugt deshalb nicht, da damit der Begriff der Organisationsgewalt inhaltlich keine Bedeutung hätte. Ohne den Anspruch ein eigener Kompetenztitel zu sein, würde die Organisationsgewalt lediglich bereits vorgegebene verfassungsrechtliche Zuständigkeitsregelungen zusammenfassen und damit ohne eigenen, verfassungssystematischen Gehalt bleiben.[296] Gerade die Entstehung des Begriffs im Konstitutionalismus spricht gegen eine solche Deutung.[297]

Eine solche begriffliche Trennung einer strukturell gleichgerichteten Rechtsmacht, je nachdem ob sie von Exekutive oder Legislative ausgeübt wird, entspricht nicht der Systematik des Grundgesetzes. Will man sinnvoll von Organisationsgewalt sprechen, so muss diese als Teil einer einheitlich ausgeübten Staatsgewalt von verschiedenen (Teil-)Gewalten ausgeübt werden können. Zudem würde eine begriffliche Trennung der in der parlamentarischen Demokratie typischen Verschränkung von Regierung und Parlamentsmehrheit zuwiderlaufen.[298]

---

[294] *C. Schmitt*, Verfassungslehre, 11. Auflage, Berlin 2017, 76–77.

[295] Weitere Nachweise bei *G.C. Burmeister*, Herkunft, Inhalt und Stellung des institutionellen Gesetzesvorbehalts. Zugleich ein Beitrag zur Dogmatik des Verwaltungsorganisationsrechts, Berlin 1991, 47 ff.

[296] *Böckenförde* (Fn. 1), 37.

[297] Dazu bereits oben in diesem Kapitel, III. 2.

[298] Diese Auffassung etwa auch bei *Köttgen* (Fn. 2), 154; in der anschließenden Diskussion auch *Ipsen*, in: Diskussionsbeitrag zu *A. Köttgen* und *F. Ermacora* (Fn. 263), 257. So wohl auch das Verständnis bei *C. Möllers*, Materielles Recht – Verfahrensrecht – Organisationsrecht, in: Trute/Groß/Röhl/Möllers (Hrsg.), Allgemeines Verwaltungsrecht – zur Tragfähigkeit eines Konzepts, Tübingen 2008, 489.

3. Begriffskonstitutionalisierung

Möglicherweise aufgrund dieser anspruchsvollen Begriffsbildung ist die Organisationsgewalt im rechtswissenschaftlichen Diskurs nicht eindeutig angekommen. In jüngeren Darstellungen des Verwaltungsorganisationsrechts wird die Organisationsgewalt teils ausgeblendet,[299] teils als überholt gekennzeichnet.[300] *Möllers* hat etwa eingeworfen, dass im Begriff der Organisationsgewalt, der deutsche Anstaltsstaat mit seiner scharfen Unterscheidung von Innen- und Außenrecht nachwirke.[301] Im Wesentlichen streitet man hier darum, ob es angemessen sei, den in den 1820er Jahren im Frühkonstitutionalismus geprägten Begriff in die parlamentarische Demokratie zu übertragen. Ist also dem Begriff der Organisationsgewalt sein vorkonstitutionelles Erbe unwiderruflich eingebrannt?

Tatsächlich ist der *verfassungsrechtliche* Begriff der Organisationsgewalt, der damit lediglich die rechtlich eingeräumte Befugnis zur Gründung, Auflösung und Ausgestaltung von Organisationseinheiten meint, von seinen wesentlichen vor- bzw. frühkonstitutionellen Begriffselementen entkernt. Er hat nichts gemein mit der absolutistischen *potestas instituendi.*

Einer ähnlichen anspruchsvollen Wandlung wurde etwa auch der Begriff der Staatsgewalt unterzogen, der aber im Gegensatz zur „Organisationsgewalt" definierenden Eingang in den Text des Grundgesetzes gefunden hat. Auch dieser hat die Wandlung von der ungerichteten *vis/violentia* zur legitimierten Amtsgewalt als *potestas* ohne begriffliche Spätwirkungen überstanden.[302] Auch im Begriff der Organisationsgewalt kann mithin eine begriffsverändernde Konstitutionalisierung nachgezeichnet werden,[303] deren Unterstüt-

---

[299] So kommt der Begriff in manchen Einführungen in die verwaltungsorganisationsrechtlichen Grundbegriffe nicht vor. Vgl. etwa bei *Gärditz* (Fn. 192), 44 f. Auch für *Jestaedt* (Fn. 290), in: Hoffmann-Riem/Schmidt-Aßmann/Voßkuhle, § 14, Rn. 58 scheint er keine zentrale Kategorie zu bilden, sondern nur eine faktische Zustandsbeschreibung. Differenziert demgegenüber *Kirste* (Fn. 97), 333–334.

[300] *T. Groß*, Die Verwaltungsorganisation als Teil organisierter Staatlichkeit, in: Hoffmann-Riem/Schmidt-Aßmann/Voßkuhle (Hrsg.), GVwR, Bd. I, 2. Auflage, München 2012, § 13, Rn. 81; *Butzer* (Fn. 7), 170; *G. Hermes*, Legitimationsprobleme unabhängiger Behörden, in: Bauer/Huber/Sommermann (Hrsg.), Demokratie in Europa, Bd. I, Verfassungsentwicklung in Europa, Tübingen 2005, 484.

[301] *Möllers*, in: Trute/Groß/Röhl/Möllers (Fn. 298), 498.

[302] Vgl. *H. Dreier*, in: ders. (Hrsg.), Grundgesetz Kommentar, Bd. II, 3. Auflage, Tübingen 2015, Art. 20, Rn. 86–89.

[303] Kritische Überlegungen zu dem Begriff der Konstitutionalisierung der Gesamtrechtsordnung bei *H. Dreier*, Deutschland, in: v. Bogdandy/Huber (Hrsg.), Handbuch Ius Publicum Europaeum, Bd. I, Heidelberg 2007, § 1, Rn. 88 ff. sowie bei *R. Wahl*, Konstitutionalisierung – Leitbegriff oder Allerweltsbegriff?, in: Eberle (Hrsg.), Der Wandel des Staates vor den Herausforderungen der Gegenwart. Festschrift für Winfried Brohm zum 70. Geburtstag, München 2002, 191 (191 ff.). Die hier gewählte Darstellung schließt sich der Deutung bei *T. Rensmann*, Wertordnung und Verfassung. Das Grundgesetz im Kontext grenzüber-

zung auch durch die ungebrochene Rezeption des Begriffes in der Praxis fruchtbarer erscheint, als auf neue, noch zu etablierende Konzepte zu verweisen.[304] Ein auch ohne Verfassung intelligibler Sachbereich wird damit durch die Tiefenwirkung der Verfassung restrukturiert und neu geordnet.[305]

Gegen die Eliminierung des Begriffs aus dem organisationsrechtlichen Vokabular spricht zudem die Rechtswirklichkeit. Sowohl in der Rechtsprechung des Bundesverfassungsgerichts als auch in der Rechtspraxis wird beständig auf ihn verwiesen.[306] Außerhalb der historisch-geisteswissenschaftlich informierten Verwaltungsrechtswissenschaft gibt es keinerlei Bestrebungen auf den Begriff zu verzichten. Gerade deshalb ist es entscheidend, ihn richtig und präzisierend zu deuten.

Für eine zeitgemäße und juristisch präzise Definition der Organisationsgewalt bedeutet dies jedoch eine Herausforderung, ist doch der Begriff im Verfassungsstaat von seiner ursprünglichen Bedeutung zu entkernen und genau im entgegengesetzten Sinne wiederzuverwenden. Im normativen Rahmen der Verfassung ist die Wahrnehmungszuständigkeit zur Organisation, die in der deutschen Staatsrechtslehre aus traditionellen Gründen „Organisationsgewalt" genannt wird, also von vornherein keine „Gewalt" im sozialen Sinne, sondern vielmehr durch die Organisationswirkung der Verfassung in einem verfassungsrechtlichen Organisationsverhältnis eingehegt. Die organische Organisationsvorstellung des Staates tritt durch die durch die Verfassung eingehegte *Rechtlichkeit* des Staates so zurück und macht einem Rechtsverhältnis

schreitender Konstitutionalisierung, Tübingen 2007, 119 ff. vor dem Hintergrund der Grundrechte an. Vgl. auch *R.P. Schenke*, Rechtsquellen des Verwaltungsrechts, in: Kahl/Ludwigs (Hrsg.), Handbuch des Verwaltungsrechts, Bd. I, Grundstrukturen des deutschen Verwaltungsrechts, Heidelberg 2021, § 7, Rn. 25.

[304] So schon *Ermacora* (Fn. 2), 231. Korrekte Darstellung etwa bei *P. Kirchhof*, Mittel staatlichen Handelns, in: Isensee/Kirchhof (Hrsg.), HStR, Bd. V, 3. Auflage, Heidelberg 2007, § 99, Rn. 119: „Die Organisationsgewalt des Staates liegt beim Verfassunggeber. Die Verfassung bestimmt, welche Gewalten im Staat eingerichtet werden, wie die Staatlichkeit zu untergliedern ist, welche Staatsorgane gebildet, ob und inwieweit Kompetenzen und Befugnisse dezentralisiert und Handlungseinheiten verselbständigt werden sollen, wie die Organe und Organwalter zusammenwirken und die Staatseinheit wahren". Zu einer konzentrierten Darstellung dieser Position, *Butzer* (Fn. 7), 170. Missverständliche Positionierung etwa noch bei *M. Ibler*, in: Dürig/Herzog/Scholz (Hrsg.), Grundgesetz Kommentar, München, 95. EL Juli 2021, Art. 86, Rn. 154, der beide Begriffsdeutungen nebeneinanderstellt. Vgl. auch missverständlich (aber anderenorts relativierend) bei *C. Ohler*, Der institutionelle Vorbehalt des Gesetzes, AöR 131 (2006), 336 (349): „Gegen ein umfassendes Recht des gesetzgeberischen Zugriffs auf die Verwaltungsorganisation streitet die eigenständige Organisationsgewalt der Exekutive".

[305] Dies scheint eine Tendenz zu sein, die über nationale Grenzen hinweg, die Verfassungsentwicklung mitbestimmt. Vgl. *P. Cruz Villalón*, Vergleich, in: v. Bogdandy/Huber (Hrsg.), Handbuch Ius Publicum Europaeum, Bd. I, Heidelberg 2007, § 13, Rn. 83 ff.

[306] Vgl. nur BVerfGE 88, 203 (332). Dazu *S. Broß/K.-G. Mayer*, in: v. Münch/Kunig (Hrsg.), Grundgesetz Kommentar, Bd. II, 7. Auflage 2021, Art. 84, Rn. 35.

Platz.[307] Anerkennt man diese Grundentscheidungen ohne weitere Ambivalenz, die im konkreten Fall nicht auf eine notwendige, sondern auf eine rezeptionsbedingte Unklarheit zurückzuführen ist, so sollte auch einer veränderten Begriffsdeutung nichts im Wege stehen.[308] Jüngste Arbeiten scheinen den Begriff ohnehin wieder ohne Schwierigkeiten zu verwenden.[309]

4. Verfasste Organisationsgewalt

In einer verfassungsrechtlichen Perspektive bleibt damit nur Raum, die Organisationsgewalt als einen „beschreibenden Sachbegriff" zu deuten.[310] Nach *Böckenfördes* klassischer Definition umfasst die Organisationsgewalt die Befugnis „zur Schaffung, Veränderung, Zusammenordnung, Bestimmung der Aufgaben und (evtl.) der inneren Gliederung und Geschäftsregelung öffentlicher Funktionsträger bzw. Handlungseinheiten auf dem Boden der in der Verfassung selbst getroffenen Grund-Organisation und mit Ausnahme der nichtexekutiven unmittelbaren Verfassungsorgane."[311] Mag diese Sammlung an Voraussetzungen in einigen Details noch Anpassung bedürfen,[312] so trägt sie

[307] Siehe zu dieser Wirkung der Verfassung etwa *Möllers* (Fn. 188), 151 ff. Aus dem Republikprinzip abgeleitet bei *R. Gröschner*, Die Republik, in: Isensee/Kirchhof (Hrsg.), HStR, Bd. II, 3. Auflage, Heidelberg 2004, § 23, Rn. 53 ff. („Gemeinwohlkonkretisierung in Amtsrechtsverhältnissen").

[308] Anders etwa *Butzer* (Fn. 7), 170, der meint, dass der Begriff seine Funktion nicht mehr erfüllen kann.

[309] In jüngeren Arbeiten wird der Begriff der Organisationsgewalt zumeist – ohne weitere Diskussion – in dem gewaltneutralen Sinne verwendet. Siehe etwa *A. Berger*, Die Ordnung der Aufgaben im Staat. Zum Verfassungsgrundsatz getrennter Verwaltungsaufgaben, Tübingen 2016, 118; *M. Burgi*, in: Ehlers/Pünder (Hrsg.), Allgemeines Verwaltungsrecht, 15. Auflage, Berlin/Boston 2016, § 8, Rn. 1; *Ibler*, in: Dürig/Herzog/Scholz (Fn. 304), Art. 86, Rn. 2. Zuletzt auch *S. Gutknecht*, Organisationsgewalt oder öffentlich-rechtliche Organisationsbefugnis? Die Reichweite der sogenannten Organisationsgewalt öffentlich-rechtlicher Religionsgemeinschaften und die staatliche Mitwirkung bei ihrer Ausübung, Göttingen 2019, 24 ff. Vgl. auch die Kommentierungen bei *D. Winkler*, in: Sachs (Hrsg.), Grundgesetz Kommentar, 9. Auflage, München 2021, Art. 83, Rn. 6; *G. Hermes*, in: Dreier (Hrsg.), Grundgesetz Kommentar, Bd. III, 3. Auflage 2018, Art. 84, Rn. 22. Zur Organisationsgewalt in der EU: *C. Calliess*, in: ders./Ruffert, EUV/AEUV. Das Verfassungsrecht der Europäischen Union mit Europäischer Grundrechtecharta. Kommentar, 5. Auflage, München 2016, EU-Vertrag (Lissabon) Art. 13, Rn. 29–60. Dennoch ist die Konstitutionalisierung keineswegs ein linearer Prozess, wie *P. Schiera*, Die gemeineuropäische Geschichte des Verwaltungsrechts und seiner Wissenschaft, in: v. Bogdandy/Huber (Hrsg.), Handbuch Ius Publicum Europaeum, Bd. IV, Heidelberg 2011, § 68, Rn. 48 warnt.

[310] Dazu *Böckenförde* (Fn. 1), 37 f. Vgl. ferner *Butzer* (Fn. 7), 158 f.; *D. Traumann*, Die Organisationsgewalt im Bereich der bundeseigenen Verwaltung, Baden-Baden 1998, 18 ff.; *Kluth*, in: Wolff/Bachof/Stober/Kluth (Fn. 272), § 81, Rn. 1 ff.; *Ohler* (Fn. 304), 349 ff.; *Burgi* (Fn. 309), in: Ehlers/Pünder, § 8, Rn. 1.

[311] *Böckenförde* (Fn. 1), 38. Vgl. ferner *Schnapp* (Fn. 269), 267 ff.

[312] Dazu etwa *Jestaedt* (Fn. 290), in: Hoffmann-Riem/Schmidt-Aßmann/Voßkuhle, § 14, Rn. 58.

schon die eigentlich verfassungsrechtliche Aussage in sich: Bei der Bestimmung der Organisationsgewalt als ein Teil der Staatsgewalt darf weder von einer Kompetenzvermutung noch von einer Begriffsbeschränkung auf die Exekutive ausgegangen werden.[313]

Der Begriff der Organisationsgewalt als Zentralbegriff des Verwaltungsorganisationsrechts bezeichnet demnach die Rechtsmacht zur Entscheidung über die Gründung und Auflösung sowie zur (Aus-)gestaltung von Organisationseinheiten der öffentlichen Verwaltung.[314] Im Verfassungsstaat finden sowohl die Allokation dieser Rechtsmacht auf verschiedene Staatsfunktionen und -organe als auch die Modalitäten ihrer Ausübung ihre Grundlage in der Verfassung. Diese vermittelt sowohl Wahrnehmungszuständigkeiten für Organisationsentscheidungen als auch die inhaltlichen Grenzen, in denen diese ausgeübt werden können.[315] Es kann also keine Vermutung der Organisationsgewalt für die Exekutive geben, sondern nur eine Zuweisung spezifischer Organisationsfunktionen in einem verfassungsrechtlichen Organisationsverhältnis.[316] Dieses

---

[313] *Böckenförde* sollte aber eine ambivalente Rolle behalten. Die ab den 1970er Jahren insbesondere durch seinen Festschriftbeitrag „Organ, Organschaft, Juristische Person" eingeläutete und durch das Reformprojekt der „Neuen Verwaltungsrechtswissenschaft" fortgesetzte wissenschaftliche Beschäftigung trug zwar zu einer Konjunktur der Organisationsrechts bei, warf letztlich jedoch Gräben zwischen einer auf *Hans J. Wolff* zurückgehenden statischen Perspektive und einer dynamisch-interdisziplinären Neuorientierung auf. Während erstere insbesondere an der Zurechnung staatlichen Handelns zur juristischen Staatsperson festhielt, dabei aber letztlich in der Statik des klassischen Organisationsrechts verblieb, mangelte es der entscheidungsorientierten Reformperspektive durch den exzessiven Rückbezug auf außerrechtliches Wissen letztlich an verfassungsdogmatischer Anschlussfähigkeit. An die Erschließung der ursprünglich verfassungsdogmatischen Dimension in *Böckenfördes* Habilitationsschrift haben andere Arbeiten im Verwaltungsorganisationsrecht angeknüpft.

[314] *Jestaedt* (Fn. 290), in: Hoffmann-Riem/Schmidt-Aßmann/Voßkuhle, § 14, Rn. 58.

[315] „Im demokratischen Verfassungsstaat ist die Verfassung nicht Beschränkung einer schon bestehenden, sondern allererst die Grundlage jedweder Ausübung der Staatsgewalt. Welches Organ befugt ist, bestimmte Funktionen der Staatsgewalt wahrzunehmen, ist hier eine Frage der ‚verfassten' Staatsgewalt, die sich erst auf dem Boden der Verfassung und nur aus dieser selbst beantworten lässt." *Böckenförde* (Fn. 1), 33. Siehe auch schon *A. Hänel*, Deutsches Staatsrecht, Bd. I, 1. Auflage, Leipzig 1892, 335 f. Lesenswert dazu nun *C. Neumeier*, Kompetenzen. Zur Entstehung des deutschen öffentlichen Rechts, Tübingen 2022, 164 ff. (zur Organisationsgewalt auch 179 ff.).

[316] Vgl. auch *E. Schmidt-Aßmann*, Verwaltungsorganisation zwischen parlamentarischer Steuerung und exekutiver Organisationsgewalt, in: Stödter/Thieme (Hrsg.), Hamburg, Deutschland, Europa. Beiträge zum deutschen und europäischen Verfassungs- Verwaltungs- und Wirtschaftsrecht. Festschrift für Hans Peter Ipsen zum siebzigsten Geburtstag, Tübingen 1977, 333 (341); Klassisch ausgearbeitet bei *Krebs* (Fn. 5), in: Isensee/Kirchhof, § 108, Rn. 60 ff.; *H. Wißmann*, Verfassungsrechtliche Vorgaben der Verwaltungsorganisation, in: Hoffmann-Riem/Schmidt-Aßmann/Voßkuhle (Hrsg.), GVwR, Bd. I, 2. Auflage, München 2012, § 15, Rn. 33; Programmatisch *Butzer* (Fn. 7), 171, 173: „Fortan gibt es nicht nur eine einzige – die eine, klassische, exekutive Organisationsgewalt, sondern *viele Organisationsgewalten* nebeneinander". Ferner *Kluth*, in: Wolff/Bachof/Stober/Kluth (Fn. 272), § 81, Rn. 3.

Organisationsverhältnis besteht im Wesentlichen aus drei tragenden Elementen, die in den folgenden Kapiteln diskutiert werden sollen.

(1) Staats- und Verwaltungsorganisation ist kein vorständiges Recht der Exekutive, sondern eine verfassungsrechtliche Pflicht zur Gewährleistung eines Zurechnungs-, Legitimations- und Kontrollzusammenhangs. Dem liegt der Gedanke zu Grunde, dass der Staat verpflichtet ist, die Ausübung seiner Gewalt entsprechend zu organisieren. Besondere Bedeutung haben daher diejenigen Räume politischer Herrschaft im Grenzbereich zur Gesellschaft, in denen die Ausübung von Staatsgewalt nicht offenkundig ist. (§ 3)

(2) Welche Akteure Träger welcher Elemente von Organisationsgewalt sind, ist nach den entsprechenden verfassungsrechtlichen Voraussetzungen (bundesstaatliche Kompetenzverteilung, demokratische Legitimation, Vorbehalt des Gesetzes, Selbstverwaltungsgarantien etc.)[317] zu bestimmen. (§§ 4/5)

(3) Die inhaltlichen Direktiven für die Ausübung der Organisationsgewalt sind sowohl den expliziten verfassungsrechtlichen Regelungen über die Verwaltungsorganisation als auch den allgemeinen Ordnungsvorgaben der Verfassung zu entnehmen. (§§ 6/7)

[317] Vgl. *Jestaedt* (Fn. 290), in: Hoffmann-Riem/Schmidt-Aßmann/Voßkuhle, § 14, Rn. 58; *Kluth*, in: Wolff/Bachof/Stober/Kluth (Fn. 272), § 81, Rn. 20.

§ 2 Methoden verfassungsorientierter Verwaltungs(organisations-)rechtswissenschaft

Aus einer historisch-verfassungsrechtlichen Perspektive nimmt der Begriff der Organisationsgewalt also die Organisations*entscheidung* in verschiedenen Dimensionen in den Blick. Zunächst fragt er danach, welchem Organ innerhalb des Staatsganzen die Entscheidung über Organisation zukommt. Wie in § 1 deutlich geworden ist, markierte das Grundgesetz den Abschluss einer historischen Entwicklung der Organisationsgewalt, in der nun eine differenzierte verfassungsrechtliche Antwort auf diese Frage möglich geworden war. Mit der Klarstellung, wem im verfassten Staat die Wahrnehmungszuständigkeit für Organisationsentscheidungen zukommt, rückte eine zweite Frage in den Fokus. Sie richtet sich auf die inhaltlichen Kriterien, die derjenige zu beachten hat, dem diese Organisationsentscheidung zugewiesen ist.[1]

Insbesondere im Hinblick auf diese zweite Frage ist die Organisationsentscheidung Gegenstand einer verwaltungsrechtlichen Reformdiskussion gewesen, die die Frage eines gelungenen Verwaltungsaufbaus thematisiert.[2] Dahinter steht ein zunehmendes rechtliches Interesse an der soziologischen Erkenntnis, dass die inhaltliche Qualität von Entscheidungen in engem Zusammenhang mit den Organisationsstrukturen, die sie hervorbringen, steht. Das Recht müsse die Erkenntnisse aus der Organisationsforschung rezipieren, um so zu Kriterien für „gute" Organisation formulieren zu können.

Paradigmatisch begann *Wolfgang Hoffmann-Riem* seinen Beitrag „Methoden einer anwendungsorientierten Verwaltungsrechtswissenschaft" mit der Vermutung, „die Reform des Verwaltungsrechts und die Modernisierung der Verwaltungsrechtswissenschaft werde nur gelingen, wenn parallel eine Überprüfung und Modernisierung der Methoden der (Verwaltungs-) Rechtswis-

---

[1] Historisch verbunden etwa bei *H. Bauer*, Die Verfassungsentwicklung des wiedervereinigten Deutschlands, in: Isensee/Kirchhof (Hrsg.), HStR, Bd. I, 3. Auflage, Heidelberg 2003, § 14, Rn. 122 mit Referenz zu den hohen Kosten der Wiedervereinigung, die Modernisierung erforderten.

[2] Europäische Einbettung der Reformdiskussion bei *G. della Cananea*, Verwaltungsrechtliche Paradigmen im europäischen Rechtsraum, in: v. Bogdandy/Huber (Hrsg.), Handbuch Ius Publicum Europaeum, Bd. III, Heidelberg 2010, § 52, Rn. 49 ff.

senschaft erfolge."[3] Diese sollte in expliziter Absetzung von der Rechtsdogmatik verschiedene Entscheidungssituationen in den Blick nehmen, um nicht nur die Entscheidung selbst, sondern auch ihr Umfeld durch bestimmte Organisationswahlentscheidungen steuern zu können.[4]

Dieser Versuch der interdisziplinären Befruchtung juristischer Kriterien für Organisationsentscheidungen hat innerhalb der Verwaltungsrechtswissenschaft Gräben aufgetan. Hier lassen sich im Wesentlichen zwei Grundpositionen unterscheiden.[5] Während die reformorientierte Seite sich in der Ausarbeitung interdisziplinärer Begriffsschöpfungen wie den Verwaltungsnetzwerken oder der *Governance* und den damit zusätzlich gewonnenen Steuerungsebenen betätigte,[6] wurde dies von der reformkritischen Seite mit dem Verweis auf die unzureichende Berücksichtigung der (gerade erst der Geschichte abgerungenen)[7] methodischen Autonomie des Organisationsrechts zurückgewiesen.[8] Dies markiert die wesentliche Kontroverse um die „Neue Verwaltungsrechtswissenschaft"[9] im Organisationsrecht, die sich im Rahmen ihrer verwaltungswissenschaftlichen Annahmen aufzuarbeiten lohnt, um daraus im Wege einer Synthese ein verfassungsdogmatisches Projekt zu entwickeln.

---

[3] *W. Hoffmann-Riem*, Methoden einer anwendungsorientierten Verwaltungsrechtswissenschaft, in: Schmidt-Aßmann/Hoffmann-Riem (Hrsg.), Methoden der Verwaltungsrechtswissenschaft, Baden-Baden 2004, 9 (9).

[4] *Hoffmann-Riem*, in: Schmidt-Aßmann/Hoffmann-Riem (Fn. 3), 18–19. Vgl. auch *T. Groß*, Das Kollegialprinzip in der Verwaltungsorganisation, Tübingen 1999, 19 zur Steuerungsfunktion; *E.-H. Ritter*, Organisationswandel durch Expertifizierung und Privatisierung im Ordnungs- und Planungsrecht, in: Schmidt-Aßmann/Hoffmann-Riem, 207, (207 f.).

[5] Differenziert dazu *A.-B. Kaiser*, Multidisziplinäre Begriffsverwendungen. Zum verwaltungsrechtswissenschaftlichen Umgang mit sozialwissenschaftlichen Konzepten, in: Augsberg (Hrsg.), Extrajuridisches Wissen im Verwaltungsrecht. Analysen und Perspektiven, Tübingen 2013, 99 (104).

[6] Paradigmatisch dazu etwa die monumentale Arbeit von *G.F. Schuppert*, Verwaltungswissenschaft. Verwaltung, Verwaltungsrecht, Verwaltungslehre, Baden-Baden 2000, 579 ff.

[7] Sehr deutlich bei *K.F. Gärditz*, Die „Neue Verwaltungsrechtswissenschaft" – Alter Wein in neuen Schläuchen?, in: Burgi (Hrsg.), Zur Lage der Verwaltungsrechtswissenschaft, Die Verwaltung Beiheft 2017, 106 (143).

[8] Hier etwa *M. Jestaedt*, Grundbegriffe des Verwaltungsorganisationsrechts, in: Hoffmann-Riem/Schmidt-Aßmann/Voßkuhle (Hrsg.), GVwR, Bd. I, 2. Auflage, München 2012, § 14, Rn. 5; *K.F. Gärditz*, Hochschulorganisation und verwaltungsrechtliche Systembildung, Tübingen 2009, 216.

[9] Ausführlich zur Kontroverse nun *J. Kersten*, Konzeption und Methoden der „Neuen Verwaltungsrechtswissenschaft", in: Kahl/Ludwigs (Hrsg.), Handbuch des Verwaltungsrechts, Bd. I, Grundstrukturen des deutschen Verwaltungsrechts, Heidelberg 2021, § 25, Rn. 6 ff. Begriff bei *A. Voßkuhle*, Neue Verwaltungsrechtswissenschaft, in: Hoffmann-Riem/Schmidt-Aßmann/Voßkuhle (Hrsg.), GVwR, Bd. I, 2. Auflage, München 2012, § 1.

I. These: Organisation als Zurechnungsaufgabe

Das Organisationsrecht erfüllt eine „normative Doppelaufgabe."[10] Einerseits muss es die Wahrnehmung der Staatsfunktionen dergestalt organisieren, dass sie arbeitsteilig funktioniert, andererseits muss eine einheitsbildende Zurechnung zum Staat möglich bleiben.[11] Diese Doppelfunktionalität steht stellvertretend für eine Aufgabenbestimmung der Verwaltungsorganisation, die ausgehend von um die 19. Jahrhundertwende entstandenen theoretischen Entwürfen die Notwendigkeit einer innerstaatlichen Verantwortungsstruktur betont.[12]

Paradigmatisch ausgearbeitet wird die Perspektive der Zurechnung von Verantwortungsanteilen am Staatshandeln und den Rückbezug auf ein Staatsganzes in der verwaltungsorganisationsrechtlichen Grundlegung bei *Hans J. Wolff*.[13] Dessen Habilitationsschrift, die unter dem Titel „Organschaft und Juristische Person" 1933/1934 in zwei Bänden erschien, und das ursprünglich

---

[10] So beginnt etwa *Matthias Jestaedt* seine Erläuterung verwaltungsorganisationsrechtlicher Grundbegriffe. *Jestaedt* (Fn. 8), in: Hoffmann-Riem/Schmidt-Aßmann/Voßkuhle, § 14, Rn. 3.

[11] *Jestaedt* (Fn. 8), in: Hoffmann-Riem/Schmidt-Aßmann/Voßkuhle, § 14, Rn. 3. Vgl. auch *Gärditz* (Fn. 8), 65. Ferner mit Reformfokus *C. Franzius*, Flexible Organisationsmodelle: Netzwerke, Organisationshoheit, Shared Services, Verwaltungsverbünde, Mischverwaltung, in: Hill/Schliesky (Hrsg.), Herausforderung e-Government. E-Volution des Rechts- und Verwaltungssystems, Baden-Baden 2009, 39 (49). Dieses Zurechnungserfordernis betont auch *T. Vesting*, Drei Schichten des modernen Staates: Verfassungsstaat, Wohlfahrtsstaat, Netzwerkstaat, in: Bretthauer/Henrich/Völzmann/Wolckenhaar/Zimmermann (Hrsg.), Wandlungen im Öffentlichen Recht. Festschrift zu 60 Jahren Assistententagung – Junge Tagung Öffentliches Recht, Baden-Baden 2020, 113 (114), freilich um dessen historische Überkommenheit zu diagnostizieren. Die hier geäußerte kulturwissenschaftliche Kritik ist jedoch trotz einer gewissen Grundaffinität mit der steuerungswissenschaftlichen Perspektive nicht zu verwechseln.

[12] Dazu bereits oben § 1, dort IV. 1.

[13] Vgl. *H.J. Wolff*, Organschaft und juristische Person. Untersuchungen zur Rechtstheorie und zum öffentlichen Recht, Bd. I, Juristische Person und Staatsperson (Kritik, Theorie und Konstruktion), Berlin 1933, 170 ff. Zu Wolffs Biographie und Werk allgemein *M. Möstl*, Hans J. Wolff (1898–1976), in: Häberle/Kilian/Wolff (Hrsg.), Staatsrechtslehrer des 20. Jahrhunderts, Deutschland – Österreich – Schweiz, 2. Auflage, Berlin 2018, 587–598. Ferner *A. Funke*, Pedanterie oder Perspektive – Das „Verwaltungsrecht" von Hans J. Wolff, in: Kremer (Hrsg.), Die Verwaltungsrechtswissenschaft in der frühen Bundesrepublik (1949- 1977), Tübingen 2017, 49–87 insbesondere 57 ff. zu dem hier bearbeiteten Zurechnungsaspekt. Das hier dargestellte Narrativ, das die Linie von *Wolff* über *Böckenförde* zum verwaltungsrechtlichen Reformprojekt zieht, findet sich überzeugend und freilich in sehr komprimierter Form bei *S. Unger*, Organisationsrechtswissenschaft des Verfassungs- und Verwaltungsrechts. Was kann das Verfassungs- vom Verwaltungsorganisationsrecht lernen?, in: Krüper/Pilniok (Hrsg.), Organisationsverfassungsrecht. Wissenschaft – Theorie – Praxis, Tübingen 2019, 50 ff. Zur Darstellung von *Wolffs* Organisationsrecht auch *U. Stelkens*, Verwaltungsprivatrecht – Zur Privatrechtsbindung der Verwaltung, deren Reichweite und Konsequenzen, Teilbd. I, Berlin 2020, 145 ff.

1962 erschienene Lehrbuch „Verwaltungsrecht II“,[14] bilden ein dogmatisch auf den Staat als juristische Person gemünztes und mit den Grundbegriffen des Organs und des Organwalters durchdrungenes Verwaltungsorganisationsrecht ab.[15] Die dort nachzulesenden positivistischen und an Zurechnung orientierten Grundbegriffe sind bis heute ein zentraler Bestandteil der organisationsrechtlichen Lehre.[16] Das so bei *Wolff* konstruierte Organisationsrecht ist ein dem Stufenbau der Rechtsordnung nachempfundenes, stark formalisiertes Mehrebenensystem, das – um seine Zurechnungsaufgabe erfüllen zu können – von der sozialen Wirklichkeit der Organisation abstrahiert. „Da dieses einheitliche Zurechnungssubjekt [...] nirgends zu finden war,“ so heißt es bei *Wolff*, „muß es [...] rechtstechnisch durch konstruktive Zusammenfassung der vorgefundenen Vielfalt angenommen werden.“[17]

1. Verwaltungswissenschaftliche Grundlagen bei Woodrow Wilson und Max Weber

Auch in der klassischen Verwaltungswissenschaft bildet das Erfordernis der Zurechnungsmöglichkeit von individuellen Entscheidungsbeiträgen in der Verwaltungsorganisation ein Kernelement. Theoretisch entwickeln sich hier die Konzepte der bürokratischen Verwaltung zum Ende des 19. Jahrhunderts hin in den Entwürfen des strukturierten behördlichen Handelns von *Woodrow Wilson* und *Max Weber*.[18]

---

[14] Heute freilich deutlich umgeschrieben von *W. Kluth*, in: Wolff/Bachof/Stober/Kluth, Verwaltungsrecht: ein Studienbuch, Bd. II, 7. Auflage, München 2010, § 82.

[15] Zum Folgenden auch *E.-W. Böckenförde*, Organ, Organisation, Juristische Person. Kritische Überlegungen zu den Grundbegriffen und der Konstruktionsbasis des staatlichen Organisationsrechts, in: Menger (Hrsg.), Fortschritte des Verwaltungsrechts. Festschrift für Hans J. Wolff zum 75. Geburtstag, München 1973, 269 (270). Siehe auch der Bericht bei *Unger*, in: Krüper/Pilniok (Fn. 13), 52 ff. Zur Zurechnungsperspektive in der aktuellen Auflage des Wolff'schen Lehrbuchs, *Kluth*, in: Wolff/Bachof/Stober/Kluth (Fn. 14), § 82, Rn. 24. Die Grundbegriffe werden ferner erläutert bei *U. Stelkens*, „Grundbausteine“ des Verwaltungsorganisationsrechts: Juristische Person des öffentlichen Rechts, Organ, Organwalter, Behörde, Jura 2016, 1013.

[16] *Jestaedt* (Fn. 8), in: Hoffmann-Riem/Schmidt-Aßmann/Voßkuhle, § 14, Rn. 34; *H. Maurer/C. Waldhoff*, Allgemeines Verwaltungsrecht, 20. Auflage, München 2020, § 21, Rn. 19 ff.; *W. Krebs*, Verwaltungsorganisation, in: Isensee/Kirchhof (Hrsg.), HStR, Bd. V, 3. Auflage, Heidelberg 2007, § 108, Rn. 29. Siehe ferner *Unger*, in: Krüper/Pilniok (Fn. 13), 53, Fn. 19 für weitere Lehrbuchhinweise. Vgl. auch *F.E. Schnapp*, Zur Dogmatik und Funktion des staatlichen Organisationsrechts, Rechtstheorie 1978, 275 (286) und *F.E. Schnapp*, Dogmatische Überlegungen zu einer Theorie des Organisationsrechts, AöR 105 (1980), 243 (256). Ferner *H.-H. Trute*, Funktionen der Organisation und ihre Abbildung im Recht, in: Schmidt-Aßmann/Hoffmann-Riem (Hrsg.), Verwaltungsorganisationsrecht als Steuerungsressource, Baden-Baden 1997, 250.

[17] *Wolff* (Fn. 13), 188.

[18] *W. Seibel*, Verwaltung verstehen. Eine theoriegeschichtliche Einführung, 2. Auflage, Berlin 2017, 45 ff.

In ihren – hier stellvertretend für größere theoretische Strömungen dargestellten – Unterschieden lässt sich erkennen, dass die Vereinigten Staaten bereits früh Weichen im Hinblick auf die demokratische Durchformung der Verwaltung stellten, in Deutschland hingegen die (eher mit dem Rechtsstaatsprinzip zu assoziierende) Stabilität, Verlässlichkeit und Kontinuität von Entscheidungspraktiken besonders im Vordergrund stand. Entscheidend war hier nicht unbedingt der sachrichtige Vollzug einer Norm im Einzelfall, sondern vielmehr die Rationalisierung gesamtgesellschaftlicher Beziehungen durch öffentliche Verwaltung überhaupt, die einen wesentlichen Aspekt des sich entfaltenden Staatswesens darstellte.[19]

Wilson vermutete, dass den autokratischen Regierungssystemen Europas die Rationalisierung durch Verwaltung besser gelinge, als der Demokratie der Vereinigten Staaten.[20] Dies führte er insbesondere darauf zurück, dass Ämter in der Verwaltung nicht der Wahl zugänglich waren, sondern die Trennung von Politik und Verwaltung die Professionalität des Berufsbeamtentums sicherstellen konnte.[21]

Weber brachte diese Merkmale, die die öffentliche Verwaltung steuer- und berechenbar machen sollten, in seinen Begriff der „legalen Herrschaft mit bureaucratischem Verwaltungsstab" ein.[22] Sein Begriff der Bürokratie war dabei nicht unbedingt eine Zustandsbeschreibung der behördlichen Organisation, sondern vielmehr Zielvorstellung, die die Rationalisierung der gesellschaftlichen Verhältnisse (und damit auch individuelle Wirtschaftstätigkeit) garantieren sollten. Der Verwaltung wird von *Weber* im Gesetzesvollzug sämtliche Gestaltungsmacht abgesprochen, die formal-rationale Herrschaftsform kennzeichnet dementsprechend „Präzision, Stetigkeit, Disziplin, Straffheit und Verläßlichkeit, also: Berechenbarkeit".[23] Der Verwaltungsbeamte unterliegt der „strengen Amtsdisziplin und Kontrolle,"[24] er ist Teil einer Herrschaftsform „der formalistischen Unpersönlichkeit: *sine ira et studio*, ohne Haß und Leidenschaft [...] unter dem Druck schlichter Pflichtbegriffe."[25]

In *Wilsons* Verwaltungslehre wird an diesen Gedanken der Rationalisierung angeschlossen, um den Begriff der individuellen Entscheidungsverantwortung

---

[19] Dazu schon die Ausführungen in § 1.

[20] *W. Wilson*, The Study of Administration, Political Science Quarterly, Vol. II, No. 2, (Jun. 1887), 197 (201–203).

[21] *Wilson* (Fn. 20), 204.

[22] „Ein kontinuierlicher regelgebundener Betrieb von Amtsgeschäften innerhalb einer Kompetenz", *M. Weber*, Wirtschaft und Gesellschaft, 5. Auflage, Tübingen 1972, 125. Damit war nach *P. Cancik*, Zuviel Staat? – Die Institutionalisierung der „Bürokratie"-Kritik im 20. Jahrhundert, Der Staat 56 (2017), 1, (6) eine „versuchte Versachlichung" des vornehmlich kritisch geprägten Bürokratiebegriffs verbunden.

[23] *Weber* (Fn. 22), 128.

[24] *Weber* (Fn. 22), 127.

[25] *Weber* (Fn. 22), 129.

näher konkretisieren zu können. Die Macht dürfe sich nicht lediglich abstrakt in der Verwaltung als Organisation konzentrieren, sondern müsse konkreten Entscheidungsträgern zugeordnet werden.[26] Damit bereitet er das heute übliche Konzept der abgestuften Konkretisierung von Entscheidungsspielräumen im hierarchischen Verwaltungsaufbau vor.[27]

Knackpunkt des Konzepts ist es, die notwendige Pluralität der Verwaltungswirklichkeit mit der hierarchischen Verantwortungszuordnung in Einklang zu bringen. Weder dürfe Hierarchie dazu führen, dass sich die Entscheidungsmacht lediglich an der obersten Stelle des pyramidalen Aufbaus konzentriert, noch dürften Entscheidungsträger innerhalb dieses Aufbaus eine nicht rückgebundenene Selbständigkeit erlangen. Die anspruchsvolle Aufgabe der Vereinbarkeit von Zurechnung und Arbeitsteilung mündete in der über ihre Zeit hinausgehende US-amerikanische *Public Administration* Bewegung, die versuchte, von der Politik unabhängige Rationalitätskriterien für administratives Handeln zu entwickeln.[28]

2. Das Organisationsrecht als Zurechnungslehre bei Hans J.Wolff

Bei *Wolff*, der an den unter anderem von *Georg Jellinek* entwickelten und von *Hans Kelsen* fortgebildeten Begriff des Staats als juristische Person anknüpft,[29] bildet der Staat vor allem einen Anknüpfungspunkt für die Zurechnung des gesamten Organisationshandelns, die „Zurechnungssubjektivität."[30] Diese Stellung kommt dem Staat (oder seinen föderalen und selbständigen, mit Staatsqualität ausgestatteten Teilen)[31] in seiner Funktion als Träger der Organisation zu, die wiederum denjenigen zukommt, „wer sie errichtet, finanziert, ihre Organwalter beruft, wessen Angelegenheiten verfassungsgemäß durch sie

---

[26] *Wilson* (Fn. 20), 210 ff. insb. 214.

[27] Dazu noch ausführlich § 6, V. 2.

[28] Vgl. *J. Bogumil/W. Jann*, Verwaltung und Verwaltungswissenschaft in Deutschland. Einführung in die Verwaltungswissenschaft, 2. Auflage, Wiesbaden 2009, 29.

[29] *G. Jellinek*, Allgemeine Staatslehre, Nachdruck des 5. Neudrucks der 3. Auflage, Bad Homburg 1966, 138; *H. Kelsen*, Allgemeine Staatslehre, in: Jestaedt (Hrsg.), Studienausgabe der Originalausgabe 1925, Tübingen 2019, 17 ff. Darstellung bei *C. Möllers*, Staat als Argument, 2. Auflage, Tübingen 2011, 23 ff. bzw. 48 ff. Ferner auch *T. Vesting*, Staatstheorie, München 2018, § 1, Rn. 25.

[30] *Wolff* (Fn. 13), 369 ff. (grundlegende Anknüpfungen an *Jellinek* bei 41 ff., an *Kelsen* bei 64 ff.). Ausführliche Diskussion *Wolffs* auch bei *S. Kirste*, Theorie der Körperschaft des öffentlichen Rechts. Verwaltungshistorische, organisationstheoretische und verwaltungsorganisationsrechtliche Aspekte, Heidelberg 2017, 404 ff. Vgl. auch *Jestaedt* (Fn. 8), in: Hoffmann-Riem/Schmidt-Aßmann/Voßkuhle, § 14, Rn. 21. Ferner *Funke*, in: Kremer (Fn. 13), 60.

[31] Zum Staatscharakter der Länder vgl. BVerfGE 1, 14 (34); 101, 158 (221 f.) und *Maurer/Waldhoff* (Fn. 16), § 21, Rn. 7. Kritisch dazu *Möllers* (Fn. 29), 350 ff.

wahrgenommen werden, sowie wer über Änderungen ihres Zwecks und über ihre Auflösung bestimmt."[32] Davon zu unterscheiden ist der Verwaltungsträger, der zwar im Innenverhältnis des Staates eine (derivative) juristische Person darstellt, die aber selbst vom Staat als eigener juristischer Person getragen wird und für diesen lediglich Wahrnehmungszuständigkeiten erfüllt.[33]

Wolff gelingt es in seiner dogmatischen Durchdringung des Organisationsrechts, insbesondere die als Innenrecht bestimmten Rechtspositionen darstellen zu können.[34] Er unterschied das Organ als einen Zuständigkeitskomplex[35] von den Organwaltern, d.h. den natürlichen Personen, die diese Zuständigkeiten tatsächlich wahrnehmen. Damit war die Grundlage für die Apersonalität des Organisationsrechts gelegt.[36] Organisation sollte dementsprechend als ein Transmissionsriemen zwischen juristischer Staatsperson und individuellen Entscheidungsträgern eingespannt werden. Insoweit bestand die Aufgabe von Organen und ihrer Teile darin, die individuellen Willensakte in kollektive Handlungen zu transformieren.[37]

Handlungsfähig wird die Organisation erst durch Organe,[38] die die natürlichen Handlungen der Organwalter als der Organisation zurechenbare Handlungen konstituieren.[39] In der Zurechnungsperspektive kommt es mithin nicht

---

[32] So der Verweis auf die ursprüngliche Begriffsprägungs *Wolffs* bei *Jestaedt* (Fn. 8), in: Hoffmann-Riem/Schmidt-Aßmann/Voßkuhle, § 14, Rn. 20.

[33] *Wolff* (Fn. 13), 450 ff.

[34] Böckenförde argumentiert, dass darin der entscheidende Fortschritt gegenüber den „organologisch" verbleibenden Vorstellungen von *Jellinek*, *v. Gierke*, *Preuß* und *Haenel* lag. Vgl. *Böckenförde*, in: Menger (Fn. 15), 271. Zum Folgenden auch *Jestaedt* (Fn. 8), in: Hoffmann-Riem/Schmidt-Aßmann/Voßkuhle, § 14, Rn. 34–35; siehe auch jüngst *Unger*, in: Krüper/Pilniok (Fn. 13), 53 ff.

[35] „Organ im normativen Sinne ist daher ein durch organisatorische Rechtssätze gebildetes eigenständiges institutionelles Subjekt von Zuständigkeiten zur transitorischen Wahrnehmung von Eigenzuständigkeiten einer rechtsfähigen oder nicht-rechtsfähigen Körperschaft, Anstalt oder Stiftung." heißt es bei *H.J. Wolff*, Verwaltungsrecht, Bd. II, Organisations- und Dienstrecht, 1. Auflage 1962, § 74, 35.

[36] *Krebs* (Fn. 16), in: Isensee/Kirchhof, § 108, Rn. 29; *Jestaedt* (Fn. 8), in: Hoffmann-Riem/Schmidt-Aßmann/Voßkuhle, § 14, Rn. 3; *Kluth*, in: Wolff/Bachof/Stober/Kluth (Fn. 14), § 79, Rn. 1. Kritisch zum Begriff *A. Berger*, Die Ordnung der Aufgaben im Staat. Zum Verfassungsgrundsatz getrennter Verwaltungsaufgaben, Tübingen 2016, 93, Fn. 10.

[37] So wörtlich *E. Schmidt-Aßmann*, Das allgemeine Verwaltungsrecht als Ordnungsidee. Grundlagen und Aufgaben der verwaltungsrechtlichen Systembildung, 2. Auflage, Berlin/Heidelberg 2006, 251.

[38] Diese konstitutionelle Organlehre geht ganz maßgeblich von *G. Jellinek*, System der subjektiven öffentlichen Rechte, 2. Auflage, Tübingen 1905, 169 aus. Vgl. auch *F. Meinel*, Zur Unterscheidung von formellen und materiellem Organisationsverfassungsrecht, in: Krüper/Pilniok (Hrsg.), Organisationsverfassungsrecht. Wissenschaft – Theorie – Praxis, Tübingen 2019, 103 (111).

[39] Nach *Wolff* ist das Organ ein „von der Organisation begründeter und eingerichteter Kompetenzkomplex der mit der Vertretung der organisierten Vielheit betrauten physischen Person." *H.J. Wolff*, Organschaft und juristische Person. Untersuchungen zur Rechtstheorie

darauf an, ob ein Organ organisatorisch-institutionell in eine bestimmte Verwaltungsebene eingegliedert ist, sondern lediglich darauf, ob das Organ *funktionell* einem bestimmten Träger zurechenbare Handlungen vornimmt.[40] Wenn etwa der Landrat als Behörde der Landesverwaltung erscheint (vgl. § 55 HKO) ist er Organ des Landes, als Vorsitzender des Kreisausschusses (vgl. § 44 HKO) ist er Landkreisorgan.[41]

Organe werden (durch ihre Organwalter als natürliche Personen) so im Rahmen von Wahrnehmungszuständigkeiten und nicht im eigenen Rechtskreis tätig.[42] Sofern sich diese Wahrnehmungszuständigkeit auf das Außenverhältnis erstreckt, spricht man von einer *Behörde.*[43] Durch diese Isolation der funktionellen Ebene von der organisatorischen Wirklichkeit lässt sich der aus Verantwortungsgründen erforderliche Rückbezug auf ein logisches Zentrum beibehalten.

Die von *Wolff* vorgeschlagene Zurechnungslehre basierte nun darauf, dass sie die rechtlichen Beziehungen innerhalb des Staates von den tatsächlichen Wirkbeziehungen abkoppelte und damit insbesondere Verantwortungslücken schloss.[44] Wenn der Organwalter eine Handlung innerhalb des Zuständigkeitskomplexes des Organs vornimmt, so erfolgt eine Zurechnung zur juristischen (Staats-)Person.[45] Dies erfolgt „unvermittelt",[46] d.h. ganz unabhängig davon, ob eine gesamtstaatliche Verantwortung soziologisch oder auch moralisch plausibel ist, allein durch das Handeln von in einer bestimmten Beziehung mit dem Staat stehenden natürlichen Personen.[47] Für die spezifische

---

und zum öffentlichen Recht, Bd. II. 2, Theorie der Vertretung (Stellvertretung, Organschaft u. Repräsentation als soziale u. juristische Vertretungsform), Berlin 1934, 229. Der Organwalter ist demgegenüber die physische Person, die die Kompetenzen wahrnimmt (229).

[40] Vgl. *Maurer/Waldhoff* (Fn. 16), § 21, Rn. 22 ff.

[41] Für dieses Beispiel im Hinblick auf die bayerische Rechtslage, *Jestaedt* (Fn. 8), in: Hoffmann-Riem/Schmidt-Aßmann/Voßkuhle, § 14, Rn. 36, Fn. 189.

[42] *Wolff* (Fn. 13), 191.

[43] Vgl. § 1 Abs. 4 VwVfG „Behörde im Sinne dieses Gesetzes ist jede Stelle, die Aufgaben der öffentlichen Verwaltung wahrnimmt." Siehe auch *Maurer/Waldhoff* (Fn. 16), § 21, Rn. 33.

[44] Vgl. *W. Kahl*, Die Staatsaufsicht. Entstehung, Wandel und Neubestimmung unter besonderer Berücksichtigung der Aufsicht über die Gemeinden, Tübingen 2000, 460 (mwN in Fn. 260); *Schmidt-Aßmann* (Fn. 37), 240; *Unger*, in: Krüper/Pilniok (Fn. 13), 54.

[45] *Wolff* (Fn. 13), 192. Dieser formale und juristische Staatsbegriff, wie er insbesondere von *Hans Kelsen* auch rechtstheoretisch plausibilisiert wurde, unterschied sich maßgeblich von noch im 19. Jahrhundert vertretenen organischen Vorstellungen, von denen sich auch *Wolff* abgrenzt. Kritisch zur Rationalisierungsleistung des Begriffs der juristischen Person *Kluth*, in: Wolff/Bachof/Stober/Kluth (Fn. 14), § 82, Rn. 22. Zum interessanten Aspekt der Entscheidungen *ultra vires*, vgl. *C. Pegatzky*, Das Ultra-vires-Prinzip in der verwaltungsrechtlichen Rechtsprechung, NVwZ 2022, 670 (672).

[46] *Wolff* (Fn. 13), 188 ff.

[47] *H.J. Wolff*, Organschaft und juristische Person. Untersuchungen zur Rechtstheorie und zum öffentlichen Recht, Bd. II. 1, Theorie der Vertretung (Stellvertretung, Organschaft u. Repräsentation als soziale u. juristische Vertretungsform), Berlin 1934, 106.

Entscheidung erhält der Bürger also ein einheitliches Verantwortungs- und Haftungsobjekt. Als eine weitere wesentliche Funktion der Zurechnungsperspektive können so Entscheidungen und Entscheidungsbeiträge der Akteure im staatlichen Innenbereich genau zugeordnet werden, was eine (demokratische) Verantwortlichkeit ermöglicht. In der Beobachtungs- und Korrekturmöglichkeit des Wirkens der Organisation erhält das Volk als originärer Verwaltungsträger Zugriff darauf, was mit seinen Gesetzen in der Hand der Verwaltung passiert.

Das Organisationsrecht als Rechtsgebiet im engeren Sinne isoliert sich damit von beiden Seiten: Es geht nach innen hin schon vornherein von in die Verantwortungsstruktur der Organisation transformierten Willensakten aus, die die natürlich handelnden Personen ausblenden. Das Dienst- und Amtswalterrecht gehört damit strukturell zum Außenrecht. Zudem gibt sich der Staat nach außen, im Verhältnis zum Bürger, geschlossen als einheitliches Zurechnungssubjekt, das die Binnenorganisation als Einheit fingiert. Gegenstand und Ziel des Organisationsrechts bei *Wolff* ist es daher, im Hinblick auf diesen Transitionsvorgang vom Organwalter zum Staat eine lückenlose Rechtsbeziehung zu etablieren.[48]

3. Folge: Organisationsrecht als formales Mehrebenensystem

Die Verrechtlichung der verschiedenen Innenbeziehungen hat zur Folge, dass sich das moderne Verwaltungsorganisationsrecht auch durch die Trennung von funktioneller und organisatorischer Zuordnung von Behörden als ein hierarchisch aufgebautes Mehrebenensystem darstellt. Es läuft als Zentralpunkt auf den Staat als juristische Person zu, bestimmt auf der nächsten Ebene die Verwaltungsträger und ihre Beziehungen, die wiederum über eine innere Struktur von Interorganbeziehungen verfügen. Auf einer letzten Stufe kann das Organ selbst rechtlich durchformt werden, etwa durch die Anerkennung von seinen Organisationsbegriffen selbst, etwa Verwaltungsstellen, Behörden, Ämtern etc.[49] Inspiriert von der methodischen Klarheit *Kelsens* entsteht so eine formalisierte Rechtsstruktur, die in der Lage ist, die auferlegte Zurechnungsaufgabe zu erfüllen.[50]

---

[48] Vgl. auch *Meinel*, in: Krüper/Pilniok (Fn. 38), 108.

[49] Dazu *Jestaedt* (Fn. 8), in: Hoffmann-Riem/Schmidt-Aßmann/Voßkuhle, § 14, Rn. 36 ff.

[50] Tendenziell kritisch *B. Grzeszick*, Staat, Verfassung und Einheit der Rechtsordnung. Zur Suche nach der verlorenen Einheit des Rechts, in: Depenheuer/Heintzen/Jestaedt/Axer (Hrsg.), Festschrift für Josef Isensee zum 70. Geburtstag, Heidelberg 2007, 93 (100–103) mit dem Hinweis, dass das Argument der Einheit dann verwendet werde, „wenn die Gesamtrechtsordnung zur Vermeidung von inhaltlichen Friktionen harmonisiert werden soll."

Damit verbunden ist eine anspruchsvolle Wandlungsfähigkeit der „Grundbegriffe" des Verwaltungsorganisationsrechts, die nach wie vor in der Lehre für Schwierigkeiten sorgt. Ein Beispiel ist etwa die Unterscheidung von Innen- und Außenrecht, die sich von verschiedenen Ebenen und verschiedenen Perspektiven *innerhalb* der juristischen Person jeweils anders darstellt. Eine Aufsichtsmaßnahme des Landes gegenüber einer Kommune ist aus der Staat-Bürger Perspektive Innenrecht, aus der Perspektive der Kommune, die sich mit einer eigenen Rechtsposition dem Staat gegenübersieht, stellt sie einen Verwaltungsakt dar.[51] Zuständigkeitsvorschriften können sowohl im Innenrechtskreis wirken, indem sie zuständige Organe innerhalb des Verwaltungsträgers bestimmen, und gleichzeitig im Außenrechtskreis die Verhältnisse der resultierenden Entscheidungen zu anderen Trägern festlegen, etwa im Falle der Aufsicht.

Gleiches gilt für die Rechtsfähigkeit der Verwaltungsteile, die als relative Rechtsfähigkeit nur in Bezug auf einen Rechtskreis bestehen kann.[52] *Jestaedt* definiert dementsprechend: „Rechtsfähigkeit in dem vom positiven Recht verstandenen Sinne bestimmt sich folglich nicht nach der Zurechnungsendsubjektivität als solcher, sondern nach der Zurechnungsendsubjektivität *in Bezug auf Rechtssätze bestimmten Inhalts.*"[53] Organen und Organteilen (z.B. die Fraktion einer Gemeindevertretung, der Vorsitzende eines Ausschusses) kann innerhalb der Willensbildung eines Trägers eine Innenrechtsposition zugewiesen sein, die jedoch über die jeweilige Ebene des Innenverhältnisses nicht hinausgeht. Rechtssubjektivität von Organisationsteilen besteht daher nur im Innenrecht und auch nur auf ihre jeweilige Ebene bezogen.

Gleichzeitig sind die verschiedenen Willensbildungsebenen voneinander zu einem gewissen Teil abgeschlossen. Dies muss schon deshalb der Fall sein, da sich sonst ein logisches Problem innerhalb der Zurechnung ergeben würde: Wenn Organe im Innenrechtsverhältnis über Rechtspositionen streiten, dann entstünde die paradoxe Situation, dass beide Handlungsbeiträge der juristischen Person zugerechnet werden müssten, die juristische Person also widerstreitende Positionen gleichzeitig bezieht.[54] Die Zurechnung im Innenverhältnis setzt also eine erfolgte (und von den anderen Verwaltungsebenen getrennte) Koordination der verschiedenen ebenengleichen Innenrechtspositionen denklogisch voraus.

Das so bei *Wolff* konstruierte Organisationsrecht ist also ein dem Stufenbau der Rechtsordnung nachempfundenes, stark formalisiertes Mehrebenensystem, das um seine (im Rahmen des § 78 VwGO auch verlangte) Zurechnungs-

---

[51] Beispiel bei *Jestaedt* (Fn. 8), in: Hoffmann-Riem/Schmidt-Aßmann/Voßkuhle, § 14, Rn. 14.

[52] *Wolff* (Fn. 13), 202.

[53] *Jestaedt* (Fn. 8), in: Hoffmann-Riem/Schmidt-Aßmann/Voßkuhle, § 14, Rn. 22 (Meine Hervorhebung, D.R.-I.).

aufgabe erfüllen zu können von einer geradezu impermeablen Trennung der verschiedenen Verwaltungsebenen ausgehen muss.

4. Die wirklichkeitswissenschaftliche Kritik an der Zurechnungslehre

Es verwundert aufgrund dieses Befundes nicht, dass das *Wolffsche* Organisationsrecht als Zurechnungslehre Kritik aus einer Perspektive erfahren hat, die seine hyperformale Rekonstruktion des Verwaltungslebens angriff. In seinem richtungsweisenden Aufsatz „Organ, Organisation, Juristische Person" nahm sich *Ernst-Wolfgang Böckenförde* den Grundbegriffen seines akademischen Lehrers *Wolff* an und formuliert eine methodisch letztlich auf *Carl Schmitt* zurückgehende Grundsatzkritik,[55] die später eine wesentliche Referenz des Reformprojektes des allgemeinen Verwaltungsrechts werden sollte.[56]

Auch wenn *Böckenförde* den besonderen Beitrag *Wolffs* zur dogmatischen Durchdringung des Verwaltungsrechts hervorhob, meldete er doch im Hinblick auf die Isolation von der sozialen Wirklichkeit des Staates Bedenken an. Das Problem liege in *Wolffs* „Bestimmung des Organbegriffs primär als eines am Vertretungsgedanken orientierten Zurechnungsbegriffs anstelle eines an der Handlungs- und Wirkeinheit orientierten Funktionsbegriffs sowie seine unmittelbare Beziehung auf die rechtstechnische Zurechnungseinheit der Juristischen Person statt auf die relativ selbständige reale Handlungseinheit der Organisation."[57] Der Preis für den Beitrag *Wolffs*, so *Böckenförde*, sei nicht weniger als die Ignoranz der Wirklichkeit.

Die so konstruierte Kritik ist auf der einen Seite eine typische, der nach „mathematischer Genauigkeit"[58] der Rechtsbegriffe strebenden kantianisch-

---

[54] *Böckenförde* spitzt dies auf den Satz zu, dass „[e]ine Organisation, die sich als Juristische Person darstellt, nicht Organisationen, die sich ebenfalls als Juristische Person darstellen, zu ihren – wie immer gearteten – Teilen haben [kann]". *Böckenförde*, in: Menger (Fn. 15), 281. Bei *Möllers* wird dies letztlich auf eine Widersprüchlichkeit in *Jellineks* Lehre von der juristischen Staatsperson zurückgeführt, die zugleich körperlich (=mitgliedschaftlich) als auch als anstaltlich (=herrschaftlich) zu verstehen ist. Dazu *C. Möllers*, Skizzen zur Aktualität Georg Jellineks, in: Paulson/Schulte (Hrsg.), Georg Jellinek – Beiträge zu Leben und Werk, Tübingen 2000, 155 (160).

[55] Vgl. die Nachweise bei *Meinel*, in: Krüper/Pilniok (Fn. 38), 109.

[56] Vgl. auch die Hinweise bei *Unger*, in: Krüper/Pilniok (Fn. 13), 54 ff.

[57] *Böckenförde*, in: Menger (Fn. 15), 287, 292. Vgl. auch *Meinel*, in: Krüper/Pilniok (Fn. 38), 108: „Die Konsequenz dieses Organbegriffs besteht nun aber darin, dass den Unterschieden in der institutionellen Form unterschiedlicher Organe (Parlamente, Behörden, Körperschaften) keine kategorialen Unterschiede in der staatsrechtlichen Eigenart mehr entsprechen. Die Organtheorie führt mit anderen Worten dazu, dass der politische Gehalt einer bestimmten Organisationsform – wie etwa die Form der parlamentarischen Repräsentation – geradezu juristisch eliminiert wird."

[58] *I. Kant*, Die Metaphysik der Sitten, in: Weischedel (Hrsg.), Werkausgabe Bd. VIII, Berlin 2009, § E 339.

kelsenianischen Schule entgegengebrachte Position. Die als plural und organisch wahrgenommene „Verwaltungswirklichkeit" werde von der *Wolffschen* Lehre in den Stufenbau hineingezwängt, da jede Verwaltungseinheit denklogisch zu einer bestimmten Organisationsebene zugehörig und von einer anderen Organisationsebene abhängig sein müsse. Damit gerate die organisatorische Wirklichkeit aus dem Blick. Bei *Böckenförde* heißt es dementsprechend: „Dem beziehungslosen Dualismus von ‚Sein' und ‚Sollen' im Bereich der Rechtsphilosophie entsprach im Bereich der Rechtstheorie und juristischen Begriffsbildung das beziehungslose Nebeneinander von Rechtsnorm und sozialer Wirklichkeit, von Staat, Organisation, Organ im *Rechts*sinn und im *sozialen* (sozialwissenschaftlichen, faktischen) Sinn."[59]

Die begonnene Kritiklinie an den organisationsrechtlichen „Grundbegriffen" ist für sich genommen zweifellos berechtigt. Der Preis für das Schließen von Verantwortungslücken im organisch gewachsenen Staat ist eine formale Rekonstruktion der Verwaltung als hierarchischer Stufenbau, der die tatsächlichen Wirkbeziehungen nur unzureichend einbeziehen kann. Noch schwerer wiegt ein zweiter, später ins Feld geführter Kritikpunkt:[60] Die Zurechnungsperspektive sei nur daran interessiert, wie ein bestimmtes Entscheidungsergebnis zugerechnet werden kann, blende aber den arbeitsteiligen Entstehungsprozess innerhalb der Verwaltung aus.[61] So ist sie nicht an der inhaltlichen Qualität der Verwaltungsentscheidung, sondern nur an der Zurechnung eines qualitativ nicht beurteilten Entscheidungsmoments interessiert.

II. Antithese: Das verwaltungsrechtswissenschaftliche Reformprojekt

Das verwaltungsrechtswissenschaftliche Reformprojekt setzt im Grunde ab den 1990er Jahren an beiden bereits von *Böckenförde* in seinem Aufsatz identifizierten[62] Kritikpunkten an.[63] Auf der einen Seite solle die kooperative und

---

[59] *Böckenförde*, in: Menger (Fn. 15), 276.

[60] Dazu *Unger*, in: Krüper/Pilniok (Fn. 13), 55.

[61] Vgl. auch *H.-H. Trute*, Methodik der Herstellung und Darstellung verwaltungsrechtlicher Entscheidungen, in: Schmidt-Aßmann/Hoffmann-Riem (Hrsg.), Methoden der Verwaltungsrechtswissenschaft, Baden-Baden 2004, 293 (302 ff.).

[62] *Böckenförde* selbst hat dieses Projekt, wie *Meinel*, in: Krüper/Pilniok (Fn. 38), 112 bemerkt, schon vor dem Erstarken des Reformprojekts, nämlich spätestens 1987 mit dem Erscheinen seines Beitrags zum Demokratieprinzip in der Erstauflage des Handbuchs des Staatsrechts, zu Gunsten seiner Legitimationskettentheorie aufgegeben.

[63] Sehr deutlich die explizite Absetzung von *Wolff* bei *Trute*, in: Hoffmann-Riem/Schmidt-Aßmann (Fn. 16), 249–250. Ferner bei *W. Hoffmann-Riem*, Reform des allgemeinen Verwaltungsrechts als Aufgabe – Ansätze am Beispiel des Umweltschutzes, AöR 115 (1990), 400. Kompaktes Referat der Zusammenarbeit von Eberhard Schmidt-Aßmann und Wolfgang Hoffmann-Riem bei *C. Franzius*, Die neue Verwaltungsrechtswissenschaft – eine vorläufige Bilanz, JöR 2017, 441 (444). Einordnung in die Verwaltungsrechtsgeschichte bei

arbeitsteilige Entscheidungsproduktion stärker zum Gegenstand des Organisationsrechts werden, dessen „Steuerungswirkung“ genutzt werden sollte, um die von *Wolff* gelassene Leerstelle aufzufüllen und die Verwaltungswirklichkeit in den Blick nehmen zu können.[64] Die irrationale Selbststeuerung der Bürokratie durch ihre historisch überkommenen Strukturen sollte so vermieden werden.[65] Auch dies war nach dem bisher Gesagten eine historisch durchaus begründete Position, war doch die Weimarer Republik unter anderem an der Persistenz kronloyaler Verwaltungsstrukturen gescheitert.[66]

Im internationalen Vergleich begann eine derartige Reformbewegung der Bürokratie mit der insbesondere mit *Margaret Thatcher* und *Ronald Reagan* identifizierten *New Public Management* Bewegung,[67] die eine Verschlankung staatlicher Strukturen und Effizienzgewinne durch Einbindung privatwirtschaftlicher Methoden aus der Managementlehre vorsahen. Die Rezeption der mit diesen Modellen erworbenen Erfahrungen in Deutschland fand mit Beginn der 1990er Jahre im Rahmen der „Neuen Steuerungsmodelle“ statt.[68] Auch hier sollten privatwirtschaftliche Techniken flächendeckend im gesamten Staatswesen eingesetzt werden. Ziel war es, insbesondere – entgegen des hierarchisch-mechanischen Vollzugsmodells – eine Eigenverantwortung der verschiedenen Verwaltungseinheiten bei Vollzugsentscheidungen zu errei-

---

U. Stelkens, Verwaltung im wiedervereinigten Deutschland, in: Kahl/Ludwigs (Hrsg.), Handbuch des Verwaltungsrechts, Bd. I, Grundstrukturen des deutschen Verwaltungsrechts, Heidelberg 2021, § 6, Rn. 22 ff.

[64] Deutlich etwa bei *E. Schmidt-Aßmann*, Verwaltungsorganisation zwischen parlamentarischer Steuerung und exekutiver Organisationsgewalt, in: Stödter/Thieme (Hrsg.), Hamburg, Deutschland, Europa. Beiträge zum deutschen und europäischen Verfassungs- Verwaltungs- und Wirtschaftsrecht. Festschrift für Hans Peter Ipsen zum siebzigsten Geburtstag, Tübingen 1977, 333 (337).

[65] Zum (Negativ-)Begriff der Bürokratie, vgl. die einleitenden Bemerkungen von *P. Cancik*, Verwaltung und Selbstverwaltung, in: Herdegen/Masing/Poscher/Gärditz (Hrsg.), Handbuch des Verfassungsrechts. Darstellung in transnationaler Perspektive, München 2021, § 14, Rn. 3.

[66] Siehe oben § 1, bei V.

[67] Siehe dazu die guten Hinweise bei *F.F. Ridley*, Die Wiedererfindung des Staates – Reinventing British Government. Das Modell einer Skelett-Verwaltung, DÖV 1995, 569 (569); *F. Shirvani*, New Public Management und die Instrumentendebatte im Umweltrecht, EurUP 2010, 267 (267 ff.); *M. Fehling*, Die „neue Verwaltungsrechtswissenschaft“ – Problem oder Lösung, in: Burgi (Hrsg.), Zur Lage der Verwaltungsrechtswissenschaft, Die Verwaltung Beiheft 2017, 66 (89–90). Ferner auch *Voßkuhle* (Fn. 9), in: Hoffmann-Riem/Schmidt-Aßmann/Voßkuhle, § 1, Rn. 50. Im Hinblick auf die heutige Praxis, vgl. *V. Mehde*, Zwischen New Public Management und Democratic Renewal – Neuere Entwicklungen im britischen Kommunalrecht, VerwArch 95 (2004), 257. Ferner auch *F. Meinel*, Verselbstständigte Verwaltungseinheiten, unabhängige Agenturen, ministerialfreie Räume, in: Kahl/Ludwigs (Hrsg.), Handbuch des Verwaltungsrechts, Bd. III, Verwaltung und Verfassungsrecht, Heidelberg 2022, § 61, Rn. 14.

[68] Einführung bei *V. Mehde*, Neues Steuerungsmodell und Demokratieprinzip, Berlin 2000, 85 ff.

chen.[69] Dies sollte nicht nur Effektivitätsgewinne garantieren, sondern auch die Fähigkeit des Staates zur Komplexitätsbewältigung erhöhen.

Die Rezeption der methodischen Grundlagen des Reformprojekts ist insbesondere deshalb herausfordernd, da sich in der Praxis nach anfänglicher Euphorie über Reformen schnell Ernüchterung über die Reformierbarkeit der öffentlichen Verwaltung einstellte.[70] Ursprüngliches Ziel war eine interdisziplinäre Befruchtung des Organisationsrechts durch die Verwaltungswissenschaften, um die organisationsintern entstandenen bürokratisch-hierarchischen Verkrustungen durch einen organisationswissenschaftlich generierten Maßstab von Entscheidungsrichtigkeit ergänzen und korrigieren zu können.[71] Die Verwaltung sollte in einem engeren Sinne ein gutes und marktgerechtes „Produkt" herstellen lernen.[72] Aus verschiedenen Gründen zündete diese Idee in der praktischen Umsetzung nicht so, wie man sich das in der Theorie ausgemalt hatte.[73]

Es wäre nun etwas zu einfach, die Fehlerhaftigkeit dieser Ideen aus ihrem historischen Scheitern herzuleiten. Die Rezeptionsprobleme innerhalb der Verwaltung können auch auf die Eigenheiten einer besonders verfestigten (kulturell-historisch bedingten) Verwaltungsstruktur in Deutschland zurückgeführt werden.[74] Zu einer ausgeglichenen theoretischen Bewertung ist es daher erforderlich, die methodischen Ideen der Reformer von den realweltlichen Schwierigkeiten, die das Reformprojekt in der Umsetzungspraxis hatte, zu trennen. Ihre (wohl nach überwiegender Ansicht) gescheiterte Stärkung der

[69] *G.F. Schuppert*, Verwaltungsorganisation und Verwaltungsorganisationsrecht als Steuerungsfaktoren, in: Hoffmann-Riem/Schmidt-Aßmann/Voßkuhle (Hrsg.), GVwR, Bd. I, 2. Auflage, München 2012, § 16, Rn. 117 ff.

[70] *J. Bogumil/S. Grohs/S. Kuhlmann/A.K. Ohm*, Zehn Jahre Neues Steuerungsmodell. Eine Bilanz kommunaler Verwaltungsmodernisierung, 2. Auflage, Berlin 2008; *L. Holtkamp*, Das Scheitern des Neuen Steuerungsmodells, dms 2008, 423 (423 ff.). Vgl. differenzierend aber *T.C. Janda/E. Ahl*, „Kommunale Verwaltungsreform – 20 Jahre Neues Steuerungsmodell", DÖV 2014, 749 (751).

[71] Eine ausführliche Beschreibung liegt jenseits der Möglichkeiten dieses Kapitels. Dazu sei auf die hervorragende Konfrontation zwischen *Fehling* (Fn. 67) und *Gärditz* (Fn. 7) und auf die Monographie von *J.P. Schaefer*, Die Umgestaltung des Verwaltungsrechts. Kontroversen reformorientierter Verwaltungsrechtswissenschaft, Tübingen 2016 verwiesen. Ferner auch *P. Hilbert*, Systemdenken im Verwaltungsrecht und Verwaltungsrechtswissenschaft, Tübingen 2015, 233 ff.

[72] *Voßkuhle* (Fn. 9), in: Hoffmann-Riem/Schmidt-Aßmann/Voßkuhle, § 1, Rn. 56. Dazu, dass diese Perspektive auf eine Ableitung von Legitimation aus der Volkssouveränität verzichtet, vgl. *A. Le Sueur*, People as ‚Users' and ‚Citizens' – The quest for legitimacy in British Public Administration, Legitimacy in European administrative Law: Reform and reconstruction, Groningen 2011, 29 (31 ff.).

[73] Vgl. die Nachweise unten, Vorbemerkungen zu Teil 3 in Fn. 5.

[74] Dazu etwa *D. Czybulka*, Verwaltungsreform und Verwaltungskultur, in: Merten (Hrsg.), Der Verwaltungsstaat im Wandel. Festschrift für Franz Knöpfle zum 70. Geburtstag, München 1996, 79 (79 ff.).

Eigenverantwortlichkeit der Verwaltungspraxis ist nur teilweise auf die Methoden selbst zurückzuführen.

1. Verwaltungswissenschaftlicher Hintergrund

Verwaltungswissenschaftlich geht die Reformbewegung im Verwaltungsrecht von deutlich anderen Voraussetzungen aus als dies noch in den klassischen Entwürfen *Webers* und *Wilsons* der Fall war. Die Organisationswissenschaft hatte sich unter starkem soziologischem Einfluss dahingehend entwickelt, dass die begrenzte Wirkung von rechtlichen Strukturvorgaben zur tatsächlichen Steuerung von Entscheidungen in komplexen Organisationszusammenhängen anerkannt wurde. *Jörg Bogumil* und *Werner Jann* konstatieren etwa in ihrer ausbildungsorientierten Einführung in die Verwaltungswissenschaft: „Für die Verwaltung sind Gesetze eher Landkarten als Zügel."[75] Wenn – so das Credo – die Steuerungswirkung von formellen Normen begrenzt ist, führt dies in der Theorie gleichzeitig zu einem Bedeutungszuwachs der institutionellen (und informellen) Strukturen, die die Ausübung der Entscheidungsspielräume beeinflussen.

Die Grundannahme der Organisationsforschung ist es dabei, dass Organisationen in der Lage sind, bestimmte Entscheidungspraktiken auch unabhängig von ständig mitlaufender normativer (=rechtlicher) Steuerung zu stabilisieren und zu institutionalisieren. Soziale Strukturen, so *Émile Durkheims* Diktum, können eine quasi-tatsächliche Struktur aufweisen, die deren Grundabläufe für zukünftige Organisationspraxis zementieren.[76] Diese Stabilisierungsleistung von Organisationen wird auch durch den Mangel an äußerer Steuerungsfähigkeit begründet. Während diese Stabilität etwa in politischen Umbrüchen trotz Austausches der Staatsleitung die öffentliche Ordnung aufrechterhalten kann, bietet sie gleichzeitig einen Widerstand gegen parlamentarisch oder gesellschaftlich induzierte Veränderungsprozesse. Die Organisationssoziologie hat erarbeitet, durch welche Mechanismen Wandel in Organisationen behindert, durch welche Methoden er induziert und wie er im letzten Schritt erzwungen werden kann.

a) Pfadabhängigkeit organisierten Entscheidens

Auch in der Verwaltungswissenschaft ist die öffentliche Verwaltung eine vollzugsorientierte Organisation. Die Vollzugsentscheidungen sind jedoch nicht

[75] *Bogumil/Jann* (Fn. 28), 197. Kritisch dazu etwa *U. Di Fabio*, Das Recht offener Staaten. Grundlinien einer Staats- und Rechtstheorie, Tübingen 1998, 59 („Abwendung von der Vollzugsidee").

[76] *E. Durkheim*, Die Regeln der soziologischen Methode, 5. Auflage, Frankfurt am Main 2002, 114.

nur Ausfluss eines bestimmten Normprogramms, sondern stehen in zweierlei Hinsicht unter Bedingungen der Kontingenz. Auf der einen Seite sind Entscheidungen immer in den organisationssoziologischen Rahmen der Behörde eingebunden. Dabei spielen die hierarchische Struktur und die an die Position des Entscheiders geknüpften Verhaltenserwartungen eine wichtige Rolle.[77] Auf der anderen Seite ist auf der unteren Entscheidungsebene auch der Bürgerkontakt eine wesentliche Kontingenzquelle. Verwaltungsentscheidungen sind nicht einfach nur Normvollzug, sondern Entscheidungen über bestimmte Sachverhalte, die unmittelbar Einfluss auf die Lebenswirklichkeit von menschlichen Individuen haben.

Die organisationsbedingte Kontingenz des Vollzugs ergibt sich zunächst daraus, dass es sich bei der behördlichen Entscheidungsrahmung in der Regel um solche verdichteten Strukturen handelt, die *Durkheim* als soziologische Tatbestände bezeichnet hat.[78] Diese sind auf der einen Seite insoweit kontingent, als dass sie das Resultat vorhergehenden und ebenfalls kontingenten menschlichen Handelns sind. Gleichsam treten sie dem Entscheidenden als unverrückbare Fakten („das haben wir schon immer so gemacht") entgegen und entfalten dadurch die der Institution eigene Stabilisierungsleistung.

In der Organisationstheorie kann diese bei *Wilson* und *Weber* als „professionell" umschriebene Eigenschaft der Entwicklung eigener Entscheidungslogiken in formalen Organisationen, die letztlich zur Reduktion der Komplexität des Entscheidens führen, insbesondere in den Arbeiten von *Herbert A. Simon* und darauf folgend auch bei *Niklas Luhmann* Anschluss finden.[79] Organisationen entlasten nach *Simon* den individuellen Entscheidungsträger von Entscheidungskomplexität.[80] Sie versorgen ihn sowohl mit Informationen über Ziele als auch Mittel der Entscheidung und strukturieren sie damit weitgehend vor. Der Zweck der Organisation ist es damit, den Träger der Entscheidung auch unter den Voraussetzungen seiner begrenzten Auffassungsgabe (*bounded rationality*) zur Entscheidung zu befähigen.[81] Das hier vorgebrachte Argument ist letztlich, dass die Einbindung in den Rahmen der Organisation auf der einen Seite den Entscheidungsraum verengt, in dem wichtige Vorentschei-

---

[77] Die Beschreibung dieser an soziale Rollenmodelle geknüpfte Kontingenz des Entscheidens in Organisationen ist im Wesentlichen der Beitrag *Niklas Luhmanns* zur Verwaltungswissenschaft. Dazu sogleich unten.

[78] *Durkheim* (Fn. 76), 105 ff.

[79] *H.A. Simon*, Administrative behavior. A study of decision making processes in administrative organizations, 4. Auflage, New York 1997; *N. Luhmann*, Funktionen und Folgen formaler Organisation, 5. Auflage, Berlin 1999. Dazu auch zuletzt *R. Mayntz/F.W. Scharpf*, Der Ansatz des akteurzentrierten Institutionalismus, in: Mayntz/Scharpf (Hrsg.), Gesellschaftliche Selbstregelung und politische Steuerung, Frankfurt am Main 1995, 39 (39 ff.).

[80] *Simon* (Fn. 79), 79.

[81] *Simon* (Fn. 79), 240–241 (mit bereits fortgeschrittenen Ansätzen zur Erfassung der zunehmenden Technisierung der Verwaltung).

dungen bereits getroffen sind, zusätzlich für die bestimmte Entscheidung einen Legitimationszuwachs bietet, und damit eine bestimmte Entscheidungspraxis stabilisiert. Die Entscheidung wird damit durch ihre institutionelle Rahmung kontextualisiert.

Auch die Systemtheorie hat in der Reformdiskussion eine gewisse Rezeption erfahren.[82] Hier bestehen „alle sozialen Systeme, also auch Organisationen, aus Kommunikationen und nur aus Kommunikationen."[83] Verwaltungseinheiten sind demnach auch soziale Systeme, deren Handlungen aus Entscheidungen bestehen. Die Verwaltung als Organisation wird damit in der Theorie auf die Kommunikation von Entscheidungen reduziert. Was die öffentliche Verwaltung nach *Luhmann* von anderen Organisationen unterscheidet, ist die Legitimation für bindende Entscheidungen gegenüber dem Bürger.

Entscheidungen sind in der Systemtheorie grundsätzlich offene, existenzielle Momente der Auswahl zwischen Alternativen.[84] Bei *Luhmann* heißt es: „Die Entscheidung selbst ist weder etwas Vergangenes noch etwas Zukünftiges [...] Nach der Entscheidung verdichtet sich die Kontingenz; und man sieht jetzt nur noch, daß die getroffene Entscheidung auch anders möglich gewesen wäre."[85] In Organisationen wie der öffentlichen Verwaltung laufen viele dieser Prozesse gleichzeitig ab und beziehen sich derart aufeinander, dass sie ein selbstreferentielles und operativ geschlossenes System ergeben. Umwelteinflüsse (wie etwa ein von der Verwaltung wahrgenommener Sachverhalt, ein Antrag des Bürgers, eine Gesetzesänderung) irritieren das System, gehen jedoch nicht unmittelbar in die Verwaltungspraxis ein.

Die Organisation selbst transformiert die Beobachtung der Irritation erst in eine Kommunikation, mit der sie selbst operieren kann. Die Operation des Systems der öffentlichen Verwaltung als Gesamtheit „führt mehr oder weniger ziellos anfallende Daten, absichtlich zugetragene Mitteilungen, planmäßig gesuchte Ergänzungsinformationen und allgemeine Entscheidungsinstruktionen zusammen, um aus diesen widerspruchsreichen, vieldeutigen, ungewissen und

[82] Vgl. die Hinweise bei *Fehling* (Fn. 67), 80, Fn. 115 auf *Gärditz* (Fn. 8), 163 f. *M. Eifert*, Das Verwaltungsrecht zwischen klassischem dogmatischem Verständnis und steuerungswissenschaftlichem Anspruch, VVDStRL (67) 2008, 286 (307 f., Fn. 98). Skepsis allerdings bei *Voßkuhle* (Fn. 9), in: Hoffmann-Riem/Schmidt-Aßmann/Voßkuhle, § 1, Rn. 19. In der Systemtheorie ist die Verwaltung ein Teil des modernen politischen Funktionssystems. (Vgl. insbes. *N. Luhmann*, Politische Soziologie, Berlin 2010, 151–172; *ders.*, Die Politik der Gesellschaft, 2. Auflage, Frankfurt am Main 2005, 253–265. Dazu auch ausführlich *P. Männle*, Verwaltung (in) der Gesellschaft, Berlin 2011, 179 ff.). Die öffentliche Verwaltung spielt jedoch in *Luhmanns* Schrifttum nach der systemtheoretischen Wende keine zentrale Rolle. Dies ist insbesondere deshalb verwunderlich, da sich die frühen Arbeiten *Luhmanns* nahezu ausschließlich um praktische Fragen der Verwaltung drehen.

[83] *N. Luhmann*, Organisation und Entscheidung, 3. Auflage, Wiesbaden 2011, 62.

[84] *N. Luhmann*, Die Paradoxie des Entscheidens, VerwArch 1993, 287 (289, 291). Ähnlichkeiten zu Schmitts Dezisionismus werden hier sichtbar.

[85] *Luhmann* (Fn. 84), 291.

vielfältig verwendbaren Ausgangsinformationen eindeutige Entscheidungen zu fabrizieren.“[86] Die Organisation erscheint damit als Entscheidungsmaschine.[87]

Der Ablauf des Verwaltungsverfahrens besteht damit auch nicht in einer Gewähr der Richtigkeit der daraus fließenden Entscheidungen. Vielmehr dient sie der Operation des Systems. So werden im Anschluss daran bei *Männle* zweierlei Anforderungen formuliert: „Wichtig ist der Verwaltung vielmehr, dass erstens überhaupt entschieden wird, und dass zweitens so entschieden wird, dass daran angeschlossen werden kann.“[88]

Da es in den meisten Entscheidungssituationen mehrere vertretbare Lösungen gibt, sucht das System lediglich nach einer brauchbaren Entscheidung.[89] Die Verwaltung wird nach dieser Ansicht nur dann erfolgreich Probleme lösen können, wenn sie auch punktuelle Abweichungen von der Regel (und damit von formellen Richtigkeitsanforderungen) institutionalisieren kann, die sogenannte „brauchbare Illegalität.“[90] In der Systemtheorie *Luhmanns* führt die verfahrensmäßige Einkleidung also nicht unbedingt zu einer wahren oder richtigen Entscheidungspraxis, sondern zu einer Akzeptanz in der Organisation selbst. Die Entscheidung in der Organisation ist damit auf das Kriterium der Brauchbarkeit ausgerichtet.[91] Jede Entscheidung verlangt Anerkennung innerhalb einer Organisation, die nur vorhanden ist, wenn sie auf der einen Seite an

---

[86] *N. Luhmann*, Recht und Automation in der öffentlichen Verwaltung, 2. Auflage, Berlin 1997, 104.

[87] *A. Nassehi*, Organizations as Decision Machines: Niklas Luhmann's Theory of Organized Social Systems, The Sociological Review 2005, 178–191.

[88] *Männle* (Fn. 82), 190.

[89] *N. Luhmann*, Kann die Verwaltung wirtschaftlich handeln?, VerwArch 1960, 97 (105).

[90] *Luhmann* (Fn. 79), 304–314. Siehe dazu kürzlich, *S. Kühl*, Brauchbare Illegalität. Vom Nutzen des Regelbruchs in Organisationen, Frankfurt am Main 2020. Dazu siehe auch *F. Wagener*, Der öffentliche Dienst im Staat der Gegenwart, VVDStRL (37) 1979, 215 (243): „Es ist festzuhalten, dass die Leitungsebene des öffentlichen Dienstes im bundesdeutschen Staat der Gegenwart ganz im Gegensatz zum Verfassungsverständnis unserer Staatsrechtslehre Art und Umfang der öffentlichen Aufgabenerfüllung nicht etwa nur mitbestimmt, sondern in pragmatischer Illegalität weitgehend selbst bestimmt.“

[91] Dieser Entscheidungsstil kann unter Bezugnahme auf die Theorie von *Charles Lindblom* als Inkrementalismus bezeichnet werden („Muddling through“). *C.E. Lindblom*, The Science of „Muddling Through“, Public Administration Review 1959, 79–88. *Lindblom* war der Auffassung, dass politische Gemeinschaften aufgrund des Erfordernisses der Kompromissbildung nur begrenzt rational entscheiden könnten (80–83). Anstatt Rationalisierung anzustreben, solle man besser eine Strategie der marginalen Veränderung verfolgen, die wiederum Anerkennung in der Organisation erlangen kann. Inkrementale Politik findet unkoordiniert und in einer Vielzahl von Entscheidungseinheiten statt, die den Entscheidungsprozess durch Verhandlungen und gegenseitige Anpassung beeinflussen. *C.E. Lindblom*, The Intelligence of Democracy. Decision Making Through Mutual Adjustment, New York 1965, 35–53. Siehe zur Einführung auch *Bogumil/Jann* (Fn. 28), 135.

vorherige Entscheidungen anknüpft, auf der anderen Seite zur politischen Kompromissbildung geeignet ist.[92]

b) Organisationsbedingte Entscheidungskontingenz

Insbesondere das von *Michael D. Cohen*, *James G. March* und *Johan P. Olsen* am Beispiel der öffentlichen Universität entwickelte „Mülleimer-Modell" korrigiert den Eindruck zweckrationaler Präferenzbildung in Organisationen.[93] Gemeinsame Entscheidungen, wie sie auch im Verwaltungsalltag in komplexeren Fällen üblich sind, leiden dabei unter mehreren Problemen. Den meisten Akteuren ist dabei schon das eigentliche Problem und die Zielsetzung des Entscheidungsprozesses unklar.[94] Sie kennen auch die der Organisation zur Verfügung stehenden Handlungsoptionen nicht.[95] Durch wechselnde Zusammensetzung in Gremien versanden Diskussionen oft in immerwährenden Einführungen in die Sachlage, die wiederum von wechselnden, sachfremden Erwägungen ergänzt werden.[96] Wenn sich dann die Gelegenheit oder der Zwang zur Entscheidung meist durch Zeitablauf ergibt, so ist die Entscheidung mehr durch „organisierte Anarchie" denn durch rationale Präferenzbildung zustande gekommen.

Dies lässt sich auch darauf zurückführen, dass die in der Organisation ablaufenden Prozesse nicht der isolierten Fertigung einer rationalen Entscheidung dienen. Vielmehr spielen für die an der Entscheidung beteiligten Teilnehmer jeweils eigene Nebeneffekte eine Rolle, die unter gewissen Umständen die rationalen Motivationen für die Entscheidung ausstechen können. *William Niskanen* etwa hat argumentiert, dass Behördenleitungen eine in den Mechanismen der Bürokratie verankerte Tendenz zur Budgetmaximierung aufwei-

---

[92] Der entscheidungstheoretische Pragmatismus ist jedoch nicht auf die organisationssoziologische Perspektive beschränkt. Besonders deutlich wird dies in *Michael Lipskys* Begriff der „street level bureaucracy". Begriffsentwicklung bei *M. Lipsky*, Street-Level Bureaucracy. Dilemmas of the Individual in Public Services, New York 1983, 3–12. Nach *Lipsky* haben insbesondere im ständigen Bürgerkontakt stehende Verwaltungseinheiten in der Praxis einen weiten Entscheidungsspielraum beim Gesetzesvollzug, sind aber gleichzeitig mit einem heterogenen Erwartungsumfeld aus Bürgerbegehren, Binnenrecht der Verwaltung, fachlichen Erwägungen oder finanziellen Zwängen konfrontiert (29–39). Dieses Entscheidungsumfeld lässt sich aufgrund seiner Varianz nicht ohne weiteres in Verfahren standardisieren. Dazu *P. Hupe/M. Hill/A. Buffat*, Introduction: defining and understanding street-level bureaucracy, in: Hupe/Hill/Buffat (Hrsg.), Understanding Street-Level Bureaucracy, Bristol/Chicago 2015, 3 (3).

[93] *M.D. Cohen/J.G. March/J.P. Olsen*, A Garbage Can Model of Organizational Choice, Administrative Science Quarterly 1972, 1–25.

[94] *Cohen/March/Olsen* (Fn. 93), 11.

[95] *Cohen/March/Olsen* (Fn. 93), 11.

[96] *Cohen/March/Olsen* (Fn. 93), 2.

sen.[97] Bei *Luhmann* wird dargelegt, dass eine wesentliche Funktion der Entscheidungsfindung auch im Verhältnis zur Parteipolitik liegt, etwa durch Zugehörigkeit der Entscheider zu politischen Parteien oder in der Information der Politik über regelungsbedürftige Sachverhalte.[98] Auch der Kontrollrahmen spielt hierfür eine Rolle: *Terence Ison* etwa hat gezeigt, dass ein differenziertes System von Rechtsbehelfen dazu führen kann, dass der vom Devolutiveffekt profitierende Verwaltungsbeamte die Ausgangsentscheidung nicht mehr mit der erforderlichen Sorgfalt vorbereitet.[99] Die Methodik dieser Untersuchungen enthält einen Perspektivwechsel, der von der Einzelentscheidung wegführt. In der soziologischen Betrachtung, die sich auf die Organisation *wiederholten* Entscheidens konzentriert, können Maßstäbe für gute Verwaltungspraxis dementsprechend auch jenseits einzelner Entscheidungen festzulegen sein.

c) *Entwicklungsfähigkeit von Organisationen*

In der Betrachtung wiederholten Entscheidens kann die Organisationssoziologie Aspekte beleuchten, die der juristischen Perspektive notwendigerweise verborgen bleiben. Ein Beispiel ist die über die Einzelentscheidung hinauswachsende Betrachtung der Entwicklung von Entscheidungstätigkeit. Organisationen passen sich in der Entwicklung einer bestimmten Entscheidungspraxis ständig ihrer Umwelt an. Die in der Verwaltung erfolgende stufenweise Konkretisierung von Entscheidungsspielräumen verlangt auf den verschiedenen Ebenen auch verschiedene Lern- und Anpassungsleistungen.

Diese Anpassung des organisierten Entscheidens kann etwa anhand des Modells des Einschleifen- und Zweischleifenlernens von *Chris Argyris* und *Donald Schön* verdeutlicht werden.[100] Einschleifiges Lernen kann bei einer vorgegebenen Handlungsstrategie die Möglichkeiten der Zielerreichung verbessern. Zweischleifiges Lernen hingegen stellt auch die Handlungsstrategie

---

[97] *W.A. Niskanen, Jr.*, Bureaucracy and Representative Governments, Chicago:Aldinge, Atherton 1971, 38–3. Der angeblich erste Ausspruch dieses „Wachstumsgesetzes" der Bürokratie stammt von dem Soziologen und Satiriker *C. Northcote Parkinson*: „Work expands so as to fill the time available for its completion." (*C.N. Parkinson*, Parkinson's Law, The Economist 1955, 635–637).

[98] *Luhmann*, Politische Soziologie (Fn. 82), 139.

[99] *T.G. Ison*, Administrative Justice: Is it Such a Good Idea?, in: Harris/Partington (Hrsg.), Administrative Justice in the 21st Century, Oxford 1999, 21 (26). Zur Diskussion siehe auch *G. Sydow/S. Neidhart*, Verwaltungsinterner Rechtschutz. Möglichkeiten und Grenzen in rechtsvergleichender Perspektive, Baden-Baden 2007, 14.

[100] *C. Argyris/D.A. Schön*, Die lernende Organisation. Grundlagen, Methoden, Praxis, 3. Auflage, Stuttgart 2006, 35–40. Juristische Rezeption von Lernprozessen in Verfahren etwa bei *M. Fehling*, Der Eigenwert des Verfahrens im Verwaltungsrecht, VVDStRL (70) 2011, 278 (313). Ferner auch *M. Kotzur*, Verwaltung in der Kommunikationsgesellschaft – eine Skizze zeitgemäßer Organisationsstrukturen, NWVBl. 2003, 298 (302).

im Hinblick auf die Grundsätze und Ziele der Organisation auf den Prüfstand. Einschleifiges Lernen fragt also nach optimaler Ausführung eines Handlungsprogramms und ähnelt dabei der juristischen Entscheidungspraxis, während zweischleifiges Lernen in der Lage ist, ein bestimmtes Handlungsprogramm in Frage zu stellen und Alternativen zu formulieren.

Für den gelingenden Gesetzesvollzug kommt es in der Organisation stets auf das Verhältnis beider Lernarten an. Während es zur Herausbildung einer einheitlichen Verwaltungspraxis unangemessen sein kann, dass auf der untersten Verwaltungsebene eine vollständige Reflektion des gesamten Handlungsprogramms erfolgt, so darf dies nicht dazu führen, dass es in der Hierarchie gar nicht mehr zum zweischleifigen Lernen kommt. Dies würde nämlich bedeuten, dass die Entscheidungsspielräume nicht stufenweise durch Willensausübung der einzelnen Amtsträger konkretisiert, sondern vielmehr auf eine imaginäre Spitze der Entscheidungspyramide ausgerichtet würden. Es würde ein mechanisches Vollzugsbild entstehen, bei dem sich die Entscheidung an einer Stelle konzentriert, die für die Herausbildung einer produktiven Verwaltungspraxis nicht die strukturellen Voraussetzungen bietet. Auch hier kommt wieder die komplexe Dualität von Weisungsgebundenheit und persönlicher Verantwortung zum Tragen, die in der hierarchischen Verwaltung herausgebildet wird.[101]

Argyris und *Schön* versuchten zu erklären, warum es in Organisationen zur Vermeidung des zweischleifigen Lernens komme. Die natürliche Tendenz des Menschen, die unmittelbare Konstruktion der Welt aufrechtzuerhalten,[102] werde dabei durch Organisationsstrukturen unterstützt, die es erlaubten, persönliche Verantwortung zurückzuweisen (hierarchische Organisation), alleinige Kontrolle über Sachbereiche auszuüben (Amtsprinzip) oder dringende Fragen abzuwehren (Verfahrenshoheit der Behörde). Durch die Kombination dieser Maßnahmen bildeten sich „defensive Routinen,“[103] die notwendigen Wandel auch gegen moderaten äußeren Druck verhindern könnten. Besonders gravierend wirke auch die Konfliktvermeidung durch Vorgesetzte zurück, die insbesondere tiefgehende Veränderungsprozesse nicht angemessen kommunizierten und begleiteten.[104] Verwaltungen böten damit durch ihre Grundstruktur keinen guten Nährboden für eigenständige gesellschaftliche Anpassung.

Ähnliche Beobachtungen über die Stabilität in der Bürokratie hat auch *Michel Crozier* angestellt.[105] Entscheidend dabei sei, dass die Isolierung der ver-

---

[101] Dazu noch ausführlich unten, § 6, V.
[102] *Argyris/Schön* (Fn. 100), 85.
[103] *Argyris/Schön* (Fn. 100), 87 ff.
[104] *Argyris/Schön* (Fn. 100), 87 ff.
[105] *M. Crozier*, Der bürokratische Circulus Vitiosus und das Problem des Wandels, in: Mayntz (Hrsg.), Bürokratische Organisation, 2. Auflage, Köln/Berlin 1971, 277–288. Dazu

schiedenen Untereinheiten in der Behördenorganisation dem Amtsträger in der Regel persönliche Unabhängigkeit verleihe.[106] Dies werde noch dadurch verstärkt, dass die Strukturierung über geschriebene Regeln und Dienstanweisungen die Möglichkeit biete, eine bestimmte Praxis sowohl gegenüber dem Bürger, den Vorgesetzten und den Untergebenen, als auch gegenüber anderen Behörden einseitig unter Verweis auf eine bestimmte Regel zu rechtfertigen.[107] Gleichzeitig böten dieselben Regeln in der Praxis *tatsächlich* einen weiten Handlungsspielraum, da es zumeist den unteren Verwaltungseinheiten selbst überlassen sei, ob sie eine Ausnahme von der Regel definierten. Dadurch, so *Crozier*, entstünde eine Lähmung der Organisation durch Überformalisierung, ein „Teufelskreis der Bürokratie."[108]

Auch wenn bürokratiekritische Analysen wie die *Croziers* oft einseitig und überzeichnet wirken, da sie die erfolgreichen Momente guter Verwaltungsarbeit ausblenden, so zeichnen sie doch ein Bild systematischer Pathologien in hierarchischer, regelgebundener Organisation, die über das klassische Bild der bürokratischen Eigenmacht hinausgehen. Stufenweise Konkretisierung der Entscheidungsspielräume bedeutet nicht notwendigerweise abgestufte, rationalisierende Reflektion, sondern kann auch die Abwesenheit jeglicher Angemessenheitsprüfungen bedeuten. Vorgesetzte selbst etwa sind nicht mehr zu systemtranszendierenden Veränderungsvorschlägen in der Lage. Sie können „faktisch nur unpersönliche Entscheidungen treffen, die dabei alle gegebenen Umstände und alle individuellen Privilegien zu berücksichtigen haben, so dass die Betroffenen sich über deren Inhalt schon im Voraus annähernd sicher sein können."[109]

Besonders komplex ist der Wandel schließlich, wenn es nicht nur um die Anpassung des Handlungsprogramms der Verwaltung geht, sondern auch um

auch *G. Bonazzi/V. Tacke*, Michel Crozier: Bürokratisches System und Strategien der Akteure, in: Tacke/Bonazzi (Hrsg.), Geschichte des organisatorischen Denkens, 2. Auflage, Wiesbaden 2014, 241–259.

[106] *Crozier*, in: Mayntz (Fn. 105), 279.

[107] *Crozier*, in: Mayntz (Fn. 105), 278–279.

[108] *Crozier*, in: Mayntz (Fn. 105), 283–284. *Crozier* weist damit jede organische Lernfähigkeit der Organisation zurück. Stattdessen sei Wandel nur in extremen Momenten der Krise und des externen Drucks möglich. Nur diese durch Scheitern oder durch das Auftreten autoritärer Führungspersönlichkeiten ausgelösten Momente könnten überhaupt Veränderung innerhalb der Bürokratie bewirken. Diese treten immer dann auf, wenn sich durch den Widerstand gegen gesellschaftliche Anpassung eine derartige Spannung aufgebaut hat, dass die Unfähigkeit der Bürokratie plötzlich und unmittelbar sichtbar wird. Erst dann entstehen Räume der Kreativität, die Strukturwandel ermöglichen. Nach der Krise richtet sich die Bürokratie wiederum in einem veränderten Zustand ein, der nur durch erneute Krisen veränderbar erscheint. Das bürokratische System ist „nicht nur ein System […], das sein Verhalten nicht aufgrund seiner Fehler korrigiert; es ist auch zu starr, um sich ohne Krise den Veränderungen anzupassen, die die beschleunigte Entwicklung der industriellen Gesellschaften mehr und mehr erforderlich macht." *M. Crozier*, Le Phénomène bureaucratique, Paris 1963, 261 – Übersetzung bei *Crozier*, in: Mayntz (Fn. 105), 287.

[109] *Crozier* (Fn. 108), 107, Übersetzung nach *Bonazzi/Tacke* (Fn. 105), 246.

einen Strukturwandel der Organisation insgesamt. Hier hat etwa *Robert Merton* unter Verweis auf seine Theorie der latenten Funktionen[110] der Organisation argumentiert, dass Strukturwandel die für die ordnungsgemäße Zweckerreichung erforderlichen informellen Netzwerke gefährden könnte. Dies akzentuiert einen ganz anderen Aspekt der Bürokratie, die in dieser Perspektive nur durch Informalität und Strukturgebundenheit effektiv ihre Ziele verfolgen kann.[111] Die parlamentarische Gesetzesänderung kann sich aus der Perspektive der Organisation gleichzeitig als zu verwirklichendes Ziel wie auch als Veränderung erzwingende Krise darstellen.

Bürokratie lässt sich also zumeist aus zweierlei Perspektiven gleichzeitig betrachten. Zum einen dient die Stabilität und Resilienz der Organisation der Funktionsweise formaler Organisationen, zum anderen bedeutet dies gleichzeitig Schwierigkeiten in Lernprozessen und Anpassungsfähigkeit. In dieser komplexen Gemengelage des Entscheidens in und durch Organisationen, die vor allem ihre Leistungsgrenzen zur Rationalisierung betont, findet die Betonung der Steuerungsfunktion des Organisationsrechts Halt.[112]

2. Die Steuerungsfunktion des Organisationsrechts

Es verwundert nicht, dass sich aus dieser Perspektive ein verwaltungsrechtswissenschaftliches Reformprojekt geradezu aufdrängte.[113] Blickte man aus der

[110] *Robert K. Merton* hat in diesem Zusammenhang argumentiert, dass zu den ganz offensichtlichen Zweckbestimmungen einer Organisation stets auch Funktionen hinzukämen, die zwar von außen unsichtbar aber für die Realisation der Zweckbestimmungen unverzichtbar seien. Ähnlich wie bei der verhältnismäßig kleinen sichtbaren Spitze des Eisbergs überwiegen die sogenannten „latenten Funktionen," die zur Stabilisierung der Organisation beitragen. Diese sind aufgrund ihrer Informalität meist weder eindeutig zu bestimmen noch klar erkennbar. Gerade in der Verwaltungspraxis können diese informellen Strukturen in der Behördenorganisation jedoch eine besondere Bedeutung haben und relativieren damit Prinzipien der Hierarchie und der Normorientierung. Die soziologische Beobachtung dieser Strukturen kann für den Einzelfall bestimmte Entscheidungsstränge im Nachhinein erklärbar (wenn auch nicht notwendigerweise steuerbar) machen. *R.K. Merton*, Soziologische Theorie und soziale Struktur (Social Theory and Social Structure, 1968), Meja/Stehr (Hrsg.), Berlin 1995, 17 ff. Zusammenfassende Übersicht bei *P. Helm*, Manifest and Latent Functions, The Philosophical Quarterly, Vol. 21, Iss. 82 (Jan. 1971), 51–60.

[111] Klassisch rezipiert bei *F. Schoch*, Entformalisierung staatlichen Handelns, in: Isensee/Kirchhof (Hrsg.), HStR, Bd. II, 3. Auflage, Heidelberg 2005, § 37, Rn. 28 ff.

[112] *Fehling* (Fn. 67), 66 (76); *Schmidt-Aßmann* (Fn. 37), 21–22, Rn. 1/39; ferner *Voßkuhle* (Fn. 9), in: Hoffmann-Riem/Schmidt-Aßmann/Voßkuhle, § 1, Rn. 28. Historisch aufgearbeitet bei *S. Magen*, Zwischen Reformzwang und Marktskepsis: Die Verwaltungsrechtswissenschaft in der Berliner Republik, in: Duve/Ruppert (Hrsg.), Rechtswissenschaft in der Berliner Republik, Berlin 2018, 270 ff.

[113] Historische Nachzeichnung der „Explosion" des Entbürokratisierungsdiskurses, *Cancik* (Fn. 22), 15 ff. Deutlich auch bei *A. Voßkuhle*, Die Reform des Verwaltungsrechts als Projekt der Wissenschaft, Die Verwaltung 1999, 45.

juristischen Wissenschaft über den Tellerrand hinaus, so war man mit einem breiten *mainstream* an politik- und sozialwissenschaftlicher Forschung konfrontiert, die die Plausibilität hierarchisch-parlamentarischer Steuerung kategorisch zurückwiesen. Die Rezeption dieser Erkenntnisse führte in einem zweiten Schritt zu einem Legitimationsproblem: Steuert sich die Organisation weitgehend selbst, kann das formale Recht nicht handlungsleitend wirken. Die sozialwissenschaftliche Bürokratiekritik mündete damit unmittelbar in eine Bedeutungskrise der Rechtswissenschaft.

Das Reformprojekt wagte nun die Flucht nach vorn: Wenn die Organisation störende Effekte auf die rational-juristische Entscheidungsfertigung hat, so könne auch der gegenteilige Effekt möglich sein. Die Organisation der Verwaltung könnte als positiver Steuerungseffekt zur bestmöglichen Umsetzung des Rechts genutzt werden.[114] Der Einbezug dieses Effekts in die organisationsrechtliche Dogmatik erweitert das *juristische* Verständnis des Organisationsrechts, das nunmehr über das Erfordernis der noch bei *Wolff* zentralen Zurechnung zu einer juristischen Person „Staat“ hinausgeht. Organisationsrecht konstituiert zwar den Staat als juristische Person, steuert aber gleichzeitig seine Aufgabenerfüllung. Neben der Konstitutionsfunktion komme dem Verwaltungsorganisationsrecht eine *Steuerungsfunktion* zu, die „zielgerichtete Verhaltensbeeinflussung“ durch die Wahl eines bestimmten Organisationsaufbaus.[115] Durch Evaluation von Organisationsfolgen („Output, Impact, Outcome“)[116] sollte sich die Qualität von Entscheidungspraktiken in Organisationen auch juristisch bewerten lassen und somit die formaljuristische Perspektive ergänzen.

---

[114] „Bei der Suche nach allgemeinen Aussagen über Funktionsgesetze und Steuerungsleistungen von Organisationen wendet sich der Jurist hilfesuchend an die Sozialwissenschaften.“ *T. Groß*, Grundzüge der organisationswissenschaftlichen Diskussion, in: Schmidt-Aßmann/Hoffmann-Riem (Hrsg.), Verwaltungsorganisationsrecht als Steuerungsressource, Baden-Baden 1997, 139 (139). *Schuppert* bringt dies exemplarisch zum Ausdruck, indem er in Reaktion auf eine klassische Darstellung des Begriffs der Organisationsgewalt schreibt: „Hinter dieser in der Tat trocken-juristisch daherkommenden Definition der Organisationsgewalt, die den Eindruck erwecken vermöchte, als ginge es ‚nur‘ um die Einrichtung von Behörden, verbergen sich […] aber weit mehr als Entscheidungen über Verwaltungsformalien, sondern vielmehr zugleich Inhalt und Qualität des Verwaltungshandelns steuernde Entscheidungen von häufig großer politischer Tragweite.“ *Schuppert* (Fn. 6), 603. Dazu auch *Franzius* (Fn. 63), 441 ff. In neuem Gewand ausgearbeitet auch bei *I. Augsberg*, Konzepte rechtlicher Steuerung und die Verteilung von Wissen im Bereich der Administrative, VerwArch 2020, 36 sowie bei *Kersten* (Fn. 9), in: Kahl/Ludwigs, § 25, Rn. 12 ff.

[115] *Groß* (Fn. 4), 19. Vgl. auch die Hinweise bei *Unger*, in: Krüper/Pilniok (Fn. 13), 49 (56). Jüngst auch *J. Wolff*, Anreize im Recht: Ein Beitrag zur Systembildung und Dogmatik im Öffentlichen Recht und darüber hinaus, Tübingen 2021, 67 ff.

[116] Vgl. die Darstellung bei *C. Franzius*, Modalitäten und Wirkungsfaktoren der Steuerung im Recht, in: Hoffmann-Riem/Schmidt-Aßmann/Voßkuhle (Hrsg.), GVwR, Bd. I, 2. Auflage, München 2012, § 4, Rn. 67 ff.

Steuerung durch Recht war dabei eigentlich nichts Neues. Auch das klassische Organisationsrecht steuert, indem es auf eine bestimmte Art und Weise konstituiert.[117] Recht als normatives Phänomen hat jederzeit und immer Steuerungswirkung.[118] Die das Reformprojekt charakterisierende Besonderheit lag nun in der Verknüpfung des Organisationsaufbaus mit bestimmten materiellrechtlichen Gesetzeszielen, einer Art Steuerungswirkung zweiter Ordnung. Für bestimmte Organisationsziele sollten besonders geeignete Organisationsformen verwendet werden.[119] Privatrechtliche Organisationsformen könnten etwa an Wirtschaftlichkeit ausgerichtet werden, Betroffenenbeteiligung sollte für Akzeptanz sorgen und wissenschaftlicher Sachverstand sollte durch plural organisierte Kollegialorgane gewährleistet werden. Eingebettet war dies auch in einen reformierten Blick auf die Handlungsformen, die über klassische Befehls- und Zwangsmodi hinaus mittels informeller Absprachen, Abgabensteuerung, Anreizsystemen, Subventionen etc. in den Steuerungsfokus einbezogen wurden.[120] So sollten die organisationswissenschaftlichen Narrative aufgenommen und Gesetzessteuerung wieder möglich gemacht werden.

---

[117] Vgl. *M. Fehling*, Autonomie und staatliche Regulierung, in: Bumke/Röthel (Hrsg.), Autonomie im Recht. Gegenwartsdebatten über einen rechtlichen Grundbegriff, Tübingen 2017, 295 (310). Zur Wirkung der Dogmatik ferner *F. Schoch*, Verwaltungsrechtswissenschaft zwischen Theorie und Praxis, in: Burgi (Hrsg.), Zur Lage der Verwaltungsrechtswissenschaft, Die Verwaltung Beiheft 2017, 12 (20).

[118] Dazu *S. Magen*, Entscheidungen unter begrenzter Rationalität als Proprium des öffentlichen Rechts, in: Engel/Schön (Hrsg.), Das Proprium der Rechtswissenschaft, Tübingen 2007, 303 (304 ff.). Der Steuerungsbegriff an sich ist freilich nur ein „substanzloser Gefäßbegriff", der für seine Wirkung an Maßstäben bedarf. *J.F. Lindner*, Verwaltungsrecht und Politik, in: Kahl/Mager (Hrsg.), Verwaltungsrechtswissenschaft und Verwaltungsrechtspraxis, Baden-Baden 2019, 285 (288). Genauer ausgearbeitet jedoch bei *V. Mehde*, Das Steuerungspotenzial der Exekutive, in: Kahl/Mager (Hrsg.), Verwaltungsrechtswissenschaft und Verwaltungsrechtspraxis, Baden-Baden 2019, 147 (154 ff.).

[119] *E. Schmidt-Aßmann*, Verwaltungsorganisationsrecht als Steuerungsressource, in: Schmidt-Aßmann/Hoffmann-Riem (Hrsg.), Verwaltungsorganisationsrecht als Steuerungsressource, Baden-Baden 1997, 48 ff. Ferner prägend *A. Voßkuhle*, Öffentliche Gemeinwohlverantwortung im Wandel. Beteiligung Privater an der Wahrnehmung öffentlicher Aufgaben und staatliche Verantwortung, VVDStRL (62) 2003, 266 (308 ff.). Zur Steuerung auch *I. Appel*, Das Verwaltungsrecht zwischen klassischem dogmatischem Verständnis und steuerungswissenschaftlichem Anspruch, VVDStRL (67) 2008, 226 (241 ff.); *Cancik*, in: Herdegen/Masing/Poscher/Gärditz (Fn. 65), § 14, Rn. 120. Organisationswissenschaftlich informiert, aber differenzierend *S. Kirste*, Kontexte der Demokratie: Herrschaftsausübung in Arbeitsteilung, VVDStRL (77) 2018, 161, (172 ff.). Prägnant zusammenfassend *T. Siegel*, Entscheidungsfindung im Verwaltungsverbund. Horizontale Entscheidungsvernetzung und vertikale Entscheidungsstufung im nationalen und europäischen Verwaltungsverbund, Tübingen 2009, 18–26.

[120] Prägnant dargestellt bei *Fehling*, in: Bumke/Röthel (Fn. 117), 310.

3. Der qualitative Steuerungsbegriff

Im Reformschrifttum wurde dementsprechend ein qualitativer Steuerungsbegriff verwendet, der über die mit rechtlicher Normativität *per se* verbundenen Steuerungseffekte hinausgeht.[121] Er schließt an die in Auszügen bereits dargestellte, seit Mitte der 1970er Jahre geführte sozialwissenschaftliche Diskussion an, die gemeinsame Zweifel an die rationale Steuerbarkeit politischer Systeme formulierte.[122] Im Zentrum steht eine Rezeption des insbesondere nach der 1985 erfolgten Gründung des *Max-Planck Instituts für Gesellschaftsforschung* in Köln von den Direktoren *Renate Mayntz* und *Fritz Scharpf* gemeinsam entwickelten sogenannten akteurszentrierten Institutionalismus.[123] Dieser geht davon aus, dass jedes Subjekt in einer institutionellen Praxis (also auch der rechtliche Entscheider) in komplexe Wirk- und Handlungsbeziehungen eingebunden ist. Um zu verstehen, wie Entscheidungen getroffen werden, müsse man etwa erforschen, auf welcher Wissensbasis sie operierten, in welche institutionellen Strukturen sie eingebunden seien, etc. Um Entscheidungen steuern zu können, müsse im nächsten Schritt auf die institutionellen Strukturen und das vermittelte Wissen zugegriffen werden können.

Die wissenschaftliche Aufmerksamkeit richtete sich dementsprechend zunächst auf die Strukturen, in denen Entscheidungen getroffen werden. Hier wurde aus steuerungswissenschaftlicher Perspektive der Begriff des Netzwerks eingebracht.[124] Die Entscheidungsstrukturen in der Verwaltung ließen sich nicht aus der hierarchischen Perspektive betrachten, die für die Entscheidung an der Basis häufig ohne Belang war. Vielmehr war das unmittelbare (Netzwerk-)umfeld von Entscheidern für das Verständnis und die Steuerung heranzuziehen.[125] Das Konzept der Netzwerksteuerung beschreibt dementsprechend den Kapazitätsverlust zentraler Kopfsteuerung dadurch, indem es tatsächliche Interdependenzen in diesen Mehrebenensystemen aufzeigt, die die hierarchische Strukturbildung verunmöglichen.[126] Das Netzwerk ist so ein

[121] Umfassend erläutert etwa bei *Voßkuhle* (Fn. 9), in: Hoffmann-Riem/Schmidt-Aßmann/Voßkuhle, § 1, Rn. 17 ff. Diskutiert von *S. Schönberger*, Mehr Wissenschaft wagen! Die uneingelösten Versprechen der Neuen Verwaltungsrechtswissenschaft, JöR 2017, 511 (517 ff.).

[122] *Voßkuhle* (Fn. 9), in: Hoffmann-Riem/Schmidt-Aßmann/Voßkuhle, § 1, Rn. 18.

[123] *Mayntz/Scharpf*, in: dies. (Fn. 79), 39 (39 ff.). Hinweis auch bei *Voßkuhle* (Fn. 9), in: Hoffmann-Riem/Schmidt-Aßmann/Voßkuhle, § 1, Rn. 20. Zu den Gründen der Rezeption *H. Treiber*, Genese und ursprüngliche Intention einer steuerungswissenschaftlich konzipierten Wissenschaft vom Verwaltungsrecht. Anmerkung eines Nicht-Juristen, JöR 2017, 423 (424 ff.).

[124] Dazu *Schuppert* (Fn. 69), in: Hoffmann-Riem/Schmidt-Aßmann/Voßkuhle, § 16, Rn. 134.

[125] Dazu kompakt *Franzius*, in: Hill/Schliesky (Fn. 11), 40 ff.

[126] Paradigmatisch die Arbeiten von *K.-H. Ladeur*. Vgl. *K.-H. Ladeur*, Die Netzwerke des Rechts, in: Bommes/Tacke (Hrsg.), Netzwerke in der funktional differenzierten Gesellschaft, Wiesbaden 2010, 143–171.

disziplinenübergreifender Beschreibungsansatz für Komplexitätszusammenhänge, die in ständiger Bewegung sind. Es schließt zentralen Zugriff aus und ermöglicht insbesondere Selbstregulierung[127] und „Incentivierung“ von Netzwerkteilnehmern.[128]

Ein Verwaltungsnetzwerk ist so gerade das (empirische) Gegenmodell des klassischen *Wolffschen* Aufbaus. Hier läuft Kooperation und Koordination ohne Hierarchie und entsprechend auch ohne klar ableitbare Verantwortungszusammenhänge ab. So wird die These plausibel, dass der steuernde Zugriff auf diese Netzwerke dementsprechend einen komplexeren Zugang als hierarchisch-bürokratische Steuerung verlange. Der politikwissenschaftliche Begriff der „Governance“ füllt diese Lücke.[129] Er kennzeichnet einen mehr oder minder holistischen Zugang zu Entscheidungspraktiken, „den Modus und die Qualität modernen Regierens in komplexen Strukturen.“[130]

Dieser Perspektivwechsel von formaler zu informaler Beschreibung von Entscheidungen hat weitreichende kritische Reaktionen ausgelöst, die sich in verschiedene Ebenen einordnen lässt. Auf einer ersten Kritikebene wird gewissermaßen als handwerklicher Mangel die Unschärfe der Grundbegriffe kritisiert, die sich allerdings entschärfen lassen. Auf einer zweiten, theoretisch deutlich interessanteren Ebene geht es dann um die grundsätzliche Vereinbarkeit rechts- und sozialwissenschaftlichen Grundlagenvokabulars.

4. Erste Kritikebene: Unschärfe der Grundbegriffe

Zunächst verursachte die Rezeption der Sozialwissenschaft im Recht sprachliche Divergenzen. Trotz der Plausibilität der soziologischen Grundannahmen blieb unklar, wie man sie in eine anwendungsorientierte juristische Perspektive integrieren könnte. Kritisch wurde angemerkt, dass es trotz diverser Ver-

---

[127] „Die gesteuerte Selbstregulierung ermöglicht die Aktivierung von Beiträgen privater Akteure, die ihre individuellen Präferenzen verfolgen, im Ergebnis aber das Gemeinwohl fördern.“ *M. Schmidt-Preuß*, Verwaltung zwischen Selbstregulierung, staatlicher Steuerung und Governance, in: Kahl/Ludwigs (Hrsg.), Handbuch des Verwaltungsrechts, Bd. I, Grundstrukturenn des deutschen Verwaltungsrechts, Heidelberg 2021, § 26, Rn. 2.

[128] *K-H. Ladeur*, Der Staat gegen die Gesellschaft. Zur Verteidigung der Rationalität der „Privatrechtsgesellschaft“, Tübingen 2006, 297. Vgl. auch die kurze und präzise Zusammenfassung bei *Gärditz* (Fn. 8), 206 ff. Skeptisch im Hinblick auf das Potential des Ansatzes nach der Finanzkrise, vgl. *W. Weiß*, Selbstregulierung der Wirtschaft – Noch sinnvoll nach der Finanzkrise?, Der Staat 53 (2014), 555 (575) mit dem Hinweis, dass die Gemeinwohlsicherung nicht zurückstehen dürfe. Einführend auch *L. Michael*, Selbstregulierung der Wirtschaft, in: Ehlers/Fehling/Pünder (Hrsg.), Besonderes Verwaltungsrecht, Bd. I, Öffentliches Wirtschaftsrecht, 4. Auflage, Heidelberg 2019, § 15, 474 (478).

[129] Insbesondere *Schuppert* (Fn. 69), in: Hoffmann-Riem/Schmidt-Aßmann/Voßkuhle, § 16, Rn. 134: „Governance als Netzwerkgovernance“. Dazu auch *Appel* (Fn. 119), 245.

[130] *Voßkuhle* (Fn. 9), in: Hoffmann-Riem/Schmidt-Aßmann/Voßkuhle, § 1, Rn. 68.

suche nicht gelungen sei, die den Begriffen von „Netzwerk“ und „Governance“ innewohnende Unschärfe zu beseitigen.[131] Dies kann auch darauf zurückzuführen sein, dass von politikwissenschaftlicher und soziologischer Seite an einer gemeinsamen Begriffsbildung nur wenig Interesse bestand.[132] Auch für Juristinnen und Juristen sind Schlagworte wie Interdisziplinarität primär Herausforderungen,[133] so dass zu ihrer Integration zumindest gewisse Erklärungslasten aufzuerlegen sind. Hier ist es der Reformbewegung durchaus vorzuwerfen, dass es nicht gelungen ist, zentrale Begriffe wie Steuerung, *Governance* oder auch Netzwerk besser (und vor allem einheitlich) zu konturieren.[134] Von Seiten der Vertreter des Reformprojekts wird die Unschärfe dieser Begriffe auch ohne weiteres zugestanden.[135]

Begriffliche Unschärfe spricht allerdings nicht *per se* gegen einen Forschungsansatz, sondern kann auch produktive Spannungen verursachen, solange ein ernsthaftes Interesse an der Begriffsklärung besteht. Dies gilt umso mehr, da es ein erklärtes Ziel der neuen Begriffsbildung war, an den inneren und äußeren Rezeptionsgrenzen der Verwaltungsorganisation für bessere Beschreibungen zu sorgen.

Auf der einen Seite ging es nach *innen* um die bereits beschriebenen, empirisch beobachtbaren Probleme der formalen Gesetzessteuerung durch die Verarbeitung in komplexen Organisationen. Zum anderen sollte es auch nach *au-*

---

[131] Differenziert dazu *Kaiser* (Fn. 5), 99 (99 ff.). Siehe auch *Schaefer* (Fn. 71), 194 ff. Pointiert *Gärditz* (Fn. 8), 217. Vgl. ferner *Lindner*, in: Kahl/Mager (Fn. 118), 288. Zum Verhältnis von *governance* zur Demokratietheorie: *M. Ruffert*, Demokratie und Governance in Europa, in: Bauer/Huber/Sommermann (Hrsg.), Demokratie in Europa, Bd. I, Verfassungsentwicklung in Europa, 319 (340).

[132] „Das Konzept der Verbundbegriffe selbst ist im Grunde ein Projekt der verwaltungsrechtswissenschaftlichen Eliten geblieben, das die Politikwissenschaftler weder als solches wahrgenommen noch zusammen mit Verwaltungsrechtlern realisiert haben.“ *M. Burgi*, Intradisziplinarität und Interdisziplinarität als Perspektiven der Verwaltungsrechtswissenschaft, in: ders. (Hrsg.), Zur Lage der Verwaltungsrechtswissenschaft, Die Verwaltung Beiheft 2017, 34 (45).

[133] Vgl. etwa *H.C. Röhl*, Öffnung der öffentlich-rechtlichen Methode durch Internationalität und Interdisziplinarität: Erscheinungsformen, Chancen, Grenzen, VVDStRL (74) 2015, 7 (20 ff.).

[134] So die Einschätzung bei *C. Möllers*, Theorie, Praxis und Interdisziplinarität in der Verwaltungsrechtswissenschaft, VerwArch 2002, 22 (36 ff.); „öffentlich-rechtliches Unbehagen“ heißt es bei *J. Kersten*, Herstellung von Wettbewerb als Verwaltungsaufgabe, VVDStRL (69) 2010, 288 (305).

[135] *Voßkuhle* (Fn. 9), in: Hoffmann-Riem/Schmidt-Aßmann/Voßkuhle, § 1, Rn. 68; *Schuppert* (Fn. 69), in: Hoffmann-Riem/Schmidt-Aßmann/Voßkuhle, § 16, Rn. 150. Vgl. auch *Fehling* (Fn. 67), 82: „Eine gewisse Banalisierung oder Trivialisierung der im Ausgangspunkt weitaus anspruchsvolleren und damit aber eben auch voraussetzungsvolleren sozialwissenschaftlichen Begrifflichkeit ist beim Import in die Verwaltungsrechtswissenschaft unvermeidlich. Der komplexere Steuerungsbegriff aus der Soziologie und Politologie mutiert zu einem pragmatischen ‚etwas zur Folge haben sollen‘ und lässt sich so als Kennzeichnung eines ‚Zurechnungs- und Wirkungszusammenhangs‘ juristisch anschlussfähig machen.“

ßen insbesondere darauf ankommen, die durch den intermediären Bereich zwischen Staat und Gesellschaft entstehenden Einheiten besser erfassen zu können, wo sich eine Mischung aus notwendiger (da grundrechtsberechtigter) Selbstregulierung und staatlicher Aufgabenverantwortung ergibt.[136] Hier liegen meist keine öffentlich-rechtlich organisierten Träger vor, so dass die organisatorische Verortung etwa von gemischt-wirtschaftlichen Unternehmen, intermediären Anstalten und Körperschaften, Vereinen mit Staatsbeteiligung, Forschungsträgern, Normsetzungsinstitutionen, sozialen Organisationen und dem sog. „Dritten Sektor" jenseits klassischer Beschreibungsmuster liegt.[137] Hier ist anzuerkennen, dass mit der abnehmenden Plausibilität formaler Unterscheidungen ein Theoriefeld angesprochen ist, für das die auf klare Unterscheidungen angewiesene Zurechnungslehre keine konstruktiven Antworten hat.

In diesen inneren und äußeren Grenzbereichen trägt eben auch die im Hinblick auf die Reformulierung der gesamten Verwaltungsorganisation in Begriffen von Governance und Netzwerk grundsätzlich richtig vorgebrachte dekonstruktive Kritik (= „Selbstregulative Modelle führen zu einer Diffusion von Zurechnung, Verantwortlichkeit und Legitimation sowie zu einer Verflüchtigung transparenter Kompetenzzuordnung.")[138] nicht mehr mit der gleichen Schärfe, da die Zurechnungslehre selbst – *lege lata* – hier keine Antworten anzubieten hat.[139] Das von der Reformbewegung verfolgte Theorieziel ist also durchaus jenseits des Spektrums der klassischen Ansätze zu verorten und kann *potentiell* einen Mehrwert als Ergänzung klassischer Modelle liefern.

5. Zweite Kritikebene: Methodik

Aus juristischer Perspektive adressierte die Kritik jedoch nicht nur einen begrifflichen, sondern auch einen originär rechtsmethodischen Aspekt. Bei *dieser* Kritiklinie am Reformprojekt geht es letztlich im Kern um die Frage, an welcher Stelle außerrechtliches Wissen in die Organisations- bzw. Verwaltungsentscheidung einfließen darf.[140] Durch die Reformperspektive ist ein

---

[136] Dazu noch ausführlich unten, § 3.

[137] Zu dieser Aufzählung und Problembeschreibung *H. Dreier*, in: ders. (Hrsg.), Grundgesetz Kommentar, Bd. II, 3. Auflage, Tübingen 2015, Art. 20, Rn. 138.

[138] Etwa bei *Gärditz* (Fn. 8), 216.

[139] So im Ergebnis auch *Gärditz* (Fn. 8), 217.

[140] ... wobei schon in der Qualifikation dieses Wissens als „außerrechtlich" eine gewisse methodische Positionierung erfolgt. *Gärditz* (Fn. 7), 138 schreibt: „Niemand wird es wundern, dass etwa die Einführung der Landschaftsplanung in das Naturschutzrecht die Naturschutzrechtler auch nicht zu Hobby-Landschaftsgärtnern gemacht hat. Eine interdisziplinäre Öffnung über das notwendige Verständnis für die hinter den Regelungsmodellen stehenden Ordnungsfunktionen hinaus ist weder erforderlich noch praktikabel. Allgemeine

rechtsexterner Maßstab an Sachrichtigkeit und Folgenorientierung in das Recht hineinzulesen, was letztlich zu einem Übergriff auf die rechtsinternen (dogmatischen) Richtigkeitsmaßstäbe führt.[141] Die Sorge besteht hier darin, dass die Sozialwissenschaften für die Entscheidung nur solche Informationen vermitteln können, die letztlich keine Antwort auf das *juristische* Entscheidungsproblem anbieten.[142] Vielmehr verwischten sie rechtliche Urteilsmaßstäbe.[143] Hier geht es letztlich nicht nur um die inhaltlich-politische Wirkung von Organisationswahlentscheidungen, sondern auch um die Bestimmung des Verhältnisses dieses Wissens zu den verfassungs- und einfachrechtlichen Grenzen für zulässige Organisationsgestaltungen.

Sehr deutlich wird dies etwa im methodischen Entwurf von *Hoffmann-Riem*. Hier gibt zwar die Gesetzesbindung den „Korridor zulässiger Gestaltungsoptionen"[144] vor. Bei genauerem Hinsehen wird aber die Legalität der Entscheidung selbst als eine mit anderen Komponenten (Optimalität, Effektivität, Akzeptabilität, Zukunftstauglichkeit etc.) konkurrierende Dimension

Richtigkeitsmaßstäbe des Verwaltungshandelns jenseits des Rechts zu entwickeln, dürfte letztlich nicht nur für die Rechtswissenschaft ein zu anspruchsvolles Projekt sein." *F. Reimer*, Methodenfragen im Verwaltungsrecht zwischen Tradition und Innovation, in: Kahl/Mager (Hrsg.), Verwaltungsrechtswissenschaft und Verwaltungsrechtspraxis, Baden-Baden 2019, 115 (118) hingegen: „Verwaltungsjuristen können nicht zu Archäologen, Informatikern oder Zoologen werden; aber sie müssen Archäologen, Informatiker und Zoologen verstehen, müssen ihnen Fragen stellen, ihnen Aufträge geben, ihre Gutachten lesen können." Kritisch auch *W. Pauly*, Deutschland, in: v. Bogdandy/Huber (Hrsg.), Handbuch Ius Publicum Europaeum, Bd. IV, Heidelberg 2011, § 58, Rn. 19–21.

[141] Paradigmatisch *Jestaedt* (Fn. 8), in: Hoffmann-Riem/Schmidt-Aßmann/Voßkuhle, § 14, Rn. 5; *B. Grzeszick*, Anspruch, Leistungen und Grenzen steuerungswissenschaftlicher Ansätze für das geltende Verwaltungsrecht, Die Verwaltung 2009, 105 (115 ff.); *Gärditz* (Fn. 8), 217. Tendenziell auch *M. Burgi*, in: Ehlers/Pünder (Hrsg.), Allgemeines Verwaltungsrecht, 15. Auflage, Berlin/Boston 2016, § 8, Rn. 19.

[142] *Gärditz* (Fn. 8), 138. Siehe auch von *A. v. Arnauld*, Öffnung der öffentlich-rechtlichen Methode durch Internationalität und Interdisziplinarität: Erscheinungsformen, Chancen, Grenzen, VVDStRL (74) 2015, 39 (54). Ferner *Hilbert* (Fn. 71), 242 („unzureichende Trennung zwischen wissenschaftlichen Systemen und Rechtssystem"); Beispielhaft kritisch etwa *H. Pünder*, Zur Verbindlichkeit der Kontrakte zwischen Politik und Verwaltung im Rahmen des Neuen Steuerungsmodells, DÖV 1998, 63–71.

[143] ...die in der vorkonstitutionellen und durch *Forsthoff* konservierten Tradition dazu beitragen, den Staat kraft Expertenwissens über den Bürger zu erheben. Die Nähe zu *Forsthoff* sehen *Schaefer* (Fn. 71), 86 ff.; *Gärditz* (Fn. 7), 120: „Nicht zuletzt Ernst Forsthoff hielt (in Fortführung unveröffentlichter Vorarbeiten) daran fest, dass es einer Verwaltungslehre schon deshalb bedürfe, weil sich Verwaltung nicht im Gesetzesvollzug erschöpfe und hierfür ein disziplinär adäquater Beschreibungsansatz notwendig sei." Vgl. auch S. 143. Dagegen *Fehling* (Fn. 67), 69, Fn. 33 („überzeichnend").

[144] *W. Hoffmann-Riem*, Eigenständigkeit der Verwaltung, in: Hoffmann-Riem/Schmidt-Aßmann/Voßkuhle (Hrsg.), GVwR, Bd. I, 2. Auflage, München 2012, § 10, Rn. 67, 114. Ferner *G.F. Schuppert*, Die Rolle des Gesetzes in der Governancetheorie, in: Trute (Hrsg.), Allgemeines Verwaltungsrecht – Tragfähigkeit eines Konzepts, Tübingen 2008, 161 (165 ff.).

von Entscheidungsrichtigkeit dargestellt.[145] Legalität tritt so in Konkurrenz mit anderen Zielvorstellungen. Auch wenn dies in der Selbstbeschreibung der Reformer nur selten anerkannt wird, bedeutet dies – in gewissen Maßen – eine Relativierung der Gesetzesbindung[146] und damit ein Revisionsprogramm einer zentralen historischen Errungenschaft.[147] Da auch die zum Gesetz hinzutretenden Maßstäbe nicht wertneutral sein können, liegt im Reformprojekt neben der analytischen Beschreibung der Komplexität des Entscheidens in Organisationen gleichzeitig ein Programm der Politisierung des Organisationsrechts, ein juristischer Zugriff auf die politische Inhaltsfunktion der Steuerung,[148] die Maßstäbe für die „gute" Entscheidung vorgibt.

Methodisch wirft dies die Frage auf, inwieweit abstrakte Zielvorstellungen (Effizienz, Wirtschaftlichkeit etc.) sowie bereichsspezifische Besonderheiten (z.B. bei staatlicher Wirtschaftstätigkeit) überhaupt rechtlich integriert werden können, ohne dass *gleichzeitig* auf dem Weg dessen Eigenrationalität verlorengeht. Die Frage ist also, wie das Recht mit gesellschaftlichem, aber auch technischem Wissen umgehen und es in seine Argumentationsstrukturen integrieren kann.[149] Hier lassen sich innerhalb der Methodendiskussion wiederum zwei Aspekte unterscheiden. Zum einen ist die Frage, ob das Recht überhaupt

[145] *Hoffmann-Riem*, in: Schmidt-Aßmann/Hoffmann-Riem (Fn. 3), 48 ff.

[146] Deutlich herausgearbeitet von *R. Christensen/F. Hanschmann*, Was bleibt von der Gesetzesbindung bei der „Neuen Verwaltungsrechtswissenschaft"?, JöR 2017, 485 (489), die allerdings wiederum diese Kritik als sprachwissenschaftlich reduktionistisch brandmarken. Die Selbstbeschreibung der Reformer aber anerkennend *Fehling* (Fn. 67), 72 sowie *Eifert* (Fn. 82), 300. Sehr deutlich wird diese methodische Grundrichtung auch bei *Voßkuhle* (Fn. 9), in: Hoffmann-Riem/Schmidt-Aßmann/Voßkuhle, § 1, Rn. 2: „Das ‚Neue' an der Neuen Verwaltungsrechtswissenschaft wird erst erkennbar, wenn man sich als Kontrastfolie die wissenschaftliche Arbeitsweise nach der sog. ‚Juristischen Methode' vergegenwärtigt." Die Diagnose wie hier auch bei *Appel* (Fn. 119), 246 ff. sowie bei *Franzius* (Fn. 63), 452.

[147] Bei *N. Braun Binder*, Verwaltungsrecht und Verwaltungslehre, in: Kahl/Ludwigs (Hrsg.), Handbuch des Verwaltungsrechts, Bd. I, Grundstrukturen des deutschen Verwaltungsrechts, Heidelberg 2021, § 13, Rn. 6 wird deutlich wie sich im Zuge des 19. Jahrhunderts auch wissenschaftsgeschichtlich die Wege von Rechts- und Verwaltungswissenschaft trennten. Verwaltungs*rechts*wissenschaft ist damit schon begrifflich eine historische Verschleifung beider Ebenen.

[148] Bei *K. Rennert*, Neue Verwaltungsrechtswissenschaft und Rechtsprechung, JöR 2017, 533 (534) heißt es treffend: „Tatsächlich hinterlassen manche Schriften den Eindruck, als würden empirische Funktionsbeschreibungen des Rechts zu normativen Optimierungsgeboten umgedeutet, so wenn eine Diagnose gewisser Effizienzdefizite die Erlaubnis oder gar die Aufforderung einschließt, das Defizit sogleich zu beheben, die Lücke kurzerhand zu schließen, den Widerspruch zu glätten usw. und dies ohne den eigentlich nötigen Zwischenschritt, sich durch Auslegung am Normgehalt des geltenden Rechts rückzuversichern, ob dessen Telos die Analogie, die extensive oder die reduktive Auslegung trägt."

[149] Darstellung der damit verbundenen Konfliktlagen bei *M. Eifert*, Transformation der Verwaltungsrechtswissenschaft – Neue Verwaltungsrechtswissenschaft, JöR 2017, 457 (462 ff.).

Zugriff auf das erforderliche „nachbarwissenschaftliche" Wissen haben kann, zum anderen wie sich die *Integration* dieses Wissens mit der juristischen Dogmatik verträgt.

a) Das Zugriffs- und Selektionsproblem des außerrechtlichen Wissens

Die Erweiterung des rechtlichen Wissensbestandes ist darauf angewiesen, auf anderes, in die juristische Argumentation sinnvoll integrierbares Wissen zugreifen zu können.[150] Das erforderliche Organisationswissen muss von Juristinnen und Juristen rezipiert und in rechtliche Maßstäbe umgesetzt werden. Arbeitet man hier mit sozial- und politikwissenschaftlichen Theorien, so besteht die „Gefahr des unbedarften Dilettierens."[151] Aufgrund zentraler methodischer Unterschiede und unterschiedlicher Erkenntnisinteressen der Disziplinen dürfte sich das sozialwissenschaftliche Feld als nahezu unbeherrschbar darstellen.[152] Selbst in bester Absicht von theoretisch informierten Juristinnen und Juristen rezipierte Sozialwissenschaft kann für das Recht nur wenig mehr als zufällige Inspiration denn inhaltliche Leitung sein.[153] In praktischen, sprachlichen und sozialen Zwängen gefangen, erreichen standesgemäße Juristinnen und Juristen nicht die erforderliche Reflektionstiefe, um die geforderte soziale Responsivität zu erreichen. Wer hingegen zu tief eintaucht in die Theoriegebilde, verliert womöglich den Anschluss an die Methodik der praktischen Fallentscheidung.[154]

Ein zweites (Zugriffs-)Problem liegt darin, dass selbst in den Organisationswissenschaften nur Modelle gebaut werden, die keineswegs mit den behandelten administrativen Praktiken identifiziert werden können. So könnte man letztlich auf spekulative Aussagen über den Innenbereich der Verwaltung angewiesen sein, die zu vermeiden, primäre Zielsetzung war.[155] Hier ist fraglich,

---

[150] Differenziert dazu *I. Spiecker gen. Döhmann*, Wissensverarbeitung im Öffentlichen Recht, RW 2010, 247 (279) mit Überlegungen zur Wissensorganisation.

[151] *W. Durner*, Die Wissenschaft vom Öffentlichen Recht in Verwaltung und Wirtschaft, Die Verwaltung 2015, 203 (226).

[152] Spitz bemerkt *Gärditz*: „Ein Jurist, der Luhmann zitiert, wird nicht zum Teilzeitsoziologen." *Gärditz* (Fn. 7), 127, 134. Vgl. auch *C. Bumke*, Die Entwicklung der verwaltungsrechtswissenschaftlichen Methodik in der Bundesrepublik Deutschland, in: Schmidt-Aßmann/Hoffmann-Riem (Hrsg.), Methoden der Verwaltungsrechtswissenschaft, Baden-Baden 2004, 73 (101); *Möllers* (Fn. 134), 29.

[153] *Fehling* (Fn. 67), 84.

[154] Ähnlich *Durner* (Fn. 151), 211, 213. Vgl. auch *R. Seinecke*, Vertragsnetzwerke, in: Viellechner (Hrsg.), Verfassung ohne Staat. Gunther Teubners Verständnis von Recht und Gesellschaft, Baden-Baden 2019, 153: „Das sozialwissenschaftliche Niveau der soziologischen Jurisprudenz überspannt [...] die Rationalitätskapazitäten des Rechts.".

[155] Wiederum *Gärditz* (Fn. 7), 128: „Administrative Praktiken sind Außenstehenden nur schwer zugänglich. Den Verwaltungspraktikern selbst fehlt es aber an der – für einen wissenschaftlichen Zugang konstitutiven – kritischen Distanz zu ihren eigenen Praktiken."

ob aus den oben dargestellten sozialwissenschaftlichen Beobachtungen der Verwaltungspraxis wirklich eine sinnvolle Alternative herausgearbeitet werden kann, die über eine simple Bürokratiekritik hinausgeht.

Dieser Einwand, dass das erforderliche Wissen für den juristischen Entscheidungsprozess nicht nutzbar gemacht werden kann, wiegt grundsätzlich schwer. Er stellt aber vor allem eine praktische und keine theoretische Grundsatzkritik dar. Er kann auch darauf zurückgeführt werden, dass das Reformprojekt von einigen wenigen Ausnahmen abgesehen,[156] kaum originär nachbarwissenschaftliches Interesse hervorgerufen hat. So fehlte es nach allem den Juristinnen und Juristen, die über den Tellerrand blicken wollten, an dem erforderlichen Blickkontakt, der eine interdisziplinäre Zusammenarbeit ermöglicht hätte.[157] Ein auch theoretisches Ausschlusskriterium für den grundsatzlichen Versuch, eine solche Zusammenarbeit zu beginnen, stellt der Einwand jedoch nicht dar. Hier muss man tiefer graben.

b) Das Integrationsproblem des außerrechtlichen Wissens

Fundamental ist nämlich erst der zweite Einwand, das außerrechtliche Wissen lasse sich nicht in den juristischen Argumentationsprozess integrieren, ohne die Eigenrationalität des (Organisations-)rechts zu gefährden. Anerkennt man grundsätzlich den Charakter des Organisationsrechts *als Recht*, so steht seine rechtliche und damit auch methodische Autonomie nicht in Frage.[158] Genau diese Autonomie wird aber beschädigt, wenn von konkreter (Verfassungs-)Norminterpretation gänzlich abgelöste sozial- und politikwissenschaftliche Kriterien von Entscheidungsrichtigkeit in den rechtlichen Argumentationsvorgang eingeschleust werden. So löst sich mit der Unterscheidbarkeit von Recht und Nicht-Recht die zentrale Kategorie rechtlicher Methodik auf.[159]

Die Orientierung des juristischen Entscheidens an pragmatischen und organisationssoziologischen Entscheidungskriterien verbirgt dementsprechend ein apologetisches Element, indem sie die Entscheidungsgrundlage von juristi-

[156] Dazu erläuternd *Schaefer* (Fn. 71), 77 ff.

[157] Zum Unterschied zwischen Interdisziplinarität und Grundlagenforschung, vgl. *A. Funke*, Konjunkturen in der Bedeutung von Grundlagenfächern, in: ders./Krüper/Lüdemann (Hrsg.), Konjunkturen in der öffentlich-rechtlichen Grundlagenforschung, Tübingen 2015, 37 (48 ff.).

[158] Vgl. *Gärditz* (Fn. 8), 100; *Jestaedt* (Fn. 8), in: Hoffmann-Riem/Schmidt-Aßmann/Voßkuhle, § 14, Rn. 5. Nachdenkliches auch bei *M. Schulte*, Staatlichkeit im Wandel. Zur unendlichen Geschichte vom Streit um das Selbstverständnis der Rechtswissenschaft, Paderborn 2017, 48 ff.

[159] „Für den Prozess der Rechtsanwendung […] setzt das Recht selbst fest, in welchem Rahmen und ab welcher Phase organisationswissenschaftliche Erkenntnisse in den Rechtsanwendungsprozess einfließen dürfen." *Jestaedt* (Fn. 8), in: Hoffmann-Riem/Schmidt-Aßmann/Voßkuhle, § 14, Rn. 5. Ausführlich schon *M. Jestaedt*, Das mag in der Theorie richtig sein … Vom Nutzen der Rechtstheorie für die Rechtspraxis, Tübingen 2006, 16 ff.

scher Angemessenheit auf organisationssoziologische Anpassung verschiebt.[160] Es ist die stets mitlaufende Gefahr juristischer Interdisziplinarität, diese kategoriale Verwechslung auch in der argumentativen Praxis des Rechts umzusetzen.[161]

Dieser Einwand trifft mit der Ergänzung der Konstitutions- durch die Steuerungsfunktion des Organisationsrechts schon die theoretische Grundlage des Reformprojekts und damit den gedanklichen Ausgangspunkt, von dem es entwickelt wurde. Es besteht begründete Sorge, dass ein von innen heraus politisiertes Organisationsrecht, das keine Trennung zwischen rechtlichen und nichtrechtlichen Maßstäben mehr ermöglicht, auch seine ursprüngliche Konstitutionsfunktion nicht mehr erfüllen kann. Funktional liegt ein Konflikt mithin in der Frage, ob es zwischen Konstitutionsfunktion und Steuerungsfunktion eine notwendige Hierarchie gibt (=verfassungsrechtlich zu geben hat). Hier schießt die Steuerungsperspektive über ihr Ziel hinaus, wenn über die „Nachbarwissenschaft" hinaus von gemeinsamer („Trans")Disziplinarität gesprochen wird, wie sie etwa in *Schupperts* Verwaltungswissenschaft Anklang findet.[162] Eine logische Integrationsgrenze außerrechtlichen Wissens liegt dementsprechend darin, dass die formale Mehrebenenstruktur des Organisationsrechts so umgebaut wird, dass deren rechtliche Eigenart der Begründung einer politischen Verantwortungsstruktur verschwindet.[163]

---

[160] Wie *G.B. Adams/D.L. Balfour*, Unmasking Administrative Evil, Thousand Oaks/London/New Delhi 1998, 17–21 argumentieren, ist das Tückische an dieser Anpassung, dass sie dem einzelnen Entscheidungsträger oft verborgen bleibt.

[161] Zur Beobachtung einer solchen Tendenz auch im europäischen Vergleich, wenngleich mit unklarer Wertung: *A. v. Bogdandy*, Verwaltungsrecht im europäischen Rechtsraum – Perspektiven einer Disziplin, in: ders./Huber (Hrsg.), Handbuch Ius Publicum Europaeum, Bd. IV, Heidelberg 2011, § 57, Rn. 66: „Neben der dogmatischen Betrachtungsweise bedarf es wirkungsorientierter, aufgabenbezogener und nicht zuletzt kritischer Betrachtungsweisen des Verwaltungsrechts, die nicht nur mit technisch-juristischer Begrifflichkeit, sondern auch mit Skalierungen, Leitbildern, Typologien sowie einer Vielzahl von Methoden und Interessen arbeiten. Diese Pluralisierung hat transformatorischen Charakter: Danach bestimmt sich nämlich die Verwaltungsrechtswissenschaft nicht mehr über eine einzige Methode; ein neokantianischer Wissenschaftsbegriff passt nicht mehr auf sie. Die Pluralisierung greift so die überkommene Identität des Faches an." Optimistisch auch *A. Voßkuhle*, Sachverständige Beratung des Staates als Governanceproblem, in: Botzem/Hofmann/Quack/Schuppert/Straßheim (Hrsg.), Governance als Prozess. Koordinationsformen im Wandel, Baden-Baden 2009, 547–574. Lesenswert ferner *J. Lüdemann/S. Magen*, Effizienz statt Gerechtigkeit? (Besprechungsaufsatz), Zeitschrift für Rechtsphilosophie 2009, 97–110 mit Überlegungen zur gegenseitigen Durchdringung der Methoden.

[162] *Schuppert* (Fn. 6), 46 ff. Zu dieser Einschätzung *Burgi* (Fn. 132), 38.

[163] Ein „Eigenwert [liegt] gerade darin, dass Verwaltungsentscheidungen in Verfahren und Organisationsstrukturen ergehen, die politische Verantwortlichkeit sicherstellen, und rechtlich nicht determinierte Spielräume nicht szientistisch auf zusätzliche rechtsexogene Richtigkeitsmaßstäbe programmiert werden." *Gärditz* (Fn. 7), 135. Für den Bereich der Gesetzgebung optimistischer *J. Lüdemann*, Rechtsetzung und Interdisziplinarität in der Verwaltungsrechtswissenschaft, in: Funke/Lüdemann (Hrsg.), Öffentliches Recht und Wissenschaftstheorie, Tübingen 2009, 119–144.

6. Stellungnahme

Im Hinblick auf beide Probleme ist nicht viel gewonnen, wenn man paradigmatisch Positionen aufeinanderprallen lässt. Theorie ist nur so gut und hilfreich, wie sie praktische Anschlussfähigkeit ermöglicht. Hier scheinen gleich in zweierlei Hinsicht die Skeptiker einen Punktgewinn einzufahren. Auf der einen Seite beginnt das Reformprojekt mit einer Kritik der mangelnden Reflektion der Verwaltungswirklichkeit, der Vernachlässigung tatsächlicher Handlungs- und Wirkungszusammenhänge in der Verwaltung. Es erzeugt also eine gewisse Fallhöhe, was seine praktische Anschlussfähigkeit angeht.[164] Gerade hier hat sich die erzeugte Literatur jedoch im Wesentlichen Theorie- und Methodikfragen gewidmet, ohne das Versprechen einer methodisch aufgeklärten Verwaltungsrechtswissenschaft auch am Fall zu exemplifizieren.[165] Es bleibt unklar, was jenseits der institutionelle Ambivalenzen schaffenden Hyperagilität des Verwaltungshandelns eigentlich das Fruchtbare an der Verwendung eines substanziellen „Wirklichkeitsbegriffes" in der Bürokratie sein kann.[166]

Auf der anderen Seite wurde die Rezeption des nachbarwissenschaftlichen Wissens geradezu idealtypisch rekonstruiert, ohne sich aber den Beschränkungen und der Trägheit verwaltungspraktischen Entscheidens bewusst zu sein. *Vesting* hat dieses Grundproblem schon früh darin konstruktiv zu entschärfen gesucht, indem er programmatische „Verkehrsregeln" für die Inte-

---

[164] Ähnlich zurückhaltend, *S. Haack*, Läuterung der Verwaltungsrechtstheorie, RW 2013, 418 (427 ff.). Positivbeispiel aber nun *M. Etscheid*, Fachaufsicht – Management und Verantwortung für Demokratie und Rechtsstaat, DÖV 2021, 297 (299 ff.) zur demokratisch geleiteten Einbeziehung von Managementaspekten in der Fachaufsicht. Differenziert auch *M. Rodi*, Ökonomische Analyse des Öffentlichen Rechts, Berlin/Heidelberg 2014, 139 ff. unter Betonung des institutionellen Gesetzesvorbehalts. Zur Lage der Diskussion im deutsch-französischen Rechtsvergleich, vgl. *K.-P. Sommermann*, Das Verhältnis von Rechtswissenschaft und Rechtspraxis im Verwaltungsrecht. Vergleichende Betrachtungen zu Deutschland und Frankreich, Die Verwaltung 2017, 77 (80 ff.).

[165] So auch *Burgi* (Fn. 132), 33: „Die Beschäftigung mit dem einschlägigen Schrifttum der letzten rund 10 Jahre erweist eine beachtliche Lücke zwischen Reflexion und Theoriebildung einerseits, und Praxis (im Sinne von tatsächlich stattfindender intra- und/oder interdisziplinärer Forschung) andererseits. So stehen einer zweistelligen Zahl jeweils hunderte Seiten starker Monografien und Sammelbänden zur Wissenschaftlichkeit der Staatsrechtslehre, des Öffentlichen Rechts oder auch der Verwaltungsrechtswissenschaft vergleichsweise wenige publizierte Projekte gegenüber."

[166] So auch die Beobachtungen von *J.P. Schaefer*, „Neue" oder „neoklassische" Verwaltungsrechtswissenschaft? Zu den Zukunftsaussichten der Wissenschaft vom Verwaltungsrecht, JöR 2017, 471 (476). *C. Möllers*, Legitimationschancen unserer Demokratie, Zeitschrift für Politikwissenschaft 2013, 281 (281) weist auf die Gefahren hin: „Eine erste große Gefahr für Demokratien der Zukunft liegt darin, dass sich autoritäre Machthaber institutionelle Ambivalenzen zunehmend zunutze machen, um ihre politische Praxis zu verdecken. So halten sie nominal Wahlen ab, verdecken aber die Verfolgung der Opposition hinter Aktionen der Steuerbehörden oder privatrechtlichen Gerichtsverfahren."

gration außerrechtlichen Wissens im Recht suchte.[167] Die das Problem transzendierende Frage ist letztlich, wie das „Innen“ des Rechts auf sein „Außen“ reagiert, d.h. inwieweit die Dogmatik als „Erarbeitung wie Weiterentwicklung des innersystematischen Gefüges juristischer Begriffe, Institutionen, Grundsätze und Regeln, die als Bestandteil der positiven Rechtsordnung unabhängig von einer gesetzlichen Fixierung allgemein Anerkennung und Befolgung beanspruchen“[168] eine – systemtheoretisch formuliert – Irritation durch außerrechtliches Wissen ver- und erträgt – ohne ihre Stabilisierungsfunktion im Recht zu verlieren.

Auch wenn bei Beachtung der entsprechenden „Verkehrsregeln“[169] oder „Rezeptionsgrenzen“[170] ein aufgeklärteres, sachrichtigeres Entscheiden durch nachbarwissenschaftliches Wissen grundsätzlich möglich erscheint, so besteht doch die Gefahr, dass dies in einer typischerweise durch zeitliche und kognitive Faktoren beschränkten Verwaltungspraxis, deren zentrale Aufgabe eben die Produktion einer wie auch immer gearteten Entscheidung ist, eben nur unzureichend realisiert werden kann. Selbst mit genauestens befolgten Verkehrsregeln wird hier eine beträchtliche Rezeptionsunsicherheit verbleiben.[171] Wie es etwa *Cancik* jüngst treffend beschrieben hat: „Die politisch-mediale Rhetorik befeuert eine Verheißung des ‚Unbürokratischen,‘ ohne zu klären, wie eine solche Verwaltung aussehen könnte.“[172] Hier wirkt die Erinnerung an die gewisse Naivität früher Verwaltungsreformforderungen der gescheiterten deutschen Revolution nach.[173]

Hier scheint das Reformprojekt etwas zu früh den Stab über dem geltenden Recht zu brechen und so an Differenziertheit zu verlieren. Auf der einen Seite

---

[167] *T. Vesting*, Nachbarwissenschaftlich informierte und reflektierte Verwaltungsrechtswissenschaft – „Verkehrsregeln“ und „Verkehrsströme“, in: Schmidt-Aßmann/Hoffmann-Riem (Hrsg.), Methoden der Verwaltungsrechtswissenschaft, Baden-Baden 2004, 275, der aber auch auf methodische Defizite des Reformprojekts hinweist (288). Vgl. auch *I. Augsberg*, Multi-, inter-, transdisziplinär? Zum Erfordernis binnenjuristischer Metaregeln für den Umgang mit extrajuridischem Wissen im Verwaltungsrecht, in: ders. (Hrsg.), Extrajuridisches Wissen im Verwaltungsrecht. Analysen und Perspektiven, Tübingen 2013, 4, 23 ff., der für juristische Kollisionsregeln plädiert. Dazu auch *A.-B. Kaiser*, Juristische Methode, Dogmatik und System, in: Kahl/Ludwigs (Hrsg.), Handbuch des Verwaltungsrechts, Bd. I, Grundstrukturen des deutschen Verwaltungsrechts, Heidelberg 2021, § 24, Rn. 45.

[168] *W. Brohm*, Die Dogmatik des Verwaltungsrechts vor den Gegenwartsaufgaben der Verwaltung, VVDStRL (30) 1972, 245 (246). Auch wiedergegeben bei *Burgi* (Fn. 132), 36.

[169] *Vesting*, in: Schmidt-Aßmann/Hoffmann-Riem (Fn. 167), 275.

[170] So der Begriff bei *v. Arnauld* (Fn. 142), 77. Vgl. ferner *A. v. Arnauld*, Die Wissenschaft vom Öffentlichen Recht nach einer Öffnung für sozialwissenschaftliche Theorie, in: Funke/Lüdemann (Hrsg.), Öffentliches Recht und Wissenschaftstheorie, Tübingen 2009, 65–118.

[171] Dargelegt von *E. Peuker*, Renaissance der Verwaltungswissenschaft?, Die Verwaltung 2019, 157 (170).

[172] *Cancik*, in: Herdegen/Masing/Poscher/Gärditz (Fn. 65), § 14, Rn. 4.

[173] Dazu bereits oben, § 1, IV.

zeigen Beispiele, dass die Dogmatik prinzipiell über eine erhebliche methodische Kapazität verfügt, auch außerrechtliches Wissen inhaltlich etwa über offene Rechtsnormen zu verarbeiten.[174] Auf der anderen Seite darf der geltende Rechtsrahmen nicht gänzlich ignoriert werden. An einem Beispiel wird dies besonders deutlich: In der Vorstellung *Schupperts* ist das Mehrebenensystem des Verwaltungsorganisationsrechts durch die Pluralisierung der Verwaltungswirklichkeit mit seinen ausdifferenzierten Organisationseinheiten ganz genauso von Grenzverwischungen betroffen wie das globale bzw. transnationale Recht jenseits des Staates.[175] Überraschend ist der Vergleich mit der globalen Ebene freilich deshalb, da auf dieser gerade die *Abwesenheit formellen Verfassungsrechts* als ein zentraler Grund für die Notwendigkeit pluraler Netzwerkkoordination ausgemacht wurde.[176] Durch diese Gegenüberstellung von staatlicher Binnenorganisation und der Pluralität des Rechts jenseits des Nationalstaats zeigt sich insbesondere, wie wenig in der Diskussion etwa die Ausstrahlungswirkung der – im nationalen Kontext unzweifelhaft Steuerungswirkung besitzenden – Verfassung thematisiert wurde.[177]

Auch das zentrale Erkenntnisinteresse der Reformer ließe sich wohl anders auflösen: Zentral war hier, wie sich Grenzziehungen in Mehrebenensystemen verändern.[178] Vernachlässigt wurde aber, wie die Rechtsordnung insbesondere durch die prägende Wirkung der Verfassung, bereits *lege lata* diese Grenzziehungen strukturiert. Eine als normative Rechtswissenschaft konstruierte Perspektive darf sich wissenschaftstheoretisch insbesondere im Hinblick auf ihr künstliches bzw. normativ erzeugtes Erkenntnisobjekt von den vorgestellten Ansätzen unterscheiden.[179] Ihr Wirklichkeitsbezug *muss* sich von der sozialen Wirklichkeit abgrenzen, um überhaupt ein eigenes Erkenntnisniveau erreichen zu können.

[174] Paradigmatisch *C. Möllers*, in: Hoffmann-Riem/Schmidt-Aßmann/Voßkuhle (Hrsg.), GVwR, Bd. I, 2. Auflage, München 2012, § 3, Rn. 21 f. So auch *C. Engel*, Herrschaftsausübung bei offener Wirklichkeitsdefinition – Das Proprium des Rechts aus der Perspektive des öffentlichen Rechts, in: ders./Schön (Hrsg.), Das Proprium der Rechtswissenschaft, Tübingen 2007, 237.

[175] *Schuppert* (Fn. 69), in: Hoffmann-Riem/Schmidt-Aßmann/Voßkuhle, § 16, Rn. 20.

[176] Klassisch *A. v. Bogdandy* und *I. Venzke*, In wessen Namen? Internationale Gerichte in Zeiten globalen Regierens, Berlin 2014; *M. Goldmann*, Internationale öffentliche Gewalt. Handlungsformen internationaler Institutionen im Zeitalter der Globalisierung, Berlin/Heidelberg 2015. Einführend zur Problemlage auch *D. Roth-Isigkeit*, The Plurality Trilemma – A Geometry of Global Legal Thought, New York 2018, 96 ff.

[177] Dazu noch unten, in diesem Kapitel, III.

[178] *Schuppert* (Fn. 69), in: Hoffmann-Riem/Schmidt-Aßmann/Voßkuhle, § 16, Rn. 21. Kritisch zum Governance Begriff auch *Burgi* (Fn. 132), 44–45; *K. Schönenbroicher*, Methodenfragen im Verwaltungsrecht zwischen Tradition und Innovation, in: Kahl/Mager (Hrsg.), Verwaltungsrechtswissenschaft und Verwaltungsrechtspraxis, Baden-Baden 2019, 133 (143).

[179] Zur wissenschaftstheoretischen Perspektive, vgl. *S. Kirste*, Voraussetzungen von Interdisziplinarität der Rechtswissenschaften, in: ders. (Hrsg.), Interdisziplinarität in den Rechtswissenschaften. Ein interdisziplinärer und internationaler Dialog, Berlin 2016, 35 (39).

Es ist damit die Aufgabe einer aufgeklärten Dogmatik, den (Organisations-) Entscheidungsträger weder durch die Vorgabe von hierarchischen *copy-and-paste* Rechtmäßigkeitsmaßstäben zu bevormunden, auf der anderen Seite aber die wesentlichen, eben auch verfassungsrechtlichen Rahmenbedingungen gewissermaßen mundgerecht *rechtsimmanent* aufzubereiten, um die abstrakte und *rechtlich* kaum anschlussfähige Bezugnahme auf Steuerung, Governance oder Netzwerk vermeiden zu können.[180] Alternativmodelle – insbesondere solche, die auf der klassischen Zurechnungslehre beharren – haben sich jedoch auch daran zu messen, wie sie sich in den vom Reformprojekt in den Blick genommenen Bereichen der Verwaltungsorganisation bewähren und ob es gelingt, „die diffuse Selbstkoordination in konkrete, für das Recht operable Zurechnungszusammenhänge und Verhaltenspflichten“[181] zu überführen. Dafür, so die im Folgenden entwickelte These, bedarf es einer stärkeren Akzentuierung der ja erst durch ihre Kontrafaktizität normativ wirksamen verfassungsrechtlichen Strukturbestimmungen.[182]

III. Synthese: Verfassungsdogmatische Deutung des verwaltungsrechtswissenschaftlichen Reformbedarfs

Kern der reformatorischen Kritik war letztlich, dass der Fokus *Wolffs* auf eine Verantwortungsordnung über die formal-statischen Beziehungen zwischen Organisationseinheiten der öffentlichen Verwaltung hinaus keine inhaltlichen Direktiven für sachgerechte Verwaltungsorganisation biete. In der Bereitstellung dieser rechtsexternen Inhaltskriterien könnten sich jedoch aus umstritten gebliebenen Gründen (Überforderung der Rechtswissenschaft, Unklarheit reformatorischer Grundbegriffe) methodisch wiederum zentrale Funktionen

[180] So wohl auch *Möllers* (Fn. 174), in: Hoffmann-Riem/Schmidt-Aßmann/Voßkuhle, § 3, Rn. 6; *Gärditz* (Fn. 8), 141; *Schmidt-Aßmann* (Fn. 37), 245, Rn. 11. Zurückhaltend zur Steuerung durch Organisation schon *S. Baer*, Verwaltungsaufgaben, in: Hoffmann-Riem/Schmidt-Aßmann/Voßkuhle (Hrsg.), GVwR, Bd. I, 2. Auflage, München 2012, § 11, Rn. 38 ff. Ein ähnliches Projekt der „Versöhnung“ der Strömungen jedoch mit einer anderen Stoßrichtung hat jüngst auch *Wolff* (Fn. 115), insb. 84 ff., vorgelegt.

[181] *Gärditz* (Fn. 8), 218.

[182] *U. Volkmann*, Der Aufstieg der Verfassung. Beobachtungen zum grundlegenden Wandel des Verfassungsbegriffs, in: Vesting/Korioth (Hrsg.), Der Eigenwert des Verfassungsrechts, Tübingen 2011, 23 (25) umschreibt diesen Wandel „von der Tatsache zur Norm“ als den „Aufstieg zur rechtlichen Verfassung.“ Bei *A. Gromitsaris*, Legitimacy and Accountability: Integration and Compensation, in: Ruffert (Hrsg.) Legitimacy in European Administrative Law, Groningen 2011, 301 (305) heißt es: „The challenge for normative legitimacy theories is to show the distance between an ideal type (for instance input or output legitimacy, participatory values, deliberative supranationalism) and institutional reality and to find ways to reduce the differences between the two“. Fraglich ist aber, ob dieser pragmatistische Ansatz dem normativen Anspruch der Verfassung gerecht wird.

des Organisationsrechts auflösen. Gesucht ist also ein vermittelnder Weg, der es ermöglicht, inhaltliche Direktiven zur Organisationsgestaltung nicht lediglich rechtsextern (etwa als organisationswissenschaftliches Wissen), sondern rechtsimmanent zu konstruieren. Dies hat im Übrigen auch *Böckenförde* hervorgehoben, wenn er festhielt, dass es, „um die Wirkeinheit der Organisation hervorzubringen und zu erhalten, einer regelgeforderten *normativen* Ordnung“[183] bedürfe.

In vielerlei Hinsicht hat diese geradezu schematische Gegenüberstellung zweier Grundpositionen zwar überhaupt erst den verstärkten Diskurs über das Organisationsrecht initiiert, es dabei aber jedoch an Dialektik fehlen lassen.[184] Die Integration von Handlungsorientierung und die Erfassung von substantiellen Wirkzusammenhängen wurde als etwas Außerrechtliches, im Gegensatz zur traditionell-formalen Konstruktion des Verwaltungsorganisationsrechts Stehendes, begriffen. Die *Wolffschen* Grundbegriffe des Verwaltungsorganisationsrechts wurden so in Gefolgschaft *Böckenfördes* von beiden Seiten der Debatte zu einem Strohmann-Argument degradiert. Dagegen ist freilich beidseitig etwas vorzubringen: Weder ist die klassische Konzeption so formal wie behauptet, noch haben Wirksamkeitsbeziehungen *lege lata* keinen Platz im Recht.

Übersehen wurde etwa, dass auch in verfassungsrechtlichen Grundbegriffen, wie dem für die Verwaltungsorganisation strukturgebenden Rechtsstaats- und vor allem dem Demokratieprinzip,[185] bereits ganz grundsätzliche Handlungs- und Wirkzusammenhänge angelegt sind. Deren Bedeutung ist in weiten Teilen des Reformprojekts tatsächlich unterreflektiert geblieben.[186]

---

[183] *Böckenförde*, in: Menger (Fn. 15), 293, Hervorhebung im Original. Sehr eng zum damit verbundenen disziplinären Selbststand, aber dennoch in der Sache zutreffend *M. Jestaedt*, Rechtswissenschaft als normative Disziplin. Banalität, Komplexität und Brisanz der Klassifikationsfrage, in: Kirste (Hrsg.), Interdisziplinarität in den Rechtswisenschaften. Ein interdisziplinärer und internationaler Dialog, Berlin 2016, 103 (112).

[184] Differenzierend demnach *Fehling* (Fn. 67), 66 und 78. Eine ähnliche Position wie hier entwickelt *Appel* (Fn. 119), 262 ff. („graduelle Abschichtung der normativen Bindungsdichte“). Auch *Kirste* (Fn. 119), 169 ff. diagnostiziert lesenswert Probleme auf beiden Seiten des Diskurses. Versöhnlich entsprechend auch *Eifert* (Fn. 149), 469.

[185] Zu dessen Vernachlässigung auch *Gärditz* (Fn. 7), 135: „Umgekehrt hat dort, wo insbesondere die politische Theorie ergiebige und für die Rechtswissenschaft potentiell diskursanschlussfähige Modelle bereitstellt, nämlich zur Demokratietheorie, kein wirklicher[...]Fokus der ‚Neuen Verwaltungsrechtswissenschaft‘ gelegen.“ Zu deren Verhältnis aber bereits *B. Grzeszick*, Rationalitätsanforderungen an die parlamentarische Rechtsetzung im demokratischen Rechtsstaat, VVDStRL (71) 2012, 49 (63 ff.).

[186] Davor, das Steuerungspotenzial klassischer Ansätze zu unterschätzen, warnt auch *B. Grzeszick*, Steuert die Dogmatik? Inwiefern steuert die Dogmatik des Öffentlichen Rechts? Gibt es eine rechtliche Steuerungswissenschaft jenseits der Rechtsdogmatik?, in: Kirchhof/Magen/Schneider (Hrsg.), Was weiß Dogmatik? Was leistet und wie steuert die Dogmatik des Öffentlichen Rechts?, Tübingen 2012, 97 (107). Dies mag unter anderem auf die deutlichen Unterschiede der „Diskursgemeinschaften“ des Verfassungsrechts und des Verwal-

Aus der Kollision dieser thetisch und antithetisch vorgebrachten Positionen eröffnet sich ein möglicher dritter Weg zwischen Hyperformalismus und Materialisierung: Wenn sich durch die praktische Interpretation semantisch offener Verfassungsbegriffe auch der Streit nicht harmonisch auflösen lässt,[187] so kann er doch im Pluralismus der Verfassungsinterpreten[188] pragmatisch entschärft werden.[189] Wenn entscheidende Verfassungsbegriffe auch Wirkbegriffe sind, dann sind die in „neuer" und „alter" Verwaltungsrechtswissenschaft konservierten Positionen weniger konfrontativ gegenüberzustellen als gemeinhin angenommen.[190]

1. Zur Verfassungsdogmatik der Strukturprinzipien

Zentrales Element der hier vorgebrachten Synthese ist die Behauptung, dass sich die dogmatische Konkretisierung offener (Verfassungs)-Rechtsbegriffe

tungsrechts zurückzuführen sein. Dazu etwa *F. Reimer*, Diskursvergleich im Verfassungs- und Verwaltungsrecht, VVDStRL (77) 2018, 413 (438 ff.). Nun aber in interdisziplinär Perspektive auf die zentrale Bedeutung der Strukturprinzipien verweisend *V. Mehde*, Rechtliche Rahmenbedingungen der Verwaltungsreform, in: Veit/Reichard/Wewer (Hrsg.), Handbuch zur Verwaltungsreform, 5. Auflage, Wiesbaden 2019, 99 (100 ff.). Tendenziell anders wiederum unter Hinweis auf das allgemeine Verwaltungsrecht und den damit verbundenen Gestaltungsanspruch des Gesetzgebers, *W. Kahl*, Allgemeines und besonderes Verwaltungsrecht, in: ders./Ludwigs (Hrsg.), Handbuch des Verwaltungsrechts, Bd. I, Grundstrukturen des deutschen Verwaltungsrechts, Heidelberg 2021, § 12, Rn. 24.

[187] Zu den dort geltenden Auslegungsregeln, vgl. *C. Starck*, Maximen der Verfassungsauslegung, in: Isensee/Kirchhof (Hrsg.), HStR, Bd. XII, 3. Auflage, Heidelberg 2014, § 271, Rn. 66 ff. Rechtsvergleichender Ansatz bei *C.D. Classen*, Der Verfassungsbegriff der Demokratie in Deutschland und in Frankreich. Bemerkungen zur Konkretisierung eines offenen Verfassungsbegriffs im europäischen Rechtsraum, JöR 2017, 263 (291 ff.).

[188] Klassisch *P. Häberle*, Die offene Gesellschaft der Verfassungsinterpreten, JZ 1975 297–305; ferner *M. Borowski*, Subjekte der Verfasssungsinterpretation, in: Isensee/Kirchhof (Hrsg.), HStR, Bd. XII, 3. Auflage, Heidelberg 2014, § 274, Rn. 25 ff. Aus internationaler Perspektive *D. Lanius*, Strategic Indeterminacy in the Law, New York 2019, 233 ff.

[189] Ähnliche Einschätzung bei *C. Waldhoff*, Verwaltung und Verwaltungsrecht, in: Kahl/Ludwigs (Hrsg.), Handbuch des Verwaltungsrechts, Bd. I, Grundstrukturen des deutschen Verwaltungsrechts, Heidelberg 2021, § 10, Rn. 53.

[190] So verstehe ich auch die konstruktive These bei *Kirste* (Fn. 119), 175 ff. Ähnlich auch *Schönberger* (Fn. 121), 528. Ferner bei *M. Eifert*, Zum Verhältnis von Dogmatik und pluralisierter Rechtswissenschaft, in: Kirchhof/Magen/Schneider (Hrsg.), Was weiß Dogmatik? Was leistet und wie steuert die Dogmatik des Öffentlichen Rechts?, Tübingen 2012, 79 (92). Nun auch *M. Kotzur*, Verfassung – Begriff und Bedeutung im Mehrebenensystem, in: Kahl/Ludwigs (Hrsg.), Handbuch des Verwaltungsrechts, Bd. III, Verwaltung und Verfassungsrecht, Heidelberg 2022, § 58, Rn. 12. Zu den verschiedenen Dimensionen der Dogmatik, vgl. *W. Kahl*, Wissenschaft, Praxis und Dogmatik im Verwaltungsrecht, Tübingen 2020, 65 ff. Diese Vermittlungsaufgabe wird dadurch erleichtert, dass beide identifizierten Lager nicht klar politischen Positionen auf dem Spektrum links-rechts zuzuordnen sind, der Streit also jenseits der ausgetretenen Pfade der klassischen Kontroverse zwischen formalrechtlichen bzw. materialisierenden Ansätzen zu führen ist. Dazu luzid *Fehling* (Fn. 67), 70–71.

von den oben dargestellten apriorischen Richtigkeitskriterien durch ihren Begründungsort im „innersystematischen Gefüge juristischer Begriffe, Institutionen, Grundsätze und Regeln"[191] unterscheidet. Zur Begründung dieser These sind einige allgemeine Überlegungen zur Verfassungsdogmatik und speziell zur dogmatischen Einordnung der verfassungsrechtlichen Strukturprinzipien erforderlich.

Dogmatik ist juristische „Begriffsarbeit auf einer mittleren Abstraktionsebene".[192] Sozialwissenschaftlich müsste man von einer „Theorie mittlerer Reichweite" sprechen, einem vom Soziologen *Robert K. Merton* geprägten Begriff der Theoriebildung.[193] Dogmatik zielt auf abstraktere Aussagen als die Anwendung konkreter Normen im Rahmen der Auslegung, ist aber keine völlig dekontextualisierte Rechtsphilosophie.[194] Sie ist ein gemeinsames Kommunikationsformat der Wissenschaft, die ihre Thesen in Dogmatik konkretisiert, und Praxis, die eine Mehrzahl von Fallentscheidungen in Dogmatik abstrahiert.[195] So wird über die Dogmatik eine Ausrichtung an einem Konsistenzideal staatlichen Entscheidens ermöglicht.[196] Auf der anderen (praktischen) Seite ist mit der Dogmatik freilich eine Entdifferenzierung verbunden, da der Blick vom Einzelfall zum System nicht jede Eigenheit der nun konkret dogmatisch zu beurteilenden Fallgestaltung erfassen mag.[197]

Für den Geltungsanspruch der Verfassung ist die Dogmatik unbedingt erforderlich, da aus den Verfassungsrechtssätzen allein selten konkrete Aussagen folgen. Zu welchen konkreten Rechtsfolgen etwa Grundrechte oder verfassungsrechtliche Strukturprinzipien führen, lässt sich aus ihrer Formulierung

---

[191] *Brohm* (Fn. 168), 246.

[192] *Kaiser* (Fn. 167), in: Kahl/Ludwigs, § 24, Rn. 20. Übersicht zu weiteren Definitionen in der Rechtswissenschaft bei *C. Waldhoff*, Kritik und Lob der Dogmatik: Rechtsdogmatik im Spannungsfeld von Gesetzesbindung und Funktionsorientierung, in: Kirchhof/Magen/Schneider (Hrsg.), Was weiß Dogmatik? Was leistet und wie steuert die Dogmatik des Öffentlichen Rechts?, Tübingen 2012, 17 (22 ff.).

[193] Dazu auch *P. Sahm*, Elemente der Dogmatik, Weilerswist 2019, 59 ff.

[194] *Kaiser* (Fn. 167), in: Kahl/Ludwigs, § 24, Rn. 20.

[195] Dies betont *M. Jestaedt*, Wissenschaftliches Recht – Rechtsdogmatik als gemeinsames Kommunikationsformat von Rechtswissenschaft und Rechtspraxis, in: Kirchhof/Magen/Schneider (Hrsg.), Was weiß Dogmatik? Was leistet und wie steuert die Dogmatik des Öffentlichen Rechts?, Tübingen 2012, 117 (127 ff.). Ferner auch bei *W. Hassemer*, Dogmatik zwischen Wissenschaft und richterlicher Pragmatik: Einführende Bemerkungen, in: Kirchhof/Magen/Schneider (Hrsg.), Was weiß Dogmatik? Was leistet und wie steuert die Dogmatik des Öffentlichen Rechts?, Tübingen 2012, 3 (13).

[196] Das betonen *G. Kirchhof/S. Magen*, Dogmatik: Rechtliche Notwendigkeit und Grundlage fächerübergreifenden Dialogs, in: Kirchhof/Magen/Schneider (Hrsg.), Was weiß Dogmatik? Was leistet und wie steuert die Dogmatik des Öffentlichen Rechts?, Tübingen 2012, 151 (162).

[197] *O. Lepsius*, Kritik der Dogmatik, in: Kirchhof/Magen/Schneider (Hrsg.), Was weiß Dogmatik? Was leistet und wie steuert die Dogmatik des Öffentlichen Rechts?, Tübingen 2012, 39 (54 ff.).

nicht herauslesen. Verlangt ist vielmehr eine rechtswissenschaftliche Bedeutungszuschreibung aufgrund einer bestimmten holistischen Systemauffassung, die die Position einer bestimmten Norm in der Gesamtrechtsordnung referenziert.[198] Zentrale Bedeutung haben hier textbezogene und gleichzeitig kontingente Rezeptionsfaktoren, wie etwa Definitionen, Theorien und die Vorstellung der normativen Geschlossenheit.[199]

Insbesondere aufgrund des überzeitlichen Anspruchs der Verfassung erscheint eine solche Detailbeschränkung auch zweckmäßig.[200] Über die sich stets verdichtende dogmatische Systembildung wirkt die Verfassung in das einfache Recht hinein. Dieser Prozess der allmählich (und systematisch geleiteten)[201] Durchformung des einfachen Rechts durch die Verfassung wird auch als Konstitutionalisierung bezeichnet.[202] Seine zentrale Bedeutungszuschrei-

---

[198] Zum Systembezug *Waldhoff* (Fn. 192), in: Kirchhof/Magen/Schneider, 34; *Kaiser* (Fn. 167), in: Kahl/Ludwigs, § 24, Rn. 25.

[199] Dies arbeitet *A.-B. Kaiser*, Rechtswissenschaft als Rezeptionswissenschaft: Die Rolle von Definitionen, Begriffen, Theorien und Systembildung, in: Marsch/Münkler/Wischmeyer (Hrsg.), Apokryphe Schriften, Tübingen 2018, 17 (24 ff.) heraus. Zum Systemgedanken auch *K.-E. Hain.*, Systematische Rekonstruktion des Verfassungsrechts als Aufgabe der Verfassungsrechtsdogmatik, in: Starck (Hrsg.), Die Rolle der Verfassungsrechtswissenschaft im demokratischen Verfassungsstaat, Baden-Baden 2004, 45 (45).

[200] So scheint auch ein jahrzehntealter Verfassungstext Komplexität verarbeiten zu können: „Die Arbeit mit der Verfassung erscheint so als ein von Generation zu Generation fortgesponnener Interpretations- und Erzählungszusammenhang, die Verfassung als Ausgangspunkt eines gemeinsamen, in seinem weiteren Fortgang durchaus ungewissen Projekts." *U. Volkmann*, Verfassungsrecht zwischen normativem Anspruch und politischer Wirklichkeit, VVDStRL (67) 2008, 57 (88); *K.F. Gärditz*, Temporale Legitimationsasymmetrien, in: Hill/Schliesky (Hrsg.), Management von Unsicherheit und Nichtwissen, Baden-Baden 2016, 253 (269). Für ein derartiges Interpretationsbeispiel im Hinblick auf Ehe und Familie etwa *M. Böhm*, Dynamische Grundrechtsdogmatik von Ehe und Familie?, VVDStRL (73) 2014, 211 (215 ff.).

[201] Vgl. *Hain*, in: Starck (Fn. 199), 45.

[202] Vgl. *C. Bumke*, Bundesverfassungsrecht in der Rechtsprechung des Bundesverwaltungsgerichts (2012–2017), Die Verwaltung 2018, 71 (72): „Der Prozess der Konstitutionalisierung erschöpft sich freilich nicht im Vorrang der Verfassung. Das Verfassungsrecht wirkt auf das einfache Recht auf vielfältige Weise ein: Es modifiziert und ergänzt oder ersetzt es, und wo einfaches Recht fehlt, kann es auch die Leerstellen ausfüllen. […] Die dirigierende Kraft der Verfassung kann unterschiedlich stark sein. Die Verfassung kann einem Rechtsakt nicht entgegenstehen, in eine bestimmte Richtung weisen, ein Ergebnis vorzeichnen oder sogar das einfache Recht inhaltlich verändern. Die Art und Weise der Veränderung hängt aber auch von der Struktur des einfachen Rechts ab: Je offener eine Norm formuliert ist, desto weniger lassen sich einfachrechtliche und verfassungsrechtliche Ebene im Prozess hermeneutischer Bedeutungsvergewisserung unterscheiden." Ferner auch *R.P. Schenke*, Methodenlehre und Grundgesetz, in: Dreier (Hrsg.), Macht und Ohnmacht des Grundgesetzes. Sechs Würzburger Vorträge zu 60 Jahren Verfassung, Wissenschaftliche Abhandlungen und Reden zur Philosophie, Politik und Geistesgeschichte, Bd. 57, Berlin 2009, 51 (53 ff.). Zur Komplementarität dieser Verfassungsfunktion mit der herrschaftsbegründenden Wirkung: *C. Möllers*, Verfassunggebende Gewalt – Verfassung – Konstitutionalisierung, in: Bogdandy/Bast (Hrsg.), Europäisches Verfassungsrecht, 2. Auflage, Berlin/Heidelberg 2009, 234 ff.

bung hat er im Rahmen der *Lüth*-Rechtsprechung des Bundesverfassungsgerichts erhalten, in der das Gericht den Charakter der Grundrechte als objektive Wertordnung des Grundgesetzes betonte.[203] Aber auch Deutungen von Begriffen wie „Demokratie" und „Rechtsstaat" sind nicht statisch vorgegeben, sondern in einem vom Verfassungsgeber offen gelassenen „Freiraum",[204] der einen (verfassungstheoretisch inspirierten) Prozess ständiger Anpassung und Entwicklung ermöglicht.[205] *Schmidt-Aßmann* etwa stellt richtig fest: „Demokratie und Rechtsstaatlichkeit zielen zwar auf staatliche „Handlungs- und Entscheidungseinheit" – aber eben nicht auf eine präexistente, statische Einheit, sondern auf eine sich immer wieder neu herstellende Einheit, die sich in den einzelnen Phasen ihrer Entwicklung aus unterschiedlichen Bauformen bildet.[206]

Die so geschaffene rechtswissenschaftliche Vorstellung einer primär gerichtlich, sekundär auch wissenschaftlichen Verdichtung von Verfassungsaussagen ist legitimationstheoretisch nicht unproblematisch.[207] Dogmatische Konstruktionen müssen nicht durch das Parlament gebilligt oder gesetzlich fixiert werden. Sie kommen nicht nur gänzlich ohne einfachgesetzliche Positivierung aus, sondern können sich auch über die Beurteilungen des Verfassungsgerichts gegen explizite parlamentarische Willensäußerungen durchsetzen. In dieser stetigen Rückführung auf das Allgemeine und Geltungsbegründende liegt eine gewisse Entformalisierung.[208]

Gleichzeitig darf diese Art verfassungsgerichtlichen Dezisionismus nicht mit undemokratischen, da außerrechtlich-apriorischen Wertzuweisungen gleichgesetzt werden.[209] Auf der einen Seite sind verfassungsgerichtliche Ent-

---

[203] BVerfGE 7, 198 Ls 1. Dazu auch *R.P. Schenke*, Rechtsquellen des Verwaltungsrechts, in: Kahl/Ludwigs (Hrsg.), Handbuch des Verwaltungsrechts, Bd. I, Grundstrukturen des deutschen Verwaltungsrechts, Heidelberg 2021, § 7, Rn. 25.

[204] Dazu etwa *C. Hillgruber*, Verfassungsrecht zwischen normativem Anspruch und politischer Wirklichkeit, VVDStRL (67) 2008, 7 (18).

[205] Zum Verhältnis von Verfassungstheorie und -dogmatik, die sinkende Bedeutung ersterer beklagend, zuletzt *U. Volkmann*, Die Dogmatisierung des Verfassungsrechts, JZ 2020, 965 (969). Hier liegt dann auch eine problematische, geradezu hyperstabilisierende Dimension der Dogmatik, die etwa bei *O. Lepsius*, Die maßstabsetzende Gewalt, in: Jestaedt/Lepsius/Möllers/Schönberger (Hrsg.), Das entgrenzte Gericht. Eine kritische Bilanz nach sechzig Jahren Bundesverfassungsgericht, Berlin 2011, 159 (259 ff.) aufgearbeitet wird.

[206] *Schmidt-Aßmann* (Fn. 37), 257. Eine derartige Perspektive findet sich etwa schon bei *M. Schmidt-Preuß*, Verwaltung und Verwaltungsrecht zwischen gesellschaftlicher Selbstregulierung und staatlicher Steuerung, VVDStRL (56) 1997, 175.

[207] Zu dieser Gefahr etwa *P. Reimer*, Wechselwirkungen von Verfassungs- und Verwaltungsrecht, in: Kahl/Ludwigs (Hrsg.), Handbuch des Verwaltungsrechts, Bd. I, Grundstrukturen des deutschen Verwaltungsrechts, Heidelberg 2021, § 10, Rn. 22; *Lepsius* (Fn. 197), in: Kirchhof/Magen/Schneider, 43.

[208] *Volkmann* (Fn. 200), 79.

[209] Ganz im Gegenteil, die Dogmatik ist auf ein „Abschließen" (*C. Möllers*, Vorüberlegungen zu einer Wissenschaftstheorie des öffentlichen Rechts: in Jestaedt/Lepsius [Hrsg.], Rechtswissenschaftstheorie, Tübingen 2008, 151 [163]) bzw. ein „Filtern" (*Kaiser* [Fn. 167], in: Kahl/Ludwigs, § 24, Rn. 32) von nichtjuristischen Argumenten angelegt.

scheidungen durch ein bestimmtes Verfahren auch personell legitimiert.[210] Zum anderen besteht bei unwillkommenen dogmatischen Entwicklungen für den parlamentarischen Gesetzgeber stets die Möglichkeit der verfassungs- und einfachgesetzlichen Gegensteuerung. Auch das Verfassungsgericht hat dies in der Regel respektiert, wie sich etwa an der restriktiven Interpretation des Art. 79 Abs. 3 GG zeigt.[211]

Verlangt von Seiten der Judikative und Wissenschaft ist also ein behutsamer Umgang mit der Hebelwirkung der Verfassungsnormen. Das Verfassungsgericht sollte den in der Verfassungsnorm gebundenen Gestaltungsanspruch nicht an sich ziehen, um an Stelle des Parlaments durch die Verengung der Offenheit der Verfassung konkrete institutionelle Arrangements zu schaffen. Es sollte den Strukturprinzipien keine zu konkreten Gestaltungsaussagen entlocken, um nicht damit den Steuerungsanspruch der Verfassung künstlich zu überhöhen und damit unplausibel werden zu lassen. Und zuletzt muss es responsiv gegenüber den Regelungszielen des parlamentarischen Gesetzgebers bleiben.

2. Verfassungsdogmatik im Organisationsrecht

Überträgt man diese allgemeinen Überlegungen nun in das Teilgebiet des Organisationsrechts deutet dies darauf hin, dass die Steuerungswirkung der Verfassungsordnung, insbesondere der verfassungsgesetzlich ja grundsätzlich semantisch offen bleibenden Strukturprinzipien als *handlungs- und wirkungsbezogene Begriffe* bisher nur unzureichend dogmatisch aufgearbeitet wurde.[212]

---

[210] Statt aller *E.-W. Böckenförde*, Verfassungsgerichtsbarkeit. Strukturfragen, Organisation, Legitimation, in: ders. (Hrsg.), Staat, Nation, Europa, 2. Auflage, Frankfurt am Main 2000, 157 (176 ff.).

[211] BVerfGE 84, 90 (121); 94, 49 (103); 109, 279 (310). Vgl. ferner die Literaturhinweise unten: § 14, III. 2. a.

[212] „Stellen sich organisatorische Gebilde als Wirkzusammenhänge, Wirk- und Handlungseinheiten dar, so müssen die grundlegenden, organisationsrechtlichen Begriffe ebenfalls handlungsbezogene, d.h. auf Handlungseinheit und Handlungszusammenhänge abzielende Begriffe sein." *Böckenförde*, in: Menger (Fn. 15), 297. Dass die Verfassung solche substanziellen Wirkaussagen im Organisationsrecht enthält, argumentiert etwa auch *Gärditz* (Fn. 7), 112. Zu deren Anwendbarkeit *V. Mehde*, Regeln und Prinzipien im Recht der Staats- und Verwaltungsorganisation, Die Verwaltung 2001, 93 (96 ff.). Die Lösungssuche über die Dogmatik hält auch *Engel*, in: ders./Schön (Fn. 174), 237 für plausibel: „Dogmatik erweist sich als elegante Antwort. Sie kann mit einem stets nur vorläufigen Grad an Gewissheit zurechtkommen und vermittelt trotzdem Verlässlichkeit. Sie ist das Instrument zur permanenten Rekonstruktion von vorläufiger Sicherheit auf der Grundlage des bis jetzt Verstandenen." Die Aktions- bzw. Handlungszentrierung von Legitimation scheint auch im französischen Verwaltungsrecht akzeptiert: Vgl. *J. Caillosse*, Legitimacy in Administrative Law? – A French Perspective, in: Ruffert (Hrsg.), Legitimacy in European Administrative Law. Reform and Reconstruction, Groningen 2011, 9 (14). Für eine Differenz zwischen Handlungs-

Es stellt sich also die Frage: Was hat eigentlich das Verfassungsrecht über Organisationsentscheidungen zu sagen?

Hier sollte man über die klassische Wendung des „Verwaltungsrechts als konkretisiertes Verfassungsrecht" argumentativ hinausgehen.[213] Der Blick richtet sich mithin auf die konkreten verfassungsrechtlichen Bestimmungen, die entweder explizit (etwa in den Art. 83 ff. GG) oder implizit (durch die Strukturbestimmungen) gewisse organisationsrechtliche Grundentscheidungen vorgeben.[214] Die Wirkung der Verfassung ist hier die einer Rahmenordnung, die mit ihrem umfassenden Ordnungsanspruch für staatliche Tätigkeit, Maßstäbe auch für den staatlichen Innenbereich vorgibt.[215] Die Aufgabe ist es, dem verfassungsrechtlichen Systemanspruch „belastbare Korrelationssätze"[216] zu entlocken, die eine rechtliche Durchformung des Organisationsrechts zeigen.

Gerade hier sind etwa über das Erfordernis demokratischer Legitimation oder Kontrolle staatlicher Entscheidungsprozesse komplexe Wirkzusammenhänge am Werk, die auch aus der verfassungsdogmatischen Perspektive über eine Reduktion auf die Zurechnung hinausgehen und den reformorientierten Fokus auf die Art und Weise der Herstellung von Entscheidungen integrieren können. Hier wird dann auch der dogmatisch integrierbare Zugewinn deut-

---

bzw. Verhaltensnormen argumentiert *C. Bumke*, Relative Rechtswidrigkeit. Systembildung und Binnendifferenzierung im Öffentlichen Recht, Tübingen 2004, 254 ff., allerdings mit dem Risiko die Rechtswissenschaft aufgrund der Interdependenzen zwischen beiden Elementen zu überfordern.

[213] Dies fordert auch *Reimer* (Fn. 207), in: Kahl/Ludwigs, § 10, Rn. 6 ff.

[214] „Im demokratischen Verfassungsstaat werden die Vorgaben des Verfassungsrechts an die Verwaltungsorganisation nicht von außen als Grenze oder Rechtsbindung an diese herangetragen, sondern sie müssen die Strukturen und Zielsetzungen dieses Rechtsgebietes wesentlich und von innen prägen." *Kluth*, in: Wolff/Bachof/Stober/Kluth (Fn. 14), § 79, Rn. 76. „Verwaltungsverfassungsrecht." bei *F. Wollenschläger*, Verfassung im Allgemeinen Verwaltungsrecht – Bedeutungsverlust durch Europäisierung und Emanzipation?, VVDStRL (75) 2016, 195 mit Hinweis auf *M. Burgi*, Privat vorbereitete Verwaltungsentscheidungen und staatliche Strukturschaffungspflicht. Verwaltungsverfassungsrecht im Kooperationsspektrum zwischen Staat und Gesellschaft, Die Verwaltung 2000, 183 (183).

[215] Zu diesem Ordnungsanspruch, vgl. *U. Volkmann*, Grundzüge einer Verfassungslehre der Bundesrepublik Deutschland, Tübingen 2013, 64: „Aus der inneren Verbindung mit dem Gerechtigkeitsanspruch folgt zugleich, dass der Ordnungsanspruch der Verfassung prinzipiell umfassend und kein Bereich staatlicher Tätigkeit davon ausgenommen ist." Vgl. ferner *M. Herdegen*, Das Grundgesetz im Gefüge des westlichen Konstitutionalismus, in: ders./Masing/Poscher/Gärditz (Hrsg.), Handbuch des Verfassungsrechts. Darstellung in transnationaler Perspektive, München 2021, § 1, Rn. 38. Begriff schon bei *Wollenschläger* (Fn. 214), 207.

[216] Der Begriff ist einem Argument *Jestaedts* entnommen, dass sich das „verwaltungsorganisationsrechtswissenschaftliche System, sich immer schwerer damit tut, belastbare Korrelationssätze aufzustellen, mit deren Hilfe von Mitteln oder Formen des Verwaltungsorganisationsrechts auf verfassungsrechtliche (beispielsweise Legitimations-)Vorgaben oder sonstige Steuerungsanforderungen des Funktions- und Handlungsrechts geschlossen werden könnte und umgekehrt." *Jestaedt* (Fn. 8), in: Hoffmann-Riem/Schmidt-Aßmann/Voßkuhle, § 14, Rn. 12.

lich.[217] Die juristische Methode hat sich hier an der (offenen) Eigenart der Verfassungsnormen zu orientieren, um zu produktiven Ergebnissen zu gelangen.[218] Aufbauend auf Erkenntnissen der Reformbewegung lassen sich so im Rahmen von Begriffen wie „Funktionsgerechtigkeit“ oder „Organisationsadäquanz“ als Erfordernis rechtsstaatlicher Verwaltungsorganisation verfassungsrechtliche Direktiven für die Organisationsentscheidung herausarbeiten.[219] Verfassungsrechtlich verankerte Legitimationsmodi können auf ihre Wirkung in der Verwaltung befragt werden. So bekommt die Verfassung für das Organisationsrecht den Charakter eines Rahmenrechts, das wiederum Gestaltungsfreiheit ermöglicht.[220] Das Verwaltungsorganisationsrecht bleibt damit ein Mehrebenenrecht, das nicht nur durch formelle Organbeziehungen, sondern komplementär durch die materiellen Strukturbestimmungen der Verfassung rechtlich geordnet ist.

Methodisch geht es also durchaus darum, die vom Reformprojekt geforderten „Wirksamkeitsbeziehungen“[221] an den Stellen zu platzieren, an der die Verfassung durch ihre offene und konkretisierungsbedürftige Struktur auch Raum dafür lässt. Paradigmatisch sind hier die Strukturbestimmungen. Um die durchdringende Steuerungswirkung der Strukturprinzipien zu erfassen, erfordert es eines Ansatzes, der diese Wirkungszusammenhänge unter Rezeption materieller Kriterien *entscheidungsbasiert*[222] bzw. *handlungsbasiert*[223] erfassen kann. Dafür ist insbesondere die vom Reformprojekt geforderte Herstellungsperspektive entscheidend.

Hier wird dann wieder die mittlere Abstraktionsebene der Dogmatik gefordert.[224] Verfassungsrechtliche Vorgaben für die Verwaltungsorganisation erfordern zu einem gewissen Teil eine Öffnung des Rechts für Wissen anderer Disziplinen,[225] deren substantielle Erkenntnisse jedoch nur den Tatbestand,

[217] So auch bei *Eifert* (Fn. 82), 315. Zustimmung auch im Diskussionsbeitrag von *Böckenförde*, ebda. 337.

[218] Dazu *M. Jestaedt*, „Öffentliches Recht“ als wissenschaftliche Disziplin, in: Engel/Schön (Hrsg.), Das Proprium der Rechtswissenschaft, Tübingen 2007, 241 (270). Diese sind insbesondere deshalb erforderlich, da sonst der Diskurs jenseits der Verfassung geführt wird. Negativbeispiel bei *P. Tucker*, Unelected Power. The Quest for Legitimacy in Central Banking and the Regulatory State, Princeton 2018, 161 ff.

[219] „Leitlinien für Organisationsentscheidungen“ heißt es bei *W. Klappstein*, Verfassungsgebundenes Organisationsrecht, in: Hoyer/Hattenhauser/Meyer-Pritzl/Schubert (Hrsg.), Gedächtnisschrift für Jörn Eckert. 15. Mai 1954 bis 21. März 2006, Baden-Baden 2008, 425 (434). Vgl. auch *Burgi* (Fn. 141), in: Ehlers/Pünder, § 8, Rn. 20.

[220] Hinweise und Fürsprache bei *Unger*, in: Krüper/Pilniok (Fn. 13), 51 ff.

[221] Zu diesen und den damit verbundenen Herausforderungen anschaulich *Treiber* (Fn. 123), 433.

[222] Wohl auch *Kluth*, in: Wolff/Bachof/Stober/Kluth (Fn. 14), § 79, Rn. 8.

[223] So der Begriff bei *Franzius* (Fn. 63), 454.

[224] Vgl. oben, III. 1.

[225] „Auch die verfassungsrechtlichen Vorgaben für die Organisation der Verwaltung erfordern teilweise eine Öffnung für politikwissenschaftliche Erkenntnisse.“ *Burgi* (Fn. 132),

nicht aber die Methodik des Rechts, erweitern können. Die Frage, inwieweit sozialwissenschaftliche Erkenntnisse über Wirkzusammenhänge tatsächlich im Recht anschlussfähig sind, bestimmt das Recht selbst.[226] Dies scheint tendenziell auch die Richtung gewesen zu sein, in der *Böckenförde* sein kritisches als *verfassungsdogmatisches* Projekt entwickeln wollte. So heißt es:[227]

> „Die Fragen, um die es geht, sind auch hier nicht begrifflich-konstruktive, sondern sachlich-materielle: Erstens: Welche Grenzen und welche Richtung muss solche Differenzierung und ‚Pluralisierung' beachten, will sie nicht die in aller organisatorischer Ausgestaltung zu erhaltende organisatorische *Einheit* des Staates (durch fehlende Rück- und Einbindung des organisatorisch Differenzierten) als solche in Frage stellen oder in der Verfassung festgelegte Organisationsprinzipien der staatlichen Einheit verletzen. Zweitens: In welchen Bereichen und in welchem Umfang ist es sachlich zweckmäßig und mit den in der Verfassung festgelegten Organisationsprinzipien vereinbar, die auf der Verfassungsebene – zwischen den einzelnen Verfassungsorganen und innerhalb ihrer – bestehende Differenzierung und ‚Pluralisierung' auch in den Bereich der Verwaltung, der Staatsverwaltung wie der Selbstverwaltung, zu übertragen."

3. Die zentrale Rolle des Demokratieprinzips

Schon bei *Böckenförde* ist erkennbar, dass sich hinter dieser Position eigentlich eine demokratietheoretische Absicht verbirgt.[228] Gegenstand seiner ursprünglichen Kritik war die Pointe, dass die Rekonstruktion des Staates als juristische Person bedeute, dass „das Volk als *Träger* der Staatsgewalt, als Herr und Ausgangspunkt der staatlichen Organisation"[229] nicht mehr vorkomme. Insoweit kann die von *Böckenförde* angestoßene und vom Reformprojekt zu Ende geführte Gegenbewegung auch als eine Auseinandersetzung mit der spezifisch deutschen Trennung von Staat und Gesellschaft betrachtet werden.

Der als juristische Person konstruierte Staat ist eben nicht der Staat des Bürgertums, sondern bleibt von ihm unausweichlich getrennt.[230] Er (sic!) ist damit nicht der Staat der bürgerlichen Revolutionen, sondern verbleibt in einem Gegensatz zum Einzelnen, der sich in eine geschützte Privatsphäre zurückziehen kann, dem jedoch die Staatlichkeit letzten Endes unverfügbar bleibt. Die Verfassung kann jedoch aus sich selbst heraus diese Geschichtlichkeit nicht über-

---

51. In diese Richtung auch *H.P. Aust*, Grundrechtsdogmatik im Staatsorganisationsrecht?, AöR 141 (2016), 415 (422), der argumentiert, Strukturprinzipien komme ein anderer Charakter zu, als formalen Organisationsprinzipien.

[226] *Jestaedt* (Fn. 8), in: Hoffmann-Riem/Schmidt-Aßmann/Voßkuhle, § 14, Rn. 5.

[227] *Böckenförde*, in: Menger (Fn. 15), 301.

[228] Kritisch dazu aber *Möllers* (Fn. 29), 161.

[229] *Böckenförde*, in: Menger (Fn. 15), 290.

[230] Dazu insbesondere *H.H. Rupp*, Die Unterscheidung von Staat und Gesellschaft, in: Isensee/Kirchhof (Hrsg.), HStR, Bd. II, 3. Auflage, Heidelberg 2004, § 31, Rn. 5.

winden. Die systematische Unterscheidung von Staat und Gesellschaft, die insbesondere für die deutsche Verfassungsentwicklung kennzeichnend ist, ist verfassungsdogmatisch unverfügbar. Die im Zuge der Verwaltungslegitimation vorgebrachten Positionen lassen sich insoweit auch als Therapieversuch der deutschen Demokratiegeschichte lesen.

Aus dem zeitgeschichtlichen Scheitern *Böckenfördes* bei der Revision zäher Grundbegriffe des Organisationsrechts in seinem 1973 erschienenen Aufsatz für die Festschrift *Wolffs* hat etwa *Meinel* eine Linie gezogen zur mehr als 10 Jahre später entstandenen Legitimationskettentheorie. Bei ihm heißt es: „Die werkgeschichtliche Genese dieser Theorie ist insofern bedeutend, als sie zeigt, dass Böckenförde sie erst formulierte, als sein erster Lösungsansatz, der Versuch, die organisationverfassungsrechtlichen Begrifflichkeiten sozusagen von innen heraus aus dem Paradigma des konstitutionellen Staatsrechts herauszuführen, gescheitert war.“[231] Die Legitimationskettentheorie akzentuiert bekanntermaßen die Anforderung eines *formellen* Zurechnungszusammenhangs von Parlament → Amtsperson → Entscheidung. Demokratiegeschichtlich stellt sich so die Legitimationskette als Theorie zweiter Klasse dar.

Viel deutet aber darauf hin, dass sich eine gewisse Enttäuschung im Vergleich von Legitimationsidee und Legitimationswirklichkeit in der komplexen institutionellen Praxis nicht vermeiden lässt. Auch historisch hat sich das romantische Ideal nachmärzlicher Selbstverwaltungsvorstellungen der kalten Funktionalität preußischer Verwaltungsorganisation beugen müssen.[232] Die Legitimations*möglichkeiten* in der Komplexität sind begrenzt.

Dies gilt sowohl auf der abstrakt-institutionellen als auch auf der individuellen Ebene. *Luhmann* hat diesen Zusammenhang soziologisch damit umschrieben, dass es Entscheidungstransparenz durch Verdeutlichung der Bewusstseinsoperationen (zumindest in der Perspektive des soziologischen Beobachters) nicht geben könne, so dass die nachträgliche Rationalisierung der Entscheidung durch den Begriff des Willens nur noch als Fiktion zum Tragen kommt.[233] Vielmehr ist es die Zurechnung auf natürliche (und intransparente) Personen, die diese Kontingenz zwar nicht auflösen, aber doch erträglich machen kann.[234]

Dies scheint ein passender Gedanke für die hier versuchte Synthese zu sein: In dieser Suche nach „Erträglichkeit“ geht es sowohl Reformern als auch Kri-

---

231 *Meinel*, in: Krüper/Pilniok (Fn. 38),112.

232 Vgl. oben § 1, III.

233 Vgl. *Luhmann* (Fn. 83), 123; *Männle*, (Fn. 82), 186.

234 *Luhmann* (Fn. 82), 377. Zu Luhmanns Bedeutung für die Rechtsinterpretation, vgl. *U. Di Fabio*, Luhmann im Recht. Die juristische Rezeption soziologischer Beobachtung, in: Gripp-Hagelstange (Hrsg.), Niklas Luhmanns Denken. Interdisziplinäre Einflüsse und Wirkungen, Konstanz 2000, 139 (139 ff.) sowie *U. Di Fabio*, Systemtheorie und Rechtsdogmatik, in: Kirchhof/Magen/Schneider (Hrsg.), Was weiß Dogmatik? Was leistet und wie steuert die Dogmatik des Öffentlichen Rechts?, Tübingen 2012, 63 (68 ff.).

tikern im Grunde um ein und dasselbe Anliegen: die Stärkung des Demokratieprinzips bei gleichzeitigem Erhalt des Rechtsstaats, also der konstruktiv-methodischen Bewältigung – und hier liegt das besonders konstitutionalisierende Element der Ansätze – des noch von *Schmitt* als Antagonismus formulierten Verhältnisses von Rechtstaat und Demokratie.[235] Während es den Reformern gerade auf die Verstärkung der Wirkung des parlamentarischen Gesetzes in Rezeption bürokratiekritischer Literatur ankommt,[236] so geht es den Kritikern um den Erhalt der Steuerungsfähigkeit des parlamentarischen Gesetzes im Angesicht der Bedrohung der juristischen Methode und Eigenrationalität.[237]

Beide Ansätze gehen aber auf dieses Ziel nicht direkt zu.[238] Sie spielen in der Verfolgung dieses Anliegens gewissermaßen über die Bande und vermeiden die

---

[235] Vgl. *C. Schmitt*, Verfassungslehre, 11. Auflage 2017, 201. Dazu auch *H.A. Wolff*, Das Verhältnis von Rechtsstaatsprinzip und Demokratieprinzip, in: Murswiek (Hrsg.), Staat – Souveränität – Verfassung. Festschrift für Helmut Quaritsch zum 70. Geburtstag, Berlin 2000, 73 (85). Aktualisierende, ebenfalls scheinbar den Gegensatz akzentuierende Überlegungen bei *A. Voßkuhle*, Rechtstaat und Demokratie, NJW 2018, 3154 (3154). Für die Schweizer Verfassungsrechtslage: *J. Reich*, Verhältnis von Demokratie und Rechtsstaatlichkeit, in: Diggelmann/Hertig Randall/Schindler (Hrsg.), Verfassungsrecht der Schweiz/Droit constitutionnel suisse, Bd. I: Grundlagen Demokratie Föderalismus/Volume I: Fondements Démocratie Fédéralisme, Zürich 2020, 333–355.

[236] Sehr deutlich etwa bei *Schmidt-Aßmann* (Fn. 37), 242, Rn. 6. Ferner bei *J.-P. Schneider*, Das Neue Steuerungsmodell als Innovationsimpuls für Verwaltungsorganisation und Verwaltungsrecht, in: Schmidt-Aßmann/Hoffmann-Riem (Hrsg.), Verwaltungsorganisationsrecht als Steuerungsressource, Baden-Baden 1997, 103 (135). Vgl. auch *Fehling* (Fn. 67), 70. Ähnliche Einschätzung bei *Meinel* (Fn. 67), in: Kahl/Ludwigs, § 61, Rn. 15 sowie bei *Kersten* (Fn. 9), in: Kahl/Ludwigs, § 25, Rn. 20.

[237] Problemaufriss etwa bei *M. Möstl*, Verwaltungsmodernisierung als Demokratieproblem, in: Bauer/Huber/Sommermann (Hrsg.), Demokratie in Europa, Bd. I, Verfassungsentwicklung in Europa, Tübingen 2005, 389 (393). Hier lässt sich zumindest auch nicht sagen, dass der damit verbundene, etwa von *C. Möllers*, Braucht das öffentliche Recht einen neuen Methoden- und Richtungsstreit?, VerwArch 1999, 187 (196) aufgeworfene Methoden- und Richtungsstreit in der Literatur nicht offen geführt wurde. Anders aber jüngst *F. Meinel*, Das Bundesverfassungsgericht in der Ära der Großen Koalition: Zur Rechtsprechung seit dem Lissabon-Urteil, Der Staat 60 (2021), 43 (44). Auf eine mögliche Ahistorizität einer derartig zentralen „juristischen“ Bedeutung des Demokratieprinzips im Organisationsrecht kommt *C. Möllers*, Demokratie, in: Herdegen/Masing/Poscher/Gärditz (Hrsg.), Handbuch des Verfassungsrechts. Darstellung in transnationaler Perspektive, München 2021, § 5, Rn. 5 zu sprechen: „Gerade der ausdrücklich repräsentative Charakter des Grundgesetzes, in dem wiederum das starke zeitgenössische Misstrauen gegenüber Politik zum Ausdruck kommt, passt schlecht zu einem unvermittelten Durchgriff auf eine demokratische Norm und besser zu einer Deutung als Programmsatz oder summativer Einleitung in das Organisationsrecht.“

[238] Dies ist nach *Frankenberg* typisch für den juristischen Demokratiediskurs: „Rechtsdogmatische Übersetzungen und Konkretisierungen des Demokratiebegriffs halten zu Demokratie als selbsterklärter Herrschaftsform Distanz [...]“ *G. Frankenberg*, Vorsicht Demokratie! Kritik der juridischen Versicherung einer Gesellschaft gegen die Risiken der Selbstregierung, in: Redaktion Kritische Justiz (Hrsg.), Grundgesetz und Demokratie, Baden-Baden 2000, 177 (178).

(wohlwissend verfassungsgesetzlich semantisch offen bleibende) Frage, was das Demokratieprinzip über Verwaltungsorganisation substanziell zu sagen hat.[239] Gerade dies wäre aber erforderlich, denn die bei den Reformern nur unscharfe Trennung von Staat und Gesellschaft und die damit verbundene Einbindung basis- und verbändedemokratischer Elemente in die staatliche Willensbildung stellt einen wesentlichen *normativen* Unterschied zum klassischen Zurechnungsmodell dar. Was in einem demokratischen Rechtsstaat „erträglich" ist, bestimmt die Verfassung. Über das technisch erscheinende Modell der Verwaltungsorganisation wird zugleich das Verhältnis von Staat und Gesellschaft und die Art und Weise der demokratischen Legitimation verhandelt.

Progressiv und direkter ist hier insbesondere die Rechtsprechung des Bundesverfassungsgerichts, die nach und nach das Demokratieprinzip als „Meta-Organisationsverfassungsrechtsnorm"[240] (*Meinel*) im organisationsrechtlichen Gefüge platziert hat.[241] Das Demokratieprinzip erscheint so im Verbund mit der Funktionenordnung und dem Rechtsstaatsprinzip als ein alles durchdringendes Strukturprinzip, das – um im Rahmen konkreter Organisationsentscheidungen verfassungsrechtlich anschlussfähig zu sein – nach einem Einblick in die internen Wirksamkeitsbeziehungen sozialer (=bürokratischer) Organisation verlangt. Die verfassungsdogmatische Methodik, insbesondere die Prüfung der Verhältnismäßigkeit,[242] bietet hier eine zusätzliche Anschlussmöglichkeit.[243]

---

[239] Eine Ausnahme stellt etwa der Beitrag von *H.-H. Trute*, Die demokratische Legitimation der Verwaltung, in: Hoffmann-Riem/Schmidt-Aßmann/Voßkuhle (Hrsg.), GVwR, Bd. I, 2. Auflage, München 2012, § 6 dar. Dazu auch noch unten.

[240] *Meinel*, in: Krüper/Pilniok (Fn. 38), 106, der dies jedoch in kritischer Absicht verwendet.

[241] Damit verändert es freilich das klassisch auf den Rechtstaat zugeschnittene deutsche Verwaltungsbild. Dazu *Cancik*, in: Herdegen/Masing/Poscher/Gärditz (Fn. 65), § 14, Rn. 39. Zur verfassungsgerichtlichen Demokratisierung schon *B.-O. Bryde*, Der Beitrag des Bundesverfassungsgerichts zur Demokratisierung der Bundesrepublik, in: Van Ooyen/Möllers (Hrsg.), Das Bundesverfassungsgericht im politischen System, 2. Auflage, Wiesbaden 2015, 321 (324 ff.). Hier lässt sich ein verallgemeinerbarer Mechanismus verfassungsgerichtlicher Konstitutionalisierung erkennen, vgl. dazu etwa *J. Masing*, Das Bundesverfassungsgericht, in: Herdegen/Masing/Poscher/Gärditz (Hrsg.), Handbuch des Verfassungsrechts. Darstellung in transnationaler Perspektive, München 2021, § 15, Rn. 17. Nichts ist an dieser Stelle freilich darüber gesagt, welche Anforderungen aus der verfassungsnormativen Interpretation des Demokratieprinzips abgeleitet werden können. Richtig etwa zu dieser Offenheit *M. Schuler-Harms*, Elemente direkter Demokratie als Entwicklungsperspektive, VVDStRL (72) 2013, 417 (432 ff.).

[242] Sofern diese überhaupt im Organisationsrecht Anwendung finden kann. Dazu noch unten § 7. Ferner *Kluth*, in: Wolff/Bachof/Stober/Kluth (Fn. 14), § 80, Rn. 241. Zum Wirklichkeits- bzw. Tatsachenbezug der Prüfung am Beispiel der verfassungsgerichtlichen Überprüfung des LuftSiG: *O. Lepsius*, Was kann die deutsche Staatsrechtslehre von der amerikanischen Rechtswissenschaft lernen?, in: Schulze-Fielitz (Hrsg.), Staatsrechtslehre als Wissenschaft, Die Verwaltung Beiheft 2007, 319 (352).

[243] *Burgi* (Fn. 132), 51: „Ein bekanntes Beispiel bildet der Verhältnismäßigkeitsgrundsatz, der zum vergleichenden Blick auf ‚mildere' Mittel verpflichtet, was zwar nicht bei der Ent-

Kritisch ist es dabei, die angemessene Rolle des Bundesverfassungsgerichts im Prozess der Konstitutionalisierung des Organisationsrechts zu bestimmen. Macht es dann überhaupt noch einen Unterschied, ließe sich nun zynisch fragen, ob sich die Institutionen dadurch vom parlamentarischen Gesetz abkoppeln, indem sie sich verselbständigen oder indem das Verfassungsgericht die Maßstäbe vorgibt? Hier war und ist eine Gratwanderung gefordert, die das Bundesverfassungsgericht mal besser (etwa im klassisch-nationalen Verwaltungsorganisationsrecht) mal schlechter (im Hinblick auf das Verhältnis zum Unionsrecht) bewältigt hat. Genug Anpassungsbedarf und Reflektionsbedürfnis besteht hier allemal, zumal die tiefe Prägung des Verwaltungsrechts durch die Verfassung teils ein deutscher Sonderweg sein dürfte, dem dann aber wiederum seit den 1990er Jahren zunehmend andere Rechtsordnungen (wie etwa die französische) gefolgt sind.[244]

Ob dieser im Folgenden in Form gegossene Versuch „verfassungsorientierter Verwaltungsrechtswissenschaft", wie der Titel dieses Kapitels die Forderung *Hoffmann-Riems* nach anwendungsorientierter Wissenschaft paraphrasiert, letztlich Synthese oder Bauerntrick darstellt, wird sich daran messen lassen müssen, ob die folgenden Darstellungen, die die methodischen Grundentscheidungen des Verfassungsgerichts weiter ausbuchstabieren und differenzieren, auch verfassungsdogmatisch und jenseits überzeugen.

scheidung von Einzelfällen, aber doch bei der Beurteilung komplexer, ganze Sektoren oder Gruppen erfassender Steuerungsmechanismen die Nutzung etwaigenfalls vorhandener sog. Policyanalysen zumindest naheliegend erscheinen lässt."

[344] *G. Sydow*, Deutsches Verwaltungsrecht und ausländisches Verwaltungsrecht, in: Kahl/Ludwigs (Hrsg.), Handbuch des Verwaltungsrechts, Bd. I, Grundstrukturen des deutschen Verwaltungsrechts, Heidelberg 2021, § 17, Rn. 58.

2. Teil

Verfassungsrechtliche Direktiven für die Verwaltungsorganisation

Vorbemerkungen

Am Ende des ersten Teils dieser Arbeit steht eine historische und eine theoretisch-funktionale Aussage. Historisch ließ sich in § 1 exemplarisch am Begriff der Organisationsgewalt zeigen, wie die *hierarchische* Struktur der modernen Verwaltung durch den historischen Prozess der Konstitutionalisierung einen Bedeutungswandel erfahren hat. War der bürokratische Apparat vorkonstitutionell ein Mittel der Verbesserung der Rationalisierungsleistung der Verwaltungsstruktur, indem er auf der einen Seite zur Bekämpfung von Korruption und Missbrauch eine Verantwortungszuweisung für einzelne Entscheidungen verlangte, auf der anderen Seite einen maschinengleichen Vollzugsapparat für den Fürstenwillen bereitstellte, ließ er sich aus *genau den gleichen Qualitäten heraus* demokratisch deuten.[1] Anstatt des Fürstenwillens vollzog er nun das demokratische Gesetz und seine Zurechnungs- und Verantwortungsstruktur band ihn über die Verantwortlichkeit der ministeriellen Verwaltungsspitze an das Parlament. Weitgehend unbestritten ist Hierarchie so auch in der Demokratie der Grundmodus der Verwaltungsorganisation.

Die Konstitutionalisierung des Organisationsrechts wirft aber andere Fragen auf, die auf dem Boden der Verfassung Klärung bedürfen. Organisation steht nun nicht mehr ausschließlich in der Verfügungsgewalt des Monarchen, so dass die Frage entsteht, wem im verfassten Staat die Organisationsgewalt zukommt. Die historische Konstitutionalisierung bedeutet dementsprechend, dass auch die Verfassung *Anforderungen* an Organisation stellt. Eine funktionsgerechte Organisation der Verwaltung wird zur verfassungsrechtlich aufgegebenen Pflicht, die sowohl Maßstäbe an die Reichweite als auch der inhaltlichen Gestaltung stellt. Erst allmählich tauchen diese Fragen im Rahmen einer „späten Konstitutionalisierung“ des Organisationsrechts in der Bundesrepublik auf dem verfassungsrechtlichen Radar auf.

Konsequenterweise entsteht mit diesen verfassungsrechtlich aufgegebenen Rechtfertigungsbedürfnissen in der Bundesrepublik eine Frage nach der Funktionalität und der Richtigkeit von Organisation. Weniger historisierend denn funktional-theoretisch diskutiert § 2 die Frage nach den Funktionen mit einer Bekräftigung der letztlich schon auf *H.J. Wolff* zurückgehenden Zentral-

[1] Dies hat *H. Dreier*, Hierarchische Verwaltung im demokratischen Staat. Genese, aktuelle Bedeutung und funktionelle Grenzen eines Bauprinzips der Exekutive, Tübingen 1991, 125 ff. zutreffend herausgestellt.

aufgabe des Organisationsrechts: die Vorgabe und die Ausdifferenzierung eines einheitlichen Zurechnungssubjekts „Staat“, die aus Gründen der Anknüpfung wesentlicher Legitimations- und Kontrollleistungen immer noch erforderlich ist.

Die entscheidende *dogmatische* Frage, die am Ende des § 2 herausgearbeitet wurde, ist nun, wie dieses mit reduktionistischen Grundbegriffen arbeitende *Wolffsche* Organisationsrecht auf die zweifellos berechtigte Kritik, es könne die Lebenswirklichkeit der Verwaltung als sozialer Organisation mit ihren komplexen inter- und intraorganisatorischen Wirkbeziehungen nicht richtig erfassen, reagieren kann. Die am Ende des § 2 vorgeschlagene – und zweifellos tentative – Antwort war hier, dass die Lösung darin liegen könne, diese Lebendigkeit über die ebenfalls wirkungsorientierten und keineswegs formalen verfassungsrechtlichen Strukturprinzipien (der „Verfassungsordnung“)[2] in das Recht hineinlesen zu können. Dementsprechend dient dieser zweite Teil der Arbeit nun dazu, kleinschrittig herauszuarbeiten, was die Verfassung substanziell über die Verwaltungsorganisation zu sagen hat.

Gegliedert sind die enthaltenen Kapitel wie folgt: § 3 diskutiert den verfassungsrechtlichen Organisationspflichtbereich, dessen Bestehen im Wesentlichen daraus folgt, dass es im Geltungsbereich der Verfassung keine unorganisierte Staatsgewalt geben darf. Eine solche wäre ungerichtete *vis*, nicht legitimierte *potestas*.[3] Immer dann, wenn der Staat „als Staat“ erscheint, muss er so organisiert sein, dass sich das Staatshandeln auf ein einheitliches Verantwortungssubjekt rückbeziehen lässt.

Diese Zurechnungsperspektive erfordert, dass für *alle Ausübung von Staatsgewalt* (vgl. Art. 20 Abs. 2 GG, Art. 1 Abs. 3 GG) ein in der vorgegebenen Weise konstruierter Zurechnungszusammenhang bereitgestellt werden kann. Mit der Bestimmung der Reichweite der Staatsgewalt ist somit gleichzeitig ein Organisationspflichtbereich bestimmt.[4] Zusätzlich entsteht jedoch das Problem, dass die Ausübung politischer, d.h. kollektiv bindender Herrschaft sich nicht immer klar an der Unterscheidung von Staat und Gesellschaft festmachen lässt, es also Herrschaftsformen im staatlich-gesellschaftlichen Kooperativbereich gibt, bei denen ein der Staatsgewalt vergleichbarer Organisations-

---

[2] Begriff umfassend erarbeitet bei *W. Heun*, Die Verfassungsordnung der Bundesrepublik Deutschland, Tübingen 2012.

[3] Unterscheidung bei *J. Isensee*, Staat und Verfassung, in: Isensee/Kirchhof (Hrsg.), HStR, Bd. II, 3. Auflage, Heidelberg 2004, § 15, Rn. 87 ff.

[4] So wohl auch *W. Krebs*, Neue Bauformen des Organisationsrechts und ihre Einbeziehung in das Allgemeine Verwaltungsrecht, in: Hoffmann-Riem/Schmidt-Aßmann (Hrsg.), Verwaltungsorganisationsrecht als Steuerungsressource, Baden-Baden 1997, 339 (350): „Die rechtliche Eigentümlichkeit von Verwaltungsorganisation besteht in ihrer Verpflichtung auf die Ordnungsidee des Allgemeinen Verwaltungsrechts. Dieses will sicherstellen, dass Verwaltung immer nur Aufgabenwahrnehmung unter den Bedingungen des grundgesetzlichen Demokratie- und Rechtsstaatsprinzips sein kann.“

bedarf entsteht. Der Umgang mit diesem Kooperativbereich stellt eine besondere Herausforderung dar.

Dem folgend bestimmen § 4 und § 5 die Zuweisung der Organisationsgewalt zu verschiedenen Ebenen im Bundesstaat und innerhalb der Funktionenordnung. Diese Kapitel sind – der grundgesetzlichen Systematik folgend – technisch gehalten. Sie arbeiten im Wesentlichen erneut den *Wolffschen* Befund heraus. Im Bundesstaat geht es durch das Gebot eigenverantwortlicher Aufgabenwahrnehmung um klare Verantwortungszuordnungen. Und auch die Funktionenordnung weist eine besondere Sensibilität für die Regelstruktur der Verwaltungsorganisation auf, indem etwa Organisationsmaßnahmen, die zu Brüchen in der Zurechnungs-, Legitimations- und Verantwortungsstruktur führen, mit einem institutionellen Gesetzesvorbehalt belegt werden.

§ 6 arbeitet sodann die *inhaltlichen Direktiven* der Verfassung an das Verwaltungsorganisationsrecht heraus. Zunächst wird festgestellt, dass die expliziten Organisationsvorgaben des Grundgesetzes nur selten eindeutige Organisationsbestimmungen treffen, sondern trotz ihrer scheinbaren Spezifizität eine inhaltliche Offenheit besitzen. Sodann wird die prägende Wirkung der verfassungsrechtlichen Strukturbestimmungen, insbesondere des Demokratie- und des Rechtsstaatsprinzips herausgestellt, die auch die Grundentscheidung für die hierarchische Verwaltungsorganisation erklären. Dies gilt insbesondere deshalb als Regelmodell, weil es die paradigmatische Verwirklichung des durch die Strukturprinzipien gebotenen Legitimations-, Steuerungs- und Kontrollzusammenhangs darstellt. § 7 charakterisiert abschließend die Organisationsentscheidung als eine der Planungsentscheidung vergleichbare, rechtsgeleitet abwägende Auswahlentscheidung zwischen verschiedenen Alternativen.

Die sogleich folgenden Ausführungen verlangen noch einige begriffliche und methodische Vorbemerkungen. Hier geht es darum (auch zur Vermeidung möglicher Missverständnisse) einen Begriff des (Teils des) Organisationsrechts zu erarbeiten, an den die folgenden Ausführungen anknüpfen.

I. Statisches und aktionszentriertes Organisationsrecht

Organisationen lassen sich sowohl in statischer als auch in aktionszentrierter Weise definieren.[5] Statisch etwa stellt man sich die Verwaltung als lokal zugängliches Amt mit natürlichen Amtspersonen vor, in dem sich die Verwal-

[5] *M. Kotzur*, Verwaltung in der Kommunikationsgesellschaft – eine Skizze zeitgemäßer Organisationsstrukturen, NWVBl. 2003, 298 (299). Zu diesem Unterschied und weiteren Organisationsbegriffen mit Bezug auf die Verwaltung auch *W. Kluth*, in: Wolff/Bachof/Stober/Kluth, Verwaltungsrecht: Ein Studienbuch, Bd. II, 7. Auflage, München 2010, § 79, Rn. 3.

tungsfunktion dauerhaft manifestiert.[6] Es liegt also nahe, die Organisation gleichzusetzen mit der Ausstattung mit sachlichen Mitteln, dem Beamtenstab, die Auswahl eines geeigneten Standorts, sprich: der physischen Komponente der Organisation.

Für eine Perspektive, die in der Verwaltung eine Produzentin staatlicher Entscheidungen sieht, sind diese Faktoren nicht weiter von Belang. Vielmehr erhält die Verwaltung ihre Funktion erst im konkreten Tätigwerden. Dies kommt in der Formulierung von *Walter Krebs* zum Ausdruck, mit der er seinen klassischen Beitrag zur Verwaltungsorganisation im *Handbuch des Staatsrechts* beginnt: „Verwaltung ist *organisiertes* staatliches Handeln; Organisation ist die Erscheinungs- und Verwirklichungsform von Verwaltung."[7]

Für diese an der Entscheidung orientierte Art der Betrachtung ist es völlig irrelevant, welche Amtsperson konkret an welchem Ort mit welchem Arbeitsmittel eine Entscheidung trifft. Allein das Zusammenwirken der verschiedenen Produktionsschritte zur Entscheidung zählt. Die Organisation besteht mithin nur als soziales Gebilde, das sich durch Entscheidungen manifestiert. *Niklas Luhmann* definiert dem folgend Organisationen als „Systeme, die aus Entscheidungen bestehen und die Entscheidungen, aus denen sie bestehen, durch die Entscheidungen, aus denen sie bestehen, selbst anfertigen."[8] Die „Aktionszentrierung" verlangt es, den Blick nicht nur auf die Organisationsstruktur selbst zu richten, sondern auch darauf, wie verschiedene Strukturen zusammenwirken, mithin was in dieser Struktur passiert. Produziert die öffentliche Verwaltung als „Arbeitsinstitution" (*Forsthoff*) Entscheidungen, dann muss also das Organisationsrecht auch erfassen können, wie seine verschiedenen Elemente so zusammenwirken, dass diese Entscheidungen zustande kommen.

II. Organisationsrecht im engeren und im weiteren Sinn

Mit statischer und aktionszentrierter Perspektive korrespondieren weite und enge Organisationsrechtsbegriffe. Im *engeren Sinne* ist der aktionszentrierte Innenbereich des Zurechnungsverhältnisses umfasst:[9] das „Recht der Bildung, Errichtung, Strukturierung, Änderung und Aufhebung der Verwaltungsträger

[6] Zu dieser Dauerhaftigkeit von Staatlichkeit, vgl. *A. Leisner-Egensperger*, Kontinuität als Verfassungsprinzip. Unter besonderer Berücksichtigung des Steuerrechts, Tübingen 2002, 195 ff.

[7] *W. Krebs*, Verwaltungsorganisation, in: Isensee/Kirchhof (Hrsg.), HStR, Bd. V, 3. Auflage, Heidelberg 2007, § 108, Rn. 6 (meine Hervorhebung, D.R.-I.).

[8] *N. Luhmann*, Organisation, in: Küpper/Ortmann (Hrsg.), Mikropolitik. Rationalität, Macht und Spiele in Organisationen, 2. durchges. Auflage, Wiesbaden 1992, 165 (166).

[9] Andeutungen auch bei *H.-H. Trute*, in: v. Mangoldt/Klein/Starck (Hrsg.), Grundgesetz Kommentar, Bd. III, 7. Auflage 2018, GG Art. 83, Rn. 15–19.

und Organe sowie ihrer Stellung in der Organisation."[10] Erst in einem *weiteren Sinn* kommen die Peripheriebeziehungen des Innenverhältnisses in den Blick: die Koordination verschiedener Entscheidungsbeiträge und Hierarchien zueinander (Sachentscheidungsgewalt), das Recht der Verbindung und Zuordnung natürlicher Personen zu den Entscheidungspositionen (Personalgewalt) sowie die Bereitstellung der sachlichen und finanziellen Mittel für die Verwaltungstätigkeit (Haushaltsgewalt). Gemeinsam dienen die verschiedenen Teilbereiche des Organisationsrechts in einem weiteren Sinne der Herstellung praktischer Operabilität der öffentlichen Verwaltung.

Für die Organisationsgewalt bleibt nach diesem Fokus auf ein handlungsorientiertes Organisationsrecht nur der Raum, diejenigen *Entscheidungen* zu erfassen, die im Organisationsrecht im engeren Sinne anfallen. Sie ist damit lediglich ein Teil der die verschiedenen Funktionen als Sammelbegriff zusammenfassenden *Leitungsgewalt*.[11]

III. Errichtung von Organisationseinheiten als Organisationsrecht im engeren Sinn

Im Folgenden wird sich die Perspektive dementsprechend auf das Organisationsrecht im engeren Sinn konzentrieren. Dies macht deshalb Sinn, da die beiden Begriffe des Organisationsrechts auf jeweils anderen Ebenen stehen. Aus der Perspektive der Zurechnung, spielt es keine Rolle, wer über den örtlichen Verwaltungssitz entschieden hat, oder ob ein defekter PC die Bearbeitung in der Verwaltung verzögert, auch wenn dies in der Praxis für den Bürger praktische Auswirkungen haben mag. Stellt man sich die Verwaltung bildlich als eine Maschine vor, so regelt das Organisationsrecht im engeren Sinne die Anordnung von ineinandergreifenden Rädchen im Inneren des Gehäuses, einen abstrakten Bauplan, für den es auf die konkrete Größe dieser Rädchen und auf das Gehäuse der Maschine nicht ankommt. Der Gegenstand des Plans ist also von vornherein auf die Inbetriebnahme der Maschine ausgelegt, ein Verwaltungs*handlungs*organisationsrecht. Zweck dieser Beschränkung ist das Ziel, durch ein arbeitsteiliges Modell eine letztlich auf Kausali-

[10] *Kluth*, in: Wolff/Bachof/Stober/Kluth (Fn. 5), § 79, Rn. 67. Ähnlich auch der Ansatz bei *S. Kirste*, Theorie der Körperschaft des öffentlichen Rechts. Verwaltungshistorische, organisationstheoretische und verwaltungsorganisationsrechtliche Aspekte, Heidelberg 2017, 403 ff.

[11] Zum Begriff der Leitungsgewalt *Kluth*, in: Wolff/Bachof/Stober/Kluth (Fn. 5), § 80, 297, Rn. 211 ff. Vgl. auch *M. Schuler-Harms*, in: Schoch/Schneider (Hrsg.), Verwaltungsrecht VwVfG. Kommentar, Bd. III, München Juli 2020, Vorbemerkung zu § 3, Rn. 16.

tätsbeziehungen beruhende Zurechnung des Verwaltungshandelns sicherstellen zu können.[12]

Diese Unterscheidung lässt sich auch in klassischen Begrifflichkeiten der Errichtung und der Einrichtung von Organisationseinheiten nachweisen.[13] Die *Errichtung* eines Funktionssubjekts ist die konkrete Schaffung durch organisatorische Rechtssätze oder Einzelrechtsakt.[14] Hier geht es im Einzelnen um die organisatorische Ausgestaltung, die Festlegung ihrer Zuständigkeiten und die Etablierung der wesentlichen binnenadministrativen Grundstrukturen (so etwa auch die Entscheidung über weisungsfreie Räume, private Rechtsformen etc.)[15], sprich die Einbindung in die organisierte Staatlichkeit. Die *Einrichtung* ist demgegenüber auf die interne Struktur, die Entscheidung über ihren Sitz, sowie ihre Ausstattung mit Sach- und Finanzmitteln gerichtet.[16] Auch wenn die Organisationsgewalt für diese beiden Grundbegriffe oft parallel zugewiesen ist, soll es im Folgenden doch zentral auf die Errichtungskompetenzen ankommen.

---

[12] Vgl. *R. Wendt*, Die Einheit der Verwaltung als Rechtsproblem, NwVBl. 1987, 33 (36); *M. Jestaedt*, Grundbegriffe des Verwaltungsorganisationsrechts, in: Hoffmann-Riem/Schmidt-Aßmann/Voßkuhle (Hrsg.), GVwR, Bd. I, 2. Auflage, München 2012, § 14, Rn. 3; *K.F. Gärditz*, Hochschulorganisation und verwaltungsrechtliche Systembildung, Tübingen 2009, 65.

[13] *H. Butzer*, Zum Begriff von Organisationsgewalt. Vom „Hausgut" der Exekutive zum „Hausgut" aller Verfassungsorgane und Autonomieträger?, Die Verwaltung 1994, 157 (161 ff.); *M. Burgi*, Strukturen und Organisationseinheit, in: Ehlers/Pünder (Hrsg.), Allgemeines Verwaltungsrecht, 15. Auflage, Berlin 2016, § 8, 276, Rn. 2. Dazu auch *M. König*, Bildung, Errichtung und Einrichtung von Behörden – am Beispiel des Thüringer Polizeiorganisationsgesetzes, VerwArch 2009, 214 (214). Lediglich begrifflich kompliziert wird die Differenzierung dadurch, dass das Grundgesetz in Art. 84 Abs. 1, 85 Abs. 1 und 86 von „Einrichtung" von Behörden spricht, aber sinngemäß (wie in Art. 87 Abs. 3 richtig bezeichnet) die Errichtung meint. Bei *Kluth*, in: Wolff/Bachof/Stober/Kluth (Fn. 5), § 82, Rn. 117 wird zusätzlich der Begriff der *Bildung* von Funktionssubjekten genannt, der der abstrakten Strukturbestimmung von Organisationstypen vorbehalten ist. So ist etwa die Existenz der Gemeinde als Organisationstyp ganz unabhängig von einer konkreten Gemeinde durch das Grundgesetz und die Gemeindeordnungen vornormiert. Ebenfalls aufgearbeitet von *H.-G. Dederer*, Korporative Staatsgewalt. Integration privat organisierter Interessen in die Ausübung von Staatsfunktionen. Zugleich eine Rekonstruktion der Legitimationsdogmatik, Tübingen 2004, 478 ff. Ferner *H. Kube*, Gesetzgebungskompetenzen im Verwaltungsrecht, in: Kahl/Ludwigs (Hrsg.), Handbuch des Verwaltungsrechts, Bd. III, Verwaltung und Verfassungsrecht, Heidelberg 2022, § 80, Rn. 102.

[14] *Kluth*, in: Wolff/Bachof/Stober/Kluth (Fn. 5), § 82, Rn. 119; *Burgi* (Fn. 13), in: Ehlers/Pünder, § 8, 276, Rn. 2.

[15] *Burgi* (Fn. 13), in: Ehlers/Pünder, § 8, 276, Rn. 2.

[16] *Burgi* (Fn. 13), in: Ehlers/Pünder, § 8, 276, Rn. 2.

§ 3 Der Organisationspflichtbereich

Der Paradigmenwechsel im Verwaltungsorganisationsrecht entsteht historisch mit der Pflichtfähigkeit des Staates und seiner Organe.[1] Die Mehrebenenstruktur des Organisationsrechts ermöglicht eine Einheit der Zurechnung und gleichzeitige *rechtliche* Konstituierung des staatlichen Innenbereichs. Nicht nur wird Bürgern ein einheitliches Haftungssubjekt vorgegeben, vielmehr ist auch eine differenzierte Verantwortungsrückführung auf einzelne Amtsträger möglich.

An diese rechtliche Strukturierung der staatlichen Binnenorganisation knüpfen verfassungsrechtliche Grundentscheidungen an. So wird die nach Art. 20 Abs. 2 GG erforderliche demokratische Legitimationsleistung ermöglicht, die auf der einen Seite an einen einheitlichen Begriff von Staatsgewalt anknüpft,[2] hinsichtlich des in der konkreten Ausübung der Staatsgewalt vermittelten Legitimationsniveaus (Stichwort: Legitimationskette) jedoch auf einen vorstrukturierten Innenbereich angewiesen ist. Die rechtliche Strukturierung des Innenbereichs ist ferner Voraussetzung für die aus dem Rechtsstaatsprinzip und den Justizgrundrechten zu folgernde Kontrollmöglichkeit staatlichen Verhaltens.[3] Zudem stellt sie sicher, dass die sonstigen verfassungsrechtlichen Vorgaben an die staatliche Binnenorganisation (z.B. das Ressortprinzip, die kommunale Selbstverwaltung etc.) auch erfüllt werden.

Die rechtliche Binnenorganisation erfüllt also sowohl nach außen (auf staatliche Einheit) als auch nach innen (auf Verantwortung bei gleichzeitiger Ar-

---

[1] Vgl. bereits oben § 1, VI. Ähnlich auch in Bezugnahme *Wolffs*: *H.H. Rupp*, Grundfragen der heutigen Verwaltungsrechtslehre. Verwaltungsnorm und Verwaltungsrechtsverhältnis, 2. Auflage, Tübingen 1991, 82. Historisch *D. Grimm*, Ursprung und Wandel der Verfassung, in: Isensee/Kirchhof (Hrsg.), HStR, Bd. I, 3. Auflage, Heidelberg 2003, § 1, Rn. 23. Ferner *S. Haack*, Theorie des öffentlichen Rechts, Bd. II, Was bleibt von der Unterscheidung zwischem öffentlichem Recht und Privatrecht, Tübingen 2019, 19 ff. Als eine typisch deutsche Frage rekonstruiert bei *F. Meinel*, Die Legalisierung der Legitimation. Zu einem deutschen Verfassungsproblem, Merkur 2014, 767–779.

[2] Statt vieler die Darstellung bei *T. Kleinlein*, Konstitutionalisierung im Völkerrecht. Konstruktion und Elemente einer idealistischen Völkerrechtslehre, Heidelberg 2012, 143 ff.

[3] Ansätze schon bei *U. Di Fabio*, Risikoentscheidungen im Rechtsstaat – zum Wandel der Dogmatik im öffentlichen Recht, insbesondere am Beispiel der Arzneimittelüberwachung, Tübingen 1994, 448 ff. („Änderung im Gefüge verwaltungsrechtlicher Institutionen“) Ferner *R. Hofmann*, Die Bindung staatlicher Macht, in: Hofmann/Marko/Merli/Wiederin (Hrsg.), Rechtsstaatlichkeit in Europa, Heidelberg 1996, 3 (28).

beitsteilung) wirkende verfassungsrechtliche Anforderungen. So ist Organisation eine notwendige Vorbedingung der Ausübung von Staatsgewalt. Es kann damit – nicht nur tatsächlich, sondern auch rechtlich[4] – keine Ausübung von Staatsgewalt ohne die Erfüllung basaler Organisationsanforderungen geben.[5] Die Staatsgewalt ist, wie *Wolff* es fasste, die physische, psychische und legale Macht der Staatsorganwalter.[6]

Mit dieser auf die herrschaftsbegründende Wirkung des Verfassungsrechts abstellenden Bestimmung wird das Organisations*recht* zur normativen Ordnung, die nicht lediglich die Organisationswirklichkeit reflektiert, sondern Sollenssätze aufstellt.[7] Wenn staatliche Herrschaft organisiert sein *muss*, dann ist ein substanzieller Begriff davon erforderlich, was Teil dieser Herrschaft ist.

---

[4] Die Verfassung fängt damit die „Polykratie" der Gegenwart und die damit einhergehenden sozialen Fragmentierungen normativ wieder ein, so wäre etwa auf den Einwand von *S. Kirste*, Kontexte der Demokratie: Herrschaftsausübung in Arbeitsteilung, VVDStRL (77) 2018, 161 (163 ff.) einer Zerfaserung von Staatlichkeit zu reagieren.

[5] Vgl. *U. Volkmann*, Grundzüge einer Verfassungslehre der Bundesrepublik Deutschland, Tübingen 2013, 18: „Verfassungen müssen „politische Herrschaft umfassend in dem Sinne verrechtlichen, dass es keine Herrschaft neben und außerhalb der Verfassung gibt." Ferner auch *U. Volkmann*, Geltungsanspruch und Wirksamkeit des Grundgesetzes, in: Isensee/Kirchhof (Hrsg.), HStR, Bd. XII, 3. Auflage, Heidelberg 2014, § 256, Rn. 7 ff. Dass man dieses Argument akzeptiert, setzt voraus, dass man sich nicht auf den von *Carl Schmitt* geprägten Standpunkt stellt, die soziale Faktizität des Staates sei seiner rechtlichen Existenz vorgelagert. Dazu etwa *C. Möllers*, Staat als Argument, 2. unveränderte Auflage, Tübingen 2011, 58 ff. Damit korrespondiert ein faktischer Verfassungsbegriff, *Volkmann* (Fn. 5), 10. Wieder anders wird der Diskurs in der Privatrechtstheorie geführt. Dazu *M. Auer*, Der privatrechtliche Diskurs der Moderne, Tübingen 2014, 67 ff. Hier wird in weiten Teilen (gleichwohl mit anderem Erkenntnisinteresse) bereits der Zusammenbruch der Unterscheidung öffentlich-privat anerkannt. Zusammenfassend dazu *A. Somek*, Kategoriale Unterscheidung von Öffentlichem Recht und Privatrecht, VVDStRL (79) 2020, 7 (9 ff.). Kritisch ließe sich freilich anmerken, dass zumindest im Verfassungsrecht einer dekonstruktiven Perspektive Zurückhaltung auferlegt werden müsste. Hier ergeben sich Parallelen zur Methodendiskussion unter § 2.

[6] *H.J. Wolff*, Organschaft und juristische Person. Untersuchungen zur Rechtstheorie und zum öffentlichen Recht, Bd. I, Juristische Person und Staatsperson (Kritik, Theorie und Konstruktion), Berlin 1933, 443.

[7] Dazu etwa *K.F. Gärditz*, Hochschulorganisation und verwaltungsrechtliche Systembildung, Tübingen 2009, 100. Dem steht wiederum nicht entgegen, dass es in einigen Bereichen enge Verschränkungen im Bereich öffentlich-privat geben kann. Dazu etwa für das Steuerrecht *K.-D. Drüen*, Verschränkungen öffentlich-rechtlicher und privatrechtlicher Regime im Verwaltungsrecht, VVDStRL (79) 2020, 127 (135 ff.) und für das Umweltverwaltungsrecht *S. Schlacke*, Verschränkungen öffentlich-rechtlicher und privatrechtlicher Regime im Verwaltungsrecht, VVDStRL (79) 2020, 169 (175 ff.). Auch dass die Wirklichkeit dem nicht immer entsprechen mag, ist noch kein Grund den Systemanspruch aufzugeben. Vgl. auch *S. Haack*, Verlust der Staatlichkeit, Tübingen 2007, 101 ff. Dieser hier vorgetragenen These entspricht wohl auch das Ansinnen *Wollenschlägers* der Darlegung einer „rechtsformunabhängigen Verfassungsbindung". *F. Wollenschläger*, Verwaltungsrecht und Privatrecht, in: Kahl/Ludwigs (Hrsg.), Handbuch des Verwaltungsrechts, Bd. I, Grundstrukturen des deutschen Verwaltungsrechts, Heidelberg 2021, § 15, Rn. 15 ff.

Dieser Geltungsanspruch hat zur Folge, dass es Aufgabe der verfassungsrechtlichen Dogmatik ist, einen *Organisationspflichtbereich* zu bestimmen.

I. Grundlagen

In der Bestimmung des Begriffes der Staatsgewalt unter Rückgriff auf den Begriff der Organisation ist von vornherein eine Selbstbezüglichkeit angelegt, die daher rührt, dass es dem Verfassungsrecht an einem substanziellen Begriff des Staates fehlt.[8] Definiert man etwa die normative Setzung des Organisationspflichtbereiches mit dem Satz „Alle Staatsgewalt muss organisiert sein." so ist es erforderlich, die *Reichweite* der Staatsgewalt zu bestimmen.

Das Grundgesetz definiert Staatsgewalt organisationsbezogen, indem es normiert, dass sie durch die besonderen Organe der Exekutive, Legislative und Judikative ausgeübt wird.[9] Die so entstehende Herrschaft ist territorial ausgerichtet und wird personal legitimiert.[10] Das organisationsrechtliche Problem ist damit aber nicht gelöst: Was unter staatliche „Organe" subsumiert werden kann, erfordert eine vorherige Definition der Staatlichkeit. Dies hat etwa zur Folge, dass die Verfassung eine wesentliche Unterscheidung (Staat // Gesellschaft) voraussetzt, diese aber aufgrund deren begrifflicher Unterkomplexität nicht reflektieren kann. Die Folge davon ist wiederum, wie dieses Kapitel problematisiert, dass bestimmte Formen der Herrschaftsausübung im staatlich-gesellschaftlichen Kooperativbereich einem prekären verfassungsrechtlichen Status unterliegen. Dies mag im Begriff der Staatlichkeit bereits angelegt sein, verlangt aber verfassungsrechtlicher Behandlung.[11]

---

[8] Dies hat *O. Lepsius*, Braucht das Verfassungsrecht eine Theorie des Staates? – eine deutsche Perspektive: Von der Staatstheorie zur Theorie der Herrschaftsformen, EuGRZ 2004, 370 (375) festgestellt. Dies ist auch der Ausgangspunkt der Überlegungen bei *G. Hermes*, Das Öffentliche Recht auf der Suche nach seinem Gegenstand, in: Fachbereich Rechtswissenschaft der Goethe-Universität Frankfurt am Main (Hrsg.), 100 Jahre Rechtswissenschaft in Frankfurt, Frankfurt am Main 2014, 133 ff.

[9] Zu dessen besonders indikativen Gewalt, der sich gerade aus der Verbindung mit der Staatsgewalt-Formel ergibt, *G. Robbers*, in: Kahl/Waldhoff/Walter (Hrsg.), Bonner Kommentar zum Grundgesetz, 214. Aktualisierung, Heidelberg 2021, Art. 20, Rn. 58. Zu dieser Verknüpfung des Staat/Gesellschaft Dualismus und der Formulierung des Demokratieprinzips, *B. Kempen*, Die Formenwahlfreiheit der Verwaltung – Die öffentliche Verwaltung zwischen öffentlichem und privatem Recht, München 1989, 38.

[10] Prägnant zusammenfassend mit entsprechenden Nachweisen etwa *K.F. Gärditz*, Der Bürgerstatus im Lichte von Migration und europäischer Integration, VVDStRL (72) 2013, 49 (52). Die entterritorialisierte (nun: „öffentliche Gewalt") folgt wiederum anderen Gesetzen. Dazu etwa *J. Bast*, Völker- und unionsrechtliche Anstöße zur Entterritorialisierung des Rechts, VVDStRL (76) 2017, 277 (279).

[11] Darauf weist *A. Benz*, Ein Gegenstand auf der Suche nach einer Theorie – ein Versuch, den Wandel des Staates zu begreifen, in: Voßkuhle/Bumke/Meinel (Hrsg.), Verabschiedung und Wiederentdeckung des Staates im Spannungsfeld der Disziplinen, Der Staat Beiheft 2013, 59 (64) hin.

1. Der grundgesetzlich-einheitliche Begriff der Staatsgewalt

Der verfassungsrechtliche Organisationspflichtbereich umfasst im Wesentlichen – das ist durch die entsprechenden verfassungsrechtlichen Regelungen des Art. 20 und des Art. 1 Abs. 3 GG bereits vorgegeben – den Begriff der „Ausübung von Staatsgewalt." Das Grundgesetz knüpft an verschiedenen Stellen an die Staatsgewalt an.[12] Art. 20 GG normiert, dass sie vom Volke ausgeht und durch besondere Organe (Exekutive, Legislative, Judikative) ausgeübt wird. Die Rechtsweggarantie in Art. 19 Abs. 4 GG und Art. 93 Abs. 1 Nr. 4a GG, der die Verfassungsbeschwerdebefugnis regelt, sprechen von „öffentlicher Gewalt." Art. 1 Abs. 3 GG, der die Grundrechtsbindung bestimmt,[13] zählt hingegen die besonderen Organe des Art. 20 Abs. 2 GG auf. Art. 33 Abs. 4 GG spricht – mit dem Begriff der Staatsgewalt verwandt – von „hoheitlichen Befugnissen."[14]

Auch wenn sich die Terminologie im Einzelnen unterscheidet, normiert die Verfassung einen einheitlichen, materiellen und allumfassenden Begriff von Staatsgewalt.[15] Der Staat des Grundgesetzes ist die unabhängig von Funktionen, Aufgaben und Einzelgewährleistungen formal zu bestimmende juristische Person der Bundesrepublik Deutschland.[16] Ihre Staatsgewalt umfasst daher alle rechtserheblichen Tätigkeiten der Organe und Amtspersonen unabhängig von der konkreten Rechts- bzw. Handlungsform im Einzelfall.[17]

In der klassischen Rekonstruktion des Begriffs der Staatsgewalt wird also mit einer formell-organbezogenen Perspektive Staatlichkeit „vom Kopf" her bestimmt, indem man argumentiert, alle Handlungen, die von den Organen

[12] Begriffliche Differenzierung bei *M. Jestaedt*, Demokratieprinzip und Kondominialverwaltung. Entscheidungsteilhabe Privater an der öffentlichen Verwaltung auf dem Prüfstand des Verfassungsprinzips Demokratie, Berlin 1993, 233 ff.

[13] Zu Art. 1 Abs. 3 GG, vgl. *H.-D. Horn*, Die Grundrechtsbindung der Verwaltung, in: Sachs/Siekmann (Hrsg.), Der grundrechtsgeprägte Verfassungsstaat. Festschrift für Klaus Stern, Berlin 2012, 353.

[14] Dies ist im Einzelnen streitig. Vgl. *F. Brosius-Gersdorf*, in: Dreier (Hrsg.), Grundgesetz Kommentar, Bd. II, 3. Auflage, Tübingen 2015, Art. 33, Rn. 152.

[15] *Jestaedt* (Fn. 12), 236 ff. Aus wissenschaftshistorischer Perspektive argumentiert *U. Stelkens*, Verwaltung von der Besatzungszeit bis zur Wiedervereinigung, in: Kahl/Ludwigs (Hrsg.), Handbuch des Verwaltungsrechts, Bd. I, Grundstrukturen des deutschen Verwaltungsrechts, Heidelberg 2021, § 5, Rn. 21, dass die unklare Konturierung des Gewaltbegriffs in Art. 1 Abs. 3 GG und Art. 19 Abs. 4 GG „jedenfalls auch ein Grund, weshalb sich in Rechtsprechung und Verwaltungsrechtswissenschaft erst sehr spät [...] durchsetzen konnte, dass die Verwaltung auch dann vollumfänglich an die Kompetenzordnung und allgemeine verwaltungsrechtliche Grundsätze gebunden ist, wenn sie [...] zur Erfüllung ihrer Aufgaben in einer Art und Weise agiert, die dem Handeln Privater ähnelt [...].

[16] Vgl. auch *Möllers* (Fn. 5), 334. Auch deshalb ist es für das Organisationsrecht nicht unproblematisch, wenn sich Verwaltung internationalisiert. Dies ist aber jenseits des Fokus dieser Arbeit. Dazu etwa *C.D. Classen*, Die Entwicklung eines Internationalen Verwaltungsrechts als Aufgabe der Rechtswissenschaft, VVDStRL (67) 2008, 365 (375).

[17] Vgl. auch *Dreier*, in: ders. (Fn. 14), Art. 20, Rn. 87.

der juristischen Staatsperson ausgehen, können dieser Sphäre zugerechnet werden.[18] Dies führt dann zur Feststellung, dass alle Organe der juristischen Person als *Wolffsches* Zurechnungssubjekt, d.h. nicht nur die Organe von Bund, Ländern und Gemeinden bzw. Gemeindeverbänden, sondern auch alle sonstigen juristischen Personen des öffentlichen Rechts von dem Begriff der Staatsgewalt umfasst sind.[19] Durch die Wahl einer Rechtsform, die durch den gesetzlichen Errichtungs- und Einrichtungsakt parlamentarisch abgesichert ist, wird selbst im Bereich der fakultativen Staatsaufgaben eine Selbstbindung an Grundrechte und verfassungsrechtliche Strukturvorgaben erklärt.

Unproblematisch zu bejahen ist der Bereich der Staatsgewalt daher, wenn der Staat eine Aufgabe durch die Wahl öffentlich-rechtlicher Organisationsformen bereits an sich gezogen hat.[20] In positiver Hinsicht spricht also nichts dagegen, den Staat auch an seinen Organisationswahlentscheidungen zu messen. Freilich gibt es auch hier historische Ausnahmen, etwa Religionsgemeinschaften, die sowohl öffentlich-rechtlich als auch privatrechtlich handeln können.[21] Diese ändern aber nichts an der nur unter gewissen Hürden revidierbaren Grundvermutung für die Zugehörigkeit zum staatlichen Bereich.

2. Privatrechtlich organisierte Staatsgewalt

Anders ist es hingegen in negativer Hinsicht. Hier reicht die rechtsformbezogene Bestimmung der Reichweite der Organisationspflicht nicht aus.[22] Der Arm der Staatsgewalt reicht in die gesellschaftliche Sphäre hinein, etwa wenn er die Verwaltungsfunktion in privatrechtlichen Formen organisiert oder Kooperationen mit der Gesellschaft eingeht. Es kann also sein, dass der Staat in

[18] Dies lässt Parallelen zum unaufgelösten Streit darüber, wie die drei Gewalten voneinander abzugrenzen sind, erkennen. Hier stehen grundsätzlich formell-organbezogene und materiell-aufgabenbezogene Sichtweisen gegeneinander. Für das formelle Verständnis etwa *H. Dreier*, in: ders. (Hrsg.), Grundgesetz Kommentar, Bd. I, 3. Auflage, Tübingen 2013, Art. 1 Abs. 3, Rn. 53; *M. Herdegen*, in: Dürig/Herzog/Scholz (Hrsg.), Grundgesetz Kommentar, München, 95. EL Juli 2021, Art. 1 III, Rn. 119. Materielle Sicht bei *C. Starck*, in: v. Mangoldt/Klein/Starck (Hrsg.), Grundgesetz Kommentar, Bd. I, 7. Auflage, München 2018, Art. 1, Rn. 222: „Der Grundrechtsbindung unterliegt die öffentliche Gewalt, weil sie *öffentliche Aufgaben* erfüllt."

[19] So *Dreier*, in: ders. (Fn. 14), Art. 20, Rn. 86.

[20] Kritisch wohl *Möllers* (Fn. 5), 309 ff.

[21] *M. Burgi*, Entwicklungslinien, in: Ehlers/Pünder (Hrsg.), Allgemeines Verwaltungsrecht, 15. Auflage, Berlin 2016, § 10, Rn. 10.

[22] Umfassend *H. Gersdorf*, Öffentliche Unternehmen im Spannungsfeld zwischen Demokratie- und Wirtschaftlichkeitsprinzip. Eine Studie zur verfassungsrechtlichen Legitimation der wirtschaftlichen Betätigung der öffentlichen Hand, Berlin 2000, 47 ff. Ferner *W. Krebs*, Neue Bauformen des Organisationsrechts und ihre Einbeziehung in das Allgemeine Verwaltungsrecht, in: Hoffmann-Riem/Schmidt-Aßmann (Hrsg.), Verwaltungsorganisationsrecht als Steuerungsressource, Baden-Baden 1997, 339 (349).

Aufgabenerfüllung gleich welcher Art so involviert ist, dass sich die Tätigkeit trotz fehlender Integration in die Verwaltungshierarchie als mit dem Zurechnungs-, Legitimations- und Kontrollerfordernis einhergehende *Staatstätigkeit* darstellt.[23] Hier wäre es durchaus problematisch, wenn der Staat durch Wahl einer bestimmten Organisationsform die Zugehörigkeit einer Tätigkeit zur gesellschaftlichen Sphäre wählen könnte.[24]

Beispielhaft nimmt auch das Bundesverfassungsgericht in stetiger Rechtsprechung an, dass die in Form von Eigen- oder gemischt-öffentlichen Gesellschaften organisierte Verwaltung, bei der ein oder mehrere Verwaltungsträger die gesamten Gesellschaftsanteile halten, grundrechts-, legitimations- und zurechnungsverpflichtet zur öffentlichen Verwaltung zu zählen ist. Es argumentiert hier paradigmatisch, dass anderenfalls „die Frage der Grundrechtsfähigkeit der öffentlichen Hand in nicht geringem Umfang abhängig von den jeweiligen Organisationsformen"[25] wäre. „Ein Betrieb, der ganz der öffentlichen Aufgabe der gemeindlichen Daseinsvorsorge gewidmet ist und der sich in der Hand eines Trägers öffentlicher Verwaltung befindet, stellt daher nur eine be-

---

[23] Das Ziel ist hier nicht etwa diesen Pflichtbereich *aufgabenbezogen* zu bestimmen. Dann würde die Frage lauten, welche Aufgaben der Staat in einem politischen Gemeinwesen notwendigerweise übernehmen muss, welche Fragen also nicht auf gesellschaftliche Akteure delegationsfähig sind. Inhaltlich wird dann darüber gestritten, was den Staat als solchen ausmacht – eine letztlich staatsphilosophische Frage, über die es in einer offenen Verfassungsordnung verschiedene Meinungen geben muss. Klassisch *G. Britz*, Die Mitwirkung Privater an der Wahrnehmung öffentlicher Aufgaben durch Einrichtungen des öffentlichen Rechts – Verwaltungsorganisation zwischen Legitimationserfordernis und Rationalisierungswunsch, VerwArch 2000, 418 (425 ff.). Ferner *E. Schmidt-Aßmann*, Das allgemeine Verwaltungsrecht als Ordnungsidee. Grundlagen und Aufgaben der verwaltungsrechtlichen Systembildung, 2. Auflage, Berlin/Heidelberg 2006, 248, Rn. 5; *W. Weiß*, Privatisierung und Staatsaufgaben. Privatisierungsentscheidungen im Lichte einer grundrechtlichen Staatsaufgabenlehre unter dem Grundgesetz, Tübingen 2002; *H.-G. Dederer*, Korporative Staatsgewalt. Integration privat organisierter Interessen in die Ausübung von Staatsfunktionen. Zugleich eine Rekonstruktion der Legitimationsdogmatik, Tübingen 2004, 480. *Burgi* spricht insoweit von einer „Strukturschaffungspflicht." Vgl. *M. Burgi*, Privat vorbereitete Verwaltungsentscheidungen und staatliche Strukturschaffungspflicht. Verwaltungsverfassungsrecht im Kooperationsspektrum zwischen Staat und Gesellschaft, in: Die Verwaltung 2000, 183–206. Zum Gleichlauf mit dem Begriff des Grundrechtseingriffs, der ebenfalls auf Zurechnung abstellt, *N. Petersen*, Die Eingriffsdogmatik aus deutscher Perspektive: Der Grundrechtseingriff als Zurechnungskategorie, ZÖR 2012, 459 (472 ff.).

[24] Dies hält auch im Rechtsvergleich. Dazu *G. Napolitano*, Handlungsformen, in: v. Bogdandy/Cassese/Huber (Hrsg.), Handbuch Ius Publicum Europaeum, Bd. V, Heidelberg 2014, § 89, Rn. 9. Diskussion auch bei *J. Masing*, Grundrechtsschutz trotz Privatisierung, in: Bäuerle/Dann/Wallrabenstein (Hrsg.), Demokratie-Perspektiven, Festschrift für Brun-Otto Bryde zum 70. Geburtstag, Tübingen 2013, 409 (424).

[25] BVerfGE 45, 63 (80). Diskussion bei *W. Rüfner*, Grundrechtsträger, in: Isensee/Kirchhof (Hrsg.), HStR, Bd. IX, 3. Auflage, Heidelberg 2011, § 196, Rn. 132 ff. Exemplarisch auch *K. Windthorst*, Zur Grundrechtsfähigkeit der Deutschen Telekom AG, VerwArch 2004, 377 ff. bzw. *G. Jochum*, Die Grundrechtsbindung der deutschen Bahn, NVwZ 2005, 779 ff.

sondere Erscheinungsform dar, in der öffentliche Verwaltung ausgeübt wird; er ist in der Frage der Grundrechtssubjektivität [...] nicht anders zu behandeln als der Verwaltungsträger selbst."[26] Dies ist mit dem *bonmot* der „Flucht ins Privatrecht" umschrieben.[27]

Rechtstechnisch wird der staatliche Innenbereich damit unter bestimmten Voraussetzungen auf privatrechtliche Rechtsformen erweitert.[28] Es handelt sich daher um privatrechtlich organisierte, *öffentliche* Verwaltung. Dies ist deshalb richtig, da die Konstitutionalisierung des Organisationsrechts verlangt, dass der verfasste Staat die Reichweite seiner Bindungen eben nicht selbst bestimmen kann. Zuletzt hat das Bundesverfassungsgericht noch einmal klargestellt, dass sich diese Grundrechtsbindung auch auf den Bereich des Verwaltungsprivatrechts erstreckt und selbst („fiskalische") Bedarfsdeckungsgeschäfte umfasst.[29]

Keine Schwierigkeiten hat die formell-organbezogene Betrachtung mit der institutionellen Einbeziehung von Privaten in die öffentliche Verwaltung in der klassischen Form der Beleihung.[30] Beliehene sind Privatrechtssubjekte, die mit der hoheitlichen Wahrnehmung bestimmter Verwaltungsaufgaben betraut sind.[31] Sie werden aber im Rahmen ihrer Aufgabenwahrnehmung als Verwaltungsträger behandelt und sind in diesem Rahmen auch den angesprochenen Organisationspflichten unterworfen.[32]

3. Erfassung von Staatlichkeit im Kooperativbereich

Problematischer ist die Erfassung von Staatlichkeit im Kooperativbereich, in dem der Staat mit gesellschaftlichen Akteuren *gemeinsam* bestimmte Tätigkei-

---

[26] BVerfGE 45, 63 (80). Grundsätze knapp zusammengefasst bei *H. Wißmann*, Grundrechtsbindung im Gewährleistungsstaat – Zur Verortung juristischer Personen des Privatrechts im Öffentlichen Recht, JöR 2017, 41 (48 ff.).

[27] Zuletzt wieder BVerfG NJW 2016, 3153 (3154), Rn. 29. Vgl. auch *F. Kirchhof*, in: Dürig/Herzog/Scholz (Fn. 18), Art. 83, Rn. 138. Der Ausspruch geht wohl auf *F. Fleiner*, Institutionen des deutschen Verwaltungsrechts, 8. Auflage, Tübingen 1928, 326 zurück. Vgl. *F. Becker*, Öffentliches und Privates Recht, NVwZ 2019, 1385 (1391).

[28] Ausführliche Darstellung nun auch bei *D. Ehlers*, Die Grundrechtsbindung der privatrechtsförmigen Verwaltung, in: Kahl/Ludwigs (Hrsg.), Handbuch des Verwaltungsrechts, Bd. III, Verwaltung und Verfassungsrecht, Heidelberg 2022, § 69, Rn. 8 ff.

[29] BVerfG NJW 2016, 3153 (3155), Rn. 30, 31. Vgl. auch *S. Muckel*, Einheimischen-Rabatt in öffentlichen Bädern ist gleichheitswidrig, JA 2016, 954 (956). Die Fachgerichte hatten dies teils anders entschieden, vgl. BVerwG NVwZ 2013, 597.

[30] Dazu siehe auch noch unten. Ferner *Burgi* (Fn. 21), in: Ehlers/Pünder, § 10, Rn. 22.

[31] *Burgi* (Fn. 21), in: Ehlers/Pünder, § 10, Rn. 22; *T. Groß*, Die Verwaltungsorganisation als Teil organisierter Staatlichkeit, in: Hoffmann-Riem/Schmidt-Aßmann/Voßkuhle (Hrsg.), GVwR, Bd. I, 2. Auflage, München 2012, § 13, Rn. 89; *W. Krebs*, Verwaltungsorganisation, in: Isensee/Kirchhof (Hrsg.), HStR, Bd. V, 3. Auflage, Heidelberg 2007, § 108, Rn. 45.

[32] *Burgi* (Fn. 21), in: Ehlers/Pünder, § 10, Rn. 28.

ten ausübt.[33] Beispiele sind etwa die erwerbswirtschaftliche Betätigung in gemischtwirtschaftlichen Unternehmen einerseits, die intermediären Anstalten und Körperschaften, Vereine mit Staatsbeteiligung, Kommissionen,[34] Forschungsträger, Normsetzungsinstitutionen und soziale Organisationen sowie politikgestaltende „Bündnisse" und „Verbünde"[35] andererseits. Für diese nicht-erwerbswirtschaftlich tätigen Organisationen wurde der Begriff des „Dritten Sektors" geprägt.[36] Gemeinsam haben sie, dass sie Mischformen öffentlicher und privater Aufgabenerfüllung darstellen. Beispiele sind etwa die Deutsche Forschungsgemeinschaft, die Lebensmittelbuch-Kommission,[37] Ethikräte,[38]

[33] Ausführlich dazu *U. Di Fabio*, Das Recht offener Staaten. Grundlinien einer Staats- und Rechtstheorie, Tübingen 1998, 95 ff.; *C. Möllers*, Braucht das öffentliche Recht einen neuen Methoden- und Richtungsstreit? VerwArch 1999, 187 (193); *M. Fehling*, Verwaltung zwischen Unparteilichkeit und Gestaltungsaufgabe, Tübingen 2001, 351 ff.; *U. Di Fabio*, Staat im Recht, Tübingen 2020, 4; *S. Storr*, Verfassungsrechtliche Direktiven des demokratischen Prinzips für die Nutzung privatrechtlicher Organisations- und Kooperationsformen durch die öffentliche Verwaltung, in: Bauer/Huber/Sommermann (Hrsg.), Demokratie in Europa, Bd. I, Verfassungsentwicklung in Europa, Tübingen 2005, 411 (413) unterscheidet zwischen vertikaler und horizontaler Kooperation. Klassisch zum Problemkreis schon *M. Morlok*, Informalisierung und Entparlamentarisierung politischer Entscheidungen als Gefährdung der Verfassung?, VVDStRL (62) 2003, 37 (44 f.). Zur Bezeichnung als „Öffentlichkeit" eben nicht als „Verwaltung" richtigerweise *H.-D. Horn*, Erosion demokratischer Öffentlichkeit, VVDStRL (68) 2009, 413 (421 ff.). Rekonstruiert als Entwicklung der 1970er Jahre bei *M. Knauff*, Kontinuität und Diskontinuität im Wirtschaftsverwaltungsrecht, DÖV 2017, 969 (971). Didaktisch *M. Goldhammer*, Grundrechtsberechtigung und -verpflichtung gemischtwirtschaftlicher Unternehmen, JuS 2014, 891 (893 ff.). Die zunehmende Grenzverwischung ist kein deutsches Phänomen. Dazu *R. Caranta*, Democracy, Legitimacy and Accountability – is there a Common European Theoretical Framework, in: Ruffert (Hrsg.), Legitimacy in European Administrative Law. Reform and Reconstruction, Groningen 2011, 177 (184).

[34] Weitere Beispiele bei *T. Groß*, Gremienwesen und demokratische Legitimation, in: Sommermann (Hrsg.), Gremienwesen und staatliche Gemeinwohlverantwortung, Berlin 2001, 17 (27) sowie bei *T. Holzner*, Konsens im Allgemeinen Verwaltungsrecht und in der Demokratietheorie. Untersuchungen zur Phänomenologie gruppenpluraler Konsensverwaltung unter besonderer Berücksichtigung des Sozialrechts als Referenzgebiet, Tübingen 2016, 101. Zur Filmförderungsanstalt, *R. Bähr*, Die Vergabekommission der Filmförderungsanstalt. Struktur und Dynamik des Entscheidungsprozesses, in: Sommermann (Hrsg.), Gremienwesen und staatliche Gemeinwohlverantwortung, Berlin 2001, 39 ff.

[35] Diese bezeichnet *Dederer* (Fn. 23), 25 ff.

[36] *G.F. Schuppert*, Verwaltungswissenschaft. Verwaltung, Verwaltungsrecht, Verwaltungslehre, Baden-Baden 2000, 354 ff.; *C. Reichard*, Der Dritte Sektor. Entstehung, Funktion und Problematik von „Nonprofit"-Organisationen aus verwaltungswissenschaftlicher Sicht, DÖV 1988, 363 (363); *Groß* (Fn. 31), in: Hoffmann-Riem/Schmidt-Aßmann/Voßkuhle, § 13, Rn. 93.

[37] Dazu *S. Rixen*, Legitimationsdefizite des Lebensmittelrechts – Zur demokratischen Legitimation der Deutschen Lebensmittelbuch-Kommission, DVBl. 2014, 949–958.

[38] Hier entsteht eine über die Einbindung privaten Sachverstands weit hinausgehende Problemkonstellation, da ethische Fragen nur schwer wissenschaftlich konzeptualisierbar sind. Dazu *R. Poscher*, Was Juristen besser können als Ethiker: Ein interdisziplinäres Argument für die gerichtliche Kontrolle von Ethikkommissionen, in: Vöneky/Beylage-Haarmann/

das Rote Kreuz etc.[39] Weitere Anwendungsfälle entstehen durch das Unionsrecht.[40]

Entscheidend ist, dass diese hybriden Organisationseinheiten unter staatlicher Mitwirkung an öffentlicher Aufgabenerfüllung teilhaben. Dies meint nicht nur unmittelbar bindende Entscheidungen gegenüber Bürgerinnen und Bürgern. Zentral ist dabei auch der Bereich der Definition von allgemeingültigen Normen und Standards, auf die sich im zweiten Schritt staatliche Akteure berufen.[41] Sie werden damit nicht nur in eigener Sache tätig, sondern erweitern ihren Wirkungskreis auf Organisationsfremde.[42] Hybride Einheiten erreichen dabei in der Regel nicht die institutionelle Verfestigung in spezifisch *staatlicher* Aufgabenerfüllung wie etwa Beliehene, sind aber doch funktional in manchen Aspekten ihrer Tätigkeit Teil der öffentlichen Verwaltung, so dass sich die Frage ihrer Gemeinwohlverantwortung stellt.[43]

Das entscheidende Problem ist hier, dass der zurechnungs-, legitimations-, kontroll-, grundrechts-; sprich: organisations*pflichtige* Staat sich in einem Rechtsträger begegnet mit der gegenüber allen hier dargestellten Elementen *berechtigten* Gesellschaft. Es entsteht also ein Dilemma.[44] Nimmt man die Zugehörigkeit zur gesellschaftlichen Sphäre an, so wäre der Staat durch die Hin-

---

Höfelmeier/Hübler (Hrsg.), Ethik und Recht. Die Ethisierung des Rechts, Berlin/Heidelberg 2013, 433 (434 ff.). Zu diesem Beispiel ferner *M. Herdegen*, Informalisierung und Entparlamentarisierung politischer Entscheidungen als Gefährdung der Verfassung?, VVDStRL (62) 2003, 7 (14). Ferner *E. Bokelmann*, Die Ethik-Kommission bei der Landesärztekammer Hessen, in: Sommermann (Hrsg.), Gremienwesen und staatliche Gemeinwohlverantwortung, Berlin 2001, 101 ff. Affirmativ dagegen aber *S. Rixen*, Die Wiedergewinnung des Menschen als demokratisches Projekt: Partizipationsfreundliche Organisation biopolitischer Differenz, in: Rixen (Hrsg.), Die Wiedergewinnung des Menschen als demokratisches Projekt, Bd. II, Partizipationsfreundliche Institutionenarrangements und wahrheitsorientierte Biopolitik, Tübingen 2018, 1 (37).

39 Weitere Beispiele bei *Schmidt-Aßmann* (Fn. 23), 101. Zum Beispiel des Goethe Instituts als eingetragener Verein vgl. *Burgi* (Fn. 21), in: Ehlers/Pünder, § 10, Rn. 8.

40 *M. Ludwigs*, Europäisierung des Verwaltungsrechts, in: Kahl/Ludwigs (Hrsg.), HVwR, Bd. I, Heidelberg 2021, § 8, Rn. 26.

41 Schön bei *R.P. Schenke*, Rechtsquellen des Verwaltungsrechts, in: Kahl/Ludwigs (Hrsg.), Handbuch des Verwaltungsrechts, Bd. I, Grundstrukturen des deutschen Verwaltungsrechts, Heidelberg 2021, § 7, Rn. 62 ff.: „Nicht-Recht als Rechtsquelle."

42 Zur Entstehung eines Legitimationsproblems aus dieser Fremdbindung (allerdings auf den überstaatlichen Kontext bezogen), vgl. *O. Lepsius*, Standardsetzung und Legitimation, in: Möllers/Voßkuhle/Walter (Hrsg.), Internationales Verwaltungsrecht. Eine Analyse anhand von Referenzgebieten, Tübingen 2007, 345 (356 ff.).

43 *Dederer* (Fn. 23), 360 ff. *K.-P. Sommermann*, Gremienwesen und staatliche Gemeinwohlverantwortung – Eine Einführung, in: Sommermann (Hrsg.), Gremienwesen und staatliche Gemeinwohlverantwortung, Berlin 2001, 9 ff. Hybride Konstruktionen (nach der Darstellung der Grundrechtsbindung Beliehener) werden allerdings bei *F.E. Schnapp/ M. Kaltenborn*, Grundrechtsbindung nichtstaatlicher Institutionen, JuS 2000, 937 ff. gänzlich ausgespart.

44 *Dreier*, in: ders. (Fn. 18), Art. 19 III, Rn. 77. Zuordnungsschwierigkeiten beschreibt auch *Kirste* (Fn. 4), 166.

tertür (marginaler) privater Beteiligung doch in der Lage, sich seiner Bindungen zu entledigen. Nähme man hingegen an, dass auch im staatlich-gesellschaftlichen Kooperativbereich Staatsgewalt ausgeübt werde, so würde man die grundrechtliche Freiheitssphäre der beteiligten Akteure womöglich unzulässig beschneiden.[45] Hier lassen sich zwei verschiedene Konstellationen der Zuordnung unterscheiden.

(1) Die erste Konstellation beschreibt die Organisation der Verwaltungstätigkeit in privatrechtlicher Form in Kooperation mit gesellschaftlichen Akteuren.[46] Die Rechtsprechung hat hier insbesondere für die Wirtschaftsbetätigung des Staates Grundsätze entwickelt, wie eine Zuordnung zur öffentlichen respektive privaten Sphäre möglich sein soll. Hier kommt es im Ergebnis auf eine gesellschaftsrechtliche Position an, nämlich inwieweit der Staat sich im Hinblick auf ein Unternehmen in einer beherrschenden Stellung befindet, wobei im Wesentlichen an das Vorhandensein einer Mehrheitsbeteiligung abgestellt wird.[47] In diesem Bereich muss dann die Zuordnung von Entscheidungsbeiträgen wie im staatlichen Innenbereich erfolgen. Diese Rechtsprechung ist systematisch richtig, da sie gleichzeitig das Maximum darstellt, das eine *organbezogene* Definition von Staatlichkeit leisten kann: Die Aussage „Staatlich ist auch, was von staatlichen Organen beherrscht wird." lässt sich unproblematisch auch aus der Perspektive der Zurechnungsklarheit vertreten.

(2) Problematischer hingegen ist es, wenn gesellschaftliche Organisationsformen verwendet werden, aber funktional (etwa durch die Erfüllung einer bestimmten Aufgabe oder einer nicht mit rechtlichen Kategorien erfassbaren aber faktisch-kontrollierenden Stellung) eine Zuordnung zur öffentlichen Sphäre geboten ist. Von daher kann es passieren, dass sich eine Tätigkeit – obwohl sie sich nach der auf das Kriterium der Beherrschung abstellenden Abgrenzung von Staat und Gesellschaft als zur gesellschaftlichen Sphäre und damit nicht zur Verwaltungsorganisation zugehörig – als qualitativ organisationspflichtig zeigt. Dies stellt sich als ein Problem der Entstaatlichung politischer Herrschaft dar. Es stellt sich also die Frage, wann das „Politische" (als kollektiv Verbindliches) in eigentlich gesellschaftlichen Organisationsformen so stark wird, dass dies Auswirkungen auf den Definitionsbereich der Staatlichkeit haben muss.

Das Verfassungsrecht ist hier auf eine Grenzziehung zwischen Staat und Gesellschaft angewiesen, die aus sich selbst heraus ihre Plausibilität verliert. Insbesondere *Ernst Forsthoff* hat auf diesen Umstand hingewiesen. Begreift man nach ihm die Verwaltung als *Arbeitsvorgang*, so „wird die Sonderung der Staatsorganisation von privaten Organisationen stark relativiert." Freilich un-

[45] *Dreier*, in: ders. (Fn. 14), Art. 20, Rn. 77.
[46] Insbesondere aufgearbeitet von *Dederer* (Fn. 23), 253 ff.
[47] Dazu sogleich in diesem Kapitel, II.

ter anderen normativen Vorzeichen hielt er es für „verfehlt, nach unterscheidenden Kriterien dort zu suchen, wo solche nicht mehr bestehen, oder jedenfalls die herkömmlichen Formen nicht mehr Stich halten.“[48]

Eine solche Auffassung ist wiederum mit einer normativen Sicht nicht kompatibel.[49] Selbst wenn es sich bei dem neuzeitlichen Staatsbegriff um eine „alte Matrix“[50] handelt: Nimmt man die herrschaftsbegründende Wirkung der Verfassung ernst, so ist die Aufrechterhaltung von unterscheidenden Kriterien entgegen sozialer Wirklichkeit systematisch geboten. Diesen Versuch unternimmt das geltende Verfassungsrecht mit der Grenzbestimmung der organisationspflichtigen Staatlichkeit. Der Staat geht verfassungsdogmatisch aus der Breite der Gesellschaft hervor, sondert sich von ihr aber gleichzeitig ab. An den Rändern dieser Unterscheidung gibt es hybride Phänomene, deren Zuordnung Schwierigkeiten bereitet. Aus der hier gewählten Perspektive hat dieser Versuch Erfolg, wenngleich ein Preis in Form eines Reflexionsdefizits zu entrichten ist.

II. Die Grenzbestimmung der organisationspflichtigen Staatlichkeit

Die Verfassung zieht also im Hinblick auf den Staatsbegriff eine *formell-organbezogene* Grenze, die gleichzeitig die Reichweite der Organisationspflicht bestimmt. Dies gilt zunächst im Sinne einer Organisationsbreite, wobei dies an die bereits angesprochene Unterscheidung von Staat und Gesellschaft anschließt.

Geht man zudem davon aus, dass in sozialen Organisationen wie der öffentlichen Verwaltung zuweilen vom Recht nur schwer erfassbare Wirkungsbeziehungen begründet werden,[51] so ist nicht nur eine Begrenzung in die Breite, sondern auch in die Tiefe erforderlich. Nicht jede Handlung innerhalb der sozialen Organisation „öffentliche Verwaltung“ kann zurechnungspflichtig im obigen Sinne sein, da dies die für die Tätigkeit der Organisation erforderlichen informellen Koordinationsbeziehungen verunmöglichen würde. Erforderlich ist daher eine Beschränkung in der Organisationstiefe, die das Bundesverfassungsgericht insbesondere beim Legitimationserfordernis ausgearbeitet hat.

---

[48] *E. Forsthoff*, Lehrbuch des Verwaltungsrechts, Bd. I, 10. Auflage, München 1973, 439.

[49] Dazu schon ausführlich oben, § 1, VI. 2.

[50] *Di Fabio* (Fn. 33), 7.

[51] Dazu schon oben § 2. Eine Rekonstruktion des Gesellschaftlichen als Ordnung sozialer Beziehungen und dessen Implikationen auf die Trennung von Staat und Gesellschaft findet sich bei *S. Schönberger*, Wandel des Verhältnisses von Staat und Gesellschaft – Folgen für Grundrechtstheorie und Grundrechtsdogmatik, VVDStRL (79) 2020, 291 (294 ff.).

1. Organisationsbreite: Die Unterscheidung von Staat und Gesellschaft

Die verfassungsdogmatische Aufgabe ist also eine Grenzbestimmung des Bereichs der Staatlichkeit in den Bereichen, in denen Staat und Gesellschaft auch institutionell verschränkt sind. Hier stehen sich innerhalb von juristischen Personen organisationspflichtiger Staat und organisationsberechtigte Gesellschaft gegenüber. Interessant für die Bestimmung einer Organisationspflicht ist also nicht der Kernbereich der öffentlich-rechtlichen Organisationsformen, sondern der Randbereich, in dem die Zuordnung zwischen Staat und Gesellschaft unklar bleibt.[52]

Hier ist sich mit dem theoretischen Problem auseinanderzusetzen, dass soziale Organisation trennscharfer Unterscheidungen entbehrt, die Verfassungsdogmatik jedoch auf klare Unterscheidungen angewiesen ist. Einheiten und Akteure können, obwohl sie Gemeinwohlaufgaben wahrnehmen, entweder zur grundrechtsberechtigten Sphäre der Gesellschaft oder zur grundrechtsverpflichteten Staatsorganisation gehören, aber nicht zu beiden zugleich.[53] Die Dichotomie zwischen Staat und Gesellschaft wirkt daher in vielen Hinsichten wie eine theoretische Wasserscheide, von deren Bestimmung auch die Reichweite des verfassungsrechtlichen Zurechnungs-, Legitimations-, und Kontrollerfordernisses, kurz: der Organisationspflichten abhängt. Dies hat jedoch zur Konsequenz, dass die Trennschärfe der verfassungsrechtlichen Kategorie die realweltlichen Phänomene unvermeidlich nur unzureichend erfassen kann.

a) Die verfassungsdogmatische Unterscheidung von Staat und Gesellschaft

Die Ordnung des Grundgesetzes setzt die Unterscheidung von Staat und Gesellschaft voraus.[54] Dies rührt daher, dass die zentralen Bestimmungen des Grundgesetzes wie die Grundrechte und das Demokratieprinzip antagonistisch konstruiert sind.[55] Ein gebundener und verpflichteter Staat wird von der

---

[52] Klassisch schon *H.H. Rupp*, Die Unterscheidung von Staat und Gesellschaft, in: Isensee/Kirchhof (Hrsg.), HStR, Bd. II, 3. Auflage, Heidelberg 2004, § 31, Rn. 44 ff.

[53] Mit *Badura* könnte man sagen, dass die Grenze zwischen Staat und Gesellschaft die „Differenzierung der menschlichen Vergesellschaftung [ist], deren Stabilisierung der Verfassungsstaat anstrebt." *P. Badura*, Verfassung und Verfassungsgesetz, in: Ehmke/Kaiser/Kewenig/Meessen/Rüfner (Hrsg.), Festschrift für Ulrich Scheuner zum 70. Geburtstag, Berlin 1973, 19 (28). Vgl. auch *S. Unger*, Das Verfassungsprinzip der Demokratie. Normstruktur und Norminhalt des grundgesetzlichen Demokratieprinzips, Tübingen 2008, 272. Ferner *M. Herdegen*, Das Grundgesetz im Gefüge des westlichen Konstitutionalismus, in: Herdegen/Masing/Poscher/Gärditz (Hrsg.), Handbuch des Verfassungsrechts. Darstellung in transnationaler Perspektive, München 2021, § 1, Rn. 43; Klassisch *K. Hesse*, Bemerkungen zur heutigen Problematik und Tragweite der Unterscheidung von Staat und Gesellschaft, DÖV 1975, 437 ff.

[54] Darstellung bei *W. Kahl*, Die rechtliche Bedeutung der Unterscheidung von Staat und Gesellschaft, Jura 2002, 721 (722); *Möllers* (Fn. 5), 333 ff.; *Krebs*, in: Hoffmann-Riem/Schmidt-

berechtigten und freien Gesellschaft unterschieden. Zwischenformen kann es deshalb nicht geben, da kein Akteur gleichzeitig grundrechtsberechtigt und verpflichtet sein kann. Auch wenn dieser klassisch als „Konfusionsargument" bezeichnete *topos* aufgrund seiner Unterkomplexität zuweilen kritisiert wird,[56] bleibt er in der Sache richtig.[57]

Teils ist diese Unterscheidung von Staat und Gesellschaft eine Besonderheit der deutschen Verfassungsdogmatik, die sich wiederum aus der historischen Lage erklärt.[58] Während sich die bürgerlichen Revolutionen in den Vereinigten Staaten und in Frankreich den Staat als politischen Raum der Selbstbestimmung erkämpft hatten, gab man sich auf deutschem Staatsgebiet mit der Garantie einer staatsfreien Freiheits- (insbesondere Eigentums-)sphäre zu-

---

Aßmann (Fn. 22), 349; *Unger* (Fn. 53), 274, Fn. 412; *Groß* (Fn. 31), in Hoffmann-Riem/Schmidt-Aßmann/Voßkuhle, § 13, Rn. 6. Aus der organisationsrechtlichen Literatur ferner *H.-D. Horn*, Staat und Gesellschaft in der Verwaltung des Pluralismus. Zur Suche nach Organisationsprinzipien im Kampf ums Gemeinwohl, Die Verwaltung 1993, 545 (541 ff.). Differenzierend aus grundrechtlicher Sicht *S. Muckel*, Wandel des Verhältnisses von Staat und Gesellschaft – Folgen für Grundrechtstheorie und Grundrechtsdogmatik, VVDStRL (79) 2020, 245 (247 ff.). Zur Erhaltung der Unterscheidung als „Staatsaufgabe", vgl. *R. Herzog*, Ziele, Vorbehalte und Grenzen der Staatstätigkeit, in: Isensee/Kirchhof (Hrsg.), HStR, Bd. IV, 3. Auflage, Heidelberg 2006, § 72, Rn. 88. Im Zuge der Modernisierung der Staatlichkeit ferner *H.A. Wolff*, Die Bedeutung der Unterscheidung von Staat und Gesellschaft – Herkunft, Entwicklung, verfassungsrechtliche Relevanz, in: Hill/Schliesky (Hrsg.), Neubestimmung der Privatheit, Baden-Baden 2014, 25 (33 ff.).

[55] *J. Isensee*, Grundrechte und Demokratie. Die polare Legitimation im grundgesetzlichen Gemeinwesen, Der Staat 20 (1981), 161 (166).

[56] Dazu etwa *T. Kingreen*, Das Verfassungsrecht der Zwischenschicht. Die juristische Person zwischen grundrechtsgeschützter Freiheit und grundrechtsgebundener Macht, JöR 2017, 1 (6 ff.). Ferner *D. Merten*, Das konfuse Konfusionsargument, DÖV 2019, 41 (41); *Muckel* (Fn. 54), 253 ff. Differenzierend *M. Ludwigs/C. Friedmann*, Die Grundrechtsberechtigung juristischer Personen nach Art. 19 III GG, JA 2018, 807 (812). Richtigerweise kritisch im Hinblick der Erstreckung auf Private im Kontext der Stadionverbotsentscheidung des BVerfG: *C. Smets*, Die Stadionverbotsentscheidung des BVerfG und die Umwälzung der Grundrechtssicherung auf Private, NVwZ 2019, 34 (37). Differenzierend wiederum *Muckel* (Fn. 54), 273 ff. Ferner *P. Wiater*, Verwaltungsverfahren durch Private? Ein neuer Blick auf grundrechtsdogmatische Folgen des Stadionverbots-Beschlusses des Bundesverfassungsgerichts, JZ 2020, 379 ff. Weitere Nachweise bei *Goldhammer* (Fn. 33), 894.

[57] So wohl auch *Möllers* (Fn. 5), 307. Ausführliche Diskussion bei *Rüfner* (Fn. 25), in: Isensee/Kirchhof, § 196, Rn. 109 ff. Anders aber *F.E. Schnapp*, Zur Grundrechtsberechtigung juristischer Personen des öffentlichen Rechts, in: Merten/Papier (Hrsg.), HGR, Bd. II, Grundrechte in Deutschland – Allgemeine Lehren I, Heidelberg 2006, § 52, Rn. 27 ff.

[58] Ausführlich dazu *U. Volkmann*, Solidarität – Programm und Prinzip der Verfassung, Tübingen 1999, 93 ff. Hier lässt sich wiederum zwischen einer auf *Isensee* zurückgehenden Trennungstheorie (*J. Isensee*, Subsidiaritätsprinzip und Verfassungsrecht. Eine Studie über das Regulativ des Verhältnisses von Staat und Gesellschaft, 2. Auflage, Berlin 2001, 149 ff.) und einer von Böckenförde vertretenen Distinktionstheorie (*E.-W. Böckenförde*, Die verfassungstheoretische Unterscheidung von Staat und Gesellschaft als Bedingung der individuellen Freiheit, Opladen 1973) unterscheiden. Darstellung bei *Kahl* (Fn. 54), 721 (722).

frieden.[59] Selbst als die konstitutionelle Monarchie schon den Begriff des Gesetzesvorbehaltes kannte und verwendete, galt das Parlament lediglich als Forum gesellschaftlicher *Mit*bestimmung, nicht als eigenes dem Staat zugehöriges Organ.[60] In diesem Rahmen kommt die Konstruktion des Staates als juristische Person als ein emanzipatives Element daher. Es signalisiert dessen Unverfügbarkeit: Zwar nicht der Staat des Volkes, aber eben auch nicht mehr der des Monarchen.[61]

Die apersonale Konstruktion des Staates diente mithin dazu, den Konflikt zwischen souveränem Volk und Souverän einzuhegen. Der Staat war sowohl vom Monarchen als auch von der Gesellschaft abgelöst und schwebte – als juristisches Konstrukt – über den Konfliktparteien.[62] Als dogmatischer Rest überdauerte diese apersonale Konstruktion insbesondere durch den Einfluss von *Wolff* (vgl. § 2) die demokratische Wendung der Verfassung.

Das Grundgesetz setzt sich damit freilich in Gegensatz zur sozialen Wirklichkeit. Staat und Gesellschaft gehen auseinander hervor. Sie sind zwei Sphären, die aufs engste miteinander verschränkt sind.[63] Dies gilt nicht nur in soziologischer Betrachtung, auch das Verfassungsrecht kennt etwa bei der Grundrechtsfähigkeit öffentlich-rechtlich organisierter Träger (sog. Ausnahmetrias von Kirchen, Hochschulen, Rundfunk)[64] oder bei politischen Parteien Zwischenphänomene.[65] Es formuliert damit mit der Unterscheidung von Staat und Gesellschaft eine notwendige Bedingung, die es selbst nicht einlösen kann.

Zu dieser klaren verfassungsdogmatischen Zuordnung von Staat und Gesellschaft hat sich das Bundesverfassungsgericht in der *Fraport*-Entschei-

---

[59] *H.H. Rupp*, Die Unterscheidung von Staat und Gesellschaft, in: Isensee/Kirchhof (Hrsg.), HStR, Bd. II, 3. Auflage, Heidelberg 2004, § 31, Rn. 6.

[60] Deutlich bei *G. Jellinek*, Allgemeine Staatslehre, 3. Auflage, 7. Neudruck der Ausgabe von 1928, Bad Homburg 1960, 578 ff.

[61] Vgl. *D. Jesch*, Gesetz und Verwaltung. Eine Problemstudie zum Wandel des Gesetzmäßigkeitsprinzipes, 2. Auflage, Tübingen 1968, 76 ff. Vgl. auch *J. Ipsen*, Staat und Staatsrecht, in: Ipsen/Kaufhold/Wischmeyer, Staatsrecht, Bd. I, Staatsorganisationsrecht, 32. Auflage, München 2020, § 1, Rn. 12.

[62] *Rupp* (Fn. 59), in: Isensee/Kirchhof, § 31, Rn. 7; *F.E. Schnapp*, Grundbegriffe des öffentlichen Organisationsrechts, Jura 1980, 68 (70 ff.). Dazu auch *J. Isensee*, Staat und Verfassung, in: Isensee/Kirchhof (Hrsg.), HStR, Bd. II, 3. Auflage, Heidelberg 2004, § 15, Rn. 163.

[63] *Rupp* (Fn. 59), in: Isensee/Kirchhof, § 31, Rn. 26. Paradigmatisch auch *N. Luhmann*, Die Unterscheidung von Staat und Gesellschaft, in: ders. (Hrsg.), Soziologische Aufklärung, Bd. IV, Beiträge zur funktionalen Differenzierung der Gesellschaft, 5. Auflage, Wiesbaden 2018, 65 (68–69).

[64] Zur sog „Ausnahmetrias" *Dreier*, in: ders. (Fn. 18), Art. 19 III, Rn. 60; ferner *Ludwigs/Friedmann* (Fn. 56), 807 (811); *S. Muckel*, Grundrechtsberechtigung und Grundrechtsverpflichtung – Wer kann sich auf Grundrechte berufen und wer wird durch sie verpflichtet?, JA 2020, 411 (413).

[65] *Möllers* (Fn. 5), 299.

dung und dessen Folge eindeutig bekannt.[66] Ihren gegenwartsbezogenen Kern erhält sie über eine spezifisch *organisationsrechtliche* Begründung.[67] Entscheidend ist auch hier die Art und Weise wie unter der Ordnung des Grundgesetzes die Zurechnung erfolgt. Diese knüpft sich eben nicht an materielle, sondern lediglich an formale Kriterien. Die Reichweite staatlicher Organisationspflichten bestimmt sich nicht nach der Stoßrichtung des staatlichen Handelns oder anderen materiellen Kriterien von Staatlichkeit.[68] Weder ist eine graduelle Grundrechtsberechtigung und -verpflichtung denkbar, die etwa die Intensität des gewährleisteten Grundrechtsschutzes vom Maß der Staatsbeteiligung abhängig macht.[69] Noch erscheint eine einzelfallbezogene Zuordnung praktikabel, die die Grundrechtsberechtigung an die konkrete Aufgabenwahrnehmung (staatliche Zuständigkeiten gegenüber grundrechtlicher Freiheit) knüpft.[70]

In der Folge bedeutet dies, dass alle Rechtssubjekte eindeutig entweder der staatlichen oder der gesellschaftlichen Sphäre zugeordnet werden müssen.[71] Die Rechtsordnung blendet die Hybridität der sozialen Organisation bewusst aus, um zu Ergebnissen zu kommen, die vom Recht verarbeitet werden können.[72] Die Zuordnung zur gesellschaftlichen oder staatlichen Sphäre kann nur

---

[66] BVerfGE 128, 226 (246, Rn. 52). Besprechung etwa bei *R. Müller-Terpitz*, BVerfGE 128, 226 – Fraport AG: Kleine Aktion mit großer (rechtlicher) Wirkung, in: Menzel/Müller-Terpitz (Hrsg.), Verfassungsrechtsprechung, Ausgewählte Entscheidungen des Bundesverfassungsgerichts in Retrospektive, 3. Auflage, Tübingen 2017, 896 ff. Bestätigt in BVerfG, NJW 2016, 3153 (3154), Rn. 27, 28. Kritisch aber *Kingreen* (Fn. 56), 15.

[67] *Möllers* argumentiert in dieser Hinsicht: „Seine argumentative Funktion erhält der Staatsbegriff in diesem Kontext also dann wenn er von weitergehenden staatstheoretischen oder organisationssoziologischen Anschlußmöglichkeiten, die ihrerseits nicht im Verfassungsrecht zu fundieren sind, freigehalten wird. Der vom Grundgesetz normierte Staat ist nicht der Staat einer bestimmten Staatsaufgaben- oder Hoheitstheorie, sondern der Staat Bundesrepublik Deutschland, dessen Handeln im Regelfall als staatliches identifiziert werden kann.“ *Möllers* (Fn. 5), 334.

[68] Neuere Entwicklungen skizziert *W. Kahl*, Die Grundrechtsberechtigung gemischtwirtschaftlicher Unternehmen – Neuere Entwicklungen im deutschen und europäischen Recht, in: Lisson/Strzelbicki (Hrsg.), Panstwo a gospodarka. Festschrift für Bożena Popowska, Poznan 2020, 251 ff.

[69] So etwa *H.P. Bull*, Die Staatsaufgaben nach dem Grundgesetz, Frankfurt am Main 1973, 98. Dagegen *Gersdorf* (Fn. 22), 158.

[70] So aber *B. Remmert*, in: Dürig/Herzog/Scholz (Fn. 18), Art. 19 III, Rn. 65. Kritik schon bei *Dreier*, in: ders. (Fn. 18), Art. 19 III, Rn. 73.

[71] Insoweit geht eine Kritik, die sich nicht am Organisationsrecht abarbeitet insoweit fehl, als es ja zutreffen mag, dass die juristische Person normativ selbstverständlich keine eigene Existenz verdient, dies aber nicht gleichzeitig bedeutet, dass sie zur sozialen Organisation natürlicher Personen nicht erforderlich wäre. Vgl. etwa bei *Kingreen* (Fn. 56), 24 ff.

[72] Dieser bewusst ausgeblendete Bereich kehrt in einem zweiten Schritt als das Problem der politischen Herrschaft außerhalb des formellen Organisationsrahmens zurück und muss entsprechend verfassungsrechtlich eingefangen werden. Dazu unten, III.

mit einem dichotom-pauschalen Urteil erfasst werden,[73] das wie die Pole eines Magneten stets zu einem Ende strebt.[74]

b) *Abgrenzungskriterium: Beherrschung*

Setzt man damit voraus, dass es bei der Frage der Zugehörigkeit zu Staat oder Gesellschaft für jede Organisationseinheit eine klare Antwort geben muss, so wird die insbesondere in der *Fraport*-Entscheidung enthaltene Differenzierung des Bundesverfassungsgerichts verständlich. Ohne Zwischentöne stellt das Gericht klar: „Von der öffentlichen Hand beherrschte gemischtwirtschaftliche Unternehmen in Privatrechtsform unterliegen ebenso wie im Alleineigentum des Staates stehende öffentliche Unternehmen, die in den Formen des Privatrechts organisiert sind, einer unmittelbaren Grundrechtsbindung."[75] Das Gericht akzeptiert damit das oben umschriebene Dilemma und entscheidet sich für den Grundrechtsverlust der privaten Anteilseigner, soweit und sofern die Gesellschaft durch öffentliche Anteilseigner beherrscht wird.[76]

Das Merkmal der Beherrschung sieht das Gericht erfüllt, soweit sich mehr als die Hälfte der Anteile im Eigentum der öffentlichen Hand befinden.[77] Die 50-prozentige Beteiligung wirkt also unabhängig von den gesellschaftsrechtlichen Regelungen als Wasserscheide:

„Das Kriterium der Beherrschung mit seiner Anknüpfung an die eigentumsrechtlichen Mehrheitsverhältnisse stellt danach nicht auf konkrete Einwirkungsbefugnisse hin-

[73] Im Hinblick auf die Grundrechtsberechtigung *Dreier*, in: ders. (Fn. 18), Art. 19 III, Rn. 73–78. Im Ergebnis mit Auseinandersetzung mit dem verwaltungsrechtlichen Reformprojekt auch *J.P. Schaefer*, Die Umgestaltung des Verwaltungsrechts. Kontroversen reformorientierter Verwaltungsrechtswissenschaft, Tübingen 2000, 303.

[74] Zu diesem Bild *W. Spannowsky*, Öffentlich-rechtliche Bindungen gemischt-wirtschaftlicher Unternehmen, ZHR 1996, 560 (569).

[75] BVerfGE 128, 226 (Ls. 1). Zur früheren Diskussion siehe zusammenfassend mit weiteren Hinweisen *Storr*, in: Bauer/Huber/Sommermann (Fn. 33), 416 ff. sowie *W. Rüfner*, Grundrechtsadressaten, in: Isensee/Kirchhof (Hrsg.), HStR, Bd. IX, 3. Auflage, Heidelberg 2011, § 197, Rn. 79 ff. Diskussion der Fraport-Entscheidung mit Alternativvorschlägen: *Hermes*, in: Fachbereich Rechtswissenschaft der Goethe-Universität Frankfurt am Main (Fn. 8), 143 ff. Bekräftigt bei *P.M. Huber*, Keine Grundrechtsfähigkeit öffentlich beherrschter Unternehmen, in: Ludwigs (Hrsg.), Regulierender Staat und konfliktschlichtendes Recht. Festschrift für Matthias Schmidt-Preuß zum 70. Geburtstag, Berlin 2018, 87 (90). Auf die damit ausgeblendete Problematik materieller Privatisierung in diesem Kontext hinweisend *Masing*, in: Bäuerle/Dann/Wallrabenstein (Fn. 24), 421 ff.

[76] Dazu auch *F. Wollenschläger*, Verfassungsrechtliche Grundlagen des Öffentlichen Wirtschaftsrechts, in: Schmidt/Wollenschläger (Hrsg.), Kompendium Öffentliches Wirtschaftsrecht, 5. Auflage, Berlin/Heidelberg 2019, 63 (69 ff.). Zur Darstellung dieses Arguments schon *P. Selmer*, Zur Grundrechtsberechtigung von Mischunternehmen, in: Merten/Papier (Hrsg.), HGR, Bd. II, Grundrechte in Deutschland – Allgemeine Lehren I, Heidelberg 2006, § 53, Rn. 19 ff.

[77] BVerfGE 128, 226 (246 f., Rn. 53).

sichtlich der Geschäftsführung ab, sondern auf die Gesamtverantwortung für das jeweilige Unternehmen: Anders als in Fällen, in denen die öffentliche Hand nur einen untergeordneten Anteil an einem privaten Unternehmen hält, handelt es sich dann grundsätzlich nicht um private Aktivitäten unter Beteiligung des Staates, sondern um staatliche Aktivitäten unter Beteiligung von Privaten."[78]

Dass es unter Umständen auch bei einer Mehrheitsbeteiligung zu einem tatsächlichen Kontrollverlust über das Unternehmen kommen kann, etwa durch die gesellschaftsrechtlichen Regelungen der Arbeitnehmermitbestimmung, lässt das Gericht damit unberücksichtigt.[79] Die Mehrheitsbeteiligung löst insoweit eine staatliche Gesamtverantwortung aus, die sich auch im Sinne der hier dargestellten Organisationspflicht deuten lässt.

Diese allgemeine systematische Zuordnung durch das Bundesverfassungsgericht geht insoweit auch der möglichen Spezialwirkung der Art. 87 ff. voraus, die Privatisierungsgebote von Verfassungsrang normieren.[80] Hier induziert allerdings die Verfassung selbst schon einige Unsicherheit über ihre eigene Gestaltungsaussage.[81]

Das Kriterium der Beherrschung ist über den paradigmatischen Fall der gemischtwirtschaftlichen Unternehmen auch im Kooperativbereich, der nicht der erwerbswirtschaftlichen Betätigung dient, anzuwenden. Eine Beherrschung wird im „Dritten Sektor" aber in der Regel nur ausnahmsweise vorliegen, da der Zweck der Heranziehung gesellschaftlicher Selbstorganisation zur Erfüllung öffentlicher Aufgaben ja gerade darin liegt, diese ohne staatliche Beherrschung zu erfüllen. Eine staatliche Beherrschung liegt hier unter Umständen aufgrund fehlender Möglichkeiten, auf formale gesellschaftsrechtliche Eigentumsverhältnisse abstellen zu können, in einem Graubereich.

Ob aber etwa staatliche Finanzierungszusagen oder Steuerungsvorgaben für gesellschaftliche Akteure nicht doch wiederum eine Beherrschung durch die Hintertür darstellen, wäre am Einzelfall zu diskutieren. Gleiches gilt für die „Empfehlungen" sachverständiger Gremien, die sich dann staatliche Stellen ohne weitere Prüfung zu Eigen machen.[82] Hier sind jedoch noch viele Wir-

---

[78] BVerfGE 128, 226 (246 f., Rn. 53). Vgl. auch BVerfGE 143, 246 (314, Rn. 190); 147, 50, (144 Rn. 241.).

[79] Vgl. dazu noch unten § 11.

[80] *Dreier*, in: ders. (Fn. 18), Art. 1 III, Rn. 73. Zuletzt für die *Deutsche Bahn AG* zusammenfassend – BVerfGE 147, 50 (153 f.). Dies ist im Einzelnen jedoch umstritten.

[81] *Möllers* (Fn. 5), XXVII.

[82] Zur Problematik *K.-P. Sommermann*, in: v. Mangoldt/Klein/Starck (Hrsg.), Grundgesetz Kommentar, Bd. II, 7. Auflage, München 2018, Art. 20, Rn. 177; *A. Voßkuhle*, Sachverständige Beratung des Staates, in: Isensee/Kirchhof (Hrsg.), HStR, Bd. III, 3. Auflage, Heidelberg 2005, § 43, Rn. 47; *K.-P. Sommermann*, Sachverständige Politikberatung. Funktionsbedingung oder Gefährdung der Demokratie? – Eine Skizze, in: ders. (Hrsg.), Sachverständige Politikberatung. Funktionsbedingung oder Gefährdung der Demokratie?, Baden-Baden 2015, 14–21 sowie die weiteren Beiträge des Bandes. Ferner *M. Heintzen*, Beteiligung

kungsbeziehungen ungeklärt und werden dies auch in absehbarer Zukunft bleiben.[83] Unter Heranziehung der vom Bundesverfassungsgericht entwickelten Judikatur wird man bei diesen Einheiten in der Regel dazu kommen, dass sie nicht zum Bereich der Staatlichkeit zu rechnen sind.

c) Kritik

Gegen das Kriterium der Beherrschung sind einige inhaltliche Einwände vorzubringen, die es jedoch nicht schlechthin unbrauchbar machen. Sie erlauben jedoch, den Umgang mit den konzeptionellen Grenzen der Unterscheidung von Staat und Gesellschaft besser steuern zu können.

Das Kriterium der Beherrschung enthält – wie der formale Begriff des Staates selbst – eine unauflösbare Selbstbezüglichkeit, die darin liegt, dass sie sowohl Grund als auch Folge von Staatlichkeit ist. Die Beherrschung im Sinne eines Zurechnungszusammenhangs löst überhaupt erst die Zugehörigkeit zur staatlichen Sphäre aus. Als staatlich erscheinen nur solche Tätigkeiten, die auch dem Staat zurechenbar sind. Auf der anderen Seite ist die Beherrschung als Herstellung eines Zurechnungszusammenhang gleichzeitig die normative Folge der Staatlichkeit. So enthält der häufig anzutreffende Ausspruch, dort *wo die organisierte Staatlichkeit ende, ende auch die Verwaltungsorganisation*[84] gerade keine Hilfestellung *wo* Staatlichkeit eben endet. Staatlichkeit als Zurechnungszusammenhang kann damit keine normative Kategorie darstellen, da sie sowohl im Tatbestand als auch in der Rechtsfolge erscheint.

Auch am Beispiel der Legitimation lässt sich dies gut verdeutlichen. Richtig ist, wie etwa *Trute* schreibt, dass „die demokratische Legitimation ihre Grenze dort [findet], wo Handlungen oder Organisationen und deren Tätigkeit nicht mehr dem Staat zurechenbar sind.“[85] Gleichzeitig setzt Legitimation die Konstruktion der Zurechnung denklogisch voraus, um eine wirksame Verbindung von Volkswillen zu Entscheidung darstellen zu können.

Aufzulösen ist diese Selbstbezüglichkeit nur mit einem letztlich auf die Faktizität von Staatlichkeit abstellenden Moment. Besonders deutlich wird dies in der Lösung des Bundesverfassungsgerichts zu denjenigen Konstellati-

---

Privater an der Wahrnehmung öffentlicher Aufgaben und staatliche Willensbildung, VVDStRL (62) 2003, 220 (251 ff.); *E. Schmidt-Aßmann*, Grundrechtspositionen und Legitimationsfragen im öffentlichen Gesundheitswesen. Verfassungsrechtliche Anforderungen an Entscheidungsgremien in der gesetzlichen Krankenversicherung und im Transplantationswesen. Vortrag gehalten vor der Juristischen Gesellschaft zu Berlin am 16. Mai 2001, Berlin 2001, 79 f.

[83] Zur Transparenz in diesem Zusammenhang *F. Schoch*, Entformalisierung staatlichen Handelns, in: Isensee/Kirchhof (Hrsg.), HStR, Bd. III, § 37, Rn. 155 ff.; *Storr*, in: Bauer/Huber/Sommermann (Fn. 33), 426.

[84] Hier bei *Burgi* (Fn. 21), in Ehlers/Pünder, § 10, Rn. 8.

[85] *H.-H. Trute*, Die demokratische Legitimation der Verwaltung, in: Hoffmann-Riem/Schmidt-Aßmann/Voßkuhle (Hrsg.), GVwR, Bd. I, 2. Auflage, München 2012, § 6, Rn. 89.

onen, in denen ein gemischt-wirtschaftliches Unternehmen sich im Hinblick auf das Eigentum an den Gesellschaftsanteilen (50 Prozent+x) in öffentlicher Hand befindet, der daraus resultierende Einfluss auf die Unternehmungsführung jedoch aufgrund der gesetzgeberischen Ausgestaltung der Privatrechtsordnung (z.B. Arbeitnehmermitbestimmung)[86] nicht ausreicht, um ein Letztentscheidungsrecht zu erreichen. Hier geht das Bundesverfassungsgericht davon aus, dass das materielle Eigentum an den Gesellschaftsanteilen die gesellschaftsrechtlichen Vorschriften insoweit übertrumpft, dass sich die Tätigkeit des Unternehmens im Ganzen als Staatsgewalt darstellt.[87] Das Kriterium der Beherrschung und die Ausübung politischer Herrschaft sind damit nicht identisch.

Genau hier zeigt sich dann auch das Dilemma der theoretischen Zugänge zur Verwaltungsorganisation. Die von *Böckenförde* initiierte und vom verwaltungsrechtlichen Reformprojekt weitergeführte Kritik, dass die auf Zurechnung beschränkte Perspektive die Verwaltungswirklichkeit nur unzureichend erfassen könne, lässt sich dadurch verifizieren, dass sie am Ende eine Anknüpfung an ein materiell fast willkürlich festgelegtes Kriterium der „Staatlichkeit" benötigt, dessen Selbstbezüglichkeit die Rechtsordnung aus ihrem Begründungszusammenhang ausblendet. Staatsgewalt ist im Grundgesetz ein Zurechnungsbegriff – nicht mehr und nicht weniger.[88]

2. Organisationstiefe: Erheblichkeitsschwelle

Zur materiellen Reichweite des Begriffs der Staatsgewalt tritt das moderierende Element der Bestimmung der Organisationstiefe hinzu. Wenn ein bestimmtes Tätigwerden grundsätzlich als Ausübung von Staatsgewalt einzuordnen ist und damit organisationspflichtig wird, so hat dies zunächst einmal Tiefenwirkung. Jeder auch noch so kleine Handlungsbeitrag innerhalb des Produktionsvorganges der Verwaltungsentscheidung, auch wenn er rein vorbereitender, technischer oder beratender Art ist, müsste im engeren Sinne *organisiert* sein, d.h. Ausfluss einer in den Staatsaufbau durch Organbeziehungen integrierten und vorbestimmten Zuständigkeits- und Ämterordnung sein,

[86] Dazu siehe noch unten, § 11.

[87] Abzulehnen ist auch die Überlegung, dass für die öffentliche Verwaltung in Privatrechtsform bestimmte gesellschaftsrechtliche Regelungen keine Anwendung finden sollten. Vgl. aber *F. Ossenbühl*, Mitbestimmung in Eigengesellschaften der öffentlichen Hand, ZGR 1996, 504 (511 ff.); vgl. *T. v. Danwitz*, Vom Verwaltungsprivat- zum Verwaltungsgesellschaftsrecht – Zu Begründung und Reichweite öffentlich-rechtlicher Ingerenzen in der mittelbaren Kommunalverwaltung, AöR 120 (1995), 595 (609 ff.). Darstellung der nicht mehr wirklich aktuellen Diskussion bei *Gersdorf*, (Fn. 22), 259 ff.

[88] Wohl auch *Möllers* (Fn. 5), 333. Kritisch, mit anderem Ansatz, *T. Gas*, Gemeinwohl und Individualfreiheit im nationalen Recht und Völkerrecht, Hamburg 2012, 218 ff.

in der Handlungen stets nur im Rahmen vorher abgesteckter Kompetenzen und Verantwortlichkeiten vorgenommen werden.[89]

Dies ist nicht nur deshalb problematisch, da dies dann auch „die Anfertigung von Kopien, bloße Schreibarbeiten oder die Instandhaltung eines behördlichen Fuhrparkes“[90] umfassen würde, sondern auch informale Abstimmungsvorgänge. Ohne deren Ausklammerung würde sich das Recht nicht nur in starken Gegensatz zur Verwaltungswirklichkeit stellen. Die zwingende Tiefenorganisation des auch innerhalb der Verwaltung erfolgenden Prozesses der Ausübung von Gestaltungsmacht kann es erforderlich machen, einzelne Bereiche im Bereich des Informalen zu belassen.[91]

a) Grenzen der Zurechnung in komplexen Organisationen

Aus verwaltungswissenschaftlicher Perspektive, die die tatsächlichen Voraussetzungen der Entscheidungsproduktion in den Blick nimmt, ist die Vorstellung einer vollständigen rechtlichen Durchformung der Organisation hingegen selbst im klassisch-hierarchischen Modell undenkbar.[92] Besonders gut sichtbar wird dies in den zu Beginn des 20. Jahrhunderts entstandenen Arbeiten von *Henri Fayol*, auf den die Beschreibung des „kleinen Dienstweges“[93] zurückgeht. In seinen (nicht auf die öffentliche Verwaltung beschränkten) Or-

---

[89] Bei *B. Remmert*, Private Dienstleistungen in staatlichen Verwaltungsverfahren. Eine rechts- und verwaltungswissenschaftliche Untersuchung zur privaten Entscheidungsvorbereitung, Tübingen 2003, 217 ff. wird die Frage erörtert, unter welchen Voraussetzungen private Dienstleistungen zur Entscheidungsvorbereitung noch der entsprechenden Verwaltungseinheit zugerechnet werden können. Mit größerer Linse: *A. Thiele*, Verlustdemokratie. Die drei Verlustebenen der Demokratie, 2. Auflage, Tübingen 2018, 73 ff. „Begrenzungen der gegenständlichen Omnipotenz“.

[90] *Jestaedt* (Fn. 12), 255–256.

[91] Dieses Argument wird in anderem Kontext erarbeitet von *T. Stein*, Verwaltungsgerichtliche Kontrolle abgelehnter Ermessenseinbürgerungen?, DÖV 1984, 177 (185) („Schutz staatlichen Gestaltungs- und Entscheidungsfreiheit“). Für die Verwaltungsorganisation demgegenüber umfassend *G.F. Schuppert*, Der Rechtsstaat unter den Bedingungen informaler Staatlichkeit. Beobachtungen und Überlegungen zum Verhältnis formeller und informeller Institutionen, Baden-Baden 2011 mit der – wie hier vertreten – paradoxen Begriffsbildung des „informalen Rechtsstaats“ (36) bzw „offizielles“ vs. „gelebtes“ Recht (68). Für den Bereich der Kooperationen ergibt sich ein ähnliches Argument, vgl. *E. Richter/I. Spiecker gen. Döhmann*, Rechtliche Gestaltung von Verwaltungskooperationen, in: Durner/Reimer/Spiecker gen. Döhmann/Wallrabenstein (Hrsg.), Das sinnvolle Denkbare denken, das davon Machbare machen. Gedächtnisschrift für Arndt Schmehl, Berlin 2019, 179 (186).

[92] Aus organisationswissenschaftlicher Perspektive etwa *H. Klages*, Grenzen der Organisierbarkeit von Verwaltungsorganisationen, Die Verwaltung 1977, 31 ff. sowie *H. Klages*, Grenzen der Organisierbarkeit von Verwaltungsorganisationen, in: Remer (Hrsg.), Verwaltungsführung. Beiträge zur Organisation, Kooperationsstil und Personalarbeit in der öffentlichen Verwaltung, Berlin 1982 (Neudruck 2019), 197 ff.

[93] Dies erklärt *W. Seibel*, Verwaltung verstehen. Eine theoriegeschichtliche Einführung, 3. Auflage, Berlin 2018, 55.

ganisationsprinzipien guter Verwaltung etabliert er zunächst Leitlinien für hierarchische Leitung, wie klare Verantwortungshierarchien und Eindeutigkeit der Dienstanweisungen.[94] Komplexe Verwaltungen bestehen aus verschiedenen Untereinheiten, die ihrerseits wiederum hierarchisch organisiert sind.

Eine entscheidende Frage für *Fayol* war die Verbindung zwischen verschiedenen Verwaltungseinheiten unterer Ebene. Grundsätzlich hatte diese auf dem formellen Dienstweg zu erfolgen, d.h. eine Nachricht an eine andere Verwaltungseinheit hatte in der Absenderbehörde die verschiedenen Stufen der Hierarchie zu erklimmen und in der Adressatenbehörde wieder hinabzusteigen bis sie den zuständigen Sachbearbeiter erreichte.[95] In der Verwaltungswirklichkeit ist dies natürlich weder praktikabel noch realistisch. Nicht nur würde das Leitungspersonal zu reinen Poststellen und könnte so keine Leitungsaufgaben mehr wahrnehmen, noch ist es für jede Koordination erforderlich, formelle Mitteilung zu machen. Im Tagesgeschäft sind es vielmehr untere Verwaltungseinheiten, die direkt und informell miteinander kommunizieren, und damit zur schnellen Erledigung von Sachverhalten beitragen.

Die sogenannte *Fayolsche Brücke* schafft hier Abhilfe. Sie verbindet innerhalb einer hierarchischen Struktur eine Mehrzahl von Verwaltungseinheiten, indem die Vorgesetzten unter Missachtung formeller Organisationsprinzipien die horizontale Vernetzung dieser Einheiten dulden.[96] *Fayol* relativierte damit das hierarchische Organisationsprinzip der Verwaltung, indem er auf dessen informelle Durchbrechung in der Praxis hinwies. Diese informellen Abstimmungsvorgänge kann das Zurechnungsmodell nur unzureichend erfassen. Würde es sie erfassen können, so würde die praktische Arbeit der Organisation empfindlich beeinträchtigt.

Ein weiterer Aspekt setzt an den Amtspersonen an, die durch ihre Eigenschaften als natürliche Personen notwendigerweise nicht nur Berührungspunkte zur Gesellschaft aufweisen, sondern aus ihrer Mitte hervorgehen. So beschrieben *James March* und *Herbert Simon* die Grenze zwischen dem „Innen" der Behörde und dem „Außen" der Gesellschaft als durchlässig. Sie argumentierten damit für ein pluralistisches und gesellschaftsnahes Verständnis der Verwaltung, die Emergenz der Verwaltung aus der Gesellschaft als ein offenes System von Teilnehmern.[97] Damit waren anstatt einer (Kommunikations-) Struktur die individuellen Motivationen der Verwaltungsangehörigen und der Bürger für die Verwaltungspraxis entscheidend, die sich fortgesetzt in der heu-

---

[94] *H. Fayol*, Allgemeine und industrielle Verwaltung, 1929, Neudruck Berlin 2019, 18–34.

[95] *Fayol* (Fn. 94), 28–29. Anschaulich dargestellt bei *B. Holznagel*, Informationsbeziehungen in und zwischen Behörden, in: Hoffmann-Riem/Schmidt-Aßmann/Voßkuhle (Hrsg.), GVwR, Bd. II, 2. Auflage, München 2012, § 24, Rn. 61 ff.

[96] *Fayol* (Fn. 94), 30.

[97] Zu dieser Beschreibung *Seibel* (Fn. 93), 62.

tigen US-amerikanischen „nudging" Diskussion über (Mikro-)Anreizsysteme steuern ließen.[98] Die strenge (an Hierarchie orientierte) Zurechnungsperspektive muss annehmen, dass Motivationen der Entscheider aus der Organisation selbst kommen. Organisationswissenschaftlich ist das nicht haltbar.

Die Folge dessen ist, dass das Recht nur unvollständig auf die Abläufe innerhalb der Organisation zugreift. Es muss also bei der Organisationstiefe eine Zurechnungsgrenze geben, die die informalen Verwaltungsvorgänge auf unterster Ebene ausklammert, ohne dabei jedoch die normative Zurechnungs*aufgabe* des Organisationsrechts zu vernachlässigen.

b) Dogmatische Ansätze zur Bestimmung der Organisationstiefe

Das Bundesverfassungsgericht hat in seiner Judikatur zwei verschiedene Ansätze zur Bestimmung der Organisationstiefe angeboten, wobei es den ersten als „Bagatellvorbehalt"[99] für den Begriff der Staatsgewalt nur angedeutet und sodann richtigerweise verworfen hat.[100] Diese Vorbehaltslehre ging davon aus, dass es staatliches Handeln geben könne, das derart unwichtig und irrelevant sei, dass es nicht mehr sinnvoll unter das Merkmal der Staatsgewalt zu subsumieren sei. In der Literatur wurde diese Einschränkung zumeist abgelehnt.[101] Dies ist deshalb systematisch richtig, da sich etwa Art. 20 Abs. 2 GG explizit

[98] Zum „nudging" siehe *R.H. Thaler/C.R. Sunstein*, Nudge. Wie man kluge Entscheidungen trifft, 9. Auflage, Berlin 2017. Zu den rechtlichen Anwendungsmöglichkeiten, vgl. *E. Towfigh/C. Traxler*, Nudges Polarize! in: Kemmerer/Möllers/Steinbeis/Wagner (Hrsg.), Choice Architecture in Democracies. Exploring the Legitimacy of Nudging, Baden-Baden/London 2016, 323 (326) mit einer interessanten Parallele zur Neuen Verwaltungsrechtswissenschaft. Zur Steuerung durch Anreize schon *U. Sacksofsky*, Anreize, in: Hoffmann-Riem/Schmidt-Aßmann/Voßkuhle (Hrsg.), GVwR, Bd. II, 2. Auflage, München 2012, § 40, Rn. 9 ff. Ferner *G. Manssen*, Verwaltungsrecht als Standortnachteil? Möglichkeiten und Grenzen des Bürokratieabbaus, München 2006, 20 ff.

[99] Begriff bei *Dreier*, in: ders. (Fn. 14), Art. 20, Rn. 88.

[100] „Andererseits sind die Aufgaben jedoch nicht so unwichtig, daß sie nicht mehr unter den Begriff „Ausübung der Staatsgewalt" fallen und deshalb auf Institutionen ohne ausreichende demokratische Legitimation übertragen werden könnten." BVerfGE 47, 253 (273); 83, 60 (74); 93, 37 (68). Vgl. dazu auch *Jestaedt* (Fn. 12), 261; *Kirste* (Fn. 4), 194 sowie *S. Köller*, Funktionale Selbstverwaltung und ihre demokratische Legitimation. Eine Untersuchung am Beispiel der Wasserverbände Lippeverband und Emschergenossenschaft, Berlin 2009, 40 ff.

[101] Vgl. *Dreier*, in: ders. (Fn. 14), Art. 20, Rn. 88; *U. Volkmann*, in: Friauf/Höfling (Hrsg.), Berliner Kommentar zum Grundgesetz, Berlin 2020, Art. 20, Rn. 45; *E. Schmidt-Aßmann*, Verwaltungslegitimation als Rechtsbegriff, AöR 116 (1991), 329 (367); *V. Mehde*, Neues Steuerungsmodell als Demokratieprinzip, Berlin 2000, 174 ff.; *U. Schliesky*, Souveränität und Legitimität von Herrschaftsgewalt. Die Weiterentwicklung von Begriffen der Staatslehre und des Staatsrechts im europäischen Mehrebenensystem, Tübingen 2004, 254 ff.; *B. Grzeszick*, in: Dürig/Herzog/Scholz (Fn. 18), Art. 20, Rn. 92; *Trute* (Fn. 85), in: Hoffmann-Riem/Schmidt-Aßmann/Voßkuhle, § 6, Rn. 27; *U.J. Schröder*, Das Demokratieprinzip des Grundgesetzes, JA 2017, 809 (812). Dafür aber etwa *P.J. Tettinger*, Mitbestimmung in der Sparkasse und verfassungsrechtliches Demokratiegebot, Heidelberg 1986, 55.

unbeschadet des Inhalts des Entscheidungsgehalts auf *jede* Form des Staatshandelns erstreckt und dabei keine Maßgabe hinsichtlich einer möglichen Eingriffstiefe vornimmt.[102]

Den zweiten Ansatz mit dem im Rahmen des Demokratieprinzips entwickelten Erfordernis des „amtlichen Handelns mit Entscheidungscharakter" hat das Gericht hingegen richtigerweise zur ständigen Rechtsprechung ausdifferenziert.[103] Der Begriff der Staatsgewalt findet seine Wasserscheide also in der Rechtsprechung des Bundesverfassungsgerichts im Begriff der „Entscheidung." Terminologisch ist der Begriff der Entscheidung zwar nicht glücklich gewählt, denn im juristischen Sprachgebrauch wohnt dem Begriff eine nach außen gerichtete Verbindlichkeit inne. Würde man die Organisationstiefe auf eine solche Verbindlichkeit im Außenverhältnis begrenzen, wäre dies nichts anderen als eine Rückkehr zur Impermeabilität des staatlichen Innenbereichs.[104]

Die Begrifflichkeit muss also anders ansetzen. Eine „Entscheidung" versteht man im allgemeinen Sprachgebrauch als eine Wahl zwischen mehreren Alternativen unter der Vorbedingung der Unsicherheit, welche der Alternativen richtig ist.[105] Schon diese einem philosophischen Lexikon entnommene Definition hebt zweierlei hervor: Auf der einen Seite sind Entscheidungen normativ bewertbar, d.h. es werden bestimmte Ansprüche an ihre Richtigkeit gestellt. Auf der anderen Seite sind sie derart unter Unsicherheit getroffen, dass aufgrund begrenzter Informationen über das Entscheidungsobjekt oder auch die normativen Maßstäbe an die Entscheidung, die Wahl der „richtigen" Alternative nicht sicher vorausgesagt werden kann. Etymologisch geht der Begriff der „-scheidung" im Germanischen auf die Trennung von etwas zurück.[106] Die Vorsilbe „ent-" deutet auf eine bestimmte Intention und Zielsetzung hin. „Entscheidung" ist damit eine Trennung von Sachverhalten mit der Intention einer Regelung oder Bewertung.

---

[102] *M. Jestaedt*, Demokratie unter Bagatellvorbehalt? Zur Bedeutung und Rechtfertigung eines demokratischen Bagatellvorbehalts, Der Staat 32 (1993), 29 (52).

[103] BVerfGE 107, 59 (94); 130, 76 (123); 135, 155 (221); 135, 317 (429); 136, 194 (261); 146, 164 (209); 147, 50 (134). Vgl. auch *Robbers*, in: Kahl/Waldhoff/Walter (Fn. 9), Art. 20 Abs. 1, Rn. 572 ff. *H. Sodan/J. Ziekow*, Grundkurs Öffentliches Recht. Staats- und Verwaltungsrecht, 9. Auflage, München 2020, § 6, Rn. 4. Kritisch aber *C. Möllers*, Demokratie, in: Herdegen/Masing/Poscher/Gärditz (Hrsg.), Handbuch des Verfassungsrechts. Darstellung in transnationaler Perspektive, München 2021, § 5, Rn. 29.

[104] Dazu s.o.; tendenziell kritisch zur Verengung auch *Grzeszick*, in: Dürig/Herzog/Scholz (Fn. 18), Art. 20, Rn. 89 ff. mit graduell differenzierenden Alternativvorschlägen in Rn. 141 ff.

[105] *D. Hübner*, Entscheidung, in: Kolmer/Wildfeuer (Hrsg.), Neues Handbuch philosophischer Grundbegriffe, Bd. I, Freiburg i. Br./München 2011, 635 (635).

[106] Berlin-Brandenburgische Akademie der Wissenschaften, Akademie der Wissenschaften zu Göttingen (Hrsg.), Deutsches Wörterbuch von Jacob Grimm und Wilhelm Grimm, Neubearbeitung, Bd. 8, 1995, 1472–1474.

In neueren Diskussionen des verwaltungsrechtlichen Entscheidens wird der Charakter der Verwaltungsrechtsordnung als Informationsordnung betont.[107] Dies hat zur Folge, dass nicht nur das klassische Bild des anlassbezogenen und auf eine außenwirksame Entscheidung gerichteten Verfahrensablaufes in den Vordergrund rückt, sondern auch schlichtes Verwaltungshandeln, verwaltungsinterne Willensbildungsprozesse und verfahrensprägende Berichtspflichten. Verwaltungsrechtliche Entscheidungsprozesse werden an verschiedenen Enden und Knoten des Verwaltungsnetzwerkes diagnostiziert und in den Fokus der rechtlichen Betrachtung gestellt. In der Folge wird aus der Beobachtung der Komplexität tatsächlichen Verwaltungsentscheidens eine „Überkommenheit" (*Vesting*) auch des juristischen Entscheidungsbegriffes geschlossen.[108]

In der Interpretation der verfassungsgerichtlichen Maßgabe wurde daher insbesondere der Maßstab der „Entscheidung" über seine ursprüngliche Bedeutung hinaus gestreckt, um auch in einem vertretbaren Maße das Innenverhältnis zu umfassen. So argumentierte das Gericht, dass die Wahrnehmung von Entscheidungsbefugnissen auch dann der Legitimation bedürfe, wenn sie nicht völlig unabhängig von anderen Organen der staatlichen Verwaltung erfolgen kann, sondern mit den Zuständigkeiten eines anderen Organs verschränkt sei.[109] In der Literatur wird ferner argumentiert, dass auch die Verwendung öffentlicher Mittel, z.B. im Rahmen der Leistungsverwaltung oder des fiskalischen Handelns, unter den Entscheidungsbegriff zu subsumieren sei.[110] Gleiches gelte für organschaftliches Handeln von Verfassungsorganen, etwa im Rahmen von Volksbefragungen ohne bindende Wirkung.[111]

Das Bundesverfassungsgericht hat sich mittlerweile einer weiten Auffassung angeschlossen.[112] Zum „amtlichen Handeln mit Entscheidungscharak-

---

[107] Erläutert bei *T. Vesting*, Satzungsbefugnis von Landesmedienanstalten und die Umstellung der verwaltungsrechtlichen Systembildung auf ein „Informationsverwaltungsrecht", Die Verwaltung 2002, 433 (437). „Informationsverwaltungsrecht im hier verstandenen Sinn ist vielmehr ein Verwaltungsrecht, das vergleichbar einer kybernetischen Theorie das Problem der verwaltungrechtlichen Ordnungsbildung aus einer Perspektive der Informationsgenerierung und Wissensproduktion (re-)formulieren würde." Vgl. auch *M. Albers*, Die Komplexität verfassungsrechtlicher Vorgaben für das Wissen der Verwaltung. Zugleich ein Beitrag zur Systembildung im Informationsrecht, in: Collin/Spiecker gen. Döhmann (Hrsg.), Generierung und Transfer staatlichen Wissens im System des Verwaltungsrechts, Tübingen 2008, 45 (65) mit Überlegungen zu den Strukturprinzipien.

[108] *T. Vesting*, Die Bedeutung von Information und Kommunikation für die verwaltungsrechtliche Systembildung, in: Hoffmann-Riem/Schmidt-Aßmann/Voßkuhle (Hrsg.), GVwR Bd. II, 2. Auflage, München 2012, § 20, Rn. 5 mwN.

[109] Vgl. BVerfGE 47, 253 (274).

[110] *E.-W. Böckenförde*, Demokratie als Verfassungsprinzip, in: Isensee/Kirchhof (Hrsg.), HStR, Bd. II, 3. Auflage, Heidelberg 2004, § 24, Rn. 13; *Grzeszick*, in: Dürig/Herzog/Scholz (Fn. 18), Art. 20, Rn. 91. Ein weiteres Verständnis erarbeitet auch *Dederer* (Fn. 23), 23–24.

[111] BVerfGE 8, 104 (114).

[112] BVerfGE 47, 253 (273); 83, 60 (73); 93, 37 (68 ff.); 107, 59 (87).

ter" gehöre entgegen des natürlichen Sinnverständnisses auch der Innenbereich der Entscheidung. So stellte das Gericht fest, dass der Begriff „gleichermaßen für Entscheidungen [gelte], die unmittelbar nach außen wirken, wie auch für solche, die nur behördenintern die Voraussetzungen für die Wahrnehmung der Amtsaufgaben schaffen."[113] Dies hat zur Folge, dass zwar schlichthoheitliches Handeln, amtliche Erklärungen und faktische Beeinträchtigungen umfasst, rein konsultative, vorbereitende oder beratende Tätigkeiten jedoch ausgeklammert bleiben.[114] Eine Entscheidung sei immer dann schon gegeben, „wenn ein Willensäußerungsakt entweder unersetzbarer, also notwendiger und selbstständiger Bestandteil einer Endentscheidung ist oder bei bestehender, aber nicht ausgeübter Ersetzungs- und Abänderungsmöglichkeit der übergeordneten (Verwaltungs-)Einheit in Rechtsverbindlichkeit erwachsen kann."[115]

Die Herausforderung bei der Festlegung der Organisationstiefe liegt darin, auf der einen Seite den oft auch im Informalen ablaufenden verwaltungsinternen Gestaltungsprozessen einen gewissen Raum zu lassen,[116] auf der anderen Seite jedoch nicht in das alte Dogma der Impermeabilität des staatlichen Innenbereichs zurückzufallen. Dies führt vor allem zur Erkenntnis, dass beide dogmatischen Lösungen an den Rändern pragmatisch nicht zu einer Lösung des Komplexitätsproblems beitragen können. Insbesondere die vorgeblich vollkonstitutionelle Variante, die den Begriff der Staatsgewalt in Gleichlauf mit Art. 1 Abs. 3 GG bestimmen will, und damit letztlich „das staatliche Handeln insgesamt" in den Blick nimmt, übersieht, dass es etwa bei der Grundrechtsbindung mit dem Begriff des Eingriffs ein regulierendes Korrektiv gibt, das bei Organisationsfragen nicht verfügbar ist.[117]

Auch wenn Zweifel im Hinblick auf die Konsistenz der Begründung verbleiben, erfüllt die Lösung des Bundesverfassungsgerichts insoweit ihren Zweck, dass sie nun den „Bagatellvorbehalt" im Grunde dogmatisch vorverlagert, und damit letztlich dieselbe Konsequenz der Verringerung der Legitimations- (und damit Organisations-) tiefe hervorruft.[118]

---

[113] BVerfGE 107, 59 (87).

[114] *Jestaedt* (Fn. 12), 261; *Voßkuhle* (Fn. 82), in: Isensee/Kirchhof, § 43, Rn. 21 ff.

[115] *Jestaedt* (Fn. 12), 258. Richtig für die Abgrenzung zwischen privatem und öffentlichen Handeln auch *M. Burgi*, Der sog. Grundsatz der Selbstorganschaft als Privatisierungsgrenze, in: Ludwigs (Hrsg.), Regulierender Staat und konfliktschlichtendes Recht, Festschrift für Matthias Schmidt-Preuß zum 70. Geburtstag, Berlin 2018, 343 (357).

[116] Vgl. auch *Stein* (Fn. 91), 185.

[117] So aber *Sommermann*, in: v. Mangoldt/Klein/Starck (Fn. 82), Art. 20, Rn. 146.

[118] Die so gewählte Konstruktion ist aber nicht nur auf das Demokratie-, sondern auch auf das Rechtsstaatsprinzip anwendbar. Vgl. etwa *Schmidt-Aßmann* (Fn. 23), 73.

3. Die Verwaltungsfunktion als Merkmal eines Teilbereichs des Organisationsrechts

Der Organisationsbegriff der Staatsgewalt ist also sowohl horizontal über die Unterscheidung von Staat und Gesellschaft als auch vertikal über die erfasste Organisationstiefe eingegrenzt. Demgegenüber kommt es auf die Abgrenzung, welche Formen der Ausübung öffentlicher Gewalt zum Bereich der „öffentlichen Verwaltung" gehören, und damit den als Verwaltungsorganisationsrecht bezeichneten Teilbereich des Staatsorganisationsrechts konstituieren, nicht mehr entscheidend an.[119] Verwaltung stellt einen bestimmten Ausschnitt von Staatlichkeit dar,[120] die aber als Ganzes den hier dargestellten Organisationsanforderungen unterliegt. Was *Verwaltung* etwa gegenüber der Regierung genau ist,[121] ist für das Verwaltungsorganisationsrecht nicht konstitutiv.[122] Das Recht ist ihr als Organisationsverfassung vorgelagert,[123] da die Verwaltung im organisatorischen Sinne erst durch das Recht bestimmt wird.

Funktional-materiell gewendet, läuft die Definition auf eine Identifikation der Verwaltungs- unter den Staatsaufgaben zu.[124] Die damit einhergehende

---

[119] Jüngst ausführliche Diskussion möglicher Definitionen bei *P. Cancik*, Verwaltung und Selbstverwaltung, in: Herdegen/Masing/Poscher/Gärditz (Hrsg.), Handbuch des Verfassungsrechts. Darstellung in transnationaler Perspektive, München 2021, § 14, Rn. 14 ff. sowie bei, *C. Waldhoff*, Verwaltung und Verwaltungsrecht, in: Kahl/Ludwigs (Hrsg.), Handbuch des Verwaltungsrechts, Bd. I, Grundstrukturen des deutschen Verwaltungsrechts, Heidelberg 2021, § 11, Rn. 11 ff.; *V. Mehde*, Regierung und Verwaltung, in: Kahl/Ludwigs (Hrsg.), Handbuch des Verwaltungsrechts, Bd. III, Verwaltung und Verfassungsrecht, Heidelberg 2022, § 82, Rn. 2 ff. jeweils mwN.

[120] Zustimmend *Cancik*, in: Herdegen/Masing/Poscher/Gärditz (Fn. 119), § 14 Rn. 18.

[121] Abgrenzung etwa bei *M. Schröder*, Die Bereiche der Regierung und der Verwaltung, in: Isensee/Kirchhof (Hrsg.), HStR, Bd. IV, 3. Auflage, Heidelberg 2006, § 106, Rn. 16 ff.

[122] Vgl. aber *W. Hoffmann-Riem*, Eigenständigkeit der Verwaltung, in: Hoffmann-Riem/Schmidt-Aßmann/Voßkuhle (Hrsg.), GVwR, Bd. I, 2. Auflage, München 2012, § 10, Rn. 40.

[123] Wie zur Definition der Staatsgewalt sind damit formell-organbezogene Bestimmungen von vornherein nicht geeignet, denn sie unterliegen einem Zirkelschluss. Sie rechnen zur öffentlichen Verwaltung alle Teile der Staatsorganisation, die öffentliche Verwaltungstätigkeit ausüben und lösen damit freilich die entscheidende Abgrenzung zwischen der Verwaltung und anderen Teilen nicht auf. Vgl. bei *K. Stern*, Das Staatsrecht der Bundesrepublik Deutschland, Bd. II, München 1980, 736 ff., der auf das organisatorische Moment abstellt. Kritisch dazu aber *H. Maurer/C. Waldhoff*, Allgemeines Verwaltungsrecht, 20. Auflage, München 2020, § 1, Rn. 7.

[124] So definiert etwa *Jestaedt*: „Die Verwaltungsorganisation als Teil der Staatsorganisation ist dergestalt der Inbegriff jener dem Staat im Rechtssinne zurechenbaren Organe, die dazu dient, spezifisches staatliches Recht – nämlich Verwaltungsrecht – zu verwirklichen." Ferner: „Unter Verwaltungsrecht ist der Inbegriff jener Rechtssätze zu verstehen, die der rechtsförmigen Erledigung von Verwaltungsaufgaben dienen; Verwaltungsaufgaben markieren jenen Ausschnitt aus den Staatsaufgaben, die verfassungsrechtlich der Rechtsfunktion „Verwaltung" und damit nicht den Rechtsfunktionen „Rechtsprechung" und „Gesetzgebung" zugewiesen sind." *M. Jestaedt*, Grundbegriffe des Verwaltungsorganisationsrechts, in: Hoffmann-Riem/Schmidt-Aßmann/Voßkuhle (Hrsg.), GVwR, Bd. I, 2. Auflage, Mün-

Anknüpfung an die berühmte Negativdefinition *Jellineks*, wonach die öffentliche Verwaltung diejenige Staatstätigkeit sei, die nicht Gesetzgebung, Regierung oder Rechtsprechung ist,[125] legt insbesondere eine (theoretisch unschädliche) Auffangfunktion für diejenigen Erscheinungen nahe, die sich nicht ohne weiteres in die Schemata staatlicher Rechts- und Handlungsformen einpassen lassen. Auch die Abgrenzung zur Regierungs*tätigkeit* mag unter Umständen aufgrund der Doppelfunktion der Minister als Verwaltungsspitze schwierig erscheinen. Moderne Verwaltungsherausforderungen, wie etwa die Planung von Großvorhaben,[126] lassen die Grenze von Verwaltungs- und Politikfunktion weiter verschwimmen.

Demgegenüber haben sich konstruktive Definitionsversuche als juristisch nicht brauchbar erwiesen.[127] Unter den positiven Bestimmungen hat die wiederum auf *Wolff* zurückgehende Definition der Verwaltung als „mannigfaltige, konditional oder nur zweckbestimmte, also insofern fremdbestimmte, nur teilplanende, selbstbeteiligt entscheidend ausführende und gestaltende Wahrnehmung der Angelegenheiten von Gemeinwesen und ihrer Mitglieder als solcher durch die dafür bestellten Sachverwalter des Gemeinwesens“ wohl am meisten Zuspruch erhalten.[128] *Forsthoff* sinnierte demgegenüber angesichts verschiedener Definitionsversuche in der Literatur über den Eigenwert des Versuchs,[129] nur um hinzuzufügen, dass aufgrund der in *Wolffs* Definition anklingenden „Mannigfaltigkeit, in der sich die einzelnen Verrichtungen der Verwaltung auffächern,“[130] eine Definition ein hoffnungsloses Unterfangen mache. Bei *Waldhoff* heißt es nunmehr: „Verwaltung ist Herrschaft vor

chen 2012, § 14, Rn. 2; 6. Ähnlich auch *S. Müller-Franken*, Verwaltung, in: Kube u.a. (Hrsg.), Leitgedanken des Rechts – Paul Kirchhof zum 70. Geburtstag, Bd. I, Heidelberg 2013, § 73, 787 (794 ff.).

[125] *W. Jellinek*, Verwaltungsrecht, 3. Auflage, Berlin 1931 mit Nachtrag 1950, Neudruck Bad Homburg v. d. Höhe 1966, § 1, I 5 ff. Zum Regierungsbegriff demgegenüber *K.F. Gärditz*, Der Begriff der Regierung, in: Krüper/Pilniok (Hrsg.), Organisationsverfassung der Regierung, Tübingen 2021, 25 ff.

[126] Zu diesem Argument etwa aus der Perspektive der Legitimation, die eben über die einfache Verwaltungslegitimation hinausgehen muss *F. Wittreck*, Demokratische Legitimation von Großvorhaben, Zeitschrift für Gesetzgebung 2011, 209 ff.; *T. Groß*, Stuttgart 21: Folgerungen für Demokratie und Verwaltungsverfahren, DÖV 2011, 510 (515); *K.F. Gärditz*, Demokratische und rechtsstaatliche Verantwortlichkeit bei öffentlichen Großvorhaben, Zeitschrift für Staats- und Europawissenschaften 2015, 4 (31): „komplexe Querschnittsmaterie“. Zu Infrastrukturprojekten auch *W. Durner*, Infrastrukturverwaltung, in: Kahl/Ludwigs (Hrsg.), Handbuch des Verwaltungsrechts, Bd. I, Grundstrukturen des deutschen Verwaltungsrechts, Heidelberg 2021, § 21, Rn. 35.

[127] Diskussion bei *Maurer/Waldhoff* (Fn. 123), § 1, Rn. 5 ff.; *Groß* (Fn. 31), in: Hoffmann-Riem/Schmidt-Aßmann/Voßkuhle, § 13, Rn. 6.

[128] *R. Stober*, in: Wolff/Bachof/Stober/Kluth, Verwaltungsrecht: Ein Studienbuch, Bd. I, 13. Auflage, München 2017, § 3, Rn. 9.

[129] *Forsthoff* (Fn. 48), § 1, 2.

[130] *Forsthoff* (Fn. 48), § 1, 1. Sich dem anschließend *Maurer/Waldhoff* (Fn. 123), § 1, Rn. 8.

Ort."[131] Der dogmatischen Entwicklung hat dies insbesondere deshalb nicht geschadet, da es auf die Definition der Verwaltung für deren rechtliche Behandlung hier nicht entscheidend ankommt.

III. Politische Herrschaft im Grenzbereich von Staat und Gesellschaft

Mag der (Unter-)Begriff der „Verwaltung" verzichtbar sein, so gilt dies nicht für den (Ober-)Begriff der „Staatlichkeit." Das Ziel der klaren Unterscheidung von staatlichen und gesellschaftlichen Akteuren am Merkmal der Beherrschung ist es, die dichotomische Trennung zwischen den beiden Sphären aufrechterhalten zu können. Ein Akteur wird so entweder als gesellschaftlich-grundrechtsberechtigt oder als staatlich-grundrechtsverpflichtet eingeordnet.[132] Mit Letzterem korrespondieren dann die hier als Organisationspflichten umschriebenen Konsequenzen der Bestimmung als Staatsgewalt. Die Verfassungsordnung blendet die Verflechtungen im Grenzbereich von Staat und Gesellschaft insoweit aus, als dass sie aus dem Organisationspflichtbereich, wo die Maßstäbe von Legitimation, Zurechnung, Kontrolle besonders dicht sind, herausgehalten werden. Damit behilft sich die Verfassung eines komplexitätsreduzierenden Kunstgriffs,[133] der zwar in der Lage ist, brauchbare rechtliche Entscheidungen zu produzieren, das Problem im eigentlichen Sinne jedoch nicht löst. Politische Herrschaft jenseits der Staatlichkeit liegt so außerhalb des Blickwinkels der Verfassung.

1. Politische Herrschaft jenseits der Verfassung

Auf der Suche nach einem substanziellen Begriff von Staatlichkeit als Eigenschaft, kann der Begriff der „politischen Herrschaft" helfen. Der Anspruch der Verfassung besteht darin, diese umfassend zu verrechtlichen, „dass es keine Herrschaft neben und außerhalb der Verfassung gibt."[134] Mit der Ver-

[131] *Waldhoff* (Fn. 119), in: Kahl/Ludwigs, § 11, Rn. 6.

[132] Eine ähnlich problematische Beziehung zwischen Öffentlichem Recht und Staat hat *T. Vesting*, Die Staatsrechtslehre und die Veränderung ihres Gegenstandes: Konsequenzen von Europäisierung und Internationalisierung, VVDStRL (63) 2004, 41 (42) bereits früh für die Konsequenzen von Europäisierung und Internationalisierung ausgemacht. Auch dies führt gewissermaßen zu einem Kollisionsrecht, freilich eines zwischen anderen Ebenen (65).

[133] Zu deren besonderer Bedeutung etwa *O. Lepsius*, Funktion und Wandel von Staatsverständnissen, in: Voßkuhle/Bumke/Meinel (Hrsg.), Verabschiedung und Wiederentdeckung des Staates im Spannungsfeld der Disziplinen, Der Staat Beiheft 2013, 37 (39 bzw. 53).

[134] *Volkmann* (Fn. 5), 18. Die von *Kirste* (Fn. 4), 163 ff. diagnostizierte „Fragmentierung" von Herrschaft wird damit zum verfassungsrechtlichen Problem.

rechtlichung einher gehen sowohl eine Begründungs- als auch eine Begrenzungsfunktion.[135] Dies bedeutet aber im Umkehrschluss auch, dass politische Herrschaft in einem Verfassungsstaat für sich eine Begründung in Anspruch nehmen muss, deren Folge die Verbindlichkeit für die Herrschaftsunterworfenen ist.

Der Verbindlichkeitsanspruch der Verfassung folgt nicht aus dem Herrschaftsbegriff an sich. Herrschaft und Macht als soziale Phänomene sind soziologische Begriffe.[136] Als solches sind sie weder staatlich noch gesellschaftlich, da sich diese Unterscheidung erst aus dem Recht ergibt. Gleichzeitig ist aber, wie *Krüper* festgehalten hat, „Konstitutionalisierung keine Einbahnstraße."[137] Aus dem Verbindlichkeitsanspruch der Verfassung lässt sich kein historisch-progressives Narrativ bilden, dass von einer fortschreitenden Verrechtlichung (hier: organisatorischen Einhegung des Sozialen) ausgehen könnte. Dass sich die Gesellschaft umgekehrt auf Machtbeziehungen gründet, ist für das Verfassungsrecht kein Problem. Es muss also eine Unterscheidung finden, die *politische* Macht von *unpolitischer* Macht trennt.[138]

Hier wird ein entscheidendes Problem der Zurechnungsperspektive deutlich. Sie stellt ganz maßgeblich darauf ab, wie die zum Innenbereich gehören-

---

[135] Dazu *Volkmann* (Fn. 5), 15 ff. Was in anderen gesellschaftlichen Bereichen als problematische Juridifizierung wahrgenommen wird, sollte daher im verfassten Staat Entwicklungsziel sein. Aus gesellschaftlicher Perspektive vgl. aber *I. Augsberg/S. Augsberg/L. Heidbrink*, Einleitung, in: Augsberg/Augsberg/Heidbrink (Hrsg.), Recht auf Nicht-Recht. Rechtliche Reaktionen auf die Juridifzierung der Gesellschaft, Weilerswist 2020, 7 ff. Eine Doppelbewegung aus Verrechtlichung und Entrechtlichung mit lesenswerten Überlegungen zur demokratischen Legitimation formuliert *J.H. Klement*, Das Schwinden der Legalität. Von der Doppelbewegung aus Verrechtlichung und Entrechtlichung, JöR 2013, 115 (156 ff.).

[136] Vgl. auch *U. Di Fabio*, Herrschaft und Gesellschaft, Tübingen 2018, 29 ff.

[137] *J. Krüper*, Kategoriale Unterscheidung von Öffentlichem Recht und Privatrecht?, VVDStRL (79) 2020, 43 (92).

[138] Bei *Di Fabio* heißt es nachdenklich: „Wenn der Staat Institution nicht nur in einem deskriptiv sozialwissenschaftlichen Sinne wäre, sondern auch im Rechtssinne, dann müßten aus diesem Umstand Schlußfolgerungen zu ziehen sein. Institutionen, die das Recht entweder anerkennt oder sogar zum Teil seines Geltungssystems erhebt, genießen normativen Schutz, notfalls auch gegenüber dem Gesetzgeber oder einer Exekutive, die allzu entschlossen die öffentliche Gewalt in neue Formen lenkt und neue Bündnisse schmiedet. Der Staat dürfte sich dann aus Rechtsgründen nicht selbst aufgeben, weder als Völkerrechtssubjekt, noch als europäischer Mitgliedstaat, noch als Adressat innerstaatlich berechneter Verfassungen. Das Recht müßte wieder schärfer sehen, und das heißt, differenzieren lernen. Wer sonst sollte exakt erkennen, wo die Grenzen zwischen öffentlicher Aufgabe als Teil des Staates und individueller Freiheit als Teil der Gesellschaft verlaufen? Wer sonst sollte die Grenzen der Politik sichtbar machen, wenn entweder nur noch symbolisch gehandelt oder aber Gesetzen in planmäßiger Weise ein anderer Sinn zugrunde gelegt wird als im Inhalt ablesbar und in der Begründung ausgewiesen?" *U. Di Fabio*, Der Staat als Institution. Zur Kontingenz der modernen Staatsidee, in: Isensee/Lecheler (Hrsg.), Freiheit und Eigentum. Festschrift für Walter Leisner zum 70. Geburtstag, Berlin 1999, 225 (232).

den Organe und Organteile konstituiert sein müssen,[139] kann aber nicht ohne weiteres *normativ* erfassen, was aus Wertungsgesichtspunkten überhaupt zum Bereich organisierter Staatlichkeit gehören muss, wo also materiell aus Gründen demokratischer Legitimation und rechtstaatlicher Kontrolle eine organisationsrechtliche Durchformung der tatsächlichen Wirkbeziehungen geboten ist.[140] Gleichzeitig ist die Verfassung, insbesondere das Demokratieprinzip, auf eine solche Vereinheitlichung angewiesen.[141]

Am ehesten findet sich die Frage nach politischer Herrschaft in rechtlichen Kategorien noch in der Unterscheidung von öffentlichem und privatem Recht wieder.[142] Da diese Unterscheidung prozess- und handlungsorientiert erfolgen muss,[143] können die formellen Organbeziehungen nicht zur Klärung beitragen. Die so vorzunehmende materielle Abgrenzung von „Staatlichkeit" als Eigenschaft ist ein vieldiskutierter aber weitgehend ungeklärter *topos*.

a) Klassische Ansätze

In klassischer Hinsicht streiten – sieht man einmal von überkommenen Lehren ab – im Wesentlichen drei große Theorieansätze miteinander.[144] Für die auf das Römische Recht zurückgeführte Interessentheorie[145] verfolgen öffentlichrechtliche Normen zumindest auch das öffentliche Interesse.[146] In ihrer mo-

---

[139] *Schmidt-Aßmann* (Fn. 101), 339 fasst zusammen: „Entscheidend ist, ob das jeweilige Handeln einem Organ zugerechnet werden kann, das in der Kompetenzordnung des deutschen Verwaltungsgefüges verortet ist.

[140] Diesen Akzent setzt auch *U. Di Fabio*, Verwaltung und Verwaltungsrecht zwischen gesellschaftlicher Selbstregulierung und staatlicher Steuerung, VVDStRL (56) 1997, 235 (264). Damit fallen dann auch im Hinblick auf das Demokratieprinzip Legitimationsbedarf und -mittel auseinander. Dies problematisierend auch *Kirste* (Fn. 4), 201. Ähnlich nun auch *Haack* (Fn. 1), 11 ff.

[141] *E.-W. Böckenförde*, Mittelbare/repräsentative Demokratie als eigentliche Form der Demokratie, in: Müller (Hrsg.), Staatsorganisation und Staatsfunktion im Wandel, Festschrift für Kurt Eichenberger zum 60. Geburtstag, Basel 1982, 301 (314).

[142] Hinweise auf die Kategorie des „Öffentlichen", *Kahl* (Fn. 54), 721 (724). Historische Rekonstruktion der damit herbeigeführten Trennung bei *H. Hofmann*, Die Unterscheidung von öffentlichem und privatem Recht, Der Staat 57 (2018), 5 (31). Ferner bei *M. Stolleis*, Öffentliches Recht und Privatrecht im Prozess der Entstehung des modernen Staates, in: Hoffmann-Riem/Schmidt-Aßmann (Hrsg.), Öffentliches Recht und Privatrecht als wechselseitige Auffangordnungen, Baden-Baden 1996, 41 ff. Vgl. auch die Ausarbeitung bei *M. Burgi*, Rechtsregime, GVwR, Bd. I, 2. Auflage, München 2012, § 18, Rn. 18 ff. (Zuordnung von Rechtssätzen).

[143] Vgl. *Lepsius* (Fn. 8), 370 (377).

[144] Ausführliche Theoriedarstellung jüngst bei *Wollenschläger* (Fn. 7), in: Kahl/Ludwigs, § 15, Rn. 5 ff.

[145] Dazu *Maurer/Waldhoff* (Fn. 123), § 3, Rn. 11.

[146] Die Interessentheorie beruft sich auf eine dem römischen Juristen *Ulpian* (170–228 n. Chr.) zugeschriebene Digestenstelle: „Publicum ius est, quod ad statum rei Romanae spectat, privatum quod ad singulorum utilitatem: sunt enim quaedam publice utilia, quaedam privatim!" (Dig. 1, 1, 1, 2). Darstellung bei *D. Ehlers/J.-P. Schneider*, in: Schoch/Schneider (Hrsg.),

dernen Abwandlung, der Staatsaufgabenlehre,[147] verfolgt der Staat öffentliche Aufgaben. Weder das öffentliche Interesse noch die öffentliche Aufgabe lassen sich jedoch ohne einen materiellen Begriff des „Öffentlichen" als spezifisch Staatliches definieren. Auch private Akteure können sich etwa Gemeinwohlziele setzen, ohne gleichzeitig politische Herrschaft auszuüben.

Die auf *Wolff* zurückgehende Zuordnungstheorie bestimmt das entscheidende Merkmal des öffentlichen Rechts in einer ausschließlichen Berechtigung oder Verpflichtung des Staates,[148] bei *Bachof* wird dies später dazu, dass der Staat als „solcher" berechtigt oder verpflichtet sein müsse.[149] Auch die Zuordnungstheorie löst das hier vorliegende Problem nicht, da ja gerade festgestellt werden soll, was das Handeln des Staat „als solchen" materiell ausmacht. Es geht damit um politische Herrschaft, die formal nicht zuzuordnen ist.

Zuletzt sieht die bei *Forsthoff* bis zuletzt vertretene Subordinationstheorie das entscheidende Merkmal der Staatsgewalt in einem Über- und Unterordnungsverhältnis.[150] Das Problem der Subordinationstheorie liegt in ihrer sprichwörtlichen Einseitigkeit. Sie gilt deshalb als veraltet, weil sie etwa kooperatives Staatshandeln nicht erklären kann. Zudem gibt es auch in privaten Rechtsverhältnissen Über- und Unterordnungen, wie etwa im Arbeitsverhältnis oder in der elterlichen Gewalt.

b) Verbindlichkeitslehre

Gleichzeitig ist mit dem Aspekt der Über- und Unterordnung ein wesentlicher Punkt angesprochen. Politische Herrschaft ist deshalb organisationspflichtig, weil in ihr eine besondere staatstypische Asymmetrie zur Geltung kommt. In einigen Theorieansätzen wird dies besonders deutlich: Nach der von *Achterberg* vorgeschlagenen *Sachwalterlehre* beschreibt öffentliches Recht[151] „die

---

Verwaltungsrecht VwGO. Kommentar, 39. EL Juli 2020, § 40, Rn. 219, Fn. 814; ferner *H.-U. Erichsen*, Öffentliches und privates Recht, Jura 1982, 537 (538 f.); *W. Hoffmann-Riem*, Öffentliches Recht und Privatrecht als wechselseitige Auffangordnungen – Systematisierung und Entwicklungsperspektiven, in: ders./Schmidt-Aßmann (Hrsg.), Öffentliches Recht und Privatrecht als wechselseitige Auffangordnungen, Baden-Baden 1996, 261 (264).

[147] Zusammenfassend etwa *M. Brenner*, Staatsaufgaben, in: Depenheuer/Grabenwarter (Hrsg.), Verfassungstheorie, Tübingen 2010, § 25, 837 (840 ff.).

[148] *H.J. Wolff*, Der Unterschied zwischen öffentlichem und privatem Recht, AöR 76 (1950), 205 (205). Darstellung bei *Ehlers/Schneider*, in: Schoch/Schneider (Fn. 146), § 40, Rn. 222.

[149] So *O. Bachof*, Über öffentliches Recht, in: Bachof/Heigl/Redeker (Hrsg.), Verwaltungsrecht zwischen Freiheit, Teilhabe und Bindung. Festgabe aus Anlaß des 25jährigen Bestehens des Bundesverwaltungsgerichts, München 1978, 1 (9).

[150] *Forsthoff* (Fn. 48), 113 ff.; *Ehlers/Schneider*, in: Schoch/Schneider (Fn. 146), § 40, Rn. 220, 221; *S. Haack*, Theorie des öffentlichen Rechts, Bd. III, Grundfragen einer juristischen Verfassungslehre, Tübingen 2021, 68. Ferner *Erichsen* (Fn. 146), 537 (539).

[151] Wie *Möllers* (Fn. 5), 303 richtig einwendet, ist die Dichotomie öffentlich-rechtlich/privatrechtlich nur eingeschränkt mit derjenigen von Staat/Nicht-Staat gleichzusetzen.

Summe der Rechtsnormen, die Rechtsverhältnisse determinieren, in denen zumindest eines der an ihnen beteiligten Rechtssubjekte auf Grund eines weiteren, es hierzu legitimierenden Rechtsverhältnisses als Sachwalter des Gemeinwohles auftritt."[152] Bei *Hufen* wird daraus der Begriff einer „demokratisch gewendeten Verbindlichkeitslehre" gebildet.[153] Der Grund der Verbindlichkeit, ob im Subordinationsverhältnis oder beim kooperativen Handeln ist die Verpflichtungsbefugnis des ganzen politischen Gemeinwesens kraft Legitimationszusammenhangs.[154] Dies ließe sich auch als gemeinsamer (materieller) Nenner mit der Zuordnungslehre betrachten. Der Staat „als solcher" würde immer dann tätig, wenn er das dahinterstehende Gemeinwesen repräsentiert.

Diese Variation erlaubt es, die Schwäche der formalen Zuordnungslehre *Wolffs* näher zu identifizieren. Sie kann das Phänomen politischer Herrschaft jenseits der organisierten Staatlichkeit nicht erfassen, weil sie den Staat als handlungsfähige Einheit von seiner Geltungsbegründung trennt. Begreift man hingegen den Bürger als mittelbaren Autor (und damit auch Zurechnungssubjekt) des Staatshandelns,[155] so lenkt dies den Blick auf die Verbindlichkeit staatlichen Handelns.

Bei *Rupp* heißt es: „Der Staat ist auf gemeinwohlbestimmende Herrschaft, auf demokratische Gewinnung und Begründung von Allgemeinverbindlichkeit angelegt, auf Ausübung öffentlicher Gewalt und hoheitlicher Befugnisse."[156] Immer wenn privates Handeln qualitativ begründet derartige Funktionen für sich in Anspruch nimmt, muss es sich auch an die Voraussetzungen binden, die dieses Verhalten überhaupt erst ermöglichen. Es ließe sich also formulieren: Alle Tätigkeit staatlicher und gesellschaftlicher Organe, die sich zur Begründung ihrer Verbindlichkeit als Vertreter des Gemeinwohls auf das Legitimationsverhältnis beruft, ist organisationspflichtig. So rückt die Verwaltungsorganisation in die Nähe des Demokratieprinzips.[157]

---

[152] *N. Achterberg*, Allgemeines Verwaltungsrecht, 2. Auflage, Heidelberg, 1986, § 1, Rn. 27.

[153] *F. Hufen*, Verwaltungsprozessrecht, 11. Auflage, München 2019, § 11, Rn. 16.

[154] Ähnlich auch im Kontext des Demokratieprinzips *Jestaedt* (Fn. 12), 257. Ferner *Britz* (Fn. 23), 428.

[155] Vgl. im Kontext des Verwaltungsaktsbegriffs auch *A. Emmerich-Fritsche*, Kritische Thesen zur Legaldefinition des Verwaltungsakts, NVwZ 2006, 762 (763).

[156] *Rupp* (Fn. 59), in: Isensee/Kirchhof, § 31, Rn. 30.

[157] Dies kann aber nicht darüber hinwegtäuschen, dass die Theorieangebote letzten Endes nicht vollständig aufklären vermögen, welches konkrete Verhalten organisationspflichtig ist. Sie relativieren aber dadurch nicht etwa den Grundsatz der Organisationspflichtigkeit, sondern erschweren nur die Subsumtionsleistung unter den Begriff der Staatsgewalt. Während die genaue Reichweite der Staatsgewalt mithin an ihren Rändern unbestimmt bleibt, gibt es hingegen genug Rechtsbereiche, in denen materiell eindeutig hoheitliche Tätigkeit vorliegt.

c) Anwendungsfälle

Verrechtlichungslücken bestehen demnach immer dann, wenn außerhalb des verfassungsrechtlich bestimmten Organisationspflichtbereiches politische Herrschaft ausgeübt wird. Nicht nur die staatlich geförderte erwerbswirtschaftliche Betätigung in gemischtwirtschaftlichen Unternehmen ist hier zu nennen, auch die oben angesprochenen intermediären Anstalten und Körperschaften können insoweit politische Herrschaft ausüben, als dass sie kollektiv verbindliche Entscheidungen entweder selbst treffen oder dazu beitragen. Dies ist insbesondere dann der Fall, wenn ihre Tätigkeit zwar nach der insoweit heranzuziehenden Auslegung des Art. 1 Abs. 3 und Art. 20 Abs. 2 GG keine Staatsgewalt im engeren Sinne, aber dennoch die Ausübung politischer da kollektiv bindender Herrschaft darstellt.[158] Diese Diskussion wurde insbesondere für die Organisationsanforderungen in den Verbänden geführt,[159] findet jedoch im staatlich-gesellschaftlichen Kooperativbereich genauso Anwendung. Hier stellt sich die Frage, inwieweit die strengen Zurechnungsanforderungen, die für den konstitutionalisierten Innenbereich der Staatlichkeit entwickelt wurden, gleichsam Anwendung auf quasi-hoheitliche Tätigkeiten in der gesellschaftlichen Sphäre finden können.

Für staatliche Minderheitsbeteiligungen in erwerbswirtschaftlichen Unternehmen bedeutet dies zumindest verfassungsrechtlich, dass sie nicht organisationspflichtig sind und dass insoweit auch gegen ihre Zulässigkeit keine verfassungsrechtlichen Bedenken bestehen,[160] soweit ihnen nicht gesondert Verwaltungsaufgaben durch Vertrag zugewiesen sind.[161] Sie stellen im Wesentlichen eine Finanzanlage der öffentlichen Hand dar.[162] Etwas anderes kann sich jedoch aus dem Fachrecht ergeben, das unter Umständen entsprechende Beteiligungsverbote normiert.[163]

Anders ist es hingegen bei staatlich-gesellschaftlichen Kooperationen, die etwa durch Normsetzungsaufgaben oder durch Einbezug als Verwaltungshel-

---

[158] Vgl. dazu instruktiv *Lepsius* (Fn. 8), 370 (376); *Unger* (Fn. 53), 274 ff.

[159] *Schmidt-Aßmann* (Fn. 101), 329 (347). Siehe ferner die Hinweise bei *Unger* (Fn. 53), 274, Fn. 409.

[160] Dies deckt sich mit der Auffassung bei *Schmidt-Aßmann* (Fn. 23), 274 ff., der dies jedoch generell als Alternative zur Beherrschungslösung verstanden haben will: „Nicht zum Organisationbereich der öffentlichen Verwaltung gehören staatlich-private Gemeinschaftsunternehmen. Auf wirtschaftlichem Felde handelnd und auf die Funktionsbedingungen des Marktes ausgerichtet, müssen sie vor allem die unterschiedlichen Ziele der Kooperationspartner organisationsintern verarbeiten." Siehe auch *Heintzen* (Fn. 82), 220 (247).

[161] So im Grundsatz richtig, aber im Ergebnis zu ausgreifend *A. Berger*, Staatseigenschaft gemischtwirtschaftlicher Unternehmen. Eine Untersuchung der staatlichen Qualität unternehmerischer Entscheidungen, Berlin 2006, 96 ff.

[162] *Groß* (Fn. 31), in: Hoffmann-Riem/Schmidt-Aßmann/Voßkuhle, § 13, Rn. 92.

[163] Dazu noch unten § 11.

fer zur Erfüllung öffentlicher Aufgaben beitragen.[164] Insbesondere wenn diese aufgrund der Organisationsgestaltung entweder für sich Verbindlichkeit in Anspruch nehmen können[165] oder eine quasi-Verbindlichkeit durch die inhaltliche Einbeziehung in hoheitliche Entscheidungsprozesse entsteht,[166] entstehen ohne entsprechende organisatorische Einbindung Zurechnungslücken.

d) Politische Herrschaft als Hilfskonstruktion

Der politische Herrschaftsbegriff kann also dazu beitragen, ein bestimmtes Reflexionsdefizit der Verfassung zu beleuchten. Aus dieser Perspektive könnte man sich fragen, ob eine materielle Deutung von Staatlichkeit nicht besser die formell-organbezogene Perspektive ersetzen sollte. In den Rechtsordnungen der Vereinigten Staaten und im Unionsrecht stellt sie mangels formaler Maßstäbe den Regelfall dar.[167] Auch in der verwaltungsrechtlichen Reformbewegung waren diesbezüglich Vorstöße gewagt worden.[168]

Aus dem positiven Verfassungsrecht ließe sich hier – wie bereits oben dargestellt – entgegnen, dass die Unterscheidung zwischen Staat und Gesellschaft verfassungsrechtlich vorauszusetzen ist. Aber auch ein zusätzlicher Negativaspekt ist zu nennen. *Krebs* hat richtig eingewendet, dass durch eine Materialisierung die Begriffspaare öffentlich/privat bzw. staatlich/gesellschaftlich zu „Tendenzbegriffen"[169] werden, die zur Verwässerung von Verantwortungsbeziehungen einladen.[170] Sie stehen antagonistisch zur Zurechnungsperspektive. Kann nicht mehr hinreichend bestimmt werden, in welchem Maß die Abkoppelung einer Entscheidungseinheit vom gesamtstaatlichen Zusammenhang gewollt ist, kann auch nicht mehr festgestellt werden, wem im staatlichen Organisationsgefüge (allgemein)verbindliche Entscheidungsverantwortung zugewiesen ist. Gerade deshalb können diese Maßstäbe nur zur formalen Perspektive hinzutreten und Zurechnungsmaßstäbe im nichtstaatlichen Bereich

---

[164] Darstellung bei *Kahl* (Fn. 54), 721 (722).

[165] Problemaufriss mit „außerdemokratischer Legitimation" und bestimmten Rezeptionsregeln privater Standardsetzer: *L. Michael*, Private Standardsetter und demokratische legitimierte Rechtsetzung, in: Bauer/Huber/Sommermann (Hrsg.) Demokratie in Europa, Bd. I, Verfassungsentwicklung in Europa, Tübingen 2005, 431 (439 ff.).

[166] *Rixen* (Fn. 37), 949.

[167] *Möllers* (Fn. 5), XXVIII.

[168] Dazu auch mit weiteren Perspektiven: *A. Scherzberg*, Wozu und wie überhaupt noch öffentliches Recht?, 34; *K.-H. Ladeur*, Zur Notwendigkeit der Fortentwicklung des Paradigmas des „Gewährleistungsstaates", Der Staat 48 (2009), 163 (163). Wesentlich dazu auch der Vortrag von *A. Voßkuhle*, Öffentliche Gemeinwohlverantwortung im Wandel. Beteiligung Privater an der Wahrnehmung öffentlicher Interessen und staatliche Verantwortung, VVDStRL (62) 2003, 266 (268 ff.).

[169] *Krebs* (Fn. 31), in: Isensee/Kirchhof, § 108, Rn. 27. Sehr deutlich etwa bei *Schuppert* (Fn. 36), 341 ff.

[170] *Möllers* (Fn. 5), 348.

verschärfen.[171] Sie können jedoch nicht im Sinne eines Alternativmodells das Zurechnungserfordernis verdrängen.

2. Der Umgang mit Organisationsdefiziten

Hat man nun den Bereich der Organisationspflicht über den Bereich der Staatsgewalt hinaus auf politische Herrschaft ausgedehnt, so steht die Frage nach dem Umgang mit den resultierenden Organisations- (Zurechnungs-, Legitimations-, Kontroll-) defiziten im Raum. Geht man vom geltungsbegründenden Herrschaftsanspruch der Verfassung aus, kann es im Grunde keine politische Herrschaft im Organisationsdefizitbereich geben. Eine großzügigere Auffassung behauptet eine verbleibende staatliche Verantwortung, die sich je nach Kooperativbereich in einer Einwirkungspflicht oder einer Legitimationsverantwortung niederschlägt.[172] Beide Ansätze haben jedoch entscheidende Defizite. Die Verbotslösung muss sich vorwerfen lassen, dass sie die gesellschaftliche Wirklichkeit nicht hinreichend erklären kann. Die Verantwortungslösung hingegen bleibt normativ zu unscharf. Aus ihr lassen sich keine rechtsverbindlichen Gestaltungsanweisungen im staatlich-gesellschaftlichen Kooperativbereich entnehmen. Der sodann vorgestellte eigene Lösungsansatz bestimmt eine Erheblichkeitsschwelle für politische Herrschaft jenseits organisierter Staatlichkeit als vermittelnde Lösung.

a) Verbotslösung

In der unter anderem von *Dreier* vorgeschlagenen Verbotslösung ist dem Staat – verfassungsdogmatisch konsequent – eine Beteiligung an politischer Herrschaftsausübung im staatlich-gesellschaftlichen Kooperativbereich untersagt.[173]

---

[171] In der Stadionverbotsentscheidung verkennt das Bundesverfassungsgericht diese Differenzierung und schießt über das Ziel hinaus, indem es einen materiellen Maßstab (Monopolstellung, strukturelle Überlegenheit) auch an privates Handeln anlegt. (BVerfGE 148, 267 [284, Rn. 41] = NJW 2018, 1667. Dazu *Muckel* (Fn. 64), 411 (412). Mag diese Aufweichung der Unterscheidung von Staat und Gesellschaft im Rahmen der Grundrechtsdogmatik noch anschlussfähig sein, so wird doch übersehen, dass an die Unterscheidung weitere Folgen geknüpft sind. Die Grundrechtsverpflichtung (Art. 1 Abs. 3 GG) steht im staatlichen Zusammenhang nicht allein, sondern ist mit verschiedenartigen Auswirkungen an anderen Stellen des Verfassungsgefüges (z.B. Art. 19 Abs. 3, Art. 20 Abs. 2 und 3 GG) verknüpft. Wenn man etwa die großen Medienintermediäre an manchen Stellen für grundrechtsverpflichtet hält, so hat dies auch Auswirkungen darauf, wie die von ihnen ausgehenden Entscheidungen zu legitimieren und zuzurechnen sind. Die Öffnung der Grundrechtsverpflichtung für Private könnte sich so als systemverschiebende Zäsur für das Grundgesetz erweisen.

[172] Umfassend *L. Michael*, Rechtsetzende Gewalt im kooperierenden Verfassungsstaat – Normprägende und normersetzende Absprachen zwischen Staat und Wirtschaft, Berlin 2002, 489 ff.

[173] *Dreier*, in: ders. (Fn. 18), Art. 19 Abs. 3, Rn. 78.

Technisch wird hier daran angeknüpft, dass Entscheidungen über die Beteiligung an diesen Mischformen wiederum Akte der Staatsgewalt darstellten, die mit Rechtmäßigkeitsanforderungen verbunden sind. An diese könnte man bereits im Vorfeld anknüpfen und eine Pflicht des Inhabers der Organisationsgewalt konstruieren, auf Organisationsgestaltungen, die zu einer im Ergebnis organisationspflichtigen politischen Herrschaftsausübung führten, zu verzichten.[174]

In einem Verzicht auf staatlich-gesellschaftliche Kooperationen würde die dilemmatische Lage, dass es entweder zur Verkürzung des Grundrechtsschutzes privater Anteilseigner oder zur unzulässigen Grundrechtsberechtigung der öffentlichen Hand käme, umgangen werden. Dogmatisch ist dies die sauberste Lösung. Wie *Dreier* jedoch selbst vermutet, ist davon auszugehen, dass sich diese dogmatische Konsequenz an den gewichtigen Interessen, die für staatliche Wirtschaftsbeteiligungen sprechen, die Zähne ausbeißen wird.[175] Zudem ist der Staat im Bereich der nicht erwerbswirtschaftlich motivierten Kooperationen auf privates Wissen angewiesen, um sachgerechte Entscheidungen treffen zu können.

b) Verantwortungslösung

Der derzeit wohl herrschende Ansatz stellt darauf ab, dass der Staat für staatlich-gesellschaftliche Kooperationsformen in einer besonderen Garantenstellung verbleibt,[176] die darauf zielt, durch „legitimatorische Vor- und Nachwirkungen den Status der privaten Akteure ihrer Funktion anzupassen und ihnen bestimmte Bindungen aufzuerlegen, um auf diese Weise eine mangelnde inhaltliche Entscheidungsbeherrschung des Staates zu kompensieren."[177]

In der Vorwirkung überschneidet sich das zunächst von *Trute* als „Legitimationsverantwortung"[178] bezeichnete und später von *Groß* als „Organisationsverantwortung"[179] präzisierte Konzept damit von der Stoßrichtung her mit der Verbotslösung. Wesentlicher Unterschied ist jedoch, dass weichere Legiti-

---

[174] So etwa *Grzeszick*, in: Dürig/Herzog/Scholz (Fn. 18), Art. 20, Rn. 100: „Das Eingehen entsprechender Beteiligungen und Kooperationen ist deshalb unzulässig, wenn die für das spätere Wirken des Unternehmens bzw. der Kooperation jeweils nötige demokratische Legitimation nicht gesichert ist." Ferner *Schmidt-Aßmann* (Fn. 23), 101.

[175] *Dreier*, in: ders. (Fn. 18), Art. 19 Abs. 3, Rn. 78.

[176] Umfassend zum „Denken in Verantwortungsstufen", *Schuppert* (Fn. 36), 400.

[177] *H.-H. Trute*, Funktionen der Organisation und ihre Abbildung im Recht, in: Hoffmann-Riem/Schmidt-Aßmann (Hrsg.), Verwaltungsorganisationsrecht als Steuerungsressource, Baden-Baden 1997, 249 (290); *Michael* (Fn. 172), 496.

Vgl. auch *Schmidt-Aßmann* (Fn. 23), 102.

[178] *Trute* (Fn. 85), in: Hoffmann-Riem/Schmidt-Aßmann/Voßkuhle, § 6, Rn. 58. Begriffsprägung bei *H.-H. Trute*, Die Verwaltung und das Verwaltungsrecht zwischen gesellschaftlicher Selbstregulierung und staatlicher Steuerung, DVBl 1996, 950 (950 ff.).

[179] *T. Groß*, Das Kollegialprinzip in der Verwaltungsorganisation, Tübingen 1999, 233 ff.

mationsmaßstäbe im gesellschaftlichen Bereich angenommen werden. Hier geht es vor allem darum, auf eine ausgewogene Repräsentanz privater Interessen hinzuwirken,[180] dass „sich die beteiligten Interessen angemessen darstellen können und zu Wort kommen."[181] In der Folge ergibt sich ein großzügigerer Maßstab für die Zulässigkeit gesellschaftlicher Entscheidungsbeteiligung an staatlichen Prozessen. Es geht hier vor allem um die Formulierung von Mindeststandards, die gewährleisten, dass sich Normgrundlagen auch am öffentlichen Interesse orientieren und Mechanismen des Neutralitätsschutzes (z.B. Befangenheits- und Inkompatibilitätsregeln) enthalten.[182]

Dieser großzügigere Maßstab wird dann jedoch in einem zweiten Schritt aufgenommen, indem eine staatliche Auffangverantwortung für das Gelingen dieses Interessenausgleichs angenommen wird. Nach Hinweisen des Bundesverfassungsgerichts im *Lippeverbandsurteil*[183] hat sich diese Nachsorgeverantwortung in der Literatur nachhaltig verankert. Nach der Grundsystematik kommt dem Inhaber der Organisationsgewalt hier „bei der Beurteilung der Eignung einer organisatorischen Gestaltung, ihrer Ausgestaltung und der hinreichend effektiven Gestaltung des Zurechnungszusammenhangs eine Einschätzungsprärogative zu, die mit einer Beobachtungs- und Nachbesserungspflicht verbunden ist, bei Legitimationsstörungen oder -unterbrechungen für eine hinreichend wirksame Ausgestaltung des institutionellen Arrangements zu sorgen."[184] In den Worten *Schupperts*, „sitzt [die Auffangverantwortung] auf der Reservebank, solange das Spiel gut läuft, wird aber in dem Moment aktualisiert, in dem ein gemeinwohlrelevantes Steuerungsdefizit zu konstatieren ist [...]"[185] Im Bereich staatlicher Minderheitsbeteiligungen in gemischt-öffentlichen Unternehmen wird dies durch den Begriff der Einwirkungspflicht gekennzeichnet.[186] Für andere Organisationsformen liegt keine standardisierte Begriffsbildung vor, im Ergebnis sind die Mechanismen jedoch vergleichbar.

Man muss dem mit dem Verantwortungsbegriff operierenden Ansatz zu Gute halten, dass es ihm gelungen ist, Maßstäbe für einen Bereich zu entwickeln, den die klassische Zurechnungslehre nur unzureichend erfassen kann.[187] Staatlich-gesellschaftliche Kooperationsformen sind unzweifelhaft Teil der so-

---

[180] *Fehling* (Fn. 33), 351 ff.

[181] *Schmidt-Aßmann* (Fn. 23), 101.

[182] *Groß* (Fn. 31), in: Hoffmann-Riem/Schmidt-Aßmann/Voßkuhle, § 13, Rn. 94.

[183] BVerfGE 107, 59 (98 ff.).

[184] *Trute* (Fn. 85), in: Hoffmann-Riem/Schmidt-Aßmann/Voßkuhle, § 6, Rn. 59.

[185] *Schuppert* (Fn. 36), 407.

[186] Siehe auch unten. Grundlegend *G. Püttner*, Die Einwirkungspflicht – Zur Problematik öffentlicher Einrichtungen in Privatrechtsform, DVBl. 1975, 353 (353 ff.); *H. Dreier*, Hierarchische Verwaltung im demokratischen Staat. Genese, aktuelle Bedeutung und funktionelle Grenzen eines Bauprinzips der Exekutive, Tübingen 1991, 258 f.

[187] So auch die Stoßrichtung der Arbeit von *Michael* (Fn. 172), 496 (allerdings im Ergebnis mit einer anderen Auffassung als hier vertreten).

zialen Gegenwart von Staatlichkeit, so dass sich Erklärungslücken hier nur schwer tolerieren lassen. Gleichzeitig ist von vornherein ersichtlich, warum der hier behandelte Bereich außerhalb des Maßstabs der klassischen Lehre bleiben musste. Das in diesem Rahmen geprägte Vokabular der Verwaltungs- und Gemeinwohlverantwortung[188] ist gerade deshalb problematisch, da eine derart abstrakte Kategorie der Verantwortung weder inhaltlich noch kompetenziell einen juristisch überprüfbaren Begriff darstellt.[189] Wann Gemeinwohlverwirklichung scheitert, ist eine – mangels materiellem Staatsaufgabenbegriff und fehlender Definition des spezifisch öffentlichen Interesses – maßstablose Kategorie.[190] Wer diese maßstablose Verantwortung und keine Pflichten (=*Eigen*verantwortung!)[191] trägt, ist gehalten, aber eben nicht verpflichtet, sie wahr-

---

[188] Dazu *H. Schulze-Fielitz*, Grundmodi der Aufgabenwahrnehmung, in: Hoffmann-Riem/Schmidt-Aßmann/Voßkuhle (Hrsg.), GVwR, Bd. I, 2. Auflage, München 2012, § 12, Rn. 148 ff.; *R. Pitschas*, Verwaltungsverfahren und Verwaltungsverantwortung. Strukturprobleme, Funktionsbedingungen und Entwicklungsperspektiven eines konsensualen Verwaltungsrechts, München 1990; *Trute* (Fn. 177), in: Hoffmann-Riem/Schmidt-Aßmann, 290. Nun auch *I. Augsberg*, Verantwortung als Reflexion. Die Konstruktion multilateraler Verantwortung im Informationsverbund, Rechtswissenschaft. Zeitschrift für rechtswissenschaftliche Forschung 2019, 109 ff. Bei *G.F. Schuppert*, Jenseits von Privatisierung und „schlankem Staat": Vorüberlegungen zu einem Konzept von Staatsentlastung durch Verantwortungsteilung, in: Gusy (Hrsg.), Privatisierung von Staatsaufgaben: Kriterien – Grenzen – Folgen, Baden-Baden 1998, 72 (78 ff.) wird deutlich, dass die Verantwortungslösung auch die Unterscheidung zwischen öffentlich/privat angreift.

[189] Will man ihr eine juristische Bedeutung geben, so stellt sie einen Brückenbegriff zwischen Rechtlichem und Nichtrechtlichem dar. Diese Unschärfe sieht etwa *Trute* als „Erfinder" des Konzepts selbst. Vgl. *H.-H. Trute*, Verantwortungsteilung als Schlüsselbegriff eines sich verändernden Verhältnisses von öffentlichem und privatem Sektor, in: Schuppert (Hrsg.), Jenseits von Privatisierung und „schlankem" Staat. Verantwortungsteilung als Schlüsselbegriff eines sich verändernden Verhältnisses von öffentlichem und privatem Sektor, Baden-Baden 1999, 13 (13). Umfassend aus rechtstheoretischer Perspektive *J.H. Klement*, Verantwortung. Funktion und Legitimation eines Begriffs im Öffentlichen Recht, Tübingen 2006, 13–19. Tendenziell kritisch auch *Gärditz* (Fn. 7), 78–80. Aus rechtsvergleichender Perspektive ebenfalls kritisch *A. Gromitsaris*, Legitimacy and Accountability: Integration and Compensation, in: Ruffert (Hrsg.), Legitimacy in European Administrative Law. Reform and Reconstruction, Groningen 2011, 301 (346).

[190] So auch *H.C. Röhl*, Verwaltungsverantwortung als dogmatischer Begriff?, in: Berg u.a. (Hrsg.), Die Wissenschaft vom Verwaltungsrecht, Die Verwaltung Beiheft 1999, 33 (34). Ähnlich ferner *C. Franzius*, Flexible Organisationsmodelle: Netzwerke, Organisationshoheit, Shared Services, Verwaltungsverbünde, Mischverwaltung, in: Hill/Schliesky (Hrsg.), Herausforderung e-Government, Baden-Baden 2009, 39 (50). Positiver *M. Burgi*, Intradisziplinarität und Interdisziplinarität als Perspektiven der Verwaltungsrechtswissenschaft, in: ders. (Hrsg.), Zur Lage der Verwaltungsrechtswissenschaft, Die Verwaltung Beiheft 2017, 34 (44–45). Relativierend *A.-B. Kaiser*, Multidisziplinäre Begriffsverwendungen. Zum verwaltungsrechtswissenschaftlichen Umgang mit sozialwissenschaftlichen Konzepten, in: Augsberg (Hrsg.), Extrajuridisches Wissen im Verwaltungsrecht. Analysen und Perspektiven, Tübingen 2013, 99 (104).

[191] Ideengeschichtliche Überlegungen, die zwar für Grundrechtssschutz gedacht, auf Organisation im Grenzbereich von Staat und Gesellschaft jedoch auch Anwendung finden kön-

zunehmen. So bleibt der Verantwortungsbegriff letztlich normativ leer. Abstrakte Verantwortungskonzepte wirken im Recht insoweit als symbolische Rechtsbegriffe (*Klement*),[192] die aber durch den Symbolismus gerade das Andere des Rechts darstellen. Verantwortung ohne Verpflichtung versandet in parlamentarischer und ministerieller Überforderung, wenn ihr nicht Verfahren und Maßstäbe an die Hand gegeben werden, die über *ex aequo et bono* hinausgehen.[193]

c) Eigener Ansatz: Schwellenlösung

Beide bisher vorgestellten Ansätze haben jeweils entscheidende Defizite. Die Verbotslösung muss sich vorwerfen lassen, dass sie die gesellschaftliche Wirklichkeit nicht hinreichend erklären kann. Die Verantwortungslösung hingegen bleibt normativ zu unscharf. Aus ihr lassen sich keine rechtsverbindlichen Gestaltungsanweisungen im staatlich-gesellschaftlichen Kooperativbereich entnehmen.

Auf der Suche nach differenzierenden Kriterien ist der Blick daher vielmehr auf die Bedeutung des Entscheidungsbeitrags zu lenken, die oben mit der Organisationstiefe umschrieben wurde. Diese muss deshalb von Bedeutung sein, da unterhalb einer bestimmten Schwelle, die das Bundesverfassungsgericht als „Handeln mit Entscheidungscharakter" bestimmt hat, auch innerhalb der staatlichen Binnenorganisation keinerlei Organisationspflichten folgen. Für staatlich-gesellschaftliche Kooperationen kann demnach nichts anderes gelten. Erreicht ein Entscheidungsbeitrag (etwa durch einen sachverständigen Ausschuss) nicht diese Schwelle, können auch hier keine Zurechnungs-, Legitimations- und Kontrollpflichten wirksam werden.[194] Es verbleibt mithin bei der Organisationstiefe, die innerhalb der Verwaltungsorganisation Anwendung findet.

Ermöglicht werden so vor allem Entscheidungsbeiträge in staatlich-gesellschaftlichen Kooperationen, bei denen die auch inhaltlich wirksame Letztverantwortung beim in die Verwaltung eingegliederten Funktionsträger ver-

---

nen bei *J. Ziekow*, Eigenverantwortung als Verfassungsprinzip, in: Brink/Wolff (Hrsg.), Gemeinwohl und Verantwortung. Festschrift für Hans Herbert von Arnim zum 65. Geburtstag, Berlin 2004, 189 (191 ff.).

192 *Klement* (Fn. 189), 532 ff.

193 Instruktiv zur Leitunterscheidung von politischer und rechtlicher Verantwortung, *J. Masing*, Politische Verantwortlichkeit und rechtliche Verantwortlichkeit, ZRP 2001, 36 (37). Die fehlende Rückkoppelung zur verfassungsrechtlichen Normativität scheint mir auch der einzige Kritikpunkt an der ansonsten beeindruckend konstruierten Arbeit von *Michael* (Fn. 172), 495 ff. zu sein.

194 Ähnlich *Storr*, in: Bauer/Huber/Sommermann (Fn. 33), 419; *Grzeszick*, in: Dürig/Herzog/Scholz (Fn. 18), Art. 20, Rn. 222. Zum Problem der privaten Standardsetzung (mit der Forderung nach gesetzlicher Ermächtigung der Einbeziehung) *Michael*, in: Bauer/Huber/Sommermann (Fn. 165), 444.

bleibt.[195] Dies mag zwar nicht immer einfach zu differenzieren sein,[196] führt aber im Ergebnis zu einer sachgerechten Behandlung dieser Kooperationen, in denen sich der Staat gesellschaftliches Wissen zu Nutze machen darf, darüber aber an die verfassungsrechtliche Verantwortungsstruktur gebunden bleibt. Erleichternd kann hier eine genaue Gesetzessteuerung wirken, die den Zweck, die innere Organisation und das Entscheidungsverfahren möglichst präzise umschreibt, so dass die (in öffentlicher Hand verbleibende) punktuelle Entscheidungssteuerung von gesetzlichen Maßstäben geleitet werden kann.[197]

Für Entscheidungsdelegationen oder Entscheidungsbeiträge, die über die Schwelle hinaus gehen, d.h. amtlichem Handeln mit Entscheidungscharakter gleichkommen, muss es verfassungsdogmatisch bei der Verbotslösung bleiben.[198] Dies folgt aus der normativen Anforderung der Verfassung, dass es keine politische, d.h. Allgemeinverbindlichkeit beanspruchende, nichtstaatliche Herrschaft geben kann.

[195] Differenzierend dazu *Fehling* (Fn. 33), 364–366.

[196] Umso entscheidender die oben geäußerte Forderung nach Transparenz.

[197] Im Ergebnis auch *G. Hermes*, Legitimationsprobleme unabhängiger Behörden, in: Bauer/Huber/Sommermann (Hrsg.), Demokratie in Europa, Bd. I, Verfassungsentwicklung in Europa, Tübingen 2005, 457 (484). Zustimmend *Dreier*, in: ders. (Fn. 14), Art. 20, Rn. 138.

[198] Im Ergebnis auch *Storr*, in: Bauer/Huber/Sommermann (Fn. 33), 426, allerdings mit anderem, auf graduelle Verschärfung der Erfordernisse abstellenden Lösungsweg.

§ 4 Verwaltungsorganisation im Bundesstaat

Historisch ist Verwaltung in Deutschland Ländersache.[1] Dies beginnt bereits im Spätabsolutismus mit der entscheidenden Rolle der Territorien gegenüber der zentralen Ebene der Reichsverwaltung[2] und wird im Konstitutionalismus fortentwickelt und ausdifferenziert.[3] Nachdem man mit der Weimarer Reichsverfassung insoweit schlechte Erfahrungen gemacht hatte, da deren Art. 14 den Vollzug der Gesetze durch die Länder lediglich unter einfachen Gesetzesvorbehalt stellte,[4] war das Modell des Vollzugsföderalismus schon ein zentra-

[1] Vgl. die Ausführungen oben § 1. Zu den möglichen Legitimationsgründen föderalen Vollzugs etwa *M. Jestaedt*, Bundesstaat als Verfassungsprinzip, in: Isensee/Kirchhof (Hrsg.), HStR, Bd. II, 3. Auflage, Heidelberg 2004, § 29, Rn. 12. Ideengeschichtlich mit besonderem Schwerpunkt auf das 19. Jahrhundert nachgezeichnet von *B. Grzeszick*, Vom Reich zur Bundesstaatsidee. Zur Herausbildung der Föderalismusidee als Element des modernen deutschen Staatsrechts, Berlin 1996. Zusammenfassend auch *B. Grzeszick*, Der Gedanke des Föderalismus in der Staats- und Verfassungslehre vom Westfälischen Frieden bis zur Weimarer Republik, in: Härtel (Hrsg.), Handbuch Föderalismus: Föderalismus als demokratische Rechtsordnung und Rechtskultur in Deutschland, Europa und der Welt, Bd. I, Grundlagen des Föderalismus und der deutsche Bundesstaat, Berlin/Heidelberg 2012, 57 ff. sowie bei *J. Suerbaum*, Verwaltungskompetenzen und Vollzugsformen, in: Kahl/Ludwigs (Hrsg.), Handbuch des Verwaltungsrechts, Bd. III, Verwaltung und Verfassungsrecht, Heidelberg 2022, § 81, Rn. 2–5. Zur jüngeren organisationsrechtlichen Entwicklung im Zentralstaat Frankreich dagegen *B. Schöndorf-Haubold*, Dezentralisierung und die verfassungsrechtliche Garantie kommunaler Selbstverwaltung in Frankreich, Die Verwaltung 2007, 513 (515 ff.).

[2] *E. Forsthoff*, Lehrbuch des Verwaltungsrechts, Bd. I, 10. Auflage, München 1973, § 1, 20–29; *M. Stolleis* Geschichte des öffentlichen Rechts in Deutschland, Bd. I, Reichspublizistik und Policeywissenschaft. 1600–1800, München 1988, 366.

[3] Ausführliche Darstellung bei *R. Koselleck*, Bund, Bündnis, Föderalismus, Bundesstaat, in: Brunner/Conze/Koselleck (Hrsg.), Geschichtliche Grundbegriffe, Historisches Lexikon zur politisch-sozialen Sprache in Deutschland, Bd. I, Stuttgart 1972, 582–671; *T. Nipperdey*, Der Föderalismus in der deutschen Geschichte, in: Boogman/Van der Plaat (Hrsg.), Federalism. History and Current Signification of a Form of Government, Den Haag 1980, 125–175. Knappe Zusammenfassung bei *C. Starck*, Idee und Struktur des Föderalismus im Lichte der Allgemeinen Staatslehre, in: Härtel (Hrsg.), Handbuch Föderalismus: Föderalismus als demokratische Rechtsordnung und Rechtskultur in Deutschland, Europa und der Welt, Bd. I, Grundlagen des Föderalismus und der deutsche Bundesstaat, Berlin/Heidelberg 2012, § 1, Rn. 21.

[4] Dadurch wurde auch Mischverwaltung grundsätzlich möglich. Vgl. *G. Hermes*, in: Dreier (Hrsg.), Grundgesetz Kommentar, Bd. III, 3. Auflage, Tübingen 2018, Art. 83, Rn. 3. Ausführlich zum Art. 14 WRV, *G.C. Burmeister*, Herkunft, Inhalt und Stellung des institutionellen Gesetzesvorbehalts. Zugleich ein Beitrag zur Dogmatik des Verwaltungsorganisationsrechts, Berlin 1991, 173.

ler Bestandteil des Entwurfs von Herrenchiemsee.[5] Die Unterscheidung und unterschiedliche Ebenenzuweisung von zentraler Normsetzung und dezentralem Vollzug ist damit das prägende Element des deutschen Föderalismus.[6]

Die Organisationsgewalt ist in diesem Aufbau im Grunde dem Träger der jeweiligen Vollzugsbehörde zugewiesen.[7] Wer eine Aufgabe zu erfüllen hat, darf auch darüber bestimmen, wie die institutionalisierte Organisation dieser Aufgabenerfüllung auszusehen hat. Während dieses Grundprinzip eingängig und klar erscheint, ist die Praxis geprägt von zahlreichen Ebenenverflechtungen von Bund und Ländern, die sich insbesondere im Bereich der Organisationsentscheidungen zeigen. Innerhalb der Verfassungsordnung sorgt der Föderalismus dementsprechend für eine äußerst kleinteilige und zuweilen erst auf den zweiten Blick systematisch zugängliche Zuweisung von Organisationsentscheidungen, die im Folgenden Gegenstand dieses Kapitels sein soll.

Relativ einfach ist zunächst die Vollzugsorganisation der Landesgesetze zu bestimmen. Diese fällt nach Art. 30 GG vollständig in die Kompetenz der Länder, was sich im klassischen, vom Bundesverfassungsgericht geprägten Lernsatz, dass die äußerste Grenze der Verwaltungskompetenz des Bundes seine Gesetzgebungskompetenz darstellt,[8] zusammenfassen lässt. Für die Vollzugsorganisation der Bundesgesetze hingegen ist der Regelfall der Verwaltungskompetenz der Länder durch verschiedene Einflussmöglichkeiten des Bundes durchbrochen.

---

[5] Knapp zusammenfassend: *S. Oeter*, Deutschland – Exekutivföderalismus im Korsett des unitarischen Bundesstaates, in: Gamper u.a. (Hrsg.), Föderale Kompetenzverteilung in Europa, Baden-Baden 2016, 103 ff. Noch knapper *F. Wittreck*, in: Dreier (Hrsg.), Grundgesetz Kommentar, Bd. II, 3. Auflage, Tübingen 2015, Art. 30, Rn. 1 ff.; *A. Voßkuhle/A.-B. Kaiser*, Grundwissen – Öffentliches Recht: Die Ausführung von Bundesgesetzen – Verwaltungskompetenzen, JuS 2017, 316 (316).

[6] Diese Einschätzung wird umfassend dargelegt bei *H.-H. Trute*, Verwaltungskompetenzen im deutschen Bundesstaat, in: Härtel (Hrsg.), Handbuch Föderalismus: Föderalismus als demokratische Rechtsordnung und Rechtskultur in Deutschland, Europa und der Welt, Bd. II, Probleme, Reformen, Perspektiven des deutschen Föderalismus, Berlin/Heidelberg 2012, § 28. Ausführlich dargestellt bei *J. Ipsen*, Die Ausführung der Bundesgesetze durch Landes- und Bundesverwaltung, in: ders./Kaufhold/Wischmeyer (Hrsg.), Staatsrecht, Bd. I, Staatsorganisationsrecht, 32. Auflage, München 2020, § 11, Rn. 609 ff. Zur Prägung durch die verfassungsgerichtliche Rechtsprechung, vgl. *S. Korioth*, Die Rechtsprechung des Bundesverfassungsgerichts zum Bundesstaat, in: van Ooyen/Möllers (Hrsg.), Das Bundesverfassungsgericht im politischen System, 2. Auflage, Wiesbaden 2015, 391 ff.

[7] Vgl. etwa *U. Stelkens*, Organisationsgewalt und Organisationsfehler. Voraussetzungen der Errichtung von Behörden und juristischen Personen des öffentlichen Rechts und Rechtsfolgen ihrer Missachtung, LKV 2003, 489 (490).

[8] BVerfGE 12, 205 (229); 15, 1 (16); 78, 374 (386); 102, 167 (173 f., Rn. 36); BVerwGE 87, 181 (184); *J. Isensee*, Idee und Gestalt des Föderalismus im Grundgesetz, in: ders./Kirchhof (Hrsg.), HStR, Bd. VI, 3. Auflage, Heidelberg 2008, § 126, Rn. 117 ff.; *Hermes*, in: Dreier (Fn. 4), Art. 83, Rn. 16. Kritisch dazu *F. Kirchhof*, in: Dürig/Herzog/Scholz (Hrsg.), Grundgesetz Kommentar, München, 95. EL Juli 2021, Art. 83, Rn. 72 ff.

Die Erkenntnis, dass sich materielles Recht sowie Organisations- und Verfahrensregeln nicht immer klar voneinander trennen lassen können, ist damit in der Systematik der Art. 83 ff. GG bereits angelegt.[9] Gleichzeitig darf durch diese Verflechtungen nicht die grundsätzliche Indisponibilität und Lückenfreiheit[10] des grundgesetzlichen Kompetenzgefüges in Frage gestellt werden.[11] Die föderalen Regeln über die Verwaltungsorganisation reflektieren dabei schon im Ansatz die auf der verfassungsrechtlichen Ebene aufgegebene Verantwortungs- und Zurechnungsklarheit, indem Durchbrechungen unter besonderen Rechtfertigungs- (und verfassungsrechtlichen Normierungs-)zwang gestellt werden.

I. Die Regelzuständigkeit der Länder (Art. 30, 83 GG)

Art. 30 GG enthält zunächst eine Vermutung für die Erfüllung der staatlichen Aufgaben durch die Länder, „soweit dieses Grundgesetz keine andere Regelung trifft oder zuläßt" (2. Hs, Art. 30 GG).[12] Verwaltungsvollzug ist in Deutschland daher in der Regel Ländersache. Für das Landesrecht gilt dies nach der (verfassungsrechtlich zwingenden)[13] Zuweisung des Art. 30 GG ohnehin,[14] für das Bundesrecht besteht eine Regelvermutung nach Art. 83 GG, der bestimmt, dass die Länder auch die Bundesgesetze als eigene Angelegenheit ausführen, soweit nicht das Verfassungsrecht andere Normierungen vornimmt.[15] Art. 83 GG ist damit das Kernelement des deutschen Vollzugsföderalismus, das die Gesetzgebungszuständigkeiten und den Verwaltungsvollzug

---

9 Vgl. dazu noch unten IV. 1.

10 Dazu *K.F. Gärditz*, Grundrechte im Rahmen der Kompetenzordnung, in: Isensee/Kirchhof (Hrsg.), HStR, Bd. IX, 3. Auflage, Heidelberg 2011, § 189, Rn. 27.

11 Dazu *K. Hesse*, Grundzüge des Verfassungsrechts der Bundesrepublik Deutschland, Ndr. der 20. Auflage, Heidelberg 1999, § 7, Rn. 231; *S. Broß/K.-G. Mayer*, in: v. Münch/Kunig (Hrsg.), Grundgesetz. Kommentar, Bd. II, 7. Auflage, München 2021, Vorbemerkungen zu Art. 83–87 GG, Rn. 11. Ähnlich auch *H. Kube*, Gesetzgebungskompetenzen im Verwaltungsrecht, in: Kahl/Ludwigs (Hrsg.), Handbuch des Verwaltungsrechts, Bd. III, Verwaltung und Verfassungsrecht, Heidelberg 2022, § 80, Rn. 7.

12 Übersicht bei *Wittreck*, in: Dreier (Fn. 5), Art. 30, Rn. 21 ff.; *B. Fassbender*, „Staatliche Befugnisse und Aufgaben" im Sinne von Art. 30 GG als innere und auswärtige Kompetenzen des Bundes und der Länder, DÖV 2011, 714 (716 ff.). Ferner bei *J. Wieland*, Bundesstaat, in: Herdegen/Masing/Poscher/Gärditz (Hrsg.), Handbuch des Verfassungsrechts. Darstellung in transnationaler Perspektive, München 2021, § 8, Rn. 28 ff., 53 ff. Klassisch auch *J. Pietzcker*, Zuständigkeitsordnung und Kollisionsrecht im Bundesstaat, in: Isensee/Kirchhof (Hrsg.), HStR, Bd. VI, 3. Auflage, Heidelberg 2008, § 134, Rn. 8 ff.

13 BVerfGE 4, 115 (139); 32, 145 (156); BVerfG, NVwZ 2008, 183 (186).

14 *M. Burgi*, Grundlagen, in: Ehlers/Pünder (Hrsg.), Allgemeines Verwaltungsrecht, 15. Auflage, Berlin 2016, § 7, Rn. 21.

15 „Residualkompetenz", *Hermes*, in: Dreier (Fn. 4), Art. 83, Rn. 19. Didaktische Einführung bei *T. Hebeler*, Die Ausführung der Bundesgesetze (Art. 83 ff. GG), Jura 2002, 164. Überblicksartig *Kube* (Fn. 11), in: Kahl/Ludwigs, § 80, Rn. 96 ff.

voneinander trennt.[16] Eine Schlüsselposition haben hier insbesondere die Landesregierungen inne, die sowohl über Art. 50 GG im Bundesrat an der Bundesgesetzgebung beteiligt sind, als auch zentrale Vollzugsfunktionen koordinieren.[17] Mit diesen Regelungen zur „vertikalen Gewaltenteilung“ soll eine differenzierte Verantwortungsverteilung zwischen Bund und Ländern gewährleistet werden.[18]

1. Vollzugsföderalismus und Verwaltungsorganisation

Diesen Grundsätzen folgend liegt auch die Regelzuständigkeit für die Verwaltungsorganisation bei den Ländern.[19] Sie folgt dabei in der Sache der Aufgabenzuweisung für den Vollzug.[20] Konsequenterweise geht auch das Landesverfassungsrecht von einer Allzuständigkeit zur Regelung der Verwaltungsorganisation aus, die nur unter bestimmten – sogleich zu diskutierenden – (bundes-) verfassungsrechtlichen Ausnahmen wieder entzogen wird.[21]

Die Regelzuständigkeit der Länder nach Art. 30 GG umfasst im soeben dargestellten Sinne alle Handlungs- und Organisationsformen, in denen sich öffentliche Verwaltung zeigt.[22] Nicht umfasst ist von der klaren Zuständigkeitsordnung konsequenterweise jedoch solches (informales) Verwaltungshandeln, das unterhalb der Schwelle des „amtlichen Handelns mit Entschei-

[16] *Hermes*, in Dreier (Fn. 4), Art. 83, Rn. 16. Ferner *W. Krebs*, Verwaltungsorganisation, in: Isensee/Kirchhof (Hrsg.), HStR, Bd. V, 3. Auflage, Heidelberg 2007, § 108, Rn. 72 ff. Dazu auch *S. Oeter*, Integration und Subsidiarität im deutschen Bundesstaatsrecht. Untersuchungen zu Bundesstaatstheorie unter dem Grundgesetz, Tübingen 1998, 403 ff.

[17] Dazu jüngst *D. Kuch*, Regierung und Parlament in der gewaltenteiligen Demokratie – Organisationsrechtliche Perspektiven des Gewaltenteilungsprinzips, in: Krüper/Pilniok (Hrsg.), Organisationsverfassung der Regierung, Tübingen 2021, 55 (63).

[18] BVerfGE 139, 194 (225 f.).

[19] *Burgi* (Fn. 14), in: Ehlers/Pünder, § 7, Rn. 21; *M. Ibler*, in: Dürig/Herzog/Scholz (Fn. 8), Art. 86, Rn. 1; *H.H. Klein*, Verwaltungskompetenzen von Bund und Ländern in der Rechtsprechung des Bundesverfassungsgerichts, in: Starck (Hrsg.), Bundesverfassungsgericht und Grundgesetz. Festgabe aus Anlaß des 25jährigen Bestehen des Bundesverfassungsgerichts, Bd. II, Verfassungsauslegung, Tübingen 1976, 277 (278).

[20] *H. Maurer/C. Waldhoff*, Allgemeines Verwaltungsrecht, 20. Auflage, München 2020, § 21, Rn. 60.

[21] *H. Wißmann*, Verfassungsrechtliche Vorgaben der Verwaltungsorganisation, in: Hoffmann-Riem/Schmidt-Aßmann/Voßkuhle (Hrsg.), GVwR, Bd. I, 2. Auflage, München 2012, § 15, Rn. 28.

[22] *M. Schubert*, in: Sachs (Hrsg.), Grundgesetz. Kommentar, 9. Auflage, München 2021, GG Art. 30, Rn. 32; *B. Pieroth*, in: Jarass/Pieroth (Hrsg.), Grundgesetz für die Bundesrepublik Deutschland. Kommentar, 16. Auflage, München 2020 Art. 30, Rn. 3: *Wittreck*, in: Dreier (Fn. 5), Art. 30, Rn. 17; *M. Burgi*, in: v. Mangoldt/Klein/Starck (Hrsg.), Grundgesetz Kommentar, Bd. III, 7. Auflage 2018, GG, Art. 86, Rn. 9. Dazu schon BVerfGE 12, 205 (244 ff.); 39, 96 (109); *M. Gubelt/D. Hanschel*, in: v. Münch/Kunig, Grundgesetz Kommentar, Bd. I, 7. Auflage, München 2021, Art. 30, Rn. 28.

dungscharakter bleibt,“[23] etwa im Rahmen von politischen Reden oder Anregungen an eine bestimmte Organisationsgestaltung. Da sich ein solches Verhalten jedoch gerade nicht institutionell verfestigt zeigt, mithin jenseits von Organisation steht, ist es für die Frage der Organisationsgewalt insoweit belanglos. Prekär wird es lediglich, wenn Durchbrechungen der Kompetenzebene dadurch erfolgen, dass ebenenfremde quasi-verbindliche Entscheidungen getroffen werden.[24] Dieses Ergebnis entspricht inhaltlich der eben erarbeiteten Schwellenlösung im Hinblick auf Organisationstiefe.[25]

Im oben dargestellten Sinn umfasst die Regelzuständigkeit alle klassischen Komponenten der Organisationsgewalt,[26] also die Bildung, Errichtung und Einrichtung von Funktionseinheiten der öffentlichen Verwaltung. Im Fokus der folgenden Betrachtung soll die – organisationsrechtlich zentrale – Kategorie der *Errichtung* stehen.[27] Hier geht es wie oben ausgeführt um die organisatorische Ausgestaltung, die Festlegung ihrer Zuständigkeiten und die Etablierung der wesentlichen binnenadministrativen Grundstrukturen (so etwa auch die Entscheidung über weisungsfreie Räume, private Rechtsformen etc.)[28], sprich die Einbindung in die organisierte Staatlichkeit.

Umfasst ist insbesondere auch die erwerbswirtschaftliche Betätigung.[29] Soweit innerhalb dieser Zuständigkeiten wiederum nach Betätigungen differenziert wird, die „lediglich“ erwerbswirtschaftlicher Natur sind und solchen, die auch der Verfolgung öffentlicher Aufgaben dienen,[30] ist dies nicht überzeugend. Denn eine solche Ausnahme müsste von der Annahme ausgehen, dass es im Rahmen der Beherrschung öffentlich-rechtlicher Funktionsträger auch au-

---

[23] Ähnlich auch *Gubelt/Hanschel*, in: v. Münch/Kunig (Fn. 22), Art. 30, Rn. 31, 34 („informelles Staatshandeln“).

[24] So auch die Überlegungen bei *F. Shirvani*, Informales Verwaltungshandeln und Bundesauftragsverwaltung – Zugleich eine Würdigung der Rechtsprechung des Bundesverfassungsgerichts im Biblis-Urteil, BayVBl. 2005, 164 (171).

[25] Oben, § 3, II. 2. Ähnlich hat dies das BVerfG in leicht anderem Kontext (Vollzugverantwortlichkeit statt Organisationsgewalt) in der *Biblis*-Entscheidung gesehen, dazu BVerfGE 104, 249 Ls. 1. Kritisch zu dieser Rechtsprechung, da sie die Eigenverantwortlichkeit der Aufgabenwahrnehmung durchbreche, *Shirvani* (Fn. 24), 171.

[26] Dazu bereits oben, *Vorbemerkung* zu Teil 2.

[27] *W. Kluth*, in: Wolff/Bachof/Stober/Kluth, Verwaltungsrecht: Ein Studienbuch, Bd. II, 7. Auflage, München 2010, § 82, Rn. 119; *M. Burgi*, Strukturen und Organisationseinheit, in: Ehlers/Pünder (Hrsg.), Allgemeines Verwaltungsrecht, 15. Auflage, Berlin 2016, § 8, 276, Rn. 2.

[28] *Burgi* (Fn. 27), in: Ehlers/Pünder, § 8, 276, Rn. 2.

[29] *D. Ehlers*, Verwaltung in Privatrechtsform, Berlin 1984, 114; *R. Stober*, Neuregelung des Rechts der öffentlichen Unternehmen?, NJW 2002, 2357 (2362 ff.); *C. Hillgruber*, in: Friauf/Höfling (Hrsg.), Berliner Kommentar zum Grundgesetz, Berlin 2020, Art. 30, Rn. 156 ff.

[30] So etwa bei *J. Oebbecke*, Verwaltungszuständigkeit, in: Isensee/Kirchhof (Hrsg.), HStR, Bd. VI, 3. Auflage, Heidelberg 2008, § 136, Rn. 7. Ausführlich *S. Pfahl*, Staatliche Wirtschaftsteilnahme und Art. 30 GG, 2016.

ßerhalb der Verfassung begründete Staatstätigkeiten geben kann.[31] Im Sinne der klaren Positionierung des Bundesverfassungsgerichts sind die Verwaltungstätigkeiten unabhängig von ihrer Zweckbestimmung zu betrachten.[32] Etwas anderes gilt nur bei der Zuordnung von Minderheitsbeteiligungen an gemischt-öffentlichen Unternehmen, die als reine Finanzanlage klassifiziert und nach den entsprechenden (mittlerweile restriktiv gefassten) Regeln behandelt werden können.[33]

2. Zur Systematik der Verflechtung von Bund und Ländern

Systematisch lassen sich so vier Typen des Verwaltungsvollzugs unterscheiden:[34] (1) Die reine Landesverwaltung als Vollzug von Landesgesetzen, bei der Entscheidungen über die Vollzugsorganisation auch auf der Ebene der Länder liegen; (2) der Regelfall des Vollzugs der Bundesgesetze durch die Länder, bei der dem Bund zwar Organisationsregelungen ermöglicht sind, die Länder jedoch im Rahmen einer Abweichungskompetenz das letzte Wort über die Vollzugsorganisation haben; (3) die Bundesauftragsverwaltung, bei der durch weitreichenden Einfluss die Kompetenz zur Sachentscheidung (inklusive wesentlicher Organisationsbestimmungen) beim Bund liegt, der so lediglich von der Sachnähe des Landesvollzugs profitiert; sowie (4) die Eigenverwaltung des Bundes, an der die Länder nicht beteiligt sind.

Mögliche Auseinandersetzungen um die Reichweite der Organisationsgewalt bzw. die unzulässige Beschränkung der Organisationsgewalt der Länder durch den Bund kann es damit nur bei den mit (2) und (3) gekennzeichneten Typen geben. Diese werden jedoch nicht nur in den begrifflichen Grenzen ihres Typus geführt, sondern umfassen auch die teils unklare Kategorisierung. Insbesondere im Bereich der ungeschriebenen Verwaltungs- und Gesetzgebungskompetenzen können hier Probleme auftreten.

II. Bundesverwaltungskompetenzen

Am weitesten geht die Organisationsgewalt des Bundes freilich dort, wo der Bund ausnahmsweise Verwaltungsaufgaben durch eigene Behörden erfüllt. Art. 86 GG regelt als allgemeine Norm die Bundesverwaltung, enthält aber nicht selbst Bundesverwaltungskompetenzen, sondern bestimmt nur den all-

---

[31] *Krebs* (Fn. 16), in: Isensee/Kirchhof, § 108, Rn. 75.

[32] Vgl. die Hinweise oben bei Fn. 162.

[33] Dazu noch ausführlich unten, § 11. *J. Isensee*, Staatsvermögen, in: Isensee/Kirchhof (Hrsg.), HStR, Bd. V, 3. Auflage, Heidelberg 2007, § 122, Rn. 128 f.

[34] *Burgi*, in: Ehlers/Pünder (Fn. 14), § 7, Rn. 22.

gemeinen Umgang mit dieser Verwaltungsebene.[35] Er umreißt den normativen Gehalt der Organisationsgewalt des Bundes mit der Zuweisung der Kompetenz zum Erlass von Verwaltungsvorschriften einerseits, der Einrichtung von Behörden andererseits.[36] Beide Elemente sind unter Vorbehalt anderweitiger – inhaltlicher oder delegierender – gesetzlicher Regelung der Bundesregierung zugewiesen.[37]

Inhaltlich umfasst diese Zuweisung der Organisationsgewalt für die Bundesverwaltung (wortgleich zu Art. 84 und 85 GG) die „Einrichtung" der Behörden, wobei damit im oben erarbeiteten Sinne auch die Errichtung im Sinne der rechtlich binnenorganisatorischen Ausgestaltung verstanden werden muss.[38] Nicht umfasst ist hingegen die Ministerialebene, die aufgrund ihrer vorrangigen Regelung in Art. 64, 65 GG aus dem Anwendungsbereich der Art. 83 ff. GG ausgeklammert bleibt.[39]

Bundesverwaltungskompetenzen bestehen nach der Bestimmung des Art. 30 GG also nur da, wo dies ausdrücklich geregelt oder zugelassen ist. Im Bereich des Vollzugs von Bundesgesetzen folgt dies zusätzlich noch aus den Bestimmungen der Art. 83 ff. GG. Systematisch lassen sich auch hier vier Tatbestände unterscheiden, aus denen die Bundesverwaltungskompetenz hergeleitet werden kann. Da Art. 86 GG selbst keine Kompetenzgrundlage darstellt, ist zunächst auf die speziellen Bestimmungen der Art. 87 ff. GG zurückzugreifen, die obligatorische (1) und fakultative (2) Gegenstände der Bundesverwaltung umfassen. Anders zu behandeln ist Art. 87 Abs. 3 GG (3), der alle Sachmaterien, für die der Bund die Gesetzgebungskompetenz besitzt, unter bestimmten Umständen zum Gegenstand der Bundesverwaltung macht. Zuletzt sind auch ungeschriebene Verwaltungskompetenzen (4) in bestimmten Bereichen anerkannt.

---

[35] „Allgemeiner Teil" bei *Hermes*, in: Dreier (Fn. 4), Art. 86, Rn. 10; „Grundnorm" bei *E.-W. Böckenförde*, Die Organisationsgewalt im Bereich der Regierung. Eine Untersuchung zum Staatsrecht der Bundesrepublik Deutschland, 2. Auflage, Berlin 1998, 130 ff. Vgl. auch *M. Ibler*, in: Dürig/Herzog/Scholz (Fn. 8), Art. 86, Rn. 13. Zur bundeseigenen Verwaltung auch *Kluth*, in: Wolff/Bachof/Stober/Kluth (Fn. 27), § 80, Rn. 73 ff. Ferner *Voßkuhle/Kaiser* (Fn. 5), 316 (317) sowie *Wieland*, in: Herdegen/Masing/Poscher/Gärditz (Fn. 12), § 8, Rn. 59 ff. Ausführlich jüngst auch *Suerbaum* (Fn. 1), in: Kahl/Ludwigs, § 81, Rn. 57 ff.

[36] *H. Kaja*, Ministerialverfassung und Grundgesetz, AöR 89 (1964), 381 (389 f.); *D. Traumann*, Die Organisationsgewalt im Bereich der bundeseigenen Verwaltung, 1998, 18 ff.; *Hermes*, in: Dreier (Fn. 4), Art. 86, Rn. 11.

[37] Einzelfragen bei *Hermes*, in: Dreier (Fn. 4), Art. 86, Rn. 57 ff. Überblick bei *Kube* (Fn. 11), in: Kahl/Ludwigs, § 80, Rn. 104.

[38] *Ibler*, in: Dürig/Herzog/Scholz (Fn. 8), Art. 86, Rn. 157 ff.

[39] Ganz h.M. vgl. *J. Suerbaum*, in: Epping/Hillgruber (Hrsg.), Grundgesetz, 46. Edition, München 15.02.2021, Art. 86, Rn. 32–34; anders noch bei *Böckenförde* (Fn. 35), 133 ff.

1. Obligatorische und fakultative Bundesverwaltung

Im Bereich der obligatorischen Bundesverwaltung ist der Bund dazu verpflichtet, eine Aufgabe mit eigenen Behörden wahrzunehmen. Normen der obligatorischen Bundesverwaltung finden sich in den Art. 87 ff. GG in zahlreichen Einzelbestimmungen.[40] Sie können unter Umständen mit einer Möglichkeit der (Rück-)Übertragung der Aufgaben auf die Länder ausgestattet sein.[41] Im Einzelnen unterscheidet sie sich von der gleichzeitig normierten fakultativen Bundesverwaltung[42] nur durch ihren verpflichtenden Charakter. Systematischen Wert hat die Einteilung jedoch nicht. In ihr kommt lediglich die Heraushebung einiger bestimmter Verwaltungsgebiete zur Geltung, die eine kontingente Entscheidung des Verfassungsgebers darstellt.

2. Generalklausel des Art. 87 Abs. 3 GG

Jenseits der ausdrücklich normierten Bundesverwaltung ermöglicht die Generalklausel des Art. 87 Abs. 3 GG dem Bund in den Materien, in denen ihm die Gesetzgebungskompetenz zukommt, die Gesetze durch bundeseigene Verwaltung zu vollziehen.[43] Diese erweitert damit grundsätzlich den Bereich der fakultativen Bundesverwaltung. Art. 87 Abs. 3 S. 1 GG bestimmt, dass der Bund, im Rahmen seiner Gesetzgebungskompetenzen, selbständige Bundesoberbehörden und neue bundesunmittelbare Körperschaften und Anstalten des öffentlichen Rechts durch Bundesgesetz errichten kann.

Das gewisse Risiko, das die offene Gestaltung der Norm für das System des Vollzugsföderalismus birgt,[44] hat sich bisher nicht realisiert. Es hält sich auch deshalb in Grenzen, da es dem Bund im Rahmen des Art. 87 Abs. 3 S. 1 GG nicht gestattet ist, einen mehrstufigen Behördenaufbau (mit Mittel- und Unterbehörden) zu errichten.[45] Ferner ist es dem Bund auch versagt, Verwal-

---

[40] Art. 87 Abs. 1 S. 1, Abs. 2, Art. 87b Abs. 1, Art. 87d Abs. 1, Art. 87e Abs. 1 S. 1, Art. 87f Abs. 2 S. 2, Abs. 3, Art. 88, 89 Abs. 2 S. 1, Art. 108 Abs. 1, Art. 114 Abs. 2, Art. 130 GG. Erläuternde Übersicht bei *Ibler*, in: Dürig/Herzog/Scholz (Fn. 8), Art. 86, Rn. 62; *M. Sachs*, in: ders. (Fn. 22), Art. 86, Rn. 6 und bei *Burgi*, in: v. Mangoldt/Klein/Starck (Fn. 22), Art. 86, Rn. 13.

[41] Art. 87e Abs. 1 S. 2, Art. 89 Abs. 2 S. 3, 4, Art. 108 Abs. 4 S. 1 Alt. 2, Art. 130 Abs. 1 S. 2 GG.

[42] Art. 87 Abs. 1 S. 2, Abs. 3, Art. 87b Abs. 1 S. 3, Abs. 2 S. 1, Art. 89 Abs. 2 S. 2, Art. 90 Abs. 4, Art. 108 Abs. 4 S. 1 Alt. 3, Art. 120a Abs. 1 S. 1 GG. Erläuterung bei *Ibler*, in: Dürig/Herzog/Scholz (Fn. 8), Art. 86, Rn. 63; *Sachs*, in: ders. (Fn. 22), Art. 86, Rn. 6 und bei *Burgi*, in: v. Mangoldt/Klein/Starck (Fn. 22), Art. 86, Rn. 14.

[43] *Suerbaum* (Fn. 1), in: Kahl/Ludwigs, § 81, Rn. 60; *Ibler*, in: Dürig/Herzog/Scholz (Fn. 8), Art. 86, Rn. 64.

[44] Dazu *G. Britz*, Bundeseigenverwaltung durch selbstständige Bundesoberbehörden nach Art. 87 III 1 GG, DVBl. 1998, 1167 (1168 ff.).

[45] *Ibler*, in: Dürig/Herzog/Scholz (Fn. 8), Art. 86, Rn. 64.

tungsbehörden der Länder so zu integrieren, dass sich im Ergebnis ein mehrstufiger Aufbau ergibt.[46] Erst unter den doppelt absichernden Voraussetzungen des S. 2 wird ein mehrstufiger Aufbau möglich. Sachlich ist es hier erforderlich, dass eine neue Aufgabe und dringender Vollzugsbedarf besteht. Prozedural muss dies ferner durch Mehrheiten in Bundestag und Bundesrat abgesichert sein.[47]

3. Ungeschriebene Bundesverwaltungskompetenzen

Äußerst restriktiv können auch ungeschriebene Bundesverwaltungskompetenzen anerkannt sein.[48] Hier sind analog zu den ungeschriebenen Gesetzgebungskompetenzen[49] die Kompetenz kraft Sachzusammenhangs, die Annexkompetenzen und die Kompetenz kraft Natur der Sache zu unterscheiden.

Das Bundesverfassungsgericht nimmt eine Kompetenz kraft Sachzusammenhangs an, „wenn eine dem Bund ausdrücklich zugewiesene Materie verständigerweise nicht geregelt werden kann, ohne dass zugleich eine nicht ausdrücklich zugewiesene andere Materie mitgeregelt wird“[50] Annexkompetenzen hingegen ergänzen als unselbständige Elemente eine bereits von einer Kompetenz umfasste Materie.[51] Konsequenterweise sind deren Anwendungsfelder im Bereich der Bundesverwaltungskompetenzen weitgehend unproblematisch.[52] Sie werden in der Regel nur untergeordnete und unselbständige Vollzugstätigkeiten umfassen, die etwa keinen Anlass geben, für eine Aufgabe eine eigene Verwaltungsbehörde auf Bundesebene einzurichten.

Die Kompetenz kraft Natur der Sache verlangt hingegen einen Kompetenzbereich, der nicht unbedingt im engen Zusammenhang mit bereits bestehenden Kompetenzen stehen muss. Sie verlangt, dass eine Materie *begriffsnotwendig* auf einer bestimmten Ebene geregelt werden muss. Schon im Bereich der Gesetzgebungskompetenzen ist der Rechtsprechung des Bundesverfassungsgerichts folgend anzunehmen, dass Zweckmäßigkeit alleine hier nicht ge-

---

[46] BVerfG, NVwZ 2007, 942 (944).

[47] Zu den Voraussetzungen im Einzelnen *Hermes*, in: Dreier (Fn. 4), Art. 87, Rn. 95 ff.

[48] BVerfGE 22, 180 (217). Übersichtliche Darstellung bei *Kirchhof*, in: Dürig/Herzog/Scholz (Fn. 8), Art. 83, Rn. 63 ff.

[49] Dazu *J. Ipsen*, Die Verteilung der Gesetzgebungskompetenzen, in: Ipsen/Kaufhold/Wischmeyer (Hrsg.), Staatsrecht, Bd. I, Staatsorganisationsrecht, 32. Auflage, München 2020, § 10, Rn. 590 ff. Ferner *R. Broemel*, in: v. Münch/Kunig (Fn. 11), Art. 70, Rn. 27. Übersichtlich zur Problematik des ungeschriebenen Verfassungsrechts, *A. Leisner-Egensperger*, Ungeschriebenes Verfassungsrecht zur Gewaltenteilung – Ein französisch-deutscher Vergleich, DÖV 2004, 774 ff.

[50] BVerfGE 140, 65 (92 f., Rn. 60) mwN.

[51] *Broemel*, in: v. Münch/Kunig (Fn. 11), Art. 70, Rn. 29.

[52] So die Einschätzung bei *Hermes*, in: Dreier (Fn. 4), Art. 83, Rn. 40.

nügt.[53] Allein eine funktions- und ebenengerechte Aufgabenwahrnehmung erlaubt es dem Bund also selbst dann nicht, eine Aufgabe an sich zu ziehen,[54] wenn man dies von der vorherigen Effektuierung der Ingerenzrechte des Bundes nach Art. 84 Abs. 3 und 85 Abs. 3 GG abhängig macht.[55]

Anzunehmen ist daher eine Kompetenz kraft Natur der Sache mit *Hermes* erst dann, „wo es für eine Landeskompetenz an jeglichem Anknüpfungspunkt fehlt."[56] Dies ist insbesondere noch nicht dann gegeben, wenn eine Aufgabe mit überregionaler oder gesamtstaatlicher Bedeutung vorliegt. Auch hier ist es zunächst erforderlich, harmonisierend auf die Landesverwaltung einzuwirken.

III. Die Bundesauftragsverwaltung

Die Bundesauftragsverwaltung hat eine Mittelposition zwischen der Erfüllung von Aufgaben durch den Bund durch dessen eigene Behörden und dem Regelfall des Verwaltungsvollzugs durch die Länder in deren Eigenverantwortung inne.[57] Dementsprechend normiert die Vorschrift des Art. 85 GG (genauso wie schon bei Art. 86 GG festgestellt) keine eigenen Kompetenzen für die Auftragsverwaltung, sondern hält mit allgemeinen Bestimmungen ein Grundmodell für den Verwaltungsvollzug im Auftrag des Bundes fest, die ihre Grundlage wiederum in konkreten (obligatorischen oder fakultativen) grund-

---

[53] BVerfGE 98, 218 (249); 110, 141 (173).

[54] Anders wohl *Winkler*, in: Sachs (Fn. 22), Art. 83, Rn. 16 mit Verweis auf BVerfGE 11, 6 (17 f.); 22, 180 (216 f.); 41, 291 (312). Darstellung und Kritik bei *Hermes*, in: Dreier (Fn. 4), Art. 83, Rn. 42.

[55] So aber *Winkler*, in: Sachs (Fn. 22), Art. 83, Rn. 17.

[56] So argumentiert für den der gesetzesfreien Verwaltung im Bereich nationaler Repräsentation bei *A. Hense*, Bundeskulturpolitik als verfassungs- und verwaltungsrechtliches Problem, DVBl. 2000, 376 (378 f.). In der Vollzugsverwaltung etwa angenommen im Fernstraßenrecht für das Fernstraßen-Bundesamt (§ 16 Abs. 1 FStrG). Weitere Beispiele betreffen Zuständigkeitskonflikte zwischen einzelnen Ländern. Für diese und weitere Beispiele *Hermes*, in: Dreier (Fn. 4), Art. 83, Rn. 44. Zuständigkeit für den Auslandsvollzug deutschen Rechts angenommen bei *Kirchhof*, in: Dürig/Herzog/Scholz (Fn. 8), Art. 83, Rn. 65: „Wo an sich ein Vollzug von Bundesgesetzen durch die Länder vorgesehen wäre, erweist sich dann der Bundesvollzug als unvermeidlich, weil dort die Bundesrepublik Deutschland als Ganzes auftritt und ein jeweils zuständiges, konkretes Land gar nicht auszumachen ist."

[57] *Kirchhof*, in: Dürig/Herzog/Scholz (Fn. 8), Art. 85, Rn. 11: „[…] bei der Auftragsverwaltung nach Art. 85 GG [wird] die Ausführung von Bundesgesetzen zwar noch den Ländern überlassen; sie werden aber dafür weitgehend an die Kandare des Bundes genommen. Ihre Behörden dienen dabei funktionell als Vollzugsorgane des Bundes, bleiben jedoch organisatorisch und personell eigenständig und den Ländern zugeordnet." *K.-P. Sommermann*, Grundfragen der Bundesauftragsverwaltung, DVBl. 2001, 1549 (1549); *W. Pauly*, Weisungsabwehr in der Bundesauftragsverwaltung, DÖV 1989, 884 ff. Vgl. auch BVerfGE 81, 310 (331 ff.). Zusammenfassend *Wieland*, in: Herdegen/Masing/Poscher/Gärditz (Fn. 12), § 8, Rn. 56 ff. Ausführlich auch *Suerbaum* (Fn. 1), in: Kahl/Ludwigs, § 81, Rn. 41 ff.

gesetzlichen Normierungen finden müssen.[58] In wenigen, gesondert bestimmten Sachgebieten (etwa der Infrastrukturverwaltung oder der Kernenergie) gibt es damit ein besonders eng verflochtenes Modell, das die Vorzüge des sachnäheren Vollzugs durch die Länder mit weitreichenden Einwirkungsrechten des Bundes kombiniert. In der gesetzesfreien Verwaltung findet Art. 85 GG aufgrund des eindeutigen Wortlauts keine Anwendung.[59]

Die Einwirkungsmöglichkeiten des Bundes sind darauf ausgerichtet, dem Bund die Sachkompetenz im Hinblick auf den Vollzug zu sichern,[60] ohne dabei jedoch unzulässigerweise auf die Wahrnehmungskompetenz der Länder überzugreifen.[61] Sie erstrecken sich auf einen punktuellen Zugriff auf die Verwaltungsorganisation (Abs. 1), allgemeine Verwaltungsvorschriften (Abs. 2 S. 1), Personalfragen (Abs. 2 S. 2) oder allgemeine Weisungen (Abs. 3). Der Grundsatz der Organisationsgewalt der Länder wird durch sie in einzelnen Aspekten, aber eben nicht umfassend beschnitten, so dass es bei der eigenverantwortlichen Aufgabenwahrnehmung durch die Länder verbleibt.[62]

1. Organisationsgewalt der Länder

Die Bundesauftragsverwaltung bleibt Landesverwaltung,[63] so dass die Organisationsgewalt auch umfassend bei den Ländern liegt.[64] Dies gilt über die missverständliche Bestimmung des Wortlauts („Einrichtung der Behörden") hinaus für den im Organisationsrecht entscheidenden Bereich der Behördenerrichtung, d.h. ihrer Eingliederung in das Organisationsgefüge der öffentlichen

---

[58] *Hermes*, in: Dreier (Fn. 4), Art. 85, Rn. 12. Obligatorische Auftragsverwaltung findet sich in Art. 90 II, 104 a III 2, 108 III GG. Fakultative Auftragsverwaltung ist in Art. 87 b II, 87 c, 87 d II, 89 II 3 und 4, 120 a GG vorgesehen.

[59] Differenziert dazu *Hermes*, in: Dreier (Fn. 4), Art. 85, Rn. 16 mit der Ausnahme der Sachbereichserstreckung nach Art. 87 d Abs. 2 GG und 90 Abs. 2 GG.

[60] *H.-H. Trute*, in v. Mangoldt/Klein/Starck (Fn. 22), Art. 85, Rn. 5.

[61] So die Differenzierung bei BVerfGE 81, 310 (332); 104, 249 (264 f., Rn. 71 ff.). Dazu auch *Hermes*, in: Dreier (Fn. 4), Art. 85, Rn. 19 sowie *G. Hermes*, Länderkompetenz und Bundesaufsicht in der Bundesauftragsverwaltung, in: Ossenbühl (Hrsg.), Deutscher Atomrechtstag 2002, Baden-Baden 2003, 61 ff.

[62] BVerfGE 63, 1 (41). Vgl. aber *H. Jochum*, Die Bundesauftragsverwaltung im Umbruch: Wie weit reicht die Sachkompetenz des Bundes?, DÖV 2003, 16 (21) mit dem Argument, dass eine auf die rechtserhebliche Entscheidung fokussierte Perspektive nicht ausreiche.

[63] BVerfGE 81, 310 (331).

[64] *Trute*, in: v. Mangoldt/Klein/Starck (Fn. 22), Art. 85, Rn. 4; *Winkler*, in: Sachs (Fn. 22), Art. 85, Rn. 10; *Suerbaum*, in: Epping/Hillgruber (Fn. 39), Art. 85, Rn. 11. Vgl. auch *U. Müller/K.-G. Mayer/L. Wagner*, Wider die Subjektivierung objektiver Rechtspositionen im Bund-Länder-Verhältnis, VerwArch 2003, 127 (128); *F. Ossenbühl*, Die Bundesauftragsverwaltung – gelöste und ungelöste Probleme, in: Brenner/Huber/Möstl (Hrsg.), Der Staat des Grundgesetzes – Kontinuität und Wandel. Festschrift für Peter Badura zum siebzigsten Geburtstag, Tübingen 2004, 975 (975).

Verwaltung.[65] Die Länder bestimmen dabei die organisatorische Ausgestaltung,[66] die Festlegung der Behördenzuständigkeiten und die Etablierung der wesentlichen binnenadministrativen Grundstrukturen (so etwa grundsätzlich auch die Entscheidung über weisungsfreie Räume, private Rechtsformen etc.), sprich die Einbindung in die organisierte Staatlichkeit. Lediglich Art. 85 Abs. 3 S. 3 GG schränkt diese Entscheidungsfreiheit insoweit ein, als dass ein Weisungszusammenhang vom Bund zum Land möglich bleiben muss.[67] Umfasst ist gleichzeitig die *Einrichtung* der Behörde als Entscheidung über die interne Struktur, ihren Sitz, sowie ihre Ausstattung mit Sach- und Finanzmitteln.

Die Zuweisung der Organisationsgewalt zu den Ländern folgt schon daraus, dass sie den Vollzug trotz der beachtlichen Ingerenzrechte immer noch eigenverantwortlich durchführen. Der Einfluss des Bundes soll stets nur als Ausnahme und eben nicht als Regelfall zur Anwendung kommen. Konsequenz dessen ist etwa auch, dass die parlamentarische Kontrolle der Behörden im Regelfall von den Landesparlamenten ausgeht.[68]

2. Zugriffsrecht des Bundes

Die Zwischenstellung der Bundesauftragsverwaltung zeigt sich nun darin, dass dem Bund umfangreiche Zugriffsrechte auf praktische Organisationsfragen eingeräumt sind. Stets wird dabei eine Balance hergestellt zwischen vollständiger Sachkompetenz im Einzelfall und Eigenverantwortlichkeit der Länder. Der umfassende Regelungsbereich des Art. 85 GG wird dabei dem Umstand gerecht, dass Organisationssteuerung auch Steuerung (und Auswahl) des Personals und des Verfahrens erfordern kann.[69]

Art. 85 Abs. 1 GG nimmt dabei zunächst explizit Organisationsfragen in den Blick. Er bestimmt, dass der Bund nach Art. 85 Abs. 1 S. 1 GG auf die Organisationshoheit der Länder zugreifen darf. Dabei darf er die Organisation nicht vollständig an sich ziehen, sondern nur punktuell „etwas anderes bestimmen," d.h. eine eigene Regelung an die Stelle der landesrechtlichen Vorschrift setzen.[70] Anders als bei Art. 84 GG ist keine Rückabweichung der Län-

[65] So auch *Hermes*, in: Dreier (Fn. 4), Art. 85, Rn. 25; *Kirchhof*, in: Dürig/Herzog/Scholz (Fn. 8), GG Art. 85, Rn. 34.

[66] Vgl. *Burgi* (Fn. 27), in: Ehlers/Pünder, § 8, 276, Rn. 2.

[67] *Hermes*, in: Dreier (Fn. 4), Art. 85, Rn. 25.

[68] Dies gilt nämlich nur dann nicht, wenn es sich um einen Fall der Weisung von Bundesebene handelt. BVerfGE 81, 310 (333). Vgl. auch *R. Steinberg*, Handlungs- und Entscheidungsspielräume des Landes bei der Bundesauftragsverwaltung unter besonderer Berücksichtigung der Ausführung des Atomgesetzes, AöR 110 (1985), 419 (431).

[69] Vgl. *A. Funke*, Die Verwaltungshoheit der Länder im Zugriff der Bundesgesetzgebung, insbesondere bei der Bundesauftragsverwaltung, VerwArch 2012, 290 (299 f.).

[70] *Kirchhof*, in: Dürig/Herzog/Scholz (Fn. 8), Art. 85, Rn. 39. Dazu auch *J. Isensee*, Das Instrumentarium des Bundes zur Steuerung der Auftragsverwaltung der Länder. Am Bei-

der möglich, so dass das Bundesrecht für die Dauer seiner Geltung nach Art. 31 GG der landesrechtlichen Organisationsbestimmung vorgeht.[71] Ausreichend ist hier jede materielle Rechtsvorschrift des Bundes,[72] die allerdings die Zustimmung des Bundesrats benötigt.[73]

Die Sachkompetenz im Einzelfall wird durch das Weisungsrecht nach Art. 85 Abs. 3 GG sichergestellt, wodurch die Ministerialspitze auf Bundesebene ein auf alle typischen Vollzugsaspekte umfassendes Zugriffsrecht erhält.[74] Die Steuerungsfunktion wird damit durch das einzelfallbezogene Weisungsrecht sichergestellt, wogegen die allgemeine Bundesaufsicht nach Art. 85 Abs. 4 GG lediglich beobachtende Funktion hat.[75] Die Grenze zwischen Sachkompetenz des Bundes und Wahrnehmungskompetenz des Landes zeigt sich insbesondere darin, dass mit dem Weisungsrecht selbst in offensichtlichen Fällen kein Selbsteintrittsrecht verbunden ist.[76]

Die Auftragsverwaltung normiert damit einen Verwaltungstyp, der durch eine klare Trennung von Sach- und Wahrnehmungskompetenz die Letztentscheidung im Einzelfall dem Bund zuweist, während die Sachverhaltsermittlung und das praktische Verfahren den Ländern zugewiesen ist. Damit ist ein Modell enger Verflechtung zwischen Bund und Ländern geschaffen, welches aber nur in besonders (verfassungsrechtlich) zu begründenden Fällen zur Anwendung kommt.

IV. Allgemeine Regelungskompetenzen des Bundes für die Verwaltungsorganisation

Soweit weder Bundesverwaltungskompetenzen noch der spezielle Typ der Bundesauftragsverwaltung vorliegen, verbleibt es bei dem Grundsatz, dass Bundesgesetze in eigener Wahrnehmungs- und Sachkompetenz durch die Länder vollzogen werden. Die im Rahmen der Art. 83, 84 GG zugewiesene Organisationsgewalt ist damit im ersten Schritt genauso weit wie beim Vollzug

---

spiel der Revision des Kerntechnischen Regelwerks, in: Detterbeck/Rozek/Coelln (Hrsg.), Recht als Medium der Staatlichkeit. Festschrift für Herbert Bethge zum 70. Geburtstag, Berlin 2009, 359 (359 ff.) Inhaltlich begrenzt ist die Organisationsregelung nach Art. 85 Abs. 1 S. 2 GG, der bestimmt, dass Gemeinden und Gemeindeverbänden keine Aufgaben durch Bundesgesetz übertragen werden dürfen.

[71] *Kirchhof*, in: Dürig/Herzog/Scholz (Fn. 8), Art. 85, Rn. 40.

[72] *Kirchhof*, in: Dürig/Herzog/Scholz (Fn. 8), Art. 85, Rn. 41.

[73] Zum Streitstand der Zustimmungsbedürftigkeit von Verfahrensregelungen *Hermes*, in: Dreier (Fn. 4), Art. 85, Rn. 29.

[74] *Hermes*, in: Dreier (Fn. 4), GG Art. 85, Rn. 37. Anders wohl *J. Lennartz*, Grundrechtsbindung in der Auftragsverwaltung, JZ 2016, 287 (290).

[75] Str. dazu *Hermes*, in: Dreier (Fn. 4), Art. 85, Rn. 23.

[76] Dazu *Hermes*, in: Dreier (Fn. 4), Art. 85, Rn. 26; anders noch *F. Loschelder*, Die Durchsetzbarkeit von Weisungen in der Bundesauftragsverwaltung, 1998, 50 ff.

von Landesrecht. Gleichzeitig kommen dem Bund im Hinblick darauf, dass es sich bei der vollzogenen Materie um Bundesgesetze handelt, Zugriffsbefugnisse auf Verfahren und Organisation zu, die im Einzelnen zu erörtern sind.

1. Organisationsgesetzgebungskompetenz des Bundes

Dabei ist zunächst eine Entscheidung im Bereich der Gesetzgebungskompetenzen richtungsweisend. Das Grundgesetz trennt ganz ausdrücklich die Gesetzgebungskompetenzen von den Vollzugskompetenzen.[77] Wo der Bund keine Gesetzgebungskompetenz hat, hat er automatisch auch keine Vollzugskompetenz (äußerste Grenze).[78] Nach der Bestimmung des Art. 83 GG hat der Bund ferner Vollzugskompetenzen im Bereich seiner Gesetzgebungskompetenz nur ausdrücklich dort, wo sie ihm zugewiesen sind oder das Grundgesetz diese zulässt. Für die Frage, welche Zugriffsmöglichkeiten sich dem Bund auf den Vollzug seiner Gesetze in den Ländern bieten, ist entscheidend, ob man davon ausgeht, dass die Gesetzgebungskompetenz in einer bestimmten Materie gleichzeitig die Möglichkeit bietet, Organisation und Verfahren mitzuregeln. In diesem Fall könnte man von einer allgemeinen Organisationsgesetzgebungskompetenz[79] des Bundes sprechen, die in bestimmten Fällen zu seiner Gesetzgebungskompetenz hinzutritt.

Entscheidend ist hier die Frage, in welchem systematischen Verhältnis die Bestimmungen des VIII. Abschnitts (83 ff. GG) zu den Bestimmungen des VII. Abschnitts stehen.[80] Das Bundesverfassungsgericht hat sich (noch) nicht eindeutig positioniert und die Frage explizit offengelassen.[81] Auswirkungen hat der Streit insbesondere in der Frage, ob die Art. 83 ff. GG eine abschließende Regelung der Organisationsgewalt darstellen, oder ob sie lediglich die allgemeinen Gesetzgebungskompetenzen durch Spezialregelungen modifizieren und überlagern. Mit letzterer Auffassung gelangt man zu einem deutlich weiteren Verständnis der Zugriffsmöglichkeiten des Bundes.

Soweit ersichtlich, sind hier insbesondere drei Auffassungen zu unterscheiden. Eine erste Ansicht lehnt aufgrund der Trennung von Gesetzgebungs- und Verwaltungskompetenzen eine allgemeine Organisationsgesetzgebungskom-

---

[77] *Wittreck*, in: Dreier (Fn. 5), Vorbemerkungen zu Art. 70–74, Rn. 57.

[78] Vgl. schon oben Fn. 8.

[79] Mit dem Begriff soll nicht die Frage nach der Kompetenz eines allgemeinen Organisationsgesetzes gemeint sein. Dazu etwa *Kluth*, in: Wolff/Bachof/Stober/Kluth (Fn. 27), § 81, Rn. 75 f. (für die Landesebene) und *R. Loeser*, Das Bundes-Organisationsgesetz, Baden-Baden 1988, 140 ff. (für die Bundesebene).

[80] Streitstand bei *Hermes*, in: Dreier (Fn. 4), Art. 85, Rn. 20 ff.

[81] Zuletzt bei BVerfGE 97, 198 (214, Rn. 81). So auch BVerwGE 150, 129 (139, Rn. 21). Siehe auch Streitstand bei *Hermes*, in: Dreier (Fn. 4), Art. 83, Fn. 79 für weitere Nachweise aus der Rechtsprechung.

petenz des Bundes in den Bereichen, in dem ihm die Gesetzgebungskompetenz zusteht, ab.[82] Eine zweite Ansicht sieht in den Verwaltungskompetenzen Annex-Kompetenzen zur Sachregelung.[83] Eine letzte Ansicht stellt die strikte Trennung zwischen materiellem sowie Verfahrens- und Organisationsrecht in Frage und begreift die materiellen Gesetzgebungskompetenzen als umfassend.[84]

Die letztere Ansicht scheint schon deshalb vorzugswürdig, weil sie richtig darauf hinweist, dass die somit auf rein materielle Regelungsrichtungen gestutzten Gesetzgebungskompetenzen sonst zu Interpretationsschwierigkeiten führen würden. Manchmal mag dies sehr offensichtlich sein, wie etwa bei der „Einrichtung eines Bundeskriminalpolizeiamtes" in Art. 73 Abs. 1 Nr. 10 GG, manchmal weniger wie bei der „Statistik für Bundeszwecke" in Art. 73 Abs. 1 Nr. 11 GG.[85] Hier erstrecken sich die Gesetzgebungskompetenzen notwendigerweise auf Organisationsfragen, weil die Sachregelung ganz wesentlich in der Bereitstellung einer bestimmten Organisationsstruktur besteht.

Dies ist aber nicht etwa der Fall, weil Vollzug und Organisation *immer* notwendig zusammenhängen,[86] sondern vielmehr, weil sich die Kompetenzen nicht eindimensional auf vollziehbare Gesetze beziehen. Die Kompetenz verwirklicht sich in manchen Fällen nur *durch* die Regelung einer bestimmten Organisation. Soweit dies der Fall ist, würde die spezifische Gesetzgebungskompetenz leerlaufen, wenn sie keine Organisationsregelungen ermöglichte. Um dies zu vermeiden, muss sie also auch Organisationswirkung entfalten können. Dass eine solche Verflechtung von materiellem Recht und Verwaltungskompetenz bereits im System der Art. 83 ff. GG berücksichtigt ist, zeigt sich schon an den diversen Ingerenz- und Zugriffsrechten des Bundes, die sich (freilich abgestuft) nicht nur auf Einzelentscheidungen, sondern auch auf Organisationsfragen erstrecken.

Gleichzeitig birgt diese Regelung eine gewisse Sprengkraft für die Trennung materieller Gesetzgebungskompetenzen und den Verwaltungskompetenzen. Zudem lässt Vorstehendes zumindest die Frage offen, ob die Anerkennung einer allgemeinen Organisationsgesetzgebungskompetenz nicht generell zuerkannt, sondern von der inhaltlichen Richtung der Kompetenz abhängig gemacht werden müsste. Ohne Zweifel gibt es auch materielle Kompetenzen, die

---

[82] Stellvertretend *Trute*, in: v. Mangoldt/Klein/Starck (Fn. 22), Art. 83, Rn. 13 mit umfangreichen Nachweisen. Wohl begründet von *P. Lerche*, in: Dürig/Herzog/Scholz (Fn. 8), damals benannt Maunz/Dürig, enthalten bis 53. Auflage 2009, Art. 83, Rn. 36 ff.

[83] Stellvertretend *H.-J. Vogel*, Die bundesstaatliche Ordnung des Grundgesetzes, in: Benda/Maihofer/Vogel. (Hrsg), Handbuch des Verfassungsrechts der Bundesrepublik Deutschland. Studienausgabe, Teil 1, 2. Auflage, Berlin 1995, § 22, Rn. 88 mit umfangreichen Nachweisen.

[84] *Hermes*, in: Dreier (Fn. 4), Art. 83, Rn. 23.

[85] Weitere Beispiele bei *Hermes*, in: Dreier (Fn. 4), Art. 83, Rn. 23.

[86] So aber wohl dargestellt bei *Hermes*, in: Dreier (Fn. 4), Art. 83, Rn. 23.

gänzlich ohne Zugriff auf die Organisationsregelungen auskommen, wie etwa das Waffen- und Sprengstoffrecht in Art. 73 Abs. 1 Nr. 12 GG. Um diese Trennung nicht allgemein zu unterlaufen, muss daher einzelfallbezogen und restriktiv festgestellt werden, wann eine Erstreckung einer materiellen Gesetzgebungskompetenz auf Organisation zulässig ist.

2. Die spezielle Regelung des Art. 84 Abs. 1 GG

Nach dieser Auffassung bleibt für Art. 84 GG also noch der Raum, eine im Vergleich zu den allgemeinen, aus Art. 70 ff. GG folgenden Bestimmungen[87] speziellere Normierung vorzunehmen. Sie zeichnet sich in Art. 84 Abs. 1 GG insbesondere durch eine dem Grundsatz der Eigenverantwortung gerecht werdende zurückgenommene Zugriffsmöglichkeit auf die Vollzugsorganisation aus.

Nimmt man eine allgemeine Organisationsgesetzgebungskompetenz des Bundes an, so folgt daraus notwendigerweise, dass auch Art. 84 Abs. 1 S. 1 GG *zusätzlich* eine solche Kompetenz für die Länder enthält.[88] Im Bereich der ausschließlichen Gesetzgebungskompetenz des Bundes nach Art. 71, 73 GG wird das Land damit erstmals ermächtigt, selbst Organisationsregelungen zu treffen. Zudem wird die konkurrierende Gesetzgebungskompetenz nach Art. 72 GG durch Art. 84 Abs. 1 GG modifiziert, indem es dem Land ermöglicht wird, Regelungen zu treffen, obwohl der Bund selbst bereits eine Normierung vorgenommen hat.

Durch Art. 84 Abs. 1 S. 2–4 GG wird zudem ein Abweichungsmodell normiert.[89] Zwar kann der Bund ohne Weiteres allgemeine Regelungen zu Verfahren und Organisation treffen,[90] das Land kann (dem nachfolgend) jedoch abweichende Regelungen normieren, die dann dem Bundesgesetz nach Art. 84 Abs. 1 S. 4 iVm Art. 72 Abs. 3 GG vorgehen. Nach der Regelungssystematik kann dann der Bund erneut eine wiederum modifizierende Regelung treffen. Das daraus drohende Pingpong-Spiel zwischen ständig neuen bundesrechtlichen und landesrechtlichen Organisationsregelungen, die sich gegenseitig überlagern,[91] wird dadurch abgefedert, dass in dem betreffenden Land bun-

[87] Zu diesen kompakt *Broemel*, in: v. Münch/Kunig (Fn. 11), Art. 70, Rn. 1 ff.

[88] *Hermes*, in: Dreier (Fn. 4), Art. 84, Rn. 24. Dagegen, für eine restriktive Auslegung, aber *M. Sachs*, Das parlamentarische Regierungssystem und der Bundesrat – Entwicklungsstand und Reformbedarf, VVDStRL (58) 1999, 39 (61).

[89] Ausführlich diskutiert von *L. Michael*, Abweichungsgesetzgebung als experimentelles Element einer gemischten Bundesstaatslehre, JöR 2011, 321 (327 ff.).

[90] Art. 84 Abs. 1 S. 2 GG hat den obigen Ausführungen folgend nur noch deklaratorische Bedeutung.

[91] Dazu *E. Schmidt-Jortzig*, „Abweichungsgesetzgebung“ als neues Kompetenzverteilungsinstrument zwischen den Gliederungsebenen des deutschen Bundesstaates, in: Härtel

desrechtliche Regelungen ohne Zustimmung des Bundesrates erst 6 Monate nach ihrer Verkündung in Kraft treten können. Die ausnahmsweise bestehende Möglichkeit, diese Abweichung zu sperren (vgl. Art. 84 Abs. 1 S. 5 und 6), findet nur für Regelungen Anwendung, die das Verwaltungsverfahren betreffen, nicht aber für Eingriffe in die Organisation. Dies führt dazu, dass im Ergebnis die allgemeinen Organisationsgesetzgebungskompetenzen des Bundes stets nur zu Gunsten des Landes konkurrierende Kompetenzen sind, die bei einer entsprechenden Organisationsregelung zurücktreten.[92]

So hat zumindest im Bereich der Organisationsfragen das Land im Regelfall stets das letzte Wort. Grenze des Abweichungsrechts ist jedoch gleichzeitig das Gebot des effektiven Vollzugs der Bundesgesetze, die die Länder nicht durch unzureichende Regelung von Organisation und Verfahren ins Leere laufen lassen dürfen.[93]

V. Zur Frage der Mischverwaltung

Das Grundgesetz normiert also mit den Regelungen der Art. 83 ff. GG in Bund und Ländern zwei Arten von Hauptverwaltungsträgern,[94] die ihre Aufgaben mit einigen ausdrücklich normierten Ausnahmen beim Vollzug der Bundesgesetze durch die Länder ohne Mitwirkung des jeweils anderen Trägers wahrnehmen. Durchbrechungen dieses Grundsatzes, d.h. eine gemeinsame Aufgabenwahrnehmung von Bund und Ländern, werden als Mischverwaltung bezeichnet.[95] Diese sind insbesondere deshalb problematisch, da sie in der Lage sind, die föderale Trennung von Bund und Ländern und damit auch die verfassungsrechtliche Grundentscheidung zur Zuordnung von Verantwortlichkeit zu verwischen. Auf dieser Grundlage ist zu bestimmen, was genau das verfassungsrechtlich problematische Element der Mischverwaltung ist.

(Hrsg.), Handbuch Föderalismus: Föderalismus als demokratische Rechtsordnung und Rechtskultur in Deutschland, Europa und der Welt, Bd. I, Grundlagen des Föderalismus und der deutsche Bundesstaat, Berlin/Heidelberg 2012, § 20, Rn. 18; *Suerbaum* (Fn. 1), in: Kahl/Ludwigs, § 81, Rn. 33.

[92] So *W. Kahl*, Die Zustimmungsbedürftigkeit von Bundesgesetzen nach Art. 84 I GG unter besonderer Berücksichtigung des Umweltverfahrensrechts, NVwZ 2008, 710 (712); Zustimmend *Hermes*, in: Dreier (Fn. 4), Art. 84, Rn. 24.

[93] *Oebbecke* (Fn. 30), in: Isensee/Kirchhof, § 136, Rn. 27.

[94] *M. Jestaedt*, Grundbegriffe des Verwaltungsorganisationsrechts, in: Hoffmann-Riem/Schmidt-Aßmann/Voßkuhle (Hrsg.), GVwR, Bd. I, 2. Auflage, München 2012, § 14, Rn. 43.

[95] Rückführung auf den allgemeinen *topos* der vertikalen Kooperation im Bundesstaat, vgl. *M. Burgi*, Vom „Verbot der Mischverwaltung" zur Dogmatik der vertikalen Kooperation im Bundesstaat, in: Butzer/Kaltenborn/Meyer (Hrsg.), Organisation und Verfahren im sozialen Rechtsstaat. Festschrift für Friedrich E. Schnapp zum 70. Geburtstag, Berlin 2008, 15 ff. Jüngst auch *Suerbaum* (Fn. 1), in: Kahl/Ludwigs, § 81, Rn. 70 ff.

1. Weiter und enger Begriff der Mischverwaltung

Die Auseinandersetzungen um die Frage des „Verbots“[96] der Mischverwaltung sind weniger streitig als allgemein angenommen. Sie haben ihre Wurzel insbesondere darin, dass auch das Bundesverfassungsgericht den Begriff der Mischverwaltung in seiner Rechtsprechung wechselhaft definiert.[97] Zunächst geht es von einem deskriptiven Begriff der Mischverwaltung im Verfassungsrecht aus, unter den sämtliche Verflechtungen in der Aufgabenerfüllung zwischen Bund und Ländern gefasst werden.[98] Hier lässt sich im Hinblick auf die gerade besprochenen Ingerenzrechte des Bundes beim Vollzug von Landesgesetzen und die Bundesauftragsverwaltung selbstverständlich nicht von einem pauschalen „Verbot“ der Mischverwaltung im Grundgesetz sprechen.[99] Auch in anderen verfassungsrechtlichen Normen, insbesondere den Art. 91 a ff. und 108 GG,[100] sind Kooperationstatbestände zwischen Bund und Ländern enthalten. Diese deskriptive Begriffsverwendung hat zwar Anhänger gefunden, bleibt aber insoweit juristisch leer, da an sie keine verfassungsrechtlichen Konsequenzen geknüpft werden können.[101]

---

[96] Ausführliche Darstellung bei *A. Berger*, Die Ordnung der Aufgaben im Staat. Zum Verfassungsgrundsatz getrennter Verwaltungsaufgaben, Tübingen 2016, 53 ff.

[97] Darstellung verschiedener Kooperationsformen bei *B. Küchenhoff*, Die verfassungsrechtlichen Grenzen der Mischverwaltung, Baden-Baden 2010, 40 ff. Ferner bei *P.M. Huber*, Das Verbot der Mischverwaltung – de constitutione lata et ferenda, DÖV 2008, 844 (845 f.). Lesenswert auch die jüngere Darstellung anhand der Seeschifffahrtsverwaltung bei *T. Nehab*, Die Verwaltungsorganisation in der Seeschifffahrt. Eine Auseinandersetzung mit der Zulässigkeit von Mischverwaltungen und daraus resultierenden Finanzierungslasten im Bundesstaat, Baden-Baden 2022, 176 ff.

[98] BVerfGE 63, 1 (38), zuletzt BVerfGE 119, 331 (365). Vgl. auch *M. Ronellenfitsch*, Die Mischverwaltung im Bundesstaat, 1. Teil: Der Einwand der Mischverwaltung. Studien über die Verwaltungsformen in der Verfassungsentwicklung 1866–1975, Berlin 1975, 58. Zur Erläuterung der Rechtsprechungsgeschichte. Vgl. *B. Trapp*, Die Kontinuität der bundesverfassungsgerichtlichen Rechtsprechung zur sog. Mischverwaltung, DÖV 2008, 277 (280).

[99] So auch *Kirchhof*, in: Dürig/Herzog/Scholz (Fn. 8), Art. 83, Rn. 90; *Hermes*, in: Dreier (Fn. 4), GG Art. 83, Rn. 48. Kritisch zum Begriff auch *T. Hebeler*, „Mischverwaltung“ – Verfassungsrechtlicher Argumentationstopos oder lediglich staats- und verwaltungswissenschaftliche Umschreibung eines Phänomens bundesstaatlicher Ebenenverflechtung?, in: Bauschke/Becker/Brauser-Jung (Hrsg.), Pluralität des Rechts – Regulierung im Spannungsfeld der Rechtsebenen 42. Tagung der Wissenschaftlichen Mitarbeiterinnen und Mitarbeiter der Fachrichtung „Öffentliches Recht“, Hamburg 2002, Stuttgart/Hanover/Berlin/Weimar/Dresden 2003, 37 (52).

[100] Übersichtlich dazu *Burgi* (Fn. 14), in: Ehlers/Pünder, § 7, Rn. 22; *K.-D. Drüen*, Verfassungsvorgaben für die Organisation der Finanzverwaltung, in: Krüper (Hrsg.), Die Organisation des Verfassungsstaats, Festschrift für Martin Morlok zum 70. Geburtstag, Tübingen 2019, 587 (590). Ferner *J. Hellermann*, Kooperativer Föderalismus in Gestalt der Gemeinschaftsaufgaben nach Art. 91a ff. des Grundgesetzes, in: Härtel (Hrsg.), Handbuch Föderalismus: Föderalismus als demokratische Rechtsordnung und Rechtskultur in Deutschland, Europa und der Welt, Bd. II, Probleme, Reformen, Perspektiven des deutschen Föderalismus, Berlin/Heidelberg 2012, § 39.

[101] Kritisch daher *Kirchhof*, in: Dürig/Herzog/Scholz (Fn. 8), GG Art. 83, Rn. 89.

Ein engeres Verständnis der Mischverwaltung fasst hingegen unter den Begriff von vornherein unzulässige Formen der Kooperation von Bund und Ländern. Auch diesen Begriff hat das Bundesverfassungsgericht in seiner Rechtsprechung genutzt, wodurch einige Unstimmigkeiten in der Literatur entstanden sind.[102] In diesem Sinne bestimmt der Begriff der Mischverwaltung also eine verfassungsrechtliche Grenze, die bei der föderalen Trennung zwischen Bund und Ländern notwendig zu beachten ist.[103] Während keiner der beiden Begriffe analytisch zwingend ist (das Grundgesetz verwendet den Begriff der Mischverwaltung nicht), so ist doch im vorliegenden Kontext der engere Begriff vorzugswürdig, da er erlaubt, herauszuarbeiten, was das spezifisch verfassungsrechtliche Problem der Mischverwaltung ist.

2. Das Mischverwaltungsverbot als Gebot eigenverantwortlicher Aufgabenwahrnehmung

Wegweisend für den verfassungsrechtlichen Kern des Mischverwaltungsverbots war die Entscheidung des Bundesverfassungsgerichts zu den *Hartz IV-Arbeitsgemeinschaften*.[104] Das Gericht betonte hier unter Bezugnahme auf frühere Urteile zur Mischverwaltung in einem ersten Schritt die Unverfügbarkeit der verfassungsrechtlichen Kompetenzordnung. Bund und Länder müssen demnach die ihnen zugewiesenen Aufgaben grundsätzlich eigenverantwortlich wahrnehmen (sog. Grundsatz eigenverantwortlicher Aufgabenwahrnehmung).[105] Dieser Grundsatz wurzelt in der Darstellung des Bundes-

[102] Insbesondere zuletzt wieder in BVerfGE 139, 194 (226); vgl. auch 137, 108 (142) Dort heißt es: „Zwar durchbricht Art. 91e Abs. 1 GG das *grundsätzliche Verbot der Mischverwaltung*, das das Bundesverfassungsgericht in seinem Urteil vom 20. Dezember 2007 nicht nur auf Art. 28 Abs. 2 in Verbindung mit Art. 83 ff. GG gestützt, sondern auch mit Argumenten untermauert hat, die im Demokratieprinzip wurzeln (BVerfGE 119, 331 [365 f.]). Demokratie und Volkssouveränität erschöpfen sich im repräsentativ-parlamentarischen System des Grundgesetzes nicht in Zurechnungsfiktionen und stellen auch nicht nur formale Mindestanforderungen an den Legitimationszusammenhang zwischen dem Volk und den handelnden Staatsorganen." (meine Hervorhebung, D.R-I.).

[103] So etwa bei *A. Voßkuhle/A.-K. Kaufhold*, Grundwissen – Öffentliches Recht: Bundesstaatsprinzip, JuS 2010, 873 (875).

[104] BVerfGE 119, 331 (363 ff., Rn. 150 ff.) Dazu *C. Waldhoff*, „Hartz IV" vor dem Bundesverfassungsgericht – die Selbstverwaltung der Kreise zwischen eigenverantwortlicher Aufgabenwahrnehmung und verfassungswidriger Mischverwaltung, ZES 2008, 57 ff. sowie *F.E. Schnapp*, Mischverwaltung im Bundesstaat nach der Föderalismusreform, Jura 2008, 241 (241).

[105] Dazu etwa *Berger* (Fn. 96), 60 ff. Vgl. auch *Krebs* (Fn. 16), in: Isensee/Kirchhof, § 108, Rn. 73; *Oebbecke* (Fn. 30), in: Isensee/Kirchhof, § 136, Rn. 8 ff.; *C. Ohler*, Verantwortungszurechnung bei unscharfer Zuständigkeit als Problem bundesstaatlicher Mischverwaltung, in: Hill/Schliesky (Hrsg.), Herausforderung e-Government: E-Volution des Rechts- und Verwaltungssystems, Baden-Baden 2009, 53 (56). Für das Beispiel der Finanzverfassung verschiedene Dimension dieser Verantwortung untergliedernd, *E. Reimer*, Die künftige Ausge-

verfassungsgerichts insbesondere im Demokratieprinzip, das – harmonisch mit der oben erarbeiteten Zurechnungsperspektive – eine klare Zuordnung der Verwaltungskompetenzen verlangt.[106]

Damit ist klar, dass das Verbot der Mischverwaltung im Kern in einer organisationsrechtlichen Dimension verankert ist. Verwaltungsträger müssen grundsätzlich die ihnen durch die Kompetenzordnung zugewiesenen Aufgaben „durch eigene Verwaltungseinrichtungen, also mit eigenem Personal, eigenen Sachmitteln und eigener Organisation"[107] wahrnehmen. „Mitplanungs-, Mitverwaltungs- und Mitentscheidungsbefugnisse" gleich welcher Art sind im Aufgabenbereich der Länder insoweit ausgeschlossen, wenn die Verfassung dem Bund entsprechende Sachkompetenzen nicht übertragen hat.[108] Im Rahmen der Organisation bleibt also die verfassungsrechtliche Kompetenzordnung gegenüber Zweckmäßigkeitserwägungen indisponibel.[109] Das Erfordernis klarer Verantwortungszuordnung ist dementsprechend auch in der Diskussion um die Mischverwaltung der zentrale *topos*. Weder lassen sich Verwaltungsentscheidungen durch Kooperationsformen verbinden, noch kann es Doppelzuständigkeiten von mehreren Verwaltungsträgern geben.[110]

Eine verfassungsrechtliche Durchbrechung findet sich freilich in den im Rahmen der Föderalismusreform 2006 neu gefassten Gemeinschaftsaufgaben in Art. 91a GG.[111] Hier wird bestimmt, dass dem Bund in einzelnen Sachgebieten Beteiligungsrechte zukommen, die – abweichend von der Grundregel der eigenverantwortlichen Aufgabenwahrnehmung – eine geteilte Verantwortlichkeit vorsehen.[112] Diese sollte nach der im Rahmen der Föderalismus-

staltung der bundesstaatlichen Finanzordnung, VVDStRL (73) 2014, 153 (164 ff.). Begriffsdeutungen und -abgrenzungen bei *M. Führ*, Eigen-Verantwortung im Rechtsstaat, Berlin 2003, 53 ff.

[106] So auch *Wißmann* (Fn. 21), in: Hoffmann-Riem/Schmidt-Aßmann/Voßkuhle, § 15, Rn. 27a. Theoretische Darstellung schon bei *S. Kadelbach*, Autonomie und Bindung der Rechtsetzung in gestuften Rechtsordnungen, VVDStRL (66) 2007, 7 (16 ff.).

[107] BVerfGE 119, 331 (367, Rn. 159).

[108] BVerfGE 119, 331 (365, Rn. 153). Vgl. auch *C. Franzius*, Flexible Organisationsmodelle: Netzwerke, Organisationshoheit, Shared Services, Verwaltungsverbünde, Mischverwaltung, in: Hill/Schliesky (Hrsg.), Herausforderung e-Government, Baden-Baden 2009, 39 (50).

[109] *Hermes*, in: Dreier (Fn. 4), Art. 82, Rn. 50. So auch *U. Di Fabio*, Gewaltenteilung, in: Isensee/Kirchhof (Hrsg.), HStR, Bd. II, 3. Auflage, Heidelberg 2004, § 27, Rn. 45.

[110] *Hermes*, in: Dreier (Fn. 4), Art. 83, Fn. 206 mit Nachweisen zur Rspr. des BVerfG.

[111] Zusammenfassend *P. Cancik*, Verwaltung und Selbstverwaltung, in: Herdegen/Masing/Poscher/Gärditz (Hrsg.), Handbuch des Verfassungsrechts. Darstellung in transnationaler Perspektive, München 2021, § 14 Rn. 29. Dazu auch *J. Rozek*, Hintergründe, Motive und Ziele der Föderalismusreform von 2006, in: Heintzen/Uhle (Hrsg.), Neuere Entwicklungen im Kompetenzrecht, Berlin 2014, 11 ff.

[112] *U. Volkmann/A.-K. Kaufhold*, in: v. Mangoldt/Klein/Starck (Fn. 22), Art. 91a, Rn. 26.

reform verfolgten Intention der Entflechtung von Zuständigkeiten auf Ausnahmen begrenzt sein.[113]

Im Jahr 2014 hat das Bundesverfassungsgericht wiederum entschieden, dass diese zusätzlichen verfassungsrechtlichen Normierungen von neuen Mischverwaltungstatbeständen, in diesem Fall Art. 91 e GG (Kooperation bei der Grundsicherung für Arbeitssuchende), auch nicht als sog. verfassungswidriges Verfassungsrecht *per se* gegen Art. 79 Abs. 3 GG verstießen.[114] Denn in der praktischen Ausgestaltung gebiete das Gebot der Bundesstaatlichkeit aus Art. 20 Abs. 1 GG nur, dass „den Ländern im Bereich aller drei Staatsfunktionen – Legislative, Exekutive und Judikative – Aufgaben von substantiellem Gewicht als ‚Hausgut' unentziehbar verbleiben. [...] Art. 20 Abs. 1 bis Abs. 3 GG in Verbindung mit Art. 79 Abs. 3 GG hindern den verfassungsändernden Gesetzgeber nicht, in begrenzten Ausnahmefällen die konkreten Ausprägungen der dort verankerten Grundsätze aus sachgerechten Gründen zu modifizieren."[115]

Aus der Perspektive des Systemerhalts scheinen solche sachbereichsspezifischen Ausnahmen dennoch problematisch.[116] Sie sind geeignet, das sowieso von verschiedenartigen Durchbrechungen geprägte Organisations(verfassungs-)recht insoweit zu destabilisieren,[117] dass Regelfall und Ausnahme verschwimmen. Gerade dies sollte aber im Hinblick auf das Gebot der Verantwortungsklarheit vermieden werden. Insoweit bleibt zu hoffen, aber wohl nicht zu erwarten, dass Gesetzgeber und Gericht ihre Linie hier korrigieren werden.

Informelle Kooperationen zwischen Bund und Ländern, die sich nicht auf konkrete rechtserhebliche Entscheidungen beziehen sind jedoch vom Verbot der Mischverwaltung nicht erfasst.[118] Auch an sie ist die oben (§ 3) ausgearbeitete Richtlinie des „amtlichen Handelns mit Entscheidungscharakter" anzulegen. Kooperieren Bund und Länder unterhalb dieser Schwelle, so ist dies im Hinblick auf die Verantwortungszuordnung nicht geeignet, den organisatorischen Zurechnungszusammenhang zu schwächen. Eine Grenze ist stets erst dann überschritten, wenn durch quasi-verbindliche Handlungen die verschie-

---

113 *Volkmann/Kaufhold*, in: v. Mangoldt/Klein/Starck (Fn. 22), Art. 91a, Rn. 26.

114 BVerfGE 137, 108 (145); Kritisch dazu *Wißmann* (Fn. 21), in: Hoffmann-Riem/Schmidt-Aßmann/Voßkuhle, § 15, Rn. 27 a.

115 BVerfGE 137, 108 (144) mit Verweis auf BVerfGE 34, 9 (19 f.).

116 So auch *Wißmann* (Fn. 21), in: Hoffmann-Riem/Schmidt-Aßmann/Voßkuhle, § 15, Rn. 27 a.

117 Kritisch auch *Volkmann/Kaufhold*, in: v. Mangoldt/Klein/Starck (Fn. 22), Art. 91a, Rn. 35–38.

118 So auch *Kirchhof*, in: Dürig/Herzog/Scholz (Fn. 8), Art. 83, Rn. 89. Offen auch *Burgi*, in: Butzer/Kaltenborn/Meyer (Fn. 95), 15 ff.

denen Entscheidungsbeiträge *aufgrund* der Kooperation nicht klar einzelnen Trägern zugeordnet werden können.[119]

3. Der Problemfall der Organleihe

Als problematisch stellt sich mit dieser Argumentation insbesondere die Organleihe dar. Der Begriff beschreibt den Fall, dass ein Bundesorgan für ein Land oder umgekehrt ein Landesorgan für den Bund tätig wird.[120] Diese geht (im Unterschied zur Amtshilfe) über den Einzelfall hinaus, indem sie durch rechtliche Regelung institutionell verfestigt wird. Unter der Annahme der soeben erarbeiteten Grundsätze ist sie insbesondere deshalb problematisch, da Ingerenzrechte (vgl. schon Art. 85 GG) den eigenverantwortlichen Verwaltungsvollzug nicht ersetzen können.[121]

Selbst wenn man – wie etwa *Hermes* – über ein uneingeschränktes Weisungsrecht hinaus vollständige Informationsrechte des Handlungsträgers gegenüber dem verleihenden Verantwortungsträger verlangt,[122] so verbleiben doch über die praktische Komponente der Organisation und des Personals erhebliche Rückbindungen an den Verleiher.[123] Gerade deshalb handelt es sich – anders als etwa *F. Kirchhof* meint, nicht lediglich um „die Frage der Erfüllung fremder Aufgaben, nicht der ‚Misch'-Verwaltung."[124] Eine organisatorische Ausgliederung aus der Verwaltungsstruktur des einen Trägers und die Integration in die eines anderen ist nach dem umfassenden Organisationsbegriff gerade nicht so einfach möglich. Auch ein Abstellen auf eine mögliche sachliche Rechtfertigung, wie sie das Verfassungsgericht noch in der *Schornsteinfeger*-Entscheidung angenommen hatte, überzeugt systematisch nicht.[125] Die Frage, auf welche Organisationseinheit eine bestimmte Handlung zurückzuführen

---

[119] Vgl. schon BVerfGE 83, 363 (377). Ausarbeitung auch bei *Isensee* (Fn. 8), in: ders./Kirchhof, Rn. 188 ff. Vgl. auch die Einordnungen oben § 3, III. 1. d.

[120] *Jestaedt* (Fn. 94), in: Hoffmann-Riem/Schmidt-Aßmann/Voßkuhle, § 14, Rn. 35, 49; *H. Schmitz*, in: Stelkens/Bonk/Sachs (Hrsg.), Verwaltungsverfahrensgesetz. Kommentar, 9. Auflage, München 2018, § 4, Rn. 39. Zur Organleihe auch *C. Bauer/M. Seckelmann*, Zentral, dezentral oder egal?, DÖV 2014, 951 (955). Im Kommunalrecht nach Burgi sog. „unechte Kommunalisierung." Vgl. *M. Burgi*, Kommunalisierung als gestaltungsbedürftiger Wandel von Staatlichkeit und von Selbstverwaltung, Die Verwaltung 2009, 155 (163 ff.).

[121] Vgl. ähnlich *U. Stelkens*, Verwaltungsprivatrecht – Zur Privatrechtsbindung der Verwaltung, deren Reichweite und Konsequenzen, Teilbd. I, Berlin 2020, 155 ff., der aber daraus keine Konsequenzen zu ziehen scheint. Vgl. ferner *Hermes*, in: Dreier (Fn. 4), Art. 83, Rn. 51.

[122] *Hermes*, in: Dreier (Fn. 4), Art. 83, Rn. 51.

[123] So schon *T. Groß*, in: Friauf/Höfling (Fn. 29), Art. 83, Rn. 32.

[124] *Kirchhof*, in: Dürig/Herzog/Scholz (Fn. 8), Art. 83, Rn. 90.

[125] BVerfGE 63, 1 (41). Dazu auch *Ohler*, in: Hill/Schliesky (Fn. 105), 56.

ist, verträgt keine zu rechtfertigende Unsicherheit, sondern stellt die Basisfunktion des Organisationsrechts dar.[126]

Die Organleihe verstößt damit gegen das Gebot der eigenverantwortlichen Aufgabenwahrnehmung und ist nach den Ausführungen des Bundesverfassungsgerichts zur Mischverwaltung – jenseits von atypischen Sonderfällen – entgegen der derzeit wohl vorherrschenden Literaturmeinung und Praxis verfassungswidrig.[127]

VI. Die organisationsrechtliche Dimension der kommunalen Selbstverwaltung

Neben Bund und Ländern sind auch die Kommunen zentral am Verwaltungs vollzug beteiligt. Systematisch zur Landesverwaltung zugehörig, stellen Kommunen keinen eigenen föderalen Verwaltungsträger im oben dargestellten Sinne dar. Ihre Aufgabenerledigung ist von vornherein (etwa durch die Kommunalaufsicht)[128] verantwortungsteilend mit der Landesverwaltung verflochten. Gleichsam hat das in Art. 28 Abs. 2 GG normierte Prinzip der kommunalen Selbstverwaltung insoweit eine organisationsrechtliche Dimension, als dass hier unter dem Grundsatz der Eigenverantwortlichkeit wesentliche organisatorische Grundentscheidungen konzentriert werden.[129] Die Kommunal-

---

[126] Für ein ähnliches Argument im Hinblick auf die Kompetenzzuordnung, vgl. schon oben Fn. 54.

[127] Vgl. aber *J. Hellermann*, Amtshilfe und Organleihe im Bundesstaat – Wer trägt die Lasten?, in: Nolte (Hrsg.), Die Verfassung als Aufgabe von Wissenschaft, Praxis und Öffentlichkeit. Freundesgabe für Bernhard Schlink zum 70. Geburtstag, Heidelberg/München/Landsberg 2014, 323 (328). Zur h.M. etwa *Broß/Mayer*, in: v. Münch/Kunig (Fn. 11), Art. 83, Rn. 18. Ferner *C. Gröpl*, in: Dürig/Herzog/Scholz (Fn. 8), Art. 89, Rn. 116 am Beispiel der Schifffahrtspolizei. Ferner *Ohler*, in: Hill/Schliesky (Fn. 105), 56.

[128] Zur Beurteilung der Kommunalaufsichtsmaßnahmen aus judikativer Perspektive, vgl. *R. Brinktrine/S. Stich*, Die Kommunalaufsicht und ihre Maßnahmen im Fokus der verwaltungs- und zivilgerichtlichen Judikatur, Die Verwaltung 2016, 81 (88 ff. mit Überlegungen zur Organisationshoheit).

[129] Dazu *G. Püttner*, Kommunale Selbstverwaltung, in: Isensee/Kirchhof (Hrsg.), HStR, Bd. VI, 3. Auflage, Heidelberg 2008, § 144, Rn. 50 ff.; *J. Suerbaum*, Die Wirkmächtigkeit der grundgesetzlichen Bestimmungen zum Schutz der kommunalen Selbstverwaltung, in: Dreier (Hrsg.), Macht und Ohnmacht des Grundgesetzes, Sechs Würzburger Vorträge zu 60 Jahren Verfassung, Berlin 2009, 75 (80 ff.); *Cancik*, in: Herdegen/Masing/Poscher/Gärditz (Fn. 111), § 14 Rn. 113 ff. Ausführlich auch *J. Dietlein/S.D. Peters*, Kommunale Selbstverwaltung im Föderalstaat, Verfassungsrechtliche und verfassungsprozessuale Grundfragen der kommunalen Selbstverwaltung im föderalen System des Grundgesetzes, Wiesbaden/Baden-Baden 2017, 15 ff. Vgl. bereits *J. Hellermann*, Örtliche Daseinsvorsorge und gemeindliche Selbstverwaltung. Zum kommunalen Betätigungs- und Gestaltungsspielraum unter den Bedingungen europäischer und staatlicher Privatisierungs- und Deregulierungspolitik, Tübingen 2000, 132 ff. Exemplarisch auch *F. Becker/J. Ambrock*, Öffentlich oder privat? – Kommunale Organisationshoheit in der Ver- und Entsorgung, Die Gemeinde 2011, 3 ff. Nicht tri-

verwaltung stellt so nicht lediglich eine zusätzliche Ebene zur Bund-Länder Struktur dar, sondern bildet mit ihrem Bezugspunkt der örtlichen Gemeinschaft ein Gegengewicht zur parlamentarisch legitimierten Verwaltungsstruktur.[130] Gleichzeitig unterlag die kommunale Organisation schon historisch weitreichenden gesetzlichen Eingriffen, die das Prinzip der Eigenverantwortung relativierten.[131]

Aus Art. 28 Abs. 2 S. 1 GG folgt das unmittelbare Recht der Gemeinden, Angelegenheiten der örtlichen Gemeinschaft in Eigenverantwortung zu regeln.[132] Die damit im Rahmen der Organisationshoheit der Gemeinde einhergehenden Verwaltungskompetenzen vermitteln der Gemeinde dabei grundsätzlich die Möglichkeit, über die Gestaltung der Verwaltungsorganisation im Gemeindegebiet im oben dargestellten Sinne (Errichtung, Einrichtung) umfassend zu verfügen.[133] Art. 28 Abs. 2 S. 1 und S. 2 GG verbürgen den Kommunen damit Eigenverantwortlichkeit bei der Art und Weise der Aufgabenerledigung und der Organisation ihrer Verwaltung einschließlich der Entscheidungen über die Aufstellung des Haushalts sowie der Auswahl und der

---

vial zu bestimmen ist das Verhältnis der Gewährleistung zu den landesverfassungsrechtlichen Regeln. Dazu insbesondere *J.F. Lindner*, Die kommunale Selbstverwaltungsgarantie als verfassungsrechtliche Parallelgewährleistung, DÖV 2018, 235 sowie systematisierend *J.F. Lindner*, Bundesverfassung und Landesverfassung. Zugleich ein Beitrag zur sogenannten Bestandteilslehre, AöR 143 (2018), 437 (456 ff.). Zum Vorschlag, diese Eigenverantwortlichkeit auch im Lichte des Unionsrechts zu stärken, vgl. *B. Schöndorf-Haubold*, Kommunale Selbstverwaltung in der EU – Spielräume im Europäischen Verwaltungsverbund, EurUP 2019, 288 (298–299).

[130] Umfassend *T. Mann*, Die Stellung der Kommunen in der deutschen föderalistischen Ordnung, in: Härtel (Hrsg.), Handbuch Föderalismus: Föderalismus als demokratische Rechtsordnung und Rechtskultur in Deutschland, Europa und der Welt, Bd. II, Probleme, Reformen, Perspektiven des deutschen Föderalismus, Berlin/Heidelberg 2012, § 32. Dazu *Wißmann* (Fn. 21), in: Hoffmann-Riem/Schmidt-Aßmann/Voßkuhle, § 15, Rn. 29. Dies führt etwa dazu, dass ihre Tätigkeit auf das Gemeindegebiet beschränkt bleiben muss. Vgl. etwa *F. Becker/J. Kammin*, Kommunale Unternehmen im Spannungsfeld von privater Freiheit und verfassungsrechtlicher Bindung, NVwZ-Extra 2014, 1 (7).

[131] *Püttner* (Fn. 129), in: Isensee/Kirchhof, § 144, Rn. 50. Hier kann insbesondere auch das Unionsrecht Auswirkungen entfalten. Dazu noch unten § 14. Zu dessen Implementation durch die Kommunalaufsicht, vgl. *E.J. Lohse*, Durchsetzung von Unionsrecht durch Kommunalaufsichtsbehörden: dezentralisierte Kontrolle kommunalen Verwaltungshandelns zwischen Selbstverwaltungsgarantie und Effektivitätsgrundsatz, NVwZ 2016, 102 ff.

[132] Eine aktuelle Bestimmung dieses Rechtskreises findet sich bei *C. Brüning*, Kommunale Selbstverwaltung, in: Kahl/Ludwigs (Hrsg.), Handbuch des Verwaltungsrechts, Bd. III, Verwaltung und Verfassungsrecht, Heidelberg 2022, § 64, Rn. 43.

[133] Dazu BVerfGE 83, 363 (382); 91, 228 (236 ff.); BVerwGE 123, 159 (162). So auch *V. Mehde*, in: Dürig/Herzog/Scholz (Fn. 8), Art. 28 II, Rn. 65.; *Suerbaum*, in: Dreier (Fn. 129), 93; *E. Schmidt-Jortzig*, Kommunale Organisationshoheit. Staatliche Organisationsgewalt und körperschaftliche Selbstverwaltung, Göttingen 1979, 80 sieht die Organisationshoheit nicht als Ausfluss von Art. 28 Abs. 2 GG, sondern verfassungsunmittelbar gewährleistet.

Verwendung ihres Personals.[134] Art. 28 Abs. 2 S. 3 und Art. 106 Abs. 5 bis Abs. 7 GG heben die Finanzhoheit als weiteren organisationsrechtlichen Aspekt hervor.[135]

Diese örtlich beschränkte Organisationsgewalt kann nach Art. 28 Abs. 2 S. 1 GG jedoch im Rahmen der Gesetze ohne weitere Rechtfertigung beschränkt werden,[136] wobei ein absolut geschützter Kernbereich unangetastet bleiben muss.[137] Dieser ist aber nur dann berührt, wenn Organisationsbestimmungen „eine eigenständige organisatorische Gestaltungsfähigkeit der Kommunen im Ergebnis ersticken würden."[138] Im Ergebnis führt dies dazu, dass in manchen Teilgebieten der kommunalen Tätigkeit die Organisation weitgehend vorstrukturiert ist, in anderen Bereichen (etwa bei öffentlichen Einrichtungen) weitreichende Organisationsbefugnisse verbleiben.[139] So erschließt sich die Organisation einer Kommune „erst aus dem Ineinandergreifen von staatlichen Vorgaben und eigenverantwortlichen kommunalen Organisationsentscheidungen."[140] Auch die unionsrechtliche Ebene ist mit einzubeziehen, wobei sich zunehmend der grundsätzliche Bestand der kommunalen Selbst-

[134] Jüngst BVerfG, Beschluss des Zweiten Senats vom 07. Juli 2020 – 2 BvR 696/12 –, Rn. 30. Ferner aus der Rspr. BVerfGE 83, 363 (382); 91, 228 (245); 107, 1 (14); 119, 331 (362); 147, 185 (221 Rn. 74). Erläuternd auch *Suerbaum*, in: Dreier (Fn. 129), 91 ff.;

[135] BVerfGE 22, 180 (208); 23, 353 (365 ff.); 26, 172 (180 ff.); 26, 228 (244); 52, 95 (117); 71, 25 (36); 103, 332 (358); 119, 331 (361); 125, 141 (159); 138, 1 (21 f., Rn. 59); 140, 99 (110, Rn. 19); 147, 185 (227, Rn. 88).

[136] *Dreier*, in ders. (Fn. 5), Art. 28, Rn. 123. Kritik bei *Suerbaum*, in: Dreier (Fn. 129), 93 f.

[137] BVerfGE 137, 108 (159, Rn. 119): „Der Gesetzgeber muss zudem der geschichtlichen Entwicklung und den verschiedenen Erscheinungsformen der Selbstverwaltung Rechnung tragen und ihnen bei der Ausgestaltung ihrer internen Organisation eine hinreichende (Mit-)Verantwortung für die organisatorische Bewältigung ihrer Aufgaben lassen. Seine Vorgaben dürfen die Gemeinden aus dieser Verantwortung nicht verdrängen. Daraus folgt nicht nur, dass den Gemeinden insgesamt nennenswerte organisatorische Befugnisse verbleiben müssen, sondern auch, dass ihnen ein hinreichender organisatorischer Spielraum bei der Wahrnehmung der jeweiligen Aufgabenbereiche offengehalten wird. Unterschiede zwischen Selbstverwaltungsaufgaben und Aufgaben des übertragenen Wirkungskreises mögen dabei eine Rolle spielen; in keinem Fall darf jedoch ausgeschlossen werden, dass die Gemeinden im Bereich ihrer inneren Organisation individuell auf die besonderen Anforderungen vor Ort durch eigene organisatorische Maßnahmen reagieren können." Vgl. ferner BVerfGE 1, 167 (174 f.); 79, 127 (146).

[138] BVerfGE 91, 228 (239); 137, 108 (158, Rn. 117). Dazu auch *Dreier*, in: ders. (Fn. 5), Art. 28, Rn. 123.

[139] Differenziert *Püttner* (Fn. 129), in: Isensee/Kirchhof, § 144, Rn. 61 ff.

[140] BVerfGE 108 (159, Rn. 119). Dementsprechend muss auch eine Eigenverantwortlichkeit im Sinne der Zurechenbarkeit gewährleistet bleiben. Problematisch etwa bei den sog. „Ämtern" in Schleswig-Holstein, die die Grenze zwischen Gemeinde und Gemeindeverband verwischten. Vgl. *C. Ernst*, Das Demokratieprinzip im kommunalen Gefüge – Zur mangelnden demokratischen Legitimation der schleswig-holsteinischen Ämter, NVwZ 2010, 816 ff. Kritisch zur zurückhaltenden Rolle der Aufsicht aber *C. Brüning*, Zur Reanimation der Staatsaufsicht über die Kommunalwirtschaft, DÖV 2010, 553 (555).

verwaltung als Teil der unionsrechtlichen Bestimmung des nationalen Identitätskatalogs herauskristallisiert.[141]

Die Verfassung konkretisiert die kommunale Selbstverwaltungsgarantie ferner im Durchgriffsverbot.[142] Vor dem Hintergrund verstärkter Aufgabenübertragungen verbieten es die Regelungen des Art. 84 Abs. 1 S. 7 GG für den Vollzug der Bundesgesetze durch die Länder und Art. 85 Abs. 1 S. 2 GG für die Bundesauftragsverwaltung, Aufgaben an die Kommunen durch Bundesgesetze zu übertragen. Hintergrund der Verfassungsänderung im Rahmen der *Föderalismusreform I* 2006 war die Praxis, Gemeinden durch Bundesgesetze vermehrt mit Aufgaben zu belasten und damit letztlich auch finanziell zu überfordern.[143] So bleibt das Land als Mittelstelle erhalten, dem auf der einen Seite vom Bund Aufgaben zugewiesen werden können, die es dann seinerseits unter Beachtung des Landesverfassungsrechts wiederum auf die Kommunen übertragen kann.[144]

Im Ergebnis führt dies dazu, dass die Eigenverantwortlichkeit der Gemeinde als (im Vergleich zur Begriffsverwendung im Verwaltungsorganisationsrecht) strukturell andere Form der Eigenverantwortlichkeit zu kennzeichnen ist. Sie ist von vornherein nur relativ, im Rahmen der gesetzlichen Vorgaben gewährleistet und bietet faktisch keinen Schutz gegen Aufgabenzugriffe und Organisationsvorgaben.[145] Dies ist aber systematisch deshalb richtig, da es hier um den Schutz der Sach- und Bürgernähe geht, die im Begriff der Angelegenheiten der örtlichen Gemeinschaft wurzeln. Die Art der zurechnungsorientierten Eigenverantwortlichkeit, die Bund und Länder bei der Durchführung der Verwaltungsaufgaben haben, ist auf einer strukturell anderen Ebene angesiedelt.

[141] Zu diesem Argument iRd Art. 4 Abs. 2 S. 1 EUV: *M. Ludwigs*, Kommunale Selbstverwaltung als Teil der nationalen Identität im Prozess der Europäisierung, in: Hilgendorf (Hrsg.), Solidarität, Subsidiarität und Freiheit, Festgabe zum 80. Geburtstag von Franz-Ludwig Knemeyer, Würzburg/Baden-Baden 2019, 63 (69 ff.). Etwas anderes gilt für die Identitätskonstruktion des Bundesverfassungsgerichts über Art. 79 Abs. 3 GG (dazu wiederum *Ludwigs*, in: Hilgendorf [Fn. 141], 66–67).

[142] BVerfG, Beschluss des Zweiten Senats vom 07. Juli 2020 – 2 BvR 696/12 –, Rn. 30. Dazu *H. Meyer*, Verbot des Aufgabendurchgriffs konkretisiert kommunale Selbstverwaltungsgarantie, NVwZ 2020, 1731 (1732).

[143] *B. Remmert*, Die Rechtsstellung der Gemeinden bei der Zuweisung von Aufgaben durch Bundesgesetz, VerwArch 2003, 459 (463 ff.). *U. Schliesky*, Kommunale Organisationshoheit unter Reformdruck, Die Verwaltung 2005, 339–366.

[144] *Hermes*, in: Dreier (Fn. 4), Art. 84, Rn. 9.

[145] *Schliesky* (Fn. 143), 361. Zustimmend *Mehde*, in: Dürig/Herzog/Scholz (Fn. 8), Art. 28 Abs. 2, Rn. 71.

VII. Das Bundesstaatsprinzip als Ordnungsprinzip in der Verwaltungsorganisation?

Das Bundesstaatsprinzip konkretisiert sich also in der Verwaltungsorganisation durch eine klare, für die einzelnen Verwaltungsträger indisponible Kompetenzordnung. Kompetenzen gibt es im Verfassungsstaat „nur für verfasste Organisationseinheiten der Staatsgewalt, denen die Rechtsordnung bestimmte Aufgaben zur ausschließlichen Wahrnehmung überantwortet."[146]

Die Ordnungswirkung der Verfassung liegt also vor allem darin, die Organisationsentscheidung einer bestimmten Ebene (Bund, Länder, Kommunen) zuzuweisen. Welche Organisationsebene hingegen man wiederum für welche Arten von Organisationsentscheidungen für richtig und angemessen hält, ist Gegenstand bereits erörterter Streitigkeiten. Auch in der Interpretation dieser Kompetenzordnung stellt sich damit die Frage, inwieweit die formale, lediglich an Zurechnung orientierte Perspektive Antworten für neue staatliche Herausforderungen anbieten kann.[147] Die Verflechtungen von Bund und Ländern in Art. 84 und 85 GG bieten dafür eine Schablone an, die aber auch klare verfassungsrechtliche Grenzen setzt.[148] An einigen Stellen knarzt aber das Gebälk, etwa wenn es um die allgemeinen organisationsrechtlichen Gesetzeskompetenzen geht (die man notwendigerweise restriktiv anerkennen muss, vgl. oben IV. 1.) oder um die verfassungsrechtliche Schaffung neuer Mischverwaltungstatbestände (die verfassungssystematisch zulässig, aber systemgefährdend sind, oben V. 2.). Hier kollidiert wiederum das organisationsrechtliche Grundprinzip von klaren Zurechnungsbeziehungen mit den komplexen Zusammenhängen der sozialen Wirklichkeit.[149]

Auch wenn die klare Ordnungswirkung des Föderalismus in der Verwaltungsorganisation zuletzt durch die verfassungsändernden Erweiterungen der Mischverwaltungstatbestände der Art. 91a ff. GG unter Druck geraten ist, so bleibt die dieser Ordnung zugrundeliegende Eigenverantwortlichkeit der Aufgabenwahrnehmung ein prägendes Prinzip.

---

[146] *J. Isensee*, Das Volk als Grund der Verfassung – Mythos und Relevanz der Lehre von der verfassungsgebenden Gewalt (1995), in: Depenheuer (Hrsg.), Staat und Verfassung. Gesammelte Abhandlungen zur Staats- und Verfassungstheorie, Heidelberg 2018, 395 (451).

[147] Paradigmatisch dazu die Erwägungen in BVerfGE 119, 331 (365, Rn. 154).

[148] So auch *Oebbecke* (Fn. 30), in: Isensee/Kirchhof, § 136, Rn. 13. Problematisierend hingegen *H. Schulze-Fielitz*, Schattenseiten des Grundgesetzes, in: Dreier (Hrsg.), Macht und Ohnmacht des Grundgesetzes, Sechs Würzburger Vorträge zu 60 Jahren Verfassung, Berlin 2009, 9 (46).

[149] Vgl. auch die Beobachtungen bei *Kadelbach* (Fn. 106), 38 im Hinblick auf den Europäischen Föderalismus. Dazu auch *S. Oeter*, Föderalismus und Demokratie, in: v. Bogdandy/Bast (Hrsg.), Europäisches Verfassungsrecht. Theoretische und dogmatische Grundzüge, 2. Auflage, Berlin u.a. 2009, 73 (103 ff.). Monographisch vergleichend *P. Dann*, Parlamente im Exekutivföderalismus. Eine Studie zum Verhältnis von föderaler Ordnung und parlamentarischer Demokratie in der Europäischen Union, Berlin/Heidelberg 2004, 8 ff.

§ 5 Verwaltungsorganisation in der Funktionenordnung

Wurde für die Organisationsgewalt eine föderale Ebene (§ 4) und ihre Reichweite (§ 3) definiert, so stellt sich die Frage, welche Staatsorgane innerhalb dieser Bestimmung für die Ausübung der mit ihr einhergehenden Befugnisse zuständig sind.[1] Dies ist eine Frage der Funktionenordnung des Grundgesetzes. Soweit nicht explizite verfassungsrechtliche Allokationen von bestimmten Organisationsentscheidungen zu Legislative bzw. Exekutive vorliegen, wird man annehmen können, dass die Organisationsfunktion im Grundsatz der Vollzugsfunktion folgt. Die Selbstorganisation der Exekutive mit gleichzeitigem fakultativem Zugriffsrecht des Parlaments bildet daher den Regelfall, soweit nicht der eher theoretisch bleibende Kernbereich exekutiver (Organisations-)eigenverantwortung betroffen ist. In Entscheidungsbereichen von einer den Parlamentsvorbehalt auslösenden Tragweite hingegen weicht das Zugriffs*recht* des Parlaments einer Regelungs*pflicht*, die als institutionell-organisatorischer Gesetzesvorbehalt bezeichnet wird.

I. Exekutive Selbstorganisation unter parlamentarischem Zugriff

Ist die Organisationsgewalt „beschreibender Sachbegriff",[2] so kann sich die Zuweisung von Organisationsbefugnissen auf der jeweiligen föderalen Ebene nur auf dem Boden der Verfassung(en) selbst ergeben. Auch wenn Organisationsvorschriften im Grundgesetz abstrakt einen wesentlichen Teil der Textmenge einnehmen,[3] sind doch den einzelnen Organen verfassungsunmittelbar eingeräumte Kompetenzen eher spärlich vertreten. Manche sind insbesondere in verschiedenen Einzelbestimmungen der Art. 86 ff. GG enthalten, taugen aber nicht für die Entwicklung eines allgemeinen Modells.[4] Eine gewisse Zahl

[1] Rechtsvergleichend *J. Ziller*, Verwaltungsorganisation, in: v. Bogdandy/Cassese/Huber (Hrsg.), Handbuch Ius Publicum Europaeum, Bd. V, Heidelberg 2014, § 87, Rn. 19.

[2] Vgl. oben § 1.

[3] Bei *U. Volkmann*, Grundzüge einer Verfassungslehre der Bundesrepublik Deutschland, Tübingen 2013, 264 heißt es, vier Fünftel des Verfassungstextes seien Organisationsbestimmungen.

[4] Vgl. *E. Schmidt-Aßmann*, Verwaltungsorganisation zwischen parlamentarischer Steuerung und exekutiver Organisationsgewalt, in: Stödter/Thieme (Hrsg.), Hamburg, Deutsch-

von Landesverfassungen, die für den Regelfall des Gesetzesvollzugs in den Bundesländern zuständig sind, bestimmen allgemeine Gesetzesvorbehalte für die Verwaltungsorganisation, ihre Reichweite ist jedoch im Einzelnen umstritten.[5]

Unabhängig von der föderalen Organisationsebene werden die speziellen Normierungen des Organisations(verfassungs-)rechts von einer allgemeinen Regelung unterlegt, die auf der Bundesebene auch in Art. 86 S. 2 GG zum Ausdruck kommt. Eine Befugnis zur Selbstorganisation ergibt sich im Bereich derjenigen Aufgaben und Funktionen, die der Exekutive durch das Grundgesetz zur eigenverantwortlichen Wahrnehmung zugewiesen sind. Diese Befugnis kommt der Exekutive im Rahmen der Gesetze zu, d.h. insoweit und insofern das Parlament keine allgemeinen Organisationsregelungen trifft. Im Bereich der Verwaltungsorganisation hat die Exekutive damit eine Residualkompetenz, die die Legislative – außerhalb eines sehr begrenzten Kernbereichs – jederzeit durch parlamentarischen Zugriff an sich ziehen kann.

1. Die Exekutive in der Funktionenordnung

Diese Kompetenz zur Selbstorganisation lässt sich auf dem Boden des Verfassungsrechts insbesondere aus einem (im Vergleich zum vordemokratischen Zustand) veränderten Verständnis der Gewaltenteilung begründen, das deshalb möglich wird, da auch die Exekutive demokratischen Legitimationserfordernissen unterliegt.[6]

Noch im 19. Jahrhundert zum Zeitpunkt der Entstehung der modernen Verwaltungsstrukturen standen sich Legislative und Exekutive als Stellvertreterinnen zweier sozialer Einflusssphären (Volk und Monarchie) gegenüber und rangen um ihre jeweilige Souveränität. Gewaltenteilung als *Trennung* entstand hier im Wesentlichen, um den wechselseitigen Schwebezustand der Begrenzung und Einhegung aufrechterhalten zu können.[7] Schon bei *Locke* erforderte die Herrschaftsbegrenzung denklogisch ein „Zusammenwirken der konstitutionellen Gewalt des Volkes und der ordnungsgemäßen Aufteilung von Herrschafts-

land, Europa. Beiträge zum deutschen und europäischen Verfassungs-, Verwaltungs- und Wirtschaftsrecht. Festschrift für Hans Peter Ipsen zum siebzigsten Geburtstag, Tübingen 1977, 333 (344).

[5] Dazu noch gleich unten.

[6] Einen zu historistischen Zugriff problematisierend aber *R. Stettner*, Not und Chance der grundgesetzlichen Gewaltenteilung, JöR 1986, 57 (62 ff.).

[7] *Volkmann* (Fn. 3), 267. Ideengeschichtliche Darstellung auch bei *T. Wischmeyer*, Gewaltenteilung und institutionelles Gleichgewicht, in: Kahl/Ludwigs (Hrsg.), Handbuch des Verwaltungsrechts, Bd. III, Verwaltung und Verfassungsrecht, Heidelberg 2022, § 78, Rn. 9.

funktionen."[8] *Montesquieus* Verfassungslehre ging darüber entscheidend hinaus und entwickelte einen modernen Vorschlag zur Institutionalisierung und Balance verfassungsstaatlicher Institutionen.[9] Im Vorgriff auf moderne verfassungsstaatliche Entwicklung konzipierte er ein Geflecht von Regeln und Interaktionsverboten zwischen den Gewalten, die ihre unabhängigen Spielräume sichern und gleichzeitig Machtasymmetrien vermeiden sollten.[10]

Diese klassische Gewaltenteilungslehre, die eine Nähe zum Rechtsstaatsprinzip aufweist,[11] wird aus der Erkenntnis heraus, dass nicht nur die Legislativ-, sondern auch die Exekutivfunktion demokratische Legitimation in sich versammelt,[12] im Verfassungsstaat in eine Grundregel der Arbeitsteilung umgewandelt. Ideengeschichtlich lassen sich diese Entwürfe insbesondere auf *Tocqueville* und kurze Zeit später *Mill* zurückführen, die sich mit Führungsproblemen der Demokratie auseinandersetzten. Schon in ihren Arbeiten wird deutlich, dass der Trennungsgedanke allein den Anforderungen der modernen Gesellschaft gar nicht gerecht werden kann.[13]

---

[8] *P. Niesen*, Volkssouveränität als Herrschaftsbegrenzung: Lockes Theorie des Verfassungsstaats, in: Ludwig/Rehm (Hrsg.), John Locke, Zwei Abhandlungen über die Regierung, Berlin 2012, 132. Geistesgeschichtliche Grundlagen auch bei *B. Grzeszick*, Gewaltenteilung im demokratischen Rechtsstaat, in: Stekeler-Weithofer/Zabel (Hrsg.), Philosophie der Republik, Tübingen 2018, 57 (59).

[9] Dazu *E.-W. Böckenförde*, Gesetz und gesetzgebende Gewalt. Von den Anfängen der deutschen Staatsrechtslehre bis zur Höhe des staatsrechtlichen Positivismus, Berlin 1981, 45 f. *Möllers* weist darauf hin, so gewinne man das prägende Prinzip der Verfassung kontinentaleuropäischer Nationalstaaten aus einem Verfassungstyp, der ihnen nicht unbedingt ähnlich ist, *C. Möllers*, Gewaltengliederung. Legitimation und Dogmatik im nationalen und internationalen Rechtsvergleich, Tübingen 2005, 67.

[10] Die *Federalist Papers*, eine Sammlung von verschiedenen Zeitungsartikeln aus den Jahren 1787/88, die von *Alexander Hamilton*, *James Madison* und *John Jay* verantwortet wurden, zeugen dabei von der progressiven gedanklichen Entwicklung in den Vereinigten Staaten. In Abgrenzung vom radikalen Begriff der Volkssouveränität, wie er von Rousseau vertreten wurde, sollte vielmehr ein System von „checks and balances" institutionalisiert werden. *J. Madison* beschreibt zusammenfassend im Federalist Paper No. 51, 1788, 1: „In framing a government which is to be administered by men over men, the great difficulty lies in this: you must first enable the government to control the governed; and in the next place oblige it to control itself." Die Föderalisten argumentierten damit nicht unbedingt für eine strikte Gewaltenteilung, sondern vielmehr für eine Verschränkung durch geschickte institutionelle Gestaltung, „ambition must be made to counteract ambition." Die exekutive Entscheidungsmacht sollte dabei sowohl horizontal durch das Montesquieusche System als auch vertikal durch einen Föderalismus zwischen Bundesregierung und Einzelstaaten geteilt werden. Zur Diskussion *I. Hampsher-Monk*, A History of Modern Political Thought. Major Political Thinkers from Hobbes to Marx, Oxford 1992, 203.

[11] *Volkmann* (Fn. 3), 267.

[12] Dazu *E.-W. Böckenförde*, Die Organisationsgewalt im Bereich der Regierung. Eine Untersuchung zum Staatsrecht der Bundesrepublik Deutschland, 2. Auflage, Berlin 1998, 79.

[13] Das Diktat der Mehrheit, so argumentiert *Tocqueville*, führe dazu, dass die mittelmäßige Politik keine Entscheidungen treffen könne, sondern vielmehr ihre Macht nutze, um der Masse zu schmeicheln. „L'omnipotence de la majorité et la manière rapide et absolue dont ses volontés s'exécutent aux États-Unis ne rend pas seulement la loi instable, elle exerce

Anstatt gegenseitiger Blockade und Hemmung steht demnach bei einem modernen Verständnis der Gewaltenteilung eine Arbeitsteilung[14] mit „ineinandergreifenden Funktionen zur Erreichung bestimmter Ziele"[15] im Zentrum. Ausgehend von ihrer gedanklichen Herkunft als ein Problem der Herrschaftsausübung in der sozial gespaltenen Gesellschaft passt sich die Gewaltenteilung so einer an sozialem Ausgleich orientierten Lebensform an.[16] *Konrad Hesse* hat dies prägnant auf die Formel gebracht, dass der Gegenstand der Gewaltenteilung „positiv eine Ordnung menschlichen Zusammenwirkens [ist], die die einzelnen Gewalten konstituiert, ihre Kompetenzen bestimmt und begrenzt, ihre Zusammenarbeit regelt und auf diese Weise zur Einheit – begrenzter – staatlicher Gewalt hinführen soll."[17] Die Funktionenordnung des Grundge-

---

encore la même influence sur l'exécution de la loi et sur l'action de l'administration publique.", *A. de Tocqueville*, De la démocratie en Amérique, Bd. II, 1866, 172 ff. Gleichzeitig entwickelt sich die amerikanische Demokratie grundsätzlich positiv, was auf eine ausgeprägte Fähigkeit zur Fehlerkorrektur schließen lässt. Institutionelle Sicherungen wie etwa die zeitlich begrenzte Ermächtigung der Exekutive wirken der Verselbständigung von Entscheidungsmacht entgegen (dazu auch *M. Schössler*, Demokratie modern denken. Die Entschlüsselung des modernen Gemeinwesens bei Alexis de Tocqueville, Wiesbaden 2014, 143). Besonderen Einfluss hatte das politische System in den Vereinigten Staaten auch auf *John Stuart Mill*, dessen Arbeiten insbesondere dem Prinzip der Repräsentation gelten. Ein Anliegen *Mills* war es das für die Staatsleitung notwendige Fachwissen und inhaltliche Entscheidungen nicht dem ungebildeten Volk zu überlassen. Er setzte sich dabei auch intensiv mit dem kurz zuvor veröffentlichen Werk *Tocquevilles* auseinander. Als einen wesentlichen Schlüssel zur Überwindung der skizzierten Schwierigkeiten begriff *Mill* eine repräsentativ organisierte Regierungsform, die die tatsächliche Entscheidungsgewalt in die Hände einiger „instructed few" legt. Vgl. *S. Hollander*, John Stuart Mill. Political Economist, Singapur 2015, 374–75.

[14] Dazu auch *H. Dreier*, Hierarchische Verwaltung im demokratischen Staat. Genese, aktuelle Bedeutung und funktionelle Grenzen eines Bauprinzips der Exekutive, Tübingen 1991, 177. Ferner *M. Cornils*, Gewaltenteilung, in: Depenheuer/Grabenwarter (Hrsg.), Verfassungstheorie, Tübingen 2010, § 20, 657 (668 ff.); *H.D. Horn*, Über den Grundsatz der Gewaltenteilung in Deutschland und Europa, JöR 2001, 287; *Grzeszick*, in: Stekeler-Weithofer/Zabel (Fn. 8), 64 ff.

[15] Knapp zusammengefasst bei *H.M. Heinig*, Gewaltenteilung im demokratischen Rechtsstaat. Ein Beitrag aus einem gescheiterten „Dialog der Rechtskulturen, in: Krüper (Hrsg.), Die Organisation des Verfassungsstaats, Festschrift für Martin Morlok zum 70. Geburtstag, Tübingen 2019, 67 (70 ff.). Ausführlicher *H. Maurer*, Der Verwaltungsvorbehalt, VVDStRL (43) 1985, 135 (158).

[16] *Luhmann* hat jedoch darauf hingewiesen, dass die „Komplexität politischer Systeme nach Größe, Vielfalt und Interdependenz so stark gewachsen ist, daß die Größenordnungen, die man bei der Konzeption des Gewaltenteilungsschemas vor Augen hatte, gesprengt sind.", *N. Luhmann*, Politische Verfassungen im Kontext des Gesellschaftssystems, Der Staat 12 (1973), 1 (8–9).

[17] *K. Hesse*, Grundzüge des Verfassungsrechts der Bundesrepublik Deutschland, Neudruck der 20. Auflage, Heidelberg 1999, Rn. 482. Diskussion bei *D. Kuch*, Gewaltenteilung, in: Hilgendorf/Joerden (Hrsg.), Handbuch Rechtsphilosophie, 2. Auflage, Stuttgart 2021, § 59, 440 (444). Zu Biographie und Demokratieverständnis Hesses, vgl. *J. Masing*, Demokratie – Verstanden im Geiste Konrad Hesses, AöR 144 (2019), 443 ff.

setzes verlangt daher eine sachgerechte Aufgabenerfüllung.[18] Dies bedeutet eine sinnvolle und gleichzeitig verschränkte Entscheidungsallokation,[19] bei der nicht Trennung, sondern kooperative Funktionsfähigkeit im Zentrum steht.[20]

Diese Grundidee reflektiert sich auch in der Rechtsprechung des Bundesverfassungsgerichts.[21] Sie drückt aus, dass Funktionen von denjenigen Organen ausgeübt werden sollen, die „nach ihrer Organisation, Zusammensetzung, Funktion und Verfahrensweise über die besten Voraussetzungen verfügen."[22] Der Begriff der Funktion ist damit im Sinne einer „Zweckrichtung"[23] zu verstehen. Methodisch stellt das Gericht jeweils einen *typischen* Funktionsbereich und eine Handlungsform fest.[24]

---

[18] Dazu *Volkmann* (Fn. 3), 266 ff.; *C. Möllers*, Die drei Gewalten. Legitimation der Gewaltengliederung in Verfassungsstaat, europäischer Integration und Internationalisierung, Weilerswist 2008, 75 ff. Dazu auch *Kuch* (Fn. 17), in: Hilgendorf/Joerden, § 59, 440 (444).

[19] Nehmen wir Bezug auf das Gewaltenteilungs*prinzip* so ist damit auch klar, dass es sich dabei nicht um ein klassisches Optimierungsgebot im Sinne Robert Alexys handeln kann. Gewaltenteilung ist nicht durch die maximale Separation der Gewalten zu optimieren. Vielmehr ist die Gewaltenteilung eine Verfahrensnorm, die in die Auslegung des restlichen Verfassungsrechts ausstrahlt und mal statische, mal etwas dynamischere Grenzen der der Funktionszuweisung setzt. Dabei ist aus Art. 20 Abs. 2 S. 2 GG nur eine geringe Direktionskraft abzulesen. *Möllers* meint daher, es handele sich bei dem Prinzip der Gewaltenteilung aus Art. 20 Abs. 2 S. 2 2. Hs GG um eine sekundäre prozedurale Norm. Vgl. *Möllers* (Fn. 9), 6.

[20] Vgl. BVerfGE 68, 1 (86); 95, 1 (15); 139, 321 (362, Rn. 125); 152, 345 (372, Rn. 67). Mit Blick auf die Art. 83 ff. GG siehe *U. Di Fabio*, Gewaltenteilung, in: Isensee/Kirchhof (Hrsg.), HStR, Bd. II, 3. Auflage, Heidelberg 2004, § 27, Rn. 31. Überlegungen zur analytischen Schärfe des Funktionskonzepts, *Wischmeyer* (Fn. 7), in: Kahl/Ludwigs, § 78, Rn. 14 ff.

[21] Zur Beschreibung einer insoweit „asymetrischen" Funktionenordnung mit Vorrang der Legislative, *T. Groß*, Die asymetrische Funktionenordnung der demokratischen Verfassung – Zur Dekonstruktion des Gewaltenteilungsgrundsatzes, Der Staat 55 (2016), 489 (500 ff.).

[22] BVerfGE 68, 1 (86); 90, 286 (364); 95, 1 (15); 104, 151; 139, 321 (362, Rn. 125); 152, 345 (372, Rn. 67). *Di Fabio* (Fn. 20), in: Isensee/Kirchhof, § 27, Rn. 10.

[23] *R. Pitschas*, Verwaltungsverfahren und Verwaltungsverantwortung. Strukturprobleme, Funktionsbedingungen und Entwicklungsperspektiven eines konsensualen Verwaltungsrechts, München 1990, 556. Entscheidend ist damit, welche Zwecke den typischen Handlungsformen der Gewalten zugewiesen sind. Legislatives Handeln ist etwa die Überführung politischer Entscheidungen in abstrakt-generelle Normen. Die Exekutive handelt typischerweise durch den „Vorgang der Subsumtion eines bestimmten Lebenssachverhalts unter die Tatbestandsmerkmale einer generell-abstrakten Norm." BVerfGE 95, 1 (16). Die Judikative ist durch die Handlungsform der Streitbeilegung gekennzeichnet, und zwar nur und insoweit ihr Streitigkeiten im Rahmen der verfassungsrechtlichen Ordnung zugewiesen sind, BVerfGE 103, 111 (137 ff.). Dazu auch *Grzeszick*, in: Dürig/Herzog/Scholz (Hrsg.), Grundgesetz Kommentar, München, 95. EL Juli 2021, Art. 20, V, Rn. 85.

[24] BVerfGE 3, 225 (247); 7, 183 (188); 9, 268, (279); 22, 106 (111); 34, 52 (59); 95, 1 (15); 106, 51 (60); 139, 321 (362, Rn. 125); 152, 345 (372, Rn. 67); *E. Schmidt-Aßmann*, Das allgemeine Verwaltungsrecht als Ordnungsidee. Grundlagen und Aufgaben der verwaltungsrechtlichen Systembildung, 2. Auflage, Berlin/Heidelberg 2006, 199 ff. Ferner *Volkmann* (Fn. 3), 267–268.

Der Exekutive ist in diesem Schema die Rolle des unmittelbaren Handlungsinstruments des Staates zugewiesen.[25] Zur Gestaltung konkreter Lebensverhältnisse bedürfen Gesetze der Anwendung und Konkretisierung; im Bereich der Exekutive ist die zentrale Funktion somit das „unmittelbare staatliche Tätigwerden.“[26] Sie nimmt so im gewaltengeteilten Staat mit dem Verwaltungsvollzug im Einzelfall eine initiative Scharnierfunktion[27] zwischen Legislative und Judikative wahr.[28]

2. Eigenverantwortliche Aufgabenwahrnehmung und Selbstorganisation der Exekutive

Die Exekutive erhält damit in der Funktionenordnung des Grundgesetzes eine *eigene*, nicht lediglich von der Legitimation des Parlaments abgeleitete Funktion. Im gewaltengeteilten Staat verlangt gerade jede Exekutivtätigkeit eine eigene demokratische Legitimation, weil die ihr zugewiesenen Aufgaben von der Exekutive eigenverantwortlich wahrgenommen werden.[29] Nachdem ihr sowohl einzelfallbezogene Vollzugs- als auch Initiativaufgaben im Rahmen der Gesetze zugewiesen sind, sind mit diesen notwendigerweise auch Organisationskompetenzen verbunden. Andernfalls wäre der Vollzug keine eigene Funktion, sondern lediglich Annex legislativer Entscheidungen.

Von einer eigenverantwortlichen Aufgabenwahrnehmung lässt sich demnach nur dann sprechen, wenn auch die grundlegenden Rahmenbedingungen dieser Aufgabenerfüllung Teil der Zuständigkeiten sind.[30] Diese umfassen im oben dargestellten Sinne die Errichtung und Einrichtung von Behörden als organisatorische Ausgestaltung, die Festlegung von Zuständigkeiten und die

[25] *Di Fabio* (Fn. 20), in: Isensee/Kirchhof, § 27, Rn. 22.

[26] *K. Hesse*, Grundzüge des Verfassungsrechts der Bundesrepublik Deutschland, Neudruck der 20. Auflage, Heidelberg 1999, § 7, Rn. 530.

[27] In der Verfassungspraxis bedeutet diese Anforderung diejenigen Graubereiche zwischen der initiativen Kraft und der Justizförmigkeit des Verwaltungshandeln so zu bestimmen, dass die freiheitsgefährdende Tendenz der ausgeübten Spielräume und ihre politische Notwendigkeit in einem grundrechtsschonenden Gleichgewicht stehen, das gleichzeitig in der Lage ist, Staatsgewalt gegenüber privater Macht zu behaupten. Denn, so stellte bereits *Hannah Arendt* in ihrer Lektüre von Montesquieu deutlich heraus (und *Möllers* seiner Arbeit über die Gewaltengliederung voraus): „[d]ie Gewaltenteilung hat keineswegs den Zweck, den Staat ohnmächtig zu machen, um den Bürgern ein größeres Maß an Freiheit zu sichern – wo Ohnmacht herrscht, gibt es für Montesquieu keine politische Freiheit.“

[28] Dazu umfassend *Möllers* (Fn. 9), 112.

[29] Vgl. etwa § 36 Abs. 1 BeamtStG.

[30] So im Ergebnis auch *S. Baer*, Vermutungen zu Kernbereichen der Regierung und Befugnissen des Parlaments, Der Staat 40 (2001), 525 (551); *Schmidt-Aßmann*, in: Stödter/Thieme (Fn. 4), 347; *F. Ossenbühl*, Verwaltungsvorschriften und Grundgesetz, Bad Homburg v.d.H. 1968, 272; *C. Ohler*, Der institutionelle Vorbehalt des Gesetzes, AöR 131 (2006), 336 (349).

Etablierung der wesentlichen binnenadministrativen Grundstrukturen etc.[31] Erst diese Selbstorganisation schafft die Voraussetzung für die eigenständige und planmäßige Erfüllung der Exekutivaufgaben.[32] Ob man dies aus der „Natur der Sache" herleitet,[33] Organisation als Annex zum Vollzug begreift, oder gleich Organisation mit unter den Begriff des Vollzugs subsumiert[34] ist hier weniger entscheidend, denn aus allen Perspektiven kommt man zum Ergebnis, dass der Exekutive grundsätzlich (wie bei Legislative und Judikative auch)[35] – soweit für die funktionsgerechte Erfüllung ihrer Sachaufgaben erforderlich – die Befugnis zur Selbstorganisation zukommt.[36]

Dies mag im Ergebnis nun Erinnerungen an die oben dargestellte „Hausgut"-These wecken, die die Organisationsgewalt pauschal der Exekutive zugeschlagen hatte.[37] Der wesentliche Unterschied ist jedoch, dass etwa bei *Forsthoff* die Organisationsgewalt *vor der Verfassungsordnung* konstruiert wird, mithin außerhalb der Funktionenordnung begründet wird.[38] Der Legislative kommt damit – Erinnerungen an die vordemokratische Perspektive der Gewaltenteilung weckend – die Funktion der Begrenzung eines vorverfassungsrechtlich konstruierten Kompetenztitels zu. Auf dem Boden der Funktionenordnung hingegen übernimmt die (demokratisch legitimierte) Exekutive ihre Selbstorganisation im Rahmen ihrer verfassungsrechtlich zugewiesenen Aufgaben.

Es geht also auf dieser Stufe (noch) nicht darum, ob man die Organisationsgewalt der Exekutive als solche weiter oder enger fasst. Auch *Forsthoff* etwa erkennt einen weitreichenden institutionellen Gesetzesvorbehalt an.[39] Entscheidend ist hier der von ihm gewählte extrakonstitutionelle Begründungsweg, in dem die Legislative die Rolle der Begrenzung einer vorverfassungs-

---

[31] Vgl. oben *Vorbemerkung* zu Teil 2.

[32] So auch *Böckenförde* (Fn. 12), 86; Ferner *E.-W. Böckenförde*, Organisationsgewalt und Gesetzesvorbehalt, NJW 1999, 1235 (1236); *Ossenbühl* (Fn. 30), 272; *B. Schlink*, Die Amtshilfe. Ein Beitrag zu einer Lehre von der Gewaltenteilung in der Verwaltung, Berlin 1982, 120 f.; *F.E. Schnapp*, Dogmatische Überlegungen zu einer Theorie des Organisationsrechts, AöR 105 (1980), 243 (268); *H. Butzer*, Zum Begriff von Organisationsgewalt. Vom „Hausgut" der Exekutive zum „Hausgut" aller Verfassungsorgane und Autonomieträger?, Die Verwaltung 1994, 157 (165). Vgl. tendenziell auch *W. Krebs*, Verwaltungsorganisation, in: Isensee/Kirchhof (Hrsg.), HStR, Bd. V, 3. Auflage, Heidelberg 2007, § 108, Rn. 70; *Baer* (Fn. 30), 525 (551). Zustimmend *Ohler* (Fn. 30), 336 (349), der aber nicht hinreichend von der Auffassung *Forsthoffs* abgrenzt.

[33] So wohl *Böckenförde* (Fn. 12), 87.

[34] Vgl. dazu die bereits oben unter IV. 1. vorgestellten Auffassungen.

[35] Dazu monografisch *F. Meinel*, Selbstorganisation des parlamentarischen Regierungssystems. Vergleichende Studien zu einem Verfassungsproblem der Bundesrepublik Deutschland, Tübingen 2019; *F. Wittreck*, Die Verwaltung der Dritten Gewalt, Tübingen 2006.

[36] Skeptisch *Baer* (Fn. 30), 525 (527).

[37] Vgl. oben § 1, VI. 2. a.

[38] Nachweise oben, Teil 1, Fn. 298.

[39] *E. Forsthoff*, Lehrbuch des Verwaltungsrechts, Bd. I, 10. Auflage, München 1973, 440 f.

rechtlichen Exekutivgewalt innehat. Dies ist unter dem Grundgesetz, das positive Kompetenzen aus konkreten Aufgabenzuweisungen begründet, nicht haltbar.

Ebenfalls ist mit der Behauptung einer eigenverantwortlichen Aufgabenwahrnehmung nicht gleichzeitig begründet, dass es einen unverletzlichen Kernbereich der exekutiven Binnenorganisation geben müsse.[40] Dies muss im Rahmen der gleich erörterten Frage der Reichweite des legislativen Zugriffsrechts näher diskutiert werden.

3. Zur Verschränkung der Organisationsgewalt im Bereich der Regierung und der Verwaltung

Die vollziehende Gewalt auf Bundesebene umfasst sowohl den Bereich der Regierung, der im Grundgesetz durch die Art. 62 ff. besonders geregelt ist, als auch den der bundeseigenen Verwaltung, der in den Art. 86 ff. näher bestimmt wird. Auf Landesebene gibt es sinngleiche Differenzierungen.[41] Bereits oben wurde dargelegt, dass es auf die Definition des Teilbereiches der öffentlichen Verwaltung nicht entscheidend ankomme.[42] Auch für die Organisationsgewalt liegen Verschränkungen von Regierungs- und Verwaltungsfunktion vor.

Besonders deutlich wird diese Verschränkung in der doppelfunktionalen Rolle der einzelnen Ministerposten, denen innerhalb der Regierung ein Ressort zugewiesen ist.[43] Sie vertreten dieses Ressort innerhalb des Kollegialorgans der Bundesregierung[44] und füllen gleichzeitig die Leitungsfunktion des diesem Ressort zugeordneten Verwaltungsapparats aus. So etabliert sich über die personelle Verantwortlichkeit von Ministerinnen und Ministern ein Scharnier für die parlamentarische Legitimationsvermittlung in der öffentlichen Verwaltung.[45]

Nach dem in Art. 65 S. 2 GG kodifizierten Ressortprinzip leiten diese ihren Geschäftsbereich jeweils in eigener Verantwortung. Ministern kommt in ihrem Geschäftsbereich neben der Sachentscheidungsbefugnis eine Letztentscheidungsbefugnis in Organisations-, Haushalts und Personalfragen zu (sog.

---

[40] So auch *Baer* (Fn. 30), 525 (543). Weitere Nachweise bei *Burgi*, in: v. Mangoldt/Klein/Starck (Hrsg.), Grundgesetz Kommentar, Bd. III, 7. Auflage 2018, GG, Art. 86, Rn. 84–86.

[41] Vgl. etwa *W. Kluth*, in: Wolff/Bachof/Stober/Kluth, Verwaltungsrecht: Ein Studienbuch, Bd. II, 7. Auflage, München 2010, § 80, Rn. 126.

[42] Oben, § 3, II. 3.

[43] *S. Detterbeck*, Innere Ordnung der Bundesregierung, in: Isensee/Kirchhof (Hrsg.), HStR, Bd. III, 3. Auflage, Heidelberg 2005, § 66, Rn. 25 ff. Näheres bei *Kluth*, in: Wolff/Bachof/Stober/Kluth (Fn. 41), § 80, Rn. 68.

[44] Dazu *V. Epping*, Die Willensbildung von Kollegialorganen – Am Beispiel der Beschlußfassung der Bundesregierung, DÖV 1995, 719 ff.

[45] Dazu noch unten § 6.

funktionssichernde Hilfskompetenzen).[46] Innerhalb der Exekutive ist somit die Selbstorganisationskompetenz im Hinblick auf das hierarchische Grundprinzip der Exekutivorganisation an der jeweiligen Spitze angesiedelt,[47] kommt also den Ministern zu. Dies betrifft ganz grundsätzlich die Festlegung der Abteilungs- und Referatsstruktur der nachgeordneten Verwaltungseinheiten, aber auch die Ausübung im Einzelfall, etwa durch besondere ministerielle Erlasse.[48]

Durch die Doppelstellung der Minister kommt es so zu einer Wechselwirkung von Regierungs- und Verwaltungsorganisation. Zentral ist insoweit der Zuschnitt von Ressorts, der wiederum für die Aufteilung der nachgeordneten Behörden entscheidend ist.[49] Der Ressortzuschnitt gehört damit sowohl zum Staatsorganisationsrecht als auch zum Verwaltungsorganisationsrecht. So kann etwa die Zusammenlegung eines Justiz- und Innenministeriums, obwohl im Bereich der Regierungsorganisation angesiedelt, verfassungsrechtlich problematische Konsequenzen für die Verwaltungsorganisation haben.[50]

Neben der organisatorischen Regierungsbildungskompetenz des Bundeskanzlers, die die Errichtung sowie die Kompetenzzuweisungen und -abgrenzungen der Ministerien enthält,[51] wirken auch Richtlinien- und Kabinettsprinzip als „intragouvernementale Gegengrößen."[52] Auch wenn Art. 86 GG es so erscheinen lässt, als ob manche Organisationsentscheidungen allein der Regierung als Kollegialgremium überantwortet wären, kommt Ministern Art. 65 S. 2 GG folgend grundsätzlich die eigenständige Leitungsbefugnis zu.[53] Diese können jedoch trotz der eigenständigen Ressortleitungsbefugnis an die Richtlinien des Kanzlers und des Kabinetts gebunden sein.[54] Legt man daher die ministerielle Doppelstellung und die Unterscheidung von Regierung und Ver-

---

[46] *Hermes*, in: Dreier (Hrsg.), Grundgesetz Kommentar, Bd. II, 3. Auflage, Tübingen 2015, Art. 65, Rn. 28 ff.

[47] *Böckenförde* (Fn. 12), 88.

[48] *H. Wißmann*, Verfassungsrechtliche Vorgaben der Verwaltungsorganisation, in: Hoffmann-Riem/Schmidt-Aßmann/Voßkuhle (Hrsg.), GVwR, Bd. I, 2. Auflage, München 2012, § 15, Rn. 34 mwN.

[49] Dazu mit einer eigenen Systematik, *A. Pilniok*, Bausteine einer Theorie des Organisationsverfassungsrechts. Organisationswissenschaftliche Impulse für das Recht der Politik, in: Krüper/Pilniok (Hrsg.), Organisationverfassungsrecht. Wissenschaft – Theorie – Praxis, Tübingen 2019, 1 (24).

[50] Anders als dies der NWVerfGH in dem Fall beurteilte, war dies keine Frage des institutionellen Gesetzesvorbehalts, sondern für die verfassungsrechtlichen Direktiven. Dazu noch unten, II. 2. a.

[51] *H.D. Jarass*, in: ders./Pieroth (Hrsg.), Grundgesetz für die Bundesrepublik Deutschland. Kommentar, 16. Auflage, München 2020, Art. 64, Rn. 2.

[52] *Wißmann* (Fn. 48), in: Hoffmann-Riem/Schmidt-Aßmann/Voßkuhle, § 15, Rn. 34.

[53] *Hermes*, in: Dreier (Hrsg.), Grundgesetz Kommentar, Bd. III, 3. Auflage, Tübingen 2018, Art. 86, Rn. 58.

[54] *Hermes*, in: Dreier (Fn. 46), Art. 65, Rn. 31.

waltung zu Grunde, ist die Selbstorganisation der Exekutive aus der Innenperspektive der Verwaltung immer auch gleichzeitig Fremdorganisation.[55]

4. Parlamentarisches Zugriffsrecht

Dem Gesetzgeber kommt im Hinblick auf die Verwaltungsorganisation jedoch ein umfassendes Zugriffsrecht zu. Insbesondere materielle Gesetzgebung kann dabei mit Vollzugsvorgaben kombiniert werden.[56] Aus der Formulierung des Art. 86 S. 2 GG (Die Bundesregierung „regelt, soweit das Gesetz nichts anderes bestimmt, die Einrichtung der Behörden.“) wird dieses Modell besonders deutlich. Das parlamentarische Zugriffsrecht steckt also einen konkurrierenden Organisationsbereich ab, in dem die Legislative Regelungen treffen kann, um eine Regelungsmaterie an sich zu ziehen, in Abwesenheit parlamentarischer Regelung aber auch eine exekutive Organisationsentscheidung zulässig wäre. Hier kann das Parlament über die Zweckmäßigkeit einer gesetzlichen Regelung frei befinden.[57] Konfrontationen in diesem Bereich sind insbesondere aufgrund der engen Verschränkung von Regierung und Parlamentsmehrheit im parlamentarischen Regierungssystem in der Regel nicht zu erwarten.[58]

Die parlamentarische Regelung muss jedoch eine positive Bestimmung sein. Gesetze mit dem Ziel, das Grundmodell der exekutiven Selbstorganisation generell auszuschalten („Sperrgesetze“), wären nicht zulässig.[59] Zulässig ist es aber demgegenüber, dass ein solches Gesetz zeitweise als Veränderungssperre wirkt, wenn der Gesetzgeber größere Reformprojekte der Binnenorganisation der Exekutive plant.[60]

---

[55] Zur Selbstorganisation der Regierung, siehe die Hinweise bei *Meinel* (Fn. 35), 333 ff.

[56] *Wißmann* (Fn. 48), in: Hoffmann-Riem/Schmidt-Aßmann/Voßkuhle, § 15, Rn. 36.

[57] Vgl. *Hesse* (Fn. 26), § 7, Rn. 654. Didaktisch aufbereitet bei *P. Collin/M.W. Fügemann*, Zuständigkeit – Eine Einführung zu einem Grundelement des Verwaltungsorganisationsrechts, JuS 2005, 694 (696).

[58] Dies liegt etwa dem Vorschlag von *Jarass* zugrunde, die Gewaltenteilung zwischen Exekutive und Legislative anhand der Merkmale „Politik“ und Bürokratie neu zu differenzieren. Vgl. *H.D. Jarass*, Politik und Bürokratie als Elemente der Gewaltenteilung, München 1975, 93 ff. (insb. 100 ff.). Vgl. aber den kürzlich aufgetretenen Streitfall der Ansiedelung des auf gesetzlicher Grundlage eingerichteten Normenkontrollrats im Geschäftsbereich des Bundesministeriums für Justiz, der aufgrund der dargestellten Erwägungen im Ergebnis wohl nicht überzubewerten ist. Dazu *M. Fuchs*, Gesetzesänderung durch Organisationserlass des Bundeskanzlers?, DÖV 2022, 335 (338).

[59] *A. Köttgen*, Die Organisationsgewalt, VVDStRL (16) 1966, 154 (171); *Böckenförde* (Fn. 12), 106.

[60] *Schmidt-Aßmann*, in: Stödter/Thieme (Fn. 4), 350.

a) Bereichsspezifische Begrenzungen

Die Reichweite des parlamentarischen Zugriffsrechts ist grundsätzlich umfassend.[61] Ein immer wiederkehrendes Thema ist jedoch die Frage, ob das Zugriffsrecht in bestimmten („Kern-")Bereichen der Exekutivtätigkeit beschränkt sein sollte.[62] Neben allgemeinen Beschränkungen, die für jede Art des Legislativhandelns gelten, wie etwa des Verbots von Einzelfallgesetzen oder willkürlichen Regelungen,[63] ist hier die Frage, ob es spezielle, die Legislative ausschließende Reservatrechte für den inneren Funktionsbereich der Exekutive geben muss.

Der damit angesprochene, allgemeine *topos* des Kernbereichs exekutiver Eigenverantwortung beschreibt in seiner anerkannten Bedeutung einen (insbesondere gegenüber parlamentarischen Informationsrechten) nicht ausforschbaren Initiativ-, Beratungs- und Handlungsbereich, der seine Bedeutung insbesondere im Rahmen von Untersuchungsausschüssen bekommen hat.[64] Auch in der Frage der Selbstorganisation im Innenbereich der Regierung wird eine solche Kernbereichsthese vertreten. Hier meint eine unter anderem von *Böckenförde* geprägte Ansicht, dass die Art. 64 Abs. 1 und 65 GG Ausdruck eines allgemeinen Grundsatzes seien, der der Exekutive ein ausschließliches Recht zur Selbstorganisation im Bereich der Regierung verleihe.[65] Im Wesentlichen wird dies darauf zurückgeführt, dass dem Kanzler bei der Ausübung seiner Kabinettsbildung eine vollständige Flexibilität zukommen müsse, um

---

[61] Vgl. *Baer* (Fn. 30), 525 (543); *U. Stelkens*, Organisationsgewalt und Organisationsfehler. Voraussetzungen der Errichtung von Behörden und juristischen Personen des öffentlichen Rechts und Rechtsfolgen ihrer Missachtung, LKV 2003, 489 (490); *Ohler* (Fn. 30), 336 (340) mwN; *Krebs* (Fn. 32), in: Isensee/Kirchhof, § 108, Rn. 71; *Wißmann* (Fn. 48), in: Hoffmann-Riem/Schmidt-Aßmann/Voßkuhle, § 15, Rn. 36; *M. Ibler*, in: Dürig/Herzog/Scholz (Fn. 23), Art. 86, Rn. 169. Aus der älteren Literatur *Böckenförde* (Fn. 12), 84; *K. Stern*, Das Staatsrecht der Bundesrepublik Deutschland, Bd. II, München 1980, 794; *G.C. Burmeister*, Herkunft, Inhalt und Stellung des institutionellen Gesetzesvorbehalts. Zugleich ein Beitrag zur Dogmatik des Verwaltungsorganisationsrechts, Berlin 1991, 129.

[62] Allgemein, außerhalb des Kontextes des Organisationsrechts, siehe dazu *A. Janssen*, Über die Grenzen des legislativen Zugriffsrechts. Untersuchungen zu den demokratischen und grundrechtlichen Schranken der gesetzgeberischen Befugnisse, Tübingen 1990, 66.

[63] Dazu *Baer* (Fn. 30), 525 (543) mwN.

[64] BVerfGE 67, 100 (139); 110, 199 (214, 222); 124, 78 (120); 131, 152 (206). Zusammenfassend *S. Unger*, in: v. Mangoldt/Klein/Starck (Hrsg.), Grundgesetz Kommentar, Bd. II, 7. Auflage, München 2018, Art. 44, Rn. 43–49. Ferner *C. Schnabel/B. Freund*, Der Kernbereich exekutiver Eigenverantwortung als Schranke der Informationsfreiheit, DÖV 2012, 192 (192). Richtig einschränkend, *P. Cancik*, Der „Kernbereich exekutiver Eigenverantwortung" – zur Relativität eines suggestiven Topos, ZParl 2014, 885 (889 ff.).

[65] *Böckenförde* (Fn. 12), 291 f.; *Maurer* (Fn. 15), 135 (164); *H. Maurer*, Zur Organisationsgewalt im Bereich der Regierung, in: Kirchhof (Hrsg.), Staaten und Steuern. Festschrift für Klaus Vogel zum 70. Geburtstag, Heidelberg 2000, 331 (345); *Schmidt-Aßmann*, in: Stödter/Thieme (Fn. 4), 347; *Stelkens* (Fn. 61), 489 (490 f.); *Ohler* (Fn. 30), 336 (350); *Grzeszick*, in: Dürig/Herzog/Scholz (Fn. 23), Art. 20, Rn. 130.

verschiedene politische Interessen miteinander vereinbaren zu können.[66] Dem Gesetzgeber sei danach nur ein punktueller Zugriff auf die Grobstruktur gestattet, etwa auf einzelne Zuständigkeitszuweisungen für Ressorts.[67] Im Übrigen gingen Organisationserlasse des Kanzlers dem einfachen Gesetz vor.[68]

Die Ansicht hat sich letztlich über die Intention ihres Initiators hinaus zu einer eigenen organisatorischen Kernbereichslehre verselbständigt.[69] *Böckenförde* kam es insbesondere darauf an, dass die Regierungskompetenzen nicht vollständig vom Primat der Legislative erstickt werden. In der Folge hat er eine differenzierte Studie zu zulässigen und unzulässigen Organisationsmaßnahmen vorgelegt, die nicht pauschal, sondern im Einzelfall begründet werden.[70] Es schien hier weniger um einen pauschalen Ausschluss der Legislative aus bestimmten Bereichen, als um die Tiefe der legislativen Bestimmungen zu gehen. Bei *Schmidt-Aßmann* etwa heißt es: „Das Organisationswesen ist unter allen Handlungsbereichen der einzige gegen Verletzungen wirklich anfällige Bereich, weil hier schon wenige entschiedene gesetzgeberische Einschnitte eine Exekutive entstehen lassen können, *die nicht mehr sie selbst ist.*“[71]

Demgegenüber bezweifelt eine andere Ansicht, die auf *Susanne Baer* und *Georg Hermes* zurückgeht, einen Reservatbereich für die Regierungsorganisation generell.[72] Verwiesen wird hier im Wesentlichen darauf, dass Ausschließlichkeitsbereiche positiver verfassungsrechtlicher Begründung bedürften.[73] In der Systematik des Grundgesetzes seien solche gesetzesfesten Bereiche Ausnahmebestimmungen. Zudem sei jede Organisationsentscheidung von Budgetallokationen im Rahmen des Haushaltsrechts abhängig.[74]

Viel spricht dafür letzterer Ansicht mit einzelfallbezogenen Ausnahmen, die schon bei *Böckenförde* erscheinen, den Vorzug zu geben. In diese Richtung deutet auch Art. 49 S. 2 BayVerf, der die Ministerialorganisation von der Zustimmung des Landtags abhängig macht. Da es bei der vom Bundesverfassungsgericht anerkannten Bedeutung eines Kernbereichs maßgeblich um die Pflicht geht, dem Parlament interne Informationen zur Verfügung zu stellen,

[66] *Maurer*, in: Kirchhof (Fn. 65), 345.

[67] Vgl. *Jarass*, in: ders./Pieroth (Fn. 51), Art. 64, Rn. 2 ff. So auch *Ohler* (Fn. 30), 336 (350).

[68] *V. Busse*, Organisation der Bundesregierung und Organisationsentscheidungen der Bundeskanzler in ihrer historischen Entwicklung und im Spannungsfeld zwischen Exekutive und Legislative, Der Staat 45 (2006), 245 (250).

[69] Eindrücklich etwa bei *Ohler* (Fn. 30), 336 (349); differenzierend *Schnapp* (Fn. 32), 243 (268). Richtigerweise ablehnend auch *M. Schröder*, Aufgaben der Bundesregierung, in: Isensee/Kirchhof (Hrsg.), HStR, Bd. III, 3. Auflage, Heidelberg 2005, § 64, Rn. 11–12.

[70] *Böckenförde* (Fn. 12), 286 ff.

[71] *Schmidt-Aßmann*, in: Stödter/Thieme (Fn. 4), 347.

[72] *Baer* (Fn. 30), 525 (534 f.); *Hermes*, in: Dreier (Fn. 46), Art. 64, Rn. 21–23. Skeptisch wohl auch *Wischmeyer* (Fn. 7), in: Kahl/Ludwigs, § 78, Rn. 40.

[73] *Baer* (Fn. 30), 525 (534 f.).

[74] *Hermes*, in: Dreier (Fn. 46), Art. 64, Rn. 21–23.

kann dies auch nicht zur Unterstützung der (weitergehenden) Selbstorganisationsthese angeführt werden.

*Verwaltungs*organisationsrechtliche Bedeutung hat der Streit ohnehin nur in dem Rahmen, von wem die Entscheidung über die Behördenspitze im Rahmen der Ressortbildung getroffen werden darf.[75] Außerhalb der Regierungsorganisation ist ein *allgemeiner* Kernbereich der Verwaltungsorganisation nach beiden Auffassungen abzulehnen.

Dennoch ist hier im Einzelnen manches noch ungeklärt. Ausnahmen könnten etwa in Verwaltungsbereichen bestehen, die eng mit der Regierungstätigkeit verknüpft sind, wurden aber in der Praxis bisher nicht virulent. So wäre etwa daran zu denken, dass parlamentarische Verwaltungsorganisationsregelungen im Bereich auswärtiger Politik nur eingeschränkt zulässig wären.[76] Diese grundsätzliche Zuordnung zum Kompetenzbereich der Exekutive „beruht auf der Annahme, dass institutionell und auf Dauer typischerweise allein die Regierung in hinreichendem Maße über die personellen, sachlichen und organisatorischen Möglichkeiten verfügt, auf wechselnde äußere Lagen zügig und sachgerecht zu reagieren, und so die staatliche Aufgabe, die auswärtigen Angelegenheiten verantwortlich wahrzunehmen, bestmöglich zu erfüllen."[77] Die Rolle des Parlaments ist demnach hier beschränkt.[78]

[75] Für eine geringe Praxisrelevanz argumentiert auch *M. Burgi*, Strukturen und Organisationseinheit, in: Ehlers/Pünder (Hrsg.), Allgemeines Verwaltungsrecht, 15. Auflage, Berlin 2016, § 8, Rn. 5.

[76] Begriffsbestimmung etwa bei *R. Hofmann*, Stichwort Auswärtige Gewalt, in: Heun/Honecker/Morlok/Wieland (Hrsg.), Evangelisches Staatslexikon, Stuttgart 2006, Spalten 152–159 sowie bei *C. Calliess*, Auswärtige Gewalt, in: Isensee/Kirchhof (Hrsg.), HStR, Bd. IV, 3. Auflage, Heidelberg 2006, § 83, Rn. 1 ff. Einen Gegensatz zwischen Organisationgewalt der Regierung und parlamentarischer Autonomie im auswärtigen Bereich diskutiert *M. Fuchs*, Organisationsgewalt der Regierung vs. Parlamentsautonomie, DVBl. 2015, 1337 (1337); Tendenzen zur Parlamentarisierung in den 1990er Jahren beobachtet bereits *S. Hobe*, Die Auswärtige Gewalt – Tendenzen zur Föderalisierung und Parlamentarisierung, JA 1996, 818 ff. Ferner *S. Kadelbach/U. Guntermann*, Vertragsgewalt und Parlamentsvorbehalt: Die Mitwirkungsrechte des Bundestages bei sogenannten Parallelabkommen und die völkerrechtlichen Konsequenzen ihrer Verletzung, AöR 126 (2001), 563 (567 ff.). Zu den dortigen Kontrollmaßstäben *K. Hailbronner*, Kontrolle der auswärtigen Gewalt, VVDStRL (56) 1997, 7 (14). Begrenzte Bedeutung für heutige Diskussionen attestiert *Wischmeyer* (Fn. 7), in: Kahl/Ludwigs, § 78, Rn. 50.

[77] BVerfGE 68, 1 (87). Vgl. auch BVerfGE 104, 151 (207); 131, 152 (195). Umfassend auch *C. Tietje/K. Nowrot*, Parlamentarische Steuerung und Kontrolle des internationalen Regierungshandelns und der Außenpolitik, in: Morlok/Schliesky/Wiefelspütz (Hrsg.), Parlamentsrecht. Praxishandbuch, Baden-Baden 2016, § 45, 1469–1505.

[78] Vgl. BVerfGE 104, 151 (207). Dazu auch *Grzeszick*, in: Dürig/Herzog/Scholz (Fn. 23), Art. 20, Rn. 122.

b) Zulässige Regelungstiefe

Die dem Parlament durch das Zugriffsrecht vermittelten Kompetenzen sind grundsätzlich umfassend zu verstehen.[79] Der Gesetzgeber kann also die Errichtung und die Einrichtung der Behörden an sich ziehen,[80] bzw. diese Ausübung von Organisationsgewalt an andere Organe delegieren.[81] Er kann öffentliche Aufgaben bestimmten Rechtsträgern zuweisen oder andere Organe dazu ermächtigen, privatrechtliche Organisationseinheiten der öffentlichen Verwaltung zu schaffen.[82] Ferner kann er Regelungen für die Vertretung der Behörde schaffen.[83] In der Grobstruktur kann er damit auf sämtliche von dem Begriff der Organisationsgewalt umfassten Tätigkeiten zugreifen. Möglich wäre etwa auch der Erlass eines allgemeinen Organisationsgesetzes auf Bundesebene (nach dem Vorbild einiger Länder).[84]

Dies wirft jedoch die Frage auf, ob der Gesetzgeber eine gewisse Grenze im Hinblick auf die Regelungs*tiefe* beachten muss. Umgangssprachlich könnte man fragen, ob das Zugriffsrecht impliziert, dass die Legislative die Verwaltungsorganisation bis zum einzelnen Bleistift durchregeln darf, oder ob sie auf einer abstrakten, generellen Regelungsebene verbleiben muss. Ein solcher Vorbehalt für die nachgelagerten Organisationsmaßnahmen wäre, so *Schmidt-Aßmann*, „gleichsam die Kehrseite eines am Bedeutsamkeitsgedanken ausgerichteten parlamentarischen Vorbehaltsbereichs […]“[85] Er würde insbesondere den gewaltenspezifischen Konkretisierungsleistungen und Wissenskapazitäten gerecht werden.[86] Während legislatives Wissen über Organisationszusammenhänge in der Regel auf einer höheren Abstraktionsebene anzusiedeln ist, kann das operative Wissen der Verwaltung sachbereichsspezifische Problemnähe garantieren.

Aus den einschlägigen Verfassungsnormen lässt sich ein solcher Vorbehalt jedoch nicht entnehmen.[87] Zweifelhaft erscheint er insbesondere, da die Exekutive ihre Legitimation auch nur durch das Parlament vermittelt bezieht. Ihre Eigenverantwortlichkeit kann demnach genau wie die der Judikative nicht

---

[79] *J. Oebbecke*, Verwaltungszuständigkeit, in: Isensee/Kirchhof (Hrsg.), HStR, Bd. VI, 3. Auflage, Heidelberg 2008, § 136, Rn. 85; *Sachs*, in: ders. (Hrsg.), Grundgesetz. Kommentar, 9. Auflage, München 2021, GG Art. 86, Rn. 39; *Burgi*, in: v. Mangoldt/Klein/Starck (Fn. 40), Art. 86, Rn. 83.

[80] So auch *U. Hufeld*, Die Vertretung der Behörde, Tübingen 2003, 251 ff. Ferner *Ibler*, in: Dürig/Herzog/Scholz (Fn. 23), Art. 86, Rn. 170.

[81] *Ibler*, in: Dürig/Herzog/Scholz (Fn. 23), Art. 86, Rn. 171.

[82] *Ibler*, in: Dürig/Herzog/Scholz (Fn. 23), Art. 86, Rn. 171.

[83] Dazu *Hufeld* (Fn. 80), 269 ff.

[84] Dazu *R. Loeser*, Das Bundes-Organisationsgesetz, Baden-Baden 1988, 140 ff.

[85] *Schmidt-Aßmann*, in: Stödter/Thieme (Fn. 4), 351.

[86] Zu diesem topos *C. Möllers*, Kognitive Gewaltengliederung, in: Röhl (Hrsg.), Wissen – Zur kognitiven Dimension des Rechts, Die Verwaltung Beiheft 2010, 113 (120 ff.).

[87] *Burgi*, in: v. Mangoldt/Klein/Starck (Fn. 40), Art. 86, Rn. 84.

weiter reichen, als der Rahmen der Gesetze vorgibt. Systematisch besteht daher kein Grund, aus dem parlamentarischen Vorbehaltsbereich einen parallelen exekutiven Vorbehaltsbereich herzuleiten. Dies würde nicht der privilegierten Stellung des Parlaments im Verfassungsstaat gerecht.[88] Eine praktische Limitierung der Regelungstiefe muss jedoch regelmäßig im Verbot von Einzelfallgesetzen sowie dem Verbot willkürlicher (d.h. unter jedem denkbaren Gesichtspunkt unbegründeter) Regelungen liegen. Beide Aspekte dürften jedoch äußerst restriktiv zur Anwendung kommen.

Nachdem das Bundesverfassungsgericht in der Entscheidung zur *Südumfahrung Stendal* beschloss, dass auch Fälle der Legalplanung in einer gesetzlichen Regelung mit „guten Gründen" möglich seien,[89] kam die Frage auf, ob hier das Gericht eine generelle Begründungspflicht für Übergriffe in den exekutiven Organisationskompetenzbereich annahm.[90] Es hat hier jedoch zuletzt richtigerweise klargestellt, dass das Grundgesetz solche Begründungspflichten nicht vorsehe. Entscheidend sei im Ergebnis nur, dass die Anforderungen der Verfassung nicht verfehlt würden.[91]

Die in Art. 19 Abs. 1 GG verankerte Anforderung der Allgemeinheit der grundrechtseinschränkenden Gesetze bestimmt die Legislative zum Erlass abstrakt-genereller Regelungen, deren Anwendung auf Einzelfälle soll der Exekutive und der Judikative überlassen bleiben.[92] Auch die Rechtsprechung zum Verbot von Einzelfallgesetzen ist äußerst restriktiv, kann aber eine Begrenzung der gesetzgeberischen Regelungstiefe stützen. Zwar ist zu beachten, dass Organisationsmaßnahmen im staatlichen Innenbereich nur ausnahmsweise mit unmittelbaren Grundrechtseinschränkungen verbunden sind, unmöglich ist dies jedoch nicht. Hier hat das Bundesverfassungsgericht (hier im Fall der *Medizinischen Hochschule Hannover*) entschieden, dass selbst Gesetze, die nur die Organisation einer einzigen Verwaltungseinheit beträfen, nicht notwendigerweise Einzelfallgesetze seien. Auch sie „begründen Zuständigkeiten, Aufgaben, Befugnisse und Verfahren für eine Vielzahl von Fällen, so dass Art. 19 Abs. 1 Satz 1 GG nicht verletzt ist."[93] Anders kann es aber etwa sein,

---

[88] In der Sache wohl auch *Baer* (Fn. 30), 525 (543).

[89] BVerfGE 95, 1 Ls 2. Dazu allgemein *F. Ossenbühl*, Der Gesetzgeber als Exekutive. Verfassungsrechtliche Überlegungen zur Legalplanung, in: Erbguth/Oebbecke/Rengeling/Schulte (Hrsg.), Planung. Festschrift für Werner Hoppe zum 70. Geburtstag, München 2000, 183 ff.

[90] So etwa *Baer* (Fn. 30), 525 (543). Ablehnend etwa *T. Hebeler*, Ist der Gesetzgeber verfassungsrechtlich verpflichtet, Gesetze zu begründen?, DÖV 2010, 754 (759).

[91] BVerfG NJW 2015, 2399 (2400); BVerfGE 132, 134 (162, Rn. 70).

[92] *Sachs*, in: ders. (Fn. 79), Art. 19, Rn. 20.

[93] BVerfGE 136, 338 (382, Rn. 97). Zum MHH-Beschluss ausführlich *B.J. Hartmann*, Hochschulorganisationsrecht nach dem MHH-Beschluss des Bundesverfassungsgerichts, WissR 2016, 197–216.

wenn eine besoldungsrechtliche Eingruppierung für den Inhaber eines bestimmten Amtes vorgenommen wird.[94]

Wohl praktisch entscheidend ist demgegenüber die mangelnde Kapazität der Legislative, durch ihre Gesetze eine derartige Regelungstiefe zu erreichen. Der noch in den 1990er Jahren durch eine Gesetzgebungsflut ausgelöste Ruf nach „Grenzen des legislativen Zugriffsrechts"[95] ist weitgehend verhallt und hat sich angesichts der teilweise auffälligen Zurückhaltung der Verfahrens- und Organisationsregelungen des Gesetzgebers der Gegenwart ins Gegenteil verkehrt.

II. Institutioneller Vorbehalt des Gesetzes

Bei der Frage des institutionellen Vorbehalts des Gesetzes[96] geht es um solche Organisationsentscheidungen, die – abweichend von der soeben erarbeiteten Vermutung – in keinem denkbaren Fall von der Exekutive selbst getroffen werden können, also stets die Entscheidung des parlamentarischen Gesetzgebers benötigen.[97] Diese werden mit dem Begriff des institutionellen oder auch organisatorischen Gesetzesvorbehalts gekennzeichnet.[98]

Ein *allgemeiner* institutioneller Gesetzesvorbehalt, d.h. eine generelle Zuweisung sämtlicher Organisationsentscheidungen an die Legislative, kann nach dem bereits Gesagten schon deshalb nicht bestehen,[99] da der Exekutive

[94] Beispiel bei *Kotzur*, in: v. Münch/Kunig, Grundgesetz Kommentar, Bd. I, 7. Auflage, München 2021, Art. 20, Rn. 151.

[95] So in der Monografie von *Janssen* (Fn. 62), 8 ff. Dazu ferner *Dreier* (Fn. 14), 161 ff.

[96] Für den vorliegenden Fall lassen sich aus der terminologischen Diskussion „Parlamentsvorbehalt" oder „Gesetzesvorbehalt" keine substanziellen Aussagen herleiten, von daher verbleibt es hier beim traditionellen Begriff. Zu den Begriffen, vgl. *C. Seiler*, Der einheitliche Parlamentsvorbehalt, Berlin 2000, 41 ff.; *F. Ossenbühl*, Vorrang und Vorbehalt des Gesetzes, in: Isensee/Kirchhof (Hrsg.), HStR, Bd. V, 3. Auflage, Heidelberg 2007, § 101, Rn. 14; *H. Maurer/C. Waldhoff*, Allgemeines Verwaltungsrecht, 20. Auflage, München 2020, § 6, Rn. 9. Ferner *Jarass*, in: ders./Pieroth (Fn. 51), Art. 20, Rn. 70.

[97] Übersichtlich: *Schmidt-Aßmann* (Fn. 24), 189 ff.; *Ohler* (Fn. 30), 336 (339). Ferner *Schlink* (Fn. 32), 118 ff.; *G.F. Schuppert*, Verwaltungswissenschaft. Verwaltung, Verwaltungsrecht, Verwaltungslehre, Baden-Baden 2000, 473. Jüngst auch *O. Lepsius*, Gesetz und Gesetzgebung, in: Herdegen/Masing/Poscher/Gärditz (Hrsg.), Handbuch des Verfassungsrechts. Darstellung in transnationaler Perspektive, München 2021, § 12, Rn. 47 sowie *B. Grzeszick*, Vorrang und Vorbehalt des Gesetzes, in: Kahl/Ludwigs (Hrsg.), Handbuch des Verwaltungsrechts, Bd. III, Verwaltung und Verfassungsrecht, Heidelberg 2022, § 72, Rn. 20.

[98] Knappe Zusammenfassung der wesentlichen Spielarten bei *F. Reimer*, Das Parlamentsgesetz als Steuerungsmittel und Kontrollmaßstab, in: Hoffmann-Riem/Schmidt-Aßmann/Voßkuhle (Hrsg.), GVwR, Bd. I, 2. Auflage, München 2012, § 9, Rn. 37. Ferner *Burgi* (Fn. 75), in: Ehlers/Pünder, § 8, Rn. 5.

[99] Zumindest aus der Gewaltenteilung lässt er sich nicht herleiten. Auf der Ebene des Landesverfassungsrechts wird jedoch zuweilen ein allgemeiner Gesetzesvorbehalt normiert. Dazu noch gleich.

Aufgaben zur eigenverantwortlichen Wahrnehmung übertragen sind.[100] Die verfassungsrechtliche Stellung der Exekutive ist nicht lediglich vom Parlament abhängig. Die ältere Literatur sah dies freilich im Einklang mit der Vorstellung eines Totalvorbehalts noch anders,[101] konnte sich aber in ihrem Gewaltenteilungsverständnis nicht durchsetzen. Die Frage des Vorbehalts des Gesetzes ist mithin ein im Einzelfall zu diskutierendes Abgrenzungsproblem der Kompetenzen von Exekutive und Legislative, für das die Verfassung keine schematische Antwort bereithält.[102]

1. Verfassungsrechtliche Einzelregelungen

Die Annahme eines institutionellen Gesetzesvorbehalts verlangt nach einer (speziellen oder allgemeinen) verfassungsrechtlichen Durchbrechung der Grundbestimmung exekutiver Selbstorganisation. Institutionelle Gesetzesvorbehalte sind in (nicht besonders zahlreichen) Einzelregelungen des Grundgesetzes und des Landesverfassungsrechts enthalten. Sie werden anders als etwa grundrechtliche oder rechtsstaatliche Gesetzesvorbehalte, die in das Landesrecht hineinwirken, nur auf ihrer jeweiligen föderalen Ebene relevant.[103] Da auf der Ebene der Verfassung in der Regel nicht genau bestimmt wird, welche Organisationsentscheidungen in welcher Detailtiefe der Gesetzgeber selbst treffen muss, können die verfassungsrechtlich normierten institutionellen Gesetzesvorbehalte nur ein erster Schritt zur Bestimmung der erforderlichen Reichweite der gesetzlichen Regelung sein.

a) Grundgesetz

Die institutionellen Vorbehaltsvorschriften des Grundgesetzes folgen keinem einheitlichen Modell. Zu unterscheiden sind zunächst die (bereits in § 4 besprochenen) föderalen Zugriffsmöglichkeiten des Bundes auf den Verwaltungsvollzug in den Ländern[104] und die Vorbehalte im Hinblick auf die bun-

---

[100] BVerfGE 49, 89 (125); 68, 1 (109); BVerwGE 60, 162 (182); *F.E. Schnapp*, Der Verwaltungsvorbehalt, VVDStRL (43) 1985, 172 (182); *H. Schulze-Fielitz*, in: Dreier (Fn. 46), Art. 20, Rn. 125; *F. Kirchhof*, in: Dürig/Herzog/Scholz (Fn. 23), Art. 83, Rn. 46. Ferner *Burmeister* (Fn. 61), 193; *Butzer* (Fn. 32), 157 (168); *T. Groß*, Das Kollegialprinzip in der Verwaltungsorganisation, Tübingen 1999, 239.

[101] Vgl. etwa *D. Jesch*, Gesetz und Verwaltung. Eine Problemstudie zum Wandel des Gesetzmäßigkeitsprinzipes, 2. Auflage, Tübingen 1968, 175 ff. Darstellung und Diskussion der Literatur bei *Grzeszick*, in: Dürig/Herzog/Scholz (Fn. 23), GG Art. 20, Rn. 108 ff. Nachweise auch bei *Hermes*, in: Dreier (Fn. 46), Art. 64, Rn. 20.

[102] Vgl. *Ossenbühl* (Fn. 96), in: Isensee/Kirchhof, § 101, Rn. 11.

[103] *Krebs* (Fn. 32), in: Isensee/Kirchhof, § 108, Rn. 70.

[104] Art. 84 Abs. 1 S. 2 GG und Art. 85 Abs. 1 S. 1 GG bestimmen hier die Erforderlichkeit eines Bundes*gesetzes*.

deseigene Verwaltung in Art. 87 ff. GG.[105] Hervorstechend in letzterer Gruppe ist die in Art. 87 Abs. 3 S. 1 GG normierte generelle Möglichkeit des Bundes, für die Bereiche, für die er die Gesetzgebungskompetenz besitzt, selbständige Bundesoberbehörden einzurichten. Will der Bund Aufgaben durch selbständige Bundesoberbehörden, neue bundesunmittelbare Körperschaften und Anstalten des öffentlichen Rechtes erfüllen, ist als Regelungsminimum eine gesetzliche Aufgabenumschreibung erforderlich.[106] Speziellere Gesetzesvorbehalte finden sich ferner in der Reihenfolge ihres Erscheinens in Art. 87 Abs. 1 S. 2 (Sicherheitsbehörden),[107] 87b Abs. 2 GG (Wehrverwaltung),[108] 87d Abs. 1 S. 3 GG (Luftverkehrsverwaltung)[109] sowie 108 Abs. 1 S. 2, Abs. 2 S. 2, Abs. 4 S. 1 GG (Finanzverwaltung).[110] Keinen Vorbehalt des Gesetzes stellt indes Art. 86 S. 2 GG dar.[111]

Zur Interpretation dieser Vorschriften und darüber hinaus ist auf die gewaltenteilende Grundbestimmung zurückzugreifen, dass in jedem Fall alle wesentlichen Entscheidungen dem Gesetzgeber überlassen bleiben müssen.[112] Insoweit ist für die Feststellung der Reichweite eines verfassungsunmittelbar normierten Gesetzgebungsvorbehalts immer ein Rückgriff auf die allgemeine Vorbehaltslehre erforderlich.[113] Wie weit die jeweils normierten Gesetzesvorbehalte reichen, ist nach den zusätzlich heranzuziehenden allgemeinen Grund-

[105] Die gesetzlichen Regelungen für die Einrichtung und Durchführung von Gemeinschaftsaufgaben nach den Art. 91a ff. GG (etwa in Art. 91a Abs. 2 GG zur allgemeinen Bestimmung, aber auch in Art. 91c Abs. 4 S. 2 sowie Art. 91c Abs. 5 GG – informationstechnische Systeme – sowie in 91e Abs. 3 GG – Grundsicherung für Arbeitssuchende –) sind Kompetenznormen. Dies folgt schon daraus, dass Gemeinschaftsaufgaben ohne die entsprechenden Normen auch nicht ohne weiteres der Bundesexekutive zugewiesen wären. Erst die grundgesetzlichen Normierungen schaffen also den Sachbereich der Gemeinschaftsverwaltung, was auf eine Kompetenznorm hindeutet. Dazu etwa *U. Volkmann/A.-K. Kaufhold*, in: v. Mangoldt/Klein/Starck (Fn. 40), Art. 91a, Rn. 51; *U. Mager/J.J. Vasel*, in: v. Münch/Kunig (Hrsg.), Grundgesetz. Kommentar, Bd. II, 7. Auflage, München 2021, Art. 91e, Rn. 13. Anders *Reimer* (Fn. 98), in: Hoffmann-Riem/Schmidt-Aßmann/Voßkuhle, § 9, Rn. 294 und *K.-P. Sommermann*, in: v. Mangoldt/Klein/Starck (Fn. 64), GG Art. 20, Rn. 283, die die Bestimmungen der Art. 91a ff. GG scheinbar zu den Gesetzesvorbehalten zählen.

[106] *Hermes*, in: Dreier (Fn. 53), Art. 87, Rn. 83. Dies kann in der Praxis schwer zu bestimmen sein, vgl. *T. Linke*, Rechtsfragen der Einrichtung und des Betriebs eines Nationalen Cyber-Abwehrzentrums als informelle institutionalisierte Sicherheitskooperation, DÖV 2015, 128 (132 ff.).

[107] Vgl. *Ibler*, in: Dürig/Herzog/Scholz (Fn. 23), Art. 87, Rn. 76.

[108] Dazu *W. Heun*, in: Dreier (Fn. 53), Art. 87b, Rn. 11.

[109] Dazu *B. Pieroth*, in: Jarass/ders. (Fn. 51), Art. 87 d, Rn. 3; *Hermes*, in: Dreier (Fn. 53), Art. 87d, Rn. 46.

[110] Dazu *Kirchhof*, in: v. Mangoldt/Klein/Starck (Fn. 40), Art. 108, Rn. 22. Ferner BVerfGE 106, 1 (22); *M. Heintzen*, in: v. Münch/Kunig (Fn. 105), Art. 108, Rn. 17.

[111] *Burgi*, in: v. Mangoldt/Klein/Starck (Fn. 40), Art. 86, Rn. 62.

[112] Dazu etwa *Sommermann*, in: v. Mangoldt/Klein/Starck (Fn. 64), Art. 20, Rn. 274, vgl. noch gleich.

[113] Anschaulich zu Art. 87 Abs. 3 GG etwa *Hermes*, in: Dreier (Fn. 53), Art. 87, Rn. 83.

sätzen zu bestimmen. Beispielhaft ist § 57 BPolG, der die Organisation der Bundespolizei zum Teil dem Bundesinnenministerium überlässt, mit Art. 87 Abs. 1 S. 2 GG vereinbar, da der Gesetzgeber – zwar nicht alle – aber doch die wesentlichen Entscheidungen selbst getroffen hat.[114]

Neben für den engeren Begriff des Verwaltungsorganisationsrechts (Errichtung und Einrichtung von Behörden)[115] geltenden Gesetzesvorbehalten gibt es zudem einige Vorbehalte, die sich auf die staatliche Organisation in einem weiteren Sinne beziehen. Hier bedarf insbesondere das Recht der kommunalen Selbstverwaltung (Art. 28 Abs. 2 GG) und das Berufsbeamtentum (Art. 33 Abs. 5 G) näherer *gesetzlicher* Bestimmung.[116]

b) Landesverfassungen

Die einzelnen Landesverfassungen unterscheiden sich in ihrer Herangehensweise teils erheblich voneinander.[117] Häufig normieren sie einen allgemeinen Organisationsgesetzesvorbehalt mit jeweils differierender Reichweite. Am weitesten geht dabei das exemplarisch in Art. 77 der Bayerischen Verfassung normierte und verbreitete Modell, das bestimmt, dass Aufbau, räumliche Gliederung und Zuständigkeiten der Landesverwaltung im Grundsatz vollständig durch Gesetz geregelt sein müssen, die Einrichtung der Behörden im Einzelnen aber der Regierung obliegt.[118] Auf der Grundlage dieser Regelungserfordernisse haben einige Länder allgemeine Organisationsgesetze erlassen, die die landesverfassungsrechtlichen Maßstäbe aufnehmen und ausdifferenzieren.[119]

Andere Landesverfassungen sehen nur für einige Aufgaben gesetzliche Regelungen vor oder enthalten sich einer konkreten Normierung. So geht Art. 67 Abs. 3 der Berliner Verfassung etwa einen Mittelweg, indem Zuständigkeitsbereiche durch Gesetz geregelt sein müssen. Ebenso normiert Art. 57 der

---

[114] Zu dieser Voraussetzung noch gleich. *Ibler*, in: Dürig/Herzog/Scholz (Fn. 23), Art. 87, Rn. 77.

[115] Vgl. oben *Vorbemerkung* zu Teil 2.

[116] Dazu *Ossenbühl* (Fn. 96), in: Isensee/Kirchhof, § 101, Rn. 37.

[117] Im Einzelnen *Reimer* (Fn. 98), in: Hoffmann-Riem/Schmidt-Aßmann/Voßkuhle, § 9, Rn. 37; *Kluth*, in: Wolff/Bachof/Stober/Kluth (Fn. 41), § 80, Rn. 134, sowie *Kluth*, in: Wolff/Bachof/Stober/Kluth (Fn. 41), § 81, Rn. 36 ff. Allgemein dazu auch (am Beispiel Thüringens) *M. König*, Kodifikation des Landesorganisationsrechts, Baden-Baden 2000.

[118] Vgl. auch Art. 70 Baden-Württembergische Verfassung, Art. 96 Brandenburgische Verfassung, Art. 70 Abs. 2 und 3 Verfassung Mecklenburg-Vorpommern, Art. 56 Abs. 2 Niedersächsische Verfassung, Art. 77 Verfassung Nordrhein-Westfalen, Art. 112 Saarländische Verfassung, Art. 83 Abs. 1 Sächsische Verfassung, Art. 86 Abs. 2 Verfassung Sachsen-Anhalt, Art. 52 Abs. 2 Schleswig-Holsteinische Verfassung, Art. 90 Verfassung Thüringen.

[119] Dazu etwa *M. Burgi*, Bestand und Aufbau der unmittelbaren Staatsverwaltung, in: Ehlers/Pünder (Hrsg.), Allgemeines Verwaltungsrecht, 15. Auflage, Berlin 2016, § 9, 301, Rn. 13. Ferner *Kluth*, in: Wolff/Bachof/Stober/Kluth (Fn. 41), § 81, Rn. 75 f.

Hamburgischen Verfassung, dass Gliederung und Aufbau der Verwaltung vom Gesetz bestimmt werden, dem Senat aber zukommt, die einzelnen Verwaltungszweige voneinander abzugrenzen. Art. 129 Abs. 3 der Bremischen Verfassung erfordert nur für Deputationen eine gesetzliche Regelung. Keinen allgemeinen organisationsrechtlichen Gesetzesvorbehalt kennen die Verfassungen in Hessen und Rheinland-Pfalz.[120]

2. Das allgemeine Modell eines organisationsrechtlichen Gesetzesvorbehalts

Verfassungsrechtliche Einzelbestimmungen gleich welcher föderalen Ebene können punktuell Vorbehalte auslösen, auch sie bedürfen jedoch zur richtigen Bestimmung der erforderliche Regelungsdichte ein allgemeines Modell eines organisationsrechtlichen Gesetzesvorbehalts. Sie sind daher weder abschließend, noch kann ihre Formulierung mehr als nur ein erster Ausgangspunkt für ihre Reichweitenbestimmung sein.[121] Auch die allgemeinen Gesetzesvorbehalte in den Landesverfassungen geben selten mehr als die gesetzliche Ausformung einer Zuständigkeitsordnung und der damit einhergehenden Behördengliederung vor.[122] Mehr wäre wohl auch aufgrund der Komplexität der zu regelnden Struktur kaum zu leisten.[123] Die Frage ist also, nach welchen allgemeinen Grundsätzen Regelungsaufgaben mit welcher spezifisch zu bestimmenden Regelungstiefe notwendigerweise dem Gesetzgeber überlassen sind.

a) Zur „Wesentlichkeit" von Organisationsentscheidungen

War der Gesetzesvorbehalt des 19. Jahrhunderts mit seiner *Freiheit-und-Eigentum-Formel*[124] der Kollisionsort von Monarch und Volk, hat er insbesondere durch die weitgehende Deckungsgleichheit von Regierung und Parlamentsmehrheit im parlamentarischen Regierungssystem seine Schärfe verloren.[125]

[120] Zur Rechtslage in Hessen, vgl. *G. Hermes*, Allgemeines Landesverwaltungsrecht, in: Hermes/Reimer (Hrsg.), Landesrecht Hessen. Studienbuch, 8. Auflage, Baden-Baden 2015, § 3, 68 (70 ff.).

[121] *Schulze-Fielitz*, in: Dreier (Fn. 46), Art. 20, Rn. 125.

[122] *Groß* (Fn. 100), 239 mit Bezugnahme auf *R. Mußgnug*, Das Recht auf den gesetzlichen Verwaltungsbeamten? Überlegungen zum inkompetenten Verwaltungshandeln, Göttingen 1970, 31. Ferner *M. König*, Bildung, Errichtung und Einrichtung von Behörden – am Beispiel des Thüringer Polizeiorganisationsgesetzes, VerwArch 2009, 214 (218).

[123] Zu diesem Argument *S. Huster/J. Rux*, in: Epping/Hillgruber (Hrsg.), Grundgesetz, 46. Edition, München 15.02.2021, Art. 20, Rn. 180.

[124] Dazu schon oben § 1. Historische Darstellung der Genese der Rechtsfigur des institutionellen Gesetzesvorbehalts bei *Burmeister* (Fn. 61), 47 ff.

[125] Dazu *Ossenbühl* (Fn. 96), in: Isensee/Kirchhof, § 101, Rn. 18 ff.

Das Bundesverfassungsgericht hat in der Folge den Begriff des Gesetzesvorbehalts daher auch mit einigem Zögern[126] über seine einengende Lesart als Eingriffsvorbehalt hinaus erweitert.[127] Nach seiner Rechtsprechung verlangt der Vorbehalt des Gesetzes, „dass alle wesentlichen Fragen vom Gesetzgeber selbst entschieden und nicht anderen Normgebern überlassen werden, soweit sie gesetzlicher Regelung zugänglich sind."[128] Welche Reichweite und Regelungstiefe dabei erforderlich ist, hängt vom konkreten Einzelfall ab.[129] Auch wenn die Kriterien für die Annahme der Wesentlichkeit im Einzelnen nicht trennscharf bestimmt werden können,[130] ist doch mit der „Gleitformel"[131] zentral die Grundrechtsrelevanz einer Maßnahme angesprochen. Es geht also nicht unbedingt darum, wie bedeutend ein Gegenstand im gesamtstaatlichen Gefüge ist, sondern welche Wesentlichkeit eine Maßnahme in grundrechtlicher Sicht entfaltet.[132] *Lepsius* ist zuzustimmen, wenn er vermutet, dass das Verfassungsgericht durch die Wesentlichkeitslehre in „politisch besonders relevanten Themenfeldern die partizipative Diskursivität der gesetzlichen Entscheidung" erhöhen wollte.[133]

Ist nach der klassischen Vorbehaltslehre ein Eingriff in die Rechtssphäre des Bürgers durch Organisationsmaßnahmen nahezu ausgeschlossen,[134] ist die Wesentlichkeitstheorie ungleich flexibler. Auch Organisationsentscheidungen kann unter gewissen Umständen eine Wesentlichkeit im Sinne einer Grundrechtsrelevanz zukommen.[135] Die diese Ansicht prägenden Argumente wurden oben bereits vorgestellt.[136] Die Wirkeinheit „Staat" und damit auch die

[126] Dazu *Ossenbühl* (Fn. 96), in: Isensee/Kirchhof, § 101, Rn. 21.

[127] Vgl. aber noch die frühe Entscheidung in BVerfGE 8, 155 (166 ff.), die die Erweiterung des Gesetzesvorbehalts auf den Bereich staatlicher Organisation zurückhaltend beurteilt. Zur Entwicklung *Lepsius*, in: Herdegen/Masing/Poscher/Gärditz (Fn. 97), § 12, Rn. 55.

[128] Vgl. BVerfGE 82, 209 (224); 83, 130 (142); 95, 267 (307); 98, 218 (251); 116, 24 (58); 82, 145, 20 (90); 150, 1 (Rn. 191). Dazu *Schulze-Fielitz*, in: Dreier (Fn. 46), Art. 20, Rn. 113.

[129] Vgl. BVerfGE 49, 89 (126); 98, 218 (251); 141, 143 (170 Rn. 59); 145, 20 (90). Teilweise vom Grundrechtsbezug gelöst: BVerfGE 150, 1 (97): „erhebliche Bedeutung für Staat und Gesellschaft".

[130] *Reimer* (Fn. 98), in: Hoffmann-Riem/Schmidt-Aßmann/Voßkuhle, § 9, Rn. 48.

[131] *K.-H. Ladeur/T. Gostomzyk*, Der Gesetzesvorbehalt im Gewährleistungsstaat, Die Verwaltung 2003, 141 (149); vgl. auch *Maurer/Waldhoff* (Fn. 96), § 6, Rn. 14.

[132] Klassisch *P. Lerche*, Vorbehalt des Gesetzes und Wesentlichkeitstheorie, in: Merten/Papier (Hrsg.), HGR, Bd. III, Grundrechte in Deutschland – Allgemeine Lehren II, Heidelberg 2009, § 62, Rn. 13 ff. Zusammenfassend *S. Detterbeck*, Allgemeines Verwaltungsrecht, 17. Auflage, München 2019, § 7, Rn. 265; *Kotzur*, in: v. Münch/Kunig (Fn. 94), Art. 20, Rn. 155. Vgl. aber BVerfGE 150, 1 (97).

[133] *Lepsius*, in: Herdegen/Masing/Poscher/Gärditz (Fn. 97), § 12, Rn. 60.

[134] *Schmidt-Aßmann* (Fn. 24), 189; *Ohler* (Fn. 30), 336 (342).

[135] *Hufeld* (Fn. 80), 252; *Sommermann*, in: v. Mangoldt/Klein/Starck (Fn. 64), Art. 20, Rn. 283. Diskussion ferner bei *D. Traumann*, Die Organisationsgewalt im Bereich der bundeseigenen Verwaltung, 1998, 408.

[136] Oben, § 1, VI. 2.

Ausübung von Staatsgewalt erscheint erst durch ihre Organisation. Erst durch ihre Organisation, die notwendigerweise auch Auswirkungen auf den Inhalt von Entscheidungen hat, kann sie im Sinne von „Aufgaben" und „Funktionen" tätig werden. Insbesondere gilt dies im Rahmen der in den 1990er Jahren aufgekommenen Organisationssteuerung.[137]

Organisationsregelungen können dementsprechend insbesondere deshalb „wesentlich" sein, da die Organisation einen Transmissionsriemen[138] für die Legitimations- und Verantwortungsstruktur der Entscheidung darstellt.[139] Für die nach außen wirkenden Organisationsentscheidungen, die etwa Zuständigkeiten und Aufgaben festlegen, gilt die Möglichkeit des Grundrechtsbezugs ohnehin, die Legitimations- und Verantwortungsstruktur setzt sich jedoch auch im Innenbereich, in dem Organisation und Entscheidung eng zusammenhängen, fort. So lässt sich über die Wesentlichkeitstheorie ein Gesetzesvorbehalt für die wesentlichen Eckpfeiler der institutionellen Grundordnung des Gemeinwesens feststellen, dessen Anwendung restriktiv im Einzelfall festzustellen ist.[140] Damit ist eine Grundsystematik angesprochen, die bestimmte Entscheidungen dem Parlament zuweist.[141]

Gleichzeitig hat die Anwendung des Kriteriums der Wesentlichkeit auf Organisationsentscheidungen von verschiedener Seite Kritik ausgelöst. Diese richtet sich zunächst allgemein gegen das Kriterium der Wesentlichkeit, insbesondere seine Unschärfe und mangelnde Operabilität, die hier aber nicht weiter vertieft werden soll.[142] Vielmehr löse das Wesentlichkeitskriterium im Bereich der Organisation eine Verschiebung des Kräfteverhältnisses zwischen den Gewalten aus, da es zu einem Transfer von eigentlich exekutiven Aufga-

---

[137] Dazu oben, § 2, II. 2.

[138] Vgl. die US-amerikanische Begrifflichkeit des „transmission belt." Dazu *U.R. Haltern/F.C. Mayer/C. Möllers*, Wesentlichkeitstheorie und Gerichtsbarkeit – Zur institutionellen Kritik des Gesetzesvorbehalts, Die Verwaltung 1997, 51 (53).

[139] *Schmidt-Aßmann*, in: Stödter/Thieme (Fn. 4), 347, zustimmend *Kluth*, in: Wolff/Bachof/Stober/Kluth (Fn. 41), § 81, Rn. 23. Ferner *Groß* (Fn. 100), 240. Dagegen etwa *Böckenförde* (Fn. 12), 75 ff.; *Ohler* (Fn. 30), 336 (342).

[140] Dazu noch gleich unten. Kritisch dazu *Ohler* (Fn. 30), 336 (344–345), der aber übersieht, dass man zu dem Ergebnis nicht unter Abkehr, sondern vielmehr unter Verwendung der Wesentlichkeitstheorie gelangt.

[141] „Verteilungsprinzip zwischen notwendiger parlamentarischer Grundlagenklärung und administrativen Handlungsbefugnissen" (*E. Schmidt-Aßmann*, Das allgemeine Verwaltungsrecht als Ordnungsidee. Grundlagen und Aufgaben der verwaltungsrechtlichen Systembildung, 2. Auflage, Berlin/Heidelberg 2006, 190). Ferner: „Die Grundstrukturen der Staatsorganisation (im weiteren Sinne) können danach durch die Exekutive dauerhaft weder neugestaltet noch grundlegend umgestaltet werden, ohne daß der Gesetzgeber selbst die Eckpunkte und Grundlinien der Lösung vorzeichnet."

[142] Differenziert *Schmidt-Aßmann* (Fn. 141), 191. Zusammenfassend auch *Reimer* (Fn. 98), in: Hoffmann-Riem/Schmidt-Aßmann/Voßkuhle, § 9, Rn. 47 ff.

ben auf die Legislative führe.[143] So könne die Vorbehaltslehre eine „übertriebene Verrechtlichung"[144] auslösen, die notwendige exekutive Spielräume beschneide. Besonders gravierend sei die Tatsache, dass aufgrund des Vorrangs des Gesetzes eine einmalige gesetzliche Regelungstiefe nicht mehr sinnvoll rückgängig gemacht werden kann: „die Exekutive hat insoweit die eigene Zuständigkeit endgültig verloren. Auch wenn sie im weiteren Organisationsmaßnahmen beabsichtigt, die dem Wesentlichkeitskriterium nicht unterfallen, bleibt ihr die Regelungs- und Entscheidungszuständigkeit versagt."[145]

Entgegen der vielfach geäußerten Kritik ist die Anknüpfung an das Kriterium der Wesentlichkeit auch im Organisationsrecht richtig.[146] Auch wenn pauschale Aussagen insoweit schwierig bleiben, lässt sich allgemein mit *Sommermann* formulieren, dass „eine formell-gesetzliche Regelung [...] jedenfalls insoweit erforderlich [ist], als es um Grundfragen des Verwaltungsaufbaus, namentlich die Schaffung eigenständiger Verwaltungsträger, und um Regelungen geht, die für den Grundrechtsschutz und die Grundrechtsausübung entscheidend sind, insbesondere die Festlegung der dafür relevanten Zuständigkeiten der Behörden, der Verfahrensstruktur und der Verfahrensrechte der Beteiligten."[147]

Die damit angesprochene Grundrechtsrelevanz muss jedoch organisationsspezifisch restriktiv gedeutet werden.[148] Aus demokratischer Perspektive ist dies insbesondere deshalb vertretbar, da die Parlamente über die Haushaltsgewalt an den meisten Organisationsentscheidungen sowieso beteiligt sind.[149] Ausdrücklich müssen gegenläufige Kompetenzen in ihrem Kern so gewahrt bleiben, dass der Gesetzesvorrang nicht zukünftige Organisationsentscheidungen verunmöglicht.

Insoweit ist es etwa eine „Überbewertung des Wesentlichkeitsdogmas,"[150] wenn ein Landesverfassungsgericht aufgrund der Grundrechtswesentlichkeit einen Gesetzesvorbehalt für die Zusammenführung von Innen- und Justizmi-

---

[143] *Böckenförde* (Fn. 32), 1235 (1236). Differenziert aber *F. Ossenbühl*, Grundlagen und Reichweite des parlamentarischen Organisationsvorbehaltes, in: Matthias Ruffert (Hrsg.), Recht und Organisation – Staatsrecht – Verwaltungsrecht – Europarecht – Völkerrecht, Berlin 2003, 11 (17 ff.).

[144] *Schmidt-Aßmann* (Fn. 141), 192.

[145] *Böckenförde* (Fn. 32), 1235 (1235). Zu den Risiken auch *Schmidt-Aßmann*, in: Stödter/Thieme (Fn. 4), 347.

[146] So auch *Burgi* (Fn. 75), in: Ehlers/Pünder, § 8, Rn. 4; *R. Stober*, Ständestaatliche und polizeistaatliche Verwaltung, in: Wolff/Bachof/Stober/Kluth, Verwaltungsrecht, Bd. I, 13. Auflage, München 2017, § 8, Rn. 23.

[147] *Sommermann*, in: v. Mangoldt/Klein/Starck (Fn. 64), Art. 20, Rn. 283.

[148] *Sommermann*, in: v. Mangoldt/Klein/Starck (Fn. 64), Art. 20, Rn. 284.

[149] Für dieses Argument auf Bundesebene, vgl. *Hermes*, in: Dreier (Fn. 46), Art. 64, Rn. 20.

[150] So richtig *Sommermann*, in: v. Mangoldt/Klein/Starck (Fn. 64), Art. 20, Rn. 284.

nisterium annimmt.[151] Gerade hier lässt sich jedoch differenziert argumentieren: Problematisch ist diese Entscheidung nicht, weil der gesetzliche Zugriff *per se* einen Kernbereich exekutiver Organisationsgewalt beschneidet,[152] sondern weil sie vorschnell – und ohne eine konkrete Grundrechtswesentlichkeit zu erarbeiten – einen Gesetzesvorbehalt annimmt.[153] Mit der Behauptung, die Legislative *müsse* handeln, verschließt sich das Gericht ohne Not einer Selbstorganisation des Zusammenspiels der Gewalten auf der Basis eines Zugriffsrechts der Legislative. Gerade auf der Regierungsebene ist dies – selbst wenn man (wie hier vertreten)[154] ein Zugriffsrecht der Legislative bejaht – zu weitgehend.[155]

b) Einzelfälle

Der Blick muss also auf den Einzelfall gerichtet sein, um spezifische Wesentlichkeitsmerkmale bestimmen zu können.[156] Versucht man das Kriterium „organisationsspezifischer" auszugestalten, kann ein Blick zu den ausdrücklich normierten Gesetzesvorbehalten helfen. *Schulze-Fielitz* etwa zieht einen weiteren Grund für die Anwendbarkeit des Wesentlichkeitskriteriums aus einer Analogiebildung zum Gesetzesvorbehalt in Art. 87 Abs. 3 GG, der an die Wesentlichkeit (=hier konkret: Außenwirkung) der Organisationsform anknüpfe.[157] *Ohler* hat jedoch richtig festgestellt, dass die Trennung zwischen Innen- und Außenbereich auch keine scharfe Linie ziehe, da etwa Maßnahmen, die das Außenverhältnis zum Bürger berühren, oft nicht einmal eine Ba-

---

151 Verfassungsgerichtshof des Landes Nordrhein-Westfalen, Urteil vom 09.02.1999, NJW 1999, 1243 ff. Kritik bei *Böckenförde* (Fn. 32), 1235 (1236). Differenzierend hingegen *A. v. Arnauld*, Justizministerium und Organisationsgewalt. Die Zusammenlegung von Justiz- und Innenministerium als Problem des Verfassungsrechts, AöR 124 (1999), 658 (658 ff.). Ferner *R. Brinktrine*, Organisationsgewalt der Regierung und der Vorbehalt des Gesetzes – zur Reichweite der „Wesentlichkeitstheorie" am Beispiel der Zusammenlegung von Justiz- und Innenministerium in Nordrhein-Westfalen, Jura 2000, 123 (123 ff.). Lesenswerte Überlegungen zu einem „Demografieministerium" in diesem Zusammenhang von *J. Ziekow*, Gestaltung des demografischen Wandels als Verwaltungsaufgabe, VVDStRL (74) 2015, 245 (254 ff.).

152 So auch *Baer* (Fn. 30), 525 (539).

153 „Die Zusammenlegung kann mithin im Staat-Bürger-Verhältnis die Durchsetzung grundrechtsgeschützter Rechtspositionen berühren.", Verfassungsgerichtshof des Landes Nordrhein-Westfalen, Urteil vom 09.02.1999, NJW 1999, 1243 (1246).

154 Vgl. oben.

155 *Kluth*, in: Wolff/Bachof/Stober/Kluth (Fn. 41), § 81, Rn. 25.

156 So auch bei *R. Schmidt-De Caluwe*, Verwaltungsorganisationsrecht (Teil 3), JA 1993, 143 (144).

157 *Schulze-Fielitz*, in: Dreier (Fn. 46), Art. 20, Rn. 125. Vgl. auch *Jarass*, in: ders./Pieroth (Fn. 51), Art. 20, Rn. 76. Zustimmend zur Innen-/Außentrennung, *Burgi* (Fn. 75), in: Ehlers/Pünder, § 8, Rn. 4.

gatellschwelle überschritten.[158] Dem ist auch von der anderen Seite mit dem bereits oben eingeführten Verweis darauf zuzustimmen, dass Organisation (staatlicher Innenbereich) und Entscheidung (Außenwirkung) eng verknüpft sind. Die Trennung von Innen und Außen kann mit ihrer Rückkehr zu einem bereits von der Impermeabilitätslehre genutzten *topos* keine Orientierung bieten.

Es bleibt also zunächst eine Analyse der einzelfallbezogenen Annahmen eines institutionellen Gesetzesvorbehalts,[159] die dann – im besten Fall – punktuell auf einen gemeinsamen Nenner gebracht werden können. Als Ausgangspunkt lassen sich wiederum die Regelungen über die bundeseigene Verwaltung heranziehen. Herauskristallisiert hat sich, dass für die Einrichtung von Behörden innerhalb der unmittelbaren Staatsverwaltung (entsprechend des Modells des Art. 86 S. 2 GG) in der Regel das parlamentarische Zugriffsrecht ausreicht.[160] Die Einrichtung selbständiger Bundesoberbehörden verlangt hingegen nach Art. 87 Abs. 3 GG eine gesetzliche Grundlage. Neben seiner föderalen Bedeutung hat diese Bestimmung auch eine Grundlage im Demokratieprinzip, da mit der Selbständigkeit auch eine Lösung vom Ministerialaufbau und damit eine eingeschränkte parlamentarische Kontrolle verbunden ist.[161] „Selbständige" Behörden sind insoweit organisatorisch ausgegliedert und erfüllen kompetenziell eigene Aufgaben, die nicht bloß Auftragsangelegenheiten für das ihnen vorgeordnete Ministerium sind.[162]

Anhand dieser Trennung lässt sich dann methodisch *a fortiori* weiterarbeiten. Weitere Gesetzesvorbehalte sind – im Wesentlichen der Systematik von Art. 86 S. 2 GG und Art. 87 Abs. 3 GG folgend – für die Errichtung von juristischen Personen des öffentlichen Rechts[163] und für Organisationsprivatisierungen anerkannt.[164] Gleiches muss dann wiederum gelten, wenn Hoheitsrechte im Rahmen einer Beleihung auf Private übertragen werden, da diese durch die Übertragung „eigentlich ein Stück juristische Person des öffentlichen Rechts"[165] werden.[166] Diese Annahmen sind insbesondere deshalb (zu-

[158] *Ohler* (Fn. 30), 336 (353).

[159] Ausführlich zu den verschiedenen Konstellationen *Ohler* (Fn. 30), 336 (358 ff.).

[160] *Schulze-Fielitz*, in: Dreier (Fn. 46), Art. 20, Rn. 125.

[161] *Ibler*, in: Dürig/Herzog/Scholz (Fn. 23), Art. 87, Rn. 253.

[162] *Oebbecke* (Fn. 79), in: Isensee/Kirchhof, § 136, Rn. 91. Dies ist nicht ganz unumstritten. Dazu *Ibler*, in: Dürig/Herzog/Scholz (Fn. 23), Art. 87, Rn. 253 mwN in Fn. 4 und 5.

[163] *Ohler* (Fn. 30), 336 (358) mit vielen weiteren Nachweisen. So auch *P. Axer*, Selbstverwaltung als Organisationstyp, in: Kahl/Ludwigs (Hrsg.), Handbuch des Verwaltungsrechts, Bd. III, Verwaltung und Verfassungsrecht, Heidelberg 2022, § 62, Rn. 38.

[164] Gute Darstellung bei *Schmidt-Aßmann* (Fn. 141), 254. Ferner *Dreier* (Fn. 14), 285. Ferner *Grzeszick*, in: Dürig/Herzog/Scholz (Fn. 23), Art. 20, Rn. 124 mwN aus der Rspr.

[165] *Dreier* (Fn. 14), 250. Dazu noch unten.

[166] *M. Heintzen*, Beteiligung Privater an der Wahrnehmung öffentlicher Aufgaben und staatlicher Wahrnehmung, VVDStRL (62) 2003, 220 (240, 243) unterscheidet treffend Befugnisbeteiligung und Organisationsbeteiligung.

mindest systematisch) richtig, da sie inhaltlich der in Art. 87 Abs. 3 GG vorgesehenen Verselbständigung entsprechen.

Mit der gleichen Argumentation lässt sich dann wiederum ablehnen, dass Zuständigkeitsregelungen innerhalb der unmittelbaren Staatsverwaltung eines Gesetzes bedürfen. Diesen kommt zwar zweifellos Außenwirkung im oben beschriebenen Sinne zu, auch können sie unter Umständen grundrechtswesentliche Folgen haben. Hier bleibt jedoch die Zurechnungs- Legitimations-, und Kontrollbeziehung, die unabhängig vom konkreten Organisationsaufbau immer über einen Minister zum Parlament vermittelt wird, intakt.[167] Ein Art. 101 Abs. 1 S. 2 GG nachgebildetes Recht auf einen bestimmten Entscheidungszug ist für die Exekutive gerade nicht gegeben.[168] Gerade diesen rechtlichen Umstand hat der nordrhein-westfälische Verfassungsgerichtshof in seinem Urteil zur Fusion von Justiz- und Innenministerium unzutreffend bewertet.[169] Die Zusammenlegung mag aus anderen Gründen verfassungsrechtlich problematisch gewesen sein, einen Gesetzesvorbehalt löste sie jedoch nicht aus.[170]

Für ministerialfreie Räume, die nur organisatorisch (nicht aber rechtlich) verselbständigt erscheinen, kann das im Umkehrschluss dann aber nicht gelten. Folglich finden sich in der letzten Gruppe[171] von Organisationsgestaltungen, für die ein Gesetzesvorbehalt anerkannt ist, Veränderungen der Entscheidungs- und Legitimationsstruktur. Die Einführung von weisungsunabhängigen (Kollegial-)Einheiten innerhalb der unmittelbaren Staatsverwaltung[172] oder die Einführung von neuen (nicht verfassungsunmittelbar bereits vorgesehenen) Entscheidungszentren im Rahmen der Selbstverwaltung[173] verlangt nach einem parlamentarischen Gesetz.

c) Systematisierung

Aus den Einzelfällen ist nunmehr auf eine Systematik, im besten Fall auf eine allgemeine Regel zu schließen. Hier lässt sich ableiten, dass nach überwiegender Auffassung immer dann ein parlamentarisches Gesetz erforderlich ist, wenn mit Maßnahmen in die hierarchische Grundstruktur der Verwaltung, und damit die Zurechnungs-, Legitimations- und Verantwortungsstruktur

[167] *Böckenförde* (Fn. 12), 92 f. Ferner *Ohler* (Fn. 30), 336 (367).

[168] Dazu ausführlich *Mußgnug* (Fn. 122).

[169] Verfassungsgerichtshof des Landes Nordrhein-Westfalen, Urteil vom 09.02.1999, NJW 1999, 1243 ff.

[170] Dazu noch gleich § 5.

[171] So dargestellt bei *Ohler* (Fn. 30), 336 (373 ff.).

[172] *Groß* (Fn. 100), 241 ff.

[173] *Grzeszick*, in: Dürig/Herzog/Scholz (Fn. 23), Art. 20, Rn. 123. Ausführlich diskutiert bei *W. Kluth*, Funktionale Selbstverwaltung. Verfassungsrechtlicher Status – verfassungsrechtlicher Schutz, Tübingen 1997, 245 ff.

eingegriffen wird. Hier verselbständigen sich Entscheidungszüge,[174] so dass für die resultierenden Einflussknicke eine unmittelbare parlamentarische Rückbindung erforderlich ist. Anknüpfungspunkt für den institutionellen Gesetzesvorbehalt ist demnach eine Modifikation von Einfluss- und Legitimationsstrukturen.[175] *Groß* formuliert richtig: „Aus der Steuerungsprärogative des parlamentarischen Gesetzgebers folgt, dass administrative Einflussstrukturen, die durch besondere Formen der Koordination und der Besetzung von Ämtern von den allgemeinen organisations- und dienstrechtlichen Regelungen abweichen, von ihm selbst legitimiert werden müssen."[176] Kurz ließe sich dies wiederum darin zusammenfassen, dass *atypische* Zurechnungs-, Legitimations- oder Kontrollmuster nur durch parlamentarisches Gesetz eingeführt werden können. Auf dieses Zusammenspiel von Regel und Ausnahme wird gleich (§ 6 ff.) noch zurückzukommen sein.

Von dieser allgemeinen Grundlage aus lassen sich dann weitere Stärkungen der Rolle der Gesetzgebung einfordern, etwa im oben skizzierten Grenzbereich zwischen Staat und Gesellschaft.[177] Hier kann das parlamentarische Gesetz durch konkrete Vorgaben Zurechnungs-, Legitimations- und Kontrolldefizite zwar nicht beseitigen, aber durch zumindest die Entscheidung für sie auf eine breitere Grundlage stellen.[178] Durch klare Regelungen könnte im Umkehrschluss die so geschaffene Organisationsstruktur auch einfacher verfassungsgerichtlich überprüft werden (was in der Realpolitik freilich wiederum einen Grund darstellen könnte, gerade nicht formell-legislativ tätig zu werden).

---

174 Begriff bei *Kluth*, in: Wolff/Bachof/Stober/Kluth (Fn. 41), § 81, Rn. 27.

175 So auch *Groß* (Fn. 100), 40: „Gestaltungsformen, die nicht dem bürokratischen Typ entsprechen." Ähnlich auch *Schmidt-Aßmann* (Fn. 141), 254. Ferner ähnlich auch *S. Kirste*, Theorie der Körperschaft des öffentlichen Rechts. Verwaltungshistorische, organisationstheoretische und verwaltungsorganisationsrechtliche Aspekte, Heidelberg 2017, 334.

176 *Groß* (Fn. 100), 240.

177 Oben, § 3.

178 So wohl auch die Forderung bei *H. Dreier*, in: Dreier (Hrsg.), Grundgesetz Kommentar, Bd. II, 3. Auflage, Tübingen 2015, Art. 20, Rn. 138 nach dem parlamentarischen Gesetz: „Insofern dieses zwar aus Sachgründen die punktuelle materielle Steuerung der Verwaltungseinheiten nicht leisten, wohl aber substituierend deren Zweck so konkret wie möglich bestimmen sowie die innere Organisation und das Entscheidungsverfahren gestalten kann und muß.". Ferner *G. Hermes*, Legitimationsprobleme unabhängiger Behörden, in: Bauer/Huber/Sommermann (Hrsg.), Demokratie in Europa, Bd. I, Verfassungsentwicklung in Europa, Tübingen 2005, 477 und *Groß* (Fn. 100), 245. Kritisch hingegen bereits *Böckenförde* (Fn. 12), 96.

III. Parlamentarisches Budgetrecht

In der Arbeitsteilung zwischen Legislative und Exekutive im Bereich der Organisationsentscheidungen nimmt ferner das Haushaltsrecht nach Art. 110 GG eine entscheidende Rolle ein.[179] Ohne vom Parlament mittels Haushaltsgesetz bewilligtem Haushaltsplan kann die Exekutive nicht tätig werden,[180] umgekehrt kann die Legislative die Finanzmittel nicht selbst verwenden, sondern ist auf die Umsetzung durch die Exekutive angewiesen.[181] Der nach Art. 110 Abs. 2 S. 1 GG auf Initiative der Bundesregierung durch das Haushaltsgesetz festzustellende Haushaltsplan verändert also nicht als solches die Zuweisung von Organisationsgewalt, sondern wird zur Bedingung für dessen Ausübung.[182] Dies ergibt sich schon daraus, dass die Exekutive durch das Haushaltsgesetz nur ermächtigt, nicht aber verpflichtet wird.[183]

1. Besonderheiten von Haushaltsplan und Haushaltsgesetz

Die Regierung hat bei der Aufstellung des Haushaltsplanes eine besonders initiative Stellung inne, Art. 110 Abs. 3 GG. Dabei liegt grundsätzlich der Ent-

---

[179] *Böckenförde* (Fn. 12), 107 ff. Ferner *J.-P. Schneider*, Regulierung staatsinterner Selbstregulierung am Beispiel des Haushaltswesens in: Berg u.a. (Hrsg.), Regulierte Selbstregulierung als Steuerungskompetenz des Gewährleistungsstaates, Die Verwaltung Beiheft 2001, 177 ff. Aus der älteren Literatur, vgl. *D. Birk*, Steuerung der Verwaltung durch Haushaltsrecht und Haushaltskontrolle, DVBl. 1983, 865–873; *G.F. Schuppert*, Die Steuerung des Verwaltungshandelns durch Haushaltsrecht und Haushaltskontrolle, VVDStRL (42) 1984, 216–266. Im Zusammenhang mit dem Unionsrecht ferner *F. Meinel*, Die Steuerung des Verwaltungshandelns durch Haushaltsrecht und Haushaltskontrolle in der Europäischen Union, Die Verwaltung 2018, 153–186. Historische Darstellung bei *W. Heun*, Staatshaushalt und Staatsleitung. Das Haushaltsrecht im parlamentarischen Regierungssystem des Grundgesetzes, Baden-Baden 1989, 31 ff. Im Hinblick auf die Europäische Ebene auch *J. Hey*, Finanzautonomie und Finanzverflechtung in gestuften Rechtsordnungen, VVDStRL (66) 2007, 277 (287 ff.).

[180] Zentral dafür ist die das deutsche Haushaltsverfassungsrecht kennzeichnende Unterscheidung zwischen Haushaltsplan und Haushaltsgesetz. Das Haushaltsgesetz „ummantelt" den Haushaltsplan und sieht (wie in § 3 HGrG bzw. § 3 BHO positivrechtlich kodifiziert) so eine Ermächtigung der Exekutive zu Ausgaben und Verpflichtungen vor. Dazu *M. Heintzen*, Staatshaushalt, in: Isensee/Kirchhof (Hrsg.), HStR, Bd. V, 3. Auflage, Heidelberg 2007, § 120, Rn. 50.

[181] *Wißmann* (Fn. 48), in: Hoffmann-Riem/Schmidt-Aßmann/Voßkuhle, § 15, Rn. 37. Dazu *Heintzen* (Fn. 180), in: Isensee/Kirchhof, § 120, Rn. 72 ff.

[182] *Böckenförde* (Fn. 12), 107, vgl. auch 303. Tendenziell kritisch zu diesem „negativen" Ansatz *Schuppert* (Fn. 97), 698 ff. Zu unterscheiden ist das Haushaltsrecht daher auch vom institutionellen Gesetzesvorbehalt, anders bei *S. Korioth*, Finanzen, in: Hoffmann-Riem/Schmidt-Aßmann/Voßkuhle (Hrsg.), GVwR, Bd. III, 2. Auflage, München 2013, § 44, Rn. 26.

[183] Dazu *Heintzen* (Fn. 180), in: Isensee/Kirchhof, § 120, Rn. 73; *H. Siekmann*, in: Sachs (Fn. 79), Art. 110, Rn. 24.

wurf eines Haushaltsplanes vollständig in der Hand des Finanzministers, der ihn in das Kabinett einbringt.[184] In expliziter Abweichung zu Art. 76 Abs. 1 GG darf nur die Bundesregierung den Haushaltsentwurf einbringen – was die Gesetzesverantwortung zur Gesetzespflicht konkretisiert.[185] Die Regelung des Art. 113 GG, die ein Zustimmungserfordernis der Bundesregierung für finanzwirksame Bundesgesetze normiert, stellt dann konsequenterweise auch einen Sonderfall in der Zuständigkeitsverteilung zwischen Legislative und Exekutive dar.[186]

Die im Haushaltsrecht enthaltene „wirtschaftliche Grundsatzentscheidung für zentrale Bereiche der Politik"[187] ist jedoch nicht völlig frei, sondern in bestimmten Bereichen wiederum durch die haushaltsrechtlichen Direktiven rechtlich gebunden. Erforderlich ist insbesondere eine gewisse Spezialität des Budgetrechts. Der Haushaltsplan muss im Hinblick auf enthaltene Mittel und Zweckbestimmungen so präzise sein, dass er die Exekutive hinreichend sachlich bindet.[188] Auf der anderen Seite ist auch das Parlament unter Umständen verpflichtet, bestimmte Ausgaben zu bewilligen.[189] Dies geht schon aus dem Nothaushaltsrecht des Art. 111 GG hervor, das die Exekutive – unter stets erforderlicher restriktiver Auslegung – ermächtigt, gesetzlich bestehende Einrichtungen zu erhalten, beschlossene Maßnahmen durchzuführen oder auch rechtliche Verpflichtungen des Bundes zu erfüllen.[190]

2. Die Steuerungswirkung des Haushaltsrechts

Klassische Konzeptionen der Steuerungswirkung des Haushaltsrechts gehen dabei von den Haushaltsgrundsätzen, insbesondere dem Spezialitätsprinzip aus.[191] In der Staatspraxis ist die Steuerungswirkung jedoch sehr begrenzt, da das Haushaltsgesetz keine konkrete Entscheidungssteuerung, sondern nur „Rahmensteuerung"[192] darstellt. Es trägt dabei für den konkreten Einzelfall aufgrund des Initiativmonopols der Bundesregierung nach Art. 114 Abs. 3 GG nur marginal zur parlamentarischen Steuerung der Exekutivtätigkeit

---

[184] Zum Verfahren *Heun* (Fn. 179), 291 ff.

[185] So zutreffend *W. Heun*, in: Dreier (Fn. 53), Art. 110, Rn. 34.

[186] *Siekmann*, in: Sachs (Fn. 79), Art. 113 Rn. 1–2.

[187] Vgl. BVerfGE 45, 1 (32); 70, 324 (355). Ferner BVerfGE 130, 318 (342).

[188] *Siekmann*, in: Sachs (Fn. 79), Art. 110, Rn. 62.

[189] *Heun* (Fn. 179), 321 ff.; *Wißmann* (Fn. 48), in: Hoffmann-Riem/Schmidt-Aßmann/Voßkuhle, § 15, Rn. 37a.

[190] Umfassend *Böckenförde* (Fn. 12), 110; *Siekmann*, in: Sachs (Fn. 79), Art. 111, Rn. 12; *Heun*, in: Dreier (Fn. 53), Art. 111, Rn. 9.

[191] Details bei *Heun*, in: Dreier (Fn. 53), Art. 110, Rn. 40. Ferner *Wißmann* (Fn. 48), in: Hoffmann-Riem/Schmidt-Aßmann/Voßkuhle, § 15, Rn. 38.

[192] *Birk* (Fn. 179), 865 (867).

bei.[193] Die „negative Direktionswirkung“ überwiegt.[194] Gerade im Bereich der quasi-staatlichen Intermediäre (vgl. oben § 3) kann so durch das Haushaltsgesetz eine Rückbindung an das Parlament erfolgen.[195]

Im Rahmen der Steuerungsdiskussion ist insbesondere auch die Steuerungsfunktion des Haushaltsrechts in den Fokus geraten. Unter dem Stichwort der „Neuen Budgetsteuerung“ sollte insbesondere eine Förderung der dezentralen Ressourcenverantwortung motiviert werden.[196] Hier besteht die Gefahr, dass sich so verselbständigte Verwaltungseinheiten mit eigenem Haushaltsplan aus dem gesamtstaatlichen Gefüge weiter entfernen.[197] Man wird daher aus der Perspektive des Demokratieprinzips gegenüber einer zunehmenden Budgetverselbständigung (etwa im Rahmen von Organisationsprivatisierungen) eher skeptisch eingestellt sein müssen.

Allgemein vertieft sich im Haushaltsrecht der ohnehin schon gegebene Befund der Arbeitsteilung und gemeinsamer Entscheidungsverantwortung von Regierung und Parlament und schließt damit nahtlos an die bereits erörterten Grundsätze an. Das Budgetrecht zieht gegenüber dem Regelfall exekutiver Selbstorganisation eine weitere parlamentarische Rückbindung ein, die unabhängig vom Bestehen eines institutionellen Gesetzesvorbehalts ist. Insoweit vervollständigt sich das Bild einer arbeitsteiligen Funktionenordnung.

---

[193] *E.T. Emde*, Die demokratische Legitimation der funktionalen Selbstverwaltung. Eine verfassungsrechtliche Studie anhand der Kammern, der Sozialversicherungsträger und der Bundesanstalt für Arbeit, Berlin 1991, 77; *E. Schmidt-Aßmann*, Verwaltungslegitimation als Rechtsbegriff, AöR 116 (1991), 329 (358); *M. Jestaedt*, Demokratieprinzip und Kondominialverwaltung. Entscheidungsteilhabe Privater an der öffentlichen Verwaltung auf dem Prüfstand des Verfassungsprinzips Demokratie, Berlin 1993, 339.

[194] Begriff bei *Jestaedt* (Fn. 193), 339.

[195] So auch *Schmidt-Aßmann* (Fn. 141), 91.

[196] *Schuppert* (Fn. 97), 703 ff. Differenziert dazu *H. Kube*, Neue Steuerung im Haushaltsrecht – Ein Kompetenzgefüge außer Balance?, DÖV 2000, 810 (810).

[197] *Siekmann*, in: Sachs (Fn. 79), Art. 110, Rn. 52.

§ 6 Verfassungsdirektiven für Organisationsentscheidungen

Unter dem rechtsstaatlichen Paradigma der Gewalten*trennung* im Konstitutionalismus[1] war es weitgehend unbestritten, dass die Verwaltungsorganisation gewisse verfassungsrechtliche Grundentscheidungen reflektieren sollte.[2] Die Organisation der Verwaltung war ein wesentlicher Aspekt der Kompetenzzuordnung zwischen Monarchie und Volk und dementsprechend der originär verfassungsrechtliche Schmelztiegel, in dem konkrete Loyalitätskonflikte zwischen Kronprärogative und Gesetzesbindung ausgetragen wurden.

In den ersten Jahren des Grundgesetzes war daher ein gewisser Argwohn gegenüber dem Verfassungsrecht spürbar. In seinem Bericht über die ersten Jahre der Verfassungsrechtsprechung zur Verwaltungsorganisation konstatierte *Köttgen* etwa: „Die Verwaltung und ihre Organisation gehören als solche nicht zu den eigentlichen Themen des Verfassungsrechts [...] Mag nun die Zeit, in der Auseinandersetzungen um Verfassungsprobleme sich lohnten, vorüber sein oder nicht, auch heute beschränkt sich das Interesse des Verfassungsrechts auf die politischen Aspekte administrativer Funktionen und Institutionen.“[3] Da auch die expliziten inhaltlichen Direktiven für das Organisationsrecht im Verfassungstext eher spärlich gesät sind, gab es – im Einklang mit der Überlegung einer originär exekutiven Organisationsgewalt als *Kompetenz* – zunächst keinen Grund eine besondere verfassungsrechtliche Affinität des Organisationsrechts anzunehmen.

Die insbesondere von der Rechtsprechung des Bundesverfassungsgerichts zum Demokratieprinzip vorangetriebene Konstitutionalisierung des Organisationsrechts[4] hat – ganz im Gleichklang mit den obigen Erörterungen zur Organisationsgewalt – hingegen deutlich werden lassen, dass die verfassungsrechtli-

[1] Dazu oben § 1.

[2] *W. Krebs*, Verwaltungsorganisation, in: Isensee/Kirchhof (Hrsg.), HStR, Bd. V, 3. Auflage, Heidelberg 2007, § 108, Rn. 86 verweist etwa auf die Entwürfe der Organisationslehre *Gneists* als spezifisch rechtstaatlichen Entwurf. *R. v. Gneist*, Der Rechtsstaat und die Verwaltungsgerichte in Deutschland, 2. Auflage, Berlin 1879, 278 ff.

[3] *A. Köttgen*, Das Bundesverfassungsgericht und die Organisation der öffentlichen Verwaltung, AöR 90 (1965), 205 (215). Erwähnt auch bei *Krebs* (Fn. 2), in: Isensee/Kirchhof, § 108, Rn. 60. Dagegen schon *E. Forsthoff*, Lehrbuch des Verwaltungsrechts, Bd. I, 10. Auflage, München 1973, 457 ff.

[4] Begriff auch bei *K.F. Gärditz*, Hochschulorganisation und verwaltungsrechtliche Systembildung, Tübingen 2009, 8.

chen Strukturprinzipien eine zentrale Rolle für die Verwaltungsorganisation spielen. Die Verfassung enthält sowohl konkrete Organisationsvorgaben für bestimmte Sachbereiche und Verwaltungstypen, wie auch Strukturbestimmungen, die Anhaltspunkte dafür geben, wie die staatlichen Akteure, denen die Organisationsgewalt eingeräumt ist, diese auszuüben haben.[5]

Für die so resultierenden Organisationswahlentscheidungen, d.h. etwa für die Schaffung neuer Verwaltungsebenen, die Gründung von Behörden oder der Festlegung von Behördenstrukturen bildet die Verfassung einen inhaltlich direktiven Rahmen. Nachdem bisher erörtert wurde, welcher Bereich von Staatlichkeit einer Organisationspflicht unterliegt (§ 3) und wem im Verfassungsstaat Organisationsentscheidungen zukommen (§§ 4/5) widmet sich dieses Kapitel demnach nun den rechtlichen Bindungen, die die Inhaber der Organisationsgewalt leiten, wenn sie Organisationsentscheidungen treffen.

I. Grundsatz der Formfreiheit

Im ersten Schritt ist mit der Zuweisung der Organisationsentscheidung eine gewisse *Organisationsfreiheit* verbunden. Diese „Wahlfreiheit des Organisationsrechtssetzers"[6] bezieht sich zunächst darauf, dass der Inhaber der Organisationsgewalt außerhalb der sogleich zu bestimmenden verfassungsrechtlichen Vorgaben in keinerlei Hinsicht an Typisierungen der Organisationsformen gebunden ist.[7] Dementsprechend betont das Bundesverfassungsgericht, dass es eines „weiten Spielraums bei der organisatorischen Ausgestaltung der Verwaltung bedarf [...], um den – verschiedenartigen und sich ständig wandelnden – organisatorischen Erfordernissen Rechnung tragen und damit eine wirkungs-

---

[5] Komprimiert bei *P. Reimer*, Wechselwirkungen von Verfassungs- und Verwaltungsrecht, in: Kahl/Ludwigs (Hrsg.), Handbuch des Verwaltungsrechts, Bd. I, Grundstrukturen des deutschen Verwaltungsrechts, Heidelberg 2021, § 10, Rn. 36 ff. Zu deren zentraler Bedeutung im Rechtsvergleich, vgl. *J. Ziller*, Verwaltungsorganisation, in: v. Bogdandy/Cassese/Huber (Hrsg.), Handbuch Ius Publicum Europaeum, Bd. V, Heidelberg 2014, § 87, Rn. 4.

[6] Begriff bei *M. Jestaedt*, Grundbegriffe des Verwaltungsorganisationsrechts, in: Hoffmann-Riem/Schmidt-Aßmann/Voßkuhle (Hrsg.), GVwR, Bd. I, 2. Auflage, München 2012, § 14, Rn. 29.

[7] Dazu auch *W. Kluth*, in: Wolff/Bachof/Stober/Kluth, Verwaltungsrecht: Ein Studienbuch, Bd. II, 7. Auflage, München 2010, § 80, Rn. 27. Zu den Organisationstypen im europäischen Vergleich *M. Fromont*, Typen staatlichen Verwaltungsrechts in Europa, in: v. Bogdandy/Cassese/Huber (Hrsg.), Handbuch Ius Publicum Europaeum, Bd. III, Heidelberg 2010, § 55, Rn. 6 ff.; *B. Kempen*, Die Formenwahlfreiheit der Verwaltung – Die öffentliche Verwaltung zwischen öffentlichem und privatem Recht, München 1989, 92 ff. insb. 107. Didaktisch einführend *C. Gusy*, Freiheit der Formenwahl und Rechtsbindung der Verwaltung, Jura 1985, 578 ff.

volle und leistungsfähige Verwaltung gewährleisten zu können."[8] In einem positiven Sinne bleiben die Organisationsrechtsformen so „konturenlos" (*Krebs*).[9]

In der Praxis sind indes bestimmte Grundtypen der Organisation üblich. Die erste zentrale Organisationsrechtsform sind die Körperschaften des öffentlichen Rechts als in der Regel mitgliedschaftlich verfasste Personenmehrheiten.[10] Bei *Kluth* werden sie definiert als „organisatorische Zusammenfassung einer kraft Zurechnung willens- und handlungsfähigen Personenmehrheit, die unabhängig vom Wechsel der einzelnen Mitglieder eine rechtliche Einheit bildet."[11]

Nach dem Anknüpfungskriterium für die Mitgliedschaft in der Körperschaft lassen sich Gebiets-, Personal-, und Realkörperschaften unterscheiden.[12] Für die hier im Zentrum stehenden Fragestellungen sind Gebietskörperschaften (Bund, Länder, Kommunen) freilich weniger relevant als die anderen Formen, unter die etwa die verschiedenen Formen der Selbstverwaltung fallen.[13] Auch wenn dies nicht unbestritten geblieben ist, wird man annehmen können, dass Körperschaften des öffentlichen Rechts notwendigerweise auch rechtsfähig sind.[14] Auszusondern sind schließlich die Körperschaften im formellen Sinn, die sich von den sonstigen Körperschaften dahingehend unterscheiden, dass sie entweder keine hoheitlichen Befugnisse haben oder nicht durch gesetzlichen Gründungsakt errichtet sind (z.B. die Religionsgemeinschaften).[15]

---

[8] BVerfGE 63, 1 (34). Vgl. auch *Krebs* (Fn. 2), in: Isensee/Kirchhof, § 108, Rn. 60.

[9] *Krebs* (Fn. 2), in: Isensee/Kirchhof, § 108, Rn. 52. Vgl. auch schon *H.J. Wolff*, Organschaft und juristische Person. Untersuchungen zur Rechtstheorie und zum öffentlichen Recht, Bd. I, Juristische Person und Staatsperson (Kritik, Theorie und Konstruktion), Berlin 1933, 461. Ferner *E. Schmidt-Aßmann*, Das allgemeine Verwaltungsrecht als Ordnungsidee. Grundlagen und Aufgaben der verwaltungsrechtlichen Systembildung, 2. Auflage, Berlin/Heidelberg 2006, 240; *Forsthoff* (Fn. 3), 484 ff.

[10] Ausführlich dazu *S. Kirste*, Theorie der Körperschaft des öffentlichen Rechts. Verwaltungshistorische, organisationstheoretische und verwaltungsorganisationsrechtliche Aspekte, Heidelberg 2017, 47 ff.; *Kluth*, in: Wolff/Bachof/Stober/Kluth (Fn. 7), § 85, Rn. 5 ff. Ferner *M. Burgi*, Strukturen und Organisationseinheit, in: Ehlers/Pünder (Hrsg.), Allgemeines Verwaltungsrecht, 15. Auflage, Berlin 2016, § 8, Rn. 12 sowie *B. Grzeszick*, Körperschaft, in: Görres-Gesellschaft/Herder-Verlag (Hrsg.), Staatslexikon der Görres-Gesellschaft, 8. Auflage, Freiburg/Basel/Wien 2017.

[11] *Kluth*, in: Wolff/Bachof/Stober/Kluth (Fn. 7), § 85, Rn. 7.

[12] *Kluth*, in: Wolff/Bachof/Stober/Kluth (Fn. 7), § 85, Rn. 30 ff.; *Jestaedt* (Fn. 6), in: Hoffmann-Riem/Schmidt-Aßmann/Voßkuhle, § 14, Rn. 27; *Kirste* (Fn. 10), 682 ff.

[13] Zum klassischen Typzusammenhang von Körperschaft und Selbstverwaltung, *M.E. Geis*, Körperschaftliche Selbstverwaltung in der Sozialversicherung, in: Schnapp (Hrsg.), Funktionale Selbstverwaltung und Demokratieprinzip – am Beispiel der Sozialversicherung, Frankfurt am Main/Berlin/Bern/Wien 2001, 65 (68).

[14] Diskussion bei *Kirste* (Fn. 10), 59. *Schmidt-Aßmann* (Fn. 9), 240.

[15] *Kirste* (Fn. 10), 515. Zur Aufsicht über die formellen Körperschaften, vgl. *U. Di Fabio*, Staatsaufsicht über formelle Körperschaften des öffentlichen Rechts, BayVBl. 1999, 449 ff.

Die Anstalten des öffentlichen Rechts stellen die zweite Organisationsrechtsform dar, die ihr zentrales Definitionsmerkmal im Begriff der Sachgesamtheit finden.[16] Die bekannte Anstaltsdefinition *Otto Mayers* als ein „Bestand von Mitteln, sächlichen und persönlichen, welche in der Hand eines Trägers öffentlicher Verwaltung einem besonderen öffentlichen Zweck dauernd zu dienen bestimmt sind"[17] hat sich durchgesetzt. Die Anstalt ist also nicht mitgliedschaftlich organisiert, sie hat stattdessen Nutzer.[18] Zuletzt sind als dritte Organisationsrechtsform Stiftungen des öffentlichen Rechts zu nennen, die mit Hilfe einer Vermögensmasse die Aufgabe haben, einen Stiftungszweck auf Dauer zu verfolgen.[19] Für ihre Eignung als Verwaltungsträger müssen beide Definitionen durch das Merkmal der Rechtsfähigkeit ergänzt werden. Es kann also auch nicht-rechtsfähige Anstalten und Stiftungen geben. Die unter dem Einfluss des Unionsrechts auch in Deutschland auftretenden „Agenturen" sind im nationalen Recht hingegen keine eigenen Organisationstypen.[20]

Zwar stellt diese Trias von Körperschaft, Anstalt und Stiftung gewissermaßen eine Idealtypisierung der öffentlichen Organisation dar,[21] dies kann aber aufgrund der in der Praxis anzutreffenden Mischformen kaum mehr als einer gedanklichen Vorstrukturierung dienen. In der Regel ist mit der Wahl einer bestimmten Organisationsrechtsform auch die Wahl eines bestimmten internen Aufbaus verbunden, rechtlich zwingend ist das aber nicht. Anders als etwa im privaten Gesellschaftsrecht besteht kein prinzipieller *numerus clausus* der Organisationsformen, d.h. bei Bedarf können auch hybride Formen zwischen den Idealtypen geschaffen werden.[22] Es besteht somit kein Zwang, sich

---

[16] *Burgi* (Fn. 10), in: Ehlers/Pünder, § 8, Rn. 13; *Jestaedt* (Fn. 6), in: Hoffmann-Riem/Schmidt-Aßmann/Voßkuhle, § 14, Rn. 27.

[17] *O. Mayer*, Deutsches Verwaltungsrecht, Bd. II, 3. Auflage, Berlin 1924, 268.

[18] *M. Müller*, in: Wolff/Bachof/Stober/Kluth, Verwaltungsrecht. Ein Studienbuch, Bd. II, 7. Auflage, München 2010, § 86, Rn. 24.

[19] *Burgi* (Fn. 10), in: Ehlers/Pünder, § 8, Rn. 16; *Kluth*, in: Wolff/Bachof/Stober/Kluth (Fn. 7), § 87, Rn. 11; *M. Schulte*, Stichwort Stiftung, in: Heun/Honecker/Morlok/Wieland (Hrsg.), Evangelisches Staatslexikon, Stuttgart 2006, Spalten 2390–2393; *Breuer* hat hingegen für die Entbehrlichkeit des Stiftungsbegriffs argumentiert: *R. Breuer*, Die öffentlich-rechtliche Anstalt, VVDStRL (44) 1986, 213 (231).

[20] *F. Meinel*, Verselbständigte Verwaltungseinheiten, unabhängige Agenturen, ministerialfreie Räume, in: Kahl/Ludwigs (Hrsg.), Handbuch des Verwaltungsrechts, Bd. III, Verwaltung und Verfassungsrecht, Heidelberg 2022, § 61, Rn. 7. Zu diesen und ihren Rechtsgrundlagen im Unionsrecht nun kompakt *U. Mager*, Entwicklungslinien des europäischen Verwaltungsrechts, in: Kahl/Ludwigs (Hrsg.), Handbuch des Verwaltungsrechts, Bd. II, Grundstrukturen des europäischen und internationalen Verwaltungsrechts, Heidelberg 2021, § 32, Rn. 90 ff.

[21] *Jestaedt* (Fn. 6), in: Hoffmann-Riem/Schmidt-Aßmann/Voßkuhle, § 14, Rn. 27; *Krebs* (Fn. 2), in: Isensee/Kirchhof, § 108, Rn. 37. Übersicht auch bei *K. v. Lewinski*, Grundfragen des Verwaltungsorganisationsrechts, JA 2006, 517 (521).

[22] *T. Groß*, Die Verwaltungsorganisation als Teil organisierter Staatlichkeit, in: Hoffmann-Riem/Schmidt-Aßmann/Voßkuhle (Hrsg.), GVwR, Bd. I, 2. Auflage, München 2012,

an den bestehenden Formen zu orientieren. Auch Fehlbezeichnungen der öffentlichen Hand sind insoweit üblich und unschädlich.[23]

Formbindungen bestehen allerdings im Bereich der privatrechtlich organisierten Verwaltung aufgrund des *numerus clausus* des Gesellschaftsrechts.[24] Über diesen hinaus besteht jedoch neben vereinzelten einfachrechtlichen Normierungen[25] weder eine Bindung an bestimmte Gesellschaftstypen noch einen internen Aufbau. Dies ist deshalb richtig, da eine analog dem privaten Gesellschaftsrecht angenommene Einschränkung der Organisationsautonomie im öffentlichen Gesellschaftsrecht auch nicht erforderlich ist. Der Formenzwang des privaten Gesellschaftsrechts dient insbesondere der Rechts- und Verkehrssicherheit[26] und findet im öffentlichen Recht insoweit keine Entsprechung. Bei der Wahl der Organisationsform handelt es sich demnach nicht lediglich um eine begründete Auswahl unter von vornherein verfassungsrechtlich typisierten Alternativen, sondern um primär offene und komplexe Gestaltungsentscheidungen. Sodann gilt es *Maßstäbe* für diese Entscheidungen herauszuarbeiten, die verfassungsrechtlichen Direktiven für die Organisationsentscheidung.

II. Verfassungsrechtliche Einzelnormierungen

Einzelnormierungen finden sich zunächst im speziellen Verfassungsrecht sowohl auf Ebene des Bundes als auch der Länder. Wenn und soweit Organisationsentscheidungen in der Verfassung vorweggenommen werden, sind sie unabhängig von ihrer Zweckmäßigkeit bindend.

Sowohl auf Bundes- als auch auf Landesebene haben verfassungsrechtliche Organisationsbestimmungen einen Ausnahmecharakter.[27] Nur selten ergibt sich also eine Organisationsbestimmung in der Verfassung, die eine substanzi-

---

§ 13, Rn. 29; *H. Wißmann*, Verfassungsrechtliche Vorgaben der Verwaltungsorganisation, in: Hoffmann-Riem/Schmidt-Aßmann/Voßkuhle (Hrsg.), GVwR, Bd. I, 2. Auflage, München 2012, § 15, Rn. 57.

[23] Beispiele bei *W. Berg*, Die öffentlichrechtliche Anstalt, NJW 1985, 2294. Spöttisch zu der politisch inspirierten Bezeichnung der „Gliedkörperschaft" *M. Heintzen*, Was ist eine Gliedkörperschaft? – Zu einem organisationsrechtlichen Experiment der Berliner Hochschulpolitik, LKV 2005, 438 ff.

[24] Vgl. dazu *K. Schmidt*, Gesellschaftsrecht, 4. Auflage, Köln 2002, 96.

[25] Zu diesen etwa *F. Wollenschläger*, Verwaltungsrecht und Privatrecht, in: Kahl/Ludwigs (Hrsg.), Handbuch des Verwaltungsrechts, Bd. I, Grundstrukturen des deutschen Verwaltungsrechts, Heidelberg 2021, § 15, Rn. 29.

[26] Nachweise bei *Schmidt* (Fn. 24), 97 ff.

[27] Auch *P. Cancik*, Verwaltung und Selbstverwaltung, in: Herdegen/Masing/Poscher/Gärditz (Hrsg.), Handbuch des Verfassungsrechts. Darstellung in transnationaler Perspektive, München 2021, § 14, Rn. 26 weist darauf hin, dass sich Organisationsregelungen vor allem im einfachen Gesetzesrecht finden.

elle Entscheidung darüber enthält, wie ein Sachbereich vom Inhaber der Organisationsgewalt zu organisieren ist. Häufiger sind Strukturvorgaben, in deren Rahmen sich die Gestaltungsfreiheit immer noch bewegen kann. Bei diesen ist juristische Methodik gefragt, um zu bestimmen, ob und inwieweit diese tatsächlich eine verbindliche Anordnung einer Organisationsgestaltung treffen.[28] Wie jedoch zu zeigen ist, sind diese Steuerungsanweisungen meist nicht hinreichend präzise, um klare verfassungsrechtliche Leitlinien bestimmen zu können. Die dogmatische Einordnung der verfassungsrechtlichen Wirkung bleibt hier dann unklar, wie an einigen Beispielen erläutert werden kann.

Für die hier vertretene These ist es nun nicht entscheidend, jede einzelne Verfassungsaussage zur Verwaltungsorganisation zu diskutieren. Vielmehr ist die allgemeine Regel herauszuarbeiten, dass die Regelungsdichte der Verfassung abgesehen von einzelnen Bestimmungen relativ gering ist,[29] mithin auch im Bereich verfassungsrechtlicher Steuerung in der Regel ein wesentlicher Gestaltungsraum verbleibt.[30] Der Bereich der Bundesverwaltung ist insbesondere auch durch den unionsrechtlichen Einfluss nicht nur in der Systematik des Verfassungsrechts, sondern auch in der des Unionsrechts zu verorten, was die eventuell ursprünglich intendierten Systemaussagen zunehmend verdrängt.

1. Unmittelbarkeitsgebote

Für das Grundgesetz treffen Art. 86 ff. GG die Regelungen für die Bundesverwaltung, wobei hier ein Katalog von Unmittelbarkeitsgeboten im Zentrum steht.[31] Gebote der unmittelbaren Bundeseigenverwaltung schließen damit eine abweichende Organisation aus, wie etwa in Art. 87 Abs. 1 S. 1 GG der Auswärtige Dienst, die Bundesfinanzverwaltung und die Bundeswasserstraßenverwaltung, sowie nach Art. 87 b Abs. 1 S. 1 GG die Bundeswehrverwaltung. Auch das hier referenzierte Begriffspaar der unmittelbaren und mittelba-

---

[28] So auch *M. Burgi*, Grundlagen, in: Ehlers/Pünder (Hrsg.), Allgemeines Verwaltungsrecht, 15. Auflage, Berlin 2016, § 7, Rn. 25.

[29] Anders wohl *Wißmann* (Fn. 22), in: Hoffmann-Riem/Schmidt-Aßmann/Voßkuhle, § 15, Rn. 65.

[30] *Krebs* (Fn. 2), in: Isensee/Kirchhof, § 108, Rn. 60: „Man wird daher noch am ehesten für die Bundesverwaltung, aber auch insofern nur in relativ geringem Umfang, eine inhaltlich abschließende verfassungsrechtliche Determination von Organisationsentscheidungen erwarten dürfen."

[31] Genaue und kompakte Darstellung bei *M. Burgi*, Bestand und Aufbau der unmittelbaren Staatsverwaltung, in: Ehlers/Pünder (Hrsg.), Allgemeines Verwaltungsrecht, 15. Auflage, Berlin 2016, § 9, Rn. 8 ff. Ferner *Krebs* (Fn. 2), in: Isensee/Kirchhof, § 108, Rn. 64; *J. Oebbecke*, Verwaltungszuständigkeit, in: Isensee/Kirchhof (Hrsg.), HStR, Bd. VI, 3. Auflage, Heidelberg 2008, § 136, Rn. 80 ff. Auch bei *Kluth*, in: Wolff/Bachof/Stober/Kluth (Fn. 7), § 80, Rn. 76 findet sich eine ausführliche Systematisierung. Dazu nun auch *Meinel* (Fn. 20), in: Kahl/Ludwigs, § 61, Rn. 39 ff.

ren Verwaltung lässt sich jedoch „als graduelle Abstufungen an Nähe oder Ferne einer Verwaltungseinheit zu den zentralen Entscheidungszügen verstehen.“[32] In der Regel ist mit dem Unmittelbarkeitsgebot daher noch kein konkreter Verwaltungsaufbau verbunden.

Eine weitere verfassungsrechtliche Weichenstellung innerhalb der obligatorischen unmittelbaren Eigenverwaltung[33] stellt der Verwaltungsunterbau dar. In Art. 87 Abs. 1 S. 1 GG (Auswärtiger Dienst, Bundesfinanzverwaltung), Art. 87 b Abs. 1 S. 1 GG (Bundeswehrverwaltung)[34] und Art. 89 Abs. 2 S. 1 GG (Bundeswasserstraßenverwaltung)[35] ist ein mehrstufiger Verwaltungsunterbau verpflichtend, bei Art. 87 d Abs. 1 S. 1 GG (Luftverkehrsverwaltung),[36] Art. 87 f Abs. 2 S. 2 GG (Postwesen und Telekommunikation)[37] und Art. 87 e Abs. 2 S. 2 GG (Eisenbahnverkehrsverwaltung) hingegen ist die Einrichtung eines Unterbaus der Gestaltungsentscheidung überlassen.[38] Wenn nach verfassungsrechtlicher Maßgabe ein Unterbau integriert werden muss, ist das zugehörige Organisationsprinzip die Hierarchie.[39]

Unstreitig ist mit der Entscheidung für bundeseigene Verwaltung jedenfalls eine Entscheidung über eine zentralstaatliche Anbindung getroffen und damit

---

[32] *Krebs* (Fn. 2), in: Isensee/Kirchhof, § 108, Rn. 66.

[33] Zum Begriff ebda.

[34] Zur Privatisierungsfestigkeit, vgl. *W. Durner*, Rechtsfragen der Privatisierung in der Bundeswehrverwaltung unter besonderer Berücksichtigung der Vorgaben des Art. 87b GG, VerwArch 2005, 18.

[35] Zu dieser Direktive etwa *M. Pechstein*, Umbau der Wasser- und Schifffahrtsverwaltung von einer Ausführungsverwaltung zu einer Gewährleistungsverwaltung?, DÖV 2013, 85 (93): „Bereits das bestehende Ausmaß der Vergaben kann nicht mehr als verfassungsgemäß angesehen werden. Eine weitere Steigerung der Vergabequote würde diese Lage weiter verschärfen. Bei einem weitgehend flächendeckenden Einsatz des Instruments der funktionalen Privatisierung findet faktisch eine materielle Aufgabenprivatisierung durch Rückzug des Staates aus der Aufgabenwahrnehmung – wenn auch ohne Marktöffnung – statt, die ohne Verfassungsänderung unzulässig ist.“

[36] Dazu *J. Kühling*, Verfassung der Netzwirtschaften, in: Kahl/Ludwigs (Hrsg.), Handbuch des Verwaltungsrechts, Bd. III, Verwaltung und Verfassungsrecht, Heidelberg 2022, § 86, Rn. 24. Zu den Grenzen der Privatisierung am Beispiel der Luftverkehrsverwaltung, *M. Droege*, Bundeseigenverwaltung durch Private, DÖV 2006, 861 ff. Vgl. auch *H.-J. Pabst/ R. Schwartmann*, Privatisierte Staatsverwaltung und staatliche Aufsicht – Ein Beitrag zu den Schranken der Organisationsprivatisierung am Beispiel der 10. Novelle zum LuftVG, DÖV 1998, 315 ff.

[37] Zu dessen Anforderungen *J. Masing*, Post und Telekommunikation, in: Isensee/Kirchhof (Hrsg.), HStR, Bd. IV, 3. Auflage, Heidelberg 2006, § 90, Rn. 29; *Kühling* (Fn. 36), in: Kahl/Ludwigs, § 86, Rn. 43.

[38] Vgl. die Übersicht bei *Kluth*, in: Wolff/Bachof/Stober/Kluth (Fn. 7), § 80, Rn. 76 und 88. Hier ist im Einzelnen einiges streitig. Nachweise bei *Krebs* (Fn. 2), in: Isensee/Kirchhof, § 108, Rn. 67. *Wißmann* (Fn. 22), in: Hoffmann-Riem/Schmidt-Aßmann/Voßkuhle, § 15, Rn. 71.

[39] *D. Traumann*, Die Organisationsgewalt im Bereich der bundeseigenen Verwaltung, 1998, 116–117; *R. Loeser*, Die Bundesverwaltung in der Bundesrepublik Deutschland. Bestand, Rechtsformen und System der Aufbauorganisation, Speyer 1986, 49.

auch eine Abkoppelung von direkter gesellschaftlicher Einflussnahme.[40] Ministeriale Anbindung, parlamentarische Verantwortlichkeit, zentrale Steuerbarkeit sind *topoi* des an bestimmte Verwaltungsaufgaben geknüpften Unmittelbarkeitsgebots. Aber auch hier sind Differenzierungen, insbesondere Gestaltungsentscheidungen möglich. Bei *Krebs* heißt es: „Die vom Grundgesetz an den Staatsaufgaben orientierte Differenzierung läßt – sich bei aller Unschärfe aufgabenorientierter Vorgehensweise – noch in die jeweiligen Aufgabenbereiche hineintragen: Organisatorische Formen der Verselbständigung von Verwaltungseinheiten sind innerhalb der unmittelbaren Bundesverwaltung um so eher zulässig, als es sich nicht um *essentialia* der jeweiligen Sachaufgabe handelt."[41] Unmittelbarkeitsgebote greifen daher einige Aufgaben der Verwaltungsorganisation auf und stellen Anforderungen an ihre Erledigung. Sie sind in ihrem Geltungsbereich zumeist weiche Anforderungen, die Organisationsentscheidungen leiten, aber nicht determinieren.

2. Der direktive Gehalt der Notverwaltungskompetenz des Art. 87 Abs. 3 S. 1 GG

Ähnliches gilt für die fakultativen Verwaltungskompetenzen im Grundgesetz. Art. 87 Abs. 3 S. 1 GG bestimmt, dass der Bund für Angelegenheiten, für die ihm die Gesetzgebung zusteht, selbständige Bundesoberbehörden und neue bundesunmittelbare Körperschaften und Anstalten des öffentlichen Rechtes durch Bundesgesetz errichten kann.[42] Damit scheint das Verfassungsrecht hier punktuell einen Organisationstyp (selbständige Körperschaft, Anstalt) vorzugeben.[43] So wird in der Literatur argumentiert, dass Art. 87 Abs. 3 S. 1 GG ein „Gebot zur Verselbständigung von Verwaltungseinheiten und damit ein Verbot von Ministerialverwaltung"[44] enthalte. Wäre dies so, würde er eine weitreichende Organisationsgestaltungsvorgabe enthalten.

Demgegenüber ist aber die Ansicht zustimmungswürdig, dass mit den Organisationstypen von Körperschaft und Anstalt nur eine beispielhafte Aufzäh-

[40] *A. Dittmann*, Die Bundesverwaltung. Verfassungsgeschichtliche Grundlagen, grundgesetzliche Vorgaben und Staatspraxis ihrer Organisation, Tübingen 1983, 90 ff.; *Krebs* (Fn. 2), in: Isensee/Kirchhof, § 108, Rn. 66.

[41] *Krebs*, (Fn. 2), in: Isensee/Kirchhof, § 108, Rn. 66.

[42] Zu dessen Anwendungsbereich, siehe schon oben § 4.

[43] Wie weit dieser reicht, ist aber ebenfalls umstritten. *Jestaedt* (Fn. 6), in: Hoffmann-Riem/Schmidt-Aßmann/Voßkuhle, § 14, Rn. 29; *Ibler*, in: Dürig/Herzog/Scholz (Hrsg.), Grundgesetz Kommentar, München, 95. EL Juli 2021, Art. 87, Rn. 245; *Sachs*, in: Sachs (Hrsg.), Grundgesetz. Kommentar, 9. Auflage, München 2021, Art. 87, Rn. 64 f. Praktisches Beispiel bei *H. Jürgensen/L. Laude*, Zur Verfassungsmäßigkeit von BAMF-Außenstellen, DÖV 2019, 468 (474).

[44] *Krebs* (Fn. 2), in: Isensee/Kirchhof, § 108, Rn. 67.

lung möglicher Organisationsformen gemeint ist,[45] die Norm daher keine bindende Aussage über die Organisationsform trifft.[46] Auch privatrechtlich organisierte Verwaltung wäre auf der Grundlage des Art. 87 Abs. 3 S. 1 GG möglich. Ein Verwaltungsunterbau wird in jedem Fall unter die ergänzende Bedingung des S. 2 gestellt. Mit der Norm wird so lediglich der Grundsatz der Landesverwaltung durchbrochen,[47] so dass der Bund für Materien in seiner Gesetzgebungskompetenz bei einer entsprechenden Notwendigkeit Aufgaben durch eigene Behörden erfüllen kann (sog. „Notverwaltungskompetenz")[48].

Auch der Begriff der Selbständigkeit zielt nicht auf eine Ministerialfreiheit, sondern meint nach zutreffender Ansicht solche Bundesbehörden, deren Zuständigkeit sich auf das gesamte Bundesgebiet bezieht, die aber dennoch nicht auf die Unterstützung von Landesbehörden angewiesen sind.[49] So wird eine auf den ersten Blick eindeutige Organisationsnorm letzten Endes seziert und mit einer offenen Gestaltungsaufgabe versehen.

3. Ministerialverwaltungsverbote

Eine ähnliche Offenheit verbleibt bei den Bestimmungen des Grundgesetzes, die ein Abweichen von der hierarchischen Organisationsgestaltung verbindlich anordnen. Genauso wie die unmittelbare Bundesverwaltung ist jedoch auch die Anordnung der mittelbaren Bundesverwaltung tendenziell offen zu verstehen.[50] Auch hier ist im Einzelnen vieles streitig. Exemplarisch sollen daher einige Organisationsdirektiven diskutiert werden.

a) Art. 87 Abs. 2 GG: Länderübergreifende Sozialversicherungsträger

Eine Organisationsvorgabe des Grundgesetzes findet sich in Art. 87 Abs. 2 GG,[51] der lautet: „Als bundesunmittelbare Körperschaften des öffentlichen Rechts werden diejenigen sozialen Versicherungsträger geführt, deren Zuständigkeitsbereich sich über das Gebiet eines Landes hinaus erstreckt." Hier liegt eine Interpretation nahe, die sowohl die Sozialversicherung als staatliche Auf-

---

[45] *Burgi*, in: v. Mangoldt/Klein/Starck (Hrsg.), Grundgesetz Kommentar, Bd. III, 7. Auflage 2018, Art. 87, Rn. 107.

[46] Vgl. auch *Hermes*, in: Dreier (Hrsg.), Grundgesetz Kommentar, Bd. III, 3. Auflage, Tübingen 2018, Art. 87, Rn. 79 sowie *C. Möllers*, Materiellrechtliche Bindungen unabhängiger Regulierungsbehörden, in: Masing/Marcou (Hrsg.), Unabhängige Regulierungsbehörden. Organisationsrechtliche Herausforderungen in Frankreich und Deutschland, Tübingen 2010, 231 (233).

[47] *Hermes*, in: Dreier (Fn. 46), Art. 87, Rn. 65 ff.

[48] Begriff bei *G. Britz*, Bundeseigenverwaltung durch selbstständige Bundesoberbehörden nach Art. 87 III 1 GG, DVBl. 1998, 1167 (1171).

[49] *Hermes*, in: Dreier (Fn. 46), Art. 87, Rn. 79.

[50] *Wißmann* (Fn. 22), in: Hoffmann-Riem/Schmidt-Aßmann/Voßkuhle, § 15, Rn. 73.

gabe bestimmt, als auch die (selbstverwaltete) Rechtsform als Körperschaft des öffentlichen Rechts vorschreibt. Hier sind jedoch gleich zwei Einschränkungen vorzunehmen. Zum einen hat das Bundesverfassungsgericht eine Herleitung einer Garantie der Sozialversicherung als staatliche Aufgabe zurückgewiesen.[52] Dies folgt insbesondere daraus, dass es im Rahmen des Art. 87 Abs. 2 GG auf die länderübergreifende Zuständigkeit der Sozialversicherungsträger ankommt; der Bund diese jedoch im Rahmen der Kompetenzzuweisung des Art. 74 Abs. 1 Nr. 12 GG selbst festlegen kann.[53] Wenn die Sozialversicherung damit keine staatliche Aufgabe ist, wäre etwa auch eine Privatisierung zulässig.[54]

Umstritten ist auch, inwieweit die Bestimmung als „bundesunmittelbare Körperschaften des öffentlichen Rechts" Bindungswirkung entfaltet. Ausgeschlossen sind damit zwar Formen der unmittelbaren Verwaltung durch Bundesbehörden.[55] *Welche* selbständigen Rechtsformen hingegen möglich sind, bleibt offen. Gegen eine eindeutige Grundentscheidung der Verfassung für eine mitgliedschaftlich verfasste Körperschaft streitet das Argument, dass die dem Art. 87 Abs. 2 GG unterfallende *Bundesagentur für Arbeit* so nicht einzuordnen wäre.[56] Zu verlangen ist wohl nur eine Berücksichtigung des körperschaftlichen Gedankens, für die viele Organisationsformen denkbar erscheinen.[57] Trennscharfe Verfassungsaussagen ergeben sich aus Art. 87 Abs. 2 GG mithin nur eingeschränkt.

---

[51] Dazu etwa *T. Holzner*, Konsens im Allgemeinen Verwaltungsrecht und in der Demokratietheorie. Untersuchungen zur Phänomenologie gruppenpluraler Konsensverwaltung unter besonderer Berücksichtigung des Sozialrechts als Referenzgebiet, Tübingen 2016, insb. 503. Ferner *P. Axer*, Selbstverwaltung als Organisationstyp, in: Kahl/Ludwigs (Hrsg.), Handbuch des Verwaltungsrechts, Bd. III, Verwaltung und Verfassungsrecht, Heidelberg 2022, § 62, Rn. 35.

[52] Zuletzt etwa BVerfGE 167 (201 f.). Dazu auch *Hermes*, in: Dreier (Fn. 46), Art. 87, Rn. 60.

[53] *Hermes*, in: Dreier (Fn. 46), Art. 87, Rn. 60. *Burgi*, in: v. Mangoldt/Klein/Starck (Fn. 45), Art. 87, Rn. 82.

[54] *Hermes*, in: Dreier (Fn. 46), Art. 87, Rn. 60. *Burgi*, in: v. Mangoldt/Klein/Starck (Fn. 45), Art. 87, Rn. 80.

[55] BVerfGE 63, 1 (36).

[56] *Hermes*, in: Dreier (Fn. 46), Art. 87, Rn. 60. Siehe aber *M. Kment*, in: Jarass/Pieroth (Hrsg.), Grundgesetz für die Bundesrepublik Deutschland. Kommentar, 16. Auflage, München 2020, Art. 87, Rn. 10.

[57] *Hermes* etwa argumentiert im Hinblick auf die mit der von der Abgrenzung von Anstalt und Körperschaft verbundene Unschärfe: „Bei der Überprüfung, ob eine bestimmte Verwaltungsorganisation im Bereich der Sozialversicherungsträger den Anforderungen dieser Vorschrift genügt, kommt es daher im Wesentlichen darauf an, ob der körperschaftliche Gedanke durch Gewährleistung eines Minimums an Selbstverwaltung berücksichtigt wurde, ohne dass die Bezeichnung der Organisation oder ihre Ausgestaltung im Einzelnen als alleinige Kriterien heranzuziehen sind." *Hermes*, in: Dreier (Fn. 46), Art. 87, Rn. 61.

b) Art. 87e Abs. 3 GG: Privatisierung der Deutschen Bundesbahn

Art. 87e Abs. 3 GG bestimmt: „Eisenbahnen des Bundes werden als Wirtschaftsunternehmen in privat-rechtlicher Form geführt. Diese stehen im Eigentum des Bundes, soweit die Tätigkeit des Wirtschaftsunternehmens den Bau, die Unterhaltung und das Betreiben von Schienenwegen umfaßt. Die Veräußerung von Anteilen des Bundes an den Unternehmen nach Satz 2 erfolgt auf Grund eines Gesetzes; die Mehrheit der Anteile an diesen Unternehmen verbleibt beim Bund." Diese vieldiskutierte Verfassungsbestimmung ist das Ergebnis eines im Jahre 1993 gefundenen politischen Kompromisses, der auf der einen Seite nach dem Wunsch der damaligen Regierung die formelle und materielle Privatisierung der Bundesbahn ermöglichen, auf der anderen Seite auf Verlangen des Bundesrates die Infrastrukturverantwortung des Bundes betonte.[58] Beginnend mit dem Jahr 2006 begann eine verfassungsrechtliche Diskussion über die mögliche Kapitalprivatisierung der Bahn, die sich an der Formulierung des Art. 87e Abs. 3 GG abarbeiten musste. Die Wirkung der Norm ist dabei auf die Eisenbahnen des Bundes beschränkt.[59]

Die nach Satz 1 vorgeschriebene Organisation in privatrechtlicher Form schreibt zunächst eine formelle Privatisierung vor, die dem Bund eine gewisse Freiheit bei der Wahl der konkreten Organisationsform überlässt.[60] Satz 3, der von „Anteilen" spricht, legt nahe, dass es sich hierbei um eine Kapitalgesellschaft handeln muss.[61] Der Gesetzgeber hat hier die Rechtsform der Aktiengesellschaft gewählt. Im konkreten Fall ist dies insbesondere deshalb zulässig, da Art. 87e Abs. 3 GG von einer Führung als „Wirtschaftsunternehmen" spricht, woraus die Anforderung einer gewissen Unabhängigkeit der Unternehmensführung gefolgert wird.[62] Durch die Be-

---

[58] *Gersdorf*, in: v. Mangoldt/Klein/Starck (Fn. 45), Art. 87e, Rn. 38. In diesem Sinne auch *W. Durner*, Infrastrukturverwaltung, in: Kahl/Ludwigs (Hrsg.), Handbuch des Verwaltungsrechts, Bd. I, Grundstrukturen des deutschen Verwaltungsrechts, Heidelberg 2021, § 21, Rn. 31.

[59] *Gersdorf* etwa kritisiert: „Überführt Art. 87f Abs. 2 S. 1 in konsequenter Verwirklichung des eigentlichen Reformziels den vormaligen Bereich staatlicher Leistungsverwaltung in eine durch freien Wettbewerb gekennzeichnete Wirtschaftsordnung in den Bereichen Post und Telekommunikation, so entwirft Art. 87e Abs. 3 lediglich ein (Funktions- und Organisations-)Konzept für die Eisenbahnen des Bundes, ohne dabei den gesamten Sachbereich des Eisenbahnsektors zu erfassen". *Gersdorf*, in: v. Mangoldt/Klein/Starck (Fn. 45), Art. 87e, Rn. 37. *Cancik*, in: Herdegen/Masing/Poscher/Gärditz (Fn. 27), § 14, Rn. 32.

[60] *Gersdorf*, in: v. Mangoldt/Klein/Starck (Fn. 45), Art. 87e, Rn. 42; *Krebs* (Fn. 2), in: Isensee/Kirchhof, § 108, Rn. 68.

[61] *R. Uerpmann-Wittzack*, in: v. Münch/Kunig (Hrsg.), Grundgesetz. Kommentar, Bd. II, 7. Auflage, München 2021, Art. 87e, Rn. 16.

[62] *E. Schmidt-Aßmann/H.C. Röhl*, Grundpositionen des neuen Eisenbahnverfassungsrechts (Art. 87e GG), DÖV 1994, 577 (580).

zeichnung als Wirtschaftsunternehmen ist in verbindlicher Form der Unternehmenszweck vorgegeben.[63]

Art. 87e Abs. 3 S. 2 und 3 GG bestimmen, dass der Bund Mehrheitseigentümer der Eisenbahninfrastrukturunternehmen bleiben muss („Schienenwegevorbehalt“).[64] Dieser Vorbehalt hat sich im Rahmen der materiellen Privatisierungsbemühungen der Deutschen Bahn AG zumindest im Hinblick auf seine Steuerungswirkung bewährt, als dass er (auch entgegen dem politischen Willen der damaligen Bundesregierung 2007/08) die Veräußerung von Minderheitsanteilen an der Deutschen Bahn AG verfassungsrechtlich verunmöglichte.[65]

c) Art. 114 Abs. 2 S. 1 GG: Institutionsgarantie des Bundesrechnungshofs

Vorgaben enthält die Verfassung auch für den Bundesrechnungshof.[66] Ob man diesen als Teil der Exekutive begreift,[67] ist für diese Vorgaben zunächst nicht entscheidend. Auch wenn vieles dafür spricht, anzunehmen, dass der Rechnungshof eine Sonderstellung innerhalb der Exekutive innehat,[68] ist seine organisationsrechtliche Ausgestaltung in der Verfassung unklar. Gleichzeitig stellt der Rechnungshof als intraadministrative Kontrolle eine der ältesten Formen unabhängiger Verwaltungseinheiten dar.[69]

Art. 114 Abs. 2 S. 1 GG lautet: „Der Bundesrechnungshof, dessen Mitglieder richterliche Unabhängigkeit besitzen, prüft die Rechnung sowie die Wirtschaftlichkeit und Ordnungsmäßigkeit der Haushalts- und Wirtschaftsführung des Bundes.“ Aus dieser Formulierung wird eine organisationsrechtliche Bestandsgarantie des Bundesrechnungshofs hergeleitet.[70] Diese Bestandsga-

---

[63] *Möstl*, in: Dürig/Herzog/Scholz (Fn. 43), Art. 87e, Rn. 80, 82; *S. Wilkens*, Wettbewerbsprinzip und Gemeinwohlorientierung bei der Erbringung von Eisenbahndienstleistungen, Berlin 2006, 41.

[64] *J. Wieland*, in: Dreier (Fn. 46), Art. 87e, Rn. 17.

[65] Ausführliche historische Darstellung bei *Wieland*, in: Dreier (Fn. 46), Art. 87e, Rn. 18 ff.

[66] Kompakte Einführung bei *U. Hufeld*, Der Bundesrechnungshof und andere Hilfsorgane des Bundestages, in: Isensee/Kirchhof (Hrsg.), HStR, Bd. III, 3. Auflage, Heidelberg 2005, § 56, Rn. 4 ff.

[67] Skeptisch etwa *W. Krebs*, Kontrolle in staatlichen Entscheidungsprozessen. Ein Beitrag zur rechtlichen Analyse von gerichtlichen, parlamentarischen und Rechnungshof-Kontrollen, Heidelberg 1984, 178 ff.

[68] Dies ist umstritten. Zum verfassungsrechtlichen Status des Rechnungshofes mit weiteren Nachweisen: *H. Kube*, in: Dürig/Herzog/Scholz (Fn. 43), Art. 114, Rn. 60 ff. Ferner *Wißmann*, (Fn. 22), in: Hoffmann-Riem/Schmidt-Aßmann/Voßkuhle, § 15, Rn. 69.

[69] Zu diesem Argument *Meinel* (Fn. 20), in: Kahl/Ludwigs, § 61, Rn. 33.

[70] *F. Klein*, Die institutionelle Verfassungsgarantie der Rechnungsprüfung, in: Bundesrechnungshof (Hrsg.), 250 Jahre Rechnungsprüfung. Zur zweihundertfünfzigjährigen Wiederkehr der Errichtung der preussischen Generalrechenkammer, Frankfurt am Main 1964, 133; *K.-A. Schwarz*, in: v. Mangoldt/Klein/Starck (Fn. 45), Art. 114, Rn. 72.

rantie umfasst sowohl die konkrete Institution als auch den Bestand seiner Aufgaben.[71] Art. 114 Abs. 2 GG ist damit ein Beispiel für eine mittelbare Organisationsbestimmung. Sie schreibt lediglich die typusbestimmenden Merkmale fest, nicht jedoch eine konkrete organisationsrechtliche Ausgestaltung.[72]

Mit den besonderen Eigenschaften des Rechnungshofes sind jedoch bestimmte Eigenschaften der Aufgabenerfüllung verbunden. Die richterliche Unabhängigkeit seiner Mitglieder ist garantiert und muss sich insoweit auch in der Aufgabenverteilung widerspiegeln. Aus der Unabhängigkeit wird dann in einem zweiten Schritt das Erfordernis eines nicht-hierarchischen Aufbaus des Rechnungshofes hergeleitet; vereinzelt wird eine Kollegialverfassung gefordert.[73]

4. Organisationsvorgaben in den Landesverfassungen

Auch auf Landesebene sind spezielle Organisationsvorgaben Ausnahmen.[74] Weitgehend in allen Landesverfassungen ist das Selbstverwaltungsrecht der Hochschulen normiert,[75] die jedoch im Hinblick auf die grundrechtliche Garantie des Art. 5 Abs. 3 S. 1 GG im Wesentlichen eine komplementäre Wirkung enthalten.[76] Sie differenzieren entsprechend der Länderkompetenz einen „Mindestbestand organisations- und verfahrensrechtlichen Schutzes für Forschung und Lehre" aus.[77] Darüber hinaus sind ausdrückliche *verfassungsrechtliche* Organisationsbestimmungen selten.[78] Art. 57 Abs. 1 der Niedersächsischen Landesverfassung erkennt das Selbstverwaltungsrecht „sonstiger öffentlich-rechtlicher Körperschaften" an.[79] In Art. 35 Abs. 1 S. 2 der Hessischen Verfassung wird die Selbstverwaltung in der Sozialversicherung anerkannt.[80] Art. 59 Abs. 1 der Saarländischen Verfassung garantiert die „öffent-

[71] *Kube*, in: Dürig/Herzog/Scholz (Fn. 43), Art. 114, Rn. 47; *W. Heun/A. Thiele*, in: Dreier (Fn. 46), Art. 114, Rn. 22; *Schwarz*, in: v. Mangoldt/Klein/Starck (Fn. 45), Art. 114, Rn. 71.

[72] *Schwarz*, in: v. Mangoldt/Klein/Starck (Fn. 45), Art. 114, Rn. 72.

[73] *Heun/Thiele*, in: Dreier (Fn. 46), Art. 114, Rn. 23 Fn. 77 mwN.

[74] Zum Verhältnis der Landesverfassungen zum Grundgesetz, vgl. *R. Bartlsperger*, Das Verfassungsrecht der Länder in der gesamtstaatlichen Verfassungsordnung, in: Isensee/Kirchhof (Hrsg.), HStR, Bd. VI, 3. Auflage, Heidelberg 2008, § 128, Rn. 6 ff.

[75] Nachweise im Einzelnen bei *Kluth*, in: Wolff/Bachof/Stober/Kluth (Fn. 7), § 80, Rn. 138.

[76] Dazu *Gärditz* (Fn. 4), 387.

[77] *Gärditz* (Fn. 4), 388.

[78] Die folgenden wenigen Hinweise finden sich bei *Kluth*, in: Wolff/Bachof/Stober/Kluth (Fn. 7), § 80, Rn. 139–141.

[79] Die gleiche Regelung findet sich in Art. 71 Abs. 1 der Baden-Württembergischen Verfassung.

[80] Genauso wie in Art. 57 der Bremischen Verfassung sowie Art. 46 der Saarländischen Verfassung.

lich-rechtliche Vertretung der Wirtschaft" in den Industrie- und Handelskammern. Auch wenn hier und da noch eine Ausnahmeregelung dazukommen mag, lässt sich konstatieren: Regelungswirkung im Sinne eines Ausschlusses einer Organisationsgestaltungsfreiheit enthalten die landesrechtlichen Vorgaben mithin nicht.

5. Diskussion

Es zeigt sich also, dass obwohl die (grundgesetzliche) Textmenge an Organisationsvorgaben erheblich ist,[81] die damit einhergehende Steuerungswirkung als relativ gering einzuschätzen ist.[82] Die Verfassung wirft nur einzelne Schlaglichter auf die Ausgestaltung der Verwaltungsorganisation, deren Organisationstiefe und -form weitgehend den nach allgemeinen Regeln zu beurteilenden Gestaltungsentscheidungen überlassen ist. Angesichts des steten Anpassungsbedarfs staatlicher Aufgabenerfüllung erscheint die Verfassung nicht unbedingt als der richtige Ort für ausdrückliche Organisationsbestimmungen. Besonders deutlich zeigt sich dies im Recht der Infrastrukturverwaltung.[83] Da verfassungsrechtliche Vorgaben auch dann bindend sind, wenn sie unzweckmäßig erscheinen[84] und zudem mit höheren Änderungshürden verbunden sind, ist das parlamentarische Gesetz ein näher liegender Regelungsort.[85] Dieser Einschätzung werden die verfassungsrechtlichen Organisationsbestimmungen in der Regel gerecht.

6. Exkurs: Der Begriff der institutionellen Legitimation

Für die Charakterisierung unmittelbar verfassungsrechtlicher Organisationsvorgaben ist in der Literatur der Begriff der „funktionellen" oder „institutionellen" Legitimation üblich.[86] Die Begriffsbildung beruht auf der Annahme,

---

[81] *U. Volkmann*, Grundzüge einer Verfassungslehre der Bundesrepublik Deutschland, Tübingen 2013, 264.

[82] Zustimmend für das Recht der Netzwirtschaften *Kühling* (Fn. 36), in: Kahl/Ludwigs, § 86, Rn. 87.

[83] Richtig *Durner* (Fn. 58), in: Kahl/Ludwigs, § 21, Rn. 32.

[84] Als ein Beispiel für eine unzweckmäßige aber dennoch bindende Vorgabe gilt die von Art. 87e GG vorgenommene Anknüpfung der Verwaltungskompetenz an das Merkmal „Eisenbahnen des Bundes." Diese Bestimmung steht diametral zu der in Art. 87e Abs. 4 GG vorgenommenen funktionalen Unterscheidung zwischen Personennah- und -fernverkehr und verursacht so Kompetenzprobleme. Näher dazu *Möstl*, in: Dürig/Herzog/Scholz (Fn. 43), Art. 87e, Rn. 24. Zum Verhältnis von Einzelnormierungen und Strukturprinzipien, *F. Reimer*, Verfassungsprinzipien. Ein Normtyp im Grundgesetz, Berlin 2001, 303 ff.

[85] Ähnlich bei *Volkmann* (Fn. 81), 271; *Traumann* (Fn. 39), 185.

[86] *E.-W. Böckenförde*, Demokratie als Verfassungsprinzip, in: Isensee/Kirchhof (Hrsg.), HStR, Bd. II, 3. Auflage, Heidelberg 2004, § 24, Rn. 15; *V. Mehde*, Neues Steuerungsmodell

dass eine bestimmte Organisationsgestaltung durch eine textliche Verankerung von der besonderen demokratischen Legitimation der Verfassung profitieren kann.[87] In einer engen Lesart, wie sie etwa *Böckenförde* unter Verweis auf Entscheidungen des Bundesverfassungsgerichts vorgeschlagen hat, bezieht sich dieser Legitimationstyp nur auf die Grundentscheidung der Konstituierung von Exekutive, Legislative und Judikative als Gewalten durch die das Volk die Staatsgewalt ausübt.[88] In einer erweiterten Fassung, wie sie sich neben anderen *Kluth* zu Eigen macht, sind „auch die von [der Verfassung] vorgesehenen Verwaltungstypen und Verwaltungsträger" umfasst.[89] Hier bezieht sich die besondere institutionelle Legitimation auf die Existenz, Struktur und Aufgaben dieser Typen und Träger, soweit sie aus der Verfassung ableitbar sind.[90]

In beiden Fassungen ist der Begriff zunächst problematisch, was seine Verwendung des Legitimationskonzeptes darstellt. Denn die funktionelle Legitimation befindet sich strukturell auf einer anderen Ebene als das ansonsten unter demokratischer Legitimation bezeichnete Zusammenwirken der Legitimationsformen zum Legitimationsniveau.[91] So bezieht sich der Begriff auf das Volk als historischen Verfassungsgeber, als *pouvoir constituant*.[92] Damit soll zum Ausdruck gebracht werden, dass der Verfassungsgeber in seiner Regelung

als Demokratieprinzip, 179 f.; *Grzeszick*, in: Dürig/Herzog/Scholz (Fn. 43), Art. 20, Rn. 123; *Dreier*, in: Dreier (Hrsg.), Grundgesetz Kommentar, Bd. II, 3. Auflage, Tübingen 2015, Art. 20, Rn. 110; *Kluth*, in: Wolff/Bachof/Stober/Kluth (Fn. 7), § 80, Rn. 146; *M. Kotzur*, in: v. Münch/Kunig, Grundgesetz Kommentar, Bd. I, 7. Auflage, München 2021, Art. 20, Rn. 115. Begriff der verfassungsrechtlichen Legitimation bei *W. Kluth*, Funktionale Selbstverwaltung. Verfassungsrechtlicher Status – verfassungsrechtlicher Schutz, Tübingen 1997, 357; *W. Heun*, Die Verfassungsordnung der Bundesrepublik Deutschland, Tübingen 2012, 42. Ferner *H. Dreier/D. Kuch*, Demokratische Legitimation der Ministerial- und Selbstverwaltung, in: Kahl/Ludwigs (Hrsg.), Handbuch des Verwaltungsrechts, Bd. III, Verwaltung und Verfassungsrecht, Heidelberg 2022, § 60, Rn. 32.

[87] *Kluth*, in: Wolff/Bachof/Stober/Kluth (Fn. 7), § 80, Rn. 146.

[88] *Böckenförde* (Fn. 86), in: Isensee/Kirchhof, § 24, Rn. 15. BVerfGE 49, 89 (125); 68, 1 (89). Restriktive Interpretation auch bei *Grzeszick*, in: Dürig/Herzog/Scholz (Fn. 43), Art. 20, Rn. 123. *Dreier*, in: ders. (Fn. 86), Art. 20, Rn. 110.

[89] *Kluth*, in: Wolff/Bachof/Stober/Kluth (Fn. 7), § 80, Rn. 147.

[90] *Kluth*, in: Wolff/Bachof/Stober/Kluth (Fn. 7), § 80, Rn. 147.

[91] Das ist weitgehend unstreitig. Vgl. die Nachweise bei *H.-H. Trute*, Die demokratische Legitimation der Verwaltung, in: Hoffmann-Riem/Schmidt-Aßmann/Voßkuhle (Hrsg.), GVwR, Bd. I, 2. Auflage, München 2012, § 6, Rn. 8 Fn. 38; *W. Kahl*, Hochschulräte – Demokratieprinzip – Selbstverwaltung: Unter besonderer Berücksichtigung des Aufsichtsratsmodels in Baden-Württemberg, AöR 130 (2005), 225 (237). Vgl. auch *Volkmann*, in: Friauf/Höfling (Hrsg.), Berliner Kommentar zum Grundgesetz, Berlin 2020, GG Art. 20, Rn. 47, Fn. 249. „Normhierarchisch übergeordnet" aber bei *S. Kirste*, Kontexte der Demokratie: Herrschaftsausübung in Arbeitsteilung, VVDStRL (77) 2018, 161 (196).

[92] *M. Jestaedt*, Demokratieprinzip und Kondominialverwaltung. Entscheidungsteilhabe Privater an der öffentlichen Verwaltung auf dem Prüfstand des Verfassungsprinzips Demokratie, Berlin 1993, 143; *Dreier*, in: ders. (Fn. 86), Art. 20, Rn. 110.

bestimmter Organisationsvorgaben über ein Höchstmaß an Legitimation verfügt hat, die sich wiederum in einer besonderen Bindungswirkung dieser Vorgaben niederschlägt.[93] Für diese Bindungswirkung, die selbstverständlich auch in anderen Fällen existiert, wird aber üblicherweise nicht der Begriff der Legitimation, sondern der Begriff der Geltung verwandt.[94] Dies ist deshalb treffend, da die verfahrensmäßige Legitimation einer Norm Vorbedingung der Geltung ist, die Geltung aber zeitlich über den Legitimationsvorgang hinausreicht.

Zum anderen ist die Verwendung des Begriffes der „institutionellen Legitimation" problematisch, da sie das Legitimationsobjekt konfundiert. Nicht die Existenz staatlicher Strukturen als solche verlangt nach demokratischer Legitimation, sondern die konkrete Ausübung von Staatsgewalt.[95] Die „institutionelle" Legitimation trägt daher weder zum hinreichenden Legitimationsniveau bei, noch kann es die konkrete demokratische Legitimation für die Ausübung öffentlicher Gewalt ersetzen.[96] Sie stellt nicht mehr als einen äußeren Rahmen für Organisationsentscheidungen dar.[97] Nicht zuletzt weil die verfassungsrechtlichen Organisationsvorgaben meist keine eindeutigen Aussagen ermöglichen, sollte auf den Begriff der „institutionellen" Legitimation verzichtet werden.[98]

III. Die organisationsrechtliche Wirkung der Strukturprinzipien

Wo verfassungsrechtliche Einzelnormierungen nur punktuell wirken, fangen insbesondere die Strukturprinzipien von Demokratie, Rechtsstaat und Gewaltenteilung sowie die Grundrechte die Gestaltungsfreiheit flächendeckend wieder ein.[99] Zumindest im ersten Zugriff hat dies aufgrund der vorgeblichen in-

---

[93] *Kluth*, in: Wolff/Bachof/Stober/Kluth (Fn. 7), § 80, Rn. 149.

[94] Klassisch bei *H. Kelsen*, Reine Rechtslehre, Studienausgabe der 1. Auflage, Leipzig/Wien 1934, hrsg. v. M. Jestaedt, Tübingen 2008, 21 ff.

[95] Dazu schon oben § 3.

[96] *J. Oebbecke*, Weisungs- und unterrichtungsfreie Räume in der Verwaltung, Stuttgart 1986, 69; *Grzeszick*, in: Dürig/Herzog/Scholz (Fn. 43), Art. 20, Rn. 124.

[97] Richtig etwa bei *C.D. Classen*, Demokratische Legitimation im offenen Rechtsstaat. Zur Beeinflussung des Demokratieprinzips durch Rechtsstaatlichkeit und internationale Offenheit, Tübingen 2009, 6.

[98] Im Ergebnis auch so *C. Möllers*, Demokratie, in: Herdegen/Masing/Poscher/Gärditz (Hrsg.), Handbuch des Verfassungsrechts. Darstellung in transnationaler Perspektive, München 2021, § 5, Rn. 41. Anders etwa *Trute* (Fn. 91), in: Hoffmann-Riem/Schmidt-Aßmann/Voßkuhle, § 6, Rn. 8: „Dies nötigt gleichwohl nicht, sie aus dem Legitimationsgefüge herauszunehmen."

[99] Zu dessen integrierender Wirkung insbesondere, *Reimer* (Fn. 84), 288 ff. „Verwaltungsverfassungsrecht" bei *F. Wollenschläger*, Verfassung im Allgemeinen Verwaltungsrecht – Bedeutungsverlust durch Europäisierung und Emanzipation?, VVDStRL (75) 2016, 195.

haltlichen Unbestimmtheit der Staatsstrukturprinzipien für Beunruhigung gesorgt.[100] Mittlerweile ist aber auch im Hinblick auf die Rechtsprechung des Bundesverfassungsgerichts weitgehend unbestritten, dass zentrale Strukturaussagen des Grundgesetzes in den Bereich der Verwaltungsorganisation ausstrahlen und dort eine konkrete Regelungswirkung entfalten.[101]

Verfassungsrechtliche Steuerungsaussagen ergeben sich dabei nicht aus der *isolierten* Betrachtung etwa des Demokratie-, des Rechtsstaatsprinzips oder der Gewaltenteilung, sondern nur in ihrem Zusammenwirken. Strukturprinzipielle Gesichtspunkte, die für einen bestimmten Organisationsaufbau sprechen, können so ihre Entsprechung auf der Gegenseite finden, die unter Umständen Argumente für einen ganz anderen Aufbaumechanismus ins Feld führt.[102] So geht es hier nicht nur um Aussagen des von seinem sozialen Umfeld isolierten Demokratieprinzips, sondern um dessen Inbezugsetzung mit funktionalen, rechtsstaatlichen, gewaltenteilenden Aspekten. Angesichts des weitgehenden Schweigens der Verfassung im Hinblick auf konkrete Organisationsmaßstäbe liegt der Schwerpunkt in der Kollisionsbewältigung zwischen Verfassungsprinzipien verschiedener Stoßrichtungen, mithin der Suche nach einer Ordnung im normativen Dickicht überlappender Steuerungsaussagen.[103]

Mit dieser Suche soll jedoch nicht sofort begonnen werden, sie ist Gegenstand der Diskussionen der im Anschluss folgenden 3. und 4. Teile dieser Arbeit. An dieser Stelle geht es daher nicht um Details, sondern um eine knappe *idealtypische* Rekonstruktion der so entstehenden Stoßrichtungen. Schnell wird ersichtlich, dass die schon aufgrund ihrer Verschränkung mit anderen Verfassungsnormen hier als „Wirkkomplexe" bezeichneten Prinzipien der Demokratie bzw. des Rechtsstaats/der Gewaltenteilung sowie (etwas weniger prominent) der Grundrechte teils harmonisch interpretiert werden können, teils jedoch auf konträre Steuerungsziele hinarbeiten, so dass ihre *Kollision* im Verfassungsrecht aufgelöst werden muss.

---

[100] Stellvertretend etwa *H.-J. Bullinger*, Fragen der Auslegung einer Verfassung, JZ 2004, 209 (212); *P. Kunig*, Das Rechtsstaatsprinzip. Überlegungen zu seiner Bedeutung für das Verfassungsrecht der Bundesrepublik Deutschland, Tübingen 1986, 457 ff. Diskussion bei *Krebs*, in: Isensee/Kirchhof (Fn. 2), § 108, Rn. 87.

[101] *Krebs* (Fn. 2), in: Isensee/Kirchhof, § 108, Rn. 88. Bei *Gärditz* (Fn. 4), 197 heißt es: „Verfassungsrechtliche Leitprinzipien entfalten und justieren hier jedoch zusätzliche Maßstäbe, mittels derer auch die legislative Gestaltung vorstrukturiert und damit tendenziell stärker kontrollierbar gemacht werden soll."

[102] Ähnlich angelegt bei *W. Loschelder*, Weisungshierarchie und persönliche Verantwortung in der Exekutive, in: Isensee/Kirchhof (Hrsg.), HStR, Bd. V, 3. Auflage, Heidelberg 2007, § 107, Rn. 72.

[103] Vgl. *Krebs* (Fn. 2), in: Isensee/Kirchhof, § 108, Rn. 88: keine „abrufbaren Entscheidungsmodelle".

1. Wirkkomplex Demokratieprinzip

Modellbildend für die Verwaltungsorganisation ist dabei zunächst das Demokratieprinzip.[104] Die Legitimation der Exekutivtätigkeit stellt den entscheidenden Unterschied vom Konstitutionalismus zum demokratischen Verfassungsstaat dar. Gleichwohl hat die deutsche Dogmatik im europäischen Vergleich[105] einen gewissen Sonderweg eingeschlagen, indem sie ein ansonsten nicht besonders präzise gedeutetes Legitimationsprinzip in einen formalen Ableitungszusammenhang umgedeutet hat.[106] Der Grund für diese im Vergleich zu anderen europäischen Rechtsordnungen besondere Konkretisierungsleistung scheint insbesondere die traditionell starke Bedeutung der Methodenlehre im deutschen öffentlichen Recht zu sein.[107] Auch die Tatsache, dass im *Common Law* die zeitliche Begrenztheit der Herrschaft stärker akzentuiert, damit aber in der Regel eine stärkere Bindungsfreiheit verbunden wird, könnte hier eine Rolle spielen.[108]

Die von der Rechtsprechung des Bundesverfassungsgerichts hier besonders geprägte Verfassungsdogmatik geht dabei dreistufig vor, um das in Art. 20 Abs. 2 GG kodifizierte Prinzip der Volkssouveränität auf der Ebene der Verwaltungsorganisation zu formalisieren und damit operabel zu machen. Auf

[104] *Wißmann* (Fn. 22), in: Hoffmann-Riem/Schmidt-Aßmann/Voßkuhle, § 15, Rn. 59; *F. Meinel*, Zur Unterscheidung von formellem und materiellem Organisationsverfassungsrecht, in: Krüper/Pilniok (Hrsg.), Organisationverfassungsrecht. Wissenschaft – Theorie – Praxis, Tübingen 2019, 112. Zu – neben der Legitimation – ergänzenden Wirkungen des Demokratieprinzips, vgl. *I. Spiecker gen. Döhmann*, Kontexte der Demokratie: Parteien – Medien – Sozialstrukturen, VVDStRL (77) 2018, 9 (18 ff.). Knapp zusammenfassend auch *H. Dreier*, Deutschland, in: v. Bogdandy/Cruz Villalón/Huber (Hrsg.), Handbuch Ius Publicum Europaeum, Bd. I, Heidelberg 2007, § 1, Rn. 114.

[105] Dies wird etwa in den Perspektiven des von *Ruffert* herausgegebenen Bandes Legitimacy in European Administrative Law. Reform and Reconstruction, Groningen 2011 deutlich.

[106] Insoweit belegt etwa *C.D. Classen*, Der Verfassungsbegriff der Demokratie in Deutschland und in Frankreich. Bemerkungen zur Konkretisierung eines offenen Verfassungsbegriffs im europäischen Rechtsraum, JöR 2017, 263 (291 ff.), dass sich der zuweilen behauptete hyperformalisierte Sonderweg durchaus auch in anderen Jurisdiktionen findet, dort nur nicht so stringent ausgearbeitet wird wie vom Bundesverfassungsgericht. Lesenswert im Hinblick auf diese These auch *R. Yamamoto*, Die demokratische Legitimation der Verwaltung in Japan, JöR 2017, 849 (853 ff.). In diesem Sinne auch *M. Ruffert*, Verselbständigte Verwaltungseinheiten: Ein europäischer Megatrend im Vergleich, in: Trute/Groß/Röhl/Möllers (Hrsg.), Allgemeines Verwaltungsrecht – zur Tragfähigkeit eines Konzepts, Tübingen 2008, 431 (452). Zum deutschen Sonderweg vgl. ferner *P. Chrétien*, The Legitimacy of Administration: German Ideas and how they are received in France, in: Ruffert (Hrsg.), Legitimacy in European Administrative Law. Reform and reconstruction, Groningen 2011, 237 (241 ff.). Zur Legitimation als Verfassungsfunktion, vgl. *H. Lang*, Funktionen der Verfassung, in: Isensee/Kirchhof (Hrsg.), HStR, Bd. XII, 3. Auflage, Heidelberg 2014, § 266, Rn. 5 ff.

[107] Dazu schon oben, § 2.

[108] Vgl. die Überlegung bei *M. Ruffert*, Comparative Perspectives of Administrative Legitimacy, in: Ruffert (Hrsg.), Legitimacy in European Administrative Law. Reform and Reconstruction, Groningen 2011, 351 (354).

der ersten Stufe gilt es, die mehrstufige Struktur des Legitimationssubjekts „Volk“ zu erfassen.[109] Auf der zweiten Stufe sind mittels verfassungsrechtlicher Methodik wirksame Legitimations*formen* auszudifferenzieren, die personelle und sachlich-inhaltliche Komponenten erfassen. Zuletzt wird auf der dritten Stufe die eigentliche Legitimationsleistung auf der Ebene des Zusammenwirkens der verschiedenen Legitimationsformen mit Hilfe des „Legitimationsniveaus“ bestimmt.

a) Volkssouveränität

Der Grundsatz der Volkssouveränität nach Art. 20 Abs. 2 GG setzt die Begriffe des Staatsvolks und der Staatsgewalt in ein Verhältnis. Das Volk ist Subjekt, die Gewalt das Objekt einer Legitimationsbeziehung.[110] Auch wenn die verfassungsrechtliche Bestimmung ein monistisches Legitimationssubjekt vorzugeben scheint, anerkennt die Verfassung die gegliederte Struktur des Begriffs des Volkes, das auf Bundes-, Landes- und Kommunalebene eigene Gesamtheiten mit sich jeweils überschneidenden Zugehörigkeiten bildet.[111] Deutlich wird dies insbesondere bei den Verwaltungskompetenzen für die Voll-

[109] Vgl. *R. Grawert*, Staatsvolk und Staatsangehörigkeit, in: Isensee/Kirchhof (Hrsg.), HStR, Bd. II, 3. Auflage, Heidelberg 2004, § 16, Rn. 25 ff.

[110] Dazu auch *Grzeszick*, in: Dürig/Herzog/Scholz (Fn. 43), Art. 20 II, Rn. 61; *Robbers*, in: Kahl/Waldhoff/Walter (Hrsg.), Bonner Kommentar zum Grundgesetz, 214. Aktualisierung, Heidelberg 2021, Art. 20, Abs. 1, Rn. 569 ff. Zur daraus folgenden notwendigen Rechtfertigungsbedürftigkeit *P. Kielmannsegg*, Demokratische Legitimation, in: Kube u.a. (Hrsg.), Leitgedanken des Rechts – Paul Kirchhof zum 70. Geburtstag, Bd. I, Heidelberg 2013, 641 (641). Allgemein verfassungsrechtlich *C. Möllers*, Verfassunggebende Gewalt – Verfassung – Konstitutionalisierung, in: v. Bogdandy/Bast (Hrsg.), Europäisches Verfassungsrecht, 2. Auflage, Berlin/Heidelberg 2009, 227 (230). Dies mag man unter dem Stichwort „kommunitaristischer Volksbegriff“ normativ für falsch halten, ist aber nun einmal der Wortlaut des Grundgesetzes. Zu diesem Argument *Böckenförde*, in: Isensee/Kirchhof (Fn. 86), § 24, Rn. 27. Zusammenfassung auch bei *U. Di Fabio*, Demokratie im System des Grundgesetzes, in: Brenner/Huber/Möstl (Hrsg.), Der Staat des Grundgesetzes – Kontinuität und Wandel. Festschrift für Peter Badura zum siebzigsten Geburtstag, Tübingen 2004, 77 (79 ff.). Dagegen etwa *B.-O. Bryde*, Die bundesrepublikanische Volksdemokratie als Irrweg der Demokratietheorie, StWStP 1994, 305 (308 ff.); *T. Groß*, Grundlinien einer pluralistischen Interpretation des Demokratieprinzips, in: Redaktion Kritische Justiz, Demokratie und Grundgesetz. Eine Auseinandersetzung mit der verfassungsgerichtlichen Rechtsprechung, Baden-Baden 2000, 93 (100); *N. Petersen*, Demokratie und Grundgesetz, JöR 2010, 137 (152 ff.). In Großbritannien fehlt dieser Ableitungszusammenhang vom Volk völlig, vgl. *A. Le Sueur*, People as ‚Users‘ and ‚Citizens‘ – The quest for legitimacy in British Public Administration, in: Ruffert (Hrsg.), Legitimacy in European Administrative Law. Reform and Reconstruction, Groningen 2011, 29 (31 ff.).

[111] Dazu etwa *T. Groß*, „We the People“ – Was ist ein Volk?, in: Bäuerle/Dann/Wallrabenstein (Hrsg.), Demokratie-Perspektiven, Festschrift für Brun-Otto Bryde zum 70. Geburtstag, Tübingen 2013, 157 (157). Überlegungen zur postnationalen Demokratie bei *J. Kokott*, Die Staatsrechtslehre und die Veränderung ihres Gegenstandes: Konsequenzen von Europäisierung und Internationalisierung, VVDStRL (63) 2004, 7 (29).

zugsentscheidung, die insbesondere in der Bundesgesetzgebung mehrere dieser Ebenen einbezieht.[112]

Soweit das Grundgesetz bestimmt, dass *alle* Staatsgewalt vom Volke ausgeht, werden dadurch andere Legitimationsformen verdrängt.[113] Über die Brücke der Verfassung geht die soziale und normative Anerkennung von Herrschaft damit in der rechtlichen Anerkennung auf.[114] Legitimation unter dem Grundgesetz kann allein und ausschließlich im Rahmen des verfassungsrechtlich gebotenen Legitimationsmodells bestimmt werden.[115] Das so begründete Legitimationsverhältnis verlangt eine „Rückführbarkeit" von politischer Herrschaft auf den Volkswillen, die schon in der Erklärung über Menschen- und Bürgerrechte vom 26. August 1789 zum Ausdruck kommt.[116]

Das Legitimationsverhältnis von Subjekt zu Objekt, von (plural verstandenem) Volk zu Gewalt, sucht daher für die konkrete Verwaltungstätigkeit nach einer methodischen Brücke von einer Willensäußerung zu einer realweltlichen Handlung. Für dieses Verhältnis haben Rechtsprechung und Literatur mit der Lehre der demokratischen Legitimation eine differenzierte Dogmatik aus formalen und materiellen Kriterien entwickelt,[117] die die notwendigen Bedingungen von Herrschaftsrechtfertigung enthalten.[118]

b) Die verfassungsrechtliche Operationalisierung der demokratischen Legitimation

Die Lehre der demokratischen Legitimation ist insoweit ein Interpretationsansatz, der die abstrakte Forderung der Volkssouveränität verfassungsrechtlich handhabbar macht.[119] Im Zentrum steht die von *Böckenförde* geprägte

---

[112] *Dreier/Kuch* (Fn. 86), in: Kahl/Ludwigs, § 60, Rn. 32.

[113] Insoweit ist es ein Charakteristikum des Verfassungsrechts, dass es die normative Forderung nach Demokratie nie ganz einlösen kann. Vgl. zuletzt *Dreier/Kuch* (Fn. 86), in: Kahl/Ludwigs, § 60, Rn. 21; *H. Dreier*, „We the People" – Verfassungsgebung als Gestaltungsprogramm, in: Bayertz/Hoesch (Hrsg.), Die Gestaltbarkeit der Geschichte, Hamburg 2019, 203 (215 ff.). Vgl. auch *Kirste* (Fn. 91), 185; Ferner *Volkmann* (Fn. 81), 241 ff.

[114] Zur Unterscheidung zwischen Legitimation und Legitimität *Kirste* (Fn. 91), 180.

[115] Vgl. die Nachweise bei *Meinel* (Fn. 104), 113. Darauf weist auch *S. Müller-Franken*, Die demokratische Legitimation öffentlicher Gewalt in den Zeiten der Globalisierung. Zur unhintergehbaren Rolle des Staates in einer durch Europäisierung und Internationalisierung veränderten Welt, AöR 134 (2009), 542 (558 ff.) hin.

[116] Dort heißt es in Art. 3: „Le principe de toute souveraineté réside essentiellement dans la nation. Nul corps, nul individu ne peut exercer d'autorité qui n'en émane expressément." Vgl. auch *H. Dreier*, Das Problem der Volkssouveränität, in: Stekeler-Weithofer/Zabel (Hrsg.), Philosophie der Republik, Tübingen 2018, 37 (38).

[117] *Jestaedt* (Fn. 92), 161 f.

[118] *Kirste* (Fn. 91), 199. Zuspitzend aber *F. Meinel*, Die Legalisierung der Legitimation. Zu einem deutschen Verfassungsproblem, Merkur 2014, 767–779.

[119] *Dreier/Kuch* (Fn. 86), in: Kahl/Ludwigs, § 60, Rn. 22. Darstellung der Anforderungen auch bei *A. Musil*, Wettbewerb in der staatlichen Verwaltung, Tübingen 2005, 92 ff. Prägnant

und vom Bundesverfassungsgericht angenommene und fortgeschriebene Forderung, die Ausübung der Staatsgewalt müsse auf eine *aktive* Willensäußerung des Volkes rückführbar sein, in der ein effektiver Einfluss auf deren Ausübung zur Geltung kommt.[120] Verlangt ist also eine *hinreichende Effektivität* der Wirkung des tatsächlichen Volkswillen auf die Entscheidungsfindung.[121] Mit dieser Bestimmung wird der Legitimationsbegriff von einem ursprünglich qualitativen zu einem quantitativen Begriff gewandelt.[122] Der Kern dieser quantitativen Bestimmung ist das Parlament als „Gravitationszentrum."[123] Die Kraft der Legitimationswirkung nimmt ab, je weiter sie sich von ihrem Fixstern, dem unmittelbar vom Volk legitimierten Parlament entfernt. Die Lehre der demokratischen Legitimation deutet damit das Demokratieprinzip im Wesentlichen als Element formaler Gleichheit.[124] Demokratie wird zur operationalisierten Verfahrensform.[125]

---

zusammengefasst auch bei *O. Jouanjan*, Demokratietheorie als Verfassungslehre, Der Staat 58 (2019), 223 (238 ff.). Dies bedeutet aber nicht, dass er der einzige Weg wäre, das verfassungsrechtliche Demokratieprinzip zu deuten. Dazu etwa *F. Wittreck*, Volksgesetzgebung: Königsweg oder Irrweg der direkten Demokratie?, Zeitschrift für Staats- und Europawissenschaften 2010, 553 (555 ff.). Zusammenfassend (mit rechtsvergleichenden Überlegungen auch *K.-P. Sommermann*, Demokratiekonzepte im Vergleich, in: Bauer/Huber/Sommermann (Hrsg.), Demokratie in Europa, Bd. I, Verfassungsentwicklung in Europa, Tübingen 2005, 191 (203 ff.).

[120] *Böckenförde* (Fn. 86), in: Isensee/Kirchhof, § 24, Rn. 12 ff. Rezipiert in BVerfGE 83, 37 (50 f.); 83, 60 (72); 93, 37 (66); 130, 76 (123); 135, 155 (221 f.); 147, 50 (127), st. Rspr. Ausführliche Diskussion anhand der intellektuellen Einflüsse Böckenfördes *Jouanjan* (Fn. 119), 230 ff. Hinweise auf die Literaturlage vor Böckenfördes Aufsatz *P. Badura*, Die parlamentarische Demokratie, in: Isensee/Kirchhof (Hrsg.), HStR, Bd. II, 3. Auflage, Heidelberg 2004, § 25, Rn. 27 Fn. 66.

[121] *Böckenförde* (Fn. 86), in: Isensee/Kirchhof, § 24, Rn. 8. Darstellung der klassischen Position kompakt bei *Petersen* (Fn. 110), 151 ff. Ausführlich diskutiert bei *P. Unruh*, Demokratie und „Mitbestimmung" in der funktionalen Selbstverwaltung – am Beispiel der Emschergenossenschaft, VerwArch 2001, 531 (543) sowie bei *A. Musil*, Das Bundesverfassungsgericht und die demokratische Legitimation der funktionalen Selbstverwaltung, DÖV 2004, 116 ff. Zuletzt *S.-P. Hwang*, Volkswille: Reale Substanz oder notwendige Fiktion? Ernst-Wolfgang Böckenförde und Hans Kelsen im Vergleich, Der Staat 59 (2020), 371 (373 ff.).

[122] *Meinel* (Fn. 104), 113: „Legitimation ist seit Böckenförde quantifizierbar, weil sie sich innerhalb seines Modells in eine Reihe von Je-desto-Relationen übersetzen lässt: Je näher die Ausübung legaler Macht an der Quelle demokratischer Legitimation, der Volkswahl, sitzt, desto höher ist ihre Legitimation. Je weiter sie umgekehrt in der administrativen Organisation von ihr entfernt ist, umso schwächer ist auch die Legitimation. Und schließlich: Je einschneidender die jeweilige Befugnis ist, umso enger muss sie an die Quelle der Legitimation gebunden sein."

[123] *Böckenförde* (Fn. 86), in: Isensee/Kirchhof, § 24, Rn. 16. Ferner *Dreier/Kuch* (Fn. 86), in: Kahl/Ludwigs, § 60, Rn. 31.

[124] Klassisch ausgearbeitet bei *Jestaedt* (Fn. 92), 174 ff. Knapp zusammengefasst bei *C. Waldhoff*, Parteien-, Wahl- und Parlamentsrecht, in: Herdegen/Masing/Poscher/Gärditz (Hrsg.), Handbuch des Verfassungsrechts. Darstellung in transnationaler Perspektive, München 2021, § 10, Rn. 8. Freilich liegt darin auch eine von *U. Volkmann*, Die Dogmatisierung des Verfassungsrechts, JZ 2020, 965 (972) diagnostizierte „Verengung der Richtigkeitsmaßstäbe."

[125] Zur Entstehung der verfassungsrechtlichen Lehre, vgl. etwa die Überlegungen von *Jouanjan* (Fn. 119), 230 ff.

c) Legitimationsformalisierung

Staatliche Entscheidungen „kreisen" also gewissermaßen um das Parlament und verlangen einen Maßstab, nach dem ihre Legitimationskraft als Rückbindung zum Bundestag beschrieben werden kann. Nach der ursprünglichen Bestimmung *Böckenfördes* sind dies die Legitimationsformen. Der Legitimationsvorgang wird hier im tatsächlichen Wortsinne „formalisiert."

Die sachlich-inhaltliche Legitimation bezeichnet den konkreten inhaltlichen Einfluss des Parlaments auf die Sachentscheidung.[126] Über die Handlungsform des Parlamentsgesetzes bestimmt die Legislative das Handlungsprogramm der anderen Gewalten. Die parlamentarische Steuerung erfasst zunächst *abstrakt* über die Grundsätze des Vorrangs und des Vorbehalts des Gesetzes die gesamte Exekutivtätigkeit.[127] Diese Steuerung bleibt sowohl hinsichtlich ihrer inhaltlichen Bindung als auch hinsichtlich ihrem Wirkbereich unvollständig. Sie ist *per definitionem* abstrakt-generelle Steuerung und erfasst damit nicht den exekutiven Vorbehaltsbereich der Einzelfallentscheidung.[128]

Ein wesentliches Element der sachlich-inhaltlichen Legitimation sind daher auch die Steuerungseffekte des Ministerialsystems, die über die Regierung an der Spitze der Verwaltungstätigkeit ansetzen.[129] Die sachlich-inhaltliche Legitimation ist für ihre Effektivität darauf angewiesen, dass hinreichende Steuerungseffekte über Minister durch den Stufenbau der Verwaltungsorganisation zur einzelnen Amtsperson „sickern." Parlamentsgesetze werden so von der Spitze an durch exekutive Rechtsetzung in Form von Verordnungen und Verwaltungsvorschriften konkretisiert.[130] Auch die Einzelweisung ist ein Fall der Entscheidungssteuerung, bei der der Beitrag des einzelnen Entscheidungsträ-

[126] *Böckenförde* (Fn. 86), in: Isensee/Kirchhof, § 24, Rn. 21; *Grzeszick*, in: Dürig/Herzog/Scholz (Fn. 43), Art. 20 II, Rn. 122; *Sommermann*, in: v. Mangoldt/Klein/Starck (Hrsg.), Grundgesetz Kommentar, Bd. II, 7. Auflage, München 2018, Art. 20, Rn. 168; *Dreier/Kuch* (Fn. 86), in: Kahl/Ludwigs, § 60, Rn. 34.

[127] Ausführlich dazu jüngst *B. Grzeszick*, Vorrang und Vorbehalt des Gesetzes, in: Kahl/Ludwigs (Hrsg.), Handbuch des Verwaltungsrechts, Bd. III, Verwaltung und Verfassungsrecht, Heidelberg 2022, § 72, Rn. 7 ff.

[128] *Jestaedt* (Fn. 92), 336–337.

[129] Regierung als "Legitimationsmittlerin", *Jestaedt* (Fn. 92), 335.

[130] Die autonome Rechtsetzung der Verwaltung ist damit von der Autonomie der Verwaltung im unten angesprochenen Sinne zu unterscheiden. Vgl. dazu *M. Ruffert*, Rechtsquellen und Rechtsschichten des Verwaltungsrechts, in: Hoffmann-Riem/Schmidt-Aßmann/Voßkuhle (Hrsg.), GVwR, Bd. I, 2. Auflage, München 2012, § 17, Rn. 58 ff.; *F. Ossenbühl*, Autonome Rechtsetzung der Verwaltung, in: Isensee/Kirchhof (Hrsg.), HStR, Bd. V, 3. Auflage, Heidelberg 2007, § 104, Rn. 2; *V. Mehde*, Regierung und Verwaltung, in: Kahl/Ludwigs (Hrsg.), Handbuch des Verwaltungsrechts, Bd. III, Verwaltung und Verfassungsrecht, Heidelberg 2022, § 82, Rn. 43. Im vergleichenden Zugriff Deutschland/EU *M. Möstl*, Rechtsetzungen der europäischen und nationalen Verwaltungen, DVBl 2011, 1076 ff.

gers durch die Entscheidung eines in der hierarchischen Struktur der Verwaltung höherstehenden Entscheiders ersetzt wird.

Die Konkretisierungsbedürftigkeit von Parlamentsgesetzen ist auch der Grund, warum die sachlich-inhaltliche Legitimation allein nicht ausreichen kann, um die Rückführbarkeit einer Einzelfallentscheidung auf den Volkswillen zu gewährleisten.[131] Die Gesetzesbindung allein und ihre Absicherung durch den gerichtlichen Rechtsschutz determinieren die Entscheidung nicht vollständig, sondern lassen einen Entscheidungskorridor für die einzelne Amtsperson. Mit zunehmender Konkretisierung (d.h. Individualisierung) des Sachverhalts wird auch auf der Entscheidungsebene zunehmend individualisiert.[132] Die Zuspitzung aufseiten der Entscheidungsträger spiegelt sich auf der Ebene der Legitimationsbedürftigkeit.[133] Da es keine „unverfälschte Normdurchsetzung"[134] geben kann, bedarf der Vorgang der Anwendung und Konkretisierung einer abstrakt-generell legitimierten Norm auf einen individuellen Sachverhalt einer *zusätzlichen* Legitimationsebene.[135]

Dementsprechend richtet sich die komplementäre personell-organisatorische Legitimation auf die natürliche Person, die im Rahmen der Ausübung von Staatsgewalt durch eigene Entscheidungen einen eigenständigen Beitrag

---

[131] Anders aber *Meinel* (Fn. 20), in: Kahl/Ludwigs, § 61, Rn. 43: „Eben deswegen gilt im deutschen Verwaltungssystem neben, ja: vor der organisatorischen Zuordnung zur politischen Leitung, die materielle, durch extensiven verwaltungsgerichtlichen Rechtsschutz vermittelte Gesetzesbindung als das Mittel der Legitimationssicherung der Verwaltung. Aus Sicht der Gesetzesbindung ist schließlich die hierarchische Steuerung oder Autonomie einer Verwaltungsinstitution irrelevant, solange der Rechtsschutz nicht in Frage gestellt wird."

[132] Vgl. *Meinel* (Fn. 20), in: Kahl/Ludwigs, § 61, Rn. 1.

[133] Richtig der Hinweis von *Möllers*, in: Herdegen/Masing/Poscher/Gärditz (Fn. 98), § 5, Rn. 35: „Sie [die Legitimationsformen] wurden diesem im Nachhinein einbeschrieben, kommen aber aus ganz unterschiedlichen verfassungsrechtlichen Normbeständen: Die sachliche Legitimation enthält Elemente der Gesetzesvorbehaltslehre und der parlamentarischen Verantwortlichkeit der Regierung. Die personale Legitimation folgt auch einem rechtsstaatlichen Ideal unparteilicher Entscheidungsgewalt." Teils vermittelnd bei *Kirste* (Fn. 91), 199 ff.: „Legitimierungsniveau."

[134] *U.R. Haltern/F.C. Mayer/C. Möllers*, Wesentlichkeitstheorie und Gerichtsbarkeit – Zur institutionellen Kritik des Gesetzesvorbehalts, Die Verwaltung 1997, 51 (55). Zum Argument, dass die italienische Konzeption von Verwaltungslegitimation an einer Überbetonung der formellen Gesetzesbindung leidet: *G. della Cananea*, Legitimacy and Accountability in Italian Administrative Law: A Critical Analysis, in: Ruffert (Hrsg.), Legitimacy in European Administrative Law. Reform and Reconstruction, Groningen 2011, 61 (66 ff.).

[135] Richtig wiederum *O. Lepsius*, Standardsetzung und Legitimation, in: Möllers/Voßkuhle/Walter (Hrsg.), Internationales Verwaltungsrecht. Eine Analyse anhand von Referenzgebieten, Tübingen 2007, 345 (359). Rechtsvergleichend *J. Ponce Solé*, The History of Legitimate, in: Ruffert (Hrsg.), Legitimacy in European Administrative Law. Reform and Reconstruction, Groningen 2011, 155 (160).

zur Gestaltung dieser Staatsgewalt leistet.[136] Sie ist dann gegeben, wenn sich die Bestimmung der Person zur Ausübung der Staatsgewalt zumindest mittelbar auf das Volk zurückführen lässt.[137] Erforderlich ist insoweit eine „ununterbrochene Legitimationskette vom Volk zu den mit staatlichen Aufgaben betrauten Organen und Amtswaltern,“[138] und damit eine Bestimmung einer konkreten Amtsperson für einen konkreten Funktionsbereich.[139] Das Prinzip der individuellen Berufung der Amtswalter[140] umfasst seinerseits zwei Komponenten.[141] Auf der einen Seite wird die natürliche (Amts-)Person *abstrakt* zur Ausübung von Hoheitsgewalt bestimmt, mit der in der Regel die sogleich dargestellten Grundsätze des Berufsbeamtentums einen normativen Rahmen für die Persönlichkeitsmerkmale der Amtsperson bilden. Zum anderen ist die Berufung *konkret* für einen bestimmten Funktionsbereich wirksam und vorgesehen. Eine Handlung außerhalb dieses Funktionsbereiches liegt dann jenseits der Legitimationswirkung der Berufung.[142]

Nach der Rechtsprechung des Bundesverfassungsgerichts wirken die beiden Legitimationsformen zum *Legitimationsniveau* zusammen: „[E]ntscheidend ist nicht die Form der demokratischen Legitimation staatlichen Handelns, sondern deren Effektivität; notwendig ist ein bestimmtes Legitimationsniveau. Dieses kann bei den verschiedenen Erscheinungsformen von Staatsgewalt im Allgemeinen und bei der vollziehenden Gewalt im Besonderen unterschiedlich ausgestaltet sein.“[143] Das Legitimationsniveau ist damit ein normativer

[136] BVerfGE 38, 258 (271); 47, 253 (275); 52, 95 (130); 77, 1 (40); 83, 60 (72 f.). Zurückgehend wohl auf *R. Herzog*, Allgemeine Staatslehre, Frankfurt am Main 1971, 208 ff.; *Classen* (Fn. 97), 5. Detaillierte Aufarbeitung bei *A. Kley*, Kontexte der Demokratie: Herrschaftsausübung in Arbeitsteilung, VVDStRL (77) 2018, 125 (127 ff.).

[137] *Jestaedt* (Fn. 92), 269.

[138] BVerfGE 52, 95 (130); 77, 1 (40); 83, 60 (72 f.). Siehe auch dazu etwa: *Böckenförde* (Fn. 86), in: Isensee/Kirchhof, § 24, Rn. 11 ff.; *Sommermann*, in: v. Mangoldt/Klein/Starck (Fn. 126), Art. 20, Rn. 163; *Cancik*, in: Herdegen/Masing/Poscher/Gärditz (Fn. 27), § 14, Rn. 87.

[139] *Grzeszick*, in: Dürig/Herzog/Scholz (Fn. 43), Art. 20 II, Rn. 121; *Sommermann*, in: v. Mangoldt/Klein/Starck (Fn. 126), Art. 20, Rn. 164.

[140] Klassisch: *Herzog* (Fn. 136), 210.

[141] Dazu *Jestaedt* (Fn. 92), 269.

[142] *Jestaedt* (Fn. 92), 270.

[143] BVerfGE 83, 60 (72); 93, 37 (67); 107, 59 (87); 119, 331 (336); 130, 76 (124); 135, 155 (221). Dazu ferner *Böckenförde* (Fn. 86), in: Isensee/Kirchhof, § 24, Rn. 14, 23; *E.T. Emde*, Die demokratische Legitimation der funktionalen Selbstverwaltung. Eine verfassungsrechtliche Studie anhand der Kammern, der Sozialversicherungsträger und der Bundesanstalt für Arbeit, Berlin 1991, 385; *M. Jestaedt*, Rezension zu Kay Waechter, Geminderte demokratische Legitimation staatlicher Institutionen im parlamentarischen Regierungssystem. Zur Wirkung von Verfassungsprinzipien und Grundrechten auf institutionelle und kompetenzielle Ausgestaltungen, Der Staat 35 (1996), 633 (635 f.); *Mehde* (Fn. 86), 197 ff.; *Gärditz* (Fn. 4), 409 ff. *Kirste* (Fn. 91), 188 hingegen assoziiert das Legitimationsniveau mit pluralen Legitimationsformen, was sich aus der hier vertretenen Perspektive von der Konstruktion des Verfassungsgerichts unterscheidet.

Schwellenbegriff. Weder kommt es auf Maximierung der Wirksamkeit an, noch darauf, welche Ressourcen für die Wirksamkeit eingesetzt werden müssen. Es formuliert Anforderungen dafür, wie realweltliche (Organisations-) Zusammenhänge gestaltet werden können, so dass die normative Anforderung des Zurechnungszusammenhangs zwischen dem Willen des souveränen Volkes und der Ausübung öffentlicher Gewalt (noch) erfüllt werden kann. Die Trennschärfe dieses Zusammenwirkens ist insbesondere aufgrund der teils ähnlichen Stoßrichtung der Legitimationsformen begrenzt. So verbinden insbesondere ministerielle Konkretisierungen der Gesetzesausführung Elemente beider Legitimationsformen. Aktualisiert und konkretisiert werden ihre Anforderungen erst dann, wenn das Legitimationsniveau nicht mehr hinreichend ist.

Diese formal-verfahrensorientierte Methodik des Bundesverfassungsgerichts hat in der Literatur von ganz grundsätzlicher Seite Kritik erfahren.[144] Dementsprechend schlägt eine alternative Strömung vor,[145] die durch den Stufenbau des Parlamentszentrismus entstehende Distanz von Entscheidung und Legitimationssubjekt durch eine Einbeziehung lokaler und sachnäherer Betroffenenpartizipation abzuschwächen.[146] In dieser Vorstellung verringert sich also der parlamentarische Einfluss und wird durch andere Legitimationsformen ersetzt. Inwieweit diese Anpassung zu problematischen Veränderungen führt, hängt letztlich davon ab, ob man die Parlamente als Legitimationsmonopolisten begreift oder einen Legitimationswettbewerb zwischen verschiedenen Legitimationsebenen zulässt.[147] Hier entstehen Unterschiede zwischen der verfassungsgerichtlichen Ansicht und den materiell-pluralistischen Demokratielehren,[148] die neben sachlich-inhaltlicher und personell-organisatorischer Legitimation weitere Legitimationsarten einbinden. Die sich daraus ergebenden Unterschiede werden an späterer Stelle in dieser Arbeit ausführlich besprochen.[149]

---

[144] Ausführlich noch unten, § 12. Darstellung und Bekräftigung bei *Kley* (Fn. 136), 139 ff. sowie bei *J. Kersten*, „System verflochtener Demokratie". Verfassungsrechtliche Theoriebildung gegen die politische Laufrichtung, in: Durner/Peine/Shirvani (Hrsg.), Freiheit und Sicherheit in Deutschland und Europa. Festschrift für Hans-Jürgen Papier zum 70. Geburtstag, Berlin 2013, 103 ff. (112). Ferner *Cancik*, in: Herdegen/Masing/Poscher/Gärditz (Fn. 27), § 14, Rn. 86. Im Hinblick auf die Entstehungsgeschichte differenzierend aber *Meinel* (Fn. 104), 112.

[145] *Dreier/Kuch* (Fn. 86), in: Kahl/Ludwigs, § 60, Rn. 22 sehen darin eine zweite Grundrichtung der Legitimation, genauso wie etwa *T. Groß*, Demokratische Legitimation und Verwaltungsorganisation, Jura 2016, 1026 (1027). Dem ist zumindest begrifflich entgegenzuhalten, dass es sich bei den Ansätzen nicht um eine vollständige Neubestimmung, sondern vielmehr um eine Suche nach komplementären, legitimationsverstärkenden Elementen handelt.

[146] Zentral ist der Beitrag von *Trute* (Fn. 91), in: Hoffmann-Riem/Schmidt-Aßmann/Voßkuhle, § 6, Rn. 20 mit vielen weiteren Nachweisen.

[147] Differenzierend *Volkmann* (Fn. 81), 246.

[148] So auch *Trute* (Fn. 91), in: Hoffmann-Riem/Schmidt-Aßmann/Voßkuhle, § 6, Rn. 17 ff.

[149] Vgl. unten § 12.

d) Das Demokratieprinzip als Leitprinzip

In der Rechtsprechung des Bundesverfassungsgerichts wird das Demokratieprinzip durch seine klare Operationalisierung für die Verwaltungsorganisation zum strukturgebenden Leitprinzip.[150] Die Legitimationsanforderung wird durch die Lehre der demokratischen Legitimation zu einem Schwellenbegriff, einer *conditio sine qua non* für die Verwaltungsorganisation, die eine Mindestwirkung der parlamentarischen Steuerung bestimmt.[151] Die so erzeugte Wirkung ist ein entschiedener Parlamentszentrismus, der – dies soll später noch vertieft werden – organisatorisch mit einer Präferenz für das Ministerialsystem einhergeht.

Akzeptiert man die Umsetzung des Legitimationsmaßstabs, so führt die Quantifizierbarkeit *gleichzeitig* dazu, dass sich die eine bestimmte Wirksamkeitsschwelle unterschreitende Legitimation umgekehrt auch als Verlustbegriff deuten lässt.[152] Erst die Konstruktion dieses Verlustbegriffes macht im Endeffekt die strukturbildende Funktion des Demokratieprinzips möglich, da dadurch Mindestanforderungen im Hinblick auf die parlamentarische Nähebeziehung von Verwaltungsorganisation aufgestellt werden können.

2. Wirkkomplex Rechtsstaatsprinzip und Gewaltenteilung

Das Demokratieprinzip ist allerdings nicht das einzige strukturbildende Prinzip für die Verwaltungsorganisation. Zu ihm tritt insbesondere ein aus dem Schnittbereich der Gewaltenteilung und des Rechtsstaatsprinzips[153] entnommenes Prinzip aufgabenadäquater Organisation hinzu, das auf die Sachrichtigkeit staatlicher Aufgabenerledigung gerichtet ist. Neben der kleinräumigen individuell-freiheitsschützenden Dimension des Rechtsstaatsprinzips tritt so ein bei *Hesse* explizit benanntes Gebot der „Rationalisierung des öffentlichen Gesamtzustandes" hinzu.[154] Seine Grundlage mag man auch in einem entweder

---

[150] So auch im Ergebnis *Meinel* (Fn. 104), 106.

[151] So bereits *W. v. Simson*, Das Demokratische Prinzip im Grundgesetz, VVDStRL (29) 1971, 3 (5 ff.). Ähnlich auch bei *Dreier/Kuch* (Fn. 86), in: Kahl/Ludwigs, § 60, Rn. 36.

[152] Etwas spöttisch *Meinel* (Fn. 104), 113: „Diese Quantifizierbarkeit eines zuvor rein qualitativen politischen Begriffs ist kein bloßes Detail: Die Rede von ‚Legitimationsdefiziten', ‚Legitimationsgewinnen', ‚Legitimationsverlusten' und ‚Legitimationsmängeln' sind inzwischen zur organisationsrechtlichen façon de parler bei der Bestimmung des sogenannten ‚angemessenen Legitimationsniveaus' geworden."

[153] Zu den Organisationswirkungen des Rechtsstaatsprinzips klassisch *E. Schmidt-Aßmann*, Der Rechtsstaat, in: Isensee/Kirchhof (Hrsg.), HStR, Bd. II, 3. Auflage, Heidelberg 2004, § 26, Rn. 75 ff. Ferner auch *A. v. Arnauld*, Rechtsstaat, in: Depenheuer/Grabenwarter (Hrsg.), Verfassungstheorie, Tübingen 2010, § 21, 703 (726 ff.).

[154] *K. Hesse*, Rechtsstaat im Verfassungssystem des Grundgesetzes, in: Hesse/Reicke/Scheuner (Hrsg.), Staatsverfassung und Kirchenordnung. Festgabe für Rudolf Smend zum

vorverfassungsrechtlich begründeten oder mit Hilfe des Republikprinzips erschlossenen Begriff des „Gemeinwohls" suchen.[155]

a) Das rechtstaatliche Rationalitätsgebot

Hoheitliches Entscheiden wird von einem übergreifenden Rationalitätsgebot durchdrungen, das sich etwa in den an alle drei Gewalten zu stellenden Begründungs- und Abwägungsanforderungen manifestiert.[156] Seine Grundlage findet das Rationalitätsgebot im Rechtsstaatsprinzip.[157] Es wird in der Verfassung jedoch durch ein Geflecht an Gewährleistungen flankiert, die allesamt auch auf die Rationalität staatlicher Entscheidungen gerichtet sind (z.B. Art. 3 Abs. 1 GG, Art. 19 Abs. 4 GG, Art. 20 Abs. 2 S. 1 GG). Kontrollmechanismen der anderen Gewalten wirken mit den bereits angesprochenen exekutiven Begründungs- und Abwägungsanforderungen insoweit zusammen, als diese erst durch die mit ihnen ermöglichte inhaltliche Auseinandersetzung einen Zugewinn an Rationalität versprechen.

Freilich ist die Rationalität als *Begriff* (genauso wie der Begriff der Legitimation) zunächst unbestimmt.[158] Im Recht kann er nur prozedural bzw. for-

80. Geburtstag am 15. Januar 1962, Tübingen 1962, 71 (83); *Schmidt-Aßmann* (Fn. 9), 84. Betont auch bei *A. Voßkuhle*, Expertise und Verwaltung, in: Trute/Groß/Röhl/Möllers (Hrsg.), Allgemeines Verwaltungsrecht – zur Tragfähigkeit eines Konzepts, Tübingen 2008, 637 (640).

[155] Ersteres bei *J. Isensee*, Gemeinwohl im Verfassungsstaat, in: Isensee/Kirchhof (Hrsg.), HStR, Bd. IV, 3. Auflage, Heidelberg 2006, § 71, Rn. 1 ff. Letzteres bei *K. Nowrot*, Das Republikprinzip in der Rechtsordnungengemeinschaft – Methodische Annäherungen an die Normalität eines Verfassungsprinzips, Tübingen 2014, 362 ff.

[156] Umfassend dargestellt bei *T. Ellerbrok*, Rationalität und Effizienz, in: Kahl/Ludwigs (Hrsg.), Handbuch des Verwaltungsrechts, Bd. III, Verwaltung und Verfassungsrecht, Heidelberg 2022, § 76, Rn. 2 ff. Ferner sachbereichsspezifisch *H. Schulze-Fielitz*, Rationalität als rechtsstaatliches Prinzip für den Organisationsgesetzgeber – Über Leistungsfähigkeit und Leistungsgrenzen „weicher" Leitbegriffe in der Rechtsdogmatik, in: Kirchhof (Hrsg.), Staaten und Steuern. Festschrift für Klaus Vogel zum 70. Geburtstag, Heidelberg 2000, 311 (322); *U. Kischel*, Rationalität und Begründung, in: Kube u.a. (Hrsg.), Leitgedanken des Rechts – Paul Kirchhof zum 70. Geburtstag, Bd. I, Heidelberg 2013, 371 (374 ff.): gemeinsame Basis = System- und Verfahrensgedanke; *Di Fabio*, Das Recht offener Staaten. Grundlinien einer Staats- und Rechtstheorie, Tübingen 1998, 50 ff.; *Gärditz* (Fn. 4), 188. Vgl. auch *P. Hilbert*, Erkenntnisfunktion und Richtigkeitsgewähr von Verwaltungsverfahren, Die Verwaltung 2018, 313 (346). Einen *topos* der „Praktikabilität", der das Rechtsstaatsprinzip jedoch zu Gunsten von Gewaltenteilung, Gleichheit, Demokratiegebot und Grundrechten ausblendet, diskutiert *L. Münkler*, Praktikabilität als rechtliches Argument?, AöR 146 (2021), 596 (606 ff.).

[157] Zu dessen verschiedenen Dimensionen im europäischen Rechtsvergleich: *W. Kahl*, Rechtsstaatlichkeit im europäischen Verwaltungsrecht, in: Kahl/Ludwigs (Hrsg.), Handbuch des Verwaltungsrechts, Bd. III, Verwaltung und Verfassungsrecht, Heidelberg 2022, § 66, Rn. 11. Zur Rationalität insbesondere Rn. 64.

[158] Dazu *Ellerbrok* (Fn. 156), in: Kahl/Ludwigs, § 76, Rn. 10 ff. *Schulze-Fielitz*, in: Kirchhof (Fn. 156), 311 (320); *Gärditz* (Fn. 4), 186; *P. Lerche*, Mitbestimmungsgesetz und Ratio-

mell gedeutet werden, da in einer Demokratie materielle Richtigkeit nicht apriorisch bestimmt, sondern nur in den dazu bestimmten Verfahren erzeugt werden kann. Das rechtsstaatliche Rationalitätsgebot verlangt also nicht die Rezeption außerrechtlicher Qualitätsmaßstäbe, sondern die *formell-prozedurale* Gestaltung staatlicher Entscheidungszusammenhänge.[159]

Auch diese nun *innerrechtlich* zu bestimmenden Qualitätsmaßstäbe an staatliches Entscheiden sind unbestimmt. Rationalität zeigt sich als „weicher Leitbegriff", der sich je nach Kontext operationalisieren lässt. Kohärenz, Effektivität, Effizienz, Wirtschaftlichkeit, Transparenz oder Akzeptanz sind nur einige der Schlagworte, die im öffentlich-rechtlichen Diskurs üblich sind.[160] Es handelt sich dabei um Umsetzungsmaßstäbe für das materielle Recht, die sich strukturell in Verfahrens- und Organisationsrecht niederschlagen.[161] Zusätzlich treten allgemeine rechtsstaatliche Maßstäbe hinzu: Verantwortungsklarheit, Einheit des Zurechnungszusammenhangs sowie eine sachrichtige Zuordnung von Aufgabe, Kompetenz und Form.[162]

---

nalität, Beiträge zum deutschen und europäischen Verfassungs-, Verwaltungs- und Wirtschaftsrecht. Festschrift für Hans Peter Ipsen zum 70. Geburtstag, Tübingen 1977, 437 (438); *S. Kempny*, Verwaltungskontrolle. Zur Systematisierung der Mittel zur Sicherung administrativer Rationalität unter besonderer Berücksichtigung der Gerichte und der Rechnungshöfe, Tübingen 2017, 30 f. Rechtsvergleichend zum Begriff der Qualität *Ponce Solé*, in: Ruffert (Fn. 135), 162.

[159] Ausführlich dazu noch unten § 12. So auch *Gärditz* (Fn. 4), 187. Unklar hingegen *M. Fehling*, Das Verhältnis von Recht und außerrechtlichen Maßstäben, in: Trute/Groß/Röhl/Möllers (Hrsg.), Allgemeines Verwaltungsrecht – zur Tragfähigkeit eines Konzepts, Tübingen 2008, 461 (469); *Kempny* (Fn. 158), 32 ff. Anders *T. Groß*, Das Kollegialprinzip in der Verwaltungsorganisation, Tübingen 1999, 201 „Offenheit für externe Zielvorgaben".

[160] Weitere Aufzählungen bei *Kempny* (Fn. 158), 32; *Fehling*, in: Trute/Groß/Röhl/Möllers (Fn. 159), 469; *Gärditz* (Fn. 4), 191 sowie *F. Reimer*, Das Parlamentsgesetz als Steuerungsmittel und Kontrollmaßstab, in: Hoffmann-Riem/Schmidt-Aßmann/Voßkuhle (Hrsg.), GVwR, Bd. I, 2. Auflage, München 2012, § 9, Rn. 4; *Dreier/Kuch* (Fn. 86), in: Kahl/Ludwigs, § 60, Rn. 52. Begriffsbestimmung im Hinblick auf „Optimalität" auch bei *G. Lienbacher*, Rationalitätsanforderungen an die parlamentarische Rechtssetzung im demokratischen Rechtsstaat, VVDStRL (71) 2012, 8 (11 ff.).

[161] *Schmidt-Aßmann* (Fn. 9), 84 ff.; *E. Schmidt-Aßmann*, Verwaltungsorganisationsrecht als Steuerungsressource, in: Hoffmann-Riem/Schmidt-Aßmann (Hrsg.), Verwaltungsorganisationsrecht als Steuerungsressource, Baden-Baden 1997, 9 (41); *Schultze-Fielitz*, in: Kirchhof (Fn. 156), 311; *U. Di Fabio*, Verwaltungsentscheidung durch externen Sachverstand, VerwArch 81 (1990), 193 (210). Deutlich auch *Krebs* (Fn. 2), in: Isensee/Kirchhof, § 108, Rn. 90; *M. Burgi*, Selbstverwaltung angesichts von Europäisierung und Ökonomisierung, VVDStRL (62) 2003, 405 (430); *Gärditz* (Fn. 4), 188; *Kunig* (Fn. 100), 441; *P. Häberle*, Effizienz und Verfassung, AöR 98 (1973), 625 (631); *W. Leisner*, Effizienz als Rechtsprinzip, Tübingen 1971, 12 f.; *R. Wahl*, Verwaltungsverfahren zwischen Verwaltungseffizienz und Rechtsschutzauftrag, VVDStRL (41) 1983, 151. Kritisch hingegen: *Oebbecke* (Fn. 96), 135.

[162] *E. Schmidt-Aßmann* (Fn. 153), in: Isensee/Kirchhof (Hrsg.), § 26, Rn. 79 ff.; *Kluth*, in: Wolff/Bachof/Stober/Kluth (Fn. 7), § 80, Rn. 230; *Krebs* (Fn. 2), in: Isensee/Kirchhof, § 108, Rn. 90; *Gärditz* (Fn. 4), 189; *Schmidt-Aßmann* (Fn. 9), 85; *F. Ossenbühl*, Aktuelle Probleme der Gewaltenteilung, DÖV 1980, 545 (549); *Wißmann* (Fn. 22), in: Hoffmann-Riem/Schmidt-Aßmann/Voßkuhle, § 15, Rn. 56.

b) Funktionsgerechte Verwaltungsorganisation

Das Gebot funktionsgerechter Organstruktur[163] konkretisiert das rechtsstaatliche Rationalitätsgebot im Bereich der Organisation. Auch das Bundesverfassungsgericht macht Sachlichkeit und Entscheidungsrichtigkeit zum Maßstab für Organisation und argumentiert (allerdings in Bezugnahme auf die Gewaltenteilung),[164] dass Entscheidungen „von den Organen getroffen werden [sollen], die dafür nach ihrer Organisation, Zusammensetzung, Funktion und Verfahrensweise über die besten Voraussetzungen verfügen."[165] Dieser ursprünglich im Staatsorganisationsrecht entwickelte Maßstab[166] lässt sich nach einstimmiger Meinung in der Literatur auf das Verwaltungsorganisationsrecht übertragen.[167]

Weniger klar ist hingegen, wie die Bestimmung der funktionsgerechten Organstruktur zu interpretieren ist.[168] Aus sich heraus ist eine Aufgabenwahrnehmung durch die Organe „mit den besten Voraussetzungen" freilich nichtssagend, denn was die „besten Voraussetzungen" sind, ergibt sich daraus, welche Organisationsform die besten Entscheidungen produzieren kann. Damit ist aber noch nichts darüber gesagt, was eine sachliche, richtige und damit gute

---

[163] Begriffsbildung bei *O. Küster*, Das Gewaltenproblem im modernen Staat, AöR 75 (1949), 397 (402 f.). Ferner *Ossenbühl* (Fn. 162), 548 ff.; *T. v. Danwitz*, Der Grundsatz funktionsgerechter Organstruktur, Der Staat 35 (1996), 329; *K. Hesse*, Grundzüge des Verfassungsrechts der Bundesrepublik Deutschland, Neudruck der 20. Auflage, Heidelberg 1999, Rn. 488; *Groß* (Fn. 159), 200 ff.; *W. Kluth*, Funktionsgerechte Organstrukturen – ein Verfassungsgebot?, VerwArch 2011, 525 (539 ff.); *K.-E. Hain*, in: v. Mangoldt/Klein/Starck (Fn. 126), Art. 79, Rn. 100 ff.; *A. Schwerdtfeger*, Krisengesetzgebung. Funktionsgerechte Organstruktur und Funktionsfähigkeit als Maßstäbe der Gewaltenteilung, Tübingen 2018, 192 ff.

[164] Zu diesem *topos*, *H.-D. Horn*, Gewaltenteilige Demokratie, demokratische Gewaltenteilung – Überlegungen zu einer Organisationsmaxime des Verfassungsstaates, AöR 127 (2002), 427 (447).

[165] Zuletzt BVerfGE 152, 345 (372). Ferner BVerfGE 68, 1 (86); 95, 1 (15); 98, 218 (251 f.); 150, 1 (99), st. Rspr. Zur Herleitung aus der Gewaltenteilung auch *R. Poscher*, Funktionenordnung des Grundgesetzes, in: Hoffmann-Riem/Schmidt-Aßmann/Voßkuhle (Hrsg.), GVwR, Bd. I, 2. Auflage, München 2012, § 8, Rn. 28. Eher skeptisch: *C. Möllers*, Die drei Gewalten. Legitimation der Gewaltengliederung in Verfassungsstaat, europäischer Integration und Internationalisierung, Weilerswist 2008, 399.

[166] Nachweise bei *W. Kahl*, Staatsaufsicht. Entstehung, Wandel und Neubestimmung unter besonderer Berücksichtigung der Aufsicht über die Gemeinden, Tübingen 2000, 408 ff.

[167] Vgl. *Groß* (Fn. 159), 200 ff.; *Gärditz* (Fn. 4), 190; *Krebs* (Fn. 2), in: Isensee/Kirchhof, § 108, Rn. 90. *Poscher* (Fn. 165), in: Hoffmann-Riem/Schmidt-Aßmann/Voßkuhle, § 8, Rn. 28. Prägend insoweit die Ausarbeitung bei *Kahl* (Fn. 166), 408 ff. Für das Hochschulorganisationsrecht *M. Fehling*, Neue Herausforderungen an die Selbstverwaltung in Hochschule und Wissenschaft, Die Verwaltung 2002, 399 (410). Jüngst auch *Ellerbrok* (Fn. 156), in: Kahl/Ludwigs, § 76, Rn. 35.

[168] Dies ist nach *Möllers* (Fn. 165), 74 schon in ihrer Offenheit angelegt („eher eine Problembeschreibung denn ein Lösungsangebot"). Kritisch daher *Jestaedt* (Fn. 6), in: Hoffmann-Riem/Schmidt-Aßmann/Voßkuhle, § 14, Rn. 42.

Entscheidung ausmacht. Auf die genaue Bestimmung dieser Entscheidungsqualität kommt es aber für das Ergebnis entscheidend an.

Mit dem demokratischen Verbot apriorischer Zweckbestimmung lässt sich zunächst ein Prozeduralisierungserfordernis ableiten. Was eine „gute" Entscheidung ausmacht, lässt sich nicht mit Blick auf ihr Ergebnis feststellen, sondern nur in der Art und Weise ihres Zustandekommens im Hinblick auf eine konkrete Aufgaben- und Funktionswahrnehmung.[169] Die Funktionsgerechtigkeit stellt so eine „Relation zwischen einer bestimmten vorgegebenen Aufgabe und der tatsächlichen Wirkung von Organisationen" her.[170] Es geht also, um aus dem oben beschriebenen Begriffskatalog den angemessenen Begriff herauszuarbeiten, um die *Effektivität* im Sinne der tatsächlichen Wirksamkeit der Aufgabenerfüllung. Effektivität als „sinnvolle Verknüpfung von Aufgabe und institutioneller Ausgestaltung einer Verwaltungseinheit"[171] wird so zum Maßstab der Verwaltungsorganisation. Davon umfasst ist sowohl die Transparenz der Kompetenzordnung wie auch die die „sachgerechte Aufgabenerledigung gewährleistende Zuordnung von Aufgabe, Kompetenz und Form."[172]

c) Kein „Gebot optimaler Verwaltungsstruktur"

Aus dem Maßstab der Effektivität wird nun bei einigen Autoren ein „Gebot optimaler Verwaltungsstruktur."[173] Funktionsgerechtigkeit wird so zum verfassungsrechtlichen Optimierungsgebot ausgebaut und damit – so wohl die Intention – gleichrangig mit dem Legitimationsgebot zum strukturbildenden Prinzip für die Verwaltungsorganisation. Faktisch wird damit zur prozeduralegalitären Genese von Legitimation im Verfassungsstaat ein aus materiellen Kriterien der Entscheidungsrichtigkeit bestehendes Gegengewicht erzeugt.[174]

---

[169] *Gärditz* (Fn. 4), 186 verwendet deshalb den Begriff der Funktionsadäquanz als Relationsbegriff. So auch bei *Lienbacher* (Fn. 160), 16: „Überspitzt formuliert nimmt der repräsentativ demokratische Entscheidungsprozess auch von der Sache her suboptimale Entscheidungen in Kauf, solange sie nur mehrheitlich legitimiert werden und der Verfassung nicht widersprechen."

[170] *Burgi* (Fn. 161), 431, der dann aber unrichtigerweise darauf schließt, dass dies ökonomischer Rationalität die Tür öffne.

[171] *Groß* (Fn. 159), 200.

[172] *Gärditz* (Fn. 4), 189. Zum problematischen Fall der Trennung von Verfahrens- und Entscheidungszuständigkeit in diesem Sinne *E. Gurlit*, Der Eigenwert des Verfahrens im Verwaltungsrecht, VVDStRL (70) 2011, 227 (258).

[173] Begriff bei *Krebs* (Fn. 2), in: Isensee/Kirchhof, § 108, Rn. 90. Ähnlich auch bei *Schmidt-Aßmann*, in: Hoffmann-Riem/Schmidt-Aßmann (Fn. 161), 41. Tendenziell auch bei *Schulze-Fielitz*, in: Kirchhof (Fn. 156), 311 (327); *G.F. Schuppert*, Verfassungsrecht und Verwaltungsorganisation, Der Staat 32 (1993), 581 (587).

[174] Vgl. aber *Groß* (Fn. 159), 200 ff., der diesen Ansatz mit einer offenen Legitimationsordnung verknüpft. *Schmidt* (Fn. 24), 282 gegen den Ansatz von *Groß*: „Es darf vermutet werden, daß die Erweiterung der Organisationsstrukturen nicht zufällig mit der Vermehrung der Legitimationssubjekte zusammenfällt." Differenzierend dazu *Trute* (Fn. 91), in:

Auch die Formulierung des Bundesverfassungsgerichts („die jeweils besten Voraussetzungen") scheint darauf hinzudeuten, dass es um ein „Optimierungsgebot" des staatlichen Entscheidungsgefüges ginge.

Sowohl aufgrund des Ausschließlichkeitsanspruchs der Volkssouveränität,[175] als auch der aus Rechtsstaatsprinzip und Gewaltenteilung konstruierten Funktionsgerechtigkeit begegnet diese Argumentation erheblichen Bedenken.[176] Kennzeichnend für eine demokratisch-prozedurale Willensbildung ist es gerade, dass auch punktuelle Qualitätsverluste staatlichen Entscheidens in Kauf genommen werden können.[177] Diese Inkaufnahme von Qualitätsverlusten findet ihre Grenze erst dann, wenn die Funktionsfähigkeit zentraler Aufgaben im Gemeinwesen bedroht ist. Im Ergebnis steht also der Begriff der Funktionsgerechtigkeit unter einer Grundspannung, die eine Reformulierung eines insbesondere von der *Frankfurter Schule* aufgearbeiteten demokratietheoretischen Problems darstellt. Die Frage ist, inwieweit die Demokratie trotz primär verfahrensorientierter Willensbildung bestimmte politische Institutionen apriorisch voraussetzen muss, die eine Gewähr für die verfahrensmäßige Richtigkeit des Deliberationsergebnisses bieten.[178] In ihren Organisationsanforderungen verlaufen Demokratie- und Rechtsstaatsprinzip daher weitestgehend parallel.[179]

Die Funktionsgerechtigkeit fordert demnach keine Optimierung der Funktionsfähigkeit, sondern vielmehr Antworten auf *Organisationsprobleme* zu finden, d.h. Situationen in denen die konkrete Art der Entscheidungsfindung in einer Institution dazu führt, dass der der Entscheidung zugrundeliegende verfassungsrechtliche Zweck nur unzureichend verwirklicht werden kann. Dies hebt auch *v. Danwitz* hervor, der argumentiert, dass die Funktionsgerechtigkeit dem Ziel diene, „normativ nur begrenzt steuerbare oder sogar nur eingeschränkt rationalisierbare Aufgaben der Verwaltung einer sachangemes-

---

Hoffmann-Riem/Schmidt-Aßmann/Voßkuhle, § 6, Rn. 53, der darauf hinweist, dass es auch bei der Output Legitimation um eine Zielvorstellung der „wünschbaren Qualität von Entscheidungen" geht. Zu dessen Verwurzelung im Rechtsstaatsprinzip ferner *Classen* (Fn. 97), 39 f.

[175] Dazu *Dreier/Kuch* (Fn. 86), in: Kahl/Ludwigs, § 60, Rn. 52. Wiederum zu eng dagegen *M. Jestaedt*, Selbstverwaltung als „Verbundbegriff" – Vom Wesen und Wert eines allgemeinen Selbstverwaltungsbegriffes, Die Verwaltung 2002, 293 (315), der (zumindest hier) scheinbar sämtliche Sachgründe für abgesenkte Legitimationsniveaus ausschließen will.

[176] So auch bereits *v. Danwitz* (Fn. 163), 347.

[177] *Kischel*, Rationalität und Begründung, in: Kube u.a. (Fn. 156), 371; *Ellerbrok* (Fn. 156), in: Kahl/Ludwigs, § 76, Rn. 30. Ferner auch *S. Ruf*, Die legislative Prognose. Verfassungsrechtliche Prognosepflicht im Rationalitätskonzept des Grundgesetzes, Tübingen 2021, 82.

[178] *J. Habermas*, Faktizität und Geltung. Beiträge zur Diskurstheorie des Rechts und des demokratischen Rechtsstaats, 7. Auflage, Frankfurt am Main 2019, 208 (210): „Es ist diese rechtliche Institutionalisierung bestimmter Verfahren und Kommunikationsbedingungen, die eine effektive Inanspruchnahme gleicher kommunikativer Freiheiten möglich macht [...]."

[179] So auch *Classen* (Fn. 97), 39.

senen Bewältigungsmöglichkeit" zugänglich zu machen.[180] Funktionsgerechtigkeit als Gegengewicht zum Demokratieprinzip kann daher nur unter Rückgriff auf den harten Kern des Effektivitätsbegriffes verstanden werden: funktions*un*gerecht ist ein dysfunktionaler Organisationsaufbau, der eine adäquate Aufgabenerledigung verhindert.[181]

d) Differenzierungs- und Kohärenzgebot

Überzeugender ist es daher, den Wirkkomplex von Rechtsstaatsprinzip und Gewaltenteilung in der Verwaltungsorganisation in einem weichen „Differenzierungsgebot" zu sehen, das letztlich auf eine nur im Kernbereich auch rechtlich greifbare Adäquanz zielt.[182] Eine angepasste Verwaltungsstruktur ist immer dann erforderlich, wenn sich Aufgaben in traditionell-hierarchischen (und damit modellhaft legitimierten) Organisationsmustern nicht hinreichend bewältigen lassen.[183] Die Anforderung der Funktionsadäquanz im Hinblick auf die konkrete Durchführung einer mit bestimmten Eigengesetzlichkeiten versehenen Verwaltungsaufgabe wird so zum Strukturmaßstab für die Rechtmäßigkeit von Organisationsentscheidungen.[184]

Aus dem Differenzierungsgebot folgen – anders als aus dem Legitimationsgebot – weniger scharfe inhaltliche Gestaltungsmaßstäbe denn prozedurale Begründungs- und Darlegungspflichten für den Inhaber der Organisationsgewalt. Damit wird innerhalb der organisatorischen Gestaltungsfreiheit ein Rechtfertigungszusammenhang für die Wahl der Organisationsform geschaffen, der freilich nur in den engen Maßstäben der aufgabenbezogenen Dysfunktionalität einen rechtlichen Maßstab zu begründen in der Lage ist.[185]

Zusätzlich zum Differenzierungsgebot tritt ein Kohärenzgebot hinzu, das seine konkrete inhaltliche Ausprägung im Unionsrecht erhalten hat.[186] Die

---

[180] Vgl. *v. Danwitz* (Fn. 163), 342 f.

[181] Ähnlich auch bei *Krebs* (Fn. 2), in: Isensee/Kirchhof, § 108, Rn. 92: „Verhinderung einer Organisationsgestaltung, die eine Herabsetzung rechtstaatlicher Standards zur Folge hat."

[182] Begriff bei *C. Gusy*, Gewährleistung von Freiheit und Sicherheit im Lichte unterschiedlicher Staats- und Verfassungsverständnisse, VVDStRL (63) 2004, 151 (184); *Gärditz* (Fn. 4), 199.

[183] *Schulze-Fielitz*, in: Kirchhof (Fn. 156), 311 (327); *Schuppert* (Fn. 173), 587.

[184] Richtig etwa *Kirste*: „So wenig es Fragmentierung in Bereichen geben darf, in denen Verfassungsprinzipien Einheit gebieten, darf es Homogenisierung geben, wo Verfassungsprinzipien Differenzierung verlangen." *Kirste* (Fn. 91), 175. Ferner *Kluth* (Fn. 163), 543 ff.

[185] So auch schon *Hesse* (Fn. 163), Rn. 489; *v. Danwitz* (Fn. 163), 347. Mit *Krebs*: „Das Rechtsstaatsprinzip ist nach alledem weniger geeignet, Verwaltungsorganisation positiv zu determinieren, kann ihrer Gestaltung aber Grenzen setzen." *Krebs* (Fn. 2), in: Isensee/Kirchhof, § 108, Rn. 92. Ähnlich auch bei *Kluth*, in: Wolff/Bachof/Stober/Kluth (Fn. 7), § 80, Rn. 239.

[186] Dazu umfassend *H.-G. Dederer*, Grundsatz der Kohärenz, in: Kahl/Ludwigs (Hrsg.), Handbuch des Verwaltungsrechts, Bd. II, Grundstrukturen des europäischen und internationalen Verwaltungsrechts, Heidelberg 2021, § 47, Rn. 5 ff.

Grundsituation des Organisationsrechts unterscheidet sich zwar von den Koordinationserfordernissen verschiedener verfasster Gemeinwesen, wie der Union und ihren Mitgliedsstaaten. Übertragbar ist aber jedenfalls das gemeinsame Ziel, die Desintegration eines gemeinsamen Organisationszusammenhanges zu verhindern. Ein auf das nationale Organisationsrecht gemünztes Kohärenzgebot verlangt es daher, offensichtlich widersprüchliche Organisationsgestaltungen zu vermeiden. Widersprüchlichkeit liegt etwa dann vor, wenn die vom Inhaber der Organisationsgewalt gegebene Begründung für die Wahl eines bestimmten Organisationsaufbau mit den tatsächlichen Eigenschaften der spezifischen Organisationsform nicht übereinstimmt.[187] Beispielhaft ist etwa die Repräsentanz der Patientenvertreter im *Gemeinsamen Bundesausschuss.*[188] Hier regelt § 140f Abs. 2 S. 1 SGB V, dass von der Patientenseite „sachkundige Personen" in den G-BA entsandt werden sollen. § 4 Abs. 1 S. 1 der Patientenbeteiligungs-VO konkretisiert, dass von den zu benennenden sachkundigen Personen mindestens die Hälfte selbst Betroffene sein sollen. Problematisch ist dies deshalb, da hier die Partizipationsmodi der Betroffenheit und der Sachkunde mit jeweils unterschiedlichen Voraussetzungen kombiniert werden. Die Betroffenheit verlangt in der Regel keine persönliche Distanz zu den Entscheidungen, während die Sachkunde diese gerade voraussetzt.[189] In der Kombination beider Organisationsprinzipien hat der Verordnungsgeber mithin eine widersprüchliche Organisationsgestaltung gewählt.

Die Reichweite dieses Kohärenzgebots sollte jedoch nicht überbewertet werden. Zwar hat das Bundesverfassungsgericht nominal die Pflicht zur Widerspruchsfreiheit[190] vor dem Hintergrund der föderalen Kompetenzen als für die gesamte Rechtsordnung geltendes Grundprinzip anerkannt.[191] Für den Bereich der Verwaltungsorganisation würde ein solcher übergreifender Systemzwang insbesondere die Gestaltungsfreiheit des Inhabers der Organisationsgewalt beschränken. Solange sich die Organisationsgestaltung in die Rahmenordnung der Verfassung einfügt, gibt es keinen Grund, einen systematisch-widerspruchsfreien Organisationszusammenhang zu fordern. Damit ist das

[187] Ausführlich dazu noch unten § 14, V. 3.

[188] Dazu siehe oben. Vgl. zum Beispiel ferner *T. Kingreen*, Legitimation und Partizipation im Gesundheitswesen, NZS 2007, 113 ff.; *V. Neumann*, Verantwortung, Sachkunde, Betroffenheit, Interesse, NZS 2010, 593 (600).

[189] *Neumann* (Fn. 188), 600.

[190] Klärend zum Begriff *M. Payandeh*, Das Gebot der Folgerichtigkeit: Rationalitätsgewinn oder Irrweg der Grundrechtsdogmatik?, AöR 136 (2011), 578 (583 ff.).

[191] BVerfGE 98, 106 (118); 119, 331 (378). Dazu *Ellerbrok* (Fn. 156), in: Kahl/Ludwigs, § 76, Rn. 26 ff. Dafür schon umfassend *H. Sodan*, Das Prinzip der Widerspruchsfreiheit der Rechtsordnung, JZ 1999, 864 ff. Skeptisch hingegen richtigerweise *C. Bumke*, Die Pflicht zur konsistenten Gesetzgebung. Am Beispiel des Ausschlusses der privaten Vermittlung staatlicher Lotterien und ihrer bundesverfassungsrechtlichen Kontrolle, Der Staat 49 (2010), 77 (96); *Payandeh* (Fn. 190), 613.

Kohärenzgebot insbesondere nicht mit den besonderen Anforderungen an Folgerichtigkeit und Systemgerechtigkeit, die das Bundesverfassungsgericht bis vor einiger Zeit insbesondere an steuerrechtliche Gesetze zu stellen pflegte, zu verwechseln.[192] Organisationskohärenz meint keinen rechtssystematischen Maßstab, der in der Lage wäre, den zukünftigen (Organisations-)Gesetzgeber an vergangene Entscheidungen zu binden.[193] Dies würde nämlich letztlich wiederum das hier begründete Rangverhältnis von Demokratie- und Rechtsstaatsprinzip verkehren.

Vielmehr zielt das Kohärenzgebot auf „innere Folgerichtigkeit"[194] statt auf systematische Widerspruchsfreiheit. Es geht darum, die Gestaltungsfreiheit der Organisationsgewalt an bestimmte Begründungserfordernisse zu binden. Es wird kontrolliert, ob die vom Inhaber der Organisationsgewalt getroffene Grundentscheidung folgerichtig verwirklicht wurde, der Organisationsaufbau keine sachlichen Brüche aufweist und insbesondere Regelaufbau und Ausnahme in einem stimmigen Verhältnis zueinander stehen.[195] Organisationsformen müssen damit im Hinblick auf ein bestimmtes Regelungsziel sinnhaft erscheinen.[196]

---

[192] *P. Kirchhof*, Allgemeiner Gleichheitssatz, in: Isensee/Kirchhof (Hrsg.), HStR, Bd. VIII, 3. Auflage, Heidelberg 2010, § 181, Rn. 209 ff. Vgl. auch die Darstellung bei *O. Lepsius*, Gesetz und Gesetzgebung, in: Herdegen/Masing/Poscher/Gärditz (Hrsg.), Handbuch des Verfassungsrechts. Darstellung in transnationaler Perspektive, München 2021, § 12, Rn. 81 ff. mit weiteren Belegen. Zum Wandel der Rechtsprechung *M. Modrzjewski*, Die Bedeutung des Gebots der Folgerichtigkeit für die gleichheitsrechtliche Maßstabsbildung im Steuerrecht in: ders./Naumann (Hrsg.), Linien der Rechtsprechung des Bundesverfassungsgerichts, Bd. V, Berlin/Boston 2019, 277 (298 ff.). Kritische Diskussion auch bei *S. Rixen*, Rationalität des Rechts und „Irrationalität" demokratischer Rechtsetzung. Eine Problemskizze am Leitfaden der „Hartz IV"-Entscheidung des Bundesverfassungsgerichts, JöR 2013, 525 (528 ff.); *A. Leisner-Egensperger*, Die Folgerichtigkeit – Systemsuche als Problem für Verfassungsbegriff und Demokratiegebot, DÖV 2013, 533 ff. sowie bei *O. Lepsius*, Themen einer Rechtswissenschaftstheorie, in: Jestaedt/Lepsius (Hrsg.), Rechtswissenschaftstheorie, Tübingen 2008, 1 (43 ff.). Vgl. ferner *G. Britz*, Verfassungsrechtliche Verfahrens- und Rationalitätsanforderungen an die Gesetzgebung, Die Verwaltung 2017, 421 ff. zur Rekonstruktion der neueren verfassungsgerichtlichen Rechtsprechung seit 2010.

[193] Zu diesem zentralen Gesichtspunkt *Lepsius*, in: Herdegen/Masing/Poscher/Gärditz (Fn. 192), § 12, Rn. 84; *B. Grzeszick*, Rationalitätsanforderungen an die parlamentarische Gesetzgebung im demokratischen Rechtsstaat, VVDStRL (71) 2012, 49 (56); *A. Steinbach*, Rationale Gesetzgebung, Tübingen 2017, 93 ff.; Ferner auch *Di Fabio*, Das Recht offener Staaten. Grundlinien einer Staats- und Rechtstheorie, Tübingen 1998, 55.

[194] *Bumke* (Fn. 191), 96.

[195] Sehr ähnliche Formulierung im anderen Kontext *Bumke* (Fn. 191), 96.

[196] Einen ähnlichen Ansatz scheint mir *S. Haack*, Widersprüchliche Regelungskonzeptionen im Bundesstaat, Schriften zum Öffentlichen Recht, Bd. 887, Berlin 2002, 187 ff. (253) zu entwickeln. Für den grundrechtlichen Bereich *Payandeh* (Fn. 190), 583: „Widerspruchsfreiheit" Die Problematik der Wertungswidersprüche wird ferner angesprochen von *D. Felix*, Einheit der Rechtsordnung – Zur verfassungsrechtlichen Relevanz einer juristischen Argumentationsfigur, Tübingen 1998, 142 ff. Die Konsistenzanforderung der Dogmatik (vgl. die Überlegungen oben § 2) betonen auch *G. Kirchhof/S. Magen*, Dogmatik: Rechtliche Notwendigkeit und Grundlage fächerübergreifenden Dialogs, in: Kirchhof/Magen/Schnei-

Auch aus dem durchdringend geltenden Übermaßverbot[197] lässt sich die Anforderung herleiten, orientiert sich die hier erfolgende Prüfung doch wesentlich an einer legitimen Zielsetzung des Gesetzgebers.[198] Erforderlich ist insoweit eine konsequente Verfolgung des Regelungszwecks.[199] Durch die Bewertung zulässiger Organisationsziele und der Überprüfung ihrer Verwirklichung ergibt sich damit eine zweischrittige Kohärenzprüfung.[200]

e) Rechtsstaat und Gewaltenteilung als Komplementärprinzipien

In der Verwaltungsorganisation wirken Rechtstaat und Gewaltenteilung damit komplementär zum Demokratieprinzip. Der Regelfall der hierarchisch an das Parlament rückgebundenen Ministerialverwaltung stellt den eigentlichen Regelfall des Zusammenwirkens dar. Solange sich eine Verwaltungsaufgabe in einer parlamentarisch rückgebundenen Struktur funktionsgerecht erledigen lässt, bleibt es bei diesem historisch zufriedenstellenden Kompromiss zwischen demokratischer Fremd- und Eigensteuerung der Verwaltung. Eigenständige Gestaltungswirkung haben Rechtstaat und Gewaltenteilung in der Figur des Grundsatzes funktionsgerechter Organstruktur jedoch insbesondere dann, wenn die hierarchische Verwaltung kein sachgerechtes Entscheidungsmodell zur Bewältigung bestimmter Verwaltungsaufgaben anbieten kann.

3. Wirkkomplex Grundrechte

Staatsorganisation im Allgemeinen und Verwaltungsorganisation im Besonderen stehen mit grundrechtlichen Garantien in einem vielschichtigen Verhältnis.[201] Die Verwirklichung von Grundrechten ist wesentliche Funktion jeder Organisationsgestaltung,[202] gleichzeitig manifestieren sich nur durch Handeln in Organisationen Grundrechtsbeeinträchtigungen. Die soeben diskutierte

---

der (Hrsg.), Was weiß Dogmatik? Was leistet und wie steuert die Dogmatik des Öffentlichen Rechts?, Tübingen 2012, 151 (162). *Bumke* weist darauf hin, dass eine „Konzeptpflicht" schon zu weit gehen könnte. Vgl. *Bumke* (Fn. 191), 96.

197 Zu dessen Anwendung im Organisationsrecht noch unten, § 7.

198 *O. Lepsius*, Die Chancen und Grenzen des Grundsatzes der Verhältnismäßigkeit, in: Jestaedt/Lepsius (Hrsg.), Verhältnismäßigkeit. Zur Tragfähigkeit eines verfassungsrechtlichen Schlüsselkonzepts, Tübingen 2015, 1 (36).

199 *M. Herdegen*, Staat und Rationalität. Zwölf Thesen, Paderborn u.a. 2010, 72.

200 Ausführlich ausformuliert bei § 14, V.

201 Einführend *F. Ossenbühl*, Grundsätze der Grundrechtsinterpretation, in: Merten/Papier (Hrsg.), HGR, Bd I, Entwicklung und Grundlagen, Heidelberg 2004, § 15, Rn. 53 ff. *H.P. Aust*, Grundrechtsdogmatik im Staatsorganisationsrecht?, AöR 141 (2016), 415–448. Zur Bedeutung in der Verwaltungsorganisation *Krebs* (Fn. 2), in: Isensee/Kirchhof, § 108, Rn. 78 ff.; *Kluth*, in: Wolff/Bachof/Stober/Kluth (Fn. 7), § 80, Rn. 251; *Kirste* (Fn. 91), 177.

202 Dazu *Gärditz* (Fn. 4), 88; *Kluth*, in: Wolff/Bachof/Stober/Kluth (Fn. 7), § 80, Rn. 257.

Funktionsfähigkeit des Gemeinwesens, die das materielle Recht zur Wirksamkeit bringt, hat unbestritten auch eine grundrechtliche Dimension. Diese bleibt aber gleichsam unspezifisch, indem sie nicht eine *konkrete* Organisationsgestaltung vorschreibt, sondern eine weiche, in jeder Manifestation von Staatsgewalt mitzudenkende Problemdimension.

a) Grundrechtsschutz durch Organisation und Verfahren

Materielle Grundrechte benötigen zu ihrem Schutz nicht nur eine adäquate Ausgestaltung materiellen Rechts, sondern setzen zugleich „Maßstäbe für eine den Grundrechtsschutz effektuierende Organisations- und Verfahrensgestaltung sowie für eine grundrechtsfreundliche Anwendung vorhandener Verfahrensvorschriften".[203] Der damit angesprochene *topos* des Grundrechtsschutz durch Organisation und Verfahren wurde 1969 erstmals vom Bundesverfassungsgericht im Urteil zum *Hamburgischen Deichordnungsgesetz*[204] in die Judikatur eingeführt und im Folgenden nach ausführlicher Diskussion in der Literatur[205] zur ständigen Rechtsprechung ausdifferenziert.[206]

---

[203] BVerfGE 69, 315 (355). Klassisch *P.M. Huber*, Grundrechtsschutz durch Organisation und Verfahren als Kompetenzproblem in der Gewaltenteilung und im Bundesstaat, München, 1988, 32 ff. Ferner *K. Stern*, Idee und Elemente eines Systems der Grundrechte, in: Isensee/Kirchhof (Hrsg.), HStR, Bd. IX, 3. Auflage, Heidelberg 2011, § 185, Rn. 72 ff.

[204] BVerfGE 24, 367 (401): „Nach der grundgesetzlichen Konzeption ist hiernach ein effektiver – den Bestand des Eigentums sichernder – Rechtsschutz ein wesentliches Element des Grundrechts selbst."

[205] Grundlegend etwa *P. Häberle*, Grundrechte im Leistungsstaat, VVDStRL (30) 1972, 43 (86 ff.); *K. Hesse*, Bestand und Bedeutung der Grundrechte in der Bundesrepublik Deutschland, EuGRZ 1978, 427 (434 ff.). Ausführliche Diskussion der Verfahrensdimension bei *E. Schmidt-Aßmann*, Grundrechte als Organisations- und Verfahrensgarantie, in: Merten/Papier (Hrsg.), HGR, Bd. II, Grundrechte in Deutschland – Allgemeine Lehren I, Heidelberg 2006, § 45; *E. Denninger*, Staatliche Hilfe zur Grundrechtsausübung durch Verfahren, Organisation und Finanzierung, in: Isensee/Kirchhof (Hrsg.), HStR, Bd. IX, 3. Auflage, Heidelberg 2011, § 193, Rn. 5 ff., 22 ff. Aus der Kommentarliteratur vgl. *H. Dreier*, in: ders. (Hrsg.), Grundgesetz Kommentar, Bd. I, 3. Auflage, Tübingen 2013, Vorbemerkungen vor Art. 1 GG, Rn. 105 f.; *Starck*, in: v. Mangoldt/Klein/Starck (Hrsg.), Grundgesetz Kommentar, Bd. I, 7. Auflage, München 2018, Art. 1, Rn. 199 ff.; *F. Schoch*, in: Schoch/Schneider (Hrsg.), Verwaltungsrecht VwGO. Kommentar, 39. EL Juli 2020, Einleitung, Rn. 308 ff.; *M. Sachs*, in: ders. (Hrsg.), Grundgesetz. Kommentar, 9. Auflage, München 2021, Vorbemerkungen zu Abschnitt 1, Rn. 34; *W. Kahl*, Grundrechtsschutz durch Verfahren in Deutschland und in der EU, VerwArch 2004, 1 ff. Gute Zusammenfassung des Gesamtthemas auch bei *Huber* (Fn. 203). Rechtsvergleichend *E. Schmidt-Aßmann*, Due Process und Grundrechtsschutz durch Verfahren. Eine vergleichende Untersuchung zum amerikanischen und deutschen Verwaltungsverfahrensrecht, AöR 142 (2017), 325.

[206] BVerfGE 35, 79 (120 ff.); 53, 30 (59 f.); 56, 216 (236 f.); 57, 295 (320); 63, 131 (142 f.); 73, 280 (296); 84, 34 (45 f.); 84, 59 (72 f.); 90, 60 (96); 113, 29 (57); 124, 43 (70); 137, 108 (155 f., Rn. 111). Zur Entwicklungsgeschichte, vgl. *Schmidt-Aßmann*, in: Merten/Papier (Fn. 205), § 45, Rn. 5 ff.

Der Grundrechtsschutz durch Organisation und Verfahren stellt neben den klassischen Dimensionen der Grundrechte als Abwehr-, Teilhabe- oder Leistungsrechte eine eigene Kategorie dar.[207] Ihr zentraler inhaltlicher Aspekt ist es, Entwertungen der primären Grundrechtsfunktionen vorzubeugen.[208] Auch wenn die Entwicklung ihren Schwerpunkt in der Ausdifferenzierung von Verfahrensgarantien genommen hat,[209] ist auch im Organisationsrecht eine spezifische Grundrechtswirkung zu diskutieren, die über klassische Fragen der Rationalität von Organisation hinausgeht.[210] Hier geht es entweder darum, unmittelbare Grundrechtsverletzungen durch bestimmte Organisationsformen zu verhindern oder aber Organisation als Vorbedingung aktiver Grundrechtsausübung zu garantieren. Diese Unterscheidung lässt sich als die negative bzw. die positive Organisationswirkung von Grundrechten beschreiben.

Die eigenständige Grundrechtsfunktion der Organisation wirkt in manchen Organisationserscheinungen *negativ*, indem sie etwa über den individuellen Grundrechtsschutz ungerechtfertigte Zwangsmitgliedschaften in „unnötigen" öffentlich-rechtlichen Körperschaften verbietet.[211] In manchen Aspekten wirkt sie *positiv*, wenn sie – wie vor allem für den Bereich der Wissenschaftsorganisation[212] und des Rundfunks anerkannt – gebietet, bestimmte Grundrechtsgewährleistungen auch institutionell abzusichern. Diese spezifische grundrechtliche Organisationswirkung ist jedoch ein Ausnahmefall, der nur punktuell in der Verwaltungsorganisation strukturbildend heranzuzuziehen ist.

---

[207] Deutlich etwa bei *Starck*, in: v. Mangoldt/Klein/Starck (Fn. 205), Art. 1, Rn. 182 ff. Ferner *M. Morlok/L. Michael*, Staatsorganisationsrecht, 5. Auflage, Baden-Baden 2020, Rn. 861. Kontextualisierung in der „Ausweitung des grundrechtlichen Funktionenprogramms" bei *U. Volkmann*, Allgemeine Grundrechtslehren, in: Herdegen/Masing/Poscher/Gärditz (Hrsg.), Handbuch des Verfassungsrechts. Darstellung in transnationaler Perspektive, München 2021, § 16, Rn. 44. Historischer Zugriff bei *C. Enders*, Die Privatisierung des Öffentlichen durch die grundrechtliche Schutzpflicht – und seine Rekonstruktion aus der Lehre von den Staatszwecken, Der Staat 35 (1996), 351 (370 ff.).

[208] *H.D. Jarass*, Funktionen und Dimensionen der Grundrechte, in: Merten/Papier (Hrsg.), HGR, Bd. II, Grundrechte in Deutschland – Allgemeine Lehren I, Heidelberg 2006, § 38, Rn. 52. Daher sind sie auch sog. „Hilfsfunktionen" bei *H.D. Jarass*, in: ders./Pieroth (Fn. 56), Vorbemerkungen vor Art. 1, Rn. 11. Ferner *E. Schmidt-Aßmann*, Verwaltungsverfahren, in: Isensee/Kirchhof (Hrsg.), HStR, Bd. V, 3. Auflage, Heidelberg 2007, § 109, Rn. 21 ff.

[209] Sehr deutlich etwa bei *Schmidt-Aßmann* (Fn. 205), in: Merten/Papier, § 45.

[210] *E. Schmidt-Aßmann*, Grundrechtswirkungen im Verwaltungsrecht, in: Bender/Breuer/Ossenbühl/Sendler (Hrsg.), Rechtsstaat zwischen Sozialgestaltung und Rechtsschutz. Festschrift für Konrad Redeker zum 70. Geburtstag, München 1993, 225 (231); *Dreier*, in: ders. (Fn. 205), Vorbemerkungen vor Art. 1 GG, Rn. 106. Ausführliche Diskussion der Organisationsdimension etwa bei *Gärditz* (Fn. 4), 341 ff.

[211] BVerfGE 146, 164 (Rn. 78); *Krebs* (Fn. 2), in: Isensee/Kirchhof, § 108, Rn. 81.

[212] Dazu etwa *M. Schulte*, Grund und Grenzen der Wissenschaftsfreiheit, VVDStRL (65) 2006, 110 (123 ff.).

b) Negative Organisationswirkung der Grundrechte

Im Organisationsrecht begrenzt etwa die vom Bundesverfassungsgericht auf die allgemeine Handlungsfreiheit nach Art. 2 Abs. 1 GG gestützte Rechtsprechung zur Zwangsmitgliedschaft in öffentlichen Verbänden als Eingriffstatbestand zulässige Organisationsgestaltungen.[213] Dementsprechend ist ein auf eine Zwangsmitgliedschaft gestützte Körperschaft nur dann zulässig, wenn der Verband legitime öffentliche Aufgaben erfüllt und die Mitgliedschaft zur Erfüllung dieser Aufgaben geeignet, erforderlich und angemessen ist.[214]

Unter Umständen kann es auch die Vermeidung von Konkurrenzsituationen zwischen staatlichen und nichtstaatlichen Organisationen im Lichte der freien Grundrechtsbetätigung erforderlich machen, dass sich die öffentliche Verwaltung in einer bestimmten Weise organisiert.[215] Entsprechendes gilt etwa im Schutzbereich des Art. 9 Abs. 3 GG, der eine Präferenz für die freie Verbandsbildung enthält,[216] und es damit Gewerkschaften erlaubt, sich gegen öffentlich-rechtlich organisierte Konkurrenz zu wehren.[217] Ähnliche Fallgestaltung sind im Bereich des Schul- und Erziehungswesens im Hinblick auf Kollisionen mit Art. 6 Abs. 2 GG und Art. 7 Abs. 4 GG denkbar.[218] Ein weiterer

---

[213] BVerfGE 38, 281 (198); 115, 25 (42), 146, 164. Zu dessen (richtiger) Grundlage in Art. 2 Abs. 1 GG, nicht etwa in der negativen Vereinigungsfreiheit nach Art. 9 Abs. 1 GG *Starck*, in: v. Mangoldt/Klein/Starck (Fn. 205), Art. 2, Rn. 133 ff. Ferner *A. Hatje/J.P. Terhechte*, Das Bundesverfassungsgericht und die Zwangsmitgliedschaft, NJW 2002, 1849–1851. Kritisch dazu *D. Mronz*, Körperschaften und Zwangsmitgliedschaft. Die staatsorganisations- und grundrechtliche Problematik der Zwangsverbände aufgezeigt am Beispiel von Arbeitnehmerkammern, Berlin 1973, 96.

[214] BVerfGE 146, 164; 38, 281 (299); *H.D. Jarass*, in: ders./Pieroth (Fn. 56), Art. 2, Rn. 26.

[215] BVerfGE 38, 281 (303). Für den Sozialbereich etwa auch *P. Axer*, Soziale Gleichheit – Voraussetzung oder Aufgabe der Verfassung?, VVDStRL (68) 2011, 177 (206).

[216] *H. Bauer*, in: Dreier (Fn. 205), Art. 9, Rn. 19.

[217] Im konkreten Fall wies das BVerfG allerdings die Verfassungsbeschwerde gegen die Bildung der „Arbeitnehmerkammern" zurück. Das Argument wird dargestellt bei BVerfGE 38, 281 (303).

[218] *Krebs* (Fn. 2), in: Isensee/Kirchhof, § 108, Rn. 82 mwN. Zur Organisation im Bereich der Schulen, vgl. *J. Ennuschat*, Die Organisation der öffentlichen Schule, Die Verwaltung 2012, 331 ff. Ausführliche organisationsrechtliche Darstellung auch bei *F. Hanschmann*, Staatliche Bildung und Erziehung. Ganztagsschule, Bildungsstandards und selbstständige Schule als Herausforderung für das Verfassungs- und Schulrecht, Tübingen 2017, 261 ff. mit der Diskussion von Partizipationsmodellen (271 ff.). Ferner *M.E. Geis*, Möglichkeiten und Grenzen schulischer Partizipationsregelungen am Beispiel der sog. Schulkonferenz, in: Jach/Jenkner (Hrsg.), Autonomie der staatlichen Schule und freies Schulwesen. Festschrift zum 65. Geburtstag von Johann Peter Vogel, Berlin 1998, 31–50. Für die Lehrplankonkretisierung auch *A. Wallrabenstein*, Der Bildungsföderalismus auf dem Prüfstand, VVDStRL (73) 2014, 41 (65), Fn. 127. Ferner auch *P. Unruh*, „Schulautonomie" und Demokratieprinzip – im Lichte der neueren Rechtsprechung des Bundesverfassungsgerichts, RdJB 2003, 466 (467 ff.).

möglicher Anwendungsbereich ist Art. 4 GG[219] sowie Art. 2 Abs. 1 GG (in der Ausprägung der informationellen Selbstbestimmung).[220]

c) Positive Steuerungsimpulse

Positive, organisationsgestaltende Wirkung in Form von Einrichtungsgarantien[221] haben die Grundrechte insbesondere in den beiden Bereichen der Wissenschaftsfreiheit (Art. 5 Abs. 3 S. 1 GG) und der Rundfunkfreiheit (Art. 5 Abs. 1 S. 2 GG). Beide verlangen eine positive organisatorische Ausgestaltung, die einer pluralistischen Demokratie angemessen freie Wissens- und Meinungsbildungsprozesse durch Rundfunk[222] und Wissenschaft[223] zu

---

[219] Diskussion etwa bei *C. Möllers*, Religiöse Freiheit als Gefahr?, VVDStRL (68) 2009, 47 (78).

[220] Vgl. BVerfGE 65 1 (46).

[221] Klassische theoretische Aufarbeitung bei *U. Mager*, Einrichtungsgarantien. Entstehung, Wurzeln, Wandlungen und grundgesetzgemäße Neubestimmung einer dogmatischen Figur des Verfassungsrechts, Tübingen 2003, mit Überlegungen zu grundrechtlich gebotenen Einrichtungen auf 247 ff. Nun auch bei *W. Kluth*, Funktionale Selbstverwaltung, in: Kahl/Ludwigs (Hrsg.), Handbuch des Verwaltungsrechts, Bd. III, Verwaltung und Verfassungsrecht, Heidelberg 2022, § 65, Rn. 52 ff.

[222] Zur Rundfunkfreiheit: BVerfGE 97, 228 (267); *H. Schulze-Fielitz*, in: Dreier (Fn. 205), Art. 5 I-II, Rn. 234; *Starck/Paulus*, in: v. Mangoldt/Klein/Starck. (Fn. 205), Art. 5, Rn. 196: „[…] so ist durch staatliche Organisationsmaßnahmen sicherzustellen, dass der Rundfunk mit all den Möglichkeiten der Manipulation nicht in die Hand einzelner Personen, einer gesellschaftlichen Gruppe oder in die Hand des Staates gerät, sondern vielmehr selbst zur Vielfalt auf dem Fernseh- aber auch dem Medienmarkt insgesamt beiträgt." Umfassend dazu *W. Hoffmann-Riem*, Rundfunkfreiheit durch Rundfunkorganisation. Anmerkungen zur Neufassung des Radio-Bremen-Gesetzes, Frankfurt am Main 1979, 15 ff. Ferner *H.H. Klein*, Rundfunkrecht und Rundfunkfreiheit, Der Staat 20 (1981), 177 (185); *Kluth* (Fn. 86), 58 ff.; *C. Degenhart*, Rundfunkfreiheit, in: Merten/Papier (Hrsg.), HGR, Bd. IV, Grundrechte in Deutschland – Einzelgrundrechte I, Heidelberg 2011, § 105, Rn. 5 ff. Zu den veränderten Anforderungen durch gesellschaftlichen Wandel *Spiecker gen. Döhmann* (Fn. 104), 29. *C. v. Coelln*, Offenheit demokratischer Willensbildung und Staatsferne des öffentlich-rechtlichen Rundfunks. Der Staat als Garant oder Gefahr?, in: Uhle (Hrsg.), Information und Einflussnahme – Gefährdungen der Offenheit des demokratischen Willensbildungsprozesses, Wissenschaftliche Abhandlungen zur Philosophie, Politik und Geistesgeschichte, 2018, 11 ff.; *R. Wernsmann*, Die verfassungskonforme Finanzierung des öffentlich-rechtlichen Rundfunks durch den neuen Rundfunkbeitrag, ZG 2015, 79 ff. Jüngst auch *M. Schuler-Harms*, Medienverfassung, in: Herdegen/Masing/Poscher/Gärditz (Hrsg.), Handbuch des Verfassungsrechts. Darstellung in transnationaler Perspektive, München 2021, § 25, Rn. 45 ff. Zur Rekonstruktion der Staatsferne aus dem Demokratieprinzip, vgl. *H. Gersdorf*, Staatsfreiheit des Rundfunks in der dualen Rundfunkordnung der Bundesrepublik Deutschland, Berlin 1991, 58 ff. Jüngst auch zu den Anforderungen an die Gremienbildung *K. v. Lewinski/S. Derfler*, Der BR-Rundfunkrat – Repräsentanz und Transparenz auf der Höhe der Zeit?, BayVBl. 2020, 829–835; *H.-G. Henneke*, Kompetenz und Verantwortung von Gremienmitgliedern der Rundfunkanstalten, NVwZ 2022, 1409 (1411 ff.); *R. Binder*, Optionen und Grenzen einer Strukturreform des öffentlich-rechtlichen Rundfunks, ZUM 2022, 880 (884 ff.).

[223] Zur Wissenschaftsfreiheit: „Institutionalisierung einer Wissensinfrastruktur" bei *H.-H. Trute*, Wissenschaft und Technik, in: Isensee/Kirchhof (Hrsg.), HStR, Bd. IV, 3. Auflage,

fördern geeignet ist und setzen insoweit zulässiger Organisationsgestaltung Grenzen.[224]

Der Staat darf nicht selbst Rundfunk veranstalten,[225] sondern hat die organisatorischen Rahmenbedingungen für freie Rundfunkbetätigung bereitzustellen. Trotz dieser relativ genauen Umschreibung verbleibt dem (Landes-)Gesetzgeber im Hinblick auf die im Grundrecht enthaltene Regelungswirkung ein beträchtlicher Gestaltungsspielraum hinsichtlich der konkreten Ausgestaltung der Organisation.[226] Insbesondere die öffentlich-rechtliche Organisationsform ist nicht vorgegeben, solange eine plurale Programmgestaltung gewährleistet ist.[227]

Auch aus der Formulierung der Wissenschaftsfreiheit nach Art. 5 Abs. 3 S. 1 2.–4. Alt. GG „[…] Wissenschaft, Forschung und Lehre sind frei“ wird ein korrespondierendes Recht zur Selbstverwaltung abgeleitet.[228] Dieses Selbst-

---

Heidelberg 2006, § 88, Rn. 41 ff.; *U. Mager*, Freiheit von Forschung und Lehre, in: Isensee/Kirchhof (Hrsg.), HStR, Bd. VII, 3. Auflage, Heidelberg 2009, § 166, Rn. 25–26. Vgl. ferner *M.E. Geis*, Autonomie der Universitäten, in: Merten/Papier (Hrsg.), HGR, Bd. IV, Grundrechte in Deutschland – Einzelgrundrechte I, Heidelberg 2011, § 100, Rn. 7 ff. Abgrenzungsprobleme kann es dann geben, wenn verschiedene „reguläre“ Tätigkeitsbereiche sich mit der Forschung überschneiden. Dazu *V. Epping/S. Lenz*, Weisungsbefugnisse in verselbständigten Universitätsklinika? Dargestellt am Beispiel der Ausgliederung der Universitätsklinika als Anstalten des Öffentlichen Rechts aus dem Hochschulbereich in Nordrhein-Westfalen, DÖV 2004, 1–12. Kritik aber bei *A. Fischer-Lescano*, Ironie der Autonomie. Die Rechtswissenschaft im Pakt mit der ökonomischen Macht, Kritische Justiz 2014, 414 (418): „Trügerische Autonomie à la Carl Schmitt oder Julius von Kirchmanns emanzipierte Rechtswissenschaft, die Autonomie als Auftrag versteht, gesellschaftliche Verantwortung zu übernehmen, Legitimationsorientierung zu bieten und den Idealen von Gerechtigkeit und Emanzipation zur Wirksamkeit zu verhelfen. Im Lichte dieser beiden – natürlich stilisierten – Alternativen ist angesichts gesteigerter ökonomischer Abhängigkeiten der Universität ein Selbstvergewisserungsprozess der Rechtswissenschaft dringend von Nöten.“ Zu den verfassungsrechtlichen Vorgaben für die organisierte Studierendenschaft als Zwangskörperschaft, vgl. *M.E. Geis*, Die Verfasste Studierendenschaft – eine unendliche Geschichte, in: Heckmann/Schenke/Sydow (Hrsg.), Verfassungsstaatlichkeit im Wandel. Festschrift für Thomas Würtenberger zum 70. Geburtstag, Berlin 2013, 1137 (1139 ff.).

[224] Exemplarisch *K.F. Gärditz*, Reformierte Hochschulorganisation und verfassungsrechtliche Gegenreformation, in: Horn/Krause (Hrsg.), Funktionsgerechte Hochschulorganisation – Rahmenbedingungen und Entwicklungspotential akademischer Selbstverwaltung. Ein Symposium, Bonn 2013, 55 ff.

[225] Diese Grenze wird zum Teil recht eng gezogen. Vgl. *K.-E. Hain*, Verfassungswidrige Staatsnähe. Zur Wahl des Direktors der saarländischen Landesmedienanstalt durch den Landtag, verfassungsblog.de, 09.07.2021, abrufbar unter: https://verfassungsblog.de/verfassungswidrige-staatsnaehe/ (abgerufen: 10.05.2022).

[226] BVerfGE 12, 205 (225 ff.); *Schulze-Fielitz*, in: Dreier (Fn. 205), Art. 5 I-II, Rn. 233. Aktuelle Impulse bei *H. Meyer*, Neuer Telemedienauftrag – Neuer Auftrag? Neue Finanzierung? Wer verantwortet und gestaltet den öffentlich-rechtlichen Rundfunk?, ZG 2018, 210 ff.

[227] BVerfGE 12, 205 (261 f.); *Starck/Paulus*, in: v. Mangoldt/Klein/Starck. (Fn. 205), Art. 5, Rn. 197.

[228] Klassisch *H.-H. Trute*, Die Forschung zwischen grundrechtlicher Freiheit und staatlicher Institutionalisierung. Das Wissenschaftsrecht als Recht kooperativer Verwaltungsvor-

verwaltungsrecht soll dem (grundrechtlich gebotenen) Erfordernis Rechnung tragen, dass Entscheidungen mit Bezug zur Wissenschaftsausübung nicht durch den Staat, sondern durch wissenschaftseigene Verfahren zu Stande kommen.[229] Da die Richtigkeit wissenschaftsrelevanter Entscheidungen nicht durch staatliche Aufsicht oder Gerichte überprüft werden kann, muss die Organisation gewährleisten, dass der Willensbildungsprozess von sachgerechten Gesichtspunkten bestimmt wird.[230]

Auch hier lässt die die Grundrechtsgewährleistung einen gewissen Raum für gesetzgeberische Freiheit. Zwingend ist die Organisation der Hochschule als Selbstverwaltungskörperschaft nicht, denn aus der Formulierung des Grundrechts ergibt sich kein konkreter Organisationsbezug.[231] Das Bundesverfassungsgericht etwa argumentiert: „Solange der Gesetzgeber ein in diesem Sinne hinreichendes Maß an organisatorischer Selbstbestimmung der Grundrechtsträger sicherstellt, ist er frei, den Wissenschaftsbetrieb nach seinem Ermessen zu regeln, um die unterschiedlichen Aufgaben der Wissenschaftseinrichtungen und die Interessen aller daran Beteiligten in Wahrnehmung seiner gesamtgesellschaftlichen Verantwortung in angemessenen Ausgleich zu bringen."[232] Insoweit vermitteln die Grundrechte keinen Anspruch auf Einrichtung einer bestimmten juristischen Person als Organisationsform[233] und sichern auch nicht

gänge, Tübingen 1994, 173 ff.; *R. Hendler*, Selbstverwaltung als Ordnungsprinzip. Zur politischen Willensbildung und Entscheidung im demokratischen Verfassungsstaat der Industriegesellschaft, Köln 1984, 330 f.; *ders.*, Das Prinzip Selbstverwaltung, in: Isensee/Kirchhof (Hrsg.), HStR, Bd. VI, 3. Auflage, Heidelberg 2008, § 143, Rn. 66; *J. Schmidt*, Die demokratische Legitimationsfunktion parlamentarischer Kontrolle. Eine verfassungsrechtliche Untersuchung über Grundlage, Gegenstand und Grenzen der parlamentarischen Kontrolle unter besonderer Berücksichtigung der ministerialfreien Räume und der Privatisierung, Berlin 2007, 302 ff. Ferner zu Reformbestrebungen *U. Mager*, Die Universität im Zeichen von Ökonomisierung und Internationalisierung, VVDStRL (65) 2006, 274 (281 ff.). Zur Darstellung (mit eher zurückhaltendem Unterton) *Gärditz*, in: Dürig/Herzog/Scholz (Fn. 43), Art. 5 III, Rn. 274. Dagegen etwa *U. Smeddinck*, Die deregulierte Hochschule, DÖV 2007, 269 (272).

[229] *G. Britz*, in: Dreier (Fn. 205), Art. 5 III, Rn. 88; *Kluth* (Fn. 86), 31 ff.

[230] *Starck/Paulus*, in: v. Mangoldt/Klein/Starck (Fn. 205), Art. 5, Rn. 519. Zur Balance zwischen Wissenschaftsadäquanz und Demokratieprinzip, vgl. *Kahl* (Fn. 91), 251.

[231] *T. Groß*, Kollegialprinzip und Hochschulselbstverwaltung, DÖV 2016, 449 (451) hält es aber für praktisch zwingend, da die Anforderungen in den bestehenden Organisationsrechtsformen nur in der Körperschaft umgesetzt werden könnten. Vgl. ferner *A. Uhle*, Abschied vom universitären Kollegialitätsprinzip? – Zu dem Beschluss des BVerfG vom 31.05.1995 – 1 BvR 1379/94 und 1 BvR 1413/94, NVwZ 1996, 661 ff. zur Änderung des nordrhein-westfälischen Universitätsgesetz, das die Stellung des Dekans im Fachbereich nachdrücklich gestärkt hatte und damit faktisch die kollegiale Entscheidungsfindung beeinträchtigte.

[232] Vgl. BVerfGE 111, 333 (356); 127, 87 (116 f.).

[233] *Gärditz*, in: Dürig/Herzog/Scholz (Fn. 43), Art. 5 III, Rn. 274 mit Verweis auf *W. Rüfner*, Zur Bedeutung und Tragweite des Art. 19 Abs. 3 des Grundgesetzes, AöR 89 (1964), 261 (286).

ihren Bestand.[234] Die Einräumung der Selbstverwaltung entbindet den Gesetzgeber nicht von der Entscheidung, welche Organisationsform für die Freiheitsausübung am besten geeignet erscheint.[235] *Lege lata* ist die konkrete Art der Selbstverwaltung jedoch durch landesverfassungsrechtliche Regelungen sowie § 58 Abs. 1 S. 3 HRG bestimmt.[236] Aus Art. 5 Abs. 3 GG folgen diese Vorgaben jedoch nicht.

d) Grundrechte als punktuelle Detailsteuerung

Auch Grundrechte spielen für die Steuerungswirkung der Verfassungsordnung eine entscheidende Rolle. Ihre Wirkung ist jedoch nicht flächendeckend, sondern je nach Grundrecht bereichsspezifisch und punktuell. Schutzbereiche gewisser Grundrechte als spezielle Anforderungen des funktionsfähigen Schutzes von Teilbereichslogiken, etwa der Forschung oder des Rundfunks, überlagern damit punktuell die allgemeinen Aussagen, die sich aus dem Ausgleich von Demokratieprinzip und Rechtsstaat ergeben.

4. Die Verfassungsordnung als Organisationsrahmenordnung

Beurteilt man das Zusammenwirken von Legitimations- und Funktionsanforderungen, sowie punktuell der Grundrechte, so wird deutlich, dass die inhaltliche Stärke der rahmengebenden Strukturvorgaben weit über die formellen Organisationsvorgaben der Verfassung hinausgeht.[237] Über die verstärkte dogmatische Ausarbeitung präziser Vorgaben von Demokratie- und Rechtsstaatsprinzip entwickelt sich ihr strukturgebender Einfluss. Die materielle „Verfassungsordnung“[238] wirkt damit als Rahmenordnung[239] für den gesamten staatlichen Innenbereich.[240]

---

[234] *Trute* (Fn. 228), 294. Dies bedeutet, dass auch ein Systemwechsel weg von der Gruppenuniversität möglich wäre. *Smeddinck* (Fn. 228), 272.

[235] Dies gilt umso mehr, wie *Gärditz* argumentiert, „da befreite kollektive Entscheidungsmacht zugleich Bindung für und gegen die Betroffenen bedeutet, Selbstverwaltung also nicht zwingend auch ein Gewinn für einzelne Wissenschaftlerinnen und Wissenschaftler sein muss.“ *Gärditz*, in: Dürig/Herzog/Scholz (Fn. 43), Art. 5 III, Rn. 274. *Starck/Paulus*, in: v. Mangoldt/Klein/Starck. (Fn. 205), Art. 5, Rn. 519 argumentieren etwa: „Je weniger pluralistisch entschieden wird, desto mehr Kontrollmöglichkeiten muss der Gesetzgeber vorsehen.“

[236] *Gärditz* (Fn. 4), 384 ff.

[237] *Wollenschläger* (Fn. 99), 207.

[238] Begriffsprägung insbesondere in der Benennung des vierten Teils des Handbuch des Staatsrechts, mit den Beiträgen zu Verfassungsidentität und Strukturprinzipien (Demokratie, Rechtsstaat, Gewaltenteilung). Ferner aufgegriffen bei *Heun* (Fn. 86), 31 ff.

[239] Vgl. *P. Badura*, Grundrechte als Ordnung für Staat und Gesellschaft, in: Merten/Papier (Hrsg.), HGR, Bd. I, Entwicklung und Grundlagen, Heidelberg 2004, § 20, Rn. 9 ff. Theoretisch (und kritisch) über das Organisationsrecht hinaus aufgearbeitet bei *S.-P. Hwang*,

Der Begriff der Rahmenordnung meint, dass das Verfassungsrecht die Verwaltungsorganisation garantiert,[241] inhaltlich strukturiert und gleichzeitig klare Grenzen setzt, innerhalb derer sich die legislative und exekutive Gestaltungsfreiheit bewegen kann.[242] Dies meint nicht etwa materielle Zweckmäßigkeitskriterien, die aus der verfassungsrechtlichen Perspektive ausgeblendet bleiben. Das Verfassungsrecht verlangt nicht die einzig richtige Organisationsentscheidung, sondern gibt vielmehr einen Entscheidungsraum vor, dessen Bestimmung die Aufgabe der Verfassungsrechtswissenschaft ist.[243] Innerhalb dieses Entscheidungsraumes sind die Vorgaben der begründeten Gestaltungsentscheidung des Gesetzgebers überlassen, die auch offen für experimentelle Gesetzgebung sein kann.[244]

Aus diesem Zusammenspiel von äußerem Rahmen und Gestaltungsfreiheit folgt, dass es „eine übergreifende Ordnungsvorstellung gibt, die dem alltäglichen Plebiszit über das Gelingen der Verwaltung entzogen ist."[245] Mit den Wirkkomplexen von Demokratie, Rechtsstaat/Gewaltenteilung sowie Grund-

---

Verfassungsordnung als Rahmenordnung. Eine kritische Untersuchung zum Materialisierungsansatz im Verfassungsrecht aus rahmenorientierter Perspektive, Tübingen 2018. Vgl. insb. 193 ff. für Anmerkungen zum Organisationsrecht. Sich im Hinblick darauf einfügend, vgl. den gemeinsamen Band von *W. Heun/C. Starck* (Hrsg.), Grundrechte, Rechtsstaat und Demokratie als Grundlagen des Verwaltungsrechts. Sechstes deutsch-taiwanesisches Kolloquium vom 25. bis 26. April 2014 in Taipeh, Baden-Baden 2015.

240 Vgl. *M. Kotzur*, Verfassung – Begriff und Bedeutung im Mehrebenensystem, in: Kahl/Ludwigs (Hrsg.), Handbuch des Verwaltungsrechts, Bd. III, Verwaltung und Verfassungsrecht, Heidelberg 2022, § 58, Rn. 7: „Ordnungsidee". Eine ähnliche Beobachtung im Hinblick auf das Staatsorganisationsrecht macht *Aust* (Fn. 201), 443 ff. Anders aber bei *S. Bredt*, Die demokratische Legitimation unabhängiger Institutionen. Vom funktionalen zum politikfeldbezogenen Demokratieprinzip, Tübingen 2006, 280 ff., der „politikfeldbezogene" Ausnahmen vom Legitimationserfordernis zulassen will.

241 Zu diesem ansonsten hier ausgeblendeten *topos*, *W. Cremer*, Organisationen zum Schutz von Staat und Verfassung, in: Isensee/Kirchhof (Hrsg.), HStR, Bd. XII, 3. Auflage, Heidelberg 2014, § 278.

242 Bei *Kluth* heißt es: „Das Verfassungsrecht fungiert demnach sowohl als Richtungsentscheidung wie auch als Grenze des Organisationsrechts. Es belässt dem Gesetzgeber auf Grund seiner Eigenart als Rahmenrecht dabei weite Gestaltungsspielräume, die auch Raum für die Entwicklung dogmatischer Konzeptionen und alternativer Organisationsmodelle lassen." *Kluth*, in: Wolff/Bachof/Stober/Kluth (Fn. 7), § 79, Rn. 76.

243 Zu der daraus entscheidend folgenden zentralen Rolle von juristischen Begründungen, vgl. *C. Bäcker*, Was bedeuten Begründungen für juristische Entscheidungen?: Neun Thesen, in: Kirste (Hrsg.), Interdisziplinarität in den Rechtswissenschaften: ein interdisziplinärer und internationaler Dialog, Berlin 2016, 231 (244): „notwendige Relativität von Entscheidungen."

244 *K.F. Gärditz*, Temporale Legitimationsasymmetrien, in Hill/Schliesky (Hrsg.), Management von Unsicherheit und Nichtwissen, Baden-Baden 2016, 253 (280). Vgl. etwa im Bereich der Rundfunkorganisation: *H.-D. Horn*, Experimentelle Gesetzgebung unter dem Grundgesetz, Berlin 1989, 324 ff. Zu den Voraussetzungen etwa *M. Goldhammer*, Die Prognoseentscheidung im Öffentlichen Recht, Tübingen 2021, 364 ff.

245 *Wißmann* (Fn. 22), in: Hoffmann-Riem/Schmidt-Aßmann/Voßkuhle, § 15, Rn. 3.

rechten sind damit auch die grundlegenden *Argumentationsfiguren* im Organisationsrecht bestimmt.

Der oben eingeführte Begriff des „Wirkkomplexes" intendiert, darauf hinzuweisen, dass sich die verfassungsrechtlichen Strukturprinzipien in ihrer Wirkung fast untrennbar zusammenfügen.[246] Besonders gut zeigen lässt sich dieser Zusammenhang an dem meist parallel zum Demokratiegebot laufenden Wirkkomplex von Rechtsstaat und Gewaltenteilung. Demokratie ist auf eine funktionale Organisationsstruktur und institutionelle Stabilität angewiesen.[247] Funktions- und Sachrichtigkeit auf der anderen Seite verlangt demokratische Grundentscheidungen.[248] Die Funktionsfähigkeit des Staates ist zudem eine Schranke individueller Grundrechtsausübung.[249] Im Regelfall fügen sich im Ministerialsystem daher auch demokratische und funktionale Anforderungen geradezu archetypisch zusammen.

In bestimmten Konstellationen hingegen kann es zu gegenläufigen Steuerungsaussagen von Legitimationsbedürftigkeit einerseits, Funktionsfähigkeit des Gemeinwesens andererseits kommen. Dann ist es erforderlich, beide Wirk-

---

[246] Dies ist auch die bei *Classen* (Fn. 97), 39 ff. entwickelte Perspektive. Ähnlich auch bei *Möllers* (Fn. 165), 40 ff. Ferner *Sommermann*, in: v. Mangoldt/Klein/Starck (Fn. 126), Art. 20, Rn. 193: „Soweit der Legitimationsrechtsprechung des Bundesverfassungsgerichts eine zu große Starrheit im Hinblick auf die Verwirklichung moderner verwaltungsrechtlicher Konzepte vorgeworfen wird, unterschätzt die Kritik nicht nur die Variationsmöglichkeiten der sich ergänzenden personellen und sachlich-inhaltlichen Legitimation; sie übersieht auch, dass die Zuordnung der Legitimationsmodalitäten zu bestimmten Staatsfunktionen oder -aufgaben gemäß dem ‚Maßstab funktioneller Richtigkeit' oder ‚Grundsatz funktionsgerechter Organstruktur' sehr wohl mit den sich im modernen Leistungsstaat herausbildenden Steuerungsinstrumenten, insbesondere auch final-programmierten Verwaltungsrechtsnormen, vereinbar ist." Grund dieses Zusammenfügens ist unter anderem der für alle Verfassungssätze geltende „Vorbehalt des Möglichen", ausgearbeitet bei *O. Depenheuer*, Vorbehalt des Möglichen, in: Isensee/Kirchhof (Hrsg.), HStR, Bd. XII, 3. Auflage, Heidelberg 2014, § 269, Rn. 21. Ähnlich bei *V. Mehde*, Von der Input-Legitimation zur Output-Legitimation – Problemlösung und öffentliche Wertschöpfung (Public Value) als Zielbilder, in: Hill/Schliesky (Hrsg.), Herausforderung e-Government: E-Volution des Rechts- und Verwaltungssystems, Baden-Baden 2009, 213 (226).

[247] *Poscher* (Fn. 165), in: Hoffmann-Riem/Schmidt-Aßmann/Voßkuhle, § 8, Rn. 21. Gewaltenteilung und Demokratieprinzip gemeinsam konzentrieren und verteilen damit Verantwortung für die Ausübung von Staatsgewalt. Bei *Böckenförde* etwa hält die Gewaltenteilung durch das Demokratieprinzip gelesen den *Legitimationsschlüssel* moderner Staaten bereit. *E.-W. Böckenförde*, Gesetz und gesetzgebende Gewalt. Von den Anfängen der deutschen Staatsrechtslehre bis zur Höhe des staatsrechtlichen Positivismus, Berlin 1981, 20 ff.

[248] So auch *Schmidt-Aßmann* (Fn. 9), 98: „Die institutionelle Legitimation der Verwaltung verdeutlicht, daß die grundgesetzliche Legitimationsordnung auf zwei Prinzipien, auf der Rückbindung an den Volkswillen und auf der Fähigkeit der Funktionsträger beruht, mit den ihnen eigenen Handlungsinstrumenten, Verfahrensweisen und Organisationsformen zur Konkretisierung des Gemeinwohls beizutragen. Zur rechtsstaatlichen tritt die demokratische Rationalität."

[249] *M. Kriele*, Grundrechte und demokratischer Gestaltungsraum, in: Isensee/Kirchhof (Hrsg.), HStR, Bd. IX, 3. Auflage, Heidelberg 2011, § 188, Rn. 94.

komplexe in einen Ausgleich miteinander zu bringen.[250] Wann dieser Zustand erreicht ist, ist nicht schematisch zu definieren. Hier ist einiges umstritten, insbesondere im Hinblick darauf, welche Faktoren in die Funktionsbestimmung mit eingehen können und welches Verhältnis zum Demokratieprinzip sich aus ihnen ergibt. Hier gilt, wie *Loschelder* dies treffend zusammengefasst hat, dass die Gesichtspunkte, die für eine Auflockerung der Hierarchie sprechen, wegen deren umfassenden instrumentalen Charakters regelmäßig ihre – rechtstaatliche, demokratische, grundrechtliche – Entsprechung auf der Gegenseite finden.[251] Dabei scheint die Verfassungslehre in Rechtsordnungen, die sich noch in einer größeren zeitlichen Nähe zu undemokratischer Herrschaft befinden, wie im spanischen Verwaltungssystem, das erst seit 1978 von der Herrschaft *Francos* gelöst wurde, dazu zu tendieren, dem Rechtstaatsprinzip eine besonders hohe Bedeutung beizumessen.[252] Das Rangverhältnis der verschiedenen Wirkkomplexe kann sich dementsprechend je nach Verfassungsentwurf und der der Verwaltung zugewiesenen Stellung im Staatsaufbau unterscheiden.

Unter dem grundgesetzlich gewährleisteten Prinzip der Volkssouveränität nimmt jedoch das Demokratieprinzip die Führungsrolle ein. Im grundgesetzlich geprägten Organisationsrecht wirkt es insoweit als eine „Meta-Organisationsverfassungsrechtsnorm" (*Meinel*).[253] Richtig ist das Primat des Demokra-

---

[250] Diese Beobachtung schon bei *B. Grzeszick*, Rationalitätsanforderungen an die parlamentarische Rechtsetzung im demokratischen Verfassungsstaat, VVDStRL (71) 2012, 49 (65). Am konkreten Fall der Hochschulräte, Zur Balance zwischen Wissenschaftsadäquanz und Demokratieprinzip, vgl. *Kahl* (Fn. 91), 252 ff. Kritisch ließe sich anmerken, dass sich in dieser Annahme das Verhältnis zwischen Funktion und Struktur umkehre. Vgl. etwa bei *Hain*, in: v. Mangoldt/Klein/Starck (Fn. 126), GG Art. 79, Rn. 100. Müsste sich nicht, wenn man die Verfassungsvorgabe ernst nähme, die mögliche Funktionserfüllung und Übernahme von Befugnissen der verfassungsgesetzlich vorgegebenen Organstruktur anpassen? Idealtypisch ist dies freilich richtig. In der Verfassungspraxis kann dies jedoch deshalb nicht gelten, da staatliche Ordnung auch mit Komplexität umgehen können muss. Manche staatliche Aufgaben sind von ihrer Ausgestaltung so vielschichtig, dass sie die Organisation der Verwaltung vor ganz grundsätzliche Herausforderungen stellen, deren Erledigung sich mithin nicht in ein idealtypisches Modell pressen lässt. Die entscheidende Frage ist hingegen auf den Umgang mit diesen Ausnahmen gerichtet. Hier sollte man sich die Ausnahme nicht zu leicht machen und Begründungsanforderungen formulieren, die den Verlust demokratischer Legitimationsleistung nicht zu leicht hinnimmt. Allgemein lesenswerte Überlegungen zur sich teils gegeneinander, teils miteinander entfaltenden Wirkung von Rechtstaat und Demokratie *H.A. Wolff*, Das Verhältnis von Rechtsstaatsprinzip und Demokratieprinzip, in: Murswiek (Hrsg.), Staat – Souveränität – Verfassung. Festschrift für Helmut Quaritsch zum 70. Geburtstag, Berlin 2000, 73 (92 ff.).

[251] *Loschelder* (Fn. 102), in: Isensee/Kirchhof, § 107, Rn. 72.

[252] Vgl. etwa bei *F. Velasco Caballero*, The Legitimacy of the Administration in Spain, in: Ruffert (Hrsg.), Legitimacy in European Administrative Law. Reform and Reconstruction, Groningen 2011, 83 (87).

[253] *Meinel* (Fn. 104), 106. Dies gilt sogar (freilich sehr begrenzt) im transnationalen (Organisations-)Recht. Dazu etwa *G. Teubner*, Quod omnes tangit: Transnationale Verfassung ohne Staat?, Der Staat 57 (2018), 171 (173).

tieprinzips insbesondere deshalb, da es Funktionalität und Sachrichtigkeit im demokratischen Rechtsstaat nicht als Selbstzweck, sondern nur als Ermöglichungsbedingung für demokratische Selbstbestimmung geben darf. Apriorisch-materielle Zwecksetzungen außerhalb des demokratischen Verfahrens sind nicht zulässig. Methodisch entsteht dadurch für die verringerte Verwirklichung der Anforderungen des Demokratieprinzips ein Rechtfertigungsbedarf, der sich in einer Systematik eines Regelaufbaus mit begründeten Abweichungen niederschlägt. Die so insbesondere auch in der Rechtsprechung des Bundesverfassungsgerichts durchscheinende deutliche Akzentuierung des Demokratieprinzips als Leitprinzip für die Verwaltungsorganisation[254] lässt sich somit als materieller Konstitutionalisierungsprozess des staatlichen Innenbereichs deuten.

IV. Sonstige verfassungsrechtliche Vorgaben

Weitere verfassungsrechtliche Vorgaben für die Verwaltungsorganisation finden sich in den Anforderungen an das „Verwaltungspersonal“,[255] d.h. im beamtenrechtlichen Funktionsvorbehalt nach Art. 33 Abs. 4 GG und in den inhaltlichen Direktiven des Haushaltsrechts. Ihre harmonisch zu den oben dargestellten Strukturprinzipien stehenden Aussagen verstärken den bisher gewonnen Eindruck einer Durchformung des Organisationsrechts durch eine materielle Ordnungsvorstellung der Verfassung.[256]

1. Ämterordnung und Funktionsvorbehalt

Nicht zufällig ist die personell-organisatorische Legitimation eng mit den Anforderungen an die Organisation der Ausübung von Hoheitsgewalt in einer

[254] BVerfGE 151, 202 (289); 146, 1 (40). Nicht wörtlich zu nehmen ist dagegen der Hinweis in der Lissabon-Entscheidung in BVerfGE 123, 267 (343), das Demokratieprinzip sei abwägungsfest. Denn dann wären (die Rspr. des Gerichts beim Wort genommen) keinerlei pluralisierte Verwaltungseinheiten denkbar. Zu erklären ist er freilich mit der Abgrenzung zur europäischen Ebene.

[255] Dieser Begriff bei *T. Hebeler*, Verwaltungspersonal. Eine rechts- und verwaltungswissenschaftliche Strukturierung, Baden-Baden 2008, mit Überlegungen zur verfassungsrechtlichen Dimension auf 30–41. Vgl. ferner *A. Voßkuhle*, Sachverständige Beratung des Staates, in: Isensee/Kirchhof (Hrsg.), HStR, Bd. III, 3. Auflage, Heidelberg 2005, § 43, Rn. 5 ff.

[256] *M. Heintzen*, Amtsprinzip, in: Kahl/Ludwigs (Hrsg.), Handbuch des Verwaltungsrechts, Bd. III, Verwaltung und Verfassungsrecht, Heidelberg 2022, § 89, Rn. 22: „Der Staat ist als Organisation darauf angewiesen, dass Menschen für ihn handeln und seine Interessen verwirklichen, Menschen, die auch ihre eigenen Interessen verfolgen. Gesetze allein können nicht herrschen. […] Die Besonderheit staatlichen Handelns ist, spätestens seitdem der Staat sich als juristische Person konsolidiert hat, der Anspruch, nicht im Interesse eines einzelnen Herrschers oder einer herrschenden Schicht, auch nicht im Interesse seines Personals, sondern im Allgemeinen, im Gemeinwohlinteresse zu handeln.“

Ämterordnung verbunden.[257] Organisationsrechtliche Grenzen werden dabei durch den Funktionsvorbehalt in Art. 33 Abs. 4 GG vermittelt, der einen Bestandteil der institutionellen Garantie des Berufsbeamtentums darstellt.[258] Der Funktionsvorbehalt ist eine objektiv-rechtliche Organisationsnorm, die keine subjektive Rechtsposition vermittelt.[259] Er schreibt vor, dass die Ausübung hoheitsrechtlicher Befugnisse als ständige Aufgabe in der Regel Angehörigen des öffentlichen Dienstes zu übertragen ist, die insoweit in einem öffentlich-rechtlichen Dienst- und Treueverhältnis stehen. Zielsetzung der Norm ist es, die Funktionsfähigkeit, Effektivität und insbesondere die Rechtsstaatlichkeit des staatlichen Handelns durch fachliches Niveau sowie persönliche und rechtliche Integrität kontinuierlich sicherzustellen.[260] Zum Gewährleistungsbereich gehören also konsequenterweise solche staatlichen Aufgaben, bei denen diese Qualitäten des Berufsbeamtentums besonders gefordert sind.[261]

Der Kernpunkt der Streitfragen, die sich um den Funktionsvorbehalt drehen, schließt am Begriff der „hoheitsrechtlichen Befugnisse" an. Während Einigkeit darüber besteht, dass der Funktionsvorbehalt nur eine Bindung der Exekutivorganisation für nicht lediglich strukturell untergeordnete Tätigkei-

---

[257] Ausführlich *O. Depenheuer*, Das öffentliche Amt, in: Isensee/Kirchhof (Hrsg.), HStR, Bd. III, 3. Auflage, Heidelberg 2005, § 36, Rn. 47 ff.; *Cancik*, in: Herdegen/Masing/Poscher/Gärditz (Fn. 27), § 14, Rn. 44 ff.; 104 ff. Ferner *H. Mandelartz*, Freiheit und Amt: Die Eigenverantwortung des Beamten als Bedingung für gutes und effizientes Regieren, in: Enders/Masing (Hrsg.), Freiheit des Subjekts und Organisation von Herrschaft, Der Staat Beiheft 2006, 23 (29 ff.). Siehe ferner *Schmidt-Aßmann* (Fn. 9), 92, Rn. 87. Zu dessen verschiedenen Bedeutungsgehalten, vgl. *Heintzen* (Fn. 256), in: Kahl/Ludwigs, § 89, Rn. 3 ff.

[258] *H. Lecheler*, Der öffentliche Dienst, in: Isensee/Kirchhof (Hrsg.), HStR, Bd. III, 3. Auflage, Heidelberg 2005, § 110, Rn. 13 ff.; *P. Badura*, in: Dürig/Herzog/Scholz (Fn. 43), Art. 33, Rn. 55; *F. Brosius-Gersdorf*, in: Dreier (Fn. 86), Art. 33, Rn. 148. Zusammenfassend *G. Manssen*, Der Funktionsvorbehalt des Art. 33 Abs. 4 GG, – Anmerkungen zu einem verfassungsrechtlichen Dauerproblem, ZBR 1999, 253 (254). Ferner *T.I. Schmidt*, Recht des öffentlichen Dienstes in Deutschland, in: Kahl/Ludwigs (Hrsg.), Handbuch des Verwaltungsrechts, Bd. III, Verwaltung und Verfassungsrecht, Heidelberg 2022, § 91, Rn. 21–23.

[259] BVerfGE 6, 376 (385); 39, 79 (147); BVerfG, NVwZ 1988, 523 (523); VerfGH Bbg. NVwZ 2008, 210 (210). Siehe auch *Brosius-Gersdorf*, in: Dreier (Fn. 86), Art. 33, Rn. 149; *A. Voßkuhle*, Personal, in: Hoffmann-Riem/Schmidt-Aßmann/Voßkuhle (Hrsg.), GVwR, Bd. III, 2. Auflage, München 2012, § 43, Rn. 71.

[260] Vgl. BVerfGE 88, 103 (114); 119, 247 (260 f.). *B. Remmert*, Warum muss es Beamte geben?, JZ 2005, 53 (58); *Brosius-Gersdorf*, in: Dreier (Fn. 86), Art. 33, Rn. 148; *Badura*, in: Dürig/Herzog/Scholz (Fn. 43), Art. 33, Rn. 2. Auch hier kann es unter Umständen Reibungspunkte mit der Verselbständigung geben, vgl. etwa *V. Mehde*, Die Bestenauslese bei Professorenstellen zwischen Rechtsschutzgarantie und handlungsfähiger Selbstverwaltung, ZBR 2018, 373 ff. Zur Bedeutung des Alimentationsprinzips für diese Funktionsgewährleistung *M. Droege*, Die Alimentation des Verwaltungspersonals – Zur Reichweite der Grundrechtsdogmatik in einer institutionellen Garantie, DÖV 2014, 785 (788).

[261] BVerfGE 119, 247 (261); 130, 76 (109); BVerwGE 57, 55 (59 f.); *Badura*, in: Dürig/Herzog/Scholz (Fn. 43), Art. 33, Rn. 55. Zur landesverfassungsrechtlichen Ausgestaltung *J.F. Lindner*, Das Berufsbeamtentum in den Verfassungen der deutschen Länder", ZBR 2018, 181.

ten (Hilfsdienste etc.) enthält,[262] ist umstritten, welche Auswirkungen die Organisations- und Handlungsform auf den Regelungsgehalt hat. Überwiegend wird dabei richtigerweise angenommen, dass die Art und Weise der Organisationsform auf die Garantie keinen Einfluss haben kann.[263]

Die Folge einer Beschränkung des Anwendungsbereiches auf öffentlich-rechtlich organisierte Tätigkeiten wäre nämlich, dass die Erfüllung von Aufgaben in Privatrechtsform nicht erfasst wäre. Dies kann schon deshalb nicht überzeugen, da in diesem Falle die grundsätzliche Regelungsrichtung des Funktionsvorbehalts als Begrenzung zulässiger Organisationsformen ins Leere laufen würde. Auch die Auffassungen, die bei der Anwendbarkeit des Funktionsvorbehalts zwischen Eingriffs- und Leistungsverwaltung unterscheiden,[264] vermögen nicht zu überzeugen. Richtigerweise kommt es im Hinblick auf die Zielrichtung des Funktionsvorbehalts allein auf die mögliche Grundrechtsrelevanz staatlichen Handelns an.[265] Im Gleichlauf mit dem Anwendungsbereich der Organisationspflicht (s.o., § 3) führt dies dazu, dass die staatliche Wirtschaftstätigkeit insoweit nicht vom Vorbehalt umfasst ist, sofern kein dominierender staatlicher Einfluss besteht.[266] Grundsätzlich gilt der

---

[262] *Brosius-Gersdorf*, in: Dreier (Fn. 86), Art. 33, Rn. 152 mwN.

[263] Vgl. BVerfGE 130, 76 (111); BVerwGE 57, 55 (60); *S.U. Pieper*, in: Schmidt-Bleibtreu/Hofmann/Henneke (Hrsg.), GG Kommentar zum Grundgesetz, 14. Auflage, Köln 2018, Art. 33, Rn. 109; *Badura*, in: Dürig/Herzog/Scholz Fn. 43), Art. 33, Rn. 56; *Brosius-Gersdorf*, in: Dreier (Fn. 86), Art. 33, Rn. 153 mwN. Anders: *A. Hense*, in: Epping/Hillgruber (Hrsg.), Grundgesetz, 46. Edition, München 15.02.2021, Art. 33, Rn. 28. Ebenso wohl *Jarass*, in: ders./Pieroth (Fn. 56), Art. 33, Rn. 41.

[264] Z.B. *F.-J. Peine*, Der Funktionsvorbehalt des Berufsbeamtentums, Die Verwaltung 1984, 415 (424); *J. Isensee*, Öffentlicher Dienst, in: Benda/Maihofer/Vogel (Hrsg.), Handbuch des Verfassungsrechts der Bundesrepublik Deutschland. Studienausgabe, Teil 1, 2. Auflage, Berlin 1995, § 32, Rn. 56 ff.

[265] So etwa *T. Strauß*, Funktionsvorbehalt und Berufsbeamtentum. Zur Bedeutung des Art. 33 Abs. 4 GG, Berlin 2000, 64 ff.; *A. Thiele*, Art. 33 Abs. 4 als Privatisierungsschranke, Der Staat 49 (2010), 274 (283 ff.); *Badura*, in: Dürig/Herzog/Scholz (Fn. 43), Art. 33, Rn. 56 verknüpft den Funktionsvorbehalt mit der Frage der Pluralisierung der Verwaltung: „Mag auch die formale Definition mithilfe der öffentlich-rechtlichen Rechtsform staatlichen Handelns eine sichere Abgrenzung ermöglichen, so würde damit doch vernachlässigt, dass die angestrebte Garantiewirkung des Funktionsvorbehalts nach dessen Sinn und Zweck auch die rechtsstaatlich gebundenen Handlungsweisen der gestaltenden und leistenden Felder sozialstaatlicher Verwaltung personell gewährleisten soll, die eine Vielfalt von Organisations- und Handlungsformen aufweisen. […] Der Ausdruck „hoheitsrechtliche Befugnisse" kennzeichnet, dem Kernpunkt der Verfassungsnorm zufolge, bestimmte Entscheidungs- und Regelungsaufgaben öffentlicher Verwaltung, nicht bestimmte Mittel oder Rechtsformen des Verwaltungshandelns. Entscheidungen und Regelungen, die für die grundrechtliche Gewährleistung der Freiheit, die sozialstaatliche Teilhabe und den rechtsstaatlichen Vollzug der Gesetze wesentlich sind, bedürfen der spezifischen personellen Garantie die durch den Funktionsvorbehalt angestrebt wird."

[266] Ähnlich auch *Kunig*, in: v. Münch/Kunig (Fn. 86), Art. 33, Rn. 32 ff.; *U. Battis*, in: Sachs (Fn. 43), Art. 33, Rn. 55 ff. Siehe dazu auch *P. Kirchhof*, Der Begriff der hoheitsrechtlichen Befugnisse in Artikel 33 Abs. IV des Grundgesetzes, München 1968.

Funktionsvorbehalt damit auch für die Wahrnehmung hoheitlicher Aufgaben in Privatrechtsform.[267]

Der Funktionsvorbehalt setzt also personalrechtliche und personalpolitische Grenzen für zulässige Organisationsgestaltungen der Wahrnehmung staatlicher Aufgaben in der öffentlichen Verwaltung und begrenzt insoweit die Organisationsgewalt.[268] Dabei räumt die in den Formulierungen „als ständige Aufgabe" und „in der Regel" zum Ausdruck kommende Einschränkung des Vorbehalts ein, dass die Organisationsgewalt nicht schlechthin zurücktritt, sondern ein Regel-Ausnahme Verhältnis hinsichtlich der Wahrnehmung hoheitsrechtlicher Befugnisse durch Berufsbeamte statuiert. Art. 33 Abs. 4 GG lässt mit diesen Formulierungen eine Übertragung auf Angestellte und Arbeiter des öffentlichen Dienstes oder auf Private zu.[269]

Wie genau jedoch Art. 33 Abs. 4 GG organisationsrechtliche Grenzen setzt, ist umstritten.[270] Hier kann zwischen zwei Auffassungen unterschieden werden, die jeweils eine unterschiedliche Regelungstechnik interpretieren. Weitgehend geteilt wird die Auffassung darüber, dass die organisationsrechtlichen Grenzen eine Kehrseite des Art. 33 Abs. 4 GG darstellen: Soweit die Pflicht zur Verbeamtung reicht, ist die Übertragung von Aufgaben an Angestellte und Arbeiter des öffentlichen Dienstes oder auf funktional in Dienst genommene Private unzulässig.[271] Mit dem Argument, dass Art. 33 Abs. 4 GG nur den Modus der Aufgabenerfüllung, nicht aber den Bestand staatlicher Aufgaben umfasse, wird überwiegend die materielle Privatisierung für zulässig gehalten.[272] Dies kann aber insbesondere deshalb nicht überzeugen, da sonst die Zweckrichtung als Organisationsnorm leerlaufen würde. Richtigerweise schützt der Funktionsvorbehalt damit auch den Bestand bestimmter staatlicher Kernaufgaben.[273] Gleichzeitig erfordert diese weite Sichtweise jedoch eine restriktive Interpretation des Anwendungsbereiches auf Aufgaben, die für die Integrität staatlicher Aufgabenerfüllung besonders zentral erscheinen.[274]

---

[267] BVerfGE 130, 76 (111 ff.). Dazu Anm. *C. Waldhoff*, JZ 2012, 683.

[268] *Badura*, in: Dürig/Herzog/Scholz (Fn. 43), Art. 33, Rn. 55.

[269] BVerfGE 9, 268 (284); 88, 103 (114); 130, 76 (114); BVerwGE 57, 55 (59); BVerwG NVwZ 2006, 829 (829); *K. Stern*, Das Staatsrecht der Bundesrepublik Deutschland, Bd. I, 2. Auflage, München 1984, 349; *Brosius-Gersdorf*, in: Dreier (Fn. 86), Art. 33, Rn. 165. Hieraus wird auch die Garantie der Zweispurigkeit des öffentlichen Dienstes in Berufsbeamte einerseits, Angestellte und Arbeiter andererseits hergeleitet. *Pieper*, in: Schmidt-Bleibtreu/Hofmann/Henneke (Fn. 263), Art. 33, Rn. 107; *Kunig*, in: v. Münch/Kunig (Fn. 86), Art. 33, Rn. 41.

[270] Zum Streitstand *Brosius-Gersdorf*, in: Dreier (Fn. 86), Art. 33, Rn. 151 mwN.

[271] Siehe nur *Voßkuhle* (Fn. 259), in: Hoffmann-Riem/Schmidt-Aßmann/Voßkuhle, § 43, Rn. 47.

[272] Wohl hM: *Strauß* (Fn. 265), 199 ff.; *Thiele* (Fn. 265), 287 ff.; *Brosius-Gersdorf*, in: Dreier (Fn. 86), Art. 33, Rn. 151 mwN.

[273] *Isensee*, in: Benda/Maihofer/Vogel (Fn. 264), § 32, Rn. 55.

[274] *Brosius-Gersdorf*, in: Dreier (Fn. 86), Art. 33, Rn. 151: „Eine solche Sperre für materielle Privatisierungen dürfte Art. 33 Abs. IV GG in der Tat regelmäßig dann begründen, wenn

Aus der Systematik des Regel-Ausnahme Verhältnisses sind nach Ansicht des Bundesverfassungsgerichts zunächst absolute quantitative Grenzen bei Abweichungen vom Funktionsvorbehalt zu beachten.[275] Der Ausnahmefall dürfe insoweit nicht zum Regelfall werden. Im Hinblick auf qualitative Grenzen sind wiederum Begründungsanforderungen zu beachten. Abweichungen von der Regelorganisation müssen im Hinblick auf den Sinn und Zweck des Funktionsvorbehaltes hinreichend rechtfertigungsfähig sein.[276] Insoweit weist die Lesart des Funktionsvorbehalts eine gewisse Nähe zum Demokratieprinzip auf.[277]

In der Praxis ist die Judikative unter Anwendung dieser Kriterien mit den Organisationsgestaltungen großzügig umgegangen. So hat das Bundesverfassungsgericht die Übertragung des Maßregelvollzugs auf formell privatisierte Träger zugelassen,[278] das Bundesverwaltungsgericht die Überwachung der Entsorgung von Sonderabfällen durch Beliehene.[279]

2. Inhaltliche Direktiven des Haushaltsrechts

Zuletzt ist noch zu überlegen, ob nicht das Haushaltsrecht in seiner verfassungsrechtlichen Kodifizierung in Art. 109 ff., 114 GG direktive Wirkung für die Verwaltungsorganisation haben kann.[280] Diese Frage ist nicht identisch mit der allgemein umstrittenen Diskussion darüber, ob dem Haushaltsrecht überhaupt Steuerungs- und damit (indirekte) Legitimationswirkung zukommt.[281]

man die Norm im Lichte ihrer Zielsetzungen restriktiv interpretiert und die ‚Ausübung hoheitsrechtlicher Befugnisse' auf Aufgaben beschränkt, die zur Sicherung des fachlichen Niveaus, der Funktionsfähigkeit, der rechtlichen Integrität des Staates oder der Kontinuität der Erfüllung öffentlicher Aufgaben unerlässlich sind und deshalb ein Verhältnis besonderer Verbundenheit des jeweiligen Stelleninhabers zum Staat erfordern."

[275] BVerfGE 130, 76 (114): wenn „der vorgesehene Regelfall faktisch zum zahlenmäßigen Ausnahmefall wird" BVerfGE 9, 268 (284): „in größerem Umfang".

[276] BVerfGE 119, 247 (261); 130, 76 (109); BVerwGE 57, 55 (59 f.); *Badura*, in: Dürig/Herzog/Scholz (Fn. 43), Art. 33, Rn. 55 mwN.

[277] So wohl auch *Dreier/Kuch* (Fn. 86), in: Kahl/Ludwigs, § 60, Rn. 33.

[278] Vgl. BVerfGE 130, 76 (124). Dazu *Waldhoff* (Fn. 267), 685.

[279] BVerwG NVwZ 2006, 829 (829).

[280] Umfassend schon *W. Heun*, Staatshaushalt und Staatsleitung. Das Haushaltsrecht im parlamentarischen Regierungssystem des Grundgesetzes, Baden-Baden 1989, 503 ff. Ferner *K. Vogel*, Der Finanz- und Steuerstaat, in: Isensee/Kirchhof (Hrsg.), HStR, Bd. II, 3. Auflage, Heidelberg 2004, § 30, Rn. 22 ff. sowie *M. Heintzen*, Staatshaushalt, in: Isensee/Kirchhof (Hrsg.), HStR, Bd. V, 3. Auflage, Heidelberg 2007, § 120, Rn. 50 ff. Jüngst *M. Droege*, Haushaltsverfassung, in: Kahl/Ludwigs (Hrsg.), Handbuch des Verwaltungsrechts, Bd. III, Verwaltung und Verfassungsrecht, Heidelberg 2022, § 88, Rn. 7 ff.

[281] Darstellung bei *Dreier/Kuch* (Fn. 86), in: Kahl/Ludwigs, § 60, Rn. 58. Hier werden konträre Positionen vertreten, die von einer intensiven Legitimationsfunktion (etwa bei *C. Waldhoff*, Grundzüge des Finanzrechts des Grundgesetzes, in: Isensee/Kirchhof (Hrsg.), HStR, Bd. V, 3. Auflage, Heidelberg 2007, § 116, Rn. 123 f.) bis hin zur Bedeutungslosigkeit

Hier geht es um die Frage, ob sich das Haushaltsrecht als *Verfassungsrecht* inhaltlich auf die Verwaltungsorganisation auswirkt. Im ersten Zugriff scheint dies nicht so zu sein, ist doch mit der zunehmenden Pluralisierung der Verwaltungsorganisation auch die Tendenz zu ihrer budgetären Verselbständigung in Form von Nebenhaushalten verbunden.[282] Wenn es also nicht gelingt, die Haushaltseinheit zu bewahren, so kann von inhaltlicher Direktionskraft für Verwaltungsorganisationsgestaltungen kaum die Rede sein.[283]

Zumindest eine inhaltliche Stoßrichtung weist der haushaltsrechtliche Grundsatz der Wirtschaftlichkeit und Sparsamkeit auf, der seine Anknüpfung im Prüfungsmaßstab des Bundesrechnungshofs nach Art. 114 Abs. 2 S. 1 GG findet.[284] Der Rechnungshof prüft nicht nur die Richtigkeit des Haushalts, sondern in gewissen Grenzen seine Wirtschaftlichkeit im Sinne einer Kosten-Nutzen-Relation.[285] Der Maßstab umfasst im Wesentlichen zwei Teilelemente, die Nutzenmaximierung und die Kostenminimierung.[286] Es geht also darum, ob die Ausgaben in Einzelfall sachangemessen sind, oder ob andere Organisationsformen (wie die funktionale Privatisierung)[287] etwa die vorgegebenen Zwecksetzungen wirtschaftlicher und sparsamer erreichen könnten. Dabei erfolgt keine Kontrolle der hinter der Gestaltungsentscheidung stehenden politischen Zwecksetzung, sondern vielmehr eine Überprüfung ihrer organisatorischen Umsetzung.[288] Richtig

---

im Legitimationsgefüge reichen (*J. Isensee*, Budgetrecht des Parlaments zwischen Schein und Sein, JZ 2005, 971 (974) mit der Diagnose der Entparlamentarisierung). Dazu auch *C. Franzius*, Modalitäten und Wirkungsfaktoren der Steuerung im Recht, in: Hoffmann-Riem/Schmidt-Aßmann/Voßkuhle (Hrsg.), GVwR, Bd. I, 2. Auflage, München 2012, § 4, Rn. 64 ff.

[282] Umfassend dazu *M. Kilian*, Nebenhaushalte des Bundes, Berlin 1993, 505 ff.; *T. Puhl*, Entparlamentarisierung und Auslagerung staatlicher Entscheidungsverantwortung, in: Isensee/Kirchhof (Hrsg.), HStR, Bd. III, 3. Auflage, Heidelberg 2005, § 48, Rn. 37 ff.; *Droege* (Fn. 280), in: Kahl/Ludwigs, § 88, Rn. 27. Von einem Mehrwert durch „Parafiskalität" in der Selbstverwaltung spricht demgegenüber *P. Axer*, Mehrwert durch Parafiskalität, in: Hofmann/Spiecker gen. Döhmann/Wallrabenstein (Hrsg.), Mehrwert der Selbstverwaltung, Berlin 2020, 85 (103) mit der These, dass diese essentielles Merkmal der Selbstverwaltung sei.

[283] *Kilian* (Fn. 282), 113. Andersherum kann in Bereichen, die nicht direkt steuerbar sind, teils nur durch Haushaltstitel Einfluss genommen werden. Dazu *Gärditz* (Fn. 4), 249.

[284] *Kube*, in: Dürig/Herzog/Scholz (Fn. 43), Art. 114, Rn. 107 ff. Ferner *Kempny* (Fn. 158), 194 ff. Einfachgesetzlich findet sich der Grundsatz in § 6 Abs. 1 HGrG, § 7 Abs. 1 BHO. *Droege* (Fn. 280), in: Kahl/Ludwigs, § 88, Rn. 27. Zur Rekonstruktion als Rechtsprinzip, vgl. *C. Gröpl*, Wirtschaftlichkeit und Sparsamkeit staatlichen Handelns, in: Isensee/Kirchhof (Hrsg.), HStR, Bd. V, 3. Auflage, Heidelberg 2007, § 121, Rn. 30.

[285] *Schwarz*, in: v. Mangoldt/Klein/Starck (Fn. 45), Art. 114, Rn. 87; *Kube*, in: Dürig/Herzog/Scholz (Fn. 43), Art. 114, Rn. 108.

[286] *Heun/Thiele*, in: Dreier (Fn. 46), Art. 114, Rn. 33. Zum Aspekt, dass der Rechnungshof seine Maßstäbe weitgehend selbst bilden müsse, *Heun* (Fn. 280), 511.

[287] Dazu *Hufeld* (Fn. 66), in: Isensee/Kirchhof, Rn. 38 f.

[288] Wenngleich dies zuweilen kontrovers gefordert wird. Darstellung des Streits bei *Kube*, in: Dürig/Herzog/Scholz (Fn. 43), Art. 114, Rn. 109–10. Prägnant dazu auch *H.H. v. Arnim*, Wirtschaftlichkeit als Rechtsprinzip, Berlin 1988, 107 ff.

ist dies insbesondere deshalb, da der Rechnungshof im Gefüge der Organisationsgewalt keine eigenständige Stellung innehat.[289]

Ob aber der Grundsatz der Wirtschaftlichkeit und Sparsamkeit so eine eigenständige *organisationsdirektive* Funktion erhält, ist höchst fraglich.[290] Die Sanktionslosigkeit von Wirtschaftlichkeitsverstößen sowie die unklaren Konturen des Wirtschaftlichkeitsgebots führen dazu, dass selbst Beanstandungen des Rechnungshofs eher empfehlenden Charakter tragen.[291]

V. Die verfassungsrechtliche Präferenz für hierarchische Organisation

Nach dem hier Gesagten ist aus der durchdringenden Wirkung der verfassungsrechtlichen Strukturprinzipien zumindest eine gewisse Präferenz für das hierarchische[292] Modell zu erkennen. In Rechtsprechung und Literatur[293] gilt

[289] Kritik etwa bei *E. Holtmann*, Der selbstbestellte Vormund des Parlaments. Oder: Wie Rechnungshöfe den Primat der Politik unterlaufen, ZParl 2000, 116. Auch *Kube*, in: Dürig/Herzog/Scholz (Fn. 43), Art. 114, Rn. 110: „fachliche Kontrollinstanz, kein politischer Entscheidungsträger".

[290] Zu den „Wirtschaftlichkeitsreserven" durch Organisation, vgl. *M. Burgi*, Der Grundsatz der Wirtschaftlichkeit im Verwaltungsrecht, in: Butzer (Hrsg.), Wirtschaftlichkeit durch Organisations- und Verfahrensrecht, Vorträge beim Symposium anlässlich des 65. Geburtstages von Prof. Dr. Friedrich E. Schnapp, Berlin 2004, 53 (59–60). In diese Richtung aber *A. Peters*, Die Ausfüllung von Spielräumen der Verwaltung durch Wirtschaftlichkeitserwägungen, DÖV 2001, 749 (753).

[291] So auch *Heun/Thiele*, in: Dreier (Fn. 46), Art. 114, Rn. 35.

[292] Zur Bedeutung des Hierarchiebegriffs, vgl. *U. Mager*, Die europäische Verwaltung zwischen Hierarchie und Netzwerk, in: Trute/Groß/Röhl/Möllers (Hrsg.), Allgemeines Verwaltungsrecht zur Tragfähigkeit eines Konzepts, Tübingen 2008, 369 (372).

[293] Aus der Literatur: *E.-W. Böckenförde*, Die Organisationsgewalt im Bereich der Regierung. Eine Untersuchung zum Staatsrecht der Bundesrepublik Deutschland, 2. Auflage, Berlin 1998, 181, 197 f.; *E.-W. Böckenförde*, Demokratie als Verfassungsprinzip, in: Isensee/Kirchhof (Hrsg.), HStR, Bd. II, 3. Auflage, Heidelberg 2004, § 24, Rn. 24; *H. Dreier*, Hierarchische Verwaltung im demokratischen Staat. Genese, aktuelle Bedeutung und funktionelle Grenzen eines Bauprinzips der Exekutive, Tübingen 1991, 134 ff.; *Dreier*, in: ders. (Hrsg.), Grundgesetz Kommentar, Bd. II, 3. Auflage, Tübingen 2015, Art. 20, Rn. 121; *Emde* (Fn. 143), 337 ff.; *Jestaedt* (Fn. 92), 304 ff.; *H. Gersdorf*, Öffentliche Unternehmen im Spannungsfeld zwischen Demokratie- und Wirtschaftlichkeitsprinzip. Eine Studie zur verfassungsrechtlichen Legitimation der wirtschaftlichen Betätigung der öffentlichen Hand, Berlin 2000, 187; *U. Schliesky*, Souveränität und Legitimität von Herrschaftsgewalt. Die Weiterentwicklung von Begriffen der Staatslehre und des Staatsrechts im europäischen Mehrebenensystem, Tübingen 2004, 279 ff.; *Trute* (Fn. 91), in: Hoffmann-Riem/Schmidt-Aßmann/Voßkuhle, § 6, Rn. 60; *Wißmann* (Fn. 22), in: Hoffmann-Riem/Schmidt-Aßmann/Voßkuhle, § 15, Rn. 59 ff.; *Storr*, in: Bauer/Huber/Sommermann (Hrsg.), Demokratie in Europa, Bd. I, Verfassungsentwicklung in Europa, Tübingen 2005, 424; *F. Kirchhof*, in: Dürig/Herzog/Scholz (Fn. 43), Art. 83, Rn. 24; *Grzeszick*, in: Dürig/Herzog/Scholz (Fn. 43), Art. 20 II, Rn. 139; *Sommermann*, in: v. Mangoldt/Klein/Starck (Fn. 126), Art. 20, Rn. 194. Offener bzw. kritisch *Möllers*, in: Herdegen/Masing/Poscher/Gärditz (Fn. 98), § 5, Rn. 61 ff.; *G.F. Schuppert*, Verwaltungsorganisation und Verwaltungsorganisationsrecht als Steuerungs-

der hierarchisch-bürokratische Verwaltungsaufbau auch im europäischen Rechtsvergleich überwiegend als das Regelmodell, an dem sich Organisationsgestaltungen zu messen haben.[294] Wenn in diesem Kontext von *Regel* gesprochen wird, kann dies jedoch keine präjudizielle Wirkung entfalten.[295] „Hierarchische Organisation“ als solche ist keine rechtliche Kategorie.[296] In atypischen Entscheidungskonstellationen kann demnach genauso die Abweichung von der Hierarchie einen Regelfall darstellen.

Dementsprechend gilt auch, dass der als Schlagwort geführte Begriff der „Einheit der Verwaltung“[297] keinen eigenständigen normativen Gehalt hat. Er ist je nach Betrachter „Formel, Mythos, Wunsch- oder Schreckbild,“[298] erscheint aber mehr als nachträgliches Konstrukt angesichts einer sich faktisch zunehmend ausdifferenzierten Verwaltungswirklichkeit als ein Bauplan zu-

---

faktoren, in: Hoffmann-Riem/Schmidt-Aßmann/Voßkuhle (Hrsg.), GVwR, Bd. I, 2. Auflage, München 2012, § 16, Rn. 38; *L. Michael*, Verfassung im Allgemeinen Verwaltungsrecht – Bedeutungsverlust durch Europäisierung und Emanzipation?, VVDStRL (75) 2016, 131 (175). Anders *Schuppert* (Fn. 173), 595 ff. *R. Steinberg*, Politik und Verwaltungsorganisation. Zur Reform der Regierungs- und Verwaltungsorganisation unter besonderer Berücksichtigung der Obersten Bundesbehörden in den Vereinigten Staaten von Amerika, Baden-Baden 1979, 263; *Groß* (Fn. 159), 201; *A. Rinken*, Demokratie und Hierarchie. Zum Demokratieverständnis des Zweiten Senats des Bundesverfassungsgerichts, KritV 1996, 282 (308). Ferner unter Einbeziehung der Europäischen Ebene bei *T. Groß*, Verantwortung und Effizienz in der Mehrebenenverwaltung, VVDStRL (66) 2007, 152 (172). Vgl. auch die kritische Rezension von *G. Frankenberg*, Rezension: H. Dreier, Hierarchische Verwaltung im demokratischen Staat, Kritische Justiz 1992, 112 (113 f.) zur Monographie *Dreiers*.

294 *C. Möllers*, Verwaltungsrecht und Politik, in: v. Bogdandy/Cassese/Huber (Hrsg.), Handbuch Ius Publicum Europaeum, Bd. V, Heidelberg 2014, § 93, Rn. 54. Leicht andere Akzente im europäischen Rechtsvergleich setzt *G. Biaggini*, Grundverständnisse von Staat und Verwaltung, in: v. Bogdandy/Huber (Hrsg.), Handbuch Ius Publicum Europaeum, Bd. III, Heidelberg 2010, § 53, Rn. 21 ff., der ein Erstarken kollegialer Organisationsprinzipien beobachtet. Ähnlich auch *Ziller* (Fn. 5), in: v. Bogdandy/Cassese/Huber, § 87, Rn. 5: „Was die Organisationsformen der Staatsverwaltung außer der Frage der Gebietsorganisation betrifft, gab es bis vor etwa zwei Jahrzehnten mit Ausnahme Schwedens und Finnlands keine grundlegenden Unterschiede der Organisationsformen, weil alle dem sogenannten Weberschen Modell einer Hierarchie mit Politikern an der Spitze und fachspezialisierten Behörden an der Basis folgten. Doch gab es im Detail schon zu Zeiten von Max Weber bemerkenswerte Unterschiede von einem Land zum anderen, vor allem im Hinblick auf die Anzahl und Arten der Zweckkörperschaften des öffentlichen Rechts.“ Richtig auch *Musil* (Fn. 119), 127 ff.

295 Dies scheint jedoch *Schliesky* (Fn. 293), 280 anzunehmen.

296 So auch *Groß* (Fn. 159), 202. Aus verwaltungswissenschaftlicher Perspektive gut überblickt bei *B. Becker*, Öffentliche Verwaltung. Lehrbuch für Wissenschaft und Praxis, Percha am Starnberger See 1989, 221 ff. Normative Grundlegung bei *H. Kelsen*, Vom Wesen und Wert der Demokratie, 1. Auflage, Tübingen 1920, 22.

297 Dazu insbesondere die Beiträge von *B-O. Bryde* bzw. *G. Haverkate*, Die Einheit der Verwaltung als Rechtsproblem, VVDStRL (46) 1988, 182–217 und 218–258. Ferner auch *J. Oebbecke*, Die Einheit der Verwaltung als Rechtsproblem, DVBl. 1987, 866 (869).

298 *Dreier* (Fn. 293), 219.

künftiger Verwaltungsentwicklungen.[299] *Groß* charakterisiert den Begriff als „organisationspolitisches Postulat, das stets stark kontrafaktische Züge trug, da sich die deutsche Verwaltungsstruktur immer durch eine starke Ausdifferenzierung ausgezeichnet hat."[300]

Viel spricht dafür, dem Begriff bereits von vornherein im wissenschaftlichen Diskurs die Funktion einer regulativen Idee zuzuschreiben, der nichts anderes als die hier untersuchten verfassungsrechtlichen Vorgaben der Verwaltungsorganisation zum Thema macht. Besonders deutlich wird dies bereits im 5. Leitsatz des Referats von *Brun-Otto Bryde* auf der Staatsrechtslehrertagung 1987 mit gleichnamigem Thema: „Die Einheit der Verwaltung findet ihre Grundlage in der Zurechnung aller Verwaltungshandlungen zu einer Staatsgewalt und ihrer Festlegung auf ein einheitliches, durch Grundrechte und Staatszielbestimmungen definiertes Programm (ohne dass sich daraus unmittelbare Konsequenzen für die Organisation der Verwaltung unter dem GG ergeben)."[301]

Richtig ist aber gleichzeitig, dass für standardisierte Verwaltungsaufgaben die verfassungsrechtliche Präferenz für die hierarchische Organisationsform damit erklärbar ist, dass sie in besonders klarer Weise in typischen Entscheidungssituationen die rechtlichen Anforderungen der Strukturprinzipien umsetzen kann.[302] Auch das Grundgesetz scheint den hierarchischen Organisationstyp daher vorauszusetzen. Insbesondere wären die verfassungsrechtlichen Normierungen über die Regierung in Art. 63 ff. GG ohne einen hierarchisch-bürokratischen Verwaltungsunterbau nicht sinnvoll umzusetzen. Angesichts des eindeutigen Befunds in der Literatur geht es daher nicht unbedingt darum, die verfassungsrechtliche Präferenz für hierarchische Organisation gegenüber anderen Ordnungsmodellen zu rechtfertigen, sondern erklären zu können, warum diese Präferenz gerade im (deutschen) Verfassungsmodell so stark ausgeprägt ist.

---

[299] *E. Schmidt-Aßmann*, Verwaltungsrechtliche Dogmatik. Eine Zwischenbilanz zu Entwicklung, Reform und künftigen Aufgaben, Tübingen 2013, 166 ff.; *Trute* (Fn. 91), in: Hoffmann-Riem/Schmidt-Aßmann/Voßkuhle, § 6, Rn. 60; *Krebs* (Fn. 2), in: Isensee/Kirchhof, § 108, Rn. 16.

[300] *Groß* (Fn. 22), in: Hoffmann-Riem/Schmidt-Aßmann/Voßkuhle, § 13, Rn. 95.

[301] *Bryde* (Fn. 297), 213. Siehe auch Ls. 28: „Insgesamt bietet das Verwaltungsrecht die Instrumente, eine pluralisierte Verwaltung zu einer differenzierten Handlungs-, Informations- und Entscheidungseinheit zusammenzuführen."

[302] Zur entscheidenden Rolle des Berufsbeamtentums zur Verwirklichung der Strukturprinzipien, *J.F. Lindner*, Berufsbeamtentum und Demokratieprinzip – ein Zwischenruf, ZBR 2010, 26.

1. Hierarchie als Modell der stufenweisen Konkretisierung von Entscheidungsspielräumen

Hierarchie meint dabei zunächst ein bestimmtes Modell der Entscheidungssteuerung. Organisationssoziologisch ist mit dem von *Max Weber* begrifflich geprägten Prinzip der „Amtshierarchie"[303] ein Modell der stufenweisen Entscheidungskonkretisierung angesprochen: „Auf den unteren Hierarchieebenen müssen vor allem Entscheidungen über die Ausführung von operativen Tätigkeiten getroffen (und die Verrichtungen ausgeführt) werden. Dagegen stehen auf den vorgesetzten Ebenen überwiegend dispositive Entscheidungen im Vordergrund, die ihrerseits wieder die Entscheidungsaktivitäten der nachgeordneten Mitarbeiter steuern."[304] Die Exekutive erbringt so durch ihren Stufenbau auf ihren verschiedenen Ebenen abgestufte (und mit unterschiedlicher Legitimationstiefe ausgestattete) Konkretisierungsleistungen. Der hierarchische Verwaltungsaufbau wirkt damit *abstrakt* als Struktur der zunehmenden, nach unten verlaufenden Entscheidungsverdichtung.[305]

Zentral dafür ist insbesondere die Steuerung durch das Innenrecht der Verwaltung, mit dem innerhalb der Exekutive die im Rahmen der Norminterpretation zugewiesenen Entscheidungsspielräume vorstrukturiert werden.[306] Dadurch, dass Verwaltungsvorschriften der Selbstprogrammierung der Verwaltung dienen, greifen sie im Prinzip nicht auf den Rechtsetzungsbereich der Legislative über, sondern gestalten die Vollzugsverantwortung der Exekutive aus. Während sie in Ausnahmefällen auch für eine vollständige Verengung des Entscheidungsraumes sorgen können, so dass nur noch eine einzige Sachent-

---

[303] *M. Weber*, Wirtschaft und Gesellschaft, 5. Auflage, Tübingen 1972, 125.

[304] *H. Laux/F. Liermann*, Grundlagen der Organisation. Die Steuerung von Entscheidungen als Grundproblem der Betriebswirtschaftslehre, 2. Auflage, Berlin 1990, 129 ff. Dazu auch *B. Becker*, Aufgabentyp und Organisationsstruktur von Verwaltungsbehörden, Die Verwaltung 1976, 273 (293).

[305] Bei *Möllers* heißt es: „Teile der Exekutive erzeugen zukunftsorientiertes Recht von einem verhältnismäßig großen Allgemeinheitsgrad mit eigenen Entscheidungsspielräumen. Dieses Recht verdichtet die Entscheidungsspielräume anderer Teile der Verwaltung zusätzlich zum legislativ erzeugten Recht und bindet deren Entscheidung für stärker individualisierte Fälle." *Möllers* (Fn. 165), 112 f. Ferner zusammengefasst bei *Traumann* (Fn. 39), 157 ff.; *Meinel* (Fn. 20), in: Kahl/Ludwigs, § 61, Rn. 1 ergänzt den Einfluss *Schumpeters* für die Genese des Hierarchiebildes.

[306] Zu dessen Doppelnatur in der Rechtsquellenlehre, *R.P. Schenke*, Rechtsquellen des Verwaltungsrechts, in: Kahl/Ludwigs (Hrsg.), Handbuch des Verwaltungsrechts, Bd. I, Grundstrukturen des deutschen Verwaltungsrechts, Heidelberg 2021, § 7, Rn. 8 mwN. Interessant und problematisch wird das Ganze dort, wo sich die Ministerialebene in Vorabstimmung eines Gesetzes nicht auf das genaue Verständnis für eine Regelung einigen kann und diese Uneinigkeit sich dann in der zeitlich nachgeordneten Abstimmung der Verwaltungsvorschriften fortsetzt.

scheidung denkbar ist,[307] ist ihre Steuerung im Normalfall abstrakt und deshalb unvollständig.[308] Gerade die unteren Verwaltungsebenen haben durch ihren privilegierten Umweltkontakt besondere Erkenntnisvorsprünge. Verbleibende Spielräume im Vollzug dienen daher auch dazu, „die allgemeinen Leitlinien der Führungsebene, deren Konzepte und Impulse zu Ende zu denken."[309]

Komplementär steuern Weisungen im Einzelfall.[310] Weisungen sind einzelfallbezogene dienstliche Anordnungen, durch die von einem Amtsträger ein bestimmtes Tun oder Unterlassen verlangt wird. Gemäß § 62 Abs. 1 S. 2 BBG bzw. § 35 S. 2 BeamtStG sind Beamte verpflichtet, dienstliche Weisungen auszuführen und deren allgemeine Richtlinien zu befolgen, soweit sie nicht durch Gesetz davon freigestellt bleiben. Die Weisung verengt dabei nicht den Entscheidungsraum der Amtsperson, sondern verschiebt die Entscheidungszuweisung im Organisationsgefüge der Verwaltung. Trifft die Exekutivspitze eine Entscheidung im Einzelfall, wird damit die der Rationalisierung und Entpolitisierung dienende stufenweise Konkretisierung des Rechts von allgemeiner Regel zum Einzelfall übersprungen.[311] Damit wird gleichzeitig die stu-

---

307 *F. Ossenbühl*, Verwaltungsvorschriften und Grundgesetz, Bad Homburg v.d.H. 1968, 444; *Oebbecke* (Fn. 96), 48 (mit dem Argument, dass allein die Weisung vollständige Steuerung ermöglicht).

308 *Jestaedt* (Fn. 92), 341. Zum Thema auch *Ellerbrok* (Fn. 156), in: Kahl/Ludwigs, § 76, Rn. 15.

309 *Loschelder* (Fn. 102), in: Isensee/Kirchhof, § 107, Rn. 32. Bei *Möllers* heißt es: „Die Ausgestaltung der Exekutive als kollegiale gubernative Spitze mit einem weit ausdifferenzierten, hierarchisch nachgeordneten Verwaltungsunterbau kann auch als anspruchsvolle Form der Organisation von Wissen verstanden werden, die die Ausdifferenzierung komplexer Wissensbestände mit deren Reduktion verbindet. Auf der Ebene des Kabinetts werden bereits hierarchisch selektierte Informationen miteinander abgeglichen. Zugleich stehen dazu aber auch Wissensressourcen zur Verfügung, die sich aus der Verästelung der Behördenstruktur wie auch der operativen Problemnähe der Verwaltung ergeben. Wissenstransfers sollen innerhalb der Hierarchie sowohl von oben nach unten als auch von unten nach oben möglich sein: Die politische Leitung kann sich auch vermittels ihrer operativen Untergliederungen mit Informationen versorgen. Umgekehrt liefert die gubernative Spitze den Untergliederungen Selektionskriterien und definiert Aufmerksamkeitskriterien. Das tradierte Modell hierarchischer exekutiver Organisation hat unzweifelhaft seine eigenen kognitiven Qualitäten." Vgl. *C. Möllers*, Kognitive Gewaltengliederung, in: Röhl (Hrsg.), Wissen – Zur kognitiven Dimension des Rechts, Die Verwaltung Beiheft 2010, 113 (120 ff.). Empirische Zweifel an dieser These (in Bezugnahme der in § 2 angesprochenen Bürokratiekritik) formuliert *V. Mehde*, Die empirischen Prämissen des Hierarchiegebots, in: Redaktion Kritische Justiz (Hrsg.), Demokratie und Grundgesetz. Eine Auseinandersetzung mit der verfassungsgerichtlichen Rechtsprechung, Baden-Baden, 2000, 111 (114). Vgl. aber nun mit leicht anderer Tendenz *Mehde* (Fn. 130), in: Kahl/Ludwigs, § 82, Rn. 37.

310 Ausführlich dazu *E. Klein*, Die verfassungsrechtliche Problematik des ministerialfreien Raums – ein Beitrag zur Thematik der weisungsfreien Verwaltungsstellen, Berlin 1974, 44 f.

311 *Möllers* (Fn. 165), 113: „Einzelentscheidungen werden dadurch entrechtlicht und politisiert, zugleich werden die Rationalisierungsstrukturen auf den mittleren und unteren Ebenen der Exekutive übergangen."

fenweise Rationalisierung zugunsten der demokratischen Rückbindung der Einzelentscheidung suspendiert und der Einbindung in den Legitimationszusammenhang grundsätzlich der Vorrang vor der Sachnähe des Bearbeiters eingeräumt. Dies ist nach den oben angestellten Überlegungen insbesondere deshalb erforderlich, da die Weisungsgebundenheit Ausdruck der die sachlich-inhaltliche Legitimation gewährleistenden Einbindung des Entscheidungsträgers in die Exekutivorganisation ist.

2. Hierarchie als Legitimations- und Kontrollmodell

Durch ihre Steuerbarkeit ist die hierarchische Verwaltung auch das Modell der „relativ reinsten" (*Dreier*)[312] Legitimationsvermittlung, in dem durch (weisungsabhängige) Gesetzesbindung in Form von Vorrang und Vorbehalt des Gesetzes sachlich-inhaltliche Legitimation hergestellt werden kann. Insbesondere die Weisungsabhängigkeit ist Steuerungsmittel einerseits, aber auch andererseits Voraussetzung dafür, dass die konkrete Entscheidungsverantwortung über das Ministerialsystem zum Parlament abgeleitet werden kann.[313] Für die Anforderung der personell-organisatorischen Legitimation ist das Kettenmodell daher geradezu paradigmatisch auf den hierarchischen Organisationstyp zugeschnitten.[314] Gerade im Hinblick darauf, dass Gesetzesvorlagen auch wesentlich durch die Ministerialbürokratie vorbereitet werden, bedarf es eines besonderen Legitimationszusammenhanges.[315]

Das Ressortprinzip nach Art. 65 S. 2 GG beinhaltet die Personalhoheit des Ressortministers. Diese vermittelt die Kompetenz zur umfassenden Ämterzuweisung, d.h. jede Zuweisung, Entziehung oder Veränderung einer konkreten

---

312 *Dreier*, in: ders. (Fn. 293), Art. 20, Rn. 121.

313 Deshalb kann es etwa auf der Ebene des Demokratieprinzips nicht unbedingt darauf ankommen, ob die unabhängigen Einheiten in der Lage sind, *trotzdem* Präferenzen der Ministerialebene umzusetzen. Vgl. zu diesem Zusammenhang aus politikwissenschaftlicher Perspektive *M. Döhler*, Das Model der unabhängigen Regulierungsbehörde im Kontext des deutschen Regierungs- und Verwaltungssystem, Die Verwaltung 2001, 59 (74 ff.).

314 *Gersdorf* (Fn. 293), 181 ff.; *Meinel* (Fn. 20), in: Kahl/Ludwigs, § 61, Rn. 2; Bei *Meinel* (Fn. 104), 112 heißt es: „Nicht allein die rechtsstaatliche Gesetzesbindung, sondern erst die Regeln, Institutionen und Verfahren, die vom Parlament über die Regierung bis auf den einzelnen Beamten durchgreifen, machen Herrschaft als kollektive Selbstbestimmung in Freiheit juristisch rekonstruierbar."

315 Dazu z.B. *G. Britz*, Die Mitwirkung Privater an der Wahrnehmung öffentlicher Aufgaben durch Einrichtungen des öffentlichen Rechts – Verwaltungsorganisation zwischen Legitimationserfordernis und Rationalisierungswunsch, VerwArch 2000, 418 (423); *M. Ruffert*, Entformalisierung und Entparlamentarisierung politischer Entscheidungen als Gefährdung der Verfassung?, DVBl. 2002, 1145 (1146). Im Hinblick auf das Demokratieprinzip ist diese Vorbereitung freilich prekär. Vgl. *M. Martini*, Normsetzungsdelegation zwischen parlamentarischer Steuerung und legislativer Effizienz – auf dem Weg zu einer dritten Form der Gesetzgebung?, AöR 133 (2008), 155 (158 ff.).

Funktionsausübung steht in der Befugnis des Ministers.[316] Einzelne von der Personalhoheit umfasste Maßnahmen sind sowohl die Grundentscheidungen, eine bestimmte Position erst zu schaffen und im Hinblick auf bestimmte Kriterien auszuschreiben und sie zu besetzen, als auch Folgeentscheidungen, etwa die Beurteilung, Beförderung oder Entlassung des Amtsinhabers.[317] Insbesondere die Behördenleitung wirkt dann als Transmissionsriemen für die Legitimation einzelner Amtsträger.[318]

Die ministeriale Personalhoheit und die umfasste ständige Änderbarkeit der Funktionszuweisungen erlauben es ferner, die fortwirkende Anbindung an das Parlament auch über Legislaturperioden hinweg sicherzustellen und dabei gleichzeitig die Stabilität der Aufgabenerfüllung in der Verwaltung zu gewährleisten. Während der persönliche Status der Beamten geschützt ist, ist ihre konkrete Funktionsausübung ständig veränderbar. Diese Veränderbarkeit stellt sicher, dass (zumindest formell) über Regierung und Ministerien eine stete Rückanknüpfung an das Parlament besteht und hat insoweit auch demokratische Bedeutung.[319] Gleichzeitig mag die Ressortbindung als Gegeneffekt die Innovationsoffenheit der Verwaltungsstruktur beschränken.[320]

Die stufenweise Konkretisierung der Entscheidung läuft nicht nur von oben nach unten ab. Zusätzlich gibt es von unten nach oben verlaufende exekutive Selbstkontrollmechanismen. Dies meint diejenigen Verfahren, die bereits innerhalb der Exekutive angelegt sind und nach der Ausgangsentscheidung der Steigerung der Entscheidungsrationalität dienen. Wie etwa beim Widerspruchsverfahren können diese Verfahren durch den Bürger initiiert werden, der sich gegen eine Entscheidung zur Wehr setzt. Aber auch innerhalb der Verwaltung erlauben etwa die Vorschriften über Rücknahme und Widerruf von Verwaltungsakten eine grundsätzliche Reaktion auf falsche Entscheidungen oder die Veränderung der Rechts- oder Sachlage.

Auch die Entscheidungskontrolle setzt am Hierarchieprinzip an. Zwar legt das Grundgesetz den Schwerpunkt auf Fremdkontrollen,[321] dennoch stellt die die Entscheidungsrationalität innerhalb der Exekutive verbürgende Selbst-

---

[316] *Böckenförde* (Fn. 293), 144 ff.; *H. Lecheler*, Die Personalgewalt öffentlicher Dienstherren, Berlin 1977, 86; Weitergehend dazu auch BVerfGE 9, 268 (284). Die Personalhoheit umfasst nicht nur Beamte im statusrechtlichen Sinn, sondern auch das Tarifpersonal. *Emde* (Fn. 143), 348 f.; *Jestaedt* (Fn. 92), 331.

[317] Dazu ausführlich *Lecheler* (Fn. 316), 25 ff.

[318] Vgl. *U. Hufeld*, Die Vertretung der Behörde, Tübingen 2003, 152.

[319] Zu diesem Aspekt der Zeitlichkeit der Demokratie umfassend *Gärditz*, in: Hill/Schliesky (Fn. 244), 253 (257 ff.).

[320] Vgl. etwa *F. Brosius-Gersdorf*, Verfassungsrechtliches Ressortprinzip als Hindernis staatlicher Innovationen?, in: Hill/Schliesky (Hrsg.), Innovationen im und durch Recht. E-Volution des Rechts- und Verwaltungssystems II, Baden-Baden 2010, 23 ff.

[321] Dazu *Schmidt-Aßmann* (Fn. 9), 213.

kontrolle ein verfassungsrechtlich gebotenes Element dar.[322] Selbstkontrolle als zusätzliches Sicherungselement ist insbesondere immer dann obligatorisch, wenn das Gesetz oder die gerichtliche Kontrolldichte der Verwaltung in der Praxis Spielräume gewährt. Die exekutive Entscheidungsproduktion ist nach dieser Perspektive als einheitlicher Prozess zu begreifen, so dass etwa der exekutivinternen Überprüfung von Entscheidungen (bis auf das teilweise Verbot der *reformatio in peius*)[323] keine inhaltliche Grenze gesetzt ist. Gerade weil sie Eigenentscheidungskompetenz wahrnimmt, ist ihr Maßstab – wie auch beim Widerspruchsverfahren – umfassend.[324] Neben der obligatorischen Rechtmäßigkeitskontrolle ist also auch explizit eine Zweckmäßigkeitskontrolle der Ursprungsentscheidung umfasst.[325] Diese Kontrollen sind in der Regel in hierarchische Strukturen eingebunden.

Zuletzt bindet die Ministerverantwortlichkeit die Exekutive in einen parlamentarischen Kontrollzusammenhang ein.[326] Ressortminister sind Teil der unmittelbar verantwortlichen und über das Vertrauensprinzip vom Parlament abhängigen Regierung und besitzen gleichzeitig als Verwaltungsspitze die unmittelbare Leitungsbefugnis für die ihnen unterstellte Administrative. Das Ressortprinzip aus Art. 65 Abs. 2 GG bestimmt insoweit, dass Minister ihre Geschäftsbereiche in Eigenverantwortung leiten.[327]. Die parlamentarische Kontrolle der Exekutive wirkt unmittelbar nur auf die Regierung, die über das hierarchische Prinzip einen Verantwortungszusammenhang für tiefere Ebenen der Exekutivtätigkeit herstellt. Konkret-individuelles Verwaltungshandeln ist daher nur in Extremfällen und dann auch nur mittelbar Gegenstand parlamentarischer Kontrolle.

Insbesondere im Hinblick auf die Legitimations- und Kontrollwirkung muss man das hierarchische Modell von seinem sozialen Ausschließlichkeitsanspruch befreien. Wie gesehen, gibt es auch in der hierarchischen Verwaltung

---

[322] *P. Kirchhof*, Mittel staatlichen Handelns, in: Isensee/Kirchhof (Hrsg.), HStR, Bd. V, 3. Auflage, Heidelberg 2007, § 99, Rn. 231.

[323] *S. Schiedermair*, Selbstkontrollen der Verwaltung, in: Hoffmann-Riem/Schmidt-Aßmann/Voßkuhle (Hrsg.), GVwR, Bd. III, 2. Auflage, München 2012, § 48, Rn. 31. Für grundsätzliche Zulässigkeit BVerwGE 14, 175 (178 ff.); 21, 142 (145); 30, 132 (133 f.); 51, 310 (312 ff.); 115, 259 (265 f.);

[324] *Kirchhof* (Fn. 322), in: Isensee/Kirchhof, § 99, Rn. 235.

[325] Die Selbstkontrolle ist also zeitlich und rechtslogisch gemeinsam mit der Ursprungsentscheidung zu betrachten, sie „vermeidet den Verfassungsverstoß." *Kirchhof* (Fn. 322), in: Isensee/Kirchhof, § 99, Rn. 232.

[326] So auch *Jestaedt* (Fn. 92), 318. Einschränkende Lesart, die im Einklang mit der Pluralisierungsdiskussion zu verstehen ist, bei *V. Mehde*, Die Ministerverantwortlichkeit nach dem Grundgesetz – Dogmatischer Kernbestand und aktuelle Herausforderungen, DVBL 2001, 13 ff.

[327] Daher besteht auch parallel eine Verantwortlichkeit gegenüber dem Parlament. *M. Schröder*, Bildung, Bestand und parlamentarische Verantwortung der Bundesregierung, in: Isensee/Kirchhof (Hrsg.), HStR, Bd. III, 3. Auflage, Heidelberg 2005, § 65, Rn. 54.

Mechanismen zur Entscheidungskoordination, die die Hierarchie scheinbar durchbrechen.[328] Gerade in der Verwaltungspraxis können diese informellen Strukturen in der Behördenorganisation eine besondere Bedeutung haben und relativieren damit innerhalb der sozialen Organisation Prinzipien der Hierarchie und der Normorientierung. Als organisationsrechtliches Bauprinzip hingegen gewährleistet die Hierarchie eine binnenexekutive Zurechnungsordnung, in der Entscheidungsbeiträge auf natürliche Personen zurückgeführt werden können. Hierarchie ist nach alledem das prototypische Grundmodell des Verwaltungsaufbaus.

3. Hierarchische Verwaltung in der parlamentarischen Demokratie

Nicht nur ist demnach die hierarchische Verwaltung bestens auf das parlamentarische Regierungssystem angepasst, auch die dogmatische Ausdifferenzierung der demokratischen Legitimationsanforderungen durch das Bundesverfassungsgericht nach der Entscheidung zum *Ausländerwahlrecht*[329] ab den 1990er Jahren ist ersichtlich am Beispiel der Ministerialverwaltung entwickelt. Die Richtungsbestimmung, ob sich nun die Verwaltungsorganisation dem Legitimationsmodell oder das Legitimationsmodell der Verwaltungsorganisation angepasst hat, müsste wohl trotz eigentlich gegenläufigen Prämissen der Normenhierarchie im Hinblick auf die soziale Entwicklung des Rechts vorsichtig zu Gunsten von Letzterem entschieden werden. In jedem Fall ist die wechselseitige Bezugnahme von Organisation und Legitimation Ausdruck einer kontingenten historischen Entwicklung, die – im Hinblick auf die verbleibende qualitative verfassungstheoretische Bedeutung des Legitimationsbegriffs – auch anders denkbar (gewesen) wäre.

Die Frage, die nun insbesondere von Kritikern dieses Modells angeführt wird, ist es, ob es Veränderungen in den Anforderungen an Legitimationsleistungen in einer sich ausdifferenzierenden Staatlichkeit erforderlich machen, das Legitimationsmodell wiederum anzupassen und zu flexibilisieren.[330] Dies würde (1) eine Rückkehr zu einem qualitativen Legitimationsmaßstab erfordern, der den verfassungsrechtlich konkretisierten Parlamentszentrismus relativieren kann und (2) eine plausible Alternative voraussetzen. Mag die Sorge über verringerte Leistungsfähigkeit parlamentarischer Arbeit auch begründet

[328] Vgl. bereits § 2.

[329] BVerfGE 83, 37, (50).

[330] Insbesondere bei *Schuppert* (Fn. 173), 595 ff. *V. Mehde* (Fn. 309), in: Redaktion Kritische Justiz, Demokratie und Grundgesetz 2000, 111 (115); *R. Wiedemann*, Unabhängige Verwaltungsbehörden und die Rechtsprechung des BVerfG, in: Masing/Marcou (Hrsg.), Unabhängige Regulierungsbehörden. Organisationsrechtliche Herausforderungen in Frankreich und Deutschland, Tübingen 2010, 39 (46). Zuletzt bei *Meinel* (Fn. 104), 114.

sein, so scheint doch die Suche nach fundamentalen Alternativen zum formal-egalitären Demokratiemodell im Wandel der Staatlichkeit mit ungewissem Ausgang verknüpft zu sein. Dies gilt umso mehr, als sich die in § 2 diskutierten technokratischen Rettungsversuche der Demokratie nicht besonders durch innere Plausibilität auszeichnen konnten.[331]

Die in den folgenden Kapiteln weiter ausgearbeitete Perspektive betont deshalb gegenüber den Reformvorschlägen die Anpassungsfähigkeit des klassischen Modells auch auf neue Herausforderungen, um das Kind nicht mit dem Bade auszuschütten. Im Hinblick auf die klassische dogmatische Gestaltung des Bundesverfassungsgerichts gilt es – trotz aller unbestritten bleibenden Schwierigkeiten – Ruhe zu bewahren. Gilt doch, was *Wißmann* treffend zusammenfasst: „Durch einen verbindlichen verfassungsrechtlichen Orientierungsmaßstab [wird] verhindert, dass die Verwaltungsorganisation zum Versuchsfeld beliebiger gesetzgeberischer Innovationen und Theorieübernahmen wird. Sie bleibt so in einem strikten Sinn darauf verwiesen, stets ihre organisatorische und institutionelle Rückbindung an den Bürger nachweisen zu können."[332]

---

331 Es bleibt die Frage, ob diese Lösung inhaltlich ausreicht und überzeugt. Bei *Volkmann* etwa heißt es: „Auch in Fallbeispielen wie Ungarn und Polen bleiben ja die Verfahrensregeln und rechtlichen Institutionen – Verfassung, gewähltes Parlament, Grundrechte, Verfassungsgerichtsbarkeit etc. – äußerlich intakt." *U. Volkmann*, Krise der konstitutionellen Demokratie?, Der Staat 58 (2019), 643 (655). Der formale Zustand einer Demokratie sagt in der Sache nicht besonders viel darüber aus, ob das dahinterstehende qualitative Konzept der Volksherrschaft durch seine Quantifizierung in Mitleidenschaft gezogen worden ist. Wo also zieht man die Grenze deren Überschreitung die „Volkssouveränität als Verfahren" (*Habermas*) zur leeren Hülse werden lässt?

332 *Wißmann* (Fn. 22), in: Hoffmann-Riem/Schmidt-Aßmann/Voßkuhle, § 15, Rn. 62. Zur den auch in diesem Rahmen verbleibende Innovationsmöglichkeiten durch Regulierung lesenswert *C. Krönke*, Sandkastenspiele – „Regulatory Sandboxes" aus der Perspektive des Allgemeinen Verwaltungsrechts, JZ 2021, 434 (436 ff.).

§ 7 Die Organisationsentscheidung

Organisationsentscheidungen sind insbesondere nach den soeben erarbeiteten rechtlichen Bindungen nicht lediglich Entscheidungen im Dunkel des staatlichen Innenbereichs. Erreichen sie die kritische Schwelle der Organisationspflicht (vgl. § 3), hat der Verfassungsstaat sie ins Licht zu rücken. Gleichzeitig wäre es auch unangemessen, sie im Hinblick auf ihre Rechtsbindungen materiellen Vollzugsentscheidungen mit unmittelbarer Außenwirkung gleichzusetzen. Dem Inhaber der Organisationsgewalt kommt eine planungsähnliche Gestaltungsfreiheit zu, die in engen Grenzen überprüft werden kann.

Weitestgehend unstreitig ist, dass aus der Anerkennung von Rechtsgeltung im Innenbereich überhaupt das für staatliche Entscheidungen einschlägige Willkürverbot auch für Organisationsgestaltungen gilt. Neben bestimmten prozeduralen Begründungs- und Rechtfertigungsanforderungen lässt sich daraus für einen materiellen Prüfungsmaßstab jedoch nicht viel gewinnen. Viel deutet nun darauf hin, dass die materielle Konstitutionalisierung das Verwaltungsorganisationsrecht aufgrund seines mittelbaren Einflusses auf Vollzugsentscheidungen in eine Zwischenstellung gerückt hat, die den zugrundeliegenden Prüfungsmaßstab verschiebt. Dadurch ist – so die These dieses Kapitels – methodisch eine organisationsspezifische Verhältnismäßigkeitsprüfung indiziert, die in der Lage ist, die Kollision zwischen den oben geschilderten materiellen Strukturprinzipien justiziabel aufzulösen.

I. Gestaltungsfreiheit in rechtlichen Bindungen

Dem Inhaber der Organisationsgewalt kommt grundsätzlich ein Spielraum bei der Wahl der Organisationsform zu.[1] Genau genommen ist die so vermittelte Entscheidung damit am besten als Gestaltungsfreiheit in verfassungsrechtlichen Bindungen umschrieben.[2] Es handelt sich demnach in der Entscheidungs-

---

[1] Vgl. oben § 6, I.

[2] *T. Groß*, Grundlinien einer pluralistischen Interpretation des Demokratieprinzips, in: Redaktion Kritische Justiz, Demokratie und Grundgesetz. Eine Auseinandersetzung mit der verfassungsgerichtlichen Rechtsprechung, Baden-Baden 2000, 100 betont Gestaltungsfreiheit und unterschlägt die konkrete rechtliche Bindung („[…] sind Ausdruck politischer Prioritätensetzungen, für die die Verfassung lediglich einen Rahmen vorgibt […]").

dogmatik des öffentlichen Rechts sowohl auf Seiten des Gesetzgebers als auch innerhalb der Exekutive um eine durchaus typische Entscheidungssituation.

1. Einschätzungsprärogative und Organisationsermessen

Bei der Legislative führt die Organisationsfreiheit innerhalb der Bindungen des Verfassungsrechts zu einer weitgehenden Gestaltungsfreiheit des Gesetzgebers. Die Freiheit des Bundesgesetzgebers ist insoweit (in der Theorie) etwas größer als die des Landesgesetzgebers, da er durch die entsprechende Gesetzgebungskompetenz auch das private Gesellschaftsrecht auf privatrechtlich organisierte Verwaltung zuschneiden kann.[3] Im Rahmen der gesetzlichen Entscheidung über die richtige Organisationsform kommt dem Gesetzgeber zudem eine Einschätzungsprärogative zu. Das Bundesverfassungsgericht hat hier (in einer Serie von Entscheidungen zum Hochschulrecht)[4] festgestellt, dass der „Gesetzgeber nicht nur neue Modelle und Steuerungstechniken entwickeln und erproben [darf], vielmehr ist er sogar verpflichtet, bisherige Organisationsformen kritisch zu beobachten und zeitgemäß zu reformieren. Ihm stehen dabei gerade hinsichtlich der Eignung neuer Organisationsformen eine Einschätzungsprärogative und ein Prognosespielraum zu."[5]

Auch für exekutive Entscheidungen sind reduzierte Kontrollmaßstäbe im Rahmen von bestimmten Arten von Entscheidungen anerkannt, die sich auf zukünftige und unsichere Sachverhalte beziehen.[6] So kommt der Exekutive bei der Wahl einer bestimmten Organisationsform grundsätzlich unter Bindung an vorrangige Gesetze ein Organisationsermessen zu,[7] dessen rechtliche Gebundenheit jedoch enger ist, als die der Einschätzungsprärogative. Ähnlich wie das in § 10 S. 1 VwVfG enthaltene Verfahrensermessen[8] ist das Organisa-

---

[3] Zu diesem Aspekt *Kluth* in: Wolff/Bachof/Stober/Kluth, Verwaltungsrecht: Ein Studienbuch, Bd. II, 7. Auflage, München 2010, § 80, Rn. 53.

[4] Insbesondere BVerfGE 111, 333 (356); 127, 87 (114); 141, 143 (171).

[5] Vgl. BVerfGE 50, 290 (332 f.); 63, 1 (34); 88, 203 (262); 111, 333 (356); 127, 87 (114); 141, 143 (171); 147, 253 (344); st. Rspr. Dazu *K.-D. Drüen*, Verfassungsvorgaben für die Organisation der Finanzverwaltung, in: Krüper (Hrsg.), Die Organisation des Verfassungsstaats, Festschrift für Martin Morlok zum 70. Geburtstag, Tübingen 2019, 587, (588). Zur Struktur dieses Spielraums *M. Goldhammer*, Die Prognoseentscheidung im Öffentlichen Recht, Tübingen 2021, 59 ff.

[6] Ausführlich *K.-U. Riese*, in: Schoch/Schneider (Hrsg.), Verwaltungsrecht VwGO. Kommentar, 39. EL Juli 2020, § 114, Rn. 95 ff.

[7] Begriff auch bei *B. Remmert* in: Epping/Hillgruber (Hrsg.), Grundgesetz, 46. Edition, München 15.02.2021, Art. 89, Rn. 16; *B. Clausing/N. Panzer*, in: Schoch/Schneider (Fn. 6), § 3, Rn. 8–10. Aus der Rspr.: OVG Münster (1. Senat), Beschluss vom 03.02.2021 – 1 B 409/20; BeckRS 2021, 1227.

[8] Dazu *H. Schmitz*, in: Stelkens/Bonk/Sachs (Hrsg.), Verwaltungsverfahrensgesetz. Kommentar, 9. Auflage, München 2018, § 10, Rn. 16 ff.

tionsermessen an die allgemeine Ermessenslehre des § 40 VwVfG gebunden.[9] Hier besteht zumindest ein Anspruch auf eine ermessensfehlerfreie Entscheidung, nicht aber auf eine bestimmte Organisationsentscheidung.[10]

Ein weiter Prüfungsmaßstab ist auch insbesondere deshalb geboten, da eine genauere Bestimmung in die Argumentation einbezogener Verfassungsprinzipien von ihrer Struktur her nicht trennscharf zu leisten ist.[11] Die Folge ist, dass ein zu enger Kontrollmaßstab wiederum aus der Perspektive der Gewaltenteilung problematisch sein könnte, wenn er über die verfassungsprinzipielle Argumentation Entscheidungskompetenzen zur Judikative verschiebt.[12] Die Bestimmung eines möglichen Kontrollmaßstabs für die Organisationsgewalt ist also sensibel im Hinblick auf die Funktionenordnung vorzunehmen.

2. Organisation als Planung des staatlichen Innenbereichs

Will man diesen Maßstab jenseits dieser allgemeinen Hinweise dogmatisch präzisieren, so richtet sich der Blick auf die Art der Organisationsentscheidung. Hier hat die Organisationswahlentscheidung einige Ähnlichkeiten mit nach innen gerichteten Planungsentscheidungen, bei denen verschiedene, durchaus komplexe Belange gegeneinander abgewogen werden müssen.[13] Nach der Definition *Schmidt-Aßmanns* ist Planung „die Erarbeitung eines Entwurfs normativer Ordnung, die auf einer analysierenden Erfassung gegenwärtiger Lagen und auf einer Prognose künftiger Entwicklungen beruht."[14] Planung bezeichnet damit keine trennscharfe rechtliche Kategorie, sondern die Art und Weise der Entscheidungsfindung.[15]

---

[9] Skeptisch *Kluth*, in: Wolff/Bachof/Stober/Kluth (Fn. 3), § 81, Rn. 114, der jedoch keinen Grund anführt, warum die Ermessenslehre nicht gelten solle.

[10] Entsprechendes zum Verfahren: *Schmitz*, in: Stelkens/Bonk/Sachs (Fn. 8), § 10, Rn. 18.

[11] Dazu *F. Reimer*, Verfassungsprinzipien. Ein Normtyp im Grundgesetz, Berlin 2001, 354.

[12] Zu diesem allgemeinen Problem der Nachprüfung von verfassungsprinzipieller Argumentation, *Reimer* (Fn. 11), 356.

[13] Ähnlich auch *M. Ruffert*, Interessenausgleich im Verwaltungsorganisationsrecht, DÖV 1998, 897 (904).

[14] *E. Schmidt-Aßmann*, Das allgemeine Verwaltungsrecht als Ordnungsidee. Grundlagen und Aufgaben der verwaltungsrechtlichen Systembildung, 2. Auflage, Berlin/Heidelberg 2006, 84. Ausführlich zum Begriff auch *H. Wißmann*, Die Anforderungen an ein zukunftsfähiges Infrastrukturrecht, VVDStRL (73) 2014, 369 (393 ff.) mwN. Klassisch mit historischen Bezügen auch *W. Hoppe*, Planung, in: Isensee/Kirchhof (Hrsg.), HStR, Bd. IV, 3. Auflage, Heidelberg 2006, § 77, Rn. 2 ff.

[15] Die verschiedenen Erscheinungsformen stellt *S. Schlacke*, Planende Verwaltung, in: Kahl/Ludwigs (Hrsg.), Handbuch des Verwaltungsrechts, Bd. I, Grundstrukturen des deutschen Verwaltungsrechts, Heidelberg 2021, § 20, Rn. 37 ff. dar.

Im Zentrum des Planungsbegriffes, der weder eindeutig der Exekutive noch der Legislative zugeordnet wird,[16] steht eine Gestaltungsentscheidung mit prognostischen Elementen. Diese entspricht im Wesentlichen der gleichen Grundsituation, in der sich auch Inhaber der Organisationsgewalt wiederfinden. Ein Sachbereich muss durch gestaltend-prognostische Entscheidungen rechtlich strukturiert werden.[17] Auch wenn man dem richtigerweise entgegenhalten kann, dass Planungssituationen sachverhaltsnäher, die Organisation mithin nur eine Vorstufe zur Planung sei, geht es im Kern um eine Überprüfung der Ausübung von Gestaltungsfreiheit.[18]

Anerkennt man diese Nähe, so stellt sich im zweiten Schritt die Frage, was daraus folgt. Planungsentscheidungen sind demnach ein besonderer Typ von Prognoseentscheidungen, für die ein verringerter Kontrollmaßstab gilt.[19] Das Bundesverwaltungsgericht bezeichnet den mit den Planungsentscheidungen einhergehenden Spielraum als Planungsermessen, hat aber offen gelassen „ob das Wort ‚Ermessen‘ die in der Planungshoheit beschlossene Gestaltungsfreiheit treffend bezeichnet."[20] Dass es diese Gestaltungsfreiheit geben müsse, führt das Gericht darauf zurück, dass „Planung ohne *Gestaltungsfreiheit* ein Widerspruch in sich wäre."[21]

---

[16] BVerfGE 95, 1 (15): „[…] staatliche Planung [kann] weder eindeutig der Legislative noch eindeutig der Exekutive zugeordnet werden. Zum einen kann Planung nicht als ein Vorgang der Subsumtion eines bestimmten Lebenssachverhalts unter die Tatbestandsmerkmale einer generell-abstrakten Norm verstanden werden. Zum andern stellt die Planungsentscheidung auch keine generell-abstrakte Vorgabe für eine unbestimmte Vielzahl von Fällen dar. Es handelt sich vielmehr um einen komplexen Prozeß der Gewinnung, Auswahl und Verarbeitung von Informationen, der Zielsetzung und der Auswahl einzusetzender Mittel. Planung hat mithin finalen und keinen konditionalen Charakter." Vgl. auch *Schlacke* (Fn. 15), in: Kahl/Ludwigs, § 20, Rn. 9.

[17] Vgl. *P. Badura*, Vorhabenplanung im Rechtsstaat, in: Erbguth/Oebbecke/Rengeling (Hrsg.), Planung. Festschrift für Werner Hoppe zum 70. Geburtstag, München 2000, 167 ff. Zur rechtlichen Verdichtung im Rahmen eines allgemeinen Modells von Planungspflichten, vgl. *A. Ingold*, Erstplanungspflichten im System des Planungsrechts, Berlin 2007, 23 ff.

[18] Vgl. auch *M. Merkel*, Die Gerichtskontrolle der Abwägung im Bauplanungsrecht, insbesondere nach der Neuregelung der §§ 2 III und 214 BauGB durch das EAG Bau, Berlin 2012, 71 f. Deutlich wird dabei aber auch, dass die Heterogenität der Verwaltungserscheinungen auch für die Modernisierung eine besondere Herausforderung darstellt. Dazu etwa *A. Guckelberger*, E-Government: Ein Paradigmenwechsel in Verwaltung und Verwaltungsrecht?, VVDStRL (78) 2019, 235 (250). Zu den Veränderungen des deutschen Planungsbegriffs durch die Europäisierung nun *M. Kment*, Das deutsche Planungsrecht unter unionsrechtlichem Einfluss – eine bilanzierende Beobachtung aktueller Entwicklungen, DVBl 2020, 991–998. Konkrete Diskussion einer Organisationswahlentscheidung am Beispiel der Abwasserbeseitigung bei *C. Brüning*, Der Private bei der Erledigung kommunaler Aufgaben, insbesondere der Abwasserbeseitigung und der Wasserversorgung, Berlin 1997, 63 ff. mit den Vor- und Nachteilen verschiedener Modelle.

[19] *Hoppe* (Fn. 14), in: Isensee/Kirchhof, § 77, Rn. 105 ff.

[20] BVerwGE 34, 301. Dazu und zum Folgenden auch *M.-E. Geis*, in: Schoch/Schneider (Hrsg.), Verwaltungsrecht VwVfG. Kommentar, Bd. III, München Juli 2020, § 40, Rn. 199.

[21] BVerwGE 48, 56 (59) = BVerwG NJW 1975, 1373.

Das so bezeichnete Planungsermessen ist also eine gerichtlich nur eingeschränkt überprüfbare Gestaltungsbefugnis der Behörden, die über die räumliche Planung hinaus alle Bereiche betrifft, in denen die Verwaltung nach ihren planerischen Vorstellungen unter Abwägung von verschiedenen Interessenpositionen einen Sachbereich systematisch gestalten kann.[22] Schlüsselnormen für die Planung sind in der Regel Abwägungsklauseln, die verlangen, dass bestimmte planerische Belange in einen Ausgleich gebracht werden müssen.[23]

Die Abwägung umfasst dabei mit der Zusammenstellung des abwägungsrelevanten Materials und der eigentlichen Abwägung zwei Schritte.[24] Der erste Schritt verlangt die abstrakt-begriffliche (tatbestandliche) Abgrenzung der Gesichtspunkte, die abwägungserheblich sind, und eine darauf folgendes Entscheidung darüber, was dies für den konkreten Einzelfall bedeutet.[25] Der zweite Schritt beinhaltet sodann eine Gewichtung des erarbeiteten Materials.[26] Die Gerichte haben zumindest im Rahmen der behördlichen Planungsbefugnisse die eigentliche Überprüfungsleistung dahin verschoben, das Abwägungsverfahren prozedural zu kontrollieren, d.h. nachzuvollziehen, ob die verschiedenen Abwägungskomponenten durchgeführt und dokumentiert wurden.[27] Die Grenze der (rechtswidrigen) Abwägungsdisproportionalität als Ausdruck der Verhältnismäßigkeit ist dabei insbesondere nicht verletzt, wenn sich die planende Stelle in der Kollision verschiedener Belange „für die Bevorzugung des einen und damit notwendig für die Zurückstellung eines anderen entscheidet."[28] Diese Gewichtung stellt nach der Rechtsprechung ein wesentliches Element der Gestaltungsfreiheit dar, die der gerichtlichen Kontrolle entzogen sein muss.[29]

Soweit prognostische Elemente enthalten sind,[30] hängt die Reichweite des Einschätzungsspielraums „von Faktoren verschiedener Art ab, im Besonderen

[22] *Riese*, in: Schoch/Schneider (Fn. 6), § 114, Rn. 182.

[23] Wie etwa § 1 Abs. 7 BauGB, § 17 Satz 3 BFStrG, § 18 Satz 2 AEG. *E. Schmidt-Aßmann* in: Dürig/Herzog/Scholz (Hrsg.), Grundgesetz Kommentar, München, 95. EL Juli 2021, Art. 19 IV, Rn. 208.

[24] *Geis*, in: Schoch/Schneider (Fn. 20), § 40, Rn. 206. Kritische Aufarbeitung bei *J. Lege*, Abkehr von der „sog. Abwägungsfehlerlehre"? Aufräumarbeit und stille Verschiebungen im Bauplanungsrecht, DÖV 2015, 361 (368).

[25] *Schmidt-Aßmann*, in: Dürig/Herzog/Scholz (Fn. 23), Art. 19 IV, Rn. 212.

[26] *Schmidt-Aßmann*, in: Dürig/Herzog/Scholz (Fn. 23), Art. 19 IV, Rn. 213.

[27] Ausführlich *Geis*, in: Schoch/Schneider (Fn. 20), § 40, Rn. 208. Kritisch *Schmidt-Aßmann*, in: Dürig/Herzog/Scholz (Fn. 23), Art. 19 IV, Rn. 213 ff.

[28] BVerwGE 48, 56 = BVerwG NJW 1975, 1375.

[29] BVerwGE 48, 56 = BVerwG NJW 1975, 1375.

[30] Umfassend dazu *C. Bickenbach*, Die Einschätzungsprärogative des Gesetzgebers. Analyse einer Argumentationsfigur in der (Grundrechts-) Rechtsprechung des Bundesverfassungsgerichts, Tübingen 2014, 17 ff.; *S. Ruf*, Die legislative Prognose. Verfassungsrechtliche Prognosepflicht im Rationalitätskonzept des Grundgesetzes, Tübingen 2021, 141 ff. Fer-

von der Eigenart des in Rede stehenden Sachbereichs, den Möglichkeiten, sich ein hinreichend sicheres Urteil zu bilden, und der Bedeutung der auf dem Spiele stehenden Rechtsgüter."[31] Für den Prüfungsmaßstab gilt hier, dass „[d]ieser Entscheidungsraum des Gesetzgebers, der sachbereichsbezogen im Wege einer Gesamtbetrachtung zu ermitteln ist, […] jedoch verfassungsgerichtlich auf seine methodischen Grundlagen und seine Schlüssigkeit hin überprüft werden [kann]. Der Prognose müssen Sachverhaltsannahmen zu Grunde liegen, die sorgfältig ermittelt sind oder sich jedenfalls im Rahmen der gerichtlichen Prüfung bestätigen lassen."[32]

Das Abwägungsgebot hat damit im Wesentlichen zwei Elemente. Auf der einen Seite bindet es bereits durch den ersten Schritt das Planungsermessen an das Erfordernis willkürfreier Sachgerechtigkeit und verlangt im zweiten Schritt eine Verhältnismäßigkeitsprüfung.[33] Überträgt man die Anforderungen dieser beiden Prüfungselemente nun auf die Organisationsentscheidung als Gestaltungsentscheidung, so ist – wie sogleich ausgearbeitet wird – das Gebot der willkürfreien Entscheidung bereits fest im Organisationsrecht verankert, so dass die prozedurale Kontrolle von Organisationsentscheidungen erfolgen kann. Im Hinblick auf den zweiten Schritt der sachgebietsspezifischen Verhältnismäßigkeitsprüfung wäre ein derartiger Nachweis noch zu erbringen.

II. Vom Willkürverbot zum Verhältnismäßigkeitsgebot

Das im Planungsverfahren zum Ausdruck kommende Gebot willkürfreier Sachgerechtigkeit verlangt ein absolutes Mindestmaß an Entscheidungsrationalität. Es ist Ausdruck eines aus dem allgemeinen Gleichheitssatz und dem Rechtsstaatsprinzip herzuleitenden Grundsatzes, der es verbietet, aus sachfremden Erwägungen heraus zu entscheiden.[34] Jede rechtliche Entscheidung

---

ner *S. Kadelbach*, Verfassungsrechtliche Grenzen für Deregulierungen des Ordnungsverwaltungsrechts, Kritische Vierteljahresschrift für Gesetzgebung und Rechtswissenschaft (KritV) 1997, 263 (274 ff.).

[31] BVerfGE 50, 290 (331 f.) Ausführliche Verweise auf die Rechtsprechung bei *Ruf* (Fn. 30), 142. Dazu auch *H. Sodan/J. Ziekow*, Grundkurs Öffentliches Recht. Staats- und Verwaltungsrecht, 9. Auflage, München 2020, § 24, Rn. 39.

[32] BVerfGE 111, 226 (255).

[33] *P. Badura*, Das Planungsermessen und die rechtsstaatliche Funktion des allgemeinen Verwaltungsrechts, in: Domcke (Hrsg.), Verfassung und Verfassungsrechtsprechung. Festschrift zum 25-jährigen Bestehen des Bayerischen Verfassungsgerichtshofs, München 1972, 157 (180).

[34] *Sommermann*, in: v. Mangoldt/Klein/Starck (Hrsg.), Grundgesetz Kommentar, Bd. II, 7. Auflage, München 2018, GG Art. 20, Rn. 305; *P. Kunig*, Das Rechtsstaatsprinzip. Überlegungen zu seiner Bedeutung für das Verfassungsrecht der Bundesrepublik Deutschland, Tübingen 1986, 312 ff.

überhaupt muss sich daher am Willkürverbot messen. Inhaltlich sind damit freilich kaum Maßstäbe gesetzt. Das Willkürverbot ist erst dann verletzt, „wenn sich ein vernünftiger, sich aus der Natur der Sache ergebender oder sonstwie sachlich einleuchtender Grund für eine gesetzliche Differenzierung oder Gleichbehandlung nicht finden läßt."[35] Entscheidungen sind nur dann willkürlich, wenn sie schon erkennbar gar nicht darauf hinwirken, einem materiellen Richtigkeitsmaßstab gerecht zu werden.[36] Im staatlichen Innenbereich gilt das Willkürverbot daher insbesondere deshalb, weil es Ausdruck des Rechtstaatsprinzips ist.[37]

Für das Organisationsrecht ist der *Maßstab* des Willkürverbots in einem ersten Schritt nicht unbedingt entscheidend, da mit ihm zwar eine justiziable Vertretbarkeitskontrolle als ein absolutes Minimum an Rationalität und Konsequenz verbunden ist,[38] sich dieses Schwert aber aufgrund des weiten Entscheidungsraumes als stumpf erweist. Viel wichtiger ist es daher, dass das Willkürverbot den staatlichen Innenbereich als Raum der Begründungen und Rechtfertigungen strukturiert und damit letztlich prozedurale Anforderungen für Organisationswahlentscheidungen bestimmt. Aus dem Willkürverbot folgt damit zunächst das Erfordernis der Darstellung einer nachvollziehbaren Begründung einer Organisationswahlentscheidung, die es erlaubt, die Entscheidung anhand eines Minimalbereichs an Rationalitätskriterien zu überprüfen.[39]

---

[35] BVerfGE 1, 14 (52); 83, 1 (23); 89, 132 (141) st. Rspr. Vgl. auch *K. Hesse*, Der Gleichheitssatz in der neueren deutschen Verfassungsentwicklung, AöR 109 (1984), 174 (186 ff.).

[36] Ähnlich bei *W. Kluth*, Funktionsgerechte Organstrukturen – ein Verfassungsgebot?, VerwArch 2011, (525) 544, der dies im zweiten Schritt in die Anforderung der Funktionsgerechtigkeit hineinliest.

[37] BVerfGE 21, 362 (372); 89, 132 (141); 137, 108 (154); 150, 1 (102), st. Rspr. Ferner *Jarass*, in: Jarass/Pieroth (Hrsg.), Grundgesetz für die Bundesrepublik Deutschland. Kommentar, 16. Auflage, München 2020, Art. 20, Rn. 44; *Sommermann*, in: v. Mangoldt/Klein/Starck (Fn. 34), GG Art. 20, Rn. 305.

[38] So bei *K.F. Gärditz*, Hochschulorganisation und verwaltungsrechtliche Systembildung, Tübingen 2009, 190.

[39] Zu dieser Funktion im Hinblick auf den Verhältnismäßigkeitsgrundsatz ausführlich *A. v. Arnauld*, Zur Rhetorik der Verhältnismäßigkeit, in: Jestaedt/Lepsius (Hrsg.), Verhältnismäßigkeit. Zur Tragfähigkeit eines verfassungsrechtlichen Schlüsselkonzepts, Tübingen 2015, 276 (281 ff.). Das Bundesverfassungsgericht hat hierzu (allerdings im Kontext der Richterbesoldung) ausgeführt, dass „eine bloße Begründbarkeit nicht den verfassungsrechtlichen Anforderungen der Prozeduralisierung [genüge]. Der mit der Ausgleichsfunktion der Prozeduralisierung angestrebte Rationalisierungsgewinn kann – auch mit Blick auf die Ermöglichung von Rechtsschutz – effektiv nur erreicht werden, wenn die erforderlichen Sachverhaltsermittlungen vorab erfolgen und dann in der Gesetzesbegründung dokumentiert werden" BVerfGE 139, 64 (127); 140, 240 (296). Dazu *Sommermann*, in: v. Mangoldt/Klein/Starck (Fn. 34), Art. 20, Rn. 306. Zu den Prognosemaßstäben in der Verhältnismäßigkeitsprüfung ferner *M. Jestaedt*, Verhältnismäßigkeit als Verhaltensmaß. Gesetzgebung angesichts der Vielfalt der Rationalitäten und des Eigenwerts des politischen Kompromisses, in: Jestaedt/Lepsius (Hrsg.), Verhältnismäßigkeit. Zur Tragfähigkeit eines verfassungsrechtlichen Schlüsselkonzepts, Tübingen 2015, 293 (297).

Ferner korrespondiert mit einer Organisationwahlentscheidung auch die Pflicht, eine einmal gewählte Organisationsform periodisch auf ihre Berechtigung zu überprüfen.[40]

Maßstäblich hingegen ist mit dem Willkürverbot noch nicht viel verknüpft. Der verschärfende Ansatz der Verhältnismäßigkeit geht über die Willkürprüfung hinaus, indem er die beim Willkürverbot lediglich einer Vertretbarkeitskontrolle unterzogene Begründung mit der Maßnahme und ihren Folgen *in ein Verhältnis* setzt. Seine Anwendbarkeit im Verwaltungsorganisationsrecht verlangt jedoch einige klärende Vorbemerkungen.

1. Der Grundsatz der Verhältnismäßigkeit als verfassungsrechtliche Methode

Der Grundsatz der Verhältnismäßigkeit hat sich zu einem zentralen Dreh- und Angelpunkt der Verfassungsdogmatik herausgebildet.[41] Historisch entwickelte er sich ab 1750 aus der beginnenden Herrschaftsobjektivierung, die mit einer Zwecksetzung staatlichen Handelns einhergeht.[42] Seiner konkreten Gestalt zu Grunde liegt eine frühkonstitutionelle, im Wesentlichen durch das Polizeirecht des 19. Jahrhunderts geprägte Idee, dass der Staat in die individuelle Freiheitssphäre nur so weit eindringen darf, wie dies für das Allgemeininteresse geboten ist.[43] Die Verhältnismäßigkeit wurde für die (deut-

---

[40] Dabei können sich die Voraussetzungen von Organisationswahlentscheidungen gleich von zwei Seiten als veränderungswürdig zeigen. Auf der einen Seite kann sich eine im Rahmen einer Prognoseentscheidung getroffene Rechtsformenwahl als problematisch herausstellen, etwa bei der zunehmenden Entfernung öffentlicher Unternehmen von den vorgegebenen Gemeinwohlzielen. Dazu das Beispiel der FRAPORT AG, unten § 11. Auf der anderen Seite kann auch die gesellschaftliche und technische Entwicklung bestimmte Organisationsmaßstäbe wandeln, so etwa die unter anderem durch die historische Frequenzknappheit erklärbare Rundfunkorganisation. Dazu *Starck/Paulus*, in: v. Mangoldt/Klein/Starck (Hrsg.), Grundgesetz Kommentar, Bd. I, 7. Auflage, München 2018, Art. 5, Rn. 199. Zu den Kontrollkriterien *Goldhammer* (Fn. 5), 51 ff.

[41] Umfassend *R. Poscher*, Das Grundgesetz als Verfassung des verhältnismäßigen Ausgleichs, in: Herdegen/Masing/Poscher/Gärditz (Hrsg.), Handbuch des Verfassungsrechts. Darstellung in transnationaler Perspektive, München 2021, § 3, Rn. 1; *N. Petersen*, Verhältnismäßigkeit, in: Kahl/Ludwigs (Hrsg.), Handbuch des Verwaltungsrechts, Bd. III, Verwaltung und Verfassungsrecht, Heidelberg 2022, § 73, Rn. 6 ff. Zur Entwicklung ab 1950 *O. Lepsius*, Die Chancen und Grenzen des Grundsatzes der Verhältnismäßigkeit, in: Jestaedt/Lepsius (Hrsg.), Verhältnismäßigkeit. Zur Tragfähigkeit eines verfassungsrechtlichen Schlüsselkonzepts, Tübingen 2015, 5 ff. Übersichtlich *L. Michael*, Verhältnismäßigkeit, in: Heun/Honecker/Morlok/Wieland (Hrsg.), Evangelisches Staatslexikon, Stuttgart 2006, Spalten 2572–2577.

[42] Dazu etwa *B. Remmert*, Verfassungs- und verwaltungsgeschichtliche Grundlagen des Übermaßverbotes, Heidelberg 1995, 15 ff.

[43] Vgl. *P. Lerche*, Übermaß und Verfassungsrecht. Zur Bindung des Gesetzgebers an die Grundsätze der Verhältnismäßigkeit und Erforderlichkeit, 2. Auflage, Goldbach 1999, 24 ff.; *Schulze-Fielitz*, in: Dreier (Hrsg.), Grundgesetz Kommentar, Bd. II, 3. Auflage, Tübingen

sche)[44] Verfassungsentwicklung prägend durch die Rechtsprechung des Bundesverfassungsgerichts als ein Leitprinzip der Verfassungsinterpretation herausgearbeitet und hat durch seine Eingängigkeit die Grenzen der nationalen Rechtsordnung lange überschritten.[45] Rechtsgrundlage des Verhältnismäßigkeitsgrundsatzes ist nach umstrittener Auffassung von Literatur[46] und Rechtsprechung[47] neben den Freiheitsrechten[48] insbesondere das Rechtsstaatsprinzip.[49]

2015, Art. 20, Rn. 179. Nachzeichnung der historischen Entwicklung auch bei *D. Merten*, Verhältnismäßigkeitsgrundsatz, in: Merten/Papier (Hrsg.), HGR, Bd. III, Grundrechte in Deutschland – Allgemeine Lehren II, Heidelberg 2009, § 68, Rn. 6 ff.

[44] Dazu *B. Pieroth*, Der Grundsatz der Verhältnismäßigkeit im Verwaltungsrecht, in: Kment (Hrsg.), Das Zusammenwirken von deutschem und europäischem Öffentlichen Recht, Festschrift für Hans D. Jarass zum 70. Geburtstag, München 2015, 587 (588).

[45] Zur Entwicklung in der Rspr. umfassend *C. Bumke*, Die Entwicklung der Grundrechtsdogmatik in der deutschen Staatsrechtslehre unter dem Grundgesetz, AöR 144 (2019), 1 (52 ff.) sowie *Poscher*, in: Herdegen/Masing/Poscher/Gärditz (Fn. 41), § 3 Rn. 22 ff. Zu deren umfassender Geltung *Sachs*, in: Sachs (Hrsg.), Grundgesetz. Kommentar, 9. Auflage, München 2021, Art. 20, Rn. 148. Zur Geltung im Unionsrecht ferner *S. Kadelbach*, in: v.d. Groeben/Schwarze/Hatje (Hrsg.), Europäisches Unionsrecht. Vertrag über die Europäische Union, Vertrag über die Arbeitsweise der Europäischen Union, Charta der Grundrechte der Europäischen Union, Bd. I, 7. Auflage, Baden-Baden 2015, Art. 5 EUV, Rn. 49 ff. „Globalisierung" diagnostiziert *J. Saurer*, Die Globalisierung des Verhältnismäßigkeitgrundsatzes, Der Staat 51 (2012), 3. „Keine deutsche Erfindung" bei *S. Baer*, Hemmung durch Verhältnismäßigkeit, in: Bultmann u.a. (Hrsg.), Allgemeines Verwaltungsrecht. Festschrift für Ulrich Battis zum 70. Geburtstag, München 2014, 117 (118). Unterschiede zum common law stellt dagegen *F. Becker*, Verhältnismäßigkeit, in: Kube u.a. (Hrsg.), Leitgedanken des Rechts – Paul Kirchhof zum 70. Geburtstag, Bd. I, Heidelberg 2013, 225 (231) fest. Zu dessen allgemeiner Bedeutung für die Verfassungsentwicklung *K.F. Gärditz*, Verfassungsentwicklung und Verfassungsrechtswissenschaft, in: Herdegen/Masing/Poscher/Gärditz (Hrsg.), Handbuch des Verfassungsrechts. Darstellung in transnationaler Perspektive, München 2021, § 4, Rn. 87. Rechtsvergleichend in den europäischen Staaten, *K.-P. Sommermann*, Prinzipien des Verwaltungsrechts, in: v. Bogdandy/Cassese/Huber (Hrsg.), Handbuch Ius Publicum Europaeum, Bd. V, Heidelberg 2014, § 86, Rn. 35; *A. Nußberger*, Das Verhältnismäßigkeitsprinzip als Strukturprinzip richterlichen Entscheidens in Europa, NVwZ Beilage 2013, 36 ff. Ferner *T. Marauhn*, Zum Verhältnismäßigkeitsgrundsatz in Großbritannien. Die Bedeutung polizei(recht)licher Schranken für die Entwicklung materieller Kontrollstandards, VerwArch 1994, 52.

[46] *Schulze-Fielitz*, in: Dreier (Fn. 43), Art. 20, Rn. 179; *Sachs*, in: ders. (Fn. 45), Art. 20, Rn. 146; *W. Kahl*, Deutschland, in: v. Bogdandy/Cassese/Huber (Hrsg.), Handbuch Ius Publicum Europaeum, Bd. V, Heidelberg 2014, § 74, Rn. 16; *Grzeszick*, in: Dürig/Herzog/Scholz (Fn. 23), Art. 20, Rn. 108, der auf weitere Literaturmeinungen verweist.

[47] BVerfGE 23, 127 (133); 90, 145 (173); 138, 1 (19); BVerwGE 162, 146, Rn. 9.

[48] Zur Herleitung aus den Grundrechten *C. Hillgruber*, Grundrechtsschranken, in: Isensee/Kirchhof (Hrsg.), HStR, Bd. IX, 3. Auflage, Heidelberg 2011, § 201, Rn. 51 ff.

[49] Dazu etwa *P.M. Huber*, Rechtsstaat, in: Herdegen/Masing/Poscher/Gärditz (Hrsg.), Handbuch des Verfassungsrechts. Darstellung in transnationaler Perspektive, München 2021, § 6, Rn. 32 ff. Ferner *Sommermann* (Fn. 45), in: v. Bogdandy/Cassese/Huber, § 86 Rn. 35. Zu dessen Verankerung jenseits der deutschen Verfassungslage, vgl. *A. Nussberger*, Das Tafelsilber des Verfassungsstaats. Rechtsstaatlichkeit als europäischer Grundwert, in: Heinig/Schorkopf (Hrsg.), 70 Jahre Grundgesetz. In welcher Verfassung ist die Bundesrepublik?, Berlin 2019, 191 ff.

Der Grundsatz der Verhältnismäßigkeit ist in dieser Ausprägung eine verfassungsrechtliche Methode, die ein bei *Lerche* so bezeichnetes Übermaßverbot begründet.[50] Er verlangt nach der klassischen Bestimmung eine auf einen bestimmten legitimen Zweck[51] bezogene Eignung, Erforderlichkeit und Proportionalität einer staatlichen Maßnahme.[52] Damit sind insbesondere Willkür- und Verhältnismäßigkeitsprüfung nicht etwa Gegensätze, sondern Teile eines sich progressiv verdichtenden einheitlichen Rechtfertigungsmaßstabes.[53] In der Sache verfolgen sowohl Willkür- als auch Verhältnismäßigkeitsprüfung mit der Rationalität staatlicher Entscheidungen die gleiche Stoßrichtung.[54] Sie setzen dem Prüfungsmaßstab nur unterschiedliche Grenzen.[55] Während die Willkürprüfung nur irgendeine sachliche Erwägung verlangt, macht die Ver-

---

[50] Klassisch *Lerche* (Fn. 43), 24. Darstellung bei *J. Ipsen*, Stufen der Grundrechtsprüfung, in: Ipsen/Kaufhold/Wischmeyer (Hrsg.), Staatsrecht, Bd. II, Grundrechte, 24. Auflage, München 2021, § 3, Rn. 182 ff. Dies hervorhebend auch *M. Kloepfer*, Die Entfaltung des Verhältnismäßigkeitsprinzips, in: Schmidt-Aßmann/Sellner/Hirsch/Kemper/Lehmann- Grube (Hrsg.), Festgabe 50 Jahre Bundesverwaltungsgericht, Köln u.a. 2003, 329 (330 ff.). Einführend in die Argumentationstopoi der Verhältnismäßigkeit, *L. Michael*, Die drei Argumentationsstrukturen des Grundsatzes der Verhältnismäßigkeit. Zur Dogmatik des Über- und Untermaßverbotes und der Gleichheitssätze, JuS 2001, 148 ff. Theoretische Aufarbeitung bei *A. Tischbirek*, Die Verhältnismäßigkeitsprüfung: Methodenmigration zwischen öffentlichem Recht und Privatrecht, Tübingen 2017, 52 ff. sowie bei *L. Michael*, Methodenfragen der Abwägungslehre. Eine Problemskizze im Lichte von Rechtsphilosophie und Rechtsdogmatik, JöR 2000, 169–203. Ferner *J. Isensee*, Das Grundrecht als Abwehrrecht und als staatliche Schutzpflicht, in: Isensee/Kirchhof (Hrsg.), HStR, Bd. IX, 3. Auflage, Heidelberg 2011, § 191, Rn. 136. Tendenziell kritisch dazu, dass dies dazu führe, dass Verfassungstheorie kontinuierlich in Verfassungsdogmatik verwandelt werde *U. Volkmann*, Die Dogmatisierung des Verfassungsrechts, JZ 2020, 965, 969.

[51] Zu dessen unverzichtbarer Bedeutung für die Verhältnismäßigkeitsprüfung, vgl. *A. Leisner-Egensperger*, Der legitime Zweck als Bezugspunkt der Verhältnismäßigkeit. Zum Zweck freiheitsbeschränkender Schutzmaßnahmen in der Corona-Pandemie, JZ 2021, 913 (913).

[52] Prägnant dargestellt bei *Sachs*, in: ders. (Fn. 45), Art. 20, Rn. 149 ff. Ferner *P. Reimer*, Verhältnismäßigkeit im Verfassungsrecht, ein heterogenes Konzept, in: Jestaedt/Lepsius (Hrsg.), Verhältnismäßigkeit. Zur Tragfähigkeit eines verfassungsrechtlichen Schlüsselkonzepts, Tübingen 2015, 60 (63 ff.) mit vielen weiteren Nachweisen.

[53] Dies betont *Baer*, in: Bultmann u.a. (Fn. 45), 124. *U. Kischel*, in: Epping/Hillgruber (Fn. 7), Art. 3, Rn. 26. Soweit ersichtlich ist dieser Rechtfertigungstopos auch das entscheidende Element, das für die globale Anschlussfähigkeit sorgt. Vgl. *D. Dyzenhaus*, Proportionality and Deference in a Culture of Justification, in: Hushcroft/Miller/Webber (Hrsg.), Proportionality and the Rule of Law. Rights: Justification, Reasoning, Cambridge 2014, 234.

Hinweis auch bei *Sommermann*, in: v. Mangoldt/Klein/Starck (Fn. 34), Art. 20, Rn. 311. Dazu wiederum *R. Forst/K. Günther*, „Normative Ordnungen. Ein Frankfurter Forschungsprogramm“, Berlin 2021, 9 (11 ff.). Über die sprachlich-argumentative Dimension hinausgehend, *E. Hofmann*, Abwägung im Recht. Chancen und Grenzen numerischer Verfahren im öffentlichen Recht, Tübingen 2007, 107 ff.

[54] So auch bei *Gärditz* (Fn. 38), 188.

[55] So richtig auch *Kischel*, in: Epping/Hillgruber (Fn. 7), Art. 3, Rn. 25. Ferner *A. Heusch*, Der Grundsatz der Verhältnismäßigkeit im Staatsorganisationsrecht, Berlin 2003, 84.

hältnismäßigkeitsprüfung die Rechtfertigung von gravierenden Eingriffen von Begründungen mit besonderer Überzeugungskraft abhängig.

Verhältnismäßigkeit als *Methode* im Verfassungsrecht hat damit eine besondere Struktur, die als Schlüssel für die Auflösung von Rechtsgüterkonflikten geeignet ist, wenn und soweit eine gegebene Rechtsnorm die Optimierung mindestens eines dieser Rechtsgüter gebietet.[56] Der Verhältnismäßigkeitsgrundsatz eröffnet bei diesen Konflikten einen (akzessorischen)[57] methodisch-regulativen Ausgleich zwischen verschiedenen Rechtspositionen.[58] Er ist damit strukturell im Grundrechtsschutz zu verorten, kann aber auch jenseits des Grundrechtsschutzes angewandt werden, wenn besonders geschützte Kompetenzsphären betroffen sind.[59] Dementsprechend wird (hier mit *Grzeszick*) „das Gebot der Verhältnismäßigkeit angewendet, wenn auf eine geschützte Rechtsposition nachteilig eingewirkt wird, dies aber die zu rechtfertigende Ausnahme bleiben soll und für die Überprüfung der Angemessenheit bzw. des Regel-Ausnahme-Verhältnisses keine speziellere Regelung greift."[60]

2. Verhältnismäßigkeit im staatlichen Innenbereich

Nach klassischer Auffassung findet der Grundsatz der Verhältnismäßigkeit im staatlichen Innenbereich in der Regel keine Anwendung. Er kann nach der Rechtsprechung des Bundesverfassungsgerichts etwa im Staatsorganisationsrecht nur dort „Bedeutung erlangen, wo Träger öffentlicher Gewalt mit Rechten gegenüber dem Staat ausgestattet sind."[61] Die Bedingung für die Anwendbarkeit ist es hier, dass einem Organ eine mit einem subjektiven Recht ver-

[56] So auch *Petersen* (Fn. 41), in: Kahl/Ludwigs, § 73, Rn. 1; *S. Huster/J. Rux*, in: Epping/Hillgruber (Fn. 7), Art. 20, Rn. 191. Grundlegend zur moderierenden Wirkung *A. Voßkuhle*, Grundrechte als Grenzen: Verhältnismäßigkeit und praktische Konkordanz, in: Meier (Hrsg.), Die Verfassung der Mitte, München 2016, 45 ff. Problemaufriß im Hinblick auf die Grundrechte bei *G. Hermes*, Verfassungsrecht und einfaches Recht – Verfassungsgerichtsbarkeit und Fachgerichtsbarkeit, VVDStRL (61) 2002, 119 (121) („jede Rechtsfrage auch als potenzielle Grundrechtsfrage").

[57] *Sommermann*, in: v. Mangoldt/Klein/Starck (Fn. 34), Art. 20, Rn. 318.

[58] *Lepsius*, in: Jestaedt/Lepsius (Fn. 41), 21 f.

[59] Etwa im Rahmen des Art. 28 Abs. 2 GG oder des Art. 38 Abs. 1 GG. Dazu *Pieroth*, in: Kment (Fn. 44), 593.

[60] *Grzeszick*, in: Dürig/Herzog/Scholz (Fn. 23), Art. 20, Rn. 108, 109.

[61] BVerfGE 79, 127 (143 ff., 154); 103, 332 (367); 119, 331 (363); 125, 141 (167 f.); 138, 1 (19 f.); 147, 185 (223 f.). Dazu *Kluth*, in: Wolff/Bachof/Stober/Kluth (Fn. 3), § 80, Rn. 241. Ferner *A. Voßkuhle*, Grundwissen – Öffentliches Recht: Der Grundsatz der Verhältnismäßigkeit, JuS 2007, 429 (430). Umfassende empirische Analyse zuletzt bei *A. Lang*, Der Verhältnismäßigkeitsgrundsatz in der Rechtsprechung des Bundesverfassungsgerichts, AöR 145 (2020), 75 (83 ff.). Den Diskussionsstand zusammenfassend *Poscher*, in: Herdegen/Masing/Poscher/Gärditz (Fn. 41), § 3, Rn. 93.

gleichbare Rechtsposition zugewiesen wird.[62] Beispiele sind insoweit die kommunale Selbstverwaltung oder auch Abgeordnetenrechte.[63]

Dies ist jedoch nicht unbestritten geblieben. Im Unionsrecht gilt nach Art. 5 Abs. 4 EUV ein kompetenzrechtlicher Verhältnismäßigkeitsgrundsatz.[64] Insbesondere im Bereich der grundgesetzlichen Gesetzgebungskompetenzen ist die Anwendbarkeit der Verhältnismäßigkeit dementsprechend auch kontrovers diskutiert worden.[65] Im Ergebnis mangelt es hier nach der Rechtsprechung des Verfassungsgerichts an der subjektiv-ähnlichen Rechtsposition.[66] Das Bund-Länder Verhältnis sei insoweit von einer Grundorientierung am Gemeinwohl und nicht von subjektiven Freiheitsbegriffen geprägt.[67] Lediglich die auf Erforderlichkeit abstellende Formulierung des Wortlauts des Art. 72 Abs. 2 GG stelle hier eine Durchbrechung dar.[68] Ansonsten müsse die Anwendung des Verhältnismäßigkeitsgrundsatzes im Innenbereich aufgrund dessen Nähe zur Grundrechtsdogmatik unterbleiben.[69]

Aus diesen Erwägungen ließe sich mit der erstgenannten, engen Auffassung schließen: was für das Staatsorganisationsrecht gelte, müsse auch für das Verwaltungsorganisationsrecht zutreffen. Die Methode der Verhältnismäßigkeit könnte so im Organisationsrecht Anwendung finden, wenn etwa durch Grundrechte (wie etwa bei Wissenschaft und Rundfunk) qualifizierte Kontrollmaßstäbe mit genau identifizierbaren individuellen Rechtspositionen vorlägen.[70] Über diese besonderen Rechtspositionen hinaus wäre eine Anwen-

---

[62] *Grzeszick*, in: Dürig/Herzog/Scholz (Fn. 23), Art. 20, Rn. 109; *Heusch* (Fn. 55), 71 f.

[63] *Pieroth*, in: Kment (Fn. 44), 596.

[64] Einführend dazu *J. Saurer*, Der kompetenzrechtliche Verhältnismäßigkeitsgrundsatz im Recht der Europäischen Union, JZ 2014, 281 ff.

[65] Für eine Anwendung des Grundsatzes aber tendenziell *W. Löwer*, Zuständigkeiten und Verfahren des Bundesverfassungsgerichts, in: Isensee/Kirchhof (Hrsg.), HStR, Bd. III, 3. Auflage, Heidelberg 2005, § 70, Rn. 10; differenzierend *Kluth*, in: Wolff/Bachof/Stober/Kluth (Fn. 3), § 80, Rn. 244. Zuletzt *H.P. Aust*, Grundrechtsdogmatik im Staatsorganisationsrecht?, AöR 141 (2016), 433, mwN in Fn. 82. Ferner *Heusch* (Fn. 55), 129 ff. Dagegen aber *Schulze-Fielitz*, in: Dreier (Fn. 43), Art. 20, Rn. 188; *E. Schmidt-Aßmann*, Der Rechtsstaat, in: Isensee/Kirchhof (Hrsg.), HStR, Bd. II, 3. Auflage, Heidelberg 2004, § 26, Rn. 87. *H. Kube*, Gesetzgebungskompetenzen im Verwaltungsrecht, in: Kahl/Ludwigs (Hrsg.), Handbuch des Verwaltungsrechts, Bd. III, Verwaltung und Verfassungsrecht, Heidelberg 2022, § 80, Rn. 7.

[66] Zustimmend *Grzeszick*, in: Dürig/Herzog/Scholz (Fn. 23), Art. 20, Rn. 109.

[67] Zu Art. 115 GG: BVerfGE 79, 311. (341 ff.).

[68] *Grzeszick*, in: Dürig/Herzog/Scholz (Fn. 23), Art. 20 II, Rn. 109 mwN aus der Rspr. Zur damaligen Neuordnung der Gesetzgebungskompetenzen *S. Kadelbach*, Autonomie und Bindung der Rechtsetzung in gestuften Rechtsordnungen, VVDStRL (66) 2007, 7 (20).

[69] Demgegenüber hat *Sommermann* richtig vorgebracht, „wenn der Verfassungsgeber einerseits bestimmte Kompetenzsphären besonders schütz[e] und andererseits Eingriffsmöglichkeiten für andere Kompetenzträger vors[ehe], müssen auch hier beide Seiten ins Verhältnis gesetzt werden, wofür der Verhältnismäßigkeitsgrundsatz Rationalitätskriterien liefert." *Sommermann*, in: v. Mangoldt/Klein/Starck (Fn. 34), Art. 20, Rn. 318.

[70] *Gärditz* (Fn. 38), 198.

dung nicht möglich, da insoweit keine grundrechtstypische Gefährdungslage vorläge.

Überzeugend ist diese Einschränkung nicht und sie wird auch vom Bundesverfassungsgericht nicht stringent durchgehalten. *Aust* hat darauf hingewiesen, dass das Gericht im Staatsorganisationsrecht „inzwischen in vielen Konstellationen eine der Grundrechtsprüfung ähnliche Vorgehensweise der Bestimmung des Schutzstandards, eines Eingriffs und seiner verfassungsrechtlichen Rechtfertigung vornimmt."[71] Zugleich könne beobachtet werden, so *Aust* weiter, „wie in eine solche, an grundrechtsdogmatische Vorbilder angelehnte Prüfungspraxis, eigene staatsorganisationsrechtliche dogmatische Figuren eingepasst werden."[72] Es scheint also immer weniger darum zu gehen, ob man die Verhältnismäßigkeitsprüfung notwendigerweise mit den Grundrechten identifiziert, sondern welche methodische Herangehensweise für praktische verfassungsrechtliche Probleme angemessen ist. So scheint dies auch *Sachs* zu verstehen, nach dem der Grundsatz der Verhältnismäßigkeit nach seiner Grundmethodik immer dann anwendbar ist, „soweit Einwirkungen auf einschlägige Rechtspositionen zugunsten anderer Ziele nach dem Regel-Ausnahme-Schema zugelassen werden."[73] Nach *Poscher* wäre „der Rückgriff auf den Verhältnismäßigkeitsgrundsatz [...] nicht zwingend, jedoch [...] verständlich, dass das Bundesverfassungsgericht in diesen Konstellationen zunehmend auf eine Figur zurückgreift, die sich in einem anderen Bereich der Verfassung als außerordentlich produktiv und einflussreich erwiesen hat."[74]

Für eine Anwendung des Verhältnismäßigkeitsmaßstabs im Organisationsrecht sprechen jedoch noch einige andere Gesichtspunkte. Zum einen weist die Grundsituation der oben rekonstruierten Kollision von Strukturprinzipien (§ 6) eine methodische Affinität zur Verhältnismäßigkeitsprüfung auf. Zum anderen vermag die im Staatsorganisationsrecht zur eingeschränkten Anwendbarkeit des Grundsatzes vorgebrachte Argumentation im *Verwaltungsorganisationsrecht* erst recht nicht zu überzeugen.

a) Die methodische Affinität der Strukturvorgaben zur Verhältnismäßigkeitsprüfung

Zunächst ist eine besondere methodische Affinität der oben angestellten Überlegungen zum Verhältnismäßigkeitsgrundsatz zu diagnostizieren. Begreift man die Verhältnismäßigkeit nicht als originär grundrechtliche Figur, sondern als verfassungsrechtliche Methode, die Anwendung finden kann, wenn Rechtsgüterkonflikte vorliegen und eine Rechtsnorm die Optimierung mindestens

---

[71] *Aust* (Fn. 65), 430.
[72] *Aust* (Fn. 65), 431.
[73] *Sachs*, in: ders. (Fn. 45), GG Art. 20, Rn. 147.
[74] *Poscher*, in: Herdegen/Masing/Poscher/Gärditz (Fn. 41), Rn. 94.

eines dieser Rechtsgüter gebietet,[75] dann reflektiert sie genau das nach der Lehre der demokratischen Legitimation indizierte Zusammenwirken von Demokratieprinzip mit rechtstaatlichen Aspekten der Funktionsgerechtigkeit sowie Grundrechten. In der oben angelegten Systematik würde dies dazu führen, dass je weiter das Demokratieprinzip der Funktionsgerechtigkeit zu weichen hätte, sich die Anforderungen an die korrespondierende Rechtfertigung verschärften. Das Demokratieprinzip würde damit für die Staatsorganisation eine grundrechtsähnliche Normierung darstellen, in die verhältnismäßige Eingriffe möglich wären.[76] Von der Struktur der Rechtsmaterie als ein Rechtsgüterkonflikt wäre also eine Anwendung des Verhältnismäßigkeitsgebots als Rechtmäßigkeitsmaßstab im staatlichen Innenbereich indiziert.[77]

Darauf deuten auch die Bemerkungen des Bundesverfassungsgerichts in der *Bankenunion*-Entscheidung hin.[78] Hier hatte das Gericht über die Vereinbarkeit unabhängiger Stellen der Union mit dem Identitätsvorbehalt des Grundgesetzes (Art. 23 Abs. 1 S. 3 iVm Art. 79 Abs. 3 iVm Art. 20 Abs. 1 und Abs. 2 GG) zu entscheiden und zog dafür im Vergleich – *obiter dictum* – die Grundsätze der Staatsstrukturprinzipien für die nationale Verwaltungsorganisation heran.[79] Nach der Diskussion der verfassungsrechtlichen Anforderungen für nationale unabhängige Behörden führt es aus: „Zur Gewährleistung eines Mindestmaßes an demokratischer Legitimation und Kontrolle muss *Entsprechendes auch* mit Blick auf die Europäisierung der nationalen Verwaltungsorganisation und bei der Errichtung von unabhängigen Einrichtungen und Stellen der Europäischen Union gelten […]“[80] Der sodann am Beispiel der Europäischen Zentralbank dort erstmals so ausdrücklich auch in eine methodische Prüfreihenfolge gebrachte Maßstab sieht einen dreistufigen Test vor.[81] Zunächst fragt das Gericht nach möglichen Legitimationsdefiziten in der Ausübung öffentlicher Gewalt, die nicht das erforderliche Legitimationsniveau erreichen und die damit das Resultat von Einflussknicken darstellen.[82] In einem

---

75 So auch *Huster/Rux*, in: Epping/Hillgruber (Fn. 7), GG Art. 20 Rn. 191.1. Rechtsökonomische Methodik für die Verhältnismäßigkeit legt *C. Engel*, Öffentliches Wirtschaftsrecht aus der Sicht der ökonomischen Theorie, in: Ehlers/Fehling/Pünder (Hrsg.), Besonderes Verwaltungsrecht, Bd. I, Öffentliches Wirtschaftsrecht, 4. Auflage, Heidelberg 2019, 50 (55) an.

76 Ähnlich auch angelegt bei *Grzeszick*, in: Dürig/Herzog/Scholz (Fn. 23), Art. 20, Rn. 199.

77 So auch *L. Michael*, Das Verhältnismäßigkeitsprinzip als Schlüssel(bund)konzept, in: Jestaedt/Lepsius (Hrsg.), Verhältnismäßigkeit. Zur Tragfähigkeit eines verfassungsrechtlichen Schlüsselkonzepts, Tübingen 2015, 42–59 (46).

78 BVerfGE 151, 202.

79 BVerfGE 151, 202 (291).

80 BVerfGE 151, 202 (291) (meine Hervorhebung, D.R.-I.).

81 Ähnlich auch *M. Ludwigs/T. Pascher/P. Sikora*, Das Bankenunion Urteil als judikativer Kraftakt des BVerfG – Wegweisendes zu Kontrollvorbehalten und Europäischem Verwaltungsrecht (Teil 1), EWS 2020, 1 (5), die von einem zweistufigen Test ausgehen.

82 BVerfGE 151, 202 (291).

zweiten Schritt räumt es ein, dass das Demokratieprinzip offen für begrenzte Modifikationen der Legitimationsvermittlung sei, durch die Einflussknicke „kompensiert“ werden könnten.[83] Zuletzt argumentiert es, dass verbleibende und unkompensierte Absenkungen des Legitimationsniveaus gerechtfertigt werden müssen.[84]

Methodisch wendet das Gericht damit – im Einklang mit der fortschreitenden Anwendung der Figur im Organisationsrecht – nichts anderes als eine als „Rechtfertigung“ bezeichnete Verhältnismäßigkeitsprüfung im staatlichen Innenbereich an. Es nutzt die Judikatur zur Zentralbank mithin, um auch einen im nationalen Recht anzulegenden Prüfmaßstab klarzustellen.

b) Verwaltungsorganisationsrecht zwischen Staatsorganisation und materiellem Recht

Auch wenn Skepsis angebracht ist, ob sich gerade das Zentralbankwesen als verfassungsrechtlicher (und politischer) Sonderfall für die Entwicklung derartiger Rechtsfiguren eignete, ist doch die damit angedeutete Übertragung der Verhältnismäßigkeitsprüfung auf das *Verwaltungs*organisationrecht in der Sache richtig. Schon am Ausschluss der Verhältnismäßigkeit aus dem Staatsorganisationsrecht waren Zweifel angebracht.[85] Die zuletzt vorgenommene progressive Ausweitung auf methodisch passende Rechtspositionen (kommunale Selbstverwaltung, Abgeordnetenrechte) könnte daher als Ausdruck einer gewachsenen Überzeugung zu interpretieren sein, die Verhältnismäßigkeit aus ihrer grundrechtlichen Herkunft vermehrt als allgemeine Methode des Verfassungsrechts zu deuten. Gerade im Hinblick auf die in § 2 erarbeitete Nähe des Verwaltungsorganisationsrechts zur materiellen Entscheidung, als „Verwirklichungsbedingung“ des materiellen Rechts, wäre die Anwendung selbst dann indiziert, wenn man auf die Grundrechtsnähe der Rechtsfigur insistieren würde. Nicht nur Grundrechte selbst, sondern auch Grundrechtsmethodik kann so jenseits des individuellen Maßstabs wirken.[86] Nicht zuletzt ist die Verhältnismäßigkeit auch historisch eine innersystematisch entwickelte Rechtsinnovation, die die Rechtsordnung zunehmend durchdringt.[87]

---

[83] BVerfGE 151, 202 (291).

[84] BVerfGE 151, 202 (292).

[85] Vgl. die Hinweise oben.

[86] Zu diesem Projekt der Entwicklung eines transsubjektiven Gehalts von Grundrechten etwa *T. Vesting/S. Korioth/I. Augsberg*, Einleitung, in: Vesting/Korioth/Augsberg (Hrsg.), Grundrechte als Phänomene kollektiver Ordnung. Zur Wiedergewinnung des Gesellschaftlichen in der Grundrechtstheorie und Grundrechtsdogmatik, Tübingen 2014, 1 ff.

[87] Vgl. *C. Bumke*, Der Grundsatz der Verhältnismäßigkeit. Beispiele für eine rechtsimmanente Innovation im Recht, in: Hoffmann-Riem (Hrsg.), Innovation im Recht, Baden-Baden 2016, 117–143.

Nimmt man im Vergleich zum Willkürverbot einen durch die Anwendung der Verhältnismäßigkeitsprüfung vertieften Prüfmaßstab an, würden sich tendenziell Beurteilungskompetenzen für sachrichtige Verwaltungsorganisation zum Bundesverfassungsgericht verlagern.[88] Nur so kann auch die materielle Wirkung der verfassungsrechtlichen Strukturprinzipien zur Geltung gebracht werden. Dies dient im Rahmen des hier Vorgeschlagenen insbesondere der Wahrung des Differenzierungs- und Kohärenzgebots.[89] Andernfalls würde über die Figur der fehlenden Justiziabilität der erarbeiteten verfassungsrechtlichen Vorgaben eine neue, lediglich auf einer anderen Ebene befindliche Impermeabilitätslehre konstruiert und die Konstitutionalisierungsambitionen in der Verwaltungsorganisation also wieder zurechtgestutzt.

c) Ein Recht auf Organisation?

Diese Überlegungen ließen sich nun radikalisieren, indem man behauptete, aus der Anwendung einer Verhältnismäßigkeitsprüfung müsse ein (letztlich demokratisch begründetes) „Recht auf Organisation" folgen, das auch für den Einzelnen justiziabel sei. Auch die am Beispiel des Europäischen Integrationsprozesses vom Bundesverfassungsgericht über die Entscheidungen *Maastricht*,[90] *Lissabon*,[91] *Bankenunion*[92] und zuletzt zum *Europäischen Patentgericht*[93] aus Art. 38 Abs. 1 S. 1 GG entwickelte Rechtsfigur des „Anspruchs auf Demokratie"[94] deutet auf eine derartige Entwicklung hin. Ganz genauso wie

---

[88] Kritisch dazu in rechtsvergleichender Perspektive *C.D. Classen*, Das Prinzip der Verhältnismäßigkeit im Spiegel europäischer Rechtsentwicklungen, in: Sachs/Siekmann (Hrsg.), Der grundrechtsprägende Verfassungsstaat. Festschrift für Klaus Stern zum 80. Geburtstag, Berlin 2012, 651 (666): „[…] bei der Frage nach Inhalt und Bedeutung des Verhältnismäßigkeitsprinzips [geht es] im Kern immer auch um die Frage […], welche Rolle man dem Richter und dessen Einschätzungen zuzugestehen bereit ist. So gesehen erscheint etwa offenkundig, dass die Prüfung der Systemgerechtigkeit und der Kohärenz dem Richter ein erkennbar geringeres Gewicht zumessen als die Prüfung der dritten Stufe der Verhältnismäßigkeit. Bei der Kohärenzprüfung bilden andere Entscheidungen des Gesetzgebers den Anknüpfungspunkt der Prüfung. Demgegenüber ist die Güterabwägung unweigerlich mit eigenen Wertungen des Richters verbunden."

[89] Vgl. oben § 6, III. 2. d. *Petersen* hat etwa (auch rechtsvergleichend) argumentiert, dass Verfassungsgerichte eine derartige Vorgehensweise auch in der Praxis verfolgen und für Rationalitätskontrollen geeignet erscheinen, vgl. *N. Petersen*, Verhältnismäßigkeit als Rationalitätskontrolle. Eine rechtsempirische Studie verfassungsgerichtlicher Rechtsprechung zu den Freiheitsgrundrechten, Tübingen 2015, 29 ff. Beispiele zum Organisationsrecht bei S. 202 ff.

[90] BVerfGE 89, 155 (171 f.); 97, 350 (368 f.).

[91] BVerfGE 123, 267 (330).

[92] BVerfGE 151, 202 (275).

[93] BVerfGE 153, 74 (133 f., Rn. 97 f.).

[94] Überblick der jüngsten Rechtsprechung bei *H.-H. Trute*, in: v. Münch/Kunig, Grundgesetz Kommentar, Bd. I, 7. Auflage, München 2021, Art. 38, Rn. 12 ff. Akzentuierte Kritik mit vielen Literaturnachweisen *Dreier*, in: ders. (Fn. 43), Art. 20, Rn. 80 ff.; *H. Sauer*, Staats-

im Rahmen der Europäischen Integration könnte man nun sagen, dass die Schwächung des parlamentarischen Status durch die Schaffung unabhängiger Verwaltungseinheiten die Wahlrechtsgrundsätze verletze. Damit verbunden wäre ein weitreichendes, unabhängig von individueller Betroffenheit durch eine popularähnliche Klagebefugnis geltend zu machendes „Recht auf Organisation".

Diese gedankliche Fortführung deutet aber eher darauf hin, wie systemfremd[95] die angesprochene Rechtsprechungslinie einer normativ-individuellen Anspruchsbegründung auf Demokratie zu klassifizieren ist.[96] Mit der Subjektivierung des Art. 38 Abs. 1 GG hat das Verfassungsgericht eine Art *actio popularis* geschaffen, die auf die Erhaltung parlamentarischer Statusrechte gerichtet ist.[97] Gerade dafür sieht das Verfassungsrecht jedoch andere Verfahren vor.[98] Genauso wie die Grundzüge der Europäischen Integrationspolitik durch die demokratische Distanz von Bürger und Staat dem individuellen Zugriff in der Regel entzogen bleiben müssen, gilt dies für die Verwaltungsorganisation.[99] Außerhalb individueller Betroffenheit kann es keine Rechte auf Or-

---

recht, Bd. III, Auswärtige Gewalt, Bezüge des Grundgesetzes zu Völker- und Europarecht, offene Verfassungsstaatlichkeit, 5. Auflage, München 2018, § 9, Rn. 69 ff. Nachgezeichnet auch bei *A. Wallrabenstein*, Zwischen „Volksdemokratie" und menschenrechtlichem Demokratieverständnis: Zur Zukunftsfähigkeit „der Demokratietheorie" des Bundesverfassungsgerichts, in: Stephan Rixen (Hrsg.), Die Wiedergewinnung des Menschen als demokratisches Projekt, Bd. I, Neue Demokratietheorie als Bedingung demokratischer Grundrechtskonkretisierung in der Biopolitik, Tübingen 2015, 21 (23 ff.). Der Sturm der Literatur zu diesen *topos* ist kaum überschaubar, von daher sollen nur einige Hinweise im Folgenden genügen.

[95] *M. Jestaedt*, Warum in die Ferne schweifen, wenn der Maßstab liegt so nah? Verfassungshandwerkliche Fragen an das Lissabon-Urteil des BVerfG, Der Staat 48 (2009), 497 (503 f.). Eher positiv dagegen *K.F. Gärditz/C. Hillgruber*, Volkssouveränität und Demokratie ernst genommen – Zum Lissabon-Urteil des BVerfG, JZ 2009, 872 (872 f.). Differenzierend zur Herleitung *H. Kube*, Demokratische Teilhabe als subjektives Recht, in: Anderheiden/Keil/Kirste/Schaefer (Hrsg.), Verfassungsvoraussetzungen. Gedächtnisschrift für Winfried Brugger, Tübingen 2013, 571 (576 ff.). Herleitung des „Grundrechts auf Legitimationsteilhabe" auch bei *H. Sauer*, Demokratische Legitimation zwischen Staatsorganisationsrecht und grundrechtlichem Teilhabeanspruch, Der Staat 58 (2019), 7 (12 ff.).

[96] Ähnlich bei *C. Möllers*, Demokratie, in: Herdegen/Masing/Poscher/Gärditz (Hrsg.), Handbuch des Verfassungsrechts. Darstellung in transnationaler Perspektive, München 2021, Rn. 13.

[97] *Dreier*, in: ders. (Fn. 43), Art. 20, Rn. 80; *C. Schönberger*, Anmerkungen zum Lissabon-Urteil des Bundesverfassungsgerichts, Der Staat 48 (2009), 535 (540); *O. Lepsius*, ESM-Vertrag, Fiskalpakt und das BVerfG, EuZW 2012, 761 (762); *R. Lehner*, Die „Integrationsverfassungsbeschwerde" nach Art. 38 Abs. 1 S. 1 GG: prozessuale und materiell-rechtliche Folgefragen zu einer objektiven Verfassungswahrungsbeschwerde, Der Staat 52 (2013), 535 (545).

[98] Zu den Implikationen für das Verfassungsprozessrecht, vgl. *Trute*, in: v. Münch/Kunig (Fn. 94), Art. 38, Rn. 16.

[99] Vorsichtig anders aber bei *S. Baer*, „Der Bürger" im Verwaltungsrecht. Subjektkonstruktion durch Leitbilder vom Staat, Tübingen 2006, 74–75.

ganisation geben. Wenn hingegen individuelle Betroffenheit vorliegt, so ist in der Regel das materielle Recht vorrangig.

d) Organisationsspezifische Deutung der Verhältnismäßigkeit

Diese Überlegungen deuten jedoch gleichzeitig daraufhin, dass sich die so gebotene Verhältnismäßigkeitsprüfung im Bereich der Verwaltungsorganisation in einem Zwischenstatus zwischen (vollem) grundrechtlich-materiellem Prüfungsmaßstab und Willkürprüfung einzufügen hat. Beide Extreme, die subjektive Ausrichtung von Verwaltungsorganisation am Bürger sowie die Impermeabilität des Innenbereichs, führen zu letztlich funktionswidrigen Ergebnissen. Es verlangt mithin nach einer organisationsspezifischen Ausgestaltung des Prüfungsmaßstabes der Verwaltungsorganisation, die dem – richtigerweise weiten – Gestaltungsspielraum der Organisationsgewalt gerecht wird.[100]

Im Planungsrecht, das zumindest hier als eine Art Referenzgebiet für Organisation vorgestellt wurde, ist eine solche bereichsspezifische Ausprägung der Verhältnismäßigkeit lange anerkannt. Das planerische Abwägungsgebot ist eine spezifische Deutung der Verhältnismäßigkeit, die die Besonderheiten des planerischen Felds in sich aufnimmt.[101] Die Überprüfung dieses Abwägungsvorgangs unterteilt sich gewissermaßen in zwei verschiedene „Aggregatzustände" (*Schmidt-Aßmann*), die so nach Fehlern in Abwägungsvorgang und Abwägungsergebnis trennt.[102]

Mit Abwägungsvorgang ist zunächst die nach innen gerichtete, prozedural aber zu dokumentierende Entscheidungsbildung gemeint.[103] Fehler liegen hier vor, wenn gegen Grundsätze ordnungsgemäßer Entscheidungsfindung verstoßen wird, in dem etwa Vorabbindungen festgelegt oder entscheidende Belange übersehen werden. Entscheidend sind hier in der Praxis insbesondere die Begründung und Dokumentation des Verfahrens. Demgegenüber wird das Ergebnis der Abwägung im Hinblick auf die Gestaltungsfreiheit nur mit einem sehr engen Maßstab überprüft: „Die Überprüfung des Abwägungsergebnisses hat – ganz allgemein – nicht zu fragen, ob das Ergebnis Beifall verdient oder ob es gar optimal ist; die Frage hat vielmehr – soweit es hier interessiert – zu lauten, ob mit der vorgenommenen Abwägung die objektive Gewichtigkeit ei-

[100] Insoweit ist es sicher allgemein der Sache nach richtig, wenn *U. Volkmann*, Was ist Recht?, JöR 2016, 281 (296) unter der Überschrift der „Erosion des Systemanspruchs" die Abwägung als entdifferenzierendes Element in Stellung bringt. Im hier angesprochenen Fall der Abwägung zwischen Organisationsprinzipien gilt jedoch genau das Gegenteil. Hier kann durch die verfassungsrechtliche Methodik ein sonst im Dunkeln bleibender Rechtsgüterkonflikt aufgedeckt werden.

[101] *Pieroth*, in: Kment (Fn. 44), 596.

[102] *Schmidt-Aßmann*, in: Dürig/Herzog/Scholz (Fn. 23), Art. 19 IV, Rn. 213.

[103] Dazu und zum Folgenden *Schmidt-Aßmann*, in: Dürig/Herzog/Scholz (Fn. 23), Art. 19 IV, Rn. 214.

nes der betroffenen Belange völlig verfehlt wird."[104] Damit wird ein Zwischenstatus zwischen voller Verhältnismäßigkeit und Evidenzprüfung geschaffen.[105]

Ähnliches soll nun im Hinblick auf das Organisationsrecht anhand des vom Verfassungsgericht angedeuteten Modells von Einflussknicken und den mit ihnen korrespondierenden Rechtfertigungen ausgearbeitet werden. Die organisationsspezifische Verhältnismäßigkeitsprüfung wird so zum Schlussstein der Konstitutionalisierung im staatlichen Innenbereich.

[104] BVerwGE 56, 283 (289 f.); *Schmidt-Aßmann*, in: Dürig/Herzog/Scholz (Fn. 23), Art. 19 IV, Rn. 215.

[105] *Riese*, in: Schoch/Schneider (Fn. 6), § 114, Rn. 223.

3. Teil

Einfluss- und Kontrollknicke

Vorbemerkungen

Am Ende des zweiten Teils dieser Arbeit steht der Befund der zunehmenden Materialisierung des Verwaltungsorganisationsrechts durch die Wirkung verfassungsrechtlicher Strukturvorgaben.[1] Das so auf Basis der verfassungsrechtlichen Strukturprinzipien *rechtlich* konstruierte hierarchische Regel-Ausnahme Modell unter Anwendung des Grundsatzes der Verhältnismäßigkeit sollte dabei die am Ende des ersten Teils geäußerte Vermutung, man müsse die Organisationsgewalt verfassungsdogmatisch rekonstruieren, substantiieren.

Aus der dort vorgenommenen Auseinandersetzung mit dem verwaltungsrechtswissenschaftlichen Reformprojekt bleibt die übereinstimmende Erkenntnis, dass Organisation und Entscheidung eng miteinander zusammenhängen[2] und dadurch auch das Organisationsrecht interdisziplinärer Perspektiven bedarf. Dies gilt allerdings nicht im gleichen Maße für die mit ihnen zuweilen einher gehende Behauptung, dass Brüche von zentraler zu verselbständigter Verwaltungsorganisation sich damit nicht als (rechtfertigungsbedürftige) Anomalie, sondern als produktiver Regelfall gesellschaftlicher Selbststeuerung herausstellten.[3] Die so angestoßenen Reformvorschläge, dass neue Steuerungs- und Kontrollformen anstatt traditionell-bürokratischer Hierarchien die Entstehung entformalisierter und kooperativer Lernprozesse för-

---

[1] Ob diese normativen Maßstäbe dann auch in der Praxis konsequent umgesetzt werden, ist mit Blick auf die Organisation der öffentlichen Verwaltung fraglich. Dazu *U.J. Schröder*, Das Demokratieprinzip des Grundgesetzes, JA 2017, 809 (817). *T. Groß*, Die öffentliche Verwaltung als normative Konstruktion, in: Trute/Groß/Röhl/Möllers (Hrsg.) Allgemeines Verwaltungsrecht – zur Tragfähigkeit eines Konzepts, Tübingen 2008, 367 stellt fest: „Während die Verwaltung als Organisation immer pluralistischer und polyzentraler wird, wird in ihren normativen Grundlagen im Verfassungsrecht wie im allgemeinen Verwaltungsrecht die funktionale Einheitsvorstellung eher noch deutlich."

[2] Dazu einführend *E. Schmidt-Aßmann*, Verwaltungsorganisationsrecht als Steuerungsressource, in: Schmidt-Aßmann/Hoffmann-Riem (Hrsg.), Verwaltungsorganisationsrecht als Steuerungsressource, Baden-Baden 1997, 9. Siehe auch *M. Jestaedt*, Grundbegriffe des Verwaltungsorganisationsrechts, in: Hoffmann-Riem/Schmidt-Aßmann/Voßkuhle (Hrsg.), GVwR, Bd. I, 2. Auflage, München 2012, § 14, Rn. 3; *S. Unger*, Organisationsrechtswissenschaft des Verfassungs- und Verwaltungsrechts. Was kann das Verfassungs- vom Verwaltungsorganisationsrecht lernen?, in: Pilniok/Krüper (Hrsg.), Organisationsverfassungsrecht. Wissenschaft – Theorie – Praxis, Tübingen 2019, 49 (56).

[3] Vgl etwa *G.F. Schuppert*, Verwaltungswissenschaft. Verwaltung, Verwaltungsrecht, Verwaltungslehre, Baden-Baden 2000, 900.

dern sollten,[4] entsprechen nach den Feststellungen des zweiten Teils nicht der verfassungsrechtlich geforderten Grundausrichtung von Legitimation und Kontrolle des Verwaltungshandelns an der Hierarchie.[5]

Um dieses in seinen Grundzügen nun verfassungsrechtlich erarbeitete Regel-Ausnahme Modell dogmatisch zu plausibilisieren, ist es an den Maßstab der Verwaltung anzulegen. Der Blick richtet sich insoweit auf Verwaltungsaufbauprinzipien, die durch ihre potentiellen Legitimationsmängel für ihre verfassungsrechtliche Zulässigkeit bestimmte Rechtfertigungsmuster benötigen. Insoweit ist auch eine zweischrittige Prüfung erforderlich. In einem ersten Schritt geht es in diesem Teil um die tatsächlichen Defizitbegriffe von Legitimation und Kontrolle, die das Bundesverfassungsgericht – die Metapher der Legitimationskette nutzend – als „Knicke“ umschrieben hat. In einem zweiten Schritt folgt im vierten Teil die Frage, wie diese Defizite durch verfassungsrechtliche Begründungs- und Rechtfertigungsmuster aufgefangen werden können.

Das so erarbeitete Thema ist zuletzt wieder etwas in den Hintergrund der staatsrechtlichen Aufmerksamkeit getreten. Nachdem bis in die 2000er Jahre teils hitzige Debatten geführt wurden, ist nun weitgehend Ruhe eingekehrt. Die für die Wissenschaft antizipative Themensetzung der Staatsrechtslehrertagung hat zwar mit den Themen „Öffentliches Recht und Privatrecht“ (2020),

---

[4] Ausführlich *S. Schiedermair*, Selbstkontrollen der Verwaltung, in: Hoffmann-Riem/Schmidt-Aßmann/Voßkuhle (Hrsg.), GVwR, Bd. III, 2. Auflage, München 2013, § 48, Rn. 72 ff. Zusammenfassend: *W. Kahl*, Begriff, Funktionen und Konzepte von Kontrolle, in: Hoffmann-Riem/Schmidt-Aßmann/Voßkuhle (Hrsg.), GVwR, Bd. III, 2. Auflage, München 2013, § 47, Rn. 173 ff. Dazu auch *F. Shirvani*, Neues Steuerungsmodell und Kommunalaufsicht, DVBl. 2009, 29.

[5] Auch empirisch hat sich dies nicht verifizieren lassen. Die Reorganisation insbesondere der Kommunalverwaltung hat hohe Kosten verursacht, eine wirkliche Umstellung von Bürokratie auf Dienstleistungsorientierung blieb jedoch aus. (Nachdenkliches zum Dienstleistungsnarrativ schon bei *A. Voßkuhle*, Der „Dienstleistungsstaat“. Über Nutzen und Gefahren von Staatsbildern, Der Staat, 40 (2001), 495–523 sowie bei *A. Haratsch*, Verwaltungsmodernisierung in Deutschland – Zwischen Ökonomisierung und Gemeinwohlverantwortung, in: Hatje/Iliopoulos/Iliopoulos-Strangas/Kämmerer (Hrsg.), Verantwortung und Solidarität in der Europäischen Union. Ein deutsch-griechischer Rechtsdialog, Baden-Baden 2015, 315 (319): „vom Staatsbürger zum Kunden.“ Die Umsetzungsschwierigkeiten erstreckten sich auch für die Intensivierung der verschiedenen Eigenaufsichtsmechanismen, die in Formen der Evaluationen, Berichte und Zielvereinbarungen zuweilen auch neue Produktivitätshürden geschaffen haben. Hier scheint es so, dass betriebswirtschaftliche Anreize in der öffentlichen Verwaltung nur begrenzte Wirksamkeit entfalten. Summarisch etwa *J. Bogumil/S. Grohs/S. Kuhlmann/A. Ohm*, Zehn Jahre Neues Steuerungsmodell: eine Bilanz kommunaler Verwaltungsmodernisierung, 2. Auflage, Berlin 2008. *L. Holtkamp*, Das Scheitern des Neuen Steuerungsmodells, dms 2008, 423. Vgl. differenziert aber *T.C. Janda/E. Ahl*, Kommunale Verwaltungsreform, DÖV 2014, 749 (751). Zusammenfassend *Schiedermair* (Fn. 4), in: Hoffmann-Riem/Schmidt-Aßmann/Voßkuhle, § 48, Rn. 64 ff. Historische Kontextualisierung bei *P. Cancik*, Zuviel Staat? – Die Institutionalisierung der „Bürokratie“ – Kritik im 20. Jahrhundert, Der Staat 56 (2017), 1 (36).

„Herrschaftsausübung in Arbeitsteilung" (2017), sowie „Verfassung als Ordnungskonzept" (2015) Gesprächsangebote gemacht, die jedoch nicht oder nur zögerlich angenommen wurden.[6] Überraschend ist dies deshalb, da im Wesentlichen ungeklärt geblieben ist, was – neben explizitem Verfassungsorganisationsrecht – die Grenzen der Verfassungsordnung[7] für die zulässigen Erscheinungsformen der öffentlichen Verwaltung bedeuten.[8] Insbesondere die jüngeren Konkretisierungen des Bundesverfassungsgerichts und die zunehmende Irritation durch Einbindung der deutschen Verwaltung in das europäische Recht öffnen hier einen (neuen) Raum für dogmatische Verfassungsarbeit.[9]

[6] Eine Ausnahme ist der Beitrag von *S. Kirste*, Kontexte der Demokratie: Herrschaftsausübung in Arbeitsteilung, VVDStRL (77) 2018, 161–210, der sich ausführlich mit den hier behandelten Fragen auseinandersetzt.

[7] Zum Begriff der Verfassungsordnung, vgl. § 6.

[8] *T. Puhl*, Entparlamentarisierung und Auslagerung staatlicher Entscheidungsverantwortung, in: Isensee/Kirchhof (Hrsg.), HStR, Bd. III, 3. Auflage, Heidelberg 2005, § 48, Rn. 43.

[9] *Trute* etwa diagnostiziert: „Stellt die Ausdifferenzierung und Pluralisierung der Verwaltung einen angemessenen Realbefund dar, dann ist damit über deren Verfassung unter Legitimationsgesichtspunkten noch nicht befunden, da sie mit der Gefahr einer Verantwortungsdiffusion verbunden sind." *H.-H. Trute*, Die demokratische Legitimation der Verwaltung, in: Hoffmann-Riem/Schmidt-Aßmann/Voßkuhle (Hrsg.), GVwR, Bd. I, 2. Auflage, München 2012, § 6, Rn. 62. Zur Kontextualisierung in anderen europäischen Staaten, *J.-B. Auby*, Die Transformation der Verwaltung und des Verwaltungsrechts, in: v. Bogdandy/Huber (Hrsg.), Handbuch Ius Publicum Europaeum, Bd. III, Heidelberg 2010, § 56, Rn. 55 ff.

§ 8 Einfluss- und Kontrollknicke

Aus den verfassungsrechtlichen Vorgaben für die Herstellung und Kontrolle hoheitlicher Entscheidungen ergibt sich auch ein Rahmen für die Verwaltungsorganisation. Verwaltungsorganisation muss die Legitimation und Kontrolle von Entscheidungen institutionell ermöglichen. Es geht hier jedoch nicht darum, welche Art der Verwaltungsorganisation Legitimations- und Kontrollanforderungen *optimal* verwirklichen kann, da auch das Demokratie- und das Rechtsstaatsprinzip keine Steuerungs- und Kontrolloptimierungsgebote darstellen.[1] Beide verlangen vielmehr einen *wirksamen* Zurechnungs- und Überwachungszusammenhang. Ausgedrückt wird dies etwa durch die Begriffe des Legitimations- und Kontrollniveaus, die diese Wirksamkeitszusammenhänge beschreiben.[2] Erst im zweiten Schritt wird sie zur Frage der verfassungsrechtlichen Gründe im Recht, wenn es darum geht, wie Wirksamkeitsmängel gerechtfertigt werden können.

Der rechtliche Umgang mit Wirksamkeitsurteilen ist aufgrund der mit ihnen verbundenen Unschärfe besonders herausfordernd. Als Vorbedingung verlangen sie ein beschreibendes Modell, wo und warum es überhaupt an wirksamen Zurechnungszusammenhängen fehlen könnte. In der Literatur wurde für die Abschwächung und Unterbrechung dieser Zusammenhänge der Begriff des „Einflussknicks" vorgeschlagen und anschließend vom Bundesverfassungsgericht rezipiert. Dieser Teil diskutiert und bestimmt den Begriff analytisch und vollzieht seine Anwendung sodann in drei exemplarischen Feldern: Ministerialfreie Räume (§ 9), Selbstverwaltung (§ 10) und Privatisierung (§ 11).[3]

[1] Richtig bei *B. Grzeszick*, Die Voraussetzungen demokratischer Legitimation der Verwaltung und deren Konzeptualisierung in der Verfassungsrechtsdogmatik, in: Anderheiden/Kirste/Keil/Schaefer (Hrsg.), Verfassungsvoraussetzungen. Gedächtnisschrift für Winfried Brugger, 2013, 601 (612). Vgl. aber *S. Storr*, Verfassungsrechtliche Direktiven des demokratischen Prinzips für die Nutzung privatrechtlicher Organisations- und Kooperationsformen durch die öffentliche Verwaltung, in: Bauer/Huber/Sommermann (Hrsg.), Demokratie in Europa, Bd. I, Verfassungsentwicklung in Europa, Tübingen 2005, 411 (424).

[2] Ausführlich unten § 12.

[3] Zur Ebenenanalyse, welche Arten von Verselbständigungen auf kommunaler Ebene, Landesebene und Bundesebene vorherrschend sind: *H. Dreier*, Hierarchische Verwaltung im demokratischen Staat. Genese, aktuelle Bedeutung und funktionelle Grenzen eines Bauprinzips der Exekutive, Tübingen 1991, 267 ff.

I. „Einflussknicke"

Sowohl die Feststellung, dass es sich beim Modell der hierarchischen Ministerialverwaltung um den Regelaufbau der Verwaltungsorganisation handelt, wie auch dass die verfassungsrechtlichen Anforderungen von Legitimation und Kontrolle Maßstäbe für Zurechnungs- und Überwachungszusammenhänge normieren, wird im Begriff des „Einflussknicks" besonders deutlich. Der Begriff ist in der verfassungs- und unionsrechtlichen Diskussion insbesondere durch das *Bankenunion*-Urteil des Bundesverfassungsgerichts populär geworden.[4] Das Gericht definiert den Begriff zwar nicht, verwendet ihn aber in Zusammenhang mit aus organisatorischer Verselbständigung resultierenden Legitimationsdefiziten auf supranationaler Ebene.

Bei dem Begriff des „Einflussknicks" handelt es sich um ein ursprünglich verwaltungswissenschaftliches Konzept. Das Bundesverfassungsgericht hat den Begriff in das Verfassungsrecht importiert und ihm eine im Vergleich zur ursprünglichen Wortprägung abweichende Bedeutung gegeben. Beide Begriffe haben jedoch einen gemeinsamen Begriffskern der Beschreibung einer *abgeschwächten Zurechnungsbeziehung vom Entscheidungs- zum Verantwortungszentrum*. Der so definierte Einflussknick soll die analytische Basis für die weiteren Ausführungen bilden.

1. Begriffsbildung bei Frido Wagener

Die ursprüngliche Begriffsbildung des „Einflussknicks" im Recht geht auf den Verwaltungswissenschaftler *Frido Wagener* zurück. Im Jahr 1975 setzte die deutsche Sektion des „Internationalen Instituts für Verwaltungswissenschaften" eine Arbeitsgruppe ein,[5] die als einen der ersten Forschungsaufrisse zur Verwaltungsorganisation das Thema der „Erfüllung öffentlicher Aufgaben durch autonome Einrichtungen" behandelte.[6] *Wagener* stellte dabei fest, dass die eigentlich üblichen, von *Hans Peters* durch eine Arbeit aus dem Jahr 1928[7]

[4] BVerfGE 151, 202 (291): Europäische Bankenunion Ls 2 S. 1 lautet: „Art. 20 Abs. 1 und Abs. 2 GG ist offen für begrenzte Modifikationen der demokratischen Legitimationsvermittlung, durch die Einflussknicke kompensiert werden können."

[5] Zu dieser „Institutionalisierung der Entbürokratisierung" anschaulich *P. Cancik*, Zuviel Staat? – Die Institutionalisierung der „Bürokratie" – Kritik im 20. Jahrhundert, Der Staat 56 (2017), 1 (26 ff.) mit vielen Beispielen.

[6] *F. Wagener*, Einleitung, in: ders. (Hrsg.), Verselbstständigung von Verwaltungsträgern. Bericht über ein verwaltungspolitisches Sonderseminar der Hochschule für Verwaltungswissenschaften Speyer in Verbindung mit der deutschen Sektion des Internationalen Instituts für Verwaltungswissenschaften in Speyer vom 24. – 26. September 1976, Bonn 1976, 15 (15–17).

[7] *H. Peters*, Zentralisation und Dezentralisation. Zugleich ein Beitrag zur Kommunalpolitik im Rahmen der Staats- und Verwaltungslehre, Berlin 1928, 22 f. Zu Peters Projekt eines

eingeführten verwaltungswissenschaftlichen Begriffe der Dezentralisation und der Dekonzentration im Verwaltungsrecht nicht hinreichend rezipiert seien.[8] Die Dezentralisation nach *Peters* entspricht dem Fall der rechtlichen Verselbständigung von Verwaltungsträgern.[9] Dekonzentration hingegen meint Durchbrechung der Weisungsbefugnis innerhalb eines Verwaltungsträgers, betrifft also nur Behörden, Organe oder Verwaltungsstellen.[10]

Wagener stellte dabei insbesondere fest, dass die rechtliche Kategorienbildung die Komplexität der von *Peters* gewählten Kategorien nicht hinreichend erfasst habe. Während dieser zwischen „räumlichen und sachlichen, administrativen und unabhängigen, vollkommenen und unvollkommenen sowie einfachen und potenzierten“ Formen von Dezentralisation und Dekonzentration unterscheide, sei die verwaltungsrechtliche Begriffsbildung vergleichsweise grob und undifferenziert geblieben.[11] *Wageners* Absicht war es also, hier durch einen neuen analytischen Rahmen eine bessere Differenzierung zu schaffen, die vom Recht rezipiert werden könnte.

Unter dem Begriff des Einflussknicks fasste *Wagener* die „Verästelung der Durchführung von Verwaltungsaufgaben im Abstand von den Haupteinheiten der öffentlichen Verwaltung“.[12] Er beschrieb sechs Formen, in denen diese Einflussknicke in der Verwaltungsorganisation der Bundesrepublik bestünden:[13]

(1) organisatorisch selbständige Stufen des Behördenunterbaus;[14]

(2) rechtlich geschützte Selbständigkeit der Entscheidung oder des Handelns einer Nebeneinheit;[15]

(3) Erfüllung der Aufgaben einer Haupteinheit durch eine rechtlich selbständige Unter- oder Nebeneinheit im Wege der Auftragsverwaltung oder durch Organleihe;[16]

(4) Einflussgewährung an die Betroffenen durch Interessenvertretung in den Entscheidungsorganen der Nebeneinheiten;[17]

(5) Ausschaltung der Geltung des öffentlichen Rechts durch Überführung der Tätigkeit der Nebeneinheiten in Rechtsformen des Privatrechts;[18]

---

demokratischen Verständnisses der Selbstverwaltung auch *S. Augsberg*, Hans Peters – Lehrer der Verwaltung, in: Kremer (Hrsg.), Die Verwaltungsrechtswissenschaft der frühen Bundesrepublik, Tübingen 2017, 31 (36).

[8] *Wagener* (Fn. 6), 39.

[9] Dazu auch *Dreier* (Fn. 3), 224.

[10] *Peters* (Fn. 7), 4 ff.

[11] *Wagener* (Fn. 6), 40, Fn. 16.

[12] *Wagener* (Fn. 6), 41.

[13] *Wagener* (Fn. 6), 41.

[14] Bsp: Finanzamt im Verhältnis zur Oberfinanzdirektion.

[15] Bsp: Rechnungshof, Universität im Verhältnis zum Land.

[16] Bsp: Landrat als Behörde der Landesverwaltung, vgl. § 55 HKO.

[17] Bsp: Bundesagentur für Arbeit als Körperschaft des öffentlichen Rechts mit Selbstverwaltung.

[18] Bsp: „Stadtwerke AG“.

(6) Durchführung von öffentlichen Aufgaben durch beliehene Unternehmer oder sonstige Private.[19]

Wagener wollte mit dieser Typologie insbesondere das Maß der Verästelung der Verwaltung beschreiben. So klassifizierte er Einflussknicke nach deren Graden, die die Distanz von „Entscheidern" zum demokratischen Gemeinwesen indizieren sollen.[20] In Fällen, in denen mehrere Einflussknicke auf eine Verwaltungseinheit Anwendung finden würden, kumulierte sich die Verästelung. Besonders drastisch ließe sich so bei dem als Genossenschaft organisierten, gemeinnützigen Wohnungsbauunternehmen auf Kreisebene von gleich fünf Einflussknicken sprechen.

Der Begriff des Einflussknicks hat jedoch auch schon bei *Wagener* einen normativen Gehalt. Sein Versuch einer neuen Typisierung ging dabei davon aus, dass sowohl Dezentralisation als auch Dekonzentration mit einem gemeinsamen Begriffskern versehen waren, einer „Abschwächung des Bandes zwischen dem Verantwortungs- und Entscheidungszentrum einer Haupteinheit der öffentlichen Verwaltung."[21] Damit charakterisiert er einen unterbrochenen Zurechnungszusammenhang der Entscheidung. Das Verantwortungszentrum ist der Verwaltungsträger, dem eine bestimmte Verwaltungsentscheidung organisatorisch zuzurechnen ist. Das Entscheidungszentrum meint die Stelle, an der die Entscheidung tatsächlich getroffen wird.

Wagener beschrieb dabei umrissweise schon diejenigen Herausforderungen von weisungsfreien Einheiten, Kollegialgremien, verselbständigten Trägern und Privatisierung, die auch heute im Organisationsrecht eine Rolle spielen. Die Zulässigkeit dieser Knicke müsse dann in einem zweiten Schritt danach bemessen sein, welche Gründe für sie vorlägen.[22] In einem ersten Argumentationsschritt handelt es sich bei *Wageners* Begriffsbildung also um eine organisationssoziologische Bestimmung, die in einem zweiten Schritt um mögliche (rechtliche und soziale) Rechtfertigungsgründe ergänzt wird.

2. Begriffsfortbildung durch P. M. Huber und Rezeption durch das Bundesverfassungsgericht

In der rechtswissenschaftlichen Diskussion war es insbesondere *Peter M. Huber*, der den Begriff des Einflussknicks aus dem verwaltungswissenschaftli-

[19] Bsp: Bezirksschornsteinfegermeister.

[20] *Wagener* (Fn. 6), 40 ff.

[21] *Wagener* (Fn. 6), 40. Ähnliche Begriffsverwendung im Hinblick auf die richterliche Unabhängigkeit: *F. Kirchhof*, Der Richter als Kontrolleur, Akteur und Garant der Rechtsordnung, NJW 2020, 1492 (1496).

[22] *Wagener* (Fn. 6), 45 ff. Dazu auch noch siehe unten § 14.

chen Kontext ins Verfassungsrecht hob.[23] *Huber* bestimmte den Begriff von vornherein verfassungsrechtlich-normativ als eine „Reduzierung des demokratischen Legitimationsniveaus gegenüber dem Idealtypus einer hierarchisch geordneten Verwaltung.“[24] Vom organisationssoziologischen Fokus auf die Entscheidungsproduktion in den verschiedenen Verwaltungsträgern vollzog *Huber* damit einen Brückenschlag zur rein normativen Deutung des Begriffs.

Der Begriff des Einflussknicks ist so ins Zentrum der heutigen verfassungsrechtlichen Debatte gelangt, nachdem ihn das Bundesverfassungsgericht erstmals in der *OMT*-Entscheidung vom 21. Juni 2016[25] unter Berichterstattung *Hubers* mit Verweis auf die Begriffsbildung von *Frido Wagener* rezipierte.[26] Es stellte im Rahmen der Prüfung der Integrationsverantwortung der Verfassungsorgane fest, dass der Vollzug des Integrationsprogramms im Hinblick auf Mehrheitsentscheidungen im Rat (Art. 238 AEUV), die Möglichkeit unionaler Eigenverwaltung (Art. 298 AEUV) und die Unabhängigkeit der Europäischen Zentralbank (Art. 130 AEUV) mit mehreren Einflussknicken verbunden sei, die das demokratische Legitimationsniveau von Maßnahmen der europäischen öffentlichen Gewalt unter dem Blickwinkel von Art. 20 Abs. 1 und Abs. 2 GG absenken könnten. Diese Maßnahmen würden dabei allerdings durch andere Legitimationsstränge auf supranationaler Ebene gestützt.[27]

Im Urteil zur *Europäischen Bankenunion* von 2019 erscheint der Begriff des Einflussknicks erstmals in den Leitsätzen. Über die Hilfskonstruktion eines

---

[23] Dazu nur *P.M. Huber*, Die entfesselte Verwaltung, StWiss 1997, 423 (424); *ders.*, Weniger Staat im Umweltschutz, DVBl. 1999, 489 (495). Nochmals zusammengefasst mit Hinweisen auf die europäische Dimension der Einflussknicke *ders.*, Grundzüge des Verwaltungsrechts in Europa – Problemaufriss und Synthese, in: v. Bogdandy/Cassese/Huber (Hrsg.), Handbuch Ius Publicum Europaeum, Bd. V, Heidelberg 2014, § 73, Rn. 158. Jüngst auch *P.M. Huber*, Aktuelle Lage der Verwaltung – Gefährdungen und Lösungsansätze, in: Kahl/Ludwigs (Hrsg.), Handbuch des Verwaltungsrechts, Bd. II, Grundstrukturen des europäischen und internationalen Verwaltungsrechts, Heidelberg 2021, § 54, Rn. 72 ff. Polemisch dagegen: *M. Steinbeis*, https://verfassungsblog.de/staunenswertes-aus-karlsruhe-zum-omt-urteil-des-bverfg/ (abgerufen: 10.05.2022).

[24] *P.M. Huber*, Demokratie in Europa – Zusammenfassung und Ausblick, in: Bauer/Huber/Sommermann (Hrsg.), Demokratie in Europa, Bd. I, Verfassungsentwicklung in Europa, Tübingen 2005, 491 (500). Erwähnung auch bei *dems.*, Entflechtung der Verwaltungskompetenzen als Leitidee der Föderalismusreform, ZSE 2008, 255 (278). Vgl. auch *R. Wahl*, Privatorganisationsrecht als Steuerungsinstrument bei der Wahrnehmung öffentlicher Aufgaben, in: Schmidt-Aßmann/Hoffmann-Riem (Hrsg.), Verwaltungsorganisationsrecht als Steuerungsressource, Baden-Baden 1997, 301 (328); *S. Storr*, Der Staat als Unternehmer – öffentliche Unternehmen in der Freiheits- und Gleichheitsdogmatik des nationalen Rechts und des Gemeinschaftsrechts, Tübingen 2001, 67.

[25] BVerfGE 142, 123.

[26] BVerfGE 142, 123 (191).

[27] BVerfGE 142, 123 (191). Diskussion der Verwaltungslegitimation auf europäischer Ebene, die hier nicht im Fokus steht, bei *S. Unger*, Verwaltungslegitimation in der Europäischen Union, in: Wollenschläger/De Lucia (Hrsg.), Staat und Demokratie. Beiträge zum XVII. Deutsch-Italienischen Verfassungskolloquium, Tübingen 2016, 41–77.

subjektiven Rechts auf Demokratie aus Art. 38 Abs. 1 Satz 1 GG[28] vermittelten Art. 20 Abs. 1 und Abs. 2 GG in Verbindung mit Art. 79 Abs. 3 GG ein Recht darauf, dass Organe, Einrichtungen und sonstige Stellen der Europäischen Union nur ihrer im Rahmen des Art. 23 GG übertragenen Kompetenzen tätig werden.[29] Einflussknicke seien auf der supranationalen Ebene im Vollzug des Integrationsprogramms unter anderem im Hinblick auf Mehrheitsentscheidungen im Rat (Art. 238 AEUV), die Möglichkeit unionaler Eigenverwaltung (Art. 298 AEUV) und die Unabhängigkeit der Europäischen Zentralbank (Art. 130 AEUV) gegeben.[30] Diese seien nur solange zulässig, wie sie parlamentarisch verantwortet und durch andere Legitimationsstränge auf supranationaler Ebene gestützt würden.[31]

Im Unterschied zu der Begriffsbildung bei *Wagener* überspringt diese Begriffsbildung die verwaltungsorganisatorische Ebene. Die Letztverantwortung für eine Entscheidung wird so nicht in einem verwaltungsorganisatorischen Begriff des Rechtsträgers als primäres organisationsrechtliches Verantwortungssubjekt konzentriert, das auf bestimmte formal-institutionell vermittelte Legitimationswege zurückgreifen kann, sondern von vornherein auf das (unvermittelte) Demokratieprinzip zurückgeführt. Verantwortlich ist also abstrakt „das Volk."

Normativ ist das letztlich natürlich richtig; dieser Schritt geht jedoch analytisch zu schnell, da er Einflussknicke dekontextualisiert und damit auch auf der europäischen Ebene zwei wichtige Argumente abschneidet. Zunächst kann es unterschiedlich intensive Legitimationsanforderungen für die Ausübung von Staatsgewalt geben.[32] Dies wird im Begriff des „hinreichenden" Legitimationsniveaus deutlich. Zum anderen kann es auch verschiedene Zurechnungsobjekte geben. Mit dem Staatsvolk der gesamten Bundesrepublik und den Landesvölkern stehen hier zumindest in der Theorie mehrere Zurechnungssubjekte bereit, die durch unionseigene Legitimationsstränge unterstützt werden können. Differenzierter ließe sich feststellen, dass auf der einen Seite nicht jeder Einflussknick automatisch ein Legitimationsproblem darstellt, zum anderen können auch die Bezugspunkte der Einflussknicke differieren.

[28] Dazu bereits oben § 6. Zusammenfassend *P. Müller*, in: v. Mangoldt/Klein/Starck (Hrsg.), Grundgesetz Kommentar, Bd. II, 7. Auflage, München 2018, Art. 38, Rn. 172 ff.

[29] BVerfGE 151, 202 (275). Vgl. auch BVerfGE 142, 123 (173); 146, 216 (251).

[30] BVerfGE 151, 202 (289).

[31] BVerfGE 151, 202 (289).

[32] Dazu zusammenfassend *B. Grzeszick*, in: Dürig/Herzog/Scholz (Hrsg.), Grundgesetz Kommentar, München, 95. EL Juli 2021, Art. 20, Rn. 141; *P. Sommermann*, in: v. Mangoldt/Klein/Starck (Fn. 28), Art. 20, Rn. 185 ff. Dazu auch BVerfGE 93, 37 (70).

3. Die „Distanz von Entscheidungs- und Verantwortungszentrum“ als Legitimationsproblem

Sowohl in seiner ursprünglichen verwaltungswissenschaftlichen Verwendung als auch in der Übertragung auf die supranationale Ebene meint der Begriff des Einflussknicks die Entwicklung einer Distanz von Entscheidungs- und Verantwortungszentrum. Beide Begriffspfade unterscheiden sich jedoch darin, welche Dimension von Verantwortung jeweils gemeint ist. *Wagener* zielte auf die rechtstatsächliche Ebene der Organisationsbeziehungen innerhalb eines juristischen Verantwortungszentrums, d.h. der juristischen Person als Träger einer bestimmten aus seiner Binnenorganisation erwachsenden Verwaltungsentscheidung. Die Organisationsvorstellung ist hier die *Wolffsche* Konstruktion des geordneten Mehrebensystems, das Verantwortungszurechnungen ermöglichen soll.[33]

Unter Rückgriff auf eine solche Organisationsvorstellung lässt sich aus dem rechtstatsächlichen Befund des Einflussknicks in einem zweiten Schritt ein Legitimationsproblem konstruieren: Dadurch, dass der Träger einer Verwaltungsstelle nicht nur das rechtliche Zurechnungsobjekt, sondern auch den Anknüpfungspunkt für die Legitimationsleistung des Organisationsaufbaus darstellt, ist mit Einflussknicken in der Regel gleichzeitig eine verringerte demokratische Legitimation der Entscheidung verbunden.[34] Einflussknicke sind so analytische Beschreibungen der Abweichung der Binnenstruktur eines Verwaltungsträgers vom Regelmodell des hierarchisch-bürokratischen Aufbaus, die so auf ihre verfassungsrechtliche Zulässigkeit überprüft werden können.

---

[33] Dazu ausführlich oben, § 2, I.

[34] Wie *Dreier* in seinem Entwurf der hierarchischen Verwaltung als Regeltyp der Verwaltungsorganisation wortgewaltig feststellt: „Denn stets und unvermeidlich bedeutet ja, was sich aus der Sicht der durch Dezentralisierungen jeweils *begünstigten*, weil eigene Entscheidungsmacht er- bzw. behaltenden Verwaltungsträger als Zugewinn an Befugnissen ausnimmt und gewaltenteilende, freiheitsmehrende, demokratiefördernde und insgesamt machtbalancierende Folgen zeitigen sowie zur Flexibilisierung des administrativen Handelns beitragen soll, aus der Sicht der (gesamt)staatlichen Zentrale, auch und gerade der demokratischen, ein Terrainverlust, einen Regelungs- und Lenkungsverzicht.“ *Dreier* (Fn. 3), 218. Zu Dezentralisierungen als kulturelles Phänomen im Zusammenhang mit föderaler Ordnung *S. Kirste*, Föderalismus als Rechtskultur, in: Härtel (Hrsg.), Handbuch Föderalismus: Föderalismus als demokratische Rechtsordnung und Rechtskultur in Deutschland, Europa und der Welt, Bd. I, Grundlagen des Föderalismus und der deutsche Bundesstaat, Heidelberg u.a. 2012, § 8, Rn. 18 ff. Die französische Rechtslage erkennt eine deutlich stärkere Unabhängigkeit als in Deutschland an. Vgl. *Y. Vilain*, Demokratische Legitimität und Verfassungsmäßigkeit unabhängiger Regulierungsbehörden: Von den ursprünglichen Bedenken bis zur richterlichen Eingliederung in das französische Verwaltungssystem, in: Masing/Marcou (Hrsg.), Unabhängige Regulierungsbehörden. Organisationsrechtliche Herausforderungen in Frankreich und Deutschland, Tübingen 2010, 9 (14 ff.). Ferner *J. Masing*, Organisationsdifferenzierung im Zentralstaat – unabhängige Verwaltungsbehörden in Frankreich, in: Groß/Möllers/Röhl/Trute (Hrsg.), Allgemeines Verwaltungsrecht – zur Tragfähigkeit eines Konzepts, Festschrift für Eberhard Schmidt-Aßmann, Tübingen 2008, 399 (415 ff.).

In der zuletzt angesprochenen Wendung des Bundesverfassungsgerichts im Urteil zur *Bankenunion* hingegen ist die normative Frage der verfassungsrechtlichen Zulässigkeit schon in den Begriff eingeschrieben. Der Einflussknick selbst erscheint bereits ohne weiteren Zwischenschritt als strukturelles Legitimationsproblem, als „Reduzierung des demokratischen Legitimationsniveaus gegenüber dem Idealtypus einer hierarchisch geordneten Verwaltung."[35] Es überspringt damit den ersten Schritt *Wageners*, den organisationsrechtlichen Befund der Zurechnung der Entscheidung zu einem bestimmten Verwaltungsträger. Einflussknicke müssen so nicht mehr festgestellt, befragt und analysiert werden, sondern können nur noch verfassungsrechtlich kompensiert oder gerechtfertigt werden. Gerade bei der Beurteilung des Zentralbankwesens hat dies zu einer Verzerrung verfassungsrechtlicher Grundentscheidungen geführt.

Dies ist nicht nur im Hinblick auf die oben angedeuteten abgeschnittenen Kernfragen relevant. Auch rechtstechnisch ist diese Vorgehensweise nicht einwandfrei, da es nicht die abstrakte Struktur der Verwaltungsorganisation ist, die der Legitimation bedarf, sondern die konkrete Entscheidung, die sich als Ausübung von Staatsgewalt darstellt.[36] Durch die Funktionenordnung des Grundgesetzes nehmen die Gewalten verschiedene Aufgaben wahr. Der Exekutive ist unter anderem der Vollzug eines vom Parlament aufgegebenen Normprogramms aufgegeben. Die darin entstehenden und vom Parlament zugewiesenen Spielräume unterstehen ihrer Eigenverantwortung. Nicht jede nicht vom Parlament vorprogrammierte Entscheidung produziert damit ein Legitimationsproblem. Vielmehr dürfen und müssen Spielräume der Exekutive überlassen werden. Auf das Parlament gehen diese Spielräume deshalb zurück, da es auf der einen Seite die Spielräume durch das Maß der gesetzlichen Programmierung selbst bestimmen kann, auf der anderen Seite durch die persönlich-institutionelle Legitimationssäule mittelbar die Identität desjenigen kontrolliert, der sie in der Praxis ausfüllt.

Dies bedeutet: Nur an der konkreten Entscheidung lässt sich das Demokratieprinzip aus seiner abstrakten Form in eine konkrete normative Anforderung des Legitimationsniveaus bringen. Aus einer bestimmten Organisationsstruktur selbst folgt dies gerade noch nicht. Das „Niveau" ist dementsprechend ein Wirksamkeitsurteil, das sich erst aus dem konkreten Tätigwerden

---

35 *Huber*, in: Bauer/Huber/Sommermann (Hrsg.) (Fn. 24), 491 (500).

36 Dies scheint mir das zentrale Problem der Ausführungen von *S. Kirste*, Kontexte der Demokratie: Herrschaftsausübung in Arbeitsteilung, VVDStRL (77) 2018, 199 ff. zu sein. Ferner unzureichend berücksichtigt bei *P. Unruh*, Demokratie und „Mitbestimmung" in der funktionalen Selbstverwaltung – am Beispiel der Emschergenossenschaft, VerwArch 2001, 531 ff., der das strukturschaffende parlamentarische Gesetz zur Entscheidungslegitimation heranziehen will.

der Organisation ergibt.[37] Die Anwendung des Demokratieprinzips auf Organisation verlangt damit eine Trennung des rechtstatsächlichen Befunds von Einflussknicken von ihrer normativen Bewertung. Erst dann lässt sich erklären, dass Einflussknicke genau deshalb ein Legitimationsproblem darstellen, da sie den bis zum Parlament zurückreichenden Zurechnungszusammenhang der Entscheidung in der hierarchischen Ministerialverwaltung durchbrechen.

Einflussknicke liegen damit (*Wagener* folgend) immer dann vor, wenn der verwaltungsorganisatorische Zurechnungszusammenhang von Entscheidungsstelle zu Verwaltungsträger unterbrochen ist. In dieser Art und Weise soll der Begriff in dieser Arbeit gebraucht werden. Sie sind damit nicht selbst eine verfassungsrechtliche Problemdiagnose, sondern werden nur mittelbar zum Legitimationsproblem, nämlich nur soweit und sofern durch die Durchbrechung des Zurechnungszusammenhangs gleichzeitig ein Verantwortungsproblem entsteht. Dies setzt gleichermaßen voraus – wie unten ausführlich diskutiert wird – dass das konkret erforderliche „Legitimationsniveau“ nicht ausreicht, um den Verantwortungszusammenhang vom souveränen Volk zur konkreten Ausübung öffentlicher Gewalt herzustellen.

4. Eingriffsmodell der Einflussknicke

Der Entwurf *Hubers* zeichnet darüber hinaus jedoch eine wichtige Weichenstellung vor. Er bietet nämlich über den von *Wagener* vorgezeichneten und insoweit vorzugswürdigen analytischen Begriff des Einflussknicks eine rechtsmethodische Einordnung der so entstehenden Verantwortungsprobleme an. *Huber* legt (richtigerweise) nahe, dass es sich bei Einflussknicken um eine „analog zum Grundrechtseingriff“ angelegte Begrifflichkeit handele.[38] So indiziert er nicht nur, dass Einflussknicke der Rechtfertigung bedürfen, sondern gibt auch mit der Abwägung einen methodischen Rahmen für diese Rechtfertigung vor.

Diese Rückführung des Einflussknicks auf einen Eingriffstatbestand steht im Einklang mit der zunehmenden Subjektivierung (vgl. Art. 38 Abs. 1 GG) des Organisationsrechts durch das Bundesverfassungsgericht als Bestandteil eines subjektiven „Anspruchs auf Demokratie.“[39] Unabhängig davon, ob man

[37] Siehe dazu noch unten § 12. So auch *E. Schmidt-Aßmann*, Das Allgemeine Verwaltungsrecht als Ordnungsidee. Grundlagen und Aufgaben der verwaltungsrechtlichen Systembildung, 2. Auflage, Berlin/Heidelberg 2006, 30.

[38] *Huber*, in: Bauer/Huber/Sommermann (Fn. 24), 500. Erwähnung auch bei *dems.*, Entflechtung der Verwaltungskompetenzen als Leitidee der Föderalismusreform, ZSE 2008, 255 (278).

[39] *Müller*, in: v. Mangoldt/Klein/Starck (Fn. 28), Art. 38, Rn. 172.

diese Weichenstellung für rechtssystematisch angemessen hält, heißt dies auch: Für die rechtliche Bewältigung von Organisationsproblemen ist diese methodische Prägung entscheidend. Für die Existenz wirksamer Zurechnungs- und Überwachungszusammenhänge hat der Staat eine Gewährleistungsverantwortung. Deren Abwesenheit bedeutet einen Eingriff, der entsprechend verfassungsrechtlich gerechtfertigt sein muss. Dies bedeutet zwar nicht automatisch eine Rückführung des Organisationsrechts auf subjektive Rechtspositionen – dies würde die Revolution etwas zu weit treiben.[40] Der Ansatz *Hubers* gibt jedoch dem Organisationsproblem eine aus dem subjektiven Recht entlehnte *Methode*, was für den dogmatischen Fortschritt zunächst ausreichend ist.

5. Kumulative Einflussknicke als kumulatives Legitimationsproblem?

In einem – ebenfalls wesentlichen – Aspekt unterscheidet sich der in dieser Arbeit gewählte Ansatz jedoch auch von der Begriffsbildung *Wageners*. In *Wageners* ursprünglicher Systematik spielt die Kumulation von Einflussknicken eine zentrale Rolle, mit der er das Maß der Verästelung der öffentlichen Verwaltung beschreiben wollte. Mehrere Knicke indizierten nach seiner Typologie eine größere Distanz zum jeweiligen demokratischen Gemeinwesen. Auch das Bundesverfassungsgericht greift immer wieder den Begriff der „Einflussknicke" im Plural auf. Dabei wird indiziert, dass diese kumulativen Einflussknicke, die es im Organisationsaufbau der Verwaltung zuhauf gibt (man denke nur an kommunale Wirtschaftsbetätigung), auch die daraus meist resultierenden Legitimationsdefizite verstärkten.

Die rechtliche Beurteilung ändert sich jedoch durch diese zusätzliche Verselbständigung innerhalb eines Verwaltungsträgers nicht. Denn in diesem Fall bestehen anstatt eines großen Einflussknicks zwei verschiedenartige Knicke, die jeweils unterschiedlicher rechtlicher Beurteilung bedürfen. Da Einflussknicke eine faktische Verselbständigung vom Muttergemeinwesen indizieren, muss nach dem jeweiligen (demokratischen) Zentrum differenziert werden. Besonders deutlich wird dies in der Selbstverwaltung: Die Verselbständigung als Träger bedeutet eine Abkoppelung vom gesamtstaatlichen Zusammenhang zu Gunsten einer kleineren Bezugseinheit. Eine weitere Abkoppelung innerhalb des Selbstverwaltungsträgers zu Gunsten weisungsfreier Stellen bedeutet dann keine weitere Entfernung vom Gesamtgemeinwesen, sondern lediglich einen Einflussverlust zu Lasten der Mitglieder des Trägers. Gleiches muss gelten, wenn es sich nicht um mitgliedschaftlich organisierte Träger handelt. Hier ändert sich der Kontroll- und Leitungszusammenhang lediglich innerhalb des Trägers und muss dort kompensiert und/oder gerechtfertigt werden.

---

[40] Vgl. die Ausführungen in § 7.

II. Organisationsbedingte Kontrollknicke

Bisher beschreibt der Begriff des Einflussknicks eine Abschwächung des Zurechnungszusammenhangs vom Entscheidungs- zum Verantwortungszentrum. Er deckt also das Themenfeld der demokratischen Legitimation ab. Genauso wie der Regeltyp hierarchischer Verwaltungsorganisation ein bestimmtes Modell der Steuerung und Zurechnung von Entscheidungen vorsieht, die es ermöglicht, Ausnahmen als Einflussknicke zu bestimmen, lässt sich auch ein Regelfall der Kontrollbeziehungen der Entscheidung feststellen.[41] Neben reflexiven Kontrollen des Entscheidungsträgers wird die Ausübung öffentlicher Gewalt durch intraexekutive, parlamentarische und gerichtliche Kontrollen mit jeweils unterschiedlicher Schwerpunktsetzung überprüft.

Begreift man Legitimation und Kontrolle als verschiedene Stadien in der Entscheidung, so lässt sich analog zum Begriff des Einflussknicks ein Begriff dieser Kontrolldefizite entwickeln. Während sich der Begriff des Einflussknicks auf die Steuerungswirkung der Entscheidung bezieht, so ist die zeitlich nachgelagerte Kontrolle der Entscheidung mit einem eigenen Regelmodell und einem rechtstatsächlichen Defizitbegriff auszustatten.

Der Regelfall der Verwaltungskontrolle besteht grundsätzlich unabhängig von der Organisationsform, an die er anschließt, in einem jeweils *vollständigen* Kontrollmaßstab. Im Hinblick auf diesen vollständigen Kontrollmaßstab sind insbesondere bei der gerichtlichen Kontrolle Ausnahmen bestimmt, die nach ganz überwiegender Auffassung auf eine normative Ermächtigung des Gesetzgebers für eine administrative Letztentscheidung angewiesen sind.[42] So lassen sich die oben kurz angesprochenen Fallgruppen für zurückgenommene Kontrollmaßstäbe erklären und begründen. Geht man nun vom Regelfall der auf den jeweiligen Kontrollmaßstab bezogenen vollständigen Kontrolle aus, so lassen sich auch hier Abweichungen vom Regelfall feststellen, die in Analogie zum Begriff des Einflussknicks als Kontrollknicke bezeichnet werden können. Kontrollknicke sind also rechtstatsächliche Abweichungen vom Regelmodell der Verwaltungskontrolle, die – angelehnt an *Wagener* – eine Abschwächung des Bandes von Entscheidungs- und Kontrollzentrum bewirken.

Im Rahmen der hier interessierenden *organisationsrechtlichen* Fragestellung lassen sich jedoch auch Kontrollknicke identifizieren, die typischerweise entweder direkt mit einem bestimmten Organisationsaufbau verbunden sind oder mit den angestellten Begründungen für ministerialfreie Räume koinzidieren. Sind etwa die Mittel der intraexekutiven Entscheidungssicherung dadurch

[41] Zur Erweiterung des Problems verselbständigter Einheiten auf die Kontrolle schon *Dreier* (Fn. 3), 218: „Einbettung der Verwaltungseinheiten in den demokratischen Kontroll- und Legitimationszusammenhang".

[42] Umfassend dazu *E. Schmidt-Aßmann*, in: Dürig/Herzog/Scholz (Fn. 32), Art. 19 IV, Rn. 186 ff.

beschränkt, dass der Staat in der Auswahl der Aufsichtsmittel von vornherein an konsensuale Verständigungsformen gebunden ist,[43] oder gar die Möglichkeit zur Kontrolle in der privatrechtlich organisierten Verwaltung ohne Korrelat wegfällt,[44] dann stellt dies eine Abweichung vom Regelfall dar. Ähnliches gilt, wenn durch die Ministerialfreiheit von Entscheidungsspielräumen die praktische personelle Sanktionsmöglichkeit der parlamentarischen Kontrolle beschränkt wird[45] oder durch Privatisierung Gegenstände aus dem Verantwortungsbereich der Regierung und damit aus dem zulässigen Grenzbereich parlamentarischer Informationsrechte fallen.[46] Auch im Rahmen der gerichtlichen Kontrolle stellen vom Kontrollmaßstab ausgenommene Bereiche faktische Kontrollknicke dar. Zu nennen sind etwa das aus Art. 5 Abs. 1 S. 2 GG hergeleitete Verbot öffentlich-rechtliche Rundfunkanstalten am Maßstab journalistischer Qualität zu messen,[47] oder auch die unionsrechtlich bedingte Zuweisung von Letztentscheidungsrechten an die Bundesnetzagentur.[48] Auch die Rechtsfigur des Normsetzungsermessens im Rahmen von Satzungen der Selbstverwaltungsträger ist hierunter zu subsumieren.[49]

Besonders herausfordernd sind Kontrollknicke dann, wenn sie in Organisationsgestaltungen auftreten, in denen gleichzeitig auch Einflussknicke bestehen. Dies gilt insbesondere für die parlamentarische Kontrolle, bei der die Auskoppelung aus dem Verantwortungs- und Weisungszusammenhang der Exekutive gleichzeitig zur Folge hat, dass die Möglichkeit des Parlaments, die Regierung zur Verantwortung zu ziehen, eingeschränkt wird. Aber auch im Bereich der gerichtlichen Kontrolle werden etwa bei der begrenzten Nachprüfung von technischen Normen oder Kollegialentscheidungen unter Umständen kontrollfreie Räume direkt mit der Wahl von Organisationsgestal-

[43] Zu diesem Fall *W. Kahl*, Die Staatsaufsicht. Entstehung, Wandel und Neubestimmungen unter besonderer Rücksicht der Aufsicht über die Gemeinden, Tübingen 2000, 553.

[44] *Dreier* (Fn. 3), 258; *W. Krebs*, Verwaltungsorganisation, in: Isensee/Kirchhof (Hrsg.), HStR, Bd. V, 3. Auflage, Heidelberg 2007, § 108, Rn. 50.

[45] Zu diesem Fall *J. Schmidt*, Die demokratische Legitimationsfunktion der parlamentarischen Kontrolle – eine verfassungsrechtliche Untersuchung über Grundlage, Gegenstand und Grenzen der parlamentarischen Kontrolle unter besonderer Berücksichtigung der ministerialfreien Räume und der Privatisierung, Berlin 2007, 63 ff.

[46] Vgl. Anlage 4 GO-BT Nr. 2: „Zulässig sind Fragen aus den Bereichen, für die die Bundesregierung unmittelbar oder mittelbar verantwortlich ist." Siehe auch *S. Hölscheidt*, Frage und Antwort im Parlament, Darmstadt 1992, 31 ff.

[47] *S. Kempny*, Verwaltungskontrolle – zur Systematisierung der Mittel zur Sicherung administrativer Rationalität unter besonderer Berücksichtigung der Gerichte und der Rechnungshöfe, Tübingen 2017, 191.

[48] BVerwGE 130, 39 (48 f.). Dazu auch *M. Ludwigs*, Kontrolldichte der Verwaltungsgerichte – dogmatische Grundlagen, verfassungsrechtlicher Rahmen und europarechtliche Herausforderungen, DÖV 2020, 405 (406).

[49] Dazu etwa *Schmidt-Aßmann*, in: Dürig/Herzog/Scholz (Fn. 32), Art. 19 IV, Rn. 217, 217a; *T. Ellerbrok*, Die öffentlich-rechtliche Satzung – dogmatische und theoretische Grundlagen einer Handlungsform der Verwaltung, Tübingen 2020, 196 ff.

tungen verknüpft. Das besondere Problem dieser Art von Kontrollknicken besteht darin, dass sie die Eigenständigkeit der Verwaltung gleich von zwei Seiten stärken. Für bestimmte Entscheidungen besteht nur ein eingeschränkter Verantwortungs- *und* Kontrollzusammenhang gegenüber Legislative und Judikative.[50]

Diese Abschwächungen sind im Hinblick auf die verfassungsrechtlichen Fundierungen der Kontrolle grundsätzlich bedenklich.[51] Kontrolle im demokratischen Rechtsstaat kompensiert sowohl menschliche Schwächen beim Vollzug des Willens des souveränen Volkes und sichert zudem die rechtstaatlichen Grundsätze des Vorrangs und des Vorbehalts des Gesetzes. Sie dient damit grundsätzlich der Entscheidungsrichtigkeit und der Rationalisierung des Entscheidungsergebnisses.[52] Gleichwohl mag es in Analogie zu den Einflussknicken Situationen geben, in denen kontrollreduzierte Räume verfassungsrechtlich gewollt sind, d.h. im Ergebnis kompensiert und/oder gerechtfertigt werden können. Hier gilt es im Rahmen der verfassungsrechtlichen Begründungen wiederum das richtige Maß zu finden, um Entscheidungsrichtigkeit zu stärken, aber auch Mindestverantwortungsgrenzen zu ziehen.

III. Ordnende Typologie der Einfluss- und Kontrollknicke

Nachdem die zentralen Begriffe des Einfluss- und des Kontrollknicks bestimmt wurden, soll nun kurz das weitere Prüfungsprogramm erläutert werden. Die Aufgabe dieses und der folgenden drei §§ ist es, das beschriebene Raster auf klassische Diskussionen des Verwaltungsorganisationsrechts zu übertragen. Im Einklang mit der in der Wissenschaft üblichen Tendenz, Fragestellungen unter bestimmten Leitbegriffen zu „clustern“ sind für die Phänomene der Einfluss- und Kontrollknicke die Begriffe der „verselbständigten Verwaltungseinheiten,“ des „ministerialfreien Raumes“ und einige andere vorgeschlagen worden.[53] Da sich der hier gewählte Ansatz in wenigen, dennoch wesentlichen Aspekten von der bisher geführten Debatte abgrenzt, ist es unerlässlich, kurz auf die verschiedenen Sammelbegriffe einzugehen und deren Grundannahmen herauszustellen.

---

[50] Überblicksartig im Hinblick auf den Topos der Eigenständigkeit der Verwaltung *W. Hoffmann-Riem*, Eigenständigkeit der Verwaltung, in: Hoffmann-Riem/Schmidt-Aßmann/Voßkuhle, GVwR, Bd. I, 2. Auflage, München 2012, § 10, Rn. 70 ff., insb. 81 ff.

[51] Siehe dazu prägnant *Kempny* (Fn. 47), 1 ff.

[52] *W. Krebs*, Kontrolle in staatlichen Entscheidungsprozessen – ein Beitrag zur rechtlichen Analyse von gerichtlichen, parlamentarischen und Rechnungshof-Kontrollen, Heidelberg 1984, 50 f.

[53] Typologisch auch von *Kirste* (Fn. 36), 173 ff.

1. Normative bzw. unscharfe Sammelbegriffe

Leitbegriffe haben für die folgenden Diskussionen meist strukturierende Wirkung und stellen bestimmte Grundannahmen nicht zur Disposition. Hinter jeder Begriffsbildung im Organisationsrecht stehen jedoch zugleich normativ-verfassungsrechtliche Fragen, die sich darauf richten, wie öffentliche und gesellschaftliche Handlungskompetenzen gegeneinander auszuspielen sind.[54] Dabei erscheinen normativ aufgeladene bzw. unscharfe Sammelbegriffe als „Tendenzbegriffe" (*Krebs*)[55], die für die rechtswissenschaftliche Behandlung der Einflussknicke nur eingeschränkt geeignet sind, da sie zur Verwässerung von Verantwortungsbeziehungen einladen.[56] Kann nicht mehr hinreichend bestimmt werden, in welchem Maß die Abkoppelung einer Entscheidungseinheit vom gesamtstaatlichen Zusammenhang gewollt ist, kann auch nicht mehr festgestellt werden, wem im staatlichen Organisationsgefüge verbindliche Entscheidungsverantwortung zugewiesen ist. Aus verfassungsrechtlicher Perspektive ist aber gerade dies die notwendige Anforderung. Vor diesem Hintergrund soll die entdifferenzierende Wirkung verschiedener Begriffe in der gebotenen Kürze gezeigt werden.

a) Zum Sammelbegriff des „ministerialfreien Raums"

Ein erster Sammelbegriff ist der des „ministerialfreien Raums" oder der „Ministerialfreiheit".[57] Ihnen gemeinsam ist der Begriffskern der Fachweisungsfreiheit. Ein Entscheidungsträger ist im Hinblick auf ein Tätigkeitsfeld von konkreten Fachweisungen übergeordneter Verwaltungseinheiten freigestellt.[58] Die Ministerialfreiheit beschreibt also einen Einflussknick in einer bestimm-

---

[54] Dazu auch mit weiteren Perspektiven: *A. Scherzberg*, Wozu und wie überhaupt noch öffentliches Recht?, Berlin 2003, 34.

[55] *Krebs* (Fn. 44), in: Isensee/Kirchhof, § 108, Rn. 27.

[56] Zur notwendigen Unschärfe des Unabhängigkeitsbegriffs auch *E.M. Frenzel*, Die Tradition unabhängiger Verwaltungsbehörden in Deutschland, in: Kröger/Pilniok (Hrsg.), Unabhängiges Verwalten in der Europäischen Union, Tübingen 2016, 45 (46 ff.).

[57] Begriffliche Anknüpfung bei *H. Loening*, Der ministerialfreie Raum in der Staatsverwaltung, DVBl. 1954, 173. Aufgegriffen in BVerfGE 9, 269 (282). Verwendet auch von *K. Waechter*, Geminderte demokratische Legitimation staatlicher Institutionen im parlamentarischen Regierungssystem. Zur Wirkung von Verfassungsprinzipien und Grundrechten auf institutionelle und kompetenzielle Ausgestaltungen, Berlin 1994, 19 ff. *F. Meinel*, Verselbstständigte Verwaltungseinheiten, unabhängige Agenturen und ministerialfreie Räume, in: Kahl/Ludwigs (Hrsg.), Handbuch des Verwaltungsrechts, Bd. III, Verwaltung und Verfassungsrecht, Heidelberg 2022, § 61, Rn. 6. *V. Mehde*, Regierung und Verwaltung, in: Kahl/Ludwigs (Hrsg.), Handbuch des Verwaltungsrechts, Bd. III, Verwaltung und Verfassungsrecht, Heidelberg 2022, § 82, Rn. 12.

[58] *M. Jestaedt*, Demokratieprinzip und Kondominialverwaltung. Entscheidungsteilhabe Privater an der öffentlichen Verwaltung auf dem Prüfstand des Verfassungsprinzips Demokratie, Berlin 1993, 103–104.

ten Form der hierarchischen Entscheidungssteuerung, d.h. den Regelfall der Unterstellung von Behörden unter die ministerielle Leitungsgewalt im Sinne des Art. 65 S. 2 GG.[59] Ursprünglich wurde der Begriff restriktiv verwendet, so dass unter Ministerialfreiheit nur fachweisungsfreie Stellen in der unmittelbaren Staatsverwaltung gemeint waren.[60]

Dieser enge Begriff der Ministerialfreiheit wurde insbesondere von *Klein* erweitert, der mit dem Begriff der Ministerialfreiheit keine konkrete Organisationsform verbindet.[61] Dies ist insbesondere deshalb richtig, da auch die Selbstverwaltung in einem engen Sinne ministerialfrei ist. Wie etwa das Beispiel des *Gemeinsamen Bundesausschusses* nach § 91 SGB V zeigt, bei dem die mitgliedschaftliche Legitimation überwiegend fiktiv konstruiert wird, sind die Übergänge zwischen Ministerialfreiheit und Selbstverwaltung damit teils fließend.[62]

Auf der anderen Seite kann das Problem der Ministerialfreiheit etwa auch in Behörden auftreten, die zwar nicht unmittelbar der Ministerialverwaltung in einem engen Begriffsverständnis zugeordnet werden können, aber faktisch dem Ressort eines Ministers zugeordnet sind.[63]

Weisungs- oder Ministerialfreiheit ist demnach meist nur ein Element unter mehreren, das zu der mit Einfluss- und Kontrollknicken umschriebenen Verselbständigung beiträgt. Es beschreibt keine konkrete Organisationsform, sondern ist vielmehr selbst eine Erscheinungsform eines Einfluss- und Kontrollknicks. Der Begriff der Ministerialfreiheit im eigentlichen Sinne trifft damit keine Aussage über die konkrete Organisationsform, in der die Fachweisungsfreiheit eingegliedert ist. Er stellt eine Umschreibung dar, unter der in der organisationsrechtlichen Diskussion verschiedene Organisationsmodelle subsumiert werden. Damit ist der Begriff zur hier vorgeschlagenen Kategorienbildung nicht geeignet.

b) Zum Sammelbegriff der „verselbständigten Verwaltungseinheiten"

Reformnah wird in der Regel der Begriff der „verselbständigten Verwaltungseinheiten" verwendet. Anknüpfend an die verwaltungswissenschaftliche Perspektive nimmt der Sammelbegriff die Frage der *tatsächlichen* Entscheidungs-

---

[59] *Schmidt* (Fn. 45), 177.

[60] Restriktiver Begriff der Ministerialfreiheit. So *Loening* (Fn. 57), 173. Ähnlich *C.P. Fichtmüller*, Zulässigkeit ministerialfreien Raums in der Bundesverwaltung, AöR 91 (1966), 297 (335).

[61] Dieser restriktive Begriff ist aber mit *E. Klein*, Die verfassungsrechtliche Problematik des ministerialfreien Raums – ein Beitrag zur Thematik der weisungsfreien Verwaltungsstellen, Berlin 1974, 18 abzulehnen. Siehe auch *Jestaedt* (Fn. 58), 106.

[62] *Meinel* (Fn. 57), in: Kahl/Ludwigs, § 61, Rn. 5. Zum G-BA ausführlich unten § 10, IV.

[63] Beispiele etwa bei *B. Becker*, Öffentliche Verwaltung: Lehrbuch für Wissenschaft und Praxis, Percha am Starnberger See 1989, 235 ff., der dies als spezielle Dekonzentration bezeichnet. Siehe dazu auch *Schmidt* (Fn. 45), 177.

steuerung durch bestimmte Organisationsgestaltungen in den Blick.[64] Dies scheint aus der wiederum reformnahen Erwägung heraus überzeugend, dass wenn die Entscheidungsproduktion als Maßstab gelten soll, nicht unbedingt maßgeblich ist, wie die Exekutive rechtsförmig organisiert ist. Die damit verbundene Perspektive fokussiert demgegenüber, inwieweit eine Entscheidung tatsächlich in einen bestimmten Organisationszusammenhang eingebunden ist.[65] Die rechtliche Einkleidung der Organisation ist hier den tatsächlichen Entscheidungsstrukturen systematisch unterzuordnen.[66]

Entscheidender sollen demgegenüber die „wirklichen" Entscheidungsstrukturen sein. Funktionale Ausdifferenzierung, Integration gesellschaftlicher Handlungsformen, zunehmende Präventionsorientierung, Steigerung der Umweltkomplexität, Wissensorientierung,[67] interne Differenzierung staatlicher Organisation, soziale Machtakkumulationen, Internationalisierung – all dies sind Stichworte, die die Komplexitätssteigerung der Verwaltungsentscheidung in Richtung informaler und kooperativer Handlungsformen indizieren.[68] Das gestufte Mehrebensystem *Wolffs* weicht damit den komplexen Netzwerken, die dazu dienen, den staatlichen und privaten Sektor durch Handlungskoordi-

[64] Geprägt und verwendet etwa von den wirkmächtigen Perspektiven von *Wagener*, in: ders. (Fn. 6) und *G.F. Schuppert*, Die Erfüllung öffentlicher Aufgaben durch verselbständigte Verwaltungseinheiten – eine verwaltungswissenschafliche Untersuchung, Göttingen 1981. Zur Heterogenität der Verselbständigung auch im europäischen Kontext *M. Ruffert*, Verselbständigte Verwaltungseinheiten: Ein europäischer Megatrend im Vergleich, in: Trute/Groß/Röhl/Möllers (Hrsg.), Allgemeines Verwaltungsrecht – zur Tragfähigkeit eines Konzepts, Tübingen 2008, 431 (446). Affirmativ zum Begriff auch *Meinel* (Fn. 57), in: Kahl/Ludwigs, § 61, Rn. 8.

[65] Etwa *H.-H. Trute*, Die demokratische Legitimation der Verwaltung, in: Hoffmann-Riem/Schmidt-Aßmann/Voßkuhle (Hrsg.), GVwR, Bd. I, 2. Auflage, München 2012, § 6, Rn. 66 ff.

[66] *Meinel* (Fn. 57), in: Kahl/Ludwigs, § 61, Rn. 12: „VVE sind Institutionen, die in konventionellen Kategorien von Gewaltenteilung kaum einzufangen sind. Sie operieren in einem Zwischenraum zwischen Rechtsetzung und Rechtsanwendung, zwischen Wissen und Politik, zwischen politischer Steuerung und Selbstorganisation; um sie rankt sich in der verfassungsrechtlichen Sprache ein ganzes Begriffsfeld: Regulierung, Verbund, Netzwerk, Governance […]."

[67] Betont bei *W. Kluth*, Die Strukturierung von Wissensgenerierung durch das Verwaltungsorganisationsrecht, in: Collin/Spiecker gen. Döhmann (Hrsg.), Generierung und Transfer staatlichen Wissens im System des Verwaltungsrechts, Tübingen 2008, 73 (86) mit Überlegungen zu den Industrie- und Handelskammern.

[68] Zusammenfassend *H.-H. Trute*, Funktionen der Organisation und ihre Abbildung im Recht, in: Schmidt-Aßmann/Hoffmann-Riem, Verwaltungsorganisationsrecht als Steuerungsressource, Baden-Baden 1997, 250–251. Siehe auch *D. Grimm*, Wandel der Staatsaufgaben und die Krise des Rechtsstaats, in: ders. (Hrsg.), Wachsende Staatsaufgaben, Baden-Baden 1990, 297; *R. Pitschas*, Verwaltungsverantwortung und Verwaltungsverfahren. Strukturprobleme, Funktionsbedingungen und Entwicklungsperspektiven eines konsensualen Verwaltungsrechts, München 1990, 50 ff.

nation miteinander zu verknüpfen und somit neue Formen der kooperativen Ausübung von Hoheitsgewalt begreiflich zu machen.[69]

Auch hier gilt schon das für den Begriff der Ministerialfreiheit Gesagte. Verselbständigung ist eine Erscheinungsform von Einfluss- und Kontrollknicken. Im Gegensatz zur oben umschriebenen Ministerialfreiheit hat der Begriff jedoch weiter entdifferenzierende Wirkung, da es nunmehr nicht mehr darauf ankommt, welche institutionellen Mechanismen genau Einfluss- und Kontrollknicke begründen. Die abstrakte Verselbständigung belässt alles im diffusen Dunkel selbstkoordinativer Prozesse. Auf Eigenheiten bestimmter Organisationstypen und eine rechtlich geordnete Verantwortungsbeziehung kommt es nicht mehr an. Die normativen Zurechnungsbeziehungen versinken damit in der Empirie.

c) *Normative Organisationsbegriffe*

Von einer ganz anderen Seite ungeeignet sind demgegenüber normative Organisationsbegriffe. Diese laden die Organisationsbegrifflichkeiten mit Charakterzuschreibungen auf, die mit der eigentlichen, auf Zurechnung und Verantwortung gepolten Organisationsleistung nichts mehr zu tun haben. Besonders deutlich wird dies etwa in Diskussionen um den Selbstverwaltungsbegriff. Hier wurde zunehmend darüber gestritten, ob Partizipation und Betroffenheit als notwendige Begriffsbestandteile der Selbstverwaltung gelten sollten.[70] Als Argument für den Einbezug des normativen Merkmals wird angeführt, dass ansonsten „der Organisationstyp Selbstverwaltung nur unzureichend erfasst [werde], wenn die Binnenstruktur, die Bildung der Organe und die interne Willensbildung außen vor blieben und Selbstverwaltung allein auf die äußere Organisation als verselbstständigte Verwaltungseinheit beschränkt würde."[71] Hier werden jedoch zwei Ebenen miteinander verschränkt, die letzten Endes genau den gegenteiligen Effekt erzeugen. Normative Merkmale werden so zusätzlich in das formale Mehrebenensystem hineingelesen und be-

---

[69] *G.F. Schuppert*, Verwaltungsorganisation und Verwaltungsorganisationsrecht als Steuerungsfaktoren, in: Hoffmann-Riem/Schmidt-Aßmann/Voßkuhle, GVwR, Bd. I, 2. Auflage, München 2012, § 16, Rn. 138.

[70] Affirmative Darstellung bei *P. Axer*, Selbstverwaltung als Organisationstyp, in: Kahl/Ludwigs (Hrsg.), Handbuch des Verwaltungsrechts, Bd. III, Verwaltung und Verfassungsrecht, Heidelberg 2022, § 62, Rn. 17–18. *Axer* weist auch auf die entsprechenden Definitionen, die die Betroffenenpartizipation in sich aufnehmen hin. Vgl. *R. Hendler*, Ordnungsprinzip – zur politischen Willensbildung und Entscheidung im demokratischen Verfassungsstaat der Industriegesellschaft, Köln 1984, 284; *W. Kluth*, Funktionale Selbstverwaltung – verfassungsrechtlicher Status – verfassungsrechtlicher Schutz, Tübingen 1997, 543; *M. Will*, Selbstverwaltung der Wirtschaft: Recht und Geschichte der Selbstverwaltung in den Industrie- und Handelskammern, Handwerksinnungen, Kreishandwerkerschaften, Handwerkskammern und Landwirtschaftskammern, Tübingen 2010, 235.

[71] *Axer* (Fn. 70), in: Kahl/Ludwigs, § 62, Rn. 19.

einträchtigen die Klarheit seiner Unterscheidungen. Tatsächlich stellen sich ja die vorgeschlagenen Eigenschaften der Partizipationsoffenheit und Betroffenheitsdemokratie (auch in ihrer verfassungsrechtlichen Bewertung)[72] als äußerst heterogen heraus. So wäre zu fragen, ob etwa die Selbstverwaltung etwa im *Gemeinsamen Bundesausschuss* oder in der *Bundesagentur für Arbeit* durch die defizienten Verfahren überhaupt noch als solche bezeichnet werden dürfte. Die Beschreibung eines zunächst einmal (als Zusammenhang zwischen einer juristischen Person und seiner Organe) neutral zu kennzeichnenden Organisationsmodells wird so durch substanzielle Begriffsmerkmale verwirrt.

Gleiches gilt im Übrigen für den Versuch, eine Typologie weisungsfreier Räume nach Begründungsmodellen zu bilden. Dies ist insbesondere deshalb gefährlich, da man aus einem Sachgrund für Weisungsfreiheit gedanklich allzu schnell eine verfassungsrechtliche Rechtfertigung konstruiert. Zwar gibt es Gruppen von Begründungen und Rechtfertigungen, die sich in der Praxis etabliert haben.[73] Allen gemeinsam ist letzten Endes die Verbesserung der Entscheidungsqualität durch Ausschluss bestimmter sachfremder, zumeist politischer Einflüsse oder durch Einbezug gesellschaftlicher Partizipation.[74] Diese mag man mit „Distanzierung" und „Kooperation" kennzeichnen,[75] mit „distanzschaffenden Entkoppelungen" und „Einbeziehung externen Sachverstands,"[76] als „Neutralisierung," „Pluralisierung" und „pluralistische Gemeinwohlgewinnung".[77]

Damit ist aber über den Ausgang der erforderlichen Abwägungsentscheidung noch nichts gesagt. Die Vorteile, die weisungsfreie Entscheidungsfindung zweifellos haben kann, sind Teil einer Organisationswahlentscheidung, auf deren Gegenseite die demokratische Verantwortlichkeit steht. Ob diese Begründungen auch das verfassungsrechtliche Gewicht der Einfluss- und Kontrollknicke tragen, zeigt sich freilich erst im letzten Schritt. Denn ob die rechtfertigenden Gründe überzeugen können, lässt sich erst bei Betrachtung des Einzelfalls sehen, auf deren Besonderheiten eine vorschnelle Typologie nach Sachgründen den Blick verstellt.

---

[72] *M. Jestaedt*, Selbstverwaltung als „Verbundbegriff" – Vom Wesen und Wert eines allgemeinen Selbstverwaltungsbegriffes, Die Verwaltung 2002, 293 (306 f.).

[73] Siehe etwa (auf die Entscheidungsteilhabe Privater bezogen) *Jestaedt* (Fn. 58), 122 ff. Dazu auch *K. Waechter*, Geminderte demokratische Legitimation staatlicher Institutionen im parlamentarischen Regierungssystem – zur Wirkung von Verfassungsprinzipien und Grundrechten auf institutionelle und kompetenzielle Ausgestaltungen, Berlin 1994, 31 ff. Umfassend *Schmidt* (Fn. 45), 245 ff.

[74] *J. Oebbecke*, Weisungs- und unterrichtungsfreie Räume in der Verwaltung, Stuttgart 1986, 130. Überzeugende Systematik (nur auf die Kollegialverwaltung bezogen) bei *T. Groß*, Das Kollegialprinzip in der Verwaltungsorganisation, Tübingen 1999, 63 ff., der diese als „exemplarischen Überblick" kennzeichnet.

[75] So bei *Dreier* (Fn. 3), 278 ff.

[76] *Schmidt-Aßmann* (Fn. 37), 259 ff.

[77] *Jestaedt* (Fn. 58), 131 ff.

2. Deskriptive Begriffsbildung

Vorzugswürdig ist demgegenüber die klassische Begriffsbildung, die Selbstverwaltung formal bestimmt.[78] Dies erfolgt aus der bereits oben angesprochenen *Wolffschen* Erwägung heraus, dass nur ein deskriptiver Begriff in der Lage ist, in die pluralisierte Verwaltungslandschaft über die Eigenschaften der beteiligten Verwaltungsträger eine Systematik einzuziehen, die wiederum eine eindeutige Verantwortungszuordnung ermöglicht.[79] Kongruent ist diese Perspektive mit dem insbesondere von *Georg Meyer* und *Gerhard Anschütz* geprägten und später unter anderem von *Ernst Forsthoff* und *Hans Julius Wolff* rezipierten juristischen Selbstverwaltungsbegriff.[80] Dieser bezieht sich ausschließlich auf die eigenverantwortliche Wahrnehmung von Verwaltungsaufgaben durch juristische Personen des öffentlichen Rechts und blendet insoweit die (meist äußerst heterogene)[81] innere Ausgestaltung des Trägers aus.[82] Es ist dementsprechend nicht entscheidend, wie ein Verwaltungsträger nach innen hin konstituiert ist, sondern vielmehr, ob sich eine bestimmte Handlung seinem Aktionskreis zuordnen lässt. Selbstverwaltung ist dementsprechend „die selbständige, fachweisungsfreie Wahrnehmung enumerativ oder global überlassener oder zugewiesener eigener öffentlicher Angelegenheiten durch unterstaatliche Träger oder Subjekte öffentlicher Verwaltung."[83]

Damit wird gegenüber einem Tendenzbegriff, „der eine Begriffsskala erfordert, auf der sich der Grad der Unabhängigkeit der Organisation ablesen lässt,"[84] die organisatorisch-rechtliche Zurechnung von Entscheidungen aus

[78] Zu diesem etwa *Meinel* (Fn. 57), in: Kahl/Ludwigs, § 61, Rn. 5.

[79] So wohl auch *Jestaedt* (Fn. 72), 302.

[80] *G. Anschütz*, Georg Meyers Lehrbuch des Deutschen Staatsrechts, 7. Auflage, München 1919, 385; *E. Forsthoff*, Lehrbuch des Verwaltungsrechts, Bd. I, 10. Auflage, München 1973, 478; Zu dessen Entstehung in der Weimarer Zeit auch *Axer* (Fn. 70), in: Kahl/Ludwigs, § 62, Rn. 11. *R. Hendler*, Das Prinzip Selbstverwaltung, in: Isensee/Kirchhof (Hrsg.), HStR, Bd. VI, 3. Auflage, Heidelberg 2008, § 143, Rn. 13. Umfassende Aufarbeitung bei *Will* (Fn. 70), 114 ff. Rechtsvergleichend bei *G. Melis/A. Meniconi*, Autonomie und Selbstverwaltung als gemeineuropäisches Konzept, in: v. Bogdandy/Cassese/Huber (Hrsg.), Handbuch Ius Publicum Europaeum, Bd. V, Heidelberg 2014, § 88, Rn. 37 ff.

[81] Am Beispiel der funktionalen Selbstverwaltung *W. Kluth*, Funktionale Selbstverwaltung, in: Kahl/Ludwigs (Hrsg.), Handbuch des Verwaltungsrechts, Bd. III, Verwaltung und Verfassungsrecht, Heidelberg 2022, § 65, Rn. 71 ff.

[82] *Hendler* (Fn. 80), in: Isensee/Kirchhof, § 143, Rn. 13, der aber im oben dargestellten Sinne kritisiert: „Dies bedeutet, daß die ursprüngliche politische Zielrichtung der Selbstverwaltungsidee, die Mitwirkung der Staatsbürger an der administrativen Aufgabenerfüllung zu ermöglichen beziehungsweise zu verstärken, für das juristische Begriffsverständnis nach wie vor keine Rolle spielt. Die Abdrängung des Partizipationsgedankens in den politischen Selbstverwaltungsbegriff setzt sich fort." Ausführliche theoriegeschichtliche Rekonstruktion bei *Hendler* (Fn. 70), 43 ff.

[83] *H.J. Wolff*, Verwaltungsrecht, Bd. II, Organisations- und Dienstrecht, München 1962, § 84, 135. Vgl. dazu auch *Jestaedt* (Fn. 72), 302.

[84] *Krebs* (Fn. 44), in: Isensee/Kirchhof, § 108, Rn. 27.

der Überzeugung heraus gestärkt, dass diese Zurechnung den wesentlichen Anknüpfungspunkt des Legitimations- und Kontrollkonzepts des Grundgesetzes darstellt.

Viel ist damit zwar nicht gewonnen. Einschränkend ist zu bemerken, dass dem folgend der Anknüpfung an die Trägereigenschaft keine inhaltlich-systematisierende Kraft innewohnt. Typische Problemkonstellationen wiederholen sich in ähnlichen Aufbaumodellen, ohne dass dies denknotwendig oder zwingend wäre.[85] Insoweit kommt der Rechtsform vor allem eine Indizfunktion zu.[86] Bei rechtlicher Eigenständigkeit ist zumindest im Ansatz auch von Entscheidungseigenständigkeit auszugehen, zwingend ist dies jedoch nicht.[87] Trennscharfe Unterscheidungen, die die Qualität der abstrahierenden Vereinfachung bewahren, sind in der pluralen Verwaltungsorganisation ohnehin schwer zu finden. Versuche, diese systematisch-inhaltlichen Kriterien im Organisationsrecht auszumachen, haben selten Zustimmung gefunden.[88] Die formale Begriffsverwendung vermeidet vielmehr die Weichzeichnung des rechtswissenschaftlichen Beobachters, ohne selbst eine Systematik zu indizieren.

3. Zur Struktur der folgenden Kapitel

Die folgenden Kapitel teilen das beschriebene Phänomen in verschiedene Aspekte auf, die sich an den formal zu erfassenden Organisationsbeziehungen orientieren. Die erste Gruppe zeichnet die typischen Problemkonstellationen der in die unmittelbare Staatsverwaltung eingegliederten Verwaltungsstellen nach, die ihre Aufgaben weisungsfrei erledigen (§ 9). Dies sind zumeist Fachausschüsse und Kollegialorgane, die teilweise – aber nicht notwendig – auch gruppenpluralistische Mitbestimmung einbinden.[89] Neben traditionell fachweisungsfreien Entscheidungsstellen ist in dieses Feld durch die Europäisierung des Verwaltungsrechts Bewegung gekommen. Die dort in das nationale Recht hineingetragene Anforderung der Unabhängigkeit bestimmter Behörden erweitert die traditionellen Anwendungsbereiche der Weisungsfreiheit.

---

[85] Ähnliche Anknüpfung wohl bei *Grzeszick*, in: Dürig/Herzog/Scholz (Fn. 32), Art. 20, Rn. 196. Anders bei *Schmidt-Aßmann* (Fn. 37), 259 ff., der mit dem Begriff der „verselbständigten Verwaltungseinheiten" arbeitet und direkt nach der unterliegenden Begründung unterscheidet. Aufteilung wie hier auch bei *M. Heintzen*, Beteiligung Privater an der Wahrnehmung öffentlicher Aufgaben und staatliche Willensbildung, VVDStRL (62) 2003, 244 ff.

[86] *Schmidt-Aßmann* (Fn. 37), 259. *Dreier* (Fn. 3), 246 ff., Fn. 148 betont die fließenden Übergänge zwischen der unmittelbaren Staatsverwaltung und der Selbstverwaltung über das Scharnier der Anstalt des öffentlichen Rechts.

[87] Wie im Folgenden gezeigt wird, kennt einerseits auch die unmittelbare Staatsverwaltung selbständige Entscheidungsräume, andererseits gibt es auch Fachaufsicht über Selbstverwaltungsträger.

[88] Siehe etwa die Darstellung bei *Jestaedt* (Fn. 58), 122 f.

[89] Überblick bei *Schmidt* (Fn. 45), 175 ff.

In einer zweiten Gruppe (§ 10) sind rechtlich verselbständigte Träger in der Verwaltungsorganisation beschrieben, die unter den Oberbegriff der mittelbaren Staatsverwaltung gefasst werden können. Diese Gruppe umfasst insbesondere diejenigen juristischen Personen des öffentlichen Rechts, d.h. Körperschaften, Anstalten und Stiftungen, denen per Verfassung oder Gesetz bestimmte Autonomierechte verliehen sind. Einflussknicke ergeben sich neben der konkreten Entscheidungssteuerung durch die Reichweite der jeweils festgestellten Autonomiebereiche. Diese umfassen nicht nur die Beschränkung der staatlichen Aufsicht auf die Rechtsaufsicht und die damit einhergehende Fachweisungsfreiheit, sondern auch die Möglichkeit, in einem bestimmten Rahmen selbst außenwirksames Recht zu setzen und weitgehende Kontrollvorbehalte. Auch die Sonderfälle der Zentralbank und der Rechnungshöfe fallen in diese Gruppe.

Zuletzt sind in einer dritten Gruppe (§ 11) private Verwaltungsträger zu behandeln, die sich von der formalen Verselbständigung nur durch die Wahl der privaten Rechtsform unterscheiden. Stellt sich die Übernahme von Verwaltungsaufgaben durch private Träger als Ausübung öffentlicher Gewalt dar,[90] so ist sie legitimations- und kontrollbedürftig. Hier ist hinsichtlich der Einfluss- und Kontrollknicke in zweierlei Hinsicht zu differenzieren: Zum einen kommt es darauf an, ob der Staat in Folge einer Mehrheits- oder Minderheitsbeteiligung in einer beherrschenden Position ist. Eigengesellschaften folgen hier anderen Regeln als gemischt-wirtschaftliche oder gemischt-öffentliche Unternehmen. Zum anderen ist die konkrete gesellschaftsrechtliche Organisationsform des Trägers (meist GmbH oder AG) zu berücksichtigen.

Diese Vorgehensweise ermöglicht in einem ersten Schritt eine Bestandsaufnahme der in der Verwaltungslandschaft tatsächlich aufkommenden Einfluss- und Kontrollknicke. Als solche ist diese Diagnose zunächst einmal Empirie. Es geht mithin weder darum, aus den Einzelfällen eine Systematik auf der tatsächlichen Ebene zu bilden noch die Trennschärfe der Abgrenzungen zu behaupten. Auf diese kommt es im Verlauf der Arbeit auch nicht an. Vielmehr zielen die folgenden drei §§ 9–11 auf eine Veranschaulichung des Tatsächlichen, auf das dann im zweiten Schritt in §§ 12–14 eine normative Systematik der Verfassungsordnung angelegt werden kann, um auf dieser Grundlage rechtmäßige von rechtswidrigen Organisationsgestaltungen trennen zu können.

---

[90] Zu dieser Frage und Eingrenzung siehe oben, § 3.

§ 9 Unselbständig weisungsfreie Aufgabenwahrnehmung

In einer ersten Untergruppe sind diejenigen Organisationsgestaltungen zu diskutieren, die zwar keine organisatorische Selbständigkeit als juristische Person innehaben, gleichzeitig aber durch ihre besonderen Binnenstrukturen im Hinblick auf Entscheidungsfindung und/oder ihrem Verhältnis zu anderen behördlichen Entscheidungseinheiten eine faktisch-rechtliche Verselbständigung von ihrem jeweiligen Träger erworben haben. Es handelt sich dann um eine organisatorisch unselbständig weisungsfreie Aufgabenwahrnehmung.[1]

Hier finden wir auf der einen Seite Einheiten, die organisatorisch der Ministerialverwaltung zugehörig und damit also Teil der unmittelbaren Bundes-,[2] oder Landesverwaltung bleiben. Unselbständig weisungsfreie Aufgabenwahrnehmung existiert aber auch in der mittelbaren Staatsverwaltung in Kombination mit dem Merkmal der rechtlichen Verselbständigung des Trägers als juristische Person des öffentlichen Rechts (Körperschaft, Anstalt, Stiftung). Gegenüber den Fällen der weisungsfreien Aufgabenwahrnehmung innerhalb der unmittelbaren Staatsverwaltung sind diese sogar zahlenmäßig überlegen.[3] Zusätzliche Zurechnungsprobleme verursacht diese doppelte Verselbständigung

---

[1] Zu deren Aufgaben *J. Masing*, Unabhängige Behörden und ihr Aufgabenprofil, in: Masing/Marcou (Hrsg.), Unabhängige Regulierungsbehörden. Organisationsrechtliche Herausforderungen in Frankreich und Deutschland, Tübingen 2010, 181 (189 ff.). Zur Abgrenzung von anderen Formen der Entscheidungsteilhabe, *M. Jestaedt*, Demokratieprinzip und Kondominialverwaltung. Entscheidungsteilhabe Privater an der öffentlichen Verwaltung auf dem Prüfstand des Verfassungsprinzips Demokratie, Berlin 1993, 35 ff. sowie *M. Heintzen*, Beteiligung Privater an der Wahrnehmung öffentlicher Aufgaben und staatliche Willensbildung, VVDStRL (62) 2003, 244. *Calliess* verwendet ganz ähnlich für den integrierten Umweltschutz den Begriff der „externen Integration" vgl. *C. Calliess*, Verwaltungsorganisationsrechtliche Konsequenzen des integrierten Umweltschutzes, in: Matthias Ruffert (Hrsg.), Recht und Organisation – Staatsrecht – Verwaltungsrecht – Europarecht – Völkerrecht, Berlin 2003, 73 (106).

[2] Für diese überblicksartig *G. Hermes*, Abhängige und unabhängige Verwaltungsbehörden – ein Überblick über die Bundesbehörden, in: Masing/Marcou (Hrsg.), Unabhängige Regulierungsbehörden. Organisationsrechtliche Herausforderungen in Frankreich und Deutschland, Tübingen 2010, 53 (59 ff. bzw. 71 ff.).

[3] Siehe auch *T. Groß*, Das Kollegialprinzip in der Verwaltungsorganisation, Tübingen 1999, 61 ff. sowie *J. Oebbecke*, Weisungs- und unterrichtungsfreie Räume in der Verwaltung, Stuttgart 1986, 169 ff. zur Aufzählung und Systematisierung.

jedoch nicht, da die zugrundeliegenden Einflussknicke unterschiedlicher Natur sind.[4]

Einfluss- und Kontrollknicke resultieren bei dem hier vorgestellten Typus vor allem aus der Freistellung von der Fachweisung und der damit einhergehenden Unterbrechung im hierarchischen Aufbau, der eine eingeschränkte Verantwortungsübernahme des politischen Systems und auch eine verringerte parlamentarische Kontrolle zur Folge hat. Verschärft werden die Probleme freilich, wenn gleichzeitig auch die gerichtliche Kontrolldichte zurückgenommen wird. Hier entstehen Einfluss- und Kontrollknicke, die hohe Rechtfertigungshürden aufstellen.

I. Allgemeines

„Unselbständig weisungsfrei" ist eine Klassifizierung von teils sehr unterschiedlichen Verwaltungsaufgaben. So teilen die *Bundesstelle für Seeunfalluntersuchung*, die *Bundesprüfstelle für jugendgefährdende Medien* und die *Bundesnetzagentur* bestimmte Eigenschaften, die mit vergleichbaren Einfluss- und Kontrollknicken einher gehen. Eine Verwaltungsaufgabe bleibt zwar or-

---

[4] Anders als *H. Dreier*, Hierarchische Verwaltung im demokratischen Staat. Genese, aktuelle Bedeutung und funktionelle Grenzen eines Bauprinzips der Exekutive, Tübingen 1991, 246 meint, relativiert diese Kombination nicht die Trennung von unmittelbarer und mittelbarer Verwaltung. Die rechtliche Beurteilung ändert sich durch diese zusätzliche Verselbständigung des Trägers nicht. Dies ist der Vorteil einer formaljuristischen gegenüber einer verwaltungswissenschaftlich-graduellen Betrachtung. Denn in diesem Fall bestehen anstatt eines großen Einflussknicks zwei *verschiedenartige* Knicke, die jeweils unterschiedlicher rechtlicher Beurteilung bedürfen. Da Einflussknicke eine faktische Verselbständigung vom Muttergemeinwesen indizieren, muss nach dem jeweiligen (demokratischen) Zentrum differenziert werden. Die Verselbständigung als Träger bedeutet eine Abkoppelung vom gesamtstaatlichen Zusammenhang zu Gunsten einer kleineren, meist mitgliedschaftlich organisierten Bezugseinheit. Eine weitere Abkoppelung innerhalb des Trägers zu Gunsten weisungsfreier Stellen bedeutet dann keine weitere Entfernung vom Gesamtgemeinwesens, sondern lediglich ein Einflussverlust zu Lasten der Mitglieder des Trägers. Gleiches muss gelten, wenn es sich nicht um mitgliedschaftlich organisierte Träger handelt. Hier ändert sich der Kontroll- und Leitungszusammenhang lediglich *innerhalb* des Trägers und muss dort kompensiert und/oder gerechtfertigt werden. *W. Krebs*, Verwaltungsorganisation, in: Isensee/Kirchhof (Hrsg.), HStR, Bd. V, 3. Auflage, Heidelberg 2007, § 108, Rn. 59 macht den Unterschied zwischen beiden Formen besonders deutlich: „Die allgemeine Feststellung, daß derartige Enklaven [weisungsfreie Räume, der Verf.] die Grundlagen der Weisungshierarchie empfindlicher berühren als eine volle Verselbständigung von Verwaltungsträgern ist auch für das parlamentarische Regierungssystem unabweisbar. Weil sich hier die Verwaltungsbefugnisse aller Stufen aus der demokratischen Legitimation von Parlament und Regierung ableiten, weil andererseits die Regierung die nachgeordnete Verwaltungstätigkeit dem Parlament gegenüber zu vertreten hat, können weisungsfreie Räume nur begrenzt, als Ausnahme und mit besonderer Begründung hingenommen werden." Zur Abgrenzung von der Selbstverwaltung auch *Jestaedt* (Fn. 1), 73 ff.

ganisatorisch im hierarchischen Verwaltungsaufbau eingegliedert, wird aber inhaltlich im jeweils zu unterscheidenden Maß aus dem Weisungs- und Kontrollzusammenhang entlassen.

1. Entscheidungsbeteiligung als maßgebliches Kriterium

Zunächst ist der Begriff der weisungsfreien Stellen aus der Vielfalt von Gremien, Ausschüssen, Sachverständigen, Beiräten und vielen anderen insoweit zu begrenzen, als dass es hier (wiederum formal gewendet) nur um diejenige Aufgabenwahrnehmung in der Verwaltung gehen soll, die nach der oben vorgeschlagenen „Schwellenlösung" mit sich als organisationspflichtig darstellenden Entscheidungsbefugnissen ausgestattet ist.[5] Die öffentliche Verwaltung bedient sich in vielerlei Hinsicht nicht weisungsgebundenen Sachverständigen oder Verfahrensbeteiligten, deren Wirken zwar auf die letztlich ergehende Entscheidung von großem faktischen Einfluss sein mag, die jedoch nicht mit einem Entscheidungsrecht ausgestattet sind.[6] Zu denken ist etwa an den Fall, in dem die Amtsperson nicht über das erforderliche Sach- und Fachwissen verfügt, um die Entscheidung treffen zu können und sich auf externe Hilfe verlässt.[7] Diese Wechselwirkung von staatlichem und gesellschaftlichen Wissen ist jedoch – im Gegensatz zur rechtsverbindlichen Entscheidung – nicht der letztlich auf Entscheidungszurechnung ausgerichtete Bezugspunkt des Rechts.[8] Auch wenn dieser Zurechnungspunkt zuweilen inhaltsfremd erscheint, muss das Recht Komplexität reduzieren, um Anknüpfungspunkte für Entscheidungs*verantwortung* (und damit eine sinnvolle Differenzierung von Organisationsanforderungen) finden zu können.[9] Tatsächliche Macht- und

[5] Dazu auch schon ausführlich oben § 3. Zu dieser Differenzierung auch *C.-H. Spätgens*, in: Gloy/Loschelder/Danckwerts (Hrsg.), Handbuch des Wettbewerbsrechts, 5. Auflage, München 2019, § 107, Rn. 60; *Jestaedt* (Fn. 1), 35 ff. In diesem Sinne ist auch die Entscheidung des BVerfG zur Beteiligung von Personalvertretungen im öffentlichen Dienst an nicht letztverbindlichen Entscheidungen zu werten, die nicht zum Kernbereich der Amtstätigkeit gehört, BVerfGE 93, 37 (67 ff.). Weiter aber *H.-G. Dederer*, Korporative Staatsgewalt. Integration privat organisierter Interessen in die Ausübung von Staatsfunktionen. Zugleich eine Rekonstruktion der Legitimationsdogmatik, Tübingen 2004, 23–24 mit ähnlichem Erkenntnisinteresse.

[6] Hier ist dann wiederum fraglich, was ein „Entscheidungsrecht" darstellt. Siehe etwa *H. Sodan*, Kollegiale Funktionsträger als Verfassungsproblem – dargestellt unter besonderer Berücksichtigung der Kunststoffkommission des Bundesgesundheitsamtes und der Transparenzkommission, Frankfurt am Main 1987, 394 ff. zu einem weiteren Begriff; *Jestaedt* (Fn. 1), 43 ff. zu einem engeren.

[7] *Jestaedt* (Fn. 1), 43.

[8] Stellvertretend *E.-W. Böckenförde*, Die Organisationsgewalt im Bereich der Regierung – eine Untersuchung zum Staatsrecht der Bundesrepublik Deutschland, Berlin 1964, 250 f.

[9] Z.B. auch BVerfGE 47, 253 (273). Kritisch dagegen *U. Di Fabio*, Verwaltungsentscheidung durch externen Sachverstand, VerwArch 1990, 193 (217).

Entscheidungsstrukturen muss das Recht (freilich nur im gebotenen Maße ausblenden), um zu seiner verwertbaren Betrachtungsebene zu finden.

2. Monokratische und kollegiale Binnenorganisation

Klassisch sind die entscheidungsbeteiligten weisungsfreien Stellen Kollegialorgane. Im Gegensatz zur monokratischen Struktur, in der jede Aufgabe genau einem Amtsträger zugewiesen ist,[10] bedeutet dies, dass Entscheidungen in einem Gremium von mindestens drei Personen unter Beachtung bestimmter Verfahrensregeln getroffen werden.[11] Durch seine Offenheit und Flexibilität eignet sich das Kollegialprinzip insbesondere, um komplexe Entscheidungen unter Unsicherheit zu treffen.[12] Aus der mit dem Kollegialprinzip besonders einhergehenden prozeduralen Rationalität (z.B. offene Diskussionen, die Notwendigkeit der Eigenstrukturierung von Problemstellungen, der Freiheit des Prüfungsprogramms etc.) und der damit erhofften fachspezifischen Richtigkeitsgewähr wird zumeist die Weisungsfreiheit schon aus der Natur der Sache abgeleitet. Es wäre widersinnig, wenn eine kollegial zu Stande gekommene Entscheidung im monokratisch-hierarchischen Aufbau ganz unproblematisch übergangen oder kassiert werden könnte.

Auch wenn dementsprechend kollegiale Organisationsformen bei den weisungsfreien Stellen überwiegen, gibt es durchaus auch monokratisch-weisungsfreie Aufbauformen. Diese treten dann meist in Kombination mit kollegialen Entscheidungsformen auf, etwa wenn die monokratische Entscheidung für einfache Fälle[13] oder Erstbearbeitungen[14] in der Verwaltung vorbehalten bleibt.

3. Kollegialverwaltung und Kondominialverwaltung

Die Kollegialverwaltung beschreibt einen bestimmten Modus der Entscheidungsfindung. Damit ist jedoch noch nichts über die konkrete Zusammensetzung der Kollegialgremien gesagt. Diese kennt verschiedene Modelle, so kön-

---

[10] *T. Groß*, Die Verwaltungsorganisation als Teil organisierter Staatlichkeit, in: Hoffmann-Riem/Schmidt-Aßmann/Voßkuhle, GVwR, Bd. I, 2. Auflage, München 2012, § 13, Rn. 50.

[11] *Groß* (Fn. 3), 46 ff. Dazu auch (historisch) *E. Klein*, Die verfassungsrechtliche Problematik des ministerialfreien Raums – ein Beitrag zur Thematik der weisungsfreien Verwaltungsstellen, Berlin 1974, 154.

[12] *Groß* (Fn. 10), in: Hoffmann-Riem/Schmidt-Aßmann/Voßkuhle, § 13, Rn. 52; *ders.* (Fn. 3), 108 ff. Zu den daraus entstehenden zeitlichen Problemen im Kommunalrecht, nun *J. Oebbecke*, Kollegialentscheidungen unter Zeitdruck, Die Verwaltung 2021, 273–294.

[13] So bei der Bundesstelle für Seeunfalluntersuchung, Beispiel unten.

[14] So beim Bundessortenamt, Beispiel unten.

nen nicht nur haupt- oder nebenamtliche Mitglieder, sondern auch Private Teil der öffentlichen Aufgabenwahrnehmung werden.[15] Auch die Bestellung folgt keinem einheitlichen Modell. Es gibt die Möglichkeit der Wahl, die in der Selbstverwaltung üblich ist, aber auch die Entsendung oder Berufung ist möglich.[16] Sind außerhalb der öffentlichen Verwaltung stehende Private an Entscheidungen beteiligt, so wird der Begriff der Kondominialverwaltung verwendet.[17] Mit dem Begriff der Kollegialverwaltung ist der Begriff daher nicht kongruent. So kann es auch nur aus Amtsträgern bestehende Kollegialgremien geben. Beispiele dafür sind etwa die Gremien zur interkommunalen Kooperation, etwa die Verbandsversammlungen der Zweckverbände,[18] oder die Lehrerkonferenzen.[19]

II. Einflussknicke bei unselbständig weisungsfreier Aufgabenwahrnehmung

Innerhalb der Kategorie der Einflussknicke lassen sich zwei Grundtypen von unterbrochenen Zusammenhängen vom Verantwortungszentrum der Entscheidung als dem Verwaltungsträger, dem eine bestimmte Verwaltungsentscheidung organisatorisch zuzurechnen ist, erkennen. Auf der einen Seite liegt in der Fachweisungsfreiheit eine Schwächung des sachlich-inhaltlichen Verantwortungs- und Zurechnungszusammenhangs. Auf der anderen Seite entsteht durch eine Entscheidungsbeteiligung Privater eine verringerte personell-organisatorische Zurechenbarkeit. Durch die fortbestehende Eingliederung in die Ministerialverwaltung bleibt es hinsichtlich der Einflussknicke jedoch nur bei einem einzigen Zurechnungszentrum.

1. Fachweisungsfreiheit

Der zentrale, kategoriebestimmende Einflussknick liegt hier in der Regel in der Fachweisungsfreiheit. Im Regelmodell wird die sachlich-inhaltliche Legitimation aus dem anwendbaren Gesetzesrecht gespeist, das den Maßstab für die Exekutiventscheidung darstellt. Aufgrund der nur eingeschränkten Determinierung des Verwaltungshandelns durch die gesetzlichen Maßstäbe bedarf

[15] Umfassend *H.-H. Trute*, Die demokratische Legitimation der Verwaltung, in: Hoffmann-Riem/Schmidt-Aßmann/Voßkuhle (Hrsg.), GVwR, Bd. I, 2. Auflage, München 2012, § 6, Rn. 69; *Groß* (Fn. 10), in: Hoffmann-Riem/Schmidt-Aßmann/Voßkuhle, § 13, Rn. 53.

[16] *Groß* (Fn. 10), in: Hoffmann-Riem/Schmidt-Aßmann/Voßkuhle, § 13, Rn. 54.

[17] Dazu übersichtlich *Jestaedt* (Fn. 1), 120 ff.

[18] Zu diesen *T. Schmidt*, Kommunale Kooperation. Der Zweckverband als Nukleus des öffentlich-rechtlichen Gesellschaftsrechts, Tübingen, 2005, 421 ff. Ferner *Groß* (Fn. 3), 102.

[19] § 136 HSchG iVm § 17 Konferenzordnung.

es zusätzlich einer Einbindung in den Weisungszusammenhang, um über das Ministerialprinzip die politische Verantwortung für eine Entscheidung an das Parlament ableiten zu können.[20] Gerade in der hierarchischen Verwaltung sind Unterbrechungen dieser Zusammenhänge durch unselbständig weisungsfreie Räume besonders gravierend, da die Rückbindung an das Parlament ausschließlich über das Ministerialsystem funktioniert.[21]

2. Entscheidungsbeteiligung Privater

Soweit private, außerhalb der Organisation der öffentlichen Verwaltung stehende Personen an der Ausübung von Hoheitsgewalt mitwirken, ergeben sich durch Unterbrechungen der personell-organisatorischen Legitimationskette Einflussknicke im Hinblick auf die Zurechnung zum Parlament.[22] Diese differieren je nach konkreter Entscheidungsmitwirkung und der Art und Weise der Bestellung.[23] Meist wird zudem nach dem Delegationsakt auf die konkrete Personalauswahl verzichtet, so dass die Beteiligung Privater zu einer Ausdünnung staatlicher Entscheidungsbeherrschung führt.[24]

---

[20] Vgl. schon oben § 6. III. 1.

[21] *Krebs* argumentiert, dass die durch die unselbständig weisungsfreien Räume entstehenden Einflussknicke im Legitimationsgefüge besonders gravierend seien: „[D]erartige Enklaven [berühren] die Grundlagen der Weisungshierarchie empfindlicher als eine volle Verselbständigung von Verwaltungsträgern.[…] Weil sich hier die Verwaltungsbefugnisse aller Stufen aus der demokratischen Legitimation von Parlament und Regierung ableiten, weil andererseits die Regierung die nachgeordnete Verwaltungstätigkeit dem Parlament gegenüber zu vertreten hat, können weisungsfreie Räume nur begrenzt […] hingenommen werden; auf keinen Fall dürfen sie die Leitungs- und Verantwortungssphäre der Regierung substantiell schmälern.“ *Krebs* (Fn. 4), in: Isensee/Kirchhof, § 108, Rn. 59. Praktische Problematisierung etwa bei *C. Möllers*, Zur demokratischen Legitimation der Enteignungsbehörde nach dem Baugesetzbuch, NVwZ 1997, 858 (860).

[22] Aufarbeitung bei *I. Augsberg*, Die Verwaltung als Akteur gesellschaftlicher Wissensgenerierung, Die Verwaltung 2018, 351 (357) für den Bereich des Sachverstands: „Einerseits sollen die jeweils angerufenen Sachverständige den (zumindest mittelbar) demokratisch legitimierten Entscheidungsträgern das zur Bewältigung ihrer Aufgaben benötigte Wissen zur Verfügung stellen. Andererseits dürfen sie dabei nicht selbst – da ihnen die hierfür erforderliche Legitimation fehlt – die Entscheidung als solche treffen oder in einer entscheidenden Hinsicht inhaltlich gezielt beeinflussen. Die Sachverständigen müssen also, faktisch, einerseits einen Beitrag liefern, ohne den die Entscheidung nicht möglich wäre. Aber sie dürfen andererseits, normativ-legitimationstheoretisch betrachtet, keinen Beitrag liefern, der selbst als eigenständiger Teil der Entscheidung anzusehen ist.“ Ferner Nußberger, AöR 129 (2004), 282 ff. Zur folgenden Verwertung im Verwaltungsprozess *A. Guckelberger*, Norm- und Sachverhaltswissen im Verwaltungsprozess, VerwArch 2017, 1 (2 ff.).

[23] Dazu ausführlich *Jestaedt* (Fn. 1), 369 ff.

[24] *Trute* (Fn. 15), in: Hoffmann-Riem/Schmidt-Aßmann/Voßkuhle, § 6, Rn. 71.

III. Kontrollknicke bei unselbständig weisungsfreier Aufgabenwahrnehmung

Bei unselbständig weisungsfreien Aufgaben sind Kontrollknicke vor allem im Bereich der intraexekutiven Kontrolle und der parlamentarischen Kontrolle gegeben.

1. Auflösung des kooperativ-kontrollierenden Entscheidungszusammenhanges

Auf der Ebene der konkreten Entscheidungssteuerung ist es die Möglichkeit der Fachweisung im hierarchischen Behördenaufbau, die auf der einen Seite eine dauerhafte demokratische Rückanbindung der konkreten Entscheidung bewirkt, auf der anderen Seite für ein Kooperationsverhältnis zwischen untergeordneter Verwaltungseinheit und Ministerium sorgt. Kontrolle ist daher nicht nur repressiv, sondern enthält vielmehr auch Elemente von Steuerung und Leitung der konkreten Entscheidung. Wenn das Weisungsverhältnis eingeschränkt wird oder wegfällt, stellt dies also einen Kontrollknick dar. Eine (wenngleich unvollständige) Kompensation kann die kooperative Entscheidungsfindung durch die besondere Rationalität des Kollegialprinzips bieten.[25]

2. Fehlende Sanktionsmöglichkeit parlamentarischer Kontrolle und alternative Kontrollformen

Das klassische, vom Legitimationskettenmodell des Demokratieprinzips ausgehende Modell parlamentarischer Kontrolle setzt an der Regierung an.[26] Der Regierung im Allgemeinen und dem Ressortminister im Speziellen kommt von der Theorie her eine umfassende Lenkungs- und Leitungsbefugnis gegenüber der Verwaltung zu. Regierung und Minister haben sich wiederum nach den expliziten grundgesetzlichen Vorschriften über Frage-, Zitier- und weitere Informations- und Untersuchungsrechte dem Parlament gegenüber zu verantworten. Zuletzt besteht das Recht des Parlaments im konstruktiven Misstrauensvotum die Regierung personell zu ersetzen. So wird zumindest in der Theorie die Anbindung auch konkreten Verwaltungshandelns an parlamentarische Verantwortlichkeit ermöglicht.

---

[25] Ausführlich zur Kontrolle im Bereich des Kollegialprinzips, *Groß* (Fn. 3), 300 ff.

[26] Dazu und zum Folgenden ausführlich bereits siehe oben § 6. Siehe auch *Groß* (Fn. 3), 184 ff. Zu der parlamentarischen Kontrolle in ministerialfreien Räumen auch C. *Gusy*, Parlamentarische Kontrolle, JA 2005, 395 (396).

Die Weisungsfreiheit schwächt dabei insbesondere die Intensität der parlamentarischen Kontrolle.[27] Deren faktische Ausgestaltung in Form von Oppositionsrechten mit Schwerpunkt auf den Informationsrechten ist in der Regel mit einer Kontrolle der Regierung verknüpft.[28] Interpellations-, Zitier- und Untersuchungsrechte und auch die personellen Sanktionsmöglichkeiten bis hin zum Misstrauensvotum greifen *in der Regel* nur gegenüber der Regierung.[29] Von seiner Ausgestaltung her gilt dies zwar nicht für das parlamentarische Untersuchungsrecht nach Art. 44 GG, das sich auch auf andere Bereiche erstreckt. Die mangelnde tatsächliche Zurechnung der Ausübung öffentlicher Gewalt gegenüber dem Ressortminister wird hier wohl auch die argumentative Kraft und das Interesse der Opposition verringern, diese Rechte tatsächlich wahrzunehmen.

Schon im Regelmodell parlamentarischer Kontrolle ergeben sich durch die bundesstaatliche Struktur Komplexitäten. Durch den föderalen Vollzug sind in der Regel der parlamentarische Ursprung des Gesetzes (Bund) und die Kontrolle der Verwaltung (Länder) voneinander getrennt. Der Schwerpunkt der Sicherung in den weitgehenden Informationsrechten des Parlaments wirkt so – mit Ausnahme des Haushaltsrechts[30] – eher als punktuell-nachträgliche Missbrauchskontrolle.[31]

Der Wegfall der unmittelbar personellen Verantwortlichkeit der Regierung als nur eine von mehreren parlamentarischen Kontrollmöglichkeiten bedeutet also nicht automatisch, dass die parlamentarische Kontrolle in Gänze unmöglich wird. Kein Argument ergibt sich jedenfalls daraus, dass die Effektivität parlamentarischer Kontrolle für konkretes Verwaltungshandeln auch schon im Regelmodell zweifelhaft sei.[32] Denn aus der Tatsache, dass parlamentarische Kontrolle in der Regel als Missbrauchskontrolle wirkt und somit in der Praxis nicht flächendeckend existiert, folgt nicht, dass diese Kontrollform als solche stumpf oder unwirksam ist. Schon in der theoretischen Möglichkeit einer Einzelfallkontrolle liegt ein disziplinierendes Element.

[27] Vgl. unten § 12, III.

[28] Dazu siehe auch *T. Puhl*, Entparlamentarisierung und Auslagerung staatlicher Entscheidungsverantwortung, in: Isensee/Kirchhof (Hrsg.), HStR, Bd. III, 3. Auflage, Heidelberg 2005, § 48, Rn. 41.

[29] Darstellung bei *Oebbecke* (Fn. 3), 124.

[30] Dazu *A. v. Mutius*, Die Steuerung des Verwaltungshandelns durch Haushaltsrecht und Haushaltskontrolle, VVDStRL (42) 1984, 147.

[31] *G. Püttner*, Verwaltungslehre, 4. Auflage, München 2007, 289 („ad-hoc Kontrolle"). *Oebbecke* (Fn. 3), 101. *W. Kahl*, Begriff, Funktionen und Konzepte von Kontrolle, in: Hoffmann-Riem/Schmidt-Aßmann/Voßkuhle (Hrsg.), GVwR, Bd. III, 2. Auflage, München 2013, § 47, Rn. 73 ff.

[32] So aber *Groß* (Fn. 3), 188 mit Bezugnahme auf *R. Poscher*, Die Opposition als Rechtsbegriff, AöR 122 (1997), 444 (453). *W. Krebs*, Kontrolle in staatlichen Entscheidungsprozessen – ein Beitrag zur rechtlichen Analyse von gerichtlichen, parlamentarischen und Rechnungshof-Kontrollen, Heidelberg 1984, 166.

Richtig ist wiederum die Rekonstruktion des Effektivitätsproblems als Informationsproblem:[33] Einzelfälle gelangen in der Regel erst durch Skandale und Medienberichte in den Fokus des Parlaments. Hier wird deutlich, wie Ministerialfreiheit zu einem Problem parlamentarischer Kontrolle wird. Die Regierung wirkt im Regelmodell als Scharnier für die Informationsweitergabe für Vorgänge in der Verwaltung ans Parlament, zu denen sie privilegierten Zugang besitzt.[34] Fällt ein solcher parlamentarischer Ansprechpartner für konkrete Vorgänge weg, verändert sich die Art und Weise, wie das Parlament an Informationen gelangt. Dies gilt weniger für die fachweisungsfreien Einheiten in der unmittelbaren Staatsverwaltung, bei denen das Steuerungsproblem das Informationsproblem überwiegt, als vielmehr für die vielen Formen der organisatorischen Verselbständigungen.

Gleichzeitig steht dem Parlament in der Theorie die Möglichkeit zu, die Kontrolle auch ohne den Weisungsbezug effektiv wahrzunehmen.[35] Es kann den Behörden etwa umfassende Berichtspflichten auferlegen, Genehmigungsvorbehalte normieren oder die Budgetsteuerung intensivieren.[36] Es könnte darüber hinaus über den institutionellen Gesetzesvorbehalt bessere Kontrollbedingungen für die Exekutive einräumen und damit die Regierung wiederum indirekt in die Pflicht nehmen.[37] Um diese Instrumente zur Wirksamkeit zu bringen, müssten sie aber institutionalisiert und sanktionierbar werden. Negative Evaluationen an sich können keine oppositionellen Interventionsrechte ersetzen.[38] Erforderlich wäre ein bestenfalls gesamtparlamentarischer (und nicht nur auf die Opposition reduzierter) Wille, die Kontrollmöglichkeit der Exekutive auch tatsächlich wahrzunehmen. Dies wiederum würde – was jenseits der Perspektive dieser Arbeit liegt – ein auf gesamtstaatliche Verantwortung erweitertes parlamentarisches Selbstverständnis erfordern.

---

[33] *Groß* (Fn. 3), 188.

[34] Dazu ausführlich siehe oben.

[35] Dazu *Puhl* (Fn. 28), in: Isensee/Kirchhof, § 48, Rn. 45.

[36] *Puhl* (Fn. 28), in: Isensee/Kirchhof, § 48, Rn. 45.

[37] Entsprechendes wird insbesondere bei den privatrechtlichen Organisationsformen vorgeschlagen. Dazu siehe unten. *Puhl* (Fn. 28), in: Isensee/Kirchhof, § 48, Rn. 45.

[38] Überzeugend *K.F. Gärditz*, Die Organisation der Wirtschaftsverwaltung, in: Schmidt/Wollenschläger (Hrsg.), Kompendium Öffentliches Wirtschaftsrecht, 5. Auflage, Berlin 2019, 173 (193) mit Kritik an *T. Groß*, Unabhängige EU-Agenturen – eine Gefahr für die Demokratie?, JZ 2012, 1089 (1092), der sich allerdings auf die unionsrechtliche Ebene bezieht. Zu dieser wiederum *A. Kley*, Kontexte der Demokratie: Herrschaftsausübung in Arbeitsteilung, VVDStRL (77) 2018, 125 (148 ff.).

3. Korrelation von Letztentscheidungsermächtigungen und zurückgenommenem gerichtlichen Kontrollmaßstab

Kontrollknicke bestehen zum Teil auch im Hinblick auf die gerichtliche Kontrolle der weisungsfreien Entscheidungen. Schon die klassische verwaltungsrechtliche Dogmatik kennt bestimmte administrative Letztentscheidungsermächtigungen, die sich als Kontrollknicke darstellen.[39] Kollegiale Prüfungsentscheidungen, die Beteiligung der Personalvertretung bei beamtenrechtlichen Beurteilungen oder auch die Fallgruppe der prüfungsähnlichen Fachbegutachtungen kombinieren die dargestellten Einflussknicke mit *zusätzlichen* Kontrollknicken.[40] Hier ist viel in Bewegung, was grundsätzlich darauf hindeutet, dass das Bundesverwaltungsgericht und das Bundesverfassungsgericht die Problemlage kumulativer Einfluss- und Kontrollknicke bei komplexen Entscheidungssituationen in der öffentlichen Verwaltung erkannt haben.[41]

Nach der klassischen Ansicht des Bundesverwaltungsgerichts konnte im Sinne der normativen Ermächtigungslehre eine administrative Letztentscheidungsbefugnis besonders dann angenommen werden, wenn die Entscheidung einem kollegialen und/oder kondominialen Gremium übertragen war.[42] Kürzlich hat das Gericht diese Rechtsprechung jedoch am Beispiel der *Bundesprüfstelle für jugendgefährdende Medien* korrigiert.[43] Kollegiale und/oder kondominiale Entscheidungsfindung soll demnach nicht *per se* die gerichtliche Kontrolle ausschließen.

Weiter von der gerichtlichen Prüfung ausgenommen sind jedoch Gesetzesbegriffe, die sich auf die Rezeption von technischen Regeln beziehen. Hier hat das Gericht nur eine Plausibilitätskontrolle vorzunehmen und soll – wenn sich keine evidente Meinungsverschiedenheit aufdrängt – von einer eigenen Nach-

---

[39] Siehe auch *Groß* (Fn. 3), 325 zur Kontrolldichte bei Kollegialorganen.

[40] Ferner für die Richterwahlausschüsse *T. Groß*, Verfassungsrechtliche Möglichkeiten und Begrenzungen für eine Selbstverwaltung der Justiz, ZRP 1999, 361 (364).

[41] *Schmidt-Aßmann*, in: Dürig/Herzog/Scholz (Hrsg.), Grundgesetz Kommentar, München, 95. EL Juli 2021, Art. 19 IV, Rn. 191 weist richtig darauf hin, dass es hier um Entscheidungssituationen geht: „Die gesamte Typologie dient dazu, auf unterschiedliche Entscheidungssituationen aufmerksam zu machen, in denen sich die Verwaltung bei der Anwendung der jeweiligen fachrechtlichen Ermächtigung befindet. Sie hat heuristische Bedeutung, ist aber weder erschöpfend noch auf dogmatische Trennschärfe angelegt."

[42] Siehe dazu die Hinweise bei *Schmidt-Aßmann*, in: Dürig/Herzog/Scholz (Fn. 41), Art. 19 IV, Rn. 196. Zum Argument insbesondere *Groß* (Fn. 3), 324 ff.

[43] BVerwG, Indizierung jugendgefährdender Kunst – Das „Bushido"-Urteil, NVwZ 2020, 233 (235). Dazu *M. Liesching*, Jugendschutz versus Kunstfreiheit, NJW 2020, 735 (735 f.); *A.-K. Kenkmann*, Abschied von der klassischen Fallgruppe des Beurteilungsspielraums von pluralistischen, weisungsfreien Gremien?, DÖV 2020, 565. Zur Prüfstelle bereits *B. Brockhorst*, Die Bundesprüfstelle für jugendgefährdende Schriften, in: Sommermann (Hrsg.), Gremienwesen und staatliche Gemeinwohlverantwortung, Beiträge zu einem Forschungssymposium des Forschungsinstituts für Öffentliche Verwaltung am 27. und 28. April in Speyer, Berlin 2001, 95–100.

forschung absehen.[44] So entstehen jedoch freilich – zusätzlich zur meist kollegialen Normentstehung – weitere Kontrollknicke.

Im zunehmend unionsrechtlich überformten Regulierungsrecht ist durch die Rechtsfigur des „Regulierungsermessens" ein weiterer Kontrollknick entstanden. Der Begriff beschreibt eine allgemeine und nicht fallspezifische Begrenzung der gerichtlichen Kontrolldichte von Regulierungsentscheidungen und passt damit die Letztentscheidungsdogmatik im Verwaltungsrecht zu Gunsten der Behörde und zu Lasten von Kontrollknicken an.[45] Umstritten ist jedoch einerseits, ob das Regulierungsermessen sich aus seinem Ursprung in der Telekommunikationsregulierung zu einer allgemeinen Argumentationsfigur in der Netzregulierung entwickelt hat.[46] Andererseits könnte eine ganz grundsätzliche Verschiebung von Entscheidungsmodellen auch verfassungsrechtlich problematisch sein. Ganz allgemein ist jedoch eine Offenheit der Verfassung gegenüber vom Unionsrecht vorgegebenen Letztentscheidungsermächtigungen jedenfalls dann anzunehmen,[47] wenn hinreichende Gründe dafür vorliegen.

Festzuhalten ist jedenfalls, dass typische Kontrollknicke immer dann entstehen, wenn auch Einflussknicke vorliegen. Dies mag mit ihrer Komplexität zusammenhängen, ist jedoch gleichzeitig problematisch, da exekutive Entscheidungsspielräume gewissermaßen von beiden Seiten erweitert werden.[48] Auch bei einer möglichen Rechtfertigung sind diese Kumulationen mithin zu berücksichtigen. Aus ihnen ergibt sich insbesondere das Erfordernis Einfluss- und Kontrollknicke in bestimmten Fällen *gemeinsam* zu beurteilen.

---

[44] Zusammenfassend *Schmidt-Aßmann*, in: Dürig/Herzog/Scholz (Fn. 41), Art. 19 IV, Rn. 203 ff. Siehe auch *L. Gisberts/M. Gayger*, Sichere Produkte ohne technische Normen. Anforderungen an neuartige Produkte wie autonome Systeme, NVwZ 2019, 1491 (1492).

[45] Dazu einführend *H. Maurer/C. Waldhoff*, Allgemeines Verwaltungsrecht, 20. Auflage, München 2020, § 7, Rn. 65. Ins System der Letztentscheidungen einordnend: *M. Ludwigs*, Kontrolldichte der Verwaltungsgerichte, DÖV 2020, 405 (405). Zur Verkürzung der Kontrollreichweite auch *T. Mayen*, Unabhängige Verwaltungsbehörden in der europäischen Mehrebenen-Verbundverwaltung, in: Kirchhof (Hrsg.), Umwelt und Planung. Anwalt im Dienst von Rechtsstaat und Demokratie. Festschrift für Klaus-Peter Dolde zum 70. Geburtstag, München 2014, 39 (45, 60 ff.). Ausführlich *M. Wendel*, Verwaltungsermessen als Mehrebenenproblem – zur Verbundstruktur administrativer Entscheidungsspielräume am Beispiel des Migrations- und Regulierungsrechts, Tübingen 2019.

[46] Dafür *M. Ludwigs*, Netzregulierung (mit Schwerpunkt TKG), in: Schmidt/Wollenschläger (Hrsg.), Kompendium Öffentliches Wirtschaftsrecht, 5. Auflage, Berlin 2019, 527 (625). Dazu auch *M. Ludwigs*, Konvergenz oder Divergenz der Regulierung in den Netzwirtschaften – Zur Herausbildung allgemeiner Grundsätze im Recht der Regulierungsverwaltung, in: ders. (Hrsg.), Regulierender Staat und konfliktschlichtendes Recht, Festschrift für Matthias Schmidt-Preuß zum 70. Geburtstag, Berlin 2018, 689 (706 ff.). Dagegen *Schmidt-Aßmann*, in: Dürig/Herzog/Scholz (Fn. 41), Art. 19 IV, Rn. 216 b.

[47] *E. Schmidt-Aßmann*, Das Allgemeine Verwaltungsrecht als Ordnungsidee. Grundlagen und Aufgaben der verwaltungsrechtlichen Systembildung, 2. Auflage, Berlin/Heidelberg 2006, 218. Diskussion (allerdings zur alten Rechtslage) bei *T. v. Danwitz*, Verwaltungsrechtliches System und europäische Integration, Tübingen 1996, 326 ff.

IV. Veranschaulichung

Wie besprochen produziert die unselbständig weisungsfreie Aufgabenwahrnehmung gewisse typische Konstellationen, die sich als Einfluss- und Kontrollknicke charakterisieren lassen. Das Ziel der Präsentation verschiedener Anwendungsfälle ist es, diese allgemeinen Muster an Beispielen zu veranschaulichen und in dieser Weise auf bestimmte Problemlagen in der Praxis hinzuweisen. Jede der dargestellten Konstellationen stellt im Staatsaufbau jedoch gewissermaßen einen „Sonderfall" dar, der wiederum bereichsspezifische Besonderheiten aufweist. Ein Systematisierungsanspruch kann aufgrund dieser Pluralität an Zielen und Modellen nur fehlgehen. Die Darstellung streift zwar die verschiedenen sachbereichsspezifischen Probleme, konzentriert sich aber im Übrigen auf die für diese Untersuchung wesentlichen Aspekte.

1. Weisungsfrei-monokratische Entscheidungsfindung in unselbständigen Verwaltungsstellen

Die kollegiale Entscheidungsfindung ist bei der weisungsfreien unselbständigen Aufgabenwahrnehmung zwar die Regel, aber teils sind auch monokratische Entscheidungsformen vorgesehen, die meist als Erstbefassungsstellen den Kollegialorganen vorgeschaltet wirken, dennoch aber durch die leitende Funktion der Erstbefassung Staatsgewalt ausüben.

a) Beispiel: Bundesstelle für Seeunfalluntersuchung

Die Bundesstelle für Seeunfalluntersuchung ist nach § 12 Abs. 1 SUG (Seesicherheits-Untersuchungs-G) eine Bundesoberbehörde im Geschäftsbereich des Bundesministeriums für Verkehr und digitale Infrastruktur, der die amtliche Sicherheitsuntersuchung von Seeunfällen obliegt.[49] Die Bundesstelle für

---

[48] *Schmidt-Aßmann* argumentiert zutreffend: „Die Verknüpfung einer Beurteilungsermächtigung mit der Entscheidungsbefugnis *pluralistisch zusammengesetzter Organe* ist jedoch kein verallgemeinerungsfähiger Gedanke. Es kann nämlich sein, dass der Gesetzgeber wegen der Gefahr, in solchen Gremien mehr als in der allgemeinen Verwaltung unsachliche Interessenverquickungen anzutreffen, umgekehrt gehalten ist, gerade hier eine vollständige gerichtliche Kontrolle vorzusehen." *Schmidt-Aßmann*, in: Dürig/Herzog/Scholz (Fn. 41), Art. 19 IV, Rn. 196. Ähnlich auch *K.F. Gärditz*, Europäisches Regulierungsverwaltungsrecht auf Abwegen, AöR 135 (2010), 251 (277 f.). *F. Meinel*, Verselbstständigte Verwaltungseinheiten, unabhängige Agenturen und ministerialfreie Räume, in: Kahl/Ludwigs (Hrsg.), Handbuch des Verwaltungsrechts, Bd. III, Verwaltung und Verfassungsrecht, Heidelberg 2022, § 61, Rn. 43.

[49] *W. Steingröver*, in: Herber/Schmidt (Hrsg.), Münchener Kommentar zum HGB, Bd. VII, 4. Auflage, München 2020, Vorbemerkungen zu §§ 570–573 HGB, Rn. 35–41. Dazu auch *J. Schmidt*, Die demokratische Legitimationsfunktion der parlamentarischen

Seeunfalluntersuchung ist das Resultat eines im Einklang mit den IMO-Richtlinien umgestalteten Systems der öffentlich-rechtlichen Seeunfalluntersuchung, im Zuge dessen die Kompetenz von den Seeämtern auf eine unabhängige Stelle verlagert wurde.[50] § 1 Nr. 4a des SeeAufG (SeeaufgabenG) weist über Art. 87 Abs. 1 S. 1 und Art. 89 Abs. 2 S. 3 GG dem Bund die Verwaltungskompetenz für die Untersuchung von Seeunfällen zu.

Die Bundesstelle wird gemäß § 12 Abs. 1 S. 3 iVm Abs. 4 SUG von einem Direktor geleitet, dem die Untersuchungsführer und deren unmittelbare Mitarbeiter unterstellt sind. In Untersuchungsfällen, denen keine hervorgehobene Bedeutung zukommt (vgl. § 32 Abs. 1 SUG), ist die abschließende Feststellung des Untersuchungsberichts hierarchisch auf den Direktor hin zugeschnitten, Art. 12 Abs. 4 S. 1 SUG. Einflussknicke ergeben sich hier also insbesondere durch die Weisungsfreiheit des Direktors (vgl. § 12 Abs. 3 SUG)[51], der den Bezugspunkt der nach § 12 Abs. 1 SUG garantierten funktionellen und organisatorischen Unabhängigkeit der Bundesstelle bildet. Nur in besonders herausgehobenen Fällen wird nach § 32 Abs. 1 SUG auf eine kollegiale Untersuchungskammer unter Leitung des Untersuchungsführers umgestellt.

Die Untersuchungsberichte der Bundesstelle haben dabei mangels Außenwirkung keine Qualität als Verwaltungsakt.[52] Gleichzeitig haben die Beteiligten in der Regel ein Interesse an einer bestimmten Berichtsfassung, da diese im Rahmen von nachfolgenden Gerichtsverfahren herangezogen werden können. Dem schafft § 27 Abs. 4 SUG Abhilfe, der eine Anhörungsmöglichkeit vor Veröffentlichung des Berichtsentwurfs bereitstellt. Die Bundesstelle soll dabei explizit keine Aussagen zum Verschulden treffen. In der Praxis ist dies natürlich fernliegend, da mit der Feststellung konkreten menschlichen Verhaltens auch Verschulden aufgedeckt wird.[53] Die Bundesstelle hat damit ähnlich wie

Kontrolle – eine verfassungsrechtliche Untersuchung über Grundlage, Gegenstand und Grenzen der parlamentarischen Kontrolle unter besonderer Berücksichtigung der ministerialfreien Räume und der Privatisierung, Berlin 2007, 216 ff. Ferner *J. Paulsen*, Zur Reform des Seeunfalluntersuchungsverfahrens. Eine Zusammenfassung der Kernpunkte der Reformdiskussion, TranspR 2002, 65; *P. Ehlers*, Das neue Seeunfalluntersuchungsrecht, NordÖR 2002, 391. Eine ähnliche Gestaltung weist die Bundesstelle für Flugunfalluntersuchungen auf. Dazu *G. Hermes*, in: Dreier (Hrsg.), Grundgesetz Kommentar, Bd. III, 3. Auflage, Tübingen 2018, Art. 87d, Rn. 31.

50 *W. v. Unruh*, Seeunfalluntersuchung in Deutschland – ausreichender Rechtsschutz?, NordÖR 2019, 108.

51 § 12 Abs. 3 SUG lautet: Weisungen hinsichtlich der Einleitung oder Nichteinleitung sowie des Inhalts und des Umfangs einer Untersuchung sowie des Untersuchungsberichts oder der Sicherheitsempfehlungen dürfen der Bundesstelle nicht erteilt werden; die Bundesstelle darf gleichwohl erteilte Weisungen nicht befolgen.

52 *Steingröver*, in: Herber/Schmidt (Fn. 49), Vorbemerkungen zu §§ 570–573 HGB, Rn. 40.

53 So auch *Steingröver*, in: Herber/Schmidt (Fn. 49), Vorbemerkungen zu §§ 570–573 HGB, Rn. 41.

Staatsanwaltschaften auf der einen Seite eine bestimmte Rolle im Ermittlungsverfahren und übernimmt auf der anderen Seite durch die privilegierte Tatsachenfeststellung quasi-judikative Funktionen.

b) Beispiel: Prüfabteilungen und Widerspruchsausschüsse des Bundessortenamts

Nach § 16 Abs. 1 SortSchG (SortenschutzG) ist das Bundessortenamt eine selbständige Bundesoberbehörde im Geschäftsbereich des Bundesministeriums für Ernährung und Landwirtschaft.[54] Es ist nach § 16 Abs. 2 SortSchG für die Erteilung des Sortenschutzes und die hiermit zusammenhängenden Angelegenheiten zuständig, führt die Sortenschutzrolle und prüft das Fortbestehen der geschützten Sorten nach. Die Prüfabteilungen bestehen nach § 19 Abs. 1 SortSchG aus einem vom Präsidenten bestimmten fachkundigen Mitglied des Bundessortenamtes. Sie sind nach § 18 Abs. 2 SortSchG zuständig für die Entscheidung über Sortenschutzanträge, Einwendungen gegen die Erteilung des Sortenschutzes, Änderung der Sortenbezeichnung, Erteilung eines Zwangsnutzungsrechtes sowie die Rücknahme und den Widerruf der Erteilung des Sortenschutzes.

Sind nach § 19 Abs. 2 SortSchG qualifizierte Drittinteressen betroffen, stellt die Prüfabteilung auf einen kollegialen Entscheidungsmodus um. In diesen Fällen entscheidet die Prüfabteilung in der Besetzung von drei Mitgliedern des Bundessortenamtes, die der Präsident bestimmt und von denen eines rechtskundig sein muss. Ministerielle Weisungsrechte über die Entscheidung des Bundessortenamts sind gesetzlich nicht geregelt. Hier bietet sich eine Analogie zur (in der Literatur überwiegend angenommenen) Weisungsfreiheit des Bundespatentamts an.[55] Im Hinblick auf die gerichtliche Kontrolle der Entscheidungen des Bundessortenamts hat das Bundesverwaltungsgericht bei Entscheidungen der Sortenausschüsse, die den Begriff des „landeskulturellen Werts" einer angemeldeten Sorte betreffen, eine Beurteilungsermächtigung angenommen.[56]

2. Kondominialverwaltung

Die Kondominialverwaltung kennt wiederum verschiedene Typen, die meist nach den zugrundeliegenden Zwecken der Entscheidungsbeteiligung Privater

---

[54] *H. Röder-Hitschke*, Sortenschutzrecht, in: Götting/Meyer/Vormbrock (Hrsg.), Gewerblicher Rechtsschutz und Wettbewerbsrecht, 2. Auflage, Baden-Baden 2020, § 17, Rn. 1 ff.; *M. Köller*, in: Metzger/Zech (Hrsg.), Sortenschutzrecht Kommentar, München 2016, § 16, Rn. 1 ff. Beispiel und Diskussion bei *Groß* (Fn. 3), 95.

[55] *Groß* (Fn. 3), 95.

[56] BVerwGE 62, 330 (337 ff.).

organisiert sind.[57] Dominant sind technische Ausschüsse und Gremien sowie die Betroffenenbeteiligung, die wiederum teils über Verbände organisiert ist. Die hier vorgestellten Beispiele kombinieren diese Merkmale.

a) Beispiel: Kerntechnischer Ausschuss

Der Kerntechnische Ausschuss hat nach § 2 BekKerntechAussch (Neufassung der Bekanntmachung über die Bildung eines Kerntechnischen Ausschusses v. 26. November 2012) die Aufgabe, auf Gebieten der Kerntechnik, bei denen sich aufgrund von Erfahrungen eine einheitliche Meinung von Fachleuten der Hersteller, Ersteller und Betreiber von Atomanlagen, der Gutachter und Behörden abzeichnet, für die Aufstellung sicherheitstechnischer Regeln zu sorgen und deren Anwendung zu fördern.[58] Er ist organisatorisch im Wirkbereich des Bundesministeriums für Umwelt, Naturschutz, nukleare Sicherheit und Verbraucherschutz angegliedert. Nach § 3 BekKerntechAussch besteht der Ausschuss aus insgesamt 35 Mitgliedern, die sich aus wiederum 5 Fraktionen zu 7 Mitgliedern zusammensetzen. Hier sind Hersteller, Betreiber, Vertreter der Fachbehörden, Gutachter und allgemeine Behördenvertreter nach einem vorgegebenen Schlüssel vertreten. Für die Verabschiedung seiner Regeln ist nach § 6 Abs. 3 BekKerntechAussch eine Mehrheit von fünf Sechsteln der Mitglieder erforderlich. Jeder Fraktion kommt (gemeinsame Stimmabgabe vorausgesetzt) damit eine Sperrminorität zu. Wie aus den Verfahrensregeln des § 7 BekKerntechAussch hervorgeht, hat demgegenüber der Ressortminister weder eine Weisungsmöglichkeit noch ein Vetorecht. Obwohl die Regeln des Kerntechnischen Ausschusses nicht rechtlich bindend sind, kommt ihnen im Rahmen gerichtlicher Überprüfungen die Funktion antizipierter Sachverständigengutachten zu.[59] Sie haben damit faktische Außenwirkung, da das Gericht nur eine Plausibilitätskontrolle vorzunehmen hat. Es soll – wenn sich keine evidente Meinungsverschiedenheit aufdrängt – von einer eigenen Nachforschung absehen.[60] So entstehen jedoch freilich – zusätzlich zur meist kollegialen Normentstehung – weitere Kontrollknicke.

---

[57] *Trute* (Fn. 15), in: Hoffmann-Riem/Schmidt-Aßmann/Voßkuhle, § 6, Rn. 70: partizipativ, korporativ, professionell.

[58] Zu Unabhängigkeitsfragen im Atomrecht, vgl. *J. Hellermann*, Unabhängigkeit der Behörden als Ausfluss des Trennungsprinzips oder im Sinne von Weisungsfreiheit?, in: Burgi (Hrsg.), 14. Deutsches Atomrechtssymposium, Baden-Baden 2013, 127–139.

[59] Zu der damit verbundenen Problematik, siehe auch *H.A. Wolff*, in: Sodan/Ziekow (Hrsg.), Verwaltungsgerichtsordnung Großkommentar, 5. Auflage, Baden-Baden 2018, § 114, Rn. 380, 381.

[60] Zusammenfassend *Schmidt-Aßmann*, in: Dürig/Herzog/Scholz (Fn. 41), Art. 19 IV, Rn. 203 ff. Siehe auch *Gisberts/Gayger* (Fn. 44), 1492.

b) Beispiel: Bundesprüfstelle für jugendgefährdende Medien

In einem besonderen verfassungsrechtlichen Spannungsfeld zwischen Kommunikationsfreiheiten und deren Schranken steht der Jugendmedienschutz, für dessen Verwirklichung die organisatorische Ausgestaltung zentral erscheint.[61] § 17 Abs. 1 JuSchG bestimmt die Bundesprüfstelle für jugendgefährdende Medien als eine selbständige Bundesoberbehörde, die dem Bundesministerium für Familie, Senioren, Frauen und Jugend nachgeordnet ist.[62] Nach § 24 JuSchG ist Aufgabe der Prüfstelle, eine Liste von Medien mit jugendgefährdenden Inhalten zu führen („Index"). Dazu wird nach § 19 Abs. 1 iVm Abs. 5 JuSchG ein Entscheidungsorgan aus einem hauptamtlichen Vorsitzenden, acht Beisitzern und drei Ländervertretern gebildet. Die Beisitzer sind nach § 19 Abs. 2 JuSchG aus den Kreisen der Kunst, der Literatur, des Buchhandels und der Verlegerschaft, der Anbieter von Bildträgern und von Telemedien, der Träger der freien Jugendhilfe, der Träger der öffentlichen Jugendhilfe, der Lehrerschaft und der Kirchen, der jüdischen Kultusgemeinden und anderer Religionsgemeinschaften, die als Körperschaften des öffentlichen Rechts organisiert sind, zu bestimmen, wobei den jeweiligen Gruppen über Verbände ein Vorschlagsrecht (näher: § 20 JuSchG) zukommt. Eine Indizierung erfordert nach § 19 Abs. 6 JuSchG eine Zustimmung von 7 Mitgliedern. An Weisungen sind die Mitglieder nach § 19 Abs. 4 JuSchG explizit nicht gebunden.[63]

Nachdem das Bundesverwaltungsgericht zunächst von einer Beurteilungsermächtigung bei der Indizierung ausgegangen war,[64] hat es selbst dann an der Rechtsfigur festgehalten,[65] nachdem das Bundesverfassungsgericht im Hinblick auf die Abwägung zwischen Kunstfreiheit und Jugendschutz eine vollständige Prüfung verlangte.[66] Kürzlich hat es diese Rechtsprechung jedoch im Hinblick auf die Bundesprüfstelle korrigiert und hat das Vorliegen einer Beurteilungsermächtigung richtigerweise von der kollegialen Organisationsform entkoppelt.[67]

---

[61] Vgl. *M. Cornils*, „Staatsferner" Jugendmedienschutz als Verfassungsgebot: ein Missverständnis, DÖV 2022, 1 (6 ff.), der richtig davon ausgeht, dass die engen Voraussetzungen der Rundfunkfreiheit keine Anwendung finden.

[62] Darstellung auch bei *Schmidt* (Fn. 49), 208 ff. Zur verfassungsrechtlichen Beurteilung auch *Dederer* (Fn. 5), 274.

[63] Details bei *Schmidt* (Fn. 49), 209.

[64] BVerwGE 39, 197 (203 f.).

[65] BVerwGE 91, 211 (215 f.).

[66] BVerfGE 83, 130 (145 ff.). Hinweise auch bei *Schmidt-Aßmann*, in: Dürig/Herzog/Scholz (Fn. 41), Art. 19 IV, Rn. 196.

[67] BVerwGE 235, 19. Dazu *Liesching* (Fn. 43), 735 f.; *Kenkmann* (Fn. 43), 565 ff.

3. Unionsrechtlicher Einfluss

Die aktuellsten Beispiele für die in der unmittelbaren Staatsverwaltung erscheinenden Fälle der Weisungsfreiheit finden sich aufgrund der unionsrechtlichen Überformung des allgemeinen Verwaltungsrechts.[68] Auch wenn das Verwaltungsorganisationsrecht eine nationale Domäne ist, verlangen sachbereichsspezifische Regelungen und das Loyalitätsgebot des Art. 4 Abs. 3 EUV eine Offenheit staatlicher Organisation gegenüber unionsrechtlichen Steuerungsanweisungen.[69] Eine besondere Problemkonstellation der Weisungsfreiheit ist im Bereich der Regulierungsbehörden in den Bereichen Post, Telekommunikation, Energie und Eisenbahn sowie den Kontrollstellen für den Datenschutz entstanden, bei denen die Anforderung der Unabhängigkeit vor allem unionsrechtlicher Herkunft ist.[70]

---

[68] Historische Einordnung des Europäisierungsprozesses bei *F. Schorkopf*, Europäisierung der deutschen Verwaltungsrechtswissenschaft, in: Kahl/Ludwigs (Hrsg.), Handbuch des Verwaltungsrechts, Bd. II, Grundstrukturen des europäischen und internationalen Verwaltungsrechts, Heidelberg 2021, § 31, Rn. 10 ff. Diese Konstellation wird ferner hervorgehoben von *M. Ruffert*, Europäisierung des Verwaltungsrechts, in: v. Bogdandy/Cassese/Huber (Hrsg.), Handbuch Ius Publicum Europaeum, Bd. V, Heidelberg 2014, § 94, Rn. 29 ff.

[69] Klassisch herausgearbeitet von *A. Hatje*, Die gemeinschaftsrechtliche Steuerung der Wirtschaftsverwaltung, Baden-Baden 1998, 111 ff. und bei *W. Kahl*, Europäisches und nationales Verwaltungsorganisationsrecht. Von der Konfrontation zur Kooperation, Die Verwaltung 1996, 341 (348 ff.). Jüngst *M. Ludwigs*, Europäisierung des Verwaltungsrechts, in: Kahl/Ludwigs (Hrsg.), Handbuch des Verwaltungsrechts, Bd. I, Grundstrukturen des deutschen Verwaltungsrechts, Heidelberg 2021, § 8, Rn. 26. *R. Streinz*, Indirekter Vollzug und Verfahrensautonomie, in: Kahl/Ludwigs (Hrsg.), Handbuch des Verwaltungsrechts, Bd. II, Grundstrukturen des europäischen und internationalen Verwaltungsrechts, Heidelberg 2021, § 45, Rn. 52. *J. Suerbaum*, Verwaltungskompetenzen und Vollzugsformen, in: Kahl/Ludwigs (Hrsg.), Handbuch des Verwaltungsrechts, Bd. III, Verwaltung und Verfassungsrecht, Heidelberg 2022, § 81, Rn. 16. Hinweise auch bei *S. Tietje*, Die Staatsrechtslehre und die Veränderung ihres Gegenstandes: Konsequenzen von Europäisierung und Internationalisierung, DVBl. 2003, 1081 (1090). Dazu ferner problematisierend *C. Heller/U. Hufeld*, Der Grundsatz der nationalstaatlichen Organisations- und Finanzhoheit: Wie weit trägt er im Verhältnis zum Europarecht?, in: Gabriel/Müller-Graff/Steger (Hrsg.), Kommunale Aufgaben im Europäischen Binnenmarkt, Baden-Baden 2010, 67–82 sowie bei *S. Augsberg*, Autonomie und Unabhängigkeit: Unionale Einflüsse auf das nationale Verwaltungsorganisationsrecht, in: Kröger/Pilniok, Unabhängiges Verwalten in der europäischen Union, Tübingen 2016, 19 (19 ff.). Im Hinblick auf das Recht der Infrastrukturregulierung *J. Gundel*, Konturen eines europäischen Status der nationalen (Infrastruktur-) Regulierungsbehörden: Reichweite und Konsequenzen der Unabhängigkeitsvorgabe, EWS 2017, 301–309.

[70] Allgemein schon *J. Masing*, Grundstrukturen eines Regulierungsverwaltungsrechts – Regulierung netzbezogener Märkte am Beispiel Bahn, Post, Telekommunikation und Strom, Die Verwaltung 2003, 1–32. Zum Datenschutz etwa *I. Spiecker gen. Döhmann*, Anmerkungen zu EuGH Rs. C-518/07 – Unabhängigkeit der Datenschutzaufsichtsbehörde im nichtöffentlichen Bereich, JZ 2010, 787; *H.A. Wolff*, Die „völlig unabhängige" Aufsichtsbehörde. Zum Urteil des EuGH vom 09.03.2010 – C-518/07, in: Mehde/Ramsauer/Seckelmann (Hrsg.), Staat, Verwaltung, Information, Festschrift für Hans Peter Bull, Berlin 2011, 1071 (1075 ff.). *G. Hermes*, Legitimationsprobleme unabhängiger Behörden, in: Bauer/Huber/Sommermann (Hrsg.), Demokratie in Europa, Bd. I, Verfassungsentwicklung in Europa,

Das Unionsrecht hat seine Vorstellung von unabhängiger Entscheidungsfindung dabei eng an dem US-amerikanischen Wirtschaftsverwaltungsmodell der sog. *independent agencies* ausgerichtet.[71] Zu Reibungen führt der Import dabei freilich, da der Aufbau auf das US-amerikanische Verhältnis von Politik und Verwaltung mit all seinen Besonderheiten ausgerichtet ist. *Ex-ante* Legitimation wird hier als gleichwertig mit *ex-post* parlamentarischer Kontrolle eingestuft, was im Vergleich zum deutschen Modell zu Spannungen führt.[72]

a) Beispiel: Nationale Datenschutzkontrollstellen

Ein Beispielsfall für die unionsrechtliche Überformung des Verwaltungsrechts ist die unionsrechtliche Anforderung der „vollständigen Unabhängigkeit" der nationalen Datenschutzkontrollstellen.[73] Art. 51 Abs. 1 DSGVO bestimmt, dass jeder Mitgliedsstaat eine oder mehrere unabhängige Aufsichtsbehörden für die Überwachung der Anwendung der Verordnung errichtet. Nach Art. 52 Abs. 1 DSGVO handelt die Aufsichtsbehörde bei der Erfüllung ihrer Aufgaben und bei der Ausübung ihrer Befugnisse völlig unabhängig. Primärrechtlich ist die Unabhängigkeit der Datenschutzaufsicht schon seit dem Lissabon-Vertrag in Art. 16 Abs. 2 S. 2 AEUV und Art. 8 Abs. 3 GRCh garantiert.[74] Diese Vorgaben, die in den Art. 51–54 DSGVO personell, institutionell und sachlich weiter spezifiziert werden, bedeuten zunächst einen erheblichen Eingriff in die Organisationsautonomie der Mitgliedsstaaten.[75] Mit §§ 8–16 BDSG n.F. wurden diese Vorgaben in deutsches Organisationsrecht umgesetzt.

Tübingen 2005, 457 (459); *M. Ludwigs*, Die Bundesnetzagentur auf dem Weg zur Independent Agency? Europarechtliche Anstöße und verfassungsrechtliche Grenzen, Die Verwaltung 2011, 41. Für die Wirtschaftsverwaltung: Darstellung auch bei *W. Kluth*, Organisation der Wirtschaftsverwaltung, in: Ehlers/Fehling/Pünder (Hrsg.), Besonderes Verwaltungsrecht, Bd. I, Öffentliches Wirtschaftsrecht, 4. Auflage, Heidelberg u.a. 2019, § 12, 366 (371).

[71] So vergleichend *Ludwigs* (Fn. 70), (42 ff.). Dazu ferner *J. Ruthig*, Gewährleistungs- und Regulierungsverwaltung, in: Kahl/Ludwigs (Hrsg.), Handbuch des Verwaltungsrechts, Bd. I, Grundstrukturen des deutschen Verwaltungsrechts, Heidelberg 2021, § 22, Rn. 20 ff.

[72] Dazu auch noch unten §§ 12, 13. Ganz anders bei *Ruthig* (Fn. 71), in: Kahl/Ludwigs, § 22, Rn. 26, der aber nach hier vertretener Ansicht die Legitimationswirkung parlamentarischer *ex-post* Kontrolle überbetont.

[73] Vgl. aber schon BVerfGE 65 1 (46): „Wegen der für den Bürger bestehenden Undurchsichtigkeit der Speicherung und Verwendung von Daten unter den Bedingungen der automatischen Datenverarbeitung und auch im Interesse eines vorgezogenen Rechtsschutzes durch rechtzeitige Vorkehrungen ist die Beteiligung unabhängiger Datenschutzbeauftragter von erheblicher Bedeutung für einen effektiven Schutz des Rechts auf informationelle Selbstbestimmung."

[74] Diese sind aber nach *N. Marsch*, Das europäische Datenschutzgrundrecht: Grundlagen, Dimensionen, Verflechtungen, Tübingen 2018, 237 ff. weitgehend offen zu verstehen und entfalten nur schwache Direktionswirkung.

[75] *J.-P. Schneider*, in: Wolff/Brink (Hrsg.), Datenschutzrecht, München 35. Ed. 01.02.2021, DS-GVO, Art. 51, Rn. 4. Für eine Rechtfertigung aus den materiellen Zielen der Organisationsvorgaben argumentieren *A.M. Nguyen*, Die zukünftige Datenschutzaufsicht in Europa.

Mit Entscheidung vom März 2010 stellte der Europäische Gerichtshof in einem Vertragsverletzungsverfahren gegen Deutschland fest, dass die Datenschutzaufsicht in den Ländern unter staatlicher Aufsicht dem Unabhängigkeitskriterium (das damals noch aus Art. 28 Abs. 2 der DS-Richtlinie folgte)[76] nicht entspreche.[77] Trotz der darauf folgenden Neuorganisation der nationalen Datenschutzkontrollstellen werden Fragen der systematischen Stellung der Stellen im Organisationsrecht kontrovers diskutiert.

Diese Debatte ist einerseits von den Besonderheiten des Datenschutzrechts geprägt, das besondere organisationsrechtliche Bedingungen schafft. Schon im *Volkszählungsurteil* stellte das Bundesverfassungsgericht fest: „Angesichts der [...] Gefährdungen durch die Nutzung der automatischen Datenverarbeitung hat der Gesetzgeber mehr als früher auch organisatorische und verfahrensrechtliche Vorkehrungen zu treffen, welche der Gefahr einer Verletzung des Persönlichkeitsrechts entgegenwirken."[78] Das vorherrschende Modell des Datenschutzes ist geprägt von der Idee des grundrechtlichen Individualschutzes, in den sich die Kontrollstellen entsprechend einordnen. Datenschutzrechtliche Gefährdungen gehen aufgrund der ubiquitären Datenverfügbarkeit auch und insbesondere von staatlichen Stellen aus, so dass es für den effektiven Grundrechtsschutz unabhängiger Kontrollgremien bedarf.

Auch wenn dies zuweilen anders beurteilt wird, sind die Kontrollstellen dennoch funktional der Exekutive zuzuordnen.[79] Auch die Exekutivtätigkeit

Anregungen für den Rilog zu Kap. VI bis VII der DS-GVO, ZD 2015, 265; *I. Spiecker gen. Döhmann*, Unabhängigkeit von Datenschutzbehörden als Voraussetzung für Effektivität, in: Kröger/Pilniok (Hrsg.), Unabhängiges Verwalten in der Europäischen Union, Tübingen 2016, 97 (97 f., 104 ff.); *K. v. Lewinski*, Datenschutzaufsicht in Europa als Netzwerk, NVwZ 2017, 1483 stellt hingegen fest, dass durch die gleichsam den Umsetzungsvorgaben entsprechende Netzwerkstruktur Rechtsschutzlücken entstünden. Eher positiv gestimmt ist *D. Kugelmann*, Kooperation und Betroffenheit im Netzwerk, ZD 2020, 76.

[76] Richtlinie 95/46/EG des Europäischen Parlaments und des Rates vom 24.10.1995 zum Schutz natürlicher Personen bei der Verarbeitung personenbezogener Daten und zum freien Datenverkehr.

[77] EuGH, Urt. v. 09.03.2010, C-518/07, = Slg. 2010, I-1885 (1897) = EuGH, Verurteilung Deutschlands zur Neuorganisation der Datenschutzbeauftragten, NJW 2010, 1265 (1266 ff.); EuGH, Urt. v. 16.10.2012, C-614/10, = EuGH, Schutz natürlicher Personen bei der Verarbeitung personenbezogener Daten und zum freien Datenverkehr durch die Republik Österreich, BeckRS 2012, 82023 Rn. 37; EuGH, Urt. v. 08.04.2014, C-288/12, = EuGH, Vorzeitige Beendigung der Amtszeit des Datenschutzbeauftragten, BeckRS 2014, 80685 Rn. 48.

[78] BVerfGE 65, 1 (46).

[79] Richtigerweise *Schneider*, in: Wolff/Brink (Fn. 75), DS-GVO, Art. 52, Rn. 8 mit dem Argument, dass die DSGVO die mitgliedstaatlichen Stellen als Aufsichtsbehörden qualifiziert und deren Handeln in Art. 78 der Judikative unterwerfe. Kritik bei *M. Kröger*: Unabhängiges Verwalten in der Europäischen Union – eine Einführung, in: Kröger/Pilniok (Hrsg.), Unabhängiges Verwalten in der Europäischen Union, Tübingen 2016, 4 (Staatsgewalt *sui generis*). Die Behörden haben dementsprechend auch kein Vorlagerecht nach Art. 267 AEUV. Vgl. *J. Gundel*, Kein Vorlagerecht für unabhängige nationale Regulierungsbehörden gemäß Art. 267 AEUV, NVWZ 2022, 1341 (1341).

kann in bestimmten Fällen quasi-judikative Funktionen umfassen. Dabei sah es zunächst danach aus, dass diese Zuordnung konzeptionelle Probleme verursachen könnte. Die unionsrechtliche Anforderung der „völligen Unabhängigkeit" geht dabei zumindest in der Grundformulierung über die klassisch weisungsfreie Aufgabenwahrnehmung hinaus. Sie scheint die umfassende Entwicklung von Maßstäben für unabhängige Behörden zu verlangen.[80] Die damit entstehenden Maximalmaßstäbe für die weisungsfreie unselbständige Aufgabenwahrnehmung wurden in der Literatur ambivalent aufgenommen.[81]

Im Ergebnis entschärft sich die Diskussion dadurch, dass man für die Datenschutzkontrollstellen auf die bereits für die weisungsfreie Aufgabenerfüllung entwickelten Maßstäbe zurückgreifen kann, so dass sie sich weitgehend reibungslos in das hier vorgeschlagene Schema einpassen. Denn die unter dem Oberbegriff der „sachlichen Unabhängigkeit" geforderten Maßstäbe entsprechen weitgehend der Weisungsfreiheit,[82] „institutionelle Unabhängigkeit" entspricht einer innerbehördlichen Personalhoheit,[83] und die „finanzielle Unabhängigkeit" stellt die Datenschutzkontrollstellen von einer weitreichenden Budgetsteuerung frei. Diese Unabhängigkeit wird jedoch dadurch durchbrochen, dass zumindest die Bestellung der Beauftragten durch die Regierung in Art. 53 Abs. 1 DSGVO (Umsetzung in § 11 Abs. 1 BDSG n.F.) zugelassen

---

[80] *Kröger*, in: Kröger/Pilniok (Fn. 79), 5 unterscheidet institutionelle, funktionell-sachliche, persönliche und finanzielle Unabhängigkeit. Zu den einzelnen Dimensionen und ihrer Umsetzung im BDSG n.F. *Schneider*, in: Wolff/Brink (Fn. 75), DS-GVO, Art. 52, Rn. 9: § 10 (Unabhängigkeit, eingeschränkte Haushaltskontrolle durch Bundesrechnungshof, §§ 11–13 (Amtszeit, Rechte und Pflichten), § 15 (Tätigkeitsbericht), und § 20 (gerichtlicher Rechtsschutz). Diskussion der Anforderungen auch bei *K. v. Lewinski*, Unabhängigkeit des Bundesbeauftragten für den Datenschutz und die Informationsfreiheit, ZG 2015, 228–245.

[81] Diese Maßstäbe werden in der Literatur gemischt aufgenommen. Positive Grundeinstellung etwa bei *T. Petri/M.-T. Tinnefeld*, Völlige Unabhängigkeit der Datenschutzkontrolle, MMR 2010, 157 ff.; *A. Roßnagel*, Verurteilung Deutschlands zur Neuorganisation seiner Datenschützer, EuZW 2010, 296 (299 ff.). Ablehnend bei *H.P. Bull*, Die „völlig unabhängige" Aufsichtsbehörde, EuZW 2010, 488 ff.; *E.M. Frenzel*, „Völlige Unabhängigkeit" im demokratischen Rechtsstaat, DÖV 2010, 925 (927 ff.); *Spiecker gen. Döhmann* (Fn. 70), 787 ff.; *H.A. Wolff* (Fn. 70), in: Mehde/Ramsauer/Seckelmann, 1079; *T. Giesen*, Totaler Datenschutz in der EU: freiheitswidrig, bürokratisch und erfolglos!, NVwZ 2019, 1711. Für eine Entwicklung der Datenschutzaufsicht in den Parlamenten nun *B. Grzeszick/R. Schwartmann*, Plädoyer für eine Datenschutzaufsichtskommission des Bundestages, NVwZ 2022, 122. Die Möglichkeit, eine zentrale Aufsicht auf Art. 87 Abs. 3 GG zu stützen, diskutieren *M. Martini/J. Botta*, Reform der Datenschutzaufsicht: Optionen und Grenzen einer Zentralisierung, DÖV 2022, 605 (612).

[82] *Kröger*, in: Kröger/Pilniok (Fn. 79), 5 argumentiert Art. 52 Abs. 2 DSGVO entwickele die Weisungsfreiheit zu einem weitreichenden „Beeinflussungsverbot". Begriff bei *Schneider*, in: Wolff/Brink (Fn. 75), DS-GVO, Art., 52 Rn. 16. Was diese terminologische Umkehr von „-freiheit" zu „-verbot" im Einzelnen bedeutet, bleibt jedoch noch unklar. Reichweite diskutiert bei *M. Selmayr*, in: Ehmann/Selmayr (Hrsg.), DS-GVO, Datenschutz-Grundverordnung: Kommentar, 2. Auflage, München 2018, Art. 52, Rn. 18.

[83] *Schneider*, in: Wolff/Brink (Fn. 75), DS-GVO, Art. 52, Rn. 11.

wird. § 11 Abs. 3 S. 2 BDSG n.F. bestimmt die einmalige Möglichkeit der Wiederbestellung, was – gemessen an judikativen Maßstäben – als eine Einschränkung der Unabhängigkeit gelten müsste.[84]

b) Beispiel: Bundesnetzagentur im Bereich der Telekommunikationsregulierung

Ein weiteres Beispiel für die Überformung der deutschen Verwaltungsorganisation ist die unionsrechtlich geforderte Unabhängigkeit der Regulierungsbehörden. Diese haben insbesondere die Aufgabe der Aufrechterhaltung und Förderung des Wettbewerbs in Netzmärkten, die in Folge der Privatisierungen von Elektrizität, Gas, Telekommunikation, Post und Eisenbahnen entstanden sind.[85] In Deutschland werden diese Befugnisse von der Bundesnetzagentur ausgeübt, die organisatorisch eine obere Bundesbehörde im Geschäftsbereich des Bundeswirtschaftsministeriums ist.[86]

Die Unabhängigkeit der Regulierungsbehörden ist unionsrechtlich vorgegeben. Für den Bereich der Telekommunikation bestimmt Art. 3 Abs. 3a der Richtlinie über einen gemeinsamen Rechtsrahmen für elektronische Kommunikationsnetze und -dienste seit der Neufassung im Jahr 2009[87] die Unabhängig-

---

[84] Insofern auch bemängelnd *Schneider*, in: Wolff/Brink (Fn. 75), DS-GVO, Art. 52, Rn. 17. Die Gegenposition vertritt *S. Polenz*, in: Simitis/Hornung/Spiecker gen. Döhmann (Hrsg.), Datenschutzrecht, 1. Auflage, Baden-Baden 2019, Art. 54, Rn. 9.

[85] Ausführlich nun *J. Kühling*, Verfassung der Netzwirtschaften in: Kahl/Ludwigs (Hrsg.), Handbuch des Verwaltungsrechts, Bd. III, Verwaltung und Verfassungsrecht, Heidelberg 2022, § 86, Rn. 2 ff. Ferner *Hermes*, in: Bauer/Huber/Sommermann (Fn. 70), 458. *C. Koenig*, Herstellung von Wettbewerb als Verwaltungsaufgabe, DVBl. 2009, 1082–1089. Zum Regulierungsbegriff vgl. *M. Schulte/J. Kloos*, Handbuch Öffentliches Wirtschaftsrecht, München 2016, 33 ff. Zu den organisationsrechtlichen Anforderungen ferner *J. Kersten*, Herstellung von Wettbewerb als Verwaltungsaufgabe, VVDStRL (69) 2010, 288 (303 ff.). Rechtsvergleichend zur alten Rechtslage, die nun aber durch den Unionsaustritt des Vereinigten Königreiches wieder an Relevanz gewinnt, *J.-P. Schneider*, Flexible Wirtschaftsregulierung durch unabhängige Behörden im deutschen und britischen Telekommunikationsrecht, ZHR 2000, 513–544.

[86] Für den Bereich der Telekommunikationsregulierung ergibt sich dies bereits aus Art. 87f Abs. 2 S. 2 GG. Dazu *Gersdorf*, in: v. Mangoldt/Klein/Starck (Hrsg.), Grundgesetz Kommentar, Bd. III, 7. Auflage, München 2018, Art. 87f, Rn. 12–15. Die Formulierung „selbständig" in § 1 S. 2 BEGTPG meint nicht die organisatorische Verselbständigung, sondern die eigenverantwortliche Aufgabenwahrnehmung. Zur aus Art. 87f GG folgenden Gewährleistungsverantwortung für Netzneutralität, vgl. *J.-P. Schneider*, Verfassungsrechtliche Rahmenbedingungen: Gewährleistungsverantwortung des Staates für Netzneutralität, in: Kloepfer (Hrsg.), Netzneutralität in der Informationsgesellschaft, Berlin 2011, 35 (38 ff.).

[87] Die „nationalen Regulierungsbehörden [sind] unabhängig und holen im Zusammenhang mit der laufenden Erfüllung der ihnen nach den nationalen Rechtsvorschriften zur Umsetzung des Gemeinschaftsrechts übertragenen Aufgaben weder Weisungen einer anderen Stelle ein noch nehmen sie solche entgegen. Dies steht einer Aufsicht im Einklang mit dem nationalen Verfassungsrecht nicht entgegen.", Richtlinie 2009/140/EG des Europäischen Parlaments und des Rates zur Änderung der Richtlinie 2002/21/EG über einen ge-

keit und Weisungsfreiheit der Bundesnetzagentur, schließt aber „eine Aufsicht im Einklang mit nationalem Verfassungsrecht" nicht notwendigerweise aus.

Nach § 3 Abs. 1 des Gesetzes über die Bundesnetzagentur für Elektrizität, Gas, Telekommunikation, Post und Eisenbahnen (BEGTPG) wird die Bundesnetzagentur von einem Präsidenten geleitet, der nach Abs. 2 von zwei Vizepräsidenten vertreten wird.[88] § 3 Abs. 3 und 4 BEGTPG bestimmen die Benennung durch die Bundesregierung und die Ernennung durch den Bundespräsidenten. Mitwirkungsbefugnisse hat ein Beirat, der paritätisch aus Mitgliedern von Bundesrat und Bundestag zusammengesetzt ist. Entscheidungen werden von besonderen „justizähnlichen" Kollegialorganen, den Beschlusskammern, getroffen.[89] Diese werden nach § 211 Abs. 1 S. 2 TKG i.V.m.

meinsamen Rechtsrahmen für elektronische Kommunikationsnetze und -dienste, der Richtlinie 2002/19/EG über den Zugang zu elektronischen Kommunikationsnetzen und zugehörigen Einrichtungen sowie deren Zusammenschaltung und der Richtlinie 2002/20/EG über die Genehmigung elektronischer Kommunikationsnetze und -dienste. Art. 35 Abs. 4 und 5 der Richtlinie über gemeinsame Vorschriften für den Elektrizitätsbinnenmarkt gibt exemplarisch Maßstäbe für die Unabhängigkeit der Regulierungsbehörde vor, die gewährleisten sollen, „dass diese ihre Befugnisse unparteiisch und transparent ausübt." Dazu gehört im Hinblick auf ihre Organisation unter anderem dass diese „rechtlich getrennt und funktional unabhängig von anderen öffentlichen und privaten Einrichtungen ist," „keine direkten Weisungen von Regierungsstellen oder anderen öffentlichen oder privaten Einrichtungen einholt oder entgegennimmt," dass „ihr jedes Jahr separate Haushaltsmittel zugewiesen werden, damit sie den zugewiesenen Haushalt eigenverantwortlich ausführen kann und über eine für die Wahrnehmung ihrer Aufgaben angemessene personelle und finanzielle Ressourcenausstattung verfügt." Im Hinblick auf die Leitung muss sichergestellt werden, „dass die Mitglieder des Leitungsgremiums der Regulierungsbehörde oder, falls kein solches Gremium vorhanden ist, die Mitglieder des leitenden Managements der Regulierungsbehörde für eine Amtszeit von fünf bis sieben Jahren ernannt werden, die einmal verlängert werden kann." Art. 35 IV, V Elt-RL 2009/72/EG. Wortgleich zur Elektrizitätsbinnenmarktrichtlinie sind auch andere Normen der Infrastrukturregulierung formuliert. Gasbinnenmarktrichtlinie: Art. 39 IV, V Gas-RL 2009/73/EG. Art. 55 Abs. 3 der Richtlinie (RL 2012/34/EU) zur Schaffung eines einheitlichen europäischen Eisenbahnraums formuliert „Sie holen bei der Wahrnehmung der Aufgaben der Regulierungsstelle weder Weisungen von staatlichen, öffentlichen oder privaten Stellen ein noch nehmen sie welche entgegen und verfügen bei der Einstellung und Verwaltung des Personals der Regulierungsstelle über umfassende Entscheidungsgewalt." Diskussion bei *M. Ludwigs*, EU-rechtliche Vorgaben und nationale Gestaltungsspielräume – Behördenunabhängigkeit und Regulierungsermessen als Sicherung der effektiven Umsetzung von EU-Recht?, in: Säcker/Schmidt-Preuß (Hrsg.), Grundsatzfragen des Regulierungsrechts. Vorträge auf dem Gründungskongress der Wissenschaftlichen Vereinigung für das gesamte Regulierungsrecht am 21./22. November 2013 in Berlin, Baden-Baden 2015, 251 (253 ff.).

[88] Zur Binnenorganisation auch *J.-H. Lee*, Demokratische Legitimation der Vollzugsstruktur der sektorspezifischen Regulierungsverwaltung – eine Untersuchung am Beispiel der Telekommunikationsordnung, Baden-Baden 2017, 168 ff.

[89] Zu den Beschlusskammern nun auch *F. Gonsior*, Die Verfassungsmäßigkeit administrativer Letztentscheidungsbefugnisse. Behördenorganisation und Verwaltungsverfahren als Mittel zur Kompensation materiell-rechtlicher Defizite am Beispiel der Bundesnetzagentur im Telekommunikationsrecht. Studien zum Regulierungsrecht, Bd. 12, Tübingen 2018, 285 ff. Für den Bereich des EnWG: OLG Düsseldorf, Konkretisierung der EnWG-Regulierungs-

§ 3 Abs. 1 S. 3 BEGTPG nach der Entscheidung des Bundesministeriums für Wirtschaft und Energie im Benehmen mit dem Bundesministerium für Verkehr und digitale Infrastruktur gebildet. Auch dem Beirat kommen nach § 194 TKG weitere Mitwirkungsbefugnisse zu.

§ 193 TKG normiert eine Veröffentlichungspflicht allgemeiner Weisungen an die Bundesnetzagentur, woraus sich implizit auch die Anerkennung einer Weisungskompetenz ergibt.[90] In der ursprünglichen Konzeption des europäischen Regulierungsansatzes war die Anforderung der Unabhängigkeit gegen regulierte Unternehmen gerichtet,[91] so dass die Freiheit von politischen Weisungen nicht entscheidender Bestandteil des Unabhängigkeitsbegriffes war. Da die Mitgliedstaaten jedoch oftmals noch als Mehrheitseigentümer der privatisierten ehemaligen Staatsmonopole verblieben, entstanden doch politische Interessenkonflikte.[92] Der deutsche Gesetzgeber hat aber auf die Verschärfung der Anforderungen an die Unabhängigkeit der Regulierungsbehörde (noch) nicht reagiert.[93]

Mit Urteil vom 2. September 2021 hat der Europäische Gerichtshof in einem Vertragsverletzungsverfahren entschieden, dass die in der Richtlinie normierte Unabhängigkeit noch nicht hinreichend organisatorisch abgesichert sei.[94] Insbesondere könne die Regulierungsbehörde (etwa aufgrund der Bestimmung des § 24 EnWG) nicht völlig unabhängig die Tarife und andere Vertragsbedingungen für den Netzzugang und Ausgleichsleistungen festlegen, da viele Elemente für die Festlegung dieser Tarife und Vertragsbedingungen in weiten Teilen in detaillierten Vorschriften der Bundesregierung geregelt seien.[95] Den Einwand, dass es sich bei den Rechtsverordnungen der Bundesregierung um materielle Gesetze handele, wies das Gericht mit der Argumentation zurück, dass die notwendig gewährleistete Unabhängigkeit alle öffentli-

---

ziele durch normative, nicht administrative Regulierung, EnWZ 2018, 267 sieht die Anforderungen der RL damit erfüllt. In der Folge auch BGH v. 31.03.2020, EnVR 58/18. Zur vergleichbaren Regelung im EnWG siehe dazu *G. Hermes*, in: Hermes/Britz/Hellermann (Hrsg.), EnWG Kommentar, 3. Auflage, München 2015, § 59. Ferner *J.-C. Pielow*, Wie „unabhängig" ist die Netzregulierung im Strom- und Gassektor? Anmerkungen zum neuen Energiewirtschaftsgesetz, DÖV 2005, 1017–1025 zum am 13. Juli 2005 in Kraft getretenen Zweiten Gesetz zur Neuregelung des Energiewirtschaftsrechts.

90 *Ludwigs* (Fn. 70), 43.

91 Etwa Art. 23 Abs. 1 S. 2 RL 2003/54/EG; Art. 25 Abs. 1 S. 2 RL 2003/55/EG.

92 *Gärditz*, in: Schmidt/Wollenschläger (Fn. 38), 190.

93 *M. Ludwigs*, Verfassung im Allgemeinen Verwaltungsrecht – Bedeutungsverlust durch Europäisierung und Emanzipation?, NVwZ 2015, 1327 (1333) sieht darin eine defizitäre Richtlinienumsetzung.

94 EuGH, Urteil vom 2. September 2021, Kommission/Deutschland (und 2009/73), C-718/18, ECLI:EU:C:2021:662, Rn. 112 ff. Vgl. auch EuGH, Urteil vom 11. Juni 2020, Prezident Slovenskej republiky, C-378/19, EU:C:2020:462, Rn. 38. Dazu *J. Gundel*, Die Auswirkungen des Vertragsverletzungsurteils des EuGH zur Unabhängigkeit der Energieregulierung, EnWZ 2021, 339–344.

95 Dazu *Ludwigs* (Fn. 69), in: Kahl/Ludwigs, § 8, Rn. 28.

chen Stellen, mithin auch das Parlament umfasse.[96] Die nationalrechtliche Rezeption dieser weitreichenden Vorgaben ist abzuwarten.

Das Regulierungsrecht ist zudem von einer anderen Seite Vorreiter neuer verwaltungsrechtlicher Entwicklungen. Unter dem Begriff des „Regulierungsermessens“ wird eine pauschale Begrenzung der gerichtlichen Kontrolldichte von Regulierungsentscheidungen für möglich gehalten und damit die Letztentscheidungsdogmatik im Verwaltungsrecht zu Gunsten der Behörde und zu Lasten von Kontrollknicken angepasst.[97] Das Bundesverwaltungsgericht hielt bei komplexen Entscheidungen (ursprünglich zu § 21 TKG, hier: wettbewerbsfördernde Zugangsverpflichtungen zu den Telekommunikationsnetzen) eine Verschränkung von Tatbestands- und Rechtsfolgenseite für unumgänglich.[98] *Burgi* etwa argumentiert: „Weil Regulierung eine Gestaltungsaufgabe ist, verbindet sich mit ihr zwar nicht durchgehend, aber im Grundsatz eben anerkannter- und notwendigerweise eine behördliche Einschätzungsprärogative, und zwar nicht als Ausnahmeerscheinung, sondern als Bestandteil der ‚Grundausstattung‘.“[99] Umstritten ist jedoch, ob das Regulierungsermessen sich aus seinem Ursprung in der Telekommunikationsregulierung zu einer allgemeinen Argumentationsfigur in der Netzregulierung entwickelt hat.[100]

Im Rahmen des Regulierungsrechts gewinnt auch zunehmend der Begriff der Gewährleistungsaufsicht[101] an Bedeutung. Obwohl in der Diskussion um die Regulierung privatisierter Märkte der Begriff immer wieder verwendet wird, spielt die Gewährleistungsaufsicht in dem hier erarbeiteten Kontext keine Rolle, da es um eine Aufsicht (und Kontrolle) der öffentliche Aufgaben

[96] EuGH, Urteil vom 2. September 2021, Kommission/Deutschland (und 2009/73), C-718/18, ECLI:EU:C:2021:662, Rn. 130.

[97] Dazu einführend *Maurer/Waldhoff* (Fn. 45), § 7, Rn. 65. Ins System der Letztentscheidungen einordnend: *Ludwigs* (Fn. 45), 405. Zur Verkürzung der Kontrollreichweite auch *Mayen*, in: Kirchhof (Fn. 45), 45, 60 ff.

[98] BVerwGE 120, 263 (265); 130, 39 (48); 131, 41; 138, 186; 156, 75; BVerfG, Beschl. v. 08.12.2011 – 1 BvR 1932/08 = NVwZ 2012, 694.

[99] *M. Burgi*, Regulierung: Inhalt und Grenzen eines Handlungkonzepts der Verwaltung, in: Bultmann u.a. (Hrsg.), Allgemeines Verwaltungsrecht. Institute, Kontexte, System. Festschrift für Ulrich Battis zum 70. Geburtstag, München 2014, 329 (337). Ähnlich auch *R. Broemel*, Regulierungskonzepte als Kontrollmaßstab in der Telekommunikationsregulierung, JZ 2014, 286 (294). Allgemeiner *G. Britz*, Organisation und Organisationsrecht der Regulierungsverwaltung in der öffentlichen Versorgungswirtschaft, in: Fehling/Ruffert (Hrsg.), Regulierungsrecht, Tübingen 2010, § 21, 1148–1199.

[100] Dafür: *Ludwigs* (Fn. 46), 625. Dazu auch *Ludwigs*, in: ders. (Fn. 46), 706 ff. Dagegen: *Schmidt-Aßmann*, in: Dürig/Herzog/Scholz (Fn. 41), Art. 19 IV, Rn. 216 b.

[101] Mit der klassischen Begrifflichkeit der Aufsicht hat dieser wenig zu tun. Er liegt vielmehr darin begründet, dass auch private Akteure unter Umständen öffentliche Aufgaben erfüllen. Diese können, wie im Fall der Infrastrukturbereitstellung von Elektrizität, Gas, Telekommunikation, Post und Eisenbahn privatisierte Aufgaben sein. Oder aber sie können, etwa im Fall der großen Medienintermediäre ursprünglich private Aufgaben erfüllen, die sich als Folge veränderter gesellschaftlicher Infrastrukturnutzung mit der Zeit in öffentliche Aufgaben wandeln.

erfüllenden privaten Akteure geht. Mit der Wahrnehmung von Aufsichtstätigkeit über einen eigentlich grundrechtsberechtigten Bereich wird der Staat einer als Gewährleistungsverantwortung[102] oder in speziellen Teilgebieten als Infrastrukturverantwortung[103] bezeichneten Garantenstellung gerecht. Ziel der Wahrnehmung dieser Verantwortung ist eine Regulierung privater Märkte mit dem Ziel der gemeinwohlgerechten Versorgung.

Regulierungsbehörden als Gewährleistungsaufsichtsbehörden sind Teil der exekutiven Aufgabenwahrnehmung. Die Aufsichtsobjekte stammen jedoch nicht aus dem staatlichen Bereich, sondern sind freiheitsberechtigte gesellschaftliche Akteure.[104] Gewährleistungsaufsicht ist also gerade keine Staatsaufsicht und damit auch keine Kontrollform in dem hier vorgeschlagenen Sinn.

---

[102] So *U. Di Fabio*, Verwaltung und Verwaltungsrecht zwischen gesellschaftlicher Selbstregulierung und staatlicher Steuerung, VVDStRL (56) 1997, 235 (262). Siehe auch *P. Kirchhof*, Mittel staatlichen Handelns, in: Isensee/Kirchhof (Hrsg.), HStR, Bd. V, 3. Auflage, Heidelberg 2007, § 99, Rn. 241. *H. Gersdorf*, Privatisierung öffentlicher Aufgaben – Gestaltungsmöglichkeiten, Grenzen, Regelungsbedarf, JZ 2008, 831 (833 ff.). Vgl auch *G. Hermes*, Gewährleistungsverantwortung als Infrastrukturverantwortung, in: Schuppert (Hrsg.), Der Gewährleistungsstaat – Ein Leitbild auf dem Prüfstand, Baden-Baden 2005, 111 ff. Zum damit korrespondierenden Bild eines Gewährleistungs*staates*, vgl. *M. Fehling*, Regulierung als Staatsaufgabe im Gewährleistungsstaat Deutschland, in: Hill (Hrsg.), Die Zukunft des öffentlichen Sektors, Baden-Baden 2006, 91–111. Zu den Motiven: *Meinel* (Fn. 48), in: Kahl/Ludwigs, § 61, Rn. 28. Ferner *T. Vesting*, Zwischen Gewährleistungsstaat und Minimalstaat. Zu den veränderten Bedingungen der Bewältigung öffentlicher Aufgaben in der „Informations-" oder „Wissensgesellschaft", in: Hoffmann-Riem/Schmidt-Aßmann (Hrsg.), Verwaltungsrecht (in) der Informationsgesellschaft, Baden-Baden 2000, 101 (111 ff.). Jüngst auch *M. Ludwigs*, Wirtschafts- und Währungsverfassung in: Kahl/Ludwigs (Hrsg.), Handbuch des Verwaltungsrechts, Bd. III, Verwaltung und Verfassungsrecht, Heidelberg 2022, § 85, Rn. 23. Den Begriff des „Sicherstellungsauftrags" verwendet *H. Butzer*, Sicherstellungsauftrag, in: Isensee/Kirchhof (Hrsg.), HStR, Bd. IV, 3. Auflage, Heidelberg 2006, § 74, Rn. 20 ff. für einen im Wesentlichen gleichen Gedanken. Diskussion des Gewährleistungsbegriffs und seiner Bezugsebenen bei *C. Franzius*, Gewährleistung im Recht. Grundlagen eines europäischen Regelungsmodells öffentlicher Dienstleistungen, Tübingen 2006, 6 ff.

[103] Dazu ausführlich *G. Hermes*, Staatliche Infrastrukturverantwortung. Rechtliche Grundstrukturen netzgebundener Transport- und Übertragungssysteme zwischen Daseinsvorsorge und Wettbewerbsregulierung am Beispiel der leitungsgebundenen Energieversorgung in Europa, Tübingen 1998, 323 ff. (am Beispiel der sog. Netzverantwortung). Ferner aufgegriffen bei *M. Cornils*, Staatliche Infrastrukturverantwortung und kontingente Marktvoraussetzungen – unter besonderer Berücksichtigung des Universaldienstes für Telekommunikationsdienstleistungen, AöR 131 (2006), 378 ff.; *R. Uerpmann-Wittzack*, Verkehr, in: Isensee/Kirchhof (Hrsg.), HStR, Bd. IV, 3. Auflage, Heidelberg 2006, § 89, Rn. 1, 783–810. Ferner *O. Dörr*, Die Anforderungen an ein zukunftsfähiges Infrastrukturrecht, VVDStRL (73) 2013, 323 (349 ff.) mit der Frage nach möglichen Verantwortungsinhalten. Differenzierend am Beispiel der Verkehrspolitik zuletzt *G. Hermes*, Gewährleistung umweltverträglicher Mobilität für alle – Was folgt aus der staatlichen Infrastrukturverantwortung für die Verkehrswende?, Die Verwaltung 2020, 311 (312). Zum (Rechts-)Begriff der Infrastruktur, vgl. *W. Durner*, Infrastrukturverwaltung, in: Kahl/Ludwigs (Hrsg.), Handbuch des Verwaltungsrechts, Bd. I, Grundstrukturen des deutschen Verwaltungsrechts, Heidelberg 2021, § 21, Rn. 7 ff.

[104] Vgl. *H. Wißmann*, Grundrechtsbindung im Gewährleistungsstaat – Zur Verortung juristischer Personen des Privatrechts im Öffentlichen Recht, JöR 2017, 41 (50).

§ 10 Verselbständigte Aufgabenwahrnehmung in öffentlicher Rechtsform

Die hier gewählte Anknüpfung an einen auf die öffentlich-rechtliche Trägereigenschaft abstellenden Begriff der verselbständigten Aufgabenwahrnehmung entspricht einem formalen Selbstverwaltungsbegriff, wie er etwa von *Ernst Forsthoff* in Anlehnung an die positivistische Dogmatik Ende des 19. Jahrhunderts vertreten wurde.[1] Gemeinsam haben die so als juristische Personen des öffentlichen Rechts definierten Einheiten einen formaljuristischen Zurechnungsbruch zum Zentralstaat, die sich in der Staatsaufsicht als notwendigem Korrelat zur Selbstverwaltung und der Autonomie als begrenzter Rechtssetzungsbefugnis in eigenen Angelegenheiten äußert. Einfluss- und Kontrollknicke zeigen sich hier auf verschiedene Art und Weise und zwischen verschiedenen Zurechnungspunkten. Dies ist darauf zurückzuführen, wie in diesem Kapitel erarbeitet wird, dass die *Selbst*-verwaltung mit den (lokal oder thematisch) besonders Betroffenen neben dem demokratischen Gemeinwesen einen zweiten Bezugspunkt für die Verantwortungszurechnung eröffnet, dessen Verhältnis sowohl zum Gesamtvolk als auch zur Willensbildung innerhalb der Selbstverwaltungseinheit zu diskutieren ist.[2]

Klärend ist vorwegzunehmen, dass in der kommunalen Selbstverwaltung ein Sonderfall vorliegt. Die Kommune ist im Hinblick auf die hier untersuchten Einflussknicke den „funktionalen" Verselbständigungen wesensverschieden. Die Gemeinde ist als Gebietskörperschaft selbst Trägerin mit unmittelbarer und mittelbarer Verwaltung.[3] Typologisch bleibt die Mitwirkung damit zwar Selbstverwaltung, wird jedoch durch die zum Staatsvolk analoge Legitimationsstruktur unmittelbar gestützt, weswegen es für die hier untersuchten Einflussknicke bereits am Merkmal der Schwächung des Zurechnungszusammenhangs fehlt.[4] Auch wenn dies organisationsrechtlich selbstverständlich

---

[1] Dazu etwa *E. Forsthoff*, Lehrbuch des Verwaltungsrechts, Bd. I, 10. Auflage, München 1973, 474.

[2] Ausführlich zu politischer Idee und Begründung der Selbstverwaltung *M. Burgi*, Selbstverwaltung angesichts von Europäisierung und Ökonomisierung, VVDStRL (62) 2003, 405 (421 ff.).

[3] *H. Dreier*, Hierarchische Verwaltung im demokratischen Staat. Genese, aktuelle Bedeutung und funktionelle Grenzen eines Bauprinzips der Exekutive, Tübingen 1991, 220.

[4] Dies gilt neben der Satzungsautonomie insbesondere für die personell-organisatorische Legitimationssäule. Die Legitimationskette verläuft hier von den unmittelbar vom Gemein-

nicht ganz richtig ist, ist zumindest in den Legitimationswegen eine föderale Dreigliederung angedeutet.[5]

I. Allgemeines

Die selbständige Aufgabenwahrnehmung zeichnet sich zunächst einmal durch die Rechtsfähigkeit ihrer Träger aus. Dadurch fallen unter die selbständige Aufgabenwahrnehmung eine Vielzahl an Erscheinungen, die in eine innere Ordnung gebracht werden müssen.

1. Rechtliche Selbständigkeit ohne selbständige Aufgabenwahrnehmung

Es wurde bereits festgestellt, dass es in einigen Fällen zu einer faktisch selbständigen Aufgabenwahrnehmung ohne rechtliche Verselbständigung der entscheidenden Verwaltungseinheit als Verwaltungsträger kommt. Besonders verbreitet sind hier Kollegialorgane, die in komplexen Entscheidungssituationen durch ihre prozedurale Rationalität andere Formen von „Entscheidungsrichtigkeit" garantieren.[6] Im Umkehrschluss gibt es auch den genau entgegengesetzten Fall der rechtlichen Selbständigkeit, die nicht mit einer selbständigen Aufgabenwahrnehmung korrespondiert. Nicht alle juristischen Personen des öffentlichen Rechts sind auch fachlich selbständig.[7] Beispielhaft dafür zu nennen ist etwa die Bundesanstalt für Finanzdienstleistungsaufsicht (BaFin), die nach § 1 Abs. 1 FinDAG durch Zusammenlegung des Bundesaufsichtsamtes für das Kreditwesen, des Bundesaufsichtsamtes für das Versicherungswesen und des Bundesaufsichtsamtes für den Wertpapierhandel als eine bundesunmittelbare, rechtsfähige Anstalt des öffentlichen Rechts errichtet wurde. Nach § 2 FinDAG untersteht sie der Rechts- und Fachaufsicht des Bundesministeriums der Finanzen. Die BaFin nimmt ihre Aufgaben damit selbständig wahr; der für die Bestimmung eines Einflussknickes erforderliche Zurechnungszusammenhang ist jedoch nicht unterbrochen oder eingeschränkt. Auch wenn das Bundesministerium sich in der Wahrnehmung der Aufsichtstätigkeit in der

devolk gewählten Amtsträgern zu den einzelnen Gemeindebediensteten. Siehe etwa *V. Mehde*, Neues Steuerungsmodell und Demokratieprinzip, Berlin 2000, 237 ff. So auch *Dreier* (Fn. 3), 231.

[5] Dazu noch unten die Ausführungen in § 10, I. 5. im Kontext der kommunalen Selbstverwaltung.

[6] Soeben dargestellt in § 9, IV.

[7] *T. Groß*, Die Verwaltungsorganisation als Teil organisierter Staatlichkeit, in: Hoffmann-Riem/Schmidt-Aßmann/Voßkuhle (Hrsg.), GVwR, Bd. I, 2. Auflage, München 2012, § 13, Rn. 71.

Praxis auf die Grundsätze und organisatorischen Rahmenbedingungen beschränkt und auf Aufsichtsentscheidungen im Einzelfall keinen Einfluss nimmt,[8] bleibt der demokratische und politische Verantwortungszusammenhang intakt. Einflussknicke liegen daher nicht vor.

Sonderfälle stellen ferner privatrechtliche Organisationen von Selbstverwaltung dar.[9] Beispielhaft dafür stehen etwa Dachverbände, denen eigene (Verwaltungs-)Aufgaben zugewiesen sind (z.B. die Deutsche Krankenhausgesellschaft). Anders ist es wiederum bei privatrechtlich organisierten Dachverbänden, die keine eigene Aufgabenzuweisung besitzen (z.B. der Deutsche Industrie- und Handelskammertag e.V.). Diese zählen aufgrund der fehlenden öffentlichen Aufgabenzuweisung nicht zu den Selbstverwaltungseinheiten im engeren Sinne.

2. Typisierung der Selbstverwaltung als Selbstorganisation Betroffener

Verselbständigte Aufgabenwahrnehmung in zudem verselbständigter (öffentlicher) Rechtsform ist organisatorisch zumeist in den Bereichen der sachgebietsspezifischen Selbstverwaltung anzutreffen. Die „funktionale" Selbstverwaltung ist ein weiter Sammelbegriff, unter den verschiedene gesellschaftliche Mitwirkungsformen in der öffentlichen Verwaltung zu fassen sind.[10] Nach der klassischen Begriffsbestimmung *Hendlers* ist Selbstverwaltung Betroffenenverwaltung: „die zu einer Selbstverwaltungseinheit gehörenden Personen unterscheiden sich von den übrigen Bürgern darin, dass sie durch die von dieser Einheit wahrgenommenen öffentlichen Angelegenheiten in erhöhtem Maße berührt werden."[11] Auch das Bundesverfassungsgericht erkennt an, dass der Selbstverwaltung in der Regel eine „mitgliedschaftlich-partizipatorische Kom-

[8] *R. Laars*, in: ders. (Hrsg.), Finanzdienstleistungsaufsichtsgesetz, 4. Auflage, Baden-Baden 2017, § 2, Rn. 1–2. Zur Binnenorganisation § 6 Rn. 1–4. Zur Rolle von Bundesbank und BaFin in der Bankenaufsicht, vgl. *U. Häde*, Rechtliche Vorgaben für die Organisation der Bankenaufsicht, in: Kluth/Müller/Peilert (Hrsg.), Wirtschaft – Verwaltung – Recht, Festschrift für Rolf Stober, Köln/München 2008, 467 (472 ff.). Vgl. nun auch *A. Wellerdt*, Es ist Zeit, das Verwaltungsorganisationsrecht wiederzuentdecken, NVwZ 2021, 1101 ff. zu Reformbestrebungen der BaFin.

[9] Dieses Argument und die folgenden Beispiele in *P. Axer*, Selbstverwaltung als Organisationstyp, in: Kahl/Ludwigs (Hrsg.), Handbuch des Verwaltungsrechts, Bd. III, Verwaltung und Verfassungsrecht, Heidelberg 2022, § 62, Rn. 25.

[10] Umfassend *R. Hendler*, Das Prinzip Selbstverwaltung, in: Isensee/Kirchhof (Hrsg.), HStR, Bd. VI, 3. Auflage, Heidelberg 2008, § 143, Rn. 65; *W. Kluth*, Funktionale Selbstverwaltung – verfassungsrechtlicher Status – verfassungsrechtlicher Schutz, Tübingen 1997, 219 ff. *Axer* (Fn. 9), § 62, Rn. 4.

[11] *Hendler* (Fn. 10), in: Isensee/Kirchhof, § 143, Rn. 14. Siehe auch *Kluth* (Fn. 10), 236 ff. Kritisch *M. Jestaedt*, Demokratische Legitimation – quo vadis?, JuS 2004, 649 (652).

ponente" eigen ist.[12] Zum normativen (Definitions-)Merkmal sollte dieser Aspekt aufgrund der oben geschilderten Erwägungen nicht erwachsen.[13] Dies würde nämlich dazu führen, dass die empirische Diagnose der Einflussknicke schon vornherein mit ihrer verfassungsrechtlichen Rechtfertigung verschliffen würde. Eine dogmatische Kategorisierung wäre so nicht mehr möglich. Die Typisierung muss dementsprechend anders ansetzen.

a) Typisierung der Selbstverwaltung nach Funktionsbereich

Eine erste und weithin übliche Typisierungsmöglichkeit der Selbstverwaltung untergliedert sie nach ihrem Funktionsbereich. *Kluth* etwa differenziert nach fünf Gruppen (grundrechtsgetragene Selbstverwaltung, Selbstverwaltung der freien Berufe, wirtschaftlich-gruppenplurale Selbstverwaltung, Realkörperschaften und soziale Selbstverwaltung).[14] *Schuppert* lässt vier Bereiche genügen, zählt aber privatrechtliche Träger zur Selbstverwaltung, so dass nur drei öffentlich-rechtliche Organisationsformen verbleiben (interessenvertretende, verbandsgesteuerte und grundrechtssensible Selbstverwaltung).[15] *Krebs* typisiert nach Anerkennungsgrund (Entpolitisierung, Staatsferne, Abschottung grundrechtlicher Freiräume),[16] während *Forsthoff* noch die Zweiteilung zwischen wirtschaftlicher und kultureller Selbstverwaltung ausreichen ließ.[17] Gemeinsame Positionen wurden hier selten diskursiv bestimmt, so dass sich die Frage nach dem heuristischen Wert dieser Typisierungen stellen kann.

b) Typisierung nach explizit verfassungsrechtlicher Anerkennung

Geht man auf die Normebene der Verfassung zurück, so ließe sich die Selbstverwaltung nach der Art und Weise ihrer verfassungsrechtlichen Anerkennung bestimmen. Das Grundgesetz schweigt jedoch neben der expliziten Ge-

---

[12] BVerfGE 107, 59 (88). Vertiefte theoretische Aufarbeitung bei *J. Oebbecke*, Selbstverwaltung angesichts von Europäisierung und Ökonomisierung, VVDStRL (62) 2003, 366 (371 ff.).

[13] Vgl. schon oben § 8, III. 1. c.

[14] *Kluth* (Fn. 10), 30. *E. Schmidt-Aßmann*, Das Allgemeine Verwaltungsrecht als Ordnungsidee. Grundlagen und Aufgaben der verwaltungsrechtlichen Systembildung, 2. Auflage, Berlin/Heidelberg 2006, 262 schließt sich der Fünfteilung an. Differenzierter nun aber *W. Kluth*, Funktionale Selbstverwaltung, in: Kahl/Ludwigs (Hrsg.), Handbuch des Verwaltungsrechts, Bd. III, Verwaltung und Verfassungsrecht, Heidelberg 2022, § 65, Rn. 24 ff.

[15] *G.F. Schuppert*, Selbstverwaltung als Beteiligung Privater an der Staatsverwaltung? Elemente zu einer Theorie der Selbstverwaltung, in: v. Mutius (Hrsg.), Selbstverwaltung im Staat der Industriegesellschaft, Festgabe zum 70. Geburtstag von Georg Christoph von Unruh, Heidelberg 1983, 183 (205).

[16] *W. Krebs*, Verwaltungsorganisation, in: Isensee/Kirchhof (Hrsg.), HStR, Bd. V, 3. Auflage, Heidelberg 2007, § 108, Rn. 24.

[17] *Forsthoff* (Fn. 1), 473 ff.

währleistung der kommunalen Selbstverwaltung in Art. 28 Abs. 2 S. 2 GG weitgehend zum Selbstverwaltungsbegriff. Neben der Bestimmung des Art. 90 Abs. 3 GG, die regelt, dass „die Länder oder die nach Landesrecht zuständigen Selbstverwaltungskörperschaften" die sonstigen Bundesstraßen des Fernverkehrs im Auftrage des Bundes verwalten, und der Bestimmung des Art. 87 Abs. 2 GG, der die körperschaftliche (nicht aber selbstverwaltende)[18] Organisation der Sozialversicherungsträger vorgibt, schweigt die Verfassung im Hinblick auf den Selbstverwaltungsbegriff.[19] Nimmt man das Organisationsmerkmal der Selbständigkeit hinzu, so findet sich – neben der Gewährleistung der Selbstorganisation der Religionsgemeinschaften in Art. 140 GG iVm Art. 137 Abs. 3 WRV –[20] die Bestimmung des Art. 87 Abs. 3 GG nachdem der Bund „selbständige Bundesoberbehörden und neue bundesunmittelbare Körperschaften und Anstalten des öffentlichen Rechtes durch Bundesgesetz" errichten darf. Damit ist – nicht mehr und nicht weniger – gesagt, dass der Bund nicht-kommunale Selbstverwaltungsträger errichten darf.[21]

Neben die nur spärlich vorhandenen Hinweise im Organisationsrecht tritt die grundrechtsgetragene Selbstverwaltung.[22] Für die öffentlich-rechtlichen Rundfunkanstalten wird nahezu unumstritten die organisationsrechtliche Unabhängigkeit aus der Rundfunkfreiheit nach Art. 5 Abs. 1 S. 2 GG gefolgert.[23] Weit überwiegend gilt dies auch für die organisationsrechtliche Dimension der Wissenschaftsfreiheit aus Art. 5 Abs. 3 GG, die die (zudem meistens im Landesverfassungsrecht verankerte) Selbstverwaltung der Hochschulen garantiert.[24] Dass Selbstverwaltung zumeist auch grundrechtsfördernd wirkt, kann

[18] BVerfGE 39, 302, (315); *Kluth* (Fn. 10), 251.

[19] Siehe auch *Hendler* (Fn. 10), in: Isensee/Kirchhof, § 143, Rn. 51.

[20] Die Kirchen stellen aber insoweit einen Sonderfall dar, da es ihnen am Merkmal der notwendigen Eingliederung in den Staatsverband fehlt. *Hendler* (Fn. 10), in: Isensee/Kirchhof, § 143, Rn. 51.

[21] *Kluth* (Fn. 10), 252.

[22] Vgl. schon die Hinweise oben, § 6, III. 3.

[23] Ausführlich (und kritisch im Hinblick auf die veränderte Aufgabenstellung des Rundfunks) *C. Starck/A.L. Paulus*, in: v. Mangoldt/Klein/Starck (Hrsg.), Grundgesetz, Bd. I, 7. Auflage, München 2018, Art. 5, Rn. 198 f.

[24] *R. Hendler*, Ordnungsprinzip – zur politischen Willensbildung und Entscheidung im demokratischen Verfassungsstaat der Industriegesellschaft, Köln 1984, 330 f.; *ders.* (Fn. 10), in: Isensee/Kirchhof, § 143, Rn. 66; *J. Schmidt*, Die demokratische Legitimationsfunktion der parlamentarischen Kontrolle – eine verfassungsrechtliche Untersuchung über Grundlage, Gegenstand und Grenzen der parlamentarischen Kontrolle unter besonderer Berücksichtigung der ministerialfreien Räume und der Privatisierung, Berlin 2007, 302 ff. Zur Darstellung (mit eher zurückhaltendem Unterton) *Gärditz*, in: Dürig/Herzog/Scholz (Hrsg.), Grundgesetz Kommentar, München, 95. EL Juli 2021, Art. 5 III, Rn. 274. Dagegen etwa *U. Smeddinck*, Die deregulierte Hochschule, DÖV 2007, 269 (272). Zur Studierendenschaft: *M.-E. Geis*, Die Verfasste Studierendenschaft – eine unendliche Geschichte, in: Heckmann/Schenke/Sydow (Hrsg.), Verfassungsstaatlichkeit im Wandel. Festschrift für Thomas Würtenberger zum 70. Geburtstag, 2013, 1137 (1139 ff.).

jedoch darüber hinaus (so etwa im Bereich der Berufsfreiheit, Art. 12 GG) keine organisationsrechtlichen Konsequenzen auslösen. Dem Verfassungsrecht kommt daher keine ordnende Kraft im Hinblick auf die verschiedenen Selbstverwaltungsformen zu.

c) Typisierung nach formaler Binnenorganisation

Überzeugend ist es dagegen eher, bei der Typisierung auf die formale Binnenorganisation der Selbstverwaltungseinheiten abzustellen.[25] Hier zeigen sich Unterschiede im Hinblick auf die Willensbildung innerhalb des Trägers, die sich nach der politischen Wirkgleichheit innerhalb der Einheit unterscheiden. Die homogene Willensbildung meint eine egalitäre Repräsentation auf der Ebene der Selbstverwaltung. Wenn ihre interne Willensbildung homogen verläuft, dann stellen Selbstverwaltungseinheiten „Mikrodemokratien" dar.[26] Diese Art der Organisation wird besonders deutlich in der Selbstverwaltung der freien Berufe umgesetzt. Die Übergänge zur heterogenen Willensbildung, wo Differenzierungskriterien (wie etwa die Zugehörigkeit zu einer bestimmten Gruppe) in der Verteilung der binnenorganisatorischen Einflussgewichte Anwendung finden, ist jedoch weitgehend fließend. Zu nennen ist etwa die Mitwirkung in den Industrie- und Handelskammern, die zunächst homogene Willensbildung bevorzugt, aber diese durch die Mitwirkung von juristischen Personen wieder verzerrt. Auch in Realkörperschaften wird formell einem homogenen Organisationsprinzip gefolgt, das jedoch wieder durch die differenzierte Allokation von Stimmgewichten gebrochen wird. Zuletzt finden sich vollständig auf nicht-mitgliedschaftlicher Basis organisierte Selbstverwaltungsformen, wie etwa im Rundfunk oder in der Bundesagentur für Arbeit. Nicht-homogene Mitbestimmungsformen sind insbesondere deshalb problematisch, da auch die (unten noch weiter zu diskutierende) Legitimationswirkung der Betroffenenpartizipation vom Prinzip der Repräsentation ausgeht. Wenn keine effektive Zurechnung des (oft sehr heterogenen)[27] Betroffenenwillens zur Willensbildung der handelnden Selbstverwaltungsorgane mehr möglich ist, verliert die normative Kraft der *Selbst*verwaltung an Zug.[28]

Die der Binnenorganisation folgende Typisierung ist damit in der Lage, die *spezifischen* Einflussknicke präzise darzustellen. So wird deutlich, dass im

[25] Überzeugende Ansätze bei *Groß* (Fn. 7), in: Hoffmann-Riem/Schmidt-Aßmann/Voßkuhle, § 13, Rn. 69.

[26] Begriff bei *H. Faber*, Verwaltungsrecht, Tübingen 1987, 52. Der Verweis auf *Faber* findet sich auch bei *Dreier* (Fn. 3), 234.

[27] *Schmidt-Aßmann* (Fn. 14), 263.

[28] So auch *H.-H. Trute*, Die demokratische Legitimation der Verwaltung, in: Hoffmann-Riem/Schmidt-Aßmann/Voßkuhle (Hrsg.), GVwR, Bd. I, 2. Auflage, München 2012, § 6, Rn. 88; *Schmidt-Aßmann* (Fn. 14), 97.

Vergleich zur egalitären Ausrichtung des Demokratieprinzips auf gesamtstaatlicher Ebene gleich zwei Brüche entstehen. Der erste Bruch entsteht dadurch, dass in der Anerkennung der Betroffenenpartizipation ganz grundsätzlich eine Steigerung der Entscheidungsbedeutung von mitwirkungsberechtigten Personen liegt, die den Einfluss gesamtstaatlicher Willensbildung reduziert, soweit ihre Reichweite anerkannt ist. Hier treffen gewissermaßen zwei demokratische Legitimationssubjekte aufeinander und müssen ihre Einflusssphären abgrenzen. Dementsprechend ist die entscheidende verfassungsrechtliche Frage, inwieweit diese Umstellung auf Selbststeuerung im Hinblick auf die Abkoppelung vom demokratischen Gemeinwesen zulässig sein kann.[29] Aus gesamtstaatlicher Perspektive „zeigt sich in ihnen die Ambivalenz von staatlicher Disziplinierung von Sozialbereichen bei gleichzeitiger Entlastung des Staates von unmittelbarer Wahrnehmung der Aufgaben einerseits, der Eröffnung gesellschaftlicher Einflussnahme und Demokratisierung der Interessenvertretung andererseits."[30]

Der zweite Bruch liegt darin, dass die Selbstverwaltung innerhalb ihrer Organisation Mitwirkungsbefugnisse zwischen den einzelnen Betroffenen nicht unbedingt egalitär zuteilt. Es gibt neben den egalitären Binnenorganisationen, deren Willensbildung weitgehend homogen und in Parallelität zum demokratischen Prinzip verläuft, auch heterogene Willensbildung, bei der zwischen verschiedenartig Betroffenen auch im Hinblick auf ihre Mitwirkungsbefugnisse differenziert wird, sowie vollständig nicht-mitgliedschaftlich organisierte Selbstverwaltung. Hier kommen gleich zwei weitere Fragen ins Spiel, nämlich (1) welche Anforderungen die Verfassung an die Selbstorganisation der Selbstverwaltung stellt; und damit verbunden (2) wie diese Qualität der Selbstorganisation sich wiederum in den verfassungsrechtlichen Grenzen der Selbstverwaltung widerspiegelt. Beide Brüche verursachen – wenn auch in unterschiedlicher Weise – Einflussknicke im Zurechnungszusammenhang von Verantwortungs- zu Entscheidungszentrum, die im zweiten Schritt einer verfassungsrechtlichen Bewertung bedürfen.

3. Die Staatsaufsicht

Entlässt man Selbstverwaltungseinheiten teilweise aus dem gesamtstaatlichen Zusammenhang, so sind dennoch einheitswahrende Anbindungspunkte erforderlich. Die Aufsicht stellt die entscheidende Grenzbestimmung zwischen Selbstverwaltung und gesamtstaatlicher Einheit dar. Schon bei *Lorenz von Stein* war diese Abgrenzung von „staatlicher Oberaufsicht" und „freiem Ver-

[29] Dazu auch *Dreier* (Fn. 3), 290.
[30] *Trute* (Fn. 28), in: Hoffmann-Riem/Schmidt-Aßmann/Voßkuhle, § 6, Rn. 82.

waltungskörper" ähnlich konzipiert wie heute: Nach seiner Definition ist Aufsichtsrecht „diejenige Grenze, bis zu welcher die Autonomie durch diese Oberaufsicht sowohl im Beschluss als in Vollziehung begrenzt werden darf."[31] Entscheidend ist dabei die Selbständigkeit der ausgekoppelten Einheiten so zu wahren, dass nur essentielle (gesetzlich vorgeschriebene) Eingriffe vorgenommen werden, die der ursprünglich intendierten Verantwortungsübertragung gerecht werden. Diese zu bestimmen, ist ein komplexes Unterfangen, wobei die notwendige Minimalvorstellung staatlicher Einheit kontinuierlich neu definiert werden muss.[32]

a) Korrelat zur Verselbständigung

Der Begriff der Staatsaufsicht ist auf der einen Seite ein allgemeiner Sammelbegriff, unter den jegliche Formen der nachträglichen Kontrolle des Verhaltens von Amtspersonen gefasst werden. Hierunter subsumiert werden insbesondere die oben angesprochenen Begriffe der Behördenaufsicht und Amtsaufsicht.[33] In einem enger verstandenen und auf die juristischen Verselbständigungen bezogenen Sinn ist Staatsaufsicht nach *Kahl* „diejenige Tätigkeit des Staates, die innerhalb der dezentralisierten Verwaltungsorganisation das Verhalten eines verselbständigten, aber weiterhin dem Staatsganzen ein- bzw. angegliederten Verwaltungsträgers auf seine Vereinbarkeit mit einem bestimmten, staatlicherseits vorgegebenen Richtmaß hin beobachtet und im Falle einer festgestellten Abweichung entsprechend berichtigt."[34] Aufsichtsobjekte können daher die Körperschaften, Anstalten und Stiftungen des öffentlichen Rechts sein.[35]

Nach der klassischen Funktionsbestimmung von *Forsthoff* dient das Staatsaufsichtsrecht mehreren zu unterscheidenden Aspekten:[36] Es bezweckt (1) den

---

[31] *L. v. Stein*, Die Selbstverwaltung und ihr Rechtssystem, in: ders. (Hrsg.), Die Verwaltungslehre, Bd. I, Teil II, 2. Auflage, Stuttgart 1869, 78 ff. Der Verweis auf *v. Stein* findet sich bereits bei *G.F. Schuppert*, Verwaltungswissenschaft. Verwaltung, Verwaltungsrecht, Verwaltungslehre, Baden-Baden 2000, 893.

[32] Lesenswert nun *M. Etscheid*, Fachaufsicht – Management und Verantwortung für Demokratie und Rechtsstaat, DÖV 2021, 297 (299 ff.) zur demokratischen Verortung der Fachaufsicht.

[33] Begriffsklärung umfassend bei *W. Kahl*, Die Staatsaufsicht. Entstehung, Wandel und Neubestimmungen unter besonderer Rücksicht der Aufsicht über die Gemeinden, Tübingen 2000, 364.

[34] *W. Kahl*, Begriff, Funktionen und Konzepte von Kontrolle, in: Hoffmann-Riem/Schmidt-Aßmann/Voßkuhle (Hrsg.), GVwR, Bd. III, 2. Auflage, München 2013, § 47, Rn. 94.

[35] *Kahl* (Fn. 34), in: Hoffmann-Riem/Schmidt-Aßmann/Voßkuhle, § 47, Rn. 95. Für die Körperschaft, vgl. *S. Kirste*, Theorie der Körperschaft des öffentlichen Rechts. Verwaltungshistorische, organisationstheoretische und verwaltungsorganisationsrechtliche Aspekte, Heidelberg 2017, 652 ff.

[36] Dazu *Forsthoff* (Fn. 1), 491. Zur Übersichtlichkeit wurde die Nummerierung umgestellt.

Schutz der internen Willensbildung und der Interessen des besonderen Sachbereiches vor einem schädigenden Verhalten der intern tätig werdenden Organe; (2) Schutz der Staatsinteressen und der objektiven Rechtsordnung vor dem Verbandsinteresse und (3) die sachgerechte Erfüllung der Aufgaben nach Weisung. Mit der Aufsicht werden die Verselbständigungen aus gesamtstaatlich-politischer Perspektive also gewissermaßen wieder eingefangen. Es hat sich daher durchgesetzt, von der Staatsaufsicht über die Selbstverwaltung als „notwendiges Korrelat" zur Eigenverantwortlichkeit zu sprechen.[37] Prägend für dieses Verständnis ist die Kommunalaufsicht, die grundsätzlich bei den Ländern angesiedelt ist.[38] Aus dem in Art. 28 Abs. 2 S. 1 GG kodifizierten Selbstverwaltungsrecht ergibt sich die eigenverantwortliche Aufgabenwahrnehmung, die aber durch den in der Formulierung enthaltenen Zusatz „im Rahmen der Gesetze" an die gesamtstaatliche Willensbildung rückgebunden wird.[39]

Das Verständnis der Aufsicht in der Entwicklung der Bundesrepublik hat sich dabei zunehmend in Richtung der Anerkennung der eigenen Entscheidungsgewalt der ausgekoppelten Verwaltungsträger entwickelt. Dies lässt sich etwa aus den zulässigen Gründen für aufsichtsrechtliche Maßnahmen entnehmen. Die bei *Forsthoff* noch prominent zur Geltung kommenden „Staatsinteressen" fallen mittlerweile mit der objektiven Rechtsordnung zusammen.[40] Rechtsaufsicht ist keine Zweckmäßigkeitskontrolle. Vielmehr tritt ein kooperatives Verständnis der Staatsaufsicht in den Vordergrund, das die Eigenständigkeit der juristischen Person soweit wie möglich zu wahren versucht.[41]

b) Das Subsidiaritätsprinzip in der Staatsaufsicht

Aufsicht ist demnach grundsätzlich Rechtsaufsicht, die nur einschreitet, wenn bestimmte, den ausgekoppelten Einheiten vorgegebene Rechtsgrenzen miss-

[37] *Schuppert* (Fn. 31), 894; *Forsthoff* (Fn. 1), 491. *R. Brinktrine*, Maßnahmen der Kommunalaufsicht im Spiegel der verwaltungsgerichtlichen Rechtsprechung, Die Verwaltung 2009, 565 (566).

[38] Vgl. Art. 84 Abs. 1 S. 7, 85 Abs. 1 S. 2 GG. Umfassend *C. Brüning/K. Vogelgesang*, Die Kommunalaufsicht, Aufgaben – Rechtsgrundlagen – Organisation, 2. Auflage, Berlin 2009, 57 ff.

[39] BVerfGE 79, 127 (143); 83, 363 (381).

[40] Dies blendet freilich von der Rechtsordnung selbst nicht fassbare „systemische" Risiken aus, worauf *Kaufhold* hingewiesen hat. Vgl. bei *A.-K. Kaufhold*, Systemaufsicht. Anforderungen an die Ausgestaltung einer Aufsicht zur Abwehr systemischer Risiken entwickelt am Beispiel der Finanzaufsicht, Tübingen 2016, 20 ff. Ob sich dadurch jedoch die angesprochenen Risiken auch jenseits des untersuchten Finanzsektors vermeiden lassen, scheint fraglich. Vielmehr wäre jenseits des Finanzsystems eine strengere Pflege der objektiven Rechtsordnung zielführend.

[41] Dazu instruktiv *Kahl* (Fn. 33), 507 ff.

achtet werden.[42] Nur ausnahmsweise kann sich diese zur Fachaufsicht ausweiten, die auch die Zweckmäßigkeit der beaufsichtigten Maßnahmen bewertet.[43] Dies ist nämlich nur dann der Fall, wenn öffentliche Aufgaben im Auftrag oder nach Weisung des Staates ausgeführt werden, der Staat also die Aufgaben grundsätzlich auch an sich ziehen könnte. Im Kern bedeutet das Selbstverwaltungsrecht daher, über die Zweckmäßigkeit von Maßnahmen in eigener Verantwortung entscheiden zu können.

Dies bedeutet auch, dass die Eigenaufsicht grundsätzlich Vorrang gegenüber der Fremdaufsicht genießt.[44] Dieser Vorrang ergibt sich jedoch nicht aus der qualitativen Überlegenheit von Selbstregulierung gegenüber Fremdregulierung, sondern schlechthin daraus, dass man den abgekoppelten Einheiten die gleichen (Selbst-)Korrekturrechte zubilligt, die auch im hierarchischen Zusammenhang eingegliederte Einheiten erhalten. Deutlich wird dieses Subsidiaritätsprinzip insbesondere im Kommunalrecht.[45] Die beim Land angesiedelte Kommunalaufsicht wird erst dann tätig, wenn der Kommune im Einzelfall die tatsächliche Leistungsfähigkeit fehlt, um effektiv Aufgaben erfüllen und rechtmäßig handeln zu können. Dies folgt insbesondere aus der Überlegung heraus, dass wenn die Entlassung aus dem demokratisch-hierarchischen Steuerungszusammenhang grundsätzlich zulässig sein soll, es schlechthin widersprüchlich wäre, würde man die Willensbildung dieser Einheiten nur in der Erstentscheidung ministerialfrei gestalten und ihnen die Möglichkeit freiwilliger Fehlerkorrektur im Rahmen von Zweitentscheidungsrechten und internen Harmonisierungsprozessen entziehen.[46]

Das Subsidiaritätsprinzip wirkt also derart, dass es aus dem Grund der Verselbständigung (der in einer bestimmten Hinsicht verbesserten Gemeinwohlverwirklichung) auch gleichzeitig seine Grenze bestimmt. Wenn eine Aufgabe durch die Verselbständigung in der Praxis nicht besser erfüllt werden kann, so kommt die exekutive Fremdaufsicht zum Tragen. Dies kann etwa sein, wenn ein Sachverhalt die Leistungsfähigkeit einer bestimmten Verwaltungseinheit übersteigt oder wenn die unternehmerische Rationalität das Gemeinwohlinteresse gefährdet.[47] Auch hier ergibt sich in der Organisation eine gewisse „solange"-Logik, die ein dynamisches Verhältnis zwischen verschiedenen Ebenen der Verwaltungsorganisation schafft.

---

[42] *Kahl* (Fn. 34), in: Hoffmann-Riem/Schmidt-Aßmann/Voßkuhle, § 47, Rn. 98. Die Begriffe von Organaufsicht und Behördenaufsicht unterscheidet *U. Ramsauer*, Verselbständigte Verwaltungsträger: unabhängig-abhängig, NordÖR 2022, 1 (3 ff.).

[43] *Kahl* (Fn. 34), in: Hoffmann-Riem/Schmidt-Aßmann/Voßkuhle, § 47, Rn. 98.

[44] *Kahl* (Fn. 33), 553.

[45] *A. Reich*, Die gesellschaftliche Grundlage der kommunalen Selbstverwaltung, DÖV 2020, 437 (438).

[46] Ähnlich auch *Dreier* (Fn. 3), 289.

[47] Dazu etwa *U. Di Fabio*, Verwaltung und Verwaltungsrecht zwischen gesellschaftlicher Selbstregulierung und staatlicher Steuerung, VVDStRL (56) 1996, 235 (245).

c) Aufsichtsmittel

Dieses zurückgenommene Verhältnis von Staat und Selbstverwaltungseinheit wird auch in der Bestimmung der Aufsichtsmittel deutlich.[48] Unter diesem Begriff werden im Regelfall sowohl die präventiven Aufsichtsmittel, die eher den entscheidungssteuernden Elementen zugewiesen werden können und die repressiven Aufsichtsmittel, die der *ex-post* Kontrolle einer vorherigen Entscheidung dienen, eingruppiert. Die konkreten Aufsichtsmittel unterscheiden sich begrifflich je nach dem anwendbaren Fachrecht. Im Allgemeinen lässt sich aber festhalten, dass diese stets einer ähnlichen Systematik folgen.[49] Wichtige Vorbedingung der Aufsicht sind zunächst Informationsrechte, die von Rügerechten, Zwangsrechten und zuletzt Aufgabenentziehungsrechten begleitet werden.[50]

Der Aufsichtsbehörde kommt dabei grundsätzlich Ermessen hinsichtlich des Tätigwerdens und der konkreten Auswahl des Aufsichtsmittels zu.[51] Dieses Ermessen ist nur dann fehlerfrei ausgeübt, wenn es dem in der Systematik der Aufsichtsmittel angelegten Stufenverhältnis der Eingriffstiefe in die Selbstbestimmung der ausgekoppelten Einheiten gerecht wird.[52] *Kahl* argumentiert etwa, dass regelmäßig eine Ermessensreduzierung dahingehend bestehe, dass ein „unvermitteltes Vorgehen im Wege der Anordnung oder Ersatzvornahme als rechtswidrig ausscheidet, sofern nicht vorab der Weg einer konsensualen Verständigung durch Dialog, insbesondere durch Beratung, Empfehlungen, Hinweise etc., beschritten worden ist."[53] Das Bundesverfassungsgericht hat hier in einer Entscheidung zur Kommunalaufsicht insbesondere die Beratung als Aufsichtsmittel herausgestellt.[54] Die staatspaternalistische Formulierung, dass diese maßgeblich „dem Schutz und der Fürsorge des Beaufsichtigten" diene,[55] verwundert jedoch. Selbstverwaltung kann keineswegs ein Selbstzweck sein, sondern ist nur zulässig und erforderlich, soweit sie der Produktion besserer (da sachnäherer) Entscheidungen dient.

d) Hierarchie vs. Distanz und Kooperation in der Staatsaufsicht

Die Aufsicht hängt also von vornherein zwischen zwei gegensätzlichen Prinzipien. Auf der einen Seite ist sie in der Lage, über ihre hierarchische Stellung

---

[48] Umfassend dargestellt von *Brüning/Vogelgesang* (Fn. 38), 107 ff.

[49] Zu den einzelnen Aufsichtsmitteln auch *Kahl* (Fn. 33), 552; *Schuppert* (Fn. 31), 895. *Kirste* (Fn. 35), 660 ff.

[50] Vgl. etwa *M. Herdegen*, Der Selbsteintritt von Aufsichtsbehörden im Verwaltungsrecht, Die Verwaltung 1990, 183–210.

[51] *Kahl* (Fn. 33), 553.

[52] *Kahl* (Fn. 33), 552 nennt dies den „Grundsatz der abgestuften Intervention."

[53] *Kahl* (Fn. 33), 553.

[54] BVerfGE 58, 177 (195).

[55] BVerfGE 58, 177 (195).

staatliche Einheit wiederherzustellen, auf der anderen Seite hat sie sich nach dem bisher Gesagten selbstverwaltungsfreundlich, distanziert und kooperativ zu zeigen. Die Zulässigkeit aufsichtsrechtlicher Interventionen liegt also stets zwischen diesen beiden Polen, zwischen denen die Akzente je nach Wertung verschoben werden können. Diese mögen je nach der in einem Rechtsgebiet üblichen parlamentarischen Steuerungsdichte differenzieren. Denn wo eine durchlässige und offene gesetzliche Normierung besteht, vermag Rechtsaufsicht nicht zur Kontrolle beitragen. Andererseits kann ein stark durchnormiertes Rechtsgebiet (wie etwa das Recht der Sozialversicherung)[56] auch ohne Zweckmäßigkeitskontrolle den Selbstverwaltungsgedanken nur eingeschränkt zur Geltung kommen lassen. Letzten Endes ist die Rechtsaufsicht nur eine Art von „Rahmenkontrolle, deren Effektivität und Durchschlagskraft gebunden ist an die Präzision und Dichte der gesetzlichen Vorgaben."[57]

Insbesondere im Rahmen der oben bereits angesprochenen *Neuen Steuerungsmodelle*[58] wurde Wert darauf gelegt, hierarchische Steuerungs- und Kontrollelemente durch kooperative Verfahren zu ersetzen. Damit war auch in der Aufsicht ein „tiefgreifender Struktur- und Funktionswandel" (*Pitschas*) und eine „Neubestimmung" (*Kahl*) verbunden.[59] Kern der Idee, den Selbstverwaltungskörperschaften mehr Verantwortung zu übertragen, war gleichsam eine bessere Funktionsausübung. Konsequenterweise wurde das zentrale Ziel der Aufsicht mit einer „Funktionssicherungsfunktion" beschrieben.[60] Aufsicht solle „Entschlusskraft und Verantwortungsfreudigkeit" des Beaufsichtigten stärken.[61]

Die angesprochenen Schwierigkeiten rein dezentraler Selbstorganisation könnten hier zu einem vorsichtigen Umdenken hin zu mehr zentraler Steuerung führen. Insoweit es sich herausstellen sollte, dass mehr hierarchische und zentrale Steuerung in der Lage ist, bestimmte Funktions- und Legitimationsdefizite zu beseitigen, dann wäre dies ein Argument für eine Rehierarchisierung. Diese Fragen stellen sich jedoch stark einzelfall- und entscheidungsbezogen, etwa nach der konkreten Art und Weise der Entscheidungsproduktion und der vorhandenen gesetzlichen Steuerung.

---

[56] Dazu *Dreier* (Fn. 3), 289. Siehe auch *J. Oebbecke*, Weisungs- und unterrichtungsfreie Räume in der Verwaltung, Stuttgart 1986, 169 ff.

[57] *Dreier* (Fn. 3), 288.

[58] Vgl. schon oben § 2, II. 2.

[59] Begriffe etwa bei *R. Pitschas*, Struktur- und Funktionswandel der Aufsicht im Neuen Verwaltungsmanagement, DÖV 1998, 907 (915); *Kahl* (Fn. 34), in: Hoffmann-Riem/Schmidt-Aßmann/Voßkuhle, § 47, Rn. 183.

[60] *Kahl* (Fn. 34), in: Hoffmann-Riem/Schmidt-Aßmann/Voßkuhle, § 47, Rn. 188.

[61] BVerfGE 78, 331 (342). Zur erforderlichen demokratischen Rückbindung aber *Etscheid* (Fn. 32), 299 ff.

4. Begrenzte Autonomie

Lässt man zu, dass sich Einheiten vom gesamtstaatlichen Zusammenhang zu einem gewissen Teil abkoppeln, so müssen sie die weggefallenen gesamtstaatlichen Funktionen substituieren. Selbstverwaltungseinheiten kommen dementsprechend auch Funktionen der Rechtsetzung zu. Verfassungsrechtlich gilt, dass der parlamentarische Gesetzgeber im Anwendungsbereich der Wesentlichkeitstheorie alle wesentlichen Entscheidungen selbst zu treffen hat. Durch Verfassungs- und einfache Gesetze kann er dennoch im Rahmen des institutionellen Gesetzesvorbehalts[62] Verwaltungseinheiten Autonomie vermitteln, d.h. die Fähigkeit sich und einen bestimmten Sachbereich durch eigene Normsetzung in Form von Satzungen selbst zu verwalten.[63] Dies ist nach der Bestimmung des Bundesverfassungsgerichts mit dem Zweck verbunden, „den entsprechenden gesellschaftlichen Gruppen die Regelung solcher Angelegenheiten, die sie selbst betreffen und die sie in überschaubaren Bereichen am sachkundigsten beurteilen können, eigenverantwortlich zu überlassen und dadurch den Abstand zwischen Normgeber und Normadressaten zu verringern. Zugleich wird der Gesetzgeber davon entlastet, sachliche und örtliche Verschiedenheiten berücksichtigen zu müssen, die für ihn oft schwer erkennbar sind und auf deren Veränderungen er nicht rasch genug reagieren könnte.“[64] Autonomie bedeutet demnach die Fähigkeit, innerhalb gewisser Grenzen objektives Recht zu setzen.[65] Diese ist von vornherein durch „Wesen und Aufgabenstellung“ der sich selbstverwaltenden Körperschaft begrenzt.[66]

Gleichzeitig ergibt sich hier ein Steuerungsverlust des parlamentarischen Gesetzes soweit die Rechtssetzungsautonomie reicht. Ältere Begründungen der Autonomie als „originäre“ Rechtsetzungsgewalt aus der historischen Rolle der Gemeindefreiheit[67] oder als Rechtssetzungsverzicht des Zentralstaates[68] überzeugen schon deshalb nicht, da eine außerhalb der Staatsorganisation

---

[62] Dazu siehe oben, § 5.

[63] *Hendler* (Fn. 10), in: Isensee/Kirchhof, § 143, Rn. 37. *Axer* (Fn. 9), in: Kahl/Ludwigs, § 62, Rn. 40. Umfassend zu den verschiedenen Normtypen am Beispiel des Sozialrechts *P. Axer*, Normsetzung der Exekutive in der Sozialversicherung: Ein Beitrag zu den Voraussetzungen und Grenzen untergesetzlicher Normsetzung im Staat des Grundgesetzes, Berlin 2000, 52 ff. Zum Verfahren der Satzungsgebung, vgl. *M.-E. Geis*, Der Erlass von Satzungen, in: Kluth/Krings (Hrsg.), Das Handbuch Gesetzgebung, Heidelberg 2014, § 25, 643 ff.

[64] BVerfGE 33, 125 (156).

[65] *F. Ossenbühl*, Satzung, in: Isensee/Kirchhof (Hrsg.), HStR, Bd. V, 3. Auflage, Heidelberg 2007, § 105, Rn. 1.

[66] BVerfGE 12, 139 (325); 33, 125 (157 ff.).

[67] So die von *Fleiner* begründetete „Originaritätstheorie.“ Vgl. *F. Fleiner*, Institutionen des deutschen Verwaltungsrechts, 8. Auflage, Tübingen 1928, 80 f.

[68] *J. Salzwedel*, Staatsaufsicht in Verwaltung und Wirtschaft, VVDStRL (22) 1965, 222 (225).

angesiedelte Fähigkeit, materielles Recht zu schaffen, das staatliche Rechtssetzungsmonopol durchbrechen würde.[69] Autonomie ist demnach nur im Rahmen einer expliziten (verfassungs-)gesetzlichen Delegation zulässig,[70] für die das parlamentarische Gesetz den Maßstab bereitstellt. Weitere Grenzen gesetzgeberischer Gestaltungsfreiheit bei der Verleihung von Autonomie ergeben sich aus dem Sinn und Zweck der Selbstverwaltung. Zuletzt sind auch die Grenzen des zulässigen Satzungsermessens bei der Satzungsgebung zu bestimmen.

a) Vorbehalt des Gesetzes

Da Satzungsgewalt auf expliziter Delegation beruht, gelten für sie die Grundsätze des Vorrangs und des Vorbehalts des Gesetzes. Soweit der Vorbehalt des Gesetzes reicht, wird die Satzungsautonomie zurückgedrängt, da Satzungen hier eine dem Bestimmtheitsgebot genügende Ermächtigungsgrundlage benötigen.[71] Das Bundesverfassungsgericht hat aus Rechtsstaats- und Demokratieprinzip gefolgert, dass das Parlament Rechtssetzungsaufgaben nicht anderen Stellen „zur freien Verfügung“ überlassen darf, ihm also insoweit eine Entscheidungspflicht zukommt.[72] Das „Verbandsvolk“ darf damit den demokratischen Gesetzgeber nicht schlechthin ersetzen.[73] Damit sind auf der einen Seite klare Grenzen zur Zulässigkeit des Einflusses von Gruppeninteressen gegenüber Allgemeininteressen verbunden.[74] Zum anderen ist diese Begründung des Gesetzesvorbehalts auch auf die Formierung lokaler Interessen übertragbar: diese können aufgrund der „geringen Distanz des kommunalen Regelungsapparates zu den Regelungsgegenständen“[75] zu einer mangelnden Repräsentation des Allgemeininteresses führen.

[69] Instruktiv *P. Badura*, Rechtsetzung durch Gemeinden, DÖV 1963, 561.

[70] *Ossenbühl* (Fn. 65), in: Isensee/Kirchhof, § 105, Rn. 22.

[71] Umfassend *T. Ellerbrok*, Die öffentlich-rechtliche Satzung – dogmatische und theoretische Grundlagen einer Handlungsform der Verwaltung, Tübingen 2020, 119 ff. BVerfGE 111, 191 (216 ff.); *Ossenbühl* (Fn. 65), in: Isensee/Kirchhof, § 105, Rn. 28.

[72] BVerfGE 101, 312 (322). Dazu auch *C. Starck*, Autonomie und Grundrechte. Zur Regelungsbefugnis öffentlich-rechtlicher Autonomieträger im Grundrechtsbereich, AöR 92 (1967), 449.

[73] Anders akzentuiert bei *E.T. Emde*, Die demokratische Legitimation der funktionalen Selbstverwaltung. Eine verfassungsrechtliche Studie anhand der Kammern, der Sozialversicherungsträger und der Bundesanstalt für Arbeit, Berlin 1991, 50.

[74] BVerfGE 111, 191 (216). Prägnant auch BVerfGE 101, 312 (323): „Je stärker die Interessen der Allgemeinheit berührt werden, desto weniger darf sich der Gesetzgeber seiner Verantwortung dafür entziehen, dass verschiedene einander widerstreitende Interessen gegeneinander abzuwägen und zum Ausgleich zu bringen sind.“

[75] So *E. Schmidt-Aßmann*, Die kommunale Rechtssetzungsbefugnis, in: Püttner (Hrsg.), Handbuch der kommunalen Wissenschaft und Praxis, Bd. III, 2. Auflage, Berlin/Heidelberg 1983, 182 (185).

Exemplarisch hat das Bundesverfassungsgericht entschieden, dass bei Fachärzten die statusbildenden Normen (Anerkennung, Fachrichtungen, Ausbildungsdauer etc.) eines formellen Gesetzes bedürfen.[76] Der Umfang des Geltungsbereiches des Gesetzesvorbehalts und des autonomen Satzungsrechts bedarf demnach stets der Konkretisierung, die anhand der Grundrechtswirkung einer konkreten Maßnahme zu bestimmen ist. Ähnliches gilt für andere Formen von Eingriffssatzungen (z.B. den kommunalen Anschluss- und Benutzungszwang).

Im Lichte dieser Überlegungen lassen sich mithin zwei Grundaspekte unterscheiden. Der Vorbehalt des Gesetzes bestimmt, was der Gesetzgeber selbst regeln muss, d.h. welche Sachfragen er nicht abstrakt der materiellen Bestimmung durch Autonomie überlassen darf. Diese Grenzen sind insoweit Teil der sachlich-inhaltlichen Legitimation. Delegationsgrenzen hingegen betreffen die Grundfrage, in welchen gesellschaftlichen Bereichen außerhalb des Anwendungsbereiches der Wesentlichkeitstheorie überhaupt der Rückgriff auf autonome Formen der Rechtsetzung zulässig ist. Diese sind ebenfalls Ausfluss der sachlich-inhaltlichen Legitimation, aber auf einer anderen Ebene angesiedelt. Der Vorbehalt des Gesetzes bestimmt die erforderliche Reichweite parlamentarischer Regelung bei generell zulässiger Selbstverwaltung. Delegationsgrenzen bestimmen im Hinblick auf das staatliche Normsetzungsmonopol gedanklich vorgelagert, unter welchen Voraussetzungen autonome Normgebung überhaupt zulässig sein kann. Insbesondere wenn die Autonomie klassischer Selbstverwaltungsbereiche ausgedehnt wird, stellt sich hier die Frage, ob dem Gesetzgeber allgemeine Grenzen aufzuerlegen sind.[77]

b) Ausübung des Satzungsermessens und staatliche Aufsicht

Die im Rahmen der Autonomie verliehene Befugnis, materielles Recht zu setzen, ist weder mit der weitgehenden Gestaltungsfreiheit parlamentarischer Gesetzgebung, noch mit der engen Ermessensvorstellung der Normanwendung gleichzusetzen.[78] Die Gestaltungsfreiheit des Selbstverwaltungsträgers unterliegt bereits von vornherein den rechtlichen Vorgaben der gesetzlich umgrenzten Satzungsbefugnis. Etwaige Einschätzungsprärogativen lassen sich nicht allgemein, sondern nur aufgrund der konkreten Ausgestaltung der Gesetzesnorm feststellen.[79] Die Satzung bedarf dabei einer Begründung, deren Grundzüge nachvollziehbar erkennen lassen, dass sich der Normgeber vom Sachbereich hinreichend Kenntnis verschafft und insoweit eine Abwägung im Hinblick auf den Regelungsgehalt der Satzung stattgefunden hat.[80]

---

[76] BVerfGE 33, 125 (163).
[77] Dazu BVerfGE 107, 59. *Ossenbühl* (Fn. 65), in: Isensee/Kirchhof, § 105, Rn. 24.
[78] *Schmidt-Aßmann*, in: Dürig/Herzog/Scholz (Fn. 24), Art. 19 IV, Rn. 217.
[79] *Schmidt-Aßmann*, in: Dürig/Herzog/Scholz (Fn. 24), Art. 19 IV, Rn. 217.
[80] *Schmidt-Aßmann*, in: Dürig/Herzog/Scholz (Fn. 24), Art. 19 IV, Rn. 217a.

5. Der Sonderfall der kommunalen Selbstverwaltung

Ein von den bisherigen Selbstverwaltungsmodellen zu unterscheidender Sonderfall liegt schließlich in der kommunalen Selbstverwaltung vor.[81] Auf der einen Seite ist diese Form der Selbstverwaltung der paradigmatische Fall der Entwicklung dogmatischer Figuren wie den Grenzen von Satzungsbefugnis und Staatsaufsicht. Auf der anderen Seite ist die Kommune im Hinblick auf die hier untersuchten Einflussknicke den „funktionalen" Verselbständigungen wesensverschieden. Dies hängt gleichermaßen damit zusammen, dass die kommunale Selbstverwaltung in der Verfassung explizit normiert ist und durch Kommunalwahlen eine eigene lokal-demokratische Legitimation erfährt.[82] Durch die explizite Erwähnung in Art. 28 Abs. 1 S. 2 GG ordnet das Grundgesetz „auch den Gemeinden und Kreisen ein *Volk* als Legitimationssubjekt zu."[83] Dieses Teilvolk ist damit im Unterschied zur funktionalen, stets parlamentsabgeleiteten Selbstverwaltung auch zur originären Legitimationsvermittlung fähig.[84]

Auf der kommunalen Ebene begegnen sich also zentrale parlamentsvermittelte und lokal-demokratische Formen der Legitimation und bilden eine Dualität an demokratischen Zentren. Diese Begegnung produziert aber gleichzeitig „keine dritte Säule im bundesstaatlichen Aufbau",[85] sondern bringt zum

[81] Dazu jüngst umfassend, *S. Lenz*, Kommunalverwaltung und Demokratieprinzip, Tübingen 2020, 105 ff. Diskussion auch bei *G. Püttner*, Zum Verhältnis von Demokratie und Selbstverwaltung, in: Mann/Püttner (Hrsg.), Handbuch der kommunalen Wissenschaft und Praxis, Bd. I, 3. Auflage, Berlin/Heidelberg 2007, § 19, 381 (381 ff.). *H.-G. Henneke*, Selbstverwaltung in Gemeinden und Kreisen als Pluralisierungsfaktor, in: Trute/Groß/Röhl/Möllers (Hrsg.), Allgemeines Verwaltungsrecht – zur Tragfähigkeit eines Konzepts, Tübingen 2008, 17 (23 ff.).

[82] Auch *H.H. v. Arnim*, Gemeindliche Selbstverwaltung und Demokratie, AöR 113 (1988), 1 (26); *E.-W. Böckenförde*, Demokratie als Verfassungsprinzip, in: Isensee/Kirchhof (Hrsg.), HStR, Bd. II, 3. Auflage, Heidelberg 2004, § 24, Rn. 31 f.; *E. Schmidt-Aßmann*, Verwaltungslegitimation als Rechtsbegriff, AöR 116 (1991), 329 (349 f.); *M. Jestaedt*, Demokratieprinzip und Kondominialverwaltung. Entscheidungsteilhabe Privater an der öffentlichen Verwaltung auf dem Prüfstand des Verfassungsprinzips Demokratie, Berlin 1993, 212 f. Jüngst *C. Brüning*, Kommunale Selbstverwaltung, in: Kahl/Ludwigs (Hrsg.), Handbuch des Verwaltungsrechts, Bd. III, Verwaltung und Verfassungsrecht, Heidelberg 2022, § 64, Rn. 10 ff.

[83] BVerfGE 83, 37 (55).

[84] Dies gilt nach aufgrund der strukturellen Analogie (Allzuständigkeit, Gebietshoheit, unbestimmte Allgemeinheit) auch für Verbandsvölker in Kreisen. *H. Dreier*, in: ders. (Hrsg.), Grundgesetz Kommentar, Bd. II, 3. Auflage, Tübingen 2015, Art. 20, Rn. 92. Grundsätzliche Überlegungen dazu bei *C. Möllers*, Demokratische Ebenengliederung, in: Appel u.a. (Hrsg.), Öffentliches Recht im offenen Staat, Festschrift für Rainer Wahl, Berlin 2011, 759 (761 ff.).

[85] *Böckenförde* (Fn. 82), in: Isensee/Kirchhof, § 24, Rn. 32. Dies übersieht m.E. *F. Hanschmann*, Partizipation – demokratietheoretische und verfassungsrechtliche Überlegungen zu Kommunalwahlrecht und Staatsangehörigkeit, in: Barwig/Bichel-Benedetti/Brinkmann (Hrsg.), Gleichheit, Baden-Baden 2012, 187–194 zu Gunsten einer (dann) zu weitreichenden Offenheit des Legitimationsmodells.

Ausdruck, dass die örtliche Bürgerallgemeinheit an Angelegenheiten der lokalen Verwaltung entsprechend zu beteiligen ist.[86] Dies findet etwa darin Niederschlag, dass die Gemeindeparlamente keine Organe der Legislative, sondern ein basisdemokratisch organisierter Teil der öffentlichen Verwaltung sind.

Der paradigmatische Fall dieser Autonomie findet sich in der in Art. 28 Abs. 2 GG normierten Befugnis der Gemeinden, Städte und Kreise, Angelegenheiten der örtlichen Gemeinschaft in eigener Verantwortung zu regeln.[87] Diese Satzungshoheit der Gemeinde folgt unmittelbar aus der Selbstverwaltungsgarantie.[88] Sie wird in der Regel durch die Kommunalverfassungsgesetze der Länder ausgeformt, die auch Generalermächtigungen für weitere Satzungstypen vorsehen. Die Gemeindesatzungen, deren Geltungsbereich auf das Gemeindegebiet beschränkt ist,[89] verfolgen vornehmlich drei Grundaspekte der organisatorischen Gestaltungsfähigkeit.[90] Die Hauptsatzung dient zunächst der Selbstorganisation der Gemeinde.[91] Mit den weiteren kommunalen Satzungen im Bereich der Abgabenverwaltung, der öffentlichen Einrichtungen sowie der Massenverwaltung konkretisiert die Gemeinde das Ortsrecht. Zuletzt dient die Satzungsgebung in Form von Haushalts-, Stellen- und insbesondere Bauleitplänen der kommunalen Planung und Gestaltung. Diese zentralen Aufgabenzuweisungen an die Gemeinde bedürfen dabei im Bereich der Selbstorganisation auf dem Gemeindegebiet keiner weiteren Ermächtigungsgrundlage. Anders ist dies bei kommunalen Rechtsverordnungen, die als delegierte Rechtsetzung stets einer konkreten gesetzlichen Ermächtigungsgrundlage bedürfen.[92] Typischer Anwendungsfall dieses gemeindlichen Tätigwerdens im übertragenen Wirkungskreis ist die Gefahrenabwehr im Gemeindegebiet.

Die reduzierte Steuerungswirkung des parlamentarischen Gesetzes zielt hier auf einen höheren Differenzierungsgrad ab. Ein räumlich konkretisiertes Allgemeininteresse soll komplementär zu den höher aggregierten landes- und bundesgesetzlich formulierten Regelungen wirken und damit ein bürgerschaftliches Engagement auch auf der untersten Verwaltungsebene sichern.[93]

---

[86] *Böckenförde* (Fn. 82), in: Isensee/Kirchhof, § 24, Rn. 31.

[87] BVerfGE 21, 54 (62 f.); 32, 346 (361); BVerwGE 90, 359 (361); *Mehde*, in: Dürig/Herzog/Scholz (Fn. 24), Art. 28 II, Rn. 63.

[88] Siehe nur *F. Schoch*, Soll das kommunale Satzungsrecht gegenüber staatlicher und gerichtlicher Kontrolle verstärkt werden?, NVwZ 1990, 801 (802). Sie bedeutet nach BVerwGE 116, 188 (193 f.) insbesondere auch, dass eine Ermessensprüfung nach § 114 VwGO unterbleibt. Dazu ausführlich nun *Ellerbrok* (Fn. 71), 369 ff.

[89] BVerwGE 130, 52 (62); 137, 95 (99).

[90] Zum Folgenden *Ossenbühl* (Fn. 65), in: Isensee/Kirchhof, § 105, Rn. 6.

[91] BVerfGE 107, 1 (13).

[92] *Ossenbühl* (Fn. 65), in: Isensee/Kirchhof, § 105, Rn. 7.

[93] *Schmidt-Aßmann* (Fn. 14), 261.

Typologisch bleibt die Mitwirkung damit Selbstverwaltung, wird jedoch durch die zum Staatsvolk analoge Legitimationsstruktur unmittelbar gestützt, weswegen es für die hier untersuchten Einflussknicke bereits am Merkmal der Schwächung des Zurechnungszusammenhangs fehlt.[94]

6. Der Sonderfall der Bundesbank

Einen ganz anders gelagerten Sonderfall,[95] der sich in der hier vorgeschlagenen Typologie nicht verorten lässt, stellt die Deutsche Bundesbank dar. Sie ist nach § 2 S. 1 BBankG eine bundesunmittelbare juristische Person und wird als Anstalt des öffentlichen Rechts eingeordnet.[96] Dies ist richtig, da es ihr für eine Einordnung als Körperschaft schon an der mitgliedschaftlichen Struktur fehlt. Gleichzeitig fehlen auch typische Elemente der Anstalt. § 12 S. 1 BBankG bestimmt die vollständige Weisungsfreiheit der Bundesbank. Ob dies unmittelbar aus der Verfassungsgarantie des Art. 88 GG folgt, wie früher umstritten war,[97] kann mittlerweile dahinstehen, da das Unionsrecht in Art. 130 AEUV neben der Unabhängigkeit der EZB auch die Unabhängigkeit der nationalen Zentralbanken verlangt.[98] Die unionsrechtliche Regelung

[94] Dies gilt neben der Satzungsautonomie insbesondere für die personell-organisatorische Legitimationssäule. Die Legitimationskette verläuft hier von den unmittelbar vom Gemeindevolk gewählten Amtsträgern zu den einzelnen Gemeindebediensteten. Siehe etwa *Mehde* (Fn. 4), 237 ff. So auch *Dreier* (Fn. 3), 231.

[95] Die Sonderfallthese unterstützt *F. Meinel*, Verselbstständigte Verwaltungseinheiten, unabhängige Agenturen und ministerialfreie Räume, in: Kahl/Ludwigs (Hrsg.), Handbuch des Verwaltungsrechts, Bd. III, Verwaltung und Verfassungsrecht, Heidelberg 2022, § 61, Rn. 18.

[96] *J.A. Kämmerer*, in: v. Münch/Kunig (Hrsg.), Grundgesetz Kommentar, Bd. II, 5. Auflage, München 2003, Art. 88, Rn. 4.

[97] Dazu ausführlich *H. Siekmann*, in: Sachs (Hrsg.), Grundgesetz Kommentar, 9. Auflage, München 2021, Art. 88, Rn. 70. Zur Entwicklung der Währungsverfassung allgemein *M. Ludwigs*, Wirtschafts- und Währungsverfassung in: Kahl/Ludwigs (Hrsg.), Handbuch des Verwaltungsrechts, Bd. III, Verwaltung und Verfassungsrecht, Heidelberg 2022, § 85, Rn. 41 ff.

[98] Art. 130 AEUV lautet: Bei der Wahrnehmung der ihnen durch die Verträge und die Satzung des ESZB und der EZB übertragenen Befugnisse, Aufgaben und Pflichten darf weder die Europäische Zentralbank noch eine nationale Zentralbank noch ein Mitglied ihrer Beschlussorgane Weisungen von Organen, Einrichtungen oder sonstigen Stellen der Union, Regierungen der Mitgliedstaaten oder anderen Stellen einholen oder entgegennehmen. Die Organe, Einrichtungen oder sonstigen Stellen der Union sowie die Regierungen der Mitgliedstaaten verpflichten sich, diesen Grundsatz zu beachten und nicht zu versuchen, die Mitglieder der Beschlussorgane der Europäischen Zentralbank oder der nationalen Zentralbanken bei der Wahrnehmung ihrer Aufgaben zu beeinflussen. Zu Besonderheiten der Legitimation des Zentralbankwesens umfassend aus globaler Perspektive *P. Tucker*, Unelected Power: The Quest for Legitimacy in Central Banking and the Regulatory State, Princeton 2018, 147 ff.

hat aufgrund ihres Vorrangs zumindest mittelbar die Wirkung einer verfassungsrechtlichen Garantie.[99]

Anders als bei unabhängigen Behörden üblich, besitzt die Bundesbank mit dem Vorstand auch nur ein einziges Organ, § 7 Abs. 1 S. 1 BBankG, der die Bank leitet und verwaltet. Die Bestellung des sechsköpfigen Vorstands erfolgt nach § 7 Abs. 3 BBankG durch den Bundespräsidenten. Vorschlagsrecht für jeweils drei Mitglieder kommt dem Bundesrat (im Einvernehmen mit der Bundesregierung) und der Bundesregierung selbst zu, die zudem über den Präsidenten und Vizepräsidenten bestimmt. Die Regierung hat also bei der personellen Besetzung der Bank eine besonders hervorgehobene Stellung. Diese Stellung führt jedoch nicht zu einer Abberufungskompetenz, die mit der persönlichen Unabhängigkeit unvereinbar wäre.[100]

Nach § 7 Abs. 1 S. 2 BBankG beschließt der Vorstand ein Organisationsstatut, das wiederum die Geschäftsverteilung innerhalb der Bank regelt. Dies kommt wiederum den Selbstorganisationsrechten gleich, die ähnlich weitreichend wie in der Selbstverwaltung zu interpretieren sind. Gleichzeitig fehlt der Bundesbank das Merkmal der Betroffenenpartizipation, was eine typologische (nicht aber eine faktische) Einordnung in die Selbstverwaltung verbietet.[101]

Die Bundesbank hat innerhalb der Verwaltungsstrukturen in der Bundesrepublik die weitreichendsten Unabhängigkeitsrechte, die gerade darauf zielen, den Zurechnungszusammenhang zwischen politischem Verantwortungszentrum und Verwaltungshandeln nicht nur zu schwächen, sondern abzuschneiden.[102] Begründet wird dies sachlich mit dem besonders wichtigen Ziel der Währungsstabilität, die vor „Zugriff von Interessentengruppen und der an einer Wiederwahl interessierten politischen Mandatsträger“[103] geschützt werden soll. Insoweit soll die Unabhängigkeit die Funktion der Zentralbanken im politischen Gemeinwesen schützen. Dafür werden überwiegend weitreichende Einflussknicke in Kauf genommen. Das Bundesverfassungsgericht argumentiert etwa, dass „diese Modifikation des Demokratieprinzips im Dienste der Sicherung des in eine Währung gesetzten Einlösungsvertrauens vertretbar“ sei.[104] Ob sich hier angesichts der neueren Rechtsprechung des Gerichts zur Unionsebene noch Veränderungen ergeben werden, bleibt abzuwarten.

---

[99] *Heun*, in: Dreier (Hrsg.), Grundgesetz Kommentar, Bd. III, 3. Auflage, Tübingen 2018, Art. 88, Rn. 40.

[100] *Heun*, in: Dreier (Fn. 99), Art. 88, Rn. 41: Wohl aber möglich bleibt eine Amtsenthebung nach allgemeinem Beamtenrecht durch eine gerichtliche Entscheidung.

[101] *Hendler* (Fn. 10), in: Isensee/Kirchhof, § 143, Rn. 28.

[102] Eher populärwissenschaftlich unter Rückgriff auf allgemeine Narrative über Legitimation in der politischen Theorie zur Anwendung auf die Legitimation von Zentralbanken *Tucker* (Fn. 98), 146 ff.

[103] BVerfGE 89, 155 (208).

[104] BVerfGE 89, 155 (208).

II. Einflussknicke bei verselbständigter Aufgabenwahrnehmung in öffentlicher Rechtsform

In der Selbstverwaltung treten Einflussknicke als Schwächungen des Bandes zwischen Entscheidungs- und Verantwortungszentrum in verschiedenen Varianten auf, die voneinander unterschieden werden müssen. Dies ist darauf zurückzuführen, dass durch die Einführung des Merkmals der „Betroffenheit“ ein neues, vom Staatsvolk verschiedenes Verantwortungszentrum entsteht. Die als „Betroffene“ Identifizierten werden dadurch legitimationstheoretisch gewissermaßen „verdoppelt“, indem sie sowohl Teil des Verantwortungszentrums des Staatsvolks, als auch der Gemeinschaft der Betroffenen sind. Insoweit entstehen auch zwei verschiedene Einflussknicke. Diese befinden sich an der Verbindung vom demokratischen Gemeinwesen zu denjenigen Entscheidungsräumen, die der Betroffenenpartizipation vorbehalten sind, einerseits, und – intern – von der Gemeinschaft der Betroffenen zu den Entscheidungen ihrer organisierten Willensbildung andererseits.

1. Einflussknick Demokratisches Gemeinwesen – Entscheidungen der Selbstverwaltungseinheit

Aus der Perspektive des gesamtstaatlichen Zusammenhangs, auf die es aus der Perspektive der Verfassungsordnung entscheidend ankommt, liegt ein Bruch in der Durchsetzung von Partikularwillen gegenüber dem Gesamtwillen.[105] Dieser Bruch ist weitreichender als bei unselbständig weisungsfreien Einheiten, da zusätzlich zur Weisungsfreiheit die Durchbrechung der organisatorisch-personellen Legitimationskette hinzutritt. Gleichzeitig wird der Bruch demgegenüber von vornherein durch die gesetzliche Grundlage der Selbstverwaltung und die Aufsichtserfordernisse eingehegt.[106] In den unterschiedlichen Fällen der Selbstverwaltung entstehen aber je nach Sachgebiet weitreichende Konkretisierungsbefugnisse. Meist sind dies die angesprochenen Autonomierechte oder auch (vergleichbar zur unselbständig weisungsfreien Aufgabenwahrnehmung) die Normkonkretisierungsbefugnisse im Einzelfall.

---

[105] Ausführlich dargestellt bei *Kirste* (Fn. 35), 335 ff. Dementsprechend fordert *A. Musil*, Das Bundesverfassungsgericht und die demokratische Legitimation der funktionalen Selbstverwaltung, DÖV 2004, 116 (120) eine Begrenzung des Aufgabenspektrums der Selbstverwaltung.

[106] *H.-G. Dederer*, Organisatorisch-personelle Legitimation der funktionalen Selbstverwaltung, NVwZ 2000, 403–405.

2. Einflussknick Betroffenengemeinschaft – Entscheidungen der Selbstverwaltungseinheit

Eine weitere Schwächung des Zurechnungszusammenhangs *kann* im Verhältnis vom Verantwortungszentrum der Betroffenengemeinschaft zum tatsächlichen Entscheidungszentrum liegen. Entsprechen die Verfahren in der Binnenorganisation demokratisch-egalitären Grundsätzen, so liegt kein Einflussknick vor. Dies ist aber in der Praxis die Ausnahme. Zurechnungsdefizite in der binnenorganisatorischen Willensbildung, etwa durch heterogen oder nicht-mitgliedschaftlich zusammengesetzte Entscheidungszentren, sowie durch kondominiale oder pluralistische Gremien, verursachen damit einen zweiten Einflussknick, der wiederum der Kompensation oder Rechtfertigung bedarf.

3. Unklarheit über das Verantwortungszentrum

Insbesondere in den nicht auf mitgliedschaftlicher Basis operierenden Erscheinungsformen der so nur noch in Anführungszeichen stehenden „Selbstverwaltung" kann normative Unklarheit darüber entstehen, wer oder was überhaupt das Verantwortungszentrum ausmacht, dem Entscheidungen zugerechnet werden sollen. Besonders deutlich wird dies etwa in der Selbstverwaltung des Rundfunks und der Hochschulen.[107]

Die Rundfunkselbstverwaltung repräsentiert „die Allgemeinheit" und damit kein anderes Verantwortungssubjekt als das demokratische Gemeinwesen. Seine Aufgabe ist es, „als Medium und Faktor freier individueller und öffentlicher Meinungsbildung zu wirken und dadurch die demokratischen, sozialen und kulturellen Bedürfnisse der Gesellschaft zu erfüllen."[108] Betroffen sind damit alle Bürger, während die Mitbestimmung jedoch über Repräsentanten gesellschaftlicher Verbände erfüllt wird. In mancher Hinsicht ist der Rundfunk daher strukturell eher mit dem Sonderfall der Bundesbank als mit den klassischen funktionalen Selbstverwaltungsmodellen vergleichbar.

Ähnliches gilt für die Bestimmung des Verantwortungssubjekts in der Hochschulorganisation. Zwar bestimmen die Hochschulgesetze in der Regel einen umfassenden Mitgliederbegriff, der Professoren, Studierende, wissenschaftliches und administrativ-technisches Personal als Verantwortungsgruppen festlegt. Gleichzeitig ist sichergestellt, dass Professoren aufgrund der Wirkung der Wissenschaftsfreiheit in den universitären Gremien stets die Mehrheiten haben. Auch in der damit zumindest organisatorisch intendierten Professorenselbstverwaltung bestehen Differenzierungen zwischen verschie-

---

[107] Dazu bereits oben § 6.
[108] § 2 Abs. 1 HRG.

denen Graden an „Betroffenheit." Dies schwächt die Plausibilität der so gewonnenen Legitimationsstränge.

4. Kumulative Einflussknicke

Nach dem bisher Gesagten konnte bereits festgestellt werden, dass weisungsfreie Räume innerhalb von Selbstverwaltungsträgern (anders als dies noch von *Frido Wagener* in der ursprünglichen Begriffsentwicklung vorgeschlagen wurde)[109] keinen Einflussknick 2. Grades darstellen, sondern die verschiedenen Knicke kumulativ nebeneinanderstehen. An demokratischen Defiziten innerhalb der Binnenorganisation der Selbstverwaltungseinheiten lässt sich diese These noch einmal verdeutlichen.

Aus der demokratischen, an Selbstbestimmung orientierten Perspektive des Gesamtvolkes spielt es im Hinblick auf den Einflussknick als Zurechnungsbruch keine Rolle, ob sich die Betroffenenpartizipation selbst eine egalitär-demokratische Binnenorganisation gibt. Der Steuerungsverlust des demokratischen Gemeinwesens bestimmt sich nicht danach, was an seine Stelle tritt. Er bleibt unabhängig davon Steuerungsverlust, der den demokratischen Gesamtwillen durch einen wie auch immer erarbeiteten Partikularwillen ersetzt.

Eine Rolle spielt die Binnenorganisation erst in der normativen Beurteilung dieses Steuerungsverlustes, nämlich wenn es darum geht, ob bestimmte verfassungsrechtliche Erwägungen den Verluste rechtfertigen können. Diese Frage stellt sich aber denklogisch erst im zweiten Schritt und für beide vorher behandelten Einflussknicke separat. Denn aus der Perspektive der Betroffenen stellt sich genauso wie aus der Perspektive des Muttergemeinwesens die Frage, ob die Aussicht auf „bessere" Entscheidungen es rechtfertigt, dass die demokratische Gleichheit der Einflussverteilung zugunsten einer vermeintlich sachgerechteren Regelung verzerrt wird. Der Einflussknick liegt hier darin, dass innerhalb einer Betroffenengemeinschaft wiederum nach Betroffenheitskriterien zweiter Ordnung (z.B. Mitgliedsbeiträge, Umsatz, beruflicher Status) differenziert wird. Heterogene und nicht-mitgliedschaftliche Formen der Betroffenenbeteiligung verursachen damit einen doppelten Einflussknick, der – jeder auf seine Weise – der Rechtfertigung bedarf.

[109] *F. Wagener*, Einleitung, in: ders. (Hrsg.), Verselbstständigung von Verwaltungsträgern. Bericht über ein verwaltungspolitisches Sonderseminar der Hochschule für Verwaltungswissenschaften Speyer in Verbindung mit der deutschen Sektion des Internationalen Instituts für Verwaltungswissenschaften in Speyer vom 24.–26. September 1976, 40 und s.o. § 8, I. 1-3.

III. Kontrollknicke bei verselbständigter Aufgabenwahrnehmung in öffentlicher Rechtsform

Kontrollknicke sind im Rahmen der Selbstverwaltung nicht nur akzeptiert, sondern ausdrücklich gewollt. Im Regelfall indiziert ein zurückgenommener Gesetzesmaßstab die Zuweisung von Letztentscheidungsermächtigungen, denen ein entsprechender gerichtlicher Kontrollmaßstab folgt. Auch in der Aufsicht verlangt die Selbstverwaltungsfreundlichkeit (s.o.) einen zurückgenommenen Maßstab.

1. Eigenaufsicht

Eine binnenorganisatorisch eingegliederte Aufsicht erlaubt dem selbständigen Träger, eine angegriffene Entscheidung durch interne Prozesse zu korrigieren. Im Kommunalrecht oder im Hochschulrecht wird diese „Eigenaufsicht" (*Kahl*)[110] besonders sichtbar. Der Vorrang dieser Aufsichtsform führt zu einer Subsidiarität nachträglicher staatlicher Aufsicht gegenüber internen Berichtigungsstrukturen. In der Organisation richtet sich der erste Kontrollschritt sowohl im subjektiven Rechtsschutz als auch in der Aufsicht auf eine Selbstkontrolle durch die den Sachverhalt entscheidende Verwaltungseinheit.[111]

Interne Entscheidungskontrollen im Rahmen der gewährten Verselbständigungen können auch unabhängig vom subjektiven Rechtsschutz des Bürgers bestehen. Binnenrechtliche Aufsichtsverfahren kennt etwa das Hochschulrecht mit der inneruniversitären Organaufsicht[112] oder das Kommunalrecht, das Beanstandungs- und Widerspruchsrechte des Bürgermeisters normiert.[113] Auch der Sonderfall der begrenzten Verselbständigung der Organisationseinheit „Schule" im Schulrecht bestimmt Beanstandungsrechte des Schulleiters.[114]

[110] *Kahl* (Fn. 33), 553.

[111] § 73 Abs. 1 Nr. 3 VwGO weist etwa die Widerspruchsentscheidung dem Selbstverwaltungsträger zu. Spezialgesetzliche Regeln können dabei eine explizite Benennungsbefugnis der zuständigen Behörde einräumen. Im Sozialrecht etwa bekommen die Sozialbehörden gemäß § 62 SGB X iVm § 85 Abs. 2 Nr. 2–4 SGG unter Umständen selbst das Recht, die Widerspruchsbehörde für Verwaltungsakte zu bestimmen. In den explizit normierten Selbstverwaltungsbereichen kann jeweils eine von der abgekoppelten Einheit benannte Stelle für das Widerspruchsverfahren bestimmt werden. So ist beispielsweise im Falle einer Entscheidung eines Gesellenprüfungsausschusses einer Handwerksinnung nach § 68 HwO die zuständige Handwerkskammer die Widerspruchsbehörde. Während einem für die Organisation der Handwerksprüfungen zuständigen Gesellenprüfungsausschuss keine eigene Rechtspersönlichkeit zukommt (nach § 60 Nr. 3 HwO lediglich Innungsorgan) ist die Innung als Körperschaft des öffentlichen Rechts nach § 53 Satz 1 HwO Trägerin der Prüfungsentscheidung. Fall bei VG Ansbach, Urt. v 14.01.2016 – AN 2 K 14.01653.

[112] Vgl. § 80 HSchulG HE.

[113] § 63 HGO.

[114] § 87 Abs. 4 SchulG HE. Die organisationsrechtliche Dimension von Art. 7 GG diskutiert *M. Jestaedt*, Schule und außerschulische Erziehung, in: Isensee/Kirchhof (Hrsg.), HStR, Bd. VII 3. Auflage 2009, § 156, Rn. 34 ff.

2. Parlamentarische Kontrolle der Selbstverwaltung

Grundsätzlich knüpft die parlamentarische Kontrolle an die Verantwortlichkeit der Regierung an, so dass sich in der Selbstverwaltung kontrollfreie Räume ergeben können.[115] Im Wesentlichen finden aber auch hier die bereits in § 9 zur parlamentarischen Kontrolle dargestellten Erwägungen Anwendung. Auf der einen Seite schwächt die Selbständigkeit die parlamentarische Kontrolle, da eine unmittelbare personelle Sanktionsmöglichkeit über Regierung und Ministerverantwortlichkeit entfällt, auf der anderen Seite bedeutet der Wegfall der unmittelbar personellen Verantwortlichkeit der Regierung als nur eine von mehreren parlamentarischen Kontrollmöglichkeiten nicht automatisch, dass die parlamentarische Kontrolle in Gänze unmöglich wird. Über den institutionellen Gesetzesvorbehalt kann sich das Parlament zudem stets weitere Beteiligungsrechte einrichten, indem es der Regierung Kontroll- und Berichtspflichten auferlegt, an denen sie dann wiederum konkret gemessen werden kann.

3. Normative Letztentscheidungsermächtigung im Bereich des Satzungsermessens

Im Hinblick auf die gerichtliche Kontrolle ergeben sich Besonderheiten, da insbesondere in den Letztentscheidungsermächtigungen im Bereich des Satzungsermessens Kontrollknicke liegen. Diese sind auch erforderlich, andernfalls würde man die im Rahmen der Selbstverwaltung erfolgte Abkoppelung vom Gemeinwesen wiederum rückgängig machen, wenn man die zugewonnene Selbstbestimmung an zu eindeutig bestimmte und damit gerichtlich nachprüfbare Gesetzesmaßstäbe bände. Insbesondere im Rahmen der sozialen Selbstverwaltung ist dies ein beharrlich vorgebrachter Kritikpunkt.[116]

Der Selbstverwaltungseinheit kommt damit regelmäßig eine Letztentscheidungsermächtigung im Bereich der Rechtsetzung zu.[117] Prozedural wird die Ausübung des Satzungsermessens zwar im Verfahren der Satzungsgebung sowohl bei der aufsichtsbehördlichen Genehmigung als auch im Rahmen verwaltungsgerichtlicher Kontrolle überprüft. Entscheidend ist aber der zurückgenommene Prüfungsmaßstab: Es kommt also hier weniger auf eine Rechtfertigbarkeit des Entscheidungsergebnisses an, wie dies etwa bei Einzelfallentscheidungen

[115] *C. Gusy*, Parlamentarische Kontrolle, JA 2005, 395 (396).

[116] *Dreier* (Fn. 3), 235.

[117] Vgl. *M. Herdegen*, Gestaltungsspielräume bei administrativer Normgebung – Ein Beitrag zu rechtsformabhängigen Standards für die gerichtliche Kontrolle, AöR 114 (1989), 607 (609).

dem Maßstab des Art. 19 Abs. 4 GG entsprechen würde, sondern vielmehr auf ein prozedurales „Nachvollziehen."[118]

IV. Anwendungsfälle

Die Anwendungsfälle der rechtlich verselbständigten Träger umfassen auf der einen Seite den großen Bereich der mitgliedschaftlich-partizipatorischen Einheiten wie auch Träger mit nicht-mitgliedschaftlicher Verfassung. Auch hier geht es bei der Darstellung nur darum, verschiedenartige Einfluss- und Kontrollknicke zeigen zu können, ohne mit der Kategorienbildung eine Systematisierung vorschlagen zu wollen.

1. Homogen-mitgliedschaftliche Organisation

Homogen-mitgliedschaftliche Organisationsformen zeichnen sich dadurch aus, dass sie in ihrer Willensbildung im Innenbereich wiederum formal-prozeduralen, an der Gleichheit ihrer Mitglieder orientierten Strukturprinzipien den Vorrang geben. Sie erzeugen dadurch, wie noch zu diskutieren ist, eine gewisse demokratische Dignität auch innerhalb des von ihnen konstituierten Verwaltungsträgers. Insbesondere in der berufsständischen Selbstverwaltung sind diese Organisationsformen vertreten.[119] Gleichzeitig kann die so erzeugte Legitimationswirkung insbesondere im Hinblick auf die notwendig auftretenden Kompositionsprobleme der Vertretungskörperschaften nur unvollständig mit der gesamtstaatlich-demokratischen Willensbildung verglichen werden.

a) Beispiel: Die Landesärztekammern

Zur Selbstverwaltung der freien Berufe zählen neben den Kammern der Rechtsanwälte, der Wirtschaftsprüfer, der Steuerberater, der Architekten und einigen anderen auch die Kammern der Ärzte.[120] Die hessische Landesärzte-

---

[118] BVerfGE 85, 36 (58). Dazu auch *A. v. Bogdandy*, Gubernative Rechtsetzung. Eine Neubestimmung der Rechtsetzung und des Regierungssystems unter dem Grundgesetz in der Perspektive gemeineuropäischer Dogmatik, Tübingen 2000, 370.

[119] Diskussion der dortigen Legitimationsanforderungen bei *T. Mann*, Berufliche Selbstverwaltung, in: Isensee/Kirchhof (Hrsg.), HStR, Bd. VI, 3. Auflage 2008, § 146, Rn. 29 ff.

[120] Übersicht bei *Kluth* (Fn. 10), 82 ff. Ferner zur Kammerorganisation auch *W. Kluth*, Selbstverwaltung der Wirtschaft und der freien Berufe, in: Ehlers/Fehling/Pünder (Hrsg.), Besonderes Verwaltungsrecht, Bd. I, Öffentliches Wirtschaftsrecht, 4. Auflage, Heidelberg u.a. 2019, § 14, 436 (444 ff.). Synoptische Darstellung auch bei *M. Schulte/J. Kloos*, Handbuch Öffentliches Wirtschaftsrecht, München 2016, 244 ff. Organisationsfragen bei *T. Groß/ A. Pautsch*, Kammerverfassungsrecht – Organisation und Verfahren, in: Kluth (Hrsg.), Handbuch des Kammerrechts, 3. Auflage, Baden-Baden 2020, 238 (240 ff.).

kammer (LÄKH) ist eine von 17 auf landesgesetzlicher Grundlage errichteten Landesärztekammern.[121] § 1 Abs. 1 des Hessischen Heilberufsgesetz (HeilBerG) bestimmt die Rechtsform als Körperschaft des öffentlichen Rechts. Nach § 2 Abs. 1 HeilBerG gehören alle Ärztinnen und Ärzte, die im Land Hessen ihren Beruf ausüben, den Kammern per Pflichtmitgliedschaft an.[122] Zentrales Organ nach § 13 Nr. 1 HeilBerG ist die Delegiertenversammlung, die von den Kammerangehörigen auf die Dauer von fünf Jahren in allgemeiner, gleicher, geheimer und direkter Wahl nach den Grundsätzen der Verhältniswahl gewählt wird.[123] Die Delegiertenversammlung bestimmt nach § 17 Abs. 1 HeilBerG einen Vorstand für die Führung der Geschäfte. Wesentliche Entscheidungen – wie die Satzungsgebung – sind nicht delegationsfähig, § 17 Abs. 1 S. 3 HeilBerG. Die Aufgaben der LÄKH werden durch § 5 Abs. 1 HeilBerG bestimmt. Zu diesen gehört insbesondere die Regelung und Überwachung der Pflichten ihrer Mitglieder in Berufsordnungen, worin die Befugnis begründet liegt, in der Rechtsform des Verwaltungsakts tätig zu werden. Zudem obliegt ihr – rechtlich weniger relevant – die Vertretung der berufsständischen Interessen der Ärzte und die Förderung der Funktionsfähigkeit des Heilwesens. Nach § 10 Abs. 1 HeilBerG erhebt die LÄKH zur Deckung ihrer Kosten nach Maßgabe des Haushaltsplanes von den Kammerangehörigen Beiträge aufgrund einer Beitragsordnung. Wie § 20 Abs. 1 iVm Abs. 3 HeilBerG bestimmt, unterstehen die Ärztekammern der Rechtsaufsicht.

In dieser Art der Selbstverwaltung entsteht mithin nur der erste der oben identifizierten Einflussknicke, der einen Bruch vom demokratischen Gesamtgemeinwesen zur Selbstverwaltungseinheit beschreibt. Dadurch, dass die interne Willensbildung des Trägers ansonsten demokratischen Grundsätzen genügt, können weitere Einflussknicke vermieden werden. Insbesondere in der berufsständischen Selbstverwaltung ergibt sich so eine kleine Demokratie in der Demokratie. Diese erlaubt es auch, dass im Bereich des Satzungsermessens dadurch Kontrollknicke entstehen, dass dem (demokratisch organisierten) Selbstverwaltungsträger Letztentscheidungsermächtigungen eingeräumt sind.

[121] 17 sind es, weil in Nordrhein-Westfalen zwei Kammern tätig sind: Die Ärztekammer Nordrhein und die Ärztekammer Westfalen-Lippe. Zu den Ärztekammern auch *M. Quaas*, in: Quaas/Zuck/Clemens (Hrsg.), Medizinrecht. Öffentliches Medizinrecht – Pflegeversicherungsrecht – Arzthaftpflichtrecht – Arztstrafrecht, 4. Auflage, München 2018, § 13, Rn. 98. Ferner *J. Heberer*, Das ärztliche Berufs- und Standesrecht, Landsberg am Lech/Hamburg 2001, 34 ff.; *Kluth* (Fn. 10), 84 ff.

[122] Diskussion der Voraussetzungen der Pflichtmitgliedschaft wiederum bei *Mann* (Fn. 119), in: Isensee/Kirchhof, § 146, Rn. 32 ff.

[123] Vgl. § 14 Abs. 1 HeilBerG.

b) Beispiel: Jagdgenossenschaften

Seit der *Föderalismusreform I* aus dem Jahr 2006 besteht für das Jagdwesen eine konkurrierende Gesetzgebungskompetenz nach Art. 74 Abs. 1 Nr. 28 GG. Das Hessische Jagdgesetz (HJagdG) bestimmt in § 8 Abs. 1 die Jagdgenossenschaft als eine Körperschaft des öffentlichen Rechts.[124] Ihre Aufgabe ist nach § 10 BJagdG die Koordination der Jagdnutzung in einem bestimmten Bezirk oder die Koordination der Hegepflicht, § 2 Abs. 1 HJagdG. Nach §§ 8, 9 BJagdG bilden die Eigentümer der Grundflächen, die zu einem gemeinschaftlichen Jagdbezirk gehören (i.d.R. dem Gemeindegebiet), *qua legem* eine Jagdgenossenschaft. Wie § 9 Abs. 2 BJagdG bestimmt, wird die Jagdgenossenschaft durch den Jagdvorstand, der von den Genossen zu wählen ist, vertreten. Gemäß § 8 Abs. 2 HJagdG gibt sich die Genossenschaft eine Satzung, die die Genehmigung der Aufsichtsbehörde bedarf. Für das Aufsichtsverfahren gelten die Regeln der HGO entsprechend. Untere Jagdbehörde ist in den Landkreisen der Kreisausschuss, in den Städten der Magistrat. In § 8 Abs. 5 HJagdG ist geregelt, dass die Genossenschaften Umlagen erheben können, die wie Gemeindeabgaben beigetrieben werden können.

Bei der Willensbildung der Jagdgenossenschaften als Realkörperschaften wird nach den entsprechenden Mustersatzungen nicht nach der Größe der jeweiligen Grundflächen differenziert, sondern nur ein Status der Mitgliedschaft unabhängig von der eingebrachten Fläche eingebracht.[125] Es handelt sich also um eine Art der Betroffenenpartizipation, die nur unvollständig nach dem Maß der Betroffenheit differenziert und sich insoweit für eine egalitäre Willensbildung entscheidet. Dadurch entsteht innerhalb der Partizipation eine demokratische Unwucht, die aber auch nicht aufzulösen ist.

c) Beispiel: Industrie- und Handelskammern

Neben den Landwirtschaftskammern und den Handwerkskammern zählen insbesondere die Industrie- und Handelskammern zur Selbstverwaltung im Bereich der Wirtschaft.[126] Nachdem die Gesetzgebungskompetenz für das

---

[124] *Kluth* (Fn. 10), 183 ff.

[125] Ausführlich dazu die Darstellung bei *J. Dietlein/A. Schwan*, Pflichtmitgliedschaft in Jagdgenossenschaften. Das jagdrechtliche Revierprinzip im Lichte des Grundgesetzes und der Europäischen Menschenrechtskonvention, Baden-Baden 2009, 14 bzw. 19 ff. mit der Darstellung der EuGH Rspr. zu den Zwangsmitgliedschaften. Dazu ferner illustrierend die Mustersatzung der Jagdgenossenschaft der hessischen Kriftel, verfügbar unter: https://www.kriftel.de/pdf-pool-formulare-etc/satzungen/jagdgenossenschaft.pdf?cid=2dz (abgerufen: 10.05.2022).

[126] Umfassend zu den Industrie- und Handelskammern, vgl. *M. Will*, Selbstverwaltung der Wirtschaft: Recht und Geschichte der Selbstverwaltung in den Industrie- und Handelskammern, Handwerksinnungen, Kreishandwerkerschaften, Handwerkskammern und Landwirtschaftskammern, Tübingen 2010, 394 ff.; *Kluth* (Fn. 10), 123 ff. Ferner übergrei-

Recht der Wirtschaft gemäß Art. 74 Nr. 11 GG beim Bund liegt, hat der Bundesgesetzgeber nach § 12 Abs. 1 des Gesetzes zur vorläufigen Regelung des Rechts der Industrie- und Handelskammern (IHK-G) die Zuständigkeit zur Gründung von Kammern auf den Landesgesetzgeber übertragen. § 1 Abs. 1 des Hessischen Ausführungsgesetzes zum IHK-G (AGIHK-G) erhält wiederum eine Verordnungsermächtigung für die Landesregierung zur Errichtung, Auflösung und Bezirksänderung der Kammern. Die Kammern sind nach § 3 Abs. 1 IHK-G als Körperschaften des öffentlichen Rechts zu errichten. § 2 Abs. 1 IHK-G regelt die Pflichtmitgliedschaft[127] im jeweiligen IHK-Bezirk für natürliche Personen, Handelsgesellschaften, andere Personenmehrheiten und juristische Personen des privaten und des öffentlichen Rechts, welche im Bezirk der Industrie- und Handelskammer eine Betriebsstätte unterhalten und knüpft diese an die Kriterien der Gewerbesteuerpflichtigkeit.[128] Nach § 3 Abs. 2 IHK-G werden die Kosten der Errichtung und Tätigkeit der Industrie- und Handelskammer durch Beiträge der Kammerzugehörigen gemäß einer Beitragsordnung aufgebracht. Zentrales Organ ist die Vollversammlung mit 89 Mitgliedern, die nach § 5 Abs. 1 IHK-G von den Kammerzugehörigen gewählt werden. Die Kammern haben nach § 5 Abs. 4 IHK-G die Kompetenz, Einzelheiten in der Wahlordnung zu regeln. Auch das geschäftsführende Präsidium wird nach § 6 Abs. 1 IHK-G aus der Mitte der Vollversammlung gewählt.

Nach § 1 Abs. 1 IHK-G haben die Industrie- und Handelskammern die Aufgabe, „das Gesamtinteresse der ihnen zugehörigen Gewerbetreibenden ihres Bezirkes wahrzunehmen, für die Förderung der gewerblichen Wirtschaft zu wirken und dabei die wirtschaftlichen Interessen einzelner Gewerbezweige oder Betriebe abwägend und ausgleichend zu berücksichtigen […].“[129] Diese Tätigkeit nehmen sie in der Regel durch Vorschläge, Gutachten und Berichte

---

fend zur wirtschaftlichen Selbstverwaltung *W. Kluth*, Organisation der Wirtschaftsverwaltung, in: Ehlers/Fehling/Pünder (Hrsg.), Besonderes Verwaltungsrecht, Bd. I, Öffentliches Wirtschaftsrecht, 4. Auflage, Heidelberg u.a. 2019, § 12, Rn. 70 ff. Vgl. auch *J. Ziekow*, Öffentliches Wirtschaftsrecht: Ein Studienbuch, München 2020, § 4, Rn. 10 ff. Die wirtschaftliche Selbstverwaltung fügt sich insoweit in das grundgesetzliche Modell einer teilverfassten Wirtschaft. Dazu etwa *J. Kersten*, Teilverfasste Wirtschaft, in: Vesting/Korioth (Hrsg.), Der Eigenwert des Verfassungsrechts – was bleibt von der Verfassung nach der Globalisierung?, Tübingen 2011, 135 (136) für den verfassungsrechtlichen Rahmen.

[127] Verfassungsrechtliche Voraussetzungen bei *Mann* (Fn. 119), § 146 Rn. 32 ff. Gesetzliche Vorgaben bei *W. Kluth*, Einrichtungen, wirtschaftliche Betätigung und Beteiligungen der Kammern, in: Kluth (Hrsg.), Handbuch des Kammerrechts, 3. Auflage, Baden-Baden 2020, 355 (361 ff.).

[128] Erläuternd *M. Heintzen*, Die Staffelung des IHK-Beitrags und der allgemeine Gleichheitssatz, NVwZ 2004, 1087–1090. Der Verweis auf Art. 3 I GG scheint aber im Hinblick darauf, dass mit der Beitragsstaffelung auch die entsprechende Partizipationsmöglichkeit korrespondiert, unzureichend zu sein.

[129] Umfassend aufgearbeitet bei *Will* (Fn. 126), 480 ff.

wahr und sorgen darüber hinaus „für Wahrung von Anstand und Sitte des ehrbaren Kaufmanns." Diese Kompetenzzuweisung für einen bestimmten Bezirk ist für die Kammern im Rahmen ihres Wirkens bindend.[130]

Einflussknicke entstehen insbesondere durch die Art der Willensbildung.[131] Da es Aufgabe der Vollversammlungen ist, das Gesamtinteresse der regionalen Wirtschaft zu repräsentieren, wird in der Willensbildung vom egalitären Prinzip abgewichen. Es erfolgt eine Unterteilung in Wahlgruppen, die je nach fachlicher Ausrichtung und ökonomischer Bedeutung in der bestimmten Region zusammengesetzt sind. Durch diese angepasste Zusammensetzung der Wahlgruppen wird es erreicht, dass von einem Gesamtinteresse der Wirtschaft gesprochen werden kann. Diese Differenzierung scheint sinnhaft, um das Selbstverwaltungsziel zu erreichen, produziert aber gleichzeitig das Problem der klaren Festlegung der verschiedenen Gewichtungen. Einflussknicke zu Gunsten bestimmter Gruppen sind dadurch kaum vermeidbar.

2. Heterogen-mitgliedschaftliche Organisation

Heterogen-mitgliedschaftliche Organisationsformen zeichnen sich auf der einen Seite zwar durch einen Mitgliedsschaftsbezug aus, d.h. sachnah Betroffene werden selbst an der Willensbildung der Organisation beteiligt. Andererseits sind die Einflussmöglichkeiten der Betroffenen (anders etwa als in einer durch Wahlen und Abstimmungen geprägten parlamentarischen Demokratie) innerhalb der Organisation ungleich verteilt. Die Zählgleichheit wird aufgrund von sachlichen Differenzierungen, etwa der Zugehörigkeit zu besonderen Untergruppen, wiederum durchbrochen.

a) Beispiel: Die wissenschaftlichen Hochschulen

Die (hessischen) Hochschulen sind nach § 1 Abs. 1 HHG Körperschaften des öffentlichen Rechts und zugleich Einrichtungen des Landes; eine Ausnahme gilt für die Goethe-Universität Frankfurt am Main, die nach § 88 Abs. 1 HHG eine Stiftungsuniversität ist. Die Universitäten haben nach Art. 60 Abs. 1 S. 2 HessVerf das Recht der Selbstverwaltung und stehen nach S. 1 unter staatlicher Aufsicht. Da nach überwiegender Auffassung das Selbstverwaltungsrecht der Hochschulen bereits unmittelbar aus der Wissenschaftsfreiheit

[130] Hier können sich nach BVerwG NVwZ 2021, 408 durch Überschreitungen des Wirkbereichs Ansprüche des einzelnen Mitglieds auf Austritt seiner Kammer aus einem Dachverband ergeben. Zur geplanten organisationsrechtlichen Anpassung der Umwandlung des DIHK e.V. in eine Körperschaft des öffentlichen Rechts, vgl. *W. Kluth*, Das zweite DIHK-Urteil des BVerwG und seine Folgen, NVwZ 2021, 345 (349). Kritisch *R. Stober*, Zur Instrumentalisierung der IHK für den globalen Menschenrechtsschutz, DÖV 2022, 111 ff.

[131] *Kluth* (Fn. 10), 543.

nach Art. 5 Abs. 1 S. 3 GG folgt, hat diese Bestimmung jedoch nur komplementäre Wirkung.[132]

Entscheidende Bedeutung in der Selbstverwaltung kommt den nach § 37 HHG bestimmten Mitgliedern zu,[133] die nach § 38 Abs. 1 HHG das Recht und die Pflicht haben, an der Selbstverwaltung mitzuwirken. Die Mitglieder teilen sich zum Zwecke ihrer Mitwirkung in den Universitätsgremien in vier Gruppen (Professorengruppe, Studierende, wissenschaftliches Personal, administrativ-technische Mitglieder). Nach § 40 HHG wählen die jeweiligen Gruppen ihre Vertretung in Senat und Fachbereichsrat in freier, gleicher, geheimer und unmittelbarer Wahl nach den Grundsätzen der Verhältniswahl. In Senat und Fachbereichsrat kommt dabei der Professorengruppe nach § 42 Abs. 5 bzw. § 50 Abs. 3 HHG stets die Mehrheit zu. Gemäß § 42 Abs. 1 HHG ist der Senat für Angelegenheiten zuständig, die die gesamte Hochschule betreffen oder von grundsätzlicher Bedeutung sind, und überwacht die Geschäftsführung des Präsidiums. Der Fachbereichsrat ist nach § 50 Abs. 1 HHG für Angelegenheiten von grundsätzlicher Bedeutung für den jeweiligen Fachbereich zuständig. Nach § 36 Abs. 1 HHG gibt der Senat der Hochschule im Einvernehmen mit dem Präsidium eine Grundordnung als Satzung. Die Aufsicht des Ministeriums ist nach § 12 Abs. 1 HHG auf die Rechtsaufsicht beschränkt.

Auch im Hochschulbereich lässt sich aufgrund der Gruppendifferenzierung nur unvollständig von demokratischer Willensbildung ausgehen. Innerhalb des allgemeinen Merkmals der Zugehörigkeit zu einer Betroffenengemeinschaft wird wiederum auf einer zweiten Ebene zwischen verschiedenen Graden der Betroffenheit differenziert. Diese asymmetrische Willensbildung ist mit besonderen Anforderungen im Wirkbereich der Wissenschaftsfreiheit verknüpft.[134] Hier sind Einflussknicke sowohl von gesamtstaatlicher Willensbildung zum Selbstverwaltungsträger als auch innerhalb des Selbstverwaltungsträgers intendiert.

b) Beispiel: Der Gemeinsame Bundesausschuss

Bestimmte Verwaltungserscheinungen haben besonders vertieften Diskussionsbedarf ausgelöst. Insbesondere in der sozialen Selbstverwaltung fällt die Rückführung auf allgemeine Organisationsprinzipien schwer.[135] Der rechtsfä-

---

[132] Siehe etwa *K.F. Gärditz*, Hochschulorganisation und verwaltungsrechtliche Systembildung, Tübingen 2009, 380, 387 mwN.

[133] Professorinnen und Professoren, die Studierenden, das wissenschaftliche, medizinische, administrative und technische Personal und die Präsidentin oder der Präsident.

[134] Dazu ausführlich *Gärditz* (Fn. 132), 447, insb. auch 449, Fn. 58.

[135] Die beeindruckende Arbeit von *T. Holzner*, Konsens im Allgemeinen Verwaltungsrecht und in der Demokratietheorie. Untersuchungen zur Phänomenologie gruppenpluraler

hige Gemeinsame Bundesausschuss (G-BA) ist ein Organ der Selbstverwaltung der Gesundheitsversorgung, der die Versorgungsstrukturen in der Gesetzlichen Krankenversicherung maßgeblich mitbestimmt.[136] § 91 Abs. 1 SGB V bestimmt, dass die Kassenärztlichen Bundesvereinigungen, die Deutsche Krankenhausgesellschaft und der Spitzenverband Bund der Krankenkassen den G-BA bilden.[137] Er hat die Aufgabe, Richtlinien zu erarbeiten, um im Hinblick auf medizinischen Erkenntnisstand und Wirtschaftlichkeitsgebot das Leistungs- und Leistungserbringungsrecht des SGB V im Interesse einer Gleichbehandlung der Versicherten operabel zu machen.

Diese zentrale Rolle des G-BA im Leistungsrecht der Krankenkassen hat dazu geführt, dass sich die Literatur intensiv mit seinem Aufbau auseinandergesetzt hat.[138] In § 91 Abs. 2 SGB V ist die Zusammensetzung des G-BA be-

---

Konsensverwaltung unter besonderer Berücksichtigung des Sozialrechts als Referenzgebiet, Tübingen 2016, insb. 485 ff., die eine für das Sozialrecht vermittelnde Perspektive einnimmt, zeigt meines Erachtens genau das. Um das Sozialrecht zu erfassen, ist ein Differenzierungsgrad erforderlich, der sich schwer auf allgemeine Prinzipien zurückführen lässt.

[136] Konkrete Funktionsweise („mittelbare Rationierung") bei *F. Ekardt/T. Rath/H. Kamischke*, Rationierung, Abwägung und Kosten-Nutzen-Analyse im Sozialrecht: Menschenwürde, vermeintlicher Utilitarismus und das Verhältnis von medizinischer Alltagsversorgung, Corona- und Klima-Krise, ARSP 2021, 52 (58). Besonderheiten des Sozial-Verwaltungsorganisationsrechts bei *P.J. Tettinger*, Verwaltungsrechtliche Instrumente des Sozialstaats, VVDStRL (64) 2005, 199 (216 ff.). Konkret zum Erfordernis demokratischer Legitimation auch zur notwendigen Umsetzung der Verteilungsgerechtigkeit in der Sozialverwaltung *T. Kingreen*, Knappheit und Verteilungsgerechtigkeit im Gesundheitswesen, VVDStRL (70) 2011, 152 (176), mit der ausführlichen Diskussion des G-BA auf 177 ff. Ferner *A. Wallrabenstein*, Legitimation des Gemeinsamen Bundesausschusses – Die Machtzentrale auf der Kippe, Legal Tribune Online (LTO) v. 05.05.2017, https://www.lto.de/recht/hintergruende/h/gemeinsamer-bundesausschuss-gb-a-gesundheit-krankenkassen-demokratische-legitimation-bverfg-kritik/ (abgerufen: 10.05.2022). Klassisch schon *P. Axer*, Zur demokratischen Legitimation in der gemeinsamen Selbstverwaltung – dargestellt am Beispiel des Bundesausschusses der Ärzte und Krankenkassen, in: Schnapp (Hrsg.), Funktionale Selbstverwaltung und Demokratieprinzip – am Beispiel der Sozialversicherung: Tagungsband zum 8. Fachkolleqium des Instituts für Sozialrecht am 28./29. Juni 2000 in Bochum, Frankfurt am Main 2001, 115.

[137] Seine Rechtsnatur ist umstritten. In jedem Fall steht seine Rechtsfähigkeit *qua legem* fest. *H.-D. Sproll*, in: Sproll/Krauskopf (Hrsg.), Soziale Krankenversicherung, Pflegeversicherung Kommentar, Bd. II, München 108. EL September 2020, SGB V, § 91, Rn. 5.

[138] Klassisch schon *Axer* (Fn. 136), in: Schnapp, 115. *H. Butzer/M. Kaltenborn*, Die demokratische Legitimation des Bundesausschusses der Ärzte und Krankenkassen, MedR 2001, 333–342. *D. Felix*, Verwaltungsrat und Vorstand in der gesetzlichen Krankenversicherung – Aufgaben und Befugnisse, in: Schnapp (Hrsg.), Funktionale Selbstverwaltung und Demokratieprinzip – am Beispiel der Sozialversicherung: Tagungsband zum 8. Fachkolleqium des Instituts für Sozialrecht am 28./29. Juni 2000 in Bochum, Frankfurt am Main 2001, 43–64. *T. Hebeler*, Verfassungsrechtliche Probleme „besonderer" Rechtssetzungsformen funktionaler Selbstverwaltung – Die Richtlinien des Bundesausschusses für Ärzte und Krankenkassen, DÖV 2002, 936–943. *M. Burgi*, BA-Verwaltungsrat und GKV-Bundesausschuss: Hund und Katz in Selbstverwaltung, NJW 2004, 1365–1367. *A. Musil*, Gemeinsame Selbstverwaltung als Kooperationsform – Entstehung, Funktionsweise und Legitimität, in: Schmehl/Wallrabenstein (Hrsg.), Steuerungsinstrumente im Recht des Gesundheitswesens, Bd. II,

stimmt.[139] Die vorgenannten drei Trägerorganisationen einigen sich auf den Vorsitzenden und zwei weitere unparteiische Mitglieder sowie deren Stellvertreter. Diese Mitglieder üben ihre Tätigkeit hauptamtlich aus. Zehn weitere Mitglieder werden entsandt: Die Kassenärztliche Bundesvereinigung und die Deutsche Krankenhausgesellschaft entsenden jeweils zwei Mitglieder, die Kassenzahnärztliche Bundesvereinigung einen und der Spitzenverband Bund der Krankenkassen fünf. Diese Mitglieder sind ehrenamtlich tätig und an Weisungen nicht gebunden.

Die vom G-BA beschlossenen Richtlinien sind nach § 91 Abs. 6 SGB V für die Trägerorganisationen, deren Mitglieder und Mitgliedskassen sowie für die Versicherten und die Leistungserbringer verbindlich. Nach § 91a Abs. 1 SGB V unterliegt der G-BA in seinem Wirkungsbereich der Rechtsaufsicht des Bundesministeriums für Gesundheit.

Insbesondere in der sozialen Selbstverwaltung sind Stringenzdefizite der Legitimationswege offenkundig.[140] Der G-BA ist ein Gremium mit kooperativem Schwerpunkt, das weitreichende Entscheidungsbefugnisse hat. Gleichzeitig ist die Rückführung auf bestimmte Legitimationsprinzipien prekär.[141] Weder sind nichtärztliche Leistungserbringer im Gremium vertreten, noch

---

Tübingen 2006, 49, 57 ff. Aus jüngerer Zeit *T. Holzner*, Der Gemeinsame Bundesausschuss und die demokratische Legitimation. Anmerkungen zur Problematik demokratischer Legitimation gruppenpluraler Gremien am Beispiel des G-BA, SGb 2015, 247–253. *W. Kluth*, Die Berücksichtigung der Versicherteninteressen bei den Entscheidungen des Gemeinsamen Bundesausschusses, GesR 2015, 513 ff. *Holzner* (Fn. 135), insb. 321 ff. *U. Gassner*, Götterdämmerung des Gemeinsamen Bundesausschusses?, NZS 2016, 121–126. *S. Hartmann/J. Haucap/F. Wollenschläger*, Vorschläge zur Reform des Gemeinsamen Bundesausschusses: Gemeinwohlorientierung und Innovationsoffenheit stärken, in: Stiftung Münch (Hrsg.), Reformkommission Gemeinsamer Bundesausschuss, München 2017, abrufbar unter: http://www.stiftung-muench.org/wp-content/uploads/2017/05/16.pdf (abgerufen: 10.05.2022). *W. Kluth*, Der Gemeinsame Bundesausschuss (GBA) aus der Perspektive des Verfassungsrechts, GesR 2017, 205 (205 ff.). *T. Kingreen*, Mehr Staat wagen! Die Aufsicht über den Gemeinsamen Bundesausschuss, VSSAR 2019, 155–172.

[139] *Sproll*, in: Sproll/Krauskopf (Fn. 137), § 91, Rn. 9–11.

[140] Vgl. etwa *F. Hase*, Soziale Selbstverwaltung, in: Isensee/Kirchhof (Hrsg.), HStR, Bd. VI, 3. Auflage, Heidelberg 2008, § 145, Rn. 36 ff. Ferner sowie *F. Welti*, Korporative Beteiligung und pluralistische Beteiligungsrechte: Legitimation und Reformbedarf, in: Rixen/Welskop-Deffaa (Hrsg.), Zukunft der Selbstverwaltung – Responsivität und Reformbedarf, Wiesbaden 2015, S. 87–100. *K.-H. Köpke/A. Richter/F. Welti*, Soziale Selbstverwaltung und Rehabilitation – Sichtweisen, Bewertungen und Anregungen von Expertinnen und Experten der Selbstverwaltung, Studie der Hans-Böckler-Stiftung, Düsseldorf 2018. *S. Muckel*, Die Selbstverwaltung in der Sozialversicherung auf dem Prüfstand des Demokratieprinzips, NZS 2002, 118 (124) mit Überlegungen zu den verschiedenen Kompensationsmöglichkeiten.

[141] Umfassend *T. Kingreen*, Legitimation und Partizipation im Gesundheitswesen, NZS 2007, 113 (113 ff.); *Burgi* (Fn. 138), 1370; *V. Neumann*, Verantwortung, Sachkunde, Betroffenheit, Interesse: Zur demokratischen Legitimation der Richtlinien des Gemeinsamen Bundesausschusses, NZS 2010, 593 (597 ff.). Zur Rechtssetzungsbefugnis, vgl. *T. Kingreen*, Verfassungsrechtliche Grenzen der Rechtsetzungsbefugnis des Gemeinsamen Bundesausschusses im Gesundheitsrecht, NJW 2006, 877 (880).

wird klar, wie sich der mitgliedschaftliche Aspekt der Selbstverwaltung auf die Zusammensetzung auswirkt.

Ein weiterer Aspekt ist etwa die Repräsentanz der Patientenvertreter im Gemeinsamen Bundesausschuss.[142] Hier regelt § 140f Abs. 2 S. 1 SGB V, dass von der Patientenseite „sachkundige Personen" in den G-BA entsandt werden sollen. § 4 Abs. 1 S. 1 der Patientenbeteiligungs-VO konkretisiert, dass von den zu benennenden sachkundigen Personen mindestens die Hälfte selbst Betroffene sein sollen. Problematisch ist dies deshalb, da hier die Partizipationsmodi der Betroffenheit und der Sachkunde mit jeweils unterschiedlichen Voraussetzungen kombiniert werden. Die Betroffenheit verlangt in der Regel keine persönliche Distanz zu den Entscheidungen, während die Sachkunde diese gerade voraussetzt.[143] Hier wird gerade nicht mehr klar, wie der konkrete Entscheidungsbeitrag des Vertreters zur Rationalität der Gesamtentscheidung beiträgt.[144] Der in der Literatur vorherrschenden Ansicht der prekären demokratischen Legitimation des G-BA ist damit zuzustimmen.

3. Nicht-mitgliedschaftliche Organisation

Zuletzt gibt es innerhalb der verselbständigten Aufgabenerfüllung in öffentlicher Rechtsform auch Organisationen, die zwar ein besonderes Interesse im gesamtstaatlichen Zusammenhang vertreten, zu diesem Zweck aber keine mitgliedschaftlich organisierte Willensbildung aufweisen.

a) Der Hessische Rundfunk

Der Hessische Rundfunk ist nach § 1 Abs. 1 HRG eine Anstalt des öffentlichen Rechts mit Recht zur Selbstverwaltung. Seine nach § 2 Abs. 1 HRG bestimmte Aufgabe ist es, „als Medium und Faktor freier individueller und öffentlicher Meinungsbildung zu wirken und dadurch die demokratischen, sozialen und kulturellen Bedürfnisse der Gesellschaft zu erfüllen." Zentrales Organ ist nach § 4 Abs. 1 Nr. 1 HRG der Rundfunkrat, der nach § 5 Abs. 1 HRG „die Allgemeinheit" im Rundfunk vertritt. Nach § 5 Abs. 1 S. 2 HRG sind seine Mitglieder nicht Vertreter einer Partei, einer Konfession, eines Standes oder einer Organisation und dementsprechend an Aufträge und Weisungen nicht gebunden. Er ist aus einem gesellschaftlichen Querschnitt zusammengestellt, der dadurch sichergestellt wird, dass insgesamt 27 Verbände und

---

[142] *Neumann* (Fn. 141), 600.

[143] *Neumann* (Fn. 141), 600.

[144] Da die Verordnungsermächtigung lediglich die Sachkunde als Kriterium vorsieht, hat der Verordnungsgeber als Inhaber der Organisationsgewalt den Rahmen der Ermächtigung überschritten. Vgl. *Neumann* (Fn. 141), 600.

Organisationen je einen Vertreter entsenden.[145] Dem Rundfunkrat kommt nach § 7 Abs. 2 HRG die Satzungsbefugnis zu. Er bestimmt zudem über seinen dominanten Einfluss im Verwaltungsrat nach § 11 Abs. 1 HRG, seine Geschäftsordnungskompetenz nach § 7 Abs. 3 HRG und die Bestimmung der Intendanz nach § 9 Abs. 1 HRG über die Führung der Geschäfte. Nach § 16 Abs. 3 HRG leitet und verwaltet die Intendanz den Rundfunk und gestaltet das Programm in Übereinstimmung mit den Gesetzen. Nach § 20 Abs. 1 HRG unterliegt der Hessische Rundfunk der Rechtsaufsicht durch die Hessische Staatskanzlei.

Der Rundfunk ist insoweit ein grundrechtsgeprägter Sonderfall, da es in seiner Willensbildung gerade darauf ankommt, eine Abkoppelung vom politischen System zu erreichen. Die durch die gesetzliche Regelung vorbestimmte Zusammensetzung der Entscheidungsgremien wird zwar stark von der Auswahl der Verbände als Ausdruck eines gesellschaftlichen Querschnitts geprägt, die allerdings durch die gesetzliche Regelung eine bestimmte Legitimation erhält. Keine Hinweise enthält das Gesetz allerdings im Hinblick auf den Bestimmungsmodus der Mitglieder innerhalb der Verbände, weshalb Einflussknicke unvermeidbar erscheinen.

b) Die Bundesagentur für Arbeit

Nach § 367 Abs. 1 SGB III ist die Bundesagentur für Arbeit eine rechtsfähige bundesunmittelbare Körperschaft des öffentlichen Rechts mit Selbstverwaltung.[146] Ihre Aufgaben sind gemäß § 368 Abs. 1 SGB III die Durchführung der ihr vom SGB III zugewiesenen Verwaltungstätigkeiten. Mit dem Strukturmerkmal der Körperschaft bezieht sich der Gesetzgeber auf den Körper-

---

[145] 1. die Landesregierung, 2. die Hochschulen des Landes, 3. die evangelischen Kirchen, 4. die katholische Kirche, 5. der Landesverband der jüdischen Gemeinden in Hessen, 6. die Gewerkschaft Erziehung und Wissenschaft, 7. die im Deutschen Beamtenbund (Landesverband Hessen) organisierten Lehrerverbände, 8. der Deutsche Gewerkschaftsbund, 9. die Vereinigung der Hessischen Unternehmerverbände, 10. der Hessische Volkshochschulverband, 11. der Landessportbund Hessen, 12. der Deutsche Beamtenbund, 13. der Landeselternbeirat, 14. der Hessische Bauernverband, 15. die Arbeitsgemeinschaft der Ausländerbeiräte Hessen, 16. der LandesFrauenRat Hessen, 17. der Landesmusikrat, 18. der Hessische Museumsverband, 19. die Arbeitsgemeinschaft hessischer Industrie- und Handelskammern, 20. die Arbeitsgemeinschaft der Hessischen Handwerkskammern, 21. der Bund der Vertriebenen – Landesverband Hessen, 22. der Verband freier Berufe in Hessen, 23. die Liga der freien Wohlfahrtspflege in Hessen, 24. das Freie Deutsche Hochstift, 25. die Europa-Union, 26. der Hessische Jugendring, 27. die muslimischen Glaubensgemeinschaften. Zum BR und den Anforderungen der Verfassungsordnung zur Bestimmung der Gruppenvertreter, vgl. *K. v. Lewinski/S. Derfler*, Der BR-Rundfunkrat – Repräsentanz und Transparenz auf der Höhe der Zeit?, BayVBl. 2020, 829–835. Siehe zu den jüngeren Reformbestrebungen ferner *H.-G. Henneke*, Kompetenz und Verantwortung von Gremienmitgliedern der Rundfunkanstalten, NVwZ 2022, 1409 (1410).

[146] Diskussion der Rechtsform bei *Hase* (Fn. 140), in: Isensee/Kirchhof, § 145, Rn. 21 ff.

schaftsbegriff des Art. 87 Abs. 2 GG, der sowohl Körperschaften als auch Anstalten umfasst.[147] Die Selbstverwaltungsorgane der Bundesagentur für Arbeit sind nach der Regelung des § 371 Abs. 1 SGB III der Verwaltungsrat und die Verwaltungsausschüsse. Abs. 5 bestimmt, dass sich die Selbstverwaltungsorgane zu gleichen Teilen aus Mitgliedern zusammensetzen, die Arbeitnehmerinnen und Arbeitnehmer, Arbeitgeber und öffentliche Körperschaften (Bund, Länder, Kommunen) vertreten. Diese werden nach § 377 SGB III auf Vorschlag der jeweiligen Stellen durch das Bundesministerium für Arbeit und Soziales berufen. Gemäß § 382 SGB III wird der dreiköpfige Vorstand auf Vorschlag des Verwaltungsrats[148] von der Bundesregierung benannt und vom Bundespräsidenten ernannt.

Einflussknicke entstehen hier insbesondere durch die Zusammensetzung des Verwaltungsrats. Hier werden die Mitglieder durch die Körperschaften entsandt und nicht gewählt. Damit ist die Bundesagentur zwar mit einer Selbstverwaltung ausgestattet, diese unterscheidet sich aber deutlich von der herkömmlichen körperschaftlichen Struktur.[149] § 393 Abs. 1 SGB III bestimmt grundsätzlich die Beschränkung auf Rechtsaufsicht. Teils besteht auch Fachaufsicht durch das Bundesministerium für Arbeit und Soziales.[150] In diesen Fällen wird die Bundesagentur nach § 371 Abs. 4 SGB III ohne Selbstverwaltung tätig.

---

[147] *C. Wendtland*, in: Gagel/Knickrehm/Deinert (Hrsg.), SGB III, München 79. EL September 2020, § 368, Rn. 1.

[148] Zu diesem auch *Burgi* (Fn. 138), 1365–1367. Ferner *M. Schuler-Harms*, Betroffenheitsdemokratie und Begründung sozialer Selbstverwaltung in der Arbeitsverwaltung: Unterschiede und Gemeinsamkeiten SGB II und SGB III, in: Rixen/Welskop-Deffaa (Hrsg.), Zukunft der Selbstverwaltung – Responsivität und Reformbedarf, Wiesbaden 2015, 31–55.

[149] *Wendtland*, in: Gagel/Knickrehm/Deinert (Fn. 147), § 367, Rn. 10.

[150] Etwa bei der Arbeitslosenstatistik, § 283 Abs. 2 SGB III und der Ausländerbeschäftigung, § 288 Abs. 2 SGB.

§ 11 Aufgabenwahrnehmung in Privatrechtsform

Der Staat kann seine Verwaltungsaufgaben neben der eigenen Trägerschaft, d.h. der verselbständigten Wahrnehmung in den Rechtsformen des öffentlichen Rechts (§ 10), auch in den Formen des Privatrechts wahrnehmen.[1] Mit diesem Rückgriff ist meist die Hoffnung einer effizienteren und kostengünstigeren Aufgabenerfüllung verbunden.[2] Der Staat entledigt sich dem Formen- und Typenzwang des öffentlichen Rechts, um von den Möglichkeiten privater Akteure in einem gemeinsamen Markt profitieren zu können.[3] Verfassungsrechtliche Grenzen in Form privatisierungsfester Aufgabenbereiche sind rar gesät.[4] Sie betreffen im Wesentlichen nur Aufgaben die notwendigerweise mit der Anwendung von physischem Zwang verbunden sind.[5]

Zwar scheint die große Zeit der Privatisierungen in Deutschland vorbei zu sein, umso klarer treten jedoch die verfassungsrechtlichen Vorgaben für sie hervor. Immer dann, wenn sich diese privatrechtlich-organisierte Tätigkeit als

[1] Kurz zusammenfassend *M. Burgi*, Privatisierung, in: Kube u.a. (Hrsg.), Leitgedanken des Rechts, Paul Kirchhof zum 70. Geburtstag, Bd. II, Heidelberg 2013, 1181–1189. Didaktisch einführend *U. Stelkens*, Von selbständigen Verwaltungshelfern, Eigengesellschaften und gemischtwirtschaftlichen Unternehmen: Verwaltungsorganisationsrechtliche Folgen der funktionalen Privatisierung und der Organisationsprivatisierung, Jura 2016, 1260–1271.

[2] Übersicht über die verschiedenen Privatisierungsmotive bei *J.A. Kämmerer*, Privatisierung, in: Ehlers/Fehling/Pünder (Hrsg.), Besonderes Verwaltungsrecht, Bd. I, Öffentliches Wirtschaftsrecht, 4. Auflage, Heidelberg u.a. 2019, § 13, Rn. 36 ff.

[3] *S. Storr*, in: Bauer/Huber/Sommermann (Hrsg.), Demokratie in Europa, Bd. I, Verfassungsentwicklung in Europa, Tübingen 2005, 412. Zur verbleibenden Rolle des Staates auch *T. Vesting*, Zwischen Gewährleistungsstaat und Minimalstaat. Zu den veränderten Bedingungen der Bewältigung öffentlicher Aufgaben in der „Informations-“ oder „Wissensgesellschaft“, in: Hoffmann-Riem/Schmidt-Aßmann (Hrsg.), Verwaltungsrecht (in) der Informationsgesellschaft, Baden-Baden 2000, 101 (111). *M. Ronellenfitsch*, Wirtschaftliche Betätigung des Staates, in: Isensee/Kirchhof (Hrsg.), HStR, Bd. IV, 3. Auflage, Heidelberg 2006, § 98, Rn. 20 ff.

[4] *G. Britz*, Die Mitwirkung Privater an der Wahrnehmung öffentlicher Aufgaben durch Einrichtungen des öffentlichen Rechts – Verwaltungsorganisation zwischen Legitimationserfordernis und Rationalisierungswunsch, VerwArch 91 (2000), 418 (426). Zu Grenzen der Privatisierung differenziert nach Privatisierungformen, *M. Burgi*, Privatisierung, in: Isensee/Kirchhof (Hrsg.), HStR, Bd. IV, 3. Auflage, Heidelberg 2006, § 75, Rn. 17 ff.: „Die Verfassung steht daher einem Rückzug von der Stufe der eigenhändigen Dienstleistungserbringung, das heißt der Aufgaben- und erst recht der funktionalen Privatisierung, innerhalb eines Aufgabenfeldes kaum einmal entgegen.“

[5] Diskussion bei *Burgi* (Fn. 4), in: Isensee/Kirchhof, § 75, Rn. 20 ff.

Ausübung öffentlicher Gewalt darstellt,[6] gilt der Grundsatz, dass der Staat an wesentliche Organisationsvorgaben gebunden bleibt und damit nicht die „Flucht ins Privatrecht" antreten kann.[7] Die Frage der verfassungsrechtlichen Strukturvorgaben für die Verwaltungsorganisation stellt sich damit auch bei der verselbständigten Aufgabenwahrnehmung in Privatrechtsform.[8] Dies wird auch durch die 2017 ergangene Entscheidung des Bundesverfassungsgerichts zum *Parlamentarischen Auskunftsrecht* bestätigt, die weitreichend offene Fragen im Hinblick auf Kontroll-, Steuerungs- und Legitimationsdefizite öffentlicher Unternehmen geklärt[9] und damit auch im Hinblick auf den organisationsrechtlichen Gehalt des Demokratieprinzips für einen „Etatisierungsschub" (*Burgi*)[10] gesorgt hat.

---

[6] Dazu ausführlich siehe oben. Zu unterscheiden ist auch insoweit zwischen dem Privatisierungsvorgang, der stets Ausübung öffentlicher Gewalt bedeutet, der aber in der Regel keine Außenwirkung entfaltet, und der Tätigkeit der privatisierten Träger. Auf letztere kommt es hier allein an.

[7] Vgl. *H. Dreier*, Hierarchische Verwaltung im demokratischen Staat. Genese, aktuelle Bedeutung und funktionelle Grenzen eines Bauprinzips der Exekutive, Tübingen 1991, 254 ff.

[8] Die verwaltungsorganisationsrechtliche Diskussion über die Zulässigkeit privatrechtlicher Organisationsformen ist zuletzt nicht mehr mit der ursprünglichen Emphase fortgeführt worden. Dies mag auch darauf zurückgeführt werden, dass sich der Trend zu einer Privatisierung insbesondere in den Kommunen hin zu einer Rekommunalisierung, also der Rücküberführung kommunaler Wirtschaftsunternehmen in die öffentlich-rechtliche Rechtsform, umgekehrt hat. Zu den Einzelnen Formen, siehe *T. Schmidt*, Rechtliche Rahmenbedingungen und Perspektiven der Rekommunalisierung, DÖV 2014, 357 (359). *A. Leisner-Egensperger*, Rekommunalisierung und Grundgesetz: Verfassungsrechtliche Kriterien, Grenzen und Konsequenzen, NVwZ 2013, 1110–1116. *A. Guckelberger*, Die Rekommunalisierung privatisierter Leistungen in Deutschland, Verwaltungsarchiv, VerwArch 104 (2013), 161–187. Gleichsam lassen sich aus ihr wichtige systematische Grenzbestimmungen für das Verwaltungsorganisationsrecht ableiten. Dass das Thema der Verschränkung von öffentlichem Recht und Privatrecht weiterhin von zentralem Interesse ist, lässt sich an den Referaten von *K.-D. Drüen* und *S. Schlacke*, Verschränkungen öffentlich-rechtlicher und privatrechtlicher Regime im Verwaltungsrecht, VVDStRL (79) 2020, 127 ff. feststellen, die die „Verschränkungen öffentlich-rechtlicher und privatrechtlicher Regime im Verwaltungsrecht" behandelten. Zum hier behandelten Thema siehe insbesondere *Drüen*, VVDStRL (79), 2020, S. 157 ff., der argumentiert, dass trotz Verschränkungen die Rechtsverhältnis- und Rechtsschutzklarheit gewahrt bleiben muss.

[9] BVerfGE 147, 50 (137).

[10] *M. Burgi*, Die Deutsche Bahn zwischen Staat und Wirtschaft, NVwZ 2018, 601 (609). Burgi relativiert diese Feststellung jedoch in einem zweiten Schritt mit dem Argument, dass die Feststellungen des Urteils sich auf die Deutsche Bahn AG beziehen und damit (im Hinblick auf die Führung als Privatrechtsform) auf ein nach Art. 87e Abs. 3 S. 1 GG bestimmtes objektiv-rechtliches Verfassungsgebot.

I. Allgemeines

Das spezifisch organisationsrechtliche Problem der privatrechtlich organisierten Aufgabenerfüllung in der öffentlichen Verwaltung besteht genauso wie in den bereits diskutierten öffentlich-rechtlichen Organisationsformen darin, dass Zurechnungs- und Kontrollstränge durch eine Entfernung vom demokratischen Zentrum des Gemeinwesens ausdünnen. Als problematisch erweist sich die Wahl privatrechtlicher Organisationsformen immer dann, wenn die Steuerungs- und Kontrollmöglichkeiten des Gesellschaftsrechts hinter dem hierarchischen Modell der Verwaltungsorganisation zurückbleiben.[11]

1. Organisationsprivatisierung als Thema des Organisationsrechts

Zunächst ist der Gegenstand der hier angestellten Überlegungen zu bestimmen. Im Wesentlichen werden im Rahmen der Verwaltungsprivatisierung drei verschiedene Formen unterschieden.[12] Die Organisationsprivatisierung (= formelle Privatisierung) beschreibt den Fall, dass die Verwaltung einer in ihrem (Mit-)Eigentum stehenden juristischen Person des Privatrechts die Wahrnehmung von Verwaltungsaufgaben überträgt.[13] Diese ist rechtlich nach Maßgabe der privatrechtlichen Vorschriften selbständig, bleibt aber durch die beherrschende Stellung der öffentlichen Hand an den öffentlich-rechtlichen Hoheitsträger angebunden.

Im Unterschied dazu meint die Erfüllungsprivatisierung (= funktionale Privatisierung), dass der Verwaltung eine Aufgabe organisatorisch zugewiesen bleibt, sie sich jedoch auf vertraglicher Grundlage Privater zur Erfüllung dieser Verwaltungsaufgabe bedient.[14] Die Erfüllungsprivatisierung hat damit keine organisationsrechtliche, sondern nur eine vertragsrechtliche Dimension.

---

[11] Anschaulich *T. Groß*, Die Verwaltungsorganisation als Teil organisierter Staatlichkeit, in: Hoffmann-Riem/Schmidt-Aßmann/Voßkuhle (Hrsg.), GVwR, Bd. I, 2. Auflage, München 2012, § 13, Rn. 77.

[12] Zum Folgenden prägnant *H. Maurer/C. Waldhoff*, Allgemeines Verwaltungsrecht, 20. Auflage, München 2020, § 23, Rn. 65 ff.; *M. Knauff*, Die wirtschaftliche Betätigung der öffentlichen Hand, in: Schmidt/Wollenschläger (Hrsg.), Kompendium Öffentliches Wirtschaftsrecht, 5. Auflage, Berlin 2019, 257 (262 ff.). *H. Gersdorf*, Privatisierung öffentlicher Aufgaben – Gestaltungsmöglichkeiten, Grenzen, Regelungsbedarf, JZ 2008, 831 (831 ff.). Kritisch zur herrschenden Terminologie, *M. Burgi*, Privatisierung öffentlicher Aufgaben – Gestaltungsmöglichkeiten, Grenzen, Regulierungsbedarf. Gutachten für den 67. DJT, hrsg. von der Ständigen Deputation des Deutschen Juristentages, Bd. I, München 2008, 28.

[13] Differenzierend dazu *Kämmerer* (Fn. 2), in: Ehlers/Fehling/Pünder § 13, Rn. 4 ff. Ferner *C. Gusy*, Privatisierung als Herausforderung an Rechtspolitik und Rechtsdogmatik, in: Gusy (Hrsg.), Privatisierung von Staatsaufgaben: Kriterien – Grenzen – Folgen, Baden-Baden 1998, 330 (339 ff.).

[14] Ausführlich *M. Burgi*, Funktionale Privatisierung und Verwaltungshilfe, Tübingen 1999, 158 ff.

Bei der nächsten zu unterscheidenden Privatisierungsform, der Aufgabenprivatisierung (= materielle Privatisierung) überlässt die Verwaltung eine Aufgabe vollständig der freien Wirtschaft. Sie bleibt damit nicht in einer kontrollierenden Stellung, so dass es am Merkmal der Ausübung der öffentlichen Gewalt fehlt.[15] Organisationsrechtliche Relevanz hat diese Form der Privatisierung nur innerhalb der Frage nach notwendigerweise vom Staat zu erfüllenden Aufgaben, der Staatsaufgabenlehre,[16] die hier nicht weiter vertieft werden soll.

Die zuerst genannte Organisationsprivatisierung ist hingegen ein Thema des Organisationsrechts. Durch die beherrschende Stellung der öffentlichen Hand stellt sich auch die durch private Träger ausgeübte Verwaltungstätigkeit als Ausübung von Hoheitsgewalt dar, die wiederum an die Organisationsvorgaben des Grundgesetzes gebunden bleibt.[17] Die durch die Wahl privatrechtlicher Organisationsformen als Rechtsträger auftretenden Probleme reihen sich nahtlos in die bisher behandelten Fragen von Einfluss- und Kontrollknicken ein.

2. Unterscheidung nach Beteiligungsverhältnissen

Damit sich die Aktivität der privatrechtlichen Träger als Ausübung öffentlicher Gewalt darstellt, ist es erforderlich, dass die öffentliche Hand über eine Mehrheitsbeteiligung verfügt. Teil der Verwaltungsorganisation sind private Träger lediglich dann, wenn sich der Einfluss von Trägern öffentlicher Verwaltung als beherrschend herausstellt.[18] Begrifflich lassen sich innerhalb dieser beherrschenden Stellung drei verschiedene Organisationstypen unterscheiden.[19]

---

[15] Zum Folgenden siehe oben, § 3.

[16] Dazu *J. Isensee*, Staatsaufgaben, in: Isensee/Kirchhof (Hrsg.), HStR, Bd. III, 3. Auflage, Heidelberg 2005, § 73, Rn. 29. Ferner *U. Di Fabio*, Privatisierung und Staatsvorbehalt. Zum dogmatischen Schlüsselbegriff der öffentlichen Aufgabe, JZ 1999, 585 (586 f.).

[17] Siehe etwa *S. Tietje*, Die Neuordnung des Rechts der wirtschaftlichen Betätigung und privatrechtlicher Beteiligung der Gemeinden, Frankfurt am Main/Berlin/Bern/Wien (u.a.) 2002, 36; *W. Weiß*, Privatisierung und Staatsaufgaben. Privatisierungsentscheidungen im Lichte einer grundrechtlichen Staatsaufgabenlehre unter dem Grundgesetz, Tübingen 2002, 30.

[18] Nach BVerfGE 128, 226 (246 f.); 143, 246 (314); 147, 50 (144); BVerfG NJW 2019, 351, Rn. 22. Ganz h.M.: vgl. *Dreier*, in: ders. (Hrsg.), Grundgesetz Kommentar, Bd. II, 3. Auflage, Tübingen 2015, Art. 20, Rn. 134; *C. Ernst*, in: v. Münch/Kunig (Hrsg.), Grundgesetz Kommentar, Bd. I, 7. Auflage, München 2021, Art. 19, Rn. 86. Kritisch dazu *M. Ludwigs/ C. Friedmann*, Die Grundrechtsberechtigung staatlich beherrschter Unternehmen und juristischer Personen des öffentlichen Rechts. Kontinuität oder Wandel der verfassungsrechtlichen Dogmatik?, NVwZ 2018, 22; *D. Merten*, Das konfuse Konfusionsargument, DÖV 2019, 41 (45 ff.).

[19] Einführende Begriffsklärung bei *J. Suerbaum*, Kommunale und sonstige öffentliche Unternehmen, in: Ehlers/Fehling/Pünder (Hrsg.), Besonderes Verwaltungsrecht, Bd. I, Öffentliches Wirtschaftsrecht, 4. Auflage, Heidelberg u.a. 2019, § 16, 490 (493). *M. Burgi*, Der sog. Grundsatz der Selbstorganschaft als Privatisierungsgrenze, in: Ludwigs (Hrsg.), Regulierender Staat und konfliktschlichtendes Recht, Festschrift für Matthias Schmidt-Preuß zum

Öffentliche Unternehmen in der Form der *Eigengesellschaft* zeichnen sich dadurch aus, dass eine Gebietskörperschaft als Trägerin öffentlicher Verwaltung (Bund, Länder, Kommunen) sämtliche Geschäftsanteile hält.[20] *Gemischt-öffentliche* Unternehmen werden von verschiedenen Trägern öffentlicher Verwaltung gehalten. An *gemischt-wirtschaftlichen* Unternehmen sind neben Trägern öffentlicher Verwaltung auch Private beteiligt (auch euphemisierend ÖPP = öffentlich-private Partnerschaft genannt).[21] Diese sind dann Teil der Verwaltungsorganisation, wenn sie durch gesellschaftsrechtliche Beherrschungsinstrumente in das Organisations- und Handlungsgefüge der Verwaltung eingegliedert sind.[22]

3. Einwirkungsrechte und -pflichten

Das grundlegende Instrument zur Sicherung eines hinreichenden Zurechnungszusammenhanges ist die Einwirkungspflicht.[23] Trotz der organisatorischen Verselbständigung besteht die Pflicht des öffentlich-rechtlichen Gesellschaftsträgers fort, die privatrechtlichen Möglichkeiten des Gesellschaftseigentümers so zu nutzen, dass sich die Gesellschaft sowohl im Hinblick auf

70. Geburtstag, Berlin 2018, 343 (344) weist darauf hin, dass es sich bei den Einordnungen um beschreibende Klassifizierungen, nicht um Rechtsbegriffe handelt.

[20] Siehe zu alledem: *S. Storr*, Der Staat als Unternehmer – öffentliche Unternehmen in der Freiheits- und Gleichheitsdogmatik des nationalen Rechts und des Gemeinschaftsrechts, Tübingen 2001, 44 ff. Zum aktuellen Rechtsrahmen der Anforderungen an Gründung und Führung der Eigenbetriebe, vgl. *M. Brugger/C. Wenzl*, Selbstständig oder nicht selbstständig – Das Können und Dürfen eines Eigenbetriebs, DÖV 2022, 29 (30 ff.).

[21] *G.F. Schuppert*, Verwaltungsorganisation und Verwaltungsorganisationsrecht als Steuerungsfaktoren, in: Hoffmann-Riem/Schmidt-Aßmann/Voßkuhle, GVwR, Bd. I, 2. Auflage, München 2012, § 16, Rn. 94. Üblicher ist der Anglizismus des Public-Private Partnership. Vgl. *M. Schulte/J. Kloos*, Handbuch Öffentliches Wirtschaftsrecht, München 2016, 28 ff. sowie *Gersdorf* (Fn. 12), 832. Zu diesen auch *M. Heintzen*, Beteiligung Privater an der Wahrnehmung öffentlicher Aufgaben und staatliche Willensbildung, VVDStRL (62) 2003, 247 ff. sowie *U. Schliesky*, Public Private Partnership, in: Mann/Püttner (Hrsg.), Handbuch der kommunalen Wissenschaft und Praxis, Bd. II, 3. Auflage, Berlin/Heidelberg 2011, § 47, 247–268. Ferner *J. Ziekow*, Wandel der Staatlichkeit und wieder zurück? PPP im Kontext der deutschen Diskussion um die Rolle des Staates, in: Ziekow (Hrsg.), Wandel der Staatlichkeit und wieder zurück? Die Einbeziehung Privater in die Erfüllung öffentlicher Aufgaben in/nach der Weltwirtschaftskrise, Baden-Baden 2011, 43–66.

[22] Ausführlich dazu bereits oben, § 3. Ferner *Groß* (Fn. 11), in: Hoffmann-Riem/Schmidt-Aßmann/Voßkuhle, § 13, Rn. 92 mwN.

[23] Dazu instruktiv *G. Püttner*, Die Einwirkungspflicht, DVBl. 1975, 353; *D. Ehlers*, Verwaltung in Privatrechtsform, Berlin 1984, 129 ff.; *W. Spannowsky*, Die Verantwortung der öffentlichen Hand für die Erfüllung öffentlicher Aufgaben und die Reichweite ihrer Einwirkungspflicht auf Beteiligungsunternehmen, DVBl. 1992, 1072; *Dreier* (Fn. 7), 258; *Schmidt-Aßmann*, Verwaltungslegitimation als Rechtsbegriff, AöR 116 (1991), 329 (346); *H. Gersdorf*, Öffentliche Unternehmen im Spannungsfeld zwischen Demokratie- und Wirtschaftlichkeitsprinzip, Berlin 2000, 223 ff.

ihre personelle Besetzung als auch hinsichtlich ihrer Geschäftspolitik als gemeinwohlorientierter verlängerter Arm der Verwaltung und nicht als kompetitiver Wettbewerber unter den Prinzipien der freien Wirtschaft ausrichtet.[24] Auch das Bundesverfassungsgericht bestimmt „eine Pflicht des Staates, sich hinreichende Einwirkungsrechte auf das Unternehmen vorzubehalten."[25] Die Frage der Einfluss- und Kontrollknicke lässt sich also anhand der privatrechtlich möglichen Einwirkungs- und Kontrollrechte in den verschiedenen privaten Beteiligungs- und Organisationsformen untersuchen.[26]

4. Die Doppelfunktion der Gemeinwohlverpflichtung öffentlicher Unternehmen

Die Einwirkungspflicht richtet sich zunächst auf die Einhaltung der Gemeinwohlverpflichtung.[27] Dies folgt daraus, dass die in Satzung oder Gesellschaftsvertrag bestimmte Gemeinwohlbindung für die privatisierten Träger eine zentrale Bedeutung hat.[28] Auf der einen Seite ist die Gemeinwohlbindung not-

[24] Zu vermeiden ist insbesondere eine „Abkoppelung des Willensbildungs- und Entscheidungsprozesses der privatrechtlich verselbständigten Organisationseinheit vom (notabene: politischen) Willen des Muttergemeinwesens." *Dreier* (Fn. 7), 259.

[25] St. Rspr. vgl. BVerfGE 147, 50 (134).

[26] Besonderheiten können sich wiederum im kommunalen Bereich ergeben, wenn zusätzlich die Reichweite der Selbstverwaltungsgarantie mit einbezogen werden muss. Zu einer derartigen Wirkung kann es insbesondere im Bereich der Infrastruktur kommen. Dazu etwa *G. Hermes*, Kommunale Energieversorgung zwischen hoheitlicher Aufgabenwahrnehmung und wirtschaftlicher Betätigung Privater, in: Der Staat 1992, 281 (289).

[27] Grundlegend *P. Häberle*, Öffentliches Interesse als juristisches Problem: eine Analyse von Gesetzgebung und Rechtsprechung, 2. Auflage, Berlin 2006, 39 ff.; speziell auf das vorliegende Problem bezogen *T. v. Danwitz*, Vom Verwaltungsprivatrecht zum Verwaltungsgesellschaftsrecht. Zur Begründung und Reichweite öffentlich-rechtlicher Ingerenzen in der mittelbaren Kommunalverwaltung, AöR 120 (1995), 595 (603 ff.). Zur prozeduralen Entwicklung des Inhalts der Gemeinwohlverpflichtung, vgl. *T. Gas*, Gemeinwohl und Individualfreiheit im nationalen Recht und Völkerrecht, Hamburg 2012, 315 ff. Zur Gemeinwohlverpflichtung als wesentliche Konsequenz des Republikprinzips, *K. Nowrot*, Das Republikprinzip in der Rechtsordnungengemeinschaft – Methodische Annäherungen an die Normalität eines Verfassungsprinzips, Tübingen 2014, 362 ff. Mit größerer Linse *H.-D. Horn*, Staat und Gesellschaft in der Verwaltung des Pluralismus. Zur Suche nach Organisationsprinzipien im Kampf ums Gemeinwohl, Die Verwaltung 1993, 545 (559 ff.).

[28] Dazu *T. Mann*, Die öffentlich-rechtliche Gesellschaft. Zur Fortentwicklung des Rechtsformenspektrums für öffentliche Unternehmen, Tübingen 2002, 80 ff., der die Gemeinwohlbindung als allgemeinen verfassungsrechtlichen Funktionsvorbehalt kennzeichnet. *Knauff*, in: Schmidt/Wollenschläger (Fn. 12), 268 will die Gemeinwohlbindung aus allgemeinen Voraussetzungen der Staatlichkeit herleiten. Besondere Schwierigkeiten hat die Gemeinwohlbindung bei den nach Art. 87e GG privatisierten Eisenbahnbetrieben verursacht. Übersichtliche Darstellung bei *B. Remmert*, in: Dürig/Herzog/Scholz (Hrsg.), Grundgesetz Kommentar, München, 95. EL Juli 2021, Art. 19 III, Rn. 59. Für eine Fortexistenz der Gemeinwohlbindung demgegenüber *Storr* (Fn. 20), 146; Siehe auch *E. Heise*, Die

wendige Voraussetzung dafür, dass staatliche Wirtschaftstätigkeit überhaupt zulässig ist. Sie muss – zumindest mittelbar – durch einen öffentlichen Zweck gerechtfertigt sein, indem sie der Erfüllung einer öffentlichen Aufgabe dient.[29] Dies folgt aus dem Konfusionsargument, das auf die Teleologie des Steuerstaates abstellt.[30] Während eine Erzielung von Einnahmen als Nebenzweck grundsätzlich unschädlich ist,[31] ist eine wirtschaftliche Betätigung ausschließlich zu fiskalischen Zwecken unzulässig.[32] Diese Voraussetzung kann in der Praxis jedoch kaum argumentative Hürden errichten.[33] Jedenfalls alle Arten von – weit verstandener – Daseinsvorsorge stellen öffentliche Zwecke dar.[34]

Die zweite verfassungsrechtliche Funktion der Gemeinwohlverpflichtung ist herausfordernder. So stellt die Bestimmung des Gemeinwohls bei der Gründung des Unternehmens und bei den Zielvereinbarungen für die Unternehmensaktivitäten die wesentliche Form der Steuerung und damit auch der Vermittlung sachlich-inhaltlicher Legitimation dar.[35] In der Praxis wird dabei eine sehr allgemeine Zweckverpflichtung in den Gründungsstatuten festge-

---

Deutsche Bahn AG zwischen Wirtschaftlichkeit und Gemeinwohlverantwortung. Eine Untersuchung des Art. 87e GG und der besonderen Bedeutung der Eigentümerstellung des Bundes, Baden-Baden 2013, 76 ff. Vgl. grundlegend *M. Potacs*, Herstellung von Wettbewerb als Verwaltungsaufgabe, VVDStRL (69) 2010, 254 (257 ff.). Umfassend auch *Gas* (Fn. 27), 218 ff., der dies bereits bei der Grundrechtsfähigkeit berücksichtigt sehen will.

[29] Zusammenfassend *T. Mann/F. Schnuch*, Corporate Social Responsibility öffentlicher Unternehmen, DÖV 2019, 417 (418) mwN. Siehe auch *T. v. Danwitz*, Vom Verwaltungsprivatrecht zum Verwaltungsgesellschaftsrecht. Zu Begründung und Reichweite öffentlich-rechtlicher Ingerenzen in der mittelbaren Kommunalverwaltung, AöR 120 (1995), 595 (614). *B. Strobel*, Weisungsfreiheit und Weisungsgebundenheit kommunaler Vertreter in Eigen- und Beteiligungsgesellschaften?, DVBl. 2005, 77 (78).

[30] Prägnant *H.-J. Papier/F. Shirvani*, in: Dürig/Herzog/Scholz (Fn. 28), Art. 14, Rn. 284, 285.

[31] Dies ergibt sich schon aus Art. 110 Abs. 1 S. 2 GG, der die Verwendung von Überschüssen regelt.

[32] *Mann/Schnuch* (Fn. 29), 418 mwN.

[33] *B. Pieroth/B.J. Hartmann*, Grundrechtsschutz gegen wirtschaftliche Betätigung der öffentlichen Hand, DVBl. 2002, 421 (428). Die juristische Definition der Daseinsvorsorge ist weitgehend gleichermaßen unklar geblieben. Der enge Vorschlag von *A. v. Mutius*, Daseinsvorsorge sei „das Vorhalten lebensnotwendiger Leistungen der öffentlichen Verwaltung zur Befriedigung der Grundbedürfnisse der Bürger" würde wiederum zum Wegfall der öffentlichen Zweckbestimmung mancher kommunaler Unternehmen führen. Darstellung verschiedener Begriffsdefinitionen und Kritik bei *Mehde*, in: Dürig/Herzog/Scholz (Fn. 28), Art. 28 II, Rn. 92. Unter anderem mit Referenz zu der o.g. Definition. Kritik auch (allerdings an der Rspr.) bei *M. Krajewski*, Rechtsbegriff in der Daseinsvorsorge?, VerwArch 2008, 174 (186).

[34] *Knauff*, in: Schmidt/Wollenschläger (Fn. 12), 284; *Mehde*, in: Dürig/Herzog/Scholz (Fn. 28), Art. 28 II, Rn. 93 mwN. Siehe auch BVerfGE 38, 258 (270); 45, 63 (78); 58, 45 (62); 66, 248 (258); BVerfG, NVwZ 1995, 370 (371).

[35] So bei *Dreier*, in: ders. (Fn. 18), Art. 20, Rn. 133; *Grzeszick*, in: Dürig/Herzog/Scholz (Fn. 28), Art. 20, Rn. 223. Ferner *J. Becker* Das Demokratieprinzip und die Mitwirkung Privater an der Erfüllung öffentlicher Aufgaben – zum Beschluss des Bundesverfassungsgerichts „Lippeverband und Enschergenossenschaft" vom 5. Dezember 2002, DÖV 2004, 910 (914).

legt, die dann über Zielvereinbarungen und Einflussnahme auf das Unternehmen konkretisiert wird.[36] Die mangelnde Bindung über den Gesellschaftsvertrag ist jedoch nach dem hier vertretenen prozeduralen Legitimationsverständnis deshalb unschädlich, da nicht die abstrakte Struktur, sondern die konkrete Ausübung von Hoheitsgewalt der Legitimation bedarf.[37] Es reicht daher aus, wenn die abstrakt festgelegten Unternehmensziele erst in der Praxis durch gemeinsame Abstimmungen konkretisiert werden.

Hier liegt allerdings das Problem sachlich-inhaltlicher Legitimationsbestimmung. In der Praxis ist die Führung öffentlicher Unternehmen im Hinblick auf den diskursiv zu bestimmenden Gemeinwohlbegriff defizitär.[38] *Scharpf* etwa erläutert exemplarisch, wie die Zielbestimmungen in der Praxis ablaufen und verdeutlicht dabei die besondere Pfadabhängigkeit bei der Steuerung öffentlicher Unternehmen:[39]

Die „Zweckbestimmung in der Satzung wird im Rahmen von Zielvereinbarungen zwischen der Geschäftsführung des betrauten Unternehmens und der zuständigen Beteiligungsverwaltung der Kommune auf der Basis der vorjährigen Unternehmensdaten Jahr für Jahr konkretisiert. Dabei entsprechen die Ziele den auferlegten Gemeinwohlverpflichtungen. Diese Ziele werden vom Stadtrat als Gesellschafterin im Rahmen von Controllingberichten des laufenden Jahres für das nächste Wirtschaftsjahr festgelegt. Auf der Basis des Jahresabschlusses wird dem Stadtrat über das vergangene Geschäftsjahr berichtet. Der Stadtrat beschließt in Kenntnis der Entwicklungen des vergangenen Geschäftsjahrs über die Zielsetzung der Gesellschaften für das Folgejahr."

Hier wird deutlich, wie das Ziel der Legitimationsvermittlung und die wirtschaftliche Eigenlogik in der Unternehmensführung kollidieren. Schon früh wurden daher allgemeine Leitlinien für die *Corporate Governance* von öffentlichen Unternehmen gefordert, die seither kontinuierlich Thema verwaltungsrechtlicher Reformdiskussionen sind.[40] Im Jahr 2009 hat der Bund erstmals methodische und daher rechtlich nicht bindende Leitlinien veröffentlicht (sog. *Public Corporate Governance Kodex*), der eine Hilfestellung bei der zurech-

---

[36] *C. Scharpf*, in: Widtmann/Grasser/Glaser (Hrsg.), Bayrische Gemeindeordnung – mit Verwaltungsgemeinschaftsordnung, Landkreisordnung und Gesetz über die kommunale Zusammenarbeit, München 30. EL Februar 2020, Art. 86, Rn. 35. Dazu auch *V. Mehde*, Zwischen Flexibilität und Steuerung – Kommunale Aufgabenwahrnehmung in Unternehmensform unter besonderer Berücksichtigung der Niedersächsischen Gemeindeordnung, in: Bull/Fraatz-Rosenfeld (Hrsg.), Festgabe für Werner Thieme zum 80. Geburtstag: Beiträge aus dem Freundeskreis des Seminars für Verwaltungslehre, Münster 2003, 103 (111 ff.).

[37] Vgl. schon oben, § 6, II. Ausführlich dargelegt dann in § 12, I. und II.

[38] *G. Püttner*, Verwaltungslehre, 4. Auflage, München 2007, 216; *Knauff*, in: Schmidt/Wollenschläger (Fn. 12), 268.

[39] *Scharpf*, in: Widtmann/Grasser/Glaser (Fn. 36), Art. 86, Rn. 35.

[40] *J. Preussner*, Corporate Governance in öffentlichen Unternehmen, NZG 2005, 575. *U. Papenfuß/C. Schaefer*, Beteiligungsmanagement und Public Corporate Governance, ZögU 2017, 131 (137). *Mann/Schnuch* (Fn. 29), 417.

nungs- (und damit legitimations-)vermittelnden Führung öffentlicher Unternehmen bieten soll.[41] Der Kodex wurde im September 2020 auf den neuesten Stand gebracht.

Eine wesentliche Schwierigkeit besteht darin, dass das abstrakt verstandene Gemeinwohl deutlich herausfordernder zu definieren ist als „Erfolg" in wirtschaftlicher Hinsicht.[42] Gemeinwohl wirkt (*Schmidt-Aßmann* und *Häberle* folgend) als regulative Idee, es ist „im Rahmen des Grundgesetzes weniger vorgegeben als je konkret aufgegeben; es ist weithin Ergebnis von komplexen Prozessen (des ‚trial and error') im vielgliedrigen Zusammenspiel staatlicher Funktionen und öffentlicher Vorgänge, so sehr es gewisse inhaltliche Direktiven des Grundgesetzes gibt und geben muss."[43]

Die effektive Zurechnung der Aktivitäten eines privatrechtlich organisierten öffentlichen Verwaltungsträgers im Einzelfall verlangt die Durchführung dieses Suchprozesses durch wiederum verantwortliche Amtsträger in der öffentlichen Verwaltung und darf nicht der (von allein wirkenden) Rationalität der Gewinnkennzahlen unterstellt werden. Insbesondere bei Kapitalgesellschaften besteht eine Gefahr, dass der öffentliche Zweck durch die wirtschaftliche Rationalität der Gewinnmaximierung überlagert wird.[44] Noch gravierender wird das Problem bei gemischt-wirtschaftlichen Unternehmen, bei denen Gemeinwohlauftrag und private Interessen miteinander zu koordinieren sind.[45] Das Bundesverfassungsgericht affirmiert: „Die in eine ununterbrochene Legitimationskette eingebundene Ministerialverwaltung [kann] dem jeweiligen öffentlichen oder gemischtwirtschaftlichen Unternehmen demokratische Legitimation nur vermitteln, wenn sie auf dessen Tätigkeit Einfluss hat."[46] Hier entstehen also (je nach verfolgten Führungsmethoden) Einfluss- und Kontrollknicke.

---

[41] Verfügbar unter https://www.pcg-musterkodex.de (abgerufen: 10.05.2022).

[42] Definitionsversuch etwa bei *E. Schmidt-Aßmann*, Das Allgemeine Verwaltungsrecht als Ordnungsidee. Grundlagen und Aufgaben der verwaltungsrechtlichen Systembildung, 2. Auflage, Berlin/Heidelberg 2006, 152. Ausführlich auch bei *M. Anderheiden*, Gemeinwohl in Republik und Union, Tübingen 2006, 49 ff.

[43] *P. Häberle*, Europäische Rechtskultur, Baden-Baden 1994, 323 (341). Das Zitat findet sich bei auch bei *Schmidt-Aßmann* (Fn. 42), 152, der *Häberle* im Hinblick auf den letzteren Aspekt dann aber nicht beim Wort nimmt.

[44] Zu Herausforderungen der Unparteilichkeitssicherung bei Beteiligung Privater, siehe *M. Fehling*, Verwaltung zwischen Unparteilichkeit und Gestaltungsaufgabe, Tübingen 2001, 351 ff. Siehe ferner *Storr*, in: Bauer/Huber/Sommermann (Fn. 3), 412.

[45] *Storr*, in: Bauer/Huber/Sommermann (Fn. 3), 413.

[46] BVerfGE 147, 50 (134).

5. Gesellschaftsrechtliche Rechtsformen und Entscheidungsrechte

Aus dem Argument, dass der Staat überhaupt auf die Rechtsformen des Privatrechts zugreifen darf, da das Privatrecht diese universell verfügbar mache, folgt gleichzeitig, dass der Staat prinzipiell auf alle verfügbaren Rechtsformen des Privatrechts zurückgreifen könnte.[47] Da die einfachgesetzliche Normierung aber in der Regel ein Verbot der unbeschränkten Haftung und ein Gebot der Sicherung angemessenen Einflusses für Privatisierungen normiert,[48] ist die Beteiligung an Gesellschaften des bürgerlichen Rechts (GbR) nach §§ 705 ff. BGB, Offenen Handelsgesellschaften (OHG) nach §§ 105 ff. HGB und Kommanditgesellschaften (KG) nach §§ 161 ff. HGB ausgeschlossen. In Betracht kommen daher lediglich die Rechtsformen der Gesellschaft mit beschränkter Haftung (GmbH) und der Aktiengesellschaft (AG).

a) Zum Verhältnis von Gesellschafts- und Verwaltungsrecht

Zentral für die Zulässigkeit privatrechtlicher Organisationsformen ist insbesondere die dem Staat als Gesellschafter zukommende Möglichkeit der Einflussnahme auf die Willensbildung der Gesellschaft.[49] Hier ist es erforderlich, dass aus Gründen der Verantwortungsklarheit – sofern es sich um eine staatliche Mehrheitsbeteiligung handelt – der öffentlichen Hand Letztentscheidungsrechte zukommen.[50] Andernfalls wäre es möglich, dass Hoheitsgewalt ohne die Beteiligung von legitimierten Amtsträgern ausgeübt werden kann.[51]

---

[47] *W. Kluth*, in: Wolff/Bachof/Stober/Kluth, Verwaltungsrecht: ein Studienbuch, Bd. II, 7. Auflage, München 2010, § 80, Rn. 52.

[48] Vgl. § 65 Abs. 1 S. 2 BHO. Dazu *Knauff*, in: Schmidt/Wollenschläger (Fn. 12), 276.

[49] Siehe etwa *Grzeszick*, in: Dürig/Herzog/Scholz (Fn. 28), Art. 20, Rn. 224. Diskussion auch bei *T. v. Danwitz*, Vom Verwaltungsprivatrecht zum Verwaltungsgesellschaftsrecht. Zu Begründung und Reichweite öffentlich-rechtlicher Ingerenzen in der mittelbaren Kommunalverwaltung, AöR 120 (1995), 595 (609 ff.). Umfassend für den kommunalen Bereich, *M. Brenner*, Gesellschaftsrechtliche Ingerenzmöglichkeiten von Kommunen auf privatrechtlich ausgestaltete kommunale Unternehmen, AöR 127 (2002), 222–251 sowie *M. Brenner*, Die Neugestaltung gemeindlicher Einwirkungs- und Kontrollrechte auf privatrechtliche Unternehmen in Thüringen und die kommunale Selbstverwaltungsgarantie, LKV 2002, 7–12.

[50] *Dreier*, in: ders. (Fn. 18), Art. 20, Rn. 133. *W. Löwer*, Der Staat als Wirtschaftssubjekt und Auftraggeber, VVDStRL (60) 2001, 416 (440 ff.). Die Gegenansicht, die im Hinblick auf die erforderlichen Letztentscheidungsrechte je nach erforderlichem Legitimationsniveau differenzieren will, stützt sich auf die vom Bundesverfassungsgericht im Personalvertretungsrecht (BVerfGE 93, 37 (70 ff.). Darstellung siehe auch oben.) getroffene Differenzierung. Hier hatte das Gericht entschieden, dass die Mitwirkung außerhalb der öffentlichen Verwaltung stehender Akteure in Kollegialgremien bei Angelegenheiten, die nur unerheblich die typischen Amtsaufgaben betreffen, verfassungsrechtlich zulässig sei. *Grzeszick*, in: Dürig/Herzog/Scholz (Fn. 28), Art. 20, Rn. 224–226. *Schmidt-Aßmann* (Fn. 23), 367; *R. Pitschas/K. Schoppa*, Rechtsformen kommunaler Unternehmenswirtschaft, DÖV 2009, 469 (475 f.). Dieses Argument verfehlt jedoch die Stoßrichtung der Letztentscheidungsrechte.

Aus dieser Erwägung des Erfordernisses eines letztentscheidenden Einflusses wurde in der Literatur vereinzelt das Verhältnis des Gesellschafts- zum Verwaltungsrecht thematisiert. Hier ist die Frage, ob es durch die Verschränkung beider Rechtsgebiete zu einer einseitigen Modifikation kommen kann. Einerseits wird mit der Lehre des Verwaltungsgesellschaftsrechts argumentiert, das Gesellschaftsrecht müsse sich den Legitimationserfordernissen des Verwaltungsrechts stets beugen und staatliche Einflussrechte auch entgegen gesellschaftsrechtlicher Bestimmungen zulassen.[52] Von der anderen Seite nähert sich die Vorstellung, die gesellschaftsrechtlichen Bestimmungen als „eigenständige Bewegungsgesetze des Wirtschaftsbereichs"[53] könnten auch inhaltlich die Festsetzungen des Verwaltungsrechts (insbesondere des Kommunalrechts) überlagern.[54]

Überzeugender ist es demgegenüber schon gar keine Verschränkung der beiden Rechtsgebiete an-, sondern vielmehr die Eigenheiten der privatrechtlichen Organisationsformen als Grenze zulässiger staatlicher Wirtschaftstätigkeit hinzunehmen. Dies wird auch durch die Entscheidung des Bundesverfassungsgerichts 2017 zum *Parlamentarischen Auskunftsrecht* bestätigt. Hier argumentierte das Gericht, dass die Wahl privater Unternehmensformen für die Wahrnehmung öffentlicher Aufgaben zwar zu einem Kontroll-, Steuerungs- und Legitimationsdefizit führen könne, dies aber nicht bedeute, „dass das Gesellschaftsrecht an die Steuerungsbedürfnisse des Staates als Anteilseigner anzupassen ist, sondern dass dieser selbst die Rechtsform für die ihm obliegende Aufgabenwahrnehmung zu wählen hat, die die erforderlichen Einwirkungsmöglichkeiten gewährleistet."[55] Auf der einen Seite muss sich der Staat – wenn er wirtschaftlich tätig wird – den gesellschaftlichen Organisationsformen ge-

---

In der genannten Entscheidung geht es um eine Mitwirkung an der Ausübung öffentlicher Gewalt, bei der es sein kann, dass in Kollegialgremien die personell-institutionell legitimierten Amtsträger nicht *alleinursächlich* für eine Entscheidung sind. Die Frage der Letztentscheidung betrifft jedoch eine andere Dimension: Hier ist die Frage, ob der öffentlichen Hand *überhaupt* Mitwirkungsrechte an der Entscheidung verbleiben, wenn das Letztentscheidungsrecht nicht gewahrt ist. Es geht mithin nicht mehr um ein Steuerungsdefizit, sondern um einen Steuerungsausfall. Dieser ist wiederum anders zu bewerten. Ferner auch *M. Schmidt-Preuß*, Verwaltung und Verwaltungsrecht zwischen gesellschaftlicher Selbstregulierung und staatlicher Steuerung, VVDStRL (56) 1996, 160 (181).

[51] Siehe auch die Erwägungen in der vorhergehenden Fn.

[52] Vgl. BGHZ 91, 84 (96): „Nimmt die Verwaltung in den Formen des Privatrechts Aufgaben der öffentlichen Verwaltung wahr, so werden die Normen des Privatrechts durch Bestimmungen des öffentlichen Rechts ergänzt, überlagert und modifiziert." Dagegen etwa *T. Mann*, Kritik am Konzept des Verwaltungsgesellschaftsrechts, Die Verwaltung 2002, 463–489.

[53] Z.B. *Schmidt-Aßmann* (Fn. 23), 385 ff.

[54] So etwa die Unanwendbarkeit der Arbeitnehmermitbestimmung: *F. Ossenbühl*, Mitbestimmung in Eigengesellschaften der öffentlichen Hand, ZGR 1996, 504 (511 ff.); vgl. *v. Danwitz* (Fn. 29), 609 ff.

[55] BVerfGE 147, 50 (137).

wissermaßen auf Augenhöhe stellen, auf der anderen Seite ist ihm diese Betätigung dann konsequenterweise nicht in allen Formen und Gebieten gleichermaßen verfassungsrechtlich gestattet.[56]

b) Die öffentliche Gesellschaft mit beschränkter Haftung

Der Regelfall der Organisationsform öffentlicher Unternehmen ist die Gesellschaft mit beschränkter Haftung (GmbH).[57] Die GmbH verfügt nach § 35 GmbHG zwingend über eine Geschäftsführung, die gegenüber der Gesellschafterversammlung nach § 37 Abs. 2 GmbHG einzelweisungsgebunden ist. Die Einzelweisungsbefugnis bleibt aber im Außenverhältnis beschränkt, da kein Durchgriff der öffentlichen Hand erfolgt.[58] Außerhalb dieses Kerns bestehen organisatorische Gestaltungsmöglichkeiten der Gesellschafterversammlung, vgl. § 45 ff. GmbHG. Die Gesellschafter haben weitreichende Kontroll- und Abberufungsrechte gegenüber der Geschäftsführung. Die Haftung der Gesellschafter ist nach § 13 Abs. 2 und §§ 14, 19 GmbHG auf die Einlage begrenzt. Aufgrund der weitreichenden Einfluss- und Gestaltungsrechte der Gesellschafter wird diese Gesellschaftsform als für die Organisationsprivatisierung besonders geeignet betrachtet.

c) Die öffentliche Aktiengesellschaft

Die Aktiengesellschaft hat eine über das AktG vorgegebene weitgehend starre Organisationsform.[59] Der Vorstand führt die Gesellschaft nach § 76 AktG in eigener Verantwortung und wird dabei nach den §§ 84, 90, 111 AktG vom Aufsichtsrat[60] bestellt, in dem nach den §§ 95 f. AktG Aktionärs- und Arbeitnehmervertretung vertreten sind. Aus § 76 Abs. 1 AktG wird dabei gefolgert, dass der Vorstand keinen Weisungen unterworfen werden kann.[61] Gebunden ist er allerdings an das Gesetz, wobei er nicht nur selbst legal handeln, sondern

---

[56] In diese Richtung auch *Dreier*, in: ders. (Fn. 18), Art. 20, Rn. 132.

[57] *Suerbaum* (Fn. 19), in: Ehlers/Fehling/Pünder, § 16, Rn. 85. Darstellung der Kapitalgesellschaften auch bei *T. Mann*, Kapitalgesellschaften, in: Mann/Püttner (Hrsg.), Handbuch der kommunalen Wissenschaft und Praxis, Bd. II, 3. Auflage, Berlin/Heidelberg 2011, § 46, 207–246. Zur Einwirkung *Gersdorf* (Fn. 23), 313 ff.

[58] *Storr*, in: Bauer/Huber/Sommermann (Fn. 3), 413.

[59] Im Einzelnen Darstellung bei BVerfGE 147, 50 (136). Zu den Einflussmöglichkeiten der öffentlichen Hand *Gersdorf* (Fn. 23), 276 ff.

[60] Zu den besonderen Problemen der Aufsichtsräte, *W. Pauly/Y. Schüler*, Der Aufsichtsrat kommunaler GmbHs zwischen Gemeindewirtschafts- und Gesellschaftsrecht, DÖV 2012, 339.

[61] Dies folgt zusätzlich aus dem Umkehrschuss aus § 119 Abs. 2 bzw. aus § 111 Abs. 4 S. 1 AktG. Siehe BGH, Kapitalersatz bei Gesellschafterbeteiligung an Darlehen nehmender und Darlehen gebender Gesellschaft, NJW-RR 16 (2008), 1134; *H.C. Grigoleit*, in: ders. (Hrsg.), Aktiengesetz Kommentar, 2. Auflage, München 2020, § 76, Rn. 74.

auch Rechtsverstößen durch die Gesellschaft entgegenwirken muss.[62] Zudem hat er auf die Verwirklichung des Gesellschaftszwecks hinzuwirken,[63] weswegen dieser (möglichst konkreten) Bestimmung bei öffentlichen Aktiengesellschaften hervorgehobene Bedeutung zukommt. Die Haftung der Aktionäre ist auf den von ihnen gehaltenen Geschäftsanteil beschränkt. Die Sonderregeln der §§ 394 ff. AktG befreien Aufsichtsratsmitglieder in öffentlichen Unternehmen teils von ihrer Schweigepflicht, damit eine hinreichende Rückbindung an die öffentlichen Eigentümer erfolgen kann. Gleichsam verursacht die Aktiengesellschaft in öffentlich-rechtlicher Organisationsform insbesondere durch die fehlende Einzelweisungsbefugnis der Hauptversammlung und die oft unzureichende Bestimmung des Gesellschaftszwecks teils gravierende Einfluss- und Kontrollknicke.[64]

6. Arbeitnehmermitbestimmung

Die Vorschriften der Arbeitnehmermitbestimmung[65] sehen vor, dass Aufsichtsräte im Geltungsbereich des Mitbestimmungsgesetzes (§ 1 MitbestG) paritätisch und zu einem Drittel bei kleineren Unternehmen von 500 bis 2000 Mitarbeitern im Geltungsbereich des Drittelbeteiligungsgesetzes (§ 1 DrittelbG) von Vertretern der Arbeitnehmer besetzt werden.[66] Im Hinblick auf deren Geltung für öffentliche Unternehmen besteht ein Konflikt zwischen gesellschaftsrechtlichen und verfassungsrechtlichen Organisationsvorgaben, dessen Auflösung (noch) umstritten ist. Den Gesellschaftseigentümern kommt zwar auch bei der paritätischen Zusammensetzung des Aufsichtsrats stets die Mehrheit zu, da nach § 29 Abs. 2 MitbestG im Konfliktfall die Dop-

[62] *H. Fleischer, in:* Spindler/Stilz (Hrsg.), Kommentar zum Aktiengesetz, Bd. I, 4. Auflage, München 2019, § 93, Rn. 14 mwN. Würde der Unternehmensträger seinen Einfluss nutzen wollen, so käme das Privilegierungs- und Schutzsystem der §§ 311 ff. AktG zur Anwendung. Siehe dazu *Burgi* (Fn. 10), 608.

[63] *Grigoleit*, in: ders. (Fn. 61), § 76, Rn. 17.

[64] *M. Blessing*, Öffentlich-rechtliche Anstalten unter Beteiligung Privater. Verwaltungsorganisationsrecht, Gesellschaftsrecht und bundesstaatliche Kompetenzordnung, Baden-Baden 2008, 173 f.; *Suerbaum* (Fn. 19), in: Ehlers/Fehling/Pünder, § 16, Rn. 87; *Gersdorf* (Fn. 23), 276 ff.

[65] §§ 6, 7 MitbestG; § 4 Abs. 1 DrittelbG; Zum Anwendungsbereich auch *F. Becker*, Mitbestimmung in kommunalen Unternehmen, in: Mann/Püttner (Hrsg.), Handbuch der kommunalen Wissenschaft und Praxis, Bd. II, 3. Auflage, Berlin/Heidelberg 2011, 357 ff. Problemaufriss bereits bei *Groß* (Fn. 11), in: Hoffmann-Riem/Schmidt-Aßmann/Voßkuhle, § 13, Rn. 77; *Dreier* (Fn. 7), 258 ff. Ferner auch *P.M. Huber*, Keine Grundrechtsfähigkeit öffentlich beherrschter Unternehmen, in: Ludwigs (Hrsg.), Regulierender Staat und konfliktschlichtendes Recht, Festschrift für Matthias Schmidt-Preuß zum 70. Geburtstag, Berlin 2018, 87 ff. (90).

[66] Umfassend *M. Habersack*, in: Habersack/Henssler (Hrsg.), Mitbestimmungsrecht, 4. Auflage, München 2018, § 1, Rn. 1 ff.

pelstimme des Aufsichtsratsvorsitzenden entscheidet.[67] Dennoch kann es zu Einflussknicken kommen, wie etwa das Beispiel der Eigengesellschaft der *Stadtwerke Köln GmbH* aus dem Jahr 2018 zeigt. Hier wählte die Arbeitnehmerseite gemeinsam mit Stimmen aus der Stadtratsopposition anstatt der Kölner Oberbürgermeisterin ihren Kandidaten zum Aufsichtsratsvorsitzenden.[68] Würde ein solches Modell Bestand haben, käme der öffentlichen Anteilseignerin durch die fehlende Stimme der Vorsitzenden kein Letztentscheidungsrecht mehr zu.[69]

Auch hier tritt der oben geschilderte Konflikt zwischen gesellschaftsrechtlichen und verfassungsrechtlichen Organisationsvorgaben auf. Für im Privateigentum stehende Unternehmen ergibt sich ein Spannungsverhältnis zwischen den Grundrechten der Anteilseigner (Art. 12, 14 GG), den Grundrechten der Arbeitnehmer (Art. 12, 9 Abs. 1, 2 Abs. 1 GG) und dem Sozialstaatsprinzip.[70] Auf Grundrechte kann sich der Staat auch als Anteilseigner nicht berufen, so dass sich das zugrundeliegende Spannungsverhältnis verändert. Hier scheint es schlechthin unvertretbar, aus der fehlenden Grundrechtsberechtigung des Staates eine Verdrängung der gesellschaftsrechtlichen Vorschriften der Arbeitnehmermitbestimmung zu konstruieren.[71] Dies kann sich auch nicht (wie etwa *Ossenbühl* vermutete) aus dem normenhierarchischen Vorrang des Art. 20 Abs. 2 GG ergeben.[72] Denn hier muss zur vorherigen Vermeidung eines Ver-

[67] Der Vorsitzende des Aufsichtsrats wird nach § 27 Abs. 2 MitbestG von den Gesellschaftern gestellt. Aufgrund dessen hielt das BVerfG die Vorschriften für mit Art. 14 GG vereinbar: BVerfGE 50, 290 (351).

[68] Anschaulich dargestellt bei *T. Dünchheim/S. Gräler*: Verfassungsrechtliche Implikationen der paritätischen Mitbestimmung in kommunalen Unternehmen, NVwZ 2019, 1225 (1225).

[69] Dass das abgestufte Modell der „doppelten Mehrheit" hier nicht automatisch Anwendung finden kann, wird etwa in BVerfGE 107, 59 (77) deutlich. Hier macht das Bundesverfassungsgericht deutlich, dass diese Kriterien nur mit Einschränkung auf andere Verwaltungstypen (hier: funktionale Selbstverwaltung) übertragen werden können. Früh zum Thema bereits *T. Mann*, Demokratieprinzip und Mitbestimmung in öffentlich-rechtlichen Unternehmen, ZögU 22 (1999), 17 (26 ff.). Zur Übertragbarkeit aber *Storr*, in: Bauer/Huber/Sommermann (Fn. 3), 421.

[70] Aufgearbeitet bei *Becker*, in: Mann/Püttner (Fn. 65), 364, der daraus jedoch die Folge der verfassungsrechtlichen Überformung des Gesellschaftsrechts zieht.

[71] So aber *Becker*, in: Mann/Püttner (Fn. 65), 364.

[72] Vgl. *Ossenbühl* (Fn. 54), 516 f. Dafür spricht im Übrigen auch nicht die Offenheit des Mitbestimmungsrechts für „Tendenzunternehmen", vgl. § 1 Abs. 4 MitbestG. Dieser lautet: „Dieses Gesetz ist nicht anzuwenden auf Unternehmen, die unmittelbar und überwiegend 1. politischen, koalitionspolitischen, konfessionellen, karitativen, erzieherischen, wissenschaftlichen oder künstlerischen Bestimmungen oder 2. Zwecken der Berichterstattung oder Meinungsäußerung, auf die Artikel 5 Abs. 1 Satz 2 des Grundgesetzes anzuwenden ist, dienen. Dieses Gesetz ist nicht anzuwenden auf Religionsgemeinschaften und ihre karitativen und erzieherischen Einrichtungen unbeschadet deren Rechtsform." Wie aus dem aufzählenden Wortlaut hervorgeht, handelt es sich um eine (abschließende) Ausnahmevorschrift.

fassungsverstoßes konsequenterweise bereits an die Organisationswahlentscheidung angeknüpft werden. Daraus folgt, dass die Verfassungsmäßigkeit hier durch die richtige Organisationswahl hergestellt werden muss.[73] Das Bundesverfassungsgericht hat diese Position durch seine Entscheidung zum *Parlamentarischen Auskunftsrecht* ausdrücklich unterstützt, indem es festlegt, dass der Staat „selbst die Rechtsform für die ihm obliegende Aufgabenwahrnehmung zu wählen hat, die die erforderlichen Einwirkungsmöglichkeiten gewährleistet."[74]

7. Der Sonderfall der Beleihung

Auch die verwaltungsrechtliche Figur des Beliehenen zählt organisationsrechtlich zur privatrechtsförmigen Verwaltung. Sie stellt aber einen aus den hier angestellten Überlegungen auszusondernden Organisationstyp dar. Beliehene sind natürliche oder juristische Personen des Privatrechts, denen aufgrund gesetzlicher Grundlage[75] die Befugnis zur selbständigen Wahrnehmung öffentlicher Aufgaben in öffentlich-rechtlichen Handlungsformen eingeräumt ist.[76] Die mit der Beleihung verbundenen Einfluss- und Kontrollknicke ähneln stark den Herausforderungen der öffentlich-rechtlichen Verselbständigungsformen. Konsequenterweise werden daher auch die rechtlichen Erfordernisse, wie etwa die Verpflichtung zur staatlichen Aufsicht, auf die Beleihung entsprechend angewendet.[77] Somit wird der Beliehene „eigentlich ein Stück juristische Person des öffentlichen Rechts."[78] Für die hier betrachteten Fragen des staatlichen Rückgriffs auf das Gesellschaftsrecht ist die Beleihung dagegen von nachrangiger Bedeutung.[79] Die Einfluss- und Kontrollknicke

---

[73] *Dreier*, in: ders. (Fn. 18), Art. 20, Rn. 133; *L. Pütz*, Unternehmensmitbestimmung in kommunalen Kapitalgesellschaften. Eine Untersuchung des Spannungsverhältnisses zwischen dem Demokratieprinzip des Grundgesetzes und der Unternehmensmitbestimmung, Baden-Baden 2015, 103 ff. Wohl auch *Storr*, in: Bauer/Huber/Sommermann (Fn. 3), 413. Am konkreten Fall auch richtig: *Dünchheim/Gräler* (Fn. 68), 1228.

[74] BVerfGE 147, 50 (137).

[75] *Maurer/Waldhoff* (Fn. 12), § 23, Rn. 59.

[76] *R. Stober*, in: Wolff/Bachof/Stober/Kluth (Fn. 47), § 90, Rn. 4; *Groß* (Fn. 11), in: Hoffmann-Riem/Schmidt-Aßmann/Voßkuhle, § 13, Rn. 89.

[77] *Maurer/Waldhoff* (Fn. 12), § 23, Rn. 59.

[78] *Dreier* (Fn. 7), 250.

[79] Auch im Rahmen der Beleihung können Legitimationsprobleme auftreten, die unter dem Überbegriff der staatlichen Legitimationsverantwortung Anforderungen an die Beleihungsverfahren stellen. Siehe dazu *H.-H. Trute*, Die demokratische Legitimation der Verwaltung, in: Hoffmann-Riem/Schmidt-Aßmann/Voßkuhle (Hrsg.), GVwR, Bd. I, 2. Auflage, München 2012, § 6, Rn. 92. Vgl. auch *B. Schmidt am Busch*, Die Beleihung: Ein Rechtsinstitut im Wandel, DÖV 2007, 533 (540).

unterscheiden sich maßgeblich,[80] da Beliehene der Rechts- und Fachaufsicht unterstehen.[81]

II. Einflussknicke bei Aufgabenwahrnehmung in Privatrechtsform

Einflussknicke als Abschwächung des Zurechnungszusammenhangs von Entscheidungs- zu Verantwortungszentrum treten nach dieser Zustandsaufnahme auch bei der Organisation der öffentlichen Verwaltung in Privatrechtsform auf.[82] Konkretisiert wird der Zurechnungszusammenhang zunächst von der Einwirkungspflicht, die dem Staat aufgibt, sich „hinreichende Einwirkungsrechte auf das Unternehmen vorzubehalten".[83] Einwirkungspflichten sind allgemeine Lenkungs- und Kontrollpflichten des „Muttergemeinwesens" (*Dreier*)[84] gegenüber den Konstruktionen der Organisationsprivatisierung und stellen sicher, dass sich die Wahrnehmung der öffentlichen Aufgaben nach der organisatorischen Ausgliederung vom Gemeinwohlinteresse entkoppelt.[85] Diese Einwirkungspflichten haben in der Praxis jedoch in vielerlei Hinsicht Lücken.[86]

Zunächst entstehen Unschärfen durch die unklaren Gemeinwohlbestimmungen der öffentlichen Unternehmen. Vom Grundsatz her müsste diese Gemeinwohlkonkretisierung maßgeblich durch das Zusammenwirken von Amtsträgern und Unternehmensführung konkretisiert werden. Daran mangelt es aber faktisch aufgrund mangelnder öffentlicher (insbesondere kommu-

---

[80] *W. Krebs*, Verwaltungsorganisation, in: Isensee/Kirchhof (Hrsg.), HStR, Bd. V, 3. Auflage, Heidelberg 2007, § 108, Rn. 50.

[81] Dazu etwa *Stober*, in: Wolff/Bachof/Stober/Kluth (Fn. 47), § 90, Rn. 1.

[82] *Storr*, in: Bauer/Huber/Sommermann (Fn. 3), 412 nennt sie „Steuerungsknicke". *Gusy* (Fn. 13), in: ders., 339. Ausführlich auch *G. Kirchhof*, Rechtsfolgen der Privatisierung. Jede Privatisierung lockert, löst öffentlich-rechtliche Bindungen, AöR 132 (2007), 215 ff. Ferner *P.M. Huber*, Aktuelle Lage der Verwaltung – Gefährdungen und Lösungsansätze, in: Kahl/Ludwigs (Hrsg.), Handbuch des Verwaltungsrechts, Bd. II, Grundstrukturen des europäischen und internationalen Verwaltungsrechts, Heidelberg 2021, § 54, Rn. 88 ff. Rechtsvergleichend mit dem Hinweis, dass die Einflussknicke vergleichbar sind und sich insbesondere die daraus wahrgenommene Problemdimension unterscheidet, *C. Donelly*, Problems of Legitimacy in Contracting-Out and Privatisation, in: Ruffert (Hrsg.), Legitimacy in European Administrative Law. Reform and Reconstruction, Groningen 2011, 253 (256 ff.).

[83] BVerfGE 147, 50, 135.

[84] *Dreier* (Fn. 7), 259.

[85] Dazu instruktiv *Püttner* (Fn. 23), 353 ff.

[86] Zur (der zentralen Bedeutung der Privatisierungsentscheidung gerecht werdenden) Bremer Verfassungsänderung 2013, die Privatisierung fast ausschließlich durch Volksentscheide zulässt, *F. Wollenschläger*, Privatisierung öffentlicher Unternehmen nur mit Volksentscheid? Privatisierungsreferenden auf Landesebene und ihre verfassungsrechtliche Grenze im Budgetrecht des Parlaments am Beispiel der Bremischen Landesverfassung (Art. 42 Abs. 4 iVm Art. 70 Abs. 2), in: Feld u.a. (Hrsg.), Jahrbuch für direkte Demokratie 2013, Baden-Baden 2014, 239–262.

naler) Ressourcen und dem notwendig entstehenden Wissensgefälle zwischen Amtsträgern und Unternehmensleitung.

Zudem sind Besonderheiten hinsichtlich der Wahl der gesellschaftsrechtlichen Organisationsform zu beachten. Insbesondere in den öffentlichen Aktiengesellschaften verhindert die fehlende Weisungsbefugnis des Aufsichtsrats gegenüber dem Vorstand eine effektive Steuerungsfähigkeit. Auch die Kontrollfähigkeit wird abstrakt an die Person des Vorstands geknüpft, entkommt aber der konkreten, systematisch vorgesehenen Entscheidungssicherung. In den Organisationsprivatisierungen in der Form der GmbH kann der Einfluss durch die Weisungsgebundenheit des Geschäftsführers besser (wenn auch nicht vollständig) ausgeübt werden.

Zuletzt ist insbesondere bei größeren Unternehmen die gesellschaftsrechtlich zwingende Arbeitnehmermitbestimmung zu beachten, die (besonders gravierend bei gemischt-wirtschaftlichen Unternehmen) für eine faktische Verselbständigung des Unternehmens sorgt.

III. Kontrollknicke bei Aufgabenwahrnehmung in Privatrechtsform

Die Art und Weise der Verselbständigung von privaten Verwaltungsträgern unterscheidet sich sowohl von den lediglich weisungsfreien Einheiten als auch von den Selbstverwaltungskörperschaften. Dies spiegelt sich auch in einer Zwischenform der Selbstkontrolle wider. Es gibt in der privatrechtlich organisierten Verwaltung grundsätzlich kein Aufsichtskorrelat.[87] Hier sollte zumindest in der Theorie auch die Einwirkungspflicht zur Rückanbindung an die internen Prozesse der Verwaltung wirken, dies erscheint jedoch in der Praxis lückenhaft.[88] Insbesondere der mangelnde Zugriff auf die Einzelfallentscheidung sorgt für ein Defizit in diesem Bereich. Hier hat die zurückgenommene politische Steuerung dafür gesorgt, dass die Verfolgung wirtschaftlicher Eigenrationalität auch durch Maßnahmen wie Beteiligungsberichte und Konzern-Controlling nicht umfassend einzufangen ist.[89]

Auf der Ebene der Einzelfallentscheidung wurde im Rahmen der *Neuen Steuerungsmodelle* versucht, diese Lücke insoweit produktiv zu nutzen, indem man Kontrolldefizite als Dezentralisierung der Produkt- und Ressourcenverantwortung euphemisierte.[90] Hier hat sich der Begriff der Steuerungs-

[87] *Ehlers* (Fn. 23), 268; *Dreier* (Fn. 7), 258, 294; *Krebs* (Fn. 80), in: Isensee/Kirchhof, § 108, Rn. 50.

[88] Dazu bereits oben. Kritisch für den kommunalen Bereich *C. Brüning*, Zur Reanimation der Staatsaufsicht über die Kommunalwirtschaft, DÖV 2010, 553 (555).

[89] *Trute* (Fn. 79), in: Hoffmann-Riem/Schmidt-Aßmann/Voßkuhle, § 6, Rn. 76.

[90] Begriff bei *G.F. Schuppert*, Verwaltungswissenschaft. Verwaltung, Verwaltungsrecht, Verwaltungslehre, Baden-Baden 2000, 897.

aufsicht etabliert.[91] Ziel war die Stärkung von „Kunden- und Marktverantwortung“ in einem eng umrissenen Bereich, der durch Budgetierung und Controlling strukturiert werden sollte.[92]

Auch im Bereich der parlamentarischen Kontrolle sind Defizite erkennbar.[93] Das zentrale Problem der parlamentarischen Kontrolle der privaten Träger ist zu dem der öffentlich-rechtlichen Träger ähnlich gelagert:[94] Die Regierung als Informationsscharnier entfällt, so dass es erforderlich ist, dass sich das Parlament hinreichende Zugriffsrechte durch privatrechtliche Ausgestaltung einräumt. Hier kommen insbesondere Berichts- und Rechenschaftspflichten in Betracht,[95] haushaltsrechtliche Maßstäbe sind wegen der wirtschaftlichen Eigenständigkeit der Träger nicht anzulegen.[96] Für die Beteiligungen des Bundes regelt § 69a BHO besondere Maßstäbe für parlamentarische Kontrolle; § 44 HGrG und § 92 BHO bestimmen zudem eine gesonderte Prüfung durch den Bundesrechnungshof. Gemäß § 102 Abs. 1 Nr. 3 BHO ist dieser unverzüglich zu unterrichten, wenn sich etwas an der Beteiligungsstruktur des Bundes ändert.

Im Zuge der Organisationsprivatisierungen verliert die parlamentarische Kontrolle in der Praxis deshalb an Qualität, da anstatt des Verwaltungshandelns nun das Verhalten der (verbleibenden) staatlichen Akteure zur Einwirkung auf die Gesellschaft auf dem Prüfstand steht.[97]

IV. Einfachgesetzliche Normierung der Einfluss- und Kontrollsicherung

In groben Zügen ist das Erfordernis der Einfluss- und Kontrollsicherung einfachgesetzlich normiert. Zu nennen sind hier die Bestimmungen der Bundeshaushaltsordnung (BHO),[98] die nahezu wortgleich in den Landeshaushalts-

[91] Dazu *Schuppert* (Fn. 90), 895 ff.

[92] *Schuppert* (Fn. 90), 898.

[93] *C. Gusy*, Privatisierung und parlamentarische Kontrolle, ZRP 1998, 265 (267).

[94] Dazu schon oben, § 10.

[95] *J. Schmidt*, Die demokratische Legitimationsfunktion der parlamentarischen Kontrolle – eine verfassungsrechtliche Untersuchung über Grundlage, Gegenstand und Grenzen der parlamentarischen Kontrolle unter besonderer Berücksichtigung der ministerialfreien Räume und der Privatisierung, Berlin 2007, 402 ff.

[96] *T. Puhl*, Budgetflucht und Haushaltsverfassung, Tübingen 1996, 79 ff.

[97] *Schmidt* fasst treffend zusammen: „Weil die parlamentarische Kontrolle hier regelmäßig durch Kontrollversagen ausgelöst wird, bleibt sie im Wesentlichen nachgängige Kontrolle einschließlich ihrer begrenzten Legitimationswirkung. Rechtliche und tatsächliche Einschränkungen der Einwirkungsrechte werden zudem nicht mehr als Kontrollproblem, sondern als Verantwortungsgrenzen der Beteiligungsverwaltung wahrgenommen.“ *Schmidt* (Fn. 95), 411.

[98] Übersichtliche Darstellung bei *Knauff*, in: Schmidt/Wollenschläger (Fn. 12), 274 ff.

ordnungen übernommen wurden. Die landesgesetzlichen Gemeindeordnungen normieren zudem in den Abschnitten zum kommunalen Wirtschaftsrecht ähnliche Bestimmungen. Sowohl die umfassende – letztlich kaum überschaubare – wissenschaftliche Diskussion des öffentlichen Wirtschaftsrechts wie auch die Durchnormierung von wesentlichen Fragen öffentlicher Wirtschaftstätigkeit in den Bundes- und den Landeshaushaltsordnungen sowie den Gemeindeordnungen hat wesentliche Probleme angesprochen, so dass man – freilich innerhalb gewisser Grenzen – von einem Erfolgsmodell verfassungsgerechter Systematisierung im Organisationsrecht sprechen könnte.

1. Im Haushaltsrecht

§ 65 Abs. 1 BHO normiert sinngemäß, dass der Bund auf privatrechtliche Organisationsformen nur zurückgreifen darf, wenn (1.) ein wichtiges Interesse vorliegt und sich der Zweck nicht besser und wirtschaftlicher auf andere Weise verfolgen lässt, wenn (2.) eine Haftungsbegrenzung besteht und dass zudem (3.) ein angemessener Einfluss für den Bund auf die Unternehmensführung eingeräumt wird.[99] Aufgrund des dem Bund im Rahmen seiner Organisationsbefugnis zustehenden Beurteilungsspielraums hat diese Zwecknormierung freilich nur eine eingeschränkte Wirkung.[100] Gesichert wird das Erfordernis unter anderem durch die in Art. 65 Abs. 2 BHO normierte Beteiligungspflicht des Bundesfinanzministeriums bei dem Aufbau oder dem Abbau von Unternehmensbeteiligungen. Nach § 65 Abs. 6 BHO soll das zuständige Bundesministerium „darauf hinwirken, dass die auf Veranlassung des Bundes gewählten oder entsandten Mitglieder der Aufsichtsorgane der Unternehmen bei ihrer Tätigkeit auch die besonderen Interessen des Bundes berücksichtigen." Dies gilt – wie § 65 Abs. 3 BHO klarstellt – insbesondere für eine Verselbständigung der entsprechenden Unternehmen durch den Aufbau weiterer Beteiligungen. Nach der Bestimmung des § 112 Abs. 2 S. 1 BHO gelten diese Voraussetzungen sinngemäß auch für unternehmerische Tätigkeiten in öffentlicher Rechtsform. Im Landeshaushaltsrecht wurden weitestgehend die wortgleichen Regelungen erlassen. So wurde etwa § 65 der Hessischen Landeshaushaltsordnung (LHO) wortgleich aus der bundesrechtlichen Regelung übernommen.

---

[99] Die 4. Voraussetzung, dass der Jahresbericht nach den gesellschaftsrechtlichen Vorschriften geprüft wird, kann nur deklaratorische Bedeutung haben.

[100] *Ronellenfitsch* (Fn. 3), in: Isensee/Kirchhof (Hrsg.), § 98, Rn. 29. Siehe auch *Knauff*, in: Schmidt/Wollenschläger (Fn. 12), 275.

2. Im Kommunalen Wirtschaftsrecht

Der (Landes-)Gesetzgeber hat auf diese Problemstellungen auch im kommunalen Bereich reagiert und das kommunale Wirtschaftsrecht in den Gemeindeordnungen im Hinblick auf die Einfluss- und Kontrollsicherung weitgehend durchnormiert.[101] Die grundsätzliche Zulässigkeit kommunaler Wirtschaftsbetätigung steht hier unter dem Vorbehalt der „Schrankentrias" aus öffentlichem Zweck, Leistungsfähigkeitsbezug und Subsidiaritätsklausel.[102] Während das Grundmodell in allen Gemeindeordnungen der Länder ähnlich ist, variieren die einzelnen Anforderungen nach ihrer Regelungsschärfe von Land zu Land.[103] Exemplarisch lässt sich dies am in den §§ 121 ff. der hessischen Gemeindeordnung (HGO) geregelten kommunalen Wirtschaftsrecht nachvollziehen.[104] Neben den haushaltsrechtlichen Bestimmungen sind hier besondere Anforderungen der kommunalen Wirtschaftstätigkeit näher bestimmt. Diese verdienen insbesondere deshalb eine nähere Betrachtung, da sie bestimmte verfassungsrechtliche Vorgaben in einfachrechtliche Struktur gießen.

Zunächst setzt § 121 Abs. 1 S. 1 Nr. 1 HGO voraus, dass die Gemeinde sich wirtschaftlich betätigen darf, wenn „der öffentliche Zweck die Betätigung rechtfertigt." Hinsichtlich der Bestimmung des öffentlichen Zwecks kann auf die oben angestellten Überlegungen verwiesen werden. Dementsprechend fällt unter den Begriff „jede im öffentlichen Interesse der Gemeindeeinwohner liegende Zielsetzung, also die Wahrnehmung einwohnernütziger Aufgaben."[105] Gerechtfertigt meint in diesem Sinn, dass die Betätigung im Hinblick auf den Zweck „vernünftigerweise geboten" ist.[106] Für die Beurteilung dieser

---

[101] Zusammenfassend *Knauff*, in: Schmidt/Wollenschläger (Fn. 12), 281 ff. Hilfreiche Diskussion am Beispiel des Niedersächsischen Modells auch *J. Jansen*, Die Zulässigkeit wirtschaftlicher Betätigung der Gemeinden, GRZ 2020, 10.

[102] Dazu *A. Gern/C. Brüning*, Deutsches Kommunalrecht, 4. Auflage, Baden-Baden 2019, Rn. 982 ff.; *M. Knauff*, Öffentliches Wirtschaftsrecht: Einführung, Baden-Baden 2015, 161 ff. Zur Lage in Hessen siehe *M. Ogorek*, in: Dietlein/Ogorek (Hrsg.), KommunalR Hessen, München 13. Ed. 01.11.2020, HGO § 122 Rn. 15. Zur Subsidiarität bei Unternehmensbeteiligungen, vgl. *F. Shirvani*, Public Private Partnership und die Subsidiaritätsprüfung bei öffentlichen Unternehmensbeteiligungen, DÖV 2011, 865–873 (868 für die kommunale Ebene).

[103] Exemplarisch *A. Gaß*: Kommunalrechtliche Rahmenbedingungen, in: Wurzel/Becker (Hrsg.), Rechtspraxis der kommunalen Unternehmen, 3. Auflage, München 2015, 51 (Rn. 99 ff.).

[104] Vergleichbare Vorschriften sind in den Gemeindeordnungen aller Bundesländer enthalten. Siehe etwa § 102 Abs. 1 Nr. 1 GemO BW, § 91 Abs. 2 Nr. 1 BbgKVerf, § 68 Abs. 2 Satz 1 Nr. 1 KV M-V, § 136 Abs. 1 Satz 2 Nr. 1 NKomVG, § 85 Abs. 1 Satz 1 Nr. 1 GemO RhPf, § 108 Abs. 1 Nr. 1 KSVG, § 94a Abs. 1 Satz 1 Nr. 1 SächsGemO, § 128 Abs. 1 Satz 1 Nr. 1 KVG LSA, § 101 bs. 1 Nr. 1 GO S-H, § 71 Abs. 2 Nr. 1 ThürKO.

[105] *Ogorek*, in: Dietlein/Ogorek (Fn. 102), HGO § 121, Rn. 3.

[106] OVG Münster, NVwZ 2008, 1031 (1035). Insgesamt legen die Gerichte (wie *Krajewski* (Fn. 33), 180–181 argumentiert) einen nicht besonders restriktiven Maßstab an. Nach *J. Oebbecke*: Kommunalrechtliche Voraussetzungen der wirtschaftlichen Betätigung, in: Mann/

Zweckbestimmung kommt der Gemeinde als Trägerin der Organisationsgewalt notwendigerweise ein Beurteilungsspielraum zu.[107]

Als zweite Voraussetzung bestimmt § 121 Abs. 1 S. 1 Nr. 2 HGO, dass die Gemeinde sich wirtschaftlich betätigen darf, wenn „die Betätigung nach Art und Umfang in einem angemessenen Verhältnis zur Leistungsfähigkeit der Gemeinde und zum voraussichtlichen Bedarf steht." Das Ziel dieser Regelung ist es, die Gemeinde von wirtschaftlichen Aktivitäten abzuhalten, die ihre Möglichkeiten überfordern. Es steht damit vor allem im Zusammenhang mit den haushaltsrechtlichen Vorschriften der Sparsamkeit und Wirtschaftlichkeit.[108] Die Norm hat durch den gleichzeitig zuerkannten Beurteilungsspielraum wiederum vor allem eine Appellwirkung[109] und ist nur im Ausnahmefall justiziabel.[110]

Zuletzt normiert § 121 Abs. 1 S. 1 Nr. 2 HGO, dass die Gemeinde sich wirtschaftlich betätigen darf, wenn „der Zweck nicht ebenso gut und wirtschaftlich durch einen privaten Dritten erfüllt wird oder erfüllt werden kann." Die damit normierte Subsidiaritätsklausel beschneidet den kommunalen Handlungsspielraum, indem sie einen absoluten Vorrang privater Aufgabenerledigung mit einer Beweislastumkehr zu Lasten der Kommune normiert. Die Gemeinde muss darlegen können, dass sie in der Lage ist, die Sachaufgabe besser und wirtschaftlicher zu erfüllen.[111] Gegenüber der allgemeinen Subsidiaritätsklausel, die eine Leistungsparität ausreichen lässt, stellt diese Verschärfung, die in dieser Form auch in den Gemeindeordnungen von Baden-Württemberg, Bayern, Niedersachsen, Rheinland-Pfalz, des Saarlandes und Thüringen zu finden ist, eine deutlich restringierte Zulässigkeit der kommunalen Wirtschaftstätigkeit fest.

Sowohl Haushaltsrecht als auch kommunales Wirtschaftsrecht normieren also (freilich in gewissem Rahmen und in besonderer Auseinandersetzung mit

---

Püttner (Hrsg.), Handbuch der kommunalen Wissenschaft und Praxis, Bd. II, 3. Auflage, Berlin/Heidelberg 2011, § 41, Rn. 32 setzt dies eine Abwägung mit den durch die Wirtschaftstätigkeit erfolgenden Markteingriffen voraus. In Bayern und Nordrhein-Westfalen wurde diese Formulierung verschärft, so dass die Zulässigkeit der Wirtschaftstätigkeit verlangt, dass der öffentliche Zweck die wirtschaftliche Betätigung erfordert. Art. 87 Abs. 1 Satz 1 Nr. 1 BayGO, § 107 Ans. 1 Satz 1 Nr. 1 GO NRW. Rechtliche Implikationen aus dieser Verschärfung sind jedoch nicht ersichtlich.

[107] *Gaß*, in: Wurzel/Becker (Fn. 103), Rn. 123; *Ogorek*, in: Dietlein/Ogorek (Fn. 102), HGO, § 121, Rn. 5. Zur Thematik auch *M. Eifert*, Die rechtliche Sicherung öffentlicher Interessen in Public Private Partnerships – dargestellt am Beispiel der Internet-Aktivitäten von Städten und Kommunen, VerwArch 93 (2002), 561–584.

[108] *Ogorek*, in: Dietlein/Ogorek (Fn. 102), HGO, § 121, Rn. 10. Breiter angelegt dazu: *H. Butzer*, Wirtschaftlichkeit im Verwaltungsrecht, in: Blanke/v. Bandemer/Nullmeier/Wewer (Hrsg.), Handbuch zur Verwaltungsreform, 3. Auflage, Opladen 2005, 392 (393).

[109] *Gaß*, in: Wurzel/Becker (Fn. 103), Rn. 128.

[110] *Ogorek*, in: Dietlein/Ogorek (Fn. 102), HGO § 121, Rn. 14.

[111] *Gaß*, in: Wurzel/Becker (Fn. 103), Rn. 138.

staatlicher Wirtschaftstätigkeit) auch Ansätze für ein rechtfertigungsorientiertes Modell der Zulässigkeit staatlicher Organisation. Dies wird im Verlauf noch aufzugreifen sein.

V. Veranschaulichung

Bei der Veranschaulichung geht es im Wesentlichen darum, am Beispiel konkreter Gesellschaften die Einfluss- und Kontrollknicke besonders zeigen zu können. Beide hier in Kürze dargestellten und ohne Ziel einer (nicht zu leistenden) Systematik ausgewählten Beispiele sind Flughäfen: die gemischt-wirtschaftliche Fraport AG, Betreiberin des Frankfurter Flughafens, und die gemischt-öffentliche FBB GmbH, die den Flughafen Berlin-Brandenburg betreibt. Hier zeigt sich in aller Kürze, wie unterschiedlich verschiedene Gesellschaften die öffentliche Zweckbindung und die Subsidiarität interpretieren.

1. Beispiel: Flughafen Frankfurt am Main – Die gemischt-wirtschaftliche Fraport AG

Die Fraport AG als Betreibergesellschaft des Frankfurter Flughafens ist eine Aktiengesellschaft, die zu 31,31 Prozent im Eigentum des Landes Hessen und zu 20,00 Prozent im Eigentum der Stadtwerke Frankfurt am Main Holding GmbH steht, die wiederum im Alleineigentum der Stadt Frankfurt am Main steht. Der Rest der Aktien wird von privaten Akteuren gehalten. Es liegt damit eine gemischt-wirtschaftliche Gesellschaft mit staatlicher Mehrheitsbeteiligung vor.

In der Satzung der Fraport AG heißt es zum Unternehmenszweck in § 2 Abs. 1: „Gegenstand des Unternehmens ist insbesondere der Betrieb, die Unterhaltung, die Entwicklung und der Ausbau des Flughafens Frankfurt Main. Zum Gegenstand des Unternehmens gehören zudem der Betrieb, die Unterhaltung, die Entwicklung und der Ausbau anderer Flughäfen, Infrastruktureinrichtungen und Immobilien im In- und Ausland und die Erbringung damit zusammenhängender Dienstleistungen sowie die Nutzung und Vermarktung der dabei gewonnenen Kenntnisse und Fähigkeiten im In- und Ausland." § 6 Abs. 1 der Satzung bestimmt eine dem MitbestG entsprechende paritätische Zusammensetzung des Aufsichtsrats. Der Aufsichtsrat der Fraport AG besteht aus 20 Personen, wobei das Land Hessen drei Personen, die Stadt Frankfurt am Main zwei Personen, private Aktionäre fünf Personen und die Arbeitnehmervertretung zehn Personen entsenden. Obwohl eine staatliche Mehrheitsbeteiligung besteht, sind damit drei Viertel der Aufsichtsratsmitglieder nicht dem öffentlichen Bereich zuzurechnen. Dies veranschaulicht paradigmatisch die Einflussknicke zu Lasten der öffentlichen Hand.

Die Fraport AG ist Miteigentümerin verschiedener anderer Gesellschaften, insbesondere Flughafenbetreibergesellschaften in aller Welt. Nach Recherchen der Süddeutschen Zeitung ist die Fraport AG unter anderem an Steuersparmodellen über Briefkastenfirmen auf Malta beteiligt.[112] Besonderes Engagement zeigt die Fraport AG als Sportsponsorin im Rhein-Main Gebiet.[113] Hier ist es sowohl fraglich, ob die Fraport AG sich an die Verfolgung des öffentlichen Gesellschaftszwecks gebunden sieht, als auch ob sich der normierte Zweck im Rahmen der Möglichkeiten der öffentlichen Zweckbestimmung hält.

2. Beispiel: Flughafen Berlin-Brandenburg – Die gemischt-öffentliche FBB GmbH

Die Flughafen Berlin Brandenburg (FBB) GmbH betreibt den Flughafen Berlin-Brandenburg. Die Gesellschaftsanteile der FBB GmbH werden zu jeweils 37 Prozent von den Ländern Berlin und Brandenburg sowie zu 26 Prozent vom Bund gehalten. Damit ist die FBB GmbH ein vertikal gemischt-öffentliches Unternehmen.

§ 1 Abs. 1 des Gesellschaftsvertrages bestimmt den Gesellschaftszweck: „Gegenstand des Unternehmens ist der Betrieb und der Ausbau des Flughafens Berlin-Schönefeld zum Flughafen Berlin Brandenburg […] einschließlich dessen Betrieb und Ausbau nach dessen Inbetriebnahme, sowie die unternehmerische Beteiligung an Flughafengesellschaften im Berlin-Brandenburger Raum." Abs. 2 bestimmt: „Die Gesellschaft kann zur Erfüllung ihrer Aufgaben auf Beschluss der Gesellschafterversammlung ähnliche oder andere dem Geschäftszweck dienende Unternehmen gründen, erwerben oder sich an ihnen beteiligen." Die Flughafengesellschaft erbringt dabei keine eigenen Dienstleistungen für Passagiere, sondern hat diese an externe Dienstleister ausgegliedert.

§ 8 Abs. 2 des Vertrages bestimmt: „Der Aufsichtsrat hat 15 Mitglieder. Hiervon benennen die Anteilseigner insgesamt 10 Mitglieder (davon der Bund 2, das Land Berlin 4, das Land Brandenburg 4 Mitglieder) die auf Vorschlag

---

[112] Süddeutsche Zeitung vom 16.02.2017, „Viele Deutsche haben maltesische Firmen offenbar nicht dem Finanzamt gemeldet", verfügbar unter https://www.sueddeutsche.de/wirtschaft/eil-viele-deutsche-haben-maltesische-firmen-offenbar-nicht-dem-finanzamt-gemeldet-1.3382847 (abgerufen: 10.05.2022).

[113] Durch Unterstützung von Eintracht Frankfurt, dem FSV Frankfurt, dem 1. FFC Frankfurt und Kickers Offenbach und der Basketballmannschaft Fraport Skyliners. Seit 2011 heißt die Ballsporthalle Frankfurt am Main *Fraport Arena*.

der Gesellschafter durch die Gesellschafterversammlung gewählt und abberufen werden. Die Bestellung und Abberufung der Vertreter der Arbeitnehmer richtet sich nach den Vorschriften des Drittelbeteiligungsgesetzes (DrittelbG)."[114] Nach § 6 Abs. 4 des Vertrages erlässt der Aufsichtsrat eine (wohl abstrakt zu verstehende) Geschäftsanweisung für die Geschäftsführung mit Zustimmung der Gesellschafterversammlung.

Die FBB GmbH stellt insoweit ein vorbildliches Beispiel der privatrechtlich organisierten öffentlichen Verwaltung dar. Bis auf die zwingend anwendbaren Regeln zur Arbeitnehmermitbestimmung werden Einflussknicke vermieden. Auch die Betätigung hält sich so subsidiär als möglich in dem Rahmen der öffentlichen Zweckbestimmung. Gleichzeitig liegt der offensichtliche Zweck der Wahl der privaten Rechtsform in der Möglichkeit, die Beteiligungsstrukturen zwischen verschiedenen Verwaltungsträgern vertikal zu differenzieren.

[114] Tatsächlich ist der Aufsichtsrat mittlerweile ebenfalls paritätisch besetzt, nachdem die FBB GmbH im März 2017 eine Mitarbeiterzahl von 2000 überschritten hatte.

4. Teil

Der verfassungsrechtliche Umgang mit Einfluss- und Kontrollknicken

Vorbemerkungen

Am Ende des 3. Teils steht die empirische Feststellung, dass es in der ausdifferenzierten Verwaltungsstruktur zu weitreichenden Einfluss- und Kontrollknicken kommt. Nach der hier gewählten Systematik bezeichnen Einfluss- und Kontrollknicke zunächst einmal eine im Rahmen einer Entscheidung auftretende Distanz vom Entscheidungs- zum Verantwortungszentrum. So gewendet sind sie mehr organisationssoziologischer Befund, der vom Recht für seine Plausibilität verarbeitet werden muss. Dies erfordert vertiefte Erörterungen zum Legitimationsniveau, dessen dogmatische Funktion es ist, konkrete Aufgaben und ihre Legitimation miteinander zu verkoppeln.

Aufgrund der verschiedenartigen Einflussknicke in der Verwaltungsorganisation stellt sich der tatsächliche Zurechnungszusammenhang von Volk zu Staatsgewalt äußerst graduell und verschiedenartig dar.[1] Um diese offenen Maßstäbe rechtlich bewerten zu können, d.h. um die probabilistische Wirksamkeitsbewertung eines Zurechnungszusammenhangs von Volk zu Amtspersonen in die rechtliche Beurteilungskategorie von rechtmäßig/rechtswidrig zu bringen, ist eine Transformationsleistung erforderlich, die der rechtswissenschaftlichen Dogmatik aufgegeben ist.[2]

Das Besondere der deutschen Verfassung ist es jedoch, dass sie im Rechtsvergleich verhältnismäßig klare Anforderungen für die Verkoppelung von Politik und Bürokratie anbietet.[3] Damit wird das Problem der organisatorischen Verselbständigungen gleichzeitig *verfassungsrechtlich* lösbar. Einfluss- und

[1] Vgl. etwa *B. Grzeszick*, in: Dürig/Herzog/Scholz (Hrsg.), Grundgesetz Kommentar, München, 95. EL Juli 2021, Art. 20, Rn. 125: „Dennoch muss gesehen werden, dass der *Grad dieser Legitimation* im Einzelfall höchst *unterschiedlich* sein kann. Im materiell-rechtlichen Bereich macht es z.B. einen beträchtlichen Unterschied, ob der notwendige Steuerungs- und Kontrolleffekt nur vermittels finanz- oder rechtsaufsichtlicher Befugnisse oder durch die Bindung an ein förmliches Gesetz sichergestellt wird, und auch beim Gesetz sind durchaus noch erhebliche Unterschiede vorstellbar, je nachdem wie bestimmt seine inhaltlichen Festlegungen sind."

[2] *H. Dreier*, in: ders. (Hrsg.), Grundgesetz Kommentar, Bd. II, 3. Auflage, Tübingen 2015, Art. 20, Rn. 109.

[3] Dies unterscheidet sie etwa von anderen Rechtsordnungen, die das Problem der Verselbständigung jeweils mit anderem Problemhorizont angehen. Zu diesem Argument *F. Meinel*, Verselbstständigte Verwaltungseinheiten, unabhängige Agenturen, ministerialfreie Räume, in: Kahl/Ludwigs (Hrsg.), Handbuch des Verwaltungsrechts, Bd. III, Verwaltung und Verfassungsrecht, Heidelberg 2022, § 61, Rn. 4.

Kontrollknicke werden demnach erst dann zum verfassungsrechtlichen Problem, wenn in einer Gesamtbetrachtung festgestellt werden muss, dass durch sie der Zurechnungs- und Überwachungszusammenhang soweit aufgebrochen wird, dass es an einer von der Verfassungsordnung vorausgesetzten Wirksamkeit der Legitimation und Kontrolle fehlt.

Für die Diagnose dieser Problematik im Hinblick auf die durch das Demokratieprinzip vorgegebene Zurechnung hat das Bundesverfassungsgericht den Begriff des Legitimationsniveaus geprägt.[4] Das Legitimationsniveau stellt nach dieser Rechtsprechung einen einer Gesamtbetrachtung zugänglichen normativen Minimalstandard dar. Dieser aus der Operationalisierung der politischen Gleichheit gewonnene Standard eines Mindestzurechnungszusammenhangs kann unter bestimmten Voraussetzungen unterschritten werden, etwa wenn das entstehende Zurechnungsdefizit kompensiert oder durch Verfassungsrechtsgüter gerechtfertigt ist.

Aus dieser keineswegs zur juristischen Großtheorie zu stilisierenden Systematik ergibt sich eine logische Prüfreihenfolge, die das Gericht nach vielen Vorentscheidungen zur demokratischen Legitimation nun im *Bankenunion*-Urteil noch einmal exemplarisch aufgearbeitet hat.[5] Hier hatte das Gericht über die Vereinbarkeit unabhängiger Stellen der Union mit dem Identitätsvorbehalt des Grundgesetzes (Art. 23 Abs. 1 S. 3 iVm Art. 79 Abs. 3 iVm Art. 20 Abs. 1 und Abs. 2 GG) zu richten und zog dafür im Vergleich – *obiter dictum* – die Grundsätze der Staatsstrukturprinzipien für die nationale Verwaltungsorganisation heran.[6] Der dort erstmals so ausdrücklich auch in eine methodische Prüfreihenfolge gebrachte Maßstab[7] sieht einen dreistufigen Test vor.[8] Zunächst fragt das Gericht nach möglichen Legitimationsdefiziten in der Ausübung öffentlicher Gewalt, die nicht das erforderliche Legitimationsniveau er-

[4] BVerfGE 83, 60 (72); 93, 37 (67); 107, 59 (87); 119, 331 (336); 130, 76 (124); 135, 155 (221).

[5] BVerfGE 151, 202. Kritisch aber zu den im Urteil formulierten Maßstäben *M. Jestaedt*, Die Legitimation der Verwaltung in Deutschland und der EU, in: Kahl/Mager (Hrsg.), Verwaltungsaufgaben und Legitimation der Verwaltung, Baden-Baden 2022, 183 (187).

[6] BVerfGE 151, 291.

[7] In Ansätzen ist diese Systematik von Defizit – Kompensation – Rechtfertigung schon vorweggenommen bei *Grzeszick*, in: Dürig/Herzog/Scholz (Fn. 1), Art. 20, Rn. 199. Ferner auch schon für öffentliche Unternehmen *H. Gersdorf*, Öffentliche Unternehmen im Spannungsfeld zwischen Demokratie- und Wirtschaftlichkeitsprinzip. Eine Studie zur verfassungsrechtlichen Legitimation der wirtschaftlichen Betätigung der öffentlichen Hand, Berlin 2000, 354 ff.

[8] Ähnlich auch *M. Ludwigs/T. Pascher/P. Sikora*, Das Bankenunion-Urteil als judikativer Kraftakt des BVerfG – Wegweisendes zu Kontrollvorbehalten und Europäischem Verwaltungsrecht, EWS 1/2020, 1 (5), die von einem zweistufigen Test ausgehen. Vgl. nun auch *M. Ludwigs*, Verwaltung als Teil der nationalen Identität, in: Kahl/Ludwigs (Hrsg.), Handbuch des Verwaltungsrechts, Bd. II, Grundstrukturen des europäischen und internationalen Verwaltungsrechts, Heidelberg 2021, § 44, Rn. 39.

reichen und die das Resultat von Einflussknicken darstellen.[9] In einem zweiten Schritt räumt es ein, dass das Demokratieprinzip offen für begrenzte Modifikationen der Legitimationsvermittlung sei, durch die Einflussknicke „kompensiert" werden könnten.[10] Die dort vorgeschlagene gestufte Systematik von Defizit (§ 12) – Kompensation (§ 13) – Rechtfertigung (§ 14) ist auch die Grundlage des hier gewählten Aufbaus. Das in diesem Teil ausführlich ausgearbeitete Argument lautet dann, dass das Verfassungsgericht das Problem der Verwaltungslegitimation durch dieses Prüfungsschema methodisch – und damit letztlich auch verfassungs*rechtlich* – handhabbar gemacht hat.

Durch die Auseinandersetzung mit der verfassungsgerichtlichen Legitimationslehre wird auch das Zusammenwirken verschiedener Kontrollformen genauer spezifizierbar. So wird insbesondere deutlich (wie in der zweiten Hälfte des § 12 entwickelt wird) dass es sich bei der Kontrolle auch um einen Wirksamkeitszusammenhang handelt. Dies erlaubt es in Parallelität zum Begriff des Legitimationsniveaus einen Begriff des Kontrollniveaus zu konstruieren, der in der Literatur bereits in wesentlichen Zügen umrissen wurde.[11] Entscheidender Unterschied ist jedoch, dass die Verwaltungskontrolle kein System, sondern vielmehr ein Geflecht von Wirksamkeitszusammenhängen anbietet. Ihr „Zusammenwirken" unterscheidet sich wesentlich von demjenigen der Legitimationsformen zum Legitimationsniveau. Daraus sind (auf ihre organisationsrechtlichen Auswirkungen begrenzte) Schlussfolgerungen im Hinblick auf ihre Kompensationsfähigkeit und die Rechtfertigung von Kontrolldefiziten zu ziehen.

Im Detail verschleift das Gericht das für die Anforderungen der demokratischen Legitimation entwickelte dreigliedrige Schema eng mit dem hier als „Kontrollniveau" umschriebenen Bereich. Für die in § 13 thematisierte Kompensationsmöglichkeit von Einflussknicken enthält das *Bankenunion*-Urteil etwa einen zweiten bedeutsamen Wegweiser.[12] So zählt es im Hinblick auf die möglichen Kompensationsmittel von Legitimationsdefiziten die effektive gerichtliche Kontrolle und parlamentarische Kontrollrechte auf, die spezifische Einflussmöglichkeiten auf Behörden vermitteln könnten.[13] Bedeutsam ist dies aus zweierlei Aspekten. Zum einen betont das Bundesverfassungsgericht damit die Notwendigkeit einer *gemeinsamen* Lesart des erforderlichen Legitimations- und Kontrollzusammenhangs des Grundgesetzes

---

[9] BVerfGE 151, 202 (291).

[10] BVerfGE 151, 202 (291).

[11] Der Begriff des Kontrollniveaus entstammt – wie *W. Kahl* berichtet – einer unveröffentlichten Arbeit von *H. Hill* im Kontext des im Jahr 2000 zum Thema der Verwaltungskontrolle veranstalteten Heidelberger Reformprojektes des Allgemeinen Verwaltungsrechts. *W. Kahl*, Begriff, Funktionen und Konzepte von Kontrolle, in: Hoffmann-Riem/Schmidt-Aßmann/Voßkuhle (Hrsg.), GVwR, Bd. III, 2. Auflage, München 2013, § 47, Rn. 213.

[12] Ansätze schon in BVerfGE 142, 123 (220).

[13] BVerfGE 151, 202 (291).

und stärkt damit den wechselseitigen Zusammenhang von Legitimation und Kontrolle. Die Wirkung des Demokratieprinzips und des Rechtsstaatsprinzips lassen sich nach der Auffassung des Gerichts nicht dogmatisch isolieren, sondern sind im Hinblick auf die konkrete Entscheidung gemeinsam zur Wirkung zu bringen.[14]

[14] Dies entspricht dem bereits oben dargestellten Ansatz, § 6.

§ 12 Legitimations- und Kontrollniveau als Begriffe des Verfassungsrechts

Die deutsche Staatsrechtslehre hat einige Energie darauf verwendet, die verwandten Begriffe der Legitimität und der Legitimation zu klären und zu unterscheiden. Freilich ist diese grundlegende Diskussion eher der soziologischen bzw. politischen Theorie zuzuordnen.[1] Der vielbemühte *Webersche* Legitimitätsbegriff etwa stellt auf die faktische Anerkennung politischer Herrschaft durch die Herrschaftsunterworfenen ab.[2] Dieser soziale Umstand ist zunächst einmal begrifflich unabhängig davon, ob die so anerkannte politische Herrschaft auch normativ Anerkennung verdient. Aber auch schon bei *Weber* wird diese faktische Anerkennung durch einen „Legitimitätsglauben" supplementiert, der auf weitere rationale, traditionale oder charismatische Geltungsgründe und Rechtfertigungen angewiesen ist.[3] Soziale und normative Dimensionen der Legitimität sind dementsprechend zwar auf der einen Seite klar zu unterscheiden, aber dennoch denklogisch verknüpft.[4] Die soziale Anerkennung von Herrschaft wurzelt letztlich darin, dass politische Herrschaft auch normativ als anerkennungswürdig gelten darf.

Posttraditionalistische Anerkennungswürdigkeit kann insbesondere über Verfahren der (nun prozessual verstandenen) *Legitimation* generiert werden. Ideengeschichtlich korrespondiert damit insbesondere ein bei *Habermas* aus-

---

[1] Umfassend *R. Forst*, Legitimität, Demokratie und Gerechtigkeit: Zur Reflexivität normativer Ordnungen, in: Flügel-Martinsen/Gaus/Hitzel-Cassagnes/Martinsen (Hrsg.), Deliberative Kritik – Kritik der Deliberation. Festschrift für Rainer Schmalz-Bruns, Wiesbaden 2014, 137 (138 ff.).

[2] *M. Weber*, Wirtschaft und Gesellschaft, 5. Auflage, Tübingen 1972, 124.

[3] *Weber* (Fn. 2), 124. Darauf stellt letztlich auch *Forst*, in: Flügel-Martinsen/Gaus/Hitzel-Cassagnes/Martinsen (Fn. 1), 139 ab.

[4] Die Unterscheidung wird präzise wiedergegeben von *N. Petersen*, Demokratie und Grundgesetz, JöR 2010, 137 (142) sowie *S. Kirste*, Kontexte der Demokratie: Herrschaftsausübung in Arbeitsteilung, VVDStRL (77) 2018, 161 (180 ff.). Ferner auch bei bei *M. Jestaedt*, Democratic Legitimization of the Administrative Power – Exclusive versus Inclusive Democracy, in: Pünder/Waldhoff (Hrsg.), Debates in German Public Law, Oxford 2014, 181 (182). Dies scheint man allerdings nur für die deutsche Dogmatik mit Klarheit sagen zu können. Rechtsvergleichend ist nicht immer deutlich, wovon gesprochen wird. So deutlich sichtbar bei *S. de la Sierra*, Historical and Prospective Views on Comparative Law as a Tool to build a Framework for Legitimacy in Europe, in: Ruffert (Hrsg.) Legitimacy in European Administrative Law. Reform and Reconstruction, Groningen 2011, 217 (232).

gearbeiteter Begriff der „Volkssouveränität als Verfahren."[5] Das demokratische Verfahren dient „der Interessenverallgemeinerung innerhalb einer mehr oder weniger pluralistisch zusammengesetzten Menge individueller Mitglieder eines politischen Gemeinwesens."[6] Die Anerkennungswürdigkeit von Herrschaft wird so über das Verfahren demokratischer Willensbildung, das letztlich auf Zustimmung zu einer bestimmten Herrschaftsordnung beruht, abstrakt-normativ bzw. allgemeinverbindlich konstruiert und damit von der faktischen Akzeptanz Einzelner im Einzelfall entkoppelt. Die Zustimmung des Einzelnen ist in dieser Konstruktion deshalb entbehrlich, da das Recht herrscht, das (über das demokratische Verfahren vermittelt) die Zustimmung des kollektiven Legitimationssubjektes bereits erhalten hat.

Mit dem verfassungsrechtlichen Erkenntnisziel sind diese Überlegungen ebenenverschieden. Soziologische bzw. politische Theoriebildung ist bestenfalls Verfassungstheorie, kein Verfassungsrecht. Sowohl Legitimität als auch Legitimation sind daher vom Verfassungsrecht lediglich kooptierte Begriffe. In der verfassungsrechtlichen Begriffsverwendung werden die qualitativ-verfassungstheoretischen Begriffe der Legitimation und Legitimität daher von ihrem zunächst einmal politik- oder sozialtheoretisch konstruierten universellen Geltungsanspruch auf die Ebene der Verfassungsgeltung reduziert. Ihre rechtliche Verwendung muss unter der Annahme operieren, dass eine abstrakt-verbindliche Zustimmung zum demokratischen Verfahren bereits vorab erfolgt ist.

Damit ist die Aussagefähigkeit von Verfassungen über Legitimation und Legitimität in zweierlei Hinsicht beschränkt. Auf der einen Seite können Verfassungen nicht jenseits ihres zeitlich und örtlich bestimmten Geltungsbereiches Bedingungen von Anerkennungswürdigkeit politischer Herrschaft festlegen. Das Demokratieprinzip des Grundgesetzes kann nicht wirksam bestimmen, dass alle Staatsgewalt immer und jederzeit auch außerhalb der grundgesetzlichen Ordnung „vom Volke" ausgehen muss. Besonders deutlich wird dies etwa in der im Rechtsvergleich sichtbar werdenden radikal differierenden Ausgestaltung der Demokratiebegriffe moderner Verfassungen. Als Kehrseite dieser Beziehung ist auch der Demokratiebegriff des Grundgesetzes von den qualitativ-vorverfassungsrechtlichen Anforderungen von Legitimitäts-/Legi-

---

[5] *J. Habermas*, Volkssouveränität als Verfahren (1988), abgedruckt in: ders., Faktizität und Geltung. Beiträge zur Diskurstheorie des Rechts und des demokratischen Rechtsstaates, 7. Auflage, Frankfurt am Main 2019, 600 ff. Einführend mit kritischer Distanz, *C. Möllers*, Demokratie und Recht, in: Brunkhorst/Kreide/Lafont (Hrsg.), Habermas-Handbuch, Stuttgart 2009, 254 (259 ff.); Vgl. auch *F. Wittreck*, Legitimation durch Verfahren in der Rechtswissenschaft, in: Stollberg-Rilinger/Krischer (Hrsg.), Herstellung und Darstellung von Entscheidungen. Verfahren, Verwalten und Verhandeln in der Vormoderne, Berlin 2009, 65–90. Kritischer Ton bei *S. Baer*, Ist Ruhe erste Bürgerpflicht?, oder: Zur Konstruktion des Bürgers durch Verfassungsrecht, KritV 1999, 5 (20).

[6] *J. Habermas*, Der Demos der Demokratie – eine Replik, Leviathan 2015, 145 (146).

timationsbegriffen zu entkoppeln. Wird dementsprechend aus einer verfassungsrechtlichen Perspektive von Legitimation gesprochen, so können damit nur und ausschließlich die Anforderungen des grundgesetzlichen Demokratieprinzips bezeichnet sein.[7] Entscheidendes Element dieser Verfassungsmäßigkeit ist die Anforderung der Volkssouveränität in Art. 20 Abs. 2 S. 1 GG: „Alle Staatsgewalt geht vom Volke aus."

Auch diese Entkoppelung bleibt jedoch unvollständig. Der gleichzeitig rechtsvergleichend relativ homogen festzustellende Rückbezug auf ein solches Grundlagenvokabular gibt einem bestimmten Geltungsanspruch der Verfassung Ausdruck, der sich eben nicht in einer kontingenten rechtlichen Ordnung der Gesellschaft erschöpft, sondern darüber hinausreicht. Denn die Generierung der Anerkennungswürdigkeit von politischer Herrschaft durch ein Legitimationsverfahren wird im modernen Staat durch die Verfassung normiert. Ihre gesellschaftliche Wirkung beruht darauf, dass ihre Bestimmung von Geltungsgründen politischer Herrschaft faktisch auch als solche Geltungsgründe anerkannt werden. Dafür reicht es nicht aus, dass die Verfassung irgendein beliebiges Legitimationsverfahren bestimmt. Das von der Verfassung gewählte Legitimationsverfahren muss auch mit guten, außerrechtlichen Gründen zu rechtfertigen sein. Das Demokratieprinzip des Grundgesetzes verweist damit implizit auch auf ein bestimmtes, auch überzeitlich anschlussfähiges Legitimationsmodell. Demokratietheoretische Überlegungen können damit bei der Auslegung des verfassungsrechtlichen Demokratieprinzips unterstützend wirken, sie können aber die verfassungsdogmatische Perspektive nicht ersetzen.[8] Entscheidend ist die „konkrete Ausformung der Demokratie durch die Verfassung."[9]

Diese konkrete Ausformung in der verfassungsgerichtlichen Rechtsprechung wurde in ihren Grundzügen bereits oben in § 6 nachgezeichnet. Der verfassungsrechtliche Grundsatz der Volkssouveränität rahmt den qualitativen Demokratiebegriff auch durch seine personelle Begrenzung über die Zugehörigkeit zum *demos* und setzt die verfassungsrechtlich bestimmten Elemente des Staatsvolks und der Staatsgewalt in ein rechtliches Verhältnis. Das Volk ist Subjekt, die Gewalt das Objekt dieses (nun verfassungsrechtlichen) Legitimationsverhältnisses. Staatsgewalt muss auf eine *aktive* Willensäußerung des Volkes rückführbar sein, in der ein *effektiver* Einfluss auf deren Ausübung zur Gel-

---

[7] Es geht mithin nicht um eine staatsphilosophische Theorie der Legitimation des Staates, etwa dargestellt bei *B. Schöbener/M. Knauff*, Allgemeine Staatslehre, 4. Auflage, München 2019, § 4, Rn. 17 ff.

[8] Ähnlich bei *J.P. Terhechte*, Wandel klassischer Demokratievorstellungen in der Rechtswissenschaft – Europäisierung und Internationalisierung als Herausforderung, in: Heinig/Terhechte (Hrsg.), Postnationale Demokratie, Postdemokratie, Neoetatismus, Tübingen 2013, 193 (198).

[9] *K. Hesse*, Grundzüge des Verfassungsrechts der Bundesrepublik Deutschland, Neudruck der 20. Auflage, Heidelberg 1999, Rn. 127.

tung kommt. Das Legitimationsverhältnis von Subjekt zu Objekt, von Volk zu Gewalt, sucht daher nach einer methodischen Brücke von einer kollektiven Willensäußerung zu einer realweltlichen Handlung. Diese methodische Brücke hat die Verfassungsrechtsprechung mit dem *Legitimationsniveau* als Kernelement der Lehre der demokratischen Legitimation geschaffen.[10]

Der erste Abschnitt dieses Kapitels soll nun aufzeigen, welchen theoretischen Selbststand das Legitimationsniveau in der Verfassungsdogmatik innehat. Dafür muss deutlich werden, welche verfassungsdogmatische Bedeutung (=normativer Minimalstandard) es besitzt, welches methodische Ziel (=Operationalisierung der politischen Wahlrechtsgleichheit) es verfolgt und – daraus folgend – welche dogmatischen Umrisse für das so bestimmte Legitimationsniveau gelten müssen. Damit wird für diese Arbeit wiederum methodisch das Ziel verfolgt, der sich über mehrere Jahrzehnte entfalteten verfassungsgerichtlichen Rechtsprechung einen theoretischen und damit auch systematisch verortbaren Rahmen zu geben.

Man mag diesen Versuch aus kumulierten Einzelfallentscheidungen „große Theorien" hinauslesen zu wollen, als eine „typische *déformation professionelle* der akademischen Rechtswissenschaften"[11] bewerten, wenngleich die Entgegnung nahe liegt, dass es die verfassungsdogmatische Perspektive nun auch nicht fundierter macht, wenn sie auf die verfassungsgerichtliche Rechtsprechung nur in Form von Einzelfallartefakten zurückgreifen soll. Nicht zuletzt ist die Suche nach einem theoretischen Rahmen, der einzelne Entscheidungen zu einem übergreifenden Interpretationszusammenhang verbindet, ein wesentliches Element der oben[12] als „dogmatisch" beschriebenen Perspektive.

---

[10] Das Bundesverfassungsgericht stellt in ständiger Rechtsprechung fest: „[E]ntscheidend ist nicht die Form der demokratischen Legitimation staatlichen Handelns, sondern deren Effektivität; notwendig ist ein bestimmtes Legitimationsniveau. Dieses kann bei den verschiedenen Erscheinungsformen von Staatsgewalt im allgemeinen und bei der vollziehenden Gewalt im besonderen unterschiedlich ausgestaltet sein." BVerfGE 83, 60 (72); 93, 37 (67); 107, 59 (87); 119, 331 (336); 130, 76 (124); 135, 155 (221). Dazu ferner *E.-W. Böckenförde*, Demokratie als Verfassungsprinzip, in: Isensee/Kirchhof (Hrsg.), HStR, Bd. II, 3. Auflage, Heidelberg 2004, § 24, Rn. 14, 23; *E.T. Emde*, Die demokratische Legitimation der funktionalen Selbstverwaltung. Eine verfassungsrechtliche Studie anhand der Kammern, der Sozialversicherungsträger und der Bundesanstalt für Arbeit, Berlin 1991, 385; *M. Jestaedt*, Rezension zu K. Waechter: Geminderte demokratische Legitimation staatlicher Institutionen im parlamentarischen Regierungssystem, Der Staat 35 (1996), 633 (635 f.); *V. Mehde*, Neues Steuerungsmodell und Demokratieprinzip, Berlin 2000, 197 ff.; *K.F. Gärditz*, Hochschulorganisation und verwaltungsrechtliche Systembildung, Tübingen 2009, 409 ff. Ausdifferenzierte, chronologische Darstellung der Rechtsprechungsentwicklung und der Entfaltung der Debatte in der Literatur nun bei *P. Brandl-Michel*, Maßstäbe demokratischer Legitimation, Baden-Baden 2021, 112 ff.

[11] *C. Möllers*, Zum Demokratieverständnis des Bundesverfassungsgerichts, in: Cancik (Hrsg.), Demokratie und Selbstverwaltung – Selbstverwaltung in der Demokratie, 25. Bad Iburger Gespräche, Göttingen, 2015, 27 (27).

[12] § 2, III. 1.

Solange man die mittlere Reichweite[13] nicht aus den Augen verliert, d.h. von dieser innerrechtlich gewonnenen Systematik nun nicht verlangt, sich theoretisch mit den überzeitlichen Rechtfertigungsmaßstäben der politischen oder sozialen Theorie zu messen, ist die Abstraktion vom Einzelfall ein von den offenen Verfassungsnormen geradezu notwendig eingefordertes Konsistenzkriterium.

I. Das Legitimationsniveau als normativer Minimalstandard

Entsprechend der verfassungsrechtlichen Interpretation der Volkssouveränität, die als effektive Rückführbarkeit politischer Herrschaft auf den Willen des Volkes und damit als Zurechnungszusammenhang verstanden wird, gibt der rechtliche (Hilfs-)Begriff des Legitimationsniveaus ein praktisch handhabbares Bewertungsmuster vor, mit dem das Bestehen oder Nichtbestehen eines Mindestzurechnungszusammenhangs vom Legitimationssubjekt Volk zum Legitimationsobjekt Staatsgewalt diagnostiziert werden kann. Zu diesem Zusammenhang tragen verschiedene Komponenten in ihrem Zusammenwirken bei. Ziel ist nicht etwa die Maximierung der Willensübereinstimmung des Volkes, sondern vielmehr die Gewährleistung, dass eine negative Mindestschwelle der Rückführbarkeit auf eine durch Wahlen erfolgende Willensäußerung des Souveräns nicht unterschritten wird. Normtheoretisch handelt es sich damit – wie unten ausgeführt wird – um einen höherstufig aggregierten, nicht-genuin normativen, absoluten Minimalstandard.[14]

1. Zurechnung, Wirksamkeit und Zusammenwirken

Im Zentrum des verfassungsrechtlichen Begriffes der Volkssouveränität steht die von *Böckenförde* geprägte und vom Bundesverfassungsgericht angenommene und fortgeschriebene Forderung, die Ausübung der Staatsgewalt müsse auf eine aktive Willensäußerung des Volkes rückführbar sein, in der ein effektiver Einfluss auf deren Ausübung zur Geltung kommt.[15] Verlangt ist also eine

---

[13] Dazu schon oben Teil 1, § 2.

[14] Zur Terminologie *J.P. Brune/H. Lang/M.H. Werner*, Konzepte normativer Minimalstandards, in: dies. (Hrsg.), Konzepte normativer Minimalstandards. Ethische und rechtliche Perspektiven, Baden-Baden 2016, 7 (8 ff.).

[15] *Böckenförde* (Fn. 10), in: Isensee/Kirchhof, § 24, Rn. 12 ff. Rezipiert in BVerfGE 83, 37 (50 f.); 83, 60 (72); 93, 37 (66); 130, 76 (123); 135, 155 (221 f.); 147, 50 (127), st. Rspr. *G. Robbers*, in: Kahl/Waldhoff/Walter (Hrsg.), Bonner Kommentar zum Grundgesetz, 214. Aktualisierung, Heidelberg 2021, Art. 20 Abs. 1, Rn. 577 ff. Vgl. aber den Hinweis von *C. Möllers*, Demokratie, in: Herdegen/Masing/Poscher/Gärditz (Hrsg.), Handbuch des Verfassungsrechts. Darstellung in transnationaler Perspektive, München 2021, § 5, Rn. 12, dass unklar bleibe, was „effektiv“ in diesem Zusammenhang bedeute.

hinreichende Effektivität der Wirkung des tatsächlichen Volkswillens auf die Entscheidungsfindung,[16] mithin eine „wirksame gemeinwohlfähige Struktur des öffentlichen Handlungs- und Entscheidungssystems."[17]

a) Zurechnung

Da in der repräsentativen Demokratie diese Entscheidungsfindung über das Parlament vermittelt erfolgt, muss die Ausübung von Staatsgewalt dem Parlament über die institutionelle Ausgestaltung von Organisation und Verfahren zurechenbar sein. Der Begriff der Zurechnung impliziert etwa bei *Kant* ein Urteil über eine Beziehung zwischen einem realweltlichen Geschehen und einem Zurechnungssubjekt. Die Zurechnung bewirkt, dass jemand als „Urheber"[18] einer bestimmten Handlung gilt. In der Konstruktion der Verfassung übt das souveräne Volk die Herrschaft also *selbst* und lediglich *durch* die besonderen Organe aus, vgl. Art. 20 Abs. 1 S. 2 GG.[19] Das Problem der Volkssouveränität liegt damit, wie dies *Dreier* treffend umschrieben hat, in der Feststellung, welches Legitimations-, Autorisierungs- und Verantwortungszusammenhanges es für eine solche Zurechnung bedürfe, so dass die Entscheidung einzelner Personen als Entscheidung aller gelten und demgemäß auch für alle Verbindlichkeit entfalten könne.[20]

Die begriffliche Rückführung der Zurechnung auf die Idee der mittelbaren Urheberschaft erlaubt es, ihre zweite Dimension zu spezifizieren. Die Zurechnung ist ein Werturteil, durch das eine Handlung von einem lediglich natürlichen Geschehen abgegrenzt werden kann und somit als eigene Handlung des Zurechnungssubjekts gilt. Eine realweltliche Handlung des primär Handelnden kann also nur dann zugerechnet werden, wenn ein Handlungsbeitrag des-

[16] *Böckenförde* (Fn. 10), in: Isensee/Kirchhof, § 24, Rn. 8. Darstellung der klassischen Position kompakt bei *Petersen* (Fn. 4), 151 ff. Ausführlich diskutiert bei *P. Unruh*, Demokratie und „Mitbestimmung" in der funktionalen Selbstverwaltung – am Beispiel der Emschergenossenschaft, VerwArch 2001, 531 (543) sowie bei *A. Musil*, Das Bundesverfassungsgericht und die demokratische Legitimation der funktionalen Selbstverwaltung, DÖV 2004, 116 (116 ff.). Zuletzt *S.-P. Hwang*, Volkswille: Reale Substanz oder notwendige Fiktion? Ernst-Wolfgang Böckenförde und Hans Kelsen im Vergleich, Der Staat 59 (2020), 371 (373 ff.).

[17] *E. Schmidt-Aßmann*, Das allgemeine Verwaltungsrecht als Ordnungsidee. Grundlagen und Aufgaben der verwaltungsrechtlichen Systembildung, 2. Auflage, Heidelberg 2006, 97.

[18] *I. Kant*, Die Metaphysik der Sitten, in: Weischedel (Hrsg.), Werkausgabe Bd. VIII, Berlin 2009, 223. Vgl. dazu und zum Folgenden ausführlich *C. Blöser*, Zurechnung bei Kant – zum Zusammenhang von Person und Handlung in Kants praktischer Philosophie, Berlin 2014, 11 ff.

[19] Dies bedeutet auch, dass anders als dies zuweilen vermutet wird, Volkssouveränität nicht auf „Beeinflussbarkeit" zu reduzieren ist. Vgl. aber *M. Kotzur*, in: v. Münch/Kunig (Hrsg.), Grundgesetz Kommentar, Bd. I, 7. Auflage, München 2021, Art. 20, Rn. 113.

[20] *H. Dreier*, Das Problem der Volkssouveränität, in: Stekeler-Weithofer/Zabel (Hrsg.), Philosophie der Republik, Tübingen 2018, 37 (39/40).

jenigen, dem die Handlung zugerechnet werden soll, hinreichend effektiv auf die primäre Handlung einwirkt. Es muss mithin ein nachweisbarer Kausalitätszusammenhang zwischen beiden Elementen bestehen.

Dieser Kausalitätszusammenhang wird in der Vorstellung des Bundesverfassungsgerichts über mehrere Ebenen vermittelt. Zunächst erfolgt die Vermittlung im ersten Schritt – dies ist die Konstruktion parlamentarischer Demokratie – über Parlamentswahlen. Sodann laufen ausgehend vom Parlament weitere Vermittlungsschritte zur Einzelfallentscheidung. Während die Verfassung für die erste Vermittlungsebene mit dem ausdifferenzierten Wahlrecht eine klare Normierung anbietet, muss die zweite Ebene lückenfüllend-verfassungsdogmatisch bewältigt werden, da das Grundgesetz die Frage der Verwaltungslegitimation *in concreto* ausspart. Es geht also bei der Frage des Legitimationsniveaus primär um die Wirksamkeitsbeziehungen im Verhältnis von Parlament zur Einzelfallentscheidung.

Besonders paradigmatisch hat das Verfassungsgericht diese Kausalitätsbeziehungen in der Entscheidung zum *Mitbestimmungsgesetz Schleswig-Holstein* herausgearbeitet.[21] In der Personalvertretung im öffentlichen Dienst sind an wesentlichen Entscheidungen Personen beteiligt, die bei dieser Tätigkeit keinem Weisungsrecht unterliegen. So kann unter Umständen die Bestellung von Amtsträgern – und damit seinerseits wieder die personell-organisatorische Legitimationsvermittlung als Begründung eines Zurechnungszusammenhangs den aus unter anderem nicht weisungsunterworfenen Arbeitnehmern bestehenden Kollegialgremien übertragen sein.[22] Wenn sich etwa nicht demokratisch legitimierte Amtsträger bei dieser Begründung des Zurechnungszusammenhang durchsetzen könnten, würde dies eine Durchbrechung der Kausalitätsbeziehung bedeuten. In der Folge hat das Bundesverfassungsgericht hier die Anforderungen der formalen Zurechnung von Entscheidungen präzisiert: Die Zurechnung besteht nur dann, wenn sich die konkrete Entscheidungsmehrheit wiederum aus einer Mehrheit von uneingeschränkt legitimierten Amtsträgern ergibt. (Prinzip der doppelten Mehrheit).[23] Die daraus gewonnenen Erkenntnisse ordnet das Gericht dann bestimmten Legitimationsanforderungen zu und differenziert die Mitwirkungsrechte danach, wie intensiv sie Amtsaufgaben betreffen.[24]

---

[21] BVerfGE 93, 37 (67 ff.); Vgl. ferner 107, 59 (87 f.).

[22] Dazu *Grzeszick*, in: Dürig/Herzog/Scholz (Hrsg.), Grundgesetz Kommentar, München, 95. EL Juli 2021, Art. 20, Rn. 202–205, der aber wohl von einer auf Wirksamkeit abstellenden Argumentation ausgeht.

[23] BVerfGE 93, 37 (67 ff.); 107, 59 (87 f.). Diskussion auch bei *Böckenförde* (Fn. 10), in: Isensee/Kirchhof, § 24, Rn. 17 ff. am Beispiel der Richterwahl. Zur Herkunft des Prinzips aus dem öffentlichen Dienstrecht (und nicht aus dem Staatsorganisationsrecht), vgl. *F. Wittreck*, Dritte Gewalt im Wandel – Veränderte Anforderungen an Legitimität und Effektivität?, VVDStRL (74) 2015, 115 (148).

[24] BVerfGE 93, 37 (70 ff.).

b) Wirksamkeit

Nicht immer jedoch kann derart trennscharf argumentiert werden. In den meisten Zusammenhängen ist der Kausalitätszusammenhang von Legitimationssubjekt zu -objekt zu komplex, um mit klaren Kausalitätskategorien erfasst werden zu können.[25] Die Zurechnung des Handelns staatlicher Gewalt zum Willen des Gesamtvolkes entbehrt dann aufgrund der vielen notwendigen Zwischenschritte einer klaren kausalen Rückführung eines Handlungszusammenhangs auf die Autorenschaft des Volkes.[26] Dann verändert sich der Maßstab. Nach der Rechtsprechung des Bundesverfassungsgerichts, die sich in dem entsprechenden Teil der Legitimationsformel ausdrückt, ist nicht die Form demokratischer Legitimation, sondern deren Wirksamkeit entscheidend.[27] Anstatt um kausale Zurechnung geht es nun um eine (weicher zu deutende) Wirksamkeitsbewertung des Zurechnungszusammenhangs. Die Zurechnung muss „im Rahmen einer Gesamtbetrachtung im konkreten Organisationszusammenhang effektiv sein."[28]

So gewendet bedeutet Wirksamkeit gerade die *Abwesenheit* einer klaren Zurechnungsbeziehung. Anstatt um Zurechnung im eigentlichen Sinne geht es vielmehr um eine aufgrund einer bestimmten institutionellen Ausgestaltung probabilistische Annahme, dass in der Kumulation verschiedener parlamentarischer Lenkungs- und Steuerungseffekte (individuelle Bestellung der Amtswalter, Weisungsabhängigkeit, Gesetzesbindung etc.) trotz fehlender Kausalbeziehungen ein zurechnungsähnlicher Zusammenhang verbleibt. Der Begriff des Legitimationsniveaus wirkt dann als ein „Transformationsbegriff" (*Schmidt-Aßmann*),[29] der praktische Erkenntnisse und allgemeine Plausibilitätserwägungen nach und nach in rechtlich bewertbare Maßstäbe überführt.[30]

---

[25] Darauf scheint sich auch die Kritik an dem Begriff von *Möllers*, in: Herdegen/Masing/Poscher/Gärditz (Fn. 15), § 5, Rn. 12 zu beziehen.

[26] So auch in kritischer Absicht *T. Blanke*, Antidemokratische Effekte der verfassungsgerichtlichen Demokratietheorie, Kritische Justiz 1998, 452 (458): „Die *Rückführung* der Akte der Staatsorgane auf den Volkswillen und die Garantie eines entsprechenden *Zurechnungszusammenhangs* zwischen Volk und staatlicher *Herrschaft* durch die genannten Mechanismen sind demnach keineswegs Beschreibungen einer material gehaltvollen Relation, die einer empirischen Überprüfung zugänglich wären." (Hervorhebungen im Original in Anführungszeichen).

[27] Dazu schon ausführlich oben § 6.

[28] *Gärditz* (Fn. 10), 409.

[29] Vgl. zum Kontrollniveau: *E. Schmidt-Aßmann*, Verwaltungskontrolle – Einleitende Problemskizze, in: Hoffmann-Riem/Schmidt-Aßmann (Hrsg.), Verwaltungskontrolle, Baden-Baden 2001, 9 (40). Zum zweiten Teil der Definition, siehe *W. Kahl*, Begriff, Funktionen und Konzepte von Kontrolle, in: Hoffmann-Riem/Schmidt-Aßmann/Voßkuhle (Hrsg.), GVwR, Bd. III, 2. Auflage, München 2013, § 47, Rn. 214.

[30] *Schmidt-Aßmann* (Fn. 17), 30 kritisiert etwa: „Bei der Bewertung des „Legitimationsniveaus" z.B. geht das Bundesverfassungsgericht so vor, daß es die gesetzlichen Bestimmungen referiert, dabei vor dem richterlichen Auge Revue passieren läßt und dann eine (wenig be-

Das Legitimationsniveau „sammelt" Indizien für diesen Zurechnungszusammenhang, die vorher in verschiedenen Legitimationsformen kategorisiert wurden.[31]

Das Legitimationsniveau erlaubt damit die rechtswissenschaftliche Fiktion der Autorenschaft des Volkes auch in komplexen institutionellen Ausgestaltungen.[32] Diese Grundbedingung der Komplexität verschiedener Vermittlungsschritte in der Legitimationsbeziehung ist in der modernen Staatsverwaltung freilich der Regelfall. Das wesentliche Scharnier, das die verschiedenen Lenkungs- und Steuerungseffekte mit den Einzelentscheidungen verkoppelt, sind die Organisationsbeziehungen in der öffentlichen Verwaltung. Das Verwaltungsorganisationsrecht ist damit in der Tiefe von den Anforderungen des Demokratieprinzips geprägt.

Der relativ freien Maßstabskonstruktion wird zudem eine ebenso freie Maßstabsbindung zur Seite gestellt. Die vom Demokratieprinzip verlangte Dichte der durch das Legitimationsniveau bereitgestellten Zurechnungskonstruktion kann bei wesentlichen Amtsaufgaben besonders hoch sein, anders-

---

gründete) Feststellung darüber trifft, inwieweit das gesetzlich vorgezeichnete Entscheidungsgefüge den Anforderungen des Art. 20 Abs. 2 GG genügt." Kritisch auch *F. Meinel*, Verselbstständigte Verwaltungseinheiten, unabhängige Agenturen, ministerialfreie Räume, in: Kahl/Ludwigs (Hrsg.), Handbuch des Verwaltungsrechts, Bd. III, Verwaltung und Verfassungsrecht, Heidelberg 2022, § 61, Rn. 44: „Dieser Maßstab der Ermittlung eines Legitimationsniveaus erlaubt es, die demokratisch nicht ohne weiteres einleuchtende Organisation des deutschen Verwaltungsstaates an einem allgemeinen Maßstab zu messen, freilich um den Preis eines relativ unspezifischen und wenig ertragreichen Hantierens mit großflächigen Kategorien und eines geringeren Interesses an den organisatorischen Problemen der verselbständigten Verwaltungseinheiten." Ähnlich nun auch *C. Neumeier*, Kompetenzen. Zur Entstehung des deutschen öffentlichen Rechts, Tübingen 2022, 395–396.

[31] *Trute* etwa fasst treffend zusammen: „Das Legitimationsniveau ist der dogmatische Ort der Saldierung der unterschiedlichen Legitimationsmodi und ihrer Instrumente, um zu prüfen, ob der Zurechnungszusammenhang zwischen der Ausübung von Staatsgewalt und Volk hinreichend wirksam und effektiv ist." *H.-H. Trute*, Die demokratische Legitimation der Verwaltung, in: Hoffmann-Riem/Schmidt-Aßmann/Voßkuhle (Hrsg.), GVwR, Bd. I, 2. Auflage, München 2012, § 6, Rn. 14, auch Rn. 56. Begriffskritik etwa bei *F. Brosius-Gersdorf*, Deutsche Bundesbank und Demokratieprinzip – eine verfassungsrechtliche Studie zur Bundesbankautonomie vor und nach der dritten Stufe der Europäischen Währungsunion, Berlin 1997, 52 ff.

[32] *Schmidt-Aßmann* (Fn. 17), 30: „Legitimationsniveau und Kontrollniveau sind keine subsumtionsfähigen Begriffe. Sie setzen komplexe Bewertungen voraus, die mit dem Urteil „hinreichend", nicht aber „rechtmäßig" oder „rechtswidrig" enden." Dazu auch: *E. Schmidt-Aßmann*, Methoden der Verwaltungsrechtswissenschaft – Perspektiven der Systembildung, in: Hoffmann-Riem/Schmidt-Aßmann (Hrsg.), Methoden der Verwaltungsrechtswissenschaft, Baden-Baden 2004, 387 (408 f.). Siehe auch *W. Hoffmann*-Riem, Effizienz als Herausforderung an das Verwaltungsrecht – Einleitende Problemskizze, in: Hoffmann-Riem/Schmidt-Aßmann (Hrsg.), Effizienz als Herausforderung an das Verwaltungsrecht, Baden-Baden 1998, 11 (16 f.) und *H.C. Röhl*, Verantwortung und Effizienz in der Mehrebenenverwaltung, DVBl. 2006, 1070.

herum kann sie bei besonders unwesentlichen Aufgaben auch sinken.[33] Während nur organisationspflichtiges Handeln[34] überhaupt in der Lage ist, das Legitimationserfordernis auszulösen, kann die erforderliche Dichte bei Entscheidungen von untergeordneter Bedeutung unter das im Regelmodell erforderliche Niveau sinken.[35] Andererseits kann das konkret erforderliche Legitimationsniveau auch soweit steigen, dass entweder die ersetzende Wechselwirkung zwischen den Legitimationssäulen nur noch eingeschränkt möglich ist, oder aber – in besonderen Fällen – der Vorbehalt des Gesetzes ausgelöst wird.[36] Dafür gibt die Niveauformel eine Hilfestellung, indem sie darauf abstellt, dass für verschiedene hoheitliche Tätigkeiten das jeweils erforderliche Legitimationsniveau differieren kann. Dies geht zunächst bereits aus der vom Bundesverfassungsgericht gewählten Formulierung des „hinreichenden" oder „bestimmten" Legitimationsniveaus hervor.[37] Es kommt darauf an, eine für einen bestimmten staatlichen Aufgabenbereich passende Legitimationsdichte zu erreichen.[38]

In seiner Entscheidung zum *Mitbestimmungsgesetz Schleswig-Holstein* hat das Verfassungsgericht diese Kriterien am Beispiel des Personalvertretungsrechts spezifiziert.[39] In der Sache ging es um eine Beteiligung der (z.T. weisungsunabhängigen) Personalvertretung an Amtsaufgaben. Im Hinblick auf die damit verbundenen Einflussknicke und Legitimationsdefizite urteilte das Gericht, dass das erforderliche Legitimationsniveau (und damit auch die der Personalvertretung übertragbaren Mitbestimmungsrechte) danach differierten, inwieweit sie die Wahrnehmung des Amtsauftrages berührten: „Je weniger die zu treffende Entscheidung typischerweise die verantwortliche Wahrnehmung des Amtsauftrages und je nachhaltiger sie die Interessen der Beschäftigten berührt, desto weiter kann die Beteiligung der Personalvertretung reichen."[40] Auf beiden Seiten der Gleichung aus Maßstabskonstruktion und

---

[33] Vgl. *Grzeszick*, in: Dürig/Herzog/Scholz (Fn. 22), Art. 20, Rn. 142 f.

[34] Dazu bereits ausführlich oben § 3.

[35] Dazu ausführlich *Grzeszick*, in: Dürig/Herzog/Scholz (Fn. 22), Art. 20, Rn. 143, der BVerfGE 83, 60 (74) und 93, 37 67 ff.) in diese Richtung interpretiert.

[36] *Grzeszick*, in: Dürig/Herzog/Scholz (Fn. 22), Art. 20, Rn. 142.

[37] Hinweise s.o.

[38] *Schmidt-Aßmann* formuliert: „Es geht nicht darum, ein Legitimationsmaximum durchzusetzen, sondern ein Legitimationsniveau zu erreichen, das den Sachgesetzlichkeiten des Aufgabenbereichs entspricht." *Schmidt-Aßmann* (Fn. 17), 269.

[39] BVerfGE 93, 37 (70–71). Gute Diskussion bei *U. Battis*/*J. Kersten*, Demokratieprinzip und Mitbestimmung im öffentlichen Dienst, DÖV 1996, 584 (584). Ferner *Schmidt-Aßmann* (Fn. 17), 99.

[40] BVerfGE 93, 37 (70): „Der Amtsauftrag selbst muß stets in Verantwortung gegenüber Volk und Parlament wahrgenommen werden, weil die Ausübung staatlicher Herrschaft gegenüber dem Bürger – unbeschadet möglicher Einschränkungen bei Aufgaben von besonders geringem Entscheidungsgehalt (vgl. BVerfGE 83, 60 [74] unter Bezugnahme auf BVerfGE

Maßstabsbindung besteht damit eine erhebliche (auch so gewollte) verfassungsrechtliche Flexibilität.

c) Zusammenwirken verschiedener Legitimationsformen

Nach den Erwägungen des Bundesverfassungsgerichts erfordert die demokratische Legitimation der öffentlichen Gewalt auf der einen Seite die sachlich-inhaltliche Legitimation, die sich auf eine bestimmte Steuerungswirkung des Volkes gegenüber der Staatsgewalt bezieht, und durch die Bindung an Verfassungsnormen und parlamentarische Gesetze sowie die Weisungsbindung einzelner Amtspersonen sichergestellt wird. Auf der anderen Seite benötigen die in diesem Rahmen verbleibenden Spielräume eine Begleitung durch eine persönlich-institutionelle Seite, die durch das Prinzip der individuellen Berufung der Amtspersonen umgesetzt wird.

Die durch das Legitimationsniveau erforderlich werdende Kumulation verschiedener parlamentarischer Lenkungs- und Steuerungseffekte verlangt ihre Quantifizierung. Als Methode eignet sich die Prozeduralisierung.[41] Dies bedeutet zunächst einmal nicht mehr, als dass ein Maßstab durch eine besondere

47, 253 [274 f.]) – stets den demokratisch legitimierten Amtsträgern vorbehalten ist (vgl. BVerfGE 83, 60 [73 f.]). Hieraus folgen für die Beteiligung der Personalvertretung unterschiedliche Möglichkeiten und Grenzen, je nachdem, ob es sich um Angelegenheiten handelt, die in ihrem Schwerpunkt die Beschäftigten in ihrem Beschäftigungsverhältnis betreffen, typischerweise aber nicht oder nur unerheblich die Wahrnehmung von Amtsaufgaben gegenüber dem Bürger berühren (a), um Maßnahmen, die den Binnenbereich des Beschäftigungsverhältnisses betreffen, die Wahrnehmung des Amtsauftrages jedoch typischerweise nicht nur unerheblich berühren (b) oder um Maßnahmen, die schwerpunktmäßig die Erledigung von Amtsaufgaben betreffen, unvermeidlich aber auch die Interessen der Beschäftigten berühren (c)." Zur Mitbestimmung nun ferner *M. Böhm*, Ressortübergreifende Mitbestimmung im öffentlichen Dienst – (Verfassungs-)Rechtliche Verankerung und Lücken, DÖV 2011, 300 (300 ff.).

[41] Dazu *W. Hoffmann*-Riem, Methoden einer anwendungsorientierten Verwaltungsrechtswissenschaft, in: Hoffmann-Riem/Schmidt-Aßmann (Hrsg.), Methoden der Verwaltungsrechtswissenschaft, Baden-Baden 2004, 9 (19 ff.); *Schmidt-Aßmann* (Fn. 17), 30. Zur Prozeduralisierung allgemein siehe die Beiträge des von *T. Sheplyakova* 2018 herausgegebenen Bandes Prozeduralisierung des Rechts, Tübingen 2018, die dies jedoch eher als Programm der Entmaterialisierung versteht (3 ff.: „postregulatorisches Recht"). Zu Hinweisen auf die verwaltungsrechtliche Literatur, vgl. insbesondere Fn. 9. Historisch bereits *D. Grimm*, Ursprung und Wandel der Verfassung, in: Isensee/Kirchhof (Hrsg.), HStR, Bd. I, 3. Auflage, Heidelberg 2003, § 1, Rn. 24 „Prozeduralisierung des Gemeinwohls". Zur Prozeduralisierung im Verhältnis zur Angemessenheitsprüfung *J. Buchheim*, Angemessenheit als prozedurales Kriterium? – Phänomen und normativer Beweggrund prozeduralisierender Angemessenheitskontrolle durch das Bundesverfassungsgericht, in: Jestaedt/Lepsius (Hrsg.), Verhältnismäßigkeit. Zur Tragfähigkeit eines verfassungsrechtlichen Schlüsselkonzepts, Tübingen 2015, 77 (79 ff.).

Form seiner Darstellung rationalisiert wird.[42] Eine Beurteilung wird so in verschiedene Elemente zerlegt und über ihre Darstellungsform vereinfacht.[43]

Dieses Vorgehen verlangt dann nach Beurteilungsindikatoren, die die Vereinfachungsleistung tragen können. Die verfassungsgerichtliche Rechtsprechung ist das Problem so angegangen, dass sie verschiedene Vorstellungen von Zurechnungswegen in den sachlich-inhaltlichen und personell-organisatorischen Legitimationsformen im eigentlichen Sinne des Wortes „formalisiert" hat.[44] Grundmodell ist das „Zusammenwirken" verschiedener Legitimationselemente, die so eine gewisse Legitimationsstärke erreichen können. Sachlich-inhaltliche und persönlich-institutionelle Legitimation sind damit zunächst nichts anderes als idealtypisch umschriebene Indikatoren. Beide Legitimationsformen lassen an sich noch keine kausale Zurechnungsbeziehung zum Parlament erkennen, sondern stellen vielmehr Indizien dar, an denen das Bestehen bzw. Nichtbestehen einer solchen Zurechnungsbeziehung festgemacht werden kann.

Gerade an dieser Stelle wird die Feststellung, dass es sich bei der hierarchischen Ministerialverwaltung um das im Hinblick auf die Verwaltungslegitimation gebotene Regelmodell handelt, entscheidend.[45] Denn so kann der organisatorische Regelfall der hierarchischen Steuerung indikatorenbildend wirken. Hier kommt es darauf an, inwieweit andere probabilistische Steuerungsannahmen im Hinblick auf ihre Wirkung gegenüber dem Regelmodell funktional äquivalent erscheinen.[46]

In dem so vom Bundesverfassungsgericht angenommenen Sinne werden die verschiedenen Formen der sachlich-inhaltlichen und der personell-organisatorischen Legitimation nicht in absoluter Geltung für sich gebraucht.[47] Ihr

---

[42] Nicht zu verwechseln ist sie mit der insbesondere im europäischen Rechtsvergleich präsenten Idee der Generierung von Legitimation im (Verwaltungs-)Verfahren. Dazu etwa *P. Gonod*, Legitimacy in Administrative Law. Reform and Reconstruction, in: Ruffert (Hrsg.), Legitimacy in European Administrative Law. Reform and Reconstruction, Groningen 2011, 1 (6).

[43] Verwaltungsrechtliche Beispiele sind etwa die Umweltverträglichkeitsprüfung oder das baurechtliche Planaufstellungsverfahren.

[44] Dazu schon oben § 6. Ferner *O. Jouanjan*, Demokratietheorie als Verfassungslehre, Der Staat 58 (2019), 223 (230 ff.).

[45] So auch *Trute* (Fn. 31), in: Hoffmann-Riem/Schmidt-Aßmann/Voßkuhle, § 6, Rn. 14. Ferner auch die Nachweise oben, § 6, Fn. 293.

[46] Ähnlich auch die Überlegungen bei *T. Holzner*, Konsens im Allgemeinen Verwaltungsrecht und in der Demokratietheorie. Untersuchungen zur Phänomenologie gruppenpluraler Konsensverwaltung unter besonderer Berücksichtigung des Sozialrechts als Referenzgebiet, Tübingen 2016, 140. Zur Beurteilung dieser Wirkzusammenhänge können dann auch Erkenntnisse aus „Nachbarwissenschaften" heranzuziehen sein. Vgl. *Schmidt-Aßmann* (Fn. 17), 31.

[47] *Dreier*, in: ders. (Hrsg.), Grundgesetz Kommentar, Bd. II, 3. Auflage, Tübingen 2015, Art. 20, Rn. 113. Insoweit kann etwa eine reine Öffentlichkeitsbeteiligung nicht ausreichen, um Legitimationsqualität zu erreichen. Vgl. aber *T. Mann*, Großvorhaben als Herausforderung für den demokratischen Rechtsstaat, VVDStRL (72) 2013, 544 (562 ff.).

Modus ist das abstrakt nur schwer zu bestimmende und speziell auf die Verwaltung zugeschnittene „Zusammenwirken."[48] Dies bedeutet unter anderem, dass eine verminderte Legitimation über den einen Legitimationsstrang durch eine verstärkte Legitimation über andere Stränge ausgeglichen werden kann.[49] Andererseits stehen sie damit auch in einem Verhältnis wechselseitiger Ergänzung: „Je geringer die sachlich-inhaltliche Legitimation ist, also je unbestimmter und geringer die Steuerung des Staatshandelns durch inhaltliche Vorgaben und je größer der Anteil der persönlichen Entscheidungsleistung ist, desto größer muss die personell-organisatorische Legitimation sein, um das jeweils nötige Legitimationsniveau zu erreichen."[50]

Während die Eigenheiten der verschiedenen Legitimationsformen weitere (unten ausführlich besprochene) Einzelfragen im Hinblick auf ihre Kombinatorik aufwerfen, ist die Grundidee das kumulative Zusammenwirken. Die verschiedenen Legitimationsformen addieren sich zu einer Art Pegel in einem Wasserglas, das je nach Amtsaufgabe eines unterschiedlichen Füllstandes bedarf.[51]

2. Das Legitimationsniveau als normativer Minimalstandard

Normtheoretisch lässt sich das Legitimationsniveau damit als normativer Minimalstandard umschreiben.[52] Das Recht verwendet diese Konstruktionen vor allem dann, wenn in Frage steht, ob nicht-duale Normen erfüllt sind, die mit graduell entgegenstehenden Positionen verbunden sind.[53] Dann kommt es nicht auf die Maximierung eines Rechtsgutes an, sondern auf die Bestimmung einer negativen Schwelle für dessen Wirksamkeit. Wie können realweltliche

---

[48] Vgl. BVerfGE 107, 59 (87); 130, 76 (124, 128); 136, 194 (262). *Robbers*, in: Kahl/Waldhoff/Walter (Fn. 15), Art. 20 Abs. 1, Rn. 585; Diskussion dazu bei *Möllers*, in: Herdegen/Masing/Poscher/Gärditz (Fn. 15), § 5, Rn. 42. Zum Verhältnis der Legitimationsmodi auch *B. Grzeszick*, Die Voraussetzungen demokratischer Legitimation der Verwaltung und deren Konzeptualisierung in der Verfassungsrechtsdogmatik, in: Anderheiden/Keil/Kirste/Schaefer (Hrsg.), Verfassungsvoraussetzungen. Gedächtnisschrift für Winfried Brugger, Tübingen 2013, 601 (604 ff.).

[49] Vgl. BVerfGE 83, 60 (72); 93, 37 (66 f.); 107, 59 (87 f.); 130, 76 (124) 135, 317 (429).

[50] *Grzeszick*, in: Dürig/Herzog/Scholz (Fn. 22), Art. 20, Rn. 127. Siehe auch *Emde* (Fn. 10), 328, 329 ff.; *M. Jestaedt*, Demokratieprinzip und Kondominialverwaltung. Entscheidungsteilhabe Privater an der öffentlichen Verwaltung auf dem Prüfstand des Verfassungsprinzips Demokratie, Berlin 1993, 283.

[51] Dies lässt sich im Hinblick auf das Demokratieprinzip auch als Normenstratifikation beschreiben. Vgl. dazu *M.H. Werner*, Normenstratifikation: Programmatische Überlegungen, in: Brune/Lang/Werner (Hrsg.), Konzepte normativer Minimalstandards. Ethische und rechtliche Perspektiven, Baden-Baden 2016, 23 (28 ff.).

[52] *Brune/Lang/Werner* (Fn. 14), in: dies., 7.

[53] *Röhl* (Fn. 32), 1071.

Zusammenhänge aussehen (gestaltet werden), so dass die normative Anforderung *gerade noch* erfüllt ist.

Diese normative Anforderung ist im Hinblick auf das Legitimationsniveau der Zurechnungszusammenhang des Willens des souveränen Volkes zur Ausübung öffentlicher Gewalt. Das Legitimationsniveau fordert dementsprechend keine Maximierung des Wirksamkeitszusammenhangs.[54] Die so erfolgende Auslegung des Demokratieprinzips verlangt lediglich das *Bestehen* der Zurechnung von souveränem Volk zur Ausübung von Staatsgewalt, nicht aber deren optimale Ausgestaltung.[55] An anderer Stelle ist dieser Wirksamkeitsgedanke vor allem aus dem Gedanken des *effet utile* aus dem Unionsrecht bekannt.[56] Auch hier stellt der Rechtsgedanke einen Auslegungsgrundsatz dar, der – entgegen der Interpretation des Bundesverfassungsgerichts in der *Maastricht*-Entscheidung – nicht als eine „größtmögliche Ausschöpfung [der Gemeinschaftsbefugnisse]"[57] verstanden werden kann, sondern die praktische Wirksamkeit des Unionsrechts bezeichnet.[58]

Normtheoretisch lässt sich das Legitimationsniveau anhand von Unterscheidungen weiter klassifizieren. *Brune u.a.* haben für die Einordnung nor-

---

[54] So aber wohl *S. Storr*, Verfassungsrechtliche Direktiven des demokratischen Prinzips für die Nutzung privatrechtlicher Organisations- und Kooperationsformen durch die öffentliche Verwaltung, in: Bauer/Huber/Sommermann (Hrsg.), Demokratie in Europa, Bd. I, Verfassungsentwicklung in Europa, Tübingen 2005, 411 (419); *U. Schliesky*, Souveränität und Legitimität von Herrschaftsgewalt. Die Weiterentwicklung von Begriffen der Staatslehre und des Staatsrechts im europäischen Mehrebenensystem, Tübingen 2004, 618. In diese Richtung auch *W. Hoffmann-Riem*, Organisationsrecht als Steuerungsressource. Perspektiven der verwaltungsrechtlichen Systembildung, in: Hoffmann-Riem/Schmidt-Aßmann (Hrsg.), Verwaltungsorganisationsrecht als Steuerungsressource, Baden-Baden 1997, 355 (376), der daraus allerdings die Notwendigkeit alternativer Legitimationsformen schließt. Ähnlich auch bei *Trute* (Fn. 31), in: Hoffmann-Riem/Schmidt-Aßmann/Voßkuhle, § 6, Rn. 16, der von einem „Optimierungsgebot" spricht, dies aber nach der Interpretation von *H. Dreier/D. Kuch*, Demokratische Legitimation der Ministerial- und Selbstverwaltung, in: Kahl/Ludwigs (Hrsg.), Handbuch des Verwaltungsrechts, Bd. III, Verwaltung und Verfassungsrecht, Heidelberg 2022, § 60, Rn. 36 nicht im rechtstheoretischen Sinne meint, sondern nur die „Konkretisierungsbedürftigkeit" im engeren Sinne. Richtig aber *C. Starck*, Grundrechte und Gesetz. Eine Entwicklungsgeschichte, in: Sachs/Siekmann (Hrsg.), Der grundrechtsgeprägte Verfassungsstaat. Festschrift für Klaus Stern zum 80. Geburtstag, Berlin 2012, 197 (208). Diskussion jüngst auch bei *Möllers*, in: Herdegen/Masing/Poscher/Gärditz (Fn. 15), § 5, Rn. 11.

[55] Vgl. bereits *W. v. Simson*, Das demokratische Prinzip im Grundgesetz, VVDStRL (29) 1971, 3 (5 ff.). So nun auch *Dreier/Kuch* (Fn. 54), in: Kahl/Ludwigs, § 60, Rn. 36: „Grenzwert". Ferner *Kirste* (Fn. 4), 199. Zur rechtspragmatischen Bedeutung *Brune/Lang/Werner* (Fn. 14), in: dies., 7 ff.

[56] Umfassend *D.-U. Galetta*, Grundsätze der Äquivalenz und der Effektivität, in: Kahl/Ludwigs (Hrsg.), Handbuch des Verwaltungsrechts, Bd. II, Grundstrukturen des europäischen und internationalen Verwaltungsrechts, Heidelberg 2021, § 46, Rn. 25 ff.

[57] BVerfGE 89, 155 (210).

[58] *F.C. Mayer*, in: Grabitz/Hilf/Nettesheim (Hrsg.), Das Recht der Europäischen Union, Bd. I, München 71. EL August 2020, EUV Art. 19, Rn. 58.

mativer Minimalstandards eine Kategorisierung vorgeschlagen, die sich auf das Legitimationsniveau anwenden lässt. (1) Während sich einfache Minimalstandards auf klar skalierbare graduelle Normen beziehen, sind höherstufig aggregierte Minimalstandards „auf ganze Sets von Präskriptionen bzw. auf ein System von Normen für den Fall, dass ein schützenswertes Gut verschiedene Angriffspunkte bietet"[59] bezogen. Das Legitimationsniveau ist ein höherstufig aggregierter Standard, da in ihm erst verschiedene Legitimationsformen in ihrem Zusammenwirken die Frage beantworten, ob der Standard erfüllt ist. (2) Genuin-normative Minimalstandards enthalten nach *Brune u.a.* bereits selbst den Anspruch eine Norm aus den richtigen, da aus einer bestimmten Deliberationsform heraus entwickelten Gründen zu erfüllen.[60] Nicht-genuin normative Minimalstandards hingegen sind eher praktische Kompromisse, die gerade aufgrund ihrer Praktikabilität in einem zweiten Schritt dazu dienen, übergeordnete normative Grundsätze oder höherstufige Werte zu operationalisieren.[61] Zu letzteren zählt auch das Legitimationsniveau. Denn das sinngebende Element der Zurechnungsbeziehung ergibt sich erst aus einem weiteren gedanklichen Schritt, nämlich der Bedeutungszuweisung des parlamentarischen Handelns als eigenes Handeln des Souveräns. Erst letztere Erwägung macht überhaupt verständlich, warum eine Zurechnungsbeziehung zur Verwirklichung der Anforderungen des Demokratieprinzips erforderlich ist. (3) Zuletzt wird zwischen absoluten und relativen Minimalstandards unterschieden.[62] Während relative Minimalstandards (wie etwa die Armutsgrenze) auch bei Abweichung vom Mindeststandard noch bewertbar erscheinen, verlieren absolute Minimalstandards jenseits ihres Grenzwerts an Bedeutung. Das Legitimationsniveau ist als absoluter Minimalstandard einzuordnen, da die zugrundeliegende Zurechnungsbeziehung als Autorenschaft des Souveräns unterhalb einer gewissen Schwelle nicht etwa weniger, sondern aufgrund ihrer Unteilbarkeit gänzlich nicht mehr besteht.

Das Legitimationsniveau ist damit normtheoretisch ein höherstufig aggregierter, nicht genuin-normativer, absoluter normativer Minimalstandard, der dazu dient, eine Zurechnungsbeziehung von Legitimationssubjekt und -objekt zu indizieren und damit die von der Volkssouveränität vorausgesetzte Forderung der Rückführbarkeit jeder öffentlichen Gewalt auf die Autorenschaft des Souveräns einzulösen. Seine Konstruktion ist insbesondere deshalb herausfordernd, da der kumulativen, da höherstufig aggregierten Unschärfe auf Tatbestandsseite eine scharfe, da absolute Rechtsfolge zur Seite gestellt ist. Wirken die Legitimationskomponenten nicht zufriedenstellend zusammen, ist

[59] *Brune/Lang/Werner* (Fn. 14), in: dies., 8.
[60] *Brune/Lang/Werner* (Fn. 14), in: dies., 9.
[61] *Brune/Lang/Werner* (Fn. 14), in: dies., 11.
[62] *Brune/Lang/Werner* (Fn. 14), in: dies., 12.

der Rückführbarkeitszusammenhang von souveränem Volk zur Staatsgewalt unterbrochen. Wirken nicht zusätzliche Bedingungen hinein, die etwa die Unterbrechung kompensieren oder rechtfertigen können, so ist das Demokratieprinzip verletzt und eine auf einem derart konstruierten Organisationszusammenhang beruhende Ausübung von Staatsgewalt verfassungswidrig.

II. Ziel: Operationalisierung der demokratischen Gleichheit

Nun liegt in der Akzeptanz dieser Lehre notwendigerweise die Annahme, dass es sich bei dem normativen Minimalstandard letztlich um eine Anforderung des verfassungsrechtlichen Demokratieprinzips handelt. Der so erfolgende normtheoretische Zugriff auf das Demokratieprinzip ließe sich als *Stratifikation* bezeichnen: Anstatt des Versuchs „Demokratie" in ihrer gesamten normativen Kraft zu erfassen, wird die Norm in Einzelteile und Schichten zerlegt, die miteinander in eine quantifizierbare Beziehung gesetzt werden können.[63] Dies ist eine bestimmte Strategie, einen normativen Inhalt fassbar zu machen: Die Stratifikation produziert aus einer qualitativen Norm quantifizierbare normative Schichten, zwischen denen Verhältnisse eindeutiger Vor- bzw. Nachrangigkeit bestehen.[64] Sie wirkt damit insbesondere „diskursentlastend"[65] indem sie die Komplexität von Beurteilungsanforderungen an ein Rechtsprinzip reduziert.

Unzutreffend ist dementsprechend der zuweilen kritisch vorgebrachte Verweis, die Auffassung des Bundesverfassungsgerichts verfehle den rechtstheoretischen Charakter des Demokratieprinzips als Rechtsprinzip.[66] Dass das Demokratieprinzip zu seiner praktischen Handhabung quantifiziert werden muss, um überhaupt zu einer *begründbaren* Einzelfallentscheidung kommen zu können, sollte unbestritten sein. Man mag jedoch darüber streiten wollen, ob die vom Gericht gewählte Stratifikationsstrategie die Richtige ist.

1. Politische Gleichheit und der numerus clausus der Legitimationsformen

Die Stratifikationsstrategie des Bundesverfassungsgerichts ist von einem Fokus auf die politische Wahlrechtsgleichheit getragen. Die Lehre der demokratischen Legitimation stratifiziert das Demokratieprinzip daher im formalen Sinne. Diese Strategie stellt insbesondere auf den Wortlaut ab: Art. 20 Abs. 2

---

[63] *Werner* (Fn. 51), in: Brune/Lang/Werner, 31.

[64] *Werner* (Fn. 51), in: Brune/Lang/Werner, 28 ff.

[65] *Werner* (Fn. 51), in: Brune/Lang/Werner, 34.

[66] Umfassend dazu *S. Unger*, Das Verfassungsprinzip der Demokratie. Normstruktur und Norminhalt des grundgesetzlichen Demokratieprinzips, Tübingen 2008, 104 ff.

S. 2 Hs. 1 GG sieht als Grundmodi der Ausübung der Volkssouveränität „Wahlen und Abstimmungen" vor. So wird das Demokratieprinzip zur Anforderung numerischer Wahlrechtsgleichheit.[67] Bei *Böckenförde* heißt es: „Anknüpfungspunkt der demokratischen Gleichheit ist allein die Eigenschaft als Staatsbürger, die Zugehörigkeit zur politischen Gemeinschaft des Staatsvolkes."[68] Der demokratische Wille wird so zum Resultat einer bestimmten (wettbewerbsorientierten)[69] Verfahrensform,[70] die dem gleichen Einfluss aller bei der inhaltlichen Ausrichtung der Staatsgewalt gerecht werden will.[71] In dieser methodischen Deutung liegt eine Quantifizierung der demokratieprinzipiellen Anforderungen, die durch seine Orientierung an der rechtlichen Gleichheit des Wahlvolks *gleichzeitig* einen qualitativen Maßstab darstellt. Demokratie wird dabei verstanden als gleiche Beteiligungsmöglichkeit an der über das Parlament mediatisierten gemeinsamen Willensbildung des Staatsvolkes.[72]

---

[67] Zur Wahlrechtsgleichheit ausführlich *H.-H.* Trute, in: v. Münch/Kunig (Fn. 19), Art. 38, Rn. 65 ff.; *C. Waldhoff*, Parteien-, Wahl- und Parlamentsrecht, in: Herdegen/Masing/Poscher/Gärditz (Hrsg.), Handbuch des Verfassungsrechts. Darstellung in transnationaler Perspektive, München 2021, § 10, Rn. 4 ff.

[68] *Böckenförde* (Fn. 10), in: Isensee/Kirchhof, § 24, Rn. 42; *Jestaedt* (Fn. 50), 174. *J. Kersten*, „System verflochtener Demokratie". Verfassungsrechtliche Theoriebildung gegen die politische Laufrichtung, in: Durner/Peine/Shirvani (Hrsg.), Freiheit und Sicherheit in Deutschland und Europa. Festschrift für Hans-Jürgen Papier zum 70. Geburtstag, Berlin 2013, 103 (112). Jüngst *Dreier/Kuch* (Fn. 54), in: Kahl/Ludwigs, § 60, Rn. 24. *Möllers*, in: Herdegen/Masing/Poscher/Gärditz (Fn. 15), § 5, Rn. 19 ff. Die rechtlichen Voraussetzungen dieser Gleichheit werden durch die Staatsangehörigkeit bestimmt, dazu nun ausführlich *A. Siehr*, Der Staat als Personalverband: Staatsangehörigkeit, Unionsbürgerschaft und Migration, in: Herdegen/Masing/Poscher Gärditz (Hrsg.), Handbuch des Verfassungsrechts. Darstellung in transnationaler Perspektive, München 2021, § 9, Rn. 21 ff.

[69] Dazu etwa *S. Müller-Franken*, Demokratie als Wettbewerbsordnung, DVBl. 2009, 1072 (1073 ff.); *A. Hatje*, Demokratie als Wettbewerbsordnung, VVDStRL (69) 2010, 135 (143). Bei *M. Kotzur*, Demokratie als Wettbewerbsordnung, VVDStRL (69) 2010, 173 (199) heißt es „Bürger im demokratischen Gestaltungswettbewerb."

[70] *C. Möllers*, in: Springer VS (Hrsg.), Weil Demokratie sich ändern muss: im Gespräch mit Paul Nolte, Helen Darbishire, Christoph Möllers, Wiesbaden 2014, 84.

[71] *Jestaedt* (Fn. 50), 174 ff. *C. Möllers*, Demokratie – Zumutungen und Versprechen, 1. Auflage, Berlin 2008, 28. *Dreier/Kuch* (Fn. 54), in: Kahl/Ludwigs, § 60, Rn. 24. So schon *H. Heller*, Politische Demokratie und soziale Homogenität, Gesammelte Schriften, hrsg v. Drath/Niemeyer/Stammer/Borinski, Bd. II, 1. Auflage, Leiden 1971, 421 (426).

[72] „Zentrale Bedeutung für den Gesamtvorgang kommt dem Wahlakt zu. Das individuelle Wahlrecht zu den gesetzgebenden Staatsorganen, namentlich dem Bundestag, stellt sich als der wichtigste vom Grundgesetz gewährleistete subjektive Anspruch der Bürger auf demokratische Teilhabe dar." Vgl. *Dreier*, in: Stekeler-Weithofer/Zabel (Fn. 20), 44. Vgl. ferner *M. Morlok*, Volksvertretung als Grundaufgabe, in: ders./Schliesky/Wiefelspütz (Hrsg.), Parlamentsrecht. Praxishandbuch, Baden-Baden 2016, § 3, Rn. 40 ff.: „Gebotene Abschottung der Volksvertretung." Von kritischer Bedeutung wird mit diesem Parlamentszentrismus in der Praxis auch die Parlamentsorganisation. Alternative Modelle dazu diskutiert *J. Krüper*, Herrschaft und Wissen. Steht die Demokratie vor einer kognitiven Wende?, in: ders./Bock/Heinig/Merten (Hrsg.), Die Organisation des Verfassungsstaats. Festschrift für Martin Morlok zum 70. Geburtstag, Tübingen 2019, 75 (82 ff.).

In der Praxis bedeutet dieser Fokus auf politische Gleichheit eine wichtige Weichenstellung. Die vom Verfassungsgericht in die Beurteilung des „Zusammenwirkens" einbezogenen personell-organisatorischen und sachlich-inhaltlichen Legitimationsformen zeichnen sich nämlich dadurch aus, dass sie beide aus dem Parlament entspringen und damit auf die politische Wahlrechtsgleichheit rückführbar sind. Im Gegensatz dazu können nach der Rechtsprechung nicht aus dem Vorgang der Parlamentswahl abgeleitete Legitimationsformen konsequenterweise auch nicht in das Legitimationsniveau einfließen. Dies hat etwa zur Folge, dass Sachnähe und Betroffenheit sowie Entscheidungsrichtigkeit („output") keinen Eingang in die verfassungsrechtliche Legitimationsdogmatik gefunden haben, obwohl sie zumindest begrifflich ebenfalls eine Nähe zum Demokratieprinzip aufweisen. Für diesen *numerus clausus* der Legitimationsformen wurde das Bundesverfassungsgericht teils heftig kritisiert.[73] Die als Gegenauffassung vorgebrachten Ansätze werden als „plurale" Legitimationsmodelle bezeichnet, da sie sich gegen diesen ausschließlichen Fokus auf politische Gleichheit innerhalb der Legitimationsformen richten.[74] Zwar hat sich das Bundesverfassungsgericht in seiner Rechtsprechung nicht immer klar positioniert, die von der Literatur geforderte Öffnung zu Gunsten anderer Legitimationsformen letztlich aber wieder verworfen.[75]

Drei Kritikebenen sollen nun unterschieden und zur Unterstützung der verfassungsgerichtlichen Rechtsprechung entkräftet werden. Auf einer ersten, empirischen Kritikebene geht es zunächst um die in verschiedenen Variationen vorgebrachte Behauptung, dass der Zuwachs gesamtstaatlicher Komplexität eine vom Wahlakt des Volks über das Parlament verlaufende Legitimationsbeziehung zunehmend unplausibel werden lasse. Eine zweite, normative Kritik richtet sich mit der Behauptung gegen die verfassungsrechtliche Rechtspre-

---

[73] *Meinel* schreibt, dass „die Verselbständigung eines materiellen, unformalen Organisationsprinzips namens demokratische Legitimation gegenüber den organisatorischen Gegebenheiten des Regierungssystems ein zu schematisches Verfahren ist, um sinnvolle verfassungsrechtliche Lösungen zu finden." *F. Meinel*, Zur Unterscheidung von formellem und materiellem Organisationsverfassungsrecht, in: Krüper/Pilniok (Hrsg.), Organisationsverfassungsrecht. Wissenschaft – Theorie – Praxis, Tübingen 2019, 120. *P. Cancik*, Verwaltung und Selbstverwaltung, in: Herdegen/Masing/Poscher/Gärditz (Hrsg.), Handbuch des Verfassungsrechts. Darstellung in transnationaler Perspektive, München 2021, § 14, Rn. 90 argumentiert gar, die Gegenauffassung sei insbesondere im Hinblick auf die jüngste Rechtsprechung des Verfassungsgerichts zur herrschenden Meinung aufgestiegen.

[74] Vgl. *M. Jestaedt*, Radien der Demokratie: Volksherrschaft, Betroffenheitspartizipation oder plurale Legitimation?, in: Heinig/Terhechte (Hrsg.), Postnationale Demokratie, Postdemokratie, Neoetatismus. Wandel klassischer Demokratievorstellungen in der Rechtswissenschaft, Tübingen 2013, 3 (12).

[75] *A. Wallrabenstein*, Zwischen „Volksdemokratie" und menschenrechtlichem Demokratieverständnis: Zur Zukunftsfähigkeit „der Demokratietheorie" des Bundesverfassungsgerichts, in: Rixen (Hrsg.), Die Wiedergewinnung des Menschen als demokratisches Projekt, Bd. I, Neue Demokratietheorie als Bedingung demokratischer Grundrechtskonkretisierung in der Biopolitik, Tübingen 2015, 21 (31).

chung, diese verlange einen künstlich homogenisierten Begriff des Staatsvolks, der der empirischen Vielfalt nicht gerecht werde. Eine dritte, ebenfalls normative Kritik entwickelt aus dem Menschenwürdegehalt der Demokratie die These, dass der Fokus auf politische Gleichheit der aus den Freiheitsrechten hergeleiteten aktiv-selbstbestimmenden Dimension der Staatsbürgerschaft nicht entsprechen könne.

2. Empirische Kritikebene: Komplexität

Unter den Komplexitätsbedingungen moderner Staatlichkeit ist die Selbstautorenschaft des Volkes konstruierte Fiktion, die je nach Betrachtungsweise ihre Plausibilität verlieren kann. Die wesentlichen Argumente dafür wurden oben (§ 2) bereits eingeführt und müssen nicht vertieft werden.[76] Legitimationsketten scheinen sich aufgrund ihrer teils undurchschaubaren Länge nicht für die Vermittlung eines Zurechnungszusammenhangs zu eignen.[77] Die Gesetzesbindung relativiert sich in bürokratischer Selbststeuerung. Was mit Weisungen und Verwaltungsvorschriften wirklich erreicht wird, mag sich in der kulturellen Wirklichkeit der Verwaltung verlieren. Kurz zusammengefasst: Die Idee der Zurechnung mag sich an der Komplexität der sozial und kulturell geprägten Organisation des Staates reiben. Zwischen souveränem Volk und Ausübung staatlicher Gewalt bestehen derart viele Zwischenschritte, dass insbesondere im Hinblick auf die begrenzte Leistungsfähigkeit der Parlamente[78] nur mit äußerster Überdehnung des Wortsinnes von einer Autorenschaft des

[76] Mit Blick auf das Webersche Sozialmodell der Rationalisierung etwa *T. Groß*, Das Kollegialprinzip in der Verwaltungsorganisation, Tübingen 1999, 123 (mit dem hilfreichen Verweis auf die lesenswerte Studie von *S. Breuer*, Bürokratie und Charisma. Zur politischen Soziologie Max Webers, Darmstadt 1994, 83).

[77] Besonders prägnant: „Legitimationskettenfetischismus“ bei *B.-O. Bryde*, Die bundesrepublikanische Volksdemokratie als Irrweg der Demokratietheorie, StWStP 1994, 305 (324). Dazu auch *F. Wollenschläger*, Verfassung im Allgemeinen Verwaltungsrecht – Bedeutungsverlust durch Europäisierung und Emanzipation?, VVDStRL (75) 2016, 187 (241). Vgl. ferner *G. Hermes*, Gemeinschaftsrecht, „neutrale“ Entscheidungsträger und Demokratieprinzip, in: Gaitanides/Kadelbach/Rodríguez Iglesias (Hrsg.), Europa und seine Verfassung. Festschrift für Manfred Zuleeg zum siebzigsten Geburtstag, Baden-Baden 2005, 410 (422). Offen auch *Petersen* (Fn. 4), 142. Bei *Volkmann* etwa heißt es: „Entwertet wird das Demokratieprinzip demgegenüber, weil hinter den immer filigraner ausziselierten Legitimationsketten das Eigentliche von Demokratie zunehmend in den Hintergrund gerät und von ihr zuletzt nur ein dürres Zurechnungsschema übrigbleibt, dessen Qualität zu einer Frage formeller Ableitungszusammenhänge wird.“ *U. Volkmann*, in: Friauf/Höfling (Hrsg.), Berliner Kommentar zum Grundgesetz, Berlin 2020, Art. 20, Rn. 47.

[78] Dazu *S. Augsberg*, Gesellschaftlicher Wandel und Demokratie: Die Leistungsfähigkeit der parlamentarischen Demokratie unter Bedingungen komplexer Gesellschaften, in: Heinig/Terhechte (Hrsg.), Postnationale Demokratie, Postdemokratie, Neoetatismus. Wandel klassischer Demokratievorstellungen in der Rechtswissenschaft, Tübingen 2013, 27 (38 ff.).

Volkes gesprochen werden kann.[79] Argumentativ führt die empirische Kritik in der Regel dazu, dass eine Entwertung der Legitimationsbeiträge von intentional handelnden Akteuren vorgenommen wird.

Sozial- und kulturtheoretisch mögen diese Schwierigkeiten einer auf der Praxis wechselseitigen Willensäußerungen basierenden Politiktheorie nachweisbar sein, die Frage lautet jedoch was aus Ihnen für die verfassungsrechtliche Lehre folgt. Zunächst ist gesellschaftliche Komplexität eine Problemstellung, die alle Arten von normativen Geltungsgründen als Rechtfertigung der Allgemeinverbindlichkeit von Herrschaft gleichermaßen trifft.[80] Der bereits von vornherein angelegte Unterschied zwischen den Kritikern und der Rechtsprechung des Bundesverfassungsgerichts liegt vielleicht darin, dass es sich bei der kultur- und sozialwissenschaftlichen Beobachtung der Selbstorganisation schon von vornherein nicht um ein voluntaristisches Politikverständnis handelt, da wenig Vertrauen in die Rationalität wechselseitiger Artikulationen individueller Präferenzen gesetzt wird.[81] Anders als die normative Demokratietheorie, die als Prozess der wechselseitig diskursiv verhandelten Anerkennung von Geltungsansprüchen notwendig auf diese Artikulationen angewiesen ist, kann damit der dekonstruktive Meißel schon am Fundament des klassischen Modells angesetzt werden.

Jenseits der (hier bezweifelten) Plausibilität der Annahmen,[82] lautet die Frage jedoch, was damit gewonnen wäre.[83] Die pluralistische Lehre scheint die Bedeutung von Willensäußerungen für die demokratische Selbstbestimmung zu unterschätzen. Der Begriff der Selbstorganisation wird so über das notwendige Maß hinaus glorifiziert, ohne dass denn klar würde, wie diese in der

---

[79] Vgl. etwa die Überlegungen bei *T. Vesting*, Staatstheorie. Ein Studienbuch, München 2018, 156.

[80] Gute Darstellung der Herausforderungen bei *Augsberg*, in: Heinig/Terhechte (Fn. 78), 30 ff. mit dem richtigen Hinweis, dass gesellschaftliche Komplexität wohl der Regelfall sein wird (37) und sich deshalb noch nicht eignet ein besonderes kritisches Potenzial zu entfalten.

[81] Auch bei *Meinel* heißt es: „Dies gilt umso mehr als der Idealtypus […] mit einem voluntaristischen Politikverständnis korrespondiert, während administrative Fragen um demokratischen Rechts- und Interventionsstaat aus einer Vielzahl von Gründen zu politischen Fragen ersten Ranges geworden sind. Die Verwissenschaftlichung der Politik ist auch eine Administrifizierung der Politik. Seither oszilliert das Ideal ausnahmslos hierarchischer Ministerialverwaltung zwischen Demokratieprinzip, Anachronismus und Lebenslüge." *Meinel* (Fn. 30), in: Kahl/Ludwigs, § 61, Rn. 3.

[82] So liegt der apriorische Standpunkt, von dem man die Ungeeignetheit eines voluntaristischen Politikverständnisses beurteilen könnte, gar nicht vor. Allgemein zu dieser Argumentationsform *I. Augsberg*, Verwaltung und Empirie, in: Kahl/Ludwigs (Hrsg.), Handbuch des Verwaltungsrechts, Bd. I, Grundstrukturen des deutschen Verwaltungsrechts, Heidelberg 2021, § 27, Rn. 13.

[83] So auch auch *H. Schulze-Fielitz*, Konturen einer zeitgenössischen Staatssoziologie, in: Voßkuhle/Bumke/Meinel (Hrsg.), Verabschiedung und Wiederentdeckung des Staates im Spannungsfeld der Disziplinen, Der Staat Beiheft 21 (2013), 11 (24–26).

Praxis zu praktikablen Politikergebnissen führen soll.[84] Will man so eine Demokratiekritik konstruieren, die in ihrer Alternative auf die wechselseitige Artikulation von Geltungsansprüchen verzichten will? Dies scheint abwegig zu sein, greifen doch selbst radikale Demokratiemodelle auf spontane Akkumulation von sprachlichen Willensäußerungen zurück, die je nach Variante mit mehr oder weniger realkörperlicher Unterstützung in Form von Protesten o.Ä. auskommen.[85]

Um für diese Kritik ohne klare Alternative anfällig zu sein, zeigt sich das Grundmodell des Zusammenwirkens verschiedener Legitimationsformen zu flexibel. Wie gezeigt, ist das Legitimationsmodell nicht auf den Nachweis von bestimmten Kausalitätsbeziehungen angewiesen, sondern reagiert auf Komplexität mit einem probabilistischen Spielraum nachdem ein Zurechnungszusammenhang nach aller Lebenserfahrung besteht oder eben nicht besteht. Kritik wirkt sich dann nicht als grundsätzliches Argument gegen die verfassungsrechtliche Konzeption aus, sondern als Anregung diese im Rahmen ihrer definierten Geltungsbedingungen zu verbessern. Nicht zuletzt *Roman Herzog* etwa hat den Komplexitätseinwand andersherum konstruiert. Aus der Pfadabhängigkeit demokratischen Entscheidens und der mangelhaften Innovationsfreudigkeit demokratischer Verfahren stellte er die Frage, „ob es bei den gesellschaftlichen Verhältnissen des ausgehenden 20. Jahrhunderts überhaupt noch vertretbar ist, bürokratische Organisationsformen beliebig durch demokratische Organisationsformen zu *ersetzen*."[86] Welche demokratische Reaktion gesellschaftliche Komplexität verlangt, ist auch innerhalb der Demokratietheorie umstritten.[87] Repolitisierung an den Parlamenten vorbei, wie dies etwa für das öffentliche Wirtschaftsrecht konstatiert wurde, scheint nicht die richtige Strategie zu sein.[88]

---

[84] Vgl. etwa bei *T. Vesting*, Drei Schichten des modernen Staates: Verfassungsstaat, Wohlfahrtsstaat, Netzwerkstaat, in: Bretthauer/Henrich/Völzmann/Wolckenhaar/Zimmermann (Hrsg.), Wandlungen im Öffentlichen Recht. Festschrift zu 60 Jahren Assistententagung – Junge Tagung Öffentliches Recht, Baden-Baden 2020, 113 (115 ff., insb. 129).

[85] Vgl. klassisch *E. Laclau/C. Mouffe*, Hegemony and Socialist Strategy. Towards a Radical Democratic Politics, 2. Auflage, London 2014, 119; *C. Mouffe*, Agonistik. Die Welt politisch denken, 2. Auflage, Berlin 2016, 19.

[86] *R. Herzog*, Möglichkeiten und Grenzen des Demokratieprinzips in der öffentlichen Verwaltung, in: Knöpfle (Hrsg.), Demokratie und Verwaltung. 25 Jahre Hochschule für Verwaltungswissenschaften Speyer, 1. Auflage, Berlin 1972, 485 (492) – Hervorhebung im Original.

[87] Besonderheiten mögen hier freilich im Europäischen Verwaltungsverbund gelten. So richtig *E. Peuker*, Bürokratie und Demokratie in Europa. Legitimität im Europäischen Verwaltungsverbund, Tübingen 2011, 157 ff. Das lässt aber noch keine Rückschlüsse auf nationale Prozesse der Legitimationsgewinnung zu.

[88] Dazu etwa *M. Fehling*, Perspektiven des Öffentlichen Wirtschaftsrechts, JZ 2016, 540 (546). Zum Problem der oft nicht zugänglichen Fachtermini in der Regulierungssprache *G. Manssen*, Rechtsstaatlich-demokratische Aspekte von Regulierungsstrukturen, -verfahren und -institutionen, in: Manger-Nestler/Gramlich (Hrsg.), Kontinuität und Wandel bei europäisierten Aufsichts- und Regulierungsstrukturen, Baden-Baden 2016, 169 (174 ff.).

3. Normative Kritikebene (1): Homogenität des Volksbegriffes

Eine erste normative Kritikebene wendet sich mit der Behauptung gegen das verfassungsgerichtliche Modell, dass dieses auf einen homogenen Volksbegriff angewiesen sei. Dieser entspreche auf mehreren Ebenen nicht der Wirklichkeit. Zum einen bilde der Rückbezug auf einen Volkswillen nicht den tatsächlich maßgeblichen „Partei- und Regierungswillen" ab.[89] Der „emphatisch aufgeladene Einheitsbegriff" sei eigentlich „begriffliche Leerstelle",[90] und das Volk letztlich nur noch „metaphysisch präsent,"[91] insbesondere weil der damit konstruierte Bürgerbegriff die Demokratie nicht tragen könne.[92] Verfassungsvergleichend sei ein solches hyperformal bestimmtes Volk zudem die Ausnahme.[93]

Gemeinsam setzen diese Überlegungen mit der Kritik an der Stratifikation der Demokratienorm an, die durch ihre Formalisierung dem qualitativen Demokratiebegriff der plural-idealisierten Volkssouveränität nun nicht mehr gerecht werden könne.[94] Demgegenüber müsse von vornherein der sozialen Heterogenität des nur fiktiv-einheitlichen Volkes derart entsprochen werden, dass auch Sachnähe und besondere Betroffenheit ins Zentrum des Demokra-

---

89 „*Volkswillen* ist überdies irreführend und zudem, da das *Volk* in dieser Formulierung als real existierendes *Megasubjekt* gedacht wird, metaphorisch. Konkret handelt es sich idealiter nicht einmal um die politische Quersumme aus den Willensbildungsprozessen aller Staatsbürger, sondern allenfalls um den Parteien- und Regierungswillen, der sich in den Verästelungen der staatlichen Entscheidungen manifestiert." *Blanke* (Fn. 26), 458. Die Hervorhebungen stehen im Original in Anführungszeichen.

90 „Die Tatsache, dass das deutsche Volk zur Bezeichnung der Träger der Demokratie nur über den emphatisch aufgeladenen Einheitsbegriff „Volk" einerseits und den technokratischen Terminus „Legitimationssubjekt" andererseits verfügt, offenbart auch eine begriffliche Leerstelle, die es in diesem Forum aus verschiedenen Blickwinkeln näher zu beleuchten gilt." *I. Ley/C. Franzius/T. Stein*, Das Volk – ein „Problem" der Demokratie?, verfassungsblog.de, 24.02.2020, https://verfassungsblog.de/das-volk-ein-problem-der-demokratie/ (abgerufen: 10.05.2022).

91 Vgl. *G. Frankenberg*, Vorsicht Demokratie! Kritik der juridischen Versicherung einer Gesellschaft gegen die Risiken der Selbstregierung, in: Redaktion Kritische Justiz (Hrsg.), Grundgesetz und Demokratie, Baden-Baden, 2000, 177 (181).

92 Gegenüberstellung verschiedener Bürgerbegriffe in unterschiedlichen Demokratietheorien bei *N. Petersen*, Das Bild des Bürgers in der Demokratietheorie, in: Funke/Schmolke (Hrsg.), Menschenbilder im Recht, Tübingen 2019, 93 (97–98) mit der Diagnose, dass sie demokratische Praktiken nur unzureichend erfassen. Nachdenklich auch *Baer* (Fn. 5), 26.

93 Rechtsvergleichende, kritisch gegen die Homogenitätsanforderung gerichtete Überlegungen bei *T. Groß*, „We the People" – Was ist ein Volk?, in: Bäuerle/Dann/Wallrabenstein (Hrsg.), Demokratie-Perspektiven. Festschrift für Brun-Otto Bryde zum 70. Geburtstag, Tübingen 2013, 157 (170–171).

94 Entgegnung bereits bei *E.-W. Böckenförde*, Demokratische Willensbildung und Repräsentation, in: Isensee/Kirchhof (Hrsg.), HStR, Bd. III, 3. Auflage, Heidelberg 2005, § 34, Rn. 6 ff.

tiebegriffs rückten.[95] Insbesondere die Einfügung des Art. 28 Abs. 1 S. 3 GG, der die Wahlberechtigung für Unionsbürger auf der kommunalen Ebene vorsieht, scheint hier für weitere Spannungen zu sorgen.[96]

Die Kritik geht jedoch deshalb im Kontext des Demokratieprinzips fehl, da das Prinzip auf die angesprochene Homogenitätsdimension gar nicht angewiesen ist.[97] Es geht nämlich nicht um eine soziale, politische, religiöse oder kulturelle, d.h. im Ergebnis völkische Homogenität,[98] sondern um die lediglich mathematische Dimension des Begriffs.[99] Das Volk des Grundgesetzes ist als *pouvoir constitué* bereits quantifiziert. Dadurch hat die Demokratie einen notwendigen Einheitsbezug.[100] Zugehörig sind primär Staatsangehörige, handlungsfähig indes nur solche mit Wahlrecht.[101] Diese so erreichte numerische Gleichheit bleibt selbst bei maximaler sozialer Heterogenität unberührt.[102] Das Volk ist so als notwendige Anforderung der Demokratie umgrenzt und bestimmt.[103]

---

[95] Dies wird freilich auch in der zeitgenössischen politischen Philosophie behauptet, aber dabei vom verfassungsrechtlichen Rahmen keinerlei Kenntnis genommen. Vgl etwa *V. Frick*, Braucht die Demokratie mehr städtische Autonomie? Zur politischen Philosophie der demokratischen Stadt, Zeitschrift für Praktische Philosophie 2021, 223 (226) mit Überlegungen zur Verwaltungsorganisation.

[96] So auch *Trute* (Fn. 31), in: Hoffmann-Riem/Schmidt-Aßmann/Voßkuhle, § 6, Rn. 23. Ausführlich dazu *S. Lenz*, Kommunalverwaltung und Demokratieprinzip, Tübingen 2020, 163 ff.

[97] Auch von Verteidigern der verfassungsgerichtlichen Lehre wie etwa *Dreier* heißt es zur Homogenitätsforderung dementsprechend, dass „selbst bei maximaler Homogenität eines Staatsvolkes die Vorstellung eines gewissermaßen univoken Volkswillens in die Irre geht. In der sozial, politisch, religiös und kulturell segmentierten modernen Gesellschaft fehlt ihr vollends jede Basis. Das Volk ist unter heutigen Bedingungen in der pluralen Vielfalt seiner Interessen, Werthaltungen, Anschauungen und Zugehörigkeiten zu nehmen." *Dreier*, in: Stekeler-Weithofer/Zabel (Fn. 20), 40 ff.

[98] Dazu etwa *C. Schmitt*, Verfassungslehre, 11. Auflage, Berlin 2017, 77 ff. Ferner die Überlegungen bei *U. Volkmann*, Setzt Demokratie den Staat voraus?, AöR 127 (2002), 575 (584).

[99] Ähnliche Abgrenzung auch bei *M. Kotzur*, Die Demokratiedebatte in der deutschen Verfassungsrechtslehre, in: Bauer/Huber/Sommermann (Hrsg.), Demokratie in Europa, Bd. I, Verfassungsentwicklung in Europa, Tübingen 2005, 351 ff. (359).

[100] *S. Haack*, Demokratie mit Zukunft? Zwei Alternativen der Staatskonzeption einer Staatsform, JZ 2012, 753 (754).

[101] *O. Lepsius*, Volkssouveränität und Demokratiebegriff in der Weimarer Republik, Historia constitucional 2019, 275 (278).

[102] „Deswegen kann das Volk des *Demokratiebegriffs* zum Zeitpunkt der Wahl ganz genau nach Kopf und Zahl bestimmt werden, auf einen einzelnen Wähler bezogen. *Dieses* Volk wird durch Rechtsregeln bestimmt und ist deswegen empirisch wahrnehmbar als Gruppe der Wahlberechtigten." *Lepsius* (Fn. 101), 278 (meine Hervorhebung, D.R.-I.). Dieses Verständnis könnte zudem auch aus Art. 3 GG folgen. Durch ein Verständnis besonderer Gleichheitssätze als Differenzierungsverbote kann formale Gleichstellung erreicht werden. Vgl. *U. Sacksofsky*, Gleichheit, in: Kahl/Ludwigs (Hrsg.), Handbuch des Verwaltungsrechts, Bd. III, Verwaltung und Verfassungsrecht, Heidelberg 2022, § 75, Rn. 15.

[103] *U. Di Fabio*, Herrschaft und Gesellschaft, Tübingen 2018, 186.

Bei *Böckenförde* heißt es (unter Bezugnahme auf *Heller*): „Wenn Demokratie – als Staatsform – eine Form politischer Herrschaft und eine Form von Herrschaftsorganisation darstellt, muß sie unter allen Umständen auch eine Entscheidungs- und Wirkungseinheit bilden und ein System relativer Willensvereinheitlichung hervorbringen.“[104] Grund dafür ist nicht zuletzt die Befriedungsfunktion der Demokratie: Verfahren sind insbesondere deshalb legitimationsstiftend, da sie auf klare Regeln zurückgreifen können, über die im Einzelfall nicht mehr substanziell gestritten werden muss. Ein solcher substanzieller Konflikt über die grundlegenden Willensbildungsregeln könnte in der Demokratie nicht aufgelöst werden. Erforderlich ist demnach ein maximal formalisiertes Verfahren, das solche Konflikte ohne substanzielle Argumentationserfordernisse auflösen kann.[105] Besonders prägnant ist dies in der Demokratietheorie von *Ingeborg Maus* herausgearbeitet.[106] Formale Zugehörigkeitsregeln, die die faktische Heterogenität des Volkes ausblenden können, ermöglichen damit die friedensstiftende Wirkung der Demokratie, die den symmetrischen Konsens über asymmetrische Konflikte stellt.[107]

4. Normative Kritikebene (2): Demokratie als Selbstbestimmung aller

Setzt sich die erste normative Kritikebene mit der Frage der Abgrenzung des Volkes und seiner Grenzen nach außen auseinander, so geht die zweite Ebene auf die Selbstorganisation demokratischer Herrschaft ein. Mit dem Fokus auf Wahlrechtsgleichheit ist zunächst notwendig auch eine Zählgleichheit verbunden. Jede Stimme darf nur einen bestimmten Einfluss besitzen. Diese defensive Abriegelung gegenüber Partikulareinflüssen ist eine wichtige Motivation da-

[104] *E.-W. Böckenförde*, Mittelbare/repräsentative Demokratie als eigentliche Form der Demokratie, in: Müller (Hrsg.), Staatsorganisation und Staatsfunktionen im Wandel. Festschrift für Kurt Eichenberger zum 60. Geburtstag, Basel/Frankfurt am Main 1982, 301 (314). Ähnlich auch *Grzeszick*, in: Anderheiden/Keil/Kirste/Schaefer (Fn. 48), 614. Ferner *Holzner* (Fn. 46), 115 („Die Bundesrepublik Deutschland als Konsensusdemokratie“).

[105] Vgl. auch *Augsberg*, in: Heinig/Terhechte (Fn. 78), 41: Qualität der Demokratie, so Veränderungen friedlich moderieren zu können.

[106] „Je formalistischer Freiheitsrechte durch Verfassungen gewährleistet sind, desto genauer entsprechen sie einer Verfassungskonzeption, die Volkssouveränität zu realisieren sucht.“ *I. Maus*, Zur Aufklärung der Demokratietheorie. Rechts- und demokratietheoretische Überlegungen im Anschluss an Kant, Frankfurt am Main 1994, 236.

[107] Gleichwohl ist (wie in der politischen Philosophie stets betont wird) auch die agonale Seite der Demokratie, die auf Konflikt statt auf Konsens abstellt, im Begriff enthalten. Dazu zusammenfassend *C. Becker*, Gegen das Recht oder Gegen das Volk? Zum spannungsvollen Verhältnis von Demokratie und Widerstand in der aktuellen französischen Politischen Theorie, KritV 2014, 165 (170). Ferner *M. Abensour*, Demokratie gegen den Staat, Berlin 2012, 152. *Mouffe* (Fn. 85), 19.

für, die Wahlrechtsgleichheit als Anknüpfungspunkt auch für einen qualitativen Demokratiebegriff zu wählen.

Kritisch wird gegen diese vornehmlich defensive Konzeption vorgebracht, dass sie der Demokratie als „freier Selbstbestimmung aller"[108] nicht gerecht werde.[109] Der Gegenentwurf zur verfassungsgerichtlichen Rechtsprechung betont demgegenüber die demokratische Freiheit der individuellen Selbstbestimmung.[110] Er stellt darauf ab, dass numerische Gleichheit allein der aktiven, selbstbestimmenden Dimension nicht gerecht werde.[111] In der klassischen Konzeption sei, so etwa *Trute*, „die Ausübung der Freiheitsrechte gleichsam eine von außen kommende Belagerung der Staatsorganisation [...], der jede legitimierende Kraft fehlt, weil sie sich als Wahrnehmung partikularer Interessen gegenüber der demokratischen Allgemeinheit des Staatsvolkes erweist."[112] Auch hier geht es im Kern um die Erhaltung des wettbewerblich-konfliktorientierten Charakters der Demokratie.

Das Argument, das hierfür in Stellung gebracht wird, beschreibt die demokratische Selbstbestimmung als eine „organisatorische Konsequenz der Menschenwürde."[113] Auf die Menschenwürde rekurrierte das Bundesverfassungsgericht insbesondere in der Entscheidung zum *Lippeverband*[114] und dem im Anspruch auf Demokratie formulierten Grundrecht auf Legitimationsteil-

---

[108] *Robbers*, in: Kahl/Waldhoff/Walter (Fn. 15), Art. 20 Abs. 1, Rn. 775 ff.

[109] „Sie [die Demokratietheorie] ist heute weniger eine begriffliche Fassung eines verfassungsnormativ begründeteten kritischen Demokratieverständnisses als eine Konzeption, die vorwiegend defensiv auf die Bewahrung des institutionellen Acquis der Bundesrepublik abzielt." *F. Meinel*, Die Verfassungstheorie des Grundgesetzes und die Verfassungsgeschichte der Bundesrepublik. Eine Bemerkung zu ihrem Verhältnis am Beispiel des parlamentarischen Regierungssystems, in: Heinig/Schorkopf (Hrsg.), 70 Jahre Grundgesetz. In welcher Verfassung ist die Bundesrepublik?, Göttingen 2019, 177 (189).

[110] Ausgearbeitet etwa bei *Unger* (Fn. 66), 259 f. Letztlich wird damit versucht, die Demokratie mit der Menschenwürde zu verknüpfen. Dazu *Wallrabenstein*, in: Rixen (Fn. 75), 23 ff.

[111] *Wallrabenstein*, in: Rixen (Fn. 75), 32; Hinweise auch bei *Trute* (Fn. 31), in: Hoffmann-Riem/Schmidt-Aßmann/Voßkuhle, § 6, Rn. 19 ff.

[112] *Trute* (Fn. 31), in: Hoffmann-Riem/Schmidt-Aßmann/Voßkuhle, § 6, Rn. 19. Darstellung dieser Sichtweise auch bei *Kirste* (Fn. 4), 179.

[113] Entfaltet bei *P. Häberle*, Die Menschenwürde als Grundlage der staatlichen Gemeinschaft, in: Isensee/Kirchhof (Hrsg.), HStR, Bd. II, 3. Auflage, Heidelberg 2004, § 22, Rn. 61 ff. Ferner klassisch bei *W. Schmitt Glaeser*, Die grundrechtliche Freiheit des Bürgers zur Mitwirkung an der Willensbildung, in: Isensee/Kirchhof (Hrsg.), HStR, Bd. III, 3. Auflage, Heidelberg 2005, § 38, Rn. 5 ff. „Politische Willensbildung im entgrenzten und kooperativen Staat". Weitere Überlegungen bei *H. Kube*, Demokratische Teilhabe als subjektives Recht, in: Anderheiden/Keil/Kirste/Schaefer (Hrsg.), Verfassungsvoraussetzungen. Gedächtnisschrift für Winfried Brugger, Tübingen 2013, 571 (586 ff.). Ferner auch *Blanke* (Fn. 26), 457. Im Kontext der Diskussion um die Legitimation Europas: *C. Calliess*, Bürgerrechte als Ersatz für Demokratie?, in: Franzius/Mayer/Neyer (Hrsg.), Strukturfragen der Europäischen Union, Baden-Baden 2010, 231 (241 ff.) Diskussion auch bei *Jestaedt*, in: Heinig/Terhechte (Fn. 74), 11.

[114] BVerfGE 107, 59 (92).

habe.[115] Zunächst ist dies nicht überraschend, ist doch in der Demokratieidee bereits ein Spannungsverhältnis zwischen kollektiver und individueller Selbstbestimmung angelegt.[116] Zweifellos ist Art. 1 Abs. 1 GG die wesentliche Grundlage der Demokratie, indem er den Subjektstatus des Einzelnen bestimmt, genauso wie die Demokratie wechselseitig Grundlage der Menschenwürde ist, indem sie die genaue rechtliche Ausgestaltung dieser Subjektstellung ermöglicht.

Daraus folgt gleichermaßen, dass aus der Menschenwürde keinerlei konkrete organisatorische Konsequenzen für die Demokratie folgen können, denn solche wären nur tautologisch begründbar. Insbesondere folgt aus der Menschenwürde kein offener Volksbegriff,[117] der eine Relativierung der Wahlrechtsgleichheit beinhaltet. Aus der Menschenwürde heraus ließe sich dementsprechend auch die entgegengesetzte Position des Respekts vor formal-demokratischen Institutionen entwickeln.[118] Die Überbeanspruchung von Individualrechten gegen die Demokratie eignet sich so dazu, die Menschenrechte zu trivialisieren.[119]

---

[115] Vgl. z.B. BVerfGE 123, 267 (340 f.). Dazu lesenswert die Diskussion bei *H. Sauer*, Demokratische Legitimation zwischen Staatsorganisationsrecht und grundrechtlichem Teilhabeanspruch. Ein Beitrag zum Verhältnis von Verfassungsrecht und Verfassungstheorie, Der Staat 58 (2019), 7 (13 ff.). Prägnant: „Die Menschenwürde ist vielmehr das Argument dafür, Art. 38 Abs. 1 Satz 1 GG nicht mehr als Teilpositivierung eines Legitimationsteilhaberechts, sondern als Vollpositivierung eines Grundrechts auf Demokratie zu verstehen." (Zitat bei 14).

[116] *M. Nettesheim*, Demokratisierung der Europäischen Union und Europäisierung der Demokratietheorie, in: Bauer/Huber/Sommermann (Hrsg.), Demokratie in Europa, Bd. I, Verfassungsentwicklung in Europa, Tübingen 2005, 143 (152).

[117] *Jestaedt*, in: Heinig/Terhechte (Fn. 74), 14. Zur Unterscheidung beider Freiheitsideen bereits *C. Starck*, Grundrechtliche und demokratische Freiheitsidee, in: Isensee/Kirchhof (Hrsg.), HStR, Bd. III, 3. Auflage, Heidelberg 2005, § 33, Rn. 4 ff. Dagegen auch *Böckenförde*, in: Müller (Fn. 104), 324–326.

[118] Bei *Kube* führt nämlich die Anerkennung der Herleitung der Demokratie aus der Menschenwürde zu dem Ergebnis, Respekt vor den verfahrensmäßig legitimierten Institutionen zu fordern: „Werden immer öfter Expertenkommissionen eingerichtet und auch darüber hinausgehend externe Sachverständige befasst, um Gesetzesregelungen bis ins Detail vorzubereiten, sei es zu komplexen, sei es zu ethisch anspruchsvollen Materien, spricht dies für offene oder auch unterschwellige (Selbst-)Zweifel an den Fachkenntnissen und am Einschätzungsvermögen des Parlaments und der die Gesetzesentwürfe vorbereitenden Ministerialbürokratie, mit anderen Worten für mangelnden Respekt vor den Gesetzgebungsorganen." *Kube*, in: Anderheiden/Keil/Kirste/Schaefer (Fn. 113), 597. Hier ließe sich das Zusammenspiel zwischen der relativ unpolitischen Ministerialbürokratie mit Hausleitung und Parlament auch als besondere Qualität der Vereinbarung von Expertise und Legitimation betrachten. Unterstützung für dieses Argument aus rechtsvergleichender Perspektive *D. Oliver*, Legitimacy: From Politics to Expertise and Public Opinion?, in: Ruffert (Hrsg.), Legitimacy in European Administrative Law. Reform and Reconstruction, Groningen 2011, 283 (289).

[119] *W. Schmitt Glaeser*, Wer herrscht in der Demokratie?, JöR 2010, 119 (121 ff.).

5. Stellungnahme (1): Zur immanenten Kritik

Hinter beiden normativen Kritikrichtungen steht letztlich die Forderung, die Wahlrechtsgleichheit situativ zu Gunsten anderer Organisationsprinzipien zu durchbrechen. Dahinter steht eine scheinbar oft geteilte Idee, die bei *Alexander Graser* besonders deutlich wird. Er schreibt: „Ist es nicht vielmehr die ideale Strategie, das Legitimationsdefizit arbeitsteilig und an mehreren Fronten zu zermürben, auf dass es sich eines glorreichen Tages schließlich ergebe? Mögen doch die Politikwissenschaftler – oder genauer: die Demokratietheoretiker – dafür sorgen, dass in ihrer Welt multipler Machtzentren und demoi künftig Information, Mitsprache und Mitentscheidung der Betroffenen bestmöglich institutionalisiert werden."[120] Die so geteilte Vorstellung ist, dass ein „Mehr" an Legitimation stets auch den Legitimationsanspruch des Einzelnen besser befriedigen könne. Aus verschiedenen Gründen ist dies jedoch nicht so.

Zunächst ist die Steigerung der „Legitimation durch Einbindung Betroffener" ein offener *topos*, da hier auch der Legitimationsbegriff in seiner tatsächlichen Dimension gebraucht wird. So kann Betroffenheit etwa auch durch eine „demokratische" Gestaltung von Verwaltungsverfahren zur Geltung kommen.[121] Diese Bürgerbeteiligung im konkret-individuellen Entscheidungsprozess, die insbesondere im Planungsverfahren erfolgen kann,[122] ist ein wesentlicher Aspekt zur Steigerung der Akzeptanz von Verwaltungsentscheidungen. Auf einer empirischen Ebene lässt sich zunächst festhalten, dass mehr Partizipation keineswegs mehr Demokratie bedeutet. Zwar kann eine Überbetonung von demokratischer Partizipation auch dazu führen, dass eigentlich legale Entscheidungen der Verwaltung an Akzeptanz verlieren, indem im Zuge öffentlicher Kritik ihre mangelnde Responsivität gegenüber dem Bürger gerügt wird, wie etwa *Caballero* am Beispiel Spaniens und *Gärditz* am Beispiel des

---

[120] *A. Graser*, „Demoikratie?" – Konsistenzängste im deutschen Staatsrecht, Leviathan 2003, 345 (361).

[121] Vgl. etwa Ferner *E. Schmidt-Aßmann*, Verwaltungsverfahren, in: Isensee/Kirchhof (Hrsg.), HStR, Bd. V, 3. Auflage, Heidelberg 2007, § 109, Rn. 34 ff.

[122] Vgl. etwa *B. Peters*, Legitimation durch Öffentlichkeitsbeteiligung? Die Öffentlichkeitsbeteiligung am Verwaltungsverfahren unter dem Einfluss internationalen und europäischen Rechts, Tübingen 2020, 57 ff. mit Überlegungen zum Demokratieprinzip auf 139 ff. Affirmativ insbesondere im Hinblick auf die Digitalisierung, *B.J. Hartmann*, Digitale Partizipation. Chancen und Risiken elektronischer Bürgerbeteiligung im Verwaltungsrecht, MMR 2017, 383 (386). Ferner *J. Ziekow*, Bürgerbeteiligung als systemstabilisierendes Element der parlamentarischen Demokratie, in: ders./Seok (Hrsg.), Systemkrisen und Systemvertrauen, Berlin 2015, 223 (230). *B.W. Wegener*, Neue Formen der Bürgerbeteiligung? Planung und Zulassung von Projekten in der parlamentarischen Demokratie, in: Verhandlungen des 69. Deutschen Juristentages München 2012, Bd. II/1, Sitzungsberichte, München 2013, M 59 ff. *H. Rossen-Stadtfeld*, Beteiligung, Partizipation und Öffentlichkeit, in: Hoffmann-Riem/Schmidt-Aßmann/Voßkuhle (Hrsg.), GVwR, Bd. II, Informationsordnung, Verwaltungsverfahren, Handlungsformen, 2. Auflage, München 2012, § 29, Rn. 65 ff.

Schlichtungsverfahrens für die Großprojektplanung *Stuttgart 21* nachgewiesen hat.[123] Wenn der Verwaltung der ordnungsmäßige Gesetzesvollzug zum Vorwurf gemacht werden kann,[124] werden schlussendlich die Verantwortungsbeiträge der verschiedenen Gewalten verwischt. *Zeccola* und *Pfleiderer* haben diese Ergebnisse jüngst anhand einer Fallstudie über die Kohlekommission bestätigt, die die Aufgabe hatte, neben dem Parlament einen „gesamtgesellschaftlich getragenen" Konsens für den Kohleausstieg zu erarbeiten.[125] Resultat war im Wesentlichen die Abwertung parlamentarischer Entscheidungsfindung, die sich so selbst in der Frage Berücksichtigung vs. Nichtberücksichtigung der Ergebnisse in eine Dilemmasituation gebracht hatte.[126]

Verfassungsrechtlich sind viele dieser Partizipationsformen aber in der Sache unbedenklich, solange zwischen Mit*wirkung* und Mit*entscheidung* unterschieden wird.[127] So ist etwa nichts gegen eine zwischen Bürger und Verwaltung vermittelnde Ombudsstelle ohne eigene Entscheidungsbeteiligung auszusetzen.[128] Auch gegen eine Betroffenenbeteiligung im Gesetzgebungsverfahren ist prinzipiell nichts einzuwenden, solange die verbleibende Entscheidung dem Parlament zugewiesen bleibt.[129] Diese verfahrensmäßigen Aspekte befinden sich auf einer anderen Ebene als der formal-verfahrensgesteuerte Legitimationsbegriff.

Substanziell anders zu bewerten ist jedoch dementsprechend eine organisatorische Verfestigung der Betroffenenmitwirkung. Gegen diese besteht ein gravierender systematischer Einwand. Verselbständigungen in Form der Selbstverwaltung erodieren die Gleichheit, verdoppelt sich doch der Zählwert derjenigen, die sich selbst verwalten dürfen. An sich wäre dies noch nicht pro-

[123] *F. Velasco Caballero*, The Legitimacy of the Administration in Spain, in: Ruffert (Hrsg.), Legitimacy in European Administrative Law. Reform and Reconstruction, Groningen 2011, 83 (90 ff.). *K.F. Gärditz*, Angemessene Öffentlichkeitsbeteiligung bei Infrastrukturplanungen als Herausforderung an das Verwaltungsrecht im demokratischen Rechtsstaat, GewArch 2011, 273 (279): „Demokratisch prekär ist es jedoch, wenn die für eine Demokratie formale Institutionalisierung der Willensbildung schleichend aufgelöst wird. Dies geschieht dann, wenn getroffene Entscheidungen außerhalb formaler Verfahren nach Maßgabe einer diffusen öffentlichen Meinung korrigiert werden. Die Einschaltung eines Schlichters in Stuttgart war für die Demokratie jedenfalls schädlicher als die Unzufriedenheit mit den planfestgestellten Entscheidungsinhalten, da so der Eigenwert formaler Verfahren öffentlich in Frage gestellt wurde."

[124] Vgl. *P. Tucker*, Unelected Power. The Quest for Legitimacy in Central Banking and the Regulatory State, Princeton 2018, 192: "Legality does not suffice for legitimacy."

[125] *M. Zeccola/R. Pfleiderer*, Legitimation durch Partizipation? – Verfassungsrechtliche Hürden am Beispiel der Kohlekommission, DÖV 2021, 59 (60 ff.).

[126] *Zeccola/Pfleiderer* (Fn. 125), 67.

[127] Unklar aber *Kotzur* (Fn. 99), in: Bauer/Huber/Sommermann, 368.

[128] Gute Einführung in entsprechende Überlegungen bei *A. Guckelberger*, Unabhängige Ombudsleute, in: Ziekow/Seok (Hrsg.), Systemkrisen und Systemvertrauen, Berlin 2015, 201 (202 ff.). Eine Ombudsstelle existiert etwa in Schweden. Dazu *G. Edelstam*, Legitimacy Issues in Administrative Law. Historical Approach, Constitutional Approach, Fact-Findung Approach to Responsibility from a Swedish Perspective, in: Ruffert (Hrsg.), Legitimacy in European Administrative Law. Reform and Reconstruction, Groningen 2011, 115 (136).

blematisch, wenn sich dafür wiederum formale Rechtfertigungen finden ließen. Nicht zuletzt der Föderalismus knüpft auch an unterschiedliche Gruppen von Wahlberechtigten an, die je nach Betroffenheit (z.B. ständiger Wohnsitz in einem Bundesland) mehr oder weniger Beteiligungsrechte haben.

Entformalisierend wirkt die Freiheitsausübung erst dadurch, dass sich die aus einer abstrakten „Betroffenheit" ergebende Zugehörigkeit zu einer Gruppe von Selbstverwaltungsberechtigten von der Zugehörigkeit zum Staatsvolk dadurch unterscheidet, dass sie graduell ist.[130] Die parlamentszentrierte Legitimationsordnung tut sich insoweit schwer mit der Anerkennung pluraler Legitimationselemente, da eine demokratische Gleichheit, die Differenzierungen zulässt, nicht nur ein bisschen weniger gleich ist, sondern vollständig ihre Funktion verliert.[131] Ist die Prämisse, dass jede Wählerstimme

[129] Zu dieser etwa, *M. Rossi*, Betroffenenbeteiligung im Gesetzgebungsverfahren, JöR 2014, 159–178 sowie *M. Schröder*, Die Beteiligung Betroffener an der Gesetzgebung, in: Ruffert (Hrsg.), Dynamik und Nachhaltigkeit des Öffentlichen Rechts. Festschrift für Professor Dr. Meinhard Schröder zum 70. Geburtstag, Berlin 2012, 381–398. Problematisierend auch *F. Decker*, Bürgerräte – Abhilfe gegen die Repräsentationskrise oder demokratiepolitisches Feigenblatt?, ZParl 2021, 125 (137); dies gilt selbstverständlich auch für andere Formen der Beteiligung im Gesetzgebungsverfahren, die eben nicht zwingend gestaltet werden dürfen. Vgl. etwa *T. Linke*, Ein verfassungswidriger „Wachhund für den Bürokratieabbau"? Der Nationale Normenkontrollrat im inneren Gesetzgebungsverfahren der Regierung, JZ 2016, 1081 (1088): „[...] paradoxerweise fände sich die Regierung dann in der prekären Lage wieder, in der die Ständeversammlungen im 19. Jahrhundert waren: Weil sie noch nicht über Geschäftsordnungsautonomie verfügten, konnte der Landesherr ihre Tätigkeit durch oktroyierte Geschäftsgangs-Gesetze beeinflussen." Gleiches würde für kompulsive Beteiligungsregeln gelten. Problematisch ist freilich, wenn Mitwirkungsformen institutionalisiert werden, so dargestellt bei *M. Schladebach*, Formen institutionalisierter Mitwirkung von Wirtschaftsverbänden, DÖV 2000, 1026–1031.

[130] *Grzeszick*, in: Anderheiden/Keil/Kirste/Schaefer (Fn. 48), 615; *Kirste* (Fn. 4), 191. Zum neokorporatistischen Zug von „governance" schon *M. Ruffert*, Demokratie und Governance in Europa, in: Bauer/Huber/Sommermann (Hrsg.), Demokratie in Europa, Bd. I, Verfassungsentwicklung in Europa, Tübingen 2005, 319 (342). Zu den verschiedenen Begriffsmerkmalen der Betroffenheit, vgl. *P. Axer*, Selbstverwaltung als Organisationstyp, in: Kahl/Ludwigs (Hrsg.), Handbuch des Verwaltungsrechts, Bd. III, Verwaltung und Verfassungsrecht, Heidelberg 2022, § 62, Rn. 50 ff.

[131] *H.-D. Horn*, Verbände, in: Isensee/Kirchhof (Hrsg.), HStR, Bd. III, 3. Auflage, Heidelberg 2005, § 41, Rn. 50. Vgl. auch *H.-G. Dederer*, Verbände, in: Kube u.a. (Hrsg.), Leitgedanken des Rechts. Paul Kirchhof zum 70. Geburtstag, Bd. I, Staat und Verfassung, Heidelberg u.a. 2013, § 66, 707 (711). Ähnlich auch *V. Mehde*, Von der Input-Legitimation zur Output-Legitimation – Problemlösung und öffentliche Wertschöpfung (Public Value) als Zielbilder, in: Hill/Schliesky (Hrsg.), Herausforderung e-Government. E-Volution des Rechts- und Verwaltungssystems, Baden-Baden 2009, 213 (221). Auf der anderen Seite der Gleichheit (nämlich der passiven Wahlrechtsgleichheit) ist die zuletzt durch die sogenannten Parité-Urteile in den Fokus gerückte Frage anzusiedeln, ob Listenanforderungen bei demokratischen Wahlen gleiche Verteilungen verschiedener Geschlechter fordern dürfen. Dazu etwa ThürVerfGH, Urt. v. 15.07.2020, NVwZ 2020, 1266 und VerfGH Brandenburg, Urt. v. 23.10. 2020, NJW 2020, 3579. Besprechung bei *C. Möllers*, Krise der demokratischen Repräsentation vor Gericht: zu den Parité-Urteilen der Landesverfassungsgerichte in Thüringen

gleich viel zählt, so bedeutet jede Durchbrechung nicht eine kleine Konzession in Richtung Selbstverwaltung, sondern die vollständige Preisgabe der eigenen Legitimationsprinzipien. Gleichheit als Legitimationsprinzip funktioniert gerade deshalb, *weil* sie schematisch ist.[132] Die Folge der Ergänzung eines formalen Maßstabs durch materielle Differenzierungen wäre ein vollständiger Maßstabsverlust.[133]

Zwischen klassischem und pluralisiertem Demokratiemodell besteht demnach ein Alternativverhältnis. Lässt man Differenzierungen innerhalb einer einheitlichen Bezugsgröße zu, so löst sich die für die eigentliche Legitimationsleistung erforderliche Gleichverteilung der Stimmanteile auf, da für das Parlament und seine Autorität problematische Legitimationskonkurrenzen entstehen.[134] Dann lässt sich aber nicht mehr zwischen den Verfahren differenzieren, die demokratische Legitimation vermitteln können, und solchen, die es eben nicht tun. „Autonome" Legitimation kann es in der demokratischen Einheit nicht geben.[135]

Die notwendige Folge aus diesen Überlegungen ist ein *numerus clausus* der parlamentarischen Legitimationsformen. Personell-organisatorische und sachlich-inhaltliche Legitimationsformen wirken zusammen und produzieren durch dieses exklusive Zusammenwirken das Legitimationsniveau, das – um den Anforderungen des Demokratieprinzips zu genügen –

und Brandenburg, JZ 2021, 338 (340). Lesenswert zum Problemkreis auch *A.K. Mangold*, Repräsentation von Frauen und gesellschaftlich marginalisierten Personengruppen als demokratietheoretisches Problem, in: Eckertz-Höfer/Schuler-Harms (Hrsg.), Gleichberechtigung und Demokratie – Gleichberechtigung in der Demokratie: (Rechts-)Wissenschaftliche Annährungen, Baden-Baden 2019, 107–124 (insb. 116). Richtigerweise sowohl verfassungsrechtlich als auch rechtspolitisch kritisch bereits schon *A. v. Ungern-Sternberg*, Parité-Gesetzgebung auf dem Prüfstand des Verfassungsrechts, JZ 2019, 525 (525 ff.). Ferner auch *J. Burmeister/H. Greve*, Parité-Gesetz und Demokratieprinzip: Verfassungsauftrag oder Identitätsverstoß?, ZG 2019, 154 (154 ff.). Anders aber *C.D. Classen*, Parité-Gesetze: Frauen sollen Frauen wählen können, ZRP 2021, 50–53.

[132] So wohl auch *Böckenförde* (Fn. 10), in: Isensee/Kirchhof, § 24, Rn. 42. Anders *Trute* (Fn. 31), in: Hoffmann-Riem/Schmidt-Aßmann/Voßkuhle, § 6, Rn. 21, der meint, die Durchbrechung sei unschädlich.

[133] Richtig daher auch der Vorschlag von *M. Möstl*, Elemente direkter Demokratie als Entwicklungsperspektive, VVDStRL (72) 2013, 355 (370) aus den gestiegenen Partizipationsbedürfnissen eine Stärkung verfassungsrechtlich zulässiger direktdemokratischer Mitwirkung abzuleiten.

[134] *J. Krüper*, Bürgerschaftlicher Einfluss auf das Parlament, in: Morlok/Schliesky/Wiefelspütz (Hrsg.), Parlamentsrecht. Praxishandbuch, Baden-Baden 2016, § 37, Rn. 39.

[135] So auch *M. Jestaedt*, Demokratische Legitimation – quo vadis?, JuS 2004, 649 (652): „Ungeachtet dessen ist die unspezifizierte Inbezugsetzung von Demokratie und Selbstverwaltung auch deshalb nicht überzeugend, weil sie sich auf einer Abstraktionshöhe bewegt, auf der praktisch keine der verfassungsrechtlich aufgerichteten Unterscheidungen mehr greift." Ferner *Kirste* (Fn. 4), 188.

im Hinblick auf eine konkrete Ausübung von Staatsgewalt hinreichend sein muss.[136]

Nun mag man kritisch nachfragen wollen: Wie ist es mit diesen Überlegungen zu vereinbaren, dass das Grundgesetz durch die Anerkennung verschiedener Formen der Selbstverwaltung eine eindeutige Antwort zu Gunsten pluraler Organisationsformen gegeben hat? Die Antwort darauf lautet, dass ein *numerus clausus* der Legitimationsformen nicht etwa bedeuten kann, dass die Selbstverwaltung keine staatsorganisatorische Rolle spielt, sondern dass sie sich auf einer anderen normativen Ebene lokalisiert, als die über den universellen Wahlakt und das Parlament vermittelte Legitimationsvorstellung: Während ihre grundsätzliche Rolle in einer pluralen Demokratie unbestritten bleiben mag, so ist sie doch als verfassungsdogmatische Kategorie der Anforderungen des Demokratieprinzips für die öffentliche Verwaltung ungeeignet.[137] Daraus entwickelt sich im zweiten Schritt eine verfassungsdogmatische Aufgabenstellung, auf welcher verfassungsdogmatischen Ebene die Selbstverwaltung gerade *aufgrund* ihrer zentralen Bedeutung sinnvoll berücksichtigt werden kann. Hier bietet – wie unten ausführlich dargestellt wird – die verfassungsgerichtliche Weichenstellung der Unterscheidung zwischen der Kompensation und der Rechtfertigung von Einflussknicken eine Hilfestellung.

6. Stellungnahme (2): Zur Quantifizierung des Demokratieprinzips

Die verfassungsgerichtliche Resistenz gegen eine Öffnung der Legitimationsformen scheint demgegenüber deshalb richtig, da die zu Gunsten eines „pluralen" Legitimationsmodells vorgebrachten Erwägungen allesamt gravierenden

[136] So auch *Gärditz*, der argumentiert: „Ein verwaltungsrechtliches *Mixtum compositum*, bei dem weder eine parlamentarische noch eine funktional autonome Legitimation für sich gesehen hergestellt werden kann, vermag weder auf demokratische noch auf grundrechtlich-autonome Weise gegenstandsadäquat zu legitimieren und verbietet sich daher verfassungsrechtlich. *Gärditz* (Fn. 10), 414. Ferner *C.D. Claassen*, Demokratische Legitimation im offenen Rechtsstaat: zur Beeinflussung des Demokratieprinzips durch Rechtsstaatlichkeit und internationale Offenheit, Tübingen 2009, 34 ff. Richtig ist dies insbesondere deshalb, da Legitimation auf Zurechnung und Zurechnung wiederum auf der Möglichkeit eindeutiger Verantwortungsattribution beruht. Siehe auch *W. Loschelder*, Weisungshierarchie und persönliche Verantwortung in der Exekutive, in: Isensee/Kirchhof (Hrsg.), HStR, Bd. V, 3. Auflage, Heidelberg 2007, § 107, Rn. 21. *K.F. Gärditz*, Funktionale Selbstverwaltung und Demokratieprinzip im Recht der Wasser- und Entsorgungsverbände, AbfallR 2004, 235 (239). Zu dieser Funktion der Drei-Elemente-Lehre auch *Volkmann* (Fn. 98), 588.

[137] Richtig etwa die Kritik von *A. Schäfer/H. Schoen*, Mehr Demokratie, aber nur für wenige? Der Zielkonflikt zwischen mehr Beteiligung und politischer Gleichheit, Leviathan 2013, 94 (96 ff.), die zeigen, dass im Rahmen von „Partizipation" zugewonnene Beteiligungsmöglichkeiten in der Demokratie keineswegs sozial gleich verteilt sind. Ferner *Kirste* (Fn. 4), 188. Ähnlich auch *M. Jestaedt*, Selbstverwaltung als „Verbundbegriff" – Vom Wesen und Wert eines allgemeinen Selbstverwaltungsbegriffes, Die Verwaltung 2002, 293 (309).

Bedenken ausgesetzt sind. Ist damit gezeigt, dass in der so vorgenommenen Quantifizierung des Demokratieprinzips durch die verfassungsgerichtliche Rechtsprechung ein „gangbarer" da systematisch plausibel begründbarer Weg liegt, so bleibt die Frage offen, wie dieser Weg im Hinblick auf die jenseits des Verfassungsrechts liegende qualitative Demokratienorm zu begründen ist. Auch diese ist im Sinne des oben Gesagten Maßstab, will die Verfassung nicht irgendeine, sondern eine mit guten Gründen zu rechtfertigende Herrschaftsordnung darstellen.

Zunächst ist festzuhalten, dass sich der verfassungsgerichtliche Fokus auf die Gleichheit im Rechtsvergleich nicht nur als nicht zwingend herausstellt,[138] sondern eine dogmatisch konstruierte Ausnahmeerscheinung ist. *Emde* hat argumentiert, dass er verfassungsgeschichtlich nicht zwingend sei, erschien das Volk „in den Kindertagen der verfassungsrechtlichen Dogmatik des Grundgesetzes häufig eher noch als fluide Größe und noch nicht durchweg als administrativ exakt bestimmbare Gesamtmenge der Staatsangehörigen."[139] Andere Demokratiebegriffe gehen dementsprechend andere Wege. So ist es in Großbritannien anscheinend so, dass *Labour* etwa 37 % der Stimmen für eine Parlamentsmehrheit auf sich vereinen muss, während die *Tories* 42 % benötigen.[140] Ein solcher Unterschied wäre mit dem auf Gleichheit dogmatisch zugespitzten grundgesetzlichen Demokratiebegriff nicht zu rechtfertigen.

Zu dieser allgemeinen Kontingenz in der spezifisch „deutschen" Demokratiedeutung tritt ein zweiter Aspekt. Die grundgesetzliche Besonderheit ist die Legitimationsbedürftigkeit der Rechtsanwendung. Die sich daraus ergebende formale Ausgestaltung der Verwaltungslegitimation kennt kein Gegenstück im verselbständigungsfreundlichen Verfassungsrecht der USA, Großbritannien, Frankreich oder auch der Europäischen Union.[141] Das Legitimationserfordernis erfasst hier nicht schlechthin jede Ausübung von Staatsgewalt, sondern erschöpft sich vielmehr schon im Prozess der Rechtsetzung. So können andere Aspekte in den Vordergrund treten. Insoweit ist es auch nicht besonders überraschend, dass das Credo der Kunden- und Dienstleistungsorientie-

---

[138] *Volkmann* (Fn. 98), 586. Verschiedene Demokratienarrative arbeitet *A. Wallrabenstein*, Gleichstellungsziel und Demokratiekonzepte bei der personellen Legitimation der zweiten und dritten Gewalt, in: Eckertz-Höfer/Schuler-Harms (Hrsg.), Gleichberechtigung und Demokratie – Gleichberechtigung in der Demokratie: (Rechts-)Wissenschaftliche Annährungen, Baden-Baden 2019, 161 (176) auf.

[139] *E.T. Emde*, Herrschaftslegitimation ohne Volk? Zum demokratischen Prinzip in funktionalen und supranationalen Zweckverbänden, in: Enders/Masing (Hrsg.), Freiheit des Subjekts und Organisation von Herrschaft, Der Staat Beiheft 2006, 65 (68).

[140] Dies berichtet *Möllers*, in: Cancik (Fn. 11), 28. Vgl. auch den Diskussionsbeitrag von *Starck*, im selben Band (41), der darauf verweist, dass der lokale Wahlkreis für die englische Demokratie die zentrale Bedeutung hat.

[141] *Jestaedt* (Fn. 4), in: Pünder/Waldhoff, 184.

rung der *Neuen Steuerungsmodelle* maßgeblich von einem Rechtssystem (dem Britischen) inspiriert wurde, in dem auf eine Ableitung des Legitimationszusammenhangs vom souveränen Volk gänzlich verzichtet wird.[142] Mit der deutschen Verfassungsdogmatik, nach der auch jede Rechtsanwendung im Einzelfall Ausübung von Staatsgewalt darstellt, und damit legitimationsbedürftig ist, ist dies nicht zu vereinbaren.

Geht man sodann wie hier davon aus, dass die Legitimation auch des Einzelfalls zwingend ist, kann es im Rahmen der prozeduralen Entstehung von demokratischer Legitimation aus der gleichen Einflusschance der Bürgerinnen und Bürger keine plausible Alternative zur Gleichheit geben.[143] Daraus entwickelt sich dann ein vornehmlich defensiver Begriff der Verwaltungslegitimation, der auf die Abwehr von Partikularinteressen gerichtet ist.

Problematisch ist diese „defensive Konzeption" der demokratischen Legitimation dennoch nicht. Denn sie impliziert nicht gleichzeitig einen defensiven Demokratiebegriff. Der Fokus auf politische Gleichheit in den (so letztlich verwaltungsrechtlich gedeuteten) Legitimationsverfahren bedeutet dementsprechend nicht, dass man mit der Legitimation bereits die „Gelingensbedingungen"[144] der Demokratie erfasst hätte, die weit darüber hinausgehen mögen.[145] Wie jede Komplexitätsreduktion bringt die Quantifizierung des ursprünglich qualitativen Legitimationsmaßstabs „Demokratie" unvermeidlich eine gewisse Entwertung mit sich.[146] Es wäre dementsprechend ein Irrtum, wenn man die Lehre von der demokratischen Legitimation der Verwaltung mit einem allumfassenden Maßstab für demokratische Entscheidungen gleich-

[142] Vgl. *A. Le Sueur*, People as ‚Users' and ‚Citizens' – The quest for legitimacy in British Public Administration, in: Ruffert (Hrsg.), Legitimacy in European Administrative Law. Reform and Reconstruction, Groningen 2011, 29 (31 ff.).

[143] *B.-O. Bryde*, Das Demokratieprinzip des Grundgesetzes als Optimierungsaufgabe, in: Redaktion Kritische Justiz (Hrsg.), Demokratie und Grundgesetz. Eine Auseinandersetzung mit der verfassungsgerichtlichen Rechtsprechung, Baden-Baden 2000, 59 (60); *Petersen* (Fn. 4), 159, der dann aber ein Alternativmodell erarbeitet. Dies läuft in Teilen im Ergebnis auf das letztlich hier vertretene Modell hinaus, scheint mir aber die verschiedenen Ebenen der normativen Rechtfertigung zu vermischen. Soweit Deliberation als Qualitätskriterium von demokratischen Entscheidungen vorgeschlagen wird, wäre zu bedenken, dass auch in solchen Konstellationen Machtbeziehungen entstehen, die die demokratische Gleichheit zu durchbrechen in der Lage sind (vgl. 169). Ein Versuch, diese wiederum in den Blick zu nehmen, wird von *H. Brunkhorst*, Selbstbestimmung durch deliberative Demokratie, Leviathan 2017, 21 (21 ff.) unternommen. Die hier vorgenommene Akzentuierung demokratischer Öffentlichkeit (28) widerspricht aber nicht unbedingt der formalen Theorie des Verfassungsgerichts. Kritisch zur allzu schnellen Verwandlung der Dogmatik *Emde* (Fn. 139), in: Enders/Masing, 71.

[144] Zu diesem Begriff etwa *H. Pünder*, Wahlrecht und Parlamentsrecht als Gelingensbedingungen repräsentativer Demokratie, VVDStRL (72) 2013, 191 (197 ff.).

[145] Sehr deutlich wird dies bereits bei *M. Kriele*, Das demokratische Prinzip im Grundgesetz, VVDStRL (29) 1971, 46 (58 ff.).

[146] Dazu auch *Volkmann*, in: Friauf/Höfling (Fn. 77), Art. 20, Rn. 47.

setzen würde. In *Böckenfördes* richtungsweisendem Beitrag im *Handbuch des Staatsrechts* wird dies besonders deutlich: Hier ist die Lehre der demokratischen Legitimation eben nur ein Element unter vielen, das Demokratie ausmacht. Neben die demokratische Legitimation treten soziokulturelle, politisch-strukturelle und ethische Voraussetzungen demokratischer Herrschaft,[147] die es erlauben, dass der qualitative Anspruch der Demokratie durch positiv-inhaltliche Maßstäbe verwirklicht wird.

III. Dogmatische Konsequenzen der verfassungsgerichtlichen Lehre

Nimmt man die politischen und rechtlichen Prämissen des verfassungsgerichtlichen Legitimationsmodells nun so als gegeben an, so sind daraus verschiedene dogmatische Konsequenzen abzuleiten. Diese lassen zunächst genauer erkennen, wie sachlich-inhaltliche und personell-organisatorische Legitimation „zusammenwirken" können (und wie eben nicht). Weiterhin erlauben sie eine Klärung der Frage, an welcher Stelle Betroffenenpartizipation und Sachnähe sowie die sogenannte „Output" Legitimation durch objektivierte Entscheidungsrichtigkeit im „dreischrittigen" Modell des Bundesverfassungsgerichts bestehend aus *Legitimation(sdefizit) – Kompensation – Rechtfertigung* berücksichtigt werden kann.

1. Keine wechselseitige Totalsubstitution der Legitimationsformen

Aus Ziel und Stoßrichtung der Legitimation als Zurechnungszusammenhang ergibt sich nicht einfach eine Kumulation der Legitimationsformen, sondern ein auch theoretisch fundiertes Zusammen*wirken*. Als Zwischenergebnis wurde oben festgehalten, dass sich die verschiedenen Legitimationsformen zu einer Art Pegel in einem Wasserglas addieren, das je nach Amtsaufgabe eines unterschiedlichen Füllstandes bedarf.[148] Dies ist nur der erste Teil der Anforderung. Denn ein hinreichendes Niveau an demokratischer Legitimation kann nicht mehr erreicht werden, wenn eine Legitimationssäule vollständig entfällt. Für die demokratische Legitimation muss sich im vorgestellten Wasserglas mithin eine Mischung beider Legitimationsformen befinden. Dies ist im Einzelnen streitig, obwohl der (gleichfalls konstruierte) Wortlaut des „Zusam-

[147] *Böckenförde* (Fn. 10), in: Isensee/Kirchhof, § 24, Rn. 42, 58 ff. Ähnlich auch ausgearbeitet bei *Schmitt Glaeser* (Fn. 119), 124 ff. In diesem Sinne auch *T. Mori*, Die staatliche Willensbildung in der differenzierten Gesellschaft: Repräsentative Demokratie bei Hermann Heller und Jürgen Habermas, ARSP 2000, 185–206.

[148] Oben I. 1. c.

menwirkens" insoweit schon recht eindeutig formuliert ist. Das Bundesverfassungsgericht hat sich zur Frage bisher nicht klar positioniert.[149]

Die Literatur weist richtigerweise darauf hin, dass die Grenzen gegenseitiger Ersetzbarkeit nur unzureichend abstrakt und schematisch festzustellen sind.[150] *Grzeszick* etwa bringt vor, dass eine vollständige Substitution einer Legitimationsform gerade deshalb möglich sein müsste, da beide Formen im Parlament entspringen.[151] Aus der daraus bestimmten Gleichrangigkeit folgert er die vollständige gegenseitige Ersetzbarkeit.[152] Für die Kompensationsthese scheint zudem ein eher exotisches Beispiel der Beleihung zu streiten. Die Beleihung zieht ihre sachlich-inhaltliche Legitimation in der Regel aus der gesetzlichen Ermächtigung, die die Übertragung von Hoheitsrechten gestattet.[153] Hinzu kommt die intraexekutive Kontrolle der Aufsicht.[154] Im Normalfall erfolgt die tatsächliche Übertragung der hoheitlichen Befugnisse auch durch Hoheitsakt einer personell-institutionell legitimierten Amtsperson. Hier bestehen jedoch bei Schiffs- und Flugkapitänen Ausnahmen, die zeigen sollen, dass eine Totalkompensation grundsätzlich möglich sei.[155]

---

[149] Ein Ansatzpunkt in der Literatur ist die Entscheidung zum *Mitbestimmungsgesetz Schleswig-Holstein*, auch wenn es hier nicht um eine vorgelagerte Legitimationswirkung ging, sondern vor allem um die Möglichkeit der Kompensation durch parlamentarische Kontrolle. Dieser Aspekt wäre nach der hier vorgeschlagenen Systematik zu den Kompensationselementen zu rechnen. Dennoch verdient er hier Erwähnung, da er in der Diskussion um die Substitution angeführt wird. *Mehde* (Fn. 10), 197 ff. liest die Entscheidung zu Gunsten der Substitutionsthese, *A. Tschentscher*, Demokratische Legitimation der dritten Gewalt, Tübingen 2006, 61 f. zu Ungunsten. Diskussion und Hinweise bei *Grzeszick*, in: Dürig/Herzog/Scholz (Fn. 22), Art. 20, Rn. 128.

[150] *Dreier*, in: ders. (Fn. 47), Art. 20, Rn. 113. So auch iE *Jestaedt* (Fn. 50), 281 ff.; *Mehde* (Fn. 10), 197 ff.; *Böckenförde* (Fn. 10), in: Isensee/Kirchhof, § 24, Rn. 23.

[151] *Grzeszick*, in: Dürig/Herzog/Scholz (Fn. 22), Art. 20, Rn. 130. Vgl. auch *Grzeszick*, in: Anderheiden/Keil/Kirste/Schaefer (Fn. 48), 609.

[152] *Grzeszick*, in: Dürig/Herzog/Scholz (Fn. 22), Art. 20, Rn. 130.

[153] *H. Dreier*, in: ders. (Hrsg.), Grundgesetz, Bd. I, 3. Auflage, Tübingen 2013, Art. 1 III, Rn. 39. Zustimmend wohl *Möllers*, in: Herdegen/Masing/Poscher/Gärditz (Fn. 15), § 5, Rn. 42, der aber nicht zwischen Defizit und Totalsubstitution unterscheidet.

[154] Übersicht bei *H. Maurer/C. Waldhoff*, Allgemeines Verwaltungsrecht, 20. Auflage, München 2020, § 23, Rn. 56.

[155] Schiffs- und Flugkapitäne haben in ihrem Tätigkeitsbereich hoheitliche Befugnisse (vgl. § 106 SeemG, § 12 Abs. 1 LuftSiG), werden aber nicht individuell bestellt. Nach § 2 Abs. 1 SeemG ist Kapitän der vom Reeder bestellte Führer des Schiffs. Die Bestimmung des verantwortlichen Kapitäns (Luftfahrzeugführers) ist nach § 2 Abs. 3 Luftverkehrsordnung (Luft-VO) vom Halter des Luftfahrzeugs zu treffen. *Dreier*, in: ders. (Fn. 47), Art. 20, Rn. 113. Bei genauerem Hinsehen entpuppt sich dies jedoch als unzutreffend. Denn der individuellen Bestellung für den Einzelfall ist eine verbindliche staatliche Eignungsprüfung vorgelagert, mit der der Beliehene abstrakt zur Ausübung hoheitlicher Befugnisse berufen wird. § 5 Abs. 2 SeeArbG bestimmt etwa, dass der Schiffskapitän Inhaber eines staatlichen Patentes sein muss. Gleiches gilt nach § 20 Abs. 2 Luft-VO für Flugkapitäne. Dass darüber hinaus keine Bestellung für das einzelne Schiff oder Flugzeug erfolgt, kann kein Legitimationsdefizit begründen. Hielte man dies im Endeffekt nicht für überzeugend, müsste man noch nachweisen können, warum ein Ausnahmefall von Flug- und Schiffskapitänen paradig-

Die Annahme einer wechselseitigen Totalsubstitution überzeugt allerdings nicht.[156] Dies lässt sich einfach mit einem Gedankenexperiment illustrieren. Eine Kompensation der gesetzesgespeisten sachlich-inhaltlichen Legitimation durch erhöhte personell-organisatorische Anteile würde in lediglich charismatischer Herrschaft resultieren. Eine solche Führerdemokratie ist dem Grundgesetz aber aus guten Gründen fremd.[157] Das Parlament darf eben nicht lediglich die konkrete Person bestimmen, die Herrschaft ausübt, sondern muss die Herrschaftsausübung auch zusätzlich noch inhaltlich steuern. Verzichtete man auf der anderen Seite auf den personell-organisatorischen Anteil der Legitimation, so müsste die Einzelfallentscheidung schon vom Parlament getroffen werden. Dies würde selbstvollziehende Gesetze erfordern. Selbstvollzug würde aber das Vollzugsmonopol der Exekutive umgehen und damit gegen das Verfassungsprinzip der Gewaltenteilung verstoßen.[158]

Das insoweit von *Grzeszick* vorgebrachte Argument, beide Legitimationsstränge würden vom Parlament ausgehen, ist zwar im Ansatz richtig, trägt aber mithin in seiner konkreten Anwendung nicht. Art. 20 Abs. 2 S. 2 GG bestimmt nicht nur einen legitimatorischen Ursprung, sondern auch die konkrete (gewaltengeteilte) Modalität der Ausübung öffentlicher Gewalt. Gerade *weil* beide Legitimationsstränge gleichrangig sind, kann ein hinreichendes Legitimationsniveau bei Wegfall eines Stranges nicht mehr erreicht (sondern nur noch kompensiert oder gerechtfertigt) werden.[159]

Dies lässt sich noch besser mit der unterschiedlichen Funktion der verschiedenen Legitimationsformen darstellen.[160] Mit zunehmender Konkretisierung (d.h. Individualisierung) des Sachverhalts wird auch auf der Entscheidungsebene zunehmend individualisiert, d.h. die Entscheidung einer einzelnen Amtsperson zugewiesen.[161] Die Zuspitzung des Entscheidungsträgers spiegelt

matische (und systembrechende) Wirkung für das gesamte Verwaltungsorganisationsrecht haben sollte. Dazu etwa *K.-P. Sommermann*, in: v. Mangoldt/Klein/Starck (Hrsg.), Grundgesetz Kommentar, Bd. II, 7. Auflage, München 2018, Art. 20, Rn. 176 sowie *Tschentscher* (Fn. 149), 60. Kritisch aber *Kirste* (Fn. 4), 202.

[156] Im Ergebnis auch *Böckenförde* (Fn. 10), in: Isensee/Kirchhof, § 24, Rn. 23; *Emde* (Fn. 10), 46, 329 ff.; *Sommermann*, in: v. Mangoldt/Klein/Starck (Fn. 155), Art. 20, Rn. 170; *Trute* (Fn. 31), in: Hoffmann-Riem/Schmidt-Aßmann/Voßkuhle, § 6, Rn. 58.

[157] *Dreier*, in: Stekeler-Weithofer/Zabel (Fn. 20), 45.

[158] Ähnlich auch *W. Kluth*, Funktionale Selbstverwaltung. Verfassungsrechtlicher Status – verfassungsrechtlicher Schutz, Tübingen 1997, 346 ff. Zur verfassungsrechtlichen Problematik selbstvollziehender Gesetze *V. Herold*, Grenzen automationsgerechter Gesetzgebung, DÖV 2020, 181 (186). Dieses Problem einräumend: *Grzeszick*, in: Dürig/Herzog/Scholz (Fn. 22), Art. 20, Rn. 132.

[159] Dazu auch *Trute* (Fn. 31), in: Hoffmann-Riem/Schmidt-Aßmann/Voßkuhle, § 6, Rn. 14.

[160] Ähnlich auch (im Hinblick auf das globale Verwaltungsrecht) *O. Lepsius*, Standardsetzung und Legitimation, in: Möllers/Voßkuhle/Walter (Hrsg.), Internationales Verwaltungsrecht. Eine Analyse anhand von Referenzgebieten, Tübingen 2007, 345 (358–359).

[161] Vgl. *Meinel* (Fn. 30), in: Kahl/Ludwigs, § 61, Rn. 1.

sich auf der Ebene der Legitimationsbedürftigkeit. Abstrakt-generelle Normen können insoweit mit der abstrakt-generellen Normsetzungsebene (z.B. Parlament, Regierung, Selbstverwaltungskörperschaft) hinreichend legitimiert werden, während der Vorgang der Anwendung und Konkretisierung einer abstrakt-generell legitimierten Norm auf einen individuellen Sachverhalt einer *zusätzlichen* Legitimationsebene bedarf.[162] Ganz gleich wie hoch die Legitimation der abstrakt-generellen Norm auch sein mag, löst die Konkretisierung immer einen zusätzlichen Legitimationsbedarf aus.

Besonders klar wird das Argument gegen die Totalsubstitution dann, wenn der verschiedenartige Ursprung beider Legitimationsquellen im Vollzugsföderalismus einbezogen wird.[163] Im Regelfall wirken im Verwaltungsvollzug verschiedene Legitimationssubjekte zusammen, die jeweils unterschiedliche Teile der Normkonkretisierung abdecken. Die sachlich-inhaltliche Legitimation wird beim Vollzug von Bundesgesetzen durch die Länder sowohl durch die gesetzliche Steuerung durch das parlamentarische Gesetz als auch durch die vom Landesministerium als Verwaltungsspitze ausgehende Konkretisierungs- und Einzelweisungsbefugnis gespeist. Gerade hier kommt es auf das Ineinandergreifen verschiedener Legitimationselemente an, um eine gemeinsame Legitimationsbasis von Staats- und Landesvolk zu generieren.[164] Beim kommunalen Vollzug kommt entsprechend eine weitere Legitimationsebene hinzu, die gemeinsam aus den landesrechtlichen Organisationsnormen und den lokal-basisdemokratischen Beteiligungsverfahren gespeist wird.

---

[162] Richtig wiederum *Lepsius*, in: Möllers/Voßkuhle/Walter (Fn. 160), 359. Rechtsvergleichend *J. Ponce Solé*, The History of Legitimate Administration in Europe, in: Ruffert (Hrsg), Legitimacy in European Administrative Law. Reform and Reconstruction, Groningen 2011, 155 (160).

[163] Dazu etwa *M. Ruffert*, Parlamentarisierung von Herrschaft im Mehrebenensystem, in: Morlok/Schliesky/Wiefelspütz (Hrsg.), Parlamentsrecht. Praxishandbuch, Baden-Baden 2016, § 42, Rn. 5 ff. *Lepsius*, in: Möllers/Voßkuhle/Walter (Fn. 160), 360. Zum Verlust von Klarheit und Zurechenbarkeit in Mehrebenesystemen (am Beispiel der EU) *U. Volkmann*, Mehrebenenparlamentarismus: Neue Wege zur europäischen Demokratie?, in: Franzius/Mayer/Neyer (Hrsg.), Modelle des Parlamentarismus in 21. Jahrhundert. Neue Ordnungen von Recht und Politik, Baden-Baden 2015, 185 (204).

[164] Dazu auch *E. Schmidt-Aßmann*, Grundstrukturen des Verwaltungsrechts und des Verwaltungsrechtsschutzes in den USA, VerwArch 2020, 1 (8). *I. Härtel*, Der staatszentrierte Föderalismus zwischen Ewigkeitsgarantie und Divided Government. Genese, Ausprägung und Problemhorizonte des Bundesstaatsprinzips, in: dies. (Hrsg.), Handbuch Föderalismus: Föderalismus als demokratische Rechtsordnung und Rechtskultur in Deutschland, Europa und der Welt, Bd. I, Grundlagen des Föderalismus und der deutsche Bundesstaat, Berlin/Heidelberg 2012, § 16, Rn. 48 ff. Zum ambivalenten Verhältnis des Föderalismus mit Heraushebung demokratischer Vorteile, *C. Starck*, Idee und Struktur des Föderalismus im Lichte der Allgemeinen Staatslehre, in: Härtel (Hrsg.), Handbuch Föderalismus: Föderalismus als demokratische Rechtsordnung und Rechtskultur in Deutschland, Europa und der Welt, Bd. I, Grundlagen des Föderalismus und der deutsche Bundesstaat, Berlin/Heidelberg 2012, § 1, Rn. 11.

Insoweit bekommt das Erfordernis der insbesondere am Beispiel der Mischverwaltung entwickelten klaren Verantwortungszuordnung[165] seine demokratierelevante Bedeutung. In der Entscheidung zu den *Hartz IV Arbeitsgemeinschaften* argumentierte das Verfassungsgericht dass „[e]ine hinreichend klare Zuordnung von Verwaltungszuständigkeiten vor allem im Hinblick auf das Demokratieprinzip erforderlich [ist], das eine ununterbrochene Legitimationskette vom Volk zu den mit staatlichen Aufgaben betrauten Organen und Amtswaltern fordert und auf diese Weise demokratische Verantwortlichkeit ermöglicht […]. Daran fehlt es aber, wenn die Aufgaben durch Organe oder Amtswalter unter Bedingungen wahrgenommen werden, die eine klare Verantwortungszuordnung nicht ermöglichen. Der Bürger muss wissen können, wen er wofür – auch durch Vergabe oder Entzug seiner Wählerstimme – verantwortlich machen kann.“[166] Es muss daher Klarheit bestehen, auf wen die verschiedenen Legitimationsstränge zurückgehen.[167]

2. Zur Rolle der Betroffenenpartizipation im Legitimationsmodell

Die sich im Rahmen des Legitimationsniveaus anschließende Frage ist, ob die Legitimationssubjekte des universal und über Gebietszugehörigkeit bestimmten Ganzen (des Staatsvolks, der Landesvölker) und seiner örtlich-sachnah bestimmten Teile (der Gemeindevölker) eine abschließende Bestimmung der möglichen Legitimationssubjekte darstellen, oder ob sich auch die funktional bestimmte Gruppenzugehörigkeit im Rahmen der autonomen Selbstverwaltung als zusätzliche Legitimationsform zur originären Legitimationsvermittlung eignet.[168] Zentral ist hier, wie sich Sachnähe und Betroffenheit zur demokratischen Gleichheit verhalten.[169] Mit dem oben eingeführten Qualitätsunterschied zwischen der aus der formal bestimmten Staatsbürgerschaft

---

165 Dazu siehe oben § 4.

166 BVerfGE 119, 331 (366). Dies erfordert insbesondere, dass Verwaltungsträger, die insoweit als notwendiger Bezugspunkt dieser Verantwortungszurechnung fungieren, Aufgaben eigenverantwortlich, d.h. mit eigenem Personal, eigenen Sachmitteln und eigener Organisation wahrnehmen müssen. BVerfGE 119, 331 (367). Dazu auch *G. Hermes*, in: Dreier (Hrsg.), Grundgesetz, Bd. III, 3. Auflage, Tübingen 2018, Art. 83, Rn. 48.

167 So auch *M. Sachs*, in: ders. (Hrsg.), Grundgesetz Kommentar, 9. Auflage, München 2021, Art. 20, Rn. 41. Es muss ferner klar sein, welchem Verwaltungsträger die Letztverantwortung für eine bestimmte Entscheidung zukommt. *C. Gröpl*, in: Dürig/Herzog/Scholz (Fn. 22), Art. 91c, Rn. 6.

168 So etwa *T. Groß*, Grundlinien einer pluralistischen Interpretation des Demokratieprinzips, in: Redaktion Kritische Justiz (Hrsg.), Demokratie und Grundgesetz. Eine Auseinandersetzung mit der verfassungsgerichtlichen Rechtsprechung, Baden-Baden 2000, 93 (98). Diskussion etwa bei *Axer* (Fn. 130), in: Kahl/Ludwigs, § 62, Rn. 21.

169 Dazu etwa *Kirste* (Fn. 4), 190, 203. Differenzierend auch *J. Oebbecke*, Demokratische Legitimation nicht-kommunaler Selbstverwaltung, VerwArch 1990, 349 (349).

hergeleiteten Zugehörigkeit zum Wahlvolk und der graduellen Betroffenheit aufgrund Sachnähe wurde dies bereits zurückgewiesen: „Autonome" Legitimation kann es im verfassungsrechtlichen Legitimationsmodell nicht geben.

Das Bundesverfassungsgericht hat sich mit dieser Einordnung und der Herausbildung einer klaren Auffassung hier besonders schwergetan. Noch im *Lippeverbands*-Beschluss des Bundesverfassungsgerichts aus dem Jahr 2002 ist die Frage weitgehend ungeklärt geblieben.[170] Hier argumentierte das Gericht, dass das Demokratieprinzip außerhalb der unmittelbaren Staatsverwaltung offen „für andere, insbesondere vom Erfordernis lückenloser personeller demokratischer Legitimation aller Entscheidungsbefugten abweichende Formen der Organisation und Ausübung von Staatsgewalt" sei.[171] So sei es möglich, „die im demokratischen Prinzip wurzelnden Grundsätze der Selbstverwaltung und der Autonomie angemessen zur Geltung zu bringen."[172] Sodann formulierte das Bundesverfassungsgericht den vielzitierten Satz: „Die funktionale Selbstverwaltung ergänzt und verstärkt insofern das demokratische Prinzip. Sie kann als Ausprägung dieses Prinzips verstanden werden, soweit sie der Verwirklichung des übergeordneten Ziels der freien Selbstbestimmung aller dient."[173] Das Bundesverfassungsgericht erkannte so die Möglichkeit der Organisationsform der funktionalen Selbstverwaltung an, ließ aber offen, ob

[170] BVerfGE 107, 59 (90 ff.). Zusammenfassend *Musil* (Fn. 16), 116 (118 ff.). Kritisch *Emde* (Fn. 139), in: Enders/Masing, 69. Ferner *Jestaedt* (Fn. 135), 652. Zum Problem des Verbandswesens in der Demokratie auch *Horn* (Fn. 131), in: Isensee/Kirchhof, § 41, Rn. 49 ff. Früh im Hinblick auf die Wasserverbände auch *P.J. Tettinger/T. Mann*, Zur demokratischen Legitimation in sondergesetzlichen Wasserverbänden, in: Tettinger/Mann/Salzwedel (Hrsg.), Wasserverbände und demokratische Legitimation, München 2000, 1 (1 ff.).

[171] BVerfGE 107, 59 (90). Zustimmend *Hermes*, in: Gaitanides/Kadelbach/Rodriguez Iglesias (Fn. 77), 425: „prinzipielle Abkehr von der Exklusivität traditioneller parlamentarisch-repräsentativer Legitimationsvermittlung"

[172] BVerfGE 107, 59 (90).

[173] BVerfGE 107, 59 (91) zitiert hier BVerfGE 44, 125 (142) und *Emde* (Fn. 10), 356 f. Es fährt fort: „Das demokratische Prinzip des Art. 20 Abs. 2 GG erlaubt deshalb, durch Gesetz – also durch einen Akt des vom Volk gewählten und daher klassisch demokratisch legitimierten parlamentarischen Gesetzgebers – für abgegrenzte Bereiche der Erledigung öffentlicher Aufgaben besondere Organisationsformen der Selbstverwaltung zu schaffen. Dadurch darf zum einen ein wirksames Mitspracherecht der Betroffenen geschaffen und verwaltungsexterner Sachverstand aktiviert werden. Mit der Übertragung der Wahrnehmung öffentlicher Aufgaben in Formen der Selbstverwaltung darf der Gesetzgeber zum anderen das Ziel verfolgen, einen sachgerechten Interessenausgleich zu erleichtern, und so dazu beitragen, dass die von ihm beschlossenen Zwecke und Ziele effektiver erreicht werden (vgl. BVerfGE 37, 1 [26 f.]). Vgl. auch *Unruh* (Fn. 16), 536 f., 554. Gelingt es, die eigenverantwortliche Wahrnehmung einer öffentlichen Aufgabe mit privater Interessenwahrung zu verbinden, so steigert dies die Wirksamkeit des parlamentarischen Gesetzes. Denn die an der Selbstverwaltung beteiligten Bürger nehmen die öffentliche Aufgabe dann auch im wohlverstandenen Eigeninteresse wahr; sie sind der öffentlichen Gewalt nicht nur passiv unterworfen, sondern an ihrer Ausübung aktiv beteiligt." Diskussion auch bei *Robbers*, in: Kahl/Waldhoff/Walter (Fn. 15), Art. 20 Abs. 1, Rn. 770 ff.

die in ihrem Rahmen erfolgende Partizipation als originär demokratische Legitimation von „Teilvölkern" anzuerkennen ist.[174] *Wißmann* hat dies etwa richtig dahingehend eingeordnet, dass das Bundesverfassungsgericht „so das verfassungsrechtliche System, das es durch seine Rechtsprechung geschaffen hat, in einen Schwebezustand versetzt" hat.[175]

In seinem eigentlich auf die Mischverwaltung bezogenen Urteil zu den *Hartz IV-Arbeitsgemeinschaften* von 2007 fing das Bundesverfassungsgericht seine vorher getätigten Äußerungen zu den Wasserverbänden folgerichtig gewissermaßen wieder ein,[176] indem es präzisierte: „Demokratische Legitimation kann in einem föderal verfassten Staat grundsätzlich nur durch das Bundes- oder Landesvolk für seinen jeweiligen Bereich vermittelt werden."[177] Die Interpretation dieser eigentlich eindeutigen Aussage ist aber aufgrund ihrer Kontextualisierung in der Mischverwaltung umstritten geblieben.[178] Weitere Rechtsprechung des Verfassungsgerichts hat danach nicht zu einer Klärung der Grundsatzfrage beitragen können.

---

[174] Prägnant so vertreten von *R. Herzog*, in der Altauflage von Maunz/Dürig (Hrsg.), Grundgesetz (1980), Art. 20 II, Rn. 56; *W. Brohm*, Strukturen der Wirtschaftsverwaltung. Organisationsformen und Gestaltungsformen im Wirtschaftsverwaltungsrecht, Stuttgart 1969, 252 ff. Zur Offenheit auch *P. Unruh*, Anmerkung zu BVerfG, Beschluss vom 05.12.2002 – 2 BvL 5/98 und 6/98, JZ 2003, 1057 (1061). *Kluth* (Fn. 158), 342 ff. wiederum vertritt, dass im Errichtungsakt für den Selbstverwaltungsträger, eine „kollektive personelle Legitimation" vermittelt werde. Die richtige Einordnung der Partizipation als Teilaspekt des Verwaltungsverfahrens gelingt demgegenüber *E. Gurlit*, Eigenwert des Verfahrens im Verwaltungsrecht, VVDStRL (70) 2011, 227 (242 ff.).

[175] *H. Wißmann*, Verfassungsrechtliche Vorgaben der Verwaltungsorganisation, in: Hoffmann-Riem/Schmidt-Aßmann/Voßkuhle (Hrsg.), GVwR, Bd. I, 2. Auflage, München 2012, § 15, Rn. 60. Vgl aber *Petersen* (Fn. 4), 152, der schon die Rückkehr zur alten Rspr. in der formalen Argumentation des BVerfG voraussieht.

[176] So auch die (jedoch kritisch gemeinte) Einschätzung bei *Wallrabenstein*, in: Rixen (Fn. 75), 32. Zu den sich entwickelnden Anforderungen an das Organisationsrecht *D. Winkler*, Die Umsetzung von „Hartz IV" als Herausforderung an das Organisationsrecht – Eine Analyse der verfassungs- und sozialrechtlichen Diskussion unter Berücksichtigung der Entscheidung des BVerfG vom 20.12.2007, Az. 2 BvR 2433/04 und 2 BvR 2434/04, VerwArch 2008, 509–537.

[177] BVerfGE 119, 331 (366). Die dem Urteil angefügte abweichende Meinung des Richters *Broß*, der Richterin *Osterloh* und des Richters *Gerhardt* zeigt daraufhin die so identifizierte Meinungsverschiedenheit auf, indem sie argumentieren: „Die Senatsmehrheit lässt sich von vermeintlich drohenden Gefahren für eine rechtsstaatliche und demokratisch legitimierte Aufgabenwahrnehmung leiten, ohne sich auch nur ansatzweise mit der Leistungsfähigkeit der […] neueren Steuerungsinstrumente zu befassen. Die Möglichkeiten demokratischer Legitimation moderner Verwaltungsstrukturen werden schlicht durch den Rückgriff auf das Bild der Legitimationskette ausgeblendet, was dem komplexen Konzept des hinreichenden Legitimationsniveaus […] nicht gerecht wird." BVerfGE 119, 331 (386 ff.). Dazu auch *A. Kley*, Herrschaftsausübung in Arbeitsteilung, VVDStRL (77) 2018, 125 (148).

[178] Für *W. Kluth*, Funktionale Selbstverwaltung, in: Kahl/Ludwigs (Hrsg.), Handbuch des Verwaltungsrechts, Bd. III, Verwaltung und Verfassungsrecht, Heidelberg 2022, § 65, Rn. 40 ff. ist etwa die Lippeverbandsentscheidung immer noch maßgeblich.

Als problematisch für die hier vorgebrachte Auffassung könnte sich indes erweisen, wenn die formal-exklusive Bestimmung der Legitimationsformen dazu führen würde, dem besonderen Stellenwert der Selbstverwaltung unter dem Grundgesetz nicht gerecht werden zu können. Dies ist aber gerade deshalb nicht so, da das „dreischrittige" Modell des Bundesverfassungsgerichts bestehend aus *Legitimation(sdefizit) – Kompensation – Rechtfertigung* hier eine klare Einordnung ermöglicht. Denn diese erlaubt je nach binnenorganisatorischer Gestaltung der Partizipationsform die Zuordnung in eine andere dogmatische Kategorie, die nun – im Vorgriff auf § 13 und § 14 – auch das Verhältnis von Legitimation, Kompensation und Rechtfertigung erklären lässt.

Bringt man dieses Modell nun methodisch auf eine Kurzformel, so ergibt sich zunächst, dass sich jeder differenzierende Einfluss als Durchbrechung der Gleichheit, mithin auch die Selbstverwaltung als Einflussknick darstellt. Einflussknicke verlangen nach Kompensation oder Rechtfertigung. Partizipative Elemente können unter Umständen eine solche kompensatorische Wirkung entfalten, die jedoch erst in einem *zweiten Schritt* nach der Feststellung eines für eine bestimmte Tätigkeit sonst für sich nicht ausreichenden Legitimationsniveaus zu prüfen ist. Kompensatorische Wirkung können diese partizipativen Elemente nämlich wiederum nur unter bestimmten, unten noch zu vertiefenden Bedingungen liefern. Die tatsächliche Sachnähe der Selbstverwaltung, eine adäquate demokratische Binnenstruktur oder die auf Mitglieder begrenzte Ausübung von Hoheitsgewalt sind Bedingungen, die an das Eintreten der Kompensationswirkung gestellt werden müssen. Tritt die kompensatorische Wirkung nicht ein, so verbleibt nur die Möglichkeit der Rechtfertigung aus gleichrangigen Verfassungsrechtsgründen.

Die Kompensation – dies wird in § 13 ausführlich diskutiert – verlangt eine Stoffgleichheit von zu füllender Lücke und kompensierendem Element. Manche Selbstverwaltungsmodelle (wie etwa das der Ärztekammern) rekurrieren auch in ihrer Selbstorganisation auf formale Zugehörigkeitsregeln, oben als homogen-mitgliedschaftliche Organisation umschrieben, und auf auf Zählgleichheit beruhenden Willensbildungsverfahren.[179] Sie können als Demokratien in der Demokratie, als Mikrodemokratien im größeren Einheitszusammenhang gelten. Solange sie sich auf Aufgaben mit Mitgliedschaftsbezug beschränken,[180] können sie daher das demokratische Argument für sich in Anspruch nehmen.

Solche Modelle sind allerdings die Ausnahme. Denn in der Praxis kennt die Selbstverwaltung neben der egalitären Willensbildung viele verschiedene Mo-

---

[179] Dazu deutlich offener als hier *Axer* (Fn. 130), in: Kahl/Ludwigs, § 63, Rn. 53 ff. Zu den verschiedenen Formen der Binnenorganisation auch *Kluth* (Fn. 178), in: Kahl/Ludwigs, § 65, Rn. 75 ff.

[180] Zu dieser Anforderung *Kluth* (Fn. 178), in: Kahl/Ludwigs, § 65, Rn. 62 ff. Ferner auch BVerfGE 101, 312 (323).

delle der Differenzierung zwischen verschiedenen Betroffeneninteressen.[181] Eine solche ist unter Umständen aus der Binnenperspektive der Selbstverwaltungseinheit geradezu geboten, wenn antagonistische Betroffeneninteressen aufeinanderprallen.[182] Schon das Beispiel der Industrie- und Handelskammern zeigt, dass Einflussknicke durch die graduelle Wirkung des Betroffenheitskriteriums teils unvermeidlich sind.[183] Aufgabe der IHK-Vollversammlungen ist es etwa, das Gesamtinteresse der regionalen Wirtschaft zu repräsentieren. Dazu erfolgt eine Unterteilung in Wahlgruppen, die je nach fachlicher Ausrichtung und ökonomischer Bedeutung in der bestimmten Region zusammengesetzt sind. Durch diese angepasste Zusammensetzung der Wahlgruppen wird es erreicht, dass von einem Gesamtinteresse der Wirtschaft gesprochen werden kann. Diese Differenzierung scheint sinnhaft, um das Selbstverwaltungsziel zu erreichen, produziert aber gleichzeitig das Problem der klaren Festlegung der verschiedenen Gewichtungen. Einflussknicke zu Gunsten bestimmter Gruppen sind dadurch kaum vermeidbar. Freilich können auch solche Konstruktionen als Durchbrechungen des demokratischen Zusammenhangs verfassungsrechtlich gerechtfertigt sein. Sie können zur Rechtfertigung aber nicht auf den vorgeblich „demokratischen" Charakter der Selbstverwaltung verweisen.

Im Regelfall müssen die durch die Selbstverwaltung entstehenden Einflussknicke daher mit gleichwertigen verfassungsrechtlichen Gründen gerechtfertigt sein. Welche Argumente dafür angeführt werden können, wird in § 14 dargestellt. Einiges liegt hier jedoch im Argen. Das „demokratische" Argument wird so in der gegenwärtigen Praxis einiger Selbstverwaltungsbereiche aus seinem Zusammenhang gerissen und dient der Rechtfertigung völlig abseitiger Verfahrensgestaltungen.[184]

3. Objektivierte Entscheidungsrichtigkeit („output") im Legitimationsmodell

Zuletzt ist die Frage zu klären, welche Rolle die (fälschlich bezeichnete) „output" Legitimation im verfassungsrechtlichen Legitimationsmodell spielen

[181] Dazu siehe oben.

[182] *Trute* (Fn. 31), in: Hoffmann-Riem/Schmidt-Aßmann/Voßkuhle, § 6, Rn. 83. Bei *M. Burgi*, Selbstverwaltung angesichts von Europäisierung und Ökonomisierung, VVDStRL (62) 2003, 405 (447) wird treffend der Begriff der „Selbstverwaltungsbürgerschaft" eingeführt.

[183] Ausführlich oben § 10, IV. 1. c.

[184] *T. Kingreen*, Die Wahl der Qual: Sozialwahlen in der Sozialversicherung, JöR 2019, 139 (150) argumentiert am Beispiel der Friedenswahlen, dass sich die „korporatistische Parallelgesellschaft von der Welt des geltenden Verfassungsgerichts abgeschottet hat."

kann.[185] Diese wird in Anknüpfung an eine Unterscheidung von *Fritz Scharpf* im Gegensatz zur Input-Legitimation so verstanden, dass die Richtigkeit von Entscheidungen hier nicht über einen durch eine Kollektivität verfahrensmäßig erzeugten Maßstab beurteilt wird, sondern an einem apriorisch festgelegten und so objektivierten Ideal des besten Interesses für diese Kollektivität.[186] Der Unterschied kann in einer plakativen Unterscheidung zwischen einer Herrschaft des Volkes und einer Herrschaft *für das Volk* illustriert werden.[187] Hier ist es relativ unproblematisch festzustellen, dass letztere Herrschaftsform nicht dem Demokratiebegriff des Grundgesetzes entspricht. In einer Demokratie kann materielle Richtigkeit nicht von bestimmten Personen apriorisch festgelegt,[188] sondern nur in den dazu bestimmten Verfahren erzeugt werden.[189] Nicht nur, dass schon aus epistemologischer Perspektive gar keine Verfahren zur objektiven Präferenzoptimierung kollektiver Ordnungen existieren,[190] entspricht eine solche Fokussierung nicht dem Grundsatz der Volkssouveränität als Selbstregierung einer kollektiven Einheit, die sich als Autorin selbstgesetzter Regeln versteht. Output-Legitimation ist dementsprechend keine demokratische Legitimation, da sie keinen Standpunkt erzeugt, aus dessen Maßstäben die Richtigkeit von Entscheidungen beurteilt werden kann.[191]

---

[185] Vgl. *Trute* (Fn. 31), in: Hoffmann-Riem/Schmidt-Aßmann/Voßkuhle, § 6, Rn. 53, der darauf aufmerksam macht, dass die Bedeutung des Konzepts der *output* Legitimation weitgehend ungeklärt ist. Vgl. auch die ausführliche Darstellung bei *Schliesky* (Fn. 54), 601 ff. sowie bei *Petersen* (Fn. 4), 142 und *Kirste* (Fn. 4), 184 ff.

[186] Vgl. etwa *F.W. Scharpf*, Regieren in Europa. Effektiv und demokratisch?, Frankfurt am Main 1999, 16–20.

[187] *Scharpf* (Fn. 186), 16.

[188] Deshalb darf es im Übrigen auch kein Fehlen der sachlich-inhaltlichen Legitimationsstränge geben. Vgl. das Argument oben gegen eine „Führerdemokratie." Dazu auch *Dreier*, in: Stekeler-Weithofer/Zabel (Fn. 20), 45.

[189] *K.F. Gärditz*, Europäisches Regulierungsverwaltungsrecht auf Abwegen, AöR 135 (2010), 251 (278): „Einen apriorisch ‚richtigen' Output gibt es zunächst einmal ebenso wenig wie ‚das Gemeinwohl'. Legitimationsverfahren sind gerade darauf angelegt, politische Ergebnisse zu erzeugen, die man vorher nicht kennt und auch nicht kennen kann. Demgegenüber muss eine Beurteilung anhand eines Outputs auf der Prämisse aufbauen, richtige Ergebnisse bereits zu kennen, damit aber insoweit letztlich auf gegenstandserzeugende demokratische Verfahren verzichten zu können." Vgl. auch *Jestaedt* (Fn. 4), in: Pünder/Waldhoff, 197. Darstellung auch bei *Nettesheim* (Fn. 116), in: Bauer/Huber/Sommermann, 154 f.

[190] Dies stellt *J. Nida-Rümelin*, Philosophische Grundlagen des Föderalismus, in: Härtel (Hrsg.), Handbuch Föderalismus: Föderalismus als demokratische Rechtsordnung und Rechtskultur in Deutschland, Europa und der Welt, Bd. I, Grundlagen des Föderalismus und der deutsche Bundesstaat, Berlin/Heidelberg 2012, § 5, Rn. 18 ff. anschaulich dar.

[191] Vgl. *Forst*, in: Flügel-Martinsen/Gaus/Hitzel-Cassagnes/Martinsen (Fn. 1), 140; Vgl. ferner *Jestaedt*, in: Heinig/Terhechte (Fn. 74), 15 f.; *Möllers* (Fn. 71), 43 f. *Kirste* (Fn. 4), 186. Richtig schon *H.-D. Horn*, Staat und Gesellschaft in der Verwaltung des Pluralismus. Zur Suche nach Organisationsprinzipien im Kampf ums Gemeinwohl, Die Verwaltung 1993, 545 (547). Differenzierend im Kontext der Weltgesellschaft *Volkmann* (Fn. 98), 607; *D. Roth-Isigkeit*, The Plurality Trilemma. A Geometry of Global Legal Thought, New York 2018,

So klar diese Position auch formuliert werden kann, ist sie dennoch nur eine Seite der Medaille. Im Rahmen der Europäischen Verwaltungsorganisation spielt die Entscheidungsrichtigkeit eine zentrale Rolle,[192] und auch Äußerungen in der Literatur bringen die Entscheidungsqualität zunehmend als Legitimationsfaktor auch im Verfassungsrecht ins Spiel.[193] Richtig daran ist zumindest, dass die Verfassungsordnung den Deliberationsergebnissen, selbst wenn sie in richtigen, da zählwertgleichen Verfahren zustande kommen, nicht teilnahmslos gegenüberstehen kann. In seinen wesentlichen Grundzügen wurde diese Position oben bereits umrissen: Zum Demokratieprinzip tritt ein aus dem Schnittbereich der Gewaltenteilung und des Rechtsstaatsprinzips[194] entnommenes Prinzip aufgabenadäquater Organisation hinzu, das auf die Sachrichtigkeit staatlicher Aufgabenerledigung gerichtet ist.[195] Damit ist selbstverständlich kein moralischer Realismus gemeint. Die Sachrichtigkeit knüpft an innerrechtliche Qualitätskriterien an, wie etwa Kohärenz, Effektivität, Effizienz, Wirtschaftlichkeit, Transparenz oder Akzeptanz.[196] Es handelt sich dabei

232 ff. Andere Ansicht aber *S. Bredt*, Die demokratische Legitimation unabhängiger Institutionen. Vom funktionalen zum politikfeldbezogenen Demokratieprinzip, Tübingen 2006, 280 ff.

[192] Vgl. etwa *M. Ruffert*, in: Calliess/Ruffert (Hrsg.), EUV/AEUV: Das Verfassungsrecht der Europäischen Union mit Europäischer Grundrechtecharta Kommentar, 5. Auflage, München 2016, AEUV Art. 173, Rn. 12; *J.P. Terhechte*, Einführung: Das Verwaltungsrecht der Euopäischen Union als Gegenstand rechtswissenschaftlicher Forschung – Entwicklungslinien, Prinzipien und Perspektiven, in: ders. (Hrsg.), Verwaltungsrecht der Europäischen Union, Baden-Baden 2011, § 1, Rn. 28–29. Ausführlich auch *A. Peters*, Elemente einer Theorie der Verfassung Europas, Berlin 2001, 521 ff. Ferner *R. Poscher*, Das Verfassungsrecht vor den Herausforderungen der Globalisierung, VVDStRL (67) 2008, 160 (176 ff.).

[193] *Schliesky* (Fn. 54), 601 ff., insb. 649; *D. Czybulka*, Die Legitimation der öffentlichen Verwaltung – unter Berücksichtigung ihrer Organisation sowie der Entstehungsgeschichte zum Grundgesetz, Heidelberg 1989, 55 f. Unklar auch *Kotzur*, in: v. Münch/Kunig (Fn. 19), Art. 20, Rn. 116.

[194] Zu den Organisationswirkungen des Rechtsstaatsprinzips klassisch *E. Schmidt-Aßmann*, Der Rechtsstaat, in: Isensee/Kirchhof (Hrsg.), HStR, Bd. II, 3. Auflage, Heidelberg, 2004, § 26, Rn. 75 ff. Ferner auch *A. v. Arnauld*, Rechtsstaat, in: Depenheuer/Grabenwarter (Hrsg.), Verfassungstheorie, Tübingen 2010, § 21, 703 (726).

[195] Vgl. oben § 6.

[196] Weitere Aufzählungen bei *S. Kempny*, Verwaltungskontrolle – zur Systematisierung der Mittel zur Sicherung administrativer Rationalität unter besonderer Berücksichtigung der Gerichte und der Rechnungshöfe, Tübingen 2017, 32; *M. Fehling*, Das Verhältnis von Recht und außerrechtlichen Maßstäben, in: Trute/Groß/Röhl/Möllers (Hrsg.), Allgemeines Verwaltungsrecht – zur Tragfähigkeit eines Konzepts, Tübingen 2008, 461 (469); *Gärditz* (Fn. 10), 191 sowie *F. Reimer*, Das Parlamentsgesetz als Steuerungsmittel und Kontrollmaßstab, in: Hoffmann-Riem/Schmidt-Aßmann/Voßkuhle (Hrsg.), GVwR, Bd. I, Methoden, Maßstäbe, Aufgaben, Organisation, 2. Auflage, München 2012, § 9, Rn. 4; *Dreier/Kuch* (Fn. 54), in: Kahl/Ludwigs, § 60, Rn. 52. *Grzeszick*, in: Dürig/Herzog/Scholz (Fn. 22), Art. 20, Rn. 154. Begriffsbestimmung im Hinblick auf „Optimalität" auch bei *G. Lienbacher*, Rationalitätsanforderungen an die parlamentarische Rechtsetzung im demokratischen Rechtsstaat, VVDStRL (71) 2012, 7 (11 ff.). Den Zusammenhang der Output-Legitimation mit der Entscheidungsakzeptanz betont *Mehde*, in: Hill/Schliesky (Fn. 131), 217.

um Umsetzungsmaßstäbe für das materielle Recht, die sich strukturell in Verfahrens- und Organisationsrecht niederschlagen.[197]

So ist etwa anerkannt, dass die Selbstverwaltung für ein wirksames Mitspracherecht der Betroffenen sorgen, verwaltungsexternen Sachverstand aktivieren und damit letztlich die Effektivität staatlicher Aufgabenerfüllung steigern darf.[198] Kollegialorgane werden gerade aufgrund ihrer besonderen Entscheidungsrationalität eingerichtet, die im hierarchischen Modell nur unzureichend zur Geltung kommt.[199] Private Organisationsformen wählt der Staat, um die Effektivität seiner eigenen Aufgabenerfüllung zu verbessern. Mit *Trute* gesprochen, vermittelt der Output „die Gründe, Entscheidungszusammenhänge so auszurichten, dass legitime Gemeinwohlziele auch erreicht werden können."[200] Es geht auch hier schon mithin nicht um materielle Werte und Interessen, sondern um eine abstrakte Verbesserung der Möglichkeit richtigen staatlichen Entscheidens.[201]

Auch diese Maßstäbe können im dreischrittigen Modell des Bundesverfassungsgerichts bestehend aus *Legitimation(sdefizit) – Kompensation – Rechtfertigung* verortet werden. Genauso wie die Betroffenenpartizipation spielen diese Kriterien im Verfassungsstaat eine Rolle, sind aber richtigerweise keine Legitimationsformen. Gleichfalls können sie keine Legitimationsdefizite kompensieren, da sie mit der auf einem Zurechnungszusammenhang beruhenden Volkssouveränität nicht stoffgleich sind.[202] Unter bestimmten Voraussetzungen kann die Anknüpfung an Qualitätskriterien staatlichen Entscheidens jedoch Einflussknicke rechtfertigen. Besonders deutlich wird dies etwa dann, wenn die Durchsetzung bestimmter (auch abstrakt bereits demokratisch deliberierter) Interessen, wie die Stabilität des Zentralbankwesens oder der Umwelt- und Verbraucherschutz, in ihrer konkreten Umsetzung die Abkoppelung von einzelfallbezogenen politischen Einflussmöglichkeiten verlangen. Auch wenn diese Themen nun verstärkt auf der politischen Tagesordnung stehen, so bleiben sie doch für rationalitätsschädigende Einzelfall-

197 Ausführlicher unten § 14.

198 BVerfGE 107, 59 (91).

199 Dazu *Groß* (Fn. 76), 122.

200 *Trute* (Fn. 31), in: Hoffmann-Riem/Schmidt-Aßmann/Voßkuhle, § 6, Rn. 53 mit Verweis auf den Ansatz bei *F. Scharpf*, Demokratietheorie zwischen Utopie und Anpassung, Konstanz 1970.

201 *Schliesky* (Fn. 54), 670 nennt dies eine „*ex-ante output*-Prognose."

202 Darauf läuft auch die Argumentation von *Jestaedt*, in: Heinig/Terhechte (Fn. 74), 16 hinaus. An dieser Voraussetzung scheitert nach hier vertretener Ansicht auch der Versuch von *Hoffmann*, im Bereich der Energieregulierung einen nach nationalem Demokratiebegriff entstehenden Einflussknick durch einen europäischen Demokratiebegriff zu füllen. Vgl. *R. Hoffmann*, Demokratische Legitimation im Verbund der Energieregulierung, Baden-Baden 2021, 117 ff.

weisungen vulnerabel.[203] Die Details dieser Argumentation werden unten in § 14 ausführlich besprochen.

IV. Kontrollniveau

Entscheidend ist nicht die Form der Kontrolle staatlichen Handelns, sondern deren Effektivität; notwendig ist ein bestimmtes Kontrollniveau. [...] Für die Beurteilung, ob ein hinreichendes Niveau an Kontrolle erreicht wird, haben die verschiedenen Formen der Kontrolle nicht je für sich Bedeutung, sondern nur in ihrem Zusammenwirken. [...] Das Grundgesetz ist offen für begrenzte Modifikationen der Verwaltungskontrolle, durch die Kontrollknicke kompensiert werden können. [...] Eine Absenkung des Kontrollniveaus ist jedoch nicht unbegrenzt zulässig und bedarf zudem der Rechtfertigung.

Diese fiktiven, freilich an die verfassungsrechtlichen Anforderungen zum Legitimationsniveau angelehnten Zeilen sollen illustrieren, dass mit dem Begriff des Kontrollniveaus eine vergleichbare Effektivitätsperspektive eingeführt werden kann. Diese ist etwas weniger prominent als das Legitimationsniveau, aber dennoch in der wissenschaftlichen Diskussion und in der Rechtsprechung des Bundesverfassungsgerichts fest verankert.

Der Begriff des Kontrollniveaus entstammt – wie *Wolfgang Kahl* berichtet – einer unveröffentlichten Arbeit von *Hermann Hill* im Kontext des im Jahr 2000 zum Thema der Verwaltungskontrolle veranstalteten Symposiums im Rahmen des Heidelberger Reformprojektes des Allgemeinen Verwaltungsrechts.[204] Nachdem das Bundesverfassungsgericht 2013 im Urteil zum *Antiterrordateigesetz* den Begriff des Kontrollniveaus ins Verfassungsrecht hob,[205] ist er mittlerweile häufiger zu finden.[206]

---

[203] *Meinel* (Fn. 30), in: Kahl/Ludwigs, § 61, Rn. 23, Fn. 105 stellt die Behauptung auf, dass auch wenn man im Anschluss an *Forsthoff* (*E. Forsthoff*, Der Staat der Industriegesellschaft. Dargestellt am Beispiel der Bundesrepublik Deutschland, München 1971, 121) einst vermutet hatte, dass sich bestimmte Interessen wie etwa Umwelt- und Verbraucherschutz nur über unabhängige Behörden gesellschaftlich effektuieren ließen, sich mittlerweile gezeigt habe, dass die Politisierung über die Wahlentscheidung ganz genauso gelingen kann. Das Argument scheint mir aber deshalb nicht zu tragen, da selbst die „grüne“ Wahlentscheidung nur abstrakte Vorgaben für mehr Umweltschutz machen kann, während die Tagespolitik weiter vulnerabel bleibt.

[204] *Kahl* (Fn. 29) in: Hoffmann-Riem/Schmidt-Aßmann/Voßkuhle, § 47, Rn. 213, Fn. 848. Siehe besonders *Schmidt-Aßmann*, in: Hoffmann-Riem/Schmidt-Aßmann (Fn. 29), 40. Ferner auch die Anmerkungen bei *E. Schmidt-Aßmann*, Grundrechte als Organisations- und Verfahrensgarantien, in: Merten/Papier (Hrsg.), HGR, Bd. II, Grundrechte in Deutschland – Allgemeine Lehren I, § 45, Rn. 48.

[205] BVerfGE 133, 277 (357).

[206] Siehe etwa *B. Grzeszick*, Grenzen des parlamentarischen Untersuchungsrechts und Kompetenzen des Parlamentarischen Kontrollgremiums, DÖV 2018, 209 (214) oder *S. Simon/H. Rathke*, „Schlechterdings nichtmehr nachvollziehbar“ – Warum?, EuZW 2020, 500 (503).

1. Das Kontrollniveau als Wirksamkeitsurteil

Gemeinsam haben die Begriffe des Legitimations- und des Kontrollniveaus zunächst ihren Charakter als „Transformationsbegriff",[207] der es ermöglicht, abstrakte Anforderungen mit realweltlichen Zusammenhängen zu verkoppeln. Auch das Kontrollniveau ist ein Wirksamkeitsurteil, das anstatt auf einen Zurechnungs- auf einen nachträglichen Kontrollzusammenhang gerichtet ist. Eine organisationsrechtliche Dimension hat der Begriff dahingehend, dass die Kontrolle ebenfalls im Rahmen einer Gesamtbetrachtung im konkreten Organisationszusammenhang effektiv sein muss. Die Organisation ermöglicht dabei durch Informationsflüsse, Hierarchien und praktische Sanktionsmöglichkeiten den Zugriff auf eine Entscheidung. Sie hat damit genauso wie bei der Legitimation eine Scharnierwirkung im Hinblick auf die Wirksamkeit der Kontrolle. Methodisch gilt damit insbesondere auch das bereits oben abgeleitete Gebot der Prozeduralisierung des Primärmaßstabs.[208] Hierzu kann auf Kontrollparameter als Indikatoren zurückgegriffen werden.[209]

Der Begriff der Wirksamkeit als Effektivität des Kontrollzusammenhangs folgt hier schon aus den grundgesetzlichen Vorgaben des Art. 19 Abs. 4 GG, der von der Rechtsprechung und Literatur als ein Anspruch auf lückenlose, tatsächlich wirksame gerichtliche Kontrolle gelesen wird.[210] Die Ausgestaltung als subjektives Recht gibt gleichzeitig materielle Kriterien der Verhältnismäßigkeit für die Wirksamkeitsbeurteilung vor: diese muss im Hinblick auf das verfolgte Ziel geeignet, angemessen und zumutbar sein.[211] Ähnlich der Legitimation besteht kein Anspruch auf maximal möglichen, sondern nur auf im Hinblick auf ein bestimmtes amtliches Handeln erforderlichen wirksamen Rechtschutz. Welches Kontrollniveau hinreichend ist, hängt damit wiederum von der grundrechtlichen Eingriffstiefe ab. Dies gilt ebenfalls für die parlamentarische Kontrolle, die nach der Rechtsprechung des Bundesverfassungsgerichts unter einem Wirksamkeitsgebot steht.[212]

---

[207] Dazu soeben § 12, I. 1. b.

[208] Zutreffend *Schmidt-Aßmann* (Fn. 17), 231: „Die verwaltungsrechtliche Kontrollehre muß sich, die Aussagen ihrer Teildogmatiken übergreifend, folglich auch zu zulässigen und zu gebotenen Kontrollverstärkungen und Kontrollverschränkungen insoweit äußern, als es um das gebotene Kontrollniveau geht. Die dafür zu entwickelnden Maßstäbe sind nicht einfach aus den einschlägigen Gesetzen abzuleiten. Notwendig sind die Analyse von Informationsflüssen und die Ermittlung organisationstypischer Verhaltensregeln."

[209] Vgl. *Schmidt-Aßmann* (Fn. 17), 229.

[210] St. Rspr.: vgl. nur BVerfGE 101, 106 (122); 101, 397 (407); 104, 220 (231 f.); 113, 273 (310); 118, 168 (207). *H. Schulze-Fielitz*, in: Dreier (Fn. 153), Art. 19 IV, Rn. 80. *E. Schmidt-Aßmann*, in: Dürig/Herzog/Scholz (Fn. 22), Art. 19 IV, Rn. 4.

[211] BVerfGE 60, 251 (369); 77, 275 (284); 88, 118 (123 ff.); Siehe auch BVerfGE 109, 279 (363 f.); *Schulze-Fielitz*, in: Dreier (Fn. 153), Art. 19 IV, Rn. 81.

[212] BVerfGE 147, 50.

2. Kontrolle als Rationalitätselement

Die Kontrolle erfüllt im demokratischen Rechtsstaat verschiedene Funktionen.[213] Diese gehen über die Ermöglichung subjektiven Rechtsschutzes hinaus und wirken insoweit auch objektiv. Im Urteil zum *Antiterrordateigesetz* stellte das Verfassungsgericht etwa auf eine objektive Zielbestimmung als Maßstab ab. Bestimmte Dokumentations- und Offenlegungspflichten sollten die Kontrolleure in die Lage versetzen, zu überprüfen, „ob die sich auch nach Vorstellung des Gesetzgebers in Stufen vollziehende Anwendung der Vorschriften durch die Exekutive rationalen Kriterien folgt und durch Sinn und Zweck des Gesetzes geleitet ist."[214] Neben dem (auch subjektiv initiierten) subjektiven Rechtsschutz kommt der Kontrolle damit eine objektiv rationalisierende Wirkung zu. Deutlich wird dies auch an der zentralen Rolle von Begründungen im Rahmen der verschiedenen Kontrollformen.[215]

In der Vorstellung der Gewaltenteilung stellt die Kontrolle „das verfassungsgebotene Widerlager zur Eigenständigkeit der Verwaltung"[216] dar. Entnimmt man etwa, wie *Kempny* argumentiert,[217] dem Rechtstaatsprinzip ein umfassendes Rationalisierungsprinzip staatlicher Herrschaft, dann gewinnt die objektive und jenseits des Einzelfalls operierende Dimension der Kontrolle an Boden. Indikatoren dafür sind etwa die verschiedenen Stoßrichtungen der Kontrollen, die ihren Ursprung nicht in der Judikative haben. Zu nennen sind hier nur die punktuellen Wirkungen parlamentarischer oder auch Rechnungshofkontrollen.

Selbst wenn ein bestimmtes Legitimationsniveau bei der Entscheidung gewahrt bleibt, kann dies nicht garantieren, dass die notwendig vorhandenen Spielräume auch so ausgeübt werden, dass sie zu materiell-rechtlich korrekten Entscheidungen führen.[218] So erscheint Kontrolle auch als Komplement zur

---

[213] Sozialwissenschaftliche Betrachtung etwa bei *K. Lüder*, Verwaltungskontrolle aus sozial- und verwaltungswissenschaftlicher Perspektive, in: Schmidt-Aßmann/Hoffmann-Riem (Hrsg.), Verwaltungskontrolle, Baden-Baden 2001, 45 (45 ff.).

[214] BVerfGE 133, 277 (357). Überlegungen dazu insbesondere zum Zusammenhang mit dem Verfahren bei *M. Fehling*, Eigenwert des Verfahrens im Verwaltungsrecht, VVDStRL (70) 2011, 278 (299 ff.). Bestätigung etwa in BVerfGE 141, 220 (284 f.) und in 154, 152 (286 f., Rn. 265).

[215] Deutlich etwa bei *U. Kischel*, Die Begründung. Zur Erläuterung staatlicher Entscheidungen gegenüber dem Bürger, Tübingen 2003, 176 ff.

[216] Formulierung bei *Schmidt-Aßmann* (Fn. 17), 230.

[217] *Kempny* (Fn. 196), 2–3.

[218] Gleichfalls wird Kontrolle zuweilen gemeinsam mit dem Begriff der Legitimation betrachtet. *J. Schmidt*, Die demokratische Legitimationsfunktion der parlamentarischen Kontrolle – eine verfassungsrechtliche Untersuchung über Grundlage, Gegenstand und Grenzen der parlamentarischen Kontrolle unter besonderer Berücksichtigung der ministerialfreien Räume und der Privatisierung, Berlin 2007, 43 ff. Auch das ist im Hinblick auf die oben angestellten Überlegungen nicht richtig. Wenn wir davon ausgehen, dass Legitimation der *Grund* rechtlicher Anerkennung ist (so auch *J. Isensee*, Grundrechte und Demokratie, Der

Legitimation. Das Grundgesetz geht dabei von einem Zusammenwirken verschiedener Kontrollmechanismen aus.[219] Dabei lassen sich verschiedene Parameter feststellen, so etwa Gegenstand, Maßstäbe, Zeiträume etc.[220]

Gleichzeitig besteht aber ein wesentlicher Unterschied zwischen den Begriffen des Legitimations- und Kontrollniveaus. Zwar trifft der aus dem Legitimationsniveau entlehnte Satz *„Für die Beurteilung, ob ein hinreichendes Niveau an Kontrolle erreicht wird, haben die verschiedenen Formen der Kontrolle nicht je für sich Bedeutung, sondern nur in ihrem Zusammenwirken."* auch für die Verwaltungskontrolle zu. Hier unterscheidet sich jedoch, was das Zusammenwirken konkret bedeutet. Die verschiedenen Kontrollformen wirken nämlich nicht als ein geschlossenes System zusammen, sondern bilden jeweils einzelne Kontrollmuster und -schemata ab, die sich daher auch nur begrenzt wechselseitig kompensieren können.

3. Das Kontrollniveau als Maßstab für abweichende Organisationsformen

Wenn dem Kontrollniveau somit auch eine sowohl subjektiv-institutionelle als auch eine objektiv-rationalisierende Dimension zukommt, dann bedeutet dies gleichzeitig, dass der Begriff genauso wie das Legitimationsniveau als ein Maßstab für abweichende Organisationsformen geeignet erscheint. Atypische Organisationsformen können daraufhin befragt werden, ob sie durch die konkrete Art ihrer Entscheidungs- und Informationsstrukturen in der Lage sind, die Wirksamkeit der Kontrolle funktional äquivalent zum Primärmaßstab zu ermöglichen.[221] Dies darf nicht als ein zu strikter Maßstab verstanden werden, denn auch hier kann die konkrete Ausgestaltung der Kontrolle je nach Art und Weise der Ausübung von Staatsgewalt differieren.

Staat 20 [1981], 16 und oben § 6) so kann die auf die Ausübung von Staatsgewalt nur folgende Überprüfung der Übereinstimmung mit den Legitimationserfordernissen des Grundgesetzes nicht gleichsam normative Ursache der Akzeptanz eines bestimmten Verhaltens sein, sondern nur als sozialer Fakt zur rechtlich-sozialen Akzeptanz beitragen. Damit ergibt sich, dass die Sicherung zwar ein notwendiges Komplement zur Legitimation darstellt, aber nicht selbst legitimierend wirkt.

[219] Zur Funktion der Kontrolle im „Gefüge staatlicher Funktionengliederung": *W. Krebs*, Kontrolle in staatlichen Entscheidungsprozessen – ein Beitrag zur rechtlichen Analyse von gerichtlichen, parlamentarischen und Rechnungshof-Kontrollen, Heidelberg 1984, 38 ff.; *P. Kirchhof*, Mittel staatlichen Handelns, in: Isensee/Kirchhof (Hrsg.), HStR, Bd. V, 3. Auflage, Heidelberg 2007, § 99, Rn. 224 f.; *Kempny* (Fn. 196), 261.

[220] *Schmidt-Aßmann* (Fn. 17), 229.

[221] So etwa auch *H. Schulze-Fielitz*, Zusammenspiel von öffentlich-rechtlichen Kontrollen der Verwaltung in: Schmidt-Aßmann/Hoffmann-Riem (Hrsg.), Verwaltungskontrolle, Baden-Baden 2001, 291 (302).

Die Parameter eines solchen objektiven „hinreichenden Kontrollniveaus" hat das Bundesverfassungsgericht (ohne den Begriff explizit zu nennen) im Urteil zum *Bundesnachrichtendienst* vom 19. Mai 2020 geradezu paradigmatisch entfaltet. Das Urteil ist besonders hilfreich, da es allgemeine Anforderungen an eine objektivierbare Kontrollwirksamkeit entwickelt.

Hier wird deutlich, wie sich das Verfassungsgericht an seinen Formulierungen zum Legitimationsniveau orientiert. Zunächst verlangt das Gericht, dass die Kontrolle als kontinuierliche Rechtskontrolle auszugestalten ist, die einen umfassenden Kontrollzugriff ermöglicht.[222] Hier geht es also um die Formulierung eines zunächst einmal umfassenden Kontrollmaßstabs, der nur durch das „Zusammenwirken der Kontrollinstanzen"[223] generiert werden kann. Kontrolldefizite in bestimmten Bereichen können durch Verstärkung anderer Kontrollformen kompensiert werden.[224]

Im Ergebnis ist also das „hinreichende Kontrollniveau", ohne explizit so bezeichnet worden zu sein, schon in der Rechtsprechung des Bundesverfassungsgerichts verankert. Es geht um einen sachbereichsspezifischen Kontrollmaßstab, der umso höher anzusetzen ist, je intensiver die grundrechtliche Eingriffstiefe zu bewerten ist. Verlangt ist eine dem Sachbereich angemessene, wirksame Kontrolle. Im Zusammenwirken verschiedener Kontrollformen muss daher wiederum eine gewisse Kontrollintensität erreicht werden, die kein kausales Nachvollziehen jeder Entscheidung verlangt, sondern nur eine (letztlich probabilistische) Kontrolldichte.

V. Kontrollformen

Die analoge Begriffsbildung hebt auf der einen Seite familiäre Gemeinsamkeiten mit dem Begriff des Legitimationsniveaus hervor, so etwa in dessen gleichlaufendem Charakter als Wirksamkeitsurteil oder in seiner systemischen Wirkung für staatliche Entscheidungsproduktion. Sie sollte aber nicht darüber hinwegtäuschen, dass es bei den verschiedenen Kontrollformen und der Art und Weise ihres Zusammenspiels klare Abgrenzungen einzuhalten gilt. Der mit dem Begriff angestrebte „normative Richtpunkt über Teildogmatiken hinaus"[225] darf nicht dazu führen, dass Differenzierungen vom Systemdenken eingeebnet werden.

Diese Überlegungen lassen es lohnenswert erscheinen, einen kurzen Blick auf die verschiedenen Kontrollformen und ihre verschiedenen Funktionen zu werfen. Begreift man die nachträgliche Kontrolle der Entscheidung als not-

[222] BVerfGE 154, 152 (290, Rn. 272).
[223] BVerfGE 154, 152 (292 f., Rn. 279).
[224] BVerfGE 154, 152 (290, Rn. 273). Vgl. auch unten § 13.
[225] *Schmidt-Aßmann* (Fn. 17), 231.

wendiges Komplement zur Legitimation, so rückt die Organisations- und Ebenenzugehörigkeit der kontrollierenden Akteure in den Vordergrund.[226]

1. Einzelne Kontrollformen

Unterschieden werden kann zwischen exekutivinterner Selbstkontrolle sowie legislativer und judikativer Fremdkontrolle.[227] Auch die Rechnungshofkontrolle als besondere Kontrollform ist hier zu nennen.[228]

a) Selbstkontrolle

Die Ausübung der Entscheidungsspielräume der Exekutive ist zunächst im Regelfall organisatorisch dadurch abgesichert, dass im Prozess der Entscheidungsfertigung und -überprüfung organisatorische Rückbindungen mit anderen Teilen der Exekutive vorgesehen sind. Intraexekutive Kontrolle meint diejenigen Verfahren, die bereits innerhalb der Exekutive angelegt sind und *nach der Ausgangsentscheidung* der Steigerung der Entscheidungsrationalität dienen, insbesondere also Widerspruchsverfahren, die eine interne Überprüfung der Entscheidung anregen.

Im Hinblick auf Art. 19 Abs. 4 GG sind solche internen Überprüfungen fakultativ.[229] Die weitestgehend abgeschlossene Entwicklung zur Abschaffung des Vorverfahrens durch die Bundesländer[230] hat also im Hinblick auf Art. 19 Abs. 4 GG keine grundsätzlichen Bedenken hervorgerufen.[231] Punktuell können jedoch bestimmte exekutivinterne Rechtsschutzmechanismen erforderlich sein, nämlich dann, wenn sie die Begrenzung des Kontrollmaßstabs gerichtlicher Entscheidungen ausgleichen.[232] Dies gilt insbesondere im Wirkbereich bestimmter Grundrechte und ist wichtiges Element des Grundrechtsschutzes

---

226 Siehe auch der Systematisierungsansatz bei *Kempny* (Fn. 196), 12 ff.

227 Deren Unterschied hat *Kirchhof* treffend zusammengefasst: „Die Selbstkontrolle ist das Instrument zum bewußten, die Rechtsmaßstab und Handlungsplan im eigenen Verhalten zur Wirkung bringenden Handeln. Fremdkontrolle hingegen beobachtet, beanstandet und korrigiert ein Handeln, das von einem anderen Rechtssubjekt in seiner Verantwortlichkeit bestimmt und ausgeführt wird." *Kirchhof* (Fn. 219), in: Isensee/Kirchhof, § 99, Rn. 232.

228 Dazu schon oben § 6.

229 BVerfGE 35, 65 (73); 60, 253 (291); 69, 1 (48).

230 Dazu *U. Rüssel*, Zukunft des Widerspruchsverfahrens, NVwZ 2006, 523; *C. Steinbeiß-Winkelmann*, Abschaffung des Widerspruchsverfahrens – ein Fortschritt?, NVwZ 2009, 686. Rekapitulation mit Übersicht der Landespraxis bei *M. Knauff/M.-L. Schulz*, Das Widerspruchsverfahren – Eine Bestandsaufnahme, VR 2020, 73–83.

231 *Schmidt-Aßmann*, in: Dürig/Herzog/Scholz (Fn. 22), Art. 19 IV, Rn. 249.

232 *Schmidt-Aßmann*, in: Dürig/Herzog/Scholz (Fn. 22), Art. 19 IV, Rn. 26. Aber: „Förmlich ersetzen können die Möglichkeiten der Rechtsverteidigung in einem Verwaltungsverfahren den gerichtlichen Individualrechtsschutz allerdings nicht."

durch Verfahren.[233] So hat das Bundesverfassungsgericht etwa bei berufsbezogenen Prüfungen organisatorische Selbstkontrollen der Verwaltung für erforderlich gehalten.[234] Weitere Beispiele ergeben sich aus dem Unionsrecht.[235]

Funktional verbreitert die Selbstkontrolle insbesondere die Entscheidungsgrundlage. Sie ermöglicht durch ihre Rückkopplung in der Verwaltungshierarchie auch die im Hinblick auf Art. 3 Abs. 1 GG gebotene Harmonisierung exekutiver Entscheidungen.[236] Insbesondere wenn die gerichtliche Kontrolle wegfällt, kann die Pflicht entstehen, die Selbstkontrolle gerichtsähnlich auszugestalten.[237]

b) Parlamentarische Kontrolle

Betrachtet man die Verwaltung als einheitliche Entscheidungsproduzentin, so wirkt die parlamentarische Kontrolle demgegenüber auf die Spitze der Konkretisierungspyramide ein. Sie blickt unmittelbar auf die Regierung, die über das hierarchische Prinzip einen Verantwortungszusammenhang für tiefere Ebenen der Exekutivtätigkeit herstellt.[238] Konkret-individuelles Verwaltungshandeln ist daher nur in Extremfällen und dann auch nur mittelbar Gegenstand parlamentarischer Kontrolle. Der Schwerpunkt liegt in den weitgehenden Informationsrechten des Parlaments, die das Informationsdefizit der Legislative gegenüber der Exekutive kompensieren sollen.[239] Schon von ihrem

---

[233] Dazu etwa BVerfGE 84, 34 (46); *Steinbeiß-Winkelmann* (Fn. 230), 691.

[234] BVerfGE 84, 34 (46).

[235] So nach Art. 9 RL 64/221/EWG für Ausweisungsverfügungen; dazu BVerwGE 124, 217 (221); 135, 121, Rn. 35. Anders nunmehr Art. 31 III RL 2004/38/EG; dazu BVerwGE 143, 277; BVerwG NVwZ 2013, 733, Rn. 28.

[236] So stellte das Bundesverfassungsgericht in der *Justizverwaltungsakt* Entscheidung klar, dass das Vorverfahren über gerichtliche „Kontrolle auf Ermessensüberschreitung und Ermessensmißbrauch hinaus zu einer gleichmäßigen Ermessenshandhabung durch die untergeordneten Behörden und damit zu einer dem Gerechtigkeitsempfinden entsprechenden Gleichbehandlung beitragen kann.“ (BVerfGE 40, 237 [257]).

[237] BVerfGE 154, 152 (291, Rn. 276).

[238] Übersichtlich *J. Kersten*, Parlamentarisches Regierungssystem, in: Herdegen/Masing/Poscher/Gärditz (Hrsg.), Handbuch des Verfasssungsrechts. Darstellung in transnationaler Perspektive, München 2021, § 11, Rn. 36 sowie *P. Austermann*, Selbstorganisation und Organe des Parlaments, in: ders./Waldhoff, Parlamentsrecht, Heidelberg 2020, § 6, Rn. 531 ff. Vgl. ferner *A. v. Arnauld*, Politische Leitung und Kontrolle der Regierung durch das Parlament auf nationaler Ebene, in: Masing/Jestaedt/Jouanjan/Capitant (Hrsg.), Politische Gestaltung durch Repräsentativorgane. Die Funktionsweise von Repräsentativorganen (Parlamente, Kommunalvertretungen): Dokumentation des 8. Treffens des Deutsch-Französischen Gesprächskreises für Öffentliches Recht, Tübingen 2019, 1–18. Gerade deshalb kann es aber zu „interföderalen“ Problemen kommen, da oft Informationen von Behörden gebraucht werden, gegenüber denen keine Verantwortlichkeitsbeziehung besteht. Dazu nun *F. Shirvani*, Die interföderale Dimension des parlamentarischen Untersuchungsrechts, JZ 2022, 753 (754) zu Lösungsansätzen.

[239] *Waldhoff*, in: Herdegen/Masing/Poscher/Gärditz (Fn. 67), § 10, Rn. 136.

Ansatz an der Spitze der Exekutive und um die praktische Arbeitsfähigkeit des Parlaments zu erhalten, wirkt die parlamentarische Kontrolle als punktuell-nachträgliche Missbrauchskontrolle.[240] Das Parlament wacht so darüber, „was mit ihrem Produkt in der Hand der Exekutive geschieht."[241]

Die Informationsinstrumente erscheinen in der parlamentarischen Praxis weitgehend als Oppositionsrechte. Gerade durch die starke Bindung zwischen Parlamentsmehrheit und Exekutive stärkt dies ihren Einfluss als Sicherungsinstrumente exekutiver Entscheidungsspielräume. Dies hat wiederum zwei verschiedene Dimensionen. Informationsrechte sind zum einen „ein Mittel, mit dem die Opposition die politische Übereinstimmung zwischen der parlamentarischen Mehrheit und dem verantwortlichen Regierungspersonal, die eine verfassungsrechtliche Notwendigkeit des Parlamentarismus ist, testet und damit gewährleistet."[242] Zum anderen hat das Bundesverfassungsgericht zuletzt in Rezeption eines französischen Ansatzes zu unabhängigen Verwaltungseinheiten[243] herausgearbeitet, dass parlamentarische Steuerung auch umfasse, „eine Letztkontrolle durch eine Änderung oder Aufhebung der Rechtsgrundlagen auszuüben."[244] Insoweit entwickelt das Gericht einen Ansatz zu einer negativen Steuerungskomponente als eine Art parlamentarisches Veto-Recht zu einer bestimmten Verwaltungspraxis.

c) Gerichtlicher Rechtsschutz

Der gerichtliche Rechtsschutz ist sowohl historisch als auch gegenwärtig das praktisch bedeutsamste Element der Entscheidungssicherung.[245] Sein Aufbau macht deutlich, an welchen Maßstäben exekutive Entscheidungen in der Regel gemessen werden. Gerichtlicher Rechtsschutz ist nach dem Verfassungsverständnis individueller Rechtsschutz, der zwar durch seinen Verfahrensaufbau (z.B. iRd Anklagegrundsatzes oder der Amtsermittlung) beschränkt-objektive Funktionen erfüllt, jedoch stets auf die individuelle, einzelfallbezogene Be-

---

240 *J. Oebbecke*, Weisungs- und unterrichtungsfreie Räume in der Verwaltung, Stuttgart 1986, 101.

241 *K. Eichenberger*, Problematik der parlamentarischen Kontrolle im Verwaltungsstaat, SchwJZ 1965, 269 (272).

242 *F. Meinel*, Selbstorganisation des parlamentarischen Regierungssystems. Vergleichende Studien zu einem Verfassungsproblem der Bundesrepublik Deutschland, Tübingen 2019, 250.

243 Vgl. *Q. Epron*, Le statut des autorités de régulation et la séparation des pouvoirs, RFDA 2011, 1007 (1017 f.).

244 BVerfGE 151, 202 (292, Rn. 130).

245 Zur Verwaltungsgerichtsbarkeit im System der Verwaltungskontrolle, vgl. *V. Mehde*, Verwaltungskontrolle als Daueraufgabe der Verwaltungsgerichtsbarkeit, Die Verwaltung 43 (2010), 379 (382 ff.). Historisch *Cancik*, in: Herdegen/Masing/Poscher/Gärditz (Fn. 73), § 14, Rn. 40.

troffenheit angewiesen ist.[246] Das subjektive öffentliche Recht wirkt insoweit als „Türöffner“[247] für die gerichtliche Kontrolle, deren einziger Maßstab das Gesetz ist. Die Prüfungstiefe korrespondiert dementsprechend mit der gesetzlichen Bestimmtheit. Eine Rücknahme der Kontrolldichte erfordert damit eine ausdrückliche Zuweisung durch den Gesetzgeber.[248]

Die Zurücknahme gesetzlicher Regelungsdichte ist an Maßstäbe des Rechtsstaats- und des Demokratieprinzips (insbesondere an die daraus anschließenden Grundsätze der Bestimmtheit und Normenklarheit) gebunden, besteht doch letztlich die Gefahr, die Wirksamkeit des Art. 19 Abs. 4 GG durch „zahlreiche oder weitgreifende Beurteilungsspielräume für ganze Sachbereiche oder gar Rechtsgebiete aus[zu]hebeln.“[249] Dazu gehört nicht zuletzt eine Begründung für eine zurückgenommene Kontrolldichte.[250] Problematisch ist es hier insbesondere, wenn die Rücknahme der Kontrolldichte an eine bestimmte Organisationsgestaltung gebunden ist.[251]

2. Offenheit und Geschlossenheit als wesentliche Unterschiede von Kontroll- und Legitimationsniveau

Der wesentliche Unterschied von Kontroll- und Legitimationsformen liegt in ihrer wechselseitigen Beziehung. Beim Legitimationsniveau erreichen die beiden Legitimationsformen ihre Wirkkraft nur komplementär, indem beide Säu-

---

[246] Ausführlich *E. Pache*, Garantie effektiven Verwaltungsrechtsschutzes, in: Kahl/Ludwigs (Hrsg.), Handbuch des Verwaltungsrechts, Bd. III, Verwaltung und Verfassungsrecht, Heidelberg 2022, § 77, Rn. 4 ff. Insoweit ist die neu aufgekommene „strategische“ Prozessführung, die sich insbesondere im Klimabereich zeigt, zwar eine Herausforderung jedoch kein vollständiger Bruch mit der individuellen Schutzrichtung. Dazu richtig etwa *A. Graser*, Strategic Litigation – oder: Was man mit der Dritten Gewalt sonst noch so anfangen kann, Rechtswissenschaft 2019, 317 (351).

[247] *J. Ziekow*, Verwaltungsrecht und Verwaltungsprozessrecht, in: Kahl/Ludwigs (Hrsg.), Handbuch des Verwaltungsrechts, Bd. I, Grundstrukturen des deutschen Verwaltungsrechts, Heidelberg 2021, § 14, Rn. 48.

[248] Dazu ausführlich zuletzt *M. Ludwigs*, Kontrolldichte der Verwaltungsgerichte – dogmatische Grundlagen, verfassungsrechtlicher Rahmen und europarechtliche Herausforderungen, DÖV 2020, 405 (410). *K.F. Gärditz*, Rechtsschutz und Rechtsprechung, in: Herdegen/Masing/Poscher/Gärditz (Hrsg.), Handbuch des Verfassungsrechts. Darstellung in transnationaler Perspektive, München 2021, § 13, Rn. 84. Vgl. auch aus rechtsvergleichender Perspektive mit den Vereinigten Staaten, wo dies Gewaltenteilungsprobleme verursacht, *Schmidt-Aßmann* (Fn. 164), 19.

[249] BVerfGE 129, 1 (23). Zur Bedeutung des Art. 19 Abs. 4 GG für den Verwaltungsrechtsschutz *P.M. Huber*, Die verfassungsrechtliche Prägung des Verwaltungsrechtsschutzes, in: Sommermann/Schaffarzik (Hrsg.), Handbuch der Geschichte der Verwaltungsgerichtsbarkeit in Deutschland und Europa, Berlin 2019, § 49, 1771 (1788).

[250] BVerfGE 129, 1 (23).

[251] Dazu bereits oben § 9. Für das Beispiel der Telekommunikationsregulierung *R. Broemel*, Regulierungskonzepte als Kontrollmaßstab in der Telekommunikationsregulierung, JZ 2014, 286 (294).

len einen Zurechnungszusammenhang vom Volk zur Entscheidung wechselseitig verstärken. In der Verwaltungskontrolle wirken die verschiedenen Säulen der Selbstkontrolle der Exekutive (Eigenkontrolle und Aufsicht), die parlamentarische Kontrolle und der gerichtliche Rechtsschutz zwar zusammen, indem sie jeweils verschiedene Angriffspunkte aufweisen.[252] Flächendeckender, einzelfallbezogener und subjektiv-rechtlich bedingter Rechtsschutz wirkt mit punktueller Mißbrauchskontrolle des Parlaments und allgemein-normativer intraexekutiver Zielsteuerung zusammen und erzeugt ein dichtes „Geflecht" (*Kahl*)[253] der Verwaltungskontrolle.

Anders als die Legitimation stellt die Kontrolle jedoch kein eigenes, geschlossenes „System" dar, deren Elemente auch in ihrer Ausführung zusammenhängen.[254] Vielmehr zeigen sich die einzelnen Kontrollformen offen und ergänzungsfähig, etwa durch andere Kontrollarten, wie die der Rechnungshöfe,[255] und müssen in ihrer Wirksamkeit jeweils für sich beurteilt werden. Dies folgt schon daraus, dass die einzelnen Kontrollformen nicht aus einem gemeinsamen Prinzip folgen, wie dies etwa bei der Legitimation und dem Demokratieprinzip der Fall ist, sondern einzeln verfassungsrechtlich normiert sind. Für den Zugang zu und die Kontrolldichte der Verwaltungsgerichte folgt dies schon aus dem grundrechtlich garantierten effektiven Rechtsschutzgebot aus Art. 19 Abs. 4 GG. Aber auch das Erfordernis der parlamentarischen Kontrolle folgt unmittelbar aus der Funktionenordnung des Grundgesetzes und hat für sich Verfassungsrang.

Dies bedeutet gleichzeitig, dass sowohl die Kontrolle durch die Legislative als auch die gerichtliche Kontrolle grundsätzlich nicht kompensationsfähig sind. Verringerte parlamentarische oder gerichtliche Kontrolleffektivität kann nicht durch die jeweils anderen Verfahren aufgefangen werden.

Zwar gilt diese Eigenständigkeit der Kontrollformen prinzipiell auch für die Selbstkontrolle der Exekutive. Allein sie zeigt sich im Gleichlauf mit der Zulässigkeit ministerialfreier Räume in gewissen Grenzen substitutionsfähig. Hier kann eine Unterbrechung des ministerialen (Kontroll-)Zusammenhangs in Grenzen durch andere Kontrollformen kompensiert und mit den oben diskutierten Argumenten gerechtfertigt werden. Zurückzuführen ist dies darauf, dass die (verfassungsrechtlich begründete) Auskoppelung von Verwaltungs-

[252] Vgl. die Darstellung der Ansatzpunkte bei *Schmidt-Aßmann* (Fn. 17), 229; *Kahl* (Fn. 29), in: Hoffmann-Riem/Schmidt-Aßmann/Voßkuhle, § 47, Rn. 208.

[253] *Kahl* (Fn. 29), in: Hoffmann-Riem/Schmidt-Aßmann/Voßkuhle, § 47, Rn. 208. Siehe dazu auch *Kempny* (Fn. 196), 261. Zur Kontrollbeteiligung Privater, vgl. *M. Eifert*, Die geteilte Kontrolle, Die Verwaltung 2006, 309 (310 ff.).

[254] So auch *Kahl* (Fn. 29), in: Hoffmann-Riem/Schmidt-Aßmann/Voßkuhle, § 47, Rn. 208. Siehe dazu auch *Kempny* (Fn. 196), 214 ff. der die Rechnungshöfe parallel zu den gerichtlichen Kontrollen behandelt.

[255] Dazu ausführlich *K.-A. Schwarz*, in: v. Mangoldt/Klein/Starck (Hrsg.), Grundgesetz Kommentar, Bd. III, 7. Auflage, München 2018, Art. 114, Rn. 75 ff.

einheiten auch das zentrale Kontrollniveau absenken darf. Andernfalls kreierte man Strukturen, „die den Effekt der Auslagerung und Besonderung bestimmter Agenden gleichsam im zweiten Zug wieder rückgängig machen würden“[256] und führte damit die verfassungsrechtliche Rechtfertigung *ad absurdum.*

3. Grenzen der „Pluralisierung“ des Kontrollkonzepts

In der Literatur wird (wiederum analog zur Legitimation) eine „Pluralisierung“ des Kontrollkonzepts diskutiert.[257] Unter diesem Leitbegriff werden zumeist drei verschiedene Aspekte gebündelt. Zunächst wird vorgeschlagen, dass die klassischen Kontrollformen durch gesellschaftliche Kontrollen (etwa durch die demokratische Öffentlichkeit) ergänzt werden könnten.[258] Hier ist die Frage, ob und inwieweit dieser Öffentlichkeitskontrolle eine systematische Stellung innerhalb der dargestellten Kontrollformen zukommen sollte. Die gleiche Grundfrage stellt sich bei den im Rahmen der *Neuen Steuerungsmodelle* gestärkten Formen der Selbstkontrolle der Verwaltung. Zuletzt wird über eine Fortentwicklung des Modus der Kontrolle hin zu einem kooperativen Verständnis gemeinsamer Entscheidungsproduktion nachgedacht. Diese Diskussion bildet das logische Korrelat für die im Rahmen der Legitimation auftretende Frage der Kompensation von Legitimationsdefiziten durch andere Legitimationsformen. Hier geht es dementsprechend darum, zu differenzieren, in welchem Verhältnis plurale Kontrollformen zu den klassischen Kontrollelementen stehen.

a) Zur Stellung gesellschaftlicher Kontrollen

Bei den gesellschaftlichen Kontrollen geht es im weitesten Sinne darum, inwieweit etwa die Kontrolle durch die demokratische Öffentlichkeit (einzelne Bürger, Medien, Experten und Expertengremien, Nichtregierungsorganisationen)[259] etwas zum Kontrollkonzept der Verwaltung beitragen kön-

---

[256] *H. Dreier*, Hierarchische Verwaltung im demokratischen Staat. Genese, aktuelle Bedeutung und funktionelle Grenzen eines Bauprinzips der Exekutive, Tübingen 1991, 289. Vgl. auch *W. Krebs*, Verwaltungsorganisation, in: Isensee/Kirchhof (Hrsg.), HStR, Bd. V, 3. Auflage, Heidelberg 2007, § 108, Rn. 49.

[257] Vgl. *Schmidt-Aßmann* (Fn. 17), 233 ff.; *Kahl* (Fn. 29), in: Hoffmann-Riem/Schmidt-Aßmann/Voßkuhle, § 47, Rn. 210 ff.; *Groß* (Fn. 76), 300 ff.

[258] Statt aller *H. Rossen-Stadtfeld*, Kontrollfunktion der Öffentlichkeit – ihre Möglichkeiten und ihre (rechtlichen) Grenzen, in: Schmidt-Aßmann/Hoffmann-Riem (Hrsg.), Verwaltungskontrolle, Baden-Baden 2001, 117 (149 ff.).

[259] Aufzählung bei *A. Scherzberg*, Öffentlichkeitskontrolle, in: Hoffmann-Riem/Schmidt-Aßmann/Voßkuhle (Hrsg.), GVwR, Bd. III, 2. Auflage, München 2013, § 49, Rn. 47 ff.

nen.[260] So wird argumentiert, dass die gesellschaftlichen Kontrollen im Rahmen eines gemeinsamen und übergreifenden Kontrollkonzepts begriffen werden sollten und damit entscheidend zum Kontrollniveau beitrügen.[261] Diese Annahme ist von der – als solchen trivialen – Aussage, dass sich die maßgebliche Willensbildung des Volkes in der politischen Öffentlichkeit vollzieht, zu unterscheiden. Hier geht es vielmehr darum, die Frage aufzuwerfen, inwieweit diese Akteure eine *spezifische Kontrollleistung* erbringen, die in irgendeinen Bezug zu den klassischen Kontrollformen gesetzt werden kann.[262]

Insbesondere in Folge der Umsetzung der Århus-Konvention haben Elemente der Bürgerbeteiligung im Verwaltungsrecht an Boden gewonnen und werden zunehmend auch in den Formen des Rechts institutionalisiert.[263] Soweit dies geschieht, sind sie zu den Kontrollformen zu rechnen. Soweit hingegen mit gesellschaftlichen Kontrollen jedoch nur die allgemeine und parallele Bewertung des Verwaltungshandelns durch die Öffentlichkeit gemeint ist, können gesellschaftliche Kontrollen nicht zum Kontrollniveau beitragen. Diese mögen zwar im Einzelfall sogar wirksamer sein als die institutionalisierten Kontrollverfahren. Begreift man jedoch das Kontrollkonzept als im Wesentlichen aus der Idee der Einhegung staatlicher Gewalt begründet, so wird dies durch die *gegenseitigen* Kontrollen der drei Staatsgewalten ermöglicht.[264] Die Gewaltenteilung verlangt damit ein aus sich heraus geschlossenes System der Kontrolle der drei Gewalten, was im englischsprachigen Begriff der *checks and balances* noch deutlicher wird.[265] Die demokratische Öffentlichkeit ist je-

---

[260] *Kahl* (Fn. 29), in: Hoffmann-Riem/Schmidt-Aßmann/Voßkuhle, § 47, Rn. 210. Affirmativ etwa *M. Kloepfer*, Öffentliche Meinung, Massenmedien, in: Isensee/Kirchhof (Hrsg.), HStR, Bd. III, 3. Auflage, Heidelberg 2005, § 42, Rn. 18. *A. Hatje*, Verwaltungskontrolle durch die Öffentlichkeit, EuR 1998, 734–747.

[261] *Kahl* (Fn. 29), in: Hoffmann-Riem/Schmidt-Aßmann/Voßkuhle, § 47, Rn. 210; *Schulze-Fielitz*, in: Schmidt-Aßmann/Hoffmann-Riem (Fn. 221), 291.

[262] Zur Bezeichnung als „idealistische Konzeption" *J. Krüper*, Parlament und Öffentlichkeit, in: Morlok/Schliesky/Wiefelspütz (Hrsg.), Parlamentsrecht. Praxishandbuch, Baden-Baden 2016, § 39, Rn. 8 ff.

[263] *A. Schwerdtfeger*, Der deutsche Verwaltungsrechtsschutz unter dem Einfluss der Aarhus-Konvention. Zugleich ein Beitrag zur Fortentwicklung der subjektiven öffentlichen Rechte unter besonderer Berücksichtigung des Gemeinschaftsrechts, Tübingen 2010, 21 ff. Ferner *F. Becker*, Öffentliches und Privates Recht, NVwZ 2019, 1385 (1388). Siehe auch *J. Saurer*, Der Einzelne im europäischen Verwaltungsrecht. Die institutionelle Ausdifferenzierung der Verwaltungsorganisation der Europäischen Union in individueller Perspektive, Tübingen 2014, 378 ff. sowie *W. Köck*, Die Mitwirkung der Zivilgesellschaft am Verwaltungshandeln: eine Bilanz, ZUR 2016, 643. Für das Umweltrecht *S.R. Laskowski*, Demokratisierung des Umweltrechts, ZUR 2010, 171 (180).

[264] Deutlich wird dies insbesondere aus der Darstellung ihrer wechselseitigen Verflechtung, etwa bei *C. Möllers*, Gewaltengliederung. Legitimation und Dogmatik im nationalen und internationalen Rechtsvergleich, Tübingen 2005, 135 ff.

[265] Zur Gewaltenteilung und dem Begriff der checks and balances, *Sommermann*, in: v. Mangoldt/Klein/Starck (Fn. 155), Art. 20, Rn. 212.

doch gerade keine „vierte Gewalt,“[266] so dass ihre Kontrollleistung hier nicht in die Bestimmung des Kontrollniveaus einbezogen werden kann. Zivilgesellschaftliche Beiträge können damit verstärkende und ergänzende Wirkung haben, dürfen aber nicht dazu führen, dass originäre Kontrollleistungen des Parlaments und der Gerichte zurückgenommen werden.

Dies gilt insbesondere, da nicht ausgemacht ist, dass sich diese Formen gesellschaftlicher Kontrolle überhaupt an Maßstäben des Rechts orientieren, auf die es bei der Verwaltungskontrolle entscheidend ankommt. Insbesondere durch das Internet droht eine Irrationalisierung der Kritik an der Verwaltung durch punktuelle Skandalisierung des Verwaltungshandelns. Hier muss die an langfristigen Zielsetzungen interessierte und am Gesetzesmaßstab gebundene Verwaltung vor der kurzfristigen und oft einseitigen Rationalität des Augenblicks geschützt werden, um ihre Funktion zu sichern.[267]

b) Zur Stellung von Selbstkontrollen der Verwaltung

Ein weiterer Aspekt, der insbesondere im Rahmen der *Neuen Steuerungsmodelle* an Zug gewonnen hat, ist die Erweiterung von Selbstkontrollmöglichkeiten der Verwaltung, die außerhalb des klassischen hierarchischen Weisungszusammenhangs stehen.[268] Entgegen der auf demokratische Kontrolle ausgerichteten Verwaltung steht das *Neue Steuerungsmodell* für eine Verbesserung der Einzelfallgerechtigkeit (= Output) durch Einbindung des einzelnen Verwaltungsmitarbeiters in nur flach hierarchische Zusammenhänge.[269] Durch den Kontakt und die Interaktion mit dem Bürger entstehe so eine als „permanente Selbstkontrolle“ beschriebene Struktur.[270] Gleichzeitig sollte die Binnenorganisation der Verwaltung auf interne Kooperation umgestellt werden.

---

[266] *Kotzur*, in: v. Münch/Kunig (Fn. 19), Art. 20, Rn. 136 bemerkt treffend: „Als Sprachbilder sind solche Termini unbedenklich. Liefen sie aber darauf hinaus, für die jeweils bezeichneten Tätigkeitsbereiche die Bindung an die Gesetzmäßigkeit, vor allem an die Grundrechte, zu lockern oder gar suspendieren und damit rechtsfreie Verwaltungsreservate zu schaffen, würde das die Rechtsstaatsidee konterkarieren.“ Vgl. auch *H. Schulze-Fielitz*, in: Dreier (Fn. 47), Art. 20, Rn. 80. Ferner *H.-D. Horn*, Erosion demokratischer Öffentlichkeit?, VVDStRL (68) 2009, 413 (416).

[267] Zu den „Vermachtungsproblemen“ der Öffentlichkeitskontrollen ausführlich schon *Scherzberg* (Fn. 259), in: Hoffmann-Riem/Schmidt-Aßmann/Voßkuhle, § 49, Rn. 61 ff.

[268] Übersicht bei *S. Schiedermair*, Selbstkontrollen der Verwaltung, in: Hoffmann-Riem/Schmidt-Aßmann/Voßkuhle (Hrsg.), GVwR, Bd. III, 2. Auflage, München 2013, § 48, Rn. 61 ff.

[269] *W. Jann*, Hierarchieabbau und Dezentralisierung, in: Blanke/v. Bandemer/Nullmeier/Wewer (Hrsg), Handbuch zur Verwaltungsreform, 2.Auflage, Opladen 2001, 253 (260).

[270] *O. Otting*, Neues Steuerungsmodell und rechtliche Betätigungsspielräume der Kommunen, Köln/Stuttgart 1997, 27. Der Verweis auf *Otting* findet sich auch bei *Schiedermair* (Fn. 268), in: Hoffmann-Riem/Schmidt-Aßmann/Voßkuhle, § 48, Rn. 65, Fn. 418.

Im Hinblick auf die Selbstkontrolle etwa bedeutet dies eine Einführung eines unter bestimmte Zielvereinbarungen gestellten Verwaltungscontrollings.[271] Controlling soll über Elemente des strategischen Managements von Informationen und Finanzen der Verwaltung das aus dem Abbau von Verwaltungshierarchien entstehende Steuerungsvakuum füllen. Zentrales Element des Controllings sind Zielvereinbarungen, Berichte und Evaluationen, die als Hierarchieersatz und Orientierung für einzelne in Eigenverantwortung gestärkte Einheiten dienen können.[272] Ziel davon ist es insbesondere, übergreifende Lernprozesse zu schaffen und bürokratische Pfadabhängigkeiten aufzubrechen.

Ganz unabhängig von der im Nachhinein ambivalenten Bewertung der *Neuen Steuerungsmodelle*[273] ist im Hinblick auf das Thema der Kontrolle zu differenzieren. Soweit die Anpassung der Verwaltungsorganisation lediglich auf eine Optimierung der exekutiven Entscheidungsproduktion abzielte, ist von Seiten der klassischen Kontrolldogmatik nichts einzuwenden. Insoweit ist Kooperation nur einer von mehreren möglichen Modi der exekutiven Selbstorganisation. Problematischer ist es jedoch dann, wenn kooperative Kontrollmechanismen die Distanz zwischen Kontrolliertem und Kontrolleur tendenziell verschwimmen lassen.[274] Denn dann droht das im Rechtsstaat zu wahrende Gebot der Verantwortungsklarheit verletzt.[275] Qualitätskontrollen, Audits und Evaluationen bieten hier gerade meist keine trennscharfen Linien an.

Nicht ersetzen können die kooperativen Selbstkontrollen der Verwaltung daher klassische Kontrollformen. Dies gilt insbesondere für die Staatsaufsicht über die ausgegliederten Verwaltungseinheiten, die dazu dient, die Verbindung von rechtlich selbständigem Träger und Muttergemeinwesen zu erhalten. Die kooperative Entscheidungsproduktion in Abstimmung mit der Aufsichtsbehörde findet ihre Grenze darin, wenn Entscheidungen und Entscheidungswege nicht mehr klar zugeordnet werden können. Ähnliches gilt für die Wahrnehmung parlamentarischer Rechte.[276]

---

271 *Kahl* (Fn. 29), in: Hoffmann-Riem/Schmidt-Aßmann/Voßkuhle, § 47, Rn. 18.

272 *R. Pitschas*, Struktur- und Funktionswandel der Aufsicht im Neuen Verwaltungsmanagement, DÖV 1998, 907 (913). Zu dessen Rechtsnatur *T.I. Schmidt*, Zielvereinbarungen als Herausforderung des Allgemeinen Verwaltungsrechts, DÖV 2008, 760–765.

273 Dazu schon die Hinweise oben § 2.

274 *Schiedermair* (Fn. 268), in: Hoffmann-Riem/Schmidt-Aßmann/Voßkuhle, § 48, Rn. 71.

275 Dementsprechend zum Grundsatz der „Selbstorganschaft" *M. Burgi*, Der sog. Grundsatz der Selbstorganschaft als Privatisierungsgrenze, in: Ludwigs (Hrsg.), Regulierender Staat und konfliktschlichtendes Recht. Festschrift für Matthias Schmidt-Preuß zum 70. Geburtstag, Berlin 2018, 343 (353).

276 Dazu etwa *H. Hill*, Zur Sicherung des parlamentarischen Budgetrechts im Neuen Steuerungsmodell, DÖV 2001, 793 (794).

4. Ergebnis

So wie das Legitimationsniveau durch einen bestimmten Organisationsaufbau vermittelt wird, kann dies mit gewissen Einschränkungen auch für das erforderliche Kontrollniveau gelten. Hier muss die Verwaltungsorganisation strukturell Anknüpfungspunkte für das „Geflecht" der Verwaltungskontrolle bieten, so dass insgesamt ein hinreichendes Kontrollniveau erreicht wird. Problematisch sind hingegen Organisationsgestaltungen, die Kontrolle strukturell verunmöglichen, etwa wenn in Kollegialgremien Stimmentscheidungen nicht mehr zuzuordnen sind oder Gerichte im Hinblick auf besondere sachverständige Methoden der Entscheidungsfindung von einer Überprüfung von Verwaltungsentscheidungen absehen. Diese zunächst vereinzelten Kontrollknicke werden dann zum Problem, wenn sie nicht durch andere Kontrollstrukturen aufgefangen werden können. Dabei muss beachtet werden, dass die verschiedenen Kontrollformen durch ihre jeweiligen Angriffspunkte unterschiedliche Effekte auf die Rationalisierung der Entscheidung haben und dementsprechend jeweils in der Lage sind, andere Defizite hervorzuheben.

§ 13 Kompensation abgesenkter Legitimations- und Kontrollniveaus

Die Kompensation ist im dreischrittigen Schema des Bundesverfassungsgerichts der zweite Schritt im Umgang mit Einfluss- und Kontrollknicken. Wird festgestellt, dass im Hinblick auf eine konkrete hoheitliche Tätigkeit tatsächliche Einfluss- und Kontrollknicke dazu führen, dass kein hinreichendes Legitimations- und/oder Kontrollniveau erreicht wird, so ist zunächst eine Kompensation in Betracht zu ziehen. Die Kompensation führt durch einen organisatorischen Zusammenhang dazu, dass der identifizierte Knick so ausgeglichen wird, dass in einer Gesamtbetrachtung ein der Verfassungsordnung entsprechender Zustand erreicht wird. Zwar lösen solche Organisationsgestaltungen regelmäßig den Vorbehalt des Gesetzes aus, da durch sie in die Zurechnungsstruktur der Verwaltungsorganisation eingegriffen wird.[1] Bei der Kompensation entsteht aber kein verfassungsrechtliches Rechtfertigungserfordernis für die Wahl einer bestimmten Organisationsform, da das Defizit direkt und wirksam ausgeglichen werden kann.

Das Bundesverfassungsgericht hat die Möglichkeit der Kompensation von Einflussknicken nach Andeutungen im Urteil zum *OMT-Programm*[2] erstmals im Urteil zur *Bankenunion* ganz eindeutig formuliert. Vorausgegangen waren entsprechende Hinweise des Europäischen Gerichtshofs in der Entscheidung zu den nationalen *Datenschutzkontrollstellen*, auf die das Bundesverfassungsgericht explizit Bezug nimmt.[3] So formuliert es:[4]

---

[1] Vgl. die Überlegungen oben bei § 5.

[2] BVerfGE 142, 123 (220): „Ohne Antwort bleibt schließlich das dem Gerichtshof vom Senat unterbreitete Problem (vgl. BVerfGE 134, 366 [399 f.]), dass die der Europäischen Zentralbank eingeräumte Unabhängigkeit (Art. 130 AEUV) zu einer spürbaren Senkung des demokratischen Legitimationsniveaus ihres Handelns führt und daher Anlass für eine restriktive Auslegung und besonders strikte gerichtliche Kontrolle ihres Mandates sein müsste."

[3] EuGH, Urt. v. 09.03.2010, C-518/07, Slg. 2010, I-1897, Rn. 42.

[4] BVerfGE 151, 202 (291): Die Hinweise des Gerichts im Zitat sind in den folgenden Fn. wiedergegeben. Auch *P. Cancik*, Verwaltung und Selbstverwaltung, in: Herdegen/Masing/Poscher/Gärditz (Hrsg.), Handbuch des Verfassungsrechts. Darstellung in transnationaler Perspektive, München 2021, in: Herdegen/Masing/Poscher/Gärditz, § 14, Rn. 90 misst dieser Rechtsprechung zentrale Bedeutung für die Legitimationsanforderungen bei.

„Art. 20 Abs. 1 und Abs. 2 GG ist offen für begrenzte Modifikationen der demokratischen Legitimationsvermittlung,[5] durch die Einflussknicke kompensiert werden können."

Diese Rechtsprechung enthält einen Paradigmenwechsel, der die traditionelle Prüfung der Rechtmäßigkeit von atypischen Organisationsformen verändert. Während vor den genannten Entscheidungen eine zweistufige Prüfung gängig war, die von der verfassungsrechtlichen Rechtfertigungsbedürftigkeit ausging,[6] zieht das Gericht mit der zusätzlichen Kompensationsmöglichkeit von Legitimations- und Kontrolldefiziten eine der Rechtfertigung vorgelagerte zusätzliche Ebene ein.

Aus der Perspektive des Verfassungsrechts gilt es so vorurteilsfrei wie nur möglich, die durch die Auffassung des Europäischen Gerichtshofs induzierte Rechtsprechungsänderung zu rezipieren und in Bezug mit klassischen Diskussionen zu setzen. Zweifellos stellt die Integration der EuGH-Rechtsprechung eine Irritation für das nationale Verfassungsrecht dar, bei dem weitgehend offen ist, ob sie produktiv und rationalitätsfördernd genutzt werden kann. Dieser Abschnitt bespricht daher zunächst die Kompensation als Begriff des Verfassungsrechts und diskutiert anschließend mögliche Kompensationsformen. Im Ergebnis gebietet das Verfassungsrecht einen äußerst restriktiven Kompensationsbegriff.

I. Kompensation: Verwaltungsrechtlicher Begriff – Verfassungsrechtliche Qualifizierung

Etymologisch lässt sich der Begriff der Kompensation (= *lat. compensare*) auf die Verben „aufwiegen", „ausgleichen" oder „aufrechnen" zurückführen. Es geht mithin um den Ersatz von etwas, was an einer anderen Stelle fehlt, wobei sich unter dem Begriff der Kompensation sowohl der Kompensationsvorgang als auch das Kompensationsergebnis subsumieren lässt.[7]

Terminologisch ist die Kompensation ferner von der oben bereits eingeführten, lediglich empirischen Beschreibung einer „Substitution" dadurch zu unterscheiden, dass sie ein bestimmtes Sinnverhältnis zwischen dem Defizit

---

[5] Vgl. BVerfGE 107, 59 (87 ff.).

[6] Dazu etwa klassisch: *P. Kirchhof*, Mittel staatlichen Handelns, in: Isensee/Kirchhof (Hrsg.), HStR, Bd. V, 3. Auflage, Heidelberg 2007, § 99, Rn. 130.

[7] Vgl. auch die Überlegungen bei *A. Voßkuhle*, Das Kompensationsprinzip. Grundlagen einer prospektiven Ausgleichsordnung für die Folgen privater Freiheitsbetätigung – zur Flexibilisierung des Verwaltungsrechts am Beispiel des Umwelt- und Planungsrechts, Tübingen 1999, 17. Vgl. auch *E. Schmidt-Aßmann*, Verwaltungslegitimation als Rechtsbegriff, AöR 116 (1991), 329 (375).

und dessen Ausgleich voraussetzt.[8] Die Kompensation soll dazu führen, einen letztlich gleichwertigen Zustand zu erzeugen und steht damit auch in einem besonderen Zusammenhang zum Gleichheitsgrundsatz.[9]

Dieser Rechtsgedanke der Kompensation wurde im öffentlichen Recht insbesondere für das Verwaltungsrecht[10] und für die Betrachtung der sich verändernden Kompetenzen von Bundesstaat, Ländern und Gemeinden fruchtbar gemacht.[11] Seine Anwendung steht durch die wegweisende Arbeit von *Voßkuhle* in engem Zusammenhang mit der verwaltungsrechtlichen Reformdiskussion.[12]

Das Kompensationsprinzip soll hier insbesondere als Instrument der Flexibilisierung dienen.[13] Für bestimmte Bereiche des Verwaltungsrechts (etwa im Fachplanungsrecht, im Recht des Immissionsschutzes bzw. im Naturschutz- oder Abfallrecht) ist dies unbedingt erforderlich, da die Präzision gesetzgeberischer Regelungen oft nicht die realweltlichen Gegebenheiten angemessen erfassen kann. Hier stellen sich manche Umstände oft als unerfüllbar oder eben als pragmatisch nicht umsetzbar heraus. So können sich naturschutzrechtliche Eingriffe als unvermeidbar herausstellen und verlangen dementsprechend Ausgleichsmaßnahmen, § 15 Abs. 2 BNatSchG. Die Kompensation hat so den Zweck, klare rechtliche Maßstäbe durch gesamtbetrachtende und sachbereichsspezifische Wertungen von Funktionszusammenhängen zu ersetzen.[14]

Formuliert man dementsprechend eher geringe Ansprüche an den Sinnzusammenhang zwischen einem Defizit und einer Kompensation, so wird die

---

[8] Dem entspricht auch der Unterschied von Substitut und Surrogat. Unklar aber *Grzeszick*, in: Dürig/Herzog/Scholz (Hrsg.), Grundgesetz Kommentar, München, 95. EL Juli 2021, Art. 20, Rn. 146 ff.

[9] *Voßkuhle* (Fn. 7), 21 ff.

[10] Insbesondere *Voßkuhle* (Fn. 7), 88 ff. Ferner etwa *G. Lübbe-Wolff*, Modernisierung des Umweltordnungsrechts. Vollziehbarkeit, Deregulierung, Effizienz, Bonn 1996, 138 (für das Immissionsschtzrecht).

[11] Dazu *E. Klein*, Die Kompetenz- und Rechtskompensation. Überlegungen zu einer Argumentationsfigur, DVBl. 1981, 661 (661 ff.).

[12] *Voßkuhle* (Fn. 7), 53 ff.

[13] „Nach der Grundidee des verwaltungsrechtlichen Kompensationsprinzips lässt sich die schwindende Direktionskraft des Gesetzes durch administratives Folgenmanagement auffangen." *F. Meinel*, Das Bundesverfassungsgericht in der Ära der Großen Koalition: Zur Rechtsprechung seit dem Lissabon-Urteil, Der Staat 60 (2021), 43 (47).

[14] Kritisch dazu *Meinel* (Fn. 13), 47, der die Kompensation als übergreifendes Motiv der Rechtsprechung des Bundesverfassungsgerichts identifiziert. Auch *Voßkuhle* steht dieser Dimension trotz der Identifikation mit den Zielen des Reformprojekts durchaus kritisch gegenüber. Vgl. etwa *Voßkuhle* (Fn. 7), 310 zu der nachlässigen Definition der Funktionszusammenhänge durch den Gesetzgeber: „Da jede Ausgleichsleistung von Natur aus im Vergleich zum Ausgangszustand ein Stück Unvollkommenheit bereits in sich trägt, verwundert es kaum, dass vollständige Kompensation unabhängig von den auftretenden Bewertungs- und Berechnungsproblemen nur selten verlangt wird. Insgesamt überwiegt eine gewisse Nonchalance des Gesetzgebers, wenn es darum geht, konkrete Anforderungen an den Funktionszusammenhang zu formulieren."

eigentliche Steuerungsintention des Gesetzgebers durch eine innerhalb der Verwaltung vorgenommene Gesamtbetrachtung ersetzt. Die Kompensation verschiebt also das Gewaltengefüge und muss deshalb eine Ausnahme für besonders begründbare Fälle darstellen, in denen eine solche Flexibilisierung auch verfassungsrechtlich geboten ist.[15]

Das zentrale Element der Kompensation ist der sinngebende Zusammenhang von Kompensationsmittel und Defizit. Bei *Voßkuhle* wird diese Qualifizierung als „Funktionszusammenhang" zwischen Kompensationslage und Kompensationsleistung beschrieben. Er schreibt:[16]

> „Längst nicht jedes Defizit ist kompensierbar und nicht jede ‚Gegenleistung' dient der Kompensation. Welche Anforderungen an diesen Funktionszusammenhang zu stellen sind, ergibt sich allein aus dem *Äquivalenzprinzip*, das nicht mathematisch-naturwissenschaftlich verstanden werden darf und kann, sondern letztlich als Wertungsmaßstab fungiert. Art und Ausmaß der Kompensationsleistung müssen danach dem auszugleichenden Defizit im Wesentlichen entsprechen."

Kompensationen sind damit von rechtlichen Rechtfertigungen oder Begründungen zu unterscheiden. Sie kompensieren, indem sie an den Primärmaßstab anknüpfen und eine dort entstehende Lücke durch eine im Wesentlichen vergleichbaren Funktionszusammenhang auffüllen. Liegt diese Stoffgleichheit von Defizit und Kompensationsmittel dementsprechend nicht vor, kann kein Kompensationsvorgang eintreten. Andernfalls verlöre der Primärmaßstab des Gesetzes an Wert.

II. Kompensation von Einflussknicken

Mit diesem so präzisierten Maßstab lässt sich die Frage beantworten, welche Anforderungen an die Kompensation von Einflussknicken zu stellen sind. Die Kompensation ist eine Ausnahme vom Regelfall des Zusammenwirkens von Legitimations- bzw. Kontrollelementen. Sie zieht in einem denklogisch zweiten Schritt diejenigen Legitimations- und Kontrollelemente mit in die Betrachtung ein, die im Regelfall *nicht* in die Bewertung des Zusammenwirkens zum hinreichenden Niveau einbezogen werden.

Soll der verfassungsrechtliche Primärmaßstab der Volkssouveränität dementsprechend seinen Sinn behalten, sind verfassungsrechtliche Anforderungen an die Kompensation von Einflussknicken zu stellen. Hier verlangt ist nämlich eine Wesensgleichheit von Defizit und Kompensationsmittel. Die Unterbrechung des Zurechnungszusammenhangs von Legitimationssubjekt zum Legitimationsobjekt kann nur durch einen im Wesentlichen vergleichbaren, d.h.

---

[15] In ihren wesentlichen Grundzügen wurde diese Kritik schon oben in § 2 erarbeitet.

[16] *Voßkuhle* (Fn. 7), 50.

stoffgleichen Zusammenhang kompensiert werden.[17] Die Kompensation von Einflussknicken ist demzufolge möglich, aber mit hohen Voraussetzungen verbunden.

Im Rahmen der Kompensation von Einflussknicken muss es dementsprechend um einen nach Wirksamkeit zu beurteilenden realweltlichen Zurechnungszusammenhang gehen.[18] Rechtfertigungen oder verfassungsrechtliche Gründe für oder gegen bestimmte Organisationsgestaltungen sind erst auf der nächsten Stufe zu berücksichtigen. Entscheidend ist somit für die Kompensationswirkung, dass eine *Stoffgleichheit* zwischen der jeweiligen Organisationsbeziehung und der Kompensationsmaßnahme besteht. Defizite im Legitimationsniveau können damit dann kompensiert werden, wenn der kompensierende Gegenpart einen Zurechnungszusammenhang vom Volk zur Ausübung von Staatsgewalt tatsächlich und effektiv herstellen kann.

1. … durch alternative „Legitimationsformen"

Geht man nun mit obigen Erwägungen davon aus, dass die Rückführbarkeit als Konstruktion eines Zurechnungszusammenhangs für die verfassungsrechtliche Lehre zentral ist, so sind nur solche Kompensationsformen für Einflussknicke verfassungsrechtlich äquivalent, die in der Lage sind, einen effektiven Zurechnungszusammenhang herzustellen. Hier kann auf die bereits in § 12 angestellten Überlegungen zurückgegriffen werden.

Recht einfach lassen sich so bereits die oben bereits ausgesonderten „Legitimationsformen," die lediglich auf eine Verbesserung des Entscheidungsergebnisses gerichtet sind,[19] aussortieren. Da das Grundgesetz die Output-Legitimation nicht als Legitimationsform anerkennt, wäre es schlechthin widersinnig, würde man in einem zweiten Schritt dessen Äquivalenz zum Primärmaßstab

[17] Kritisch dementsprechend zu einem weiteren Verständnis der Kompensation *O. Lepsius*, Steuerungsdiskussion, Systemtheorie und Parlamentarismuskritik, Tübingen 1999, 23 f. Der von ihm untersuchte Kompensationsbegriff setzt gerade keine Stoffgleichheit der kompensierenden Elemente voraus.

[18] So auch *M. Herdegen*, Informalisierung und Entparlamentarisierung politischer Entscheidungen als Gefährdungen der Verfassung?, VVDStRL (62) 2003, 7 (10): „Art und Maß der gebotenen Kompensation hängen an der jeweils beschädigten Funktion parlamentarischer Steuerung […]" Deutlich offener hingegen *B. Grzeszick*, Rationalitätsanforderungen an die parlamentarische Rechtsetzung im demokratischen Rechtsstaat, VVDStRL (71) 2012, (71), der Kompensation auch aus dem Rechtsstaatsprinzip herleiten will.

Die von *K. Waechter*, Geminderte demokratische Legitimation staatlicher Institutionen im parlamentarischen Regierungssystem – zur Wirkung von Verfassungsprinzipien und Grundrechten auf institutionelle und kompetenzielle Ausgestaltungen, Berlin 1994, 70 ff. vorgeschlagene Treuhand-Lösung für das Legitimationsniveau scheint im Kern eine solche Kompensationslösung zu sein, die aber nicht auf die Stoffgleichheit des Kompensationsmittels insistiert.

[19] Dazu oben § 12.

anerkennen. Vielmehr kann die Entscheidungsrichtigkeit als Grund für eine bestimmte Organisationsgestaltung auf der Rechtfertigungsebene berücksichtigt werden.[20]

Schwieriger einzuordnen ist die funktionale Selbstverwaltung. Oben wurde bereits festgestellt, dass das in der Selbstverwaltung präsente mitgliedschaftlich-partizipative Element nicht in der Lage ist, originäre Legitimation zu vermitteln.[21] Dennoch formuliert das Bundesverfassungsgericht den vielzitierten Satz: „Die funktionale Selbstverwaltung ergänzt und verstärkt insofern das demokratische Prinzip. Sie kann als Ausprägung dieses Prinzips verstanden werden, *soweit* sie der Verwirklichung des übergeordneten Ziels der freien Selbstbestimmung aller dient."[22] Diese Akzentuierung erlaubt es, zwischen den verschiedenen Erscheinungsformen der Selbstverwaltung zu differenzieren.

Einzubeziehen ist mithin die Organisationsarchitektur des Selbstverwaltungsträgers. Manche Selbstverwaltungsmodelle (wie etwa das der Ärztekammern) rekurrieren auch in ihrer Selbstorganisation auf formale Zugehörigkeitsregeln, oben als homogen-mitgliedschaftliche Organisation umschrieben, und auf Zählgleichheit beruhende Willensbildungsverfahren.[23] Sie können als Demokratien in der Demokratie, als Mikrodemokratien im größeren Einheitszusammenhang gelten. Solange sie sich auf Aufgaben mit Mitgliedschaftsbezug beschränken,[24] können sie daher das demokratische Argument für sich in Anspruch nehmen.

Diese Überlegung findet darin Unterstützung, dass auch der Föderalismus bzw. die kommunale Selbstverwaltung im Gesamtstaat Untereinheiten voraussetzen, denen eine eigene (demokratische) Selbstbestimmung möglich ist. Nichts anderes geschieht in der an formale Zugehörigkeitsregeln anknüpfenden Selbstverwaltung: Anstatt der Wahl eines Wohnsitzes ist es hier die Berufswahl, die eine (Pflicht-) Mitgliedschaft in einer Selbstverwaltungskörperschaft begründet. Sofern nun wiederum eine demokratische, d.h. auf Zählwertgleichheit beruhende Willensbildung innerhalb der Körperschaft erfolgt, ist im Rahmen einer Gesamtbetrachtung die Äquivalenz des Zurechnungszusammenhangs gegeben.

---

[20] Dazu ausführlich noch unten, § 14.

[21] Vgl. auch *E.-W. Böckenförde*, Demokratie als Verfassungsprinzip, in: Isensee/Kirchhof (Hrsg.), HStR, Bd. II, 3. Auflage, Heidelberg 2004, § 24, Rn. 33.

[22] BVerfGE 107, 59 (91, meine Hervorhebung, D.R.-I).

[23] Dazu deutlich offener als hier *P. Axer*, Selbstverwaltung als Organisationstyp, in: Kahl/Ludwigs (Hrsg.), Handbuch des Verwaltungsrechts, Bd. III, Verwaltung und Verfassungsrecht, Heidelberg 2022, § 62, Rn. 53 ff. Zu den verschiedenen Formen der Binnenorganisation auch *W. Kluth*, Funktionale Selbstverwaltung, in: Kahl/Ludwigs (Hrsg.), Handbuch des Verwaltungsrechts, Bd. III, Verwaltung und Verfassungsrecht, Heidelberg 2022, § 65, Rn. 75 ff.

[24] Zu dieser Anforderung *Kluth* (Fn. 23), in: Kahl/Ludwigs, § 65, Rn. 62 ff. Ferner auch BVerfGE 101, 312 (323).

Dies bedeutet im Umkehrschluss auch, dass es Ausschlussbedingungen für den Eintritt der Kompensationswirkung geben muss. Erfolgt die Zugehörigkeit zur Körperschaft oder die binnenorganisatorische Willensbildung nach Verfahren, die aus demokratischer Perspektive nicht zu rechtfertigen sind, so liegt keine Äquivalenz und dementsprechend keine Kompensation von Einflussknicken vor.[25] Dies ist, so hat die vorstehende Untersuchung ergeben, der Regelfall.

Dies bedeutet freilich nicht, dass diese Formen unzulässig sind. Jedoch kann ihre Partizipationsform aufgrund der fehlenden Kompensationswirkung nur dann zu einer Rechtfertigung der organisatorischen Abkoppelung beitragen, wenn sie von anderen verfassungsrechtlichen Gründen getragen ist.[26]

In dieser letzteren Art und Weise lassen sich auch die Ausführungen des Bundesverfassungsgerichts im Urteil zum *Lippeverband* lesen. Hier schreibt das Gericht, dass die funktionale Selbstverwaltung als Ausprägung des Demokratieprinzips verstanden werden kann, soweit „sie der Verwirklichung des überordneten Ziels der freien Selbstbestimmung aller dient."[27] Damit teilt die Partizipation im Rahmen der funktionalen Selbstverwaltung mit der repräsentativen Demokratie die Grundrichtung der Selbstbestimmung. Dass die Selbstverwaltung insoweit das demokratische Prinzip stärkt (und gerade nicht ersetzt), hängt jedoch gleichermaßen von weiteren Voraussetzungen ab.[28]

---

[25] *Böckenförde* (Fn. 21), in: Isensee/Kirchhof, § 24, Rn. 33. Siehe auch *M. Jestaedt*, Demokratieprinzip und Kondominialverwaltung. Entscheidungsteilhabe Privater an der öffentlichen Verwaltung auf dem Prüfstand des Verfassungsprinzips Demokratie, Berlin 1993, 494 ff. *H. Wißmann*, Die Anforderungen an ein zukunftsfähiges Infrastrukturrecht, VVDStRL (73) 2014, 369 (396 f.). Zustimmend *C. Möllers*, Demokratie, in: Herdegen/Masing/Poscher/Gärditz (Hrsg.), Handbuch des Verfassungsrechts. Darstellung in transnationaler Perspektive, München 2021, § 5, Rn. 25. Vgl. aber für die Öffentlichkeitsbeteiligung *T. Mann*, Großvorhaben als Herausforderung für den demokratischen Rechtsstaat, VVDStRL (72) 2013, 544 (562 ff.). Anders gelöst wird die Kompensation aber nun bei der organisationsrechtlich interessanten Rechtsfigur der „Polizeibeauftragten." Dazu *J. Botta*, Unabhängige Polizeibeauftragte, JZ 2022 664 (666).

[26] Dazu ausführlich siehe unten, § 14.

[27] BVerfGE 107, 59 (91).

[28] Klassisch: *H. Dreier*, Hierarchische Verwaltung im demokratischen Staat. Genese, aktuelle Bedeutung und funktionelle Grenzen eines Bauprinzips der Exekutive, Tübingen 1991, 271: „Denn unübersehbar führt jede Herauslösung aus dem gesamtstaatlichen Kontext zur Bildung von *Teil-* und *Verbandsvölkern* und damit zur (latenten oder manifesten) Entgegensetzung von Partikular- und Popularwillen, von demokratischer Gesamtheit und demokratischer Teilpopulation. Weil eine glückliche Koinzidenz von Teil und Ganzem nun nicht umstandslos vorausgesetzt werden kann, sondern stets mit berufsständischer Privilegierung, Verletzung von Minderheitsrechten, quasi-ständischen Gruppenprivilegien, der Zerfaserung des demokratischen Gesamtzusammenhangs und der Gefährdung gesamtgesellschaftlicher Integration gerechnet werden muss, kann sich nicht jede binnenorganisatorisch in demokratischer Weise organisierte Teilkörperschaft des politischen Gemeinwesens auf das Demokratieprinzip als legitimatorischen Grund stützen." Affirmativ jedoch wohl *B. Pieroth*, Plurale und unitarische Strukturen demokratischer Legitimation, EuGRZ 2006, 330 (332).

2. … durch Kontrollformen

Das Besondere an der Rechtsprechungsänderung des Bundesverfassungsgerichts ist jedoch nicht unbedingt die Anwendung des Kompensationsbegriffs auf neue Legitimationsformen. Hier geben die bereits bestehenden Rechtsprechungslinien einigermaßen klare Anforderungen vor. In Rezeption des Ansatzes des Europäischen Gerichtshofs schlägt das Bundesverfassungsgericht jedoch zwei „neue" Kompensationswege vor. Einerseits könne effektive gerichtliche Kontrolle Einflussknicke ausgleichen. Andererseits könne eine qualifizierte parlamentarische Kontrolle herangezogen werden, die – anders als bei der Kontrolle durch den Bundestag in der Regel üblich – spezifische behördliche Einwirkungsmöglichkeiten bereitstellt, etwa durch eine nachträgliche Änderung der Ermächtigungsgrundlagen des Verwaltungshandelns.[29]

Wegbereitend dürfte hier insbesondere die Rechtsprechung des Europäischen Gerichtshofs zu den Datenschutzkontrollstellen gewesen sein, auf die das Bundesverfassungsgericht explizit Bezug nimmt.[30] Hier entschied der Gerichtshof, dass die staatliche Aufsicht über Datenschutzkontrollstellen in den Ländern gegen das Unionsrecht verstoße. Entgegen der Auffassung, die von der Bundesrepublik Deutschland vorgetragen wurde, verstießen Verwaltungsstellen, die keiner demokratischen Kontrolle unterlägen, nicht *per se* gegen das Demokratieprinzip.

In diesem Kontext hatte der Europäische Gerichtshof den Einwand der dann fehlenden demokratischen Legitimation der Kontrollstellen mit einem Verweis auf alternative Kontrollformen zurückgewiesen:

> „Gewiss kommt ein Fehlen jeglichen parlamentarischen Einflusses auf diese Stellen nicht in Betracht. Die Richtlinie […] schreibt jedoch den Mitgliedstaaten keineswegs vor, dem Parlament jede Einflussmöglichkeit vorzuenthalten. So kann zum einen das Leitungspersonal der Kontrollstellen vom Parlament oder der Regierung bestellt werden. Zum anderen kann der Gesetzgeber die Kompetenzen der Kontrollstellen festlegen. Außerdem kann der Gesetzgeber die Kontrollstellen verpflichten, dem Parlament Rechenschaft über ihre Tätigkeiten abzulegen."[31]

Den Einwand der Bundesrepublik, eine derartige Verpflichtung verstoße gegen die Prinzipien der Subsidiarität und Verhältnismäßigkeit sowie den

---

[29] BVerfGE 151, 202 (291).

[30] EuGH, Urt. v. 09.03.2010, C-518/07, Slg. 2010, I-1897, Rn. 42.

[31] EuGH, Urt. v. 09.03.2010, C-518/07, Slg. 2010, I-1897, Rn. 42: „Das Bestehen und die Bedingungen für das Funktionieren solcher Stellen sind in den Mitgliedstaaten durch Gesetz und in einigen Mitgliedstaaten sogar in der Verfassung geregelt, und diese Stellen sind an das Gesetz gebunden und unterliegen der Kontrolle durch die zuständigen Gerichte. Solche unabhängigen öffentlichen Stellen, wie es sie im Übrigen auch im deutschen Rechtssystem gibt, haben häufig Regulierungsfunktion oder nehmen Aufgaben wahr, die der politischen Einflussnahme entzogen sein müssen, bleiben dabei aber an das Gesetz gebunden und der Kontrolle durch die zuständigen Gerichte unterworfen. […]"

Grundsatz der loyalen Zusammenarbeit, da sie gezwungen werde, „ein ihrer Rechtsordnung fremdes System zu übernehmen und damit ein effektives, seit fast 30 Jahren bewährtes Kontrollsystem aufzugeben,“[32] wies das Gericht zurück. Die explizite Bezugnahme auf eine Kompensationsmöglichkeit durch Kontrollformen ist dementsprechend eine entscheidende, durch die Rechtsprechung des Europäischen Gerichtshofs induzierte Neuerung.

Wie zu zeigen sein wird, ist die Auffassung der Verfassungsgerichte von einigen konzeptionellen Schwierigkeiten begleitet, da es bei beiden Kontrollformen an der oben beschriebenen Stoffgleichheit fehlt. Weder parlamentarische noch gerichtliche Kontrollformen sind in der Lage, das durch Einflussknicke verursachte Zurechnungsdefizit auf der gleichen Ebene zu kompensieren, d.h. einen Beitrag zur Zurechnungswirkung von souveränem Volk zur Ausübung staatlicher Gewalt zu leisten.

a) *Qualifizierte parlamentarische Kontrolle*

Das klassische Problem parlamentarischer Kontrolle über Verselbständigungen wurde oben (§ 9) als Informationsproblem rekonstruiert. Die Regierung wirkt im Regelmodell als Scharnier für die Informationsweitergabe für Vorgänge in der Verwaltung ans Parlament, zu denen sie privilegierten Zugang besitzt. Fällt ein solcher parlamentarischer Ansprechpartner für konkrete Vorgänge weg, verändert sich die Art und Weise, wie das Parlament an Informationen gelangt. Zwar ist das auch verfassungsrechtlich nicht ganz unproblematisch,[33] da die Kontrollfunktion des Parlaments geschwächt wird, sofern sich das Parlament nicht eigeninitiativ besondere Kontrollrechte gegenüber Verselbständigungen ausbedingt. Die Kontrolle bleibt aber im Wesentlichen eine einzelfallbezogene Kontrolle mit *ex-post* Wirkung.

Um diese Dimension scheint es dem Verfassungsgericht aber nicht zu gehen. Das Bundesverfassungsgericht bezieht sich in seinem Urteil auf eine Qualifizierung und Anpassung des parlamentarischen Kontrollspektrums, das durch bestimmte Kontrollformen schon enger mit der Herstellung von Entscheidungen verknüpft werden soll. Es geht also um eine Erweiterung der zeitlichen Wirkung der parlamentarischen Kontrolle. Das Gericht nennt explizit zwei verschiedene Qualifizierungen: die spezifischen Einflussmöglichkeiten auf Behörden und die Letztkontrolle durch eine Änderung oder Aufhebung der Rechtsgrundlagen. Diese zeitliche Erweiterung macht es zumindest

[32] EuGH, Urt. v. 09.03.2010, C-518/07, Slg. 2010, I-1897, Rn. 52–54.

[33] Richtig auch *P. Tucker*, Unelected Power. The Quest for Legitimacy in Central Banking and the Regulatory State, Princeton 2018, 376: “In consequence, whatever the differences in systems of judicial review and merits appeal, the upshot is that each jurisdiction struggles to combine keeping agencies within the law and leaving agencies properly accountable for their general policies in the public forum.“

(anders als bei der reinen *ex-post* Kontrolle, bei der die Entscheidung ja schon ergangen ist) denkbar, dass durch diese spezifischen Kontrollformen ein zumindest zurechnungsähnlicher Zusammenhang von Parlament zur Entscheidung entsteht.

Zur Lösung dieser Frage ist zunächst ein Blick auf die Erweiterungsmöglichkeiten parlamentarischer Kontrollrechte verlangt. Spezifische Einflussmöglichkeiten auf Behörden kann sich das Parlament zumeist selbst einräumen. So kann es das Informationsdefizit bei verselbständigter Verwaltung dadurch kompensieren, dass es von seinen verschiedenen Möglichkeiten zur Selbstinformation gegenüber diesen Verwaltungseinheiten direkten Gebrauch macht.[34] Es kann für den Informationsbezug Berichtspflichten auferlegen, die bei privatrechtlichen Trägern auch vertraglich vereinbart werden können.[35] Es kann ferner bei besonderen Sach- und Personalentscheidungen Genehmigungsvorbehalte vorsehen, die unter Umständen auch von besonderen Ausschüssen wahrgenommen werden können.[36] Die Effektivität dieser unmittelbaren Vollzugskontrolle durch parlamentarische Ausschüsse wird jedoch ambivalent beurteilt.[37] *Kersten* diagnostiziert etwa, dass parlamentarische Ausschüsse, die auf die unmittelbare Kontrolle des Verwaltungsvoll-

---

[34] Übersicht bei *T. Puhl*, Entparlamentarisierung und Auslagerung staatlicher Entscheidungsverantwortung, in: Isensee/Kirchhof (Hrsg.), HStR, Bd. III, 3. Auflage, Heidelberg 2005, § 48, Rn. 45.

[35] *Hermes*, in: Gaitanides/Kadelbach/Rodríguez Iglesias (Hrsg.), Europa und seine Verfassung. Festschrift für Manfred Zuleeg zum siebzigsten Geburtstag, Baden-Baden 2005, 421. Ferner auch *Puhl* (Fn. 34), in: Isensee/Kirchhof, § 48, Rn. 45; *J.P. Ehlers*, Aushöhlung der Staatlichkeit durch die Privatisierung von Staatsaufgaben. Genuine Staatsaufgaben und das Prinzip der demokratischen Legitimation staatlichen Handelns als Grenzen der Privatisierung von Aufgaben der vollziehenden Gewalt, Frankfurt am Main u.a. 2003, 173. *M. Pöcker*, Unabhängige Regulierungsbehörden und die Fortentwicklung des Demokratieprinzips, VerwArch 2008, 380 (397 ff.). Hier können auch besondere parlamentarische Beauftragte eine Rolle spielen. Zu diesen etwa *P.J. Tettinger*, Die Beauftragten, in: Isensee/Kirchhof (Hrsg.), HStR, Bd. V, 3. Auflage, Heidelberg 2007, § 111, Rn. 46.

[36] *Puhl* (Fn. 34), in: Isensee/Kirchhof, § 48, Rn. 45; *G.F. Schuppert*, Die Erfüllung öffentlicher Aufgaben durch verselbständigte Verwaltungseinheiten – eine verwaltungswissenschaftliche Untersuchung, Göttingen 1981, 379 ff. Zu deren Arbeitsweise klassisch *W. Zeh*, Parlamentarisches Verfahren in: Isensee/Kirchhof (Hrsg.), HStR, Bd. III, 3. Auflage, Heidelberg 2005, § 53, Rn. 57 ff.

[37] *W. Kahl*, Begriff, Funktionen und Konzepte von Kontrolle, in: Hoffmann-Riem/Schmidt-Aßmann/Voßkuhle (Hrsg.), GVwR, Bd. III, 2. Auflage, München 2013, § 47, Rn. 75 mwN. Kritisch etwa schon zur Zusammensetzung dieser Gremien, *P. Cancik*, Wahlrecht und Parlamentsrecht als Gelingensbedingungen repräsentativer Demokratie, VVDStRL (72) 2013, 268 (311 ff.). Näher erläutert bei *M.-E. Geis*, Parlamentsausschüsse, in: Isensee/Kirchhof (Hrsg.), HStR, Bd. III, 3. Auflage, Heidelberg 2005, § 54, Rn. 42 ff. Problematisierend im Hinblick auf deren Zusammensetzung *J. Krüper*, Ausschussbesetzung zwischen Politik, Mathematik und Demokratie – Besprechung von BVerwG 8 C 18.03, NWVBl. 2005, 97 (97 ff.) (kritisch zur Verabsolutierung mathematischer Konstitutionsprinzipien). Nun dazu auch *D. Kuhn*, Die Reichweite der Organisationsautonomie des Geschäftsordnungsgebers

zugs konzentriert sind, durch ihre Systemfremdheit an Effektivitätsproblemen leiden.[38]

Weitere Kontrollmöglichkeiten bietet die Finanzkontrolle. Das Parlament kann etwa die finanziellen Ressourcen einer Einheit komplett in den Staatshaushalt ziehen.[39] Bei privatisierten staatlichen Eigengesellschaften kann es auch die Hilfe der Rechnungshöfe in Anspruch nehmen.[40] Zuletzt kann das Parlament (zumindest in der Theorie) auch mittelbar über die institutionelle Steuerung auch der Exekutive besondere Kontrollrechte einräumen und diese dann wiederum am Maßstab des Regelmodells kontrollieren. An Möglichkeiten zur Kontrollausübung mangelt es also in den meisten Fällen nicht. Voraussetzung dafür – wie auch der parlamentarischen Kontrolle im Regelfall – ist, dass die Kontrolle einer bestimmten Verwaltungseinheit auf der Agenda des Parlaments überhaupt eine Rolle spielt.

Die Fähigkeit parlamentarischer Kontrollformen zur Kompensation von Einflussknicken wird insbesondere in der Literatur zu den Regulierungsbehörden diskutiert.[41] Durch die (unionsrechtliche) Anforderung der völligen Abkoppelung dieser Behörden vom politischen System muss nicht nur das Informationsdefizit der parlamentarischen Kontrolle kompensiert werden. Denn die Anforderung der völligen Unabhängigkeit umfasst zwar die Auskoppelung aus dem staatlichen Weisungszusammenhang, nicht aber die nationalrechtlich erforderliche parlamentarische oder judikative Kontrolle.[42] So be-

---

bei der Entscheidung über die Zusammensetzung parlamentarischer Ausschüsse, NVwZ 2018, 1116 (1117). Skeptisch zur Wirkung im *common law* positioniert sich *Tucker* (Fn. 33), 375. Vgl. aber *F. Meinel*, Vertrauensfrage. Zur Krise des heutigen Parlamentarismus, München 2019, 179 ff. („Maschinenraum der Verantwortlichkeit"). Positiv auch *M. Payandeh*, Die Entplenarisierung des Bundestages. Verfassungsrechtliche Rahmenbedingungen parlamentsinterner Entscheidungsdelegation, in: Krüper (Hrsg.), Die Organisation des Verfassungsstaats. Festschrift für Martin Morlok zum 70. Geburtstag, Tübingen 2019, 205 (225).

[38] *J. Kersten*, Was kann das Verfassungsrecht vom Verwaltungsrecht lernen?, DVBl. 2011, 585, (590) Dazu auch *M. Ludwigs*, Die Bundesnetzagentur auf dem Weg zur Independent Agency?, Die Verwaltung 2011, 41 (51). Zur Parlamentspraxis von Ausschüssen und parlamentarischem Kontrollgremium nun auch *H.-W. Heynckes*, Kontrollkonkurrenzen von Ausschüssen und Parlamentarischem Kontrollgremium in der Parlamentspraxis, DÖV 2022, 486 (487 ff.).

[39] *Puhl* (Fn. 34), in: Isensee/Kirchhof, § 48, Rn. 45.

[40] *Puhl* (Fn. 34), in: Isensee/Kirchhof, § 48, Rn. 45.

[41] Vgl. *J. Masing*, Die Regulierungsbehörde im Spannungsfeld von Unabhängigkeit und parlamentarischer Verantwortung, in: Bauer/Kahl (Hrsg.), Wirtschaft im offenen Verfassungsstaat. Festschrift für Reiner Schmidt zum 70. Geburtstag, München 2006, 521 ff. Ferner *M. Eifert*, Letztentscheidungsbefugnisse der Verwaltung: Ermessen, Beurteilungsspielräume sowie Planungsentscheidungen und ihre gerichtliche Kontrolle, ZJS 2008, 336 (338 ff.).

[42] *Ludwigs* (Fn. 38), 45 argumentiert: „Ausweislich der Erwägungsgründe steht dies [Weisungsfreiheit] allerdings weder einer gerichtlichen Überprüfung, noch einer parlamentarischen Kontrolle nach dem Verfassungsrecht der Mitgliedstaaten entgegen."

kommt insbesondere die Kontrolle durch das Parlament als verbliebene Kontrollform ein gesteigertes Gewicht.[43]

Spezifische, auch zeitlich erweiterte Kontrollrechte werden damit aber in der Regel nicht vermittelt. Dies kann an der Aufsicht durch den nach § 5 BNetzAG eingerichteten Beirat bei der Bundesnetzagentur verdeutlich werden.[44] Dieses Gremium, das paritätisch mit Mitgliedern des Bundestags und Vertretern des Bundesrates besetzt ist, ist nach § 120 TKG berechtigt, Auskünfte und Stellungnahmen einzuholen, bei bestimmten Vergabeverfahren mitzuwirken und Maßnahmen zu beantragen. Durch diese Rechte werden aber gerade keine mit spezifischen Einflussrechten verbundene Kontrollmöglichkeiten eingeräumt, da es zum einen an der Sanktionsfähigkeit und zum anderen durch die „Mitwirkung" an der kontrollspezifischen Distanz zwischen Kontrollierendem und Kontrolliertem fehlt. Die paritätische Zusammensetzung von Mitgliedern von Bundestag und Bundesrat ist zudem nicht in der Lage, das Parlament hinreichend zu repräsentieren.[45]

Ähnliche Diskussionen werden im Datenschutzrecht geführt, wo sich nach dem Kompetenzzuwachs der nationalen Datenschutzkontrollstellen durch die DSGVO erneut die Frage der Kompensation der weitreichenden sachlichen Unabhängigkeit stellt. Die unter dem Oberbegriff der „sachlichen Unabhängigkeit" normierten Maßstäbe,[46] werden dadurch durchbrochen, dass zumindest die Bestellung der Beauftragten durch die Regierung in Art. 53 Abs. 1 DSGVO (Umsetzung in § 11 Abs. 1 BDSG n.F.) zugelassen

[43] *Kahl* (Fn. 37), in: Hoffmann-Riem/Schmidt-Aßmann/Voßkuhle, § 47, Rn. 75b; *C. Franzius*, Die Bundesnetzagentur zwischen politischer Steuerung und gerichtlicher Kontrolle, DÖV 2013, 714 (716); *M. Ludwigs*, Unionalisierung der Unabhängigkeit nationaler Kartellbehörden, NZKart 2020, 576 (578). Richtigerweise kritisch aber *F. Meinel*, Verselbstständigte Verwaltungseinheiten, unabhängige Agenturen, ministerialfreie Räume, in: Kahl/Ludwigs (Hrsg.), Handbuch des Verwaltungsrechts, Bd. III, Verwaltung und Verfassungsrecht, Heidelberg 2022, § 61, Rn. 63: „Die gängige Vorstellung einer Kompensation von Legitimationsdefiziten durch solche Formen der direkten parlamentarischen Kontrolle ist [...] nicht haltbar."

[44] Dazu und zum Folgenden: *Franzius* (Fn. 43), 716.

[45] Ähnlich auch *Franzius*: „Da der Beirat paritätisch mit Mitgliedern des Bundestags und Vertretern des Bundesrates besetzt ist, wird man ihm in dieser Besetzung nur begrenzt demokratische Legitimationsleistungen zusprechen können." *Franzius* (Fn. 43), 716.

[46] *M. Kröger*, Unabhängiges Verwalten in der Europäischen Union – eine Einführung, in: Kröger/Pilniok (Hrsg.), Unabhängiges Verwalten in der EU, Tübingen 2016, 1 (5). Art. 52 Abs. 2 DSGVO entwickelt die Weisungsfreiheit zu einem weitreichenden „Beeinflussungsverbot". Begriff bei *J.-P. Schneider*, in: Wolff/Brink (Hrsg.), Datenschutzrecht, München 35. Ed., 01.02.2021, DS-GVO, Art. 52, Rn. 16. Was diese terminologische Umkehr von „-freiheit" zu „-verbot" im Einzelnen bedeutet, bleibt jedoch noch unklar. Reichweite diskutiert bei *M. Selmayr*, in: Ehmann/Selmayr (Hrsg.), DS-GVO, 2. Auflage, München 2018, Art. 52, Rn. 18. Vgl. zum Komplex auch *F. Wollenschläger*, Verfassung im Allgemeinen Verwaltungsrecht – Bedeutungsverlust durch Europäisierung und Emanzipation?, VVDStRL (75) 2016, 187 (221).

wird.[47] Gleichzeitig setzen die damit entstehenden Einflussknicke neue Maximalmaßstäbe für die weisungsfreie unselbständige Aufgabenwahrnehmung.[48] Auch hier ist die Frage, ob die Unabhängigkeit der Datenschutzkontrollstellen durch einen speziellen Bundestagsausschuss kompensatorisch eingefangen werden kann.

Für den ähnlich gelagerten Fall der Kontrolle von Nachrichtendiensten gibt es einige Erfahrung damit, wie eine solche parlamentarische Kontrolle aussehen kann.[49] Ähnlich und nicht gleich gelagert ist der Fall der Nachrichtendienste deshalb, weil zusätzlich zur Legitimations- und Kontrollproblematik ein ebenfalls grundrechtlich fundiertes Bedürfnis exekutiven Geheimnisschutzes für anvertraute Informationen besteht.[50] Das 2009 durch Art. 45d GG verfassungsrechtlich verankerte und 2016 durch den „Ständigen Bevollmächtigten" umfassend reformierte[51] Kontrollgremium wurde jedoch aufgrund der (grundsätzlich zulässigen) Beschränkung des Informationsflusses zwischen

---

[47] § 11 Abs. 3 S. 2 BDSG n.F. bestimmt die einmalige Möglichkeit der Wiederbestellung, was – gemessen an judikativen Maßstäben – als eine Einschränkung der Unabhängigkeit gelten müsste. Insofern auch bemängelnd *Schneider*, in: Wolff/Brink (Fn. 46), Art. 52, Rn. 17. Die Gegenposition vertritt *S. Polenz*, in: Simitis/Hornung/Spiecker gen. Döhmann (Hrsg.), Datenschutzrecht, 1. Auflage, Baden-Baden 2019, Art. 54, Rn. 9.

[48] Diese Maßstäbe werden in der Literatur gemischt aufgenommen. Positive Grundeinstellung etwa bei *T. Petri/M.-T. Tinnefeld*, Völlige Unabhängigkeit der Datenschutzkontrolle, MMR 2010, 157; *A. Roßnagel*, Verurteilung Deutschlands zur Neuorganisation seiner Datenschützer, EuZW 2010, 296 (299 ff.). Ablehnend bei *H.-P. Bull*, Die „völlig unabhängige" Aufsichtsbehörde. Zum Urteil des EuGH vom 09.03.2010 in Sachen Datenschutzaufsicht, EuZW 2010, 488; *E.M. Frenzel*, „Völlige Unabhängigkeit" im demokratischen Rechtsstaat, DÖV 2010, 925 (927 ff.); *I. Spiecker gen. Döhmann*, Anmerkungen zu EuGH Rs. C-518/07 – Unabhängigkeit der Datenschutzaufsichtsbehörde im nicht-öffentlichen Bereich, JZ 2010, 787.

[49] Ausführlich dazu die Hinweise bei *B.W. Wegener*, Verfassung in ausgewählten Teilrechtsordnungen: Konstitutionalisierung und Gegenbewegungen – Sicherheitsrecht/Steuerrecht, VVDStRL (75) 2016, 293 (315 ff.) sowie *C. Waldhoff*, Die reformierte Kontrolle der Nachrichtendienste durch das Parlamentarische Kontrollgremium und das Unabhängige Gremium, in: Dietrich u.a. (Hrsg.), Reform der Nachrichtendienste zwischen Vergesetzlichung und Internationalisierung, Tübingen 2019, 73 (73 ff.). Zu Organisation und Aufbau, vgl. *C. Gröpl*, Die Nachrichtendienste im Regelwerk der deutschen Sicherheitsverwaltung. Legitimation, Organisation und Abgrenzungsfragen, Berlin 1993, 208 ff. sowie *C. Gusy*, Organisation und Aufbau der deutschen Nachrichtendienste, in: Dietrich/Eiffler (Hrsg.), Handbuch des Rechts der Nachrichtendienste, Stuttgart u.a. 2017, Vierter Teil § 1, 297 ff.

[50] Dazu *T. Wischmeyer*, Formen und Funktionen des exekutiven Geheimnisschutzes, Die Verwaltung 2018, 393 (395). Erwägungen zur parlamentarischen Kontrolle auf S. 409 ff. Vgl. dazu bereits *J. Masing*, Transparente Verwaltung: Konturen eines Informationsverwaltungsrechts, VVDStRL (63) 2004, 377 (419). Zur intraexekutiven Kontrollorganisation ferner *K.-D. Fritsche*, Die Organisation der ministeriellen Kontrolle der Nachrichtendienste innerhalb der Bundesregierung, in: Röttgen/Wolff (Hrsg.), Parlamentarische Kontrolle der Nachrichtendienste im demokratischen Rechtsstaat, Berlin 2008, 77–82.

[51] Details bei *Waldhoff*, in: Dietrich u.a. (Fn. 49), 73. *S. Magiera*, in: Sachs (Hrsg.), Grundgesetz Kommentar, 9. Auflage, München 2021, Art. 45d, Rn. 1 ff. *S. Unger*, in: v. Mangoldt/Klein/Starck (Hrsg.), Grundgesetz Kommentar, Bd. II, 7. Auflage, München 2018, Art. 45d, Rn. 2 ff.

Exekutive und Parlament im Bereich des Geheimnisschutzes vom Bundesverfassungsgericht für nicht ausreichend zur Wahrung der Verhältnismäßigkeit befunden.[52] Gefordert wurden demgegenüber eine zusätzliche (unabhängige intraexekutive) Kontrollebene, um insgesamt ein hinreichendes Kontrollniveau zu erreichen.[53] Auch hier findet jedoch keine Erweiterung der zeitlichen Dimension der parlamentarischen Kontrolle statt, die in der Lage wäre, einen zurechnungsähnlichen Zusammenhang zu begründen.

Wie also könnten solche spezifischen Einflussrechte aussehen? *Ludwigs* hat rechtsvergleichend vorgeschlagen, die parlamentarische Kontrolle dadurch zu ermöglichen, dass über die Aufsicht durch den Beirat hinaus, die Kontrolle einem zu diesem Zweck eingerichteten Bundestagsausschuss übertragen wird.[54] Dieser hätte dem Aufsichtsmodell über die US-amerikanischen *independent agencies* vergleichbare Einwirkungsmöglichkeiten auf die Behörde, etwa indem er Begründungen, Stellungnahmen, Testate oder sonstige Auskünfte verlangen könnte.[55] Dieser so begründete kooperative Tatbestand würde in die Entscheidungsfertigung hineinwirken und damit legitimationsähnliche Zusammenhänge begründen.[56]

Auch wenn damit das Problem richtig identifiziert scheint, so ist doch die Frage, ob es damit zu einer Verstärkung des Zurechnungszusammenhangs kommt.[57] Durch die Überbrückung der Scharnierwirkung der Regierung scheint zwar das Problem parlamentarischer Kontrolle einer Lösung zugänglich. Fraglich ist aber, ob die als „Einflussmöglichkeiten" umschriebenen Instrumente nicht neben Informationspflichten zumindest die Möglichkeit umfassen müssten, Entscheidungen zu kassieren, Sanktionen auszusprechen oder in irgendeiner anderen Weise *inhaltlich* zu beeinflussen. Andernfalls wäre es wohl nicht möglich, die für die Kompensation von Defiziten erforderliche Bedingung der Stoffgleichheit als Zurechnungszusammenhang von Parlament zur Entscheidung zu erfüllen.[58]

---

[52] BVerfGE 154, 152 (300, Rn. 300).

[53] „Zu gewährleisten ist eine kontinuierliche Kontrolle in institutioneller Eigenständigkeit." BVerfGE 154, 152 (293 f., Rn. 281).

[54] *Ludwigs* (Fn. 38), 52.

[55] *Ludwigs* (Fn. 38), 52.

[56] So konstruiert könnte sie nach *Ludwigs* das Defizit an sachlich-inhaltlicher Legitimation (zumindest teilweise) kompensieren, so dass gemeinsam mit der erhöhten personellen Legitimation ein hinreichendes Niveau erreichbar scheint. *Ludwigs* (Fn. 38), 54.

[57] Tendenziell kritisch wohl auch *Meinel* (Fn. 13), 71–73: „Nur die Regierungsmehrheit kann ja vernünftigerweise behaupten, jene Kontrollfunktionen auszuüben, die eine Kompensation für den Verlust parlamentarischer Entscheidungskompetenzen darstellen. Demgegenüber kann ein Minderheitenrecht schlecht als Kompensation einer Mehrheitsbefugnis taugen."

[58] Dies gilt umso mehr im Hinblick auf die zunehmende inhaltliche Überforderung der Parlamente. Dazu etwa *P. Kirchhof*, Der Bürger in Zugehörigkeit und Verantwortung, in: Isensee/Kirchhof (Hrsg.), HStR, Bd. XII, 3. Auflage, Heidelberg 2014, § 283, Rn. 50.

Als zweiten Aspekt zur Verstärkung des Zurechnungszusammenhangs nennt das Gericht (in Rezeption eines Ansatzes zum französischen Verfassungsrecht)[59] eine Letztkontrolle durch die Möglichkeit der Änderung oder Aufhebung der Rechtsgrundlagen. Insoweit entwickelt das Gericht eine Art parlamentarisches Veto-Recht zu einer bestimmten Verwaltungspraxis. Diese ist als scharfes Schwert konzipiert, da das Parlament so auf der abstrakt-generellen Ebene eine Neuregelung der Rechtsmaterie bestimmt und damit die Verwaltungstätigkeit nicht nur in einem konkreten Fall, sondern allgemein zum Erliegen bringt. Fraglich ist aber, ob eine so verstandene Letztkontrolle wirklich die vom Bundesverfassungsgericht avisierte Wirkung als „Notbremse" haben kann. Nicht zuletzt ist die Änderung von Rechtsgrundlagen parlamentarischer Alltag. Dass die Beobachtung einer bestimmten Verwaltungspraxis zu einer parlamentarischen Steuerung durch Gesetz und damit zu einer Veränderung dieser Praxis führt, wird wohl eher den Regel- als den Ausnahmefall eines sich anpassenden Verfassungsstaates abbilden. Kompensationswirkung kann sie wohl kaum entfalten. Dies gilt insbesondere im Hinblick darauf, dass zumindest im Regulierungsrecht die inhaltliche Gesetzesmaterie bereits weitgehend unionsrechtlich vorbestimmt erscheint.

Das Demokratieprinzip weist rechtsvergleichend viele Ausgestaltungen auf. Entsprechend viele Gestaltungsmöglichkeiten gibt es für die parlamentarische Kontrolle,[60] deren konkrete Verfahren jedoch zum Demokratiebegriff passen sollten. Insoweit scheint es erst einmal fraglich, ob das parlamentarische Kontrollsystem der Bundesrepublik unter dem Einfluss europäischen Rechts sinnvoll angepasst werden kann. Aus der Perspektive des nationalen Demokratieprinzips kann jedenfalls festgehalten werden, dass die vorgeschlagenen Verstärkungen parlamentarischer Kontrolle derzeit nicht zu einer Kompensation von Einflussknicken führen können, da es an der vorausgesetzten Stoffgleichheit fehlt.

b) Gerichtliche Kontrolle

Ebenfalls zurückzuweisen ist der Vorschlag des Verfassungsgerichts, auch gerichtliche Kontrolle könne Einflussknicke kompensieren.[61] Problematisiert

---

[59] BVerfGE 151, 202 (291).

[60] Dies wird sehr deutlich im Beitrag von *G. Marcou*, Die Verwaltung und das demokratische Prinzip, in: v. Bogdandy/Cassese/Huber (Hrsg.), Handbuch Ius Publicum Europaeum, Bd. V, Heidelberg 2014, § 92, Rn. 8 ff., der die ex-post Kontrolle (anstatt der Gesetzesbindung) als *das* zentrale Steuerungselement des Parlamentarismus ins Feld führt.

[61] Ähnlich schon *C. Gusy*, Gewährleistung von Freiheit und Sicherheit im Lichte unterschiedlicher Staats- und Verfassungsverständnisse, VVDStRL (63) 2004, 151 (184 ff.): „Legitimation durch Kontrolle." Ferner differenzierend auch *Grzeszick* (Fn. 18), 72 ff., der nur begrenzte Kompensationen durch rechtsstaatliche Mechanismen zulassen will, aber weitgehend offen lässt, welche Grenzen zu ziehen wären. Ferner *W. Kahl*, Hochschulräte – Demo-

wurde der Aspekt der gerichtlichen Kontrolle bereits oben, da typischerweise die erarbeiteten Einfluss- und parlamentarischen Kontrollknicke mit einer reduzierten gerichtlichen Kontrolldichte korrespondieren.[62] Die Motivation hinter dieser so reduzierten Kontrolldichte ist es, die durch atypische Organisationsgestaltung hinzugewonnene Entscheidungsrationalität nicht im zweiten Schritt wieder durch eine vollständige Nachprüfung durch das Gericht rückgängig zu machen. Aus der Erwägung heraus, dass auch Gerichten in bestimmten Bereichen die Sachkompetenz fehlen kann, soll – bei hinreichenden Garantien für eine Entscheidungsrichtigkeit durch Verfahren – die Prüfungstiefe reduziert bleiben. Voraussetzung dafür ist (wie oben festgestellt wurde) eine entsprechend passende Organisationsgestaltung, die für die besondere Richtigkeit und den Interessenausgleich auch tatsächlich Gewähr bieten kann. Wenn nun das Bundesverfassungsgericht die gerichtliche Kontrolle als ein Kompensationselement anführt, so muss es die Argumente, die typischerweise für eine reduzierte Kontrolldichte sprechen, genau ins Gegenteil verkehren. Statt reduzierter Kontrollmaßstäbe, müssten nun erweiterte Maßstäbe gelten. Schon dies wirkt abwegig.

Auch die Anforderung der Stoffgleichheit kann nicht erfüllt werden. Zwar kontrollieren Gerichte Entscheidungen am Maßstab des Rechts, so dass zumindest eine Argumentation konstruierbar wäre, dass sie dadurch den Zurechnungszusammenhang von Parlament zur Entscheidung verstärkten.[63] Diese Auffassung kann jedoch insbesondere deshalb nicht überzeugen, da sie die gewaltentypischen Konkretisierungsleistungen übersieht.[64] Denn die Kon-

---

kratieprinzip – Selbstverwaltung. Unter besonderer Berücksichtigung des Aufsichtsratsmodells in Baden-Württemberg, AöR 130 (2005), 225 (244) für den Sonderfall der Selbstverwaltung. Aus rechtsvergleichender Perspektive *Y. Vilain*, Demokratische Legitimität und Verfassungsmäßigkeit unabhängiger Regulierungsbehörden: Von den ursprünglichen Bedenken bis zur richterlichen Eingliederung in das französische Verwaltungssystem, in: Masing/Marcou (Hrsg.), Unabhängige Regulierungsbehörden. Organisationsrechtliche Herausforderungen in Frankreich und Deutschland, Tübingen 2010, 9 (31 ff.) mit dem Hinweis, dass in der gerichtlichen Kontrolle ministerieller Einfluss verbleibe. Ferner *C.D. Classen*, Der Verfassungsbegriff der Demokratie in Deutschland und in Frankreich. Bemerkungen zur Konkretisierung eines offenen Verfassungsbegriffs im europäischen Rechtsraum, JöR 2017, 263 (274 ff.). Zur besonderen Akzentuierung des gerichtlichen Rechtschutzes in Deutschland *P.M. Huber/M. Guttner*, Zur verfassungsrechtlichen Prägung des Verwaltungsrechtsschutzes im europäischen Rechtsraum, in: v. Bogdandy/Huber/Marcusson (Hrsg.), Handbuch Ius Publicum Europaeum, Bd. VIII, Heidelberg 2019, § 127.

[62] Dazu s.o. § 9, III. 3.

[63] Schon dies wirkt fragwürdig. *Meinel* (Fn. 43), in: Kahl/Ludwigs, § 61, Rn. 45 fragt richtig, warum die fehlende politische Verantwortlichkeit für die Bankenaufsicht durch die Möglichkeit des Rechtsschutzes kompensierbar sein solle.

[64] *A.-K. Kaufhold*, Der einheitliche Aufsichtsmechanismus für Banken (SSM), in: Hufeld/Ohler (Hrsg.), Enzyklopädie Europarecht Bd. 9, Europäische Wirtschafts- und Währungsunion, Baden-Baden 2022, § 17, Rn. 150 mit Hinweis auf die Rechtsprechung. Vgl. auch (allerdings im Kontext der Legitimationsfrage) *Grzeszick*, in: Anderheiden/Keil/Kirste/

trollbefugnis der Gerichte reicht in der Regel nur so weit wie der Gesetzesmaßstab. Den Zurechnungszusammenhang verstärkt gerichtliche Kontrolle daher nur, wenn ein schon durch das Gesetz im Einzelfall genau bestimmter Maßstab durch die Exekutive grob unzureichend konkretisiert wurde, sich die Konkretisierung also nicht am Maßstab des Gesetzes orientiert. Aber auch hier kann das Gericht die angegriffene Entscheidung nicht ersetzen, sondern lediglich auf einen unzureichenden Zurechnungszusammenhang aufmerksam machen.

Die Auffassung, dass effektive gerichtliche Kontrolle zur Kompensation von Einflussknicken beitragen kann, ist daher abzulehnen. Die Wirkung der gerichtlichen Kontrolle befindet sich mit der parlamentarischen Legitimation nicht auf einer Ebene.

III. Kompensation von Kontrollknicken

Die Frage der Kompensation kann gleichfalls für Kontrollknicke aufgeworfen werden. Das Bundesverfassungsgericht hat zur Kontrollkompensation etwa im Rahmen der Auslandsfernmeldeaufklärung Stellung genommen.[65] Hier argumentiert das Gericht, dass durch das Fehlen der subjektiv-rechtlichen Kontrolle die objektiv-rechtliche Dimension des Kontrollniveaus besonders gestärkt werden muss.[66] Diese Kompensation muss sich insbesondere auch institutionell reflektieren, d.h. die objektiv-rechtlichen Kontrollinstanzen müssen „auf eine wirksame und unabhängige Erfüllung ihrer Aufgaben hin ausgerichtet sein."[67] Hier verlangt das Bundesverfassungsgericht gerichtsähnlich ausgestaltete Stellen bzw. unabhängige administrative Rechtskontrollen.[68]

Oben wurde bereits erarbeitet, dass der *Modus* des Zusammenwirkens der verschiedenen Kontrollformen sich von den Legitimationsformen unterschei-

Schaefer (Hrsg.), Verfassungsvoraussetzungen. Gedächtnisschrift für Winfried Brugger, Tübingen 2013, 616. Vgl. aber *A. v. Bogdandy/P.M. Huber*, Deutschland, in: v. Bogdandy/Cassese/Huber (Hrsg.), Handbuch Ius Publicum Europaeum, Bd. III, Heidelberg 2010, § 42, 2. Die Konstitutionalisierung von Verwaltung und Verwaltungsrecht, Rn. 96: „Für die mit der Eröffnung gerichtlichen Rechtsschutzes verbundene demokratiespezifische Ventil- und Kompensationsfunktion, für den nicht unerheblichen Beitrag der Rechtsprechung zur demokratischen Legitimationsvermittlung staatlicher Entscheidungen, fehlen dem deutschen öffentlichen Recht insoweit die Antennen."

[65] BVerfGE 154, 152 (290, Rn. 273).

[66] BVerfGE 154, 152 (290, Rn. 273). Keine Kompensation, sondern einen (im Rahmen der Mindestanforderungen unproblematischen) Formenwandel stellt es etwa dar, wenn sich bei gleichbleibendem Kontrollakteur nur die Maßstäbe und Mittel der Kontrolle verschieben. Hier ist dann lediglich darauf zu achten, dass eine hinreichende Kontrolleffektivität erreicht wird.

[67] BVerfGE 154, 152 (294, Rn. 283).

[68] BVerfGE 154, 152 (291, Rn. 275–276).

det. Kontrolle bildet kein System, sondern ein Geflecht ganz unterschiedlicher Erscheinungen, in dem jede Kontrollform ihre Funktion und Daseinsberechtigung hat. Dies vereinfacht auf der einen Seite die Äquivalenzbestimmung, da es keines spezifisch identifizierbaren Kontrollzusammenhangs (wie etwa bei Einflussknicken die Anforderung der Verstärkung eines Zurechnungszusammenhangs) bedarf. Auf der anderen Seite verkompliziert dieser fehlende systematische Bezug jedoch auch die Argumentation. Verschiedene Kontrollformen unterscheiden sich im Hinblick auf Kontrollpflichtigkeit, Kontrollmaßstab, Kontrollmittel und Kontrollergebnisfolgen.[69] Aus der verwaltungswissenschaftlichen Perspektive erscheint es grundsätzlich möglich, dass verschiedene Kontrollformen sich gegenseitig ergänzen oder auch ersetzen können.[70] Indikatoren dafür sind etwa gemeinsame Zielrichtungen der Kontrollformen.[71]

Im Kontrollgeflecht ist damit nach Zusammenhängen und Wirkungsbeziehungen zu suchen, die einen funktional äquivalenten Kontrollzusammenhang bereitstellen können.[72] Überprüft werden muss, ob abweichende Organisationsgestaltungen der Kontrolleffektivität des Regelfalles gerecht werden können. Auch hier kann das Regelmodell der hierarchischen Verwaltungsorganisation mit seinen klassischen Kontrollformen als ein „Primärmaßstab" gelten.[73] Eine solche Kompensationswirkung sollte jedoch auch im Hinblick auf den grundrechtlichen Schutz des Art. 19 Abs. 4 GG und den Anforderungen an die Funktionentrennung des Grundgesetzes ein begründeter Ausnahmefall sein.

Kein Äquivalenzzusammenhang besteht wiederum zwischen Kontrolle und Legitimation. So kann die zuweilen geäußerte Vermutung, wo parlamentarische Kontrolldichte gering sei, müsse das Maß der gesetzlichen Steuerung zunehmen,[74] nicht überzeugen. Die im Regelfall punktuelle Wirkung der parlamentarischen Kontrolle und die Steuerungswirkung des Gesetzes stehen in keinem Komplementärverhältnis. Stärkere gesetzliche Steuerung ist *per se* auch nicht geeignet, um die missbräuchliche Rechtsanwendung durch die Ver-

---

[69] So die Struktur, die *S. Kempny*, Verwaltungskontrolle – zur Systematisierung der Mittel zur Sicherung administrativer Rationalität unter besonderer Berücksichtigung der Gerichte und der Rechnungshöfe, Tübingen 2017, 66 ff. dem Thema gibt.

[70] *H. Schulze-Fielitz*, Zusammenspiel von öffentlich-rechtlichen Kontrollen der Verwaltung in: Schmidt-Aßmann/Hoffmann-Riem (Hrsg.), Verwaltungskontrolle, Baden-Baden 2001, 291 (302 ff.); *Kempny* (Fn. 69), 260.

[71] Auch Leistungsindikatoren können hilfreich sein. Exemplarisch *H.-H. Trute*, Die Forschung zwischen grundrechtlicher Freiheit und staatlicher Institutionalisierung. Das Wissenschaftsrecht als Recht kooperativer Verwaltungsvorgänge, Tübingen 1994, 485.

[72] So etwa auch *Schulze-Fielitz*, in: Schmidt-Aßmann/Hoffmann-Riem (Fn. 70), 302.

[73] Vgl. *H. Wißmann*, Verfassungsrechtliche Vorgaben der Verwaltungsorganisation, in: Hoffmann-Riem/Schmidt-Aßmann/Voßkuhle (Hrsg.), GVwR, Bd. I, 2. Auflage, München 2012, § 15, Rn. 62.

[74] *Dreier* (Fn. 28), 140, 210.

waltung zu vermeiden. Auf der einen Seite ergeben sich auch durch Überdeterminierung[75] neue exekutive Freiheiten in der Normanwendung. Auf der anderen Seite kann auch aufgrund der unterschiedlichen zeitlichen Ansatzpunkte eine Kompensation von einem niedrigem Kontrollniveau durch eine erhöhte Legitimationsleistung nicht erfolgen. Gerade der Ansatzpunkt *nach* der hoheitlichen Entscheidung stellt die besondere Rationalisierungs- und Disziplinierungsleistung der Kontrolle her.

IV. Ergebnis

Mit der ausdrücklichen Formulierung der Kompensation von Einflussknicken im Urteil zur *Bankenunion* setzt das Bundesverfassungsgericht mithin eine Maßgabe des Europäischen Gerichtshofs, die dieser im Urteil zu den *Datenschutzkontrollstellen* vorgegeben hatte, in die Auslegung des Demokratieprinzips um. Die sich daraus ergebende Frage ist nun, ob sich diese Anpassung und Infragestellung des bisher entwickelten verfassungsrechtlichen Ansatzes, wie etwa *Wollenschläger* vorträgt, „als konsequente Fortsetzung im Grundgesetz angelegter, indes auf halber Strecke stecken gebliebener Konstitutionalisierungsprozesse lesen" lässt,[76] oder ob sich durch die Rezeption der unionsrechtlichen Maßstäbe im Verfassungsrecht Spannungen ergeben, die zur Folge haben, dass sich die verfassungsrechtliche Lesart von Legitimation und Kontrolle dem Anpassungsdruck beugen oder ihn mittels Identitätsvorbehalt zurückweisen muss.

In jedem Fall eröffnet die nun erstmals vor der Rechtfertigung eingeführte Prüfungsstufe der Kompensation denklogisch überhaupt erst die Möglichkeit über eine produktive Entwicklung des Verfassungsrechts nachzudenken. Würde das Gericht unvermittelt auf die Ebene der Rechtfertigung von zurückgenommenen Legitimations- und Kontrollniveaus zu sprechen kommen, und damit die Ebene der Kompensation aus der Prüfung herausnehmen, würde die unionsrechtliche Vorgabe unter möglicher Aktivierung des Identitätsvorbehalts die verfassungsrechtliche Rechtfertigungsdogmatik überblenden.[77] Die Ebene der Kompensation ermöglicht es also, die organisationsrechtliche Fragestellung in den Entscheidungsraum der Verfassung zurückzuverlagern, *bevor* sich die Frage des Identitätsvorbehalts stellt.

Für die Fortentwicklungsthese spricht zudem das damit vom Verfassungsgericht eingeräumte, entscheidungsorientierte Raster, das in der Literatur seit längerem gefordert wird. Dies beinhaltet eine Dynamisierung des Wirkein-

[75] Dazu siehe oben.
[76] So *Wollenschläger* (Fn. 46), 241.
[77] Dazu noch unten § 14.

flusses der Staatsstrukturprinzipien; genauer die Feststellung, dass die normative Wirkung von Anforderungen der Legitimation (*ex-ante* der Entscheidung) und Kontrolle (*ex-post*) im Verfassungsstaat eine gemeinsame, den Voraussetzungen ihrer Wechselbezüglichkeit gerecht werdende Betrachtung erfordert. Auf der Inhaltsebene ist zunächst festzustellen, dass der neu eingeführte Begriff der Kompensation – dadurch, dass er sich notwendig auf die Ebene des Legitimationsniveaus bezieht – auch ein Wirksamkeitsbegriff ist.[78] Durch diese methodische Wahl wird auch das Verhältnis von Regelfall und Ausnahme auf eine neue Ebene gehoben. Kompensierende Legitimations- und Kontrollmechanismen sind nun am Regelfall der *Wirksamkeit* der Zusammenhänge in der hierarchischen Ministerialverwaltung zu messen. Dadurch wird die Prüfung von Ausnahme und Regelfall entformalisiert und ermöglicht – wie etwa von reformorientierten Verwaltungsrechtlern wie *Schmidt-Aßmann* seit langem gefordert –[79] eine substantielle Untersuchung der Wirkzusammenhänge in Organisationen.

Ob nun der damit einhergehende Komplexitätszuwachs auch einen Zugewinn in der Dogmatik bedeutet, muss sich zeigen. Die durch das Recht zu beantwortenden Fragen sind ungleich schwieriger geworden. Insbesondere das oben ausgearbeitete Erfordernis der Stoffgleichheit der Kompensation führt hier zu Schwierigkeiten. Gleiches gilt für die gerichtliche Kontrolle. Denn diese Formen kommen als Kompensationen parlamentarischer Legitimation insbesondere deshalb nicht in Betracht, da sie nicht in der Lage sind, den vom Demokratieprinzip geforderten Zurechnungszusammenhang zwischen dem Zurechnungssubjekt „Volk" und der Ausübung von Staatsgewalt zu verstärken.

Anders könnte dies zwar grundsätzlich bei der Entwicklung neuer, an das US-amerikanische Recht angelehnter Formen parlamentarischer Kontrolle sein. Hier stellt sich jedoch das Problem, dass Informations- und Kontrollrechte *alleine* keinen hinreichenden Einfluss auf Behörden ermöglichen und den tatsächlichen inhaltlichen Einflussnahmen durch parlamentarische Gremien auf konkrete Vollzugsentscheidungen schon durch die Funktionenordnung des Grundgesetzes klare Grenzen auferlegt sind. Die Konkretisierungsbefugnis im Einzelfall kommt der Exekutive zu. Parlamentarische Legitimation und parlamentarische Kontrolle setzen zeitlich an anderen Punkten an und erfüllen damit unterschiedliche Grundfunktionen.

Die Einräumung der weitreichenden Kompensationsmöglichkeiten für Einflussknicke ist im Lichte dieser Ausführungen daher eher kritisch zu beurteilen. Dies gilt insbesondere im Lichte der Auffassung *Hubers*, der schreibt:

---

[78] Dazu ausführlich siehe oben.

[79] Vgl. *E. Schmidt-Aßmann*, Das allgemeine Verwaltungsrecht als Ordnungsidee. Grundlagen und Aufgaben der verwaltungsrechtlichen Systembildung, 2. Auflage, Heidelberg 2006, 30 f.

„Der rechtswissenschaftliche Demokratiebegriff ist umso gehaltvoller, seine normative Steuerungskraft umso größer, je klarer er sich zu anderen verfassungsrechtlichen Grundentscheidungen hin abgrenzen lässt."[80] Denn durch Unschärfe besteht die Gefahr, wie etwa *Schmidt-Aßmann* hervorhebt, dass „der normative Gehalt des Legitimationskonzepts, der auch darin besteht, Darlegungslasten für Sondereinflüsse zu begründen, schnell verloren[geht]."[81]

Die Rechtsprechung des Bundesverfassungsgerichts, die in dieser Frage von den Entscheidungen des Europäischen Gerichtshofs inspiriert wurde, ist zwar verständlich, da sich das Bundesverfassungsgericht mit dieser zusätzlichen Stufe davor bewahren kann, bei jedem unionsrechtlich bedingten zurückgenommenen Legitimations- oder Kontrollmaßstab mit der Frage des Identitätsvorbehalts auseinandersetzen zu müssen. Gleichermaßen ist sie problematisch, da der wechselseitigen Ersetzung von Legitimations- und Kontrollformen insbesondere im Hinblick auf die Erfordernisse der Stoffgleichheit der Kompensation und Beschränkungen der Funktionenordnung des Grundgesetzes Grenzen gesetzt sind.

Der Einzug der Prüfungsstufe der Kompensation erlaubt es, das dogmatische Verständnis von Legitimations- und Kontrollformen zu schärfen und die gedankliche Ordnung eines komplexen Felds zu vereinfachen. Ob die Kompensation von Legitimations- und Kontrolldefiziten jedoch für die eigentlich im Zentrum stehenden Problempunkte unabhängiger Behörden eine Lösung anbietet, bleibt angesichts der hohen Anforderungen, die an die kompensierenden Formen zu stellen sind, fragwürdig.

---

80 *P.M. Huber*, Demokratie in Europa – Zusammenfassung und Ausblick, in: Bauer/Huber/Sommermann (Hrsg.), Demokratie in Europa, Bd. I, Verfassungsentwicklung in Europa, Tübingen 2005, 491 (501).

81 *Schmidt-Aßmann* (Fn. 79), 99.

§ 14 Rechtfertigungen für Einfluss- und Kontrollknicke

Bleiben Einfluss- und Kontrollknicke unkompensiert (vgl. § 13), so bedürfen sie einer verfassungsrechtlichen Rechtfertigung. Wie diese Rechtfertigung im Einzelnen strukturiert sein sollte, ist Gegenstand verfassungs- und verwaltungsrechtlicher Diskussionen. Der hier vorgestellte Ansatz versucht, dem Ausnahmecharakter atypischer Organisationsformen gerecht zu werden, indem er die strukturbestimmende Wirkung des Demokratieprinzips und die strukturkorrektive Wirkung der aus dem Rechtsstaatsprinzip und der Gewaltenteilung abgeleiteten Funktionsgerechtigkeit in eine verfassungsrechtlich zu verarbeitende Argumentationsstruktur bringt.

Es geht dementsprechend vornehmlich darum,[1] wie Einflussknicke mit verfassungsrechtlichen Argumentationsformen zu rechtfertigen sind. Kontrollknicke spielen hier insbesondere dann eine Rolle, wenn sie kumulativ mit Einflussknicken erscheinen, d.h. wenn (wie etwa im Regulierungsrecht) die Unabhängigkeit einer Behörde auch die Unabhängigkeit von Kontrolle bedingt. Dann entstehen besonders vertiefte Problemlagen.

I. Die Perspektive der Literatur

Es hat sich gezeigt, dass Einflussknicke an den Grundfesten des Verfassungsstaats rütteln. Hier verändert sich eine grundsätzliche Konfiguration, indem

[1] Aus organisationsrechtlicher Perspektive steht die Kontrolle etwas im Schatten des für die Verwaltungsorganisation strukturbildenden Demokratieprinzips. Die Kontrolldogmatik ist ein insbesondere verwaltungsrechtlich geprägtes Feld mit eigenen Funktionsregeln. Während sich die demokratische Legitimation der Verwaltung insbesondere durch die staatliche Organisation manifestiert, ist dies bei den vielfältigen Kontrollbeziehungen nicht so leicht feststellbar. Es gibt im engeren Sinne kein *System* der Verwaltungskontrollen, sondern ein Geflecht, das sachbereichsangemessen Kontrollsubjekte und -objekte zuweist. Für die isolierte Behandlung von Kontrollknicken hat insbesondere *Kempny* unter Einbezug aktueller Rechtsprechung in systematisierender Absicht herausgearbeitet, wie etwa Abweichungen von Regelkontrollpflichtigkeit oder Regelkontrollmaßstäben gerechtfertigt werden können. *S. Kempny*, Verwaltungskontrolle – zur Systematisierung der Mittel zur Sicherung administrativer Rationalität unter besonderer Berücksichtigung der Gerichte und der Rechnungshöfe, Tübingen 2017, 153 ff. und 169 ff. Dieser Betrachtung von Kontrollknicken soll dementsprechend jenseits der kurzen folgenden Überlegungen hier nichts hinzugefügt werden, insbesondere da die Äquivalenzbestimmungen im Bereich der Kontrolle besonders herausfordernd erscheinen.

bestimmte Entscheidungsträger aus dem institutionellen Aufbau staatlicher Willensbildung ausgegliedert werden. Kennzeichnend dafür ist eine Parzellierung staatlichen Entscheidens, d.h. die Definition themenspezifischer Entscheidungsisolationen.[2] In der Literatur bestand und besteht hinsichtlich der Begründungs- und Rechtfertigungsbedürftigkeit dieser Erscheinung Einigkeit, wenngleich es Unterschiede dahingehend gibt, wie weit diese reichen sollte.

Sucht man nach Maßstäben für Rechtfertigungen, die die Einflussknicke tragen können, so geht der Blick in Richtung des Systems. Dafür ist im Rahmen der Bewertung der Zulässigkeit dezentralisierter Verwaltungsorganisation zu fragen, ob sie sich auf gemeinsame oder ähnliche Gründe zurückführen und mit ähnlichen Bedürfnissen rechtfertigen lässt. Verschiedene Ansätze haben sich an einer Systematisierung derjenigen Gründe versucht, die zulässige (da sachlich begründete) Entkoppelungen von unzulässigen Organisationsgestaltungen trennen können und damit eine demokratische Mindeststeuerung und rechtstaatliche Mindestkontrolle der Entscheidung definieren. Die aufgeführten Beispiele haben gemeinsam, dass sie in Form von Einfluss- und Kontrollknicken auftretende verfassungsrechtliche Fragen von Legitimation und Kontrolle aufwerfen.[3]

Die Notwendigkeit, hier systematisierende Linien einzuziehen, liegt auf der Hand: Es droht bei einer zu weitgehenden Verselbständigung eine Auflösung des im Rahmen des Wandels der Staatlichkeit sowieso unter Druck geratenen öffentlichen Bauzusammenhangs. Es kommt daher ganz entscheidend auf die verfassungsrechtlichen Gründe für Verselbständigungen an. Verlangt sind dogmatisch möglichst scharfe und eingängige Unterteilungen, die in der Lage sind, Verselbständigungen im staatlichen Funktionszusammenhang zu erklären und nicht lediglich auf die Eigenlogik selbstentwickelter Teilbereichsdog-

---

[2] *Meinel* etwa argumentiert: Verselbständigungen „verorten die Balancierung von Macht und Kontrolle nicht im Verhältnis von Regierung und Opposition, nicht im institutionellen Gefüge von Parlament, Regierung und Öffentlichkeit, sondern in themenspezifischen, häufig expertokratischen Gegen-Institutionen. Sie wollen und können die entgrenzte Funktion von Regierungen und Verwaltungen nicht mehr durch repräsentative Institutionen einhegen, sondern nur noch durch die Parzellierung besonders sensibler Aspekte des Regierens und Verwaltens." *F. Meinel*, Verselbstständigte Verwaltungseinheiten, unabhängige Agenturen, ministerialfreie Räume, in: Kahl/Ludwigs (Hrsg.), Handbuch des Verwaltungsrechts, Bd. III, Verwaltung und Verfassungsrecht, Heidelberg 2022, § 61, Rn. 35.

[3] So auch *H. Dreier*, Hierarchische Verwaltung im demokratischen Staat. Genese, aktuelle Bedeutung und funktionelle Grenzen eines Bauprinzips der Exekutive, Tübingen 1991, 289. Vgl. auch *W. Krebs*, Verwaltungsorganisation, in: Isensee/Kirchhof (Hrsg.), HStR, Bd. V, 3. Auflage, Heidelberg 2007, 221. Aus politisch-theoretischer Perspektive ähnlich ausgearbeitet bei *P. Tucker*, Unelected Power. The Quest for Legitimacy in Central Banking and the Regulatory State, Princeton 2018, 161 ff. wenngleich es an der notwendigen verfassungsrechtlichen Anknüpfung mangelt. *Tucker* geht ganz offensichtlich davon aus, dass die Verfassung über Zentralbanken nichts zu sagen hat.

matiken (wie im Regulierungsrecht) verweisen. Es bedarf eines Systems in dem Sinne, dass von der ordnungschaffenden Kraft der Gründe im Organisationsrecht Gebrauch gemacht werden kann.

Dieses Problem ist nicht neu, aber in der Literatur akzeptiert. *Dreier* beklagt, dass sich „allgemeine Grenzen einer Verselbständigung von Verwaltungseinheiten rechtlich kaum exakt fixieren [lassen], weil es an trennscharfen Kriterien für eine solche Beurteilung fehlt."[4] Während die meisten Autoren auf die Feststellung eines allgemeinen Regelmodells verzichten,[5] oder einen Verweis auf die „Natur der Sache" genügen lassen,[6] gibt es in der Literatur einige Ansätze, die eine Beschreibung möglicher funktionaler Rechtfertigungsgründe enumerieren. Bevor ein eigener Versuch unternommen wird, soll exemplarisch eine Auswahl der Literaturansätze referiert werden.

In den 1970er Jahren, zu Beginn der zweiten großen Debatte über die Verwaltungsorganisation, hat *Frido Wagener* einen vorläufigen Katalog von 13 Dezentralisationsgründen vorgelegt, der bis heute als Referenz für die Fallgruppenbildung dient.[7] Der Katalog reicht von Einheiten, die mit technischen Standards betraut sind, über notwendige Entpolitisierungen bis hin zu Einheiten mit Planungsaufgaben. Der Katalog stellte den (freilich zu Beginn der wissenschaftlichen Beschäftigung besonders einzuordnenden) Versuch einer Systematisierung rechtfertigender Sachgründe dar. Im Einzelnen benannte *Wagener*:

(1) Durchsetzung technisch schwieriger, aber sektoral eng begrenzter Aufsichtsaufgaben.[8]

(2) Einheiten zur technisch-wissenschaftlichen Innovation und Forschung.[9]

(3) Aufgaben, die entpolitisiert oder parteipolitisch neutral erfüllt werden sollten.[10]

---

[4] *Dreier* (Fn. 3), 284.

[5] *W. Krebs*, Verwaltungsorganisation, in: Isensee/Kirchhof (Hrsg.), HStR, Bd. V, 3. Auflage, Heidelberg 2007, § 108, Rn. 22 ff., 96, 102.

[6] Dazu kritisch *J. Schmidt*, Die demokratische Legitimationsfunktion der parlamentarischen Kontrolle – eine verfassungsrechtliche Untersuchung über Grundlage, Gegenstand und Grenzen der parlamentarischen Kontrolle unter besonderer Berücksichtigung der ministerialfreien Räume und der Privatisierung, Berlin 2007, 277 ff. mit Hinweisen auf die aus der Natur der Sache argumentierende (prominente) Literatur. Vgl. etwa *H. Loening*, Der ministerialfreie Raum in der Staatsverwaltung, DVBl. 1954, 173 (175); *T. Mayen*, Verwaltung durch unabhängige Einrichtungen, DÖV 2004, 45 (52); *E.-W. Böckenförde*, Demokratie als Verfassungsprinzip, in: Isensee/Kirchhof (Hrsg.), HStR, Bd. II, 3. Auflage, Heidelberg 2004, in: Isensee/Kirchhof, § 24, Rn. 24, 34; *C.P. Fichtmüller*, Zulässigkeit ministerialfreien Raums in der Bundesverwaltung, AöR 91 (1966), 297 (343).

[7] *F. Wagener*, Typen der verselbständigten Erfüllung öffentlicher Aufgaben, in: ders. (Hrsg.), Verselbstständigung von Verwaltungsträgern. Bericht über ein verwaltungspolitisches Sonderseminar der Hochschule für Verwaltungswissenschaften Speyer in Verbindung mit der deutschen Sektion des Internationalen Instituts für Verwaltungswissenschaften in Speyer vom 24.–26. September 1976, Bonn 1976, 45–46.

[8] Bsp: Gewerbeaufsicht, Technische Überwachungsvereine.

[9] Bsp: Kernforschungsanlagen.

[10] Bsp: Rundfunk, Fernsehen.

(4) Einheiten, die eine ungebrochen hierarchische Kommandostruktur erfordern.[11]

(5) Einheiten, die hohe Finanzmittel an einen speziellen Adressatenkreis im Ermessenswege mit möglichst hohem gesamtgesellschaftlichen Nutzen (parteipolitisch neutral) zu verteilen haben.[12]

(6) Einheiten mit Aufgaben, bei denen eine starke Mitbestimmung der Mitglieder und Betroffenen in den Organen über den Inhalt der Erfüllung der Aufgaben gewünscht wird.[13]

(7) Einheiten mit Betriebsaufgaben.[14]

(8) Einheiten mit technisch-hochkompliziertem Service-Charakter.[15]

(9) Einheiten mit weisungsunabhängiger Entscheidungsstruktur.[16]

(10) Einheiten, in denen die Freiheit von Forschung, Lehre und Kunst sowie das Verbot der Zensur sichergestellt werden muss.[17]

(11) Einheiten mit Planungsaufgaben.[18]

(12) Einheiten mit heilendem, pflegenden Charakter, bei denen humanitäre Hilfen aktiviert werden können.[19]

(13) Einheiten, die Aufgaben mehrerer Haupteinheiten der öffentlichen Verwaltung (verschiedener Ebenen) eventuell bei Beteiligung Privater erfüllen können.[20]

Aus dieser Aufzählung geht bereits eine Orientierung an der jeweiligen *Funktion* der Verselbständigungen hervor. Noch nicht enthalten hingegen sind Überlegungen, inwieweit sich die Verselbständigungen möglicherweise auch auf sektorenübergreifend abstrahierbare Motive zurückführen lassen. Solche Motive hat erstmals *Horst Dreier* in seiner Schrift zum Hierarchieprinzip vorgelegt. Nach seiner Systematisierung lassen sich in Fragen der nicht verfassungsrechtlich vorgegebenen Organisationsform die Kooperationsfunktion, die Distanzierungsfunktion und die Praktikabilitätsfunktion unterscheiden.[21] Diese verschiedenen Funktionen wirken als schematische *topoi*, die Begründungen für bestimmte weisungsfreie Räume liefern können.

Der Aspekt der Kooperation etwa steht nach *Dreier* im Zentrum des wirtschaftlichen und sozialen Verbändewesens. Hier nutzt der Staat die bessere Organisationsfähigkeit bestimmter gesellschaftlicher Teilbereiche zur Regelung ihrer eigenen Angelegenheiten. Gerechtfertigt ist dies deshalb, da der Tätigkeitsbereich dieser Kooperativorganisationen auf der einen Seite weitge-

[11] Bsp: Bundeswehr, Polizei, Feuerwehr.
[12] Bsp: Deutsche Forschungsgemeinschaft.
[13] Bsp: Sozialversicherungsträger, Kammern.
[14] Bsp: Versorgungsunternehmen, Nahverkehrsunternehmen.
[15] Bsp: Regionale EDV-Zentralen.
[16] Bsp: Prüfungsämter, Patentamt.
[17] Bsp: Universitäten, Hochschulen, Theater.
[18] Bsp: Planungsregionen, Planungsverbände.
[19] Bsp: Krankenhäuser, Pflegeheime, Altenheime.
[20] Bsp: Zweckverbände, Großforschungseinrichtungen.
[21] Dazu und zum Folgenden *Dreier* (Fn. 3), 278 ff.

hend beschränkt bleibt.[22] Durch die größere Sachnähe in den Verbänden wird zudem eine bessere Feinsteuerung und Effizienz der Verwaltungstätigkeit gewährleistet. Hier sind es gerade nicht „nur" fiskalische Erwägungen, die eine Ausgliederung aus dem hierarchischen System rechtfertigen, sondern vielmehr auch verwaltungspraktische Aspekte.

Der zweite *topos* der Distanzierung reflektiert „im Kleinen" die gleiche Logik der Freistellung aus staatlichem Tätigkeitsbereich, wie er bei Bundesbank, Rundfunk und Wissenschaft verfassungsrechtlich geboten erscheint. Dieser Selbstschutz (*Forsthoff*) der Aufgabenerfüllung in kritischen Bewertungsfragen wird erst dann wirksam, wenn er von Weisungen freigestellt und von staatlichen Sanktionsmechanismen unabhängig ein Ideal von Objektivität und Neutralität anstreben kann. Sowohl im Hinblick auf Kooperation als auch auf Distanzierung lässt sich also der zurückgenommene Steuerungsanspruch des Staates mit den Eigengesetzlichkeiten bestimmter Sachbereiche rechtfertigen. Anders als in den verfassungsrechtlich vorgegeben Bereichen könnte hier auch eine andere Form der Aufgabenerledigung erfolgen. Die ausgekoppelte Organisationsform scheint aber von sachlichen Erwägungen gerechtfertigt.

Zuletzt bezeichnet der *topos* der Praktikabilität solche Fälle, in denen der Staat auch auf weisungsgebundene Verwaltung zurückgreifen könnte, das aber aus fiskalischen oder anderen nicht zwingenden Erwägungen heraus nicht tut. Unter eine solche Praktikabilität fallen die meisten Formen der privatrechtsförmigen Verwaltung. Hier entsteht das Problem, dass sich der Staat aus seiner Verantwortung entzieht, ohne dass dafür besondere gesellschaftliche Gründe vorliegen. Dies kann nur dann gerechtfertigt sein, wenn der Staat durch genaue rechtliche Regelung die Grundlagen für eine *ex-post* Kontrolle der so ausgelagerten Entscheidungen trifft.[23] Bei privatrechtlichen Organisationsformen bezieht sich diese Pflicht dann auf die Ausgestaltung des Gesellschaftsvertrages, in dem Zweck und Aktionsradius deutlich bestimmt werden. Organisatorische Ausgliederung und Weisungsfreiheit in der konkreten Entscheidung können insbesondere dann gerechtfertigt sein, wenn sie erstens mit genau vorbestimmten Entscheidungsspielräumen einhergehen, die dann zweitens wiederum Anknüpfungspunkte für die im Nachgang erfolgende Rechtsaufsicht und gerichtliche Kontrolle bieten.[24]

Die von *Schmidt-Aßmann* vorgeschlagene Systematik beschränkt sich (neben der hier ausgeklammerten kommunalen Selbstverwaltung) im Wesentlichen auf zwei Grundmomente der Verselbständigung, die „distanzschaffenden Entkoppelungen" und die „Einbeziehung externen Sachverstands." Nach

[22] Exemplarisch etwa in diesem Rahmen BVerwG NVwZ 2021, 408 (durch Überschreitungen des Wirkbereichs können sich Ansprüche des einzelnen Mitglieds auf Austritt seiner Kammer aus einem Dachverband ergeben).

[23] *Dreier* (Fn. 3), 287.

[24] So wohl auch *Wagener*, in: ders. (Fn. 7), 47.

Schmidt-Aßmann stellt dies (wohl) keinen Regelkatalog dar, sondern nur eine unverbindliche Aufzählung. Seine Systematisierungsambitionen in diesem konkreten Fall sind bereits aus der Erwägung heraus begrenzt, dass er die strikte Entgegensetzung von Regelmodell „Hierarchie" und Ausnahme „Entkoppelung" ablehnt.[25] Vielmehr betont er, dass staatliche Herrschaft und gesellschaftliche Interessen in bestimmten Bereichen institutionell so ineinander verschränkt sein können, dass „die Gewährleistung demokratischer Legitimation und demokratisch-distanzierter Entscheidungsqualität allein den gemeinsamen Entscheidungsbedarf nicht hinreichend abdecken kann."[26]

Die erste Gruppe beschreibt den Fall, dass eine Entkoppelung erforderlich ist, „um einem Entscheidungsträger die notwendige Distanz gegenüber einer den ausgewogenen Interessenausgleich beeinträchtigenden Einflussnahme der aktuellen Politik zu sichern."[27] Zudem kann sie – wie im Fall des Datenschutzes – einer inneradministrativen Gewaltenteilung dienen. In diesem Fall trägt die Art und Weise der typischen Aufgabenwahrnehmung (hier: judikativ gegenüber der Verwaltung selbst) dazu bei, die Entkoppelung zu rechtfertigen. Im Prinzip gehören nach seiner Systematik auch die Formen der funktionalen Selbstverwaltung zu diesen Entkoppelungen, diese unterschieden sich jedoch dadurch, dass sie andere (binnenpluralistische) Legitimationsgrundlagen aufweisen.[28]

Die zweite Fallgruppe ist die Einbeziehung externen Sachverstands. Hier kann es geboten sein, die Fachbeurteilungen vor politischem Zugriff zu schützen. *Schmidt-Aßmann* schränkt jedoch ein, dass dies nicht dazu führen dürfe, dass unter dem Mantel des Sachverstands Sonderinteressen artikuliert würden. Hier sei auf Sachkunde, Objektivität und Neutralität Wert zu legen.[29]

Paul Kirchhof fasst die Gründe für Verselbständigungen enumerativ ohne Anspruch einer Systematisierung zusammen.[30] Im Bereich der funktionalen Selbstverwaltung gibt der Staat die eigene Angelegenheit „in die Hand der Betroffenen, um die Sachkunde der beteiligten Kreise zu nutzen, die Entscheidungsverantwortlichkeit durch Mitbetroffenheit zu organisieren, die Ausgleichsfähigkeit unter Beteiligten zu stärken."[31] Bei anderen Verselbständigungen wird „der organisatorischen Verselbständigung auch eine besondere Sachkunde […] den politischen Leitentscheidungen entgegengestellt. Eigene

[25] Besonders deutlich in *E. Schmidt-Aßmann*, Das allgemeine Verwaltungsrecht als Ordnungsidee. Grundlagen und Aufgaben der verwaltungsrechtlichen Systembildung, 2. Auflage, Heidelberg 2006, 94–99.

[26] *Schmidt-Aßmann* (Fn. 25), 94–95.

[27] *Schmidt-Aßmann* (Fn. 25), 259.

[28] *Schmidt-Aßmann* (Fn. 25), 260.

[29] *Schmidt-Aßmann* (Fn. 25), 261.

[30] *P. Kirchhof*, Mittel staatlichen Handelns, in: Isensee/Kirchhof (Hrsg.), HStR, Bd. V, 3. Auflage, Heidelberg 2007, § 99, Rn. 130–132.

[31] *Kirchhof* (Fn. 30), in: Isensee/Kirchhof, § 99, Rn. 130.

Beauftragte gewinnen in der Organisationsspezialisierung Sachnähe und Unabhängigkeit [...] Sachverständiges Entscheiden wird um so mehr in einer Unabhängigkeit vom Staat organisiert, je grundrechtssensibler der zu betreuende Lebensbereich ist."[32]

Gemeinsam haben die Ansätze in der Literatur die grundsätzliche Anerkennung der Notwendigkeit einer Bildung von Fallgruppen, die zumindest genauer erklären können, wann eine Auskoppelung aus dem zentralstaatlichen Zusammenhang zulässig ist. Das Bundesverfassungsgericht stellt zwar fest, dass die „Einrichtung von Behörden, die nicht den Weisungen der Bundesregierung beziehungsweise des jeweiligen Fachministers unterliegen, nur in begrenzten Ausnahmefällen mit dem Demokratieprinzip vereinbar [ist]."[33] Es fährt jedoch fort: „Welche Angelegenheiten dies sind, lässt sich nur mit Blick auf den konkreten Fall beurteilen."[34] Aus der Perspektive der Verfassungsrechtswissenschaft scheint dies unbefriedigend. Weder kann das Recht von Begründungen absehen, noch reicht es aus, mögliche Gründe nur enumerativ zu bestimmen.

II. Vorüberlegungen

Geht man im Regel-Ausnahme Modell der Verwaltungsorganisation davon aus, dass Verselbständigungen nur dann möglich sein können, wenn sie eine Antwort auf ein bestimmtes Organisationsproblem darstellen,[35] dann muss im Rahmen der Rechtfertigungen sowohl das Problem als auch dessen Lösung eine Rolle spielen. Der Sprung in die Rechtfertigung verändert dabei zunächst die Argumentationsstruktur. Anstatt auf Wirksamkeit kommt es nun auf Gründe an. Wirksamkeitszusammenhänge können in diesem Rahmen zwar Argumente darstellen, haben sich aber mit anderen Gründen zu messen. Am Ende des Abwägungsprozesses steht ein binäres Urteil, das entweder ein gerechtfertigt verringertes (=rechtmäßiges) oder ein ungerechtfertigt verringertes (=rechtswidriges) Legitimations- und Kontrollniveau diagnostiziert. Die Aufgabe der juristischen Dogmatik ist es hier, sich der der Abwägung zugrundeliegenden Gründestruktur soweit als möglich zu nähern.

Dies macht klar, dass es nicht ausreicht, lediglich Fallgruppen zulässiger Dezentralisierungen zu bilden. Denn hier ist das vom Bundesverfassungsgericht angebrachte Argument, dass es selbst innerhalb dieser Fallgruppen letzten En-

[32] *Kirchhof* (Fn. 30), in: Isensee/Kirchhof, § 99, Rn. 130.

[33] BVerfGE 151, 202 (293).

[34] BVerfGE 151, 202 (293).

[35] *Dreier* (Fn. 3), 303: „Jedwede Dekonzentrations- und Dezentralisationsmaßnahme muss aber stets gezielte Antwort auf ein Organisationsproblem bleiben und darf nicht zur apokryphen Zerfaserung des Systems entarten."

des doch wieder auf eine Einzelfallbetrachtung ankomme,[36] durchschlagend. Fallgruppen können zwar bei einer Typisierung der Organisation helfen, sie bleiben aber methodisch letztlich nicht umsetzbar. Erforderlich ist also ein Ansatz, der mit den Mitteln juristischer Argumentation die Zulässigkeit der Organisationsgestaltungen nicht nur am Einzelfall beschreibt, sondern methodisch handhabbar macht.

1. Zur Struktur der verfassungsrechtlichen Rechtfertigung

Bereits oben (§ 7) wurde argumentiert, dass es die im Fall des reduzierten Legitimationsniveaus kollidierenden verfassungsrechtlichen Strukturprinzipien nahelegen, von einer organisationsrechtlichen Verhältnismäßigkeitsprüfung auszugehen. Dies reflektiert sich etwa auch im Hinweis *Hubers*, dass es „sinnvoll wäre, bei einer Reduzierung des demokratischen Legitimationsniveaus gegenüber dem Idealtypus einer hierarchisch geordneten Verwaltung oder gegenüber dem Status quo *analog zum Grundrechtseingriff* von einem Einflussknick" zu sprechen.[37] Hier ist angedeutet, was sich diese Arbeit zur These macht: Die Reduzierung von Legitimations- (und Kontroll-)niveaus ist nicht nur in besonderer Weise rechtfertigungsbedürftig, wie dies in der Literatur weitgehend einhellig angenommen wird.[38] Vielmehr bietet die Verfassungsdogmatik in ihrer Tradition schwierige inhaltliche Entscheidungen durch ein bestimmtes Argumentationsverfahren entscheidbar zu machen, auch eine ganz konkrete Methodik für die Bewältigung des Zielkonflikts zwischen demokratischer Verantwortlichkeit und rechtstaatlicher Kontrolltiefe sowie sachlichen Verselbständigungsgründen an.

Das Prinzip, mit dem die Verfassungsdogmatik solche Konflikte um Angemessenheit in der Praxis löst, ist die von *Konrad Hesse* geprägte Methode der praktischen Konkordanz. Diese beruht auf der Annahme, dass „verfassungsrechtlich geschützte Rechtsgüter in der Problemlösung einander so zugeordnet werden [müssen], dass jedes von ihnen Wirklichkeit gewinnt."[39] Die Gü-

---

[36] BVerfGE 151, 202 (293).

[37] *P.M. Huber*, Demokratie in Europa – Zusammenfassung und Ausblick, in: Bauer/Huber/Sommermann (Hrsg.), Demokratie in Europa, Bd. I, Verfassungsentwicklung in Europa, Tübingen 2005, 491 (500). Erwähnung auch bei *P.M. Huber*, Entflechtung der Verwaltungskompetenzen als Leitidee der Föderalismusreform, ZSE 2008, 255 (278). In der Tendenz (für das Staatsorganisationsrecht) auch bei *H.P. Aust*, Grundrechtsdogmatik im Staatsorganisationsrecht, AöR 141 (2016), 415 (440).

[38] Anders aber *T. Groß*, Das Kollegialprinzip in der Verwaltungsorganisation, Tübingen 1999, 238, der dies auf eine „offensichtliche Ungeeignetheit" der Formenwahl beschränkt wissen will.

[39] *K. Hesse*, Grundzüge des Verfassungsrechts der Bundesrepublik Deutschland, Neudruck der 20. Auflage, Heidelberg 1999, Rn. 72.

terabwägung zweier gleichrangiger verfassungsrechtlich geschützter Normen verlangt es, dass nicht eines schlechthin zurücktritt. Vielmehr sollen im Rahmen eines hin- und herwandernden Blickes beiden Verfassungsgütern die gerade notwendigen Grenzen gezogen werden,[40] so dass die Rechtpositionen einen Ausgleich erfahren. Auch das Bundesverfassungsgericht wendet die Methode der praktischen Konkordanz in ständiger Rechtsprechung an.[41] Diese Methodik ist zwar nicht trennscharf,[42] erlaubt es aber, im Rahmen der Verhältnismäßigkeitsprüfung das Abwägungsverfahren zu prozeduralisieren.

2. Erforderlichkeit kollidierenden Verfassungsrechts

Die Rechtfertigung für ein Defizit in der Verwirklichung einer verfassungsrechtlichen Anforderung muss selbst eine Anknüpfung in der Verfassung finden, somit also im Hinblick auf ihren normativen Status gleichrangig sein.[43] In der organisationsrechtlichen Diskussion ist diese Annahme insbesondere in der Rezeption der von *Klein* vorgeschlagenen Verzichtsthese für den Umgang mit ministerialfreien Räumen hervorgetreten.[44] Die These besagt, dass der Gesetzgeber in der Ausübung seiner Organisationsgewalt auf die demokratischen Legitimationsanforderungen von Staatsgewalt ausdrücklich verzichten und somit selbst Ausnahmen für die Rückbindung von Exekutive an Parlament normieren könne.[45] Sie wurde überwiegend mit dem (richtigen) Argument zurückgewiesen, dass die verfassungsrechtlichen Strukturvorgaben den Gesetzgeber als objektives Recht bänden und nicht zu seiner Disposition stünden.[46] Das Parlament kann folglich auf seine durch die Verfassung zuge-

---

[40] *Hesse* (Fn. 39), Rn. 72.

[41] St. Rspr.: BVerfGE 28, 243 (261); 41, 29 (51); 41, 88 (109); 52, 223 (247); 77, 240 (253); 81, 278 (292); 83, 130 (143); 89, 214 (232); 97, 169 (176); 129,78 (101 f.); 134, 204 (223); 148, 296 (358).

[42] Zweifel im Hinblick darauf, ob „die Methode des 12. Jahrhunderts die Rechtsprobleme des 21. Jahrhunderts lösen" kann: *A. Fischer-Lescano*, Kritik der praktischen Konkordanz, Kritische Justiz 2008, 166 (167 ff.); Vgl. *T. Kalenborn*, Die praktische Konkordanz in der Fallbearbeitung, JA 2016, 6. Kritisch ferner *W. Cremer*, Praktische Konkordanz als grundrechtliche Kollisionsauflösungsregel – Einebnung gesetzgeberischer Entscheidungsspielräume, in: Kment (Hrsg.), Das Zusammenwirken von deutschem und europäischem öffentlichen Recht. Festschrift für Hans D. Jarass zum 70. Geburtstag, München 2015, 175 (180 ff.).

[43] *Grzeszick*, in: Dürig/Herzog/Scholz (Hrsg.), Grundgesetz Kommentar, München, 95. EL Juli 2021, Art. 20, Rn. 140; *Schmidt* (Fn. 6), 276.

[44] *E. Klein*, Die verfassungsrechtliche Problematik des ministerialfreien Raumes – ein Beitrag zur Thematik der weisungsfreien Verwaltungsstellen, Berlin 1974, 192 ff.

[45] *Klein* (Fn. 44), 192 ff.

[46] *Böckenförde* (Fn. 6), in: Isensee/Kirchhof, § 24, Rn. 24; *F. Brosius-Gersdorf*, Deutsche Bundesbank und Demokratieprinzip – eine verfassungsrechtliche Studie zur Bundesbankautonomie vor und nach der dritten Stufe der Europäischen Währungsunion, Berlin 1997, 116 ff.;

wiesene Rolle in der Legitimationsvermittlung nicht verzichten. Aus dieser Erwägung ergibt sich gleichzeitig, dass einfachgesetzliche Normierungen nicht ausreichen können, um hinreichende Gründe für die Rechtfertigung von Legitimationsdefiziten darzustellen.[47] Vielmehr müssen diese Gründe aus der Verfassung selbst gewonnen werden.

3. Unterschiedliche Wertigkeit von Gründen

Als weiteren Aspekt hat ein methodisches Modell mit der unterschiedlichen Wertigkeit von Rechtsgründen umzugehen. Aus der Perspektive der mit Organisationsgewalt ausgestatteten Gewalten, Legislative und Exekutive, stellen sich etwa die Organisationsvorgaben des Unionsrechts und der expliziten verfassungsrechtlichen Normierungen (vgl. § 6 II.) als Gründe dar, die bestimmte Organisationsbereiche der Gestaltungsmöglichkeit entziehen. Sie verändern damit die Struktur der jeder Abwägung zugrundeliegenden juristischen Argumentation, indem sie das Beurteilungsgleichgewicht verschieben.

Hier bietet es sich an, die von *Joseph Raz* geprägte Analysestruktur rechtlicher Autorität als Hierarchie von Gründen zur Veranschaulichung zu nutzen.[48] In *Raz* Beobachtung gibt es auch innerhalb der rechtlichen Argumentationsstruktur Gründe, die sich typischerweise in rechtlichen Abwägungsprozessen stets durchsetzen. Diese ausschließenden Gründe zeichnet es aus, dass sie sich auf einer formalen Ebene gegen die in der Abwägung erst konstruierten Rechtsgründe durchsetzen können.[49] Sie verhindern den Schritt in den offenen Raum der Gründe und Rechtfertigungen, d.h. (verfassungsrechtlich gesprochen) in die praktische Konkordanz, indem sie vorbestimmen, welche Erwägung Berücksichtigung finden wird. Ihre normative Kraft wird in der Regel aus der Rückführung auf eine besonders anerkannte legitime Autorität be-

U. Di Fabio, Verwaltungsentscheidung durch externen Sachverstand, VerwArch 1990, 193 (220); *Dreier* (Fn. 3), 135 f.; *E.T. Emde*, Die demokratische Legitimation der funktionalen Selbstverwaltung. Eine verfassungsrechtliche Studie anhand der Kammern, der Sozialversicherungsträger und der Bundesanstalt für Arbeit, Berlin 1991, 310 f.; *M. Jestaedt*, Demokratieprinzip und Kondominialverwaltung. Entscheidungsteilhabe Privater an der öffentlichen Verwaltung auf dem Prüfstand des Verfassungsprinzips Demokratie, Berlin 1993, 348 f.; *K. Waechter*, Geminderte demokratische Legitimation staatlicher Institutionen im parlamentarischen Regierungssystem – zur Wirkung von Verfassungsprinzipien und Grundrechten auf institutionelle und kompetenzielle Ausgestaltungen, Berlin 1994, 38; *Schmidt* (Fn. 6), 283 ff.; *V. Mehde*, Neues Steuerungsmodell und Demokratieprinzip, Berlin 2000, 371 f.

[47] Auch *G. Zimmer*, Funktion-Kompetenz-Legitimation. Gewaltenteilung in der Ordnung des Grundgesetzes; Staatsfunktionen als gegliederte Wirk- und Verantwortungsbereiche; zu einer verfassungsgemäßen Funktions- und Interpretationslehre, Berlin 1979, 48 ff.

[48] Dazu *J. Raz*, Praktische Gründe und Normen, 1. Auflage, Frankfurt am Main 2006, 42 ff.; *D. Kuch*, Die Autorität des Rechts – zur Rechtsphilosophie von Joseph Raz, Tübingen 2016, 81 ff. Zur Einführung *U. Volkmann*, Rechtsphilosophie, München 2018, Rn. 75 ff.

[49] *Raz* (Fn. 48), 42 ff.

gründet. Zum Regelfall der grundrechtsähnlich gestalteten offenen Abwägung gelangt die Gedankenführung also erst dann, wenn keine ausschließenden Gründe des Unions- oder formellen Organisationsverfassungsrechts vorliegen.

III. Unionsrechtliche Organisationsvorgaben

Die durch die unionsrechtlichen Organisationsvorgaben verursachte Problemlage besteht darin, dass diese durch den Anwendungsvorrang des Unionsrechts selbst den nationalen verfassungsrechtlichen Organisationsbestimmungen vorgehen, dabei jedoch unter den Einschränkungen stehen, die das Bundesverfassungsgericht für den Anwendungsvorrang aus verfassungsrechtlicher Perspektive formuliert hat.[50] Damit ist ein Bedeutungsverlust des Grundgesetzes verbunden,[51] der nicht nur unter dem Grundgesetz zu Spannungen zwischen nationaler Verfassungsordnung und europäischer Integration führt.[52] Mit dem Identitätsvorbehalt prüft das Gericht, ob der unantastbare Kerngehalt der Verfassungsordnung nach Art. 23 Abs. 1 S. 3 iVm Art. 79 Abs. 3 GG berührt wird.[53]

---

[50] Ausführliche theoretische Aufarbeitung bei *F.C. Mayer*, Verfassung im Nationalstaat: Von der Gesamtordnung zur europäischen Teilordnung?, VVDStRL (75) 2016, 7 (41 ff.). Ferner *R. Hofmann/A. Heger*, Das Selbstverständnis des Bundesverfassungsgerichts als Hüter des Kompetenzverhältnisses zwischen der Europäischen Union und Deutschland, EuGRZ 2020, 176–190; *T. Ellerbrok/R. Pracht*, Das Bundesverfassungsgericht als Taktgeber im horizontalen Verfassungsgerichtsverbund – Ausstrahlungswirkungen der Rechtsprechung zum Integrationsverfassungsrecht in Europa, EuR 2021, 188 (188 ff.). Dazu bereits *K.-P. Sommermann*, Integrationsgrenzen des Grundgesetzes und europäischer Verfassungsbund: Brauchen wir eine neue Verfassung?, DÖV 2013, 708 (708 ff.). Frühe Überlegungen auch bei *C. Hillgruber*, Der Nationalstaat in der überstaatlichen Verflechtung, in: Isensee/Kirchhof (Hrsg.), HStR, Bd. II, 3. Auflage, Heidelberg 2004, § 32, Rn. 107.

[51] *L. Michael*, Verfassung im Allgemeinen Verwaltungsrecht – Bedeutungsverlust durch Europäisierung und Emanzipation?, VVDStRL (75) 2016, 131 (131 ff.). Anmerkungen auch bei *U. Volkmann*, Geltungsanspruch und Wirksamkeit des Grundgesetzes, in: Isensee/Kirchhof (Hrsg.), HStR, Bd. XII, 3. Auflage, Heidelberg 2014, § 256, Rn. 27 ff. Den Identitätsbereich beschreibt etwa *P. Kirchhof*, Die Identität der Verfassung, in: Isensee/Kirchhof (Hrsg.), HStR, Bd. II, 3. Auflage, Heidelberg 2004, § 21, Rn. 38 ff. inhaltlich.

[52] Vergleichend etwa *P.M. Huber*, Vergleich, in: v. Bogdandy/Cruz Villalón/Huber (Hrsg.), Handbuch Ius Publicum Europaeum, Bd. II, Heidelberg 2008, § 26, Rn. 42–45. Zu Unterschieden, insbesondere in den jeweiligen nationalstaatlichen Demokratiebegriffen, vgl. *D. Zacharias*, Terminologie und Begrifflichkeit, in: v. Bogdandy/Cruz Villalón/Huber (Hrsg.), Handbuch Ius Publicum Europaeum, Bd. II, Heidelberg 2008, § 40, Rn. 14 ff.

[53] Vgl. BVerfGE 123, 267 (353 ff.). Dazu *C. Calliess*, in: Dürig/Herzog/Scholz (Fn. 43), Art. 24 I, Rn. 208–213. Umfassend zur Rekonstruktion der verfassungsgerichtlichen Rechtsprechung *S. Dietz*, Die europarechtsfreundliche Verfassungsidentität in der Kontrolltrias des Bundesverfassungsgerichts, AöR 142 (2017), 78 (83 ff.). Historisch weiter ausgreifend, *P.M. Huber*, Bewahrung und Veränderung rechtsstaatlicher und demokratischer Verfassungsstrukturen in den internationalen Gemeinschaften – 50 Jahre danach, AöR 141 (2016), 117 (119). *Mayer* (Fn. 50), 44. Für eine offenere Perspektive schon *C. Tietje*, Autonomie und Bindung der Rechtsetzung in gestuften Rechtsordnungen, VVDStRL (66) 2007, 45 (51).

Problematisch sind diese so entstehenden Rechtsprechungskonkurrenzen[54] insbesondere deshalb, da die hier behandelten Vorgaben für die Verwaltungsorganisation allesamt aus dem Umfeld der von Art. 79 Abs. 3 GG geschützten Staatsstrukturprinzipien stammen.[55] Aus diesen Erwägungen heraus haben etwa Teile der Literatur dafür votiert, die unionsrechtlichen Vorgaben mit Referenz auf den Identitätsvorbehalt zurückzuweisen.[56] Mag dies auch formal stringent erscheinen: Rechtspolitisch ist dieser Vorschlag höchst bedenklich, würde eine solche Annahme die nach der eindeutigen verfassungsrechtlichen Grundentscheidung gewollte Integrationsfähigkeit des Grundgesetzes verunmöglichen. In Grenzen bietet das hier vorgeschlagene Rechtfertigungsmodell jedoch eine Lösung an, wie im Folgenden zu erläutern ist.

1. Der Anwendungsvorrang des Unionsrechts unter Verfassungsvorbehalt

Sowohl aus der unionsrechtlichen als auch der verfassungsrechtlichen Perspektive hat das Unionsrecht Anwendungsvorrang vor dem nationalen Recht, einschließlich des Verfassungsrechts.[57] Während dieser Vorrang vom Europäi-

---

[54] Dazu bereits *S. Oeter*, Rechtsprechungskonkurrenz zwischen nationalen Verfassungsgerichten, Europäischem Gerichtshof und Europäischem Gerichtshof für Menschenrechte, VVDStRL (66) 2007, 361 (370 ff.). Zur Problematik, dass diese Konkurrenz bereits in den Verträgen angelegt ist: *S. Kadelbach*, Vorrang und Verfassung: Das Recht der Europäischen Union im innerstaatlichen Bereich, in: Gaitanides/Kadelbach/Rodriguez Iglesias (Hrsg.), Europa und seine Verfassung. Festschrift für Manfred Zuleeg zum siebzigsten Geburtstag, Baden-Baden 2005, 219 (233). Dazu, dass aus legitimationstheoretischer Perspektive eine solche Kontrolle nicht notwendigerweise geboten ist, *C. Möllers*, Demokratische Ebenengliederung, in: Appel/Hermes/Schönberger (Hrsg.), Öffentliches Recht im offenen Staat. Festschrift für Rainer Wahl zum 70. Geburtstag, Berlin 2011, 759 (773 ff.). Zur Abgrenzung gegenüber „Nachbarverfassungen" als Verfassungsvoraussetzung, vgl. *E. Reimer*, Verfassungspluralität als Verfassungsvoraussetzung, in: Anderheiden/Keil/Kirste/Schaefer (Hrsg.), Verfassungsvoraussetzungen. Gedächtnisschrift für Winfried Brugger, Tübingen 2013, 483 (486 ff.).

[55] *S. Kirste*, Kontexte der Demokratie: Herrschaftsausübung in Arbeitsteilung, VVDStRL (77) 2018, 161 (178); *P.M. Huber*, Recht und Nationale Identität, in: Kment (Hrsg.), Das Zusammenwirken von deutschem und europäischem öffentlichen Recht. Festschrift für Hans D. Jarass zum 70. Geburtstag, München 2015, 205 (206).

[56] *W. Kahl*, Kooperative Rechtsangleichung, in: Bernreuther/Freitag/Sippel/Wanitzek (Hrsg.), Festschrift Ulrich Spellenberg zum 70. Geburtstag, München 2010, 697 (710 f.). Weitere Nachweise bei *M. Ludwigs*, Verfassung im Allgemeinen Verwaltungsrecht – Bedeutungsverlust durch Europäisierung und Emanzipation?, NVwZ 2015, 1327 (1330). Schon früh problematisierend: *E. Pache*, Verantwortung und Effizienz in der Mehrebenenverwaltung, VVDStRL (66) 2007, 106 (136 ff.). Einführende Darstellung mit weiteren Nachweisen bei *M. Ludwigs*, Verwaltung als Teil der nationalen Identität, in: Kahl/Ludwigs (Hrsg.), Handbuch des Verwaltungsrechts, Bd. II, Grundstrukturen des europäischen und internationalen Verwaltungsrechts, Heidelberg 2021, § 44, Rn. 38–39.

[57] Einführende Darstellung bei *M. Nettesheim*, § 10. Rang des Unionsrechts, in: Oppermann/Classen/Nettesheim, Europarecht, 9. Auflage, München 2021, 154 (155 ff.). Jüngst auch

schen Gerichtshof absolut verstanden wird,[58] sieht das Bundesverfassungsgericht lediglich einen relativen Anwendungsvorrang, der unter einem Verfassungsvorbehalt steht.[59] In der *PSPP-Entscheidung* hat das Gericht zum ersten Mal in jüngerer Zeit den Verfassungsvorbehalt aktiviert.[60] Zu unterscheiden sind drei verschiedene Grundmuster des Vorbehalts, die Grundrechtskontrolle, die *ultra-vires*-Kontrolle und die Identitätskontrolle.[61]

Die erste (klassische) Variante betrifft den Grundrechtsschutz.[62] Hier ist die im *Solange II*-Beschluss von 1986 gefundene Grundposition maßgeblich.[63] In-

---

A. Voßkuhle, Europäische Rechtsgemeinschaft – Konzept und praktische Umsetzung, in: Kahl/Ludwigs (Hrsg.), Handbuch des Verwaltungsrechts, Bd. III, Verwaltung und Verfassungsrecht, Heidelberg 2022, § 59, Rn. 9 ff.

[58] EuGH, Urt. v. 15.07.1964, C 6/64, Slg. 1964, 1251 (1269) – Costa/ENEL; EuGH, Urt. v. 09.03.1978, 106/77, Slg. 1978, 629, Rn. 17/18 – Simmenthal II. Dazu *R. Streinz*, in: ders. (Hrsg.), Beck'sche Kurz-Kommentare, Bd. 57, EUV/AEUV, Vertrag über die Europäische Union, Vertrag über die Arbeitsweise der Europäischen Union, Charta der Grundrechte der Europäischen Union, 3. Auflage, München 2018, EUV, Art. 4, Rn. 35. EuGH, Urt. v. 22.10.1998, C-10/97, Slg, 1998, I-6307 Rn. 21 – IN. CO.GE 90 Srl, u.a.

[59] *Streinz*, in: ders. (Fn. 58), EUV, Art. 4, Rn. 35–40. Umfassend dazu auch *S. Simon*, Grenzen des Bundesverfassungsgerichts im europäischen Integrationsprozess, Tübingen 2016, 96 ff. Jüngst auch *W. Kahl*, Verhältnis des Unionsrechts zum deutschen Recht, in: ders./Ludwigs (Hrsg.), Handbuch des Verwaltungsrechts, Bd. II, Grundstrukturen des europäischen und internationalen Verwaltungsrechts, Heidelberg 2021, § 37, Rn. 31. Nachzeichnung der Rechtsprechung bei *W. Durner*, Verfassungsbindung deutscher Europapolitik, in: Isensee/Kirchhof (Hrsg.), HStR, Bd. X, 3. Auflage, Heidelberg 2012, § 216, Rn. 5 ff.

[60] BVerfG, Urt. v. 05. Mai 2020 – 2 BvR 859/15. Zur Darstellung der Kritik an dieser Rechtsprechung vgl. *J. Masing*, Das Bundesverfassungsgericht, in: Herdegen/Masing/Poscher/Gärditz (Hrsg.), Handbuch des Verfassungsrechts. Darstellung in transnationaler Perspektive, München 2021, § 15, Rn. 167 ff.

[61] *Calliess*, in: Dürig/Herzog/Scholz (Fn. 43), Art. 24 I, Rn. 197 ff.; *A. Voßkuhle*, in: v. Mangoldt/Klein/Starck (Hrsg.), Grundgesetz Kommentar, Bd. III, 7. Auflage, München 2018, Art. 93, Rn. 83–83. Der Begriff der Identität wird etwa noch knapp 15 Jahre vorher sozial gedeutet, etwa bei *A. v. Bogdandy*, Europäische und nationale Identität: Integration durch Verfassungsrecht?, VVDStRL (62) 2003, 156 (183).

[62] Kompakte Darstellung unter Einbeziehung der neuesten Entwicklungen bei *D. Preßlein*, Grundgesetz vs. Grundrechtecharta? Zur „europäisierten Grundrechtsprüfung" des BVerfG nach den Beschlüssen zum „Recht auf Vergessen" und „Europäischer Haftbefehl III", EuR 2021, 247 (248 ff.). Dogmatisch differenziert *M. Ludwigs/P. Sikora*, Der Vorrang des Unionsrechts unter Kontrollvorbehalt des BVerfG, EWS 2016, 121 (123 ff.). *C. Calliess*, 70 Jahre Grundgesetz und europäische Integration: „Take back control" oder „Mehr Demokratie wagen"?, NVwZ 2019, 684 (689).

[63] BVerfGE 73, 339, Ls. 2: „Solange die Europäischen Gemeinschaften, insbesondere die Rechtsprechung des Gerichtshofs der Gemeinschaften einen wirksamen Schutz der Grundrechte gegenüber der Hoheitsgewalt der Gemeinschaften generell gewährleisten, der dem vom Grundgesetz als unabdingbar gebotenen Grundrechtsschutz im wesentlichen gleichzuachten ist, zumal den Wesensgehalt der Grundrechte generell verbürgt, wird das Bundesverfassungsgericht seine Gerichtsbarkeit über die Anwendbarkeit von abgeleitetem Gemeinschaftsrecht, das als Rechtsgrundlage für ein Verhalten deutscher Gerichte oder Behörden im Hoheitsbereich der Bundesrepublik Deutschland in Anspruch genommen wird, nicht mehr ausüben und dieses Recht mithin nicht mehr am Maßstab der Grundrechte des Grundgesetzes überprüfen."

soweit wird eine Kontrolle des Unionsrechts am Maßstab der nationalen Grundrechte nur dann ausgeübt, wenn der Europäische Gerichtshof den Grundrechtsschutz *strukturell* nicht mehr gewährleistet.[64] Die damit gleichzeitig zugestandene Fehlertoleranz in Einzelfällen führt zu einer (bisher nicht reaktivierten) Reservekompetenz des Verfassungsgerichts.[65] Der Maßstab des Verfassungsrechts wird damit zu einem gewissen Teil vom Unionsrecht verdrängt.[66] Besonders deutlich wurde diese Reservekompetenz im Beschluss zur *Bananenmarktordnung*.[67] Grundrechtsverletzungen durch Sekundärrecht konnten demnach nur dann geprüft werden, wenn dargelegt werden kann, dass der Grundrechtsschutz auf Unionsebene generell nicht mehr gewährleistet wird.[68] In der Sache ging das Gericht damit davon aus, dass ein Sachverhalt entweder von nationalen oder von unionalen Grundrechten erfasst wurde.[69]

Diese Rechtsprechung hat das Bundesverfassungsgericht zuletzt in den Entscheidungen zum *Recht auf Vergessen I* bzw. *II* für solche Fälle präzisiert, in denen nationale Maßnahmen nur unvollständig durch das Unionsrecht determiniert werden.[70] Hier war seine Prüfungskompetenz bisher für den Fall gegeben, dass Verordnungen oder Richtlinien gewisse Umsetzungsspielräume of-

[64] BVerfGE 102, 147 (161): „jeweils *als unabdingbar gebotene* Grundrechtsschutz *generell nicht* gewährleistet". Dazu *Calliess*, in: Dürig/Herzog/Scholz (Fn. 43), Art. 24 I, Rn. 198.

[65] *Calliess*, in: Dürig/Herzog/Scholz (Fn. 43), Art. 24 I, Rn. 198; *Voßkuhle*, in: v. Mangoldt/Klein/Starck (Fn. 61), Art. 93, Rn. 83a.

[66] Zu diesem Mechanismus auch *K.F. Gärditz*, Verfassungsentwicklung und Verfassungsrechtswissenschaft, in: Herdegen/Masing/Poscher/Gärditz (Hrsg.), Handbuch des Verfassungsrechts. Darstellung in transnationaler Perspektive, München 2021, § 4, Rn. 75. Zur Folge, dass sich Entscheidungen höchstrichterlicher Gerichte so inhaltlich von einer Streitentscheidungsfunktion ablösen, *C. Schönberger*, Höchstrichterliche Rechtsfindung und Auslegung gerichtlicher Entscheidungen, VVDStRL (71) 2012, 296 (314 ff.).

[67] BVerfG 102, 147 (166).

[68] Dazu etwa *R. Hofmann*, Zurück zu Solange II! Zum *Bananenmarktordnungs-Beschluß*, des Bundesverfassungsgerichts, in: Cremer/Giegerich/Richter/Zimmermann (Hrsg.), Tradition und Weltoffenheit des Rechts. Festschrift für Helmut Steinberger, Berlin u.a. 2002, 1207 (1217). Eine Ausnahme hat das BVerfG dann wiederum in *Europäischer Haftbefehl I* für die Menschenwürdegarantie gemacht. Dazu *Calliess* (Fn. 62), 689. Dies führt jedoch zu einigen dogmatischen Problemen, auf die *D. Burchardt*, Die Ausübung der Identitätskontrolle durch das Bundesverfassungsgericht, ZaöRV 2016, 527 (543 f.) und *H. Sauer*, Der novellierte Kontrollzugriff des Bundesverfassungsgerichts auf das Unionsrecht, EuR 2017, 186 (190 ff.) aufmerksam gemacht haben.

[69] Diskussion dieser „Trennungsthese" bei *T. Kleinlein*, Grundrechtsföderalismus. Eine vergleichende Studie zur Grundrechtsverwirklichung in Mehrebenen-Strukturen – Deutschland, USA und EU, Tübingen 2020, 512 ff.

[70] BVerfG NJW 2020, 300 (Recht auf Vergessen I) bzw 314 (Recht auf Vergessen II) Bestätigt in BVerfG, NJW 2021, 1518 (Europäischer Haftbefehl III) Umfassend dazu *R. Hofmann/A. Heger/T. Gharibyan*, Die Wandlung des Grundrechtsschutzes durch das Bundesverfassungsgericht – Recht auf Vergessen I und II als „Solange III"?, KritV 2019, 277 (283). Kritische Würdigung *Preßlein* (Fn. 62), 258 ff. Vorweggenommen bereits bei *Kleinlein* (Fn. 69), 514 mit strukturellen Einwänden zur alten Rechtsprechung.

fen lassen. War ein solcher Spielraum betroffen, fand die Grundrechtecharta wiederum keine Anwendung und die nationalen Grundrechte stellten den Prüfungsmaßstab dar. In *Recht auf Vergessen I* hat das Bundesverfassungsgericht unter Aufgabe der Trennung beider Grundrechtssphären nun das erste Mal eine Verflechtung beider Ebenen, im konkreten Fall als Auslegungshilfe für das Grundgesetz, etabliert.[71]

Deutlich weitergehend hat es sodann in *Recht auf Vergessen II* in einer vollständig vom Unionsrecht determinierten Konstellation die Grundrechtecharta selbst angewendet und stellt so nach Rechtswegerschöpfung auf nationaler Ebene effektiven Rechtsschutz her.[72] Begründet wird dies mit der bereits in der *Lissabon*-Entscheidung entwickelten Integrationsverantwortung.[73] So kann nunmehr mit der Verfassungsbeschwerde auch eine Verletzung der Grundrechtecharta gerügt werden.[74]

Neben dem Grundrechtsschutz prüft das Verfassungsgericht mit der zweiten Variante der *ultra-vires*-Kontrolle, ob sich die Rechtsakte der europäischen Organe und Einrichtungen unter Wahrung des unionsrechtlichen Subsidiaritätsprinzips in den Grenzen der ihnen im Wege der begrenzten Einzelermächtigung eingeräumten Hoheitsrechte halten.[75] Grundsätzlich bestimmt dabei das Prinzip der begrenzten Einzelermächtigung die Kompetenzgrenzen für das Integrationsprogramm.[76] Den Prüfmaßstab hat das Gericht insbesondere im *Lissabon*-Urteil 2009 und im *Honeywell*-Beschluss 2010 präzi-

---

[71] BVerfG NJW 2020, 300, Rn. 59. Zum Argument, dass dies eine methodische Öffnung der (deutschen) öffentlichen Rechtswissenschaft verlange: *D. Thym*, Freundliche Übernahme, oder: die Macht des „ersten Wortes" – „Recht auf Vergessen" als Paradigmenwechsel, JZ 2020, 1017 (1026).

[72] BVerfG NJW 2020, 314, Rn. 62 ff.

[73] BVerfGE 123, 267 (351 ff.). Kritisch zu dessen Anwendung etwa *H.P. Aust*, Zweierlei Integrationsverantwortung – Zur Begründung und Tragweite eines verfassungsrechtlichen Schlüsselbegriffs in der Rechtsprechung der beiden Senate des Bundesverfassungsgerichts, EuGRZ 2020, 410 (415); *J.A. Kämmerer/M. Kotzur*, Vollendung des Grundrechtsverbunds oder Heimholung des Grundrechtsschutzes?. NVwZ 2020, 177 (180). Tendenziell positiv, wenngleich mit methodischer Kritik *Preßlein* (Fn. 62), 272.

[74] Zusammenfassend *Hofmann/Heger/Gharibyan* (Fn. 70), 284.

[75] BVerfGE 123, 267, Ls 4. Zusammenfassend zur Rspr. auch *J. Masing*, Verfassung im internationalen Mehrebenensystem, in: Herdegen/Masing/Poscher/Gärditz (Hrsg.), Handbuch des Verfassungsrechts. Darstellung in transnationaler Perspektive, München 2021, § 2, Rn. 113 ff. Die wissenschaftlichen Reaktionen zusammengefasst bei *M. Wendel*, Paradoxes of *Ultra Vires* Review: A Critical Review of the PSPP Decision and Its Initial Receptionin, German Law Journal 2020, 979–994. Zur Entwicklung aus der OMT Entscheidung schon *J. Bast*, Don't Act Beyond Your Powers: The Perils and Pitfalls of the German Constitutional Court's Ultra Vires Review, German Law Journal 2014, 167–181.

[76] Vgl. dazu und zu deren Überschreitung schon *S. Kadelbach*, in: v. der Groeben/Schwarze/Hatje (Hrsg.), Europäisches Unionsrecht, Vertrag über die Europäische Union, Vertrag über die Arbeitsweise der Europäischen Union, Charta der Grundrechte der Europäischen Union, 7. Auflage, Baden-Baden 2015, EUV, Art. 5, Rn. 7.

siert.[77] Eine europarechtsfreundlich ausgeübte *ultra-vires*-Kontrolle[78] erfordert mithin einen qualifizierten Kompetenzverstoß, in dem das kompetenzwidrige Handeln der Unionsgewalt offensichtlich ist und der angegriffene Akt im Kompetenzgefüge zwischen Mitgliedstaaten und Union im Hinblick auf das Prinzip der begrenzten Einzelermächtigung und die rechtsstaatliche Gesetzesbindung erheblich ins Gewicht fällt. Auch hier besteht mithin ein Spielraum für eine Fehlertoleranz der unionsrechtlichen Entscheidung.[79] Diesen großzügig bemessenen Maßstab hat das Bundesverfassungsgericht in der *PSPP*-Entscheidung zum ersten Mal verletzt gesehen.[80]

Zuletzt prüft das Bundesverfassungsgericht im Rahmen der Identitätskontrolle, ob der Kernbereich des Grundgesetzes („Verfassungsidentität“) durch die Übertragung von Hoheitsrechten berührt wird.[81] Sinngemäß gründet die Identitätskontrolle auf der Erwägung, dass die Übertragung von Hoheitsrechten im Rahmen des Art. 23 Abs. 1 S. 2 und 3 GG in jedem Fall in den Bereichen verunmöglicht werden muss, deren Veränderung nach Art. 79 Abs. 3 GG auch dem verfassungsändernden Gesetzgeber versagt bleibt.[82] Diese Verfas-

---

[77] BVerfGE 123, 267 (354); 126, 286 (304). Dazu *D. Thym*, From Ultra-Vires-Control to Constitutional-Identity-Review: The Lisbon Judgment of the German Constitutional Court, in: Pernice/Beneyto (Hrsg.), Europe's Constitutional Challenges in the Light of the Recent Case Law of National Constitutional Courts. Lisbon and Beyond, Baden-Baden 2011, 31–44.

[78] Zu diesem Instrument statt vieler *F.C. Mayer*, Kompetenzverteilung, in: Kahl/Ludwigs (Hrsg.), Handbuch des Verwaltungsrechts, Bd. II, Grundstrukturen des europäischen und internationalen Verwaltungsrechts, Heidelberg 2021, § 33, Rn. 92 ff.

[79] BVerfGE 126, 286 (307).

[80] BVerfGE 154, 17 (96). Es hat damit eine in weiten Teilen kritische Reaktion ausgelöst. Vgl. *C. Calliess*, Konfrontation statt Kooperation zwischen BVerfG und EuGH?, NVwZ 2020, 897; *M. Ludwigs*, Scherbenhaufen oder Chance? Zwölf Thesen zum PSPP-Urteil des BVerfG vom 05.05.2020, EuZW 2020, 530; *M. Nettesheim*, Das PSPP-Urteil des BVerfG – ein Angriff auf die EU?, NJW 2020, 1631; *F. Kainer*, Aus der nationalen Brille: Das PSPP-Urteil des BVerfG, EuZW 2020, 533. Eine derartige Entscheidung noch für unwahrscheinlich haltend *M. Wendel*, Kompetenzrechtliche Grenzgänge: Karlsruhes Ultra-vires-Vorlage an den EuGH, ZaöRV 2014, 615 (668). Tendenziell affirmativ *F. Schorkopf*, Wer wandelt die Verfassung? Das PSPP-Urteil des Bundesverfassungsgerichts und die Ultra vires-Kontrolle als Ausdruck europäischer Verfassungskämpfe – zugleich Besprechung von BVerfG, Urteil v. 05.05.2020 – 2 BvR 859/15 u.a., JZ 2020, 734 (737) sowie *M. Polzin*, Pandora oder Montesquieu?, AöR 146 (2021), 1 (47). Vgl. zuletzt aber Beschluss vom 29. April 2021, 2 BvR 1651/15, 2 BvR 2006/15.

[81] BVerfGE 134, 366 (382 ff.). Äußerst kritisch schon *C. Walter/M. Vordermayer*, Verfassungsidentität als Instrument richterlicher Selbstbeschränkung in transnationalen Integrationsprozessen. Vergleichende Überlegungen anhand der Rechtsprechung von EuGH und EGMR, JöR 2015, 129 (165) mit dem Verweis auf die produktivere Praxis von EGMR und EuGH. Historische Nachzeichnung seit 1871 bei *M. Polzin*, Constitutional Identity, Unconstitutional Amendments and the Idea of Constituent Power – the Development of the Doctrine of Constitutional Identity in German Constitutional Law, International Journal of Constitutional Law 2016, 411–438 mit dem Verweis auf die Erstverwendung des Begriffs bei *Carl Schmitt* (434).

[82] *Voßkuhle*, in: v. Mangoldt/Klein/Starck (Fn. 61), Art. 93, Rn. 84.

sungsidentität wird auch von Art. 4 Abs. 2 EUV von unionsrechtlicher Seite garantiert.[83] Auch die Identitätskontrolle ist insoweit europarechtsfreundlich zu handhaben, indem das Bundesverfassungsgericht seiner Kontrolle die „Maßnahme in der Auslegung zugrunde[legt], die ihr in einem Vorabentscheidungsverfahren gemäß Art. 267 Abs. 3 AEUV durch den Gerichtshof der Europäischen Union gegeben wurde."[84] Indes macht das Bundesverfassungsgericht deutlich, dass die Letztverantwortung für die Berührung der Verfassungsidentität allein ihm obliegt.[85] Die Identitätskontrolle ist damit aus der Perspektive des nationalen Verfassungsrechts mehr als nur der notwendige Gegenpart von Art. 4 Abs. 2 EUV. Andernfalls drohe auch schon begrifflich der Verfassungsverlust.[86]

Auch wenn das Verhältnis der Alternativen zueinander im Einzelnen vom Verfassungsgericht ungeklärt bleibt,[87] so lassen sich doch gemeinsame Linien feststellen. Auf der einen Seite betont das Gericht die „Europarechtsfreundlichkeit" des Grundgesetzes,[88] was sich in eine Kooperationspflicht und eine Fehlertoleranz gegenüber Entscheidungen der unionsrechtlichen Ebene übersetzt. Zum anderen nimmt das Gericht über den Begriff der Integrationsverantwortung die Verfassungsorgane in die Pflicht, die Identität der nationalen Verfassungsordnung zu wahren.[89] So umfasst dieser vom Verfassungsgericht betonte Schutz der nationalen Verfassungsordnung auf der einen Seite ihre tatsächliche Zustimmung zur Kompetenzübertragung, indem mit der *ultra-vires*-Kontrolle die unionsrechtliche Beachtung des Prinzips der begrenzten Einzel-

[83] Dort heißt es: „Die Union achtet die Gleichheit der Mitgliedstaaten vor den Verträgen und ihre jeweilige nationale Identität, die in ihren grundlegenden politischen und verfassungsmäßigen Strukturen einschließlich der regionalen und lokalen Selbstverwaltung zum Ausdruck kommt." Dazu auch *M. Goldhammer*, Die Achtung der nationalen Identität durch die Europäische Union – Theorie und Dogmatik des Art. 4 Abs. 2 EUV im Lichte der ersten Entscheidungen, JöR 2015, 105 (120 ff.); *Calliess*, in: Dürig/Herzog/Scholz (Fn. 43), Art. 24 I, Rn. 198.

[84] BVerfGE 140, 317 (339).

[85] BVerfGE 123, 267 (353 f.).

[86] So etwa *H.M. Heinig*, Verfassung im Nationalstaat: Von der Gesamtordnung zur europäischen Teilordnung?, VVDStRL (75) 2016, 65 (67) mit dem Versuch der Rekontextualisierung.

[87] *Calliess*, in: Dürig/Herzog/Scholz (Fn. 43), Art. 24 I, Rn. 213. *Hofmann/Heger/Gharibyan* (Fn. 70), 283. Siehe aber BVerfGE 142, 123 (202).

[88] BVerfGE 123, 267 (347). Vgl. ferner BVerfGE 126, 286 (303); 129, 124 (172); 140, 317 (338 f.). Ausführlich *D. Knop*, Völker und Europarechtsfreundlichkeit als Verfassungsgrundsätze, Tübingen 2013, 262 ff. Dazu auch *Voßkuhle*, in: v. Mangoldt/Klein/Starck (Fn. 61), Art. 93, Rn. 85. Kennzeichnung als Verfassungsprinzip bei *P. Starski*, Bundestreue, Loyalität und Europarechtsfreundlichkeit, in: Kahl/Ludwigs (Hrsg.), Handbuch des Verwaltungsrechts, Bd. III, Verwaltung und Verfassungsrecht, Heidelberg 2022, § 79, Rn. 55.

[89] BVerfGE 123, 267, Ls. 2. Deutlich akzentuiert auch bei BVerfGE 140, 317 (337, Rn. 44). Diskussion im Hinblick auf das Demokratieprinzip bei *S.-P. Hwang*, Vorrang der Verfassungsidentität als Herausforderung für die Rechtsordnung der Europäischen Union?, Der Staat 56 (2017), 107 (113 ff.).

ermächtigung überprüft wird. Auf der anderen Seite sind aber auch im Rahmen der Grundrechtskontrolle und der Identitätskontrolle überhaupt die sich durch Art. 79 Abs. 3 GG ergebenden Grenzen der Zustimmbarkeit von Kompetenzübertragungen durch die Verfassungsorgane Gegenstand der verfassungsgerichtlichen Prüfung.[90]

2. Verwaltungsorganisation im Identitätsbereich des Grundgesetzes?

Systematisch ist eine derart weitreichende Gerichtsbarkeit über die absoluten Kompetenzübertragungsgrenzen und deren Anknüpfung an Art. 79 Abs. 3 GG nicht unproblematisch, da im Einzelnen nicht geklärt erscheint, *welche* Materien genau dem verfassungsändernden Gesetzgeber entzogen bleiben sollen. Für das hier behandelte organisationsrechtliche Problem führt dies eben dazu, dass die Entscheidung über die Verfassungsidentität des Grundgesetzes im Hinblick auf die Vereinbarkeit möglicher Organisationsgestaltungen mit der Legitimations- und Kontrollordnung in weiten Teilen der freien Einschätzung des Verfassungsgerichts obliegt.[91]

Art. 79 Abs. 3 GG bestimmt eine Änderung des Grundgesetzes „durch welche die Gliederung des Bundes in Länder, die grundsätzliche Mitwirkung der Länder bei der Gesetzgebung oder die in den Artikeln 1 und 20 niedergelegten Grundsätze berührt werden" als unzulässig. Im Hinblick auf die Vorgaben der Verfassungsordnung im Bereich der Verwaltungsorganisation ist sowohl der Geltungsbereich als auch der Maßstab („berührt") genauer zu spezifizieren.

[90] Insoweit ist *Dederer* zuzustimmen, der beide Kontrollalternativen zu einer „einheitlichen Verfassungsidentitätskontrolle" zusammenfasst (*H.-G. Dederer*, Die Grenzen des Vorrangs des Unionsrechts, JZ 2014, 313). Siehe auch *A. Proelß*, Bundesverfassungsgericht und überstaatliche Gerichtsbarkeit – prozedurale und prozessuale Mechanismen zur Vermeidung und Lösung von Jurisdiktionskonflikten, Tübingen 2014, 276 ff. Klärende Diskussion der Abwehr- bzw. Präventionsdimension der Kontrolle bei *M. Wendel*, Nationale Verfassungsidentität als Narrativ der europäischen Integration?, in: Franzius/Mayer/Neyer (Hrsg.), Die Neuerfindung Europas. Bedeutung und Gehalte von Narrativen für die europäische Integration, Baden-Baden 2019, 51–66.

[91] *Franz C. Mayer* hat diesen Wandel von einem Demokratie- zu einem Identitätsdiskurs für das verfassungsgerichtliche Legitimationsmodell bereits früh vorhergesehen. Vgl. *F.C. Mayer*, Vom Demokratiediskurs zum Identitätsdiskurs – gefühlte Demokratie und die Folgen, in: Heinig/Terhechte (Hrsg.), Postnationale Demokratie, Postdemokratie, Neoetatismus, Tübingen 2013, 19 (24). Dazu auch *H.-D. Horn*, Vom Staat der Demokratie. Zur Individualisierung der Volkssouveränität, nicht nur im Kontext der Europäischen Integration, Paderborn 2015, 60 ff.

a) Der materielle Geltungsbereich des Art. 79 Abs. 3 GG

Art. 79 Abs. 3 GG benennt für seinen materiellen Geltungsbereich unter anderem die in Art. 20 GG niedergelegten Grundsätze. Damit sind jedenfalls die organisationsrechtlichen Strukturvorgaben, die sich insbesondere aus dem Demokratieprinzip[92] nach Art. 20 Abs. 1 S. 2 GG und der Gewaltenteilung[93] nach Art. 20 Abs. 2 und 3 ergeben, von der Garantie umfasst. Für das Rechtstaatsprinzip ist die Zugehörigkeit zum Katalog der Ewigkeitsklausel mit dem Argument umstritten, dass es wörtlich nicht eindeutig im Art. 20 GG normiert ist.[94] Im Ergebnis kommt es darauf aber nicht an, da sich wesentliche rechtstaatliche Anforderungen mit denen der Gewaltenteilung und des Demokratieprinzips überschneiden und somit (zumindest im Rahmen des Art. 79 Abs. 3 GG) von der Bestandsgarantie des verfassungsrechtlichen Ordnungsmodells gesprochen werden kann.[95] Dieses ist mit dem Begriff der Verfassungsidentität adäquat bezeichnet.

Im Hinblick auf die Entscheidungszurechnung ist in jedem Fall das Prinzip der Volkssouveränität von der Ewigkeitsklausel umfasst.[96] Garantiert ist insoweit das rechtliche Erfordernis eines hinreichenden Legitimationsniveaus für staatliches Handeln als das Bestehen eines Zurechnungszusammenhangs zwischen Volkswillen und Entscheidung.[97] Da die dogmatische Figur des hinreichenden Legitimationsniveaus keine konkrete inhaltliche Anforderung, sondern vielmehr eine methodische Brücke zur Konstruktion eines Zurechnungszusammenhangs darstellt, ist sie in gewissen Grenzen auch Veränderungen zugänglich. Konkrete Anforderungen oder auch methodische Teilaspekte der Zurechnung sind nicht von Art. 79 Abs. 3 GG ab-

---

[92] So auch *Dreier*, in: ders. (Hrsg.), Grundgesetz Kommentar, Bd. II, 3. Auflage, Tübingen 2015, Art. 79 III, Rn. 36 ff.; *M. Herdegen*, in: Dürig/Herzog/Scholz (Fn. 43), Art. 79, Rn. 127 ff.; *B.-O. Bryde*, in: v. Münch/Kunig (Hrsg.), Grundgesetz Kommentar, Bd. II, 7. Auflage, München 2021, Art. 79, Rn. 51 ff.

[93] *Dreier*, in: ders. (Fn. 92), Art. 79 III, Rn. 49–53; *Bryde*, in: v. Münch/Kunig (Fn. 92), Art. 79, Rn. 56; *Herdegen*, in: Dürig/Herzog/Scholz (Fn. 43), Art. 79, Rn. 145 ff.

[94] *Dreier*, in: ders. (Fn. 92), Art. 79 III, Rn. 53 mwN aus Literatur und Rechtsprechung in Fn. 166 der darauf hinweist, dass es „wegen mannigfaltiger Einschränkungen und Modifikationen der Grundpositionen (Schutz nur der essentiellen, nicht der akzidentiellen Teile des umfassenden Rechtsstaatsprinzips; nur Garantie der Grundsätze) im praktischen Ergebnis nur zu geringen Differenzen kommt."

[95] „Die politischrechtliche Leitfunktion des Parlaments, ein gewisser Kernbereich exekutiver Eigenverantwortung und die Unabhängigkeit der Rechtsprechung sind aber in jedem Fall zu erhalten." *Dreier*, in: ders. (Fn. 92), Art. 79 III, Rn. 50. Umfassende Darstellung auch bei *Herdegen*, in: Dürig/Herzog/Scholz (Fn. 43), Art. 79, Rn. 127 ff. Ferner *H. Dreier*, Deutschland, in: v. Bogdandy/Cruz Villalón/Huber (Hrsg.), Handbuch Ius Publicum Europaeum, Bd. I, Heidelberg 2007, § 1, Rn. 28.

[96] *Dreier*, in: ders. (Fn. 92), Art. 79 III, Rn. 37; *Herdegen*, in: Dürig/Herzog/Scholz (Fn. 43), Art. 79, Rn. 127; *Bryde*, in: v. Münch/Kunig (Fn. 92), Art. 79, Rn. 52.

[97] *Herdegen*, in: Dürig/Herzog/Scholz (Fn. 43), Art. 79, Rn. 129.

gedeckt.[98] Unverzichtbarer Kern des grundgesetzlichen Demokratiebegriffs ist jedoch die Rückführung der Ausübung öffentlicher Gewalt auf eine solche Zurechnungsbeziehung. Nicht wiederum verfassungsrechtlich gerechtfertigte Zurechnungsdefizite lösen damit die Wirkung des Art. 79 Abs. 3 GG aus.[99]

Etwas flexibler zeigt sich das Prinzip der Gewaltenteilung, das zwar einen Kernbereich des Bestehens und der Grundfunktionen der Gewalten schützt, aber keine konkrete Kompetenzverteilung vorgibt.[100] In diesem Sinne dient der Gewaltenteilungsgrundsatz als eine Garantie bestimmter „Qualitätsstandards für die einzelnen Zweige der Staatsgewalt."[101] Erforderlich ist aber jedenfalls die Existenz unabhängiger Kontrollorgane, die die jeweiligen Funktionen sichern.[102]

b) Der Maßstab des Art. 79 Abs. 3 GG

Das Bundesverfassungsgericht hat die Ewigkeitsklausel in der Vergangenheit so ausgelegt, dass es in Beachtung der Einschätzungsprärogative der Legislative für das verfassungsändernde Gesetz zunächst eine mit Art. 79 Abs. 3 GG zu vereinbarende Lesart gesucht hat.[103] Das für die Aktivierung der Bestimmung erforderliche Merkmal des „Berührens" hat es damit restriktiv ausgelegt.[104] Dem verfassungsändernden Gesetzgeber ist damit ein gewisser Ver-

---

[98] Mit *C. Möllers*, Demokratie, in: Herdegen/Masing/Poscher/Gärditz (Hrsg.), Handbuch des Verfassungsrechts. Darstellung in transnationaler Perspektive, München 2021, § 5, Rn. 56: „Vom *Wie* folgt kein klarer Weg zum *Was.*" Unklar *Dreier*, in: ders. (Fn. 92), Art. 79 III, Rn. 37. *Herdegen*, in: Dürig/Herzog/Scholz (Fn. 43), Art. 79, Rn. 130: „In gewissen Grenzen kann der verfassungsändernde Gesetzgeber das Maß und die Begründung des *Legitimationsniveaus* verändern, welches sich aus demokratischen Standards im Sinne des Art. 20 Abs. 1 GG ergibt."

[99] Im Ergebnis auch *Dreier*, in: ders. (Fn. 92), Art. 79 III, Rn. 37; *Herdegen*, in: Dürig/Herzog/Scholz (Fn. 43), Art. 79, Rn. 127; *Bryde*, in: v. Münch/Kunig (Fn. 92), Art. 79, Rn. 52.

[100] *Dreier*, in: ders. (Fn. 92), Art. 79 III, Rn. 50; *Herdegen*, in: Dürig/Herzog/Scholz (Fn. 43), Art. 79, Rn. 151; *Bryde*, in: v. Münch/Kunig (Fn. 92), Art. 79, Rn. 56.; *C. Möllers*, Gewaltengliederung. Legitimation und Dogmatik im nationalen und internationalen Rechtsvergleich, Tübingen 2005, 423 ff.

[101] *Herdegen*, in: Dürig/Herzog/Scholz (Fn. 43), Art. 79, Rn. 146.

[102] *Bryde*, in: v. Münch/Kunig (Fn. 92), Art. 79, Rn. 56.

[103] *C. Calliess*, Constitutional Identity in Germany, in: ders./van der Schyff (Hrsg.), Constitutional Identity in a Europe of Multilevel Constitutionalism, Cambridge 2020, 153 (159); *Bryde*, in: v. Münch/Kunig (Fn. 92), Art. 79, Rn. 38. Ausführlich dazu auch *K.-E. Hain*, in: v. Mangoldt/Klein/Starck (Hrsg.), Grundgesetz Kommentar, Bd. II, 7. Auflage, München 2018, Art. 79, Rn. 49–55.

[104] BVerfGE 30, 1 (17 ff.); 34, 9 (21); 94, 49 (103); 109, 279. *Dreier*, in: ders. (Fn. 92), Art. 79 III, Rn. 19. Dazu auch *D. Zacharias*, Die sog. Ewigkeitsgarantie des Art. 79 III GG, in: Thiel (Hrsg.), Wehrhafte Demokratie – Beiträge über die Regelung zum Schutze der freiheitlichen demokratischen Grundordnung, Tübingen 2003, 57 (63 ff.).

trauensvorschuss zu gewähren, da nicht davon auszugehen ist, dass er verfassungswidriges Verfassungsrecht schaffen will.[105]

Die ursprünglich weite und insbesondere in der Literatur stark kritisierte Annahme, dass es sich bei Art. 79 Abs. 3 GG „um eine Ausnahmevorschrift handel[e], die jedenfalls nicht dazu führen d[ürfe], dass der Gesetzgeber gehindert wird, durch verfassungsänderndes Gesetz auch elementare Verfassungsgrundsätze systemimmanent zu modifizieren,“[106] ist mittlerweile zugunsten einer vermittelnden Position gewichen, die es dem verfassungsändernden Gesetzgeber gestattet, die konkrete Ausgestaltung der geschützten Prinzipien aus sachlich begründetem Interesse zu verändern.[107] *Hain* etwa argumentiert, dass die genauere Bestimmung der Geltung dieser Prinzipien im Einzelfall eine Konkretisierung in Form kontextabhängiger und relativer Mindeststandards erfordere.[108] Dem ist zuzustimmen.

Im Zuge der *Lissabon*-Entscheidung und der in Art. 23 Abs. 1 S. 3 GG enthaltenen Bezugnahme auf die Ewigkeitsklausel hat das Bundesverfassungsgericht in der Tendenz einen Richtungswechsel hin zu einer erweiterten Auslegung eingeschlagen. Hier gibt das Gericht insbesondere den Staatsstrukturprinzipien eine deutlich konkretere und weniger entwicklungsoffene Prägung.[109] Das Bundesverfassungsgericht zeigt offensichtlich entgegen der Entscheidung des verfassungsändernden Gesetzgebers im Rahmen der Einfügung der Bezugnahme auf Art. 79 Abs. 3 GG im Art. 23 Abs. 1 S. 3 GG keine Bereitschaft, dem Unionsgesetzgeber den gleichen Vertrauensvorschuss einzuräumen.[110] Die damit einhergehende Verfestigung des verfassungsrechtli-

---

[105] *Bryde*, in: v. Münch/Kunig (Fn. 92), Art. 79, Rn. 38.

[106] BVerfGE 30, 1 (24 f.). Kritik: 33 ff. (Sondervotum). Aus der Literatur Besprechungen von *P. Häberle*, JZ 1971, 145 (149 f.) und *H.H. Rupp*, NJW 1971, 275 (276 f.).

[107] BVerfGE 84, 90 (121); 94, 49 (103); 109, 279 (310). *Dreier*, in: ders. (Fn. 92), Art. 79 III, Rn. 19; *Hain*, in: v. Mangoldt/Klein/Starck (Fn. 103), Art. 79, Rn. 52. Zu Art. 79 III GG auch *K.-E. Hain*, Die Grundsätze des Grundgesetzes. Eine Untersuchung zu Art. 79 Abs. 3 GG, Baden-Baden 1999.

[108] *Hain*, in: v. Mangoldt/Klein/Starck (Fn. 103), Art. 79, Rn. 51. In diese Richtung wohl auch *B. Schöndorf-Haubold*, Legitimationsfragen der Verbundverwaltung, in: Kahl/Mager (Hrsg.), Verwaltungsaufgaben und Legitimation der Verwaltung, Baden-Baden 2022, 219 (256 ff.).

[109] BVerfGE 123, 267 (357 ff.). Zur Interpretation der Ewigkeitsgarantie durch das Bundesverfassungsgericht auch *Masing*, in: Herdegen/Masing/Poscher/Gärditz (Fn. 75), § 2, Rn. 76: „Es bleibt dies aber doch eine Bedeutung, die weit weg ist von dem die Vorschrift historisch tragenden Versuch, die demokratische Selbstbestimmung vor der autoritären Zerschlagung durch totalitäre Bewegungen oder Personen zu schützen.“ Damit stellt es sich freilich auch gegen die Identitätskonzeption des Art. 4 Abs. 2 S. 1 EUV. Dazu *A. Ingold*, Die verfassungsrechtliche Identität der Bundesrepublik Deutschland. Karriere – Konzept – Kritik, AöR 140 (2015), 1 (27).

[110] *Bryde*, in: v. Münch/Kunig (Fn. 92), Art. 79, Rn. 35–39; *Dreier*, in: ders. (Fn. 92), Art. 79 III, Rn. 19; *M. Nettesheim*, Ein Individualrecht auf Staatlichkeit? Die Lissabon-Entscheidung des BVerfG, NJW 2009, 2867 (2868). Diese Varianz spricht gegen das von *K. Schnei-*

chen Zustandes schadet auch der nationalen Verfassungspraxis und wird auch ihrer Geschichte nicht gerecht. Schließlich soll die Ewigkeitsgarantie als Element „streitbarer Demokratie" nach den Weimarer Erfahrungen vor einer Diktatur schützen, nicht vor der Europäischen Union.[111]

c) Ergebnis für die Strukturprinzipien des Organisationsrechts

Ganz unabhängig von der konkreten Auslegung der Reichweite der Ewigkeitsklausel fallen die unionsrechtlichen Organisationsbestimmungen in den Anwendungsbereich der geschützten Verfassungsprinzipien. Die extensive Auslegung des Art. 79 Abs. 3 GG bewirkt dabei lediglich, dass das Bundesverfassungsgericht eine mögliche Zurückweisung der aus dem Unionsrecht stammenden Steuerungsanweisung argumentativ mit Referenz zum nationalen Verfassungsrecht vorbereiten kann und damit eine potentielle veränderungsresistente Drohkulisse aufbaut. Damit opfert es freilich ein gewisses Maß an Flexibilität, das es historisch dem verfassungsändernden Gesetzgeber zugestanden hat.

3. Unionsrechtsfreundlich restriktive Auslegung?

Problematisch ist dies freilich, da sich das Verfassungsgericht damit in einen Widerspruch zur stets affirmierten Unionsrechtsfreundlichkeit stellt. Hier ließe sich argumentieren, dass dieser Grundsatz eine restriktive Auslegung des Art. 79 Abs. 3 GG und damit auch einen zurückhaltenden Umgang mit dem Identitätsvorbehalt verlangte. Aus der Erwägung heraus, dass sich die konkrete rechtliche Umsetzung der Prinzipien nicht in trennscharfen Linien niederschlage, könnte man meinen, dass der Identitätsvorbehalt auf eine Verletzung des absoluten Kernbereichs reduziert sei und ansonsten der Grundsatz der Unionsrechtsfreundlichkeit Zurückhaltung gebiete.[112] Nicht zuletzt ver-

---

der, Der Ultra-vires-Maßstab im Außenverfassungsrecht. Skizze sicherer Vollzugszeitumgebungen für zwischenstaatliche und supranationale Integrationsprozesse, AöR 139 (2014), 196 (245 ff.) vorgebrachte Argument der Stabilität des Identitätskerns.

[111] Klassisch *H.-J. Papier/W. Durner*, Streitbare Demokratie, AöR 128 (2003), 340 (348). Vgl. auch *Mayer* (Fn. 50), 46. *Calliess* (Fn. 62), 692 weist richtig auf das paradoxe Misstrauen gegenüber dem demokratischen Gesetzgeber hin. Zur stabilisierenden Funktion des Art. 79 Abs. 3 GG auch *M. Rossi*, Democratic Flexibility and Constitutional Stability, in: Hugo/Möllers (Hrsg.), Legality and Limitation of Powers. Values, Principles and Regulations in Civil Law, Criminal Law, and Public Law, Baden-Baden 2019, 69 (79). Zum Grundsatz gegenseitigen Vertrauens *Voßkuhle* (Fn. 57), in: Kahl/Ludwigs, § 59, Rn. 19.

[112] Umfassende methodische Einordnung bei *M. Wendel*, Grundsatz der unionsrechtskonformen Auslegung und Rechtsfortbildung, in: Kahl/Ludwigs (Hrsg.), Handbuch des Verwaltungsrechts, Bd. II, Grundstrukturen des europäischen und internationalen Verwaltungsrechts, Heidelberg 2021, § 51, Rn. 21 ff.

langt das Treuegebot „einfaches nationales Recht im Einklang mit dem Unionsrecht auszulegen, so denn dies im Rahmen der methodischen Grenzen der Auslegung erreicht werden kann“[113], um normative Kollisionen verhindern zu können. Auf den ersten Blick stellt sich dies als elegante Lösung dar, die sich aber beim genaueren Hinsehen dogmatischen Bedenken ausgesetzt sieht.[114]

Die dem Grundsatz der Volkssouveränität entnommene Anforderung der Zurechnung der Ausübung öffentlicher Gewalt zum Willen des Volkes wird zwar durch die Normenstratifikation mit einem normativen Minimalstandard umschrieben, der die Frage nach einem „hinreichenden“ Wirkzusammenhang stellt.[115] Die Rechtsfolge der Unterschreitung dieses Minimalstandards ist jedoch nicht graduell, sondern absolut: Kann ein Legitimationsdefizit nicht aus besonderen verfassungsrechtlichen Erwägungen gerechtfertigt werden, dann verstößt es als illegitime Herrschaftsausübung gegen das Demokratieprinzip.[116]

Diese ungerechtfertigten Legitimationsdefizite lösen damit stets auch die Wirkung des Art. 79 Abs. 3 GG aus. Entweder die demokratische Legitimation steht, weil ein Zurechnungszusammenhang besteht, oder eben nicht. Schwache und entsprechend begründete Zurechnungen sind auch unter dem Grundgesetz möglich. Eine Feststellung der unzureichenden Legitimation ist dann aber binär und entsprechend auch stets auf den Kernbereich des Demokratieprinzips durchschlagend. Für diesen Zusammenhang spielt daher auch die konkrete Auslegung des Art. 79 Abs. 3 GG keine Rolle.[117]

4. Lösungsansatz: Vertretbarkeitsthese

Das Bundesverfassungsgericht hat durch seine extensive Lesart des Katalogs des Art. 79 Abs. 3 GG den Spielraum für eine unionsrechtsfreundliche Be-

[113] *Starski* (Fn. 88), in: Kahl/Ludwigs, § 79, Rn. 61.

[114] In diese Richtung auch der Diskussionsbeitrag von *K. v. Lewinski*, VVDStRL (75) 2015, 284–285: „Wenn wir auf der europäischen Ebene andere Möglichkeiten hinsichtlich der Unabhängigkeit von Verwaltung haben, als es nach der mitgliedstaatlichen deutschen Verfassungsordnung möglich ist, dann müssen wir doch Kriterien entwickeln, nach denen wir beurteilen können, wann wir nun diese europäischen Maßstäbe für die Unabhängigkeit anwenden, aber damit auch die europäischen Maßstäbe der Kontrolle dieser Unabhängigkeit, und wann wir uns in einem der Bereiche befinden, die noch einer mitgliedstaatlichen Form von Unabhängigkeit folgen und damit dann auch den mitgliedstaatlichen Maßstäben der Kontrolle von Unabhängigkeit […]“.

[115] Vgl. die Argumentation bei § 12, I. 2.

[116] Deshalb handelt es sich um einen absoluten Minimalstandard. Vgl. auch oben, § 12, Fn. 62.

[117] Mit Einschränkungen gilt dies auch für die Anforderung einer unabhängigen Kontrollinstanz, die ebenfalls auf ein Wirksamkeitsurteil zurückzuführen ist. Einschränkungen bestehen deshalb, da im Zusammenspiel verschiedener Kontrollformen durchaus Raum für eine restriktive Auslegung des Art. 79 Abs. 3 GG besteht. Die Anforderungen an die Kontrolle sind also nicht ähnlich binär, wie die Anforderungen der Zurechnung.

handlung von Organisationsvorgaben stark verengt. Methodisch scheint es daher überzeugender, den Grundsatz der Unionsrechtsfreundlichkeit auf der Ebene der verfassungsrechtlichen Rechtfertigung umzusetzen. Der Anwendungsvorrang einer Steuerungsanweisung des Unionsrechts ist nach dieser „Vertretbarkeitsthese“ dann umzusetzen, wenn eine Vorgabe auch unter nationalen Kriterien als Organisationsentscheidung des verfassungsändernden Gesetzgebers zu rechtfertigen wäre. Der Identitätsvorbehalt wird nach diesem Maßstab erst dann auszulösen sein, wenn sich die Organisationsvorgabe auch aus der Perspektive des Willens des verfassungsändernden Gesetzgebers als „schlechthin nicht mehr nachvollziehbar“ darstellen würde.[118]

Der Anwendungsvorrang des Unionsrechts wird bei dieser Verschiebung in die Abwägung dadurch gesichert, dass im Rahmen der Rechtfertigung auch der *telos* der unionsrechtlichen Vorgabe als legitimes Ziel behandelt wird.[119] Dies ist insbesondere aufgrund der Schlüsselstelle dieses Prüfungspunktes in der Verhältnismäßigkeit erforderlich.[120] Hier sind entsprechend auch andere Grundkonzepte der Verwaltungsorganisation, etwa der unabhängigen Stellen im Regulierungsrecht, beim Datenschutz oder der Staatsanwaltschaften als unabhängige Justizbehörden einzubeziehen. Mithin wird eine Situation geschaffen, in der sich der verfassungsändernde Gesetzgeber die unionsrechtliche Steuerungsanweisung auch inhaltlich zu eigen macht.

Dies scheint deshalb geboten, da die methodische Berücksichtigung im Rahmen der Verhältnismäßigkeitsprüfung nicht über die im Rahmen einfacher Normauslegung gebotene Europarechtsfreundlichkeit hinausgeht. Sie stellt keine Auslegung gegen das Verfassungsrecht dar, sondern verlangt lediglich, die unionsrechtliche Steuerungsanweisung auch bei der in verschiedener Hinsicht aufzulösenden Kollision von Fundamentalverfassungsnormen mit einzubeziehen.

---

[118] Ähnlich auch bei *Kahl*, in: Bernreuther/Freitag/Sippel/Wanitzek (Fn. 56), 711. Übergreifend zum Prinzip der Verhältnismäßigkeit als Maßstab der Kompetenzabgrenzungen, *N. Grosche*, Effektive Kompetenzabgrenzung aufgrund oder durch Verhältnismäßigkeit?, Der Staat 60 (2021), 273 (insb. 276).

[119] Insoweit bekommt auch die bereits oben vorgeschlagene Anwendung des Verhältnismäßigkeitsgrundsatzes im Organisationsrecht (§ 7) eine entscheidende methodische Funktion zur Auflösung des Verfassungskonflikts mit dem Unionsrecht. So könnte letztlich auch dem Grundsatz der offenen Staatlichkeit in der europäischen Integration entsprochen werden. Zu diesem etwa *K.-P. Sommermann*, Deutschland, in: v. Bogdandy/Cruz/Villalón/Huber (Hrsg.), Handbuch Ius Publicum Europaeum, Bd. II, Heidelberg 2008, § 14, Rn. 14 ff.

[120] Dazu etwa *O. Lepsius*, Die Chancen und Grenzen des Grundsatzes der Verhältnismäßigkeit, in: Jestaedt/Lepsius (Hrsg.), Verhältnismäßigkeit. Zur Tragfähigkeit eines verfassungsrechtlichen Schlüsselkonzepts, 2015, 1 (38).

IV. Verfassungsrechtliche Einzelnormierungen

Eine besondere Rolle nehmen auch die verfassungsrechtlichen Organisationsvorgaben ein, soweit sie explizite Anordnungen für bestimmte Verwaltungstypen treffen.[121] In diesen Fällen wirken die verfassungsrechtlichen Anordnungen als ausschließende Gründe, die die materielle Rechtfertigung für vom Regeltyp der hierarchischen Ministerialverwaltung abweichende Organisationsgestaltungen entbehrlich machen. Lässt das Verfassungsrecht hingegen einen Raum für eine Organisationsentscheidung, so ist die Entscheidung auch hinreichend begründet zu treffen.

1. Verfassungsrechtliche Organisationsvorgaben als ausschließende Gründe

Begreift man das, was in der Literatur als erweiterter Begriff der „institutionellen" Legitimation gekennzeichnet wurde, rechtlich als bestimmte verfassungsrechtliche Organisationsvorgaben, so entspricht dies im Kern der Wirkung im Recht, die hier als „ausschließender Grund" bezeichnet wird. Die Geltung der Verfassung entzieht eine Materie der Organisationsgewalt von Legislative und Exekutive. Im Legitimationsvokabular gesprochen: Die Legitimation der Organisationsvorgaben der Verfassung ist so hoch, dass es gerechtfertigt ist, dass ihre Anordnungen sich gegen andere Gründe durchsetzen. Nach der ursprünglichen Konzeption von *Raz* können ausschließende Gründe gerade deshalb in dieser Weise wirken, da sie auf eine legitime Autorität zurückgeführt werden, die an die Stelle der lediglich (subjektiv) anerkannten Gründe tritt.[122]

Wie oben erarbeitet, sind Bestimmungen des Grundgesetzes, die eine vom Regeltyp abweichende Organisationsgestaltung verbindlich anordnen, jedoch äußerst selten. Häufiger anzutreffen sind hingegen Teilanordnungen, die den mit der Organisationsgewalt verbundenen Spielraum zu einem Großteil unangetastet lassen. Meist sind diese Steuerungsanweisungen nicht hinreichend präzise, um klare verfassungsrechtliche Leitlinien bestimmen zu können. Hier ist juristische Methodik gefragt, um zu bestimmen, ob und inwieweit diese tatsächlich eine verbindliche Anordnung einer Organisationsgestaltung treffen. Nur in diesem Fall würde die Geltung der Verfassung die Rechtfertigungsbedürftigkeit im Sinne ausschließender Gründe ausschalten. Die dogmatische Einordnung der verfassungsrechtlichen Wirkung bleibt hier dann unklar, wie an einigen Beispielen erläutert werden kann.

---

[121] Dazu ausführlich schon s.o. § 6, II.
[122] *Kuch* (Fn. 48), 42 ff.

Nicht hinreichend bestimmte Organisationsformen können die weiter notwendige Abwägungsentscheidung jedoch beeinflussen, indem sie etwa verfassungsrechtliche Zwecke (z.B. Grundrechte) als Gegenpositionen normieren, wie dies etwa bei Wissenschafts- und Rundfunkfreiheit der Fall ist. Sie verengen damit das Organisationsermessen auf einer materiellen Ebene, können jedoch keinen *per se* ausschließenden Grund darstellen.[123]

2. Vorrang des Unionsrechts in der Gründehierarchie

In einer Rechtsordnung kann es keine kollidierenden ausschließenden Gründe geben. Dass es dennoch zwischen Unionsrecht und Verfassungsrecht zuweilen zu auf der Ebene des Rechts unauflöslichen Konflikten kommt, ist eine Folge dessen, dass das Unionsrecht ebenfalls den Status einer Verfassung errungen hat. In einem derartigen Verfassungspluralismus sind unauflösliche Konflikte zwischen Fundamentalnormen möglich.[124]

Blendet man diese Konflikte zwischen Rechtsordnungen aus und beantwortet die Frage lediglich aus der Perspektive des nationalen Verfassungsrechts, so ergibt sich ein differenziertes Bild. Zunächst schaltet der Anwendungsvorrang des Unionsrechts auch die ausschließende Wirkung von verfassungsrechtlichen Organisationsnormen aus, soweit und solange diese nicht zum Identitätskern des Grundgesetzes gehören. Ein Beispiel für diesen Mechanismus lässt sich etwa in der Regelung des Art. 87 d Abs. 1 S. 1 GG finden, der bestimmt, dass die Luftverkehrsverwaltung in Bundesverwaltung geführt wird. Wenn das Unionsrecht nun zwingend die gemeinsame Luftverkehrsverwaltung regelt, so übertrumpft dies die verfassungsrechtliche Organisationsnorm. Insoweit wäre die Bestimmung des Art. 87 d Abs. 1 S. 2 GG, die die Flugsicherung durch ausländische Flugsicherungsorganisationen ermöglicht, überflüssig.[125] Hier ist der Vorrang des Unionsrechts nun eindeutig, da kein Fall des Art. 79 Abs. 3 GG vorliegt.

---

[123] Zum Argument des Rundfunks siehe *H. Wißmann*, Verfassungsrechtliche Vorgaben der Verwaltungsorganisation, in: Hoffmann-Riem/Schmidt-Aßmann/Voßkuhle (Hrsg.), GVwR, Bd. I, 2. Auflage, München 2012, § 15, Rn. 13.

[124] Ausführlich dazu *D. Roth-Isigkeit*, Promises and Perils of Legal Argument – A Discursive Approach to Normative Conflict between Legal Orders, Revue Belge de Droit International 2014, 96 (96).

[125] *Hermes*, in: Dreier (Hrsg.), Grundgesetz, Bd. III, 3. Auflage, Tübingen 2018, Art. 87d, Rn. 42, der daraus herleitet, dass die Norm noch weitere inhaltliche Funktionen haben muss.

V. Verfassungsrechtliche Rechtfertigung abgesenkter Legitimationsniveaus

Liegen keine ausschließenden Gründe vor, gelangt die Argumentation zur Frage, wie sich Einflussknicke im Verfassungsstaat rechtfertigen lassen. Hier liegt der entscheidende Punkt, will man die Steuerungskonflikte zwischen verschiedenen Strukturprinzipien systematisch auflösen. Dann reicht es nämlich nicht aus, wie derzeit in der Literatur üblich, zur Rechtfertigung auf Fallgruppen zu verweisen. Vielmehr muss ein allgemeiner Argumentationstyp festgestellt werden, der mit der Annahme der bereichsspezifischen Zulässigkeit von Einflussknicken korrespondiert.

1. Organisation im Spannungsfeld der Strukturprinzipien

Lässt sich ein bestimmter Organisationsaufbau nicht auf eine eindeutige Steuerungsanweisung des Unions- oder des Verfassungsrechts zurückführen, so steht er im Spannungsfeld der oben dargestellten Strukturprinzipien. Das insoweit systemprägende Demokratieprinzip streitet hier in der Regel für hierarchische Aufbauformen mit enger parlamentarischer Anbindung.[126] Der Wirkkomplex des Rechtsstaatsprinzips und der Gewaltenteilung enthält mit dem *topos* der funktionsgerechten Organstruktur eine differenzierte Steuerungsaussage, die manchmal in die Richtung hierarchischer Verwaltung, manchmal in andere Richtungen, etwa kollegiale Gremienstrukturen, weisungsunabhängige Einheiten, Privatisierung etc. deutet. Zuletzt wirken die Grundrechte in bestimmte Teilgebiete des Organisationsrechts, wie etwa der Hochschulorganisation oder des Rundfunks ein.

Einflussknicke können dann ausnahmsweise verfassungsrechtlich zulässig sein, wenn die Steuerungsaussagen einer oder mehrerer Strukturprinzipien in eine dem Demokratieprinzip entgegengesetzte Richtung deuten. Da in diesem besonderen Fall verfassungsrechtliche Gründe vorliegen, die aus der Funktionsfähigkeit des Gemeinwesens oder aus bestimmten Grundrechtsgewährleistungen abgeleitet für einen *nicht-hierarchischen* Organisationsaufbau sprechen, müssen sie mit den Anforderungen des Demokratieprinzips in einen verhältnismäßigen Ausgleich gebracht werden. So können sie gegebenenfalls auch eine verringerte demokratische Anbindung der Verwaltungseinheiten rechtfertigen.

[126] Dazu ausführlich s.o. § 6.

a) Funktionsgerechtigkeit in der Demokratie: Prozedurale und Materielle Interpretationen

Nach der so dargestellten Grundrichtung heben die Strukturprinzipien neben dem Demokratieprinzip also dann, wenn sie für Abweichungen vom hierarchischen Aufbau streiten, bestimmte Organisationsprobleme hervor, die im klassischen Modell auch zu Entscheidungsproblemen führen. So lassen sich auch die in der Literatur dargestellten Fallgruppen deuten.[127] Bei manchen Entscheidungen ist zu ihrer Qualitätssicherung eine Distanz vom tagespolitischen Geschäft gefragt, manche Entscheidungen benötigen eine Organisation zur Einbeziehung sachverständigen Wissens, wiederum andere Entscheidungen sollen auch gesellschaftliche Kräfte aktivieren und verlangen einen Organisationsaufbau, der staatlich-gesellschaftliche Kooperationen einbeziehen kann. Würde man diese Entscheidungen im hierarchischen Aufbaumodell treffen wollen, so würde dies zu Qualitätsverlusten führen.[128]

Nimmt man nun mit der Rechtsprechung an, dass der Inhalt des Prinzips funktionsgerechter Organstruktur damit zusammengefasst werden kann, dass Entscheidungen „von den Organen getroffen werden [sollen], die dafür nach ihrer Organisation, Zusammensetzung, Funktion und Verfahrensweise über die besten Voraussetzungen verfügen,“[129] so müssen die Anforderungen des Demokratieprinzips und der Funktionsgerechtigkeit in diesen Fällen von Entscheidungsproblemen in einen Ausgleich gebracht werden. Dies fasst die bei *Dreier* zusammengefasste Forderung, dass diese Ausnahmen „stets gezielte

---

[127] Vgl. *H. Dreier/D. Kuch*, Demokratische Legitimation der Ministerial- und Selbstverwaltung, in: Kahl/Ludwigs (Hrsg.), Handbuch des Verwaltungsrechts, Bd. III, Verwaltung und Verfassungsrecht, Heidelberg 2022, § 60, Rn. 50: „Organisatorische Ausdifferenzierung verfolgt […] Ziele, die allein durch gesetzliche Programmsteuerung nicht umzusetzen sind, wie etwa die dauerhafte Einbindung von Interessengruppen oder Betroffenenkreisen in Entscheidungsprozesse oder die Erschließung externer Wissensressourcen.“

[128] Vgl. die Argumentation bei *Groß* (Fn. 38), 123 ff.

[129] BVerfGE 68, 1 (86); 95, 1 (15); 98, 218 (251 f.); 150, 1 (99, Rn. 197); 152, 345 (372). Kritisch ließe sich anmerken, dass sich in der Annahme von Funktionsgerechtigkeit das Verhältnis zwischen Funktion und Struktur umkehre. Vgl etwa bei *Hain*, in: v. Mangoldt/Klein/Starck (Fn. 103), Art. 79, Rn. 100. Müsste sich nicht, wenn man die Verfassungsvorgabe ernst nähme, die mögliche Funktionserfüllung und Übernahme von Befugnissen der verfassungsgesetzlich vorgegebenen Organstruktur anpassen? Idealtypisch ist dies freilich richtig. In der Verfassungspraxis kann dies jedoch deshalb nicht gelten, da staatliche Ordnung auch mit Komplexität umgehen können muss. Manche staatliche Aufgaben sind von ihrer Ausgestaltung so vielschichtig, dass sie die Organisation der Verwaltung vor ganz grundsätzliche Herausforderungen stellen, deren Erledigung sich mithin nicht in ein idealtypisches Modell pressen lässt. Die entscheidende Frage ist hingegen auf den Umgang mit diesen Ausnahmen gerichtet. Hier sollte man sich die Ausnahme nicht zu leicht machen und Begründungsanforderungen formulieren, die den Verlust demokratischer Legitimationsleistung nicht zu leicht hinnimmt. Zur Herleitung aus der Gewaltenteilung auch *R. Poscher*, Funktionenordnung des Grundgesetzes, in: Hoffmann-Riem/Schmidt-Aßmann/Voßkuhle (Hrsg.), GVwR, Bd. I, 2. Auflage, München 2012, § 8, Rn. 28.

Antwort auf ein Organisationsproblem bleiben und nicht zur apokryphen Zerfaserung des Systems entarten [dürfen]"[130] in eine methodische Form.

Es bleibt die Frage, wie sich Organisationsprobleme abstrakt bestimmen lassen. So können in einer Demokratie diejenigen Kriterien, die über die Qualität von Entscheidungsverfahren richten, selbst nur prozedurale Kriterien sein. Dies folgt schon im Wesentlichen aus der Argumentation, mit der oben der Begriff der „Output-Legitimation" verworfen werden konnte.[131] Welcher Organisationsaufbau die „besten Ergebnisse" produziert, kann nicht apriorisch mit Blick auf ein normativ bewertetes Entscheidungsergebnis festgelegt werden. In einer Demokratie ist die apriorische Festsetzung von normativen Zielen unzulässig, da diese stets dem demokratischen Verfahren überlassen werden muss. Gleiches gilt für die Bestimmung von apriorischen „Zwecken" für die Richtigkeit von Entscheidungsverfahren.[132] Dies grenzt freilich die politischen Motive für die Wahl eines bestimmten Organisationsaufbaus auf funktionsorientierte (legitime) Ziele ein.[133]

Auch die abstrakte Bezugnahme auf Grundrechte hilft hier nicht weiter. Insoweit schlägt etwa *Hain* für die Bestimmung des Inhalts des Prinzips der Funktionsgerechtigkeit eine Bezugnahme auf Art. 1 Abs. 1 S. 2 GG vor, der die Verpflichtung aller staatlichen Gewalt auf die Menschenwürde und damit auf Freiheit und Gleichheit enthält.[134] Entscheidungsqualität sei demnach danach zu bestimmen, inwieweit Freiheit und Gleichheit geachtet und gefördert würden. Eine Lösung für das hier beschriebene Problem enthält der Vorschlag hingegen nicht, da er auf praktische Operationalisierbarkeit verzichtet. Die Ersetzung eines abstrakten Maßstabs der guten Entscheidung durch einen anderen abstrakten Maßstab ist gerade nicht in der Lage für eine präzise Bestimmung dieses Maßstabs im Hinblick auf konkrete Einzelfälle zu sorgen. Denn in dem abstrakt bleibenden Entscheid zwischen verschiedenen gleichrangigen Rechtsgütern liegt das eigentliche Entscheidungsproblem, das von diesen Ansätzen nicht gelöst wird.[135] In der Folge können an dieser Stelle bereits solche

---

130 *Dreier* (Fn. 3), 303.

131 Vgl. oben. § 12, III. 3.

132 *K.F. Gärditz*, Hochschulorganisation und verwaltungsrechtliche Systembildung, Tübingen 2009, 187.

133 Zu diesen politischen Motiven etwa *C. Möllers*, Verwaltungsrecht und Politik, in: v. Bogdandy/Cassese/Huber (Hrsg.), Handbuch Ius Publicum Europaeum, Bd. V, Heidelberg 2014, § 93, Rn. 57 ff. Im Ergebnis mag dies dann aber wiederum schwer zu entscheiden sein. Vgl. Für den Bereich der Rechtsprechung etwa *U. Haltern*, Kommunitarismus und Grundgesetz – Überlegungen zu neueren Entwicklungen in der deutschen Verfassungstheorie, KritV 2000, 153 (188).

134 *Hain* (Fn. 107), 251 f.; *ders.*, in: v. Mangoldt/Klein/Starck (Fn. 103), Art. 79, Rn. 102.

135 Dies ist eine Kritik, die verschiedene Materialisierungsansätze des wertebasierten, an der Rechtstheorie Dworkins anknüpfenden Typs gleichermaßen trifft. Siehe im Hinblick auf das Völkerrecht *D. Roth-Isigkeit*, The Plurality Trilemma. A Geometry of Global Legal

Ansätze verworfen werden, die im Rahmen der Funktionsgerechtigkeit *materiell-wertbasierte* Kriterien als Rechtfertigung für Einflussknicke ins Feld führen wollen.

Nimmt man hingegen genau die entgegengesetzte *formal-demokratische* Position ein, die sich jeglicher materiellen Wertung enthält und allein durch den demokratischen Prozess definieren will, was eine richtige Entscheidung darstellt, so gerät man in einen definitorischen Zirkel. Die Feststellung inhaltlicher Richtigkeit über diskursive Verfahren würde die Bestimmung guter Entscheidungen wiederum an den Staatsstrukturprinzipien festmachen. Konsequenterweise benennt *Heun* als Kriterien für die Funktionsgerechtigkeit demokratische Legitimation, Rechtsstaatlichkeit und Effizienz staatlicher Herrschaft.[136] Diese Kriterien werfen aber wiederum nicht mehr auf als die Frage nach der Qualität staatlicher Entscheidungen. Sie geben keine operable Antwort darauf, wann eine Entscheidung eine gute Entscheidung ist.

Als vermittelnder prozeduraler Anknüpfungspunkt für „gute" Entscheidungen ließe sich die verwaltungsrechtliche Unterscheidung zwischen Recht- und Zweckmäßigkeit in den Blick nehmen.[137] Der zweckmäßige Verwaltungsakt ist mehr als „nur" rechtmäßig.[138] Maßgeblich sind neben dem in § 40 VwVfG normierten Zweck der Ermächtigung weichere Faktoren[139] wie Schnelligkeit, Sicherheit der Umsetzung, der erforderliche Verwaltungsaufwand, Nebenfolgen für Unbeteiligte und auch allgemeine „Gerechtigkeitserwägungen."[140] Da in der Regel je nach Darstellung des Sachverhalts und aufgrund der

Thought, New York 2018, Ansatzes siehe insbesondere *R. Dworkin*, Bürgerrechte ernstgenommen, Frankfurt am Main 1984, 199 ff.

136 *W. Heun*, Staatshaushalt und Staatsleitung – das Haushaltsrecht im parlamentarischen Regierungssystem des Grundgesetzes, Baden-Baden 1989, 97. Kritik bei *Hain*, in: v. Mangoldt/Klein/Starck (Fn. 103), Art. 79, Rn. 102.

137 *N. Achterberg*, Allgemeines Verwaltungsrecht – ein Lehrbuch, 2. Auflage, Heidelberg 1986, § 19, Rn. 18 ff. schlägt insoweit vor, dass das Effizienzprinzip und die Zweckmäßigkeit des Verwaltungsakts eine gemeinsame Grundlage haben, in dem die Verhältnismäßigkeit als ein „Bindeglied" wirkt.

138 Es gibt meist mehrere rechtmäßige Entscheidungsmöglichkeiten, die nicht gleichermaßen zweckmäßig sind. Umfassend dazu *M. Neupert*, Rechtmäßigkeit und Zweckmäßigkeit: das Rahmen-Bild-Modell der verwaltungsgerichtlichen Kontrolldichte bei der Eingriffsverwaltung, Tübingen 2011, S. 14 ff. Abweichend *S. Meyer*, Fordert der Zweck im Recht wirklich eine „Neue Verwaltungsrechtswissenschaft"?: Zugleich ein Vorschlag zur Dogmatik des Verwaltungsermessens, VerwArch 2010, 351 (366 ff.). Insoweit ist die Auffassung von *R. Klüsener*, Die Bedeutung der Zweckmäßigkeit neben der Rechtmäßigkeit in § 68 I 1 VwGO, NVwZ 2002, 816 (820) zurückzuweisen, Zweckwidrigkeit sei mit Rechtswidrigkeit deckungsgleich.

139 *K. Schönenbroicher*, in: Mann/Sennekamp/Uechtritz (Hrsg.), Verwaltungsverfahrensgesetz Großkommentar, 2. Auflage, Baden-Baden 2019, § 40, Rn. 188; *M. Sachs*, in: Stelkens/Bonk/Sachs (Hrsg.), Verwaltungsverfahrensgesetz Kommentar, 9. Auflage, München 2018, § 40, Rn. 15.

140 *Sachs*, in: Stelkens/Bonk/Sachs (Fn. 139), § 40, Rn. 15.

Unbestimmtheit der Normanwendung verschiedene rechtmäßige Entscheidungen denkbar sind, gerät der Faktor „Organisation“ insbesondere bei der Zweckmäßigkeit in den Blick. Allein der Begriff Zweckmäßigkeit löst das Problem jedoch auch nicht, denn auch sie hängt neben allgemeinen „Leistungskriterien“ für Verwaltungsentscheidungen *qualitativ* im Einzelnen davon ab, welche Zwecke zu Grunde gelegt werden.[141] Das Konzept der Zweckmäßigkeit verkoppelt abstrakte Zweckbestimmung mit tatsächlicher Umsetzung. Die Unbestimmtheit des Primärmaßstabes des Zweckes verlangt es, ein Argumentationsverfahren zu entwickeln, wie ganz verschiedene Zwecke durch das Verfahren umgesetzt werden können.

Im Ergebnis steht also der Begriff der Funktionsgerechtigkeit unter einer Grundspannung, die eine Reformulierung eines insbesondere von *Jürgen Habermas* aufgearbeiteten demokratietheoretischen Problems darstellt.[142] Die erste Facette dieses Problems lautet, inwieweit eine Demokratie trotz primär verfahrensorientierter Willensbildung bestimmte politische Institutionen und Organisationsformen apriorisch voraussetzen muss, die eine Gewähr für die verfahrensmäßige Richtigkeit von Deliberationsergebnissen bieten. Hier geht es um allgemeine rechtstaatliche Anforderungen an Entscheidungsorganisation überhaupt.

Die andere, zweite Facette dieses Problems richtet sich darauf, inwieweit die Voraussetzungen der Legitimationsordnung eine gewisse Flexibilität für Gestaltungsvorstellungen des Gesetzgebers aufweisen. Welche Ziele, die im weiteren Sinne der Funktionsfähigkeit des Gemeinwesens dienen, darf der Gesetzgeber verfolgen, obwohl sie den Legitimationszusammenhang zwischen Volk und Ausübung öffentlicher Gewalt schwächen? Hier geht es darum, wie weit das Zwecksetzungsrecht des Gesetzgebers auch Modifikationen des Demokratieprinzips erfassen kann.

Nach beiden Richtungen kommt es auf prozedurale Mindestbedingungen für faire, richtige Entscheidungen an. Es geht es also nicht darum, Kriterien für eine sachgerechte Entscheidung im Einzelfall aufzustellen (die die Rechtsordnung insbesondere in der gesetzlichen Ermächtigungsgrundlage ja bereits zusammenfasst), sondern vielmehr anhand der von der gesetzlichen Grundlage vorgegebenen Zielbestimmung abstrakt und vom Einzelfall gelöst Anforderungen an die Qualität von Organisation und Entscheidungsverfahren anzulegen.

141 *M.-E. Geis*, in: Sodan/Ziekow (Hrsg.), Verwaltungsgerichtsordnung Großkommentar, 5. Auflage, Baden-Baden 2018, § 68, Rn. 201.

142 *J. Habermas*, Volkssouveränität als Verfahren (1988), abgedruckt in: ders., Faktizität und Geltung. Beiträge zur Diskurstheorie des Rechts und des demokratischen Rechtsstaates, 7. Auflage, Frankfurt am Main 2019, 210: „Es ist diese rechtliche Institutionalisierung bestimmter Verfahren und Kommunikationsbedingungen, die eine effektive Inanspruchnahme gleicher kommunikativer Freiheiten möglich macht […].“

b) Prozeduralisierung der Funktionsgerechtigkeit

Die damit erarbeitete Deutung der Funktionsgerechtigkeit mündet letztlich in der Frage, welche Art Entscheidungsverfahren und Zusammensetzung des Entscheidungskörpers für eine ganz bestimmte Entscheidungsfindung sachgerechte Ergebnisse produzieren kann.[143] Diese Frage muss im engeren Sinne vom Prinzip der funktionsgerechten Organstruktur nicht beantwortet werden, da die Rechtsordnung mit dem Regelfall des hierarchischen Verwaltungsaufbaus eine zufriedenstellende Lösung bereithält, wo nach der von der Rechtsprechung angenommenen Legitimationskettenlösung keine Einflussknicke auftreten. Der erste Schritt zum Umgang mit diesen Konstellationen ist folglich die Zurücknahme des Prüfungsanspruchs.

Diejenigen Konflikte, die das Recht entscheiden muss, wo es also zu gegenläufigen Zugrichtungen von funktionsgerechter Organstruktur und Demokratieprinzip kommt, sind stets die Ausnahmefälle, wo das Regelmodell zu Organisationsproblemen führt. Entweder gibt es im Regelmodell etwa durch Interessenverquickung rechtsstaatliche Entscheidungsprobleme oder die gesetzgeberische Entscheidung ist auf die Verwirklichung eines bestimmten Organisationszwecks (etwa Aktivierung gesellschaftlicher Kräfte, Effizienzgewinne durch Privatisierung, Integration von wissenschaftlichem Wissen etc.) gerichtet, der sich im hierarchischen Modell nicht hinreichend verwirklichen lässt. Beide Konstellationen stellen Organisationsprobleme unterschiedlicher Art dar, die das Recht unterschiedlich behandeln muss.

Auch für Organisationsprobleme als qualitative Abweichungen vom Regelfall gilt jedoch, dass sie nicht einfach apriorisch festgelegt werden können. Das Recht verarbeitet derartige materielle Fragen dadurch, indem es sie prozeduralisiert, also durch ein präzisiertes Argumentationsverfahren Rechtsfragen zu Sachfragen macht.[144] Dazu ist es zunächst erforderlich, die *Eigenschaften* „unrichtiger" Entscheidungen abstrakt zu beschreiben, daraufhin Rationalitätskonflikte zu identifizieren und zuletzt passende alternative Organisationsgestaltungen zu wählen, die die Richtigkeit der Entscheidung besser garantieren. Das Recht legt so ein bestimmtes Verfahren zu Grunde, mit denen Korrekturanforderungen für staatliche Entscheidungen umschrieben werden können.

---

[143] Zur Auflösung derartiger Konflikte im Gesetzesvollzug, vgl. *S. Müller-Franken*, Maßvolles Verwalten. Effiziente Verwaltung im System exekutiver Handlungsmaßstäbe am Beispiel des maßvollen Gesetzesvollzugs im Steuerrecht, Tübingen, 2004, 89 ff.

[144] *Gärditz* etwa argumentiert: „[D]ie prozedurale Rationalität kann vom Recht sinnvoll thematisiert werden, da Rechtsinhalte in formalen Verfahren sowie innerhalb einer bestimmten Organisation hergestellt werden und daher danach gefragt werden kann, ob das Verfahren und die Organisationsstrukturen den zu leistenden (durch höherrangiges Recht vorgegebenen) Aufgaben gerecht werden." *Gärditz* (Fn. 132), 185.

2. Exkurs: Maßstabsverschärfende Kontrollknicke

Bevor zur Lösung dieser Konflikte Stellung genommen wird, sollten (als Problemvertiefung verstanden) die angesprochenen Kontrollknicke in diesem Schema systematisch verortet werden. Diese sind auf der einen Seite eine eigene, separat dogmatisch zu bewertende Erscheinung, auf der anderen Seite mit der Frage der Rechtfertigung von Einflussknicken verquickt. Kontrollknicke können nämlich in der Frage der Zulässigkeit von Einflussknicken eine eigene Rolle spielen, wenn sie das ursprüngliche Organisationsproblem verschärfen. Sie bekommen dann notwendigerweise eine zentrale Funktion, wenn abgesenkte Legitimations- und Kontrollniveaus durch die Wahl eines bestimmten Organisationsaufbaus zusammenfallen.[145] Solche Kombinationen treten insbesondere bei weisungsfreien Einheiten in der hierarchischen Verwaltung auf. Kollegiale Prüfungsentscheidungen, die Beteiligung der Personalvertretung bei beamtenrechtlichen Beurteilungen oder auch die Fallgruppe der prüfungsähnlichen Fachbegutachtungen kombinieren die dargestellten Einflussknicke mit *zusätzlichen* Kontrollknicken.

Nach der klassischen Perspektive des Bundesverwaltungsgerichts konnte im Sinne der normativen Ermächtigungslehre eine administrative Letztentscheidungsbefugnis besonders dann angenommen werden, wenn die Entscheidung einem kollegialen und/oder kondominialen Gremium übertragen war.[146] Ende 2019 hat es diese Rechtsprechung jedoch am Beispiel der Bundesprüfstelle für jugendgefährdende Medien korrigiert.[147] Kollegiale und/oder kondominiale Entscheidungsfindung soll demnach *per se* nicht die gerichtliche Kontrolle ausschließen. Weiter von der gerichtlichen Prüfung ausgenommen sind jedoch Gesetzesbegriffe, die sich auf die Rezeption von technischen Regeln beziehen. Hier sollen Gerichte nur eine Plausibilitätskontrolle vornehmen und sollen (wenn sich keine evidente Meinungsverschiedenheit aufdrängt) von einer eigenen Nachforschung absehen.[148] So entstehen jedoch freilich zusätzlich zur meist kollegialen Normentstehung weitere Kontrollknicke.

---

[145] Zu diesem Problem auch *Meinel* (Fn. 2), in: Kahl/Ludwigs, § 61, Rn. 43. Ferner schon *J.-P. Schneider*, Verwaltungskontrollen und Kontrollmaßstäbe in komplexen Verwaltungsstrukturen, in: Schmidt-Aßmann/Hoffmann-Riem (Hrsg.), Verwaltungskontrolle, Baden-Baden 2001, 271 (273 ff.) im Hinblick auf Kontrolle bei im Wettbewerb stehenden Verwaltungseinheiten.

[146] Siehe dazu Hinweise bei *Schmidt-Aßmann*, in: Dürig/Herzog/Scholz (Fn. 43), Art. 19 IV, Rn. 196. Zum Argument insbesondere *Groß* (Fn. 38), 324 ff.

[147] BVerwG NVwZ 2020, 233, Rn. 19; dazu *M. Liesching*, Jugendschutz versus Kunstfreiheit – Mutzenbachers Ablösung durch Sonny Black, NJW 2020, 735 (735 f.); *A.-K. Kenkmann*, Abschied von der klassischen Fallgruppe des Beurteilungsspielraums von pluralistischen, weisungsfreien Gremien?, DÖV 2020, 565 (565 ff.). Problematisierend für die Richterwahlausschüsse *T. Groß*, Verfassungsrechtliche Möglichkeiten und Begrenzungen für eine Selbstverwaltung der Justiz, ZRP 1999, 361 (364).

a) Funktionsgerechtigkeit als Argument für abgesenkte Kontrollniveaus

Dieses parallele Auftreten von Einfluss- und Kontrollknicken ist trotz seiner prekären Folgen nur logisch, da beide ähnliche Rechtfertigungsgründe aufweisen. Bei abgesenkten Kontrollniveaus entsteht keine Kollision zwischen den Strukturprinzipien von Demokratie und Rechtsstaat/Gewaltenteilung, sondern lediglich ein Zielkonflikt innerhalb des letzteren. Ganz unabhängig von den Anforderungen der klassischen Letztentscheidungsdogmatik im Verwaltungsrecht lassen sich so Kontrollknicke auf Funktionalitätsaspekte zurückführen. Kontrollknicke sind nach dieser Interpretation immer dann zu rechtfertigen, wenn weitergehende Kontrolle durch ihren bestimmten Angriffspunkt nicht mehr in der Lage ist, die Rationalität der Entscheidung zu verbessern. Ein solcher *topos* lässt sich sowohl im Recht der parlamentarischen Kontrolle als auch der gerichtlichen Kontrolle nachweisen.

Besonders deutlich wird dies in der Rechtsprechung des Bundesverfassungsgerichts zur parlamentarischen Kontrolle. Konturen hat dieser Ansatz insbesondere in der Entscheidung des Bundesverfassungsgerichts zum *Flick-Untersuchungsausschuss* gewonnen.[149] Aus der Gewaltenteilung als Grenze der Kontrollfunktion des Parlaments folgt ein grundsätzlich nicht ausforschbarer Initiativ-, Beratungs- und Handlungsbereich der Exekutive.[150] Dieser Kernbereich dient insbesondere dem Schutz der exekutiven Funktionsausübung.[151] Im Beschluss zum *NSA-Untersuchungsausschuss* hat das Bundesverfassungsgericht entschieden, dass die Bundesregierung aufgrund des Erfordernisses der funktionsgerechten und organadäquaten Aufgabenwahrnehmung einem Untersuchungsausschuss Informationen vorenthalten darf, wenn durch die Herausgabe wiederum die Kooperations- und Funktionsfähigkeit der Nachrichtendienste beeinträchtigt werden würde.[152] Me-

---

[148] Zusammenfassend *Schmidt-Aßmann*, in: Dürig/Herzog/Scholz (Fn. 43), Art. 19 IV, Rn. 203 ff. Siehe auch *L. Gisberts/M. Gayger*, Sichere Produkte ohne technische Normen. Anforderungen an neuartige Produkte wie autonome Systeme, NVwZ 2019, 1491 (1492).

[149] BVerfGE 67, 100 (139). Darauffolgend etwa BVerfGE 110, 199 (214 ff.); 124, 78 (120 ff.); 137, 185 (234 f.); 143, 101 (137 f.); *R. Scholz*, Parlamentarischer Untersuchungsausschuss und Steuergeheimnis, AöR 105 (1980), 564 (598).

[150] *C. Waldhoff*, Parteien-, Wahl- und Parlamentsrecht, in: Herdegen/Masing/Poscher/Gärditz (Hrsg.), Handbuch des Verfassungsrechts. Darstellung in transnationaler Perspektive, München 2021, § 10, Rn. 141; *Unger*, in: v. Mangoldt/Klein/Starck (Fn. 103), Art. 44, Rn. 44. Ferner *M.-E. Geis*, Untersuchungsausschuß, in: Isensee/Kirchhof (Hrsg.), HStR, Bd. III, 3. Auflage, Heidelberg 2005, § 55, Rn. 37 ff.

[151] *Unger*, in: v. Mangoldt/Klein/Starck (Fn. 103), Art. 44, Rn. 45.

[152] BVerfGE 143, 101 (139); *B. Peters*, Untersuchungsausschussrecht – Länder und Bund, 2. Auflage, München 2020, Kapitel 4, Rn. 111. Kritisch dazu *B. Rusteberg*, Die Gewährleistung einer funktionsgerechten und organadäquaten Aufgabenwahrnehmung als Schranke des parlamentarischen Untersuchungsrechts, DÖV 2017, 319 (321).

thodisch wägt das Gericht hier die Funktionsgerechtigkeit mit dem parlamentarischen Kontrollinteresse ab.[153]

Wenngleich das Verfassungsgericht in den Folgeentscheidungen nicht mehr ausdrücklich auf den Grundsatz der Funktionsgerechtigkeit abstellt, obwohl es dazu die Möglichkeit gab, spielen dennoch funktionelle Aspekte eine entscheidende Rolle. In der Entscheidung zum *Parlamentarischen Fragerecht*[154] ging es um den für die Funktionsfähigkeit der Nachrichtendienste erforderlichen Schutz von Informationsquellen. Hier hat das Verfassungsgericht den Abwägungsprozess zwischen funktionellen Aspekten und dem parlamentarischen Informationsinteresse insoweit präzisiert, als es argumentiert, dass das Fragerecht jedenfalls dann durchgreifend ist, wenn eine Beeinträchtigung der Funktionsfähigkeit der Nachrichtendienste nicht zu befürchten ist.[155] In der Entscheidung zum *Parlamentarischen Auskunftsrecht*[156] ging es hingegen um die Abwägungsfähigkeit der Funktionsfähigkeit staatlicher Aufsicht über Finanzinstitute als Elemente des Staatswohls mit dem Informationsinteresse.[157] Im Bereich der parlamentarischen Kontrolle dient daher die Funktionsfähigkeit eines bestimmten Teils staatlicher Aufgabenerledigung als Rechtfertigungsmaßstab für Kontrolldefizite.

Auch im Hinblick auf die Reduzierung gerichtlicher Kontrolldichte spielt die Funktionsgerechtigkeit als Argument zunehmend eine Rolle.[158] Aus Art. 19 Abs. 4 GG, der keinen Gesetzesvorbehalt aufweist, folgt dabei, dass etwaige Kontrollreduzierungen nur aus zwingenden Sachgründen geboten sein können.[159] Da jedoch die Rechtsschutzgarantie mehr „bewegliches System"[160] denn geschlossene Dogmatik bildet, können auch funktionelle Erwägungen solche Sachgründe darstellen. Dies gilt für den Regelfall der normativen Ermächtigung zu Letztentscheidungen im Gesetz, der im Regelfall auch von funktionellen Erwägungen bestimmt ist. Zum anderen können aber auch unter bestimmten Umständen funktionelle Erwägungen als zwingende Sachgründe ohne eine derartige Ermächtigung direkt in einen Sachbereich hineingelesen werden. Auch hier

[153] BVerfGE 143, 101 (Ls. 4 und 5, 155 ff.); *Unger*, in: v. Mangoldt/Klein/Starck (Fn. 103), Art. 44, Rn. 52. Differenziert dazu insbesondere *C. Waldhoff*, in: Waldhoff/Gärditz (Hrsg.), Gesetz zur Regelung des Rechts der Untersuchungsausschüsse des Deutschen Bundestages. Kommentar, München 2015, § 1, Rn. 24 ff.

[154] BVerfGE 146, 1.

[155] BVerfGE 146, 1, (Ls. 5).

[156] BVerfGE 147, 50.

[157] BVerfGE 147, 50 (Ls 6).

[158] *H. Maurer/C. Waldhoff*, Allgemeines Verwaltungsrecht, 20. Auflage, München 2020, § 7, Rn. 34. Ausführliche Darstellung bei *Schmidt-Aßmann*, in: Dürig/Herzog/Scholz (Fn. 43), Art. 19 IV, Rn. 185 ff.

[159] *Schulze-Fielitz*, in: Dreier (Hrsg.), Grundgesetz, Bd. I, 3. Auflage, Tübingen 2013, Art. 19 IV, Rn. 121; *F. Schoch*, Gerichtliche Verwaltungskontrollen, in: Hoffmann-Riem/Schmidt-Aßmann/Voßkuhle (Hrsg.), GVwR, Bd. III, 2. Auflage, München 2013, § 50, Rn. 288 mwN.

[160] *Schoch* (Fn. 159), in: Hoffmann-Riem/Schmidt-Aßmann/Voßkuhle, § 50, Rn. 288.

ist der wesentliche Anknüpfungspunkt die unterschiedliche Leistungsfähigkeit von Behörden und Gerichten bei ihrer Aufgabenerfüllung.[161] Eine Letztentscheidungsbefugnis soll dann bestehen, wenn Behörden „funktionell besser zur Normkonkretisierung in der Lage sind."[162] Ein Beispiel dafür ist etwa die Rechtsfigur des „Regulierungsermessens," die die Letztentscheidungsbefugnisse bei komplexen Entscheidungen zu Gunsten der Behörde anpasst.[163]

Das Bundesverfassungsgericht hat angedeutet, den funktionellen Ansatz restriktiv interpretieren zu wollen.[164] Eine Einschränkung der gerichtlichen Kontrolldichte soll daher auch ohne gesetzliche Grundlage von Verfassungs wegen dann zulässig sein, „wenn eine weitergehende gerichtliche Kontrolle zweifelsfrei an die Funktionsgrenzen der Rechtsprechung stieße."[165] Auch der *Rotmilan*-Beschluss des Gerichts von 2018 lässt sich in diesem Sinne lesen.[166] Bei faktisch nicht auflösbaren Erkenntnisdefiziten bietet die gerichtliche Entscheidung insoweit keinen über die Verwaltungsentscheidung hinausgehenden Rationalitätsgewinn, so dass die gerichtliche Kontrolle zu unterbleiben hat.[167] Funktionalität wirkt so als Ergänzung der normativen Ermächtigungslehre.[168]

---

[161] *M. Ludwigs*, Kontrolldichte der Verwaltungsgerichte – dogmatische Grundlagen, verfassungsrechtlicher Rahmen und europarechtliche Herausforderungen, DÖV 2020, 405 (411); *R. Poscher*, Geteilte Missverständnisse. Theorien der Rechtsanwendung und des Beurteilungsspielraums der Verwaltung – zugleich eine Kritik der normativen Ermächtigungslehre, in: Appel/Hermes/Schönberger (Hrsg.), Öffentliches Recht im offenen Staat. Festschrift für Rainer Wahl zum 70. Geburtstag, Berlin 2011, 527 (549).

[162] *Ludwigs* (Fn. 161), 411. Ähnlich bereits für den Bereich der technischen Normen *Schulze-Fielitz*, in: Dreier (Fn. 159), Art. 19 IV, Rn. 134 ff.

[163] Dazu einführend *Maurer/Waldhoff* (Fn. 158), § 7, Rn. 65. Ins System der Letztentscheidungen einordnend: *Ludwigs* (Fn. 161), 405. Zur Verkürzung der Kontrollreichweite auch *T. Mayen*, Unabhängige Verwaltungsbehörden in der europäischen Mehrebenen-Verbundverwaltung, in: Kirchhof (Hrsg.), Umwelt und Planung. Anwalt im Dienst von Rechtsstaat und Demokratie. Festschrift für Klaus-Peter Dolde zum 70. Geburtstag, München 2014, 39 (45, 60 ff.). Ausführlich *M. Wendel*, Verwaltungsermessen als Mehrebenenproblem – zur Verbundstruktur administrativer Entscheidungsspielräume am Beispiel des Migrations- und Regulierungsrechts, Tübingen 2019.

[164] BVerfGE 129, 1 (23).

[165] BVerfGE 129, 1 (23).

[166] BVerfGE 149, 407. So auch *Ludwigs* (Fn. 161), 411 f. Kritisch dagegen *M. Sachs*, Verwaltung an den „Funktionsgrenzen der Rechtsprechung", DVBl. 2020, 311 (314 f.). Dazu auch *W. Kahl*, Objektive Grenzen der gerichtlichen Kontrolle im Artenschutzrecht. Anmerkungen zum Beschluss des Bundesverfassungsgerichts vom 23. Oktober 2019 – 1 BvR 2523/13 und 1 BvR 595/14 – BVerfGE 149, 407, in: Gärditz/Keller/Niesler (Hrsg.), Liber Amicorum Max-Jürgen Seibert, Berlin 2020, 167 (176); *W. Erbguth*, Faktische Kontrollrestriktion der Judikative versus Einschätzungsprärogative der Verwaltung? – zu BVerfG, Beschl. v. 23.10.2018 – 1 BvR 2523/13, DVBl. 2020, 1050 (1053).

[167] BVerfGE 149, 407 (413); *M. Eichberger*, Gerichtliche Kontrolldichte, naturschutzfachliche Einschätzungsprärogative und Grenzen wissenschaftlicher Erkenntnis, NVwZ 2019, 1560 (1562 ff.).

[168] *Poscher*, in: Appel/Hermes/Schönberger (Fn. 161), 527; *Maurer/Waldhoff* (Fn. 158), § 7, Rn. 34. Unklar *Ludwigs* (Fn. 161), 411. Kritisch *Schmidt-Aßmann*, in: Dürig/Herzog/Scholz (Fn. 43), Art. 19 IV, Rn. 185b: „Die in der digitalen Gesellschaft ubiquitär verfügba-

b) Folge: Verschärfung des Rechtfertigungsmaßstabs

Typische Kontrollknicke entstehen nach diesen Überlegungen immer dann, wenn auch Einflussknicke vorliegen. Im Kern geht es hier um die Frage, wie im Recht komplexe Entscheidungen kontrolliert werden können, für deren Beurteilung ein sachverständiger Hintergrund erforderlich ist. Die Rücknahme des Legitimations- *und* des Prüfungsmaßstabes entzieht diese Entscheidungsbeurteilungen vollständig der staatlich-gewaltengeteilten Sphäre.[169] Der Staat gibt so bestimmte Fragen vollständig aus der Hand.[170] Hier ist jedoch viel in Bewegung, was grundsätzlich darauf hindeutet, dass das Bundesverwaltungsgericht und das Bundesverfassungsgericht die Problemlage kumulativer Einfluss- und Kontrollknicke bei komplexen Entscheidungssituationen in der öffentlichen Verwaltung erkannt haben.[171]

Problematisch ist die Kombination von abgesenkten Legitimations- und Kontrollniveaus insbesondere deshalb, da Legitimation und Kontrolle in ihrem wechselseitigen Bezug aufgelöst werden. Die daraus abzuleitende Folge eines derartig weitreichenden Eingriffs muss daher eine Verschärfung des Rechtferti-

ren Informationen tragen das Ihre dazu bei, dass diese Unbestimmtheit nicht abnehmen, sondern eher weiter wachsen wird. Angesichts dieses Befundes muss der zentrale Systemgedanke der verfassungsrechtlichen Kontrolldogmatik die *normative Zuweisung* von Prüfungskompetenzen bleiben." *Schoch* (Fn. 159), in: Hoffmann-Riem/Schmidt-Aßmann/Voßkuhle, § 50, Rn. 288. Zu den besonderen Herausforderungen der Ausfüllung von Entscheidungsspielräumen in Mehrebenensystemen auch *Wendel* (Fn. 163), 272 ff. mit Erwägungen zu der hier interessierenden Frage der „Entkoppelung durch administrative Unabhängigkeit." *Wendel* weist aber richtig darauf hin, dass sich die reine normbasierte Einräumung von Entscheidungsspielräumen von der organisatorischen Entkoppelung unterscheiden dürfte (268).

[169] Die Entscheidungsfindung in bestimmten Fragen ähnelt so, wie es *Münkler* richtig festgestellt hat, einer „Expertokratie." Zum daraus resultierenden Demokratieproblem: *L. Münkler*, Expertokratie: zwischen Herrschaft kraft Wissens und politischem Dezisionismus, Tübingen 2020, 34 ff. Problematisierend auch *S. Augsberg*, „Sternstunden des Parlaments"? Ideal und Wirklichkeit biopolitischer Entscheidungsfindung in der repräsentativen Demokratie, in: Rixen (Hrsg.), Die Wiedergewinnung des Menschen als demokratisches Projekt, Bd. II, Partizipationsfreundliche Institutionenarragnements und wahrheitsorientierte Biopolitik, Tübingen 2018, 169 (175).

[170] *Schmidt-Aßmann* argumentiert zutreffend: „Die Verknüpfung einer Beurteilungsermächtigung mit der Entscheidungsbefugnis *pluralistisch zusammengesetzter Organe* ist jedoch kein verallgemeinerungsfähiger Gedanke. Es kann nämlich sein, dass der Gesetzgeber wegen der Gefahr, in solchen Gremien mehr als in der allgemeinen Verwaltung unsachliche Interessenverquickungen anzutreffen, umgekehrt gehalten ist, gerade hier eine vollständige gerichtliche Kontrolle vorzusehen." *Schmidt-Aßmann*, in: Dürig/Herzog/Scholz (Fn. 43), Art. 19 IV, Rn. 196.

[171] *Schmidt-Aßmann*, in: Dürig/Herzog/Scholz (Fn. 43), Art. 19 IV, Rn. 191 weist richtig darauf hin, dass es hier um Entscheidungssituationen geht: „Die gesamte Typologie dient dazu, auf unterschiedliche Entscheidungssituationen aufmerksam zu machen, in denen sich die Verwaltung bei der Anwendung der jeweiligen fachrechtlichen Ermächtigung befindet. Sie hat heuristische Bedeutung, ist aber weder erschöpfend noch auf dogmatische Trennschärfe angelegt." Problematisierend auch *L. Münkler*, Der Beurteilungsspielraum als dogmatischer Knotenpunkt, DÖV 2021, 615 (617).

gungsmaßstabs sein. Dies ist auch ein Nebeneffekt der hier vertretenen Verhältnismäßigkeitslösung: Je weiter sich die gewählte Organisationsgestaltung vom Regelniveau von Legitimation und Kontrolle entfernt, desto besser müssen die Gründe sein, die für ihre Rechtfertigung angeführt werden können.

3. Die Lösung von „Organisationsproblemen" als verfassungsrechtliche Zielbestimmung

Indiziert ist ein Rückgriff auf das Prinzip der funktionsgerechten Organstruktur als Rechtfertigungselement also dann, wenn dies der Lösung von Organisationsproblemen dient. Nach der eben dargelegten Beschreibung sind zwei Grundkonstellationen dieser Probleme zu unterscheiden. Die erste Konstellation erfasst Situationen, die bereits unter Rückgriff auf allgemeine Grundsätze rechtsstaatlichen Entscheidens gelöst werden können. Die zweite Konstellation betrifft die Frage, inwieweit dem Gesetzgeber außerhalb des hierarchischen Regelmodells zu realisierende Zwecksetzungsrechte zukommen können.

a) Rechtsstaatliche Distanzgrundsätze

Der erste *topos* beschreibt im Wesentlichen allgemeine Grundsätze der Unparteilichkeit, die ohne weiteres im Gehalt des Rechtsstaatsprinzips enthalten sind.[172] Verwaltungsorganisation setzt eine solche Neutralität gegenüber dem Entscheidungsgegenstand notwendig voraus, denn eine Entscheidung auf rechtlicher Grundlage kann nur dann anerkennungswürdig sein, wenn ein gewisses Maß an Distanz zwischen entscheidender Person und Entscheidungsgegenstand gewahrt bleibt.[173] Es ist insoweit eine legitime Erwartung an Entscheidungstätigkeit in der Verwaltung, dass sie sich nicht von Sonderinteressen leiten lässt.[174]

[172] Zu den verschiedenen Bedeutungen des Begriffs *M. Fehling*, Verwaltung zwischen Unparteilichkeit und Gestaltungsaufgabe, Tübingen 2001, 6 ff. Für den parlamentarischen Bereich *H. Lang*, Gesetzgebung in eigener Sache. Eine rechtstheoretische und rechtssystematische Untersuchung zum Spannungsverhältnis von Distanzgebot und Eigennutz, Tübingen 2007, 275 ff.

[173] *Schulze-Fielitz*, in: Dreier (Fn. 159), Art. 19 IV, Rn. 49; *Sommermann*, in: v. Mangoldt/Klein/Starck (Fn. 103), Art. 20, Rn. 307. *S. Schönberger*, Unabhängigkeit von sich selbst? Organisationsrechtliche Fragen bei Entscheidungen des politischen Systems in eigener Sache, in: Krüper (Hrsg.), Die Organisation des Verfassungsstaats. Festschrift für Martin Morlok zum 70. Geburtstag, Tübingen 2019, 191 (191). Im Hinblick auf eine im Wettbewerb stehende Verwaltung, *S. Korte*, Behördenorganisation im Wettbewerb. Behördliche Entscheidungen in eigener Sache im Lichte höheren Rechts, Die Verwaltung 2018, 187 (195 ff.).

[174] Vgl. auch BVerfGE 123, 148 (179): „Dem in Art. 20 Abs. 3 GG verankerten Rechtsstaatsprinzip ist zu entnehmen, dass Entscheidungen eines Aufgabenträgers in eigener Sache

Besonders deutlich wird diese Distanz in einem mit dem Organisationsrecht verwandten Rechtsgebiet, dem Beamtenrecht.[175] Nicht jedermann darf mit der Ausübung öffentlicher Gewalt betraut sein, sondern in der Regel (Art. 33 Abs. 4 GG)[176] nur bestimmte, durch einen dem Leistungsprinzip entsprechenden Auswahlprozess[177] und in einen normativen Rahmen eingebundene und verpflichtete Personen. Die institutionelle Garantie des Berufsbeamtentums soll dabei vor allem eine bestimmte Reflektionsleistung des Entscheidungsträgers ermöglichen, die *Max Weber* etwas radikal als „Selbstverleugnung"[178] beschrieben hat. Die Idee dahinter ist es, dass der Entscheidungsträger die strikte Fremdorientierung[179] seiner Aufgabenwahrnehmung erkennt und dabei in der Lage ist, von seinen persönlichen Interessen bei der Dienstausübung abzusehen. Die von ihm verlangten Einschätzungen sind keine persönlichen Stellungnahmen, sondern die strikte Umsetzung des im demokratischen Prozess destillierten Willens des Volkes. Das „Mehr" im Vergleich zum normalen Arbeitsverhältnis soll also die Bedingungen sichern, die den Entscheidungsträger rechtlich und wirtschaftlich in die Lage dieser Abstraktionsleistung versetzen.[180]

Auch das Organisationsrecht erfordert derartige Distanzgrundsätze.[181] Unter bestimmten Voraussetzungen kann es durch einen gewählten Organisationsaufbau zu Interessenverquickungen kommen, die die Unparteilichkeit des Entscheiders gefährden. In diesen Fällen ist auf diesen Umstand bei der Orga-

---

nur in begrenztem Umfang zulässig sind. Die in Art. 20 Abs. 3 GG niedergelegte Bindung des Gesetzgebers sowie die Bindung der Verwaltung an Gesetz und Recht bezwecken den Ausschluss von Staatswillkür. Damit ist das Gebot der Lauterkeit und Unparteilichkeit der Amtsträger eng verbunden." Dazu auch *Meinel* (Fn. 2), in: Kahl/Ludwigs, § 61, Rn. 20. Rechtsvergleichend *Ponce Solé*, in: Ruffert (Hrsg), Legitimacy in European Administrative Law. Reform and Reconstruction, Groningen 2011, 155 (168).

[175] Klar dargestellt bei *O. Depenheuer*, Das öffentliche Amt, in: Isensee/Kirchhof (Hrsg.), HStR, Bd. III, 3. Auflage, Heidelberg 2005, § 36, Rn. 72 ff.

[176] Dazu bereits siehe oben.

[177] Dazu zusammenfassend, *Battis*, in: Sachs (Hrsg.), Grundgesetz Kommentar, 9. Auflage, München 2021, Art. 33, Rn. 27 ff.

[178] *M. Weber*, Wirtschaft und Gesellschaft: Grundriss der verstehenden Soziologie, 5. Auflage, Tübingen 1972, 833.

[179] So wohl auch *P. Cancik*, Verwaltung und Selbstverwaltung, in: Herdegen/Masing/Poscher/Gärditz (Hrsg.), Handbuch des Verfassungsrechts. Darstellung in transnationaler Perspektive, München 2021, § 14, Rn. 45.

[180] Dazu auch *Böckenförde*, in: Müller (Hrsg.), Staatsorganisation und Staatsfunktionen im Wandel. Festschrift für Kurt Eichenberger zum 60. Geburtstag, Basel/Frankfurt am Main 1982, 320; *W. Loschelder*, Weisungshierarchie und persönliche Verantwortung in der Exekutive, in: Isensee/Kirchhof (Hrsg.), HStR, Bd. V, 3. Auflage, Heidelberg 2007, § 107, Rn. 84. *M. Heintzen*, Amtsprinzip, in: Kahl/Ludwigs (Hrsg.), Handbuch des Verwaltungsrechts, Bd. III, Verwaltung und Verfassungsrecht, Heidelberg 2022, § 89, Rn. 33.

[181] Vgl. auch *D. Halberstam*, „Unabhängige Behörden" als Verfassungsergänzung in Deutschland, Frankreich und den USA, in: Masing/Marcou (Hrsg.), Unabhängige Regulierungsbehörden. Organisationsrechtliche Herausforderungen in Frankreich und Deutschland, Tübingen 2010, 405 (413).

nisationsgestaltung Rücksicht zu nehmen.[182] Entscheidungen in eigener Sache, eine Gleichheit oder Nähe von Kontrolleur und Kontrolliertem, oder interessengeleiteter Sachverstand sind Problemfelder, in denen organisatorische Sicherungen die Rationalität von Entscheidungen verbessern können. Hier kommt es im Einzelnen wiederum genau darauf an, welche Funktionen die einzelne Organisationseinheit übernimmt. Dabei ist genau darauf zu achten, dass die verschiedenen Akteure eines Feldes mit ihren verschiedenen Interessen entsprechend berücksichtigt werden. Problematisch ist es etwa, wenn etwa in der unabhängigen Regulierungsverwaltung unklar bleibt, gegenüber welchen Akteuren überhaupt die Unabhängigkeit der Entscheidungseinheit bestehen soll. Hier sind mit dem politischen System einerseits, bestimmten wirtschaftlichen oder verbandsmäßig organisierten Interessengruppen andererseits, mehrere Akteure denkbar, deren verschiedene Einflüsse institutionell eingefangen werden müssen.

Besonders hohe Anforderungen müssen insoweit für die (seltenen) quasijustiziellen Entscheidungsverfahren in der Verwaltung gelten, etwa in den bereits oben dargestellten Entscheidungen des Bundessortenamts,[183] Verfahren vor den Ausschüssen für die Kriegsdienstverweigerung[184] oder insbesondere Entscheidungsverfahren in der Wirtschaftsaufsicht (Bundeskartellamt, Bundesnetzagentur).[185] Aufgrund der Art der Entscheidungsverfahren ist hier die Wahrung rechtstaatlicher Distanzgrundsätze entscheidend, weshalb Entscheidungen zur Sicherung politischer Neutralität in der Regel in kollegialen und weisungsunabhängigen Gremien ergehen.[186] Besonders prekär sind hier die Ethikkommissionen, die zwischen politischer Neutralität und der Einbeziehung externen Sachverstands stehen.[187]

Erfordert die Organisation strukturell die Einbeziehung externen Sachverstands in die Verwaltung, so ist diese in der Regel aufgrund der Genese des

---

[182] Eher zurückhaltend aber *Fehling* (Fn. 172), 286.

[183] Dazu oben § 9. Ferner *Groß* (Fn. 38), 94.

[184] Dazu *Fehling* (Fn. 172), 120.

[185] *Groß* (Fn. 38), 95 ff.

[186] Dazu umfassend *Groß* (Fn. 38), 152. Ferner *M. Ruffert*, Unabhängige Behörden im Spannungsfeld von Verwaltungs-, Zivil- und Strafrecht – Verfahren, Entscheidungen und Rechtsschutz, in: Masing/Marcou (Hrsg.), Unabhängige Regulierungsbehörden. Organisationsrechtliche Herausforderungen in Frankreich und Deutschland, Tübingen 2010, 359 (360 ff.) zur Unabhängigkeit durch Verfahren. Vgl. auch *A. Voßkuhle*, Expertise und Verwaltung, in: Trute/Groß/Röhl/Möllers (Hrsg.), Allgemeines Verwaltungsrecht – zur Tragfähigkeit eines Konzepts, Tübingen 2008, 637 (658) zur Wissensbündelung in speziellen Organisationseinheiten.

[187] Gut erläutert bei *R. Poscher*, Was Juristen besser können als Ethiker: Ein interdisziplinäres Argument für die gerichtliche Kontrolle von Ethikkommissionen, in: Vöneky/Beylage-Haarmann/Höfelmeier/Hübler (Hrsg.), Ethik und Recht. Die Ethisierung des Rechts, Berlin/Heidelberg 2013, 433 (434 ff.).

Sachverstands im wissenschaftlichen System nicht im hierarchischen Aufbaumodell zu leisten.[188] Gleichzeitig muss hier auch auf der Organisationsebene besonders auf Interessenverquickungen geachtet werden.[189] Ob ein Interessenausgleich gelingt, hängt hier von der Auswahl sowohl von Wissenschaftsfeldern, aus denen der Sachverstand bezogen wird, als auch von den sachverständigen Personen selbst ab. Innerhalb der Einbeziehung externen Sachverstands muss also eine plurale Struktur gewahrt bleiben. Es darf sich nicht lediglich um den Austausch einer monokratisch-hierarchischen mit einer ebenfalls monokratisch-sachverständigen Entscheidungsbeziehung handeln. Dafür fehlt es hier an notwendigen Kontrollmechanismen.

Auch die Ressortverteilung innerhalb der Regierung kann hier von Bedeutung sein. Die kollegiale Zusammensetzung der Regierung ist zumindest mit einer gewissen horizontalen Gewaltenteilung innerhalb des Kabinetts verbunden.[190] Bestimmte Ressortzuständigkeiten gehen dabei mit Zuständigkeiten für gewisse Verwaltungszweige einher. Auch insoweit kann es bei der Zusammenlegung von Justizministerium als hierarchischer Spitze der Gerichtsverwaltung und Innenministerium als hierarchischer Spitze der Vollzugsbehörden zu problematischen Loyalitätskonflikten kommen.[191] Hier ist es nahezu unvermeidlich, dass hin und wieder die Verwaltung „in eigener Sache" entscheiden muss. *Verwaltungs*organisationsrechtliche Direktiven können so in den Bereich der Regierungsorganisation ausstrahlen

---

[188] Dazu jüngst umfassend *Münkler* (Fn. 169), insb. 395 ff. Richtige Bedenken aber bei *J. Lege*, Organisationen externer Expertise in und neben der öffentlichen Verwaltung. Verwaltungs- und verfassungsrechtliche Vorgaben am Beispiel der Akkreditierung von Studiengängen, in: Collin/Spiecker gen. Döhmann (Hrsg.), Generierung und Transfer staatlichen Wissens im System des Verwaltungsrechts, Tübingen 2008, 116 (124 ff.) für die Akkreditierung von Studiengängen. Am Beispiel von Stuttgart 21 aber differenzierend: *B.J. Hartmann/ A. Maisch*, Zum Einfluss von Experten auf demokratische Entscheidungen: Die Gefahr der Instrumentalisierung des Sachverstands durch die Politik, ZPB 2013, 149 (156).

[189] *Schmidt-Aßmann* (Fn. 25), 261: „Freilich ist darauf zu achten, daß es um Sachverständigentätigkeit und nicht um die Artikulation von Sonderinteressen geht. Die Grenzziehung zwischen beidem mag schwierig und oft unsicher sein; sie ist aber nicht unmöglich. [...] Die Schlüsselbegriffe heißen Sachkunde, Objektivität und Neutralität. Hier gilt ein Konsistenzgebot zwischen Qualifikation, Rekrutierung und Selbstverständnis der Gremienmitglieder. Nur dieses rechtfertigt eine gelockerte Einbindung." Ferner dazu *Groß* (Fn. 38), 87 ff. sowie *M. Hong*, Chancen und Risiken externen Sachverstands in den Verwaltungsverfahren der Wissensgesellschaft, Die Verwaltung 2018, 367 (378 ff.). Vgl. bereits *M. Morlok*, Informalisierung und Entparlamentarisierung politischer Entscheidungen als Gefährdungen der Verfassung?, VVDStRL (62) 2003, 37 (74) sowie *A. Voßkuhle*, Sachverständige Beratung des Staates, in: Isensee/Kirchhof (Hrsg.), HStR, Bd. III, 3. Auflage, Heidelberg 2005, § 43, Rn. 50 ff.

[190] Dazu *A. v. Arnauld*, Gewaltenteilung jenseits der Gewaltentrennung. Das gewaltenteilige System in der Verfassungsordnung der Bundesrepublik Deutschland, Zeitschrift für Parlamentsfragen Vol. 32, 2001, 678 (693).

[191] Zu diesem Fall NWVerfGH, Urt. v. 09.02.1999 – VerfGH 11–98 – NJW 1999, 1243.

und es gebieten, Ressorts mit typischer Interessenverquickung voneinander zu trennen.[192]

b) Gesetzgeberische Zwecksetzungen

In der zweiten Argumentationsfigur ist sich mit gesetzgeberischen Zwecksetzungen auseinanderzusetzen. Von der Rechtfertigungsstruktur ist diese deutlich komplexer, denn eine einfache gesetzgeberische Gestaltungsentscheidung kann hier zur Rechtfertigung nicht ausreichen. Ansonsten würde man dem (Organisations-)Gesetzgeber ein verfassungswirksames Zwecksetzungsrecht zubilligen und damit doch wieder das Demokratieprinzip so behandeln, als stünde es unter einem Gesetzesvorbehalt.[193] Würde man dieses Zwecksetzungsrecht sachlich unbegrenzt anerkennen, dann wäre in der Tat durch die Möglichkeit einer funktionalen Rechtfertigung von Legitimationsdefiziten eine Flexibilisierung des grundgesetzlichen Legitimationskonzeptes indiziert.[194]

Im Zentrum des Prinzips der Funktionsgerechtigkeit, dies wurde oben bereits diskutiert, steht die Qualität staatlicher Entscheidungen. In dem so entwickelten Modell ist Entscheidungsrichtigkeit mit dem Begriff der „Funktionsadäquanz" identisch. Adäquanz ist ein Relationsbegriff, der erst in Bezugnahme einer bestimmten Tätigkeit operabel wird.[195] Dadurch gerät die konkrete Art der Aufgabenwahrnehmung in den Blick. Funktionsgerecht meint eine im Hinblick auf eine *konkrete Entscheidungstätigkeit* funktionell adäquate Aufgabenwahrnehmung.

Verlangt eine Entscheidung nach der Distanz von der Tagespolitik (Bundesbank, Rundfunk), der Integration von wissenschaftlichem Wissen (Kollegialorgane in Sachverständigenräten), der Aktivierung von gesellschaftlichen Kräften (funktionale Selbstverwaltung) oder der Ermöglichung von Koopera-

---

[192] Ähnlich *Krebs* (Fn. 5), in: Isensee/Kirchhof, § 108, Rn. 91 in affirmativer Bezugnahme auf den Begriff der „Gewaltenteilung innerhalb der Gewalten" bei *W. Leisner*, Gewaltenteilung innerhalb der Gewalten, in: Spanner (Hrsg.), Festgabe für Theodor Maunz zum 70. Geburtstag am 01. September 1971, München 1971, 267 ff. *Leisner* warnte indes vor den Risiken dieser Organisationsgestaltung. Wiederum mit anderem Verständnis *W. Kahl*, Die Staatsaufsicht. Entstehung, Wandel und Neubestimmungen unter besonderer Rücksicht der Aufsicht über die Gemeinden, Tübingen 2004, 10.

[193] Vgl. *Schmidt* (Fn. 6), 282 ff.

[194] Kritik etwa bei *M. Jestaedt*, Demokratische Legitimation – quo vadis?, JuS 2004, 649 (653); *Sommermann*, in: v. Mangoldt/Klein/Starck (Fn. 103), Art. 20, Rn. 194.

[195] *Gärditz* (Fn. 132), 186 ff., 191: „Das Rationalitätsgebot ist ein „begrenzt justitiables allgemeines Organisationsprinzip, das es als Ausdruck von Konsequenz und Binnenkohärenz im Recht gebietet, für materiell zu erfüllende Aufgaben adäquate Organisationsstrukturen bereitzustellen." Ähnlich auch bei *Robbers*, in: Kahl/Waldhoff/Walter (Hrsg.), Bonner Kommentar zum Grundgesetz, 214. Aktualisierung, Heidelberg 2021, Art. 20 Abs. 1, Rn. 779 ff.

tionen innerhalb der Exekutive (gemischt-öffentliche Unternehmen) oder mit Privaten (gemischt-wirtschaftliche Unternehmen), so ist eine an diesen Zielen orientierte Organisation nur dann funktional adäquat, wenn und soweit sie tatsächlich die Entscheidungsqualität im Hinblick auf ein bestimmtes Ziel verbessert. Gleichzeitig kann dies im Sinne hierarchischer Wissenssicherung eben auch eine Akzentuierung des Ressortprinzips verlangen.[196] Die gesetzgeberischen Zwecke sind so nicht in der Lage, die Reichweite des Demokratieprinzips unmittelbar zu modifizieren, sondern werden über das auf die *Qualität staatlicher Entscheidungen* gerichtete Verfassungsgebot der funktionsgerechten Organstruktur mediatisiert.

Was in diesem Rahmen „zulässige" Ziele sind, ist der politischen Leitentscheidung überlassen,[197] die freilich gerichtlich an den allgemeinen Funktionsgesetzen der Demokratie gemessen werden kann. In der Bestimmung dieser Organisationsziele kommt dem Inhaber der Organisationsgewalt jedoch eine weite Einschätzungsprärogative zu. Jede legislative Zweckbestimmung steht zudem unter dem Vorbehalt der verfassungsgerichtlichen Kontrolle am Maßstab des Grundgesetzes, wozu auch das Demokratieprinzip gehört. Von vornherein sachwidrige Zwecke könnte der Gesetzgeber ganz unabhängig von der Organisationsform nicht gesetzlich festhalten. In diesem Rahmen kann auch die Gestaltungsentscheidung beurteilt werden, ob für die Verfolgung eines verfassungsmäßig zulässigen Zwecks die Inkaufnahme eines bestimmten Einflussknicks geeignet, erforderlich und angemessen ist.

c) Grenzziehungen für zulässige Organisationsziele

Mag sich in diesem Rahmen auch nicht abschließend bestimmen lassen, was zulässige Organisationsziele sind, so können doch einige Überlegungen über *problematische* Ziele dargestellt werden.

Zunächst sind Organisationsgestaltungen, die nicht im allgemeinen, sondern lediglich im privaten Interesse liegen, auszusondern. Diese können nicht ausreichen, um Legitimationsdefizite zu rechtfertigen. Dies wird insbesondere im Bereich der Verwaltungsprivatisierung relevant, wenn sich die öffentliche Verwaltung Kooperationen mit Privaten bedient. Die privaten Interessen dürfen nicht mit dem Gemeinwohlinteresse abgewogen werden, da sie sonst doppelt berücksichtigt würden. Nach der klassischen Konzeption gehen private Interessen durch den demokratischen Prozess bereits im Gemeinwohl auf, so

---

[196] Differenziert *W. Kluth*, Die Strukturierung von Wissensgenerierung durch das Verwaltungsorganisationsrecht, in: Collin/Spiecker gen. Döhmann (Hrsg.), Generierung und Transfer staatlichen Wissens im System des Verwaltungsrechts, Tübingen 2008, 73 (83 ff.).

[197] Politische Motive für Verselbständigungen, insbesondere auf Entscheidungsermöglichung im Mehrebenensystem, erarbeitet *Möllers* (Fn. 133), in: v. Bogdandy/Huber, § 93, Rn. 57 ff.

dass sie nicht im Rahmen einer Abwägung ein zweites Mal berücksichtigt werden dürfen.[198]

Trifft es ferner zu, dass sich das Prinzip funktionsgerechter Organstruktur durch seine Entscheidungsorientierung auszeichnet, so können Organisationsgestaltungsentscheidungen, die nicht auf die (zumindest mittelbare) Verbesserung von Entscheidungsqualität gerichtet sind, keine zulässigen Organisationsziele darstellen. Angesprochen ist damit insbesondere die isolierte Verfolgung von verwaltungsökonomischen Aspekten als rechtspolitische Motivation für Organisationsgestaltungen.[199] Es geht also hier nicht um die (oben bereits angesprochene Überlegung) inwieweit die Ökonomie methodisch als Auslegungshilfe im Recht berücksichtigt werden kann, sondern ob ein isoliertes ökonomisches Interesse des Staates als Nutzenmaximierung der öffentlichen Ressourcen[200] Einflussknicke rechtfertigen kann.[201]

Dies ist jedoch im Einzelnen umstritten geblieben. Eine bejahende Ansicht stellt in der Regel auf eine Entscheidung des Bundesverfassungsgerichts zur *Schornsteinfegerversorgung* aus dem Jahr 1983 ab. Hier argumentierte das Gericht, dass „verwaltungsökonomische Gesichtspunkte bei der organisatorischen Ausgestaltung einer Verwaltungseinrichtung eine Rolle spielen und auch ‚atypische‘ Ausgestaltungsformen rechtfertigen“ können.[202] In der Sache ging es hier um die Frage, ob eine unter Durchbrechung des föderalen Grundsatzes der eigenverantwortlichen Aufgabenwahrnehmung vorgesehene Inanspruchnahme der Bayerischen Versicherungskammer mit der Geschäftsführung der Versorgungsanstalt der deutschen Bezirksschornsteinfeger mit Art. 87 Abs. 2 GG vereinbar sein könnte oder ob der Bund eine eigene Anstalt einrichten müsse. Es ging also im Kern um eine bundesstaatliche und damit nur eingeschränkt um eine demokratierelevante Frage.

---

[198] Dies scheint *Storr* zu übersehen, wenn er im Hinblick auf die Privatisierungsmöglichkeit meint, dass das Demokratieprinzip mit privaten Rechten abstimmungsfähig sei. *S. Storr*, Verfassungsrechtliche Direktiven des demokratischen Prinzips für die Nutzung privatrechtlicher Organisations- und Kooperationsformen durch die öffentliche Verwaltung, in: Bauer/Huber/Sommermann (Hrsg.), Demokratie in Europa, Bd. I, Verfassungsentwicklung in Europa, Tübingen 2005, 411 (425).

[199] Dazu *A. van Aaken*, Vom Nutzen der ökonomischen Theorie für das öffentliche Recht: Methoden und Anwendungsmöglichkeiten, in: Bungenberg u.a., Recht und Ökonomik, 1 (3 ff.). Vgl. auch *C. Möllers*, Kooperationsgewinne im Verwaltungsprozeß, DÖV 2000, 667 (669). Hinweise auch bei *Gärditz* (Fn. 132), 223.

[200] Zu dieser Dimension *H. Eidenmüller*, Effizienz als Rechtsprinzip. Möglichkeiten und Grenzen der ökonomischen Analyse des Rechts, 4. Auflage, Tübingen 2015, 226 ff. Bejahend etwa *F. Ekardt*, Ökonomische Kosten-Nutzen-Analyse versus öffentlich-rechtliche Verhältnismäßigkeit und Abwägung: Ergänzungs- oder Ausschlussverhältnis?, JöR 2013, 89 (113).

[201] Diese Frage untersucht auch *C. Gröpl*, Ökonomisierung von Verwaltung und Verwaltungsrecht, VerwArch 2002, 459 (473 bzw. 475). Ferner, anhand des Wettbewerbsbegriffes, *A. Musil*, Wettbewerb in der staatlichen Verwaltung, Tübingen 2005, 385.

[202] BVerfGE 63,1 (43). *Krebs* (Fn. 5), in: Isensee/Kirchhof, § 108, Rn. 90.

Die Entscheidung wurde im Folgenden vom Bundesverfassungsgericht zwar nicht mehr aufgegriffen, von der Literatur aber zur Leitentscheidung für die Verknüpfung der Verwaltungsorganisation mit ökonomischen Motiven stilisiert.[203] Durch diese Wendung hat eine bestimmte Strömung in der Literatur dem Konzept der Funktionsgerechtigkeit eine verwaltungsökonomische Deutung verliehen.[204]

Zentral ist dabei der Begriff der auf die *organisatorische Dimension* zugespitzten Verwaltungseffizienz.[205] Effizienz ist ein Rechtsbegriff, der sich etwa vom Begriff der Effektivität als auf eine bestimmte Aufgabe bezogenen Wirksamkeit unterscheidet.[206] Als Relationsbegriff verlangt er keine Mindestqualität der Aufgabenerfüllung, sondern stellt stets eine Kosten-Nutzen-Erwägung an.[207] Das Maß der Zielerreichung ist dabei von dem durch die Mittel erforder-

---

[203] Vgl. etwa bei *Di Fabio* (Fn. 46), 210 f.; *E. Schmidt-Aßmann*, Verwaltungsorganisationsrecht als Steuerungsressource, in: Hoffmann-Riem/Schmidt-Aßmann (Hrsg.), Verwaltungsorganisationsrecht als Steuerungsressource, Baden-Baden 1997, 40; *Hoffmann-Riem*, in: Hoffmann-Riem/Schmidt-Aßmann (Hrsg.), Methoden der Verwaltungsrechtswissenschaft, Baden-Baden 2004, 29. *Krebs* (Fn. 5), in: Isensee/Kirchhof, § 108, Rn. 90. Vorsichtiger hingegen *Groß* (Fn. 38), 200 ff.

[204] *Burgi* etwa argumentiert paradigmatisch in seinem Vortrag auf der Jahrestagung der Staatsrechtslehrer 2003: „Dort zielt er [der Grundsatz der Funktionsgerechtigkeit] nach neuerem Verständnis auf eine erfolgversprechende Zuordnung der verschiedenen Organisationstypen und -formen der pluralen Verwaltungsorganisation zu den Verwaltungsaufgaben und wurzelt letztlich im Rechtsstaatsprinzip. Indem er eine Relation zwischen einer bestimmten vorgegebenen Aufgabe und der tatsächlichen Wirkung von Organisationen herstellt, entspricht er dem Effektivitätsmaßstab des ökonomischen Denkens. Geht es diesem allgemein um den Grad der Zielerreichung, so ist der Grundsatz funktionsgerechter Organisationsstruktur spezieller auf die Verwirklichung bestimmter materieller Vorgaben durch Organisation gerichtet. Somit erweist sich, dass ein wichtiges Element der Ökonomisierungsstrategie bereits Bestandteil des verfassungsrechtlichen Organisationsprogramms ist." *M. Burgi*, Selbstverwaltung angesichts von Europäisierung und Ökonomisierung VVDStRL (62) 2003, 405 (431). Affirmativ auch *W. Cremer*, Gewinnstreben als öffentliche Unternehmen legitimierender Zweck: Die Antwort des Grundgesetzes, DÖV 2003, 921 (932). *Sydow* weist auf die Anleihen im britischen Verwaltungsrecht hin: *G. Sydow*, Deutsches und ausländisches Verwaltungsrecht, in: Kahl/Ludwigs (Hrsg.), Handbuch des Verwaltungsrechts, Bd. I, Grundstrukturen des deutschen Verwaltungsrechts, Heidelberg 2021, § 17, Rn. 53.

[205] Ausführlich *M. Ludwigs*, Unternehmensbezogene Effizienzanforderungen im Öffentlichen Recht. Unternehmenseffizienz als neue Rechtskategorie, Berlin 2013, 35 ff. mit der Darstellung der Effizienzbegriffe in Ökonomie und öffentlichem Recht. Umfassend *Fehling*, in: Trute/Groß/Röhl/Möllers (Fn. 186), 461 (insb. 478). Ferner *Burgi* (Fn. 204), 416; *J.-P. Schneider*, Zur Ökonomisierung von Verwaltungsrecht und Verwaltungsrechtswissenschaft – Begriffsbildung und einführende Analyse ausgewählter Beispielsfälle, Die Verwaltung 2001, 317 (320). Abgrenzung von Effizienz, Effektivität und Kohärenz bei *T. Siegel*, Entscheidungsfindung im Verwaltungsverbund. Horizontale Entscheidungsvernetzung und vertikale Entscheidungsstufung im nationalen und europäischen Verwaltungsverbund, Tübingen 2009, 60 ff. Ferner *Müller-Franken* (Fn. 143), 69 ff.

[206] Vgl. statt vieler *Pache* (Fn. 56), 116.

[207] *E. Schmidt-Aßmann*, Effizienz als Herausforderung an das Verwaltungsrecht – Perspektiven der verwaltungsrechtlichen Systembildung, in: Hoffmann-Riem/Schmidt-Aßmann (Hrsg.), Effizienz als Herausforderung an das Verwaltungsrecht, Baden-Baden 1998, 245 (246).

lichen Kostenaufwand geprägt. Durch diese notwendige Relation bleibt der Begriff aber auf der formalen Ebene und letztlich inhaltsleer.[208] Exemplarisch dafür steht etwa § 7 Abs. 1 des Gesetzes über die Organisation der Landesverwaltung Sachsen-Anhalt, der lautet: „Die Landesverwaltung hat die Erledigung der durch sie wahrzunehmenden Aufgaben so zu organisieren, dass die Aufgaben mit geringstmöglichem Aufwand erfüllt werden und mit den vorhandenen Mitteln ein bestmögliches Ergebnis erzielt wird." Für sich genommen kann dieser Satz keine direktive Wirkung entfalten, da die Rechtsgleichung eben auf beiden Seiten Relationsbegriffe enthält.

Die verwaltungsökonomische Deutung der Funktionsgerechtigkeit kann dementsprechend nicht überzeugen. Effizienz ist sekundärer Rechtswert und entlastet gerade nicht von einer gemeinwohlorientierten Festlegung primärer Bezugswerte.[209] Hinter dem herkömmlichen Verständnis des Effizienzbegriffs stehen so letzten Endes fiskalische Erwägungen.[210] Er kann in dieser Form nicht mehr als ein Hilfskriterium bei feststehenden Organisationszielen sein.[211]

Das Prinzip funktionsgerechter Organstruktur verlangt es dementsprechend, dass zu den fiskalischen Erwägungen Annahmen über die Funktionsfähigkeit der Organisation hinzutreten.[212] Verwaltungsorganisation muss an einem normativen Leitbild der Aufgabenerfüllung ausgerichtet bleiben und sich an ihm messen lassen. Rein verwaltungsökonomische Erwägungen in Form von Kostenersparnissen reichen daher nicht aus, um ein demokratisches Legitimationsdefizit zu rechtfertigen.[213] Dies heißt natürlich nicht, dass wirtschaftliche Kriterien unberücksichtigt bleiben müssen. Sie müssen nur stets auch mittelbar die Qualität der Aufgabenerfüllung in den Blick nehmen.[214] Gerade

T. Ellerbrok, Rationalität und Effizienz, in: Kahl/Ludwigs (Hrsg.), Handbuch des Verwaltungsrechts, Bd. III, Verwaltung und Verfassungsrecht, Heidelberg 2022, § 76, Rn. 50.

[208] *H. Gersdorf*, Öffentliche Unternehmen im Spannungsfeld zwischen Demokratie- und Wirtschaftlichkeitsprinzip, Berlin 2000, 416; *Gärditz* (Fn. 132), 236.

[209] *Jestaedt* (Fn. 46), 592.

[210] Anders wäre dies nur, wenn man Effizienz schon von vornherein multifaktoriell bestimmt. *Ludwigs* (Fn. 205), 79 ff. Dann muss man allerdings auch die begrenzte Nutzbarkeit des Begriffs im Recht konstatieren bzw. das Prinzip im öffentlichen Recht zurückweisen.

[211] Richtig: *Gersdorf* (Fn. 208), 423. Ferner *B. Grzeszick*, Hoheitskonzept – Wettbewerbskonzept, in: Isensee/Kirchhof (Hrsg.), HStR, Bd. IV, 3. Auflage, Heidelberg 2006, § 78, Rn. 37 „Eigener Nutzen des Staates". Richtigerweise skeptisch auch *Waechter* (Fn. 46), 103 ff.

[212] Dazu schon ausführlich s.o. § 6.

[213] Ein anderer Akzent wird von *Gersdorf* (Fn. 208), 499 gesetzt, der Wirtschaftlichkeitserwägungen zwar grundsätzlich anerkennt, aber dem Demokratieprinzip in Fällen staatlicher Aufgabenverantwortung einen Vorrang einräumt.

[214] So auch *C. Gröpl*, Wirtschaftlichkeit und Sparsamkeit staatlichen Handelns, in: Isensee/Kirchhof (Hrsg.), HStR, Bd. V, 3. Auflage, Heidelberg 2007, § 121, Rn. 32. *G. Kirchhof*, Rechtsfolgen der Privatisierung. Jede Privatisierung lockert, löst öffentlich-rechtliche Bindungen, AöR 132 (2007), 215 (253) zum Rechtfertigungserfordernis.

die verschiedenen Formen der Organisationsprivatisierung der Verwaltung zeigen jedoch, dass bei richtiger Allokation von Motiven beide Aspekte Hand in Hand gehen können. Wirtschaftlichkeitsdruck kann unter Umständen auch positive Auswirkungen auf Verteilungsentscheidungen knapper Ressourcen haben.

d) Differenzierungs- und Kohärenzgebot

Eine weitere (recht offensichtliche) Grenzziehung besteht ferner darin, dass sich die gewählte Organisationsform kohärent an den zu Grunde gelegten Organisationszwecken orientieren muss.[215] Aus dem Erfordernis der Rationalität staatlicher Aufgabenerfüllung folgt dabei grundsätzlich die Anforderung, das Steuerungspotential des Organisationsrechts insoweit zu nutzen, dass eine den verschiedenen Aufgabenkonstellationen sachgerechte Aufgabenerfüllung im Einzelfall gewährleistet bleibt.[216] Damit geht aber auch die Pflicht einher, in der Praxis eine Organisationsgestaltung zu wählen, die der zugrunde gelegten gesetzgeberischen Zwecksetzung auch gerecht wird.[217] Dies darf nicht im Sinne der überkommenen „Folgerichtigkeit" parlamentarischer Gesetzgebung verstanden werden.[218] Es muss also (1) eine Organisationskohärenz zwischen der rechtfertigenden Begründung und der tatsächlich etablierten Struktur bestehen und (2) dürfen nicht widersprüchlich Organisationsprinzipien miteinander verkoppelt werden.[219]

Will der Gesetzgeber etwa erreichen, dass in den Industrie- und Handelskammern das „Gesamtinteresse" der regionalen Wirtschaft vertreten wird, so kann er – unter Abweichung von formal-demokratischen Willensbildungsregeln – bei der Zusammensetzung der Vollversammlungen nach dem IHK-G

---

215 Zu dieser Anforderung bereits oben, § 6, III. 2. d.

216 *H. Schulze-Fielitz*, Rationalität als rechtsstaatliches Prinzip für den Organisationsgesetzgeber. Über Leistungsfähigkeit und Leistungsgrenzen „weicher" Leitbegriffe in der Rechtsdogmatik, in: Kirchhof/Lehner/Raupach/Rodi (Hrsg.), Staaten und Steuern. Festschrift für Klaus Vogel, Heidelberg 2000, 311 (326 ff.).

217 Der Organisationsgesetzgeber habe „ein im Rahmen politischer Gestaltungsfreiheit gewähltes Organisationsmodell konsequent, sprich ohne bereits normativ angelegte konzeptionelle Widersprüche zu verwirklichen." *Gärditz* (Fn. 132), 199.

218 Dazu bereits oben die Hinweise bei § 6. Auch die von *S. Rixen*, Rationalität des Rechts und „Irrationalität" demokratischer Rechtsetzung. Eine Problemskizze am Leitfaden der „Hartz IV"-Entscheidung des Bundesverfassungsgerichts, JöR 2013, 525 (536 ff.) vorgeschlagene „Verbundrationalität" geht über das hier erarbeitete Maß hinaus, das auf Anforderungen von Begründungskohärenz hinausläuft, d.h. auf eine Art *venire contra dictum proprium.*

219 *E. Schmidt-Aßmann*, Die Wissenschaftsfreiheit nach Art. 5 Abs. 3 GG als Organisationsgrundrecht, in: Becker/Bull/Seewald (Hrsg.), Festschrift für Werner Thieme zum 70. Geburtstag, Köln/München, 697 (702).

sinngemäß differenzieren.[220] Da es Aufgabe der Vollversammlungen ist, das Gesamtinteresse der regionalen Wirtschaft zu repräsentieren, darf bei der Willensbildung vom egalitären Prinzip abgewichen und eine Unterteilung in Wahlgruppen erfolgen, die je nach fachlicher Ausrichtung und ökonomischer Bedeutung in der bestimmten Region zusammengesetzt sind. Nur durch diese angepasste Zusammensetzung der Wahlgruppen wird es erreicht, dass von einem Gesamtinteresse der Wirtschaft gesprochen werden kann.

Ein Gegenbeispiel ist etwa die Repräsentanz der Patientenvertreter im Gemeinsamen Bundesausschuss.[221] Hier regelt § 140f Abs. 2 S. 1 SGB V, dass von der Patientenseite „sachkundige Personen" in den G-BA entsandt werden sollen. § 4 Abs. 1 S. 1 der Patientenbeteiligungs-VO konkretisiert, dass von den zu benennenden sachkundigen Personen mindestens die Hälfte selbst Betroffene sein sollen. Problematisch ist dies deshalb, da hier die Partizipationsmodi der Betroffenheit und der Sachkunde mit jeweils unterschiedlichen Voraussetzungen kombiniert werden. Die Betroffenheit verlangt in der Regel keine persönliche Distanz zu den Entscheidungen, während die Sachkunde diese gerade voraussetzt.[222] Hier wird gerade nicht mehr klar, wie der konkrete Entscheidungsbeitrag des Vertreters zur Qualität der Gesamtentscheidung beiträgt.[223]

Aus der so möglichen Abweichung von Organisationszielen und ihrer praktischen Umsetzung hat *Krebs* ein Missbrauchsverbot von Organisationsformen abgeleitet.[224] *Gärditz* formuliert positiv ein „Konsequenzgebot."[225] Im Kern beider Ansätze steht die Anforderung der Begründungskongruenz von gewählter Organisationsform und herangezogener Rechtfertigung. Bereits oben (§ 6) wurde anhand dieser Überlegungen der Maßstab der Organisationskohärenz entwickelt, der auf innere Folgerichtigkeit abzielt. Entscheidend ist, ob die vom Inhaber der Organisationsgewalt getroffene Grundentschei-

---

[220] Dazu schon oben § 10. Das folgende Beispiel findet sich auch bei *M. Will*, Selbstverwaltung der Wirtschaft: Recht und Geschichte der Selbstverwaltung in den Industrie- und Handelskammern, Handwerksinnungen, Kreishandwerkerschaften, Handwerkskammern und Landwirtschaftskammern, Tübingen 2010, 417 ff. und bei *W. Kluth*, Funktionale Selbstverwaltung. Verfassungsrechtlicher Status – verfassungsrechtlicher Schutz, Tübingen 1997, 543.

[221] Dazu siehe oben. Vgl. zum Beispiel ferner *T. Kingreen*, Legitimation und Partizipation im Gesundheitswesen – Verfassungsrechtliche Kritik und Reform des Gemeinsamen Bundesausschusses, NZS 2007, 113 (113 ff.); *V. Neumann*, Verantwortung, Sachkunde, Betroffenheit, Interesse, NZS 2010, 593 (600). Kritisch zur Demokratieferne nun auch *T. Kingreen*, Mehr Staat wagen! Die Aufsicht über den Gemeinsamen Bundesausschuss, VSSAR 2019, 155 (155).

[222] *Neumann* (Fn. 221), 600.

[223] Da die Verordnungsermächtigung lediglich die Sachkunde als Kriterium vorsieht, hat der Verordnungsgeber als Inhaber der Organisationsgewalt den Rahmen der Ermächtigung überschritten, *Neumann* (Fn. 221), 600.

[224] *Krebs* (Fn. 5), in: Isensee/Kirchhof, § 108, Rn. 92.

[225] *Gärditz* (Fn. 132), 189.

dung folgerichtig verwirklicht wurde, der Organisationsaufbau keine sachlichen Brüche aufweist und insbesondere Regelaufbau und Ausnahme in einem stimmigen Verhältnis zueinander stehen.

4. Methodische Operationalisierung

Im letzten Schritt ist dieses Modell nun methodisch einzubinden. Oben wurde bereits dargestellt, dass bei der so entstehenden Kollision zwischen den Wirkkomplexen von Demokratieprinzip und Rechtsstaatsprinzip bzw. Gewaltenteilung sowie von Grundrechten ein Rückgriff auf eine Verhältnismäßigkeitsprüfung naheliegt, die gerade deshalb zur Anwendung kommt, da es sich bei den Einflussknicken um Erscheinungen handelt, die strukturell und methodisch eine Nähe zu Grundrechtseingriffen aufweisen.[226] Die verfassungsrechtliche Zielbestimmung der Lösung von Organisationsproblemen ist in diesem Modell ein legitimes Ziel, dessen Bewältigung durch die Wahl eines bestimmten Organisationsaufbaus im Rahmen einer praktischen Konkordanz zwischen den Strukturprinzipien verhältnismäßig erscheinen muss.

So ist der so gegenüber dem Regelmodell der hierarchischen Verwaltung gewonnene Zuwachs an Funktionsgerechtigkeit durch die Lösung des konkreten Organisationsproblems mit dem entstandenen Defizit an demokratischer Legitimation in einen sachgerechten Ausgleich zu bringen. Die vom Inhaber der Organisationsgewalt getroffene Organisationsentscheidung ist zwar mit einer weiten Einschätzungsprärogative aber dennoch methodisch am Maßstab der Verhältnismäßigkeit zu überprüfen. Der Inhaber der Organisationsgewalt hat ein weites Ermessen für die Gestaltung einer funktionsgerechten Verwaltung, das aber fehlerfrei ausgeübt werden muss.

Die Entscheidung muss sich zudem nach Anlage dieses Kontrollmaßstabs als verhältnismäßig darstellen.[227] Die gewählte Organisationsform ist nur *geeignet*, wenn sie zur Lösung des als legitimen Zweck identifizierten Organisationsproblems beiträgt. Sie ist nur *erforderlich*, wenn es nicht andere Organisationsformen gibt, die das Organisationsproblem gleich geeignet lösen, aber dabei ein geringeres Maß an Einfluss- und Kontrollknicken verursachen. Zuletzt ist sie nur *angemessen*, wenn das gelöste Organisationsproblem nicht außer Verhältnis zu den resultierenden Einfluss- und Kontrollknicken steht. Eine mangelnde Kohärenz zwischen Organisationszielen und Organisationsgestaltung wird sich dabei in der Regel als unverhältnismäßig darstellen.

Die Methode läuft also für den Einzelfall auf eine Abwägungsentscheidung heraus, die einen Ausgleich zwischen zweierlei gleichermaßen geschützten

[226] Vgl. die Vorüberlegungen in diesem Kapitel, und oben § 7, II.

[227] Darstellung etwa bei *Maurer/Waldhoff* (Fn. 158), § 10, Rn. 50; *F. Hufen*, Staatsrecht II – Grundrechte, 8. Auflage, München 2020, § 9, Rn. 34.

verfassungsrechtlichen Rechtspositionen herbeiführt und damit anerkennt, „dass die Gesichtspunkte, die für eine Auflockerung der Hierarchie sprechen, wegen deren umfassenden instrumentalen Charakter[s] regelmäßig ihre – rechtstaatliche, demokratische, grundrechtliche – Entsprechung auf der Gegenseite finden."[228] Erforderlich ist demnach methodisch genau die praktische Konkordanz,[229] die einen verhältnismäßigen Ausgleich der gegenläufigen Interessen mit dem Ziel der Optimierung ermöglicht.[230] Unter Berücksichtigung der Besonderheiten des Einzelfalls ist zu entscheiden, welches Interesse inwieweit zurückzutreten hat.[231] So sind relativ präzise Aussagen über zulässige und unzulässige Organisationsgestaltungen möglich.[232]

Betont werden muss dementsprechend: Die Abkoppelung von Entscheidungen aus der staatlichen Hierarchie steht unter dem Paradigma der besseren, da sachnäheren Entscheidung.[233] Liegen diese Gründe nicht vor, so kann Verwaltungsorganisation im Lichte der Staatsstrukturprinzipien nicht zur uneingeschränkten Disposition stehen.[234]

[228] *Loschelder* (Fn. 180), in: Isensee/Kirchhof, § 107, Rn. 72.

[229] BVerfGE 93, 1 (21); 134, 204 (223); 140, 240 (293 f.); 142, 74 (96); *H.D. Jarass*, in: Jarass/Pieroth, Grundgesetz für die Bundesrepublik Deutschland. Kommentar, 16. Auflage, München 2020, Vor Art. 1, Rn. 52.

[230] BVerfGE 81, 278 (292).

[231] BVerfGE 35, 202 (225); 67, 213 (228); 81, 278 (293).

[232] Wie etwa *Gärditz* am Beispiel des Hochschulrechts zeigt, lassen sich im Einzelfall „abstrakte Leitprinzipien der Rationalität und Gegenstandsadäquanz zu vergleichsweise konkreten rechtlichen Maßstäben verdichten, wenn das Bezugssystem bereits hinreichend konkrete Regelungsstrukturen und Anforderungen aufweist und daher interpretatorische Ableitungen zulässt." *Gärditz* (Fn. 132), 185.

[233] Mit den Worten *Dreiers*: „Sind die Gründe für die Verselbständigung von Verwaltungseinheiten stichhaltig oder gar verfassungsrechtlich fundiert, verschlägt es nichts, dass die Kontrollstränge ausdünnen und öffentliche Aufgaben in weitgehend eigener Sachverantwortung von Verwaltungsträgern erfüllt werden, die dem demokratisch-hierarchischen Kontrollsystem der unmittelbaren Staatsverwaltung ein Stück weit entrückt sind." *Dreier* (Fn. 3), 289.

[234] So auch die frühe richtige Einschätzung von *U. Di Fabio*, Verwaltung und Verwaltungsrecht zwischen gesellschaftlicher Selbstregulierung und staatlicher Steuerung, VVDStRL (56) 1997, 235 (268).

5. Teil

Ergebnisse

§ 15 Der 3-Stufen Test bei Einfluss- und Kontrollknicken

Im Ergebnis steht als verfassungsrechtliche Rahmung der Zulässigkeit von Einfluss- und Kontrollknicken in der Verwaltungsorganisation ein 3-Stufen Test, der in seinen wesentlichen Umrissen von der jüngeren Rechtsprechung des Bundesverfassungsgerichts insbesondere in Rezeption der Rechtsprechung des Europäischen Gerichtshofs herausgearbeitet wurde. Dies ist auch dringend erforderlich, da die Verfassungsordnung insbesondere im Verhältnis zum Unionsrecht das Problem der unabhängigen Verwaltungseinheiten *selbst* lösen können muss, um dem unproduktiven Zirkel wechselseitiger Identitätseinwürfe entkommen zu können. Diese verfassungsrechtliche Methode kann nach den angestellten Überlegungen nun genauer umschrieben werden.

I. Stufe: Feststellung von Einfluss- bzw. Kontrollknicken

Auf der ersten Stufe besteht der verfassungsrechtliche Ansatz in einer klaren Artikulation des Konzepts der Verwaltungslegitimation (vgl. § 12). Diese Aufgabe erfüllt der verfassungsrechtliche Begriff des hinreichenden Legitimationsniveaus, der als absoluter normativer Minimalstandard *kategorisch* auf die Rückführbarkeit von Herrschaft auf den Volkswillen, d.h. auf eine Zurechnungskategorie abstellt.

Praktisch handhabbar wird der Ansatz erst dadurch, dass das Bestehen einer Zurechnungsbeziehung nicht kausal, sondern probabilistisch bestimmt wird. Dafür stehen die beiden „Legitimationsformen" der sachlich-inhaltlichen und der personell-organisatorischen Legitimation. Im Hinblick auf diese beiden Legitimationsformen besteht ein *numerus clausus*, da andere denkbare Formen, wie etwa die Betroffenenpartizipation oder die Qualität des Entscheidungsergebnisses, auf eine andere Kategorie als die der Zurechnung abstellen.

Der entsprechende Begriff, der die probabilistische Deutung des Legitimationskonzepts indiziert, ist der des „Zusammenwirkens" verschiedener Legitimationsformen. Dieses „Zusammenwirken" ist nicht lediglich kumulativ vorzustellen, sondern wird insoweit theoretisch qualifiziert, dass die Beiträge verschiedener Legitimationsstränge nicht beliebig ersetzbar erscheinen. Gleichzeitig ist das jeweils „erforderliche" Legitimationsniveau je nach Amtsaufgabe verschieden. Während besonders grundrechtsintensive Aufgaben ein ebenfalls besonders hohes Legitimationsniveau verlangen, kann das Niveau bei nachrangigen Tätigkeiten niedriger angesetzt werden.

Liegt das entsprechende Niveau in einer wertenden Gesamtbetrachtung jedoch dadurch nicht vor, dass Einflussknicke in der Zurechnungsbeziehung bestehen, so muss das Verfassungsrecht diese Beschränkung des Demokratieprinzips verarbeiten. Diese Aufgabe haben die weiteren Stufen der Kompensation und der Rechtfertigung.

Ähnliches lässt sich über das Kontrollniveau sagen, das mit dem Legitimationsniveau seinen probabilistischen Charakter teilt. Es unterscheidet sich jedoch dadurch, dass der verfassungsrechtliche Kontrollbegriff im Unterschied zur Legitimation deshalb keinen klaren Typenzwang kennt, da es nicht eine, sondern mehrere Kontrollkategorien, -maßstäbe, -akteure etc. gibt. Das Zusammenwirken verschiedener Kontrollformen zum Kontrollniveau ist damit weniger systematisch zu verstehen als das Zusammenwirken der Legitimationsformen. Ähnlich sind wiederum die Folgefragen zu beantworten. Welches Kontrollniveau hinreichend ist, hängt von der Eingriffsintensität der Maßnahme ab. Ist das Kontrollniveau nicht hinreichend, kommen die Kompensation und die verfassungsrechtliche Rechtfertigung in Betracht.

II. Stufe: Kompensation

Auf der zweiten Prüfungsstufe liegt die Kompensation (vgl. § 13). Der Zweck der Kompensation ist es, ein im Hinblick auf die Legitimation oder Kontrolle identifiziertes Defizit bereits so auszugleichen, dass ein der Verfassungsordnung entsprechender Zustand erreicht wird. Entsprechend hohe Anforderungen sind an sie zu stellen. Vorauszusetzen ist ein in einer Gesamtbetrachtung festzustellendes Äquivalenzverhältnis, das sich in einem Funktionszusammenhang von Kompensationsdefizit und Kompensationsmittel niederschlägt. Dieser Äquivalenzzusammenhang gibt dementsprechend bereits auf der verfassungsrechtlichen Ebene vor, welche Kompensationsmittel für bestimmte Defizite in Frage kommen können.

Aufgrund der kategorischen Verengung der Verwaltungslegitimation auf eine Zurechnungskategorie sind dementsprechend die Kompensationen für Einflussknicke beschränkt. So kann die Betroffenenpartizipation nur im Ausnahmefall kompensierend wirken, nämlich wenn in der Binnenorganisation der Selbstverwaltungseinheit sowohl Zugehörigkeitsregeln formal bestimmt, als auch Willensbildungsverfahren demokratisch (d.h. zählwertgleich) ausgestaltet sind. Dies ist jedoch der in der Regel nicht der Fall (vgl. auch § 10). Die Qualität der Entscheidungsergebnisse („Output“) kann schon deshalb nicht kompensierend wirken, da es an der erforderlichen Stoffgleichheit von Kompensationsdefizit und Kompensationsmittel fehlt.

Die in Rezeption der EuGH-Rechtsprechung vom Bundesverfassungsgericht vorgenommene Erweiterung der Kompensationsformen für Einflussknicke auf parlamentarische und gerichtliche Kontrolle kann demgegenüber nicht überzeugen. Im Hinblick auf die parlamentarische Kontrolle wäre zwar die Konstruktion eines Zurechnungszusammenhangs denkbar, würde jedoch eine Veränderung der parlamentarischen Kontrollpraxis erfordern, die zur Herstellung einer Rückführbarkeit bereits in die Herstellung von Entscheidungen eingebunden werden müsste. Einfacher zu beurteilen ist der zweite Aspekt: Bei der gerichtlichen Kontrolle fehlt es an der Stoffgleichheit, da sich nachgängige Kontrolle nicht eignet, um einen Zurechnungszusammenhang zu konstruieren. Zudem sind die gewaltentypischen Konkretisierungsleistungen von zweiter und dritter Gewalt zu unterscheiden.

Aufgrund der fehlenden Zuspitzung auf einen klaren systematischen Maßstab ist die Kompensation von Kontrollknicken einfacher zu bewerkstelligen. Gleichzeitig sollten im Hinblick auf die Vielfalt der Kontrollformen die verschiedenen Maßstäbe und Mittel der Kontrollen für den Äquivalenzzusammenhang nicht aus dem Blick verloren werden. Nicht jede Kontrollart ist durch eine andere Form äquivalent ersetzbar.

III. Stufe: Verfassungsrechtliche Rechtfertigung

Liegt keine Kompensation vor, so muss das Verfassungsrecht mit dem entstandenen Knick umgehen. Es entsteht das Bedürfnis einer verfassungsrechtlichen Rechtfertigung des Einflussknicks. Dabei muss ein Argumentationsverfahren umschrieben werden, das es am Ende erlaubt, eine klare Aussage über die Rechtmäßigkeit von Organisationsgestaltungen zu treffen und das Organisationsrecht so in der Verfassungsordnung einzufangen.

Rechtfertigend können zunächst spezielle unionsrechtliche oder verfassungsrechtliche Organisationsvorgaben wirken, die einzelne Organisationsgestaltungen verbindlich anordnen. Herausfordernd ist dies insbesondere deshalb, da durch den besonderen Einfluss des Unionsrechts auf die Verwaltungsorganisation die klassische Gründehierarchie des Verfassungsrechts gesprengt wird. Das Verfassungsrecht kann für die aus dem Unionsrecht stammenden Organisationsvorgaben nur begrenzt offen sein, da das für die Verwaltungsorganisation maßgebende Leitprinzip der Demokratie aus dem Identitätsbereich des Grundgesetzes stammt. Gleichzeitig ist der Vorrang des Unionsrechts zu beachten.

Auflösbar ist dieser Konflikt nur dann, wie als These formuliert wird, wenn sich das Verfassungsrecht die Vorgabe des Unionsrechts auch inhaltlich zu Eigen macht. Die unionsrechtliche Vorgabe ist nur dann als unvereinbar mit der Verfassungsidentität des Grundgesetzes zu bewerten, wenn eine entsprechende Vorgabe auch dem verfassungsändernden Gesetzgeber verwehrt wäre. Unionsrechtliche Vorgaben werden so wie explizite Organisationsvorgaben des Grundgesetzes als vorrangige Gründe anzuerkennen sein.

Liegen solche ausschließenden Gründe nicht vor, geht der nächste Schritt zur Abwägung, bei der das Demokratieprinzip mit den verfassungsrechtlichen Wirkkomplexen des Rechtsstaatsprinzips bzw. der Gewaltenteilung und Grundrechten in einen Ausgleich gebracht werden muss (vgl. § 6/7). Entsprechend der vom Verfassungsgericht eingeführten Argumentation, dass Entscheidungen von den Organen getroffen werden sollen, die dafür nach ihrer Organisation, Zusammensetzung, Funktion und Verfahrensweise über die besten Voraussetzungen verfügen, ist ein jeweils für eine bestimmte Aufgabe angemessener Organisationsaufbau zu wählen. So ist bei manchen staatlichen Entscheidungen eine Abweichung vom hierarchischen Aufbaumodell indiziert, da andernfalls ein Qualitätsverlust drohen würde. So kann eine Distanz vom tagespolitischen Geschäft gefragt sein, andere Entscheidungen benötigen eine Organisation zur Einbeziehung sachverständigen Wissens, wiederum andere Entscheidungen sollen auch gesellschaftliche Kräfte aktivieren und verlangen einen Organisationsaufbau, der staatlich-gesellschaftliche Kooperationen einbeziehen kann.

Es verbleibt die Frage, wie sich diese (Einzel-)Fälle gebotener Einflussknicke unter Rückgriff auf ein abstraktes Argumentationsverfahren bestimmen lassen. Dabei darf nicht wiederum über einen Umweg auf eine apriorische Bestimmung von Entscheidungsrichtigkeit zurückgegriffen werden. Welche Entscheidungen in einer Demokratie „richtige Entscheidungen" sind, kann nicht materiell-wertbasiert bestimmt werden. Gleichzeitig hilft auch die lediglich formale Bestimmung von Entscheidungsrichtigkeit nicht weiter, da sie wiederum auf das Ausgangsproblem verweist. Dieses unauflösbare Pendeln zwischen formalen und materiellen Ansätzen in der Demokratietheorie ist ein der politischen Philosophie wohlbekanntes Problem.

Die vorgestellte Lösung sucht dementsprechend einen weitestgehend abstrakten Weg, prozedurale Mindestbedingungen für faire, richtige Entscheidungen zu bestimmen. Sie macht es sich insoweit leicht, da sie für den Regelfall an die Praxis des Bundesverfassungsgerichts anschließen kann, die mit dem hierarchischen Verwaltungsaufbau eine zufriedenstellende Lösung bereithält, bei der keine Einflussknicke auftreten. Die Suche nimmt dementsprechend den atypischen Fall in den Blick, wo das Regelmodell der Hierarchie zu Organisationsproblemen führt.

Dazu ist es zunächst erforderlich, die Eigenschaften „unrichtiger" Entscheidungen abstrakt zu beschreiben, daraufhin Rationalitätskonflikte zu identifizieren und zuletzt passende alternative Organisationsgestaltungen zu wählen, die die Richtigkeit der Entscheidung besser garantieren. Neben allgemeinen rechtsstaatlichen Distanzerfordernissen kann auch der parlamentarische Gesetzgeber besondere Organisationsziele bestimmen, die freilich nicht außer

Verhältnis mit dem in Kauf genommenen Einflussknick stehen dürfen. Zuletzt ist die Organisationsentscheidung am Gebot der Konsequenz zu messen. Entscheidend ist, ob die vom Inhaber der Organisationsgewalt getroffene Grundentscheidung folgerichtig verwirklicht wurde, der Organisationsaufbau keine sachlichen Brüche aufweist und insbesondere Regelaufbau und Ausnahme in einem stimmigen Verhältnis zueinander stehen. Durch die konsequente Anwendung dieser Argumentationsverfahren – so lautet die übergreifende These der Arbeit – lässt sich die Frage der Zulässigkeit von Verselbständigungen verfassungsrechtlich bewältigen.

IV. Anwendungsfall: Die unabhängige Staatsanwaltschaft?

Ihr Ziel erfüllt eine solche dogmatische Konstruktion freilich nur, wenn sie sich auch auf Beispiele jenseits der bekannten Fallkonstellationen anwenden lässt und in diesem Rahmen in der Lage ist, plausible Ergebnisse zu produzieren. Exemplarisch soll daher am Anwendungsfall der zuletzt vermehrt diskutierten Unabhängigkeit der Staatsanwaltschaft der 3-Stufen Test bei Einfluss- und Kontrollknicken illustriert werden.

Der Fall der Staatsanwaltschaft mag durch die Besonderheiten zwar atypisch wirken,[1] gerade an solchen atypischen Konstellationen muss sich ein allgemeines dogmatisches Modell aber zu bewähren versuchen. Die Pluralität der Staatsaufgaben – das hat die Reformbewegung im Verwaltungsrecht eindrücklich gezeigt – erzeugt immer wieder neue sachbereichsspezifische Sonderkonstellationen, die dennoch auf ihre verfassungsrechtliche Grundlage *als Verwaltung* zurückgeführt werden müssen. Insofern soll der Fall der Staatsanwaltschaft als Justizbehörde illustrieren, dass der hier vorgeschlagene Ansatz auch in der Praxis bereits für die Beurteilung von Einfluss- und Kontrollknicken Anwendung findet.

1. Hintergrund

Im Mai 2019 entschied der Europäische Gerichtshof, dass die deutsche Staatsanwaltschaft als Teil der Exekutive keine Europäischen Haftbefehle (EuHB) ausstellen dürfe.[2] Anders als der Haftbefehl nach § 114 Abs. 1 StPO, der im

[1] So etwa *T. Barczak*, Die Staatsanwaltschaft als „Justizbehörde." Ein Grenzgang zwischen Zweiter und Dritter Gewalt, JZ 2020, 1125 (1129).

[2] EuGH, NJW 2019, 2145. Kontextualisierung in der Rechtsprechung des EuGH zu anderen mitgliedsstaatlichen Staatsanwaltschaften bei *Barczak* (Fn. 1), 1125. und bei *K.M. Böhm*, Ohrfeige für Musterknaben – Deutsche Staatsanwaltschaft ist keine unabhängige Behörde, NZWiSt 2019, 325 (329).

Sinne des Art. 104 Abs. 2 GG unter Richtervorbehalt steht, gilt der EuHB im deutschen Recht lediglich als ein Auslieferungsersuchen, das nicht am Maßstab des Haftbefehls gemessen werden muss.[3] Nach § 131 StPO iVm § 162 StPO und § 77 Abs. 1 IRG dürfen sowohl Richter als auch Staatsanwälte die Ausschreibung zur Festnahme veranlassen.[4]

Während Art. 6 Abs. 1 des Rahmenbeschlusses des Europäischen Rates vom 13. Juni 2002 zum Haftbefehl vorsieht, dass die Zuständigkeit der „Justizbehörde des Ausstellungsmitgliedstaats, die nach dem Recht dieses Staats für die Ausstellung eines Europäischen Haftbefehls zuständig ist"[5] obliegt, liest der Europäische Gerichtshof in das Kriterium der Justizbehörde denklogisch das Kriterium der Unabhängigkeit hinein. Der Begriff umfasse neben Richtern zwar „die Behörden [...], die in diesem Mitgliedstaat an der Strafrechtspflege mitwirken."[6] Im nächsten Halbsatz stellt er aber fest, dass dies „im Unterschied insbesondere zu Ministerien oder Polizeibehörden [gelte], die zur Exekutive gehören."[7]

Er argumentiert, dass die ausstellenden Behörden in der Lage sein müssen, die „Aufgabe in objektiver Weise wahrzunehmen, unter Berücksichtigung aller be- und entlastenden Gesichtspunkte und ohne Gefahr zu laufen, dass ihre Entscheidungsbefugnis Gegenstand externer Anordnungen oder Weisungen, insbesondere seitens der Exekutive, ist, so dass kein Zweifel daran besteht, dass die Entscheidung, den Europäischen Haftbefehl auszustellen, von dieser Behörde getroffen wurde und nicht letzten Endes von der Exekutive."[8]

---

[3] BVerfGE 57, 9 (23); OLG Celle, Europäischer Haftbefehl: Anfechtbarkeit des Ersuchens um Auslieferung bzw. Festn`hme; Rechtsmittel gegen Fahndungsmaßnahmen, NStZ 2010, 534. Eine gegen diese Rechtsprechung gerichtete Verfassungsbeschwerde nahm das BVerfG nicht zur Entscheidung an. Siehe BVerfG NJW 2020, 3375. Zum EuHB auch *C. Schäfer*, Grundlagen des Europäischen Haftbefehls, JuS 2019, 856 sowie übersichtlich zur Rechtsprechung *M. Gierok*, Der Europäische Haftbefehl in der Rechtsprechung des Gerichtshofs der Europäischen Union. Eind Skizze zentraler Entscheidungen, IWRZ 2020, 256 (258). Parallelen zu Kartellbehörden arbeitet *M. Ludwigs*, Unionalisierung der Unabhängigkeit nationaler Kartellbehörden – Der Regherungsentwurf zur 10. GWB-Novelle als Vorbote defizitärer Richtlinienumsetzung, NZKart 2020, 576 (581) heraus; zu Regulierungsbehörden hingegen *C. Kreuter-Kirchhof*, Unabhängigkeit der Regulierungsbehörde? Verfassungsrechtliche Anforderungen an die Rechtsbindung der Verwaltung, NVwZ 2021, 589 (589). Zur steigenden Bedeutung der Unabhängigkeit der Staatsanwaltschaften durch die Digitalisierung *S. Hessel/ C. Klose/K. Potel*, Datenzugriffe durch Staatsanwaltschaften, ZfDR 2021, 374 (379).

[4] Bestätigend auch BVerfG, NJW 2020, 3375. Details dazu bei *C. Coen*, in: Graf (Hrsg.), BeckOK StPO mit RiStBV und MiStra, 41. Edition 2021, RiStBV 300, Rn. 16 ff. Kritisch jedoch *K.F. Gärditz*, Unionsrechtliches Ende der weisungsabhängigen Staatsanwaltschaft?, GSZ 2019, 133 (134).

[5] Rahmenbeschluss des Rates vom 13. Juni 2002 über den Europäischen Haftbefehl und die Übergabeverfahren zwischen den Mitgliedstaaten – Stellungnahmen bestimmter Mitgliedstaaten zur Annahme des Rahmenbeschlusses (2002/584/JI).

[6] EuGH, NJW 2019, 2145 (2147), Rn. 50.

[7] EuGH, NJW 2019, 2145 (2147), Rn. 50.

[8] EuGH, NJW 2019, 2145 (2149), Rn. 73.

2. Die weisungsabhängige Stellung der Staatsanwaltschaft im deutschen Verfassungsrecht

Im deutschen System ist die Staatsanwaltschaft funktionell Teil der Exekutive[9] und damit vom richterlichen Dienst getrennt.[10] Ihre weisungsabhängige Stellung ergibt sich aus den §§ 146, 147 GVG, die normieren, dass die Staatsanwaltschaft sowohl internen Weisungen der staatsanwaltlichen Vorgesetzten als auch externen Weisungen der Justizministerien unterstellt ist. Auch wenn eine flächendeckende Aufsicht des staatsanwaltlichen Handelns allein aufgrund der Vielzahl der Fälle nicht möglich erscheint,[11] kann die Einbindung in einen Weisungszusammenhang insbesondere in Einzelfällen für eine Beeinflussung der Sachentscheidung sorgen.[12] Durch ihre zentrale Rolle in der Justizgewährung ist die Staatsanwaltschaft besonders auf Objektivität und Neutralität festgelegt.[13] Weder ihr eigenes Ermessen noch die Weisungen dürfen daher von justizfremden Erwägungen geleitet sein.

Die deutsche Staatsanwaltschaft erfüllt trotz dieser Voraussetzungen die vom Europäischen Gerichtshof aufgestellten Bedingungen nicht, da sie organisatorisch in den hierarchischen Weisungszusammenhang eingebunden ist.[14] Konsequenterweise kann sie nach Ansicht des Gerichtshofs den EuHb nicht wirksam erlassen. Im November 2020 hat der Gerichtshof diese Ansicht in ei-

---

[9] BVerfGE 103, 142; *B. Schmitt*, in: ders./Meyer-Goßner (Hrsg.), Strafprozessordnung. Gerichtsverfassungsgesetz, Nebengesetze und ergänzende Bestimmungen, 63. Auflage, München 2020, Vor § 141, Rn. 6. Jüngst auch *K.F. Gärditz*, Verwaltungsrecht und Strafrecht, in: Kahl/Ludwigs (Hrsg.): Handbuch des Verwaltungsrechts, Bd. I, Grundstrukturen des deutschen Verwaltungsrechts, Heidelberg 2021, § 16, Rn. 15. Zur historischen Diskussion um die Weisungsunabhängigkeit, vgl. *W. Kluth*, Systemische Mängel im deutschen Rechtsstaat wegen fehlender Unabhängigkeit der Staatsanwaltschaften?, NVwZ 2019, 1175 (1176). Ausführlich dazu bereits *E.S. Carsten/E.C. Rautenberg*, Die Geschichte der Staatsanwaltschaft in Deutschland bis zur Gegenwart. Ein Beitrag zur Beseitigung ihrer Weisungsabhängigkeit von der Regierung im Strafverfahren, 3. Auflage, Baden-Baden 2015.

[10] Vgl. Art. 97 GG, § 151 GVG. Diskussion bei *H. Lilie*, Staatsanwaltschaft als Verwaltungsbehörde, als Organ der Rechtspflege, als Teil der Justiz – Zuordnung zur 3. Gewalt?, in: ders./Hiebl/Kassebohm (Hrsg.), Festschrift für Volkmar Mehle zum 65. Geburtstag am 11.11.2009, Baden-Baden 2009, 359.

[11] Erwägungen zur faktischen Unabhängigkeit der StA bei *J.-F. Kumkar*, Rechtsschutz gegen die Staatsanwaltschaft, Freiburg 2018, 122.

[12] Klassisch *E.C. Rautenberg*, Die Abhängigkeit der deutschen Staatsanwaltschaft, GA 2006, 356 (359).

[13] Konkretisiert insbesonders durch das Legalitätsprinzip, § 160 Abs. 2 StPO. *D. Wedel/I. Holznagel*, Leitlinien zur Sicherung der Unabhängigkeit der Staatsanwaltschaft. Vorschlag für eine praxisgerechte Beschränkung des externen Weisungsrechts, ZRP 2020, 143 (144).

[14] Darstellung bei *J. Eisele/C. Trentmann*, Die Staatsanwaltschaft – „objektivste Behörde der Welt“?, NJW 2019, 2365 (2366). Dazu auch *Gärditz* (Fn. 4), 135. Zur Unabhängigkeit der StA ferner *W. Maier*, Wie unabhängig sind Staatsanwälte in Deutschland?, ZRP 2003, 387.

nem ähnlich gelagerten Urteil zur Befugnis der niederländischen Staatsanwaltschaften bestätigt.[15] Im Dezember 2020 hat er dann für einen Sonderfall entschieden, dass die beschränkte Unabhängigkeit der Staatsanwaltschaften es zumindest nicht verunmögliche, Europäische Ermittlungsanordnungen zu erlassen.[16]

3. Reformbedarf

Aus diesem Sachverhalt ergibt sich für die nationale Verwaltungsorganisation ein Anpassungsbedarf.[17] Die hier dargestellte Problemstellung gehört – vergleichbar zu Datenschutz- und Regulierungsbehörden – zu den Fällen der unionsrechtlichen Anforderungen an weisungsfreie Räume. Er unterscheidet sich von ihnen jedoch insoweit, als dass das Unionsrecht in diesem konkreten Fall nicht die vollständige Unabhängigkeit der ganzen Organisationseinheit verlangt. Dies wäre auch nicht zulässig, da die Union zur Regelung der nationalen Justizorganisation nicht ermächtigt wurde. Gleichermaßen hat das beschränkte Verlangen der Unabhängigkeit der Staatsanwaltschaft im Hinblick auf den Erlass des EuHB eine zumindest mittelbar organisationsrechtliche Dimension.

Die Tatsache, dass der Europäische Gerichtshof am System der weisungsabhängigen Staatsanwaltschaft organisationsrechtliche Zweifel hinsichtlich der Partizipation in der Europäischen Strafverfolgungskooperation hat, lässt erwarten, dass weitere Entscheidungen folgen werden, die letztlich staatsanwaltschaftliche Einsatzmöglichkeiten beschneiden und die Zusammenarbeit in der Justiz gefährden. Dies folgt unter anderem daraus, dass die unabhängige Staats-

---

[15] EuGH, IWRZ 2021, 84.

[16] Dazu EuGH NJW 2021, 1373 (1374, Rn. 48) zum Verhältnis mit der vorherigen Rechtsprechung. Dazu auch *K.M. Böhm,* Aktuelle Entwicklungen im Auslieferungsrecht, NStZ 2021, 209 (212).

[17] Angesichts dieser Problemstellung soll hier nicht unbedingt die Frage sein, wie dieses konkrete Problem durch einfache Verfahrensanpassung zu einer zuträglichen Lösung gebracht werden kann. Entsprechende Möglichkeiten der Anpassung wurden in der Literatur schon vorgebracht und bedürfen keiner Ergänzung. Vor allem *Gärditz*, (Fn. 4), 133; *A. Roth*, Anmerkungen zu: EuGH (Große Kammer), 27.05.2019 – C-508/18, C-82/19 PPU (OG und PI): Ausstellung Europäischer Haftbefehle und Unabhängigkeit der Staatsanwaltschaft, GSZ 2019, 163. Siehe weitergehend *Wedel/Holznagel* (Fn. 13), 143; *D. Killmer*, Eine unabhängige Staatsanwaltschaft – Rückenwind aus Europa, DRiZ 2020, 304. Vgl. auch die Entscheidungsbesprechung bei *M. Ruffert*, Europarecht: Europäischer Haftbefehl von deutscher Staatsanwaltschaft. Deutschen Staatsanwaltschaften fehlt zur Ausstellung eines Europäischen Haftbefehls die hinreichende Unabhängigkeit, JuS 2019, 920. *Gärditz* (Fn. 4), 138 weist richtig darauf hin, dass der Gesetzgeber das Problem schnell durch eine Verschiebung der Zuständigkeit auf den Ermittlungsrichter, der nach § 162 Abs. 1 StPO in jedem Fall einen nationalen Haftbefehl erlassen müsste, lösen könnte.

anwaltschaft aus der Perspektive des Gerichtshofs ein unionsrechtliches Leitbild darstellt.[18]

Unabhängige Staatsanwaltschaften werden in Deutschland seit der sogenannten *netzpolitik.org* Affäre verstärkt diskutiert.[19] Um in dieser Diskussion eine Orientierung bieten zu können, sollen im Rahmen des bereits Erarbeiteten die rechtspolitischen Gestaltungsmöglichkeiten abgeklopft und gezeigt werden, wie sich anhand des 3-Stufen Tests die Frage der Unabhängigkeit der Staatsanwaltschaften produktiv *rechtlich* bewältigen lässt, indem ein äußerer Rahmen für die Organisationswahlentscheidung vorgegeben wird. Dabei soll sowohl die Organisationsgestaltung einer vollständig unabhängigen wie auch einer bereichsspezifisch unabhängigen Staatsanwaltschaft behandelt werden.

V. Anwendung des 3-Stufen Tests

Im Folgenden soll exemplarisch die Rechtmäßigkeit der im politischen Diskurs vorgeschlagenen Reaktionsmöglichkeiten auf der Grundlage des erarbeiteten 3-Stufen Tests demonstriert werden. Diese sehen eine verstärkte Unabhängigkeit der Staatsanwaltschaft mit unterschiedlicher Reichweite vor.

1. Politische Gestaltungsvorschläge

Während die vollständige Unabhängigkeit der Staatsanwaltschaft einer Forderung des Deutschen Richterbunds entspricht, haben Gesetzentwürfe der FDP[20] und von Bündnis 90/Die Grünen[21] vorgeschlagen, die Weisungsbefugnis auf sogenannte externe Weisungen oder auf evidente Rechtsfehler zu begrenzen. Auch der Referentenentwurf des Bundesministeriums für Justiz und Verbraucherschutz sieht eine Weisungsunabhängigkeit in eng umgrenzten Fällen vor.

[18] Dazu *E.C. Rautenberg*, Deutscher Widerstand gegen weisungsunabhängige Staatsanwaltschaft, ZRP 2016, 38 (38). Der EuGH verlangt etwa von den Justizbehörden eine hinreichende organisatorische Selbstständigkeit der Gerichte, Weisungsfreiheit, Unparteilichkeit, Unabsetzbarkeit sowie eine Alimentierung der Richterinnen und Richter. Vgl. EuGH, EuZW 2018, 469 (471).

[19] Siehe etwa, *H. Leyendecker/G. Mascolo*, Ermittlungen gegen netzpolitik.org – Anderen zur Warnung, Süddeutsche Zeitung v. 30. Juli 2015.

[20] BT-Drs. 19/11095.

[21] BT-Drs. 19/13516.

a) Der Vorschlag des Deutschen Richterbunds

Die weitreichendsten Vorschläge zur Unabhängigkeit der deutschen Staatsanwaltschaft kommen vom Deutschen Richterbund.[22] Diese umfassen eine Forderung nach einer vollständigen Aufhebung des Weisungsrechts, die einer Auskoppelung der Staatsanwaltschaften aus dem Exekutivzusammenhang gleichkommen würde. Umgesetzt werden soll dies durch einen neuen § 147 Abs. 3 S. 1 GVG mit dem Wortlaut: „Die Dienstaufsicht der Justizverwaltungen enthält nicht die Befugnis, Weisungen zur Sachbehandlung in Einzelfällen zu erteilen."[23] Ein weiteres Element der Auskoppelung stellt die vorgeschlagene Aufhebung des Status des Generalbundesanwalts als politischen Beamten dar, vgl. § 54 Abs. 1 Nr. 5 BBG.

b) Der Gesetzentwurf der FDP-Fraktion

Die FDP-Fraktion hat in ihrem Gesetzentwurf im Juni 2019 vorgeschlagen,[24] die §§ 144 bis 147 GVG zu reformieren, so dass lediglich das externe ministerielle Weisungsrecht abgeschafft wird. Zwar solle die Staatsanwaltschaft weiterhin einer Dienstaufsicht unterliegen, das inhaltliche und einzelfallbezogene Weisungsrecht solle jedoch entfallen. Das nicht auf den Einzelfall bezogene allgemeine Weisungsrecht sei hingegen beizubehalten.

c) Der Gesetzentwurf der Grünen-Fraktion

Die Fraktion von Bündnis 90/Die Grünen hat in einem Gesetzentwurf vom September 2019 vorgeschlagen,[25] das Einzelweisungsrecht im GVG auf „evident rechtsfehlerhafte Entscheidungen sowie Fehl- oder Nichtgebrauch von Ermessen" zu beschränken. Darüber hinaus seien verfahrensrechtliche Voraussetzungen für eine transparente Ausübung des Weisungsrechts zu bestimmen. Zudem solle der Status des Generalbundesanwalts als politischer Beamter entfallen.

d) Der Referentenentwurf

Nach dem Referentenentwurf des Bundesministeriums für Justiz und Verbraucherschutz von Anfang 2021 ist eine Ergänzung des § 147 GVG ge-

---

[22] *Deutscher Richterbund*, Stellungnahme zum Gesetzentwurf zur Stärkung der Unabhängigkeit der Staatsanwaltschaften und der strafrechtlichen Zusammenarbeit mit den Mitgliedstaaten der Europäischen Union, 2/2021, 2.

[23] DRB, Entwurf eines Gesetzes zur Änderung des 10. Titels des GVG (GVGÄndG), September 2015, S. 4, zitiert in Darstellung bei *Eisele/Trentmann* (Fn. 14), 2366.

[24] BT-Drs. 19/11095.

[25] BT-Drs. 19/13516.

plant,[26] der Aufsichts- und Leitungsbefugnisse den Bundes- und Landesjustizverwaltungsspitzen zuweist. Nach dem neuen § 147 Abs. 2 GVG sollen Weisungen nur in Bereichen, wo in tatsächlicher oder rechtlicher Hinsicht ein Entscheidungs- oder Beurteilungsspielraum besteht, sowie im Bereich der Ermessensausübung ergehen und zudem frei von justizfremden Erwägungen sein. Der neue § 147 Abs. 3 GVG soll normieren, dass Weisungen im Regelfall schriftlich und begründet zu ergehen haben. Nur sofern das nicht möglich sein sollte, besteht die Möglichkeit, die Schriftform bzw. die Begründung am nächsten Tage nachzuliefern. Um im Hinblick auf die Rechtsprechung zum EuHb sicher zu gehen, enthält er zudem in § 147 Abs. 4 GVG ein generelles Weisungsverbot für Entscheidungen nach dem 8. bis 11. und 13. Teil des IRG.

Der Koalitionsvertrag der Bundesregierung 2021–2025 unterstützt diese Vorgehensweise. Hier heißt es: „Entsprechend den Anforderungen des Europäischen Gerichtshofs (EuGH) passen wir das externe ministerielle Einzelfallweisungsrecht gegenüber den Staatsanwaltschaften an. Für den Vollzug eines Europäischen Haftbefehls bedarf es einer richterlichen Entscheidung."[27]

2. Einfluss- und Kontrollknicke

Staatsanwaltliche Entscheidungen erhalten ihre demokratische Legitimation über ein Zusammenwirken von personell-organisatorischer und sachlich-inhaltlicher Legitimation zu einem hinreichenden Legitimationsniveau. Personell-organisatorische Legitimation entsteht durch die Ernennung durch eine ihrerseits demokratisch legitimierte Amtsperson und fortwährende Nicht-Abberufung. Sachlich-inhaltliche Legitimation wird zum einen durch die genaue gesetzliche Determinierung des staatsanwaltlichen Handlungsprogramms erreicht, zum anderen durch die Möglichkeit konkret-individueller Weisungen ergänzt, die im Gleichlauf der Legitimation bis zur Ministerialspitze reichen. Der Legitimationsbedarf der Staatsanwaltschaft ist aufgrund ihrer zentralen Rolle im Ermittlungsverfahren (§ 170 Abs. 1 StPO) als besonders hoch einzuschätzen.[28]

---

[26] *B. v. Heintschel-Heinegg/E. Wirth*, Die externe Einzelweisungsabhängigkeit der deutschen Staatsanwaltschaften und der Europäische Haftbefehl, GSZ 2022 183 (183) weisen darauf hin, dass der Referentenentwurf maßgeblich aus der Feder des Bundesanwalts beim Bundesgerichtshofs *Frank Wallenta* stammt, der seinen Vorschlag in der kurzen Monographie Deutsche Staatsanwaltschaften zwischen Verfassungsrecht und Europäischem Leitbild, Baden-Baden 2021, 36 ff. ausführlich begründet hat.

[27] Koalitionsvertrag 2021–2015 „Mehr Fortschritt wagen" zwischen der SPD, Bündnis 90/Die Grünen und der FDP vom 7. Dezember 2021, S. 84.

[28] Nichts anderes ergibt sich aus dem Legalitätsprinzip (§ 152 II StPO), denn auch Sachverhaltsfeststellung und Normauslegung sind legitimationsbedürftige Entscheidungen. Überzeugend *Gärditz* (Fn. 4), 137. Detailliert auch *Barczak* (Fn. 1), 1132–33.

Eine vollständige oder bereichsspezifische Weisungsunabhängigkeit würde einen Einfluss- und aufgrund der defizitären parlamentarischen Kontrollmöglichkeiten auch einen Kontrollknick verursachen.[29] In der jeweils unterschiedlich vorgeschlagenen Reichweite ergeben sich im Hinblick auf den besonderen Legitimationsbedarf der Staatsanwaltschaft Fälle von unzureichendem Legitimations- und Kontrollniveau.

3. Kompensation

Zentrale Frage der Kompensation ist es, inwieweit bei Defiziten in Legitimations- oder Kontrollniveau der jeweilige Gegenpart den Äquivalenzzusammenhang der Zurechnung tatsächlich und effektiv herstellen kann. In diesem Rahmen sind die zur Staatsanwaltschaft vorgebrachten Vorschläge zu diskutieren.

a) Kompensation durch Disziplinarrecht

Zum Teil wird vertreten, dass durch das Amtsstrafrecht bzw. das Disziplinarrecht kompensatorische Wirkung im Hinblick auf den Weisungszusammenhang eintreten könne. Von vornherein ist die Entscheidungsfreiheit der Beamten der Staatsanwaltschaft durch das Legalitätsprinzip eingeschränkt, das sie verpflichtet, wegen aller Straftaten einzuschreiten, sofern hinreichende tatsächliche Ansatzpunkte vorliegen, vgl. § 152 Abs. 2 StPO.[30] Strafbewehrt sind sowohl die Fälle, dass eine Verfolgung unzulässigerweise unterbleibt (§ 258a StGB), als auch die Fälle, dass sie trotz Fehlen von Ansatzpunkten stattfindet (§ 344 StGB). Durch diesen Rahmen wird auch das Weisungsrecht begrenzt, da auch der Anweisende als Teilnehmer bzw. mittelbarer Täter bestraft werden könnte.[31]

Kompensierende Wirkung im Hinblick auf die Legitimation können jedoch weder das Disziplinarrecht noch das Amtsstrafrecht haben, da sie eine andere Stoßrichtung aufweisen. Sie schaffen es gerade nicht die Entscheidung in den demokratischen Zurechnungszusammenhang einzubinden.

---

[29] Kritisch dementsprechend *Bundesrechtsanwaltskammer*, Referentenentwurf eines Gesetzes zur Stärkung der Unabhängigkeit der Staatsanwaltschaften und der strafrechtlichen Zusammenarbeit mit den Mitgliedstaaten der Europäischen Union, Stellungnahme 31/2021. v. 6. April 2021.

[30] *S. Peters*, in: Schneider (Hrsg.), Münchener Kommentar zur Strafprozessordnung, Bd. II, 1. Auflage, München 2016, § 152, Rn. 51.

[31] *Gärditz* (Fn. 4), 135.

b) Kompensation durch Klageerzwingungsverfahren

Man könnte zumindest daran denken, dass eine solche Rückbindung an den Zurechnungszusammenhang durch die Einräumung eines ministeriellen Klageerzwingungsverfahrens nach dem Modell des § 172 Abs. 2 StPO ermöglicht werden könnte.[32] Dies entspricht aber wohl kaum der Verwaltungswirklichkeit.[33] Denn dafür, dass das Klageerzwingungsverfahren greift, wäre es erforderlich, dass ein vollständig ausermittelter Fall, bei dem eine Verurteilung bei objektiver Betrachtung der Sachlage wahrscheinlich erscheint, letztlich nicht angeklagt wird. Dies scheint im Hinblick darauf, dass Strafverfahren in der Regel dort versanden, wo schon nicht hinreichend ermittelt wird, abwegig.[34]

4. Verfassungsrechtliche Rechtfertigung

Nachdem es sich bei der sowohl bereichsspezifisch als auch vollständig weisungsunabhängigen Staatsanwaltschaft um unkompensierte Legitimations- und Kontrolldefizite handeln würde, ist die Frage, welche Rechtfertigungsmöglichkeiten zur Verfügung stehen.

Die weiterführende Frage, ob es erforderlich sein könnte, den Status des Generalbundesanwalts als politischen Beamten zu verändern, soll hingegen ausgeblendet werden.[35] Diese politische Leitentscheidung weist insbesondere im Hinblick auf den besonders sensiblen Aufgabenbereich der Staatsschutzdelikte[36] und auf die nach wie vor sehr umstrittene Rechtsfigur des politischen Beamten als „Transformationsamt“[37] zwischen Regierung und Verwaltung über den allein organisationrechtlichen Problemkreis zu deutlich hinaus.

a) Ausschließender Grund durch unionsrechtliche Steuerungsvorgabe?

Zunächst ist bedeutsam, dass im Fall der weisungsunabhängigen Staatsanwaltschaften kein ausschließender Grund in Form einer unionsrechtlichen Steuerungsanweisung vorliegt. Das Urteil des Europäischen Gerichtshofs verlangt lediglich für die Teilnahme an der Europäischen Strafverfolgungskooperation eine unabhängige Justizbehörde. Das Thema gehört damit – vergleichbar zu Datenschutz- und Regulierungsbehörden – zu den Fällen der unionsrechtli-

[32] So etwa *Kluth*, (Fn. 9), 1178.
[33] *Gärditz* (Fn. 4), 137.
[34] Skeptisch dementsprechend auch *Barczak* (Fn. 1), 1132–33.
[35] Dazu etwa kritisch *T. Harden*, Der Generalbundesanwalt – ein politischer Beamter? Ein Plädoyer für die Abschaffung dieses Sonderstatus, ZRP 2020, 148.
[36] Vgl. § 142 Abs. 1 iVm § 120 GVG.
[37] Dazu umfassend *A. Steinbach*, Der politische Beamte als verfassungsrechtliches Problem, VerwArch 2018, 2.

chen Anforderungen an weisungsfreie Räume. Es unterscheidet sich von ihnen jedoch insoweit, als dass das Unionsrecht in diesem konkreten Fall nicht die vollständige Unabhängigkeit der ganzen Organisationseinheit verlangt. Dies wäre auch nicht zulässig, da die Union zur Regelung der nationalen Justizorganisation nicht ermächtigt wurde.[38] Gleichermaßen hat das beschränkte Verlangen der Unabhängigkeit der Staatsanwaltschaft im Hinblick auf den Erlass des EuHB eine organisationsrechtliche Dimension. Es ist jedoch nur mittelbar organisationsbezogen.

b) Legitimes Ziel

Im Rahmen der verfassungsrechtlichen Rechtfertigung ist zunächst festzustellen, dass die Forderung nach der unabhängigen Staatsanwaltschaft ein legitimes Ziel in Form der Distanzierungsfunktion verfolgt.[39] Die Möglichkeit der politischen Einflussnahme auf Staatsanwaltschaften stellt ein Organisationsproblem dar, das ihre Funktionsfähigkeit beeinträchtigt. Strafverfolgung soll sich am Legalitätsprinzip orientieren und damit soweit möglich Objektivität und Neutralität garantieren. Politische Strafverfolgung findet nicht statt. Mit der Weisungsfreistellung in ihren verschiedenen Ausprägungen wird intendiert, die Möglichkeit politischer Einflussnahme auf Staatsanwaltschaften zu vermeiden.

c) Verhältnismäßigkeit der Freistellung von Weisungen

Die komplette Auskoppelung aus dem demokratischen Weisungszusammenhang hätte ein stärkeres Legitimations- und Kontrolldefizit zur Folge, das im Sinne praktischer Konkordanz nur durch eine Begründung mit besonderer Überzeugungskraft zu rechtfertigen wäre. Für eine Beibehaltung demokratischer Rückanbindung spricht indes,[40] dass die Strafverfolgung zu den hoheitlichen Kernaufgaben gehört. Im Unterschied zu richterlicher Tätigkeit findet das Öffentlichkeitsprinzip als besondere Kontrollform auf staatsanwaltliche Ermittlungs- und Vollstreckungsmaßnahmen keine Anwendung.[41] Während sie bei Einstellungen Freisprüche vorwegnehmen und damit urteilsähnliche

[38] Sehr restriktiv *Barczak* (Fn. 1), 1127.

[39] *Gärditz* (Fn. 4), 135: „Gleichwohl ist die latente Weisungsunterworfenheit als Bestandteil des organisationsrechtlichen Settings, das Rückwirkungen auf die Sachentscheidungen hat, nicht zu unterschätzen. Gerade in denjenigen Fällen, in denen es ausnahmsweise zu Weisungen kommt, geht es durchweg um Politika und brisante Sonderkonstellationen. Ausnahmeinstrumente müssen sich nicht in der täglichen Routine, sondern gerade im Konfliktfall bewähren."

[40] Darstellung im Folgenden auch bei *Wedel/Holznagel* (Fn. 13), 145.

[41] *G. Andoor*, Weisungsrecht gegenüber der Staatsanwaltschaft abschaffen?, ZRP 2019, 154.

Handlungsqualität besitzen, können sie andererseits zum Teil heftige Auflagen und Sanktionen imponieren.

Eine vollständige oder teilweise Freistellung von Weisungen würde die Verwirklichung des Demokratieprinzips insoweit schwächen.[42] Hier ist nach der Systematik des § 147 GVG zwischen verschiedenen Typen von Weisungen zu unterscheiden. Allgemeine Weisungen beziehen sich auf die vom Einzelfall abstrahierende Form der Aufgabenerledigung, sind also je nach Ausgestaltung meist Verwaltungsvorschriften, die sich als Binnenrecht an eine ganze Organisationseinheit richten. Sie sind aber auch im Hinblick auf die generelle Aufgabenerledigung einer bestimmten Amtsperson denkbar. Konkrete Weisungen ergehen hingegen im Einzelfall. Eine Beschränkung auf abstrakt-generelle Weisungen, wie in den Entwürfen vorgeschlagen, würde die unionsrechtliche Spannung zwar auflösen. Sie wäre aber gleichermaßen nicht in der Lage den demokratischen Zurechnungszusammenhang *im Einzelfall* herzustellen. Dies gilt insbesondere, da politische Einflussnahmen nicht flächendeckend, sondern in besonders gelagerten Einzelfällen erfolgen.

Eine Beschränkung auf eine Freistellung von konkreten Weisungen würde das hier verfolgte Ziel genauso fördern. Sie unterbricht zwar ebenfalls den demokratischen Zurechnungszusammenhang, lässt aber Teile der exekutiven Konkretisierungsleistung im hierarchischen Aufbau intakt. Sie wäre daher im Sinne der Funktionsgerechtigkeit vorzugswürdig.

Auch der Unterschied von internen und externen Weisungen wird in § 147 GVG genannt. Interne Weisungen stammen aus der staatsanwaltlichen Hierarchie, während externe Weisungen vom Ressortminister stammen. Soweit eine Beschränkung auf interne Weisungen vorgeschlagen wird, würde dies den zur Regierung bestehenden Zurechnungszusammenhang unterbrechen, jedoch gleichzeitig den jeweiligen Behördenleiter der Staatsanwaltschaft in eine politische Position bringen. Der demokratische Zurechnungszusammenhang wäre unterbrochen, gleichzeitig bedeutete dies eine Art staatsanwaltliche Selbstverwaltung, ohne dass dies mit vergleichbaren Willensbildungsmechanismen korrespondierte. Hier ist fraglich, ob eine solche Konstruktion die Rationalität staatsanwaltlicher Entscheidungen fördern würde.

Im Ergebnis lässt sich zwar darüber streiten, ob im Rahmen der organisationsgesetzgeberischen Gestaltungsfreiheit eine komplette Freistellung von Weisungen im Rahmen des weiten Organisationsermessens grundsätzlich möglich wäre.[43] In jedem Fall würde dies aber wiederum die gleichzeitige Etablierung anderer Sicherungsmechanismen erfordern, die in der Lage wären,

---

[42] Zum Vorschlag „praktischer Konkordanz" im Hinblick auf die Staatsanwaltschaften *Wedel/Holznagel* (Fn. 13), 145.

[43] Dafür etwa *M. Sachs*, in: ders. (Hrsg.), Grundgesetz Kommentar, 9. Auflage, München 2021, Art. 20, Rn. 87. Dagegen *Wedel/Holznagel* (Fn. 13), 145; *Gärditz* (Fn. 4), 139.

bestimmte Verselbständigungsrisiken aufzufangen. Zu denken wäre etwa an eine unmittelbare parlamentarische Verantwortung der Behördenleiter, die ähnlich eines Bundesministers direkt ernannt, abberufen und vom Vertrauen des Parlaments abhängig wären. Auch eine strikt gerichtlich kontrollierte Gesetzesbindung wäre denkbar.[44]

Durch eine Weisungsfreistellung kann zwar das vorgegebene Ziel, sachfremde und aus dem politischen System stammende Motive aus dem staatsanwaltlichen Entscheidungsprozess herauszuhalten, gefördert werden. Die Forderung der vollständigen Freistellung übersieht jedoch, dass das angestrebte Ziel bereits genauso gut erreicht werden kann, wenn lediglich eine Teilfreistellung von Weisungen erfolgt.

Der Referentenentwurf koppelt indes richtigerweise Weisungen an eine bestimmte Art von Entscheidungen (Beurteilungsspielraum, Ermessen), die typischerweise mit besonders weitreichenden Entscheidungsspielräumen einher gehen. Diese haben in der Regel einen besonders hohen Legitimationsbedarf. Die dort ebenfalls vorgesehene Begründungspflicht für Weisungen wird in der Praxis sachfremde Weisungen ausschließen. In der vom Referentenentwurf formulierten Weise wird der Begründung vor allem vorwiegend eine Transparenz- und Dokumentationsfunktion zukommen, während die Rationalisierungsfunktion eher in den Hintergrund rückt. Der explizite Ausschluss des Weisungsrechts im Hinblick auf den EuHB antizipiert bereits mögliche Zweifel des Europäischen Gerichtshofs an der Reichweite der vorgeschlagenen Lösung und soll die Partizipation der deutschen Behörden in der Europäischen Strafverfolgungskooperation sicherstellen.

5. Diskussion

Zweierlei ist festzustellen. Zunächst folgen die Darstellungen in der Literatur, die die Frage der unabhängigen Staatsanwaltschaften ausführlich verarbeiten, *methodisch* bereits der Systematik von Defizit – Kompensation – Rechtfertigung.[45] Der vom Verfassungsgericht zunehmend konkretisierte 3-Stufen Test ist demnach kein neuer oder gar die klassische Beurteilung verändernder Maßstab. Vielmehr stellt er einen Schritt zu sich verdichtender rechtswissenschaftlicher Dogmatik dar, die in der Lage sein kann, komplexe Problemlagen methodisch zu prozeduralisieren.

Zum anderen ist die hier unionsrechtlich induzierte Unabhängigkeit der Staatsanwaltschaften exemplarisch dafür zu sehen, wie die Verfassungsord-

[44] *Wedel/Holznagel* (Fn. 13).

[45] *Wedel/Holznagel* (Fn. 13), 145; *Gärditz* (Fn. 4), 138: „funktionales Äquivalent“. Gut sichtbar auch bei *Barczak* (Fn. 1), 1134.

nung einen Rahmen für die Ausübung von legislativen und exekutiven Organisationswahlentscheidungen darstellt. Sowohl die generelle Weisungsfreiheit wäre bei weiteren Anpassungen des institutionellen Kontrollrahmens und der direkten parlamentarischen Verantwortlichkeit der Behördenspitze möglich. Diese würde im Ergebnis stärker dem Modell des eigenständigen Trägers ähneln. Darüber hinaus wäre auch die schlankere Lösung der sehr begrenzten Weisungsfreistellung für bestimmte Entscheidungen und Fälle denkbar, die die Staatsanwaltschaft organisatorisch stärker innerhalb der Exekutive belässt.

Literatur

Abelein, Manfred: Rechtsstaat und besonderes Gewaltverhältnis, ZfP 1967, S. 313–332.

Abensour, Miguel: Demokratie gegen den Staat, Berlin 2012.

Achterberg, Norbert: Allgemeines Verwaltungsrecht – ein Lehrbuch, 3. Auflage, Heidelberg 1988.

Adams, Guy B./Balfour, Danny L.: Unmasking Administrative Evil, 1. Auflage, Thousand Oaks/London/New Delhi 1998.

Albers, Marion: Die Komplexität verfassungsrechtlicher Vorgaben für das Wissen der Verwaltung. Zugleich ein Beitrag zur Systembildung im Informationsrecht, in: Peter Collin/Indra Spiecker gen. Döhmann (Hrsg.): Generierung und Transfer staatlichen Wissens im System des Verwaltungsrechts, Tübingen 2008, S. 45–64.

Anderheiden, Michael: Gemeinwohl in Republik und Union, Tübingen 2006.

Andoor, George: Weisungsrecht gegenüber der Staatsanwaltschaft abschaffen?, ZRP 2019, S. 154.

Anschütz, Gerhard: Georg Meyers Lehrbuch des Deutschen Staatsrechts, 7. Auflage, München 1919.

Anschütz, Gerhard/Thoma, Richard: Handbuch des deutschen Staatsrechts, Bd. II, 1. Auflage, Tübingen 1932.

Appel, Ivo: Das Verwaltungsrecht zwischen klassischem dogmatischen Verständnis und steuerungswissenschaftlichem Anspruch, VVDStRL (67) 2008, S. 226–285.

Argyris, Chris/Schön, Donald A.: Die lernende Organisation. Grundlagen, Methode, Praxis, 3. Auflage, Stuttgart 2006.

Auer, Marietta: Der privatrechtliche Diskurs der Moderne, Tübingen 2014.

Auby, Jean-Bernard: Die Transformation der Verwaltung und des Verwaltungsrechts, in: Armin v. Bogdandy/Pedro Cruz Villalón/Peter M. Huber (Hrsg.): Handbuch Ius Publicum Europaeum, Bd. III, Heidelberg 2010, § 56, S. 577–606.

Augsberg, Ino: Verwaltung und Empire, in: Wolfgang Kahl/Markus Ludwigs (Hrsg.): Handbuch des Verwaltungsrechts, Bd. I, Grundstrukturen des deutschen Verwaltungsrechts, Heidelberg 2021, § 27, S. 1073–1104.

–: Konzepte rechtlicher Steuerung und die Verteilung von Wissen im Bereich der Administrative, VerwArch 2020, S. 36–60.

–: Verantwortung als Reflexion. Die Konstruktion multilateraler Verantwortung im Informationsverbund, Rechtswissenschaft. Zeitschrift für rechtswissenschaftliche Forschung 2019, S. 109–122.

–: Die Verwaltung als Akteur gesellschaftlicher Wissensgenerierung, Die Verwaltung 2018, S. 351–365.

–: Demokratische Aufklärung. Dietrich Jeschs Neubestimmung der Verwaltungsrechtsdogmatik unter dem Grundgesetz, in: Carsten Kremer (Hrsg.): Die Verwaltungsrechtswissenschaft in der frühen Bundesrepublik (1949–1977), Tübingen 2017, S. 287–304.

–: Extrajuridisches Wissen im Verwaltungsrecht. Analysen und Perspektiven, Tübingen 2013.
–: Multi-, inter-, transdisziplinär? Zum Erfordernis binnenjuristischer Metaregeln für den Umgang mit extrajuridischem Wissen im Verwaltungsrecht, in: ders. (Hrsg.): Extrajuridisches Wissen im Verwaltungsrecht. Analysen und Perspektiven, Tübingen 2013, S. 3–34.
Augsberg, *Ino*/*Augsberg*, *Steffen*/*Heidbrink*, *Ludger*: Einleitung, in: dies. (Hrsg.): Recht auf Nicht-Recht. Rechtliche Reaktionen auf die Juridifzierung der Gesellschaft, Weilerswist 2020, S. 7–23.
Augsberg, *Steffen*: „Sternstunden des Parlaments"? Ideal und Wirklichkeit biopolitischer Entscheidungsfindung in der repräsentativen Demokratie, in: Stephan Rixen (Hrsg.): Die Wiedergewinnung des Menschen als demokratisches Projekt, Bd. II, Partizipationsfreundliche Institutionenarragnements und wahrheitsorientierte Biopolitik, Tübingen 2018, S. 169–182.
–: Hans Peters – Lehrer der Verwaltung, in: Carsten Kremer (Hrsg.): Die Verwaltungsrechtswissenschaft der frühen Bundesrepublik, Tübingen 2017, S. 31–48.
–: Autonomie und Unabhängigkeit: Unionale Einflüsse auf das nationale Verwaltungsorganisationsrecht, in: Malte Kröger/Arne Pilniok (Hrsg.): Unabhängiges Verwalten in der Europäischen Union, Tübingen 2016, S. 19–34.
–: Gesellschaftlicher Wandel und Demokratie: Die Leistungsfähigkeit der parlamentarischen Demokratie unter Bedingungen komplexer Gesellschaften, in: Hans Michael Heinig/Jörg Philipp Terhechte (Hrsg.): Postnationale Demokratie, Postdemokratie, Neoetatismus. Wandel klassischer Demokratievorstellungen in der Rechtswissenschaft, Tübingen 2013, S. 27–54.
Aust, *Helmut Philipp*: Zweierlei Integrationsverantwortung – Zur Begründung und Tragweite eines verfassungsrechtlichen Schlüsselbegriffs in der Rechtsprechung der beiden Senate des Bundesverfassungsgerichts, EuGRZ 2020, S. 410–419.
–: Grundrechtsdogmatik im Staatsorganisationsrecht?, AöR 141 (2016), S. 415–448.
Austermann, *Philipp*: Selbstorganisation und Organe des Parlaments, in: ders./Christian Waldhoff (Hrsg.): Parlamentsrecht, Heidelberg 2020, § 6, S. 133–197.
Axer, *Peter*: Selbstverwaltung als Organisationstyp, in Wolfgang Kahl/Markus Ludwigs (Hrsg.): Handbuch des Verwaltungsrechts, Bd. III, Verwaltung und Verfassungsrecht, Heidelberg 2022, § 62, S. 173–210.
–: Mehrwert durch Parafiskalität, in: Claudia Maria Hofmann/Indra Spiecker gen. Döhmann/Astrid Wallrabenstein (Hrsg.): Mehrwert der Selbstverwaltung, Berlin 2020, S. 85–104.
–: Soziale Gleichheit – Voraussetzung oder Aufgabe der Verfassung?, VVDStRL (68) 2011, S. 177–218.
–: Zur demokratischen Legitimation in der gemeinsamen Selbstverwaltung – dargestellt am Beispiel des Bundesausschusses der Ärzte und Krankenkassen, in: Friedrich E. Schnapp (Hrsg.): Funktionale Selbstverwaltung und Demokratieprinzip – am Beispiel der Sozialversicherung: Tagungsband zum 8. Fachkolleqium des Instituts für Sozialrecht am 28./29. Juni 2000 in Bochum, Frankfurt am Main 2001, S. 115–150.
–: Normsetzung der Exekutive in der Sozialversicherung: Ein Beitrag zu den Voraussetzungen und Grenzen untergesetzlicher Normsetzung im Staat des Grundgesetzes, Tübingen 2000.
Bäcker, *Carsten*: Was bedeuten Begründungen für juristische Entscheidungen? Neun

Thesen, in: Stephan Kirste (Hrsg.): Interdisziplinarität in den Rechtswissenschaften: ein interdisziplinärer und internationaler Dialog, Berlin 2016, S. 231–251.
Bachof, Otto: Über öffentliches Recht, in: ders./Ludwig Heigl/Konrad Redeker (Hrsg.): Verwaltungsrecht zwischen Freiheit, Teilhabe und Bindung. Festgabe aus Anlaß des 25-jährigen Bestehens des Bundesverwaltungsgerichts, München 1978, S. 1–22.
Badura, Peter: Die parlamentarische Demokratie, in: Josef Isensee/Paul Kirchhof (Hrsg.): HStR, Bd. II, 3. Auflage, Heidelberg 2004, § 25, S. 497–540.
–: Grundrechte als Ordnung für Staat und Gesellschaft, in: Detlef Merten/Hans-Jürgen Papier (Hrsg.): HGR, Bd. I, Entwicklung und Grundlagen, Heidelberg 2004, § 20, S. 783–806.
–: Vorhabenplanung im Rechtsstaat, in: Wilfried Erbguth/Janbernd Oebbecke/Hans-Werner Rengeling/Martin Schulte (Hrsg.): Planung. Festschrift für Werner Hoppe zum 70. Geburtstag, München 2000, S. 167–182.
–: Verfassung und Verfassungsgesetz, in: Horst Ehmke/Joseph H. Kaiser/Wilhelm A. Kewenig/Karl Matthias Meessen/Wolfgang Rüfner (Hrsg.): Festschrift für Ulrich Scheuner zum 70. Geburtstag, Berlin 1973, S. 19–40.
–: Das Planungsermessen und die rechtsstaatliche Funktion des allgemeinen Verwaltungsrechts, in: Hans Domcke (Hrsg.): Verfassung und Verfassungsrechtsprechung. Festschrift zum 25-jährigen Bestehen des Bayerischen Verfassungsgerichtshofs, München 1972, S. 157–182.
–: Rechtsetzung durch Gemeinden, DÖV 1963, S. 561–570.
Baer, Susanne: Hemmung durch Verhältnismäßigkeit, in: Peter Friedrich Bultmann/Klaus Joachim Grigoleit/Christoph Gusy/Jens Kersten/Christian-W. Otto/Christina Preschel (Hrsg.): Allgemeines Verwaltungsrecht. Institute, Kontexte, System. Festschrift für Ulrich Battis zum 70. Geburtstag, München 2014, S. 117–126.
–: Verwaltungsaufgaben, in: Wolfgang Hoffmann-Riem/Eberhard Schmidt-Aßmann/Andreas Voßkuhle (Hrsg.): GVwR, Bd. I, Methoden, Maqßstäbe, Aufgaben, Organisation, 2. Auflage, München 2012, § 11, S. 779–823.
–: „Der Bürger" im Verwaltungsrecht. Subjektkonstruktion durch Leitbilder vom Staat, Tübingen 2006.
–: Vermutungen zu Kernbereichen der Regierung und Befugnissen des Parlaments, Der Staat 40 (2001), S. 525–552.
–: Ist Ruhe erste Bürgerpflicht?, oder: Zur Konstruktion des Bürgers durch Verfassungsrecht, KritV 1999, S. 5–26.
Bähr, Rolf: Die Vergabekommission der Filmförderungsanstalt: Struktur und Dynamik des Entscheidungsprozesses, in: Karl-Peter Sommermann (Hrsg.): Gremienwesen und staatliche Gemeinwohlverantwortung. Beiträge zu einem Forschungssymposium des Forschungsinstituts für Öffentliche Verwaltung am 27. und 28. April 2000 in Speyer, Berlin 2001, S. 39–52.
Barczak, Tristan: Die Staatsanwaltschaft als „Justizbehörde." Ein Grenzgang zwischen Zweiter und Dritter Gewalt, JZ 2020, S. 1125–1134.
Bartlsperger, Richard: Das Verfassungsrecht der Länder in der gesamtstaatlichen Verfassungsordnung, in: Josef Isensee/Paul Kirchhof (Hrsg.): HStR, Bd. VI, 3. Auflage, Heidelberg 2008, § 128, S. 231–270.
Bast, Jürgen: Völker- und unionsrechtliche Anstöße zur Entterritorialisierung des Rechts, VVDStRL (76) 2017, S. 277–314.
–: Don't Act Beyond Your Powers: The Perils and Pitfalls of the German Constitutional Court's Ultra Vires Review, German Law Journal 2014, S. 167–181.

Battis, Ulrich/Kersten, Jens: Demokratieprinzip und Mitbestimmung im öffentlichen Dienst, DÖV 1996, S. 584–591.

Bauer, Christian/Seckelmann, Margrit: Zentral, dezentral oder egal?, DÖV 2014, S. 951–960.

Bauer, Hartmut: Die Verfassungsentwicklung des wiedervereinten Deutschland, in: Josef Isensee/Paul Kirchhof (Hrsg.): HStR, Bd. I, 3. Auflage, Heidelberg 2003, § 14, S. 699–790.

Baumann, Anette: Die Reichsvizekanzler im 16. Jahrhundert – eine erste Annäherung, JöR 2016, S. 261–280.

Becker, Bernd: Öffentliche Verwaltung: Lehrbuch für Wissenschaft und Praxis, Percha am Starnberger See 1989.

–: Aufgabentyp und Organisationsstruktur von Verwaltungsbehörden, Die Verwaltung 1976, S. 273–296.

Becker, Carlos: Gegen das Recht oder gegen das Volk? Zum spannungsvollen Verhältnis von Demokratie und Widerstand in der aktuellen französischen Politischen Theorie, KritV 2014, S. 165–190.

Becker, Florian: Öffentliches und Privates Recht, NVwZ 2019, S. 1385–1392.

–: Verhältnismäßigkeit, in: Hanno Kube/Rudolf Mellinghoff/Gerd Morgenthaler/Ulrich Palm/Thomas Puhl/Christian Seiler (Hrsg.): Leitgedanken des Rechts – Paul Kirchhof zum 70. Geburtstag, Bd. I, Heidelberg 2013, § 21, S. 225–236.

–: Mitbestimmung in kommunalen Unternehmen, in: Thomas Mann/Günter Püttner (Hrsg.): Handbuch der kommunalen Wissenschaft und Praxis, Bd. II, 3. Auflage, Berlin/Heidelberg 2011, S. 357–378.

Becker, Florian/Ambrock, Jens: Öffentlich oder privat? – Kommunale Organisationshoheit in der Ver- und Entsorgung, Die Gemeinde 2011, S. 3–6.

Becker, Florian/Kammin, Julian: Kommunale Unternehmen im Spannungsfeld von privater Freiheit und verfassungsrechtlicher Bindung, NVwZ-Extra 2014, S. 1–7.

Becker, Joachim: Das Demokratieprinzip und die Mitwirkung Privater an der Erfüllung öffentlicher Aufgaben – zum Beschluss des Bundesverfassungsgerichts „Lippeverband und Enschergenossenschaft" vom 5. Dezember 2002, DÖV 2004, S. 910–915.

Benz, Arthur: Ein Gegenstand auf der Suche nach einer Theorie – ein Versuch, den Wandel des Staates zu begreifen, in: Andreas Voßkuhle/Christian Bumke/Florian Meinel (Hrsg.): Verabschiedung und Wiederentdeckung des Staates im Spannungsfeld der Disziplinen, Der Staat Beiheft 2013, S. 59–81.

Berg, Wilfried: Die öffentlichrechtliche Anstalt, NJW 1985, S. 2294–2301.

Berger, Ariane: Die Ordnung der Aufgaben im Staat. Zum Verfassungsgrundsatz getrennter Verwaltungsaufgaben, Tübingen 2016.

–: Staatseigenschaft gemischtwirtschaftlicher Unternehmen. Eine Untersuchung der staatlichen Qualität unternehmerischer Entscheidungen, Berlin 2006.

Biaggini, Giovanni: Grundverständnisse von Staat und Verwaltung, in: Armin v. Bogdandy/Sabino Cassese/Peter M. Huber (Hrsg.): Handbuch Ius Publicum Europaeum, Bd. III, Heidelberg 2010, § 53, S. 483–504.

Bickenbach, Christian: Die Einschätzungsprärogative des Gesetzgebers. Analyse einer Argumentationsfigur in der (Grundrechts-) Rechtsprechung des Bundesverfassungsgerichts, Tübingen 2014.

Binder, Reinhart: Optionen und Grenzen einer Strukturreform des öffentlich-rechtlichen Rundfunks, ZUM 2022, S. 880–892.

Birk, Dieter: Steuerung der Verwaltung durch Haushaltsrecht und Haushaltskontrolle, DVBl. 1983, S. 865–873.

Blanke, Thomas: Antidemokratische Effekte der verfassungsgerichtlichen Demokratietheorie, Kritische Justiz 1998, S. 452–471.

Bleek, Wilhelm: Von der Kameralausbildung zum Juristenprivileg. Studium, Prüfung und Ausbildung der höheren Beamten des allgemeinen Verwaltungsdienstes in Deutschland im 18. und 19. Jahrhundert, Berlin 1972.

Blessing, Matthias: Öffentlich-rechtliche Anstalten unter Beteiligung Privater. Verwaltungsorganisationsrecht, Gesellschaftsrecht und bundesstaatliche Kompetenzordnung, Baden-Baden 2008.

Blickle, Peter: Unruhen in der ständischen Gesellschaft: 1300–1800, 3. Auflage, München 2012.

Blöser, Claudia: Zurechnung bei Kant – zum Zusammenhang von Person und Handlung in Kants praktischer Philosophie, Berlin/Boston 2014.

Bogumil, Jörg/Grohs, Stephan/Kuhlmann, Sabine/Ohm, Anna K.: Zehn Jahre Neues Steuerungsmodell – Eine Bilanz kommunaler Verwaltungsmodernisierung, 2. Auflage, Berlin 2008.

Bogumil, Jörg/Jann, Werner: Verwaltung und Verwaltungswissenschaft in Deutschland. Einführung in die Verwaltungswissenschaft, 2. Auflage, Wiesbaden 2009.

Bokelmann, Erika: Die Ethik-Kommission bei der Landesärztekammer Hessen, in: Karl-Peter Sommermann (Hrsg.): Gremienwesen und staatliche Gemeinwohlverantwortung. Beiträge zu einem Forschungssymposium des Forschungsinstituts für Öffentliche Verwaltung am 27. und 28. April 2000 in Speyer, Berlin 2001, S. 101–104.

Böckenförde, Ernst-Wolfgang: Demokratische Willensbildung und Repräsentation, in: Josef Isensee/Paul Kirchhof (Hrsg.): HStR, Bd. III, 3. Auflage, Heidelberg 2005, § 34, S. 31–54.

–: Demokratie als Verfassungsprinzip, in: Josef Isensee/Paul Kirchhof (Hrsg.): HStR, Bd. II, 3. Auflage, Heidelberg 2004, § 24, S. 429–496.

–: Verfassungsgerichtsbarkeit. Strukturfragen, Organisation, Legitimation, in: ders. (Hrsg.): Staat, Nation, Europa. Studien zur Staatslehre, Verfassungstheorie und Rechtsphilosophie, 2. Auflage, Frankfurt am Main 2000, S. 157–182.

–: Organisationsgewalt und Gesetzesvorbehalt, NJW 1999, S. 1235–1236.

–: Die Organisationsgewalt im Bereich der Regierung – eine Untersuchung zum Staatsrecht der Bundesrepublik Deutschland, 2. Auflage, Berlin 1998.

–: Der Zusammenbruch der Monarchie und die Entstehung der Weimarer Republik, in: Kurt G.A. Jeserich/Hans Pohl/Georg-Christoph v. Unruh (Hrsg.): Deutsche Verwaltungsgeschichte, Bd. IV, Das Reich als Republik und in der Zeit des Nationalsozialismus, Stuttgart 1985, § 1, S. 1–23.

–: Mittelbare/repräsentative Demokratie als eigentliche Form der Demokratie, in: Georg Müller (Hrsg.): Staatsorganisation und Staatsfunktionen im Wandel. Festschrift für Kurt Eichenberger zum 60. Geburtstag, Basel/Frankfurt am Main 1982, S. 301–328.

–: Gesetz und gesetzgebende Gewalt. Von den Anfängen der deutschen Staatsrechtslehre bis zur Höhe des staatsrechtlichen Positivismus, 2. Auflage, Berlin 1981.

–: Der Verfassungstyp der deutschen konstitutionellen Monarchie im 19. Jahrhundert, in: ders. (Hrsg.): Moderne deutsche Verfassungsgeschichte (1815–1914), 2. Auflage, Königstein 1981, S. 146–170.

–: Die verfassungstheoretische Unterscheidung von Staat und Gesellschaft als Bedin-

gung der individuellen Freiheit (178. Sitzung am 12. Juli 1972 in Düsseldorf), Opladen 1973.
–: Organ, Organisation, Juristische Person. Kritische Überlegungen zu den Grundbegriffen und der Konstruktionsbasis des staatlichen Organisationsrechts, in: Christian Friedrich Menger (Hrsg.): Fortschritt des Verwaltungsrechts. Festschrift für Hans J. Wolff zum 75. Geburtstag, München 1973, S. 269–306.
–: Die Organisationsgewalt im Bereich der Regierung – eine Untersuchung zum Staatsrecht der Bundesrepublik Deutschland, Berlin 1964.
Böhm, Klaus Michael, Aktuelle Entwicklungen im Auslieferungsrecht, NStZ 2021, S. 209–216.
–: Ohrfeige für Musterknaben – Deutsche Staatsanwaltschaft ist keine unabhängige Behörde, NZWiSt 2019, S. 325–332.
Böhm, Monika: Dynamische Grundrechtsdogmatik von Ehe und Familie?, VVDStRL (73) 2014, S. 211–256.
–: Ressortübergreifende Mitbestimmung im öffentlichen Dienst – (Verfassungs-) rechtliche Verankerung und Lücken, DÖV 2011, S. 300–304.
Bonazzi, Giuseppe/Tacke, Veronika/Crozier, Michel: Bürokratisches System und Strategien der Akteure, in: Veronika Tacke/Guiseppe Bonazzi (Hrsg.): Geschichte des organisatorischen Denkens, 2. Auflage, Wiesbaden 2014, S. 241–259.
Borowski, Martin: Subjekte der Verfassungsinterpretation, in: Josef Isensee/Paul Kirchhof (Hrsg.): HStR, Bd. XII, 3. Auflage, Heidelberg 2014, § 274, S. 761–782.
Botta, Jonas: Unabhängige Polizeibeauftragte, JZ 2022, S. 664–672.
Brandl-Michel, Philipp: Maßstäbe demokratischer Legitimation. Eine Betrachtung des rechtswissenschaftlichen Diskurses über Demokratiemaßstäbe im deutschen Verfassungsrecht und dem Primärrecht der Europäischen Union, Baden-Baden 2021.
Braun Binder, Nadja: Verwaltungsrecht und Verwaltungslehre, in: Wolfgang Kahl/Markus Ludwigs (Hrsg.): Handbuch des Verwaltungsrechts, Bd. I, Grundstrukturen des deutschen Verwaltungsrechts, Heidelberg 2021, § 13, S. 495–516.
Bredt, Stephan: Die demokratische Legitimation unabhängiger Institutionen. Vom funktionalen zum politikfeldbezogenen Demokratieprinzip, Tübingen 2006.
Brenner, Michael: Staatsaufgaben, in: Otto Depenheuer/Christoph Grabenwarter (Hrsg.): Verfassungstheorie, Tübingen 2010, § 25, S. 837–883.
–: Gesellschaftsrechtliche Ingerenzmöglichkeiten von Kommunen auf privatrechtlich ausgestaltete kommunale Unternehmen, AöR 127 (2002), S. 222–251.
–: Die Neugestaltung gemeindlicher Einwirkungs- und Kontrollrechte auf privatrechtliche Unternehmen in Thüringen und die kommunale Selbstverwaltungsgarantie, LKV 2002, S. 7–12.
Breuer, Rüdiger: Die öffentlich-rechtliche Anstalt, VVDStRL (44) 1986, S. 211–247.
Breuer, Stefan: Bürokratie und Charisma. Zur politischen Soziologie Max Webers, Darmstadt 1994.
Brinktrine, Ralf: Maßnahmen der Kommunalaufsicht im Spiegel der verwaltungsgerichtlichen Rechtsprechung, Die Verwaltung 2009, S. 565–587.
–: Organisationsgewalt der Regierung und der Vorbehalt des Gesetzes – zur Reichweite der „Wesentlichkeitstheorie" am Beispiel der Zusammenlegung von Justiz- und Innenministerium in Nordrhein-Westfalen, Jura 2000, 123–132.
Brinktrine, Ralf/Stich, Stephanie: Die Kommunalaufsicht und ihre Maßnahmen im Fokus der verwaltungs- und zivilgerichtlichen Judikatur, Die Verwaltung 2016, S. 81–103.

Britz, Gabriele: Verfassungsrechtliche Verfahrens- und Rationalitätsanforderungen an die Gesetzgebung, Die Verwaltung 2017, S. 421–431.

–: Organisation und Organisationsrecht der Regulierungsverwaltung in der öffentlichen Versorgungswirtschaft, in: Michael Fehling/Matthias Ruffert (Hrsg.): Regulierungsrecht, Tübingen 2010, § 21, S. 1148–1199.

–: Die Mitwirkung Privater an der Wahrnehmung öffentlicher Aufgaben durch Einrichtungen des öffentlichen Rechts – Verwaltungsorganisation zwischen Legitimationserfordernis und Rationalisierungswunsch, VerwArch 2000, S. 418–437.

–: Bundeseigenverwaltung durch selbstständige Bundesoberbehörden nach Art. 87 III 1 GG, DVBl. 1998, S. 1167–1174.

Britz, Gabriele/Hellermann, Johannes/Hermes, Georg (Hrsg.): EnWG Kommentar, 3. Auflage, München 2015.

Brockhorst, Bettina: Die Bundesprüfstelle für jugendgefährdende Schriften, in: Karl-Peter Sommermann (Hrsg.): Gremienwesen und staatliche Gemeinwohlverantwortung, Beiträge zu einem Forschungssymposium des Forschungsinstituts für Öffentliche Verwaltung am 27. und 28. April in Speyer, Berlin 2001, S. 95–100.

Broemel, Roland: Regulierungskonzepte als Kontrollmaßstab in der Telekommunikationsregulierung, JZ 2014, S. 286–294.

Brohm, Winfried: Die Dogmatik des Verwaltungsrechts vor den Gegenwartsaufgaben der Verwaltung, VVDStRL (30) 1972, S. 245–306.

–: Strukturen der Wirtschaftsverwaltung. Organisationsformen und Gestaltungsformen im Wirtschaftsverwaltungsrecht, Stuttgart 1969.

Brosius-Gersdorf, Frauke: Verfassungsrechtliches Ressortprinzip als Hindernis staatlicher Innovationen?, in: Hermann Hill/Utz Schliesky (Hrsg.): Innovationen im und durch Recht. E-Volution des Rechts- und Verwaltungssystems II, Baden-Baden 2010, S. 23–55.

–: Deutsche Bundesbank und Demokratieprinzip – eine verfassungsrechtliche Studie zur Bundesbankautonomie vor und nach der dritten Stufe der Europäischen Währungsunion, Berlin 1997.

Brugger, Matthias/Wenzl, Christiane: Selbstständig oder nicht selbstständig – Das Können und Dürfen eines Eigenbetriebs, DÖV 2022, S. 29–36.

Brüning, Christoph: Kommunale Selbstverwaltung, in: Wolfgang Kahl/Markus Ludwigs (Hrsg.): Handbuch des Verwaltungsrechts, Bd. III, Verwaltung und Verfassungsrecht, Heidelberg 2022, § 64, S. 255–298.

–: Zur Reanimation der Staatsaufsicht über die Kommunalwirtschaft, DÖV 2010, S. 553–559.

–: Der Private bei der Erledigung kommunaler Aufgaben, insbesondere der Abwasserbeseitigung und der Wasserversorgung, Berlin 1997.

Brüning, Christoph/Vogelgesang, Klaus: Die Kommunalaufsicht. Aufgaben – Rechtsgrundlagen – Organisation, 2. Auflage, Berlin 2009.

Brune, Jens Peter/Lang, Heinrich/Werner, Micha H.: Konzepte normativer Minimalstandards, in: dies. (Hrsg.): Konzepte normativer Minimalstandards. Ethische und rechtliche Perspektiven, Baden-Baden 2016, S. 7–22.

Brunkhorst, Hauke: Selbstbestimmung durch deliberative Demokratie, Leviathan 2017, S. 21–34.

–: Der lange Schatten des Staatswillenspositivismus. Parlamentarismus zwischen Untertanenrepräsentation und Volkssouveränität, Leviathan 2003, S. 362–381.

Bryde, Brun-Otto: Der Beitrag des Bundesverfassungsgerichts zur Demokratisierung

der Bundesrepublik, in: Robert Chr. Van Ooyen/Martin H.W. Möllers (Hrsg.): Handbuch Bundesverfassungsgericht im politischen System, 2. Auflage, Wiesbaden 2015, S. 321–332.
–: Das Demokratieprinzip des Grundgesetzes als Optimierungsaufgabe, in: Redaktion Kritische Justiz (Hrsg.): Demokratie und Grundgesetz. Eine Auseinandersetzung mit der verfassungsgerichtlichen Rechtsprechung, Baden-Baden 2000, S. 59–70.
–: Die bundesrepublikanische Volksdemokratie als Irrweg der Demokratietheorie, StWStP 1994, S. 305–330.
–: Die Einheit der Verwaltung als Rechtsproblem, VVDStRL (46) 1988, S. 182–217.
Buchheim, Johannes: Angemessenheit als prozedurales Kriterium? – Phänomen und normativer Beweggrund prozeduralisierender Angemessenheitskontrolle durch das Bundesverfassungsgericht, in: Matthias Jestaedt/Oliver Lepsius (Hrsg.): Verhältnismäßigkeit. Zur Tragfähigkeit eines verfassungsrechtlichen Schlüsselkonzepts, Tübingen 2015, S. 77–96.
Bull, Hans Peter: Die „völlig unabhängige" Aufsichtsbehörde. Zum Urteil des EuGH vom 09.03.2010 in Sachen Datenschutzaufsicht, EuZW 2010, S. 488–494.
–: Die Staatsaufgaben nach dem Grundgesetz, Frankfurt am Main u.a. 1973.
Bullinger, Martin: Fragen der Auslegung einer Verfassung, JZ 2004, S. 209–214.
Bumke, Christian: Die Entwicklung der Grundrechtsdogmatik in der deutschen Staatsrechtslehre unter dem Grundgesetz, AöR 144 (2019), S. 1–80.
–: Bundesverfassungsrecht in der Rechtsprechung des Bundesverwaltungsgerichts (2012–2017), Die Verwaltung 2018, S. 71–96.
–: Der Grundsatz der Verhältnismäßigkeit. Beispiele für eine rechtsimmanente Innovation im Recht, in: Wolfgang Hoffmann-Riem (Hrsg.): Innovation im Recht, Baden-Baden 2016, S. 117–143.
–: Die Pflicht zur konsistenten Gesetzgebung. Am Beispiel des Ausschlusses der privaten Vermittlung staatlicher Lotterien und ihrer bundesverfassungsrechtlichen Kontrolle, Der Staat 49 (2010), S. 77–105.
–: Die Entwicklung der verwaltungsrechtswissenschaftlichen Methodik in der Bundesrepublik Deutschland, in: Eberhard Schmidt-Aßmann/Wolfgang Hoffmann-Riem (Hrsg.): Methoden der Verwaltungsrechtswissenschaft, Baden-Baden 2004, S. 73–130.
–: Relative Rechtswidrigkeit. Systembildung und Binnendifferenzierung im Öffentlichen Recht, Tübingen 2004.
Burchardt, Dana: Die Ausübung der Identitätskontrolle durch das Bundesverfassungsgericht, ZaöRV 2016, S. 527–551.
Burgi, Martin: Die Deutsche Bahn zwischen Staat und Wirtschaft, NVwZ 2018, S. 601–609.
–: Der sog. Grundsatz der Selbstorganschaft als Privatisierungsgrenze, in: Markus Ludwigs (Hrsg.): Regulierender Staat und konfliktschlichtendes Recht. Festschrift für Matthias Schmidt-Preuß zum 70. Geburtstag, Berlin 2018, S. 343–357.
–: Intradisziplinarität und Interdisziplinarität als Perspektiven der Verwaltungsrechtswissenschaft, in: ders. (Hrsg.): Zur Lage der Verwaltungsrechtswissenschaft, Die Verwaltung Beiheft 2017, S. 34–63.
–: Grundlagen, in: Dirk Ehlers/Hermann Pünder (Hrsg.): Allgemeines Verwaltungsrecht, 15. Auflage, Berlin 2016, § 7, S. 256–274.
–: Strukturen und Organisationseinheit, in: Dirk Ehlers/Hermann Pünder (Hrsg.): Allgemeines Verwaltungsrecht, 15. Auflage, Berlin 2016, § 8, S. 275–296.

–: Bestand und Aufbau der unmittelbaren Staatsverwaltung, in: Dirk Ehlers/Hermann Pünder (Hrsg.): Allgemeines Verwaltungsrecht, 15. Auflage, Berlin 2016, § 9, S. 297–304.
–: Entwicklungslinien, in: Dirk Ehlers/Hermann Pünder (Hrsg.): Allgemeines Verwaltungsrecht, 15. Auflage, Berlin 2016, § 10, S. 305–324.
–: Regulierung: Inhalt und Grenzen eines Handlungskonzepts der Verwaltung, in: Peter Friedrich Bultmann/Klaus Joachim Grigoleit/Christoph Gusy/Jens Kersten/Christian-W. Otto/Christina Preschel (Hrsg.): Allgemeines Verwaltungsrecht. Institute, Kontexte, System. Festschrift für Ulrich Battis zum 70. Geburtstag, München 2014, S. 329–348.
–: Privatisierung, in: Hanno Kube/Rudolf Mellinghoff/Gerd Morgenthaler/Ulrich Palm/Thomas Puhl/Christian Seiler (Hrsg.): Leitgedanken des Rechts – Paul Kirchhof zum 70. Geburtstag, Bd. II, Heidelberg 2013, S. 1181–1189.
–: Rechtsregime, GVwR, Bd. I, 2. Auflage, München 2012, § 18, S. 1257–1318.
–: Kommunalisierung als gestaltungsbedürftiger Wandel von Staatlichkeit und von Selbstverwaltung, Die Verwaltung 2009, S. 155–177.
–: Vom „Verbot der Mischverwaltung“ zur Dogmatik der vertikalen Kooperation im Bundesstaat, in: Hermann Butzer/Markus Kaltenborn/Wolfgang Meyer (Hrsg.): Organisation und Verfahren im sozialen Rechtsstaat. Festschrift für Friedrich E. Schnapp zum 70. Geburtstag, Berlin 2008, S. 15–28.
–: Privatisierung öffentlicher Aufgaben – Gestaltungsmöglichkeiten, Grenzen, Regulierungsbedarf. Gutachten für den 67. Deutschen Juristentag, hrsg. von der Ständigen Deputation des Deutschen Juristentages, Bd. I, München 2008.
–: Privatisierung, in: Josef Isensee/Paul Kirchhof (Hrsg.): HStR, Bd. IV, 3. Auflage, Heidelberg 2006, § 75, S. 205–242.
–: Der Grundsatz der Wirtschaftlichkeit im Verwaltungsrecht, in: Hermann Butzer (Hrsg.): Wirtschaftlichkeit durch Organisations- und Verfahrensrecht, Vorträge beim Symposium anlässlich des 65. Geburtstages von Prof. Dr. Friedrich E. Schnapp, Berlin 2004, S. 53–70.
–: BA-Verwaltungsrat und GKV-Bundesausschuss: Hund und Katz in Selbstverwaltung, NJW 2004, S. 1365–1367.
–: Selbstverwaltung angesichts von Europäisierung und Ökonomisierung, VVDStRL (62) 2003, S. 405–456.
–: Privat vorbereitete Verwaltungsentscheidungen und staatliche Strukturschaffungspflicht. Verwaltungsverfassungsrecht im Kooperationsspektrum zwischen Staat und Gesellschaft, Die Verwaltung 2000, S. 183–206.
–: Funktionale Privatisierung und Verwaltungshilfe, Tübingen 1999.
Burmeister, *Günter Cornelius*: Herkunft, Inhalt und Stellung des institutionellen Gesetzesvorbehalts. Zugleich ein Beitrag zur Dogmatik des Verwaltungsorganisationsrechts, Berlin 1991.
Burmeister, *Jörg*/*Greve*, *Holger*: Parité-Gesetz und Demokratieprinzip: Verfassungsauftrag oder Identitätsverstoß?, ZG 2019, S. 154–173.
Busse, *Volker*: Organisation der Bundesregierung und Organisationsentscheidungen der Bundeskanzler in ihrer historischen Entwicklung und im Spannungsfeld zwischen Exekutive und Legislative, Der Staat 45 (2006), S. 245–268.
Butzer, *Hermann*: Sicherstellungsauftrag, in: Josef Isensee/Paul Kirchhof (Hrsg.): HStR, Bd. IV, 3. Auflage, Heidelberg 2006, § 74, S. 161–204.
–: Wirtschaftlichkeit im Verwaltungsrecht, in: Bernhard Blanke/Stephan v. Bandemer/

Frank Nullmeier/Göttrik Wewer (Hrsg.): Handbuch zur Verwaltungsreform, 3. Auflage, Opladen 2005, S. 392–402.

–: Zum Begriff der Organisationsgewalt. Vom „Hausgut“ der Exekutive zum „Hausgut“ aller Verfassungsorgane und Autonomieträger?, Die Verwaltung 1994, S. 157–174.

Butzer, Hermann/Kaltenborn, Markus: Die demokratische Legitimation des Bundesausschusses der Ärzte und Krankenkassen, MedR 2001, S. 333–342.

Caillosse, Jacques: Legitimacy in Administrative Law? A French Perspective, in: Matthias Ruffert (Hrsg.): Legitimacy in European Administrative Law. Reform and Reconstruction, Groningen 2011, S. 9–25.

Calliess, Christian: Konfrontation statt Kooperation zwischen BVerfG und EuGH?, NVwZ 2020, S. 897–904.

–: Constitutional Identity in Germany, in: ders./Gerhard van der Schyff (Hrsg.): Constitutional Identity in a Europe of Multilevel Constitutionalism, Cambridge 2020, S. 153–181.

–: 70 Jahre Grundgesetz und europäische Integration: „Take back control“ oder „Mehr Demokratie wagen“?, NVwZ 2019, S. 684–692.

–: Bürgerrechte als Ersatz für Demokratie?, in: Claudio Franzius/Franz C. Mayer/Jürgen Neyer (Hrsg.): Strukturfragen der Europäischen Union, Baden-Baden 2010, S. 231–258.

–: Auswärtige Gewalt, in: Josef Isensee/Paul Kirchhof (Hrsg.): HStR, Bd. IV, 3. Auflage, Heidelberg 2006, § 83, S. 589–632.

–: Verwaltungsorganisationsrechtliche Konsequenzen des integrierten Umweltschutzes, in: Matthias Ruffert (Hrsg.): Recht und Organisation – Staatsrecht – Verwaltungsrecht – Europarecht – Völkerrecht, Berlin 2003, S. 73–106.

Calliess, Christian/Ruffert, Matthias (Hrsg.): EUV/AEUV: das Verfassungsrecht der Europäischen Union mit Europäischer Grundrechtecharta: Kommentar, 5. Auflage, München 2016.

Cancik, Pascale: Verwaltung und Selbstverwaltung, in: Matthias Herdegen/Johannes Masing/Ralf Poscher/Klaus Ferdinand Gärditz (Hrsg.): Handbuch des Verfassungsrechts. Darstellung in transnationaler Perspektive, München 2021, § 14, S. 917–980.

–: „Bürokratie“ als negative Markierung: Zur Semantik von Staats- und EU-Kritik, Leviathan 2020, S. 612–636.

–: Zuviel Staat? – Die Institutionalisierung der „Bürokratie“-Kritik im 20. Jahrhundert, Der Staat 56 (2017), S. 1–38.

–: Der „Kernbereich exekutiver Eigenverantwortung“ – zur Relativität eines suggestiven Topos, ZParl 2014, S. 885–907.

–: Wahlrecht und Parlamentsrecht als Gelingensbedingungen repräsentativer Demokratie, VVDStRL (72) 2013, S. 268–328.

–: Verwaltungsrechtsgeschichte, Debatte zur Wissenschaftsgeschichte des öffentlichen Rechts, Rechtsgeschichte 19 (2011), S. 30–34.

–: Verwaltung und Öffentlichkeit in Preußen. Kommunikation durch Publikation und Beteiligungsverfahren im Recht der Reformzeit, Tübingen 2007.

–: „Selbst ist das Volk“ – Der Ruf nach „Volkstümlichkeit der Verwaltung“ in der ersten Hälfte des 19. Jahrhunderts, Der Staat 43 (2004), S. 298–327.

Carsten, Ernst S./Rautenberg, Erardo C.: Die Geschichte der Staatsanwaltschaft in Deutschland bis zur Gegenwart. Ein Beitrag zur Beseitigung ihrer Weisungsabhängigkeit von der Regierung im Strafverfahren, 3. Auflage, Baden-Baden 2015.

Caranta, Roberto: Democracy, Legitimacy and Accountability – is there a Common European Theoretical Framework, in: Matthias Ruffert (Hrsg.): Legitimacy in European Administrative Law. Reform and Reconstruction, Groningen 2011, S. 177–196.

Chrétien, Patrice: The Legitimacy of Administration: German Ideas and how they are received in France, in: Matthias Ruffert (Hrsg.): Legitimacy in European Administrative Law. Reform and reconstruction, Groningen 2011, S. 237–249.

Christensen, Ralph/Hanschmann, Felix: Was bleibt von der Gesetzesbindung bei der „Neuen Verwaltungsrechtswissenschaft"?, JöR 2017, S. 485–510.

Clark, Christopher M: Preußen. Aufstieg und Niedergang 1600–1947, 1. Auflage, München 2007.

Classen, Claus Dieter: Parité-Gesetz: Frauen sollen Frauen wählen können, ZRP 2021, S. 50–53.

–: Der Verfassungsbegriff der Demokratie in Deutschland und in Frankreich. Bemerkungen zur Konkretisierung eines offenen Verfassungsbegriffs im europäischen Rechtsraum, JöR 2017, S. 263–294.

–: Das Prinzip der Verhältnismäßigkeit im Spiegel europäischer Rechtsentwicklungen, in: Michael Sachs/Helmut Siekmann (Hrsg.): Der grundrechtsprägende Verfassungsstaat. Festschrift für Klaus Stern zum 80. Geburtstag, Berlin 2012, S. 651–667.

–: Demokratische Legitimation im offenen Rechtsstaat: zur Beeinflussung des Demokratieprinzips durch Rechtsstaatlichkeit und internationale Offenheit, Tübingen 2009.

–: Die Entwicklung eines Internationalen Verwaltungsrechts als Aufgabe der Rechtswissenschaft, VVDStRL (67) 2008, S. 365–412.

Cohen, Michael D./March, James G./Olsen, Johan P.: A Garbage Can Model of Organizational Choice, Administrative Science Quarterly 1972, S. 1–25.

Collin, Peter/Fügemann, Malte W.: Zuständigkeit – Eine Einführung zu einem Grundelement des Verwaltungsorganisationsrechts, JuS 2005, S. 694–700.

Cornils, Matthias: „Staatsferner" Jugendmedienschutz als Verfassungsgebot: ein Missverständnis, DÖV 2022, S. 1–11.

–: Gewaltenteilung, in: Otto Depenheuer/Christoph Grabenwarter (Hrsg.): Verfassungstheorie, Tübingen 2010, § 20, S. 657–702.

–: Staatliche Infrastrukturverantwortung und kontingente Marktvoraussetzungen – unter besonderer Berücksichtigung des Universaldienstes für Telekommunikationsdienstleistungen, AöR 131 (2006), S. 378–422.

Cremer, Wolfram: Praktische Konkordanz als grundrechtliche Kollisionsauflösungsregel – Einebnung gesetzgeberischer Entscheidungsspielräume, in: Martin Kment (Hrsg.): Das Zusammenwirken von deutschem und europäischem Öffentlichen Recht. Festschrift für Hans D. Jarass zum 70. Geburtstag, München 2015, S. 175–184.

–: Organisationen zum Schutz von Staat und Verfassung, in: Josef Isensee/Paul Kirchhof (Hrsg.): HStR, Bd. XII, 3. Auflage, Heidelberg 2014, § 278, S. 879–906.

–: Gewinnstreben als öffentliche Unternehmen legitimierender Zweck: Die Antwort des Grundgesetzes, DÖV 2003, S. 921–932.

Crozier, Michel: Der bürokratische Circulus vitiosus und das Problem des Wandels, in: Renate Mayntz (Hrsg.): Bürokratische Organisation, 2. Auflage, Köln/Berlin 1971, S. 277–288.

–: Le Phénomène bureaucratique, Paris 1963.

Cruz Villalón, Pedro: Vergleich, in: Armin v. Bogdandy/ders./Peter M. Huber (Hrsg.): Handbuch Ius Publicum Europaeum, Bd. I, Heidelberg 2007, § 13, S. 729–778.

Czybulka, Detlef: Verwaltungsreform und Verwaltungskultur, in: Detlef Merten (Hrsg.): Der Verwaltungsstaat im Wandel. Festschrift für Franz Knöpfle zum 70. Geburtstag, München 1996, S. 79–102.

–: Die Legitimation der öffentlichen Verwaltung – unter Berücksichtigung ihrer Organisation sowie der Entstehungsgeschichte zum Grundgesetz, Heidelberg 1989.

Daum, Werner: Internationale Beziehungen, in: ders./Peter Brandt/Martin Kirsch/Arthur Schlegelmilch (Hrsg.): Handbuch der europäischen Verfassungsgeschichte im 19. Jahrhundert. Institutionen und Rechtspraxis im gesellschaftlichen Wandel, Bd. III, 1848–1870, Bonn 2012, S. 70–76.

Dann, Philipp: Parlamente im Exekutivföderalismus. Eine Studie zum Verhältnis von föderaler Ordnung und parlamentarischer Demokratie in der Europäischen Union, Berlin/Heidelberg 2004.

De la Sierra, Susana: Historical and Prospective Views on Comparative Law as a Tool to build a Framework for Legitimacy in Europe, in: Matthias Ruffert (Hrsg.): Legitimacy in European Administrative Law. Reform and Reconstruction, Groningen 2011, S. 217–234.

Decker, Frank: Bürgerräte – Abhilfe gegen die Repräsentationskrise oder demokratiepolitisches Feigenblatt?, ZParl 2021, S. 125–140.

Dederer, Hans-Georg: Grundsatz der Kohärenz, in: Wolfgang Kahl/Markus Ludwigs (Hrsg.): Handbuch des Verwaltungsrechts, Bd. II, Grundstrukturen des europäischen und internationalen Verwaltungsrechts, Heidelberg 2021, § 47, S. 657–696.

–: Die Grenzen des Vorrangs des Unionsrechts – Zur Vereinheitlichung von Grundrechts-, Ultra-vires- und Identitätskontrolle, JZ 2014, S. 313–322.

–: Verbände, in: Hanno Kube/Rudolf Mellinghoff/Gerd Morgenthaler/Ulrich Palm/Thomas Puhl/Christian Seiler (Hrsg.): Leitgedanken des Rechts – Paul Kirchhof zum 70. Geburtstag, Bd. I, Staat und Verfassung, Heidelberg u.a. 2013, § 66, S. 707–716.

–: Korporative Staatsgewalt. Integration privat organisierter Interessen in die Ausübung von Staatsfunktionen. Zugleich eine Rekonstruktion der Legitimationsdogmatik, Tübingen 2004.

–: Organisatorisch-personelle Legitimation der funktionalen Selbstverwaltung, NVwZ 2000, S. 403–405.

Degenhart, Christoph: Rundfunkfreiheit, in: Detlef Merten/Hans-Jürgen Papier (Hrsg.): HGR, Bd. IV, Grundrechte in Deutschland – Einzelgrundrechte I, Heidelberg 2011, § 105, S. 1065–1116.

Delbrück, Jost: Reichspräsident und Reichskanzler, in: Kurt G.A. Jeserich/Hans Pohl/Georg-Christoph v. Unruh (Hrsg.): Deutsche Verwaltungsgeschichte, Bd. IV, Das Reich als Republik und in der Zeit des Nationalsozialismus, Stuttgart 1985, § 1, S. 138–146.

Della Cananea, Giacinto: Legitimacy and Accountability in Italian Administrative Law: A Critical Analysis, in: Matthias Ruffert (Hrsg.): Legitimacy in European Administrative Law. Reform and Reconstruction, Groningen 2011, S. 61–80.

–: Verwaltungsrechtliche Paradigmen im europäischen Rechtsraum, in: Armin v. Bogdandy/Sabino Cassese/Peter M. Huber (Hrsg.): Handbuch Ius Publicum Europaeum, Bd. III, Heidelberg 2010, § 52, S. 447–482.

Depenheuer, Otto: Vorbehalt des Möglichen, in: Josef Isensee/Paul Kirchhof (Hrsg.): HStR, Bd. XII, 3. Auflage, Heidelberg 2014, § 269, S. 557–590.

–: Das öffentliche Amt, in: Josef Isensee/Paul Kirchhof (Hrsg.): HStR, Bd. III, 3. Auflage, Heidelberg 2005, § 36, S. 87–130.

Denninger, Erhard: Staatliche Hilfe zur Grundrechtsausübung durch Verfahren, Organisation und Finanzierung, in: Josef Isensee/Paul Kirchhof (Hrsg.): HStR, Bd. IX, 3. Auflage, Heidelberg 2011, § 193, S. 621–664.
Detterbeck, Steffen: Allgemeines Verwaltungsrecht. Mit Verwaltungsprozessrecht, 18. Auflage, München 2020.
–: Innere Ordnung der Bundesregierung, in: Josef Isensee/Paul Kirchhof (Hrsg.): HStR, Bd. III, 3. Auflage, Heidelberg 2005, § 66, S. 1159–1200.
Di Fabio, Udo: Staat im Recht, Tübingen 2020.
–: Bonn ist nicht Weimar. Zweiter Aufbruch in die Kultur der Demokratie, in: Hans Michael Heinig/Frank Schorkopf (Hrsg.): 70 Jahre Grundgesetz. In welcher Verfassung ist die Bundesrepublik?, Göttingen 2019, S. 13–26.
–: Herrschaft und Gesellschaft, Tübingen 2018.
–: Systemtheorie und Rechtsdogmatik, in: Gregor Kirchhof/Stefan Magen/Karsten Schneider (Hrsg.): Was weiß Dogmatik? Was leistet und wie steuert die Dogmatik des Öffentlichen Rechts?, Tübingen 2012, S. 63–78.
–: Gewaltenteilung, in: Josef Isensee/Paul Kirchhof (Hrsg.): HStR, Bd. II, 3. Auflage, Heidelberg 2004, § 27, S. 613–658.
–: Demokratie im System des Grundgesetzes, in: Michael Brenner/Peter M. Huber/ Markus Möstl (Hrsg.): Der Staat des Grundgesetzes – Kontinuität und Wandel. Festschrift für Peter Badura zum siebzigsten Geburtstag, Tübingen 2004, S. 77–96.
–: Die Staatsrechtslehre und der Staat, Paderborn/München u.a. 2003.
–: Luhmann im Recht. Die juristische Rezeption soziologischer Beobachtung, in: Helga Gripp-Hagelstange (Hrsg.): Niklas Luhmanns Denken. Interdisziplinäre Einflüsse und Wirkungen, Konstanz 2000, S. 139– 155.
–: Staatsaufsicht über formelle Körperschaften des öffentlichen Rechts, BayVBl. 1999, S. 449–454.
–: Der Staat als Institution. Zur Kontingenz der modernen Staatsidee, in: Josef Isensee/ Helmut Lecheler (Hrsg.): Freiheit und Eigentum. Festschrift für Walter Leisner zum 70. Geburtstag, Berlin 1999, S. 225–234.
–: Privatisierung und Staatsvorbehalt. Zum dogmatischen Schlüsselbegriff der öffentlichen Aufgabe, JZ 1999, S. 585–592.
–: Das Recht offener Staaten. Grundlinien einer Staats- und Rechtstheorie, Tübingen 1998.
–: Verwaltung und Verwaltungsrecht zwischen gesellschaftlicher Selbstregulierung und staatlicher Steuerung, VVDStRL (56) 1997, S. 235–282.
–: Risikoentscheidungen im Rechtsstaat – zum Wandel der Dogmatik im öffentlichen Recht, insbesondere am Beispiel der Arzneimittelüberwachung, Tübingen 1994.
–: Verwaltungsentscheidung durch externen Sachverstand, VerwArch 1990, S. 193–227.
Dietlein, Johannes/Ogorek, Markus (Hrsg.): Kommunalrecht Hessen, München 13. Ed. 01.11.2020.
Dietlein, Johannes/Peters, Sascha D.: Kommunale Selbstverwaltung im Föderalstaat, Verfassungsrechtliche und verfassungsprozessuale Grundfragen der kommunalen Selbstverwaltung im föderalen System des Grundgesetzes, Wiesbaden/Baden-Baden 2017.
Dietlein, Johannes/Schwan, Alexander: Pflichtmitgliedschaft in Jagdgenossenschaften. Das jagdrechtliche Revierprinzip im Lichte des Grundgesetzes und der Europäischen Menschenrechtskonvention, Baden-Baden 2009.
Dietz, Sara: Die europarechtsfreundliche Verfassungsidentität in der Kontrolltrias des Bundesverfassungsgerichts, AöR 142 (2017), S. 78–132.

Dittmann, Armin: Die Bundesverwaltung. Verfassungsgeschichtliche Grundlagen, grundgesetzliche Vorgaben und Staatspraxis ihrer Organisation, Tübingen 1983.
Donelly, Catherine: Problems of Legitimacy in Contracting-Out and Privatisation, in: Matthias Ruffert (Hrsg.): Legitimacy in European Administrative Law. Reform and Reconstruction, Groningen 2011, S. 253–282.
Döhler, Marian: Das Model der unabhängigen Regulierungsbehörde im Kontext des deutschen Regierungs- und Verwaltungssystem, Die Verwaltung 2001, S. 59–91.
Dörr, Oliver: Die Anforderungen an ein zukunftsfähiges Infrastrukturrecht, VVDStRL (73) 2013, S. 323–368.
Dreier, Horst (Hrsg.): „We the People" – Verfassungsgebung als Gestaltungsprogramm, in: Kurt Bayertz/Matthias Hoesch (Hrsg.): Die Gestaltbarkeit der Geschichte, Hamburg 2019, S. 203–222.
–: Das Problem der Volkssouveränität, in: Pirmin Stekeler-Weithofer/Benno Zabel (Hrsg.): Philosophie der Republik, Tübingen 2018, S. 37–56.
–: Grundgesetz Kommentar, Bd. III, 3. Auflage, Tübingen 2018.
–: Grundgesetz Kommentar, Bd. II, 3. Auflage, Tübingen 2015.
–: Grundgesetz Kommentar, Bd. I, 3. Auflage, Tübingen 2013.
–: Deutschland, in: Armin v. Bogdandy/Pedro Cruz Villalón/Peter M. Huber (Hrsg.): Handbuch Ius Publicum Europaeum, Bd. I, Heidelberg 2007, § 1, S. 3–86.
–: Die deutsche Staatsrechtslehre in der Zeit des Nationalsozialismus, VVDStRL (60) 2001, S. 9–72.
–: Hierarchische Verwaltung im demokratischen Staat. Genese, aktuelle Bedeutung und funktionelle Grenzen eines Bauprinzips der Exekutive, Tübingen 1991.
Dreier, Horst/Kuch, David: Demokratische Legitimation der Ministerial- und Selbstverwaltung in: Wolfgang Kahl/Markus Ludwigs (Hrsg.): Handbuch des Verwaltungsrechts, Bd. III, Verwaltung und Verfassungsrecht, Heidelberg 2022, § 60, S. 79–126.
Droege, Michael: Haushaltsverfassung, in: Wolfgang Kahl/Markus Ludwigs (Hrsg.): Handbuch des Verwaltungsrechts, Bd. III, Verwaltung und Verfassungsrecht, Heidelberg 2022, § 88, S. 1283–1328.
–: Die Alimentation des Verwaltungspersonals – Zur Reichweite der Grundrechtsdogmatik in einer institutionellen Garantie, DÖV 2014, S. 785–793.
–: Bundeseigenverwaltung durch Private, DÖV 2006, S. 861–867.
Drüen, Klaus-Dieter: Verschränkungen öffentlich-rechtlicher und privatrechtlicher Regime im Verwaltungsrecht, VVDStRL (79) 2020, S. 127–168.
–: Verfassungsvorgaben für die Organisation der Finanzverwaltung, in: Julian Krüper/Wolfgang Bock/Hans Michael Heinig/Heike Merten (Hrsg.): Die Organisation des Verfassungsstaats, Festschrift für Martin Morlok zum 70. Geburtstag, Mohr Siebeck, Tübingen 2019, S. 587–604.
Dünchheim, Thomas/Gräler, Sebastian: Verfassungsrechtliche Implikationen der paritätischen Mitbestimmung in kommunalen Unternehmen, NVwZ 2019, S. 1225–1230.
Dürig, Günter (Begr.)/*Herzog, Roman/Scholz, Rupert/Herdegen, Matthias/Klein, Hans H.* (Hrsg.): Grundgesetz Kommentar, 93. EL August, Juli 2021.
–: Grundgesetz. Kommentar, 53. Auflage, München 2009.
Durkheim, Émile: Die Regeln der soziologischen Methode, 5. Auflage, Frankfurt am Main, 2002.
Durner, Wolfgang: Infrastrukturverwaltung, in: Wolfgang Kahl/Markus Ludwigs

(Hrsg.): Handbuch des Verwaltungsrechts, Bd. I, Grundstrukturen des deutschen Verwaltungsrechts, Heidelberg 2021, § 21, S. 807–846.
–: Die Wissenschaft vom Öffentlichen Recht in Verwaltung und Wirtschaft, Die Verwaltung 2015, S. 203–231.
–: Verfassungsbindung deutscher Europapolitik, in: Josef Isensee/Paul Kirchhof (Hrsg.): HStR, Bd. X, 3. Auflage, Heidelberg 2012, § 216, S. 433–460.
–: Rechtsfragen der Privatisierung in der Bundeswehrverwaltung unter besonderer Berücksichtigung der Vorgaben des Art. 87b GG, VerwArch 2005, S. 18–43.
Dworkin, Ronald: Bürgerrechte ernstgenommen, Frankfurt am Main 1984.
Dyzenhaus, David: Proportionality and Deference in a Culture of Justification, in: Grant Hushcroft/Bradley W. Miller/Grégoire Webber (Hrsg.): Proportionality and the Rule of Law. Rights: Justification, Reasoning, Cambridge 2014, S. 234–258.
Eberhard, Johann August: Über die Freyheit des Bürgers und die Principien der Regierungsformen, in: Vermischte Schriften, Bd. I, 1784.
Edelstam, Gunilla: Legitimacy Issues in Administrative Law. Historical Approach, Constitutional Approach, Fact-Findung Approach to Responsibility from a Swedish Perspective, in: Matthias Ruffert (Hrsg.): Legitimacy in European Administrative Law. Reform and Reconstruction, Groningen 2011, S. 115–154.
Ehlers, Dirk: Die Grundrechtsbindung der privatrechtsförmigen Verwaltung, in: Wolfgang Kahl/Markus Ludwigs (Hrsg.): Handbuch des Verwaltungsrechts, Bd. III, Verwaltung und Verfassungsrecht, Heidelberg 2022, § 69, S. 455–492.
–: Verwaltung in Privatrechtsform, Berlin 1984.
Ehlers, Dirk/Pünder, Hermann (Hrsg.): Allgemeines Verwaltungsrecht, 15. Auflage, Berlin/Boston 2016.
Ehlers, Dirk/Fehling, Michael/Pünder, Hermann (Hrsg.): Besonderes Verwaltungsrecht, Bd. III, 4. Auflage, Heidelberg/München/Landsberg 2021.
Ehlers, Jan Philip: Aushöhlung der Staatlichkeit durch die Privatisierung von Staatsaufgaben. Genuine Staatsaufgaben und das Prinzip der demokratischen Legitimation staatlichen Handelns als Grenzen der Privatisierung von Aufgaben der vollziehenden Gewalt, Europäische Hochschulschriften Recht, 2003.
Ehlers, Peter: Das neue Seeunfalluntersuchungsrecht, NordÖR 2002, S. 391–396.
Ehmann, Eugen/Selmayr, Martin (Hrsg.): DS-GVO. Datenschutz-Grundverordnung: Kommentar, 2. Auflage, München 2018.
Eichberger, Michael: Gerichtliche Kontrolldichte, naturschutzfachliche Einschätzungsprärogative und Grenzen wissenschaftlicher Erkenntnis, NVwZ 2019, S. 1560–1566.
Eichenberger, Kurt: Problematik der parlamentarischen Kontrolle im Verwaltungsstaat, SchwJZ 1965, S. 269–273.
Eidenmüller, Horst: Effizienz als Rechtsprinzip. Möglichkeiten und Grenzen der ökonomischen Analyse des Rechts, 4. Auflage, Tübingen 2015.
Eifert, Martin: Transformation der Verwaltungsrechtswissenschaft – Neue Verwaltungsrechtswissenschaft, JöR 2017, S. 457–470.
–: Zum Verhältnis von Dogmatik und pluralisierter Rechtswissenschaft, in: Gregor Kirchhof/Stefan Magen/Karsten Schneider (Hrsg.): Was weiß Dogmatik? Was leistet und wie steuert die Dogmatik des Öffentlichen Rechts?, Tübingen 2012, S. 79–96.
–: Letztentscheidungsbefugnisse der Verwaltung: Ermessen, Beurteilungsspielräume sowie Planungsentscheidungen und ihre gerichtliche Kontrolle, ZJS 2008, S. 336–343.

–: Das Verwaltungsrecht zwischen klassischem dogmatischem Verständnis und steuerungswissenschaftlichem Anspruch, VVDStRL (67) 2008, S. 286–333.
–: Die geteilte Kontrolle, Die Verwaltung 2006, S. 309–334.
–: Die rechtliche Sicherung öffentlicher Interessen in Public Private Partnerships – dargestellt am Beispiel der Internet-Aktivitäten von Städten und Kommunen, VerwArch 2002, S. 561–584.
Eisele, Jörg/Trentmann, Christian: Die Staatsanwaltschaft – „objektivste Behörde der Welt"?, NJW 2019, S. 2365–2368.
Ekardt, Felix: Ökonomische Kosten-Nutzen-Analyse versus öffentlich-rechtliche Verhältnismäßigkeit und Abwägung: Ergänzungs- oder Ausschlussverhältnis?, JöR 2013, S. 89–114.
Ekardt, Felix/Rath, Theresa/Kamischke, Hannah: Rationierung, Abwägung und Kosten-Nutzen-Analyse im Sozialrecht: Menschenwürde, vermeintlicher Utilitarismus und das Verhältnis von medizinischer Alltagsversorgung, Corona- und Klima-Krise, ARSP 2021, S. 52–79.
Elias, Norbert: Die höfische Gesellschaft. Untersuchungen zur Soziologie des Königtums und der höfischen Aristokratie; mit einer Einleitung: Soziologie und Geschichtswissenschaft, Frankfurt am Main 1983.
Ellerbrok, Torben: Rationalität und Effizienz, in: Wolfgang Kahl/Markus Ludwigs (Hrsg.): Handbuch des Verwaltungsrechts, Bd. III, Verwaltung und Verfassungsrecht, Heidelberg 2022, § 76, S. 735–784.
–: Die öffentlich-rechtliche Satzung – dogmatische und theoretische Grundlagen einer Handlungsform der Verwaltung, Tübingen 2020.
Ellerbrok, Torben/Pracht, Robert: Das Bundesverfassungsgericht als Taktgeber im horizontalen Verfassungsgerichtsverbund – Ausstrahlungswirkungen der Rechtsprechung zum Integrationsverfassungsrecht in Europa, EuR 2021, S. 188–208.
Emde, Ernst Thomas: Herrschaftslegitimation ohne Volk? Zum demokratischen Prinzip in funktionalen und supranationalen Zweckverbänden, in: Christoph Enders/Johannes Masing (Hrsg.): Freiheit des Subjekts und Organisation von Herrschaft, Der Staat Beiheft 2006, S. 65–78.
–: Die demokratische Legitimation der funktionalen Selbstverwaltung. Eine verfassungsrechtliche Studie anhand der Kammern, der Sozialversicherungsträger und der Bundesanstalt für Arbeit, Berlin 1991.
Emmerich-Fritsche, Angelika: Kritische Thesen zur Legaldefinition des Verwaltungsakts, NVwZ 2006, S. 762–765.
Enders, Christoph: Die Privatisierung des Öffentlichen durch die grundrechtliche Schutzpflicht – und seine Rekonstruktion aus der Lehre von den Staatszwecken, Der Staat 35 (1996), S. 351–387.
Engel, Christoph: Öffentliches Wirtschaftsrecht aus der Sicht der ökonomischen Theorie, in: Dirk Ehlers/Michael Fehling/Hermann Pünder (Hrsg.): Besonderes Verwaltungsrecht, Bd. I, Öffentliches Wirtschaftsrecht, 4. Auflage, Heidelberg 2019, S. 50–71.
–: Herrschaftsausübung bei offener Wirklichkeitsdefinition – Das Proprium des Rechts aus der Perspektive des öffentlichen Rechts, in: ders./Wolfgang Schön (Hrsg.): Das Proprium der Rechtswissenschaft, Tübingen 2007, S. 205–240.
Engels, Jens Ivo: Die Geschichte der Korruption. Von der Frühen Neuzeit bis ins 20. Jahrhundert, Frankfurt am Main 2014.
Ennen, Edith: Die europäische Stadt des Mittelalters, 1. Auflage, Göttingen 1972.

Epping, Volker: Die Willensbildung von Kollegialorganen – Am Beispiel der Beschlußfassung der Bundesregierung, DÖV 1995, S. 719–724.
Epping, Volker/Hillgruber, Christian (Hrsg.): Grundgesetz, München 46. Ed. 15.02.2021.
Epping, Volker/Lenz, Sebastian: Weisungsbefugnisse in verselbständigten Universitätsklinika? Dargestellt am Beispiel der Ausgliederung der Universitätsklinika als Anstalten des Öffentlichen Rechts aus dem Hochschulbereich in Nordrhein-Westfalen, DÖV 2004, S. 1–12.
Epron, Quentin: Le statut des autorités de régulation et la séparation des pouvoirs, RFDA 2011, S. 1007–1018.
Erbguth, Wilfried: Faktische Kontrollrestriktion der Judikative versus Einschätzungsprärogative der Verwaltung? – zu BVerfG, Beschl. v. 23.10.2018 – 1 BvR 2523/13, DVBl. 2020, S. 1050–1053.
Erichsen, Hans-Uwe: Öffentliches und privates Recht, Jura 1982, S. 537–545.
Ermacora, Felix: Die Organisationsgewalt, VVDStRL (16) 1966, S. 191–239.
Ernst, Christian: Das Demokratieprinzip im kommunalen Gefüge – Zur mangelnden demokratischen Legitimation der schleswig-holsteinischen Ämter, NVwZ 2010, S. 816–819.
Etscheid, Mario: Fachaufsicht – Management und Verantwortung für Demokratie und Rechtsstaat, DÖV 2021, S. 297–307.
Faber, Heiko: Verwaltungsrecht, Tübingen 1987.
Fassbender, Bardo: „Staatliche Befugnisse und Aufgaben" im Sinne von Art. 30 GG als innere und auswärtige Kompetenzen des Bundes und der Länder, DÖV 2011, S. 714–720.
–: Wissen als Grundlage staatlichen Handelns, in: Josef Isensee/Paul Kirchhof (Hrsg.): HStR, Bd. IV, 3. Auflage, Heidelberg 2006, § 76, S. 243–312.
Fayol, Henri: Allgemeine und industrielle Verwaltung, Oldenbourg 1929, Reprint Berlin 2019.
Fehling, Michael: Die „neue Verwaltungsrechtswissenschaft" – Problem oder Lösung, in: Martin Burgi (Hrsg.): Zur Lage der Verwaltungsrechtswissenschaft, Die Verwaltung Beiheft 2017, S. 66–101.
–: Autonomie und staatliche Regulierung, in: Christian Bumke/Anne Röthel (Hrsg.): Autonomie im Recht. Gegenwartsdebatten über einen rechtlichen Grundbegriff, Tübingen 2017, S. 295–313.
–: Perspektiven des Öffentlichen Wirtschaftsrechts, JZ 2016, S. 540–547.
–: Der Eigenwert des Verfahrens im Verwaltungsrecht, VVDStRL (70) 2011, S. 278–337.
–: Das Verhältnis von Recht und außerrechtlichen Maßstäben, in: Hans Heinrich Trute/Thomas Groß/Hans Christian Röhl/Christoph Möllers (Hrsg.): Allgemeines Verwaltungsrecht – zur Tragfähigkeit eines Konzepts, Tübingen 2008, S. 461–488.
–: Regulierung als Staatsaufgabe im Gewährleistungsstaat Deutschland, in: Hermann Hill (Hrsg.): Die Zukunft des öffentlichen Sektors, Baden-Baden 2006, S. 91–111.
–: Neue Herausforderungen an die Selbstverwaltung in Hochschule und Wissenschaft, Die Verwaltung 2002, S. 399–424.
–: Verwaltung zwischen Unparteilichkeit und Gestaltungsaufgabe, Tübingen 2001.
Felix, Dagmar: Verwaltungsrat und Vorstand in der gesetzlichen Krankenversicherung – Aufgaben und Befugnisse, in: Friedrich Schnapp (Hrsg.): Funktionale Selbstverwaltung und Demokratieprinzip – am Beispiel der Sozialversicherung: Tagungsband

zum 8. Fachkolloqium des Instituts für Sozialrecht am 28./29. Juni 2000 in Bochum, Frankfurt am Main 2001, S. 43–64.
–: Einheit der Rechtsordnung – Zur verfassungsrechtlichen Relevanz einer juristischen Argumentationsfigur, Tübingen 1998.
Fichtmüller, Carl Peter: Zulässigkeit ministerialfreien Raums in der Bundesverwaltung, AöR 91 (1966), S. 297–354.
Fisch, Stefan: Verwaltung im langen 19. Jahrhundert, in: Wolfgang Kahl/Markus Ludwigs (Hrsg.): Handbuch des Verwaltungsrechts, Bd. I, Grundstrukturen des deutschen Verwaltungsrechts, Heidelberg 2021, § 2, S. 41–88.
Fischer-Lescano, Andreas: Ironie der Autonomie. Die Rechtswissenschaft im Pakt mit der ökonomischen Macht, Kritische Justiz 2014, S. 414–431.
–: Kritik der praktischen Konkordanz, Kritische Justiz 2008, S. 166–177.
Fleiner, Fritz: Institutionen des deutschen Verwaltungsrechts, 8. Auflage, Tübingen 1928.
Forst, Rainer: Legitimität, Demokratie und Gerechtigkeit: Zur Reflexivität normativer Ordnungen, in: Oliver Flügel-Martinsen/Daniel Gaus/Tanja Hitzel-Cassagnes/Franziska Martinsen (Hrsg.): Deliberative Kritik – Kritik der Deliberation. Festschrift für Rainer Schmalz-Bruns, Wiesbaden 2014, S. 137–147.
Forst, Rainer/Günther, Klaus: Normative Ordnungen. Ein Frankfurter Forschungsprogramm, Berlin 2021.
Forsthoff, Ernst: Lehrbuch des Verwaltungsrechts. Allgemeiner Teil, 10. Auflage, München 1973.
–: Der Staat der Industriegesellschaft. Dargestellt am Beispiel der Bundesrepublik Deutschland, München 1971.
–: Der totale Staat, 2. Auflage, Hamburg 1934.
Frankenberg, Günter: Autoritarismus. Verfassungstheoretische Perspektiven, Berlin 2020.
–: Staat als Begriff und Vorstellung, Rechtsgeschichte 15 (2009). S. 145–168.
–: Vorsicht Demokratie! Kritik der juridischen Versicherung einer Gesellschaft gegen die Risiken der Selbstregierung, in: Redaktion Kritische Justiz (Hrsg.): Demokratie und Grundgesetz. Eine Auseinandersetzung mit der verfassungsgerichtlichen Rechtsprechung, Baden-Baden 2000, S. 177–181.
–: Rezension: H. Dreier, Hierarchische Verwaltung im demokratischen Staat, Kritische Justiz 1992, S. 112–114.
Fuchs, Michael: Gesetzesänderung durch Organisationserlass des Bundeskanzlers?, DÖV 2022, S. 335–340.
–: Organisationsgewalt der Regierung vs. Parlamentsautonomie, DVBl. 2015, S. 1337–1341.
Franzius, Claudio: Die neue Verwaltungsrechtswissenschaft – eine vorläufige Bilanz, JöR 2017, S. 441–455.
–: Die Bundesnetzagentur zwischen politischer Steuerung und gerichtlicher Kontrolle, DÖV 2013, S. 714–721.
–: Modalitäten und Wirkungsfaktoren der Steuerung im Recht, in: Wolfgang Hoffmann-Riem/Eberhard Schmidt-Aßmann/Andreas Voßkuhle (Hrsg.): GVwR, Bd. I, Methoden, Maßstäbe, Aufgaben, Organisation, 2. Auflage, München 2012, § 4, S. 179–260.
–: Flexible Organisationsmodelle: Netzwerke, Organisationshoheit, Shared Services, Verwaltungsverbünde, Mischverwaltung, in: Hermann Hill/Utz Schliesky (Hrsg.):

Herausforderung e-Government. E-Volution des Rechts- und Verwaltungssystems, Baden-Baden 2009, S. 39–52.
–: Gewährleistung im Recht. Grundlagen eines europäischen Regelungsmodells öffentlicher Dienstleistungen, Tübingen 2006.
Frenzel, *Eike Michael*: Die Tradition unabhängiger Verwaltungsbehörden in Deutschland, in: Malte Kröger/Arne Pilniok (Hrsg.): Unabhängiges Verwalten in der Europäischen Union, Tübingen 2016, S. 45–62.
–: „Völlige Unabhängigkeit" im demokratischen Rechtsstaat, DÖV 2010, S. 925–931.
Friauf, *Karl Heinrich*/*Höfling*, *Wolfram*: Berliner Kommentar zum Grundgesetz, Berlin 2001 (Werkstand 2020).
Frick, *Verena*: Braucht die Demokratie mehr städtische Autonomie? Zur politischen Philosophie der demokratischen Stadt, Zeitschrift für Praktische Philosophie 2021, S. 223–252.
Friedrich, *Manfred*: Der Methoden- und Richtungsstreit. Zur Grundlagendiskussion der Weimarer Staatsrechtslehre, AöR 192 (1977), S. 161–209.
Fritsche, *Klaus-Dieter*: Die Organisation der ministeriellen Kontrolle der Nachrichtendienste innerhalb der Bundesregierung, in: Norbert Röttgen/Heinrich Amadeus Wolff (Hrsg.): Parlamentarische Kontrolle der Nachrichtendienste im demokratischen Rechtsstaat, Berlin 2008, S. 77–82.
Fromont, *Michel*: Typen staatlichen Verwaltungsrechts in Europa, in: Armin v. Bogdandy/Sabino Cassese/Peter M. Huber (Hrsg.): Handbuch Ius Publicum Europaeum, Bd. III, Heidelberg 2010, § 55, S. 551–576.
Frotscher, *Werner*/*Pieroth*, *Bodo*: Verfassungsgeschichte. Von der nordamerikanischen Revolution bis zur Wiedervereinigung Deutschlands, 18. Auflage, München 2019.
Führ, *Martin*: Eigen-Verantwortung im Rechtsstaat, Berlin 2003.
Fuhrmann, *Horst*: Überall ist Mittelalter. Von der Gegenwart einer vergangenen Zeit, 3. Auflage, München 2010.
Funke, *Andreas*: Pedanterie oder Perspektive – Das „Verwaltungsrecht" von Hans J. Wolff, in: Carsten Kremer (Hrsg.): Die Verwaltungsrechtswissenschaft in der frühen Bundesrepublik (1949–1977), Tübingen 2017, S. 49–87.
–: Ein Außenseiter, mittendrin. Zur Erfolgsbilanz des neo-kelseanischen Verwaltungsrechts von Hans-Heinrich Rupp, in: Carsten Kremer (Hrsg.): Die Verwaltungsrechtswissenschaft in der frühen Bundesrepublik (1949–1977), Tübingen 2017, S. 305–330.
–: Konjunkturen in der Bedeutung von Grundlagenfächern, in: ders./Julian Krüper/Jörn Lüdemann (Hrsg.): Konjunkturen in der öffentlich-rechtlichen Grundlagenforschung, Tübingen 2015, S. 37–64.
–: Die Verwaltungshoheit der Länder im Zugriff der Bundesgesetzgebung, insbesondere bei der Bundesauftragsverwaltung, VerwArch 2012, S. 290–314.
Füßlein, *Peter*: Ministerialfreie Verwaltung, Bonn 1972.
Gagel, *Alexander* (Begr.)/*Knickrehm*, *Sabine*/*Deinert*, *Olaf* (Hrsg.): SGB III, 79. EL September, München 2020.
Galetta, *Diana-Urania*: Grundsätze der Äquivalenz und der Effektivität, in: Wolfgang Kahl/Markus Ludwigs (Hrsg.): Handbuch des Verwaltungsrechts, Bd. II, Grundstrukturen des europäischen und internationalen Verwaltungsrechts, Heidelberg 2021, § 46, S. 623–656.
Gärditz, *Klaus Ferdinand*: Verwaltungsrecht und Strafrecht, in: Wolfgang Kahl/Markus Ludwigs (Hrsg.): Handbuch des Verwaltungsrechts, Bd. I, Grundstrukturen des deutschen Verwaltungsrechts, Heidelberg 2021, § 16, S. 603–636.

–: Verfassungsentwicklung und Verfassungsrechtswissenschaft, in: Matthias Herdegen/ Johannes Masing/Ralf Poscher/ders. (Hrsg.): Handbuch des Verfassungsrechts. Darstellung in transnationaler Perspektive, München 2021, § 4, S. 221–316.

–: Rechtsschutz und Rechtsprechung, in: Matthias Herdegen/Johannes Masing/Ralf Poscher/ders. (Hrsg.): Handbuch des Verfassungsrechts. Darstellung in transnationaler Perspektive, München 2021, § 13, S. 847–916.

–: Der Begriff der Regierung, in: Julian Krüper/Arne Pilniok (Hrsg.): Organisationsverfassung der Regierung, Tübingen 2021, S. 25–54.

–: Unionsrechtliches Ende der weisungsabhängigen Staatsanwaltschaft?, GSZ 2019, S. 133–139.

–: Die Organisation der Wirtschaftsverwaltung, in: Reiner Schmidt/Ferdinand Wollenschläger (Hrsg.): Kompendium Öffentliches Wirtschaftsrecht, 5. Auflage, Berlin 2019, S. 173–210.

–: Die „Neue Verwaltungsrechtswissenschaft" – Alter Wein in neuen Schläuchen?, in: Martin Burgi (Hrsg.): Zur Lage der Verwaltungsrechtswissenschaft, Die Verwaltung Beiheft 2017, S. 106–147.

–: Temporale Legitimationsasymmetrien, in: Hermann Hill/Utz Schliesky (Hrsg.): Management von Unsicherheit und Nichtwissen, Baden-Baden 2016, S. 253–284.

–: Demokratische und rechtsstaatliche Verantwortlichkeit bei öffentlichen Großvorhaben, ZSE 2015, S. 4–32.

–: Reformierte Hochschulorganisation und verfassungsrechtliche Gegenreformation, in: Hans-Detlef Horn/Katharina Krause (Hrsg.): Funktionsgerechte Hochschulorganisation – Rahmenbedingungen und Entwicklungspotential akademischer Selbstverwaltung. Ein Symposium, Bonn 2013, S. 55–78.

–: Der Bürgerstatus im Lichte von Migration und europäischer Integration, VVDStRL (72) 2013, S. 49–163.

–: Angemessene Öffentlichkeitsbeteiligung bei Infrastrukturplanungen als Herausforderung an das Verwaltungsrecht im demokratischen Rechtsstaat, GewArch 2011, S. 273–279.

–: Grundrechte im Rahmen der Kompetenzordnung, in: Josef Isensee/Paul Kirchhof (Hrsg.): HStR, Bd. IX, 3. Auflage, Heidelberg 2011, § 189, S. 225–264.

–: Regulierungsrechtliche Grundfragen des Legislativpaktes für die europäischen Strom- und Gasbinnenmärkte, in: Wolfgang Löwer (Hrsg.): Neuere europäische Vorgaben für den Energiebinnenmarkt, Göttingen/Bonn 2010, S. 23–58.

–: Europäisches Regulierungsverwaltungsrecht auf Abwegen, AöR 135 (2010), S. 251–288.

–: Hochschulorganisation und verwaltungsrechtliche Systembildung, Tübingen 2009.

–: Funktionale Selbstverwaltung und Demokratieprinzip im Recht der Wasser- und Entsorgungsverbände, AbfallR 2004, S. 235–242.

Gärditz, Klaus Ferdinand/Hillgruber, Christian: Volkssouveränität und Demokratie ernst genommen – Zum Lissabon-Urteil des BVerfG, JZ 2009, S. 872–881.

Gas, Tonio: Gemeinwohl und Individualfreiheit im nationalen Recht und Völkerrecht, Hamburg 2012.

Gaß, Andreas: Kommunalrechtliche Rahmenbedingungen, in: Gabriele Wurzel/Ralph Becker (Hrsg.): Rechtspraxis der kommunalen Unternehmen, 3. Auflage, München 2015, S. 51–120.

Gassner, Ulrich M.: Götterdämmerung des Gemeinsamen Bundesausschusses?, NZS 2016, S. 121–126.

Geis, *Max-Emanuel*: Der Erlass von Satzungen, in: Winfried Kluth/Günter Krings (Hrsg.): Das Handbuch Gesetzgebung, Heidelberg 2014, § 25, S. 643–686.

–: Die Verfasste Studierendenschaft – eine unendliche Geschichte, in: Dirk Heckmann/Ralf P. Schenke/Gernot Sydow (Hrsg.): Verfassungsstaatlichkeit im Wandel. Festschrift für Thomas Würtenberger zum 70. Geburtstag, 2013, S. 1137–1146.

–: Autonomie der Universitäten, in: Detlef Merten/Hans-Jürgen Papier (Hrsg.): HGR, Bd. IV, Grundrechte in Deutschland – Einzelgrundrechte I, Heidelberg 2011, § 100, S. 767–800.

–: Parlamentsausschüsse, in: Josef Isensee/Paul Kirchhof (Hrsg.): HStR, Bd. III, 3. Auflage, Heidelberg 2005, § 54, S. 853–880.

–: Untersuchungsausschuß, in: Josef Isensee/Paul Kirchhof (Hrsg.): HStR, Bd. III, 3. Auflage, Heidelberg 2005, § 55, S. 881–908.

–: Körperschaftliche Selbstverwaltung in der Sozialversicherung, in: Friedrich E. Schnapp (Hrsg.): Funktionale Selbstverwaltung und Demokratieprinzip – am Beispiel der Sozialversicherung, Frankfurt am Main/Berlin/Bern/Wien 2001, S. 65–88.

–: Möglichkeiten und Grenzen schulischer Partizipationsregelungen am Beispiel der sog. Schulkonferenz, in: Frank-Rüdiger Jach/Siegfried Jenkner (Hrsg.): Autonomie der staatlichen Schule und freies Schulwesen. Festschrift zum 65. Geburtstag von Johann Peter Vogel, Berlin 1998, S. 31–50.

Gern, *Alfons*/*Brüning*, *Christoph*: Deutsches Kommunalrecht, 4. Auflage, Baden-Baden 2019.

Gersdorf, *Hubertus*: Privatisierung öffentlicher Aufgaben – Gestaltungsmöglichkeiten, Grenzen, Regelungsbedarf, JZ 2008, S. 831–840.

–: Öffentliche Unternehmen im Spannungsfeld zwischen Demokratie- und Wirtschaftlichkeitsprinzip. Eine Studie zur verfassungsrechtlichen Legitimation der wirtschaftlichen Betätigung der öffentlichen Hand, Berlin 2000.

–: Staatsfreiheit des Rundfunks in der dualen Rundfunkordnung der Bundesrepublik Deutschland, Berlin 1991.

Gierok, *Markus*: Der Europäische Haftbefehl in der Rechtsprechung des Gerichtshofs der Europäischen Union. Eine Skizze zentraler Entscheidungen, IWRZ 2020, S. 256–261.

Giesen, *Thomas*: Totaler Datenschutz in der EU: freiheitswidrig, bürokratisch und erfolglos!, NVwZ 2019, S. 1711–1718.

Gisberts, *Ludger*/*Gayger*, *Michael*: Sichere Produkte ohne technische Normen. Anforderungen an neuartige Produkte wie autonome Systeme, NVwZ 2019, S. 1491–1495.

Gloy, *Wolfgang* (Begr.)/*Loschelder*, *Michael*/*Danckwerts*, *Rolf* (Hrsg.): Handbuch des Wettbewerbsrechts, 5. Auflage, München 2019.

Gmür, *Rudolf*/*Roth*, *Andreas*: Grundriss der deutschen Rechtsgeschichte, 15. Auflage, München 2018.

Gönner, *Nikolaus Thaddäus*: Der Staatsdienst aus dem Gesichtspunkt des Rechts und der Nationalökonomie betrachtet. Nebst der Hauptlandespragmatik über die Dienstverhältnisse der Staatsdiener im Königreiche Baiern, Landshut 1808.

Goldhammer, *Michael*: Die Prognoseentscheidung im Öffentlichen Recht, Tübingen 2021.

–: Die Achtung der nationalen Identität durch die Europäische Union – Theorie und Dogmatik des Art. 4 Abs. 2 EUV im Lichte der ersten Entscheidungen, JöR 2015, S. 105–127.

–: Grundrechtsberechtigung und -verpflichtung gemischtwirtschaftlicher Unternehmen, JuS 2014, S. 891–895.
Goldmann, *Matthias*: Internationale öffentliche Gewalt. Handlungsformen internationaler Institutionen im Zeitalter der Globalisierung, Berlin/Heidelberg 2015.
Gonod, *Pascale*: Legitimacy in Administrative Law. Reform and Reconstruction, in: Matthias Ruffert (Hrsg.): Legitimacy in European Administrative Law. Reform and Reconstruction, Groningen 2011, S. 1–7.
Gonsior, *Florian*: Die Verfassungsmäßigkeit administrativer Letztentscheidungsbefugnisse. Behördenorganisation und Verwaltungsverfahren als Mittel zur Kompensation materiell-rechtlicher Defizite am Beispiel der Bundesnetzagentur im Telekommunikationsrecht. Studien zum Regulierungsrecht, Bd. 12, Tübingen 2018.
Grabitz, *Eberhard* (Begr.)/*Hilf*, *Meinhard*/*Nettesheim*, *Martin* (Hrsg.): Das Recht der Europäischen Union, Bd. I, 71. EL, August, München 2020.
Graf, *Jürgen Peter* (Hrsg.): BeckOK StPO mit RiStBV und MiStra, 41. Edition 2021.
Graser, *Alexander*: Strategic Litigation – oder: Was man mit der Dritten Gewalt sonst noch so anfangen kann, Rechtswissenschaft 2019, S. 317–353.
–: „Demoikratie?" – Konsistenzängste im deutschen Staatsrecht, Leviathan 2003, S. 345–361.
Grawert, *Rolf*: Staatsvolk und Staatsangehörigkeit, in: Josef Isensee/Paul Kirchhof (Hrsg.): HStR, Bd. II, 3. Auflage, Heidelberg 2004, § 16, S. 107–142.
–: Die nationalsozialistische Herrschaft, in: Josef Isensee/Paul Kirchhof (Hrsg.): HstR, Bd. I, 3. Auflage, Heidelberg 2003, § 6, S. 235–268.
Grigoleit, *Hans Christoph* (Hrsg.): Aktiengesetz Kommentar, 2. Auflage, München 2020.
Grimm, *Dieter*: Verfassung und Privatrecht im 19. Jahrhundert. Die Formationsphase, Tübingen 2017.
–: Ursprung und Wandel der Verfassung, in: Josef Isensee/Paul Kirchof (Hrsg.): HStR, Bd. I, 3. Auflage, Heidelberg 2003, § 1, S. 3–44.
–: Wandel der Staatsaufgaben und die Krise des Rechtsstaats, in ders. (Hrsg.): Wachsende Staatsaufgaben, Baden-Baden 1990, S. 292–307.
–: Deutsche Verfassungsgeschichte 1776–1866. Vom Beginn des modernen Verfassungsstaats bis zur Auflösung des Deutschen Bundes, Bd. I, Frankfurt am Main 1988.
Gröpl, *Christoph*: Wirtschaftlichkeit und Sparsamkeit staatlichen Handelns, in: Josef Isensee/Paul Kirchhof (Hrsg.): HStR, Bd. V, 3. Auflage, Heidelberg 2007, § 121, S. 1227–1264.
–: Ökonomisierung von Verwaltung und Verwaltungsrecht, VerwArch 2002, S. 459–484.
–: Die Nachrichtendienste im Regelwerk der deutschen Sicherheitsverwaltung. Legitimation, Organisation und Abgrenzungsfragen, Berlin 1993.
Gröschner, *Rolf*: Die Republik, in: Josef Isensee/Paul Kirchhof (Hrsg.): HStR, Bd. II, 3. Auflage, Heidelberg 2004, § 23, S. 369–428.
Gromitsaris, *Athanasios*: Legitimacy and Accountability: Integration and Compensation, in: Matthias Ruffert (Hrsg.): Legitimacy in European Administrative Law. Reform and reconstruction, Groningen 2011, S. 301–350.
Grosche, *Nils*: Effektive Kompetenzabgrenzung aufgrund oder durch Verhältnismäßigkeit?, Der Staat 60 (2021), S. 273–295.
Groß, *Thomas*: Demokratische Legitimation und Verwaltungsorganisation, Jura 2016, S. 1026–1036.

–: Kollegialprinzip und Hochschulselbstverwaltung, DÖV 2016, S. 449–455.
–: Die asymetrische Funktionenordnung der demokratischen Verfassung – Zur Dekonstruktion des Gewaltenteilungsgrundsatzes, Der Staat 55 (2016), S. 489–517.
–: „We the People“ – Was ist ein Volk?, in: Michael Bäuerle/Philipp Dann/Astrid Wallrabenstein (Hrsg.): Demokratie-Perspektiven. Festschrift für Brun-Otto Bryde zum 70. Geburtstag, Tübingen 2013, S. 157–174.
–: Unabhängige EU-Agenturen – eine Gefahr für die Demokratie?, JZ 2012, S. 1087–1093.
–: Die Verwaltungsorganisation als Teil organisierter Staatlichkeit, in: Wolfgang Hoffmann-Riem/Eberhard Schmidt-Aßmann/Andreas Voßkuhle (Hrsg.): GVwR, Bd. I, Methoden, Maßstäbe, Aufgaben, Organisation, 2. Auflage, München 2012, § 13, S. 905–952.
–: Stuttgart 21: Folgerungen für Demokratie und Verwaltungsverfahren, DÖV 2011, S. 510–515.
–: Die öffentliche Verwaltung als normative Konstruktion, in: Hans Heinrich Trute/ders./Hans Christian Röhl/Christoph Möllers (Hrsg.): Allgemeines Verwaltungsrecht – zur Tragfähigkeit eines Konzepts, Tübingen 2008, S. 349–367.
–: Verantwortung und Effizienz in der Mehrebenenverwaltung, VVDStRL (66) 2007, S. 152–180.
–: Gremienwesen und demokratische Legitimation, in: Karl-Peter Sommermann (Hrsg.): Gremienwesen und staatliche Gemeinwohlverantwortung, Beiträge zu einem Forschungssymposium des Forschungsinstituts für Öffentliche Verwaltung am 27. und 28. April 2000 in Speyer, Berlin 2001, S. 17–33.
–: Grundlinien einer pluralistischen Interpretation des Demokratieprinzips, in: Redaktion Kritische Justiz (Hrsg.): Demokratie und Grundgesetz. Eine Auseinandersetzung mit der verfassungsgerichtlichen Rechtsprechung, Baden-Baden 2000, S. 93–101.
–: Das Kollegialprinzip in der Verwaltungsorganisation, Tübingen 1999.
–: Verfassungsrechtliche Möglichkeiten und Begrenzungen für eine Selbstverwaltung der Justiz, ZRP 1999, S. 361–365.
–: Grundzüge der organisationswissenschaftlichen Diskussion, in: Wolfgang Hoffmann-Riem/Eberhard Schmidt-Aßmann (Hrsg.): Verwaltungsorganisationsrecht als Steuerungsressource, Baden-Baden 1997, S. 139–150.
Groß, Thomas/Pautsch, Arne: Kammerverfassungsrecht – Organisation und Verfahren, in: Winfried Kluth (Hrsg.): Handbuch des Kammerrechts, 3. Auflage, Baden-Baden 2020, S. 268–267.
Grzeszick, Bernd: Vorrang und Vorbehalt des Gesetzes, in: Wolfgang Kahl/Markus Ludwigs (Hrsg.): Handbuch des Verwaltungsrechts, Bd. III, Verwaltung und Verfassungsrecht, Heidelberg 2022, § 72, S. 565–614.
–: Grenzen des parlamentarischen Untersuchungsrechts und Kompetenzen des Parlamentarischen Kontrollgremiums, DÖV 2018, S. 209–217.
–: Gewaltenteilung im demokratischen Rechtsstaat, in: Pirmin Stekeler-Weithofer/Benno Zabel (Hrsg.): Philosophie der Republik, Tübingen 2018, S. 57–66.
–: Körperschaft, in: Görres-Gesellschaft/Herder-Verlag (Hrsg.): Staatslexikon der Görres-Gesellschaft, 8. Auflage, Freiburg/Basel/Wien 2017, https://www.staatslexikon-online.de/Lexikon/K%C3%B6rperschaft (abgerufen: 10.05.2022).
–: Die Voraussetzungen demokratischer Legitimation der Verwaltung und deren Konzeptualisierung in der Verfassungsrechtsdogmatik, in: Michael Anderheiden/Rainer

Keil/Stephan Kirste/Jan Philipp Schaefer (Hrsg.): Verfassungsvoraussetzungen. Gedächtnisschrift für Winfried Brugger, Tübingen 2013, S. 601–618.
–: Rationalitätsanforderungen an die parlamentarische Gesetzgebung im demokratischen Rechtsstaat, VVDStRL (71) 2012, S. 49–81.
–: Der Gedanke des Föderalismus in der Staats- und Verfassungslehre vom Westfälischen Frieden bis zur Weimarer Republik, in: Ines Härtel (Hrsg.): Handbuch Föderalismus: Föderalismus als demokratische Rechtsordnung und Rechtskultur in Deutschland, Europa und der Welt, Bd. I, Grundlagen des Föderalismus und der deutsche Bundesstaat, Heidelberg u.a. 2012, S. 57–100.
–: Steuert die Dogmatik? Inwiefern steuert die Dogmatik des Öffentlichen Rechts? Gibt es eine rechtliche Steuerungswissenschaft jenseits der Rechtsdogmatik?, in: Gregor Kirchhof/Stefan Magen/Karsten Schneider (Hrsg.): Was weiß Dogmatik? Was leistet und wie steuert die Dogmatik des Öffentlichen Rechts?, Tübingen 2012, S. 97–110.
–: Anspruch, Leistungen und Grenzen steuerungswissenschaftlicher Ansätze für das geltende Verwaltungsrecht, Die Verwaltung 2009, S. 105–120.
–: Staat, Verfassung und Einheit der Rechtsordnung. Zur Suche nach der verlorenen Einheit des Rechts, in: Otto Depenheuer/Markus Heintzen/Matthias Jestaedt/Peter Axer (Hrsg.): Festschrift für Josef Isensee zum 70. Geburtstag, Heidelberg 2007, S. 93–110.
–: Hoheitskonzept – Wettbewerbskonzept, in: Josef Isensee/Paul Kirchhof (Hrsg.): HStR, Bd. IV, 3. Auflage, Heidelberg 2006, § 78, S. 367–394.
–: Vom Reich zur Bundesstaatsidee. Zur Herausbildung der Föderalismusidee als Element des modernen deutschen Staatsrechts, Berlin 1996.
Grzeszick, *Bernd/Schwartmann*, *Rolf*: Plädoyer für eine Datenschutzaufsichtskommission des Bundestages, NVwZ 2022, S. 122–127.
Guckelberger, *Annette*: E-Government: Ein Paradigmenwechsel in Verwaltung und Verwaltungsrecht?, VVDStRL (78) 2019, S. 235–288.
–: Norm- und Sachverhaltswissen im Verwaltungsprozess, VerwArch 2017, S. 1–34.
–: Die Rekommunalisierung privatisierter Leistungen in Deutschland, VerwArch 2013, S. 161–187.
–: Unabhängige Ombudsleute, in: Jan Ziekow/Jong Hyun Seok (Hrsg.): Systemkrisen und Systemvertrauen. Berlin 2015, S. 201–222.
Gundel, *Jörg*: Kein Vorlagerecht für unabhängige nationale Regulierungsbehörden gemäß Art. 267 AEUV. Zur Unterscheidung von Regulierungs- und Gerichtsfunktionen in der EuGH-Rechtsprechung, NVWZ 2022, S. 1341–1345.
–: Die Auswirkungen des Vertragsverletzungsurteils des EuGH zur Unabhängigkeit der Energieregulierung, EnWZ 2021, S. 339–344.
–: Konturen eines europäischen Status der nationalen (Infrastruktur-) Regulierungsbehörden: Reichweite und Konsequenzen der Unabhängigkeitsvorgabe, EWS 2017, S. 301–309.
Günther, *Frieder*: Verfassung vergeht, Verwaltung besteht? Die vier deutschen Innenministerien 1919 bis 1970, VfZ 2020, S. 217–247.
Gurlit, *Elke*: Eigenwert des Verfahrens im Verwaltungsrecht, VVDStRL (70) 2011, S. 227–277.
Gusy, *Christoph*: Verfassungsgebung in den Ländern – Politische Kultur zwischen demokratischem Aufbruch und regionalen Traditionen, in: Dirk Schumann/ders./Walter Mühlhausen (Hrsg.): Demokratie versuchen. Die Verfassung in der politischen Kultur der Weimarer Republik, Göttingen 2021, S. 87–106.

–: Die zweifache „Diktatur" des Reichspräsidenten, Der Staat 58 (2019), S. 507–533.
–: Organisation und Aufbau der deutschen Nachrichtendienste, in: Jan-Hendrik Dietrich/Sven-R. Eiffler (Hrsg.): Handbuch des Rechts der Nachrichtendienste, Stuttgart u.a. 2017, Vierter Teil § 1, S. 297–348.
–: Parlamentarische Kontrolle, JA 2005, S. 395–399.
–: Gewährleistung von Freiheit und Sicherheit im Lichte unterschiedlicher Staats- und Verfassungsverständnisse, VVDStRL (63) 2004, S. 151–190.
–: Privatisierung und parlamentarische Kontrolle, ZRP 1998, S. 265–270.
–: Privatisierung als Herausforderung an Rechtspolitik und Rechtsdogmatik, in: ders. (Hrsg.): Privatisierung von Staatsaufgaben: Kriterien – Grenzen – Folgen, Baden-Baden 1998, S. 330–351.
–: Freiheit der Formenwahl und Rechtsbindung der Verwaltung, Jura 1985, S. 578–584.
Gutknecht, Sven: Organisationsgewalt oder öffentlich-rechtliche Organisationsbefugnis? Die Reichweite der sogenannten Organisationsgewalt öffentlich-rechtlicher Religionsgemeinschaften und die staatliche Mitwirkung bei ihrer Ausübung, Göttingen 2019.
Haack, Stefan: Theorie des öffentlichen Rechts, Bd. III, Grundfragen einer juristischen Verfassungslehre, Tübingen 2021.
–: Theorie des öffentlichen Rechts, Bd. II, Was bleibt von der Unterscheidung zwischen öffentlichem Recht und Privatrecht, Tübingen 2019.
–: Läuterung der Verwaltungsrechtstheorie, Rechtswissenschaft 2013, S. 418–447.
–: Demokratie mit Zukunft? Zwei Alternativen der Staatskonzeption einer Staatsform, JZ 2012, S. 753–762.
–: Verlust der Staatlichkeit, Tübingen 2007.
–: Widersprüchliche Regelungskonzeptionen im Bundesstaat, Schriften zum Öffentlichen Recht, Bd. 887, Berlin 2002.
Häberle, Peter: Öffentliches Interesse als juristisches Problem: eine Analyse von Gesetzgebung und Rechtsprechung, 2. Auflage, Berlin 2006.
–: Die Menschenwürde als Grundlage der staatlichen Gemeinschaft, in: Josef Isensee/Paul Kirchhof (Hrsg.): HStR, Bd. II, 3. Auflage, Heidelberg 2004, § 22, S. 317–368.
–: Europäische Rechtskultur, Baden-Baden 1994.
–: Die offene Gesellschaft der Verfassungsinterpreten, JZ 1975, S. 297–305.
–: Effizienz und Verfassung, AöR 98 (1973), S. 625–635.
–: Grundrechte im Leistungsstaat, VVDStRL (30) 1972, S. 43–141.
–: Die Abhörentscheidung des Bundesverfassungsgerichts vom 15.12.1970, JZ 1971, S. 145–156.
Hänel, Albert: Deutsches Staatsrecht, in: Karl Binding (Hrsg.): Die Grundlagen des deutschen Staates und die Reichsgewalt, Bd. I, Leipzig 1892.
Habermas, Jürgen: Prinzip des Rechtsstaats und Logik der Gewaltenteilung, in: ders. (Hrsg.): Faktizität und Geltung. Beiträge zur Diskurstheorie des Rechts und des demokratischen Rechtsstaates, 7. Auflage, Frankfurt am Main 2019, S. 208–237.
–: Auch eine Geschichte der Philosophie, Bd. I, Die okzidentale Konstellation von Glauben und Wissen, Berlin 2019.
–: Der Demos der Demokratie – eine Replik, Leviathan 2015, S. 145–154.
Habersack, Mathias/Henssler, Martin (Hrsg.): Mitbestimmungsrecht: Kommentierung des MitbestG, des DrittelbG, des SEBG und des MgVG, 4. Auflage, München 2018.
Häde, Ulrich: Rechtliche Vorgaben für die Organisation der Bankenaufsicht, in: Win-

fried Kluth/Martin Müller/Andreas Peilert (Hrsg.): Wirtschaft – Verwaltung – Recht, Festschrift für Rolf Stober, Köln/München 2008, S. 467–482.

Hailbronner, Kay: Kontrolle der auswärtigen Gewalt, VVDStRL (56) 1997, S. 7–37.

Haltern, Ulrich: Kommunitarismus und Grundgesetz – Überlegungen zu neueren Entwicklungen in der deutschen Verfasssungstheorie, KritV 2000, S. 153–193.

Haltern, Ulrich R./Mayer, Franz C./Möllers, Christoph: Wesentlichkeitstheorie und Gerichtsbarkeit – Zur institutionellen Kritik des Gesetzesvorbehalts, Die Verwaltung 1997, S. 51–74.

Härtel, Ines: Der staatszentrierte Föderalismus zwischen Ewigkeitsgarantie und Divided Government. Genese, Ausprägung und Problemhorizonte des Bundesstaatsprinzips, in: dies. (Hrsg.): Handbuch Föderalismus: Föderalismus als demokratische Rechtsordnung und Rechtskultur in Deutschland, Europa und der Welt, Bd. I, Grundlagen des Föderalismus und der deutsche Bundesstaat, Berlin/Heidelberg 2012, § 16, S. 387–476.

Hain, Karl-Eberhard: Verfassungswidrige Staatsnähe. Zur Wahl des Direktors der saarländischen Landesmedienanstalt durch den Landtag, verfassungsblog.de, 09.07.2021. https://verfassungsblog.de/verfassungswidrige-staatsnaehe/ (abgerufen: 10.05.2022).

–: Systematische Rekonstruktion des Verfassungsrechts als Aufgabe der Verfassungsrechtsdogmatik, in: Christian Starck (Hrsg.): Die Rolle der Verfassungsrechtswissenschaft im demokratischen Verfassungsstaat, Baden-Baden 2004, S. 45.

–: Die Grundsätze des Grundgesetzes. Eine Untersuchung zu Art. 79 Abs. 3 GG, Baden-Baden 1999.

Halberstam, Daniel: "Unabhängige Behörden" als Verfassungsergänzung in Deutschland, Frankreich und den USA, in: Johannes Masing/Gérard Marcou (Hrsg.): Unabhängige Regulierungsbehörden. Organisationsrechtliche Herausforderungen in Frankreich und Deutschland, Tübingen 2010, S. 405–426.

Hampsher-Monk, Iain: A History of Modern Political Thought. Major Political Thinkers from Hobbes to Marx, Oxford 1992.

Hanschmann, Felix: Staatliche Bildung und Erziehung. Ganztagsschule, Bildungsstandards und selbstständige Schule als Herausforderung für das Verfassungs- und Schulrecht, Tübingen 2017.

–: Partizipation – demokratietheoretische und verfassungsrechtliche Überlegungen zu Kommunalwahlrecht und Staatsangehörigkeit, in: Klaus Barwig, Stephan Bichel-Benedetti, Gisbert Brinkmann (Hrsg.): Gleichheit. Hohenheimer Tage zum Ausländerrecht, Baden-Baden 2012, S. 187–194.

Haratsch, Andreas: Verwaltungsmodernisierung in Deutschland – Zwischen Ökonomisierung und Gemeinwohlverantwortung, in: Armin Hatje/Constantinos Iliopoulos/Julia Iliopoulos-Strangas/Jörn Axel Kämmerer (Hrsg.): Verantwortung und Solidarität in der Europäischen Union. Ein deutsch-griechischer Rechtsdialog, Baden-Baden 2015, S. 315–332.

Harden, Thomas: Der Generalbundesanwalt – ein politischer Beamter? Ein Plädoyer für die Abschaffung dieses Sonderstatus, ZRP 2020, S. 148–150.

Hart, H.L.A.: The Concept of Law, 2. Auflage Oxford, 1994.

Hartmann, Bernd J.: Digitale Partizipation. Chancen und Risiken elektronischer Bürgerbeteiligung im Verwaltungsrecht, MMR 2017, S. 383–386.

–: Hochschulorganisationsrecht nach dem MHH-Beschluss des Bundesverfassungsgerichts, WissR 2016, S. 197–216.

Hartmann, Bernd J./Maisch, Andreas: Zum Einfluss von Experten auf demokratische

Entscheidungen: Die Gefahr der Instrumentalisierung des Sachverstands durch die Politik, ZPB 2013, S. 149–158.

Hartmann, Stephan/Haucap, Justus/Wollenschläger, Ferdinand: Vorschläge zur Reform des Gemeinsamen Bundesausschusses: Gemeinwohlorientierung und Innovationsoffenheit stärken, in: Stiftung Münch (Hrsg.): Reformkommission Gemeinsamer Bundesausschuss, München 2017, abrufbar unter: http://www.stiftung-muench.org/wp-content/uploads/2017/05/16.pdf (abgerufen: 10.05.2022).

Hase, Friedhelm: Soziale Selbstverwaltung, in: Josef Isensee/Paul Kirchhof (Hrsg.): HStR, Bd. VI, 3. Auflage, Heidelberg 2008, § 145, S. 1175–1202.

Hassemer, Winfried: Dogmatik zwischen Wissenschaft und richterlicher Pragmatik: Einführende Bemerkungen, in: Gregor Kirchhof/Stefan Magen/Karsten Schneider (Hrsg.): Was weiß Dogmatik? Was leistet und wie steuert die Dogmatik des Öffentlichen Rechts?, Tübingen 2012, S. 3–16.

Hatje, Armin: Demokratie als Wettbewerbsordnung, VVDStRL (69) 2010, S. 135–172.

–: Verwaltungskontrolle durch die Öffentlichkeit, EuR 1998, S. 734–747.

–: Die gemeinschaftsrechtliche Steuerung der Wirtschaftsverwaltung, Baden-Baden 1998.

Hatje, Armin/Terhechte, Jörg Philipp: Das Bundesverfassungsgericht und die Zwangsmitgliedschaft, NJW 2002, S. 1849–1851.

Hattenhauer, Hans: Geschichte des deutschen Beamtentums, 2. Auflage, Köln 1993.

Haverkate, Görg: Die Einheit der Verwaltung als Rechtsproblem, VVDStRL (46) 1988, S. 218–258.

Hebeler, Timo: Ist der Gesetzgeber verfassungsrechtlich verpflichtet, Gesetze zu begründen?, DÖV 2010, S. 754–762.

–: Verwaltungspersonal. Eine rechts- und verwaltungswissenschaftliche Strukturierung, Baden-Baden 2008.

–: „Mischverwaltung“ – Verfassungsrechtlicher Argumentationstopos oder lediglich staats- und verwaltungswissenschaftliche Umschreibung eines Phänomens bundesstaatlicher Ebenenverflechtung?, in: Gabriele Bauschke/Stefan Becker/Gerrit Brauser-Jung (Hrsg.): Pluralität des Rechts – Regulierung im Spannungsfeld der Rechtsebenen. 42. Tagung der Wissenschaftlichen Mitarbeiterinnen und Mitarbeiter der Fachrichtung „Öffentliches Recht“, Hamburg 2002, Stuttgart/Hanover/Berlin/Weimar/Dresden 2003, S. 37–55.

–: Die Ausführung der Bundesgesetze (Art. 83 ff. GG), Jura 2002, S. 164–172.

–: Verfassungsrechtliche Probleme „besonderer“ Rechtssetzungsformen funktionaler Selbstverwaltung – Die Richtlinien des Bundesausschusses für Ärzte und Krankenkassen, DÖV 2002, S. 936–943.

Heberer, Jörg: Das ärztliche Berufs- und Standesrecht: Lehr- und Handbuch des Arztrechts für Ärzte und Juristen in Ausbildung und Praxis, 2. Auflage, Landsberg am Lech 2001.

Heffter, Heinrich: Die deutsche Selbstverwaltung im 19. Jahrhundert. Geschichte der Ideen und Institutionen, 2. Auflage, Stuttgart 1969.

Hegel, Georg Wilhelm Friedrich: Grundlinien der Philosophie des Rechts, hrsg. v. Ludwig Siep, 3. Auflage, Berlin 2014.

Heinig, Hans Michael: Gewaltenteilung im demokratischen Rechtsstaat. Ein Beitrag aus einem gescheiterten „Dialog der Rechtskulturen, in: Julian Krüper/Wolfgang Bock/ders./Heike Merten (Hrsg.): Die Organisation des Verfassungsstaats, Festschrift für Martin Morlok zum 70. Geburtstag, Tübingen 2019, S. 67–74.

–: Verfassung im Nationalstaat: Von der Gesamtordnung zur europäischen Teilordnung?, VVDStRL (75) 2016, S. 65–104.
–: Die Staffelung des IHK-Beitrags und der allgemeine Gleichheitssatz, NVwZ 2004, S. 1087–1090.
Heintzen, Markus: Amtsprinzip, in: Wolfgang Kahl/Markus Ludwigs (Hrsg.): Handbuch des Verwaltungsrechts, Bd. III, Verwaltung und Verfassungsrecht, Heidelberg 2022, § 89, S. 1329–1360.
–: Staatshaushalt, in: Josef Isensee/Paul Kirchhof (Hrsg.): HStR, Bd. V, 3. Auflage, Heidelberg 2007, § 120, S. 1175–1226.
–: Was ist eine Gliedkörperschaft? – Zu einem organisationsrechtlichen Experiment der Berliner Hochschulpolitik, LKV 2005, S. 438–440.
–: Beteiligung Privater an der Wahrnehmung öffentlicher Aufgaben und staatliche Willensbildung, VVDStRL (62) 2003, S. 220–265.
Heise, Elisabeth: Die Deutsche Bahn AG zwischen Wirtschaftlichkeit und Gemeinwohlverantwortung. Eine Untersuchung des Art. 87e GG und der besonderen Bedeutung der Eigentümerstellung des Bundes, Baden-Baden 2013.
Heller, Hermann: Politische Demokratie und soziale Homogenität, in: Martin Drath/Otto Stammer/Gerhart Niemeyer/Franz Borinski (Hrsg.): Hermann Heller Gesammelte Schriften, Bd. II, Recht, Staat, Macht, 1. Auflage, Leiden 1971, S. 421–433
Staatslehre, 4. Auflage, Leiden 1970.
–: Der Begriff des Gesetzes in der Reichsverfassung, VVDStRL (4) 1928, S. 98–135.
Heller, Christine/Hufeld, Ulrich: Der Grundsatz der nationalstaatlichen Organisations- und Finanzhoheit: Wie weit trägt er im Verhältnis zum Europarecht?, in: Oscar Gabriel/Peter-Christian Müller-Graff/Christian O. Steger (Hrsg.): Kommunale Aufgaben im Europäischen Binnenmarkt, Baden-Baden 2010, S. 67–82.
Hellermann, Johannes: Amtshilfe und Organleihe im Bundesstaat – Wer trägt die Lasten?, in: Jakob Nolte (Hrsg.): Die Verfassung als Aufgabe von Wissenschaft, Praxis und Öffentlichkeit. Freundesgabe für Bernhard Schlink zum 70. Geburtstag, Heidelberg/München/Landsberg, 2014, S. 323–338.
–: Unabhängigkeit der Behörden als Ausfluss des Trennungsprinzips oder im Sinne von Weisungsfreiheit?, in: Martin Burgi (Hrsg.): 14. Deutsches Atomrechtssymposium, Baden-Baden 2013, S. 127–139.
–: Kooperativer Föderalismus in Gestalt der Gemeinschaftsaufgaben nach Art. 91a ff. des Grundgesetzes, in: Ines Härtel (Hrsg.): Handbuch Föderalismus: Föderalismus als demokratische Rechtsordnung und Rechtskultur in Deutschland, Europa und der Welt, Bd. II, Probleme, Reformen, Perspektiven des deutschen Föderalismus, Berlin/Heidelberg 2012, § 39, S. 339–363.
–: Örtliche Daseinsvorsorge und gemeindliche Selbstverwaltung. Zum kommunalen Betätigungs- und Gestaltungsspielraum unter den Bedingungen europäischer und staatlicher Privatisierungs- und Deregulierungspolitik, Tübingen 2000.
Helm, Paul: Manifest and Latent Functions, The Philosophical Quarterly, Vol. 21, Issue 82, Jan. 1971, S. 51–60.
Hendler, Reinhard: Das Prinzip Selbstverwaltung, in: Josef Isensee/Paul Kirchhof (Hrsg.): HStR, Bd. VI, 3. Auflage, Heidelberg 2008, § 143, S. 1103–1140.
–: Selbstverwaltung als Ordnungsprinzip – zur politischen Willensbildung und Entscheidung im demokratischen Verfassungsstaat der Industriegesellschaft, Köln 1984.

Henneke, Hans-Günter: Kompetenz und Verantwortung von Gremienmitgliedern der Rundfunkanstalten, NVwZ 2022, S. 1409–1415.

–: Selbstverwaltung in Gemeinden und Kreisen als Pluralisierungsfaktor, in: Hans Heinrich Trute/Thomas Groß/Hans Christian Röhl/Christoph Möllers (Hrsg.): Allgemeines Verwaltungsrecht – zur Tragfähigkeit eines Konzepts, Festschrift für Eberhard Schmidt-Aßmann, Tübingen 2008, S. 17–44.

Hense, Ansgar: Bundeskulturpolitik als verfassungs- und verwaltungsrechtliches Problem, DVBl. 2000, S. 376–384.

Herber, Rolf/Schmidt, Christine: Münchener Kommentar zum Handelsgesetzbuch, Bd. VII: Transportrecht. Viertes Buch. Handelsgeschäfte; vierter Abschnitt. Frachtgeschäft (§§ 407–452d), fünfter Abschnitt. Speditionsgeschäft (§§ 453–466), sechster Abschnitt. Lagergeschäft (§§ 467–475h). Fünftes Buch. Seehandel (§§ 476–619). SVertO, CMR, CIM, CUV, MÜ, CMNI, 4. Auflage, München 2020.

Herdegen, Matthias: Das Grundgesetz im Gefüge des westlichen Konstitutionalismus, in: ders./Johannes Masing/Ralf Poscher/Klaus Ferdinand Gärditz (Hrsg.): Handbuch des Verfassungsrechts. Darstellung in transnationaler Perspektive, München 2021, § 1, S. 13–60.

–: Staat und Rationalität. Zwölf Thesen, Paderborn/München/Wien/Zürich 2010.

–: Informalisierung und Entparlamentarisierung politischer Entscheidungen als Gefährdungen der Verfassung?, VVDStRL (62) 2003, S. 7–36.

–: Der Selbsteintritt von Aufsichtsbehörden im Verwaltungsrecht, Die Verwaltung 1990, S. 183–210.

–: Gestaltungsspielräume bei administrativer Normgebung – Ein Beitrag zu rechtsformabhängigen Standards für die gerichtliche Kontrolle von Verwaltungshandeln, AöR 114 (1989), S. 607–643.

Hermes, Georg: Gewährleistung umweltverträglicher Mobilität für alle – Was folgt aus der staatlichen Infrastrukturverantwortung für die Verkehrswende?, Die Verwaltung 2020, S. 311–316.

–: Das Öffentliche Recht auf der Suche nach seinem Gegenstand, in: Fachbereich Rechtswissenschaft der Goethe-Universität Frankfurt am Main (Hrsg.): 100 Jahre Rechtswissenschaft in Frankfurt, Frankfurt am Main 2014, S. 133–154.

–: Allgemeines Landesverwaltungsrecht, in: ders./Franz Reimer (Hrsg.): Landesrecht Hessen. Studienbuch, 8. Auflage, Baden-Baden 2015, § 3, S. 68–96.

–: Abhängige und unabhängige Verwaltungsbehörden – ein Überblick über die Bundesbehörden, in: Johannes Masing/Gérard Marcou (Hrsg.): Unabhängige Regulierungsbehörden. Organisationsrechtliche Herausforderungen in Frankreich und Deutschland, Tübingen 2010, S. 53–86.

–: Legitimationsprobleme unabhängiger Behörden, in: Hartmut Bauer/Peter M. Huber/Karl Peter Sommermann (Hrsg.): Demokratie in Europa, Bd. I, Verfassungsentwicklung in Europa, Tübingen 2005, S. 457–490.

–: Gewährleistungsverantwortung als Infrastrukturverantwortung, in: Gunnar Folke Schuppert (Hrsg.): Der Gewährleistungsstaat – Ein Leitbild auf dem Prüfstand, Baden-Baden 2005, S. 111–144.

–: Gemeinschaftsrecht, „neutrale" Entscheidungsträger und Demokratieprinzip, in: Charlotte Gaitanides/Stefan Kadelbach/Gil Carlos Rodrígues Iglesias (Hrsg.): Europa und seine Verfassung. Festschrift für Manfred Zuleeg zum siebzigsten Geburtstag, Baden-Baden 2005, S. 410–428.

–: Verfassungsrecht und einfaches Recht – Verfassungsgerichtsbarkeit und Fachgerichtsbarkeit, VVDStRL (61) 2002, S. 119–154.
–: Länderkompetenz und Bundesaufsicht in der Bundesauftragsverwaltung, in: Fritz Ossenbühl (Hrsg.): Deutscher Atomrechtstag 2002, Baden-Baden 2003, S. 61–72.
–: Staatliche Infrastrukturverantwortung. Rechtliche Grundstrukturen netzgebundener Transport- und Übertragungssysteme zwischen Daseinsvorsorge und Wettbewerbsregulierung am Beispiel der leitungsgebundenen Energieversorgung in Europa, Tübingen 1998.
–: Kommunale Energieversorgung zwischen hoheitlicher Aufgabenwahrnehmung und wirtschaftlicher Betätigung Privater, Der Staat 1992, S. 281–304.
Herold, *Viktoria*: Grenzen automationsgerechter Gesetzgebung, DÖV 2020, S. 181–189.
Herzog, *Roman*: Ziele, Vorbehalte und Grenzen der Staatstätigkeit, in: Josef Isensee/Paul Kirchhof (Hrsg.): HStR, Bd. IV, 3. Auflage, Heidelberg 2006, § 72, S. 81–116.
–: Möglichkeiten und Grenzen des Demokratieprinzips in der öffentlichen Verwaltung, in: Franz Knöpfle (Hrsg.): Demokratie und Verwaltung. 25 Jahre Hochschule für Verwaltungswissenschaften Speyer, 1. Auflage, Berlin 1972, S. 485–496.
Hesse, Konrad: Grundzüge des Verfassungsrechts der Bundesrepublik Deutschland, Neudruck der 20. Auflage, Heidelberg 1999.
–: Der Gleichheitssatz in der neueren deutschen Verfassungsentwicklung, AöR 109 (1984), S. 174–198.
–: Bestand und Bedeutung der Grundrechte in der Bundesrepublik Deutschland, EuGRZ 1978, S. 427–438.
–: Der Rechtsstaat im Verfassungssystem des Grundgesetzes, in: ders./Siegfried Reicke/Ulrich Scheuner (Hrsg.): Staatsverfassung und Kirchenordnung. Festgabe für Rudolf Smend zum 80. Geburtstag am 15. Januar 1962, Tübingen 1962, S. 71–96.
Hessel, *Stefan*/*Klose*, *Carsten*/*Potel*, *Karin*: Datenzugriffe durch Staatsanwaltschaften. Zur Vereinbarkeit von § 95 StPO mit der jüngsten Rechtsprechung des EuGH, ZfDR 2021, S. 374–380.
Heun, *Werner*: Die Verfassungsordnung der Bundesrepublik Deutschland, Tübingen 2012.
–: Die Struktur des deutschen Konstitutionalismus des 19. JH. im verfassungsrechtlichen Vergleich, Der Staat 45 (2006), S. 365–382.
–: Staatshaushalt und Staatsleitung – das Haushaltsrecht im parlamentarischen Regierungssystem des Grundgesetzes, Baden-Baden 1989.
Heun, *Werner*/*Starck*, *Christian* (Hrsg.): Grundrechte, Rechtsstaat und Demokratie als Grundlagen des Verwaltungsrechts. Sechstes deutsch-taiwanesisches Kolloquium vom 25. bis 26. April 2014 in Taipeh, Baden-Baden 2015.
Heusch, *Andreas*: Der Grundsatz der Verhältnismäßigkeit im Staatsorganisationsrecht, Berlin 2003.
Hey, *Johanna*: Finanzautonomie und Finanzverflechtung in gestuften Rechtsordnungen, VVDStRL (66) 2007, S. 277–334.
Heynckes, *Heinz-Willi*: Kontrollkonkurrenzen von Ausschüssen und Parlamentarischem Kontrollgremium in der Parlamentspraxis, DÖV 2022, S. 486–494.
Hilbert, *Patrick*: Erkenntnisfunktion und Richtigkeitsgewähr von Verwaltungsverfahren, Die Verwaltung 2018, S. 313–350.
–: Systemdenken in Verwaltungsrecht und Verwaltungsrechtswissenschaft, Tübingen 2015.

Hill, *Hermann*: Zur Sicherung des parlamentarischen Budgetrechts im Neuen Steuerungsmodell, DÖV 2001, S. 793–804.

Hillgruber, *Christian*: Grundrechtsschranken, in: Josef Isensee/Paul Kirchhof (Hrsg.): HStR, Bd. IX, 3. Auflage, Heidelberg 2011, § 201, S. 1033–1076.

–: Verfassungsrecht zwischen normativem Anspruch und politischer Wirklichkeit, VVDStRL (67) 2008, S. 7–56.

–: Der Nationalstaat in übernationaler Verflechtung, in: Josef Isensee/Paul Kirchhof (Hrsg.): HStR, Bd. II, 3. Auflage, Heidelberg 2004, § 32, S. 929–992.

Hobe, *Stephan*: Die Auswärtige Gewalt – Tendenzen zur Föderalisierung und Parlamentarisierung, JA 1996, S. 818–823.

Hoffmann, *Roland*: Demokratische Legitimation im Verbund der Energieregulierung, Baden-Baden 2021.

Hoffmann-Riem, *Wolfgang*: Eigenständigkeit der Verwaltung, in: ders./Eberhard Schmidt-Aßmann/Andreas Voßkuhle (Hrsg.): GVwR, Bd. I, Methoden, Maßstäbe, Aufgaben, Organisation, 2. Auflage, München 2012, § 10, S. 677–778.

–: Methoden einer anwendungsorientierten Verwaltungsrechtswissenschaft, in: ders./Eberhard Schmidt-Aßmann (Hrsg.): Methoden der Verwaltungsrechtswissenschaft, Baden-Baden 2004, S. 9–72.

–: Effizienz als Herausforderung an das Verwaltungsrecht – Einleitende Problemskizze, in: ders./Eberhard Schmidt-Aßmann (Hrsg.): Effizienz als Herausforderung an das Verwaltungsrecht, Baden-Baden 1998, S. 11–58.

–: Organisationsrecht als Steuerungsressource. Perspektiven der verwaltungsrechtlichen Systembildung, in: ders./Eberhard Schmidt-Aßmann (Hrsg.): Verwaltungsorganisationsrecht als Steuerungsressource, Baden-Baden 1997, S. 355–396.

–: Öffentliches Recht und Privatrecht als wechselseitige Auffangordnungen – Systematisierung und Entwicklungsperspektiven, in: ders./Eberhard Schmidt-Aßmann (Hrsg.): Öffentliches Recht und Privatrecht als wechselseitige Auffangordnungen, Baden-Baden 1996, S. 261–336.

–: Reform des allgemeinen Verwaltungsrechts als Aufgabe – Ansätze am Beispiel des Umweltschutzes, AöR 115 (1990), S. 400–447.

–: Rundfunkfreiheit durch Rundfunkorganisation. Anmerkungen zur Neufassung des Radio-Bremen-Gesetzes, Frankfurt am Main 1979.

Hofmann, *Ekkehard*: Abwägung im Recht. Chancen und Grenzen numerischer Verfahren im öffentlichen Recht, Tübingen 2007.

Hofmann, *Hasso*: Die Unterscheidung von öffentlichem und privatem Recht, Der Staat 57 (2018), S. 5–33.

–: Die Entwicklung des Grundgesetzes von 1949 bis 1990, in: Josef Isensee/Paul Kirchhof (Hrsg.): HStR, Bd. I, 3. Auflage, Heidelberg 2003, S. 355–422.

Hofmann, *Jochen*: Zur Geschichte des Beamtenrechts in neueren Darstellungen, ZNR 1985, S. 208–230.

Hofmann, *Rainer*: Stichwort Auswärtige Gewalt, in: Werner Heun/Martin Honecker/Martin Morlok/Joachim Wieland (Hrsg.): Evangelisches Staatslexikon, Stuttgart 2006, Spalten 152–159.

–: Zurück zu Solange II! Zum *Bananenmarktordnungs-Beschluß*, des Bundesverfassungsgerichts, in: Hans-Joachim Cremer/Thomas Giegerich/Dagmar Richter/Andreas Zimmermann (Hrsg.): Tradition und Weltoffenheit des Rechts. Festschrift für Helmut Steinberger, Berlin u.a. 2002, S. 1207–1224.

–: Die Bindung staatlicher Macht, in: ders./Joseph Marko/Franz Merli/Ewald Wiederin (Hrsg.): Rechtsstaatlichkeit in Europa, Heidelberg 1996, S. 3–29.
Hofmann, Rainer/Heger, Alexander: Das Selbstverständnis des Bundesverfassungsgerichts als Hüter des Kompetenzverhältnisses zwischen der Europäischen Union und Deutschland, EuGRZ 2020, S. 176–190.
Hofmann, Rainer/Heger, Alexander/Gharibyan, Tamara: Die Wandlung des Grundrechtsschutzes durch das Bundesverfassungsgericht – Recht auf Vergessen I und II als „Solange III"?, KritV 2019, S. 277–292.
Hölscheidt, Sven: Frage und Antwort im Parlament, Darmstadt 1992.
Hollander, Samuel: John Stuart Mill. Political Economist, Singapur 2015.
Holtkamp, Lars: Das Scheitern des Neuen Steuerungsmodells, dms 2008, S. 423–446.
Holtmann, Everhard: Der selbstbestellte Vormund des Parlaments. Oder: Wie Rechnungshöfe den Primat der Politik unterlaufen, ZParl 2000, S. 116–130.
Holznagel, Bernd: Informationsbeziehungen in und zwischen Behörden, in: Wolfgang Hoffmann-Riem/Eberhard Schmidt-Aßmann/Andreas Voßkuhle (Hrsg.): GVwR, Bd. II, Informationsordnung, Verwaltungsverfahren, Handlungsformen, 2. Auflage, München 2012, § 24, S. 321–364.
Holzner, Thomas: Konsens im Allgemeinen Verwaltungsrecht und in der Demokratietheorie. Untersuchungen zur Phänomenologie gruppenpluraler Konsensverwaltung unter besonderer Berücksichtigung des Sozialrechts als Referenzgebiet, Tübingen 2016.
–: Der Gemeinsame Bundesausschuss und die demokratische Legitimation. Anmerkungen zur Problematik demokratischer Legitimation gruppenpluraler Gremien am Beispiel des G-BA, SGb 2015, S. 247–253.
Hong, Mathias: Chancen und Risiken externen Sachverstands in den Verwaltungsverfahren der Wissensgesellschaft, Die Verwaltung 2018, S. 367–392.
Hoppe, Werner: Planung, in: Josef Isensee/Paul Kirchhof (Hrsg.): HStR, Bd. IV, 3. Auflage, Heidelberg 2006, § 77, S. 313–366.
Horn, Hans-Detlef: Die Grundrechtsbindung der Verwaltung, in: Michael Sachs/Helmut Siekmann (Hrsg.): Der grundrechtsgeprägte Verfassungsstaat. Festschrift für Klaus Stern, Berlin 2012, S. 353–368.
–: Vom Staat der Demokratie. Zur Individualisierung der Volkssouveränität, nicht nur im Kontext der europäischen Integration, Paderborn 2015.
–: Erosion demokratischer Öffentlichkeit?, VVDStRL (68) 2009, S. 413–449.
–: Verbände, in: Josef Isensee/Paul Kirchhof (Hrsg.): HStR, Bd. III, 3. Auflage, Heidelberg 2005, § 41, S. 357–388.
–: Gewaltenteilige Demokratie, demokratische Gewaltenteilung – Überlegungen zu einer Organisationsmaxime des Verfassungsstaates, AöR 127 (2002), S. 427–459.
–: Über den Grundsatz der Gewaltenteilung in Deutschland und Europa, JöR 2001, S. 287–297.
–: Staat und Gesellschaft in der Verwaltung des Pluralismus. Zur Suche nach Organisationsprinzipien im Kampf ums Gemeinwohl, Die Verwaltung 1993, S. 545–573.
–: Experimentelle Gesetzgebung unter dem Grundgesetz, Berlin 1989.
Huber, Ernst Rudolf: Das Kaiserreich als Epoche verfassungsrechtlicher Entwicklung, in: Josef Isensee/Paul Kirchhof (Hrsg.): HStR, Bd. I, 3. Auflage, Heidelberg 2003, S. 129–176.
–: Deutsche Verfassungsgeschichte seit 1789, Bd. VI, Die Weimarer Reichsverfassung, Nachdruck 1. Auflage, Stuttgart 1993.

–: Deutsche Verfassungsgeschichte seit 1789, Bd. II, Der Kampf um Einheit und Freiheit 1830 bis 1850, 3. Auflage, Stuttgart 1988.
–: Verfassungsgeschichte seit 1789, Bd. III, Bismarck und das Reich, 3. Auflage, Stuttgart 1988.
Huber, Peter M.: Rechtsstaat, in: Matthias Herdegen/Johannes Masing/Ralf Poscher/Klaus Ferdinand Gärditz (Hrsg.): Handbuch des Verfassungsrechts. Darstellung in transnationaler Perspektive, München 2021, § 6, S. 383–436.
–: Aktuelle Lage der Verwaltung – Gefährdungen und Lösungsansätze, in: Wolfgang Kahl/Markus Ludwigs (Hrsg.): Handbuch des Verwaltungsrechts, Bd. II, Grundstrukturen des europäischen und internationalen Verwaltungsrechts, Heidelberg 2021, § 54, S. 943–994.
–: Die verfassungsrechtliche Prägung des Verwaltungsrechtsschutzes, in: Karl-Peter Sommermann/Bert Schaffarzik (Hrsg.): Handbuch der Geschichte der Verwaltungsgerichtsbarkeit in Deutschland und Europa, Berlin 2019, § 49, S. 1771–1814.
–: Keine Grundrechtsfähigkeit öffentlich beherrschter Unternehmen, in: Markus Ludwigs (Hrsg.): Regulierender Staat und konfliktschlichtendes Recht, Festschrift für Matthias Schmidt-Preuß zum 70. Geburtstag, Berlin 2018, S. 87–98.
–: Bewahrung und Veränderung rechtsstaatlicher und demokratischer Verfassungsstrukturen in den internationalen Gemeinschaften – 50 Jahre danach, AöR 141 (2016), S. 117–135.
–: Recht und Nationale Identität, in: Martin Kment (Hrsg.): Das Zusammenwirken von deutschem und europäischem öffentlichen Recht. Festschrift für Hans D. Jarass zum 70. Geburtstag, München 2015, S. 205–216.
–: Das Verbot der Mischverwaltung – de constitutione lata et ferenda, DÖV 2008, S. 844–851.
–: Entflechtung der Verwaltungskompetenzen als Leitidee der Föderalismusreform, ZSE 2008, S. 255–280.
–: Offene Staatlichkeit: Vergleich, in: Armin v. Bogdandy/Pedro Cruz Villalón/ders. (Hrsg.): Handbuch Ius Publicum Europaeum, Bd. II, Heidelberg 2008, § 26, S. 403–462.
–: Grundzüge des Verwaltungsrechts in Europa – Problemaufriss und Synthese, in: Armin v. Bogdandy/Sabino Cassese/ders. (Hrsg.): Handbuch Ius Publicum Europaeum, Bd. V, Heidelberg 2014, § 73, S. 3–76.
–: Demokratie in Europa – Zusammenfassung und Ausblick, in: Hartmut Bauer/ders./Karl Peter Sommermann (Hrsg.): Demokratie in Europa, Bd. I, Verfassungsentwicklung in Europa, Tübingen 2005, S. 491–512.
–: Weniger Staat im Umweltschutz, DVBl. 1999, S. 489–496.
–: Die entfesselte Verwaltung, StWiss 1997, S. 423–460.
–: Grundrechtsschutz durch Organisation und Verfahren als Kompetenzproblem in der Gewaltenteilung und im Bundesstaat, München 1988.
Huber, Peter M./Guttner, Michael: Zur verfassungsrechtlichen Prägung des Verwaltungsrechtsschutzes im europäischen Rechtsraum, in: Armin v. Bogdandy/Peter M. Huber/Lena Marcusson (Hrsg.): Handbuch Ius Publicum Euroopaeum, Bd. VIII, Heidelberg 2019, § 127, S. 1–44.
Hübner, Dietmar: Art. Entscheidung, in: Petra Kolmer/Armin G. Wildfeuer (Hrsg.): Neues Handbuch philosophischer Grundbegriffe, Bd. I, Freiburg i. Br./München 2011, S. 635–651.
Hufeld, Ulrich: Der Bundesrechnungshof und andere Hilfsorgane des Bundestages, in:

Josef Isensee/Paul Kirchhof (Hrsg.): HStR, Bd. III, 3. Auflage, Heidelberg 2005, § 56, S. 909–942.
–: Einleitung, in: ders. (Hrsg.): Der Reichsdeputationshauptschluss von 1803. Eine Dokumentation zum Untergang des Alten Reiches, Böhlau 2003.
–: Die Vertretung der Behörde, Tübingen 2003.
Hufen, Friedhelm: Staatsrecht II – Grundrechte, 8. Auflage, München 2020.
–: Verwaltungsprozessrecht, 11. Auflage, München 2019.
Hupe, Peter/Hill, Michael/Buffat Aurélien: Introduction: defining and understanding street-level bureaucracy, in: dies. (Hrsg.): Understanding Street-Level Bureaucracy, Bristol/Chicago 2015, S. 3–24.
Hwang, Shu-Perng: Volkswille: Reale Substanz oder notwendige Fiktion? Ernst-Wolfgang Böckenförde und Hans Kelsen im Vergleich, Der Staat 59 (2020), S. 371–396.
–: Verfassungsordnung als Rahmenordnung. Eine kritische Untersuchung zum Materialisierungsansatz im Verfassungsrecht aus rahmenorientierter Perspektive, Tübingen 2018.
–: Vorrang der Verfassungsidentität als Herausforderung für die Rechtsordnung der Europäischen Union?, Der Staat 56 (2017), S. 107–132.
Ingold, Albert: Die verfassungsrechtliche Identität der Bundesrepublik Deutschland. Karriere – Konzept – Kritik, AöR 140 (2015), S. 1–30.
–: Erstplanungspflichten im System des Planungsrechts, Berlin 2007.
Ipsen, Jörn: Staat und Staatsrecht, in: ders./Ann-Katrin Kaufhold/Thomas Wischmeyer: Staatsrecht, Bd. I, Staatsorganisationsrecht, 32. Auflage, München 2020, § 1, S. 1–7.
–: Die Verteilung der Gesetzgebungskompetenzen, in: ders./Ann-Katrin Kaufhold/Thomas Wischmeyer (Hrsg.): Staatsrecht, Bd. I, Staatsorganisationsrecht, 32. Auflage, München 2020, § 10, S. 151–172.
–: Die Ausführung der Bundesgesetze durch Landes- und Bundesverwaltung, in: ders./Ann-Katrin Kaufhold/Thomas Wischmeyer (Hrsg.): Staatsrecht, Bd. I, Staatsorganisationsrecht, 32. Auflage, München 2020, § 11, S. 173–194.
–: Stufen der Grundrechtsprüfung, in: ders./Ann-Katrin Kaufhold/Thomas Wischmeyer (Hrsg.): Staatsrecht, Bd. II, Grundrechte, 24. Auflage, München 2021, § 3, S. 37–58.
Isensee, Josef: Das Volk als Grund der Verfassung – Mythos und Relevanz der Lehre von der verfassungsgebenden Gewalt, in: Otto Depenheuer (Hrsg.): Staat und Verfassung. –:–: Gesammelte Abhandlungen zur Staats- und Verfassungstheorie, Heidelberg 2018, S. 395–471.
–: Legitimation des Grundgesetzes, in: ders./Paul Kirchhof (Hrsg.): HStR, Bd. XII, 3. Auflage, Heidelberg 2014, § 254, S. 3–52.
–: Das Grundrecht als Abwehrrecht und als staatliche Schutzpflicht, in: ders./Paul Kirchhof (Hrsg.): HStR, Bd. IX, 3. Auflage, Heidelberg 2011, § 191, S. 413–568.
–: Das Instrumentarium des Bundes zur Steuerung der Auftragsverwaltung der Länder. Am Beispiel der Revision des Kerntechnischen Regelwerks, in: Steffen Detterbeck/Jochen Rozek/Christian v. Coelln (Hrsg.): Recht als Medium der Staatlichkeit. Festschrift für Herbert Bethge zum 70. Geburtstag, Berlin 2009, S. 359–398.
–: Idee und Gestalt des Föderalismus im Grundgesetz, in: ders./Paul Kirchhof (Hrsg.): HStR, Bd. VI, 3. Auflage, Heidelberg 2008, § 126, S. 3–200.
–: Staatsvermögen, in: ders./Paul Kirchhof (Hrsg.): HStR, Bd. V, 3. Auflage, Heidelberg 2007, § 122, S. 1265–1322.

–: Gemeinwohl im Verfassungsstaat, in: ders./Paul Kirchhof (Hrsg.): HStR, Bd. IV, 3. Auflage, Heidelberg 2006, § 71, S. 3–80.
–: Staatsaufgaben, in: ders./Paul Kirchhof (Hrsg.): HStR, Bd. IV, 3. Auflage, Heidelberg 2006, § 73, S. 117–160.
–: Budgetrecht des Parlaments zwischen Schein und Sein, JZ 2005, S. 971–981.
–: Staat und Verfassung, in: ders./Paul Kirchhof (Hrsg.): HStR, Bd. II, 3. Auflage, Heidelberg 2004, § 15, S. 3–106.
–: Subsidiaritätsprinzip und Verfassungsrecht. Eine Studie über das Regulativ des Verhältnisses von Staat und Gesellschaft, 2. Auflage, Berlin 2001.
–: Öffentlicher Dienst, in: Ernst Benda/Werner Maihofer/Hans-Joachim Vogel (Hrsg.): Handbuch des Verfassungsrechts der Bundesrepublik Deutschland. Studienausgabe, Teil 1, 2. Auflage, Berlin 1995, § 32, S. 1527–1578.
–: Grundrechte und Demokratie. Die polare Legitimation im grundgesetzlichen Gemeinwesen, Der Staat 20 (1981), S. 161–176.
Ison, Terence G.: Administrative Justice: Is it Such a Good Idea?, in: Michael Harris/Martin Partington (Hrsg.): Administrative Justice in the 21st Century, Oxford 1999, S. 21–41.
Jahns, Sigrid: Das Reichskammergericht und seine Richter. Verfassung und Sozialstruktur eines höchsten Gerichts im Alten Reich, Bd. I: Darstellung, Köln 2011.
Janda, Timm Christian/Ahl, Elisabeth: Kommunale Verwaltungsreform – 20 Jahre neues Steuerungsmodell – Zur Tagung des Lorenz-von-Stein-Instituts am 25. Februar in Kiel, DÖV 2014, S. 749–753.
Jann, Werner: Hierarchieabbau und Dezentralisierung, in: Bernhard Blanke/Stephan v. Bandemer/Frank Nullmeier/Gottrik Wewer (Hrsg.): Handbuch zur Verwaltungsreform, 2. Auflage, Opladen 2001, S. 253–262.
Jansen, Julian: Die Zulässigkeit wirtschaftlicher Betätigung der Gemeinden – Ist die Schrankentrias des § 136 I 2 NKomVG tatsächlich Schranke?, GRZ 2020, S. 10–18.
Janssen, Albert: Über die Grenzen des legislativen Zugriffsrechts. Untersuchungen zu den demokratischen und grundrechtlichen Schranken der gesetzgeberischen Befugnisse, Tübingen 1990.
Jarass, Hans D.: Funktionen und Dimensionen der Grundrechte, in: Detlef Merten/Hans-Jürgen Papier (Hrsg.): HGR, Bd. II, Grundrechte in Deutschland – Allgemeine Lehren I, Heidelberg 2006, § 38, S. 625–654.
–: Politik und Bürokratie als Elemente der Gewaltenteilung, München 1975.
Jellinek, Georg: Allgemeine Staatslehre, 3. Auflage, 7. Neudruck, Reprogr. der Ausgabe von 1928, Bad Homburg 1960.
–: System der subjektiven öffentlichen Rechte, 2. Auflage, Tübingen 1905.
–: Gesetz und Verordnung. Staatsrechtliche Untersuchungen auf rechtsgeschichtlicher und rechtsvergleichender Grundlage, 1. Auflage, Freiburg i.B. 1887.
Jellinek, Georg/Jellinek, Walter: Allgemeine Staatslehre, Nachdruck des 5. Neudrucks der 3. Auflage, Bad Homburg 1966.
Jellinek, Walter: Verwaltungsrecht, Neudr. der 3. Auflage, Berlin 1931, Bad Homburg v.d. Höhe 1966 (Nachtrag 1950).
Jesch, Dietrich: Gesetz und Verwaltung. Eine Problemstudie zum Wandel des Gesetzmäßigkeitsprinzipes, 2. Auflage, Tübingen 1968.
Jeserich, Kurt G.A.: Die Entwicklung des öffentlichen Dienstes 1800–1871, in: ders./Hans Pohl/Georg-Christoph v. Unruh (Hrsg.): Deutsche Verwaltungsgeschichte,

Bd. II, Vom Reichsdeputationshauptschluß bis zur Auflösung des Deutschen Bundes, Stuttgart 1983, S. 302–332.

–: Die Entwicklung des öffentlichen Dienstes 1871–1918, in: ders./Hans Pohl/Georg-Christoph v. Unruh (Hrsg.): Deutsche Verwaltungsgeschichte, Bd. III, Das Deutsche Reich bis zum Ende der Monarchie, Stuttgart 1984, S. 645–677.

Jestaedt, Matthias: Die Legitimation der Verwaltung in Deutschland und der EU, in: Wolfgang Kahl/Ute Mager (Hrsg.), Verwaltungsaufgaben und Legitimation der Verwaltung, Baden-Baden 2022, S. 183–198.

–: Rechtswissenschaft als normative Disziplin. Banalität, Komplexität und Brisanz der Klassifikationsfrage, in: Stephan Kirste (Hrsg.): Interdisziplinarität in den Rechtswissenschaften. Ein interdisziplinärer und internationaler Dialog, Berlin 2016, S. 103–116.

–: Verhältnismäßigkeit als Verhaltensmaß. Gesetzgebung angesichts der Vielfalt der Rationalitäten und des Eigenwerts des politischen Kompromisses, in: ders./Oliver Lepsius (Hrsg.): Verhältnismäßigkeit. Zur Tragfähigkeit eines verfassungsrechtlichen Schlüsselkonzepts, Tübingen 2015, S. 293–302.

–: Democratic Legitimization of the Administrative Power – Exclusive versus Inclusive Democracy, in: Hermann Pünder/Christian Waldhoff (Hrsg.): Debates in German Public Law, Oxford 2014, S. 181–202.

–: Radien der Demokratie: Volksherrschaft, Betroffenheitspartizipation oder plurale Legitimation?, in: Hans Michael Heinig/Jörg Philipp Terhechte (Hrsg.): Postnationale Demokratie, Postdemokratie, Neoetatismus. Wandel klassischer Demokratievorstellungen in der Rechtswissenschaft, Tübingen 2013, S. 3–18.

–: Grundbegriffe des Verwaltungsorganisationsrechts, in: Wolfgang Hoffmann-Riem/Eberhard Schmidt-Aßmann/Andreas Voßkuhle (Hrsg.): GVwR, Bd. I, Methoden, Maßstäbe, Aufgaben, Organisation, 2. Auflage, München 2012, § 14, S. 953–1004.

–: Wissenschaftliches Recht – Rechtsdogmatik als gemeinsames Kommunikationsformat von Rechtswissenschaft und Rechtspraxis, in: Gregor Kirchhof/Stefan Magen/Karsten Schneider (Hrsg.): Was weiß Dogmatik? Was leistet und wie steuert die Dogmatik des Öffentlichen Rechts?, Tübingen 2012, S. 117–138.

–: Warum in die Ferne schweifen, wenn der Maßstab liegt so nah? Verfassungshandwerkliche Fragen an das Lissabon-Urteil des BVerfG, Der Staat 48 (2009), S. 497–516.

–: Schule und außerschulische Erziehung, in: Josef Isensee/Paul Kirchhof (Hrsg.): HStR, Bd. VII, 3. Auflage, Heidelberg 2009, § 156, S. 521–596.

–: „Öffentliches Recht" als wissenschaftliche Disziplin, in: Christoph Engel/Wolfgang Schön (Hrsg.): Das Proprium der Rechtswissenschaft, Tübingen 2007, S. 241–281.

–: Das mag in der Theorie richtig sein … Vom Nutzen der Rechtstheorie für die Rechtspraxis, Tübingen 2006.

–: Demokratische Legitimation – quo vadis?, JuS 2004, S. 649–653.

–: Bundesstaat als Verfassungsprinzip, in: Josef Isensee/Paul Kirchhof (Hrsg.): HStR, Bd. II, 3. Auflage, Heidelberg 2004, § 29, S. 785–841.

–: Selbstverwaltung als „Verbundbegriff" – Vom Wesen und Wert eines allgemeinen Selbstverwaltungsbegriffes, Die Verwaltung 2002, S. 293–317.

–: Rezension zu Kay Waechter, Geminderte demokratische Legitimation staatlicher Institutionen im parlamentarischen Regierungssystem. Zur Wirkung von Verfassungsprinzipien und Grundrechten auf institutionelle und kompetenzielle Ausgestaltungen, Schriften zum Öffentlichen Recht Bd. 667, Der Staat 35 (1996), S. 633–637.

–: Demokratieprinzip und Kondominialverwaltung. Entscheidungsteilhabe Privater an der öffentlichen Verwaltung auf dem Prüfstand des Verfassungsprinzips Demokratie, Berlin 1993.
–: Demokratie unter Bagatellvorbehalt? Zur Bedeutung und Rechtfertigung eines demokratischen Bagatellvorbehalts, Der Staat 32 (1993), S. 29–56.
Jochum, Heike: Die Bundesauftragsverwaltung im Umbruch: Wie weit reicht die Sachkompetenz des Bundes?, DÖV 2003, S. 16–23.
Jochum, Georg: Die Grundrechtsbindung der deutschen Bahn, NVwZ 2005, S. 779–779.
Jouanjan, Olivier: Demokratietheorie als Verfassungslehre, Der Staat 58 (2019), S. 223–241.
–: Die Belle Époque des Verwaltungsrechts: Zur Entstehung der modernen Verwaltungsrechtswissenschaft in Europa (1880–1920), in: Armin v. Bogdandy/Sabino Cassese/Peter M. Huber (Hrsg.): Handbuch Ius Publicum Europaeum, Bd. IV, Heidelberg 2011, § 69, S. 425–460.
Jürgensen, Hendrik/Laude, Lennart: Zur Verfassungsmäßigkeit von BAMF-Außenstellen, DÖV 2019, S. 468–477.
Kahl, Wolfgang: Rechtsstaatlichkeit im europäischen Verwaltungsrecht, in: ders./Markus Ludwigs (Hrsg.): Handbuch des Verwaltungsrechts, Bd. III, Verwaltung und Verfassungsrecht, Heidelberg 2022, § 66, S. 339–386.
–: Verhältnis des Unionsrechts zum deutschen Recht, in: ders./Markus Ludwigs (Hrsg.): Handbuch des Verwaltungsrechts, Bd. II, Grundstrukturen des europäischen und internationalen Verwaltungsrechts, Heidelberg 2021, § 37, S. 251–294.
–: Allgemeines und besonderes Verwaltungsrecht, in: ders./Markus Ludwigs (Hrsg.): Handbuch des Verwaltungsrechts, Bd. I, Grundstrukturen des deutschen Verwaltungsrechts, Heidelberg 2021, § 12, S. 453–494.
–: Wissenschaft, Praxis und Dogmatik im Verwaltungsrecht, Tübingen 2020.
–: Objektive Grenzen der gerichtlichen Kontrolle im Artenschutzrecht. Anmerkungen zum Beschluss des Bundesverfassungsgerichts vom 23. Oktober 2019 – 1 BvR 2523/13 und 1 BvR 595/14 – BVerfGE 149, 407, in: Klaus Ferdinand Gärditz/Karen Keller/André Niesler (Hrsg.): Der Kontrollauftrag der Verwaltungsgerichtsbarkeit: Liber Amicorum Max-Jürgen Seibert, Berlin 2020, S. 167–186.
–: Deutschland, in: Armin v. Bogdandy/Sabino Cassese/Peter M. Huber (Hrsg.): Handbuch Ius Publicum Europaeum, Bd. V, Heidelberg 2014, § 74, S. 77–158.
–: Begriff, Funktionen und Konzepte von Kontrolle, in: Wolfgang Hoffmann-Riem/Eberhard Schmidt-Aßmann/Andreas Voßkuhle (Hrsg.): GVwR, Bd. III, Personal, Finanzen, Kontrolle, Sanktionen, Staatliche Einstandspflichten, 2. Auflage, München 2013, § 47, S. 459–592.
–: Kooperative Rechtsangleichung, in: Jörn Bernreuther/Robert Freitag/Harald Sippel/Ulrike Wanitzek (Hrsg.): Festschrift Ulrich Spellenberg zum 70. Geburtstag, 2010, S. 697–716.
–: Die Zustimmungsbedürftigkeit von Bundesgesetzen nach Art. 84 I GG unter besonderer Berücksichtigung des Umweltverfahrensrechts, NVwZ 2008, S. 710–718.
–: Hochschulräte – Demokratieprinzip – Selbstverwaltung. Unter besonderer Berücksichtigung des Aufsichtsratsmodells in Baden-Württemberg, AöR 130 (2005), S. 225–262.
–: Grundrechtsschutz durch Verfahren in Deutschland und in der EU, VerwArch 2004, S. 1–37.

–: Die rechtliche Bedeutung der Unterscheidung von Staat und Gesellschaft, JURA 2002, S. 721–729.
–: Die Staatsaufsicht. Entstehung, Wandel und Neubestimmungen unter besonderer Rücksicht der Aufsicht über die Gemeinden, Tübingen 2000.
–: Europäisches und nationales Verwaltungsorganisationsrecht. Von der Konfrontation zur Kooperation, Die Verwaltung 1996, S. 341–384.
Kahl, *Wolfgang*/*Waldhoff*, *Christian*/*Walter*, *Christian* (Hrsg.): Bonner Kommentar zum Grundgesetz, 214. Aktualisierung, Heidelberg 2021.
Kadelbach, *Stefan*: Autonomie und Bindung der Rechtsetzung in gestuften Rechtsordnungen, VVDStRL (66) 2007, S. 7–44.
–: Vorrang und Verfassung: Das Recht der Europäischen Union im innerstaatlichen Bereich, in: Charlotte Gaitanides/ders./Gil Carlos Rodriguez Iglesias (Hrsg.): Europa und seine Verfassung. Festschrift für Manfred Zuleeg zum siebzigsten Geburtstag, Baden-Baden 2005, S. 219–233.
–: Verfassungsrechtliche Grenzen für Deregulierungen des Ordnungsverwaltungsrechts, KritV 1997, S. 263–279.
Kadelbach, *Stefan*/*Guntermann*, *Ute*: Vertragsgewalt und Parlamentsvorbehalt: Die Mitwirkungsrechte des Bundestages bei sogenannten Parallelabkommen und die völkerrechtlichen Konsequenzen ihrer Verletzung, AöR 126 (2001), S. 563–587.
Kainer, *Friedemann*: Aus der nationalen Brille: Das PSPP-Urteil des BVerfG, EuZW 2020, S. 533–536.
Kaiser, *Anna-Bettina*: Juristische Methode, Dogmatik und System, in: Wolfgang Kahl/Markus Ludwigs (Hrsg.): Handbuch des Verwaltungsrechts, Bd. I, Grundstrukturen des deutschen Verwaltungsrechts, Heidelberg 2021, § 24, S. 941–978.
–: Rechtswissenschaft als Rezeptionswissenschaft: Die Rolle von Definitionen, Begriffen, Theorien und Systembildung, in: Nikolaus Marsch/Laura Münkler/Thomas Wischmeyer (Hrsg.): Apokryphe Schriften, Tübingen 2018, S. 17–30.
–: Multidisziplinäre Begriffsverwendungen. Zum verwaltungsrechtswissenschaftlichen Umgang mit sozialwissenschaftlichen Konzepten, in: Ino Augsberg (Hrsg.): Extrajuridisches Wissen im Verwaltungsrecht. Analysen und Perspektiven, Tübingen 2013, S. 99–120.
Kaja, *Helmut*: Ministerialverfassung und Grundgesetz. Betrachtungen zur Organisationsgewalt des Bundeskanzlers, AöR 89 (1964), S. 381–428.
Kalenborn, *Tristan*: Die praktische Konkordanz in der Fallbearbeitung, JA 2016, S. 6–11.
Kämmerer, *Jörn Axel*: Privatisierung, in: Dirk Ehlers/Michael Fehling/Hermann Pünder (Hrsg.): Besonderes Verwaltungsrecht, Bd. I, Öffentliches Wirtschaftsrecht, 4. Auflage, Heidelberg/München/Landsberg 2019, § 13, S. 387–435.
Kämmerer, *Jörn Axel*/*Kotzur*, *Markus*: Vollendung des Grundrechtsverbunds oder Heimholung des Grundrechtsschutzes?, NVwZ 2020, S. 177–184.
Kant, *Immanuel*: Die Metaphysik der Sitten, in: Weischedel (Hrsg.): Werkausgabe Bd. VIII, Berlin 2009.
Kaufhold, *Ann-Katrin*: Der einheitliche Aufsichtsmechanismus für Banken (SSM), in: Ulrich Hufeld/Christoph Ohler (Hrsg.): Enzyklopädie Europarecht, Bd. 9, Europäische Wirtschafts- und Währungsunion, Baden-Baden 2022, § 17, S. 787–846.
–: Arnold Köttgen (1902–1967). Berichte aus dem Inneren der Verwaltung, in: Carsten Kremer (Hrsg.): Die Verwaltungsrechtswissenschaft in der frühen Bundesrepublik (1949–1977), Tübingen 2017, S. 107–128.

–: Systemaufsicht. Anforderungen an die Ausgestaltung einer Aufsicht zur Abwehr systemischer Risiken entwickelt am Beispiel der Finanzaufsicht, Tübingen 2016.
Kantorowicz, Ernst H.: Die zwei Körper des Königs. Eine Studie zur politischen Theologie des Mittelalters, 2. Auflage, München 1994.
Kelsen, Hans: Vom Wesen und Wert der Demokratie, 1. Auflage, Tübingen 1920.
–: Allgemeine Staatslehre, in: Matthias Jestaedt (Hrsg.): Studienausgabe der Originalausgabe 1925, Tübingen 2019.
–: Reine Rechtslehre, Studienausgabe der 1. Auflage, Leipzig/Wien 1934, hrsg. v. M. Jestaedt, Tübingen 2008.
Kempen, Bernhard: Die Formenwahlfreiheit der Verwaltung – Die öffentliche Verwaltung zwischen öffentlichem und privatem Recht, München 1989.
Kempny, Simon: Verwaltungskontrolle – zur Systematisierung der Mittel zur Sicherung administrativer Rationalität unter besonderer Berücksichtigung der Gerichte und der Rechnungshöfe, Tübingen 2017.
–: Die obersten Fachgerichte der Weimarer Republik als Wegbereiter des richterlichen Prüfungsrechts – Das Aufkommen der Überprüfung von Gesetzen auf ihre Verfassungsmäßigkeit in der höchstrichterlichen deutschen Rechtsprechung, DÖV 2010, S. 974–977.
Kenkmann, Anne-Kathrin: Abschied von der klassischen Fallgruppe des Beurteilungsspielraums von pluralistischen, weisungsfreien Gremien?, DÖV 2020, S. 565–569.
Kersten, Jens: Parlamentarisches Regierungssystem, in: Matthias Herdegen/Johannes Masing/Ralf Poscher/Klaus Ferdinand Gärditz (Hrsg.): Handbuch des Verfassungsrechts. Darstellung in transnationaler Perspektive, München 2021, § 11, S. 721–776.
–: Konzeption und Methoden der „Neuen Verwaltungsrechtswissenschaft", in: Wolfgang Kahl/Markus Ludwigs (Hrsg.): Handbuch des Verwaltungsrechts, Bd. I, Grundstrukturen des deutschen Verwaltungsrechts, Heidelberg 2021, § 25, S. 979–1022.
–: „System verflochtener Demokratie". Verfassungsrechtliche Theoriebildung gegen die politische Laufrichtung, in: Wolfgang Durner/Franz-Joseph Peine/Foroud Shirvani (Hrsg.): Freiheit und Sicherheit in Deutschland und Europa. Festschrift für Hans-Jürgen Papier zum 70. Geburtstag, Berlin 2013, S. 103–120.
–: Was kann das Verfassungsrecht vom Verwaltungsrecht lernen?, DVBl. 2011, S. 585–591.
–: Teilverfasste Wirtschaft, in: Thomas Vesting/Stefan Korioth (Hrsg.): Der Eigenwert des Verfassungsrechts – was bleibt von der Verfassung nach der Globalisierung?, Tübingen 2011, S. 135–148.
–: Herstellung von Wettbewerb als Verwaltungsaufgabe, VVDStRL (69) 2010, S. 288–340.
–: Georg Jellinek und die klassische Staatslehre, Tübingen 2000.
Kielmannsegg, Peter Graf: Der Reichspräsident – ein republikanischer Monarch?, in: Horst Dreier/Christian Waldhoff (Hrsg.): Das Wagnis der Demokratie. Eine Anatomie der Weimarer Reichsverfassung, 2. Auflage, München 2018, S. 219–240.
–: Demokratische Legitimation, in: Hanno Kube/Ulrich Palm (Hrsg.): Leitgedanken des Rechts – Paul Kirchhof zum 70. Geburtstag, Bd. I, Staat und Verfassung, Heidelberg 2013, § 59, S. 641–650.
Kilian, Michael: Nebenhaushalte des Bundes, Berlin 1993.
Killmer, Dieter: Eine unabhängige Staatsanwaltschaft – Rückenwind aus Europa, DRiZ 2020, S. 304–307.

Kingreen, Thorsten: Die Wahl der Qual: Sozialwahlen in der Sozialversicherung, JöR 2019, S. 139–160.
–: Mehr Staat wagen! Die Aufsicht über den Gemeinsamen Bundesausschuss, VSSAR 2019, S. 155–172.
–: Das Verfassungsrecht der Zwischenschicht. Die juristische Person zwischen grundrechtsgeschützter Freiheit und grundrechtsgebundener Macht, JöR 2017, S. 1–39.
–: Vorrang und Vorbehalt der Verfassung, in: Josef Isensee/Paul Kirchhof (Hrsg.): HStR, Bd. XII, 3. Auflage, Heidelberg 2014, § 263, S. 293–326.
–: Knappheit und Verteilungsgerechtigkeit im Gesundheitswesen, VVDStRL (70) 2011, S. 152–194.
–: Legitimation und Partizipation im Gesundheitswesen – Verfassungsrechtliche Kritik und Reform des Gemeinsamen Bundesausschusses, NZS 2007, S. 113–121.
–: Verfassungsrechtliche Grenzen der Rechtsetzungsbefugnis des Gemeinsamen Bundesausschusses im Gesundheitsrecht, NJW 2006, S. 877–880.
Kirchhof, Ferdinand: Der Richter als Kontrolleur, Akteur und Garant der Rechtsordnung, NJW 2020, S. 1492–1497.
Kirchhof, Gregor: Rechtsfolgen der Privatisierung. Jede Privatisierung lockert, löst öffentlich-rechtliche Bindungen, AöR 132 (2007), S. 215–256.
Kirchhof, Gregor/Magen, Stefan: Dogmatik: Rechtliche Notwendigkeit und Grundlage fächerübergreifenden Dialogs – eine systematisierende Übersicht, in: dies./ Karsten Schneider (Hrsg.): Was weiß Dogmatik? Was leistet und wie steuert die Dogmatik des Öffentlichen Rechts?, Tübingen 2012, S. 151–172.
Kirchhof, Paul: Der Bürger in Zugehörigkeit und Verantwortung, in: Josef Isensee/ ders. (Hrsg.): HStR, Bd. XII, 3. Auflage, Heidelberg 2014, § 283, S. 1045–1144.
–: Allgemeiner Gleichheitssatz, in: Josef Isensee/ders. (Hrsg.): HStR, Bd. VIII, 3. Auflage, Heidelberg 2010, § 181, S. 697–838.
–: Mittel staatlichen Handelns, in: Josef Isensee/ders. (Hrsg.): HStR, Bd. V, 3. Auflage, Heidelberg 2007, § 99, S. 3–134.
–: Die Identität der Verfassung, in: Josef Isensee/ders. (Hrsg.): HStR, Bd. II, 3. Auflage, Heidelberg 2004, § 21, S. 261–316.
–: Der Begriff der hoheitsrechtlichen Befugnisse in Artikel 33 Abs. IV des Grundgesetzes, München 1968.
Kirste, Stephan: Kontexte der Demokratie: Herrschaftsausübung in Arbeitsteilung, VVDStRL (77) 2018, S. 161–210.
–: Theorie der Körperschaft des öffentlichen Rechts. Verwaltungshistorische, organisationstheoretische und verwaltungsorganisationsrechtliche Aspekte, Heidelberg 2017.
–: Voraussetzungen von Interdisziplinarität der Rechtswissenschaften, in: ders. (Hrsg.): Interdisziplinarität in den Rechtswissenschaften. Ein Interdisziplinärer und internationaler Dialog, Berlin 2016, S. 35–86.
–: Föderalismus als Rechtskultur, in: Ines Härtel (Hrsg.): Handbuch Föderalismus: Föderalismus als demokratische Rechtsordnung und Rechtskultur in Deutschland, Europa und der Welt, Bd. I, Grundlagen des Föderalismus und der deutsche Bundesstaat, Heidelberg u.a. 2012, § 8, S. 197–222.
Kischel, Uwe: Rationalität und Begründung, in: Hanno Kube/Rudolf Mellinghoff/ Gerd Morgenthaler/Ulrich Palm/Thomas Puhl/Christian Seiler (Hrsg.): Leitgedanken des Rechts – Paul Kirchhof zum 70. Geburtstag, Bd. I, Heidelberg 2013, § 34, S. 371–384.

–: Die Begründung. Zur Erläuterung staatlicher Entscheidungen gegenüber dem Bürger, Tübingen 2003.
Klages, Helmut: Grenzen der Organisierbarkeit von Verwaltungsorganisationen, in: Andreas Remer (Hrsg.): Verwaltungsführung. Beiträge zur Organisation, Kooperationsstil und Personalarbeit in der öffentlichen Verwaltung, Berlin 1982 (Neudruck 2019), S. 197–218.
–: Grenzen der Organisierbarkeit von Verwaltungsorganisationen, Die Verwaltung 1977, S. 31–49.
Klappstein, Walter: Verfassungsgebundenes Organisationsrecht, in: Andreas Hoyer/Hans Hattenhauser/Rudolf Meyer-Pritzl/Werner Schubert, (Hrsg.): Gedächtnisschrift für Jörn Eckert. 15. Mai 1954 bis 21. März 2006, Baden-Baden 2008, S. 425–438.
Klein, Eckart: Die Kompetenz- und Rechtskompensation. Überlegungen zu einer Argumentationsfigur, DVBl. 1981, S. 661–667.
–: Die verfassungsrechtliche Problematik des ministerialfreien Raums – ein Beitrag zur Thematik der weisungsfreien Verwaltungsstellen, Berlin 1974.
Klein, Friedrich: Die institutionelle Verfassungsgarantie der Rechnungsprüfung, in: Bundesrechnungshof (Hrsg.): 250 Jahre Rechnungsprüfung. Zur zweihundertfünfzigjährigen Wiederkehr der Errichtung der preußischen Generalrechenkammer, Frankfurt am Main 1964, S. 133–156.
Klein, Hans H.: Rundfunkrecht und Rundfunkfreiheit, Der Staat 20 (1981), S. 177–200.
–: Verwaltungskompetenzen von Bund und Ländern in der Rechtsprechung des Bundesverfassungsgerichts, in: Christian Starck (Hrsg.): Bundesverfassungsgericht und Grundgesetz. Festgabe aus Anlaß des 25jährigen Bestehen des Bundesverfassungsgerichts, Bd. II, Verfassungsauslegung, Tübingen 1976, S. 277–299.
Kleinlein, Thomas: Grundrechtsföderalimus. Eine vergleichende Studie zur Grundrechtsverwirklichung in Mehrebenen-Strukturen – Deutschland, USA und EU, Tübingen 2020.
Klement, Jan Henrik: Das Schwinden der Legalität. Von der Doppelbewegung aus Verrechtlichung und Entrechtlichung, JöR 2013, S. 115–161.
–: Verantwortung. Funktion und Legitimation eines Begriffs im Öffentlichen Recht, Tübingen 2006.
Kley, Andreas: Herrschaftsausübung in Arbeitsteilung, VVDStRL (77) 2018, S. 125–160.
Kloepfer, Michael: Öffentliche Meinung, Massenmedien, in: Josef Isensee/Paul Kirchhof (Hrsg.): HStR, Bd. III, 3. Auflage, Heidelberg 2005, § 42, S. 389–424.
–: Die Entfaltung des Verhältnismäßigkeitsprinzips, in: Eberhard Schmidt-Aßmann/Dieter Sellner/Günter Hirsch/Gerd H. Kemper/Hinrich Lehmann-Grube (Hrsg.): Festgabe 50 Jahre Bundesverwaltungsgericht, Köln/Berlin/Bonn/München 2003, S. 329–346.
Klüsener, Robert: Die Bedeutung der Zweckmäßigkeit neben der Rechtmäßigkeit in § 68 I 1 VwGO, NVwZ, 2002, S. 816–821.
Kluth, Winfried: Funktionale Selbstverwaltung, in: Wolfgang Kahl/Markus Ludwigs (Hrsg.): Handbuch des Verwaltungsrechts, Bd. III, Verwaltung und Verfassungsrecht, Heidelberg 2022, § 65, S. 299–338.
–: Einrichtungen, wirtschaftliche Betätigung und Beteiligungen der Kammern, in: ders. (Hrsg.): Handbuch des Kammerrechts, 3. Auflage, Baden-Baden, 2020, S. 355–387.
–: Das zweite DIHK-Urteil des BVerwG und seine Folgen, NVwZ 2021, S. 345–351.

–: Systemische Mängel im deutschen Rechtsstaat wegen fehlender Unabhängigkeit der Staatsanwaltschaften?, NVwZ 2019, S. 1175–1178.

–: Organisation der Wirtschaftsverwaltung, in: Dirk Ehlers/Michael Fehling/Hermann Pünder (Hrsg.): Besonderes Verwaltungsrecht, Bd. I, Öffentliches Wirtschaftsrecht, 4. Auflage, Heidelberg/München/Landsberg 2019, S. 366–386.

–: Selbstverwaltung der Wirtschaft und der freien Berufe, Dirk Ehlers/Michael Fehling/Hermann Pünder (Hrsg.): Besonderes Verwaltungsrecht, Bd. I, Öffentliches Wirtschaftsrecht, 4. Auflage, Heidelberg/München/Landsberg 2019, S. 436–473.

–: Der Gemeinsame Bundesausschuss (GBA) aus der Perspektive des Verfassungsrechts, GesR 2017, S. 205–211.

–: Die Berücksichtigung der Versicherteninteressen bei den Entscheidungen des Gemeinsamen Bundesausschusses, GesR 2015, S. 513–517.

–: Funktionsgerechte Organstrukturen – ein Verfassungsgebot?, VerwArch 2011, S. 525–546.

–: Gegenstand und Begriff des Verwaltungsorganisationsrechts, in: Hans J. Wolff/Otto Bachof/Rolf Stober/ders. (Hrsg.): Verwaltungsrecht: Ein Studienbuch, Bd. II, 7. Auflage, München 2010, § 79, S. 207–245.

–: Verfassungsrechtliche Vorgaben für das Verwaltungsorganisationsrecht, in: Hans J. Wolff/Otto Bachof/Rolf Stober/ders. (Hrsg.): Verwaltungsrecht: Ein Studienbuch, Bd. II, 7. Auflage, München 2010, § 80, S. 245–314.

–: Die Organisationsgewalt und ihre Zuordnung, in: Hans J. Wolff/Otto Bachof/Rolf Stober/ders. (Hrsg.): Verwaltungsrecht: Ein Studienbuch, Bd. II, 7. Auflage, München 2010, § 81, S. 316–343.

–: Funktionssubjekte der Verwaltungsorganisation, in: Hans J. Wolff/Otto Bachof/Rolf Stober/ders. (Hrsg.): Verwaltungsrecht: Ein Studienbuch, Bd. II, 7. Auflage, München 2010, § 82, S. 344–388.

–: Die öffentlich-rechtlichen Stiftungen, in: Hans J. Wolff/Otto Bachof/Rolf Stober/ders. (Hrsg.): Verwaltungsrecht: Ein Studienbuch, Bd. II, 7. Auflage, München 2010, § 87, S. 523–537.

–: Die Strukturierung von Wissensgenerierung durch das Verwaltungsorganisationsrecht, in: Peter Collin/Indra Spiecker gen. Döhmann (Hrsg.): Generierung und Transfer staatlichen Wissens im System des Verwaltungsrechts, Tübingen 2008, S. 73–92.

–: Funktionale Selbstverwaltung. Verfassungsrechtlicher Status – verfassungsrechtlicher Schutz, Tübingen 1997.

Kment, *Martin*: Das deutsche Planungsrecht unter unionsrechtlichem Einfluss – eine bilanzierende Beobachtung aktueller Entwicklungen, DVBl 2020, S. 991–998.

Knauff, *Matthias*: Die wirtschaftliche Betätigung der öffentlichen Hand, in: Reiner Schmidt/Ferdinand Wollenschläger (Hrsg.): Kompendium Öffentliches Wirtschaftsrecht, 5. Auflage, Berlin 2019, S. 257–297.

–: Kontinuität und Diskontinuität im Wirtschaftsverwaltungsrecht, DÖV 2017, S. 969–977.

–: Öffentliches Wirtschaftsrecht: Einführung, Baden-Baden 2015.

Knauff, *Matthias*/*Schulz*, *Marie-Luise*: Das Widerspruchsverfahren – Eine Bestandsaufnahme, VR 2020, S. 73–83.

Knemeyer, *Franz-Ludwig*: Reformanlässe, Pläne und Prinzipien, in: Kurt G.A. Jeserich/Hans Pohl/Georg-Christoph v. Unruh (Hrsg.): Deutsche Verwaltungsgeschichte, Bd. II, Vom Reichsdeputationshauptschluß bis zur Auflösung des Deutschen Bundes, Stuttgart 1983, § 2, S. 130–145.

–: Die Rheinbundstaaten bis 1814, in: Kurt G.A. Jeserich/Hans Pohl/Georg-Christoph v. Unruh (Hrsg.): Deutsche Verwaltungsgeschichte, Bd. II, Vom Reichsdeputationshauptschluß bis zur Auflösung des Deutschen Bundes, Stuttgart 1983, § 1, S. 333–344.

Knop, *Daniel*: Völker- und Europarechtsfreundlichkeit als Verfassungsgrundsätze, Tübingen 2013.

Köpke, *Karl-Heinz*/*Richter*, *Alexandra*/*Welti*, *Felix*: Soziale Selbstverwaltung und Rehabilitation – Sichtweisen, Bewertungen und Anregungen von Expertinnen und Experten der Selbstverwaltung, Studie der Hans-Böckler-Stiftung, Düsseldorf 2018.

Korte, *Stefan*: Behördenorganisation im Wettbewerb. Behördliche Entscheidungen in eigener Sache im Lichte höheren Rechts, Die Verwaltung 2018, S. 187–226.

Kotulla, *Michael*: Deutsche Verfassungsgeschichte. Vom Alten Reich bis Weimar (1495 bis 1934), Heidelberg 2008.

–: Das konstitutionelle Verfassungswerk Preußens (1848–1918). Eine Quellensammlung mit historischer Einführung, Berlin/Heidelberg u.a. 2003.

–: Die verfassungsrechtliche Ausprägung der Garantie der richterlichen Unabhängigkeit im 19. Jahrhundert, DRiZ 1992, S. 285–292.

Köck, *Wolfgang*: Die Mitwirkung der Zivilgesellschaft am Verwaltungshandeln: eine Bilanz, ZUR 2016, S. 643–649.

Koenig, *Christian*: Herstellung von Wettbewerb als Verwaltungsaufgabe, DVBl. 2009, S. 1082–1089.

König, *Michael*: Bildung, Errichtung und Einrichtung von Behörden – am Beispiel des Thüringer Polizeiorganisationsgesetzes, VerwArch 2009, S. 214–227.

–: Kodifikation des Landesorganisationsrechts. Dargestellt am Beispiel Thüringen, Baden-Baden 2000.

Köller, *Sandra*: Funktionale Selbstverwaltung und ihre demokratische Legitimation. Eine Untersuchung am Beispiel der Wasserverbände Lippeverband und Emschergenossenschaft, Berlin 2009.

Köttgen, *Arnold*: Die Organisationsgewalt, VVDStRL (16) 1966, S. 154–190.

–: Das Bundesverfassungsgericht und die Organisation der öffentlichen Verwaltung, AöR 90 (1965), S. 205–235.

Kohl, *Wolfgang*: Das Reichsverwaltungsgericht. Ein Beitrag zur Entwicklung der Verwaltungsgerichtsbarkeit in Deutschland, Tübingen 1991.

Kokott, *Juliane*: Die Staatsrechtslehre und die Veränderung ihres Gegenstandes: Konsequenzen von Europäisierung und Internationalisierung, VVDStRL (63) 2004, S. 29–40.

Kopp, *Ferdinand*/*Ramsauer*, *Ulrich* (Hrsg.): Verwaltungsverfahrensgesetz Kommentar, 21. Auflage, München 2020.

Korioth, *Stefan*: Die Rechtsprechung des Bundesverfassungsgerichts zum Bundesstaat, in: Robert Ch. Van Ooyen/Hans Martin Möllers (Hrsg.): Das Bundesverfassungsgericht im politischen System, 2. Auflage, Wiesbaden 2015, S. 391–406.

–: Finanzen, in: Wolfgang Hoffmann-Riem/Eberhard Schmidt-Aßmann/Andreas Voßkuhle (Hrsg.): GVwR, Bd. III, Personal, Finanzen, Kontrolle, Sanktionen, staatliche Einstandspflichten, 2. Auflage, München 2013, § 44, S. 91–206.

–: „Monarchisches Prinzip" und Gewaltenteilung – unvereinbar? Zur Wirkungsgeschichte der Gewaltenteilungslehre Montesquieus im deutschen Frühkonstitutionalismus, Der Staat 37 (1998), S. 27–55.

–: Erschütterungen des staatsrechtlichen Positivismus im ausgehenden Kaiserreich. Anmerkungen zu frühen Arbeiten von Carl Schmitt, Rudolf Smend und Erich Kaufmann, AöR 117 (1992), S. 212–238.

Koselleck, *Reinhart*: Preußen zwischen Reform und Revolution. Allgemeines Landrecht, Verwaltung und soziale Bewegung von 1791 bis 1848, München 1989.

–: Bund, Bündnis, Föderalismus, Bundesstaat, in: Otto Brunner/Werner Conze/ Reinhart Koselleck (Hrsg.): Geschichtliche Grundbegriffe. Historisches Lexikon zur politisch-sozialen Sprache in Deutschland, Bd. I, Stuttgart 1972, S. 582–671.

Kotzur, *Markus*: Verfassung – Begriff und Bedeutung im Mehrebenensystem, in: Wolfgang Kahl/Markus Ludwigs (Hrsg.): Handbuch des Verwaltungsrechts, Bd. III, Verwaltung und Verfassungsrecht, Heidelberg 2022, § 58, S. 3–32.

–: Demokratie als Wettbewerbsordnung, VVDStRL (69) 2010, S. 173–226.

–: Die Demokratiedebatte in der deutschen Verfassungsrechtslehre, in: Hartmut Bauer/ Peter M. Huber/Karl Peter Sommermann (Hrsg.): Demokratie in Europa, Bd. I, Verfassungsentwicklung in Europa, Tübingen 2005, S. 351–388.

–: Verwaltung in der Kommunikationsgesellschaft – eine Skizze zeitgemäßer Organisationsstrukturen, NWVBl. 2003, S. 298–328.

Krajewski, *Markus*: Rechtsbegriff Daseinsvorsorge?, VerwArch 2008, S. 174–196.

Krauskopf, *Dieter*/*Wanger*, *Regina*/*Knittel*, *Stefan* (Hrsg.): Soziale Krankenversicherung Pflegeversicherung, Bd. I, 108. EL September, München 2020.

Krebs, *Walter*: Verwaltungsorganisation, in: Josef Isensee/Paul Kirchhof (Hrsg.): HStR, Bd. V, 3. Auflage, Heidelberg 2007, § 108, S. 457–520.

–: Neue Bauformen des Organisationsrechts und ihre Einbeziehung in das Allgemeine Verwaltungsrecht, in: Wolfgang Hoffmann-Riem/Eberhard Schmidt-Aßmann (Hrsg.): Verwaltungsorganisationsrecht als Steuerungsressource, Baden-Baden 1997, S. 339–354.

–: Kontrolle in staatlichen Entscheidungsprozessen – ein Beitrag zur rechtlichen Analyse von gerichtlichen, parlamentarischen und Rechnungshof-Kontrollen, Heidelberg 1984.

Kreuter-Kirchhof, *Charlotte*: Unabhängigkeit der Regulierungsbehörde? Verfassungsrechtliche Anforderungen an die Rechtsbindung der Verwaltung, NVwZ 2021, S. 589–594.

Kriele, *Martin*: Grundrechte und demokratischer Gestaltungsraum, in: Josef Isensee/ Paul Kirchhof (Hrsg.): HStR, Bd. IX, 3. Auflage, Heidelberg 2011, § 188, S. 183–224.

–: Das demokratische Prinzip im Grundgesetz, VVDStRL (29) 1971, S. 46–84.

Kröger, *Malte*: Unabhängiges Verwalten in der Europäischen Union – eine Einführung, in: ders./Pilniok, Arne (Hrsg.): Unabhängiges Verwalten in der EU, Tübingen 2016, S. 1–18.

Krönke, *Christoph*: Sandkastenspiele – „Regulatory Sandboxes" aus der Perspektive des Allgemeinen Verwaltungsrechts, JZ 2021, S. 434–443.

Krüper, *Julian*: Kategoriale Unterscheidung von Öffentlichem Recht und Privatrecht?, VVDStRL (79) 2020, S. 43–99.

–: Herrschaft und Wissen. Steht die Demokratie vor einer kognitiven Wende?, in: ders./ Wolfgang Bock/Hans Michael Heinig/Heike Merten (Hrsg.): Die Organisation des Verfassungsstaats. Festschrift für Martin Morlok zum 70. Geburtstag, Tübingen 2019, S. 75–92.

–: Bürgerschaftlicher Einfluss auf das Parlament, in: Martin Morlok/Utz Schliesky/

Dieter Wiefelspütz (Hrsg.): Parlamentsrecht. Praxishandbuch, Baden-Baden 2016, § 37, S. 1118–1140.
–: Parlament und Öffentlichkeit, in: Martin Morlok/Utz Schliesky/Dieter Wiefelspütz (Hrsg.): Parlamentsrecht. Praxishandbuch, Baden-Baden 2016, § 39, S. 1178–1194.
–: Ausschussbesetzung zwischen Politik, Mathematik und Demokratie – Besprechung von BVerwG 8 C 18.03, NWVBl 2005, S. 97 ff.
Kube, *Hanno*: Gesetzgebungskompetenzen im Verwaltungsrecht, in: Wolfgang Kahl/Markus Ludwigs (Hrsg.): Handbuch des Verwaltungsrechts, Bd. III, Verwaltung und Verfassungsrecht, Heidelberg 2022, § 80, S. 921–966.
–: Demokratische Teilhabe als subjektives Recht, in: Michael Anderheiden/Rainer Keil/Stephan Kirste/Jan Philipp Schaefer (Hrsg.): Verfassungsvoraussetzungen. Gedächtnisschrift für Winfried Brugger, Tübingen 2013, S. 571–600.
Kuch, *David*: Gewaltenteilung, in: Eric Hilgendorf/Jan C. Joerden (Hrsg.): Handbuch Rechtsphilosophie, 2. Auflage, Stuttgart 2021, § 59, S. 440–446.
–: Regierung und Parlament in der gewaltenteiligen Demokratie – Organisationsrechtliche Perspektiven des Gewaltenteilungsprinzips, in: Julian Krüper/Arne Pilniok (Hrsg.): Organisationsverfassung der Regierung, Tübingen 2021, S. 55–72.
–: Die Autorität des Rechts – zur Rechtsphilosophie von Joseph Raz, Tübingen 2016.
Küchenhoff, *Benjamin*: Die verfassungsrechtlichen Grenzen der Mischverwaltung, Baden-Baden 2010.
Kühl, *Stefan*: Brauchbare Illegalität. Vom Nutzen des Regelbruchs in Organisationen, Frankfurt am Main 2020.
Kühling, *Jürgen*: Verfassung der Netzwirtschaften, in: Wolfgang Kahl/Markus Ludwigs (Hrsg.): Handbuch des Verwaltungsrechts, Bd. III, Verwaltung und Verfassungsrecht, Heidelberg 2022, § 86, S. 1191–1236.
Krüper, *Julian*: Kategoriale Unterscheidung von Öffentlichem Recht und Privatrecht?, VVDStRL (79) 2020, S. 44–99.
Kugelmann, *Dieter*: Kooperation und Betroffenheit im Netzwerk. Die deutschen Datenschutzaufsichtsbehörden in Europa, ZD 2020, S. 76–80.
Kuhn, *David*: Die Reichweite der Organisationsautonomie des Geschäftsordnungsgebers bei der Entscheidung über die Zusammensetzung parlamentarischer Ausschlüsse, NVwZ 2018, S. 1116–1120.
Kumkar, *Jan-Felix*: Rechtsschutz gegen die Staatsanwaltschaft, Freiburg 2018.
Kunig, *Philip*: Das Rechtsstaatsprinzip. Überlegungen zu seiner Bedeutung für das Verfassungsrecht der Bundesrepublik Deutschland, Tübingen 1986.
Küster, *Otto*: Das Gewaltenproblem im modernen Staat, AöR 75 (1949), S. 397–413.
Laars, *Reinhard*: Finanzdienstleistungsaufsichtsgesetz, 4. Auflage, Baden-Baden 2017.
Laband, *Paul*: Das Staatsrecht des deutschen Reiches, Bd. II, 5. Auflage, Tübingen 1911.
–: Das Staatsrecht des Deutschen Reiches, Bd. I, Tübingen 1876.
Laclau, *Ernesto*/*Mouffe*, *Chantal*: Hegemony and Socialist Strategy. Towards a Radical Democratic Politics, 2. Auflage, London 2014.
Ladeur, *Karl-Heinz*: Die Netzwerke des Rechts, in: Michael Bommes/Veronika Tacke (Hrsg.): Netzwerke in der funktional differenzierten Gesellschaft, Wiesbaden 2010, S. 143–171.
–: Zur Notwendigkeit der Fortentwicklung des Paradigmas des „Gewährleistungsstaates", Der Staat 48 (2009), S. 163–192.

–: Der Staat gegen die Gesellschaft. Zur Verteidigung der Rationalität der „Privatrechtsgesellschaft“, Tübingen 2006.
–: Von der Verwaltungshierarchie zum administrativen Netzwerk? Zur Erhaltung der Eigenständigkeit der Verwaltung unter Komplexitätsbedingungen, Die Verwaltung 1993, S. 137–165.
Ladeur, Karl-Heinz/Gostomzyk, Tobias: Der Gesetzesvorbehalt im Gewährleistungsstaat, Die Verwaltung 2003, S. 141–169.
Lang, Andrej: Der Verhältnismäßigkeitsgrundsatz in der Rechtsprechung des Bundesverfassungsgerichts, AöR 145 (2020), S. 75–132.
Lang, Heinrich: Funktionen der Verfassung, in: Josef Isensee/Paul Kirchhof (Hrsg.): HStR, Bd. XII, 3. Auflage, Heidelberg 2014, § 266, S. 415–434.
–: Gesetzgebung in eigener Sache. Eine rechtstheoretische und rechtssystematische Untersuchung zum Spannungsverhältnis von Distanzgebot und Eigennutz, Tübingen 2007.
Lanius, David: Strategic Indeterminacy in the Law, New York 2019.
Laskowski, Silke R.: Demokratisierung des Umweltrechts, ZUR 2010, S. 171–181.
Laux, Helmut/Liermann, Felix: Grundlagen der Organisation. Die Steuerung von Entscheidungen als Grundproblem der Betriebswirtschaftslehre, 2. Auflage, Berlin 1990.
Lege, Joachim: Abkehr von der „sog. Abwägungsfehlerlehre“? Aufräumarbeit und stille Verschiebungen im Bauplanungsrecht, DÖV 2015, S. 361–374.
–: Organisationen externer Expertise in und neben der öffentlichen Verwaltung. Verwaltungs- und verfassungsrechtliche Vorgaben am Beispiel der Akkreditierung von Studiengängen, in: Peter Collin/Indra Spieker gen. Döhmann (Hrsg.): Generierung und Transfer staatlichen Wissens im System des Verwaltungsrechts, Tübingen 2008, S. 116–135.
Lehner, Roman: Die „Integrationsverfassungsbeschwerde“ nach Art. 38 Abs. 1 S. 1 GG: prozessuale und materiell-rechtliche Folgefragen zu einer objektiven Verfassungswahrungsbeschwerde, Der Staat 52 (2013), S. 535–562.
Lecheler, Helmut: Der öffentliche Dienst, in: Josef Isensee/Paul Kirchhof (Hrsg.): HStR, Bd. III, 3. Auflage, Heidelberg 2005, § 110, S. 559–600.
–: Die Personalgewalt öffentlicher Dienstherren, Berlin 1977.
Lee, Jae-Hoon: Demokratische Legitimation der Vollzugsstruktur der sektorspezifischen Regulierungsverwaltung – eine Untersuchung am Beispiel der Telekommunikationsordnung, Baden-Baden 2017.
Leisner, Walter: Effizienz als Rechtsprinzip, Tübingen 1971.
–: Gewaltenteilung innerhalb der Gewalten, in: Hans Spanner (Hrsg.): Festgabe für Theodor Maunz zum 70. Geburtstag am 01. September 1971, München 1971, S. 267–284.
Leisner-Egensperger, Anna: Der legitime Zweck als Bezugspunkt der Verhältnismäßigkeit. Zum Zweck freiheitsbeschränkender Schutzmaßnahmen in der Corona-Pandemie, JZ 2021, S. 913–924.
–: Rekommunalisierung und Grundgesetz: Verfassungsrechtliche Kriterien, Grenzen und Konsequenzen, NVwZ 2013, S. 1110–1116.
–: Die Folgerichtigkeit – Systemsuche als Problem für Verfassungsbegriff und Demokratiegebot, DÖV 2013, S. 533–539.
–: Ungeschriebenes Verfassungsrecht zur Gewaltenteilung – Ein französisch-deutscher Vergleich, DÖV 2004, S. 774–779.

–: Kontinuität als Verfassungsprinzip. Unter besonderer Berücksichtigung des Steuerrechts, Tübingen 2002.

Lennartz, *Jannis*: Grundrechtsbindung in der Auftragsverwaltung, JZ 2016, S. 287–292.

Lenz, *Stefan*: Kommunalverwaltung und Demokratieprinzip, Tübingen 2020.

Lepsius, *Oliver*: Gesetz und Gesetzgebung, in: Matthias Herdegen/Johannes Masing/Ralf Poscher/Klaus Ferdinand Gärditz (Hrsg.): Handbuch des Verfassungsrechts. Darstellung in transnationaler Perspektive, München 2021, § 12, S. 777–846.

–: Volkssouveränität und Demokratiebegriff in der Weimarer Republik, Historia constitucional 2019, S. 275–296.

–: Die Chancen und Grenzen des Grundsatzes der Verhältnismäßigkeit, in: Matthias Jestaedt/ders. (Hrsg.): Verhältnismäßigkeit. Zur Tragfähigkeit eines verfassungsrechtlichen Schlüsselkonzepts, Tübingen 2015, S. 1–41.

–: Funktion und Wandel von Staatsverständnissen, in: Andreas Voßkuhle/Christian Bumke/Florian Meinel (Hrsg.): Verabschiedung und Wiederentdeckung des Staates im Spannungsfeld der Disziplinen, Der Staat Beiheft 2013, S. 37–58.

–: Kritik der Dogmatik, in: Gregor Kirchhof/Stefan Magen/Karsten Schneider (Hrsg.): Was weiß Dogmatik? Was leistet und wie steuert die Dogmatik des Öffentlichen Rechts?, Tübingen 2012, S. 39–62.

–: ESM-Vertrag, Fiskalpakt und das BVerfG, EuZW 2012, S. 761–762.

–: Die maßstabsetzende Gewalt, in: Matthias Jestaedt/ders./Christoph Möllers/Christoph Schönberger (Hrsg.): Das entgrenzte Gericht. Eine kritische Bilanz nach sechzig Jahren Bundesverfassungsgericht, Berlin 2011, S. 159–280.

–: Themen einer Rechtswissenschaftstheorie, in: Matthias Jestaedt/ders. (Hrsg.): Rechtswissenschaftstheorie, Tübingen 2008, S. 1–50.

–: Was kann die deutsche Staatsrechtslehre von der amerikanischen Rechtswissenschaft lernen?, in: Helmuth Schulze-Fielitz (Hrsg.): Staatsrechtslehre als Wissenschaft, Die Verwaltung Beiheft 2007, S. 319–366.

–: Standardsetzung und Legitimation, in: Christoph Möllers/Andreas Voßkuhle/Christian Walter (Hrsg.): Internationales Verwaltungsrecht. Eine Analyse anhand von Referenzgebieten, Tübingen 2007, S. 345–374.

–: Braucht das Verfassungsrecht eine Theorie des Staates? – eine deutsche Perspektive: Von der Staatstheorie zur Theorie der Herrschaftsformen, EuGRZ 2004, S. 370–381.

–: Steuerungsdiskussion, Systemtheorie und Parlamentarismuskritik, Tübingen 1999.

Lerche, *Peter*: Vorbehalt des Gesetzes und Wesentlichkeitstheorie, in: Detlef Merten/Hans-Jürgen Papier (Hrsg.): HGR, Bd. III, Grundrechte in Deutschland – Allgemeine Lehren II, Heidelberg 2009, § 62, S. 301–332.

–: Übermaß und Verfassungsrecht. Zur Bindung des Gesetzgebers an die Grundsätze der Verhältnismäßigkeit und Erforderlichkeit, 2. Auflage, Goldbach 1999.

–: Mitbestimmungsgesetz und Rationalität, Beiträge zum deutschen und europäischen Verfassungs-, Verwaltungs- und Wirtschaftsrecht. Festschrift für Hans Peter Ipsen zum 70. Geburtstag, Tübingen 1997, S. 437–448.

Le Sueur, *Andrew*: People as ‚Users' and ‚Citizens' – The quest for legitimacy in British Public Administration, in: Matthias Ruffert (Hrsg.): Legitimacy in European Administrative Law: Reform and Reconstruction, Groningen 2011, S. 29–48.

Ley, *Isabelle*/*Franzius*, *Claudio*/*Stein*, *Tine*: Das Volk – ein „Problem" der Demokratie?, verfassungsblog.de, 24.02.2020, https://verfassungsblog.de/das-volk-ein-problem-der-demokratie/ (abgerufen: 10.05.2022).

Lienbacher, Georg: Rationalitätsanforderungen an die parlamentarische Rechtsetzung im demokratischen Rechtsstaat, VVDStRL (71) 2012, S. 7–48.
Liesching, Marc: Jugendschutz versus Kunstfreiheit – Mutzenbachers Ablösung durch Sonny Black, NJW 2020, S. 735–737.
Lilie, Hans: Staatsanwaltschaft als Verwaltungsbehörde, als Organ der Rechtspflege, als Teil der Justiz – Zuordnung zur 3. Gewalt?, in: ders./Stefan Hiebl/Nils Kassebohm (Hrsg.): Festschrift für Volkmar Mehle zum 65. Geburtstag am 11.11.2009, 1. Auflage 2009, S. 359–372.
Lindblom, Charles E.: The Intelligence of Democracy. Decision Making Through Mutual Adjustment, New York 1965.
–: The Science of "Muddling Through", Public Administration Review 1959, S. 79–88.
Lindner, Josef Franz: Verwaltungsrecht und Politik, in: Wolfgang Kahl/Ute Mager (Hrsg.): Verwaltungsrechtswissenschaft und Verwaltungsrechtspraxis, Baden-Baden 2019, S. 285–308.
–: Das Berufsbeamtentum in den Verfassungen der deutschen Länder", ZBR 2018, S. 181–187.
–: Die kommunale Selbstverwaltungsgarantie als verfassungsrechtliche Parallelgewährleistung, DÖV 2018, S. 235–238.
–: Bundesverfassung und Landesverfassung. Zugleich ein Beitrag zur sogenannten Bestandteilslehre, AöR 143 (2018), S. 437–470.
–: Berufsbeamtentum und Demokratieprinzip – ein Zwischenruf, ZBR 2010, S. 26–44.
Linke, Tobias: Ein verfassungswidriger „Wachhund für den Bürokratieabbau"? Der Nationale Normenkontrollrat im inneren Gesetzgebungsverfahren der Regierung, JZ 2016, S. 1081–1089.
–: Rechtsfragen der Einrichtung und des Betriebs eines Nationalen Cyber-Abwehrzentrums als informelle institutionalisierte Sicherheitskooperation, DÖV 2015, S. 128–139.
Lipsky, Michael: Street-Level Bureaucracy. Dilemmas of the Individual in Public Services, 1. Auflage, New York 1980.
Loening, Hellmuth: Der ministerialfreie Raum in der Staatsverwaltung, DVBl. 1954, S. 173–180.
Loeser, Roman: Das Bundes-Organisationsgesetz, Baden-Baden 1988.
–: Die Bundesverwaltung in der Bundesrepublik Deutschland. Bestand, Rechtsformen und System der Aufbauorganisation, Speyer 1986.
Lohse, Eva Julia: Durchsetzung von Unionsrecht durch Kommunalaufsichtsbehörden: dezentralisierte Kontrolle kommunalen Verwaltungshandelns zwischen Selbstverwaltungsgarantie und Effektivitätsgrundsatz, NVwZ 2016, S. 102–107.
Loschelder, Friedrich: Die Durchsetzbarkeit von Weisungen in der Bundesauftragsverwaltung, in: Herbert Bethge: Studien und Materialien zum Öffentlichen Recht, Bern 1998.
Loschelder, Wolfgang: Weisungshierarchie und persönliche Verantwortung in der Exekutive, in: Josef Isensee/Paul Kirchhof (Hrsg.): HStR, Bd. V, 3. Auflage, Heidelberg 2007, § 107, S. 409–456.
Löwer, Wolfgang: Zuständigkeiten und Verfahren des Bundesverfassungsgerichts, in: Josef Isensee/Paul Kirchhof (Hrsg.): HStR, Bd. III, 3. Auflage, Heidelberg 2005, § 70, S. 1285–1527.
–: Der Staat als Wirtschaftssubjekt und Auftraggeber, VVDStRL (60) 2001, S. 416–455.
Ludwigs, Markus: Wirtschafts- und Währungsverfassung in: Wolfgang Kahl/ders.

(Hrsg.): Handbuch des Verwaltungsrechts, Bd. III, Verwaltung und Verfassungsrecht, Heidelberg 2022, § 85, S. 1141–1190.
–: Europäisierung des Verwaltungsrechts, in: Wolfgang Kahl/ders. (Hrsg.): Handbuch des Verwaltungsrechts, Bd. I, Grundstrukturen des deutschen Verwaltungsrechts, Heidelberg 2021, § 8, S. 291–338.
–: Verwaltung als Teil der nationalen Identität, in: Wolfgang Kahl/ders. (Hrsg.): Handbuch des Verwaltungsrechts, Bd. II, Grundstrukturen des europäischen und internationalen Verwaltungsrechts, Heidelberg 2021, § 44, S. 539–584.
–: Scherbenhaufen oder Chance? Zwölf Thesen zum PSPP-Urteil des BVerfG vom 05.05.2020, EuZW 2020, S. 530–533.
–: Unionalisierung der Unabhängigkeit nationaler Kartellbehörden – Der Regierungsentwurf zur 10. GWB Novelle als Vorbote defizitärer Richtlinienumsetzung, NZKart 2020, S. 576–581.
–: Kontrolldichte der Verwaltungsgerichte – Dogmatische Grundlagen, verfassungsrechtlicher Rahmen und europarechtliche Herausforderungen, DÖV 2020, S. 405–415.
–: Kommunale Selbstverwaltung als Teil der nationalen Identität im Prozess der Europäisierung, in: Eric Hilgendorf (Hrsg.): Solidarität, Subsidiarität und Freiheit, Festgabe zum 80. Geburtstag von Franz-Ludwig Knemeyer, Baden-Baden 2019, S. 63–75.
–: Netzregulierung (mit Schwerpunkt TKG), in: Reiner Schmidt/Ferdinand Wollenschläger (Hrsg.): Kompendium Öffentliches Wirtschaftsrecht, 5. Auflage, Berlin 2019, § 12, S. 589–639.
–: Konvergenz oder Divergenz der Regulierung in den Netzwirtschaften – Zur Herausbildung allgemeiner Grundsätze im Recht der Regulierungsverwaltung, in: ders. (Hrsg.): Regulierender Staat und konfliktschlichtendes Recht, Festschrift für Matthias Schmidt-Preuß zum 70. Geburtstag, Berlin 2018, S. 689–712.
–: Verfassung im Allgemeinen Verwaltungsrecht – Bedeutungsverlust durch Europäisierung und Emanzipation?, NVwZ 2015, S. 1327–1334.
–: EU-rechtliche Vorgaben und nationale Gestaltungsspielräume – Behördenunabhängigkeit und Regulierungsermessen als Sicherung der effektiven Umsetzung von EU-Recht?, in: Franz Jürgen Säcker/Matthias Schmidt-Preuß (Hrsg.): Grundsatzfragen des Regulierungsrechts. Vorträge auf dem Gründungskongress der Wissenschaftlichen Vereinigung für das gesamte Regulierungsrecht am 21./22. November 2013 in Berlin, Baden-Baden 2015, S. 251–278.
–: Unternehmensbezogene Effizienzanforderungen im Öffentlichen Recht. Unternehmenseffizienz als neue Rechtskategorie, Berlin 2013.
–: Die Bundesnetzagentur auf dem Weg zur Independent Agency? Europarechtliche Anstöße und verfassungsrechtliche Grenzen, Die Verwaltung 2011, S. 41–74.
Ludwigs, *Markus*/*Friedmann*, *Carolin*: Die Grundrechtsberechtigung staatlich beherrschter Unternehmen und juristischer Personen des öffentlichen Rechts. Kontinuität oder Wandel der verfassungsrechtlichen Dogmatik?, NVwZ 2018, S. 22–28.
–: Die Grundrechtsberechtigung juristischer Personen nach Art. 19 III GG, JA 2018, S. 807–815.
Ludwigs, *Markus*/*Pascher*, *Tobias*/*Sikora*, *Patrick*: Das Bankenunion-Urteil als judikativer Kraftakt des BVerfG – Wegweisendes zu Kontrollvorbehalten und Europäischem Verwaltungsrecht (Teil 1), EWS 2020, S. 1–7.
Ludwigs, *Markus*/*Sikora*, *Patrick*: Der Vorrang des Unionsrechts unter Kontrollvorbehalt des BVerfG, EWS 2016, S. 121–131.

Lübbe-Wolff, Gertrude: Das Demokratiekonzept der Weimarer Reichsverfassung, in: Horst Dreier/Christian Waldhoff (Hrsg.): Das Wagnis der Demokratie. Eine Anatomie der Weimarer Reichsverfassung, 2. Auflage, München 2018, S. 111–150.
–: Modernisierung des Umweltordnungsrechts. Vollziehbarkeit, Deregulierung, Effizienz, Bonn 1996.
Lüdemann, Jörn: Rechtsetzung und Interdisziplinarität in der Verwaltungsrechtswissenschaft, in: Andreas Funke/ders. (Hrsg.): Öffentliches Recht und Wissenschaftstheorie, Tübingen 2009, S. 119–144.
Lüdemann, Jörn/Magen, Stefan: Effizienz statt Gerechtigkeit? (Besprechungsaufsatz), Zeitschrift für Rechtsphilosophie 2009, S. 97–110.
Lüder, Klaus: Verwaltungskontrolle aus sozial- und verwaltungswissenschaftlicher Perspektive, in: Eberhard Schmidt-Aßmann/Wolfgang Hoffmann-Riem (Hrsg.): Verwaltungskontrolle, Baden-Baden 2001, S. 45–58.
Luhmann, Niklas: Die Unterscheidung von Staat und Gesellschaft, in: ders.: Soziologische Aufklärung, Bd. IV, Beiträge zur funktionalen Differenzierung der Gesellschaft, 5. Auflage, Wiesbaden 2018, S. 65–72.
–: Organisation und Entscheidung, 3. Auflage, Wiesbaden 2011.
–: Politische Soziologie, Berlin 2010.
–: Die Politik der Gesellschaft, 2. Auflage, Frankfurt am Main 2005.
–: Funktionen und Folgen formaler Organisation. Mit einem Epilog 1994, 5. Auflage, Berlin 1999.
–: Recht und Automation in der öffentlichen Verwaltung, 2. Auflage, Berlin 1997.
–: Die Paradoxie des Entscheidens, VerwArch 1993, S. 287–310.
–: Organisation, in: Willi Küpper/Günther Ortmann (Hrsg.): Mikropolitik. Rationalität, Macht und Spiele in Organisationen, 2. Auflage, Wiesbaden 1992, S. 165–186.
–: Politische Verfassungen im Kontext des Gesellschaftssystems, Der Staat 12 (1973), S. 1–22; 165–182.
–: Kann die Verwaltung wirtschaftlich handeln?, VerwArch 1960, S. 97–115.
Madison, James: Federalist No. 51, 1788.
Magen, Stefan: Zwischen Reformzwang und Marktskepsis: Die Verwaltungsrechtswissenschaft in der Berliner Republik, in: Thomas Duve/Stefan Ruppert (Hrsg.): Rechtswissenschaft in der Berliner Republik, Berlin 2018, S. 270–296.
–: Entscheidungen unter begrenzter Rationalität als Proprium des öffentlichen Rechts, in: Christoph Engel/Wolfgang Schön (Hrsg.): Das Proprium der Rechtswissenschaft, Tübingen 2007, S. 303–310.
Mager, Ute: Entwicklungslinien des europäischen Verwaltungsrechts, in: Wolfgang Kahl/Markus Ludwigs (Hrsg.): Handbuch des Verwaltungsrechts, Bd. II, Grundstrukturen des europäischen und internationalen Verwaltungsrechts, Heidelberg 2021, § 32, S. 49–96.
–: Freiheit von Forschung und Lehre, in: Josef Isensee/Paul Kirchhof (Hrsg.): HStR, Bd. VII, 3. Auflage, Heidelberg 2009, § 166, S. 1075–1112.
–: Die europäische Verwaltung zwischen Hierarchie und Netzwerk, in: Hans Heinrich Trute/Thomas Groß/Hans Christian Röhl/Christoph Möllers (Hrsg.): Allgemeines Verwaltungsrecht – zur Tragfähigkeit eines Konzepts, Tübingen 2008, S. 369–398.
–: Die Universität im Zeichen von Ökonomisierung und Internationalisierung, VVDStRL (65) 2006, S. 274–315.
–: Einrichtungsgarantien. Entstehung, Wurzeln, Wandlungen und grundgesetzgemäße Neubestimmung einer dogmatischen Figur des Verfassungsrechts, Tübingen 2003.

Männle, Philipp: Verwaltung (in) der Gesellschaft, Berlin 2011.

Maier, Hans: Die ältere deutsche Staats- und Verwaltungslehre, 3. Auflage, München 2009.

Maier, Winfried: Wie unabhängig sind Staatsanwälte in Deutschland?, ZRP (11), 2003, S. 387–391.

Mandelartz, Herbert: Freiheit und Amt: Die Eigenverantwortung des Beamten als Bedingung für gutes und effizientes Regieren, in: Christoph Enders/Johannes Masing (Hrsg.): Freiheit des Subjekts und Organisation von Herrschaft, Der Staat Beiheft 2006, S. 23–42.

Mangold, Anna Katharina: Repräsentation von Frauen und gesellschaftlich marginalisierten personengruppen als demokratietheoretisches Problem, in: Marion Eckertz-Höfer/Margarete Schuler-Harms (Hrsg.): Gleichberechtigung und Demokratie – Gleichberechtigung in der Demokratie: (Rechts-)Wissenschaftliche Annäherungen, Baden-Baden 2019, S. 109–124.

Mann, Thomas: Großvorhaben als Herausforderung für den demokratischen Rechtsstaat, VVDStRL (72) 2013, S. 544–593.

–: Die Stellung der Kommunen in der deutschen föderalistischen Ordnung, in: Ines Härtel (Hrsg.): Handbuch Föderalismus: Föderalismus als demokratische Rechtsordnung und Rechtskultur in Deutschland, Europa und der Welt, Bd. II, Probleme, Reformen, Perspektiven des deutschen Föderalismus, Berlin/Heidelberg 2012, § 32, S. 165–176.

–: Kapitalgesellschaften, in: ders./Günter Püttner (Hrsg.): Handbuch der kommunalen Wissenschaft und Praxis, Bd. II, 3. Auflage, Berlin/Heidelberg 2011, § 46, S. 207–246.

–: Berufliche Selbstverwaltung, in: Josef Isensee/Paul Kirchhof (Hrsg.): HStR, Bd. VI, 3. Auflage, Heidelberg 2008, § 146, S. 1203–1240.

–: Die öffentlich-rechtliche Gesellschaft. Zur Fortentwicklung des Rechtsformenspektrums für öffentliche Unternehmen, Tübingen 2002.

–: Kritik am Konzept des Verwaltungsgesellschaftsrechts, Die Verwaltung 2002, S. 463–489.

–: Demokratieprinzip und Mitbestimmung in öffentlich-rechtlichen Unternehmen, ZögU 22 (1999), S. 17–29.

Mann, Thomas/Schnuch, Franziska: Corporate Social Responsibility öffentlicher Unternehmen, DÖV 2019, S. 417–425.

Mann, Thomas/Sennekamp, Christoph/Uechtritz, Michael (Hrsg.): Verwaltungsverfahrensgesetz Großkommentar, 2. Auflage, Baden-Baden 2019.

Manssen, Gerrit: Rechtsstaatlich-demokratische Aspekte von Regulierungsstrukturen, -verfahren und -institutionen, in: Cornelia Manger-Nestler/Ludwig Gramlich (Hrsg.): Kontinuität und Wandel bei europäisierten Aufsichts- und Regulierungsstrukturen, Baden-Baden 2016, S. 169–182.

–: Verwaltungsrecht als Standortnachteil? Möglichkeiten und Grenzen des Bürokratieabbaus, München 2006.

–: Der Funktionsvorbehalt des Art. 33 Abs. 4 GG, – Anmerkungen zu einem verfassungsrechtlichen Dauerproblem, ZBR 1999, S. 253–257.

Marauhn, Thilo: Zum Verhältnismäßigkeitsgrundsatz in Großbritannien. Die Bedeutung polizei(recht)licher Schranken für die Entwicklung materieller Kontrollstandards, VerwArch 1994, S. 52–85.

Marcou, Gérard: Die Verwaltung und das demokratische Prinzip, in: Armin v.

Bogdandy/Sabino Cassese/Peter M. Huber (Hrsg.): Handbuch Ius Publicum Europaeum, Bd. V, Heidelberg 2014, § 92, S. 1131–1174.

Marsch, Nikolaus: Das europäische Datenschutzgrundrecht: Grundlagen, Dimensionen, Verflechtungen, Tübingen 2018.

Martini, Mario: Normsetzungsdelegation zwischen parlamentarischer Steuerung und legislativer Effizienz – auf dem Weg zu einer dritten Form der Gesetzgebung?, AöR 133 (2008), S. 155–190.

Martini, Mario/Botta, Jonas: Reform der Datenschutzaufsicht: Optionen und Grenzen einer Zentralisierung, DÖV 2022, S. 605–616.

Masing, Johannes: Verfassung im internationalen Mehrebenensystem, in: Matthias Herdegen/ders./Ralf Poscher/Klaus Ferdinand Gärditz (Hrsg.): Handbuch des Verfassungsrechts. Darstellung in transnationaler Perspektive, München 2021, § 2, S. 61–148.

–: Das Bundesverfassungsgericht, in: Matthias Herdegen/ders./Ralf Poscher/Klaus Ferdinand Gärditz (Hrsg.): Handbuch des Verfassungsrechts. Darstellung in transnationaler Perspektive, München 2021, § 15, S. 981–1050.

–: Demokratie – Verstanden im Geiste Konrad Hesses, AöR 144 (2019), S. 443–457.

–: Grundrechtsschutz trotz Privatisierung, in: Michael Bäuerle/Philipp Dann/Astrid Wallrabenstein (Hrsg.): Demokratie-Perspektiven, Festschrift für Brun-Otto Bryde zum 70. Geburtstag, Tübingen 2013, S. 409–428.

–: Unabhängige Behörden und ihr Aufgabenprofil, in: ders./Gérard Marcou (Hrsg.): Unabhängige Regulierungsbehörden. Organisationsrechtliche Herausforderungen in Frankreich und Deutschland, Tübingen 2010, S. 181–220.

–: Organisationsdifferenzierung im Zentralstaat – unabhängige Verwaltungsbehörden in Frankreich, in: Hans Heinrich Trute/Thomas Groß/Hans Christian Röhl/Christoph Möllers (Hrsg.): Allgemeines Verwaltungsrecht – zur Tragfähigkeit eines Konzepts, Festschrift für Eberhard Schmidt-Aßmann, Tübingen 2008, S. 399–429.

–: Post und Telekommunikation, in: Josef Isensee/Paul Kirchhof (Hrsg.): HStR, Bd. IV, 3. Auflage, Heidelberg 2006, § 90, S. 811–842.

–: Die Regulierungsbehörde im Spannungsfeld von Unabhängigkeit und parlamentarischer Verantwortung, in: Hartmut Bauer/Detlef Czybulka/Wolfgang Kahl/Andreas Voßkuhle (Hrsg.): Wirtschaft im offenen Verfassungsstaat. Festschrift für Reiner Schmidt zum 70. Geburtstag, München 2006, S. 521–534.

–: Transparente Verwaltung: Konturen eines Informationsverwaltungsrechts, VVDStRL (63) 2004, S. 377–441.

–: Grundstrukturen eines Regulierungsverwaltungsrechts – Regulierung netzbezogener Märkte am Beispiel Bahn, Post, Telekommunikation und Strom, Die Verwaltung 2003, S. 1–32.

–: Politische Verantwortlichkeit und rechtliche Verantwortlichkeit, in: ZRP 2001, S. 36–42.

Maurenbrecher, Romeo: Grundsätze des heutigen deutschen Staatsrechts, Frankfurt am Main 1837.

Maurer, Hartmut: Zur Organisationsgewalt im Bereich der Regierung, in: Paul Kirchhof, Moris Lehner, Arndt Raupach, Michael Rodi (Hrsg.): Staaten und Steuern. Festschrift für Klaus Vogel zum 70. Geburtstag, Heidelberg 2000, S. 331–352.

–: Der Verwaltungsvorbehalt, VVDStRL (43) 1985, S. 135–171.

Maurer, Hartmut/Waldhoff, Christian: Allgemeines Verwaltungsrecht, 20. Auflage, München 2020.

Maus, Ingeborg: Zur Aufklärung der Demokratietheorie. Rechts- und demokratietheoretische Überlegungen im Anschluss an Kant, 1. Auflage, Frankfurt am Main 1994.
Mayen, Thomas: Unabhängige Verwaltungsbehörden in der europäischen Mehrebenen-Verbundverwaltung, in: Paul Kirchhof (Hrsg.): Umwelt und Planung. Anwalt im Dienst von Rechtsstaat und Demokratie. Festschrift für Klaus-Peter Dolde zum 70. Geburtstag, München 2014, S. 39–70.
–: Verwaltung durch unabhängige Einrichtungen, DÖV 2004, S. 45–55.
Mayer, Franz C.: Kompetenzverteilung, in: Wolfgang Kahl/Markus Ludwigs (Hrsg.): Handbuch des Verwaltungsrechts, Bd. II, Grundstrukturen des europäischen und internationalen Verwaltungsrechts, Heidelberg 2021, § 33, S. 97–140.
–: Verfassung im Nationalstaat: Von der Gesamtordnung zur europäischen Teilordnung?, VVDStRL (75) 2016, S. 7–64.
–: Vom Demokratiediskurs zum Identitätsdiskurs – gefühlte Demokratie und die Folgen, in: Hans Michael Heinig/Jörg Philipp Terhechte (Hrsg.): Postnationale Demokratie, Postdemokratie, Neoetatismus, Wandel klassischer Demokratievorstellungen in der Rechtswissenschaft, Tübingen 2013, S. 19–25.
Mayer, Otto: Deutsches Verwaltungsrecht, Bd. I und Bd. II, Nachdruck der 3. Auflage 1924, München 2004.
Mayer-Maly, Theo: Das Verhältnis zwischen Gesetz und Verordnung in der Rechtsgeschichte, AöR 80 (1955), S. 157–173.
Mayntz, Renate: Soziologie der öffentlichen Verwaltung, 3. Auflage, Heidelberg 1985.
Mayntz, Renate/Scharpf Fritz W.: Der Ansatz des akteurzentrierten Institutionalismus, in: dies. (Hrsg.): Gesellschaftliche Selbstregelung und politische Steuerung, Frankfurt am Main 1995, S. 39–72.
Mehde, Veith: Regierung und Verwaltung, in: Wolfgang Kahl/Markus Ludwigs (Hrsg.): Handbuch des Verwaltungsrechts, Bd. III, Verwaltung und Verfassungsrecht, Heidelberg 2022, § 82, S. 1015–1052.
–: Das Steuerungspotenzial der Exekutive, in: Wolfgang Kahl/Ute Mager (Hrsg.): Verwaltungsrechtswissenschaft und Verwaltungsrechtspraxis, Baden-Baden 2019, S. 147–172.
–: Rechtliche Rahmenbedingungen der Verwaltungsreform, in: Sylvia Veit/Christoph Reichard/Göttrik Wewer (Hrsg.): Handbuch zur Verwaltungsreform, 5. Auflage, Wiesbaden 2019, S. 99–111.
–: Die Bestenauslese bei Professorenstellen zwischen Rechtsschutzgarantie und handlungsfähiger Selbstverwaltung, ZBR 2018, S. 373–379.
–: Verwaltungskontrolle als Daueraufgabe der Verwaltungsgerichtsbarkeit, Die Verwaltung 2010, S. 379–404.
–: Von der Input-Legitimation zur Output-Legitimation – Problemlösung und öffentliche Wertschöpfung (Public Value) als Zielbilder, in: Hermann Hill/Utz Schliesky (Hrsg.): Herausforderung e-Government. E-Volution des Rechts- und Verwaltungssystems, Baden-Baden 2009, S. 213–230.
–: Zwischen New Public Management und Democratic Renewal – Neuere Entwicklungen im britischen Kommunalrecht, VerwArch 2004, S. 257–279.
–: Zwischen Flexibilität und Steuerung – Kommunale Aufgabenwahrnehmung in Unternehmensform unter besonderer Berücksichtigung der Niedersächsischen Gemeindeordnung, in: Hans Peter Bull/Thomas Fraatz-Rosenfeld (Hrsg.): Festgabe für Werner Thieme zum 80. Geburtstag: Beiträge aus dem Freundeskreis des Seminars für Verwaltungslehre, Münster 2003, S. 103–120.

–: Die Ministerverantwortlichkeit nach dem Grundgesetz – Dogmatischer Kernbestand und aktuelle Herausforderungen, DVBl. 2001, S. 13–19.
–: Regeln und Prinzipien im Recht der Staats- und Verwaltungsorganisation, Die Verwaltung 2001, S. 93–106.
–: Die empirischen Prämissen des Hierarchiegebots, in: Redaktion Kritische Justiz (Hrsg.): Demokratie und Grundgesetz. Eine Auseinandersetzung mit der verfassungsgerichtlichen Rechtsprechung, Baden-Baden, 2000, S. 111–116.
–: Neues Steuerungsmodell und Demokratieprinzip, Berlin 2000.
Meinel, Florian: Verselbstständigte Verwaltungseinheiten, unabhängige Agenturen, ministerialfreie Räume, in: Wolfgang Kahl/Markus Ludwigs (Hrsg.): Handbuch des Verwaltungsrechts, Bd. III, Verwaltung und Verfassungsrecht, Heidelberg 2022, § 61, S. 127–172.
–: Das Bundesverfassungsgericht in der Ära der Großen Koalition: Zur Rechtsprechung seit dem Lissabon-Urteil, Der Staat 60 (2021), S. 43–98.
–: Selbstorganisation des parlamentarischen Regierungssystems. Vergleichende Studien zu einem Verfassungsproblem der Bundesrepublik Deutschland, Tübingen 2019.
–: Vertrauensfrage. Zur Krise des heutigen Parlamentarismus, München 2019.
–: Die Verfassungstheorie des Grundgesetzes und die Verfassungsgeschichte der Bundesrepublik. Eine Bemerkung zu ihrem Verhältnis am Beispiel des parlamentarischen Regierungssystems, in: Hans Michael Heinig/Frank Schorkopf (Hrsg.): 70 Jahre Grundgesetz. In welcher Verfassung ist die Bundesrepublik?, Göttingen 2019, S. 177–190.
–: Zur Unterscheidung von formellem und materiellem Organisationsverfassungsrecht, in: Julian Krüper/Arne Pilniok (Hrsg.): Organisationsverfassungsrecht. Wissenschaft – Theorie – Praxis, Tübingen 2019, S. 103–120.
–: Die Steuerung des Verwaltungshandelns durch Haushaltsrecht und Haushaltskontrolle in der Europäischen Union, Die Verwaltung 2018, S. 153–186.
–: Die Legalisierung der Legitimation. Zu einem deutschen Verfassungsproblem, Merkur 2014, S. 767–779.
Melis, Guido/Meniconi, Antonella: Autonomie und Selbstverwaltung als gemeineuropäisches Konzept, in: Armin v. Bogdandy/Sabino Cassese/Peter M. Huber (Hrsg.): Handbuch Ius Publicum Europaeum, Bd. V, Heidelberg 2014, § 88, S. 927–968.
Merkel, Marcus: Die Gerichtskontrolle der Abwägung im Bauplanungsrecht, insbesondere nach der Neuregelung der §§ 2 III und 214 BauGB durch das EAG Bau, Berlin 2012.
Merkl, Adolf: Allgemeines Verwaltungsrecht, Wien/Berlin 1927.
Merten, Detlef: Das konfuse Konfusionsargument, DÖV 2019, S. 41–47.
–: Verhältnismäßigkeitsgrundsatz, in: ders./Hans-Jürgen Papier (Hrsg.): HGR, Bd. III, Grundrechte in Deutschland – Allgemeine Lehren II, Heidelberg 2009, § 68, S. 517–568.
Merton, Robert K.: Soziologische Theorie und soziale Struktur, Volker Meja/Nico Stehr (Hrsg.), Berlin 1995.
Metzger, Axel/Zech, Herbert (Hrsg.): Sortenschutzrecht Kommentar, München 2016.
Meyer-Goßner, Lutz/Schwarz, Otto Georg (Begr.)/*Köhler, Marcus/Schmitt, Bertram/Kleinknecht, Theodor/Meyer, Karlheinz/Cierniak, Jürgen* (Hrsg.): Strafprozessordnung. Gerichtsverfassungsgesetz, Nebengesetze und ergänzende Bestimmungen, 63. Ausgabe, München 2020.
Meyer, Hubert: Verbot des Aufgabendurchgriffs konkretisiert kommunale Selbstverwaltungsgarantie, NVwZ 2020, S. 1731–1735.

–: Neuer Telemedienauftrag – Neuer Auftrag? Neue Finanzierung? Wer verantwortet und gestaltet den öffentlich-rechtlichen Rundfunk?, ZG 2018, S. 210–230.
Meyer, Stephan: Fordert der Zweck im Recht wirklich eine „Neue Verwaltungsrechtswissenschaft"?: Zugleich ein Vorschlag zur Dogmatik des Verwaltungsermessens, VerwArch 2010, S. 351–376.
Michael, Lothar: Selbstregulierung der Wirtschaft, in: Dirk Ehlers/Michael Fehling/Hermann Pünder (Hrsg.): Besonderes Verwaltungsrecht, Bd. I, Öffentliches Wirtschaftsrecht, 4. Auflage, Heidelberg 2019, § 15, S. 474–489.
–: Verfassung im Allgemeinen Verwaltungsrecht – Bedeutungsverlust durch Europäisierung und Emanzipation?, VVDStRL (75) 2016, S. 131–186.
–: Das Verhältnismäßigkeitsprinzip als Schlüssel(bund)konzept, in: Matthias Jestaedt/Oliver Lepsius (Hrsg.): Verhältnismäßigkeit. Zur Tragfähigkeit eines verfassungsrechtlichen Schlüsselkonzepts, Tübingen 2015, S. 42–59.
–: Abweichungsgesetzgebung als experimentelles Element einer gemischten Bundesstaatslehre, JöR 2011, S. 321–337.
–: Verhältnismäßigkeit, in: Werner Heun/Martin Honecker/Martin Morlok/Joachim Wieland (Hrsg.): Evangelisches Staatslexikon, Stuttgart 2006, Spalten 2572–2577.
–: Private Standardsetter und demokratisch legitimierte Rechtsetzung, in: Hartmut Bauer/Peter M. Huber/Karl-Peter Sommermann (Hrsg.): Demokratie in Europa, Bd. I, Verfassungsentwicklung in Europa, Tübingen 2005, S. 431–456.
–: Rechtsetzende Gewalt im kooperierenden Verfassungsstaat – Normprägende und normersetzende Absprachen zwischen Staat und Wirtschaft, Berlin 2002.
–: Die drei Argumentationsstrukturen des Grundsatzes der Verhältnismäßigkeit. Zur Dogmatik des Über- und Untermaßverbotes und der Gleichheitssätze, JuS 2001, S. 148–155.
–: Methodenfragen der Abwägungslehre. Eine Problemskizze im Lichte von Rechtsphilosophie und Rechtsdogmatik, JöR 2000, S. 169–203.
Möllers, Christoph: Demokratie, in: Matthias Herdegen/Johannes Masing/Ralf Poscher/Klaus Ferdinand Gärditz (Hrsg.): Handbuch des Verfassungsrechts. Darstellung in transnationaler Perspektive, München 2021, § 5, S. 317–382.
–: Krise der demokratischen Repräsentation vor Gericht: zu den Parité-Urteilen der Landesverfassungsgerichte in Thüringen und Brandenburg, JZ 2021, S. 338–347.
–: Zum Demokratieverständnis des Bundesverfassungsgerichts, in: Pascale Cancik (Hrsg.): Demokratie und Selbstverwaltung – Selbstverwaltung in der Demokratie, 25. Bad Iburger Gespräche, Göttingen 2015, S. 27–38.
–: Verwaltungsrecht und Politik, in: Armin v. Bogdandy/Sabino Cassese/Peter M. Huber (Hrsg.): Handbuch Ius Publicum Europaeum, Bd. V, Heidelberg 2014, § 93, S. 1175–1220.
–: Legitimationschancen unserer Demokratie, Zeitschrift für Politikwissenschaften 2013, S. 281–289.
–: Methoden, in: Wolfgang Hoffmann-Riem/Eberhard Schmidt-Aßmann/Andreas Voßkuhle (Hrsg.): GVwR, Bd. I, Methoden, Maßstäbe, Aufgaben, Organisation, 2. Auflage, München 2012, § 3, S. 123–178.
–: Staat als Argument, 2. Auflage, Tübingen 2011.
–: Demokratische Ebenengliederung, in: Ivo Appel/Georg Hermes/Christoph Schönberger (Hrsg.): Öffentliches Recht im offenen Staat. Festschrift für Rainer Wahl zum 70. Geburtstag, Berlin 2011, S. 759–778.
–: Religiöse Freiheit als Gefahr?, VVDStRL (68) 2009, S. 47–93.

–: Kognitive Gewaltengliederung, in: Hans Christian Röhl (Hrsg.): Wissen – Zur kognitiven Dimension des Rechts, Die Verwaltung Beiheft 2010, S. 113–134.
–: Materiellrechtliche Bindungen unabhängiger Regulierungsbehörden, in: Johannes Masing/Gérard Marcou (Hrsg.): Unabhängige Regulierungsbehörden. Organisationsrechtliche Herausforderungen in Frankreich und Deutschland, Tübingen 2010, S. 231–260.
–: Verfassunggebende Gewalt – Verfassung – Konstitutionalisierung, in: Armin v. Bogdandy/Jürgen Bast (Hrsg.): Europäisches Verfassungsrecht, 2. Auflage, Berlin/Heidelberg 2009, S. 227–277.
–: Demokratie und Recht, in: Hauke Brunkhorst/Regina Kreide/Cristina Lafont (Hrsg.): Habermas-Handbuch, Stuttgart 2009, S. 254–262.
–: Demokratie – Zumutungen und Versprechen, 1. Auflage, Berlin 2008.
–: Die drei Gewalten. Legitimation der Gewaltengliederung in Verfassungsstaat, europäischer Integration und Internationalisierung, Weilerswist 2008.
–: Vorüberlegungen zu einer Wissenschaftstheorie des öffentlichen Rechts, in: Matthias Jestaedt/Oliver Lepsius (Hrsg.): Rechtswissenschaftstheorie, Tübingen 2008, S. 151–174.
–: Materielles Recht – Verfahrensrecht – Organisationsrecht, in: Hans-Heinrich Trute/Thomas Groß/Hans Christian Röhl/ders. (Hrsg.): Allgemeines Verwaltungsrecht – zur Tragfähigkeit eines Konzepts, Tübingen 2008, S. 489–512.
–: Gewaltengliederung. Legitimation und Dogmatik im nationalen und internationalen Rechtsvergleich, Tübingen 2005.
–: Theorie, Praxis und Interdisziplinarität in der Verwaltungsrechtswissenschaft, VerwArch 2002, S. 22–61.
–: Skizzen zur Aktualität Georg Jellineks, in: Stanley L. Paulson/Martin Schulte (Hrsg.): Georg Jellinek – Beiträge zu Leben und Werk, Tübingen 2000, S. 155–171.
–: Kooperationsgewinne im Verwaltungsprozeß, DÖV 2000, S. 667–674.
–: Braucht das öffentliche Recht einen neuen Methoden- und Richtungsstreit?, VerwArch 1999, S. 187–207.
–: Zur demokratischen Legitimation der Enteignungsbehörde nach dem Baugesetzbuch, NVwZ 1997, S. 858–861.
Möstl, Markus: Hans J. Wolff (1898–1976), in: Peter Häberle/Michael Kilian/Heinrich Amadeus Wolff (Hrsg.): Staatsrechtslehrer des 20. Jahrhunderts. Deutschland – Österreich – Schweiz, 2. Auflage, Berlin 2018, S. 587–598.
–: Elemente direkter Demokratie als Entwicklungsperspektive, VVDStRL (72) 2013, S. 355–416.
–: Rechtsetzungen der europäischen und nationalen Verwaltungen, DVBl 2011, S. 1076–1084.
–: Verwaltungsmodernisierung als Demokratieproblem, in: Hartmut Bauer/Peter M. Huber/Karl Peter Sommermann (Hrsg.): Demokratie in Europa, Bd. I, Verfassungsentwicklung in Europa, Tübingen 2005, S. 389–410.
Modrzejewski, Matthias: Die Bedeutung des Gebots der Folgerichtigkeit für die gleichheitsrechtliche Maßstabsbildung im Steuerrecht in: ders./Kolja Naumann (Hrsg.): Linien der Rechtsprechung des Bundesverfassungsgerichts, Bd. V, Berlin/Boston 2019, S. 277–302.
Mori, Toru: Die staatliche Willensbildung in der differenzierten Gesellschaft: Repräsentative Demokratie bei Hermann Heller und Jürgen Habermas, ARSP 2000, S. 185–206.

Morlok, Martin: Volksvertretung als Grundaufgabe, in: ders./Utz Schliesky/Dieter Wiefelspütz (Hrsg.): Parlamentsrecht. Praxishandbuch, Baden-Baden 2016, § 3, S. 143–186.
–: Informalisierung und Entparlamentarisierung politischer Entscheidungen als Gefährdungen der Verfassung?, VVDStRL (62) 2003, S. 37–84.
Morlok, Martin/Michael, Lothar, Staatsorganisationsrecht, 5. Auflage, Baden-Baden 2020.
Moser, Johann Jacob: Von der Landeshoheit in Regierungssachen, 1772.
Mouffe, Chantal: Agonistik. Die Welt politisch denken, 2. Auflage, Berlin 2016.
Muckel, Stefan: Grundrechtsberechtigung und Grundrechtsverpflichtung – Wer kann sich auf Grundrechte berufen und wer wird durch sie verpflichtet?, JA 2020, S. 411–417.
–: Wandel des Verhältnisses von Staat und Gesellschaft – Folgen für Grundrechtstheorie und Grundrechtsdogmatik, VVDStRL (79) 2020, 245–290.
–: Einheimischen-Rabatt in öffentlichen Bädern ist gleichheitswidrig, JA 2016, S. 954–957.
–: Die Selbstverwaltung in der Sozialversicherung auf dem Prüfstand des Demokratieprinzips, NZS 2002, S. 118–125.
Müller, Martin: Grundlagen des öffentlichen Anstaltsrechts, in: Hans J. Wolff/Otto Bachof/Rolf Stober/Winfried Kluth (Hrsg.): Verwaltungsrecht: Ein Studienbuch, Bd. II, 7. Auflage, München 2010, § 86, S. 467–522.
Müller, Ulrike/Mayer, Karl-Georg/Wagner, Ludwig: Wider die Subjektivierung objektiver Rechtspositionen im Bund-Länder-Verhältnis, VerwArch 2003, S. 127–155.
Müller-Franken, Sebastian: Verwaltung, in: Hanno Kube/Rudolf Mellinghoff/Gerd Morgenthaler/Ulrich Palm/Thomas Puhl/Christian Seiler (Hrsg.): Leitgedanken des Rechts – Paul Kirchhof zum 70. Geburtstag, Bd. I, Heidelberg 2013, § 73, S. 787–798.
–: Die demokratische Legitimation öffentlicher Gewalt in den Zeiten der Globalisierung. Zur unhintergehbaren Rolle des Staates in einer durch Europäisierung und Internationalisierung veränderten Welt, AöR 134 (2009), S. 542–571.
–: Demokratie als Wettbewerbsordnung, DVBl. 2009, S. 1072–1082.
–: Maßvolles Verwalten. Effiziente Verwaltung im System exekutiver Handlungsmaßstäbe am Beispiel des maßvollen Gesetzesvollzugs im Steuerrecht, Tübingen 2004.
Müller-Terpitz, Ralf: BVerfGE 128, 226 – Fraport AG: Kleine Aktion mit großer (rechtlicher) Wirkung, in: Jörg Menzel/ders. (Hrsg.): Verfassungsrechtsprechung, Ausgewählte Entscheidungen des Bundesverfassungsgerichts in Retrospektive, 3. Auflage, Tübingen 2017, S. 896–903.
Münkler, Herfried/Münkler, Marina: Lexikon der Renissance, München 2000.
Münkler, Laura: Der Beurteilungsspielraum als dogmatischer Knotenpunkt, DÖV 2021, S. 615–623.
–: Praktikabilität als rechtliches Argument?, AöR 146 (2021), S. 596–641.
–: Expertokratie: zwischen Herrschaft kraft Wissens und politischem Dezisionismus, Tübingen 2020.
Musil, Andreas: Gemeinsame Selbstverwaltung als Kooperationsform – Entstehung, Funktionsweise und Legitimität, in: Arndt Schmehl/Astrid Wallrabenstein (Hrsg.): Steuerungsinstrumente im Recht des Gesundheitswesens, Bd. II, Tübingen 2006, S. 49–70.
–: Wettbewerb in der staatlichen Verwaltung, Tübingen 2005.

–: Das Bundesverfassungsgericht und die demokratische Legitimation der funktionalen Selbstverwaltung, DÖV 2004, S. 116–120.

Mußgnug, Reinhard: Die rechtlichen und pragmatischen Beziehungen zwischen Regierung, Parlament und Verwaltung, in: Kurt G.A. Jeserich/Hans Pohl/Georg-Christoph v. Unruh (Hrsg.): Deutsche Verwaltungsgeschichte, Bd. IV, Das Reich als Republik und in der Zeit des Nationalsozialismus, Stuttgart 1985, S. 308–329.

–: Das Recht auf den gesetzlichen Verwaltungsbeamten? Überlegungen zum inkompetenten Verwaltungshandeln, Göttingen 1970.

Napolitano, Giulio: Handlungsformen, in: Armin v. Bogdandy/Sabino Cassese/Peter M. Huber (Hrsg.): Handbuch Ius Publicum Europaeum, Bd. V, Heidelberg 2014, § 89, S. 969–1016.

Nassehi, Armin: Organizations as Decision Machines: Niklas Luhmann's Theory of Organized Social Systems, The Sociological Review 2005, S. 178–191.

Nehab, Tobias, Die Verwaltungsorganisation in der Seeschifffahrt. Eine Auseinandersetzung mit der Zulässigkeit von Mischverwaltungen und daraus resultierenden Finanzierungslasten im Bundesstaat, Baden-Baden 2022.

Nettesheim, Martin: § 10. Rang des Unionsrechts, in: Thomas Oppermann/Claus Dieter Classen/ders.: Europarecht, 9. Auflage, München 2021, S. 154–169.

–: Das PSPP-Urteil des BVerfG – ein Angriff auf die EU?, NJW 2020, S. 1631–1634.

–: Ein Individualrecht auf Staatlichkeit? Die Lissabon-Entscheidung des BVerfG, NJW 2009, S. 2867–2869.

–: Demokratisierung der Europäischen Union und Europäisierung der Demokratietheorie, in: Hartmut Bauer/Peter M. Huber/Karl Peter Sommermann (Hrsg.): Demokratie in Europa, Bd. I, Verfassungsentwicklung in Europa, Tübingen 2005, S. 143–190.

Neumann, Almut: Demokratischer Bundesstaat: Brüche mit der Tradition und föderale Kontinuitäten, in: Thomas Kleinlein/Christoph Ohler (Hrsg.): Weimar international. Kontext und Rezeption der Verfassung von 1919, Tübingen 2020, S. 85–104.

Neumann, Volker: Verantwortung, Sachkunde, Betroffenheit, Interesse: Zur demokratischen Legitimation der Richtlinien des Gemeinsamen Bundesausschusses, NZS 2010, S. 593–600.

Neumeier, Christian: Kompetenzen. Zur Entstehung des deutschen öffentlichen Rechts, Tübingen 2022.

Neupert, Michael: Rechtmäßigkeit und Zweckmäßigkeit: das Rahmen-Bild-Modell der verwaltungsgerichtlichen Kontrolldichte bei der Eingriffsverwaltung, Tübingen 2011.

Nguyen, Alexander M.: Die zukünftige Datenschutzaufsicht in Europa. Anregungen für den Trilog zu Kap. VI bis VII der DS-GVO, ZD 2015, S. 265–270.

Nida-Rümelin, Julian: Philosophische Grundlagen des Föderalismus, in: Ines Härtel (Hrsg.): Handbuch Föderalismus: Föderalismus als demokratische Rechtsordnung und Rechtskultur in Deutschland, Europa und der Welt, Bd. I, Grundlagen des Föderalismus und der deutsche Bundesstaat, Berlin/Heidelberg 2012, § 5, S. 145–164.

Niesen, Peter: Volkssouveränität als Herrschaftsbegrenzung: Lockes Theorie des Verfassungsstaats, in: Michaela Rehm/Bernd Ludwig (Hrsg.): John Locke, Zwei Abhandlungen über die Regierung, Berlin 2012, S. 131–152.

Niskanen, Jr., William A.: Bureaucracy and Representative Government, Chicago: 1971.

Nipperdey, Thomas: Deutsche Geschichte 1866–1918, Bd. I, Arbeitswelt und Bürgergeist, München 1990.

–: Deutsche Geschichte 1800–1866, Bd. II, Bürgerwelt und starker Staat, München 1983.
–: Der Föderalismus in der deutschen Geschichte, in: J.C. Boogman/G.N. van der Plaat (Hrsg.): Federalism. History and Current Signification of a Form of Government, Den Haag 1980, S. 125–175.
Nowrot, Karsten: Das Republikprinzip in der Rechtsordnungengemeinschaft – Methodische Annäherungen an die Normalität eines Verfassungsprinzips, Tübingen 2014.
Nußberger, Angelika: Das Tafelsilber des Verfassungsstaats. Rechtsstaatlichkeit als europäischer Grundwert, in: Hans Michael Heinig/Frank Schorkopf (Hrsg.): 70 Jahre Grundgesetz. In welcher Verfassung ist die Bundesrepublik?, Göttingen 2019, S. 191–206.
–: Das Verhältnismäßigkeitsprinzip als Strukturprinzip richterlichen Entscheidens in Europa, NVwZ-Beilage 2013, S. 36–44.
Oebbecke, Janbernd: Kollegialentscheidungen unter Zeitdruck. Empirie, Theorie und Dogmatik der Dringlichkeitsentscheidungen im Kommunalrecht, Die Verwaltung 2021, S. 273–294.
–: Kommunalrechtliche Voraussetzungen der wirtschaftlichen Betätigung, in: Thomas Mann/Günter Püttner (Hrsg.): Handbuch der kommunalen Wissenschaft und Praxis, Bd. II, 3. Auflage, Berlin/Heidelberg 2011, S. 59–74.
–: Verwaltungszuständigkeit, in: Josef Isensee/Paul Kirchhof (Hrsg.): HStR, Bd. VI, 3. Auflage, Heidelberg 2008, § 136, S. 743–810.
–: Selbstverwaltung angesichts von Europäisierung und Ökonomisierung, VVDStRL (62) 2003, S. 366–404.
–: Demokratische Legitimation nicht-kommunaler Selbstverwaltung, VerwArch 1990, S. 349–369.
–: Die Einheit der Verwaltung als Rechtsproblem, DVBl. 1987, S. 866–877.
–: Weisungs- und unterrichtungsfreie Räume in der Verwaltung, Köln 1986.
Oestreich, Gerhard: Geist und Gestalt des frühmodernen Staates. Ausgewählte Aufsätze, Berlin 1969.
Oeter, Stefan: Deutschland – Exekutivföderalismus im Korsett des unitarischen Bundesstaates, in: Anna Gamper/Peter Bußjäger/Ferdinand Karlhofer/Günther Pallaver/Walter Obwexer (Hrsg.): Föderale Kompetenzverteilung in Europa, Baden-Baden 2016, S. 103–128.
–: Föderalismus und Demokratie, in: Armin v. Bogdandy/Jürgen Bast (Hrsg.): Europäisches Verfassungsrecht. Theoretische und dogmatische Grundzüge, 2. Auflage, Berlin u.a. 2009, S. 73–120.
–: Rechtsprechungskonkurrenz zwischen nationalen Verfassungsgerichten, Europäischem Gerichtshof und Europäischem Gerichtshof für Menschenrechte, VVDStRL (66) 2007, S. 361–391.
–: Integration und Subsidiarität im deutschen Bundesstaatsrecht. Untersuchungen zu Bundesstaatstheorie unter dem Grundgesetz, Tübingen 1998.
Ohler, Christoph: Verantwortungszurechnung bei unscharfer Zuständigkeit als Problem bundesstaatlicher Mischverwaltung, in: Hermann Hill/Utz Schliesky (Hrsg.): Herausforderung e-Government: E-Volution des Rechts- und Verwaltungssystems, Baden-Baden 2009, S. 53–68.
–: Der institutionelle Vorbehalt des Gesetzes, AöR 131 (2006), S. 336–377.
Ogorek, Regina: Richterkönig oder Subsumtionsautomat? Zur Justiztheorie im 19. Jahrhundert, Frankfurt am Main 1986.

Oliver, Dawn: Legitimacy: From Politics to Expertise and Public Opinion?, in: Matthias Ruffert (Hrsg.): Legitimacy in European Administrative Law. Reform and Reconstruction, Groningen 2011, S. 283–300.
Ossenbühl, Fritz: Satzung, in: Josef Isensee/Paul Kirchhof (Hrsg.): HStR, Bd. V, 3. Auflage, Heidelberg 2007, § 105, S. 353–386.
–: Autonome Rechtsetzung der Verwaltung, in: Josef Isensee/Paul Kirchhof (Hrsg.): HStR, Bd. V, 3. Auflage, Heidelberg 2007, § 104, S. 305–352.
–: Gesetz und Recht – Die Rechtsquellen im demokratischen Rechtsstaat, in: Josef Isensee/Paul Kirchhof (Hrsg.): HStR, Bd. V, 3. Auflage, Heidelberg 2007, § 100, S. 135–182.
–: Vorrang und Vorbehalt des Gesetzes, in: Josef Isensee/Paul Kirchhof (Hrsg.): HStR, Bd. V, 3. Auflage, Heidelberg 2007, § 101, S. 183–222.
–: Die Bundesauftragsverwaltung – gelöste und ungelöste Probleme, in: Michael Brenner/Peter M. Huber/Markus Möstl (Hrsg.): Der Staat des Grundgesetzes – Kontinuität und Wandel. Festschrift für Peter Badura zum siebzigsten Geburtstag, Tübingen 2004, S. 975–994.
–: Grundsätze der Grundrechtsinterpretation, in: Detlef Merten/Hans-Jürgen Papier (Hrsg.): HGR, Bd. I, Entwicklung und Grundlagen, Heidelberg 2004, § 15, S. 595–630.
–: Grundlagen und Reichweite des parlamentarischen Organisationsvorbehaltes, in: Matthias Ruffert (Hrsg.): Recht und Organisation – Staatsrecht – Verwaltungsrecht – Europarecht – Völkerrecht, Berlin 2003, S. 11–24.
–: Der Gesetzgeber als Exekutive Verfassungsrechtliche Überlegungen zur Legalplanung, in: Wilfried Erbguth/Janbernd Oebbecke/Hans-Werner Rengeling/Martin Schulte (Hrsg.): Planung. Festschrift für Werner Hoppe zum 70. Geburtstag, München 2000, S. 183–194.
–: Mitbestimmung in Eigengesellschaften der öffentlichen Hand, ZGR 1996, S. 504–518.
–: Aktuelle Probleme der Gewaltenteilung, DÖV 1980, S. 545–553.
–: Die Erfüllung von Verwaltungsaufgaben durch Private, VVDStRL (29) 1971, S. 137–210.
–: Verwaltungsvorschriften und Grundgesetz, Bad Homburg v.d.H. 1968.
Otting, Olaf: Neues Steuerungsmodell und rechtliche Betätigungsspielräume der Kommunen, Köln/Stuttgart 1997.
Otto, Martin: Verwaltung in der Weimarer Republik, in: Wolfgang Kahl/Markus Ludwigs (Hrsg.): Handbuch des Verwaltungsrechts, Bd. I, Grundstrukturen des deutschen Verwaltungsrechts, Heidelberg 2021, § 3, S. 89–136.
–: Oberbefehl, in: Rüdiger Voigt (Hrsg.): Aufbruch zur Demokratie. Die Weimarer Reichsverfassung als Bauplan für eine demokratische Republik, Baden-Baden 2020, S. 675–684.
Pabst, Heinz-Joachim/Schwartmann, Rolf: Privatisierte Staatsverwaltung und staatliche Aufsicht – Ein Beitrag zu den Schranken der Organisationsprivatisierung am Beispiel der 10. Novelle zum LuftVG, DÖV 1998, S. 315–323.
Pache, Eckhard: Garantie effektiven Verwaltungsrechtsschutzes, in: Wolfgang Kahl/Markus Ludwigs (Hrsg.): Handbuch des Verwaltungsrechts, Bd. III, Verwaltung und Verfassungsrecht, Heidelberg 2022, § 77, S. 785–832.
–: Verantwortung und Effizienz in der Mehrebenenverwaltung, VVDStRL (66) 2007, S. 106–151.

Papenfuß, Ulf/Schaefer, Christina: Beteiligungsmanagement und Public Corporate Governance. Grundsachverhalte und Reformperspektiven, ZögU 2017, S. 131–151.
Papier, Hans-Jürgen/Durner, Wolfgang: Streitbare Demokratie, AöR 128 (2003), S. 340–371.
Parkinson, Cyril Northcote: Parkinson's Law, The Economist 1955, S. 635–637.
Paulsen, Jens: Zur Reform des Seeunfalluntersuchungsverfahrens. Eine Zusammenfassung der Kernpunkte der Reformdiskussion, TranspR 2002, S. 65–72.
Pauly, Walter: "Jellinek, Georg", in: Albrecht Cordes/Heiner Lück/Dieter Werkmüller/Christa Bertelsmeier-Kierst (Hrsg.): Handwörterbuch zur deutschen Rechtsgeschichte, 2. Auflage, 14. Lfg., Berlin 2011, Spalten 1356–1357.
–: Deutschland, in: Armin v. Bogdandy/Pedro Cruz Villalón/Peter M. Huber (Hrsg.): Handbuch Ius Publicum Europaeum, Bd. II, Heidelberg 2008, § 27, S. 463–490.
–: Deutschland, in: Armin v. Bogdandy/Sabino Cassese/Peter M. Huber (Hrsg.): Handbuch Ius Publicum Europaeum, Bd. IV, Heidelberg 2011, § 58, S. 41–80.
–: Die Verfassung der Paulskirche und ihre Folgewirkungen, in: Josef Isensee/Paul Kirchhof (Hrsg.): HStR, Bd I, 3. Auflage, Heidelberg 2003, § 3, S. 93–128.
–: Der Methodenwandel im deutschen Spätkonstitutionalismus. Ein Beitrag zu Entwicklung und Gestalt der Wissenschaft vom öffentlichen Recht im 19. Jahrhundert, Tübingen 1993.
–: Weisungsabwehr in der Bundesauftragsverwaltung, DÖV 1989, S. 884–890.
Pauly, Walter/Schüler, Yvonne: Der Aufsichtsrat kommunaler GmbHs zwischen Gemeindewirtschafts- und Gesellschaftsrecht, DÖV 2012, S. 339–346.
Payandeh, Mehrdad: Die Entplenarisierung des Bundestages. Verfassungsrechtliche Rahmenbedingungen parlamentsinterner Entscheidungsdelegation, in: Julian Krüper (Hrsg.): Die Organisation des Verfassungsstaats. Festschrift für Martin Morlok zum 70. Geburtstag, Mohr Siebeck, Tübingen 2019, S. 205–226.
–: Das Gebot der Folgerichtigkeit: Rationalitätsgewinn oder Irrweg der Grundrechtsdogmatik?, AöR 136 (2011), S. 578–615.
Pechstein, Matthias: Umbau der Wasser- und Schifffahrtsverwaltung von einer Ausführungsverwaltung zu einer Gewährleistungsverwaltung?, DÖV 2013, S. 85–93.
Pegatzky, Claus: Das Ultra-vires-Prinzip in der verwaltungsrechtlichen Rechtsprechung, NVwZ 2022, S. 670–674.
Peine, Franz-Joseph, Der Funktionsvorbehalt des Berufsbeamtentums, Die Verwaltung 1984, S. 415–438.
Peters, Anne: Elemente einer Theorie der Verfassung Europas, Berlin 2001.
–: Die Ausfüllung von Spielräumen der Verwaltung durch Wirtschaftlichkeitserwägungen, DÖV 2001, S. 749–762.
Peters, Birgit: Legitimation durch Öffentlichkeitsbeteiligung? Die Öffentlichkeitsbeteiligung am Verwaltungsverfahren unter dem Einfluss internationalen und europäischen Rechts, Tübingen 2020.
Peters, Butz: Untersuchungsausschussrecht – Länder und Bund, 2. Auflage, München 2020.
Peters, Hans: Zentralisation und Dezentralisation. Zugleich ein Beitrag zur Kommunalpolitik im Rahmen der Staats- und Verwaltungslehre, Berlin 1928.
Petersen, Niels: Verhältnismäßigkeit als Rationalitätskontrolle. Eine rechtsempirische Studie verfassungsgerichtlicher Rechtsprechung zu den Freiheitsgrundrechten, Tübingen 2015.

–: Das Bild des Bürgers in der Demokratietheorie, in: Andreas Funke/Klaus Ulrich Schmolke (Hrsg.): Menschenbilder im Recht, Tübingen 2019, S. 93–108.
–: Demokratie und Grundgesetz, JöR 2010, S. 137–171.
Petri, Thomas/Tinnefeld, Marie-Theres: Völlige Unabhängigkeit der Datenschutzkontrolle. Demokratische Legitimation und unabhängige parlamentarische Kontrolle als moderne Konzeption der Gewaltenteilung, MMR 2010, S. 157–161.
Peuker, Enrico: Renaissance der Verwaltungswissenschaft?, Die Verwaltung 2019, S. 157–180.
–: Bürokratie und Demokratie in Europa. Legitimität im Europäischen Verwaltungsverbund, Tübingen 2011.
Pfahl, Sebastian: Staatliche Wirtschaftsteilnahme und Art. 30 GG, Berlin 2016.
Pielow, Johann-Christian: Wie „unabhängig" ist die Netzregulierung im Strom- und Gassektor? Anmerkungen zum neuen Energiewirtschaftsgesetz, DÖV 2005, S. 1017–1025.
Pieroth, Bodo: Der Grundsatz der Verhältnismäßigkeit im Verwaltungsrecht, in: Martin Kment (Hrsg.): Das Zusammenwirken von deutschem und europäischem Öffentlichen Recht, Festschrift für Hans D. Jarass zum 70. Geburtstag, München 2015, S. 587–596.
–: Plurale und unitarische Strukturen demokratischer Legitimation, EuGRZ 2006, S. 330–338.
Pieroth, Bodo/Hartmann, Bernd J.: Grundrechtsschutz gegen wirtschaftliche Betätigung der öffentlichen Hand, DVBl. 2002, S. 421–428.
Pieroth, Bodo/Jarass, Hans D. (Begr.)/*Kment, Martin* (Hrsg.): Grundgesetz für die Bundesrepublik Deutschland Kommentar, 16. Auflage, München 2020.
Pietzcker, Jost: Zuständigkeitsordnung und Kollisionsrecht im Bundesstaat, in: Isensee/Kirchhof (Hrsg.): HStR, Bd. VI, 3. Auflage, Heidelberg 2008, § 134, S. 515–566.
Pilniok, Arne: Bausteine einer Theorie des Organisationsverfassungsrechts. Organisationswissenschaftliche Impulse für das Recht der Politik, in: Julian Krüper/ders. (Hrsg.): Organisationsverfassungsrecht. Wissenschaft – Theorie – Praxis, Tübingen 2019, S. 1–28.
Pitschas, Rainer: Struktur- und Funktionswandel der Aufsicht im Neuen Verwaltungsmanagement, DÖV 1998, S. 907–915.
–: Verwaltungsverantwortung und Verwaltungsverfahren. Strukturprobleme, Funktionsbedingungen und Entwicklungsperspektiven eines konsensualen Verwaltungsrechts, München 1990.
Pitschas, Rainer/Schoppa, Katrin: Rechtsformen kommunaler Unternehmenswirtschaft, DÖV 2009, S. 469–477.
Pöcker, Markus: Unabhängige Regulierungsbehörden und die Fortentwicklung des Demokratieprinzips, VerwArch 2008, S. 380–400.
Polzin, Monika: Pandora oder Montesquieu?, AöR 146 (2021), S. 1–49.
–: Constitutional Identity, Unconstitutional Amendments and the Idea of Constituent Power – the Development of the Doctrine of Constitutional Identity in German Constitutional Law, International Journal of Constitutional Law 2016, 411–438.
Ponce Solé, Juli: The History of Legitimate Administration in Europe, in: Matthias Ruffert (Hrsg.): Legitimacy in European Administrative Law. Reform and Reconstruction, Groningen 2011, S. 155–174.

Poscher, Ralf: Das Grundgesetz als Verfassung des verhältnismäßigen Ausgleichs, in: Matthias Herdegen/Johannes Masing/ders./Klaus Ferdinand Gärditz (Hrsg.): Handbuch des Verfassungsrechts. Darstellung in transnationaler Perspektive, München 2021, § 3, S. 149–220.
–: Was Juristen besser können als Ethiker: Ein interdisziplinäres Argument für die gerichtliche Kontrolle von Ethikkommissionen, in: Silja Vöneky/Britta Beylage-Haarmann/Anja Höfelmeier/Anna-Katharina Hübler (Hrsg.): Ethik und Recht. Die Ethisierung des Rechts, Berlin/Heidelberg 2013, S. 433–441.
–: Funktionenordnung des Grundgesetzes, in: Wolfgang Hoffmann-Riem/Eberhard Schmidt- Aßmann/Andreas Voßkuhle (Hrsg.): GVwR, Bd. I, Methoden, Maßstäbe, Aufgaben, Organisation, 2. Auflage, München 2012, § 8, S. 543–584.
–: Geteilte Missverständnisse. Theorien der Rechtsanwendung und des Beurteilungsspielraums der Verwaltung – zugleich eine Kritik der normativen Ermächtigungslehre, in: Ivo Appel/Georg Hermes/Christoph Schönberger (Hrsg.): Öffentliches Recht im offenen Staat. Festschrift für Rainer Wahl zum 70. Geburtstag, Berlin 2011, S. 527–552.
–: Das Verfassungsrecht vor den Herausforderungen der Globalisierung, VVDStRL (67) 2008, S. 160–200.
–: Die Opposition als Rechtsbegriff, AöR 122 (1997), S. 444–468.
Potacs, Michael: Herstellung von Wettbewerb als Verwaltungsaufgabe, VVDStRL (69) 2010, S. 254–287.
Prätorius, Rainer: Der verhandelnde und befehlende Staat, in: Irene Gerlach/Peter Nitschke (Hrsg.): Metamorphosen des Leviathan? Staatsaufgaben im Umbruch, Opladen 2000, S. 61–70.
Preßlein, David: Grundgesetz vs. Grundrechtecharta? Zur „europäisierten Grundrechtsprüfung“ des BVerfG nach den Beschlüssen zum „Recht auf Vergessen“ und „Europäischer Haftbefehl III“, EuR 2021, S. 247–273.
Preussner, Joachim: Corporate Governance in öffentlichen Unternehmen, NZG 2005, S. 575–578.
Proelß, Alexander: Bundesverfassungsgericht und überstaatliche Gerichtsbarkeit – prozedurale und prozessuale Mechanismen zur Vermeidung und Lösung von Jurisdiktionskonflikten, Tübingen 2014.
Przeworski, Adam: Krisen der Demokratie, Berlin 2020.
Puhl, Thomas: Entparlamentarisierung und Auslagerung staatlicher Entscheidungsverantwortung, in: Josef Isensee/Paul Kirchhof (Hrsg.): HStR, Bd. III, 3. Auflage, Heidelberg 2005, § 48, S. 639–682.
–: Budgetflucht und Haushaltsverfassung, Tübingen 1996.
–: Kontroll- und Steuerungsressourcen der Parlamente gegenüber privatisierten Organisationen und Aufgaben, in: Präsident des Landtags Rheinland-Pfalz (Hrsg.): Privatisierung und parlamentarische Rechte. Symposium im Landtag Rheinland-Pfalz am 4. März 1998, Mainz 1998, S. 41–58.
Pünder, Hermann: Wahlrecht und Parlamentsrecht als Gelingensbedingungen repräsentativer Demokratie, VVDStRL (72) 2013, S. 191–267.
–: Zur Verbindlichkeit der Kontrakte zwischen Politik und Verwaltung im Rahmen des Neuen Steuerungsmodells, DÖV 1998, S. 63–71.
Püttner, Günter: Kommunale Selbstverwaltung, in: Josef Isensee/Paul Kirchhof (Hrsg.): HStR, Bd. VI, 3. Auflage, Heidelberg 2008, § 144, S. 1141–1174.
–: Verwaltungslehre: ein Studienbuch, 4. Auflage, München 2007.

–: Zum Verhältnis von Demokratie und Selbstverwaltung, in: Thomas Mann/ders. (Hrsg.): Handbuch der kommunalen Wissenschaft und Praxis, Bd. I, 3. Auflage, Berlin/Heidelberg 2007, § 19, S. 381–389.
–: Der öffentliche Dienst, in: Kurt G.A. Jeserich/Hans Pohl/Georg-Christoph v. Unruh (Hrsg.): Deutsche Verwaltungsgeschichte, Bd. IV, Das Reich als Republik und in der Zeit des Nationalsozialismus, Stuttgart 1985, S. 525–539.
–: Die Einwirkungspflicht – Zur Problematik öffentlicher Einrichtungen in Privatrechtsform, DVBl. 1975, S. 353–357.
Pütz, *Lasse*: Unternehmensmitbestimmung in kommunalen Kapitalgesellschaften. Eine Untersuchung des Spannungsverhältnisses zwischen dem Demokratieprinzip des Grundgesetzes und der Unternehmensmitbestimmung, Baden-Baden 2015.
Quaas, *Michael*/*Zuck*, *Rüdiger*/*Clemens*, *Thomas*/*Gokel*, *Julia Maria* (Hrsg.): Medizinrecht. Öffentliches Medizinrecht – Pflegeversicherungsrecht – Arzthaftpflichtrecht – Arztstrafrecht, 4. Auflage, München 2018.
Ramsauer, *Ulrich*: Verselbständigte Verwaltungsträger: unabhängig-abhängig, NordÖR 2022, S. 1–10.
Rautenberg, *Erardo Cristoforo*: Deutscher Widerstand gegen weisungsunabhängige Staatsanwaltschaft, ZRP 2016, S. 38–41.
–: Die Abhängigkeit der deutschen Staatsanwaltschaft, GA 2006, S. 356–361.
Raz, *Joseph*: Praktische Gründe und Normen, 1. Auflage, Frankfurt am Main 2006.
Rebentisch, *Dieter*: Führerstaat und Verwaltung im Zweiten Weltkrieg. Verfassungsentwicklung und Verwaltungspolitik 1939–1945, Stuttgart 1989.
Remmert, *Barbara*: Private Dienstleistungen in staatlichen Verwaltungsverfahren. Eine rechts- und verwaltungswissenschaftliche Untersuchung zur privaten Entscheidungsvorbereitung, Tübingen 2003.
–: Verfassungs- und verwaltungsgeschichtliche Grundlagen des Übermaßverbotes, Heidelberg 1995.
Reich, *Andreas*: Die gesellschaftliche Grundlage der kommunalen Selbstverwaltung, DÖV 2020, S. 437–442.
Reich, *Johannes*: Verhältnis von Demokratie und Rechtsstaatlichkeit, in: Oliver Diggelmann/Maya Hertig Randall/Benjamin Schindler (Hrsg.): Verfassungsrecht der Schweiz/Droit constitutionnel suisse, Bd. I: Grundlagen Demokratie Föderalismus/Volume I: Fondements Démocratie Fédéralisme, Zürich 2020, S. 333–355.
Reichard, *Christoph*: Der Dritte Sektor. Entstehung, Funktion und Problematik von „Nonprofit"-Organisationen aus verwaltungswissenschaftlicher Sicht, DÖV 1988, S. 363–370.
Reimer, *Ekkehart*: Die künftige Ausgestaltung der bundesstaatlichen Finanzordnung, VVDStRL (73) 2014, S. 153–186.
–: Verfassungspluralität als Verfassungsvoraussetzung, in: Michael Anderheiden/Rainer Keil/Stephan Kirste/Jan Philipp Schaefer (Hrsg.): Verfassungsvoraussetzungen. Gedächtnisschrift für Winfried Brugger, Tübingen 2013, S. 483–498.
Reimer, *Franz*: Methodenfragen im Verwaltungsrecht zwischen Tradition und Innovation, in: Wolfgang Kahl/Ute Mager (Hrsg.): Verwaltungsrechtswissenschaft und Verwaltungsrechtspraxis, Baden-Baden 2019, S. 115–132.
–: Diskursvergleich im Verfassungs- und Verwaltungsrecht, VVDStRL (77) 2018, S. 413–464.
–: Das Parlamentsgesetz als Steuerungsmittel und Kontrollmaßstab, in: Wolfgang Hoffmann-Riem/Eberhard Schmidt-Aßmann/Andreas Voßkuhle (Hrsg.): GVwR,

Bd. I, Methoden, Maßstäbe, Aufgaben, Organisation, 2. Auflage, München 2012, § 9, S. 585–676.
–: Verfassungsprinzipien. Ein Normtyp im Grundgesetz, Berlin 2001.
Reimer, Philipp: Wechselwirkungen von Verfassungs- und Verwaltungsrecht, in: Wolfgang Kahl/Markus Ludwigs (Hrsg.): Handbuch des Verwaltungsrechts, Bd. I, Grundstrukturen des deutschen Verwaltungsrechts, Heidelberg 2021, § 10, S. 375–410.
–: Verhältnismäßigkeit im Verfassungsrecht, ein heterogenes Konzept, in: Matthias Jestaedt/Oliver Lepsius (Hrsg.): Verhältnismäßigkeit. Zur Tragfähigkeit eines verfassungsrechtlichen Schlüsselkonzepts, Tübingen 2015, S. 60–76.
Reinhard, Wolfgang: Die Verwaltung der Kirche, in: Kurt G.A. Jeserich/Hans Pohl/Georg-Christoph v. Unruh (Hrsg.): Deutsche Verwaltungsgeschichte, Bd. I, Vom Spätmittelalter bis zum Ende des Reiches, Stuttgart 1983, § 6, S. 143–176.
Remmert, Barbara: Warum muss es Beamte geben?, JZ 2005, S. 53–59.
–: Die Rechtsstellung der Gemeinden bei der Zuweisung von Aufgaben durch Bundesgesetz, VerwArch 2003, S. 459–482.
Rennert, Klaus: Neue Verwaltungsrechtswissenschaft und Rechtsprechung, JöR 2017, S. 533–540.
Rensmann, Thilo: Wertordnung und Verfassung. Das Grundgesetz im Kontext grenzüberschreitender Konstitutionalisierung, Tübingen 2007.
Richter, Eike/Spiecker gen. Döhmann, Indra: Rechtliche Gestaltung von Verwaltungskooperationen, in: Wolfgang Durner/Franz Reimer/Indra Spiecker gen. Döhmann/Astrid Wallrabenstein (Hrsg.): Das sinnvolle Denkbare denken, das davon Machbare machen. Gedächtnisschrift für Arndt Schmehl, Berlin 2019, S. 179–195.
Richter, Philipp: Zur Logik und Theorie der Makroorganisation der Verwaltung, dms 2016, S. 231–251.
Ridley, Frederick F.: Die Wiedererfindung des Staates – Reinventing British Government. Das Modell einer Skelett-Verwaltung, DÖV 1995, S. 569–578.
Rinken, Alfred: Demokratie und Hierarchie. Zum Demokratieverständnis des Zweiten Senats des Bundesverfassungsgerichts, KritV 1996, S. 282–309.
Ritter, Ernst-Hasso: Organisationswandel durch Expertifizierung und Privatisierung im Ordnungs- und Planungsrecht, in: Eberhard Schmidt-Aßmann/Wolfgang Hoffmann-Riem (Hrsg.): Verwaltungsorganisationsrecht als Steuerungsressource, Baden-Baden 1997, S. 207–248.
Rixen, Stephan: Die Wiedergewinnung des Menschen als demokratisches Projekt: Partizipationsfreundliche Organisation biopolitischer Differenz, in: ders. (Hrsg.): Die Wiedergewinnung des Menschen als demokratisches Projekt, Bd. II, Partizipationsfreundliche Institutionenarrangements und wahrheitsorientierte Biopolitik, Tübingen 2018, S. 1–44.
–: Legitimationsdefizite des Lebensmittelrechts – Zur demokratischen Legitimation der Deutschen Lebensmittelbuch-Kommission, DVBl. 2014, S. 949–958.
–: Rationalität des Rechts und „Irrationalität“ demokratischer Rechtsetzung. Eine Problemskizze am Leitfaden der „Hartz IV“-Entscheidung des Bundesverfassungsgerichts, JöR 2013, S. 525–539.
Robbers, Gerhard: Europäische Verwaltungsgeschichte, in: Reiner Schulze (Hrsg.): Europäische Rechts- und Verfassungsgeschichte – Ergebnisse und Perspektiven der Forschung, Berlin 1991, S. 153–172.

Rodi, *Michael*: Ökonomische Analyse des Öffentlichen Rechts, Berlin/Heidelberg 2014.

Röder-Hitschke, *Heike*: Sortenschutzrecht, in: Horst-Peter Götting/Justus Meyer/Ulf Vormbrock (Hrsg.): Gewerblicher Rechtsschutz und Wettbewerbsrecht, 2. Auflage, Baden-Baden 2020, S. 465–494.

Röhl, *Hans Christian*: Öffnung der öffentlich-rechtlichen Methode durch Internationalität und Interdisziplinarität: Erscheinungsformen, Chancen, Grenzen, VVDStRL 74 (2015), S. 7–38.

–: Verantwortung und Effizienz in der Mehrebenenverwaltung, DVBl. 2006, S. 1070–1079.

–: Verwaltungsverantwortung als dogmatischer Begriff?, in: Wilfried Berg/Stefan Fisch/Walter Schmitt Glaeser/Friedrich Schoch/Helmuth Schulze-Fielitz (Hrsg.): Die Wissenschaft vom Verwaltungsrecht, Die Verwaltung Beiheft 1999, S. 33–56.

Roellecke, *Gerd*: Aufgaben und Stellung des Bundesverfassungsgerichts im Verfassungsgefüge, in: Josef Isensee/Paul Kirchhof (Hrsg.): HStR, Bd. III, 3. Auflage, Heidelberg 2005, § 67, S. 1201–1220.

Ronellenfitsch, *Michael*: Wirtschaftliche Betätigung des Staates, in: Josef Isensee/Paul Kirchhof (Hrsg.): HStR, Bd. IV, 3. Auflage, Heidelberg 2006, § 98, S. 1159–1200.

–: Die Mischverwaltung im Bundesstaat: Der Einwand der Mischverwaltung – Studien über die Verwaltungsformen in der Verfassungsentwicklung 1866–1975, Bd. I, Berlin 1975.

Rossen-Stadtfeld, *Helge*: Beteiligung, Partizipation und Öffentlichkeit, in: Wolfgang Hoffmann-Riem/Eberhard Schmidt-Aßmann/Andreas Voßkuhle (Hrsg.): GVwR, Bd. II, Informationsordnung, Verwaltungsverfahren, Handlungsformen, 2. Auflage, München 2012, § 29, S. 663–730.

–: Kontrollfunktion der Öffentlichkeit – ihre Möglichkeiten und ihre (rechtlichen) Grenzen, in: Eberhard Schmidt-Aßmann/Wolfgang Hoffmann-Riem (Hrsg.): Verwaltungskontrolle, Baden-Baden 2001, S. 117–204.

Rossi, *Matthias*: Democratic Flexibility and Constitutional Stability, in: Charl Hugo/Thomas M.J. Möllers (Hrsg.): Legality and Limitation of Powers. Values, Principles and Regulations in Civil Law, Criminal Law, and Public Law, Baden-Baden 2019, S. 69–84.

–: Betroffenenbeteiligung im Gesetzgebungsverfahren, JöR 2014, S. 159–178.

Roßnagel, *Alexander*: Verurteilung Deutschlands zur Neuorganisation seiner Datenschützer, EuZW 2010, S. 296–301.

Roth-Isigkeit, *David*: The Plurality Trilemma. A Geometry of Global Legal Thought, New York 2018.

–: Promises and Perils of Legal Argument – A Discursive Approach to Normative Conflict between Legal Orders, Revue Belge de Droit International 2014, S. 96–115.

Roth, Alexander: Anmerkungen zu: EuGH (Große Kammer), 27.05.2019 – C-508/18, C-82/19 PPU (OG und PI): Ausstellung Europäischer Haftbefehle und Unabhängigkeit der Staatsanwaltschaft, GSZ 2019, S. 163–169.

Rozek, *Jochen*: Hintergründe, Motive und Ziele der Föderalismusreform von 2006, in: Markus Heintzen/Arnd Uhle (Hrsg.): Neuere Entwicklungen im Kompetenzrecht, Berlin 2014, S. 11–28.

Rüfner, *Wolfgang*: Grundrechtsträger, in: Josef Isensee/Paul Kirchhof (Hrsg.): HStR, Bd. IX, 3. Auflage, Heidelberg 2011, § 196, S. 731–792.

–: Grundrechtsadressaten, in: Josef Isensee/Paul Kirchhof (Hrsg.): HStR, Bd. IX, 3. Auflage, Heidelberg 2011, § 197, S. 793–842.

–: Die Entwicklung der Verwaltungsgerichtsbarkeit, in: Kurt G.A. Jeserich/Hans Pohl/Georg-Christoph v. Unruh (Hrsg.): Deutsche Verwaltungsgeschichte, Bd. III, Das Deutsche Reich bis zum Ende der Monarchie, Stuttgart 1984, S. 909–930.
–: Zur Bedeutung und Tragweite des Art. 19 Abs. 3 des Grundgesetzes, AöR 89 (1964), S. 261–321.
Rüssel, Ulrike: Zukunft des Widerspruchsverfahrens, NVwZ 2006, S. 523–528.
Ruf, Simone: Die legislative Prognose. Verfassungsrechtliche Prognosepflicht im Rationalitätskonzept des Grundgesetzes, Tübingen 2021.
Ruffert, Matthias: Europarecht: Europäischer Haftbefehl von deutscher Staatsanwaltschaft. Deutschen Staatsanwaltschaften fehlt zur Ausstellung eines Europäischen Haftbefehls die hinreichende Unabhängigkeit, JuS 2019, S. 920–922.
–: Parlamentarisierung von Herrschaft im Mehrebenensystem, in: Martin Morlok/Utz Schliesky/Dieter Wiefelspütz (Hrsg.): Parlamentsrecht. Praxishandbuch, Baden-Baden 2016, § 42, S. 1323–1352.
–: Europäisierung des Verwaltungsrechts, in: Armin v. Bogdandy/Sabino Cassese/Peter M. Huber (Hrsg.): Handbuch Ius Publicum Europaeum, Bd. V, Heidelberg 2014, § 94, S. 1221–1252.
–: Rechtsquellen und Rechtsschichten des Verwaltungsrechts, in: Wolfgang Hoffmann-Riem/Eberhard Schmidt-Aßmann/Andreas Voßkuhle (Hrsg.): GVwR, Bd. I, 2. Auflage, München 2012, § 17, S. 1163–1256.
–: Comparative Perspectives of Administrative Legitimacy, in: ders. (Hrsg.): Legitimacy in European Administrative Law. Reform and Reconstruction, Groningen 2011, S. 351–360.
–: Unabhängige Behörden im Spannungsfeld von Verwaltungs-, Zivil- und Strafrecht – Verfahren, Entscheidungen und Rechtsschutz, in: Johannes Masing/Gérard Marcou (Hrsg.): Unabhängige Regulierungsbehörden. Organisationsrechtliche Herausforderungen in Frankreich und Deutschland, Tübingen 2010, S. 359–372.
–: Verselbständigte Verwaltungseinheiten: Ein europäischer Megatrend im Vergleich, in: Hans-Heinrich Trute/Thomas Groß/Hans Christian Röhl/Christoph Möllers (Hrsg.): Allgemeines Verwaltungsrecht – zur Tragfähigkeit eines Konzepts, Tübingen 2008, S. 431–457.
–: Demokratie und Governance in Europa, in: Hartmut Bauer/Peter M. Huber/Karl-Peter Sommermann (Hrsg.): Demokratie in Europa, Bd. I, Verfassungsentwicklung in Europa, Tübingen 2005, S. 319–350.
–: Entformalisierung und Entparlamentarisierung politischer Entscheidungen als Gefährdung der Verfassung?, DVBl. 2002, S. 1145–1154.
–: Interessenausgleich im Verwaltungsorganisationsrecht, DÖV 1998, S. 897–907.
Rupp, Hans Heinrich: Die Unterscheidung von Staat und Gesellschaft, in: Josef Isensee/Paul Kirchhof (Hrsg.): HStR, Bd. II, 3. Auflage, Heidelberg 2004, § 31, S. 879–928.
–: Grundfragen der heutigen Verwaltungsrechtslehre. Verwaltungsnorm und Verwaltungsrechtsverhältnis, 2. Auflage, Tübingen 1991.
–: Anmerkungen zu BVerfG: Verfassungsmäßigkeit der Beschränkung des Brief-, Post- u. Fernmeldegeheimnisses durch Notstandsgesetzgebung, NJW 1971, S. 275–284.
Rusteberg, Benjamin: Die Gewährleistung einer funktionsgerechten und organadäquaten Aufgabenwahrnehmung als Schranke des parlamentarischen Untersuchungsrechts, DÖV 2017, S. 319–325.
Ruthig, Josef: Gewährleistungs- und Regulierungsverwaltung, in: Wolfgang Kahl/

Markus Ludwigs (Hrsg.): Handbuch des Verwaltungsrechts, Bd. I, Grundstrukturen des deutschen Verwaltungsrechts, Heidelberg 2021, § 22, S. 847–890.

Sachs, Michael (Hrsg.): Grundgesetz Kommentar, 9. Auflage, München 2021.

–: Verwaltung an den „Funktionsgrenzen der Rechtsprechung“, DVBl. 2020, S. 311–318.

–: Das parlamentarische Regierungssystem und der Bundesrat – Entwicklungsstand und Reformbedarf, VVDStRL (58) 1999, S. 39–80.

Sacksofsky, Ute, Gleichheit, in: Wolfgang Kahl/Markus Ludwigs (Hrsg.): Handbuch des Verwaltungsrechts, Bd. III, Verwaltung und Verfassungsrecht, Heidelberg 2022, § 75, S. 699–734.

–: Anreize, in: Wolfgang Hoffmann-Riem/Eberhard Schmidt-Aßmann/Andreas Voßkuhle (Hrsg.): GVwR, Bd. II, Informationsordnung, Verwaltungsverfahren, Handlungsformen, 2. Auflage, München 2012, § 40, S. 1577–1638.

Sahm, Philipp: Elemente der Dogmatik, Weilerswist 2019.

Salzwedel, Jürgen: Staatsaufsicht in Verwaltung und Wirtschaft, VVDStRL (22) 1965, S. 206–263.

Sauer, Heiko: Demokratische Legitimation zwischen Staatsorganisationsrecht und grundrechtlichem Teilhabeanspruch. Ein Beitrag zum Verhältnis von Verfassungsrecht und Verfassungstheorie, Der Staat 58 (2019), S. 7–40.

–: Staatsrecht, Bd. III, Auswärtige Gewalt, Bezüge des Grundgesetzes zu Völker- und Europarecht, offene Verfassungsstaatlichkeit, 5. Auflage, München 2018.

–: Der novellierte Kontrollzugriff des Bundesverfassungsgerichts auf das Unionsrecht, EuR 2017, S. 186–205.

Saurer, Johannes: Der Einzelne im europäischen Verwaltungsrecht. Die institutionelle Ausdifferenzierung der Verwaltungsorganisation der Europäischen Union in individueller Perspektive, Tübingen 2014.

–: Der kompetenzrechtliche Verhältnismäßigkeitsgrundsatz im Recht der Europäischen Union, JZ 2014, S. 281–286.

–: Die Globalisierung des Verhältnismäßigkeitgrundsatzes, Der Staat 51 (2012), S. 3–33.

Schaefer, Jan Philipp: „Neue“ oder „neoklassische“ Verwaltungsrechtswissenschaft? Zü den Zukunftsaussichten der Wissenschaft vom Verwaltungsrecht, JöR 2017, S. 471–484.

–: Die Umgestaltung des Verwaltungsrechts. Kontroversen reformorientierter Verwaltungsrechtswissenschaft, Tübingen 2016.

Schäfer, Armin/Schoen, Harald: Mehr Demokratie, aber nur für wenige? Der Zielkonflikt zwischen mehr Beteiligung und politischer Gleichheit, Leviathan 2013, S. 94–120.

Schäfer, Christian: Grundlagen des Europäischen Haftbefehls, JuS 2019, S. 856–859.

Scharpf, Fritz W.: Regieren in Europa. Effektiv und demokratisch?, Frankfurt am Main 1999.

–: Demokratietheorie zwischen Utopie und Anpassung, Konstanz 1970.

Schenke, Ralf P.: Rechtsquellen des Verwaltungsrechts, in: Wolfgang Kahl/Markus Ludwigs (Hrsg.): Handbuch des Verwaltungsrechts, Bd. I, Grundstrukturen des deutschen Verwaltungsrechts, Heidelberg 2021, § 7, S. 241–290.

–: Methodenlehre und Grundgesetz, in: Horst Dreier (Hrsg.): Macht und Ohnmacht des Grundgesetzes. Sechs Würzburger Vorträge zu 60 Jahren Verfassung, Berlin 2009, S. 51–74.

Scherzberg, Arno: Öffentlichkeitskontrolle, in: Wolfgang Hoffmann-Riem/Eberhard Schmidt-Aßmann/Andreas Voßkuhle (Hrsg.): GVwR, Bd. III, Personal, Finanzen, Kontrolle, Sanktionen, Staatliche Einstandspflichten, 2. Auflage, München 2013, § 49, S. 665–742.

–: Wozu und wie überhaupt noch öffentliches Recht?, Berlin 2003.

Schiedermair, Stephanie: Selbstkontrollen der Verwaltung, in: Wolfgang Hoffmann-Riem/Eberhard Schmidt-Aßmann/Andreas Voßkuhle (Hrsg.): GVwR, Bd. III, Personal, Finanzen, Kontrolle, Sanktionen, Staatliche Einstandspflichten, 2. Auflage, München 2013, § 48, S. 593–664.

Schiera, Pierangelo: Die gemeineuropäische Geschichte des Verwaltungsrechts und seiner Wissenschaft, in: Armin v. Bogdandy/Sabino Cassese/Peter M. Huber (Hrsg.): Handbuch Ius Publicum Europaeum, Bd. IV, Heidelberg 2011, § 68, S. 399–424.

Schlacke, Sabine: Planende Verwaltung, in: Wolfgang Kahl/Markus Ludwigs (Hrsg.): Handbuch des Verwaltungsrechts, Bd. I, Grundstrukturen des deutschen Verwaltungsrechts, Heidelberg 2021, § 20, S. 761–806.

–: Verschränkungen öffentlich-rechtlicher und privatrechtlicher Regime im Verwaltungsrecht, VVDStRL (79) 2020, S. 169–216.

Schladebach, Marcus: Formen institutionalisierter Mitwirkung von Wirtschaftsverbänden, DÖV 2000, S. 1026–1031.

Schliesky, Utz: Public Private Partnership, in: Thomas Mann/Günter Püttner (Hrsg.): Handbuch der kommunalen Wissenschaft und Praxis, Bd. II, 3. Auflage, Berlin/Heidelberg 2011, § 47, S. 247–268.

–: Kommunale Organisationshoheit unter Reformdruck, Die Verwaltung 2005, S. 339–366.

–: Souveränität und Legitimität von Herrschaftsgewalt. Die Weiterentwicklung von Begriffen der Staatslehre und des Staatsrechts im europäischen Mehrebenensystem, Tübingen 2004.

Schlink, Bernhard: Die Amtshilfe. Ein Beitrag zu einer Lehre von der Gewaltenteilung in der Verwaltung, Berlin 1982.

Schmidt, Jörg: Die demokratische Legitimationsfunktion der parlamentarischen Kontrolle – eine verfassungsrechtliche Untersuchung über Grundlage, Gegenstand und Grenzen der parlamentarischen Kontrolle unter besonderer Berücksichtigung der ministerialfreien Räume und der Privatisierung, Berlin 2007.

Schmidt, Thorsten Ingo: Recht des öffentlichen Dienstes in Deutschland, in: Wolfgang Kahl/Markus Ludwigs (Hrsg.): Handbuch des Verwaltungsrechts, Bd. III, Verwaltung und Verfassungsrecht, Heidelberg 2022, § 90, S. 1361–1392.

–: Rechtliche Rahmenbedingungen und Perspektiven der Rekommunalisierung, DÖV 2014, S. 357–365.

–: Zielvereinbarungen als Herausforderung des Allgemeinen Verwaltungsrechts, DÖV 2008, S. 760–765.

–: Kommunale Kooperation. Der Zweckverband als Nukleus des öffentlich-rechtlichen Gesellschaftsrechts, Tübingen 2005.

Schmidt am Busch, Birgit: Die Beleihung: Ein Rechtsinstitut im Wandel, DÖV 2007, S. 533–542.

Schmidt-Aßmann, Eberhard: Grundstrukturen des Verwaltungsrechts und des Verwaltungsrechtsschutzes in den USA, VerwArch 2020, S. 1–35.

–: Due Process und Grundrechtsschutz durch Verfahren. Eine vergleichende Untersu-

chung zum amerikanischen und deutschen Verwaltungsverfahrensrecht, AöR 142 (2017), S. 325–365.
–: Verwaltungsrechtliche Dogmatik. Eine Zwischenbilanz zu Entwicklung, Reform und künftigen Aufgaben, Tübingen 2013.
–: Verwaltungsverfahren, in: Josef Isensee/Paul Kirchhof (Hrsg.): HStR, Bd. V, 3. Auflage, Heidelberg 2007, § 109, S. 521–558.
–: Grundrechte als Organisations- und Verfahrensgarantie, in: Detlef Merten/Hans-Jürgen Papier (Hrsg.): HGR, Bd. II, Grundrechte in Deutschland – Allgemeine Lehren I, Heidelberg 2006, § 45, S. 993–1030.
–: Das allgemeine Verwaltungsrecht als Ordnungsidee: Grundlagen und Aufgaben der verwaltungsrechtlichen Systembildung, 2. Auflage, Berlin/Heidelberg 2006.
–: Methoden der Verwaltungsrechtswissenschaft – Perspektiven der Systembildung, in: ders./Wolfgang Hoffmann-Riem (Hrsg.): Methoden der Verwaltungsrechtswissenschaft, Baden-Baden 2004, S. 387–414.
–: Der Rechtsstaat, in: Josef Isensee/Paul Kirchhof (Hrsg.): HStR, Bd. II, 3. Auflage, Heidelberg 2004, § 26, S. 541–612.
–: Grundrechtspositionen und Legitimationsfragen im öffentlichen Gesundheitswesen. Verfassungsrechtliche Anforderungen an Entscheidungsgremien in der gesetzlichen Krankenversicherung und im Transplantationswesen. Vortrag gehalten vor der Juristischen Gesellschaft zu Berlin am 16. Mai 2001, Berlin 2001.
–: Verwaltungskontrolle – Einleitende Problemskizze, in: ders./Wolfgang Hoffmann-Riem (Hrsg.): Verwaltungskontrolle, Baden-Baden 2001, S. 9–44.
–: Effizienz als Herausforderung an das Verwaltungsrecht – Perspektiven der verwaltungsrechtlichen Systembildung, in: ders./Wolfgang Hoffmann-Riem (Hrsg.): Effizienz als Herausforderung an das Verwaltungsrecht, Baden-Baden 1998, S. 245–270.
–: Verwaltungsorganisationsrecht als Steuerungsressource, in: ders./Wolfgang Hoffmann-Riem (Hrsg.): Verwaltungsorganisationsrecht als Steuerungsressource, Baden-Baden 1997, S. 9–64.
–: Grundrechtswirkungen im Verwaltungsrecht, in: Bernd Bender/Rüdiger Breuer/Fritz Ossenbühl/Horst Sendler (Hrsg.): Rechtsstaat zwischen Sozialgestaltung und Rechtsschutz. Festschrift für Konrad Redeker zum 70. Geburtstag, München 1993, S. 225–244.
–: Die Wissenschaftsfreiheit nach Art. 5 Abs. 3 GG als Organisationsgrundrecht, in: Bernd Becker/Hans Peter Bull/Otfried Seewald (Hrsg.): Festschrift für Werner Thieme zum 70. Geburtstag, Köln/München 1993, S. 697–714.
–: Verwaltungslegitimation als Rechtsbegriff, AöR 116 (1991), S. 329–390.
–: Die kommunale Rechtssetzungsbefugnis, in: Günter Püttner (Hrsg.): Handbuch der kommunalen Wissenschaft und Praxis, Bd. III, 2. Auflage, Berlin/Heidelberg 1983, S. 182–200.
–: Verwaltungsorganisation zwischen parlamentarischer Steuerung und exekutiver Organisationsgewalt, in: Rolf Stödter/Werner Thieme (Hrsg.): Hamburg, Deutschland, Europa. Beiträge zum deutschen und europäischen Verfassungs- Verwaltungs- und Wirtschaftsrecht. Festschrift für Hans Peter Ipsen zum siebzigsten Geburtstag, Tübingen 1977, S. 333–352.
Schmidt-Aßmann, Eberhard/Röhl, Hans Christian: Grundpositionen des neuen Eisenbahnverfassungsrechts (Art. 87e GG), DÖV 1994, S. 577–585.
Schmidt-Bleibtreu, Bruno/Hofmann, Hans/Henneke, Hans-Günter (Hrsg.): GG Kommentar zum Grundgesetz, 14. Auflage, Köln 2018.

Schmidt-De Caluwe, Reimund: Der Verwaltungsakt in der Lehre Otto Mayers. Staatstheoretische Grundlagen, dogmatische Ausgestaltung und deren verfassungsbedingte Vergänglichkeit, Tübingen 1999.
–: Verwaltungsorganisationsrecht (Teil 3), JA 1993, S. 143–145.
Schmidt-Jortzig, Edzard: „Abweichungsgesetzgebung" als neues Kompetenzverteilungsinstrument zwischen den Gliederungsebenen des deutschen Bundesstaates, in: Ines Härtel (Hrsg.): Handbuch Föderalismus: Föderalismus als demokratische Rechtsordnung und Rechtskultur in Deutschland, Europa und der Welt, Bd. I, Grundlagen des Föderalismus und der deutsche Bundesstaat, Berlin/Heidelberg 2012, § 20, S. 611–626.
–: Kommunale Organisationshoheit. Staatliche Organisationsgewalt und körperschaftliche Selbstverwaltung, Göttingen 1979.
Schmidt-Preuß, Matthias: Verwaltung zwischen Selbstregulierung, staatlicher Steuerung und Governance, in: Wolfgang Kahl/Markus Ludwigs (Hrsg.): Handbuch des Verwaltungsrechts, Bd. I, Grundstrukturen des deutschen Verwaltungsrechts, Heidelberg 2021, § 26, S. 1023–1072.
–: Verwaltung und Verwaltungsrecht zwischen gesellschaftlicher Selbstregulierung und staatlicher Steuerung, VVDStRL (56) 1997, S. 160–234.
Schmidt, Karsten: Gesellschaftsrecht, 4. Auflage, Köln 2002.
Schmitt, Carl: Verfassungslehre, 11. Auflage, Berlin 2017.
Schmitt Glaeser, Walter: Wer herrscht in der Demokratie?, JöR 2010, S. 119–135.
–: Die grundrechtliche Freiheit des Bürgers zur Mitwirkung an der Willensbildung, in: Josef Isensee/Paul Kirchhof (Hrsg.): HStR, Bd. III, 3. Auflage, Heidelberg 2005, § 38, S. 229–262.
Schnabel, Christoph/Freund, Bernhard: Der Kernbereich exekutiver Eigenverantwortung als Schranke der Informationsfreiheit, DÖV 2012, S. 192–197.
Schnapp, Friedrich Eberhard: Mischverwaltung im Bundesstaat nach der Föderalismusreform, Jura, 2008, S. 241–244.
–: Zur Grundrechtsberechtigung juristischer Personen des öffentlichen Rechts, in: Detlef Merten/Hans-Jürgen Papier (Hrsg.): HGR, Bd. II, Grundrechte in Deutschland – Allgemeine Lehren I, Heidelberg 2006, § 52, S. 1235–1254.
–: Der Verwaltungsvorbehalt, VVDStRL (43) 1985, S. 172–201.
–: Dogmatische Überlegungen zu einer Theorie des Organisationsrechts, AöR 105 (1980), S. 243–278.
–: Grundbegriffe des öffentlichen Organisationsrechts, Jura 1980, S. 68–75.
–: Zur Dogmatik und Funktion des staatlichen Organisationsrechts, Rechtstheorie 1978, S. 275–300.
–: Die Ersatzvornahme in der Kommunalaufsicht, Clausthal-Zellerfeld 1969.
Schnapp, Friedrich E./Kaltenborn, Markus: Grundrechtsbindung nichtstaatlicher Institutionen, JuS 2000, S. 937–943.
Schneider, Hans: Die Reichsverfassung vom 11. August 1919, in: Josef Isensee/Paul Kirchhof (Hrsg.): HStR, Bd. I, 3. Auflage, Heidelberg 2003, § 5, S. 177–234.
Schneider, Hartmut (Hrsg.): Münchener Kommentar zur Strafprozessordnung, Bd. II, 1. Auflage, München 2016.
Schneider, Jens-Peter: Verfassungsrechtliche Rahmenbedingungen: Gewährleistungsverantwortung des Staates für Netzneutralität, in: Michael Kloepfer (Hrsg.): Netzneutralität in der Informationsgesellschaft, Berlin 2011, S. 35–46.
–: Zur Ökonomisierung von Verwaltungsrecht und Verwaltungsrechtswissenschaft –

Begriffsbildung und einführende Analyse ausgewählter Beispielsfälle, Die Verwaltung 2001, 317–345.
–: Regulierung staatsinterner Selbstregulierung am Beispiel des Haushaltswesens, in: Wilfried Berg/Stefan Fisch/Walter Schmitt Glaeser/Friedrich Schoch/Helmuth Schulze-Fielitz (Hrsg.): Regulierte Selbstregulierung als Steuerungskonzept des Gewährleistungsstaates, Die Verwaltung Beiheft 2001, S. 177–190.
–: Verwaltungskontrollen und Kontrollmaßstäbe in komplexen Verwaltungsstrukturen, in: Eberhard Schmidt-Aßmann/Wolfgang Hoffmann-Riem (Hrsg.): Verwaltungskontrolle, Baden-Baden 2001, S. 271–290.
–: Das neue Steuerungsmodell als Innovationsimpuls für Verwaltungsorganisation und Verwaltungsrecht, in: Eberhard Schmidt-Aßmann/Wolfgang Hoffmann-Riem (Hrsg.): Verwaltungsorganisationsrecht als Steuerungsressource, Baden-Baden 1997, S. 103–138.
–: Flexible Wirtschaftsregulierung durch unabhängige Behörden im deutschen und britischen Telekommunikationsrecht, ZHR 2000, S. 513–544.
Schneider, Karsten: Der Ultra-vires-Maßstab im Außenverfassungsrecht. Skizze sicherer Vollzugszeitumgebungen für zwischnestaatliche und supranationale Integrationsprozesse, AöR 139 (2014), S. 196–256.
Schöbener, Burkhard/Knauff, Matthias: Allgemeine Staatslehre, 4. Auflage, München 2019.
Schoch, Friedrich: Verwaltungsrechtswissenschaft zwischen Theorie und Praxis, in: Martin Burgi (Hrsg.): Zur Lage der Verwaltungsrechtswissenschaft, Die Verwaltung Beiheft 2017, S. 12–33.
–: Gerichtliche Verwaltungskontrollen, in: Wolfgang Hoffmann-Riem/Eberhard Schmidt-Aßmann/Andreas Voßkuhle (Hrsg.): GVwR, Bd. III, Personal, Finanzen, Kontrolle, Sanktionen, Staatliche Einstandspflichten, 2. Auflage, München 2013, § 50, S. 743–1050.
–: Entformalisierung staatlichen Handelns, in: Josef Isensee/Paul Kirchhof (Hrsg.): HStR, Bd. III, 3. Auflage, Heidelberg 2005, § 37, S. 131–228.
–: Soll das kommunale Satzungsrecht gegenüber staatlicher und gerichtlicher Kontrolle verstärkt werden?, NVwZ 1990, S. 801–810.
Schoch, Friedrich/Schneider, Jens-Peter (Hrsg.): Verwaltungsrecht VwGO. Kommentar, Juli 2020 München.
–: Verwaltungsrecht VwVfG. Kommentar, München, Juli 2020.
Schönberger, Christoph: Höchstrichterliche Rechtsfindung und Auslegung gerichtlicher Entscheidungen, VVDStRL (71) 2012, S. 296–335.
–: Anmerkungen zum Lissabon-Urteil des Bundesverfassungsgerichts, Der Staat 48 (2009), 535–558.
–: „Verwaltungsrecht als konkretisiertes Verfassungsrecht“. Die Entstehung eines grundgesetzabhängigen Verwaltungsrechts in der frühen Bundesrepublik, in: Michael Stolleis (Hrsg.): Das Bonner Grundgesetz. Altes Recht und neue Verfassung in den ersten Jahrzehnten der Bundesrepublik Deutschland (1949– 1969), Berlin 2006, S. 53–84.
–: Verwaltungsrechtsvergleichung: Eigenheiten, Methoden und Geschichte, in: Armin v. Bogdandy/Peter M. Huber (Hrsg.): Handbuch Ius Publicum Europaeum, Bd. IV, Heidelberg 2011, § 71, S. 493–540.
Schönberger, Sophie: Wandel des Verhältnisses von Staat und Gesellschaft – Folgen für Grundrechtstheorie und Grundrechtsdogmatik, VVDStRL (79) 2020, S. 291–318.

–: Unabhängigkeit von sich selbst? Organisationsrechtliche Fragen bei Entscheidungen des politischen Systems in eigener Sache, in: Julian Krüper (Hrsg.): Die Organisation des Verfassungsstaats. Festschrift für Martin Morlok zum 70. Geburtstag, Tübingen 2019, S. 191–204.
–: Mehr Wissenschaft wagen! Die uneingelösten Versprechen der Neuen Verwaltungsrechtswissenschaft, JöR 2017, S. 511–532.
Schöndorf-Haubold, Bettina: Legitimationsfragen der Verbundverwaltung, in: Wolfgang Kahl/Ute Mager (Hrsg.), Verwaltungsaufgaben und Legitimation der Verwaltung, Baden-Baden 2022, S. 219–260.
–: Kommunale Selbstverwaltung in der EU – Spielräume im Europäischen Verwaltungsverbund, EurUP 2019, S. 288–299.
–: Dezentralisierung und die verfassungsrechtliche Garantie kommunaler Selbstverwaltung in Frankreich, Die Verwaltung 2007, S. 513–543.
Schönenbroicher, Klaus: Methodenfragen im Verwaltungsrecht zwischen Tradition und Innovation, in: Wolfgang Kahl/Ute Mager (Hrsg.): Verwaltungsrechtswissenschaft und Verwaltungsrechtspraxis, Baden-Baden 2019, S. 133–146.
Schössler, Martin: Demokratie modern denken. Die Entschlüsselung des modernen Gemeinwesens bei Alexis de Tocqueville, Wiesbaden 2014.
Scholz, Rupert: Parlamentarischer Untersuchungsausschuss und Steuergeheimnis, AöR 105 (1980), S. 564–622.
Schorkopf, Frank: Europäisierung der deutschen Verwaltungsrechtswissenschaft, in: Ludwig Kahl/Markus Ludwigs (Hrsg.): Handbuch des Verwaltungsrechts, Bd. II, Grundstrukturen des europäischen und internationalen Verwaltungsrechts, Heidelberg 2021, § 31, S. 3–48.
–: Wer wandelt die Verfassung? Das PSPP-Urteil des Bundesverfassungsgerichts und die Ultra vires-kontrolle als Ausdruck europäischer Verfassungskämpfe – zugleich Besprechung von BVerfG, Urteil v. 05.05.2020 – 2 BvR 859/15 u.a., JZ 2020, S. 734–740.
Schröder, Meinhard: Die Beteiligung Betroffener an der Gesetzgebung, in: Matthias Ruffert (Hrsg.): Dynamik und Nachhaltigkeit des Öffentlichen Rechts. Festschrift für Professor Dr. Meinhard Schröder zum 70. Geburtstag, Berlin 2012, S. 381–398.
–: Die Bereiche der Regierung und der Verwaltung, in: Josef Isensee/Paul Kirchhof (Hrsg.): HStR, Bd. V, 3. Auflage, Heidelberg 2007, § 106, 387–408.
–: Aufgaben der Bundesregierung, in: Josef Isensee/Paul Kirchhof (Hrsg.): HStR, Bd. III, 3. Auflage, Heidelberg 2005, § 64, S. 1115–1132.
–: Bildung, Bestand und parlamentarische Verantwortung der Bundesregierung, in: Josef Isensee/Paul Kirchhof (Hrsg.): HStR, Bd. III, 3. Auflage, Heidelberg 2005, § 65, S. 1133–1158.
Schröder, Ulrich Jan: Das Demokratieprinzip des Grundgesetzes, JA 2017, S. 809–818.
Schuler-Harms, Margarete: Medienverfassung, in: Matthias Herdegen/Johannes Masing/Ralf Poscher/Klaus Ferdinand Gärditz (Hrsg.): Handbuch des Verfassungsrechts. Darstellung in transnationaler Perspektive, München 2021, § 25, S. 1561–1622.
–: Betroffenheitsdemokratie und Begründung sozialer Selbstverwaltung in der Arbeitsverwaltung: Unterschiede und Gemeinsamkeiten SGB II und SGB III, in: Stephan Rixen/Eva Welskop-Deffaa (Hrsg.): Zukunft der Selbstverwaltung – Responsivität und Reformbedarf, Wiesbaden 2015, S. 31–55.

–: Elemente direkter Demokratie als Entwicklungsperspektive, VVDStRL (72) 2013, S. 417–470.

Schulte, *Martin*: Staatlichkeit im Wandel. Zur unendlichen Geschichte vom Streit um das Selbstverständnis der Rechtswissenschaft, Paderborn 2017.

–: Grund und Grenzen der Wissenschaftsfreiheit, VVDStRL (65) 2006, S. 110–145.

–: Stichwort „Stiftung“, in: Werner Heun/Martin Honecker/Martin Morlok/Joachim Wieland (Hrsg.): Evangelisches Staatslexikon, Stuttgart 2006, Spalten 2390–2393.

Schulte, *Martin*/*Kloos*, *Joachim*: Handbuch Öffentliches Wirtschaftsrecht, München 2016.

Schulze-Fielitz, *Helmuth*: Konturen einer zeitgenössischen Staatssoziologie, in: Andreas Voßkuhle/Christian Bumke/Florian Meinel (Hrsg.): Verabschiedung und Wiederentdeckung des Staates im Spannungsfeld der Disziplinen, Der Staat Beiheft 2013, S. 11–36.

–: Grundmodi der Aufgabenwahrnehmung, in: Wolfgang Hoffmann-Riem/Eberhard Schmidt-Aßmann/Andreas Voßkuhle (Hrsg.): GVwR, Bd. I, Methoden, Maßstäbe, Aufgaben, Organisation, 2. Auflage, München 2012, § 12, S. 823–904.

–: Schattenseiten des Grundgesetzes, in: Horst Dreier (Hrsg.): Macht und Ohnmacht des Grundgesetzes, Sechs Würzburger Vorträge zu 60 Jahren Verfassung, Berlin 2009, S. 9–50.

–: Zusammenspiel von öffentlich-rechtlichen Kontrollen der Verwaltung, in: Eberhard Schmidt-Aßmann/Wolfgang Hoffmann-Riem (Hrsg.): Verwaltungskontrolle, Baden-Baden 2001, S. 291–324.

–: Rationalität als rechtsstaatliches Prinzip für den Organisationsgesetzgeber. Über Leistungsfähigkeit und Leistungsgrenzen „weicher“ Leitbegriffe in der Rechtsdogmatik, in: Paul Kirchhof/Moris Lehner/Arndt Raupach/Michael Rodi (Hrsg.): Staaten und Steuern. Festschrift für Klaus Vogel, Heidelberg 2000, S. 311–330.

Schuppert, *Gunnar Folke*: Verwaltungsorganisation und Verwaltungsorganisationsrecht als Steuerungsfaktoren, in: Wolfgang Hoffmann-Riem/Eberhard Schmidt-Aßmann/Andreas Voßkuhle (Hrsg.): GVwR, Bd. I, Methoden, Maßstäbe, Aufgaben, Organisation, 2. Auflage, München 2012, § 16, S. 1067–1163.

–: Der Rechtsstaat unter den Bedingungen informaler Staatlichkeit. Beobachtungen und Überlegungen zum Verhältnis formeller und informeller Instutitionen, Baden-Baden 2011.

–: Die Rolle des Gesetzes in der Governancetheorie, in: Hans-Heinrich Trute (Hrsg.): Allgemeines Verwaltungsrecht – zur Tragfähigkeit eines Konzepts, Tübingen 2008, S. 161–190.

–: Verwaltungswissenschaft. Verwaltung, Verwaltungsrecht, Verwaltungslehre, Baden-Baden 2000.

–: Jenseits von Privatisierung und „schlankem Staat“: Vorüberlegungen zu einem Konzept von Staatsentlastung durch Verantwortungsteilung, in: Christoph Gusy (Hrsg.): Privatisierung von Staatsaufgaben: Kriterien – Grenzen – Folgen, Baden-Baden 1998, S. 72–115.

–: Verfassungsrecht und Verwaltungsorganisation, Der Staat 32 (1993), S. 581–610.

–: Die Steuerung des Verwaltungshandelns durch Haushaltsrecht und Haushaltskontrolle, VVDStRL (42) 1984, S. 216–266.

–: Selbstverwaltung als Beteiligung Privater an der Staatsverwaltung? Elemente zu einer Theorie der Selbstverwaltung, in: Albert v. Mutius (Hrsg.): Selbstverwaltung im Staat

der Industriegesellschaft. Festgabe zum 70. Geburtstag von Georg Christoph von Unruh, Heidelberg 1983, S. 183–209.
–: Die Erfüllung öffentlicher Aufgaben durch verselbständigte Verwaltungseinheiten – eine verwaltungswissenschaftliche Untersuchung, Göttingen 1981.
Schwerdtfeger, *Angela*: Krisengesetzgebung – funktionsgerechte Organstruktur und Funktionsfähigkeit als Maßstabe der Gewaltenteilung, Tübingen 2018.
–: Der deutsche Verwaltungsrechtsschutz unter dem Einfluss der Aarhus-Konvention. Zugleich ein Beitrag zur Fortentwicklung der subjektiven öffentlichen Rechte unter besonderer Berücksichtigung des Gemeinschaftsrechts, Tübingen 2010.
Seckelmann, *Margrit*: Polyzentrismus im deutschen Kaiserreich? – Das Verhältnis zwischen Reichs- und Landesverwaltung unter der Verfassung von 1871, JöR 2016, S. 345–364.
Seibel, *Wolfgang*: Verwaltung verstehen. Eine theoriegeschichtliche Einführung, 2. Auflage, Berlin 2017.
Seiler, *Christian*: Der einheitliche Parlamentsvorbehalt, Berlin 2000.
Seinecke, *Ralf*: Vertragsnetzwerke, in: Lars Viellechner (Hrsg.): Verfassung ohne Staat. Gunther Teubners Verständnis von Recht und Gesellschaft, Baden-Baden 2019, S. 131–158.
Selmer, *Peter*: Zur Grundrechtsberechtigung von Mischunternehmen, in: Detlef Merten/Hans-Jürgen Papier (Hrsg.): HGR, Bd. II, Grundrechte in Deutschland – Allgemeine Lehren I, Heidelberg 2006, § 53, S. 1255–1292.
Sembritzki, *Arnold*: Die Organisationsgewalt nach Reichsrecht, Kallmünz 1934.
Shapiro, *Scott J.*: What is the internal point of view?, Fordham Law Review 2006, S. 1157–1170.
Sheplyakova, *Tatjana*: Prozeduralisierung des Rechts, Tübingen 2018.
Shirvani, *Foroud*: Die interföderale Dimension des parlamentarischen Untersuchungsrechts, JZ 2022, S. 753–758.
–: Public Private Partnership und die Subsidiaritätsprüfung bei öffentlichen Unternehmensbeteiligungen, DÖV 2011, S. 865–873.
–: New Public Management und die Instrumentendebatte im Umweltrecht, EurUP 2010, S. 267–273.
–: Neues Steuerungsmodell und Kommunalaufsicht, DVBl. 2009, S. 29–35.
–: Informales Verwaltungshandeln und Bundesauftragsverwaltung – Zugleich eine Würdigung der Rechtsprechung des Bundesverfassungsgerichts im Biblis-Urteil, BayVBl. 2005, S. 164–172.
Siegel, *Thorsten*: Entscheidungsfindung im Verwaltungsverbund. Horizontale Entscheidungsvernetzung und vertikale Entscheidungsstufung im nationalen und europäischen Verwaltungsverbund, Tübingen 2009.
Siehr, *Angelika*: Der Staat als Personalverband: Staatsangehörigkeit, Unionsbürgerschaft und Migration, in: Matthias Herdegen/Johannes Masing/Ralf Poscher/Klaus Ferdinand Gärditz (Hrsg.): Handbuch des Verfassungsrechts. Darstellung in transnationaler Perspektive, München 2021, § 9, S. 557–644.
Simitis, *Spiros*/*Hornung*, *Gerrit*/*Spiecker gen. Döhmann*, *Indra* (Hrsg.): Datenschutzrecht. DS-GVO mit BDSG, 1. Auflage, Baden-Baden 2019.
Simon, *Herbert Alexander*: Administrative behavior. A study of decision making processes in administrative organizations, 4. Auflage, New York 1997.
–: The Sciences of the Artificial, Cambridge 1969.

Simon, Sven: Grenzen des Bundesverfassungsgerichts im europäischen Integrationsprozess, Tübingen 2016.

Simon, Sven/Rathke, Hannes: „Schlechterdings nichtmehr nachvollziehbar" – Warum?, EuZW (2020, S. 500–503.

Simon, Thomas: Verwaltung im frühneuzeitlichen Policeystaat des 17. und 18. Jahrhunderts, in: Wolfgang Kahl/Markus Ludwigs (Hrsg.): Handbuch des Verwaltungsrechts, Bd. I, Grundstrukturen des deutschen Verwaltungsrechts, Heidelberg 2021, § 1, S. 3–40.

Sellmann, Martin: Der Weg zur neuzeitlichen Verwaltungsgerichtsbarkeit. Ihre Vorstufen und dogmatischen Grundlagen, in: Helmut R. Külz/Richard Naumann (Hrsg.): Staatsbürger und Staatsgewalt, Verwaltungsrecht und Verwaltungsgerichtsbarkeit in Geschichte und Gegenwart, Jubiläumsschrift zum 100-jährigen Bestehen der deutschen Verwaltungsgerichtsbarkeit und zum 10-jährigen Bestehen des Bundesverwaltungsgerichtes; Bd. I, Karlsruhe 1963, S. 25–86.

Smeddinck, Ulrich: Die deregulierte Hochschule, DÖV 2007, S. 269–279.

Smets, Christoph: Die Stadionverbotsentscheidung des BVerfG und die Umwälzung der Grundrechtssicherung auf Private, NVwZ 2019, S. 34–37.

Sochor, Viktoria Maria: Der Reichsdeputationshauptschluss von 1803: Hintergrund, Inhalt und Folgen, Göttinger Rechtszeitschrift 1/2021, S. 38–49.

Sodan, Helge: Das Prinzip der Widerspruchsfreiheit der Rechtsordnung, JZ 1999, S. 864–873.

–: Kollegiale Funktionsträger als Verfassungsproblem – dargestellt unter besonderer Berücksichtigung der Kunststoffkommission des Bundesgesundheitsamtes und der Transparenzkommission, Frankfurt am Main 1987.

Sodan, Helge/Ziekow, Jan (Hrsg.): Grundkurs Öffentliches Recht. Staats- und Verwaltungsrecht, 9. Auflage, München 2020.

–: Verwaltungsgerichtsordnung Großkommentar, 5. Auflage, Baden-Baden 2018.

Somek, Alexander: Kategoriale Unterscheidung von Öffentlichem Recht und Privatrecht, VVDStRL (79) 2020, S. 7–42.

Sommermann, Karl-Peter: Das Verhältnis von Rechtswissenschaft und Rechtspraxis im Verwaltungsrecht. Vergleichende Betrachtungen zu Deutschland und Frankreich, Die Verwaltung 2017, S. 77–95.

–: Sachverständige Politikberatung. Funktionsbedingung oder Gefährdung der Demokratie? – Eine Skizze, in: ders. (Hrsg.): Sachverständige Politikberatung. Funktionsbedingung oder Gefährdung der Demokratie?, Baden-Baden 2015, S. 14–21.

–: Integrationsgrenzen des Grundgesetzes und europäischer Verfassungsbund: Brauchen wir eine neue Verfassung?, DÖV 2013, S. 708–714.

–: Offene Staatlichkeit: Deutschland, in: Armin v. Bogdandy/Pedro Cruz Villalón/Peter M. Huber (Hrsg.): Handbuch Ius Publicum Europaeum. Bd. II, Heidelberg 2008, § 14, S. 3–36.

–: Prinzipien des Verwaltungsrechts, in: Armin v. Bogdandy/Sabino Cassese/Peter M. Huber (Hrsg.): Handbuch Ius Publicum Europaeum, Bd. V, Heidelberg 2014, § 86, S. 863–892.

–: Demokratiekonzepte im Vergleich, in: Hartmut Bauer/Peter M. Huber/ders. (Hrsg.): Demokratie in Europa, Bd. I, Verfassungsentwicklung in Europa, Tübingen 2005, S. 191–221.

–: Gremienwesen und staatliche Gemeinwohlverantwortung – Eine Einführung, in: ders. (Hrsg.): Gremienwesen und staatliche Gemeinwohlverantwortung. Beiträge zu

einem Forschungssymposium des Forschungsinstituts für Öffentliche Verwaltung am 27. und 28. April 2000 in Speyer, Berlin 2001, S. 9–16.
–: Grundfragen der Bundesauftragsverwaltung, DVBl. 2001, S. 1549–1556.
Spanner, Hans: Organisationsgewalt und Organisationsrecht, DÖV 1957, S. 640–643.
Spannowsky, Willy: Öffentlich-rechtliche Bindungen gemischt-wirtschaftlicher Unternehmen, ZHR 1996, S. 560–592.
–: Die Verantwortung der öffentlichen Hand für die Erfüllung öffentlicher Aufgaben und die Reichweite ihrer Einwirkungspflicht auf Beteiligungsunternehmen, DVBl. 1992, S. 1072–1079.
Spiecker gen. Döhmann, Indra: Kontexte der Demokratie: Parteien, Medien und Sozialstrukturen, VVDStRL (77) 2018, S. 9–65.
–: Unabhängigkeit von Datenschutzbehörden als Voraussetzung für Effektivität, in: Malte Kröger/Arne Pilniok (Hrsg.): Unabhängiges Verwalten in der EU, Tübingen 2016, S. 97–120.
–: Anmerkungen zu EuGH Rs. C-518/07 – Unabhängigkeit der Datenschutzaufsichtsbehörde im nicht-öffentlichen Bereich, JZ 2010, S. 787–791.
–: Wissensverarbeitung im Öffentlichen Recht, Rechtswissenschaft 2010, S. 247–282.
Spindler, Gerald/Stilz, Eberhard (Hrsg.): Kommentar zum Aktiengesetz, Bd. I, 4. Auflage, München 2019.
–: Springer VS: Weil Demokratie sich ändern muss: im Gespräch mit Paul Nolte, Helen Darbishire, Christoph Möllers, Wiesbaden 2014.
Starck, Christian: Maximen der Verfassungsauslegung, in: Josef Isensee/Paul Kirchhof (Hrsg.): HStR, Bd. XII, 3. Auflage, Heidelberg 2014, § 271, S. 613–658.
–: Idee und Struktur des Föderalismus im Lichte der Allgemeinen Staatslehre, in: Ines Härtel (Hrsg.): Handbuch Föderalismus: Föderalismus als demokratische Rechtsordnung und Rechtskultur in Deutschland, Europa und der Welt, Bd. I, Grundlagen des Föderalismus und der deutsche Bundesstaat, Berlin/Heidelberg 2012, § 1, S. 41–56.
–: Grundrechte und Gesetz. Eine Entwicklungsgeschichte, in: Michael Sachs/Helmut Siekmann (Hrsg.): Der grundrechtsgeprägte Verfassungsstaat. Festschrift für Klaus Stern zum 80. Geburtstag, Berlin 2012, S. 197–216.
–: Grundrechtliche und demokratische Freiheitsidee, in: Josef Isensee/Paul Kirchhof (Hrsg.): HStR, Bd. III, 3. Auflage, Heidelberg 2005, § 33, S. 3–30.
–: Der Gesetzesbegriff des Grundgesetzes. Ein Beitrag zum juristischen Gesetzesbegriff, Baden-Baden 1970.
–: Autonomie und Grundrechte. Zur Regelungsbefugnis öffentlich-rechtlicher Autonomieträger im Grundrechtsbereich, AöR 92 (1967), S. 449–478.
Starski, Paulina: Bundestreue, Loyalität und Europarechtsfreundlichkeit, in: Wolfgang Kahl/Markus Ludwigs (Hrsg.): Handbuch des Verwaltungsrechts, Bd. III, Verwaltung und Verfassungsrecht, Heidelberg 2022, § 79, S. 875–920.
Stein, Torsten: Verwaltungsgerichtliche Kontrolle abgelehnter Ermessenseinbürgerungen?, DÖV 1984, S. 177–187.
Steinbach, Armin: Der politische Beamte als verfassungsrechtliches Problem, VerwArch 2018, S. 2–32.
–: Rationale Gesetzgebung, Tübingen 2017.
Steinbeiß-Winkelmann, Christine: Abschaffung des Widerspruchsverfahrens – ein Fortschritt?, NVwZ 2009, S. 686–692.
Steinberg, Rudolf: Handlungs- und Entscheidungsspielräume des Landes bei der Bun-

desauftragsverwaltung unter besonderer Berücksichtigung der Ausführung des Atomgesetzes, AöR 110 (1985), S. 419–446.

Stelkens, Paul/Bonk, Heinz Joachim/Sachs, Michael/Schmitz, Heribert (Hrsg.): Verwaltungsverfahrensgesetz Kommentar, 9. Auflage, München 2018.

Stelkens, Ulrich: Verwaltung von der Besatzungszeit bis zur Wiedervereinigung, in: Wolfgang Kahl/Markus Ludwigs (Hrsg.): Handbuch des Verwaltungsrechts, Bd. I, Grundstrukturen des deutschen Verwaltungsrechts, Heidelberg 2021, § 5, S. 155–194.

–: Verwaltung im wiedervereinigten Deutschland, in: Wolfgang Kahl/Markus Ludwigs (Hrsg.): Handbuch des Verwaltungsrechts, Bd. I, Grundstrukturen des deutschen Verwaltungsrechts, Heidelberg 2021, § 6, S. 195–239.

–: Verwaltungsprivatrecht – Zur Privatrechtsbindung der Verwaltung, deren Reichweite und Konsequenzen, Teilbd. I, Berlin 2020.

–: Die Grundrechtsberechtigung gemischtwirtschaftlicher Unternehmen – Neuere Entwicklungen im deutschen und europäischen Recht, in: Piotr Lisson/Miachl Strzelbicki (Hrsg.): Panstwo a gospodarka. Festschrift für Bożena Popowska, Poznan 2020, S. 251–262.

–: „Grundbausteine" des Verwaltungsorganisationsrechts: Juristische Person des öffentlichen Rechts, Organ, Organwalter, Behörde, in: Jura 2016, S. 1013–1025.

–: Von selbständigen Verwaltungshelfern, Eigengesellschaften und gemischtwirtschaftlichen Unternehmen: Verwaltungsorganisationsrechtliche Folgen der funktionalen Privatisierung und der Organisationsprivatisierung, Jura 2016, S. 1260–1271.

–: Organisationsgewalt und Organisationsfehler. Voraussetzungen der Errichtung von Behörden und juristischen Personen des öffentlichen Rechts und Rechtsfolgen ihrer Missachtung, LKV 2003, S. 489–495.

Stern, Klaus: Idee und Elemente eines Systems der Grundrechte, in: Josef Isensee/Paul Kirchhof (Hrsg.): HStR, Bd. IX, 3. Auflage, Heidelberg 2011, § 185, S. 57–120.

–: Das Staatsrecht der Bundesrepublik Deutschland, Bd. I: Grundbegriffe und Grundlagen des Staatsrechts, 2. Auflage, München 1984.

–: Das Staatsrecht der Bundesrepublik Deutschland, Bd. II: Staatsorgane, Staatsfunktionen, Finanz- und Haushaltsverfassung, Notstandsverfassung, München 1980.

Stettner, Rupert: Not und Chance der grundgesetzlichen Gewaltenteilung, JöR 1986, S. 57–81.

Stober, Rolf: Zur Instrumentalisierung der IHK für den globalen Menschenrechtsschutz, DÖV 2022, S. 111–118.

–: Der Begriff der öffentlichen Verwaltung, in: Hans J. Wolff/Otto Bachof/ders./Winfried Kluth (Hrsg.): Verwaltungsrecht: Ein Studienbuch, Bd. I, 13. Auflage, München 2017, S. 43–53.

–: Ständestaatliche und polizeistaatliche Verwaltung, in: Hans J. Wolff/Otto Bachof/ders./Winfried Kluth: Verwaltungsrecht: Ein Studienbuch, Bd. I, 13. Auflage, München 2017, S. 89–93.

–: Rechtssubjektivität, Rechtsstellung und Rechtsverhältnis, in: Hans J. Wolff/Otto Bachof/ders./Winfried Kluth: Verwaltungsrecht: Ein Studienbuch, Bd. I, 13. Auflage, München 2017, S. 363–377.

–: Grundlagen der Beleihung, in: Hans J. Wolff/Otto Bachof/ders./Winfried Kluth: Verwaltungsrecht: Ein Studienbuch, Bd. II, 7. Auflage, München 2010, S. 574–588.

–: Neuregelung des Rechts der öffentlichen Unternehmen?, NJW 2002, S. 2357–2369.

Stollberg-Rilinger, Barbara: Der Staat als Maschine. Zur politischen Metaphorik des absoluten Fürstenstaats, Berlin 1986.

Stolleis, *Michael*: Geschichte des öffentlichen Rechts in Deutschland, Bd. IV, Staats- und Verwaltungsrechtswissenschaft in West und Ost: 1945–1990, München 2012.
–: Entwicklungsstufen der Verwaltungsrechtswissenschaft, in: Wolfgang Hoffmann-Riem/Eberhard Schmidt-Aßmann/Andreas Voßkuhle (Hrsg.): GVwR, Bd. I, Methoden, Maßstäbe, Aufgaben, Organisation, 2. Auflage, München 2012, § 2, S. 65–122.
–: Geschichte des öffentlichen Rechts in Deutschland, Bd. III, Staats- und Verwaltungsrechtswissenschaft in Republik und Diktatur: 1914–1945, München 1999.
–: Öffentliches Recht und Privatrecht im Prozess der Entstehung des modernen Staates, in: Wolfgang Hoffmann-Riem/Eberhard Schmidt-Aßmann (Hrsg.): Öffentliches Recht und Privatrecht als wechselseitige Auffangordnungen, Baden-Baden 1996, S. 41–62.
–: Verwaltungsrechtswissenschaft in der Bundesrepublik Deutschland, in: Dieter Simon (Hrsg.): Rechtswissenschaft in der Bonner Republik, Frankfurt am Main 1994, S. 227–258.
–: Geschichte des öffentlichen Rechts in Deutschland, Bd. II, Staatsrechtslehre und Verwaltungswissenschaft: 1888–1914, München 1992.
–: Geschichte des öffentlichen Rechts in Deutschland, Bd. I, Reichspublizistik und Policeywissenschaft: 1600–1800, München 1988.
–: Verwaltungslehre und Verwaltungsrechtswissenschaft 1803–1866, in: Kurt G.A. Jeserich/Hans Pohl/Georg-Christoph v. Unruh (Hrsg.): Deutsche Verwaltungsgeschichte, Bd. II, Vom Reichsdeputationshauptschluß bis zur Auflösung des Deutschen Bundes, Stuttgart 1983, § 3, S. 56–94.
–: Verwaltungsrechtswissenschaft und Verwaltungslehre 1866–1914, Die Verwaltung 1982, S. 45–77.
Storr, Stefan: Verfassungsrechtliche Direktiven des demokratischen Prinzips für die Nutzung privatrechtlicher Organisations- und Kooperationsformen durch die öffentliche Verwaltung, in: Hartmut Bauer/Peter M. Huber/Karl Peter Sommermann (Hrsg.): Demokratie in Europa, Bd. I, Verfassungsentwicklung in Europa, Tübingen 2005, 411–430.
–: Der Staat als Unternehmer – öffentliche Unternehmen in der Freiheits- und Gleichheitsdogmatik des nationalen Rechts und des Gemeinschaftsrechts, Tübingen 2001.
Strauß, *Thomas*: Funktionsvorbehalt und Berufsbeamtentum. Zur Bedeutung des Art. 33 Abs. 4 GG, Berlin 2000.
Streinz, *Rudolf*: Indirekter Vollzug und Verfahrensautonomie, in: Wolfgang Kahl/Markus Ludwigs (Hrsg.): Handbuch des Verwaltungsrechts, Bd. II, Grundstrukturen des europäischen und internationalen Verwaltungsrechts, Heidelberg 2021, § 45, S. 585–622.
–: EUV/AEUV, Vertrag über die Europäische Union, Vertrag über die Arbeitsweise der Europäischen Union, Charta der Grundrechte der Europäischen Union, 3. Auflage, München 2018.
Strobel, *Brigitte*: Weisungsfreiheit und Weisungsgebundenheit kommunaler Vertreter in Eigen- und Beteiligungsgesellschaften?, DVBl. 2005, S. 77–81.
Suerbaum, *Joachim*: Verwaltungskompetenzen und Vollzugsformen, in: Wolfgang Kahl/Markus Ludwigs (Hrsg.): Handbuch des Verwaltungsrechts, Bd. III, Verwaltung und Verfassungsrecht, Heidelberg 2022, § 81, S. 967–1014.
–: Kommunale und sonstige öffentliche Unternehmen, in: Dirk Ehlers/Michael Fehling/Hermann Pünder (Hrsg.): Besonderes Verwaltungsrecht, Bd. I, Öffentli-

ches Wirtschaftsrecht, 4. Auflage, Heidelberg/München/Landsberg 2019, § 16, S. 490–545.
–: Die Wirkmächtigkeit der grundgesetzlichen Bestimmungen zum Schutz der kommunalen Selbstverwaltung, in: Horst Dreier (Hrsg.): Macht und Ohnmacht des Grundgesetzes, Sechs Würzburger Vorträge zu 60 Jahren Verfassung (Wissenschaftliche Abhandlungen und Reden zur Philosophie, Politik und Geistesgeschichte, Bd. 57, 2009, S. 75–105.
–: Die Wirkmächtigkeit der grundgesetzlichen Bestimmungen zum Schutz der kommunalen Selbstverwaltung, in: Horst Dreier (Hrsg.): Macht und Ohnmacht des Grundgesetzes, Sechs Würzburger Vorträge zu 60 Jahren Verfassung, Berlin 2009, S. 75–105.
Sydow, *Gernot*: Deutsches Verwaltungsrecht und ausländisches Verwaltungsrecht, in: Wolfgang Kahl/Markus Ludwigs (Hrsg.): Handbuch des Verwaltungsrechts, Bd. I, Grundstrukturen des deutschen Verwaltungsrechts, Heidelberg 2021, § 17, S. 637–678.
–: Die Verwaltungsgerichtsbarkeit des ausgehenden 19. Jahrhunderts. Eine Quellenstudie zu Baden, Württemberg und Bayern. Mit einem Anhang archivalischer und parlamentarischer Quellen, Heidelberg 2000.
Sydow, *Gernot*/*Neidhardt*, *Stephan*: Verwaltungsinterner Rechtsschutz. Möglichkeiten und Grenzen in rechtsvergleichender Perspektive, Baden-Baden 2007.
Terhechte, *Jörg Philipp*: Wandel klassischer Demokratievorstellungen in der Rechtswissenschaft – Europäisierung und Internationalisierung als Herausforderung, in: Hans Michael Heinig/ders. (Hrsg.): Postnationale Demokratie, Postdemokratie, Neoetatismus, Wandel klassischer Demokratievorstellungen in der Rechtswissenschaft, Tübingen 2013, S. 193–224.
–: Einführung: Das Verwaltungsrecht der Europäischen Union als Gegenstand rechtswissenschaftlicher Forschung – Entwicklungslinien, Prinzipien und Perspektiven, in: ders. (Hrsg.): Verwaltungsrecht der Europäischen Union, Baden-Baden 2011, S. 43–88.
Tettinger, *Peter J.*: Die Beauftragten, in: Josef Isensee/Paul Kirchhof (Hrsg.): HStR, Bd. V, 3. Auflage, Heidelberg 2007, § 111, S. 601–632.
–: Verwaltungsrechtliche Instrumente des Sozialstaats, VVDStRL (64) 2005, S. 199–237.
–: Mitbestimmung in der Sparkasse und verfassungsrechtliches Demokratiegebot, Heidelberg, 1986.
Tettinger, *Peter J.*/*Mann*, *Thomas*: Zur demokratischen Legitimation in sondergesetzlichen Wasserverbänden, in: dies./Jürgen Salzwedel (Hrsg.): Wasserverbände und demokratische Legitimation, München 2000, S. 1–66.
Teubner, *Gunther*: Quod omnes tangit: Transnationale Verfassung ohne Staat?, Der Staat 57 (2018), S. 171–194.
Thaler, *Richard H.*/*Sunstein*, *Cass R.*: Nudge. Wie man kluge Entscheidungen anstößt, Bausum, Christoph (Übersetzer), 9. Auflage, Berlin 2017.
Thiele, *Alexander*: Der gefräßige Leviathan. Entstehung, Ausbreitung und Zukunft des modernen Staates, Tübingen 2019.
–: Verlustdemokratie. Die drei Verlustebenen der Demokratie, 2. Auflage, Tübingen 2018.
–: Art. 33 Abs. 4 als Privatisierungsschranke, Der Staat 49 (2010), S. 274–298.
Thym, *Daniel*: Freundliche Übernahme, oder: die Macht des „ersten Wortes" – „Recht auf Vergessen" als Paradigmenwechsel, JZ 2020, S. 1017–1027.

–: From Ultra-Vires-Control to Constitutional-Identity-Review: The Lisbon Judgment of the German Constitutional Court, in: Ingolf Pernice/José María Beneyto (Hrsg.): Europe's Constitutional Challenges in the Light of the Recent Case Law of National Constitutional Courts. Lisbon and Beyond, Baden-Baden 2011, S. 31–44.

Tietje, Christian: Autonomie und Bindung der Rechtsetzung in gestuften Rechtsordnungen, VVDStRL (66) 2007, S. 45–80.

Tietje, Christian/Nowrot, Karsten: Parlamentarische Steuerung und Kontrolle des internationalen Regierungshandelns und der Außenpolitik, in: Martin Morlok/Utz Schliesky/Dieter Wiefelspütz (Hrsg.): Parlamentsrecht. Praxishandbuch, Baden-Baden 2016, § 45, S. 1469–1505.

Tietje, Saskia: Die Staatsrechtslehre und die Veränderung ihres Gegenstandes: Konsequenzen von Europäisierung und Internationalisierung, DVBl. 2003, S. 1081–1096.

–: Die Neuordnung des Rechts der wirtschaftlichen Betätigung und privatrechtlicher Beteiligung der Gemeinden, Frankfurt am Main/Berlin/Bern/Wien u.a. 2002.

Tischbirek, Alexander, Die Verhältnismäßigkeitsprüfung: Methodenmigration zwischen öffentlichem Recht und Privatrecht, Tübingen 2017.

Tocqueville, Alexis de: De la démocratie en Amérique, Bd. II, Paris 1866.

Towfigh, Emanuel/Traxler, Christian: Nudges Polarize! in: Alexandra Kemmerer/Christoph Möllers/Maximilian Steinbeis/Gerhard Wagner (Hrsg.): Choice Architecture in Democracies. Exploring the Legitimacy of Nudging, Baden-Baden 2016, S. 323–327.

Trapp, Bastian: Die Kontinuität der bundesverfassungsgerichtlichen Rechtsprechung zur sog. Mischverwaltung, DÖV 2008, S. 277–282.

Traumann, Dodo: Die Organisationsgewalt im Bereich der bundeseigenen Verwaltung, Baden-Baden 1998.

Treiber, Hubert: Genese und ursprüngliche Intention einer steuerungswissenschaftlich konzipierten Wissenschaft vom Verwaltungsrecht. Anmerkung eines Nicht-Juristen, JöR 2017, S. 423–440.

Trute, Hans-Heinrich: Die demokratische Legitimation der Verwaltung, in: Wolfgang Hoffmann-Riem/Eberhard Schmidt-Aßmann/Andreas Voßkuhle (Hrsg.): GVwR, Bd. I, Methoden, Maßstäbe, Aufgaben, Organisation, 2. Auflage, München 2012, § 6, S. 341–436.

–: Verwaltungskompetenzen im deutschen Bundesstaat, in: Ines Härtel (Hrsg.): Handbuch Föderalismus: Föderalismus als demokratische Rechtsordnung und Rechtskultur in Deutschland, Europa und der Welt, Bd. II, Probleme, Reformen, Perspektiven des deutschen Föderalismus, Berlin/Heidelberg 2012, § 28, S. 39–77.

–: Wissenschaft und Technik, in: Josef Isensee/Paul Kirchhof (Hrsg.): HStR, Bd. IV, 3. Auflage, Heidelberg 2006, § 88, S. 747–782.

–: Methodik der Herstellung und Darstellung verwaltungsrechtlicher Entscheidungen, in: Eberhard Schmidt-Aßmann/Wolfgang Hoffmann-Riem (Hrsg.): Methoden der Verwaltungsrechtswissenschaft, Baden-Baden 2004, S. 293–326.

–: Verantwortungsteilung als Schlüsselbegriff eines sich verändernden Verhältnisses von öffentlichem und privatem Sektor, in: Gunnar Folke Schuppert (Hrsg.): Jenseits von Privatisierung und „schlankem" Staat. Verantwortungsteilung als Schlüsselbegriff eines sich verändernden Verhältnisses von öffentlichem und privatem Sektor, Baden-Baden 1999, S. 13–46.

–: Funktionen der Organisation und ihre Abbildung im Recht, in: Eberhard

Schmidt-Aßmann/Wolfgang Hoffmann-Riem (Hrsg.): Verwaltungsorganisationsrecht als Steuerungsressource, Baden-Baden 1997, S. 249–296.
–: Die Verwaltung und das Verwaltungsrecht zwischen gesellschaftlicher Selbstregulierung und staatlicher Steuerung, DVBl. 1996, S. 950–964.
–: Die Forschung zwischen grundrechtlicher Freiheit und staatlicher Institutionalisierung. Das Wissenschaftsrecht als Recht kooperativer Verwaltungsvorgänge, Tübingen 1994.
Tschentscher, Axel: Demokratische Legitimation der dritten Gewalt, Tübingen 2006.
Tucker, Paul: Unelected Power. The Quest for Legitimacy in Central Banking and the Regulatory State, Princeton 2018.
Uerpmann-Wittzack, Robert: Verkehr, in: Josef Isensee/Paul Kirchhof (Hrsg.): HStR, Bd. IV, 3. Auflage, Heidelberg 2006, § 89, S. 783–810.
Uhle, Arnd: Abschied vom universitären Kollegialitätsprinzip? – Zu dem Beschluss des BVerfG vom 31.05.1995 – 1 BvR 1379/94 und 1 BvR 1413/94, NVwZ 1996, S. 661–663.
Unger, Sebastian: Organisationsrechtswissenschaft des Verfassungs- und Verwaltungsrechts. Was kann das Verfassungs- vom Verwaltungsorganisationsrecht lernen?, in: Julian Krüper/Arne Pilniok (Hrsg.): Organisationsverfassungsrecht. Wissenschaft – Theorie – Praxis, Tübingen 2019, S. 49–64.
–: Verwaltungslegitimation in der Europäischen Union, in: Ferdinand Wollenschläger/Luca De Lucia (Hrsg.): Staat und Demokratie. Beiträge zum XVII. Deutsch-Italienischen Verfassungskolloquium, Tübingen 2016, S. 41–77.
–: Verfassung im Nationalstaat: Von der Gesamtordnung zur europäischen Teilordnung?, in: DVBl. 2015, S. 1069–1140.
–: Das Verfassungsprinzip der Demokratie. Normstruktur und Norminhalt des grundgesetzlichen Demokratieprinzips, Tübingen 2008.
Unruh, Peter: Anmerkung zu BVerfG, Beschluss vom 05.12.2002 – 2 BvL 5/98 und 6/98, JZ 2003, 1057–1063.
–: „Schulautonomie“ und Demokratieprinzip – im Lichte der neueren Rechtsprechung des Bundesverfassungsgerichts, RdJB 2003, S. 466–481.
–: Demokratie und „Mitbestimmung“ in der funktionalen Selbstverwaltung – am Beispiel der Emschergenossenschaft, VerwArch 2001, S. 531–559.
Vesting, Thomas: Drei Schichten des modernen Staates: Verfassungsstaat, Wohlfahrtsstaat, Netzwerkstaat, in: Sebastian Bretthauer/Christina Henrich/Berit Völzmann/Leonard Wolckenhaar/Sören Zimmermann (Hrsg.): Wandlungen im Öffentlichen Recht. Festschrift zu 60 Jahren Assistententagung – Junge Tagung Öffentliches Recht, Baden-Baden 2020, S. 113–132.
–: Staatstheorie. Ein Studienbuch, München 2018.
–: Die Bedeutung von Information und Kommunikation für die verwaltungsrechtliche Systembildung, in: Wolfgang Hoffmann-Riem/Eberhard Schmidt-Aßmann/Andreas Voßkuhle (Hrsg.): GVwR, Bd. II, Informationsordnung, Verwaltungsverfahren, Handlungsformen, 2. Auflage, München 2012, § 20, S. 1–34.
–: Nachbarwissenschaftlich informierte und reflektierte Verwaltungsrechtswissenschaft – „Verkehrsregeln“ und „Verkehrsströme“, in: Eberhard Schmidt-Aßmann/Wolfgang Hoffmann-Riem (Hrsg.): Methoden der Verwaltungsrechtswissenschaft, Baden-Baden 2004, S. 253–292.
–: Die Staatsrechtslehre und die Veränderung ihres Gegenstandes: Konsequenzen von Europäisierung und Internationalisierung, VVDStRL (63) 2004, S. 41–70.

–: Satzungsbefugnis von Landesmedienanstalten und die Umstellung der verwaltungsrechtlichen Systembildung auf ein „Informationsverwaltungsrecht“, Die Verwaltung 2002, S. 433–462.
–: Kein Anfang und kein Ende. Die Systemtheorie des Rechts als Herausforderung für Rechtswissenschaft und Rechtsdogmatik, JURA 2001, S. 299–305.
–: Zwischen Gewährleistungsstaat und Minimalstaat. Zu den veränderten Bedingungen der Bewältigung öffentlicher Aufgaben in der „Informations-“ oder „Wissensgesellschaft“, in: Wolfgang Hoffmann-Riem/Eberhard Schmidt-Aßmann (Hrsg.): Verwaltungsrecht (in) der Informationsgesellschaft, Baden-Baden 2000, S. 101–131.
–: Absolutismus und materiale Rationalisierung. Zur Entstehung des preußischen Patrimonialstaates, AöR 119 (1994), S. 369–399.
Vesting, Thomas/Korioth, Stefan/Augsberg, Ino: Einleitung, in: dies. (Hrsg.): Grundrechte als Phänomene kollektiver Ordnung. Zur Wiedergewinnung des Gesellschaftlichen in der Grundrechtstheorie und Grundrechtsdogmatik, Tübingen 2014, S. 1–14.
v. Aaken, Anne: Vom Nutzen der ökonomischen Theorie für das öffentliche Recht: Methoden und Anwendungsmöglichkeiten, in: Marc Bungenberg/Stefan Danz/Helge Heinrich/et al.: Recht und Ökonomik, Jena 2004, S. 1–32.
v. Arnauld, Andreas: Politische Leitung und Kontrolle der Regierung durch das Parlament auf nationaler Ebene, in: Johannes Masing/Matthias Jestaedt/Olivier Jouanjan/David Capitant (Hrsg.): Politische Gestaltung durch Repräsentativorgane. Die Funktionsweise von Repräsentativorganen (Parlamente, Kommunalvertretungen): Dokumentation des 8. Treffens des Deutsch-Französischen Gesprächskreises für Öffentliches Recht, Tübingen 2019, S. 1–18.
–: Öffnung der öffentlich-rechtlichen Methode durch Internationalität und Interdisziplinarität: Erscheinungsformen, Chancen, Grenzen, VVDStRL (74) 2015, S. 39–87.
–: Zur Rhetorik der Verhältnismäßigkeit, in: Matthias Jestaedt/Oliver Lepsius (Hrsg.): Verhältnismäßigkeit. Zur Tragfähigkeit eines verfassungsrechtlichen Schlüsselkonzepts, Tübingen 2015, S. 276–292.
–: Rechtsstaat, in: Otto Depenheuer/Christoph Grabenwarter (Hrsg.): Verfassungstheorie, Tübingen 2010, § 21, S. 703–742.
–: Die Wissenschaft vom Öffentlichen Recht nach einer Öffnung für sozialwissenschaftliche Theorie, in: Andreas Funke/Jörn Lüdemann (Hrsg.): Öffentliches Recht und Wissenschaftstheorie, Tübingen 2009, S. 65–118.
–: Gewaltenteilung jenseits der Gewaltentrennung. Das gewaltenteilige System in der Verfassungsordnung der Bundesrepublik Deutschland (Division of Powers Beyond the Separation of Powers. The System of Powers in the German Federal Constitutional Order), Zeitschrift für Parlamentsfragen Vol. 32, 2001, S. 678–698.
–: Justizministerium und Organisationsgewalt. Die Zusammenlegung von Justiz- und Innenministerium als Problem des Verfassungsrechts, AöR 124 (1999), S. 658–688.
v. Arnim, Hans Herbert: Wirtschaftlichkeit als Rechtsprinzip, Berlin 1988.
–: Gemeindliche Selbstverwaltung und Demokratie, AöR 113 (1988), S. 1–30.
v. Bogdandy, Armin: Verwaltungsrecht im europäischen Rechtsraum – Perspektiven einer Disziplin, in: ders./Sabino Cassese/Peter M. Huber (Hrsg.): Handbuch Ius Publicum Europaeum, Bd. IV, Heidelberg 2011, § 57, S. 3–40.
–: Wissenschaft vom Verfassungsrecht: Vergleich, in: ders./Pedro Cruz Villalón/Peter M. Huber (Hrsg.): Handbuch Ius Publicum Europaeum, Bd. II, Heidelberg 2008, § 39, S. 807–842.

–: Europäische und nationale Identität: Integration durch Verfassungsrecht?, VVDStRL (62) 2003, S. 156–193.
–: Gubernative Rechtsetzung, eine Neubestimmung der Rechtsetzung und des Regierungssystems unter dem Grundgesetz in der Perspektive gemeineuropäischer Dogmatik, Tübingen 2000.
v. Bogdandy, Armin/Huber, Peter M.: Deutschland, in: Armin v. Bogdandy/Sabino Cassese/Peter M. Huber (Hrsg.): Handbuch Ius Publicum Europaeum, Bd. III, Heidelberg 2010, § 42, S. 33–82.
v. Bogdandy, Armin/Venzke, Ingo: In wessen Namen? Internationale Gerichte in Zeiten globalen Regierens, Berlin 2014.
v. Berg, Günther Heinrich: Teutschlands Verfassung und die Erhaltung der öffentlichen Ruhe in Teutschland, 1795.
v. Coelln, Christian: Offenheit demokratischer Willensbildung und Staatsferne des öffentlich-rechtlichen Rundfunks. Der Staat als Garant oder Gefahr?, in: Arnd Uhle (Hrsg.): Information und Einflussnahme – Gefährdungen der Offenheit des demokratischen Willensbildungsprozesses, Wissenschaftliche Abhandlungen zur Philosophie, Politik und Geistesgeschichte, Bd. 90, 2018, S. 11–47.
v. Danwitz, Thomas: Verwaltungsrechtliches System und europäische Integration, Tübingen 1996.
–: Der Grundsatz funktionsgerechter Organstruktur: Verfassungsvorgaben für staatliche Entscheidungsstrukturen und ihre gerichtliche Kontrolle, Der Staat 35 (1996), S. 329–350.
–: Vom Verwaltungsprivatrecht zum Verwaltungsgesellschaftsrecht. Zur Begründung und Reichweite öffentlich-rechtlicher Ingerenzen in der mittelbaren Kommunalverwaltung, AöR 120 (1995), S. 595–630.
v. der Groeben, Hans/Schwarze, Jürgen/Hatje, Armin (Hrsg.): Europäisches Unionsrecht, Vertrag über die Europäische Union, Vertrag über die Arbeitsweise der Europäischen Union, Charta der Grundrechte der Europäischen Union, 7. Auflage, Baden-Baden 2015.
v. Eyll, Klara: Berufsständische Selbstverwaltung, in: Kurt G.A. Jeserich/Hans Pohl/Georg-Christoph v. Unruh (Hrsg.): Deutsche Verwaltungsgeschichte, Bd. III, Das Deutsche Reich bis zum Ende der Monarchie, Stuttgart 1984, § 3, S. 71–84.
v. Gerber, Carl Friedrich Wilhelm: Grundzüge eines Systems des deutschen Staatsrechts, 1. Auflage 1865.
v. Gneist, Rudolf: Der Rechtsstaat und die Verwaltungsgerichte in Deutschland, 2. Auflage, Berlin 1879.
v. Heintschel-Heinegg, Bernd/Wirth, Elias: Die externe Einzelweisungsabhängigkeit der deutschen Staatsanwaltschaften und der Europäische Haftbefehl. Zugleich eine Besprechung von Frank Wallenta, Deutsche Staatsanwaltschaften zwischen Verfassungsrecht und europäischem Leitbild. Eine Betrachtung im Lichte des unionsrechtlichen Anerkennungsprinzips, 2021, GSZ 2022, S. 183–191.
v. Justi, Johann Heinrich Gottlob: Von der wahren Macht der Staaten, in: Gesammelte Politische und Finanzschriften über wichtige Gegenstände der Staatskunst, der Kriegswissenschaften und des Cameral- und Finanzwesens, Bd. III, Neudruck d. Ausg. Kopenhagen, Leipzig 1764, Aalen 1970.
v. Lewinski, Kai: Datenschutzaufsicht in Europa als Netzwerk, NVwZ 2017, S. 1483–1490.

–: Unabhängigkeit des Bundesbeauftragten für den Datenschutz und die Informationsfreiheit, ZG 2015, S. 228–245.
–: Grundfragen des Verwaltungsorganisationsrechts, JA 2006, S. 517–522.
v. Lewinski, Kai/Derfler, Sophie: Der BR-Rundfunkrat – Repräsentanz und Transparenz auf der Höhe der Zeit?, BayVBl. 2020, S. 829–835.
v. Mangoldt, Hermann (Begr.)/*Klein, Friedrich/Starck, Christian/Huber, Peter M./Voßkuhle, Andreas* (Hrsg.): Grundgesetz, Bd. I–III, 7. Auflage, München 2018.
–: Grundgesetz, Bd. II, 5. Auflage, München 2005.
v. Mohl, Robert: Bemerkungen über die neuesten Bearbeitungen des allgemeinen deutschen Staatsrechts, in: Ludwig Karl Aegidii (Hrsg.): Zeitschrift für Deutsches Staatsrecht und Deutsche Verfassungsgeschichte, Berlin 1867, S. 354–384.
v. Münch, Ingo/Kunig, Philip (Begr.)/*Kämmerer, Axel/Kotzur, Markus* (Hrsg.): Grundgesetz Kommentar, Bd. I, 7. Auflage, München 2021.
–: Grundgesetz Kommentar, Bd. II, 7. Auflage, München 2021.
–: Grundgesetz Kommentar, Bd. II, 5. Auflage, München 2003.
v. Mutius, Albert: Die Steuerung des Verwaltungshandelns durch Haushaltsrecht und Haushaltskontrolle, VVDStRL (42) 1984, S. 147–215.
v. Rotteck, Carl: Justiz, in: ders./Karl Theodor Welcker (Hrsg.): Das Staats-Lexikon. Encyklopädie der sämmtlichen Staatswissenschaften für alle Stände, Bd. VIII, 1839.
v. Simson, Werner: Das demokratische Prinzip im Grundgesetz, VVDStRL (29) 1971, S. 3–45.
v. Stein, Lorenz: Die Verwaltungslehre, Bd. I, Teil II, 2. Auflage, Stuttgart 1869.
v. Ungern-Sternberg, Antje: Parité-Gesetzgebung auf dem Prüfstand des Verfassungsrechts, JZ 2019, S. 525–534.
v. Unruh, Georg-Christoph: Ursprung und Entwicklung der kommunalen Selbstverwaltung im frühkonstitutionellen Zeitalter, in: Thomas Mann/Günter Püttner (Hrsg.): Handbuch der kommunalen Wissenschaft und Praxis, Bd. I, 3. Auflage, Berlin/Heidelberg 2007, § 4, S. 51–72.
–: Die Lage der deutschen Verwaltung zwischen 1945 und 1949, in: Kurt G.A. Jeserich/Hans Pohl/ders. (Hrsg.): Deutsche Verwaltungsgeschichte, Bd. V, Die Bundesrepublik Deutschland, Stuttgart 1987, S. 70–86.
v. Unruh, Werner: Seeunfalluntersuchung in Deutschland – ausreichender Rechtsschutz?, NordÖR 2019, S. 108–110.
Velasco Caballero, Francisco: The Legitimacy oft the Administration in Spain, in: Matthias Ruffert (Hrsg.): Legitimacy in European Administrative Law. Reform and Reconstruction, Groningen 2011, S. 83–114.
Viellechner, Lars: Organisationsrechtlicher Teil der Weimarer Reichsverfassung, in: Rüdiger Voigt (Hrsg.): Aufbruch zur Demokratie: Die Weimarer Reichsverfassung als Bauplan für eine demokratische Republik, Baden-Baden 2020, S. 391–400.
Vilain, Yoan: Demokratische Legitimität und Verfassungsmäßigkeit unabhängiger Regulierungsbehörden: Von den ursprünglichen Bedenken bis zur richterlichen Eingliederung in das französische Verwaltungssystem, in: Johannes Masing/Gérard Marcou (Hrsg.): Unabhängige Regulierungsbehörden. Organisationsrechtliche Herausforderungen in Frankreich und Deutschland, Tübingen 2010, S. 9–38.
Vogel, Hans-Jochen: Die bundesstaatliche Ordnung des Grundgesetzes, in: Ernst Benda/Werner Maihofer/ders. (Hrsg.): Handbuch des Verfassungsrechts der Bun-

desrepublik Deutschland. Studienausgabe, Teil 1, 2. Auflage, Berlin 1995, § 22, S. 1041–1102.

Vogel, Klaus: Der Finanz- und Steuerstaat, in: Josef Isensee/Paul Kirchhof (Hrsg.): HStR, Bd. II, 3. Auflage, Heidelberg 2004, § 30, S. 843–878.

Volkmann, Uwe: Allgemeine Grundrechtslehren, in: Matthias Herdegen/Johannes Masing/Ralf Poscher/Klaus Ferdinand Gärditz (Hrsg.): Handbuch des Verfassungsrechts. Darstellung in transnationaler Perspektive, München 2021, § 16, S. 1051–1100.

–: Die Dogmatisierung des Verfassungsrechts, JZ 2020, S. 965–975.

–: Krise der konstitutionellen Demokratie?, Der Staat 58 (2019), S. 643–658.

–: Rechtsphilosophie, München 2018.

–: Was ist Recht?, JöR 2016, S. 281–308.

–: Mehrebenenparlamentarismus: Neue Wege zur europäischen Demokratie?, in: Claudio Franzius/Franz C. Mayer/Jürgen Neyer (Hrsg.): Modelle des Parlamentarismus im 21. Jahrhundert. Neue Ordnungen von Recht und Politik, Baden-Baden 2015, S. 185–206.

–: Geltungsanspruch und Wirksamkeit des Grundgesetzes. In: Josef Isensee/Paul Kirchhof (Hrsg.): HStR, Bd. XII, 3. Auflage, Heidelberg 2014, § 256, S. 85–106.

–: Grundzüge einer Verfassungslehre der Bundesrepublik Deutschland, Tübingen 2013.

–: Der Aufstieg der Verfassung. Beobachtungen zum grundlegenden Wandel des Verfassungsbegriffs, in: Thomas Vesting/Stefan Korioth (Hrsg.): Der Eigenwert des Verfassungsrechts, Tübingen 2011, S. 23–40.

–: Verfassungsrecht zwischen normativem Anspruch und politischer Wirklichkeit, VVDStRL (67) 2008, S. 57–89.

–: Setzt Demokratie den Staat voraus?, AöR 127 (2002), S. 575–611.

–: Solidarität – Programm und Prinzip der Verfassung, Tübingen 1999.

Voßkuhle, Andreas: Europäische Rechtsgemeinschaft – Konzept und praktische Umsetzung, in: Wolfgang Kahl/Markus Ludwigs (Hrsg.): Handbuch des Verwaltungsrechts, Bd. III, Verwaltung und Verfassungsrecht, Heidelberg 2022, § 59, S. 33–78.

–: Rechtsstaat und Demokratie, NJW 2018, S. 3154–3159.

–: Grundrechte als Grenzen: Verhältnismäßigkeit und praktische Konkordanz, in: Heinrich Meier (Hrsg.): Die Verfassung der Mitte, München 2016, S. 45–47.

–: Neue Verwaltungsrechtswissenschaft, in: Wolfgang Hoffmann-Riem/Eberhard Schmidt-Aßmann/ders. (Hrsg.): GVwR, Bd. I, Methoden, Maßstäbe, Aufgaben, Organisation, 2. Auflage, München 2012, § 1, S. 1–64

–: Personal, in: Wolfgang Hoffmann-Riem/Eberhard Schmidt-Aßmann/ders. (Hrsg.): GVwR, Bd. III, Personal, Finanzen, Kontrolle, Sanktionen, Staatliche Einstandspflichten, 2. Auflage, München 2013, § 43, S. 1–90.

–: Sachverständige Beratung des Staates als Governanceproblem, in: Sebastian Botzem/Jeanette Hofmann/Siegrid Quack/Gunnar Folke Schuppert/Holger Straßheim (Hrsg.): Governance als Prozess. Koordinationsformen im Wandel, Baden-Baden 2009, S. 547–574.

–: Expertise und Verwaltung, in: Hans Heinrich Trute/Thomas Groß/Hans Christian Röhl/Christoph Möllers (Hrsg.): Allgemeines Verwaltungsrecht – zur Tragfähigkeit eines Konzepts, Tübingen 2008, S. 637–663.

–: Grundwissen – Öffentliches Recht: Der Grundsatz der Verhältnismäßigkeit, JuS 2007, S. 429–431.

–: Sachverständige Beratung des Staates, in: Josef Isensee/Paul Kirchhof (Hrsg.): HStR, Bd. III, 3. Auflage, Heidelberg 2005, § 43, S. 425–476.
–: Öffentliche Gemeinwohlverantwortung im Wandel. Beteiligung Privater an der Wahrnehmung öffentlicher Aufgaben und staatliche Verantwortung, VVDStRL (62) 2003, S. 266–335.
–: Der „Dienstleistungsstaat". Über Nutzen und Gefahren von Staatsbildern, Der Staat 40 (2001), S. 495–523.
–: Die Reform des Verwaltungsrechts als Projekt der Wissenschaft, in: Die Verwaltung 1999, S. 45–54.
–: Das Kompensationsprinzip. Grundlagen einer prospektiven Ausgleichsordnung für die Folgen privater Freiheitsbetätigung – zur Flexibilisierung des Verwaltungsrechts am Beispiel des Umwelt- und Planungsrechts, Tübingen 1999.
Voßkuhle, Andreas/Kaiser, Anna-Bettina: Grundwissen – Öffentliches Recht: Die Ausführung von Bundesgesetzen – Verwaltungskompetenzen, JuS 2017, S. 316–318.
–: Grundwissen – Öffentliches Recht: Das Bundesstaatsprinzip, JuS 2010, S. 873–876.
Waechter, Kay: Geminderte demokratische Legitimation staatlicher Institutionen im parlamentarischen Regierungssystem – zur Wirkung von Verfassungsprinzipien und Grundrechten auf institutionelle und kompetenzielle Ausgestaltungen, Berlin 1994.
Wagener, Frido: Der öffentliche Dienst im Staat der Gegenwart, VVDStRL (37) 1979, S. 215–266.
–: Einleitung, in: ders. (Hrsg.): Verselbstständigung von Verwaltungsträgern. Bericht über ein verwaltungspolitisches Sonderseminar der Hochschule für Verwaltungswissenschaften Speyer in Verbindung mit der deutschen Sektion des Internationalen Instituts für Verwaltungswissenschaften in Speyer vom 24. – 26. September 1976, Bonn 1976, S. 15–17.
–: Typen der verselbständigten Erfüllung öffentlicher Aufgaben, in: ders. (Hrsg.): Verselbstständigung von Verwaltungsträgern. Bericht über ein verwaltungspolitisches Sonderseminar der Hochschule für Verwaltungswissenschaften Speyer in Verbindung mit der deutschen Sektion des Internationalen Instituts für Verwaltungswissenschaften in Speyer vom 24. – 26. September 1976, Bonn 1976, S. 31–51.
Wahl, Rainer: Die Entwicklung des deutschen Verfassungsstaates bis 1866, in: Josef Isensee/Paul Kirchhof (Hrsg.): HStR, Bd. I, 3. Auflage, Heidelberg 2003, § 2, S. 45–92.
–: Konstitutionalisierung – Leitbegriff oder Allerweltsbegriff?, in: Carl-Eugen Eberle (Hrsg.): Der Wandel des Staates vor den Herausforderungen der Gegenwart. Festschrift für Winfried Brohm zum 70. Geburtstag, München 2002, S. 191–208.
–: Privatorganisationsrecht als Steuerungsinstrument bei der Wahrnehmung öffentlicher Aufgaben, in: Eberhard Schmidt-Aßmann/Wolfgang Hoffmann-Riem (Hrsg.): Verwaltungsorganisationsrecht als Steuerungsressource, Baden-Baden 1997, 301–338.
–: Verwaltungsverfahren zwischen Verwaltungseffizienz und Rechtsschutzauftrag, VVDStRL (41) 1983, S. 151–192.
Wahl, Walter: Verwaltungsverfahren zwischen Verwaltungseffizienz und Rechtsschutzauftrag, VVDStRL (41) 1983, S. 151–192.
Waldhoff, Christian: Verwaltung und Verwaltungsrecht, in: Wolfgang Kahl/Markus Ludwigs (Hrsg.): Handbuch des Verwaltungsrechts, Bd. I, Grundstrukturen des deutschen Verwaltungsrechts, Heidelberg 2021, § 11, S. 411–452.
–: Parteien-, Wahl- und Parlamentsrecht, in: Matthias Herdegen/Johannes Masing/

Ralf Poscher/Klaus Ferdinand Gärditz (Hrsg.): Handbuch des Verfassungsrechts. Darstellung in transnationaler Perspektive, München 2021, § 10, S. 645–720.
–: Die reformierte Kontrolle der Nachrichtendienste durch das Parlamentarische Kontrollgremium und das Unabhängige Gremium, in: Jan-Hendrik Dietrich/Klaus Ferdinand Gärditz/Kurt Graulich/Christoph Gusy/Gunter Warg (Hrsg.): Reform der Nachrichtendienste zwischen Vergesetzlichung und Internationalisierung, Tübingen 2019, S. 73–90.
–: Kritik und Lob der Dogmatik: Rechtsdogmatik im Spannungsfeld von Gesetzesbindung und Funktionsorientierung, in: Gregor Kirchhof/Stefan Magen/Karsten Schneider (Hrsg.): Was weiß Dogmatik? Was leistet und wie steuert die Dogmatik des Öffentlichen Rechts?, Tübingen 2012, S. 17–38.
–: Anmerkung zu BVerfG, Urteil v. 18.01.2012 – 2 BvR 133/10, JZ 2012, S. 683–685.
–: „Hartz IV" vor dem Bundesverfassungsgericht – die Selbstverwaltung der Kreise zwischen eigenverantwortlicher Aufgabenwahrnehmung und verfassungswidriger Mischverwaltung, ZES 2008, S. 57–74.
–: Grundzüge des Finanzrechts des Grundgesetzes, in: Josef Isensee/Paul Kirchhof (Hrsg.): HStR, Bd. V, 3. Auflage, Heidelberg 2007, § 116, S. 813–934.
Waldhoff, Christian/Gärditz, Klaus Ferdinand (Hrsg.): Gesetz zur Regelung des Rechts der Untersuchungsausschüsse des Deutschen Bundestages. Kommentar, München 2015.
Waldhoff, Christian/Grefrath, Holger: Staatsverfassungsrecht vergeht, Kommunalverfassungsrecht besteht. Zur Entstehung und Interpretation von Art. 127 WRV, in: Horst Dreier/Christian Waldhoff (Hrsg.): Weimars Verfassung. Eine Bilanz nach 100 Jahren, Göttingen 2020, S. 275–304.
Wallenta, Frank: Deutsche Staatsanwaltschaften zwischen Verfassungsrecht und Europäischem Leitbild, Baden-Baden 2021.
Wallrabenstein, Astrid: Gleichstellungsziel und Demokratiekonzepte bei der personellen Legitimation der zweiten und dritten Gewalt, in: Marion Eckertz-Höfer/Margarete Schuler-Harms (Hrsg.): Gleichberechtigung und Demokratie – Gleichberechtigung in der Demokratie: (Rechts-)Wissenschaftliche Annäherungen, Baden-Baden 2019, S. 161–184.
–: Legitimation des Gemeinsamen Bundesausschusses – Die Machtzentrale auf der Kippe, Legal Tribune Online (LTO) v. 05.05.2017, https://www.lto.de/recht/hintergruende/h/gemeinsamer-bundesausschuss-gb-a-gesundheit-krankenkassen-demokratische-legitimation-bverfg-kritik/ (abgerufen: 10.05.2022).
–: Zwischen „Volksdemokratie" und menschenrechtlichem Demokratieverständnis: Zur Zukunftsfähigkeit „der Demokratietheorie" des Bundesverfassungsgerichts, in: Stephan Rixen (Hrsg.): Die Wiedergewinnung des Menschen als demokratisches Projekt, Bd. I, Neue Demokratietheorie als Bedingung demokratischer Grundrechtskonkretisierung in der Biopolitik, Tübingen 2015, S. 21–32.
–: Der Bildungsföderalismus auf dem Prüfstand, VVDStRL (73) 2014, S. 41–78.
Walter, Christian/Vordermayer, Markus: Verfassungsidentität als Instrument richterlicher Selbstbeschränkung in transnationalen Integrationsprozessen. Vergleichende Überlegungen anhand der Rechtsprechung von EuGH und EGMR, JöR 2015, S. 129–166.
Weber, Max: Wirtschaft und Gesellschaft: Grundriss der verstehenden Soziologie, 5. Auflage, Tübingen 1972.
Wedel, Dirk/Holznagel, Ina: Leitlinien zur Sicherung der Unabhängigkeit der Staats-

anwaltschaft. Vorschlag für eine praxisgerechte Beschränkung des externen Weisungsrechts, ZRP 2020, S. 143–148.
Wegener, *Bernhard W.*: Verfassung in ausgewählten Teilrechtsordnungen: Konstitutionalisierung und Gegenbewegungen – Sicherheitsrecht/Steuerrecht, VVDStRL (75) 2016, S. 293–332.
–: Neue Formen der Bürgerbeteiligung? Planung und Zulassung von Projekten in der parlamentarischen Demokratie, in: Verhandlungen des 69. Deutschen Juristentages München 2012, Bd. II/1, Sitzungsberichte, München 2013, M 59–80.
Weiß, *Wolfgang*: Selbstregulierung der Wirtschaft – Noch sinnvoll nach der Finanzkrise?, Der Staat 53 (2014), S. 555–575.
–: Privatisierung und Staatsaufgaben. Privatisierungsentscheidungen im Lichte einer grundrechtlichen Staatsaufgabenlehre unter dem Grundgesetz, Tübingen 2002.
Weitzel, *Christian*: Justitiabilität des Rechtsetzungsermessens – zugleich ein Beitrag zur Theorie des Ermessens, Berlin 1998.
Wellerdt, *Alexander*: Es ist Zeit, das Verwaltungsorganisationsrecht wiederzuentdecken, NVwZ 2021, S. 1101–1104.
Welti, *Felix*: Korporative Beteiligung und pluralistische Beteiligungsrechte: Legitimation und Reformbedarf, in: Stephan Rixen/Eva Welskop-Deffaa (Hrsg.): Zukunft der Selbstverwaltung – Responsivität und Reformbedarf, Wiesbaden 2015, S. 87–100.
Wendel, *Mattias*: Grundsatz der unionsrechtskonformen Auslegung und Rechtsfortbildung, in: Wolfgang Kahl/Markus Ludwigs (Hrsg.): Handbuch des Verwaltungsrechts, Bd. II, Grundstrukturen des europäischen und internationalen Verwaltungsrechts, Heidelberg 2021, § 51, S. 821–856.
–: Weimarer Parlamentarismus und Präsidialverfassung im Spiegel französischen Verfassungsrechts, in: Thomas Kleinlein/Christoph Ohler (Hrsg.): Weimar international. Kontext und Rezeption der Verfassung von 1919, Tübingen 2020, S. 61–76.
–: Paradoxes of *Ultra Vires* Review: A Critical Review of the PSPP Decision and Ist Initial Reception, German Law Journal 2020, S. 979–994.
–: Verwaltungsermessen als Mehrebenenproblem – zur Verbundstruktur administrativer Entscheidungsspielräume am Beispiel des Migrations- und Regulierungsrechts, Tübingen 2019.
–: Nationale Identität als Narrativ der europäischen Integration?, in: Claudio Franzius/Franz C. Mayer/Jürgen Neyer (Hrsg.): Die Neuerfindung Europas. Bedeutung und Gehalte von Narrativen für die europäische Integration, Baden-Baden 2019, S. 51–66.
–: Kompetenzrechtliche Grenzgänge: Karlsruhes *Ultra-vires*-Vorlage an den EuGH, ZaöRV 2014, S. 615–670.
Wendt, *Rudolf*: Die Einheit der Verwaltung als Rechtsproblem, NwVBl. 1987, S. 33–41.
Werner, *Micha H.*: Normenstratifikation: Programmatische Überlegungen, in: Jens Peter Brune/Heinrich Lang/ders. (Hrsg.): Konzepte normativer Minimalstandards. Ethische und rechtliche Perspektiven, Baden-Baden 2016, S. 25–42.
Wernsmann, *Rainer*: Die verfassungskonforme Finanzierung des öffentlich-rechtlichen Rundfunks durch den neuen Rundfunkbeitrag, ZG 2015, S. 79–92.
Westphal, *Siegrid*: Gerichtliche Verwaltungskontrolle im Alten Reich, in: Karl-Peter Sommermann/Bert Schaffarzik (Hrsg.): Handbuch der Geschichte der Verwaltungsgerichtsbarkeit in Deutschland und Europa, Berlin 2019, § 1, S. 3–29.
Wiater, *Patricia*: Verwaltungsverfahren durch Private? Ein neuer Blick auf grundrechts-

dogmatische Folgen des Stadionverbots-Beschlusses des Bundesverfassungsgerichts, JZ 2020, S. 379–388.
Widtmann, Julius/Grasser, Walter/Glaser, Erhard (Hrsg.): Bayerische Gemeindeordnung: Kommentar – mit Verwaltungsgemeinschaftsordnung, Landkreisordnung und Gesetz über die kommunale Zusammenarbeit, 30. EL Februar, München 2020.
Wiedemann, Richard: Unabhängige Verwaltungsbehörden und die Rechtsprechung des BVerfG, in: Johannes Masing/Gérard Marcou (Hrsg.): Unabhängige Regulierungsbehörden. Organisationsrechtliche Herausforderungen in Frankreich und Deutschland, Tübingen 2010, S. 39–52.
Wieland, Joachim: Bundesstaat, in: Matthias Herdegen/Johannes Masing/Ralf Poscher/Klaus Ferdinand Gärditz (Hrsg.): Handbuch des Verfassungsrechts. Darstellung in transnationaler Perspektive, München 2021, § 8, S. 503–556.
Wilkens, Sarah: Wettbewerbsprinzip und Gemeinwohlorientierung bei der Erbringung von Eisenbahndienstleistungen. Zum Verhältnis von Art. 87e III und IV GG, Berlin 2006.
Will, Martin: Selbstverwaltung der Wirtschaft: Recht und Geschichte der Selbstverwaltung in den Industrie- und Handelskammern, Handwerksinnungen, Kreishandwerkerschaf-ten, Handwerkskammern und Landwirtschaftskammern, Tübingen 2010.
Willoweit, Dietmar: Allgemeine Merkmale der Verwaltungsorganisation in den Territorien, in: Kurt G.A. Jeserich/Hans Pohl/Georg-Christoph v. Unruh (Hrsg.): Deutsche Verwaltungsgeschichte, Bd. I, Vom Spätmittelalter bis zum Ende des Reiches, Stuttgart 1983, S. 289–346.
–: Die Entwicklung und Verwaltung der spätmittelalterlichen Landesherrschaft, in: Kurt G.A. Jeserich/Hans Pohl/Georg-Christoph v. Unruh (Hrsg.): Deutsche Verwaltungsgeschichte, Bd. I, Vom Spätmittelalter bis zum Ende des Reiches, Stuttgart 1983, § 5, S. 66–142.
–: Allgemeine Merkmale der Verwaltungsorganisation in den Territorien, in: Kurt G.A. Jeserich/Hans Pohl/Georg-Christoph v. Unruh (Hrsg.): Deutsche Verwaltungsgeschichte, Bd. I, Vom Spätmittelalter bis zum Ende des Reiches, Stuttgart 1983, § 2, S. 289–345.
Willoweit, Dietmar/Schlinker, Steffen: Deutsche Verfassungsgeschichte. Vom Frankenreich bis zur Wiedervereinigung Deutschlands. Ein Studienbuch, 8. Auflage, München 2019.
Wischmeyer, Thomas: Gewaltenteilung und institutionelles Gleichgewicht, in: Wolfgang Kahl/Markus Ludwigs (Hrsg.): Handbuch des Verwaltungsrechts, Bd. III, Verwaltung und Verfassungsrecht, Heidelberg 2022, § 78, S. 833–874.
–: Formen und Funktionen des exekutiven Geheimnisschutzes, Die Verwaltung 2018, S. 393–426.
Wilson, Woodrow: The Study of Administration, Political Science Quarterly, Vol. II, No. 2, (Jun. 1887), S. 197–222.
Winkler, Daniela: Die Umsetzung von „Hartz IV" als Herausforderung an das Organisationsrecht – Eine Analyse der verfassungs- und sozialrechtlichen Diskussion unter Berücksichtigung der Entscheidung des BVerfG vom 20.12.2007, Az. 2 BvR 2433/04 und 2 BvR 2434/04, VerwArch 2008, S. 509–537.
Wißmann, Hinnerk: Die Anforderungen an ein zukunftsfähiges Infrastrukturrecht, VVDStRL (73) 2014, S. 369–427.
–: Verfassungsrechtliche Vorgaben der Verwaltungsorganisation, in: Wolfgang Hoffmann-Riem/Eberhard Schmidt-Aßmann/Andreas Voßkuhle (Hrsg.): GVwR, Bd. I,

Methoden, Maßstäbe, Aufgaben, Organisation, 2. Auflage, München 2012, § 15, S. 1005–1066.
Wittreck, Fabian: Dritte Gewalt im Wandel – Veränderte Anforderungen an Legitimität und Effektivität?, VVDStRL 74 (2015), S. 115–168.
–: Demokratische Legitimation von Großvorhaben, Zeitschrift für Gesetzgebung 2011, S. 209–226.
–: Volksgesetzgebung: Königsweg oder Irrweg der direkten Demokratie?, ZSE 2010, S. 553–563.
–: Legitimation durch Verfahren in der Rechtswissenschaft, in: Barbara Stollberg-Rilinger/André Krischer (Hrsg.): Herstellung und Darstellung von Entscheidungen. Verfahren, Verwalten und Verhandeln in der Vormoderne, Berlin 2010, S. 65–90.
–: Die Verwaltung der Dritten Gewalt, Tübingen 2006.
–: Zur Einleitung: Verfassungsentwicklung zwischen Novemberrevolution und Gleichschaltung – Optionen und Tendenzen in den Verfassungsurkunden von Reich und Ländern, in: ders. (Hrsg.): Weimarer Landesverfassungen, die Verfassungsurkunden der deutschen Freistaaten 1918–1933, Tübingen 2004, S. 1–55.
Wolff, Heinrich Amadeus: Die Bedeutung der Unterscheidung von Staat und Gesellschaft – Herkunft, Entwicklung, verfassungsrechtliche Relevanz, in: Hermann Hill/Utz Schliesky (Hrsg.): Neubestimmung der Privatheit, Baden-Baden 2014, S. 25–52.
–: Die „völlig unabhängige“ Aufsichtsbehörde. Zum Urteil des EuGH vom 09.03.2010 – C-518/07, in: Veith Mehde/Ulrich Ramsauer/Margrit Seckelmann (Hrsg.): Staat, Verwaltung, Information, Festschrift für Hans Peter Bull, Berlin 2011, S. 1071–1085.
–: Das Verhältnis von Rechtsstaatsprinzip und Demokratieprinzip, in: Dietrich Murswiek (Hrsg.): Staat – Souveränität – Verfassung. Festschrift für Helmut Quaritsch zum 70. Geburtstag, Berlin 2000, S. 73–94.
Wolff, Heinrich Amadeus/Brink, Stefan (Hrsg.): Datenschutzrecht, 35. Ed., München 01.02.2021.
–: Datenschutzrecht, 34. Ed., München 01.11.2020.
Wolff, Hans J.: Verwaltungsrecht, Bd. II, Organisations- und Dienstrecht, München 1962.
–: Organschaft und juristische Person. Untersuchungen zur Rechtstheorie und zum öffentlichen Recht, Bd. I, Juristische Person und Staatsperson (Kritik, Theorie und Konstruktion), Berlin 1933.
–: Organschaft und juristische Person. Untersuchungen zur Rechtstheorie und zum öffentlichen Recht, Bd. II, Theorie der Vertretung (Stellvertretung, Organschaft u. Repräsentation als soziale u. juristische Vertretungsform), Berlin 1934.
–: Der Unterschied zwischen öffentlichem und privatem Recht, AöR 76 (1950), S. 205–217.
Wolff, Johanna: Anreize im Recht: Ein Beitrag zur Systembildung und Dogmatik im Öffentlichen Recht und darüber hinaus, Tübingen 2021.
Wollenschläger, Ferdinand: Verwaltungsrecht und Privatrecht, in: Wolfgang Kahl/Markus Ludwigs (Hrsg.): Handbuch des Verwaltungsrechts, Bd. I, Heidelberg 2021, § 15, S. 553–602.
–: Verfassungsrechtliche Grundlagen des Öffentlichen Wirtschaftsrechts, in: Reiner Schmidt/ders. (Hrsg.): Kompendium Öffentliches Wirtschaftsrecht, 5. Auflage, Berlin/Heidelberg 2019, S. 63–118.
–: Verfassung im Allgemeinen Verwaltungsrecht – Bedeutungsverlust durch Europäisierung und Emanzipation?, VVDStRL (75) 2016, S. 187–264.

–: Privatisierung öffentlicher Unternehmen nur mit Volksentscheid? Privatisierungsreferenden auf Landesebene und ihre verfassungsrechtliche Grenze im Budgetrecht des Parlaments am Beispiel der Bremischen Landesverfassung (Art. 42 Abs. 4 iVm Art. 70 Abs. 2), in: Lars P. Feld/Peter M. Huber/Otmar Jung/Hans-Joachim Lauth/Fabian Wittreck (Hrsg.): Jahrbuch für direkte Demokratie 2013, Baden-Baden 2014, S. 239–262.

Würtenberger, Thomas: Kontrolle von Verwaltungshandeln ab 1806: Justizstaat versus Administrativjustiz, in: Karl-P. Sommermann/Bert Schaffarzik (Hrsg.): Handbuch der Geschichte der Verwaltungsgerichtsbarkeit in Deutschland und Europa, Berlin 2019, § 2, S. 31–50.

Wüst, Wolfgang: Die „gute" Policey im Reichskreis. Zur frühmodernen Normensetzung in den Kernregionen des Alten Reiches, Bd. IV, Die lokale Policey: Normensetzung und Ordnungspolitik auf dem Lande; ein Quellenwerk, Stegaurach 2008.

Wunder, Bernd: Geschichte der Bürokratie in Deutschland, 2. Auflage, Frankfurt am Main 1988.

–: Bürokratie: Die Geschichte eines politischen Schlagwortes, in: Adrienne Windhoff-Héritier (Hrsg.): Verwaltung und ihre Umwelt. Festschrift für Thomas Ellwein, Opladen 1987, S. 277–301.

–: Privilegierung und Disziplinierung. Die Entstehung des Berufsbeamtentums in Bayern und Württemberg (1780–1825), München/Wien 1978.

Yamamoto, Ryuji: Die demokratische Legitimation der Verwaltung in Japan, JöR 2017, S. 849–876.

Zacharias, Diana: Die sog. Ewigkeitsgarantie des Art. 79 Abs. 3 GG, in: Markus Thiel (Hrsg.): Wehrhafte Demokratie – Beiträge über die Regelungen zum Schutze der freiheitlichen demokratischen Grundordnung, Tübingen 2003, S. 57–98.

–: Wissenschaft vom Verfassungsrecht: Terminologie und Begrifflichkeit, in: Armin v. Bogdandy/Pedro Cruz Villalón/Peter M. Huber (Hrsg.): Handbuch Ius Publicum Europaeum, Bd. II, Heidelberg 2008, § 40, S. 843–892.

–: Der Begriff des Verwaltungsrechts in Europa, in: Armin v. Bogdandy/Sabino Cassese/Peter M. Huber (Hrsg.): Handbuch Ius Publicum Europaeum, Bd. IV, Heidelberg 2011, § 72, S. 541–616.

Zachariä, Karl Salomo: Vierzig Bücher vom Staate, 7 Teile in 4 Bänden, herausgegeben und eingeleitet von Walter Pauly und Martin Siebinger, Bd. I, Nachdruck der Ausgabe v. 1839–43, 2. Auflage, Heidelberg 2001.

Zeccola, Marc/Pfleiderer, Roman: Legitimation durch Partizipation? – Verfassungsrechtliche Hürden am Beispiel der Kohlekommission, DÖV 2021, S. 59–69.

Zeh, Wolfgang: Parlamentarisches Verfahren, in: Josef Isensee/Paul Kirchhof (Hrsg.): HStR, Bd. III, 3. Auflage, Heidelberg 2005, § 53, S. 807–852.

Ziekow, Jan: Verwaltungsrecht und Verwaltungsprozessrecht, in: Wolfgang Kahl/Markus Ludwigs (Hrsg.): Handbuch des Verwaltungsrechts, Bd. I, Grundstrukturen des deutschen Verwaltungsrechts, Heidelberg 2021, § 14, S. 517–552.

–: Öffentliches Wirtschaftsrecht: Ein Studienbuch, 5. Auflage, München 2020.

–: Gestaltung des demografischen Wandels als Verwaltungsaufgabe, VVDStRL (74) 2015, S. 245–292.

–: Bürgerbeteiligung als systemstabilisierendes Element der parlamentarischen Demokratie, in: ders./Jong Hyun Seok (Hrsg.): Systemkrisen und Systemvertrauen. Berlin 2015, S. 223–234.

–: Wandel der Staatlichkeit und wieder zurück? PPP im Kontext der deutschen Diskus-

sion um die Rolle des Staates, in: ders. (Hrsg.): Wandel der Staatlichkeit und wieder zurück? Die Einbeziehung Privater in die Erfüllung öffentlicher Aufgaben in/nach der Weltwirtschaftskrise, Baden-Baden 2011, S. 43–66.
–: Eigenverantwortung als Verfassungsprinzip, in: Stefan Brink/Heinrich A. Wolff (Hrsg.): Gemeinwohl und Verantwortung. Festschrift für Hans Herbert von Arnim zum 65. Geburtstag, Berlin 2004, S. 189–203.
–: Der Reichsdeputationshauptschluß und die Säkularisation in Preußen, DÖV 1985, S. 817–819.
–: 175 Jahre Steinsche Städteordnung, Städte- und Gemeindebund 38 (1983), S. 448–451.
Ziller, Jacques: Verwaltungsorganisation, in: Armin v. Bogdandy/Sabino Cassese/Peter M. Huber (Hrsg.): Handbuch Ius Publicum Europaeum, Bd. V, Heidelberg 2014, § 87, S. 893–926.
Zimmer, Gerhard: Funktion-Kompetenz-Legitimation. Gewaltenteilung in der Ordnung des Grundgesetztes; Staatsfunktionen als gegliederte Wirk- und Verantwortungsbereiche; zu einer verfassungsgemäßen Funktions- und Interpretationslehre, Berlin 1979.
Zurbuchen, Simone: Theorizing Enlightened Absolutism: The Swiss Republican Origins of Prussian Monarchism, in: Hans W. Blom/Johann Christian Laursen/Luisa Simonutti (Hrsg.): Monarchisms in the Age of Enlightenment. Liberty, Patriotism, and the Common Good, Toronto/Buffalo/London 2007, S. 240–266.
Zwirner, Henning: Politische Treuepflicht des Beamten, Baden-Baden 1987.

Sach- und Personenregister

Seitenverweise auf zentrale Fundstellen sind kursiv gesetzt.